“十一五”国家重点图书出版规划项目

公路桥涵设计手册

桥 位 设 计

Bridges in the River and Ocean Environment

（第二版）

高冬光　主编

人 民 交 通 出 版 社

内 容 提 要

进入21世纪，我国桥梁从跨越河流发展到跨越海域，从传统设计发展到全寿命设计，从工程实体的设计发展到工程与环境和谐发展的设计。桥位设计就是桥梁工程与河流、海洋水文环境和谐发展的设计。本书从全寿命期内桥梁与环境和谐发展出发，内容分为桥梁与环境、桥梁的河流环境、桥梁的海洋环境、桥位设计与水毁防治四篇，共21章，主要介绍桥梁有关河流、海洋水文水力基本概念、基本原理及基本计算方法，桥位设计与水毁防治的分析、计算，计算机桥位设计计算系统和水工模型试验原理及方法。

本书内容是本学科多年来发展及最新成果的总结，可作为公路和桥梁工程、水利工程、城市建设及铁道工程等专业技术人员的工具书，大学教师和学生的参考书。

图书在版编目(CIP)数据

公路桥涵设计手册. 桥位设计/高冬光主编. —2版. —北京：人民交通出版社，2011.4

ISBN 978-7-114-08278-8

I. ①公… II. ①高… III. ①公路桥—桥涵工程—设计—技术手册②公路桥—桥位—设计—技术手册 IV. ①U448.142.5-62

中国版本图书馆CIP数据核字(2010)第108199号

"十一五"国家重点图书出版规划项目

公路桥涵设计手册

书　　名：桥位设计（第二版）
著 作 者：高冬光
责任编辑：沈鸿雁　王文华
出版发行：人民交通出版社
地　　址：(100011)北京市朝阳区安定门外外馆斜街3号
网　　址：http://www.ccpress.com.cn
销售电话：(010)59757969，59757973
总 经 销：人民交通出版社发行部
经　　销：各地新华书店
印　　刷：北京盛通印刷股份有限公司
开　　本：787×1092　1/16
印　　张：41
插　　页：2
字　　数：974千
版　　次：2001年　第1版　2011年4月　第2版
印　　次：2014年3月　第2版　第2次印刷
书　　号：ISBN 978-7-114-08278-8
定　　价：95.00元

《公路桥涵设计手册》编审委员会

编写委员会

主 任 委 员：凤懋润

副主任委员：刘士林　刘效尧　杨高中　张喜刚
郑皆连　顾安邦　谢邦珠　廖朝华

委　　　员：马　骉　王仁贵　王吉双　庄卫林
向中富　刘红明　朱新实　沈鸿雁
孟凡超　姜友生　高冬光　徐　岳
徐国平　焦永顺　韩　敏　鲍卫刚
詹建辉

审定委员会

万珊珊　刘新生　李守善　张继尧　苏善根
杨耀铨　周世忠　郑明珠　郑皆连　顾安邦
彭宝华

（以上名单按姓氏笔画排序）

《公路桥涵设计手册》主要编写单位

中交公路规划设计院有限公司

中交第二公路勘察设计研究院有限公司

湖北省交通规划设计院

四川省交通厅公路规划勘察设计研究院

河北省交通规划设计院

安徽省交通规划设计研究院

浙江省交通规划设计研究院

中交路桥技术有限公司

安徽省公路管理局

长安大学

同济大学

重庆交通大学

西南交通大学

厦门高格桥梁景观设计研究中心

出版说明

改革开放以来，随着我国经济建设的快速发展，公路交通作为经济发展的“先行官”得到政府的高度重视，公路桥梁建设事业更是发展迅猛，成绩斐然。20世纪90年代初，为了及时总结公路桥梁设计经验，指导桥梁设计工作，在原交通部公路司的领导与支持下，人民交通出版社组织我国桥梁界专家学者，编写出版了我国第一套《公路桥涵设计手册》，包括《基本资料》、《墩台与基础》、《拱桥》、《梁桥》、《涵洞》、《桥位设计》、《桥梁附属构造与支座》七个分册。该系列手册全面系统地总结了我国几十年来积累的公路桥梁设计经验，对于推进桥梁设计理论与技术的发展起到了重要的作用。

1998年亚洲金融危机之后，国家加大对公路交通建设的投入，高速公路“五纵七横”规划全面实施，公路桥梁建设进入了前所未有的黄金时期。在此期间，我国桥梁工作者不断探索，勇于创新，自主设计，建成了一大批跨越大江大河甚至跨越海湾的、具有世界先进水平的大型桥梁，特别是东海大桥、杭州湾跨海大桥、苏通大桥、西堠门大桥等特大桥梁的修建，更是具有里程碑的意义。青岛海湾大桥、港珠澳大桥等一批世界级桥梁正在建设，我国的桥梁发展进入了一个新时代。截至2009年底，我国公路桥梁总数已达到62.19万座，计2 700余万延米，其中，跨径600m以上的斜拉桥11座，跨径1 000m以上的悬索桥12座(在建5座)，拥有多项桥梁跨径的世界纪录。

大量的工程实践与关键技术攻关，使得我国桥梁建造技术与管理水平有了质的飞跃，我国桥梁建设水平已步入世界先进行列，正在由桥梁大国走向桥梁强国。在众多特大型桥梁的建设过程中，设计理念不断更新，新工艺、新技术、新材料、新设备得到推广应用，建造关键技术取得重大突破。无论是设计、施工与工程管理都积累了一大批宝贵的经验，代表了我国桥梁领域日益提高的科技水平与自主创新能力，凝聚着建桥人的智慧。认真而系统地总结，使其形成技术积累，形成我们国家桥梁建造具有自主知识产权的核心技术，更好地指导日后蓬勃开展的桥梁建设实践，其意义重大。为此，自2005年起，在凤懋润总工、郑皆连院士的倡议下，人民交通出版社决定在原有的《公路桥涵设计手册》基础上修订编写新版《公路桥涵设计手册》。编写该系列手册的目的就是要全面系统地总结我国公路桥涵设计经验，充分反映当前我国桥梁设计的最高水平，充分吸收国外桥梁设计的最新理念与技术，力求具有一定的前瞻性，使之成为桥梁设计工作者案头不可或缺的实用工具书。

新版《公路桥涵设计手册》共10册，分别是《桥梁总体设计》、《桥位设计》、《墩台与基础》、《梁桥》、《拱桥》、《斜拉桥》、《悬索桥》、《桥梁附属构造物》、《预应力技术及材料设备》、《涵洞》，字数总计在1 000万左右。该手册自2005年开始编写，历时5年，中交公路规划设计院有限公司、中交第二公路勘察设计研究院有限公司、湖北省交通规划设计院、四川省交通厅公路规划勘察设计研究院、安徽省交通规划设计研究院、河北省交通规划设计院等多家交通行业一流设计单位和长安大学等高等院校担任各分册的主编单位，总体上代表了我国桥梁设计的最高水平。谢邦珠、刘效尧、孟凡超、廖朝华、顾安邦、高冬光等一批桥梁大师、专家为本书的出版尽心尽力、精益求精，确保了本手册的编审质量，也为《公路桥涵设计手册》编写成我国桥梁领域最高水平的权威之作提供了重要保证。

对于桥梁设计者来说，通过学习和利用手册中的新方法、新技术和结构方面的创新，通过对典型设计案例的学习，能提高设计质量与效率，优化设计，降低成本，从而为业主和国家带来巨大的社会经济效益。对于那些刚刚走上设计岗位的年轻工程师，此手册更是指导其开展设计工作的良师益友。

在未来相当长的一段时期内，随着国家高速公路网规划、农村公路网规划的实施及西部大开发战略的进一步实施，公路建设仍将快速发展，而《公路桥涵设计手册》的及时修订再版，无疑将对今后我国的桥梁建设提供有力的技术支持。

本手册在编写过程中，得到了交通运输部领导及各个参编、参审单位领导的大力支持，在此一并表示诚挚的谢意！

《公路桥涵设计手册》编审委员会

2011年3月

第二版　前　言

自 2000 年《公路桥涵设计手册　桥位设计》出版以来，正是我国公路和桥梁建设飞速发展的 10 年。随着“生态公路”建设、“桥梁全寿命设计及成本分析”理论及方法研究推广、跨海大桥相继建成等，我国公路桥梁正在经历着设计理念和施工技术的新飞跃。桥梁设计的内容在时间上，延伸到进行桥梁全寿命期(建设、管养，直到寿命终止)的设计；在空间上，扩展为同时考虑环境、景观、功能、结构、管养等内容的综合设计。设计理念的新飞跃和交通建设的大发展，极大地丰富了桥位设计的内容，开拓了更广阔的发展空间。

桥梁跨越河流、海域和山涧峡谷，桥梁及其引道、导流、防护等附属设施与相连的河流、海域和山涧峡谷等自然环境构成一个相互影响、相互制约的整体。《桥位设计》就是通过对气象、水文、水力、地形、地貌及地质等资料的搜集、勘测、分析，进行设计及计算，正确处理桥梁与河流、海域及山区等周围环境的相互关系，以满足人们对交通功能的需求；同时，力求桥梁和河流、海洋、山区的自然环境长期和谐相处，实现可持续发展的愿望。因此，“桥位设计”就是桥梁工程有关河海水域环境的设计。

为反映时代的进步，《桥位设计》(第二版)在理念上把仅以桥梁河流水力、水文分析计算为目标，提升到分析、处理好桥梁及其附属工程与河流、海洋、湖泊等水域环境因素的关系，实现和谐相处为目标。内容上以“桥梁与环境”一章作为开篇，扩充了桥梁河流环境及海洋环境的内容，桥位设计方面增加了施工中的冲刷和桥梁运营中水流变化、河床变形引起的桥梁水毁防治等内容，以适应桥梁全寿命设计的要求。

进入 21 世纪，我国跨海桥梁建设蓬勃发展，对海洋知识及相关设计资料的需求更深入、更全面；高速公路在我国西部广大山区、边境地区的建设发展迅速，积累了丰富的勘测设计经验；桥梁设计手段已电子化、信息化，桥位设计计算机软件已成为不可缺少的工具。《桥位设计》(第二版)力求最大限度、较全面地反映 10 年来我国桥位设计及水毁治理领域的新成就，在第一版的基础上作了较大的扩充和修订。

本书第一章至第十一章是桥梁有关河海环境的基本概念、基本原理及基本计算方法，是本学科的基础；第十二章至第十九章是桥位设计与水毁防治的分析、计算；第二十章和第二十一章分别是计算机桥位设计计算系统和水工模型试验原理及方法，是设计计算和科学研究的工具。

本书由高冬光教授主编。第一章至第十二章、第十四章、第二十章由高冬光教授执笔；第十七章由黄美兰、刘国锋等教授级高级工程师执笔，高冬光教授整理；其余各章由王亚玲教授、高冬光教授共同执笔修订。全书由高冬光教授统稿，王亚玲教授进行全书的校阅。

近几年来，作者有幸参与了中交公路规划设计院有限公司桥梁技术中心关于桥梁全寿命设计、桥梁风险评估、海峡深水基础等科研课题工作，并参与了多项课题的讨论和报告审核，为了解掌握桥梁技术前沿信息、学习新知识和新理念提供了机会，对本书的修订有很大的帮助，特向院领导和年轻的同仁们表示衷心感谢。

本书大纲初稿于2005年10月发往沿海及边疆省（区）交通部门征求意见，力求最大限度地反映我国不同地区、不同自然环境下取得的新成就。从2006年1月起，根据各省反馈意见多次修订编写大纲及书稿，历时近5年，仍感力不从心。由于编者水平和时间所限，不妥之处在所难免，衷心期待读者批评指正。

作者电子邮箱：gaodongguang@163.com。

高冬光

2010年4月

第一版 前 言

20 多年来，伴随着我国公路和桥梁建设的飞跃发展，在我国不同自然条件的广大地区、在各类河流上修建了大量桥梁；同时，在沿海潮汐河口、海湾、岛屿之间也修建了很多特大型桥梁。为适应公路、桥梁建设发展的需要，桥梁水文、桥孔设计、墩台冲刷、导流及防护工程等方面，也取得不少科研成果。设计技术方面，目前公路和桥梁结构设计已广泛采用计算机软件及 CAD 技术，对桥位设计电算也提出了新要求。

本书内容力求反映以上各方面发展的新成就和新要求，增加了海洋水文、桥位设计电算、桥梁水工模型试验等三章。在桥孔设计、墩台冲刷、导流防护工程设计等各章，尽量采用经过检验的最新科研成果，并给出成果的出处和背景，供读者核查分析。

本书由高冬光教授主编，由刘德进教授主审。

编写过程中，收到不少专家、技术人员的建议，特别是编者在参加《公路工程水文勘测设计规范》编写组工作期间，专家们对《规范》编写的意见和编写手册的建议，对本手册的编写帮助很大，在此表示衷心感谢。

编者水平所限，手册中错误或不足之处望读者批评指正。也愿与读者对手册中问题进行讨论。意见请寄西安公路交通大学(邮编 710064)高冬光教授收。

编 者

1998 年 9 月

目　录

第一篇　桥梁与环境

第二篇　桥梁的河流环境

第三篇　桥梁的海洋环境

第四篇　桥位设计与水毁防治

第一篇　桥梁与环境

第一章 桥梁与环境

第一节 可持续发展和生态公路

一、可持续发展和生态建设

1987年，世界环境与发展委员会的报告《我们共同的未来》，指出“可持续发展是既满足当代人的需要，又不对后代人满足其需要的能力构成危害的发展”。它有两层含义：一是将满足人类的基本需要放在优先地位来考虑；二是将人类的发展和需求限制在地球的资源与自然地理环境的承受能力相协调的范围之内。

可持续发展的意义说明，人类是自然界的一部分，人类和自然界是不可分割的整体，人类必须与自然协调才能持续生存；人与自然对立是错误的。

可持续发展从理论上结束了把发展经济和保护环境资源相对立的错误观念，把保护环境和发展经济看做相辅相成、不可分割的两方面，它们是相互联系、相互因果的关系。可持续发展思想是人类面对未来建立的划时代的新观念、新思想、新意识，关系到未来人类的前途和命运，将使人类的思维、生产、生活各方面产生深刻的转变和产生深远的影响。

可持续发展建立了新的人—地协调的发展模式，要求人类在尽量减少资源消耗的基础上，提高资源利用率，力求少投入，多产出，物尽其用，促进再生资源的增长，使系统内部在相互协调的情况下，物质能量的转化率达到最佳效果，以满足人类的需求；同时，要求人类在消费时，尽量多利用、少排放，减少自然的负荷，使系统的结构和功能保持良好状态。

1992年，联合国环境与大会上通过的《21世纪议程》指出，“在制定长期的发展战略时，必须更好地了解形成地球系统的陆地、海洋、大气及其相互联系的水、养分和生物地球化学物质的循环和流动”。陆地、海洋、大气是构成地理自然环境的主要组成成分，生物地球化学物质循环、能量流动是自然地理环境的主要过程，说明了自然地理环境即地球的自然环境在人类可持续发展中的重要性。其实，中国传统文化中就包含天人合一，人与自然相协调，人尽其力、物尽其用、经济节约的思想，只是近几十年来曾经过分强调人类改造自然的主观能动性，带来了人口剧增和生态环境破坏速度加快，呈现水、土地、能源等资源短缺，大气污染、土地荒漠化、沙尘污染、河流淤积、洪水灾害等各种自然灾害频繁发生。

1994年，《中国21世纪议程》体现了可持续发展战略思想以及生态、社会和经济三方面的可持续发展，强调发展经济要充分考虑自然资源的长期供应能力和自然环境的长期承受能力。

以可持续发展作为基本国策,提出“环境建设”的新概念,即自然生态系统和人类生态系统的建设,俗称“生态建设”,就是在生产发展的同时,建设一个人类与自然互利共生的、更有利于人类发展的人类生态系统和自然环境。

这种生态环境建设应具有三个基本特征,即具有高效的经济潜力、保持高水平的生态稳定和具有美学价值的环境外貌。我国现阶段正在进行生态环境建设,生态村、生态县、生态公路、生态铁路等的建设相继出现。

二、生态公路

生态公路的定义:“建设者在公路规划设计和建设过程中,将自然、人和公路进行有机结合,融入生态设计的方法,形成行车安全舒适,运输高效便利,景观和谐,保护生态环境的可持续的公路发展模式。”(公路生态环境设计研究报告,交通部科学研究院、中国测绘科学研究院、云南省公路规划勘察设计院,2004 年 5 月)

今天,公路及桥梁的建设项目已不仅是一个工程实体的设计和施工项目,它必须技术先进、经济合理、交通畅通,具有高效的经济潜力,还必须在建成后及建设中保持高水平的生态稳定,尽量不干扰或少干扰如地貌、河流、植被等自然地理环境要素,针对破坏的自然地理要素应修建保护及恢复自然环境的工程设施,保持该地区物种的稳定,力求公路及桥梁的形式在外观上与自然景观相协调,符合美学原理,并给人以美的感受。

公路桥和城市桥也必须实现上述要求。这些要求只有在桥位选择、桥型结构方案比选、孔径布设、桥面高程确定、墩台冲刷的预测、桥梁引道及导流、防护设施的布设等环节都得到落实,与生态环境和谐的、安全的、高效率的桥梁才能建成。

第二节　桥位环境和桥位设计

1400 年前建成的赵州桥(图 1-2-1),全面考虑水文、地质、地形、景观等自然地理环境要素,创造了桥梁与自然环境和谐共处,千年安然无恙的奇迹,给现代桥梁建设以重要的启示。

图 1-2-1　赵州桥(河北省赵县,高冬光 2000 年摄)

赵州桥又名安济桥,位于河北赵县城南,跨越洨河,建于公元 605～618 年,隋朝李春主持修建。桥全长 50.83m,净跨 37.02m,桥宽 9m,世界首创空腹式(敞肩式)拱桥。桥型轻巧美观,桥型与两岸一望无际的平原在景观上十分协调。

该桥拱圈两肩各设有两个跨度不等的腹拱,以减轻自重、增大泄洪断面、增强抗洪能力和抗震性能;因桥址地处黄河冲积平原,地基为轻亚黏土,桥孔自重较轻,采用重力式扩大基础,亦较稳固,被誉为“国际土木工程里程碑建筑”。1991 年美国土木工程师协会在桥头敬立纪念碑,称其为“国际土木工程历史古迹”,为当今我国桥梁建设可供借鉴的宝贵文化遗产。

一、桥梁与环境

1.环境的定义

国际标准化组织的标准 ISO 14001 和 ISO 14004,给环境的定义是:一个组织在其间运作的周围事物(包括空气、水、土地、自然资源、植物、动物和人类等)以及它们之间的相互作用。

环境,是相对主体而言的。那些围绕着主体、占一定空间、构成主体存在条件的各种物质实体或社会因素,就是该主体事物的环境。

以生物(动物、植物和微生物)为主体,以生态环境保护为目的,对环境进行研究的学科称为生态学(ecology);以人体健康为主体,以预防和治理环境污染为目的,对环境进行研究的学科称为环境学(environment science);以人类社会为主体,研究人类社会与环境的矛盾为对象的学科称为自然地理学(nature geography),包括自然环境、经济环境和社会文化环境相互联系所构成的整体。

地球上的自然环境,由于人类的活动产生了巨大变化,但它仍然按照自然规律发展着。按自然环境的主要环境要素,可分为大气环境、水环境(海洋环境、河流环境、湖泊环境等)、土壤环境、生物环境、地质环境等。

2.桥梁环境(桥位环境)

对桥梁工程来说,环境主要是指自然地理环境(如河流环境、海洋环境、地质环境)和生态环境;桥梁在施工或运营过程中可能造成环境污染,产生噪声,污染空气或水,则涉及环境学的领域。桥位是指桥梁的位置,以桥梁中心线表示。我国铁路系统习惯称桥址。桥位环境是指桥梁附近区域的环境,即桥梁环境。

桥梁和周围的河流、海洋及湖泊等水域、山涧峡谷等自然环境,形成一个相互影响、相互制约的系统。力求桥梁与桥位环境和谐共存、友好相处,才能使桥梁免遭或减轻自然灾害的侵袭;同时,避免因桥梁的存在而产生自然环境的不利变化,达到可持续发展的目的。

二、桥位设计

河流孕育和哺育了人类文明,河流受人类活动的影响最早、最直接,河流被人类改变的也最大。桥梁是跨越河流的建筑物,与河流的关系最密切。20 世纪 50 年代,前苏联逐渐形成了研究及处理桥梁与河流环境相互关系的学科——桥位设计。

“桥位”(Мост Переход)由俄文直译为“桥渡”,即桥梁通过;第二次世界大战以后,在美国、英国和加拿大等西方国家,桥梁与河流环境相关的学科“bridge hydraulics(桥梁水力学)”和“bridge hydrology(桥梁水文学)”,都相继出现,但其内容具有较严格的水力学和水文学的物理意义。比较而言,“桥位设计”更具有水文学、水力学和桥梁工程三者相互结合的含义。

1955 年,我国第一次译出前苏联安德烈耶夫著《桥位设计》一书(同济大学教授钱钟毅博士译),在我国引入了一个新学科。1958 年,前苏联专家包尔达柯夫来华讲学,1958 年后,“桥位设计”(铁路系统译为“桥渡设计”)在我国公路和铁路系统全面开展了科研活动,以 1964 年中国土木工程学会桥渡冲刷学术会议的成果为标志,迅速发展起来。

20世纪70年代初(“文化大革命”时期),交通部* 组织编写的《公路设计手册》系列丛书

* 现已更名为交通运输部,后同。

中,《桥位设计》(手册编写组,刘德进等执笔)第一次全面系统地整编出版了我国桥位设计的技术成果。改革开放后,《公路桥位勘测设计规程》(1982 年)、《公路桥位勘测设计规范》(1991 年)、《公路工程水文勘测设计规范》(2002 年)相继颁布实施,逐步形成了我国的桥位设计体系。2000 年《公路桥涵设计手册》系列丛书中《桥位设计》(高冬光主编)总结了我国至 20 世纪末 50 年来我国桥梁水力、水文及防护工程的研究成果及其应用。

进入 21 世纪,随着我国交通事业和环境科学的迅速发展,在原有"桥位设计"的基础上,赋予了更为广泛的桥梁与环境相关的内容,包括桥梁与河流、海洋等水域环境,桥梁与不同自然地理环境(峡谷、戈壁滩、黄土高原等),桥梁与景观等内容;同时从技术领域上,桥梁工程从传统的结构工程实体逐渐地扩展为结构与环境的共同系统。这样,"桥位设计"逐渐发展为"桥位环境设计"。

桥梁建设者不仅要设计好桥梁工程实体,同时还必须处理好桥梁与河海等环境的关系。桥梁水毁、风毁、地震破坏等自然灾害,都是桥梁结构受自然环境因素作用,失去平衡的结果。

根据"桥梁全寿命设计"的要求,桥梁施工、运营阶段涉及河海等水环境的问题,桥梁在长期使用中出现的病害及水毁的防护和治理,也是本学科必须解决的课题。

第三节　自然地理环境

一、自然地理环境的组成

地球自然环境是由岩石、水、空气和有生命的有机体四大类物质构成的。它们随地球表面的形状呈圈层状分布,又称它们为自然地理环境的四个基本地圈。

1. 对流圈

对流圈大气圈底部对流运动最显著的大气圈层,它集中了大气质量的 3/4 和几乎全部水蒸气。对流层的厚度在低纬度约为 7.5km,在中纬度约为 8km,在高纬度约为 8.5km。决定气候变化的大气气团运动就发生在这里。

2. 水圈

水圈是地球表面水体的总称,包括海洋、河流、湖泊、沼泽、冰川和地下水。其中海洋占地球表面的 70.8%,平均深度 3.8km。水圈总体积约为 37 亿 km^3,其中陆地水仅占 2.8%。

3. 岩石圈

地壳的上部,平均约 5km 的厚度,主要为沉积岩构成的岩石圈,最上层覆盖着一层风化壳及土壤。

4. 生物圈

生物圈为地表生命有机体及其生活领域的总称,包括植物、动物和微生物。地球生物的活动和影响范围虽然包括对流层、水圈和岩石圈,但主要集中在这三个无机圈层很薄的接触带中。

自然地理环境的上述四种物质组成成分,在太阳能、地球内能为主的各种环境能量的作用下,形成了各种自然地理组成要素。这些组成要素包括:地貌、气候、水文、植物、动物和土壤。每一组成要素都按着自身的规律存在和发展着,而且各个要素又相互联系、相互作用,组成了一个特殊的物质体系。

公路和桥梁的勘测，就是进行调查、现场勘查及观测，搜集这些自然地理环境要素的数据资料，作为公路和桥梁设计的依据。

二、自然地理环境的基本特征

1. 地球的外能和内能是自然地理环境变化的动力

地球的外能即太阳辐射能(扣除被大气吸收和被云反射回太空的部分)投射到地球表层，成为自然地理环境中各种过程的主要能源。以地球的地热和重力为代表的内能，也进入地球表层，以间接的方式反映出来，共同作用支配着自然地理环境的功能、结构及发展变化。

2. 自然地理环境中，气态、固态和液态三相物质并存

自然地理环境中气态、固态和液态三相物质并存，而尤以同心圈层分离形成一定界面，在这些界面之间，三相物质既相互分离，又相互渗透，进行着多种形式的物质交换和能量转化过程。

3. 无机物和有机物相互转化是自然地理环境的特殊过程

无生命物质与生命物质相互转化是自然地理环境的特殊过程，它维持着自然生命现象和生命过程的永恒发展。生命的存在是自然地理环境最典型的特征。

4. 自然地理环境是人类诞生、生存和发展的环境和活动的空间

三、人类是自然地理环境的产物

人类的产生和进化与自然地理环境是密切相关的。

第三纪晚期(距今 1 千万～2 千万年)是古猿时期。

直到距今 2 百万年前，环境变化迫使古猿中的一支从森林走向草原，逐渐直立行走，利用前肢抓取物体，引起身体器官的变化、脑的发达，学会使用和制造工具，形成了人类。

在第四纪(距今 2 万～3 万年)自然地理环境发生了剧烈的、节奏性的演变，冰期和间冰期、海侵和海退、地壳上升和下降等自然地理环境过程交替发生。原始人类为适应环境，一方面进化自已的形体和大脑，另一反面为寻找适于生存的环境，不断地扩展到世界各地，开始逐渐进化成为分布在世界各地的现代各种人种。

大河两岸及其冲积平原具有良好的气候、肥沃的土壤、丰富的物产，为人类生存和人类文明的发展提供了良好的自然条件。河流孕育和哺育了人类和人类文明，但是河流环境受人类活动的影响最早、最直接，改变也最明显。

跨越沟谷、河流，修建桥梁，方便人货交流，桥梁的出现，与河流环境相互影响，密切相关。

四、人类对自然地理环境的影响

人类具有思维能力，能够制造工具，对自然环境的演化具有主观能动作用；随着人类的发展，人类活动对自然界的作用越来越广泛，越来越深刻。当今，地球上几乎不存在不受人类影响的原始状态自然界。

人类对自然地理环境的影响主要表现在下列五个方面。

1. 地表状态的改变

目前，人类已经开拓了陆地表面的 56%，其中强烈开拓区约占全球的 15%。城市建设、水库修筑、矿山开采、森林砍伐、道路修建等大大改变了原有的地表状态，引起地理环境和物质循环及能量转换的改变。

2. 物质循环的改变

人类改变物质循环的作用是多方面的,其中对水的控制就是一个重要方面。人类采用储水、排灌措施改变流域内的水平衡;采用大型调水工程改变不同流域之间的水平衡;另外,人类不断向自然环境中排放污水、废气,也引起物质循环的改变。

3. 热量平衡的改变

人类活动改变了地表状态,引起地表阳光反射率和其他热力特性的变化,进而改变了区域的热量平衡。森林的砍伐减少了对阳光辐射的吸纳,城市产生热岛效应,水库因水的热容量大而降低气温,向大气大量排放化学物质和颗粒,引起“温室效应”等,都对热平衡有明显的影响。

4. 生态平衡的改变

人类改变了原有的生态平衡,代之以新的平衡,是一种进步的趋势。但是,人类对自然环境的改造和利用并不都是成功的,破坏生态平衡的现象广泛存在着。例如,山区毁林开荒及流域边坡开发,植被破坏,引起严重水土流失;森林草原毁草开荒或过度放牧,引起土地沙化或沙漠化;大规模水利工程引起大范围库区河道淤积和地质病害等。

5. 加速了自然地理过程的变化

对美国 13 个州的观测计算表明,原有草木覆盖的土壤,一旦被人工开垦后,土壤损失提高 98.3 倍。

建筑技术和交通运输的进步,也付出了巨大的环境成本。把生物圈内最有活力的部分变成坚硬的不毛之地,消耗了巨大的能源和资源。过去公路、铁路延伸到的地方,森林随之消失,野生动物离乡背井,引起生态环境严重破坏。

我国从 20 世纪 50 年代初期至 80 年代初期的 30 年中,大量砍伐森林、山坡开荒造田、围湖、围滩和发展建设,大规模破坏植被等人类活动,造成水土流失、河道淤积,河道出现历史最高洪水位,大大小于历史最大洪水流量的洪水灾害现象却比较普遍;一些工程设施也引起了严重的自然地理环境变化。例如,三门峡水库建成后的 40 多年,在渭河流入黄河的河口,河床底面高程淤高 6m,明显地改变了渭河中下游的河床演变过程和河床形态,大大削弱了渭河的抗洪灾能力;至今,全国各地开发、修建房屋、道路等建设,挤占河道现象仍较普遍。

随着人口的增加,人均耕地日益减少,粮食、淡水资源、能源、矿产资源等日趋供应紧张;人口增加,加速森林减少,植被破坏,造成水土流失、土地沙化、大气污染、气候反常、物种减少等一系列生态灾害。

五、人类活动引起自然地理环境变化导致的桥梁破坏

近年来,全国各地因河床采砂人为改变天然河道形态,造成局部河段河床畸形下切、斜流股流集中冲刷等不利变形,导致大桥、特大桥水毁的现象时有发生,应当引起政府等有关部门注意。以下是近年桥毁影响较大的两个实例。

1. 陇海铁路西安灞河桥水毁

陇海铁路西安灞河桥,1934 年建成后历经几次大洪水未毁;2002 年 6 月 9 日,却在较小(约 $500m^3/s$)的一次洪水过程中,因下游河道不规范的采砂,造成河床畸形严重下切,致使自 20 世纪 70 年代到水毁时 30 年中,床面下降 11.79m,造成全桥被毁(图 1-3-1);上游邻近的西

安到安康的铁路桥桩基承台的底面已被冲出(图 1-3-2);再上游的城市桥(老灞河桥),始建于周,唐、明、清都曾重修,现桥建于清道光 14 年(公元 1833 年),1978 年将原桥墩加高、混凝土包裹,桥面提高,木桥面改为钢筋混凝土桥面,作为西安城市桥梁,后因下游铁路桥水毁,河床突然下切,该桥下游河床混凝土护坦冲毁,也受到水毁的威胁(图 1-3-3),被迫于 2004 年将作为文物保护的老灞河桥拆除。

图 1-3-1　原陇海铁路灞河桥(1934 年建)水毁(2002 年 6 月 9 日洪水后)

图 1-3-2　上游邻近的西安至安康铁路桥梁河床下切(2002 年 6 月 9 日洪水后)

图 1-3-3　再上游的老灞河桥河床防护冲毁,2004 年该桥拆除

(高冬光,2002 年 6 月 9 日洪水后摄)

2.福州闽江南港洪塘公路大桥成为危桥

2004 年,福州市闽江南港洪塘公路大桥,因桥上游河床大量采砂,引起深水河槽摆动,原河滩床面下切,变成深槽,灌注桩基础露出水面,使一座长1 800m,上、下部结构实体还相当完好的桥被迫成为限制交通的危桥(图 1-3-4、图 1-3-5)。

图 1-3-4　美丽的福州市闽江南港洪塘公路大桥

(高冬光,2004 年 11 月摄)

图 1-3-5　河床下降使灌注桩墩桩顶外露

(高冬光,2004 年 11 月摄)

六、山区高速公路隧道的弃渣和生活区改河对自然环境的影响

近年来,高速公路进入山区,山区河槽水流湍急,隧道和桥梁很多,隧道弃渣填埋河道,河床淤塞,堵塞水流,对河道行洪产生严重影响;另外,有的高速公路管理区、生活区把仅有的一点崇山峻岭中的开阔河谷占用,将水流挤压、改道,人为改变天然排水系统过多、过大。因此,必须对这些工程设施对河道阻塞的后果进行评估,必须进行改河的平、纵、横断面设计及过渡段的设计,确保设计洪水泄洪畅通;否则,山洪暴发将会引起洪水灾害,既破坏当地的生态环境,又毁坏公路和桥梁。

七、山区的纵向桥或高架桥对山区急流河槽水流的影响

这些路线通过的峡谷地带,地形陡峻、河道狭窄,山洪暴发水流多为急流流态($Fr>1.0$),对干扰反应激烈,破坏力极大(图 1-3-6),这就是山洪灾害损失严重的原因。

图 1-3-6　山区急流桥墩水流冲击高度(溅水高度)很大(瑞士)

近年来,我国山区高速公路修建纵向桥较多。修建纵向桥避免山体大填大挖和减少路基对水流的压缩,对于山区高速公路是一种合理的选择。但是,纵向桥连续设置,以桥代路基,一般跨径多取 20~40m,跨径较小,在山区狭窄的河槽中设置多排桥墩,而且,桥的中心线随地形弯曲变化,桥梁设计者为设计方便,多取斜桥正做,致使在狭窄的急流峡谷中,密集的桥墩交叉错落,阻水严重。

众多桥墩对水流的挤压及干扰和水流对建筑物的破坏作用都是很敏感的。另外,这些山区河流都是大江大河的河源,对河源环境的改变将影响下游主流及其流域的变化。这里是生态较敏感和脆弱的地带,进行生态环境保护具有重要意义。

一般跨越山区峡谷的桥梁,孔径设计的原则是尽量一孔跨过,不可压缩水流,必要时尽量在峡谷激流中少建桥墩,这早已成为共识。近年来,高速公路进入山区,选线困难,不得已选用纵向桥方案时,应尽量采用较大跨径和圆形单柱墩,斜桥斜做,提高桥面高程,必须考虑纵向桥盖梁阻水等问题。如有可能,尽量将纵向桥设置在通过山坡坡脚,避开水面,如图 1-3-7 和图 1-3-8 所示。

地处阿尔卑斯山区的瑞士和奥地利,20 世纪在桥梁设计和保护自然地理环境方面的经验值得借鉴;进入 21 世纪以来,我国在科学发展观的指导下,注重生态环境建设和可持续发展,已取得了显著成就。

图 1-3-7 为奥地利高速公路 Brenner 桥,为沿陡坡的曲线形高架桥,全长 1 804m ,桥面宽 21m ,跨度 36m,上部结构为预应力箱形梁,墩宽 7m。车行在陡峻山坡上,林木郁郁葱葱,令人心旷神怡,同时,与建顺水桥(纵向桥)相比,桥墩又不堵塞河道,人与环境和谐、协调。

图 1-3-7 奥地利 Brenner 桥(《桥梁美学》,樊凡)

图 1-3-8 瑞士日内瓦湖畔高架桥(《桥梁美学》,樊凡)

图 1-3-8 为瑞士日内瓦湖畔上的沿山脚修建的高速公路桥,为两条平行曲线上的高架桥,细长弯曲的主梁和轻巧而高耸的桥墩,隐藏在山脚绿树林中,与湖光山色融会一体,既景观协调,又保护了山河湖的生态环境。

第四节 桥 梁 景 观

一、桥梁景观设计的发展

1. 景观设计

景观(landscape),原来是指自然地理的外貌。20 世纪初,施吕特(O. Schluter,1872~1952 年,德国)从自然与人文两方面来理解景观,探索由原始景观变成人类文化景观的过程。认识到人的活动可以带来景观的变化,若将这种变化按照一定规律,使景观朝着符合人们意愿的方向发展,便产生了景观设计的概念。

2. 桥梁景观

20 世纪 90 年代,布莱德里克(Frederick Gottemoelle,美国)将桥梁(bridge)与风景(landscape)合成了一个新的词汇"桥梁景观"(bridgescape)用于表述这种新的结合。认为是"设计桥梁的艺术(the art of designing bridges)"。

英国《桥梁设计与工程》(Bridge Design and Engineering)杂志在 1999 年最后一期向世界 30 位著名的桥梁工程师、建筑师和学者征集对 20 世纪最美丽的桥梁的意见。这是一次著名的世界性的桥梁景观评价活动。被评出的"美丽桥梁"可以认为是 20 世纪桥梁景观设计的代表。虽然 20 世纪建成的桥有成千上万,但最后仅有 15 座桥被提名,得票最多的前三名如下。

第一名 塞尔吉纳图波(Salginatobel)桥

1930 年,由瑞士工程师罗伯特·梅拉(Robert Maillart)设计。图 1-4-1 是塞尔吉纳图波(Salginatobel)桥的远景,图 1-4-2 是塞尔吉纳图波(Salginatobel)桥的近景。

这是一座跨谷的镰刀形上承式拱桥。建筑师们说:"在桥上漫步是一种真正的精神上的享受。你和高山、白云、蓝天那么靠近,它构成了阿尔卑斯山的一幅美妙的风景画。""该桥所有部分都恰到好处,无可挑剔。""这是真正的艺术和桥梁结合的精品。"该桥为三铰拱体系,桥长

133m,跨径 90m,桥面宽 3.5m,跨越阿尔卑斯山峡谷。拱为箱形和 Π 形结构,拱顶宽 3.6m,拱脚处以曲线加宽至 6.0m;拱圈厚度由拱脚铰处逐渐增大,到 1/4 处又逐渐减小,立面成镰刀形。该桥用简洁、明快的线条,凸现出桥梁结构中力流的传递,达到跨越功能、结构受力功能和形体美的高度统一。

图 1-4-1 塞尔吉纳图波(Salginatobel)桥的远景(《桥梁造型》,陈艾荣)

图 1-4-2 塞尔吉纳图波(Salginatobel)桥的近景(《桥梁造型》,陈艾荣)

第二名 金门(Golden Gate)大桥

美国旧金山金门大桥,是设计师约瑟夫·斯特劳斯(Joseph Baermann Strauss)在建筑师欧文·莫洛(Irving Fostor Morrow)的帮助下完成设计的,于 1937 年建成(图 1-4-3),全长 2 789m,桥塔之间的主跨度 1 280m,塔高 227m,主索直径 0.98m,通航净高 66m。

图 1-4-3 金门(Golden Gate)大桥(美国旧金山)

蓝天、白云和碧水之间,在开阔的金门海峡上一座橘红色的悬索大桥,用 788 组吊杆将桥面拉起,腾空跨越。“它造型优美,比例协调,是桥梁工程的一颗明珠,以至于 21 世纪的设计师们已无法超越了。”

第三名 布劳顿(Brotonne)桥

1974 年,由法国工程师 J. Muller 设计的单索面斜拉桥(图 1-4-4),采用带有预应力联系结构的加劲箱梁,将拉索的应力传到主梁截面底部;另外,桥面板与塔及桥墩的良好固结,都处理得十分成功。“尽管世界上有那么多美丽的斜拉桥,但这座跨度仅 320m 的单索面混凝土斜拉桥以其简洁、明快、协调的造型和刚柔相济的风范得到了一致的赞赏。”

图 1-4-4　布劳顿(Brotonne)桥(《桥梁造型》,陈艾荣)

3. 日本本州—四国联络桥“追求世界一流景观”的目标

日本的本州—四国联络桥工程总长 178km,自 20 世纪 70 年代始至 90 年代末全面建成,历时 30 余年。如此大规模的桥梁建设活动在人类历史上还是首次。人们不得不深思桥梁建设对自然环境的破坏与干扰,力求新建的桥梁对所通过地区的历史、文化及自然环境进行保护,并希望能成为一个具有时代特点的新景观。这使日本政府将桥位周边环境保护和开发利用,与发挥桥梁的观赏功能和文化功能相结合,提出“追求世界一流景观”的目标。

这些桥梁建设的实践活动为桥梁景观设计提供了实践的平台,同时也奠定了桥梁景观学的科学基础。

4. 我国对桥梁景观的传统理解

中国古典园林在桥梁的“景”与“观”的设计方面早就有独到之处。我国对桥梁景观的理解,自古以来就反映在人在远处“观”桥,与人在桥上观“景”两个方面,故称“景观”。例如,北京颐和园十七孔桥(图 1-4-5),建于清乾隆(1736～1795 年)年间,背后远景有葱绿的万寿山和黄顶红柱依山而建的佛香阁,桥梁中间孔的跨径和桥下净空最大,向边孔逐渐减小,犹如绿色的

图 1-4-5　颐和园十七孔桥和万寿山、佛香阁(高冬光,2006 年 7 月 1 日摄)

湖面上微微隆起的一条白色的玉带。桥形鲜明,生动,富有活力,具有连续、渐变和起伏的韵律。蓝天、白云、青山和绿水中汉白玉的桥,构成一幅色彩明快的风景画。人在桥上,犹如置身在开阔的昆明湖中央的水面之上,万寿山、佛香阁、石舫、西堤六桥等颐和园四周各景观都环绕着自己,尽收眼底。另外,就整个颐和园来看,万寿山、昆明湖,山水呼应,十七孔桥、西堤六桥,相互对应,构成一个天、地、人(人工建筑)十分和谐的景观,十七孔桥起到画龙点睛的作用。

以桥位周围自然的山川环境为背景,使桥梁造型符合美学规律,力求达到桥梁跨越与周围自然环境和谐结合,无论是人在远处观桥,或是人在桥上看景,使人感受到桥梁与自然相协调的美感和心情的愉悦,这就达到了桥梁景观(bridgescape)设计的目的。桥梁和环境的和谐构成了当地的新景观,成为地标性建筑,同时渗透、融入地方文化的内容,进而延伸出桥梁的人文景观。

5. 新世纪我国桥梁的景观设计

“改革开放以来,中国的桥梁建设以空前的规模和发展速度,令世界惊叹。但是,我们匆忙建成的大桥,是否给人以美感,是一个值得反思的问题”(项海帆院士,2002 年)。

近年来,我国在特大桥设计中已开始重视环境和景观的设计,《公路工程技术标准》(JTG B01—2003)规定了特殊大桥要做景观设计的要求。

目前,我国正在逐步实现“桥梁全寿命设计”,已将桥梁景观设计(或造型设计)作为桥梁全寿命设计的一个重要组成部分。21 世纪初通车的厦门海沧大桥开始了我国桥梁景观设计的历史,2008 年通车的杭州湾大桥的景观设计,因地制宜,具有创新性。

杭州湾大桥,桥位在杭州附近,位于秀丽的富春江下游的钱塘江河口,钱塘观潮的河段,横跨杭州湾,桥梁全长 36km。桥梁在平面设计上,呈 S 形,一方面可减少驾驶员和乘客在长直线行驶中的疲劳,保证行车安全,调节人们单调的心情;另一方面,尽量使桥梁轴线与海潮涨、退方向垂直,以减少对潮汐的干扰和桥墩的冲刷。桥梁的立面设计,采用西湖苏堤“长虹卧波”的理念,在北通道设置宽 448m,通行 3.5 万 t 海轮的航道,在南通道设置宽 318m,通行 3 000t 以下的海轮航道,保证足够的通航净空高度(图1-4-6)。在其余部分降低桥面高程,使桥梁的立面像苏堤一样,大部分桥长范围内桥面相对较低;在通航孔附近形成两处桥面升高,海轮和潮汐都能在桥下顺畅通过,立面上波状起伏。远望大桥犹如置身西子湖中的苏堤,低低的堤岸和彩虹般的拱桥,高低起伏,与开阔的、微波粼粼的湖光、山色,浑然一体,表现了节奏起伏变化的韵律。

图 1-4-6 杭州湾大桥通航孔夜景

杭州湾是世界三大强潮海湾之一，有台风和小气候形成的龙卷风，水流流速、流向紊乱，海洋环境十分复杂，降低桥高，既节省造价，又可回避和降低自然风险，是一举两得的事。另外，利用距南岸 14km 的原有沉积淤滩，建成一个 10 000m^2 的海中平台，施工时作为南北的接点，物流和人员的中心（图 1-4-7）；完工后作为救援、观光、休闲中心和物质转运站，达到天人合一、顺天应人的效果。

图 1-4-7　杭州湾大桥海中平台

二、桥梁美学、桥梁景观与桥梁造型

“桥梁景观”概念的提出，至今还不到 20 年，人们需要有一个认识的过程。以下是作者对我国已建各类桥梁不同景观意义的认识，仅供参考。

1. 对桥梁美学、桥梁景观与桥梁造型的认识

桥梁美学，是对桥梁结构物及其有关要素进行形式美优化的思考和处理的学科。

桥梁景观，包含桥梁本身及桥梁周围环境两方面；桥梁景观学就是研究桥梁及其环境在功能、美学、生态、经济、文化等相关要素之间的关系，并进行优化的学科。

桥梁造型，是在桥梁美学原则的基础上，“从力学性能和形式构成两方面，进行桥梁设计的技术手段”，“通过具体和实用的造型技术来创造和完善桥梁作为结构而展现出的美”（《桥梁造型》，陈艾荣等，2005 年）。在桥梁景观学的整体概念中，桥梁造型可理解为完成桥梁本体景观设计的技术。

2. 桥梁景观对城市或地域，往往具有更为宏观的社会意义

(1)突出的地标性建筑

桥梁景观具有巨大的体量和独特的造型，成为城市的标志；桥梁景观还有一种作为地理沟通的意义，成为城市的“纽带”，这使桥梁景观往往展现了城市文化，成为城市形象的窗口。武汉长江大桥将武汉三镇连成一体，成为武汉的地理标志。武汉长江大桥，建于 1954～1957 年，正值第一个五年计划“向科学进军”的年代，它的景观设计表现了桥梁与两岸自然地理景观（滔滔长江水、葱葱龟蛇山）及文化景观（黄鹤楼等）相协调、古朴淳厚的民族风格和实现历代人民天堑变通途的历史厚重感。

(2)鲜明的时代特征

20世纪50年代的钢筋混凝土梁桥、“大跃进”时期(1958～1960年初)的石拱桥、1964～1970年“自力更生”的双曲拱桥、21世纪现代化的斜拉桥及悬索桥,各个时代的桥型都和当时国家的政治、经济、技术发展水平相对应,赋予桥梁景观深刻的时代烙印。南京长江大桥就是最典型的实例。

起始于“大跃进”,在“文化大革命”中建成的南京长江大桥(图1-4-8),桥头堡上三面红旗高高飘扬,桥头堡前还各有一座工农兵雕塑,桥头堡及桥头引桥建筑都以象征革命的红色和金黄为主要色调,赋予了鲜明的政治含义,已成为特殊的人文景观和历史标志。“三面红旗”当时是“总路线、人民公社、大跃进”三个专用政治名词的总称。南京长江大桥的桥头堡事实上已成为“总路线、人民公社、大跃进”的历史纪念碑。当时,表现传统文化的清华大学桥头堡方案、具有现代建筑风格的同济大学方案都没选中,而选中了这一具有“突出政治”寓意的南京工学院方案。它的人文和历史的社会影响远远超出桥梁工程的意义。

图1-4-8　南京长江大桥

3. 桥梁美学设计原则

樊凡先生在《桥梁美学》书中提出桥梁美的十项原则为:环境的协调、主从与对称、韵律、均衡与稳定、统一、比例与尺度、连续与明暗搭配、力线明快、色彩、风格。

桥梁美学专家唐寰澄认为,三个统一性是美的最重要属性:感性和理性的统一或感觉和意识的统一;客观和主观的统一或人和自然的协调统一,即“天人合一”的思想;形式和内容的统一,即造型和功能的一致。归纳起来的桥梁美学法则是:多样和统一,协调与和谐,比例、对称和韵律。另外还有八纲:刚柔、动静、阴阳、虚实的矛盾和统一。

桥梁美学设计,包含桥型、线形、景观元素设计、色彩、肌理、景观寓意六个方面。

三、桥梁景观实例分析

1. 作为地标性建筑的桥梁——武汉长江大桥

武汉三镇地处楚文化的中心,为九省通衢的中华腹地,一桥飞架龟蛇,天堑变通途,实现了人们多年的夙愿。

武汉长江大桥是1957年建成的我国第一座长江大桥,由公路铁路两用长江大桥一座、公路铁路汉江桥各一座和多座引桥、跨线桥组成。它把武汉三镇连成一个整体,成为我国南北交通的枢纽。桥位选在长江河道顺直,武昌的蛇山、汉阳的龟山形成的较窄卡口处,与水流正交,铁路的两岸桥头接线布设在丛林茂密的龟山和蛇山上（图 1-4-9）。这样处理做到了桥位河道稳定，正桥和引桥都最短，既能满足长江通航净空的要求，又避免了两岸高填土路基，同时铁路在山林中通过城市中心地带，避免了噪声污染和对景观的干扰，无论是工程技术还是工程与环境的协调，都堪称桥位选择的佳作。

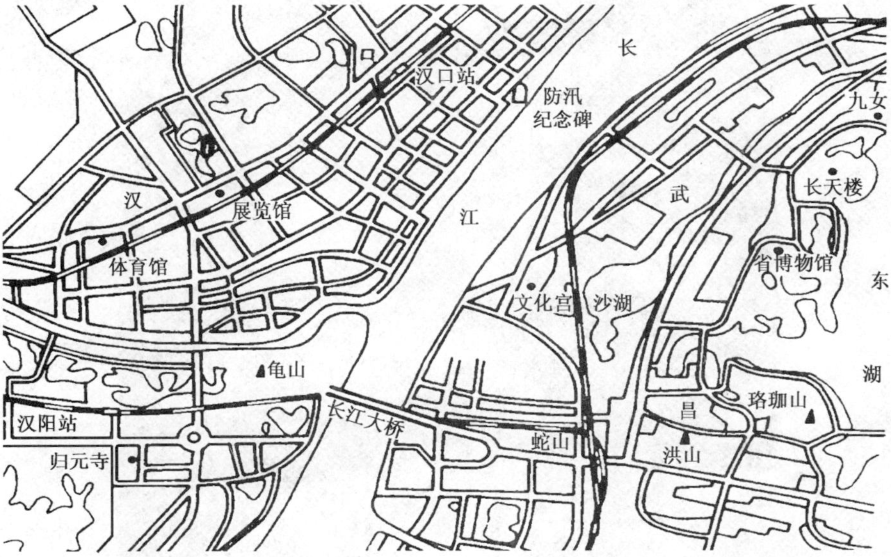

图 1-4-9　武汉长江大桥的桥位

在汉阳岸（北岸）桥头（图 1-4-10），大桥通过绿树葱葱的龟山，在江边湖岸点缀着红瓦楼房的绿树丛林的上空，跨越滚滚长江，直达武昌。跨越长江钢铁巨龙般的大桥和从龟山顶上绿树丛中拔地而起、直插蓝天洁白的电视塔，尺度大小悬殊，线条一横一竖，在视觉上形成鲜明的对比，也显示了现代科学的创造力。简洁的横、竖线条与自然环境构成一幅色彩鲜明、清静和谐的画面。

图 1-4-10　武汉长江大桥（汉阳岸）

武昌岸（南岸），黄鹤楼耸立岸边的蛇山端头（图1-4-11、图 1-4-12），楼高五层，金碧辉煌，巍峨壮观，与大桥绵亘相接，周围一片郁郁葱葱，登楼远望，浩瀚长江水天相连，一桥飞架，天堑变通途。武昌岸边、蛇山两侧，街道密集，人群熙熙攘攘。

图 1-4-11　武汉长江大桥武昌岸桥头蛇山端顶的黄鹤楼(《桥梁美学》,樊凡)

公路桥面绕行黄鹤楼脚下的道路而过,铁路引桥隐蔽在蛇山背后的树林中悄然通过。处理上一明一暗,一虚一实,十分巧妙地发挥了黄鹤楼和蛇山的自然景观效应,并隐蔽了铁路对城市环境的干扰。另外,从江岸到黄鹤楼间的引桥桥头堡,带有中国园林亭子式的屋顶和铁路引桥圆拱形的侧门(图 1-4-12),使大桥和远景黄鹤楼十分协调、和谐,把现代桥梁的技术和我国古代园林的艺术自然地融会为一体,全桥景观朴实无华,与建国初期社会风尚及我国传统的建筑风格十分协调,无论是自然景观,还是人文景观,都处理得十分得当。

2. 桥梁与人文及自然景观的和谐——美国华盛顿波托纳克河(Potonac River)上的阿灵顿(Arlington)纪念桥

美国以高度发达的科学技术和工业著称,1937 年建成的旧金山金门大桥(图 1-4-3),以它大跨度、高强材料构成的轻巧、纤细的红色线条,跨越蓝色的海峡之上,给人以强大力度和轻巧形象的鲜明对比和美感。然而,在首都华盛顿重要位置的波托纳克河上的阿灵顿(Arlington)纪念桥(图 1-4-13),却采用了美国少见的灰白色花岗岩贴面的实腹石拱桥,显得沉重、庄严、肃穆、有历史厚重感。

波托纳克河(Potonac River)桥的一端,连接林肯总统纪念堂(图中方形白色建筑)和建有华盛顿纪念碑的广场,另一端连接着阿灵顿(Arlington)国家公墓,这里有美国建国以来,著名人士的墓地和纪念性建筑。采用灰白色、实腹、连续石拱、有沉重感的桥型,与周围的人文历史

图 1-4-12　武汉长江大桥武昌岸的园林亭子式的桥头堡和圆拱门(《桥梁美学》,樊凡)

图 1-4-13　阿灵顿(Arlington)纪念桥(《桥梁美学》,樊凡)

景观和自然环境十分和谐、得体。

3. 桥梁的跨越功能和力度的展示

桥梁的跨越功能和力度的展示,瑞士塞尔吉纳图波(Salginatobel)桥(图 1-4-1 和图 1-4-2)是一个杰出的代表。

我国不同时期的桥梁尽管受到当时经济、技术条件的限制,还是创造了很多值得称赞的桥梁。

(1)湖北省干沟子桥(图 1-4-14)

正当人们翘首观赏"两岸猿声啼不住"的三峡风光,寻找隐藏在群峰中的巫山神女时,突然,左岸高高陡立的峡谷顶端,一座平坦的空腹拱桥,"飞架彩云间",呈现在眼前,顿时被桥梁跨越天堑的魅力和建桥者的聪明与勇气所震撼,越发激起对长江三峡的神秘感。该桥为跨径 90m 的钢筋混凝土箱形拱桥,拱矢很坦,桥型轻巧,呈现强烈的跨越力度;两侧拱肩各设大小排列有序的 6 个腹拱,表现出鲜明的节奏和韵律。

(2)新疆寨口桥(图 1-4-15)

图 1-4-14　湖北省干沟子桥(《桥梁美学》,樊凡)

图 1-4-15　新疆寨口桥

此桥不是跨越高山峡谷,也不具有很大的跨度,但是,设计者恰当地利用峡口的地形,设计出外型轻巧、简洁,具有强烈的跨越力度,恰当地处理了山、水与人(交通功能)和谐的景观。

4.桥梁与江南风光及乡土文化的和谐——江南水乡的石拱桥

长江三角洲地区,河网纵横,历来民间运输以船为主,大小道路上修建了众多的石拱桥。图1-4-16是浙江省嘉兴市古镇西塘的石拱桥,图1-4-17是苏州市的彩云桥,建于明代。绿油油的稻田,路边白墙灰瓦木结构的民房,外围的竹篱笆,还有小河上隆起的石拱桥,半圆的拱圈和它的倒影形成了大大的圆环,在涟漪起伏的水面上荡漾。这就是江南水乡的一幅"小桥—流水—人家"风景画。

图1-4-16 浙江省嘉兴市古镇西塘的石拱桥

图1-4-17 苏州彩云桥(《桥梁美学》,樊凡)

这些元素形成了江南小桥流水的美感,同时造就了历史上无数的江南才子和近代的科学家、艺术家。这些也成为中华文化遗产的重要组成部分。

5.与西部高原、戈壁、沙漠自然景观和谐的桥梁——新疆变迁、游荡性河流上的桥梁

新疆的河流出山口以后,上、中游流经山前冲积扇或戈壁滩,河床宽浅,股流、汊流、沙洲繁多,河床质为卵、砾石,为变迁性河流;再往下游到达沙漠边缘地带如叶尔羌河麦盖提及其下游

河段和塔里木河，河床质为中、细砂，称为游荡性河流。两类河流（河段）的平面形态都是宽浅、汊流、股流、沙洲等交错密布，股流摆动频繁。

新疆宽浅的河流，路基低，桥下净空不高，孔径不宜过大，这些环境条件制约了桥型的选择，桥梁景观设计具有一定难度。新疆桥梁建设者根据当地特点，建成了大量与当地景观十分和谐的桥梁。图 1-4-18 所示的黑孜尔桥淡雅宁静、简洁而有节奏；图 1-4-19 所示的哈浪沟桥，采用敞肩坦拱，既庄重、牢固，又不感单调和沉闷，大拱、小拱上下既连续又错落的排列，体现出节奏、韵律和连续的美学特点，土黄色卵石砌面与黄色宽浅的河床在色彩和体量上和谐一致。

图 1-4-18　新疆黑孜尔桥

图 1-4-19　新疆哈浪沟桥

第二篇　桥梁的河流环境

第二章 河 流

第一节 河川径流

一、地球上的水循环

海洋和陆地表面的水，受日光辐射而蒸发成水蒸气，被大气带到各地，在一定情况下凝结成为降水。有的降水在降落过程中被蒸发，有的降水被植物截流或散发，有的降水落到地面或海洋、水面上。

落在地面上的降水，首先填满坑洼，有的渗入地下，在表层土壤中流动（表层流），或渗入深土层（地下水），剩余的降水，沿地面漫流，汇入江河。地下水可以变成泉水或地下水流，渗入河流，最后再流入海洋。

地面和水面上的水，经蒸发再返回大气，这样循环不止，构成地球上的水循环（图 2-1-1）。

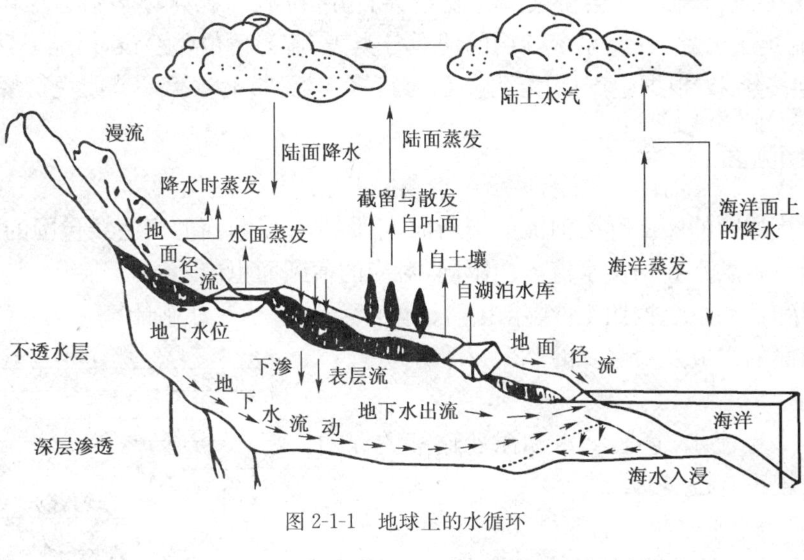

图 2-1-1 地球上的水循环

二、河流的形成

1. 径流

降水（雨、雪、霜、露等）扣除蒸发、下渗等损失以外，受重力作用，在地面上沿一定的方向和路径流动,称为地面径流。

渗入地面以下的降水,受重力作用,在土壤孔隙或岩石间隙中流动,称为地下径流。

2. 河流

地面径流长期侵蚀地面,形成凹槽,水流在凹槽中流动称为河流。河流流经的谷地称为河谷;河谷底部有流水的部分称为河床。在重力作用下沿河床流动的水流称为河川径流。河川径流是由地面径流和地下径流补给的。河床和河川径流组成河流。

3. 水系

一条河流的干支流构成了脉络相通的水道系统,称为水系,也称河系。

三、河流分段

较大的河流可分为河源、上游、中游 、下游、河口五段。河流的干流开始具有表面水流的地方称为河源,它可能是涧溪、泉水、冰川、湖泊或沼泽。河水流入海洋、湖泊或干流的出口,称为河口。从河源到河口之间,又分为上游、中游和下游三段。

上游多位于深山峡谷,坡陡流急,河床下切强烈,流量小,但水位变化大,洪水暴涨暴落;下游多处于平原区,坡度和流速较缓,流量大,河床以沉积为主,断面宽浅,多为复式断面,平面多弯或分汊,洪水涨落平缓;中游是上游和下游的过渡段,地貌形态和水文特性介于两者之间。

以上是一般河流的自然分段,上、中、下游各段都很长。但是,对修建桥梁、公路、铁路直接有影响的河段较短,随地形、地貌、水文等当地自然条件而变化,各类河段相差较大。桥位选择、桥孔长度、墩台冲刷、河段防护及调治,必须针对桥位河段的类别及水文、河床变形特点,采用相应的方法处理。

1964 年,中国土木工程学会桥梁工程委员会召开“桥渡冲刷计算学术会议”,从路桥建设的需求出发,制定了公路、铁路系统专用的河段分类表,作为桥位(渡)设计、路基防护设计等方面的依据。40 多年来,根据生产使用经验,已修订多次,见第七章第一节或现行规范。

四、河流横断面

垂直于水流方向的断面称为河流的横断面,水面线和横断面的河底线包围的平面,称为水流的过水断面。若洪水和枯水水流方向不同,对应的横断面也应不同。

我国公路和铁路系统按照 1964 年中国土木工程学会“桥渡冲刷计算学术会议”文件,定义我国河流横断面的组成及命名,如图 2-1-2 所示。

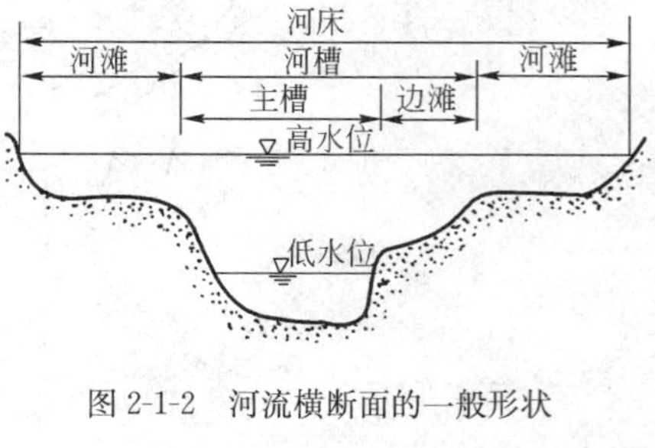

图 2-1-2　河流横断面的一般形状

河床内包括:

(1)河槽:常年流水,宣泄洪水和泥沙输移的深槽。河槽粗糙系数较小,流速较大。

①主槽:河槽中常水位下的深槽部分。

②边滩:河槽中两岸较高的、在洪水位以下随水流运动的泥沙堆积。

(2)河滩:又称河漫滩,是洪水漫溢的较高滩地。一般平原河流在直河段河槽的左右两侧都有河滩,但是,在河湾段只有凸岸才有河滩。河滩粗糙系数较大,流速较小,无明显的泥沙运动，有植物生长。

五、河流纵断面

河流中各横断面最大水深点的连线，称为深泓线。沿河流深泓线的断面称为河流的纵断面。河流的纵断面表示河流上下游水面和河底高程的沿程变化。

河流纵断面可用两横断面间的比降 i 来表示。任意河段(水面或河底)两端的高差称为落差，单位长度内的落差称为比降，可用下式表示：

$$i=\frac{H_2-H_1}{L}=\frac{\Delta H}{L} \tag{2-1-1}$$

式中：i——河段的比降，可用小数、百分数(%)或千分数(‰)表示；

H_2、H_1——分别为河段下游端和上游端的(水面或河底)高程(m)；

L——河段长度(km)；

ΔH——水面或河底的落差(m)，以水面落差计算的称水面比降，以河底落差计算的称河底比降。

河流比降受很多因素影响，变化很大，一般自河源向河口逐渐减小，沿程各河段的比降都不相同。河口附近的比降受泥沙淤积、潮汐倒灌、大河顶托等影响，变化更大。河床比降相对水面比降来说，比较稳定。水面比降还将随着不同水位而变化。

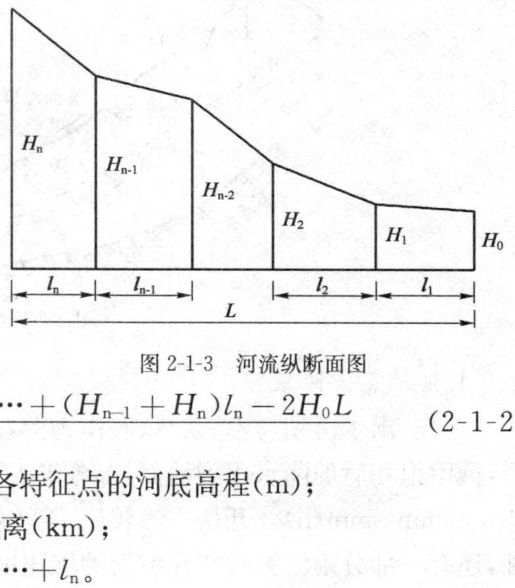

图 2-1-3　河流纵断面图

河段(上下游任何两过水断面之间)的平均比降 $\bar{i}$(‰)(图 2-1-3)按下式计算：

$$\bar{i}=\frac{(H_0+H_1)l_1+(H_1+H_2)l_2+\cdots+(H_{n-1}+H_n)l_n-2H_0L}{L^2} \tag{2-1-2}$$

式中：H_0、$H_1\cdots H_n$——自出口断面起，向上游沿程各特征点的河底高程(m)；

l_1、$l_2\cdots l_n$——各特征点之间沿深泓线的距离(km)；

L——河流长度(km)，$L=l_1+l_2+\cdots+l_n$。

六、流域

地面的降水被高地、山岭分隔，汇集到不同的河流中，这些汇集河川径流的区域，称为河流的流域或汇水区。分隔水流的高地、山岭的山脊线，称为分水线。分水线可分为地表分水线和地下分水线。分水线所包围的面积，称为流域面积或汇水面积(km^2)。

流域是河水补给的区域。流域的特征直接影响着径流形成及其变化过程。流域特征主要有自然地理特征和几何特征两方面。

1. 自然地理特征

自然地理特征主要指流域的地理位置、地形、地貌和地质状况、植被、湖泊分布等。各种气象因素如降水、蒸发、风、冰冻等都随地理位置而变，河流的水文特征也相应地随地理位置而变。流域地形地貌决定了径流形成及汇流的时间。流域的地质条件决定径流的入渗量及其速度。植被及湖泊的存在对水分的蓄渗及截流都起很大作用。

2.几何特征

几何特征主要指流域面积和流域形状。流域面积大小和形状直接决定了流量(过水断面上单位时间内的过水体积)、径流量(一定时段内径流总体积)和汇流时间。流域面积大,汇流时间长,洪水涨落慢,反之亦然。流域形状影响汇流时间,流域形状窄而长呈羽毛形,汇流时间长;流域宽阔呈扇形,汇流时间短。

七、河川径流形成过程

流域内,从降雨落到地面,到水量流出河流下游出口断面为止,是一个十分复杂的物理过程,称为径流形成过程(图 2-1-4),大致可分为三个阶段。

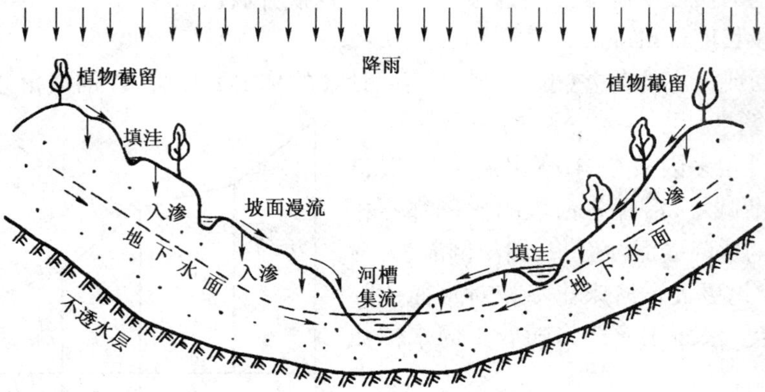

图 2-1-4 径流形成过程示意图

1.流域蓄渗阶段

首先,雨水落到树木、杂草、农作物上,被茎叶截留一部分,不落到地面,称为植物截流。然后,截留饱和后的降水落到地面,部分渗入土壤,称为入渗;单位时间内的入渗量称为入渗强度(mm/min, mm/h)。开始入渗较快,随土壤中入渗逐渐饱和,入渗强度达到一个稳定值。另外,还有一部分雨水被蓄留在坡面的坑洼里,称为填洼。

降雨的植物截留、入渗及填洼的整个过程称为流域蓄渗过程。

降雨中被植物截留、土壤入渗和坡面填洼的部分,称为损失;降雨扣除损失后,剩余的部分称为净雨。

2.坡面漫流阶段

蓄渗完成后,净雨沿着坡面流动,称为坡面漫流。流域内坡面漫流开始的时间是不一致的。开始是局部地区出现坡面漫流,然后,漫流范围逐渐扩大,最后,形成全流域的坡面漫流。

3.河槽集流阶段

坡面漫流的雨水汇入河槽后,由沟溪到支流,由支流到干流,最后到达流域出口断面,称为河槽集流阶段。河槽中的水流,一方面向下游流动,另一方面,随河槽内水量的增加,水位上升,河槽容蓄量增大,使下游出口断面流量增长过程变慢,起到河床对洪水的调蓄作用。

以上三个阶段,就其水体的运动性质来看,蓄渗阶段是流域的产流过程;坡面漫流和河槽集流是流域的汇流过程。流域内径流形成的各阶段,在时间上并无截然的分界,在不同的地方是交错进行的。另外,降雨阶段是气候因素,因对径流形成具有补给水源的作用,过去也把它列入径流形成过程中。

八、影响径流形成的主要因素

1. 气候因素

1)降水

降水是形成地面径流最主要的因素,降雨量的多少决定净流量的大小。降雨量以径流厚度(mm)表示,单位时间内的降雨量称为降雨强度(mm/min, mm/h),每次降雨的降雨量及其在空间和时间上的变化都各不相同。降雨可能笼罩全流域,也可能只降落在局部地区;流域内的降雨强度一般也不均匀,局部地区可能形成暴雨中心,并向某一方向移动。

2)蒸发

蒸发包括流域内水面蒸发、陆面蒸发及植物散发三方面。蒸发对降雨前期的流域蓄水量影响很大。蒸发强度大,土壤前期含水率小,降雨的入渗强度就大,径流量就小;反之亦然。

降雨和蒸发存在一定的地区性规律,径流变化也呈现一定的地区性规律。

2. 下垫面因素

流域的地貌、土壤、地质、植被、湖泊、沼泽等因素,相对于气候因素而言,称为下垫面因素。下垫面因素具有对降雨再分配的功能。

地貌:陡峻山区汇流快,入渗少、蒸发少,径流变化大,山洪暴涨暴落;山地迎风坡降雨多,径流大。

土壤、地质:对雨水入渗和地下径流起主要作用。

植被特别是森林,主要可增加降雨的植物截流和土壤入渗,另外,还可减少土壤的蒸发。森林土壤蒸发较裸露地面土壤的蒸发小20%~30%。

湖泊、沼泽:湖泊、沼泽面积大,流域蒸发大;同时,湖泊、沼泽都有一定的蓄水能力,对洪水和枯水季节或年份,有调节作用。

3. 人类活动的影响

人类活动对自然因素的改变,直接表现在对下垫面因素的影响,甚至影响到气候,进而影响到径流形成及洪水发生。森林砍伐、植被破坏,引起水土流失、河道淤积;围湖及占用河滩,人为改变河道,影响行洪泄洪;河道中修建高坝、大型水库等工程,也将影响行洪泄洪;大气污染,形成酸雨,造成大气臭氧层破坏等,都将影响生态环境和气候因素。人类活动对径流形成的影响,已成为不可忽视的因素。

九、河流的水情要素和水文测验

水情要素是反映河流水文情势及其变化的因素,主要包括:水位、流速、流量、泥沙、水化学、水温及冰情等。对各项水文因素的观测称水文测验。按照国家水文测验规范的要求,在选定的测流横断面上,定时进行水位、流速、流向、流量、比降、降雨、蒸发、泥沙、冰情、地下水位等观测和资料整理的单位,称水文站。

对于大型桥梁施工河段也应进行水位、流速、流向的观测;桥梁墩台及路基等受洪水冲刷的地方应设水尺、冲刷深度观测等设备,进行汛期观测;路桥工程人员必要时进行水文观测,收集和分析水文站的水文资料,也应了解水文观测方法。

1. 水位

水位是过水断面的水面高程,或施测点的水面高程。高程是从某一基准面算起的。1957年我国规定,采用"黄海平均海平面"(青岛验潮站平均海平面)作为全国统一的高程起算点;以多年青岛验潮站观测资料为依据,分析计算得到1985年国家高程基准(详见第八章第五节)。1987年5月,我国采用1985年国家高程基准。习惯上,不同水系常以其河口的平均海平面为零点作为基准面,例如,长江水系常以吴淞基面(长江口)、珠江水系常以珠江基面表示水位。

水位是河流最基本的水文因素、反映河道内的水量增减,是工程建设中不可缺少的水文资料,并可用它推算流量。

采用水尺(图2-1-5)和自记水位计(图2-1-6)进行水位观测。水尺读数加水尺零点高程就是水位。自记水位计可以连续记录一定时段内的水位过程线。

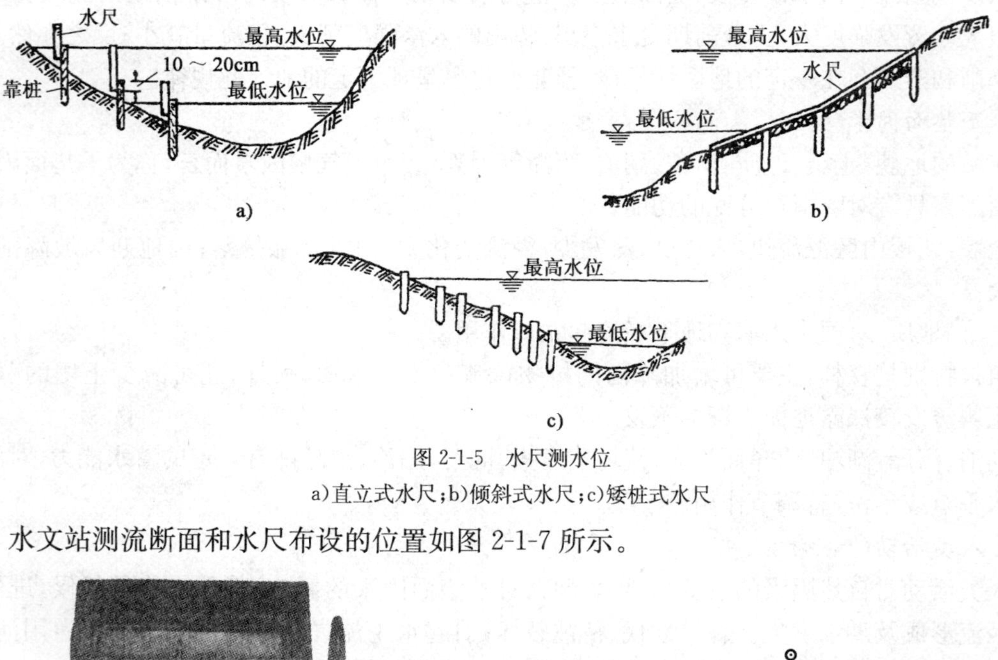

图 2-1-5 水尺测水位

a)直立式水尺;b)倾斜式水尺;c)矮桩式水尺

水文站测流断面和水尺布设的位置如图2-1-7所示。

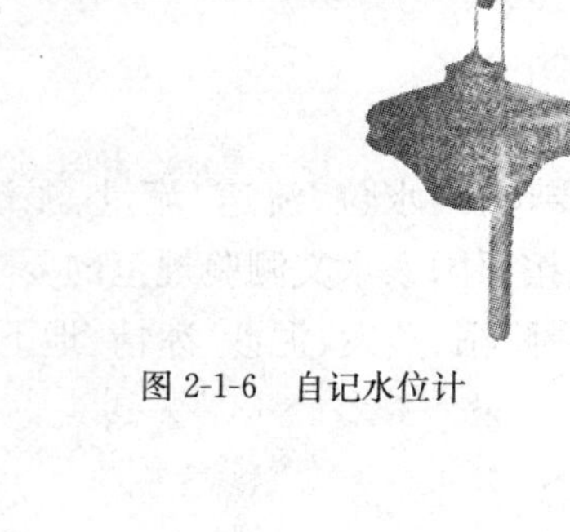

图 2-1-6 自记水位计

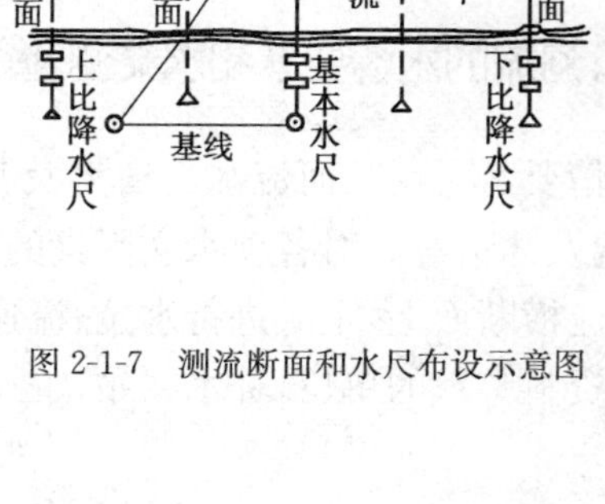

图 2-1-7 测流断面和水尺布设示意图

2. 流速

流速是单位时间水流动的距离(m/s),可用水中某一点的流速、沿水深垂线的平均流速和过水断面的平均流速来表示。

过水断面内的流速是不均匀分布的,水面、河面中心流速最大,向两岸和河底递减[(图2-1-8a)]。应用流速仪观测的流速是测速点的点流速;沿一水深的垂线,测得不同点的流速,可得到垂线流速分布曲线[图 2-1-8b)]。

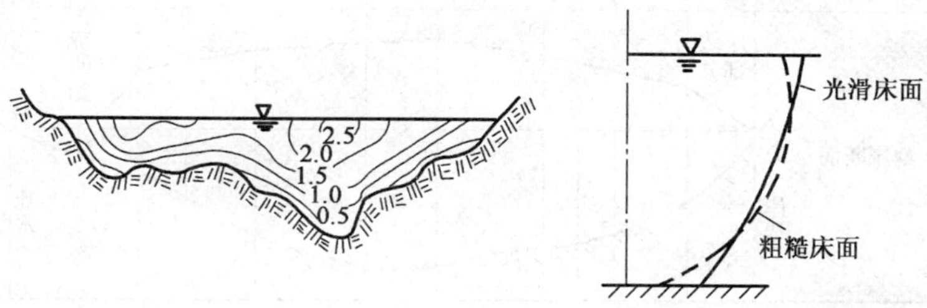

a) b)

图 2-1-8 天然河流断面流速分布

a)过水断面的等流速线;b)垂线流速分布

流速测验的方法,有流速仪法和浮标法两种。

1)流速仪测流

流速仪测流是一般水文站采用的方法。流速仪有旋杯式和旋桨式两种(图 2-1-9、图2-1-10)。

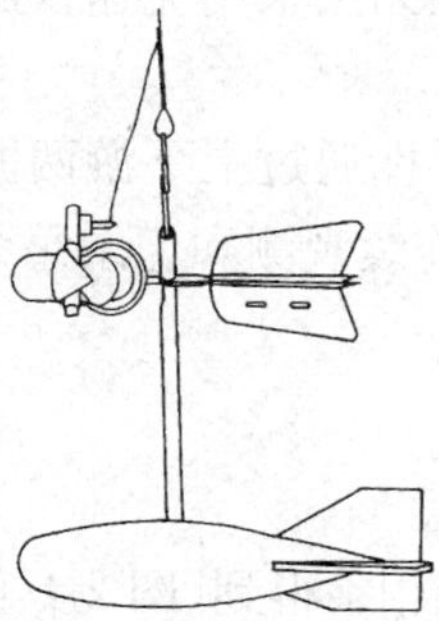

图 2-1-9 旋杯式流速仪

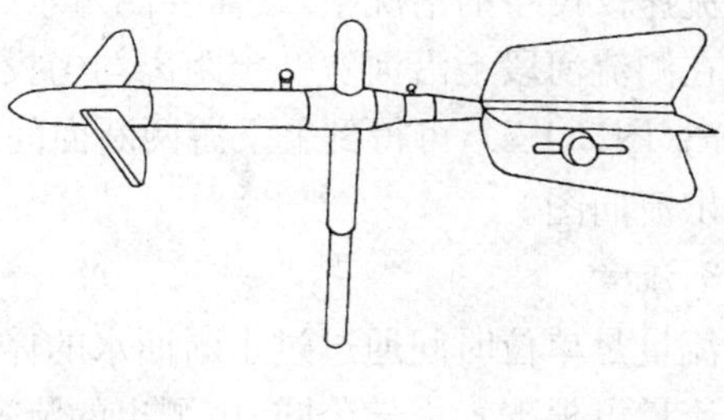

图 2-1-10 旋桨式流速仪

测流速时,将流速仪放到需要的测点,水流冲击旋杯或旋桨使其转动,根据每秒转数,算出测点的流速,如图 2-1-11 所示,每个测速垂线上根据水深大小,从水面到河底选取 1~5 个测流速点进行测速。根据式(2-1-3)计算各测速垂线的垂线平均流速 $\bar{v}_m$。

$$
\left.\begin{aligned}
&\text{五点法:} && \bar{v}_m = \frac{1}{10}(v_{0.0} + 3v_{0.2} + 3v_{0.6} + 2v_{0.8} + v_{1.0}) \\
&\text{三点法:} && \bar{v}_m = \frac{1}{3}(v_{0.2} + v_{0.6} + v_{0.8}) \\
&\text{两点法:} && \bar{v}_m = \frac{1}{2}(v_{0.2} + v_{0.8}) \\
&\text{一点法:} && \bar{v}_m = v_{0.6} \\
&\text{或} && \bar{v}_m = k \cdot v_{0.5}
\end{aligned}\right\} \tag{2-1-3}
$$

式中：　$\bar{v}_m$——垂线平均流速(m/s)；

$v_{0.0}$、$v_{1.0}$——分别为水面和河底的实测点流速(m/s)；

$v_{0.2}$、$v_{0.6}$、$v_{0.8}$——分别为水面以下 0.2、0.6 和 0.8 垂线水深处测点流速(m/s)；

k——半深流速系数，为 0.90～0.95。

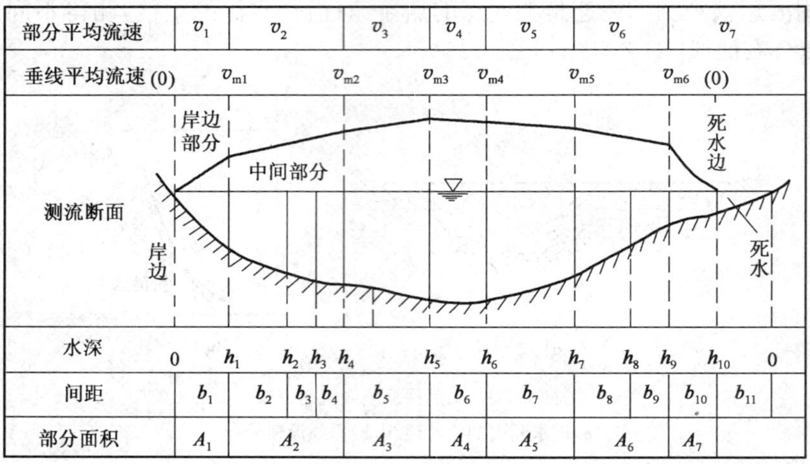

图 2-1-11　测流断面

2)浮标测流

一般在没有条件进行流速仪测流时采用，如特大洪水过程无法采用流速仪施测或临时测流无流速仪设备的情况下，或需要测量水面流速和流向时采用。

在测流河段上沿河宽一定距离均匀投放水面浮标，测出浮标通过上下游两断面间的时间和距离(图 2-1-7)，可得到上下游两断面间的平均水面流速。连续观测和记录每个浮标的位置可绘出流向图。

3.流量

流量是单位时间通过过水断面水的体积(m^3/s)。

流量可根据水力学公式，由测出的流速和相应的过水面积相乘得到(图 2-1-11)。

两垂线间部分过水面积 A_i 相对应的面积平均流速 v_i 的值，可取两侧垂线平均流速的平均值。

部分过水断面流量：

$$Q_i = A_i v_i \tag{2-1-4}$$

全过水断面流量：

$$Q = \sum_{i=1}^{n} Q_i \tag{2-1-5}$$

全过水断面面积：

$$A = \sum_{i=1}^{n} A_i \tag{2-1-6}$$

水面浮标测流时，以测深垂线将测流断面划分成若干部分断面 A_i(图 2-1-11)，根据浮标的漂行速度和位置，绘出水面流速分布曲线。在该曲线上读出各测深垂线处的水面流速，以两相邻测深垂线水面流速的平均值，作为所夹部分面积的平均流速，根据以上水力学公式，计算部分面积上和全过水断面上的虚流量 Q_f，全断面实际流量 Q 应为：

$$Q=K_fQ_f \tag{2-1-7}$$

式中：K_f——浮标系数，水深较大的大河为 0.85～0.90，水深较小的小河为 0.75～0.80。

4. 测流过程中的水位修正

汛期河流水情变化很快，在测流过程中水位在不断变化。若平均水深大于 1m，引起的过水面积的变化小于 10%，或平均水深小于 1m，过水面积的变化小于 20%，一般可取观测开始和终止时两个水位的平均值，作为计算水位 H。

若测流过程中水位变化很快，就应取每块部分面积流量的加权平均值作为计算水位 H：

$$H=\frac{\sum_{i=1}^{n}B_i v_{mi} H_i}{\sum_{i=1}^{n}B_i v_{mi}} \tag{2-1-8}$$

式中：B_i、v_{mi}、H_i——分别为一条测流垂线对应的水面宽度(m)、垂线平均流速(m/s)、测时水位(m)。

5. 水文站资料的整理汇编

水系或流域水文站资料的整理及汇编，一般由各省(市、自治区)水文总站(现改为水资源局)完成。1990 年以前，出版每年的《水文年鉴》向社会公布。1990 年以后的资料，可向水资源局所属单位数据库查询。

桥位勘测水文测验和洪水观测的具体要求，详见第十二章。

十、洪水和枯水

1. 洪水

洪水是大量降水在短时间内汇入河槽，形成的特大径流。洪水又称为汛。据联合国统计，全世界自然灾害中，洪涝灾害约占 45%，旱灾和地震各占 15%。洪涝灾害是世界上最大的自然灾害；据美国统计，在已毁坏的 800 余座桥梁中，因洪水破坏的占 60%，地震破坏的占 2%。伴随流域内降雨或冰雪融化数量的变化，河槽中水情也相应出现水位和流量的涨落变化。流域内每一次大的降雨过程或大量融雪过程，都将对应出现一次洪水过程。

洪水过程由涨水过程(历时)和退水过程(历时)组成，用洪水过程线来表示(图 2-1-12)。洪峰流量(m^3/s)、洪水总量(m^3)和洪水历时(h)构成洪水过程的三要素。对于桥梁和公路、铁路设计，主要依据的是洪峰流量和最高洪水位，洪水历时对路桥施工也有很大影响。河槽内洪水自上游通过洪水波向下游传播，洪峰到达前的水面比降大于洪峰过后的水面比降，使最高洪水位滞后于洪峰流量的出现。洪水波传播过程中不断展开，波高变小，波长加大。

2. 枯水

枯水是特别小的径流。当月水量占全年水量的比例小于 5%时，称为枯水期。其与河流流域的地理位置及水量补给条件有关。枯水期对桥梁基础施工十分有利。

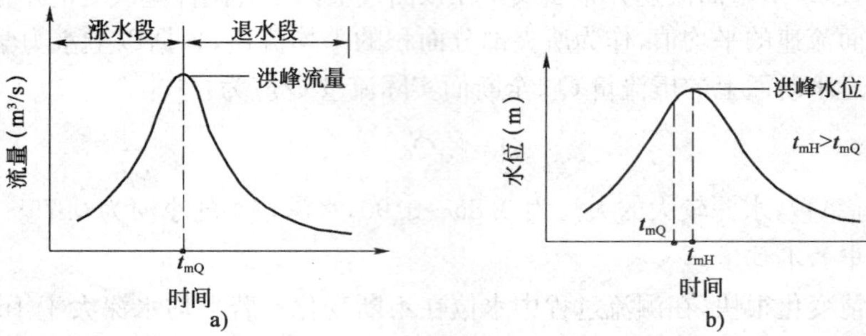

图 2-1-12 过程线示意图

a)流量过程线;b)水位过程线

第二节 中国河流的水文特性

中国地域辽阔,山地、高原、丘陵占全国面积的 69%,地形地貌复杂,地区差异显著;气候多样,江河众多,流域面积在 1 000km² 以上的河流,就有 1 500 多条(图 2-2-1)。大多河流顺地势由西向东或向东南注入太平洋,属太平洋水系,主要有长江、黄河、珠江、黑龙江、松花江、辽河、海河、淮河、钱塘江、澜沧江等。怒江、雅鲁藏布江受山势影响,向南流出国境后,流入印度洋,属印度洋水系。只有新疆西北部的额尔齐斯河属北冰洋水系,新疆其余的河流都是内流河。中国各地高程、月平均气温及降水统计见表 2-2-1。

一、气候、水文分界线(图 2-2-1)

河水最终注入海洋的河流称为外流河;河水最终不能注入海洋的河流,或注入湖泊,或消失于沙漠的称为内流河。我国的气候和地形条件形成了我国两条重要的水文分界线,即外流区、内流区的分界线和南方、北方气候的分界线。

外流区约占全国面积的 2/3,占全国径流总量的 95.65% 。我国外流区、内流区的分界线,北起大兴安岭,大致沿东北、西南方向,经阴山、贺兰山、祁连山、日月山、巴颜喀拉山、念青唐古拉山和冈底斯山,直到西藏西部的国境线为止。这条分界线与我国年降雨量 200mm 等雨量线大致相同。同时,它还是我国气候和自然景观的分界线,以东为季风气候区,河流以降雨补给为主,以西多以冰川、积雪融水补给为主。

在东部外流区内,秦岭和淮河是北方和南方气候的分界线,它相当于年降雨量为 700~800mm 等雨量线的位置;以南属湿润地区,以北属半湿润、半干燥地区。

秦岭和淮河以北的河流,属北方河流。以辽河与滦河的分水岭为界,分为东北河流和华北河流。黑龙江、松花江、图们江、鸭绿江、辽河属东北河流;滦河、海河、黄河等属华北河流。秦岭、淮河以南的河流为南方河流,主要有长江、珠江以及东南沿海的诸多河流。淮河干流及南岸各支流有南方河流的特性,而北岸各支流具有北方河流的特性。

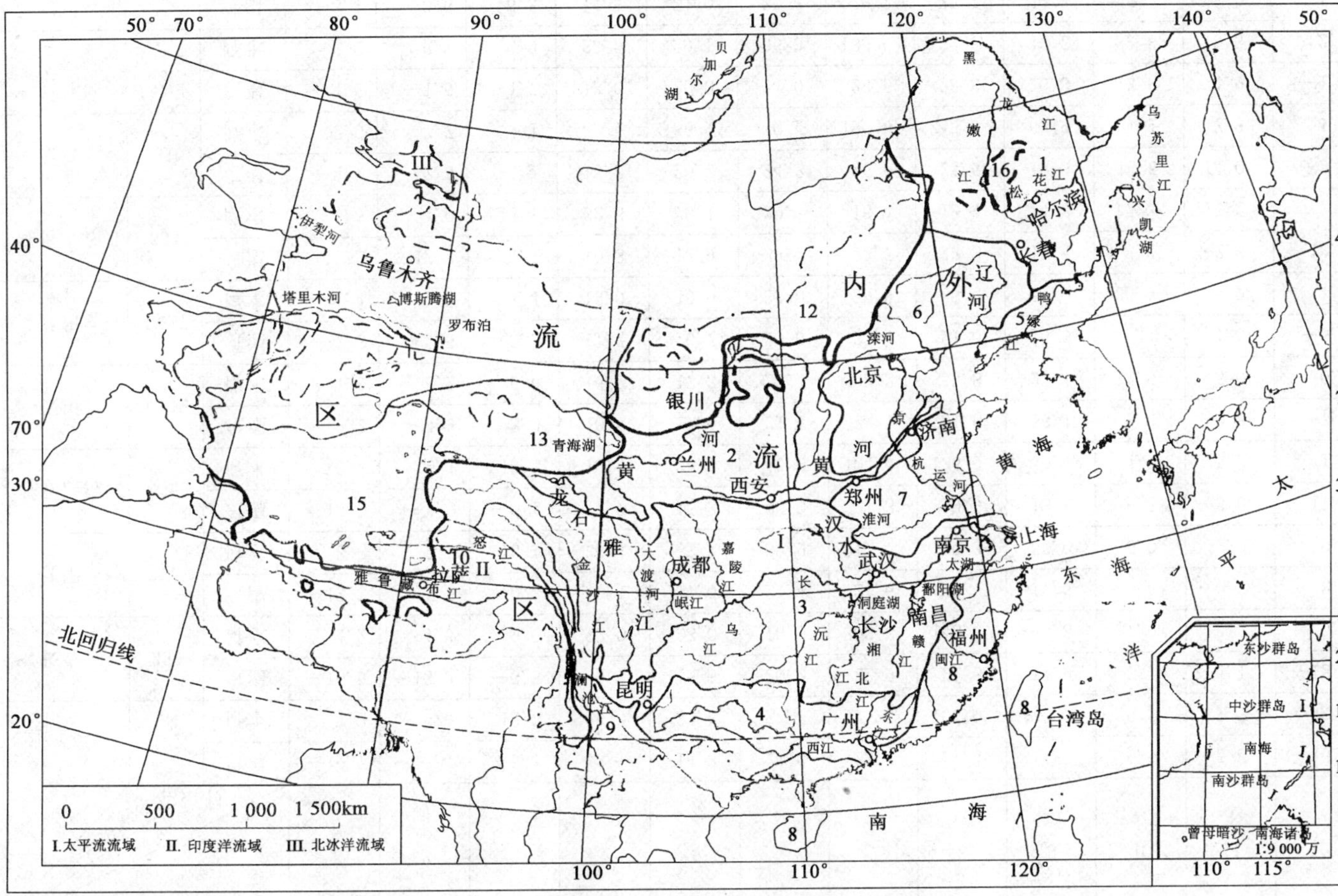

图 2-2-1 中国水系流域图

外流流域

I. 太平洋流域水系

1-黑龙江

2-黄河

3-长江

4-珠江

5-图们江，鸭绿江

6-辽河，海河

7-淮河山东水系

8-东南沿海水系

9-沅江，澜沧江水系

II. 印度洋流域

10-怒江，雅鲁藏布江水系

III. 北冰洋流域

11-额尔齐斯河水系

内流流域

12-内蒙区

13-柴达木区

14-甘新区

15-藏北区

16-松花江内陆区

中国各地气温、降水统计表(1951～1970 年资料)

(气温单位:℃,降水单位:mm)

表 2-2-1

站名	海拔高度(m)	项目 \ 月份	1	2	3	4	5	6	7	8	9	10	11	12	全年	年较差
哈尔滨	171	气温	−19.7	−15.4	−5.1	6.1	14.3	20.0	22.7	21.4	14.3	5.9	−5.8	−15.5	3.6	42.4
		降水	4.3	3.9	12.5	25.3	33.8	77.7	176.5	107.0	72.7	26.6	7.5	5.7	553.5	
长春	236	气温	−16.9	−13.0	−3.8	6.7	15.0	20.0	22.9	21.6	14.9	7.1	−4.1	−12.9	4.8	39.8
		降水	4.2	4.6	9.5	22.0	38.0	79.8	202.6	142.3	63.8	27.0	13.3	3.7	610.8	
沈阳	41	气温	−12.7	−8.6	−0.3	9.1	17.0	21.4	24.6	23.7	17.2	9.6	−0.3	−8.7	7.7	37.3
		降水	8.3	7.7	13.1	36.4	53.7	87.9	217.7	180.3	86.0	36.0	19.0	9.4	755.4	
呼和浩特	1 063	气温	−13.5	−9.3	−0.4	7.7	15.2	20.0	21.8	19.9	13.8	6.5	−3.0	−11.4	5.6	35.3
		降水	2.4	6.1	10.1	19.9	28.4	46.2	104.4	136.9	40.4	24.1	5.9	1.4	426.1	
银川	1 112	气温	−9.2	−4.9	2.9	10.4	17.0	21.4	23.5	21.6	16.1	9.0	0.6	−7.0	8.5	32.7
		降水	1.0	2.2	6.6	16.1	17.3	22.4	38.2	55.8	27.1	12.9	5.0	0.8	205.4	
兰州	1 517	气温	−7.3	−2.5	5.3	11.7	16.7	20.5	22.4	21.0	15.9	9.4	1.6	−5.7	9.1	29.7
		降水	1.4	1.8	7.4	19.0	40.0	33.0	59.3	85.6	51.0	26.9	4.9	1.5	331.9	
乌鲁木齐	654	气温	−15.2	−12.2	0.7	10.8	18.9	23.4	25.7	23.8	17.4	8.2	−2.6	−12.0	7.3	40.9
		降水	5.6	4.0	18.8	22.6	25.1	29.1	16.4	18.9	14.2	17.2	15.2	7.4	194.6	
北京	31	气温	−4.7	−2.3	4.4	13.2	20.2	24.2	26.0	24.6	19.5	12.5	4.0	−2.8	11.6	30.7
		降水	2.6	7.7	9.1	22.4	36.1	70.4	196.6	243.5	63.9	21.1	7.9	1.6	682.9	
天津	3	气温	−4.2	−1.6	4.7	13.0	20.0	24.0	26.5	25.8	20.8	13.6	4.9	−1.7	12.2	30.7
		降水	2.2	6.1	5.9	23.2	29.1	66.3	185.9	162.6	42.2	32.8	10.5	2.3	559.1	
石家庄	82	气温	−3.1	−0.6	6.3	14.5	21.0	25.6	26.7	25.1	20.3	13.7	5.5	−1.0	12.8	29.8
		降水	3.2	7.9	11.7	26.7	37.1	55.4	154.3	187.6	57.1	33.9	21.0	3.1	598.9	

续上表

站名	海拔高度(m)	项目	1	2	3	4	5	6	7	8	9	10	11	12	全年	年较差
太原	777	气温	−7.0	−3.3	3.6	11.2	17.5	21.7	23.7	21.9	16.1	9.8	1.8	−5.1	9.3	30.7
		降水	2.9	5.3	9.9	25.7	37.0	46.6	124.6	99.3	65.8	32.4	14.8	2.3	466.6	
济南	51	气温	−1.7	0.9	7.3	15.1	21.9	26.3	27.6	26.3	21.7	15.8	7.8	0.8	14.2	29.3
		降水	6.2	10.4	16.1	36.1	36.8	73.7	214.0	147.9	60.9	33.0	28.9	8.2	672.2	
郑州	110	气温	−0.3	2.1	7.7	14.8	21.1	26.3	27.5	25.9	21.0	15.1	7.8	1.6	14.2	27.8
		降水	8.8	12.6	29.2	50.8	46.4	68.3	134.8	135.2	67.2	40.6	34.4	7.8	635.9	
西安	396	气温	−1.3	2.1	8.0	14.0	19.2	25.3	26.7	25.4	19.4	13.6	6.5	0.6	13.3	28.0
		降水	7.6	10.3	24.7	53.0	62.3	57.6	105.9	80.1	100.2	61.5	34.0	7.1	604.2	
上海	4	气温	3.3	4.6	8.3	13.8	18.8	23.2	27.9	27.8	23.8	17.9	12.5	6.2	15.7	24.6
		降水	44.3	63.0	80.5	111.1	129.3	156.6	142.4	116.0	145.9	46.8	53.4	39.2	1 128.5	
南京	8	气温	1.9	3.8	8.4	14.7	20.0	24.5	28.2	27.9	22.9	16.9	10.7	4.5	15.4	26.3
		降水	31.8	52.9	73.6	98.3	97.3	140.2	181.7	121.7	101.2	44.1	53.1	30.2	1 026.1	
杭州	7	气温	3.6	5.0	9.2	15.1	20.3	24.3	28.7	28.2	23.5	17.4	12.1	6.1	16.1	25.1
		降水	64.3	84.4	116.7	130.4	185.8	191.6	131.6	135.5	183.0	67.0	61.2	49.1	14 00.7	
合肥	23	气温	1.9	4.2	9.2	15.3	20.7	25.1	28.5	28.2	23.0	17.0	10.6	4.6	15.7	26.6
		降水	33.5	50.3	75.3	105.9	105.5	96.4	181.6	114.0	79.8	43.1	52.6	31.5	969.5	
武汉	23	气温	2.8	5.0	10.0	16.0	21.3	25.8	29.0	28.5	23.6	17.5	11.2	5.3	16.3	26.2
		降水	35.5	60.5	104.5	144.4	161.2	218.0	179.0	133.4	80.6	53.2	56.6	33.5	1 260.1	
长沙	44	气温	4.6	6.2	10.9	16.7	21.7	26.0	29.5	28.9	24.5	18.5	12.5	7.0	17.2	24.9
		降水	53.1	87.2	152.3	199.2	244.5	184.5	123.2	106.3	69.3	84.8	69.9	48.1	1 422.4	

续上表

站名	海拔高度(m)	项目 \ 月份	1	2	3	4	5	6	7	8	9	10	11	12	全年	年较差
福州	84	气温	10.4	10.6	13.4	18.1	22.2	25.3	28.7	28.2	26.0	21.6	17.8	13.1	19.6	18.3
		降水	52.6	79.9	121.4	136.2	210.2	223.5	118.5	142.2	155.3	31.0	28.8	28.7	1 328.2	
南昌	46	气温	4.9	6.3	10.9	17.0	22.0	25.7	29.7	29.4	25.1	18.9	13.1	7.3	17.5	24.8
		降水	59.1	93.8	170.2	221.1	306.5	277.3	127.0	93.8	85.1	57.2	62.2	44.9	1 598.0	
成都	505	气温	5.6	7.6	12.1	17.0	21.1	23.7	25.8	25.1	21.4	16.7	12.0	7.3	16.3	20.2
		降水	5.0	11.4	21.8	51.1	88.3	119.4	228.9	265.8	113.5	47.9	16.5	6.4	976.0	
贵阳	1 071	气温	4.9	6.4	11.5	16.3	19.6	21.9	24.0	23.5	20.8	15.9	11.6	7.0	15.3	19.1
		降水	19.7	21.9	33.2	108.0	191.9	213.4	179.2	141.9	82.6	89.3	55.8	25.8	1 162.5	
昆明	1 891	气温	7.8	9.8	13.2	16.7	19.3	19.5	19.9	19.2	17.6	15.0	11.5	8.3	14.8	12.1
		降水	10.0	9.8	13.6	19.6	78.0	181.7	216.4	195.2	122.9	94.9	33.7	15.9	991.7	
台北	9	气温	14.6	15.5	18.9	21.7	24.9	26.9	28.6	28.6	26.8	23.4	20.8	17.1	22.3	14.6
		降水	100.0	116.3	136.1	135.9	152.0	263.3	255.4	336.0	284.5	86.3	72.3	109.4	2 047.5	
广州	6	气温	13.4	14.2	17.7	21.8	25.7	27.2	28.3	28.2	27.0	23.8	19.7	15.2	21.8	14.9
		降水	39.1	62.5	91.5	158.5	267.2	299.0	219.6	225.3	204.4	52.0	41.9	19.6	1 680.5	
南宁	72	气温	12.9	13.9	17.3	21.9	26.0	27.4	28.3	27.9	26.7	23.3	18.9	14.8	21.6	15.4
		降水	40.0	41.6	62.8	84.0	183.1	241.3	180.0	203.5	109.6	66.6	43.5	24.9	1 280.9	
西宁	2 261	气温	−8.9	−5.1	2.0	7.6	11.8	15.1	17.2	16.3	12.0	6.2	−1.1	−7.0	5.5	26.1
		降水	1.3	1.2	4.7	22.8	50.3	46.9	71.9	87.0	55.0	26.9	2.8	0.9	371.7	
拉萨	3 658	气温	−2.3	0.8	4.3	8.3	12.6	15.5	14.9	14.1	12.8	8.1	1.9	−1.9	7.5	17.8
		降水	0.2	0.1	1.5	4.4	20.6	73.1	141.7	149.1	57.3	4.8	0.8	0.3	453.9	

二、华北河流、南方河流和东北河流

华北河流的水量较南方河流、东北河流都小。黄河流域面积为珠江的 1.66 倍，长度为珠江的 2.5 倍，但是水量仅为珠江的 1/6。黄河的长度为黑龙江的 1.6 倍，黄河的年径流量只稍多于黑龙江年径流量的 1/5。中国主要河流流域、流量及径流量见表 2-2-2。

中国主要河流径流量比较　　表 2-2-2

河　名	注入的湖或海	流域面积（km^2）	长度（km）	平均流量（m^3/s）	径流总量（10^8m^3）	径流深度（mm）
长江	东海	1 807 199	6 380	31 060	9 793.53	542
珠江	南海	452 616	2 197	11 070	3 492.00	772
黑龙江	鄂霍次克海	1 620 170	3 420	8 600	2 709.00	167
雅鲁藏布江	孟加拉湾	246 000	1 940	3 700	1 167.00	474
澜沧江	南海	164 799	1 612	2 350	742.50	412
怒江	孟加拉湾	142 681	1 540	2 220	700.90	469
闽江	台湾海峡	60 992	577	1 980	623.70	1 023
黄河[1]	渤海	752 443	5 464	1 820	574.50	76
钱塘江	东海	54 349	494	1 480	468.00	861
淮河	黄海	185 700	1 000	1 110	351.00	189
鸭绿江	黄海	62 630	773	1 040	327.60	541
韩江	南海	34 314	325	942	297 10	866
海河[1]	渤海	264 617	1 090	717	226.00	85
瓯江	东海	17 543	338	615	194 00	1 106
李仙江	北部湾	19 873	395	541	170.70	859
九龙江	台湾海峡	14 741	258	446	140.60	954
沅江	北部湾	34 917	772	410	129.20	370
伊犁河	巴尔喀什湖	56 700	375	374	117.90	208
额尔齐斯河	喀拉海	50 860	442	342	107.90	212
龙川江	孟加拉湾	11 962	303	314	98.90	827
辽河[2]	渤海	164 104	1 430	302	95.27	58
鉴江	南海	9 433	211	272	85.84	910
漠阳江	南海	6 174	108	267	84.30	1 365
南流江	北部湾	9 392	198	246	77.64	822
飞云江	东海	6 153		232	73.20	
下淡水溪	台湾海峡	3 257	159	228	71.79	2 204

注：1. 黄河、海河水量为天然径流量（据黄河水利委员会，海、滦河流域年径流分析协作组）。

2. 辽河包括浑河、太子河。

华北河流洪枯流量变幅大,洪水暴涨暴落;南方河流流量变幅较小,洪水涨落较缓慢。例如,黄河花园口水文站最大洪峰流量达 22 300 m^3/s,而最小流量接近于零;长江最大流量与最小流量仅相差 17 倍。

我国河流汛期开始自南向北逐渐推迟,历时逐渐缩短,长江以南丘陵地区的河流如瓯江、兰江、湘江、资江、北江、桂江等每年 3 月下旬就进入汛期,大多在 7、8 月份终止,但瓯江直到 9 月下旬才出汛;淮河汛期较早,6 月上旬开始,8 月下旬结束;长江上游干支流 6 月下旬、7 月上旬才进入汛期,9 月结束;黄河干支流 7 月入汛,9 月下旬结束;海河干支流 7 月中旬入汛,汛期历时约 1 个月;松花江 7 月下旬、8 月初入汛,历时约 1 个月。

中国主要河流汛期起始和终止时间分布(国家防汛抗旱总指挥部办公室,1997 年)见表2-2-3。

中国主要河流汛期起始和终止时间分布表(国家防汛抗旱总指挥部办公室,1997 年)　　表 2-2-3

地　区	河　流	站　名
江南丘陵	瓯江	圩仁
	兰江	兰溪
	赣江	外洲
	湘江	湘潭
	资水	桃江
珠江	北江	横石
	桂江	昭平
	柳江	柳州
	红水河	迁江
	郁江	南宁
	西江	梧州
长江	嘉陵江	北碚
	长江	寸滩
	沱江	李家湾
	岷江	高场
	长江	宜昌
	长江	汉口
淮河	淮河	息县
	淮河	王家坝
	北汝河	紫罗山
黄河	黄河	兰州
	渭河	咸阳
	泾河	张家山
	伊洛河	黑石关
海河	漳河	观台
	滹沱河	黄壁庄
	滦河	滦县
松花江	松花江	哈尔滨
	松花江	佳木斯

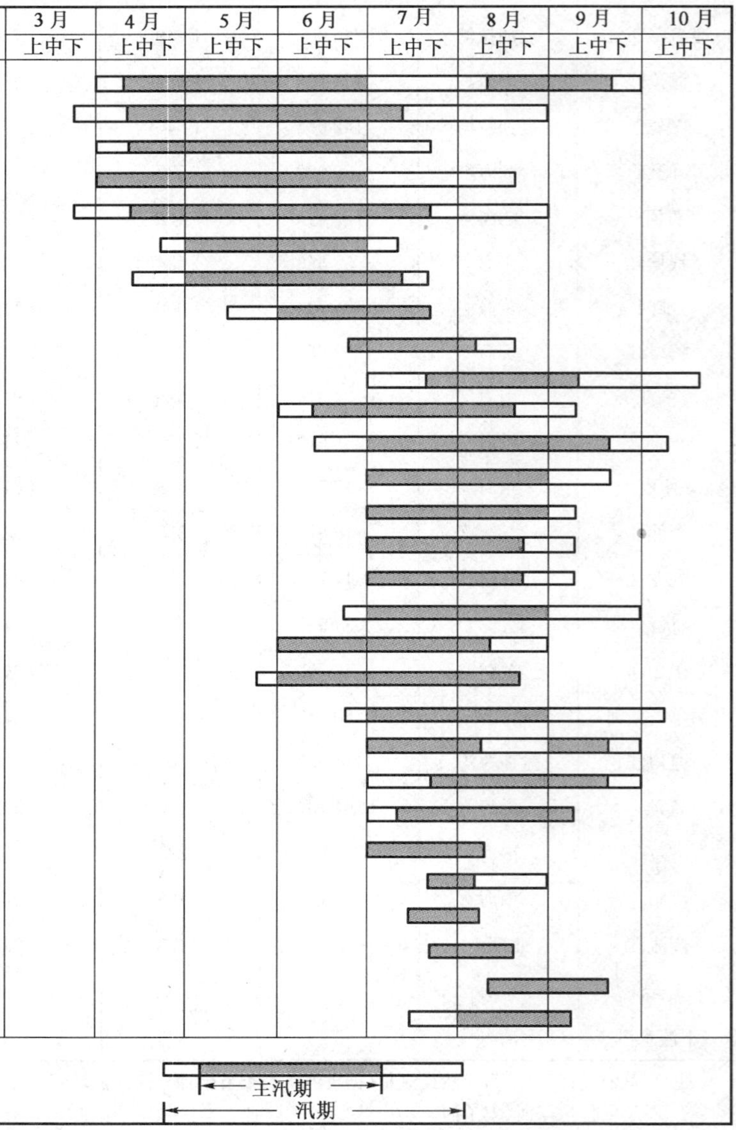

中国主要河流重要测站月平均流量分布见图 2-2-2。

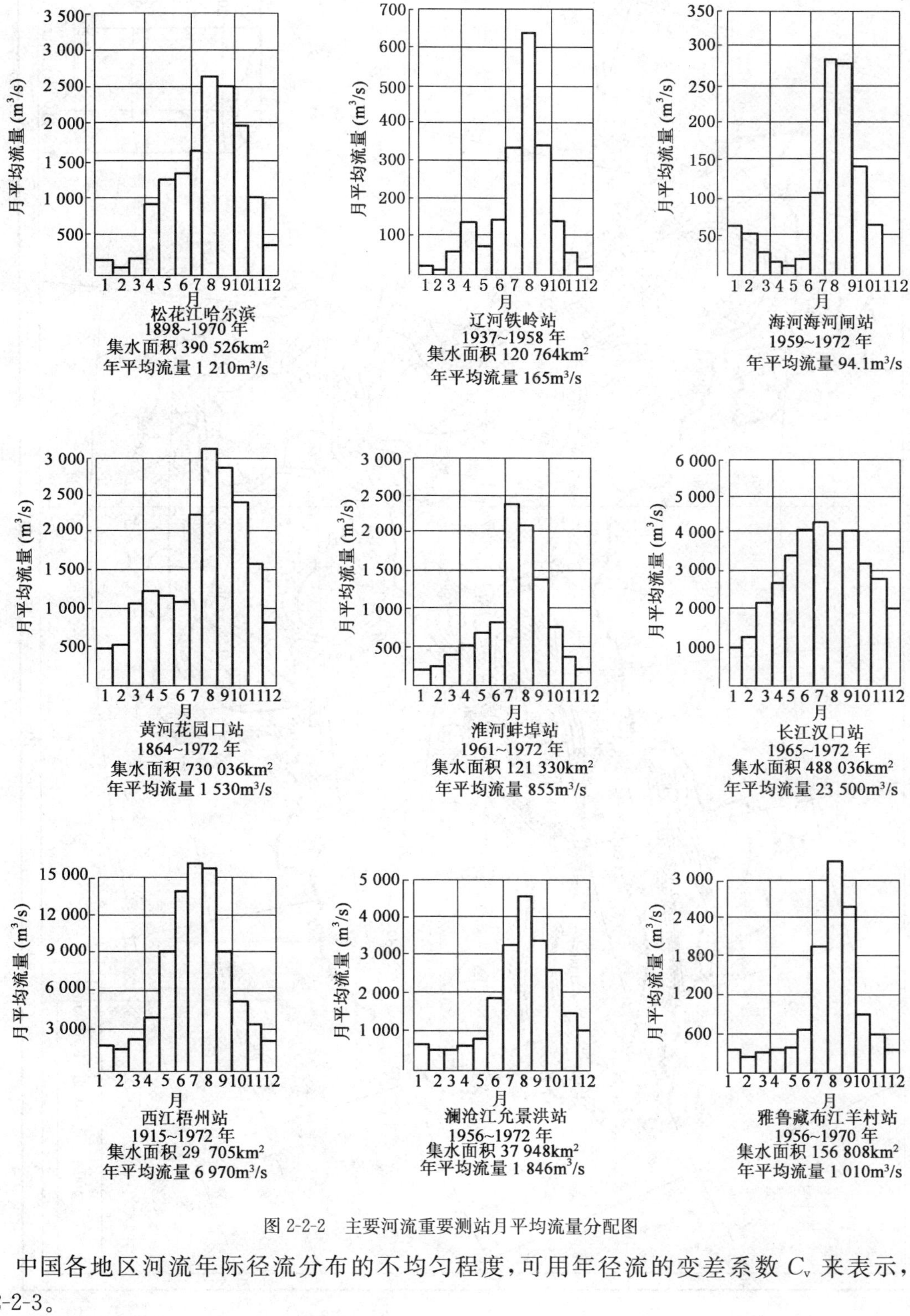

图 2-2-2　主要河流重要测站月平均流量分配图

中国各地区河流年际径流分布的不均匀程度，可用年径流的变差系数 C_v 来表示，见图2-2-3。

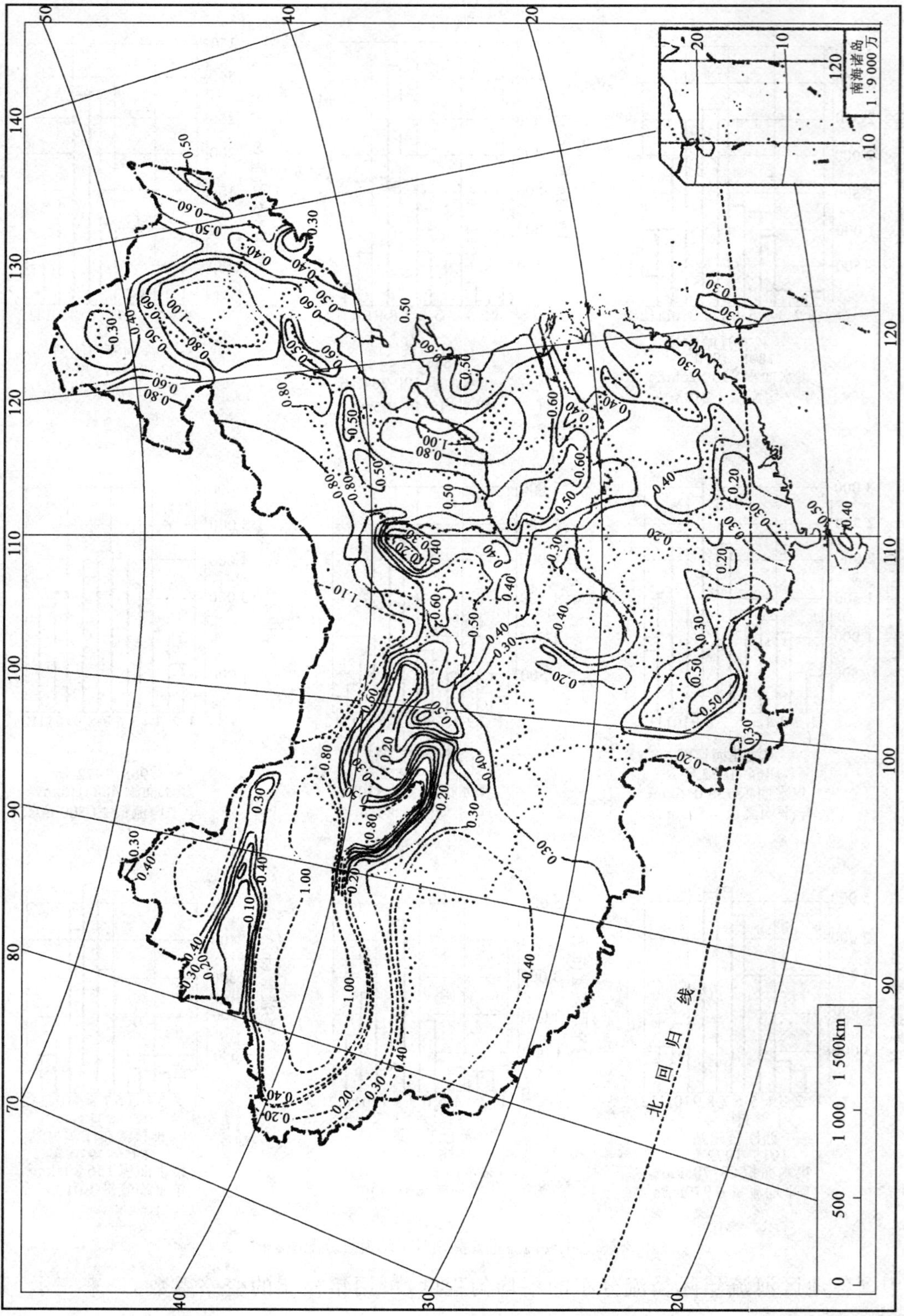

图 2-2-3　中国年径流变差系数 C_v 图

华北河流含沙量远大于南方河流，黄河干流多年平均含沙量 37.7kg/m^3，长江干流为 0.57kg/m^3，只是黄河的 1/74。东北河流的含沙量较小，松花江为 0.17kg/m^3。中国主要河流泥沙特征值见表 2-2-4。

主要河流泥沙特征值 表 2-2-4

水系	河名	站名	集水面积（km^2）	多年平均流量（m^3/s）	多年平均含沙量（kg/m^3）	多年平均输沙量（万 t）	多年平均水蚀模数[t/(km^2·年)]	统计年限（年）
黑龙江	松花江	佳木斯	527 795	2 394	0.157	1 069	20.7	1957～1970
辽河	辽河	铁岭	120 764	107	3.60	2 098	173	1959～1970
滦河	滦河	滦县	44 100	154	3.96	2 408	546	1956～1970
海河	永定河	官厅	42 500	47.5	60.8	8 070	1 686	1925～1952
黄河	黄河	陕县	687 869	1 350	37.7	160 000	2 330	1919～1959
淮河	淮河	蚌埠	121 330	899	0.397	1 308	107	1956～1970
长江	长江	大通	1 705 383	28 500	0.575	49 960	293	1956～1970
闽江	闽江	竹歧	54 500	1 550	0.135	751	138	1951～1970
珠江	西江	梧州	329 705	6 294	0.321	6 649	201	1956～1970
沅江	沅江	蛮耗	32 037	300	3.28	2 989	925	1959～1963 1965～1969(泥沙) 1957～1969(流量)
雅鲁藏布江	雅鲁藏布江	羊村	156 808	1 010	0.529	1 660	106	1956～1970
黑河	黑河	莺落峡	10 009	47.5	1.48	229	228	1956～1970
塔里木河	叶尔羌河	卡群	48 100	203	4.56	2 910	604	1954～1971(流量) 1957～1967(泥沙)
格尔木河	格尔木河	格尔木	15 098	22.2	2.95	207	137	1959～1970

华北河流有结冰封冻现象，南方河流经冬不冻。黄河、淮河之间冰期为 40～50d，海河流域为 50～100d。东北河流，冰期越往北越长，辽河流域为 100～150d，有的河流达半年以上，冰厚超过 1m。越往北河流结冰日期越早，消冰解冻日期越迟。因此，自南向北流的河流或河段，每年秋末冬初和冬末春初都有凌汛发生。

中国河流稳定初冰期见图 2-2-4。

中国河流平均最大冰厚见图 2-2-5。

三、中国的内流河

中国内流河的流域占全国面积的 36%，但是径流量只占全国的 4.35%。主要分布在新疆、河西走廊、柴达木盆地、内蒙古和西藏北部。东北淞嫩地带也有局部内流区（图 2-2-1）。

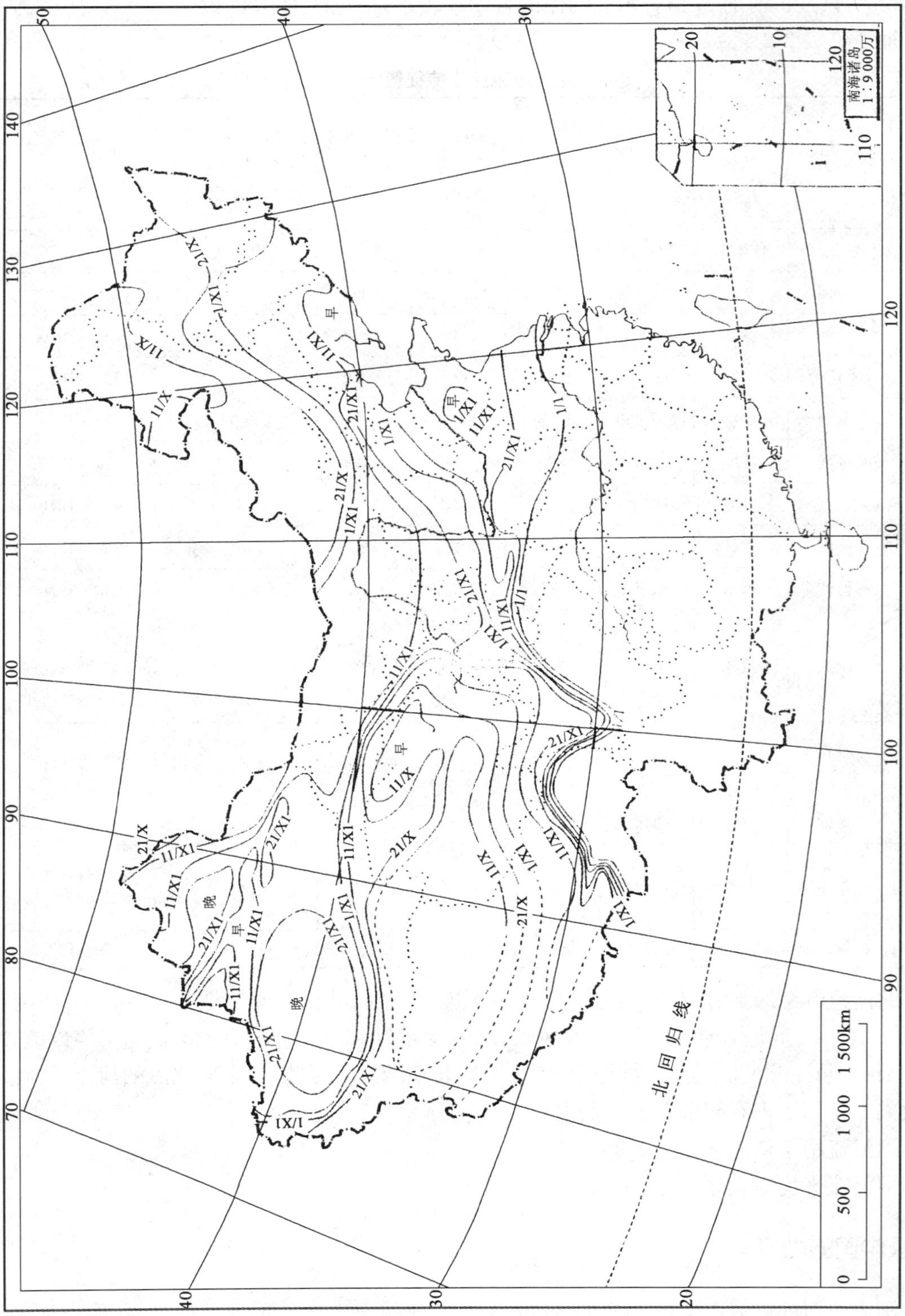

图 2-2-4 中国河流稳定初冰期图（日/月）

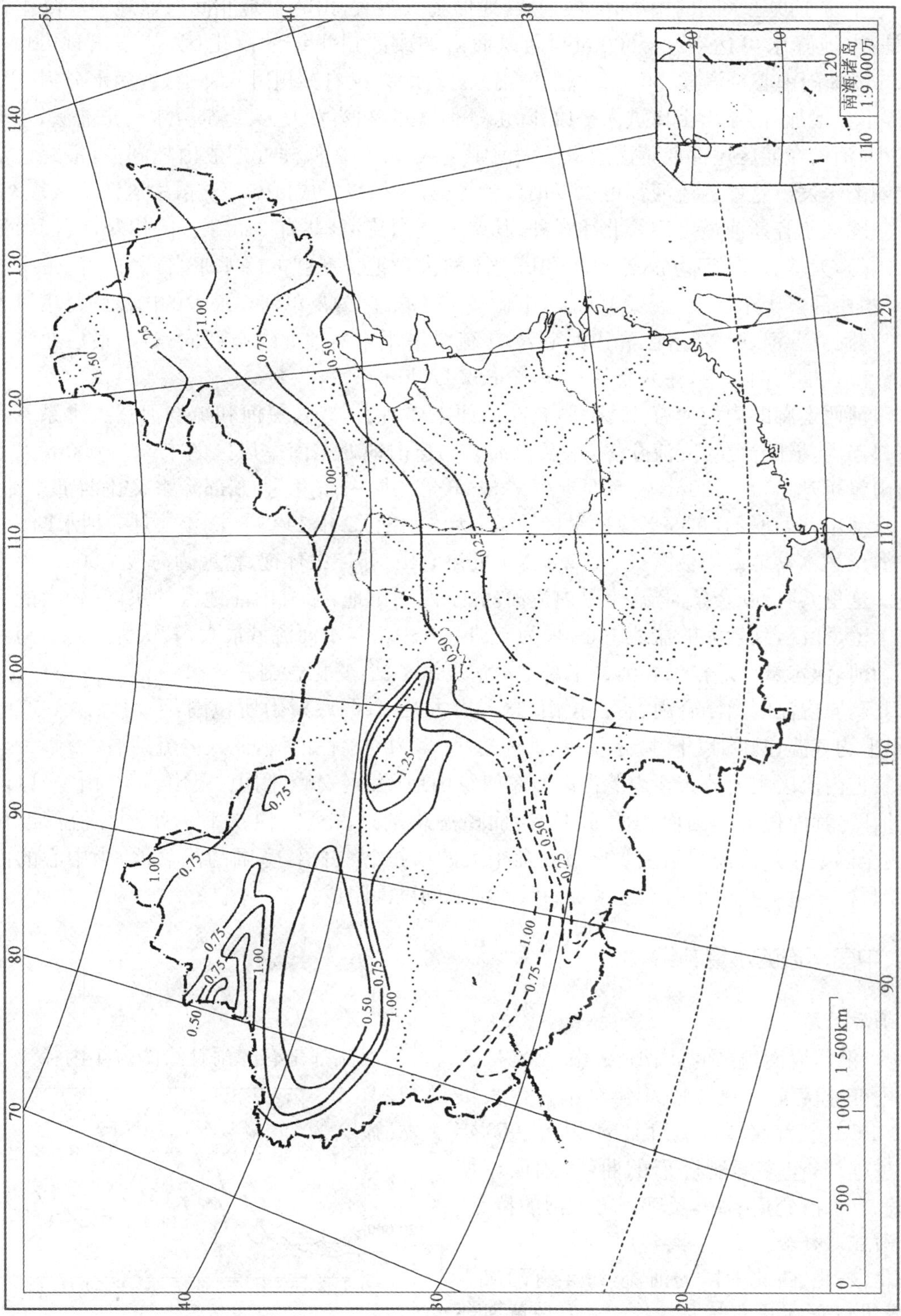

图2-2-5　中国河流平均最大冰厚图（单位：m）

中国西北内流区包括新疆、河西走廊和柴达木盆地,其面积和径流量占全国内流区的2/3以上。这里位于欧亚大陆的中心,气候干燥,地形起伏很大,山岭盆地相间。盆地中心降雨极少,但是,山地降水可达500~600mm,迎风面山坡或冰川集结的高山区,甚至出现800~1 000mm的降雨中心。海拔2 000m以上的山区,降水多,又有冰川融水补给,坡面水分损失很少,沿程水量增加;河流出山口进入平原,降水量小,渗漏和蒸发大,又有部分水引走灌溉,水流逐渐变小,消失在灌区尾部或荒漠边缘。大河则进入沙漠,在低洼处形成内陆湖泊,最终也消失于强烈的蒸发。这些内流河都可以以山口为界,分为径流形成区和径流散失区两个区段。

新疆除额尔齐斯河最终注入北冰洋外,其余全是内流河,共有315条。除伊犁河、额敏河等流出国外,大多数河流都流入准格尔和塔里木两大盆地。新疆的降水来自西方气流带来的水分,降水西部多于东部,北疆多于南疆,山地多于平原,多为夏汛河。最大的内流河是塔里木河,上游有阿克苏河、叶尔羌河、和田河汇入,干流沿塔里木盆地北缘自西向东流,最后在塔卡拉玛干沙漠东端折向东南,注入台特马湖,全长2 179km。

甘肃河西走廊的内流河有60余条,自东向西主要有石羊河、黑河和疏勒河三大水系。其上游在祁连山,坡陡流急,支流众多,水量充沛。祁连山地处东南季风区的末端,4 000m以上的高山雨量可达700~800m,较河西走廊多3~6倍。同一高度上,东部降水又比西部丰沛。每年4月河水开始增加,东部形成春汛,6~8月为洪水期,每年11月至次年3月为枯水期。

青海柴达木盆地四周被海拔4 000m以上的昆仑山、祁连山环抱,盆地为海拔2 500m以上的荒漠。这里共有50余条河流,全是内流河,源于四周山地,形成山前地区的水网,较大的河流穿过戈壁、沙漠,到较大的盆地中心,聚为湖泊。其中格尔木河流域最大,其次为柴达木河和那仁郭勒河,但水量以那仁郭勒河最丰富。水情夏汛冬枯,变化急剧。

藏北高原内流区由昆仑山、唐古拉山、念青唐古拉山、冈底斯山所包围,平均海拔4 600m以上,年平均气温在0℃以下,降水稀少、河流短小,多为间歇性河流,注入内流湖泊。

内蒙古内流区主要分布在内蒙古高原东南缘山地(大兴安岭、阴山、狼山、贺兰山等)以西和以北地区,其面积占全国面积的3.42%,而径流总量只占全国的0.1%,平均径流深度仅8mm,为全国最小。内流水系主要分布在几个大的塔拉(蒙古语,宽阔的浅盆地)为中心的内陆集水湖盆,多由一些短小而不成系统的常流河或间歇河组成。

四、中国河流的水量补给

1.雨源补给

秦岭、淮河以南,直到海南岛、云南、台湾广大地区的河流都是有降雨补给的。年内径流变化与降雨变化完全一致。1954年全国发生大洪水,图2-2-6是长江汉口水文站1954年和1955年的流量过程线,呈多峰肥胖形的曲线,表明汛期长、水量大、水情变化平缓,反映南方大河的特点。

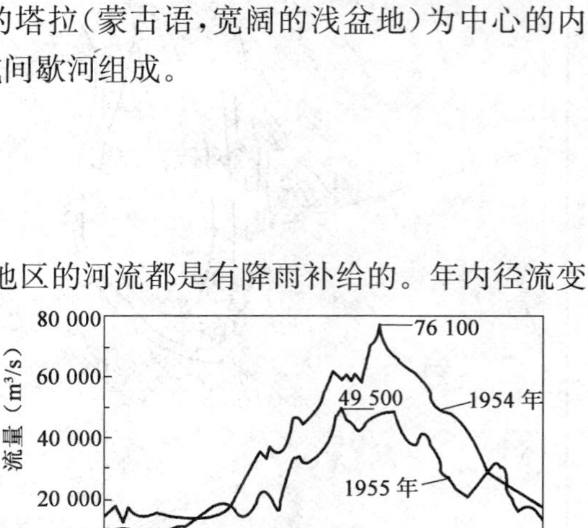

图2-2-6 长江汉口水位站1954年和1955年流量过程线

2.雨雪源补给

华北、东北、西北地区的河流,每年有两次汛期,年流量过程线呈双峰形。图2-2-7是黄河郑州花园口水文站1954年的流量过程线,3、4月间融雪形成春汛，水量不大，但下游常形成冰塞，对沿河桥梁及堤防安全威胁很大。春汛后有一段枯水期，入夏后降雨增多，6～9 月形成夏汛或秋汛。

3. 冰川、融雪源补给及冰雪、降雨混合源补给

西北地区新疆、青海等地河流的补给，是以融雪和冰川融水为主，不少河流是融雪、冰川融水和降雨混合型补给。4～5 月间气温上升，河水开始上涨，6～7 月间达到最高峰，以后气温下降，河水也随之退落，如图 2-2-8 所示。新疆北部有些地方夏季降雨量较大，对河水的补给也有很大影响。

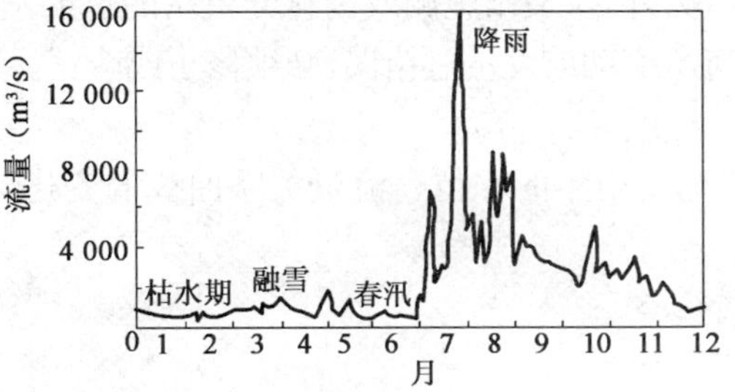

图 2-2-7 黄河郑州花园口水文站 1954 年流量过程线

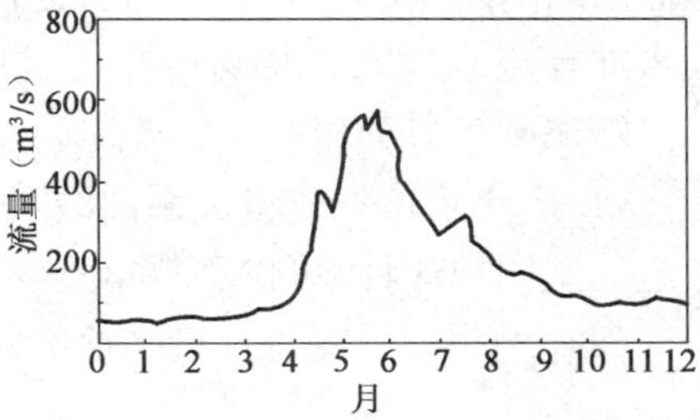

图 2-2-8 额尔齐斯河某水文站流量过程线

第三节 水文资料的搜集和审查

水文资料是河流水情变化的记录，是水文分析和计算的依据，必须认真细致地搜集、整理和审查。桥位水文勘测详细要求见第十二章。

按《公路工程水文勘测设计规范》(JTG C30—2002)的要求，提供必要的水文数据和图表，作为公路和桥梁设计的依据；在桥梁和公路的使用寿命周期内，大洪水对桥梁和公路造成的损坏及维修、加固，也必须搜集水文资料，分析水毁的机理和原因，采取相应对策。

水文资料的来源主要有三方面，即水文站观测资料、水文调查资料(洪水调查资料)和历史文献考证资料。

一、水文站观测资料

1990 年以前，历年水文站观测资料，按照统一的、规定的格式逐年整理后，由各省水文总站，长江、黄河等水利委员会的水文部门编辑的《水文年鉴》刊布发行，各省交通设计院等有关单位，一般都有保存。

1990 年以后，各省水文总站大都改制为省水资源局，建立计算机数据库，供有关单位付费查询。内容包括：测站分布图，水文站说明及位置图，各测站的水位、流量、泥沙、冰凌、地下水、降雨量、蒸发量等观测及整编资料。

若工程地点附近没有水文站，可利用当地水文部门、水利部门在水文站资料基础上编制的《水文手册》和《水文图集》等文献，查取当地各种水文特征值和径流特征值的等值线图和经验公式及有关图表等资料。

一般应搜集水文站位置、设测站的历史、测流断面、水准基点等资料及其多年变化情况；进

一步搜集历年最大洪峰流量(同一洪水成因)及相应的洪峰水位、洪水比降、粗糙系数、流速等数据。特大洪水的灾害情况、实测条件也应搜集。

整编的资料在水文总站、水资源局保存;当年未整编的资料可在水文站查询。

1.水位资料的审查

历史上及习惯上不同水系水准基面,往往采用该水系入海口的平均海面高程作为水准基面。例如长江水系用吴淞口基面,珠江采用珠江口基面等。1957 年我国规定采用"黄海平均海平面"作为全国统一的陆地高程起算面即基准面。必须了解不同水系基准面与黄海高程基准面之间的高差,建立不同基准面之间的换算关系。另外,水文站施测或资料分析用的水准基面或水准点,因为某种原因可能在长期的施测过程中有所变动或发生过错误,必须修正或改正。

2.流量资料的审查

(1)历年水位—流量关系曲线对照比较。一般测站历年的水位—流量关系曲线的变化,有一定的共同规律性,可供资料审查参考。

(2)上下游、干支流水量平衡的对照分析,可供参考。

二、水文调查资料

在桥位河段、沿河公路河段等涉河工程的上下游,现场进行水文调查及地形、高程测量,搜集水文现场资料,是公路和桥梁勘测设计人员必须进行的工作。对缺乏洪水资料的河段,水文调查是获得水文资料最基本的方法;对有水文站资料的河段,水文调查则是补充和检验水文站资料的重要手段。

1.水文调查的主要内容

水文调查主要包括洪水调查、河床演变调查和冰凌调查。潮汐河口河段,还应调查潮汐水情、水位、潮流界、潮区界的位置及变化等。涉河工程河段上下游的已建工程、规划工程如桥梁、堤防、闸坝、供水、环保设施等资料也应调查。

1)洪水调查

调查洪水发生时间(年、月、日)、洪水位、洪水痕迹、洪水来源、洪水涨落幅度及历时等情势,相应的雨情、水情、灾情,有无堤坝决口或分洪,漂浮物多少及大小,风向、风速及风浪高度等资料。

洪水调查主要是在桥位及沿河公路河段的上下游,调查历史上各次较大洪水的时间和水位痕迹,确定历史洪水位及相应的洪水比降,推算相应的历史洪水流量,作为桥梁和沿河公路设计水文计算的资料。

洪水痕迹是历史洪水位的标记,洪水发生年份在一定程度上反映洪水重现期,调查资料必须保证其可靠性。洪水痕迹目睹者应亲临现场指证,并应注意波浪及壅水的影响,适当修正。

2)河床演变调查

向河道管理部门搜集河床平面、纵断面多年来的变迁、趋势图纸及数据资料;向有关部门及当地居民调查主流走向及摆动、河湾移动、两岸冲淤、滩槽变迁、塌岸、渡口变迁的情况,卡口及自然壅水、河滩漫流、历年河底淤积高度、下切深度、分流、死水区等情况,决口、堤防修建及变迁,漂浮物多少及大小、类别等情况。

3)冰凌调查

调查历年封河及开河时间、开河的形势、流冰水位、冰块大小、冰厚度、流冰速度、上下游是否形成冰塞、冰坝和历史上凌汛水害、对两岸及已建桥墩等建筑物的影响等资料。

4)调查单位

除水文部门、当地政府及群众外，还应尽量搜集水利、防汛、城建、环境、铁路等有关单位的相关资料。对早期历史洪水，应访问当地居民、干部，联系他们生活中印象较深的事，结合其他资料，综合分析判断。

2.洪水比降的确定

洪峰的水面比降称为洪水比降。因河流在洪水涨落过程中是非恒定流和非均匀流，不同水位时的比降是不同的。根据调查洪水位计算调查洪水流速、推算洪水流量时，必须应用调查洪水位相应的洪水比降。力求在调查洪水位的河段，尽量在上下游寻找更多的洪水痕迹，标在河段的平面图上，并把它投影在河流深泓线上，再按各个洪水位的高程及其在深泓线上的距离，点绘出河流纵断面图，然后，利用同一次历史洪水位各点的连线，算出该河段对应的洪水比降。

3.历史洪水流量的推算

得到历史洪水位和相应的洪水比降后，可按水力学明渠均匀流复式断面或单式断面，根据谢才—曼宁公式算出断面平均流速，再乘过水断面面积即得历史洪水流量。

三、历史文献和文物资料

我国历代各类史籍、文献、碑文中，关于洪涝灾害的记载年代久远，资料十分丰富。将分散、零星的记载，系统搜集、整理和分析，可以了解近百年甚至更久远的历史洪水情况。对考证历史洪水的年份、重现期，掌握当地大洪水出现规律，丰水年和枯水年周期的分布，河流及村镇的变迁等，都有很大价值。

1.搜集的主要资料

1)地方志类

省志(通志)、府志、县(州)志大都有历史洪水资料的记载。

《中国地方志综录》(商务印书馆，1958年)详述了各地方志的名称、版本和藏书地点。1980年后，各地方志又进行了修订和补正。

2)《宫廷档案》和《实录》类

《宫廷档案》是地方官向朝廷写得奏报。

《实录》是朝廷根据地方奏报编写的全国大事记。

3)水利、河道专著

记载河道决口、演变、改道以及水利措施、堤防修筑等方面。

4)历史水文、气象的记载

碑文、刻记等水文资料或注有“某年某月某日洪水至此”洪水痕迹的标记、石碑或岩壁石刻等。

2.历史资料的审查和考证

历史资料年代久远，社会和自然条件变化很大，使用时必须进行多方面的对比、审查和考证，对确定历史洪水特大值、延长洪水统计系列有重大意义。

当地规划、水利、航道等部门，对历史记载的考证，大都已有一些资料，应先向他们调查，再作补充修正。

第三章　水 文 统 计

第一节　水文现象的特性和分析方法

一、水文现象的特性

1. 周期性

地球绕太阳公转一周为一年，公转中地球各地区与太阳的相对位置时时都在变动着，使地球各地区的气候呈现明显地以年为周期的变化，水文现象受气候因素的直接影响，也相应地存在以年为周期的变化，一年四季气候变化，年复一年，循环不息，这就决定了水文现象的年周期变化规律。另外在长久的年代中，还存在着丰水年、平水年、枯水年的周期性变化规律。

潮汐起落主要受月球引力影响，每逢朔(初一)、望(十五)，地球和月球在一条直线上，潮差最大，出现大潮，则表现出明显的月周期性。另外，由于月球运行轨道的变化，潮汐还具有8.85年(近似为9年)和18.61年(近似为19年)的长周期变化规律。

2. 地区性

在地球公转中，各地区与太阳的相对位置不同，地形、地貌也都不相同，导致气候因素不同，相应地水文现象具有明显的地区性。

3. 不重复性(偶然性、随机性)

影响气候、水文现象的因素很多，各因素间的相互关系又错综复杂，因此，气候、水文现象虽然在总体上存在周期性，但是在出现时间、数量大小等方面每年都不相同，具有明显的偶然性(随机性)。

二、水文现象的分析研究方法

1. 数理统计法

气候和水文现象受地球绕太阳公转的相对位置、大气运行、地形地貌、人类活动等多方面的影响，十分复杂，观测到的气象、水文资料的数值分布，表现出明显的随机性，概率论和数理统计是水文分析和计算的重要工具。

以水文资料数据作为随机变量，应用数理统计方法，寻求随机变量的概率(几率、频率)、分布规律，事先估计未来水文现象的发生结果，在水利、桥梁、公路、铁路等工程中应用很广，简称水文统计。

2. 地区归纳法

根据实测气候、水文资料，综合归纳分析，寻求区域性分布规律，建立地区性的公式、图表、等值线图等，在无资料地区的中小桥、小桥涵或防护工程设计时应用。

3. 成因分析法

根据降雨过程和径流形成过程的各阶段，建立数学模型，逐步计算出洪水过程。

例如，东南沿海的新安江模型、黄土干旱地区的陕北模型。考虑到工程设计应该是经济、安全和风险三位一体的产物，产生了可能最大降雨和可能最大洪水的数学模型。由于可能最大降雨和可能最大洪水的数学模型对气象、水文、地形地貌等资料需要量大，计算复杂，一般只用于大型水利工程和洪水灾害极端情况的评估。

小型工程如小桥、涵洞、防护工程等，多用根据径流形成原理简化和概化而建立的推理公式、经验公式，应用地区性资料综合分析，得到公式中的参数和指数，近似地确定设计流量。

地区性的小流域暴雨洪水计算，当地水利部门都有根据多年积累资料制定的当地公式、数据或曲线，一般较公路部门制定的这类公式，地区针对性强，资料较多，更接近当地的实际，公路、桥梁工程人员应尽量采用。

第二节　数理统计基本概念

一、随机事件、随机变量

1. 必然事件

在一定条件下，必定出现的事件，称为必然事件。如河流每年都出现枯水期、平水期、洪水期，都有一次最大洪水过程；每月的朔、望海水都会出现大潮；我国沿海每年夏秋都将发生若干次的台风等事件，这些都是必然出现的事情，称为必然事件。

2. 不可能事件

在一定条件下，必定不会发生的事情，称为不可能事件。

3. 随机事件

在一定条件下，可能发生也可能不发生的事件，称为随机事件。例如，每年都有一次最大的洪峰流量，这是必然事件；但是，数值多大、何时发生，在发生前是无法知道的，只有发生时进行观测才能知道。如果把历年的最大洪峰流量，按年份次序排列出来，发现其数值大小没有规律，每个数值都是偶然性的，完全是随机性的。

4. 随机变量

在多次试验中，随机事件出现的结果，用数值来表示，这些数值称为随机变量。寻求这些事件结果的规律，可以通过对随机变量进行数学分析和运算来解决。

5. 随机变量系列

同一原因的随机变量组成一系列数值，称为随机变量系列，简称系列。系列中每个随机变量，称为该系列的一个元素，元素个数的多少（系列的容量 n），可以是无限的，也可以是有限的。

二、频率和概率(几率)

1. 频率和概率(几率)的概念

一系列重复的独立试验中,某一事件出现的次数与试验总次数的比值,称为该事件的频率。试验和理论证明,当试验次数较少时,事件的频率具有明显的偶然性,数值摆动很大;但是,随试验次数的增多,事件的频率则逐渐趋向稳定,最终趋近一个极限值。这个极限值就是这个事件的概率,又称为几率。

2. 频率和概率(几率)的意义

概率(几率)和频率不同,概率(几率)是事物在客观上出现的可能程度,是事件固有的客观性质,不随人们试验的情况和次数而改变,是一个常数,是理论值;频率是利用有限的实验结果,推算而得到的一个经验值,将随实验的次数而变动,只有当实验次数无限多时,才趋向于一个极限值,即事件的概率(几率)。

三、总体和样本

数理统计中,把随机变量系列元素的全体,即包括整体情况的全部系列元素,称为总体。例如,研究年最大洪水流量出现概率这个事件,由于从地球形成该河流以来,每年都有一个最大洪峰流量,年复一年,未来也将无穷尽地发展下去,这个事件的总体,就是一个包括无限多元素的总体。人们只能在水文站建站以来,从有限的年份中得到水文资料,组成随机变量系列,进行水文统计,这个随机变量系列就是在总体中抽取的一个样本。

样本是总体的一部分,在一定程度上反映了总体的特征,人们常借助样本的规律来推断总体的规律。推断总体规律的可靠性是由样本对总体的代表性来决定的。因此,组成水文统计系列(随机变量系列)的水文资料,必须进行严格的审查、校核,才能使用。

四、抽样误差

水文统计寻求的是总体的规律,而水文现象是一个无限的总体,无论水文资料观测的年份多么长,终究是一个有限的样本。利用样本推算总体的参数值,不可避免地存在一定的误差,称为抽样误差。

五、频率分布和频率密度

随机变量系列中,每个大小不同的随机变量,都对应着一定的出现频率。这种随机变量大小与出现频率之间的对应关系,称为随机变量的频率分布。它反映了随机变量系列的统计规律。当随机变量系列的容量 n 足够大时,近似地把随机变量的频率分布当作概率(几率)分布来看待。

以某水文站 75 年($n=75$)的年最大流量(随机变量 x)资料为例(表 3-2-1),说明频率密度和频率分布的意义和两者的关系。

将这些流量以增量为 100,分为 12 组。每组出现次数为 m_i、频率为 m_i/n,累计出现次数为 $\sum_1^i m_i$,累计出现频率为 $\sum_1^i m_i/n$。

某水文站年最大流量实测资料　　表 3-2-1

流量(m^3/s)	出现次数(年)	频率(%)	累计出现次数(年)	累计频率(%)
1 400～1 300	1	1.3	1	1.3
1 300～1 200	1	1.3	2	2.6
1 200～1 100	2	2.7	4	5.3
1 100～1 000	3	4.0	7	9.3
1 000～900	5	6.7	12	16.0
900～800	8	10.7	20	26.7
800～700	14	18.6	34	45.3
700～600	20	26.7	54	72.0
600～500	11	14.7	65	86.7
500～400	6	8.0	71	94.7
400～300	3	4.0	74	98.7
300～200	1	1.3	75	100.0
总计	75	100.0		

注：各组区间均不包括其上限数值。

根据表 3-2-1 的数值，以流量 x 为横坐标，频率 p 为纵坐标，绘出各组流量与其频率对应的直方图(图 3-2-1)。

定义频率增量 Δp 与流量增量 Δx 的比值 $\Delta p/\Delta x$ 为频率密度，当 Δx 趋近于零时，$\Delta p/\Delta x$ 的极限值即为该流量值对应的频率密度函数 $f(x)$ 值。该流量系列对应的频率密度 $f(x)$ 曲线见图 3-2-1。

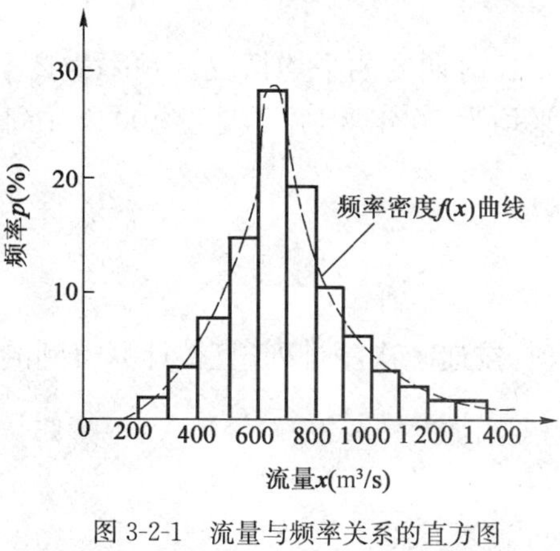

图 3-2-1　流量与频率关系的直方图

在流量区间(x_2,x_1)内，全部流量出现的频率之和，称为区间(x_2,x_1)内流量的累积频率，其数值等于该区间内频率密度曲线与横坐标轴的面积，即

$$P(x_2 > x \geqslant x_1) = \int_{x_1}^{x_2} f(x)\mathrm{d}x \qquad (3\text{-}2\text{-}1)$$

若以流量 x 为纵坐标，累积频率 P 为横坐标，根据表 3-2-1 可绘出流量与累积频率关系的折线，当流量实测次数无限增多时，折线图就变成光滑的曲线，称为流量的累积频率曲线，或流量的频率分布曲线(图 3-2-2)，累计频率曲线函数为 $F(x)$。

定义：等于和大于某一流量 x_P 的累积频率 $P(x \geqslant x_P)$ 为 $F(x_P)$，则

$$P(x \geqslant x_P) = F(x_P) = \int_{x_P}^{\infty} f(x)\mathrm{d}x \qquad (3\text{-}2\text{-}2)$$

如图 3-2-3 所示。

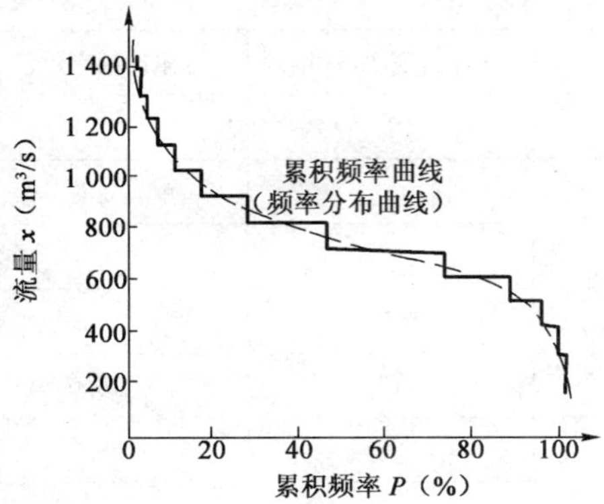

图 3-2-2　流量与累积频率关系的折线图

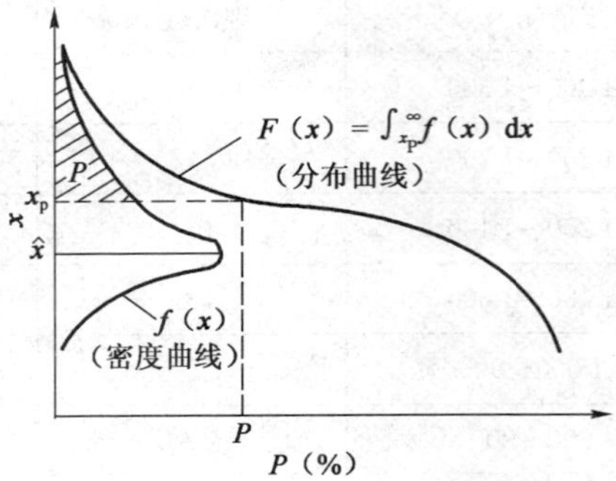

图 3-2-3　频率密度曲线和频率分布曲线

上例中，随机变量 x 为流量，其实它可以是任意水文、气象因素等随机变量，如降雨量、水位、潮汐水位、波浪高度等。

六、累积频率和重现期

等于和大于某一流量（或其他水文因素）出现的次数（累积出现次数）与总次数的比值，称为该流量的累积频率 $P(\%)$，工程中简称为该流量的频率 $P(\%)$。

河流的洪水流量、水位，海洋的潮汐水位、波浪高度等水文因素作为随机变量样本取值，常采用年最大值法，对应的频率为年频率。

工程中，还习惯用洪水、潮汐等水文因素的重现期 T(年)来表示其频率 P：

$$T=\frac{1}{P} \tag{3-2-3}$$

重现期和频率互为倒数关系。重现期和频率都是指很长时期内的平均情况。频率为 2% 的流量重现期为 50 年，表明该流量可能出现的时间间隔平均为 50 年，但并不是说 100 年中每隔 50 年必然出现一次。

七、经验频率公式和经验频率分布

经验频率是用随机变量系列中的每个随机变量实测值，按递减次序排列，直接计算得到的累积频率。

1. 经验频率公式

1）韦伯（Weibull）公式（均值公式、数学期望公式）

$$P=\frac{m}{n+1} \tag{3-2-4}$$

式中：P——水文系列中第 m 项随机变量的经验频率(%)；

m——水文系列各随机变量按递减次序排列的序号；

n——水文系列随机变量的总个数（容量）。

韦伯公式在我国和世界其他各国应用最广。

2)切格达耶夫公式(中值公式)

$$P=\frac{m-0.3}{n+0.4} \tag{3-2-5}$$

式中符号意义同上。

此式在俄罗斯等独联体(前苏联)国家应用最多。

2. 经验频率曲线

以频率 P(经验频率)为横坐标,随机变量 x 为纵坐标,在等分格坐标纸上绘出各个随机变量对应的经验频率点,随机变量系列构成经验频率点群分布曲线,即为经验频率曲线。曲线形状如图 3-2-2 和图 3-2-3 所示,即频率很小和频率很大的两端,曲线变化很陡,而中间部分则变化平缓,呈 S 形。

为了利用经验频率,曲线两端外延,求频率很小的随机变量特大值(如特大洪水流量),或频率很大的特小值(如枯水流量),海森(A. Hazen,1914 年)设计了一种几率格纸,根据使正态频率分布曲线绘成直线的要求,将横坐标两端(频率很小和频率很大的部分)分格加大;将横坐标中间部分分格减小,使经验频率曲线两端的斜率变为平缓。海森几率格纸如图 3-2-4 所示,其横坐标的分格见表 3-2-2。

海森几率格纸横坐标分格表　　表 3-2-2

P(%)	距 P=50%的距离	P(%)	距 P=50%的距离	P(%)	距 P=50%的距离	P(%)	距 P=50%的距离
0.01	3.720	0.6	2.512	8	1.405	26	0.643
0.02	3.540	0.7	2.457	9	1.341	28	0.588
0.03	3.432	0.8	2.409	10	1.282	30	0.524
0.04	3.353	0.9	2.366	11	1.227	32	0.468
0.05	3.290	1.0	2.326	12	1.175	34	0.412
0.06	3.239	1.2	2.257	13	1.126	36	0.358
0.07	3.195	1.4	2.197	14	1.080	38	0.305
0.08	3.156	1.6	2.144	15	1.036	40	0.253
0.09	3.122	1.8	2.097	16	0.994	42	0.202
0.10	3.090	2	2.053	17	0.954	44	0.151
0.15	2.967	3	1.881	18	0.915	46	0.100
0.2	2.878	4	1.751	19	0.878	48	0.050
0.3	2.784	5	1.645	20	0.842	50	0.000
0.4	2.652	6	1.555	22	0.774		
0.5	2.576	7	1.476	24	0.706		

注:$P<50\%$时向左绘制,$P>50\%$时,按上表资料向右对称绘制,如 $P=80\%$采用表中 $P=20\%$的值。

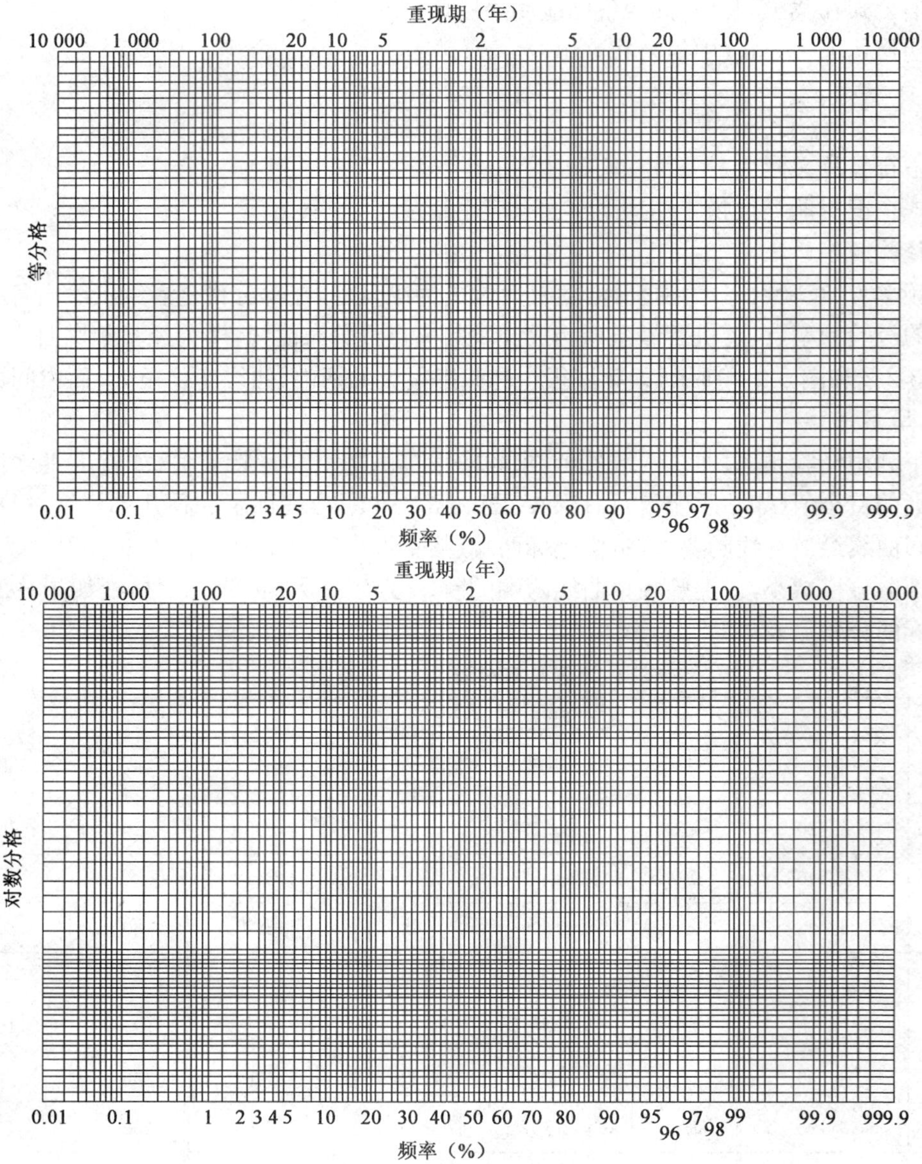

图 3-2-4 海森(Hazen)几率格纸

第三节 统 计 参 数

随机变量系列(如洪水年最大流量系列、潮汐水位观测值系列等)的频率分布特征和频率分布曲线形状,可用该系列的几个数值特征值来确定。系列的数值特征值简称统计参数。

一、均值

系列中各个随机变量的算术平均数称为系列的均值,以$\overline{x}$表示(如年最大流量系列的年平

均流量 Q)，则

$$\overline{x}=\frac{1}{n}\sum_{i=1}^{n}x_i \tag{3-3-1}$$

式中：$\overline{x}$——系列的均值；

n——系列的容量；

x_i——系列的每个随机变量值。

均值表示系列中全部随机变量的平均大小，反映该系列频率分布曲线在海森几率格纸上的高低。

另外，系列中随机变量各元素的中值(中位数，大于和小于它的随机变量的个数相等)和众值(系列中出现频率最高的那个随机变量)，也可作为反映系列随机变量平均大小水平的特征值。但是，中值仅与在系列中的大小次序有关，而众值仅与本身的频率有关，中值和众值的大小与系列中其他随机变量的数值无关。因此，作为系列数值大小水平的特征，均值的代表性最好。

二、变差系数 C_v

随机变量系列的变差系数 C_v 是系列中各随机变量的均方差 σ 与均值 $\overline{x}$ 的比值，即

$$C_v=\frac{\sigma}{\overline{x}} \tag{3-3-2}$$

σ 为系列总体的均方差，n 为总体的容量，则

$$\sigma=\sqrt{\frac{\sum_{i=1}^{n}(x_i-\overline{x})^2}{n}} \tag{3-3-3}$$

利用样本随机变量系列，推算总体的均方差 σ，n 为样本的容量，则

$$\sigma=\sqrt{\frac{\sum_{i=1}^{n}(x_i-\overline{x})^2}{n-1}} \tag{3-3-4}$$

利用样本随机变量系列，推算总体的变差系数 C_v，n 为样本的容量，则

$$C_v=\sqrt{\frac{\sum_{i=1}^{n}(x_i-\overline{x})^2}{(n-1)\overline{x}^2}} \tag{3-3-5}$$

令模比系数　$K_i=\frac{x_i}{\overline{x}}$，则

$$C_v=\sqrt{\frac{\sum_{i=1}^{n}(K_i-1)^2}{n-1}} \tag{3-3-6}$$

或

$$C_v=\sqrt{\frac{\sum_{i=1}^{n}K_i^2-1}{n-1}} \tag{3-3-7}$$

变差系数 C_v 表示系列中各个随机变量的离均程度与其均值的比值，反映各个随机变量对均值的离均程度。对于年最大流量系列，C_v 值越大，表明年际间流量的变幅越大。我国雨源洪水的变差系数 C_v，北方河流比南方河流大，山区河流比平原河流大，小流域比大流域大，狭

长流域比扇形流域大,暴雨洪水较融雪洪水变差系数为大。频率曲线的形状:变差系数 C_v 越大,频率曲线越陡;变差系数 C_v 为零,频率曲线为水平线。

三、偏差系数 C_s

偏差系数 C_s 反映系列中随机变量大小对其均值的对称性。偏差系数 C_s 为零时,称正态分布(图 3-3-1);C_s 大于零,称正偏态分布;C_s 小于零,称负偏态分布;水文现象为正偏态。

偏差系数 C_s 用离均差($x_i-\overline{x}$)的立方的平均值与均方差的立方的比值来表示,若总体的容量为 n,则总体的偏差系数为:

$$C_s=\frac{\sum_{i=1}^{n}(x_i-\overline{x})^3}{n\sigma^3}=\frac{\sum_{i=1}^{n}(x_i-\overline{x})^3}{n\overline{x}^3C_v^{\ 3}} \tag{3-3-8}$$

若利用样本计算总体的偏差系数 C_s,n 为样本的容量,则

$$C_s=\frac{\sum_{i=1}^{n}(x_i-\overline{x})^3}{(n-3)\overline{x}^3C_v^{\ 3}} \tag{3-3-9}$$

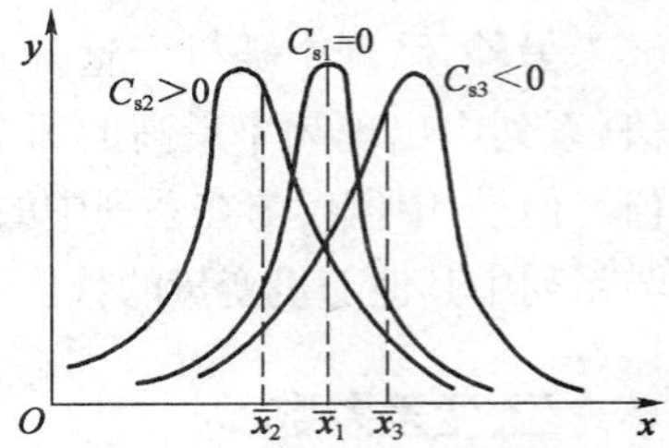

图 3-3-1 C_s 值变化情况

四、统计参数对频率曲线形状的影响

统计参数$\overline{x}$、C_v、C_s 与频率曲线(频率累积曲线、频率分布曲线)的关系如图 3-3-2 所示。

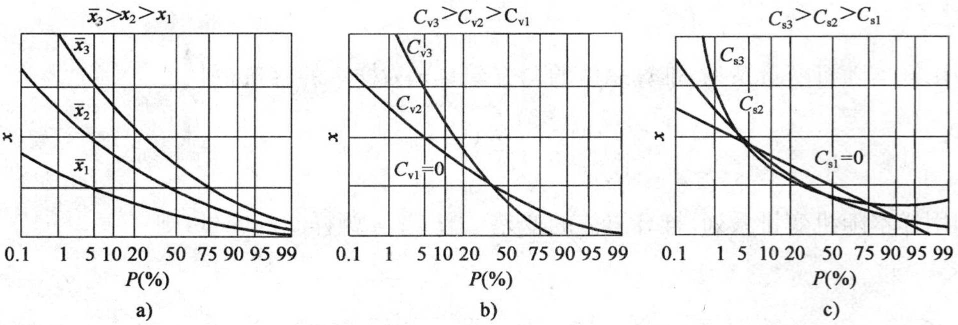

图 3-3-2 $\overline{x}$、C_v、C_s 与频率分布曲线形状的关系

a)位置高低变化;b)陡坦变化;c)曲率变化

系列的均值:反映频率曲线在海森几率格纸上位置的高低,见图 3-3-2a)。

变差系数:反映频率曲线的斜率,即陡坦程度,见图 3-3-2b)。

偏差系数:反映频率曲线的曲率,即弯曲程度,见图 3-3-2c)。

第四节 皮尔逊 III 型(P-III)分布

用随机变量系列统计参数的函数表示的频率分布曲线,称为理论频率曲线。皮尔逊 III 型分布曲线(K. Pearson,1895 年)又称为伽马(Γ,Gamma)分布曲线(图 3-4-1),是各国水文分

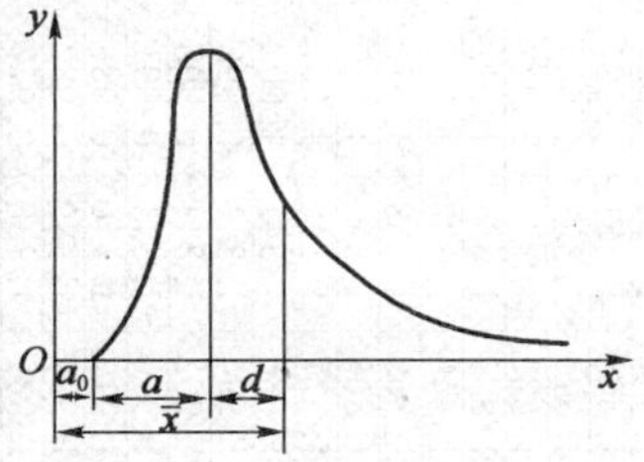

图 3-4-1　皮尔逊 III 型分布的频率密度曲线

析应用最多的理论频率曲线，我国水利、交通、铁路部门，在洪水、海浪、台风等资料分析中都广泛采用。

皮尔逊 III 型分布的频率密度函数为：

$$y=\frac{\beta^{\alpha}}{\Gamma(\alpha)}(x-a_0)^{\alpha-1}e^{-\beta(x-a_0)} \tag{3-4-1}$$

$$\Gamma(\alpha)=\int_0^{\infty}x^{\alpha-1}e^{-x}dx \tag{3-4-2}$$

式中：a_0——系列中随机变量的最小值，$a_0=\overline{x}-(a+d)$；

α——参数，$\alpha=\frac{a}{d}+1$；

x——系列中随机变量的众值（出现频率最多的随即变量）与最小值的差；

d——系列中随机变量的均值与众值之差；

$\overline{x}$——系列中随机变量的均值；

β——参数，$\beta=\frac{1}{d}$；

$\Gamma(\alpha)$——α 的伽马函数，定义。

式(3-4-1)中，参数 a_0、α 和 β，换算得：

$$\alpha=\frac{4}{C_s^2} \tag{3-4-3}$$

$$\beta=\frac{2}{\overline{x}C_vC_s} \tag{3-4-4}$$

$$a_0=\frac{C_s-2C_v}{C_v}\overline{x} \tag{3-4-5}$$

故皮尔逊 III 型分布的频率密度函数式(3-4-1)可由三个统计参数 $\overline{x}$、C_v 和 C_s 确定。根据式(3-2-2)可确定皮尔逊 III 型分布的频率分布函数，进而可得到给定频率（累积频率）$P(\%)$ 对应的随机变量 x_P：

$$x_P=(1+C_v\Phi_P)\overline{x} \tag{3-4-6}$$

令

$$K_P=1+C_v\Phi_P \tag{3-4-7}$$

则

$$x_P=K_P\overline{x} \tag{3-4-8}$$

式中：x_P——频率为 $P(\%)$ 的随机变量；

Φ_P——离均系数，与频率 $P(\%)$ 和偏差系数 C_s 有关，可查表 3-4-1；

K_P——模比系数，可查表 3-4-2。

$$\Phi_P=\frac{x_P-\overline{x}}{\sigma}=\frac{x_P-\overline{x}}{C_v\overline{x}}=\frac{K_P-1}{C_v} \tag{3-4-9}$$

离均系数 Φ_P 由美国福斯特（Foster，1924 年）、前苏联雷布京先后编成 Φ_P 值表（表 3-4-1），各国普遍采用。

P-III 型曲线 Φ_P 值表

表 3-4-1

C_s \ P(%)	0.0001	0.001	0.002	0.005	0.01	0.02	0.05	0.1	0.2	1/3	0.5	1	2	3	10/3	4	5	10	15
0	4.753	4.265	4.107	3.891	3.719	3.540	3.291	3.090	2.878	2.713	2.576	2.326	2.054	1.881	1.834	1.751	1.645	1.282	1.036
0.02	4.826	4.322	4.161	3.938	3.762	3.579	3.323	3.119	2.903	2.735	2.595	2.341	2.064	1.889	1.842	1.758	1.651	1.284	1.037
0.04	4.898	4.380	4.214	3.985	3.805	3.617	3.356	3.147	2.927	2.756	2.613	2.356	2.075	1.898	1.850	1.764	1.656	1.286	1.037
0.06	4.971	4.438	4.267	4.033	3.848	3.656	3.389	3.176	2.951	2.777	2.632	2.370	2.086	1.906	1.857	1.771	1.662	1.288	1.037
0.08	5.045	4.496	4.321	4.080	3.891	3.695	3.422	3.205	2.976	2.798	2.651	2.385	2.096	1.914	1.865	1.778	1.667	1.290	1.037
0.10	5.118	4.555	4.375	4.128	3.935	3.734	3.455	3.233	3.000	2.819	2.670	2.400	2.107	1.923	1.873	1.785	1.673	1.292	1.037
0.12	5.192	4.613	4.429	4.176	3.978	3.773	3.488	3.262	3.024	2.840	2.688	2.414	2.118	1.931	1.880	1.791	1.678	1.294	1.037
0.14	5.267	4.672	4.483	4.224	4.022	3.812	3.521	3.291	3.049	2.862	2.707	2.429	2.128	1.939	1.888	1.798	1.684	1.296	1.037
0.16	5.341	4.731	4.537	4.273	4.065	3.851	3.555	3.319	3.073	2.883	2.726	2.443	2.139	1.947	1.896	1.805	1.689	1.298	1.037
0.18	5.417	4.790	4.593	4.321	4.109	3.890	3.588	3.348	3.097	2.904	2.745	2.458	2.149	1.955	1.903	1.811	1.694	1.299	1.037
0.20	5.492	4.850	4.647	4.370	4.153	3.929	3.621	3.377	3.122	2.925	2.763	2.472	2.159	1.964	1.911	1.818	1.700	1.301	1.037
0.22	5.568	4.910	4.702	4.418	4.197	3.969	3.654	3.406	3.146	2.946	2.781	2.487	2.170	1.972	1.918	1.824	1.705	1.303	1.037
0.24	5.644	4.969	4.757	4.467	4.241	4.008	3.688	3.435	3.170	2.967	2.800	2.501	2.180	1.980	1.926	1.830	1.710	1.305	1.037
0.26	5.720	5.029	4.812	4.516	4.285	4.048	3.721	3.464	3.195	2.989	2.819	2.516	2.190	1.988	1.933	1.837	1.715	1.306	1.037
0.28	5.796	5.090	4.867	4.565	4.330	4.087	3.755	3.492	3.219	3.010	2.838	2.530	2.201	1.996	1.940	1.843	1.721	1.308	1.037
0.30	5.873	5.150	4.923	4.614	4.374	4.127	3.788	3.521	3.244	3.031	2.856	2.544	2.211	2.003	1.948	1.849	1.726	1.309	1.036
0.32	5.950	5.211	4.978	4.663	4.418	4.167	3.822	3.550	3.268	3.052	2.875	2.559	2.221	2.011	1.955	1.856	1.731	1.311	1.036
0.34	6.027	5.271	5.034	4.713	4.463	4.206	3.855	3.579	3.293	3.073	2.894	2.573	2.231	2.019	1.962	1.862	1.736	1.312	1.036
0.36	6.105	5.332	5.091	4.762	4.507	4.246	3.889	3.608	3.317	3.094	2.912	2.587	2.241	2.027	1.969	1.868	1.741	1.314	1.035
0.38	6.183	5.393	5.146	4.812	4.552	4.286	3.922	3.637	3.341	3.115	2.931	2.601	2.251	2.035	1.977	1.874	1.746	1.315	1.035
0.40	6.261	5.464	5.202	4.861	4.597	4.326	3.956	3.666	3.366	3.136	2.949	2.615	2.261	2.042	1.984	1.880	1.750	1.317	1.035
0.42	6.339	5.515	5.258	4.911	4.642	4.366	3.990	3.695	3.390	3.157	2.967	2.630	2.271	2.050	1.991	1.886	1.755	1.318	1.034
0.44	6.417	5.577	5.315	4.961	4.687	4.406	4.023	3.724	3.414	3.179	2.986	2.644	2.281	2.058	1.998	1.892	1.760	1.319	1.034
0.46	6.496	5.638	5.371	5.011	4.731	4.446	4.057	3.753	3.439	3.199	3.004	2.658	2.291	2.065	2.005	1.898	1.765	1.321	1.033
0.48	6.575	5.700	5.428	5.061	4.776	4.486	4.091	3.782	3.463	3.220	3.023	2.672	2.301	2.073	2.012	1.904	1.770	1.322	1.033
0.50	6.654	5.762	5.485	5.111	4.821	4.526	4.124	3.811	3.487	3.241	3.041	2.686	2.311	2.080	2.019	1.910	1.774	1.323	1.032
0.55	6.852	5.917	5.627	5.236	4.934	4.626	4.209	3.883	3.548	3.294	3.087	2.721	2.335	2.099	2.036	1.925	1.786	1.326	1.030
0.60	7.052	6.072	5.769	5.362	5.047	4.727	4.293	3.956	3.609	3.346	3.132	2.755	2.359	2.117	2.052	1.939	1.797	1.329	1.029
0.65	7.252	6.228	5.912	5.488	5.160	4.828	4.377	4.028	3.669	3.398	3.178	2.790	2.383	2.135	2.069	1.953	1.808	1.331	1.027
0.70	7.453	6.385	6.056	5.614	5.274	4.928	4.462	4.100	3.730	3.450	3.223	2.824	2.407	2.153	2.085	1.967	1.819	1.333	1.024
0.75	7.656	6.542	6.200	5.740	5.388	5.029	4.546	4.172	3.790	3.501	3.268	2.857	2.430	2.170	2.101	1.980	1.829	1.335	1.022
0.80	7.858	6.700	6.344	5.867	5.501	5.130	4.631	4.244	3.850	3.553	3.312	2.891	2.453	2.187	2.117	1.993	1.839	1.336	1.019
0.85	8.062	6.858	6.488	5.994	5.615	5.231	4.715	4.316	3.910	3.604	3.357	2.924	2.476	2.204	2.132	2.006	1.849	1.338	1.017
0.90	8.266	7.016	6.633	6.121	5.729	5.332	4.799	4.388	3.969	3.655	3.401	2.957	2.498	2.220	2.147	2.018	1.859	1.339	1.013
0.95	8.470	7.174	6.778	6.248	5.843	5.433	4.883	4.460	4.029	3.706	3.445	2.990	2.520	2.237	2.162	2.031	1.868	1.340	1.010
1.00	8.675	7.333	6.923	6.375	5.957	5.534	4.967	4.531	4.088	3.756	3.489	3.023	2.542	2.253	2.176	2.043	1.877	1.340	1.007
1.05	8.881	7.492	7.068	6.503	6.071	5.635	5.051	4.602	4.147	3.806	3.532	3.055	2.564	2.268	2.190	2.054	1.886	1.341	1.003
1.10	9.087	7.651	7.213	6.630	6.185	5.736	5.134	4.674	4.206	3.856	3.575	3.087	2.585	2.284	2.204	2.066	1.894	1.341	0.999
1.15	9.293	7.810	7.359	6.757	6.299	5.836	5.218	4.744	4.264	3.906	3.618	3.118	2.606	2.299	2.218	2.077	1.902	1.341	0.995
1.20	9.499	7.970	7.504	6.885	6.412	5.937	5.301	4.815	4.323	3.955	3.661	3.149	2.626	2.313	2.231	2.088	1.910	1.341	0.991
1.25	9.706	8.129	7.650	7.012	6.526	6.037	5.384	4.885	4.381	4.005	3.703	3.180	2.647	2.328	2.244	2.098	1.917	1.340	0.986
1.30	9.913	8.288	7.795	7.139	6.640	6.137	5.467	4.955	4.438	4.053	3.745	3.211	2.667	2.342	2.257	2.108	1.925	1.339	0.982
1.35	10.12	8.448	7.940	7.266	6.753	6.237	5.550	5.025	4.496	4.102	3.787	3.241	2.686	2.356	2.269	2.118	1.932	1.338	0.977
1.40	10.33	8.607	8.086	7.393	6.867	6.337	5.632	5.095	4.553	4.150	3.828	3.271	2.706	2.369	2.281	2.128	1.938	1.337	0.972
1.45	10.53	8.767	8.231	7.520	6.980	6.437	5.715	5.164	4.610	4.198	3.869	3.301	2.725	2.382	2.293	2.137	1.945	1.335	0.967

续上表

C_s \ P(%)	20	25	30	100/3	40	50	60	70	75	80	85	90	95	97	98	99	99.5	99.9	99.99
0	0.842	0.674	0.524	0.431	0.253	0.000	−0.253	−0.524	−0.674	−0.842	−1.036	−1.282	−1.645	−1.881	−2.054	−2.326	−2.576	−3.090	−3.719
0.02	0.841	0.673	0.522	0.428	0.250	−0.003	−0.256	−0.527	−0.676	−0.843	−1.036	−1.279	−1.639	−1.842	−2.043	−2.312	−2.557	−3.061	−3.668
0.04	0.840	0.671	0.520	0.425	0.247	−0.007	−0.260	−0.529	−0.678	−0.843	−1.036	−1.277	−1.633	−1.864	−2.032	−2.297	−2.538	−3.033	−3.633
0.06	0.839	0.669	0.517	0.422	0.244	−0.010	−0.263	−0.532	−0.680	−0.844	−1.035	−1.275	−1.628	−1.855	−2.021	−2.282	−2.519	−3.005	−3.589
0.08	0.838	0.667	0.515	0.420	0.241	−0.013	−0.266	−0.534	−0.681	−0.845	−1.035	−1.273	−1.622	−1.847	−2.011	−2.267	−2.501	−2.976	−3.548
0.10	0.836	0.665	0.512	0.417	0.238	−0.017	−0.269	−0.536	−0.683	−0.846	−1.035	−1.270	−1.616	−1.838	−2.000	−2.253	−2.482	−2.948	−3.506
0.12	0.835	0.663	0.510	0.414	0.235	−0.020	−0.272	−0.538	−0.685	−0.847	−1.034	−1.268	−1.610	−1.829	−1.989	−2.238	−2.463	−2.920	−3.465
0.14	0.834	0.661	0.507	0.411	0.231	−0.023	−0.275	−0.541	−0.687	−0.848	−1.034	−1.266	−1.604	−1.821	−1.978	−2.223	−2.444	−2.892	−3.423
0.16	0.833	0.659	0.504	0.409	0.228	−0.027	−0.278	−0.543	−0.688	−0.848	−1.033	−1.263	−1.598	−1.812	−1.967	−2.208	−2.425	−2.864	−3.382
0.18	0.832	0.657	0.502	0.406	0.225	−0.030	−0.281	−0.545	−0.690	−0.849	−1.033	−1.261	−1.592	−1.803	−1.956	−2.193	−2.407	−2.836	−3.340
0.20	0.830	0.655	0.499	0.403	0.222	−0.033	−0.284	−0.548	−0.691	−0.850	−1.032	−1.258	−1.586	−1.794	−1.945	−2.178	−2.388	−2.808	−3.299
0.22	0.829	0.653	0.497	0.400	0.219	−0.037	−0.287	−0.550	−0.693	−0.851	−1.032	−1.256	−1.580	−1.786	−1.934	−2.164	−2.369	−2.780	−3.258
0.24	0.828	0.651	0.494	0.397	0.215	−0.040	−0.290	−0.552	−0.695	−0.851	−1.030	−1.253	−1.574	−1.777	−1.923	−2.149	−2.350	−2.752	−3.217
0.26	0.826	0.649	0.491	0.394	0.212	−0.043	−0.293	−0.554	−0.696	−0.852	−1.030	−1.250	−1.568	−1.768	−1.912	−2.134	−2.332	−2.724	−3.177
0.28	0.825	0.647	0.489	0.391	0.209	−0.046	−0.296	−0.556	−0.697	−0.852	−1.030	−1.248	−1.561	−1.759	−1.901	−2.119	−2.313	−2.697	−3.136
0.30	0.824	0.644	0.486	0.388	0.206	−0.050	−0.299	−0.558	−0.699	−0.853	−1.029	−1.245	−1.555	−1.750	−1.890	−2.104	−2.294	−2.669	−3.096
0.32	0.822	0.642	0.783	0.385	0.202	−0.053	−0.302	−0.561	−0.700	−0.853	−1.028	−1.242	−1.549	−1.741	−1.878	−2.089	−2.276	−2.642	−3.056
0.34	0.821	0.640	0.481	0.382	0.199	−0.056	−0.305	−0.563	−0.702	−0.854	−1.027	−1.240	−1.543	−1.732	−1.867	−2.074	−2.257	−2.614	−3.017
0.36	0.819	0.638	0.478	0.379	0.196	−0.060	−0.308	−0.565	−0.703	−0.854	−1.026	−1.237	−1.536	−1.723	−1.856	−2.059	−2.238	−2.587	−2.977
0.38	0.818	0.636	0.475	0.376	0.192	−0.063	−0.311	−0.567	−0.705	−0.855	−1.026	−1.234	−1.530	−1.714	−1.845	−2.044	−2.220	−2.560	−2.938
0.40	0.816	0.633	0.472	0.373	0.189	−0.066	−0.314	−0.569	−0.706	−0.855	−1.025	−1.231	−1.524	−1.705	−1.834	−2.029	−2.201	−2.533	−2.899
0.42	0.815	0.631	0.469	0.370	0.186	−0.070	−0.316	−0.571	−0.707	−0.855	−1.024	−1.228	−1.517	−1.696	−1.822	−2.014	−2.182	−2.506	−2.860
0.44	0.813	0.629	0.467	0.367	0.183	−0.073	−0.319	−0.573	−0.708	−0.856	−1.023	−1.225	−1.511	−1.687	−1.811	−1.999	−2.164	−2.479	−2.822
0.46	0.811	0.626	0.464	0.364	0.179	−0.076	−0.322	−0.575	−0.709	−0.856	−1.022	−1.222	−1.504	−1.677	−1.800	−1.985	−2.145	−2.452	−2.784
0.48	0.810	0.624	0.461	0.361	0.176	−0.080	−0.325	−0.576	−0.711	−0.856	−1.021	−1.219	−1.498	−1.668	−1.788	−1.970	−2.127	−2.425	−2.746
0.50	0.808	0.622	0.458	0.358	0.173	−0.083	−0.328	−0.578	−0.712	−0.857	−1.020	−1.216	−1.491	−1.659	−1.777	−1.955	−2.108	−2.399	−2.708
0.55	0.804	0.616	0.451	0.350	0.164	−0.091	−0.335	−0.583	−0.715	−0.857	−1.017	−1.208	−1.474	−1.636	−1.749	−1.917	−2.062	−2.333	−2.616
0.60	0.799	0.609	0.444	0.342	0.156	−0.099	−0.342	−0.588	−0.718	−0.857	−1.013	−1.200	−1.458	−1.613	−1.720	−1.880	−2.016	−2.268	−2.525
0.65	0.795	0.603	0.436	0.335	0.148	−0.108	−0.349	−0.592	−0.720	−0.857	−1.010	−1.192	−1.441	−1.589	−1.692	−1.843	−1.971	−2.204	−2.437
0.70	0.790	0.596	0.429	0.326	0.139	−0.116	−0.356	−0.596	−0.722	−0.857	−1.007	−1.183	−1.423	−1.566	−1.663	−1.806	−1.926	−2.141	−2.350
0.75	0.785	0.590	0.421	0.318	0.131	−0.124	−0.362	−0.600	−0.724	−0.857	−1.003	−1.175	−1.406	−1.542	−1.635	−1.769	−1.881	−2.078	−2.266
0.80	0.780	0.583	0.413	0.310	0.122	−0.132	−0.369	−0.604	−0.726	−0.856	−0.999	−1.166	−1.389	−1.518	−1.606	−1.733	−1.837	−2.017	−2.184
0.85	0.775	0.576	0.405	0.302	0.113	−0.140	−0.375	−0.608	−0.728	−0.855	−0.995	−1.157	−1.371	−1.494	−1.577	−1.696	−1.793	−1.958	−2.105
0.90	0.769	0.569	0.397	0.294	0.105	−0.148	−0.382	−0.611	−0.730	−0.854	−0.990	−1.147	−1.353	−1.470	−1.549	−1.660	−1.749	−1.899	−2.029
0.95	0.763	0.562	0.389	0.285	0.096	−0.156	−0.388	−0.615	−0.731	−0.853	−0.985	−1.137	−1.335	−1.446	−1.520	−1.624	−1.706	−1.842	−1.955
1.00	0.758	0.555	0.381	0.277	0.088	−0.164	−0.394	−0.618	−0.732	−0.852	−0.980	−1.128	−1.317	−1.422	−1.492	−1.588	−1.664	−1.786	−1.884
1.05	0.752	0.547	0.373	0.268	0.079	−0.172	−0.400	−0.621	−0.733	−0.850	−0.975	−1.118	−1.299	−1.398	−1.464	−1.553	−1.622	−1.731	−1.816
1.10	0.745	0.540	0.365	0.260	0.070	−0.180	−0.406	−0.624	−0.734	−0.848	−0.970	−1.107	−1.280	−1.374	−1.435	−1.518	−1.581	−1.678	−1.750
1.15	0.739	0.532	0.356	0.251	0.062	−0.187	−0.412	−0.627	−0.735	−0.846	−0.964	−1.097	−1.262	−1.350	−1.407	−1.484	−1.541	−1.627	−1.688
1.20	0.733	0.524	0.348	0.242	0.053	−0.195	−0.418	−0.629	−0.735	−0.844	−0.959	−1.086	−1.243	−1.327	−1.379	−1.449	−1.501	−1.577	−1.628
1.25	0.726	0.517	0.339	0.234	0.044	−0.203	−0.424	−0.632	−0.735	−0.841	−0.952	−1.075	−1.224	−1.303	−1.352	−1.416	−1.462	−1.529	−1.572
1.30	0.719	0.508	0.331	0.225	0.036	−0.210	−0.429	−0.634	−0.735	−0.838	−0.946	−1.064	−1.206	−1.279	−1.324	−1.383	−1.424	−1.482	−1.517
1.35	0.712	0.500	0.322	0.216	0.027	−0.218	−0.434	−0.636	−0.735	−0.835	−0.940	−1.053	−1.187	−1.255	−1.297	−1.350	−1.387	−1.437	−1.466
1.40	0.705	0.492	0.313	0.207	0.018	−0.225	−0.440	−0.638	−0.735	−0.832	−0.933	−1.041	−1.168	−1.232	−1.270	−1.318	−1.351	−1.394	−1.417
1.45	0.698	0.484	0.304	0.198	0.010	−0.233	−0.445	−0.639	−0.734	−0.829	−0.926	−1.030	−1.150	−1.208	−1.240	−1.287	−1.316	−1.353	−1.371

续上表

C_s \ P(%)	0.000 1	0.001	0.002	0.005	0.01	0.02	0.05	0.1	0.2	1/3	0.5	1	2	3	10/3	4	5	10	15
1.50	10.74	8.926	8.376	7.647	7.093	6.536	5.797	5.234	4.666	4.246	3.910	3.330	2.743	2.395	2.304	2.146	1.950	1.333	0.961
1.55	10.95	9.085	8.521	7.773	7.206	6.636	5.878	5.302	4.723	4.293	3.950	3.359	2.762	2.408	2.315	2.154	1.957	1.331	0.956
1.60	11.16	9.245	8.666	7.900	7.318	6.735	5.960	5.371	4.779	4.340	3.990	3.388	2.780	2.420	2.326	2.163	1.962	1.329	0.950
1.65	11.36	9.404	8.811	8.026	7.430	6.833	6.041	5.439	4.834	4.387	4.030	3.416	2.797	2.432	2.337	2.171	1.967	1.326	0.944
1.70	11.57	9.563	8.956	8.152	7.543	6.932	6.122	5.507	4.890	4.433	4.069	3.444	2.815	2.444	2.347	3.179	1.972	1.324	0.938
1.75	11.78	9.721	9.100	8.278	7.655	7.030	6.203	5.575	4.945	4.479	4.108	3.472	2.832	2.455	2.357	2.186	1.977	1.321	0.931
1.80	11.99	9.880	9.245	8.404	7.766	7.128	6.283	5.642	4.999	4.525	4.147	3.499	2.848	2.466	2.366	2.193	1.981	1.318	0.925
1.85	12.19	10.04	9.389	8.529	7.878	7.226	6.363	5.709	5.054	4.570	4.185	3.526	2.865	2.477	2.375	2.200	1.985	1.314	0.918
1.90	12.40	10.20	9.533	8.654	7.989	7.323	6.443	5.775	5.108	4.615	4.223	3.553	2.881	2.487	2.384	2.207	1.989	1.311	0.911
1.95	12.61	10.36	9.676	8.779	8.100	7.420	6.522	5.842	5.161	4.659	4.261	3.579	2.897	2.497	2.393	2.213	1.993	1.307	0.904
2.00	12.82	10.51	9.820	8.904	8.210	7.517	6.601	5.908	5.215	4.704	4.298	3.605	2.912	2.507	2.401	2.219	1.996	1.303	0.897
2.1	13.23	10.83	10.11	9.152	8.431	7.710	6.758	6.039	5.320	4.791	4.372	3.656	2.942	2.525	2.417	2.230	2.001	1.294	0.882
2.2	13.64	11.14	10.39	9.399	8.650	7.901	6.914	6.168	5.424	4.877	4.444	3.705	2.970	2.542	2.431	2.240	2.006	1.284	0.867
2.3	14.05	11.46	10.67	9.645	8.868	8.091	7.068	6.296	5.527	4.962	4.515	3.753	2.997	2.558	2.445	2.248	2.009	1.274	0.851
2.4	14.46	11.77	10.96	9.890	9.084	8.280	7.221	6.423	5.628	5.045	4.584	3.800	3.023	2.573	2.457	2.256	2.011	1.262	0.834
2.5	14.87	12.08	11.24	10.13	9.299	8.468	7.373	6.548	5.728	5.127	4.652	3.845	3.048	2.587	2.467	2.262	2.012	1.250	0.817
2.6	15.28	12.39	11.52	10.38	9.513	8.654	7.523	6.672	5.826	5.207	4.718	3.889	3.071	2.599	2.477	2.267	2.013	1.238	0.800
2.7	15.69	12.70	11.80	10.62	9.725	8.838	7.671	6.794	5.923	5.286	4.783	3.932	3.093	2.610	2.486	2.271	2.012	1.224	0.782
2.8	16.10	13.00	12.08	10.86	9.936	9.021	7.818	6.915	6.019	5.363	4.847	3.973	3.114	2.620	2.493	2.275	2.010	1.210	0.763
2.9	16.50	13.31	12.35	11.09	10.15	9.203	7.964	7.034	6.113	5.439	4.909	4.013	3.134	2.629	2.499	2.277	2.007	1.195	0.745
3.0	16.91	13.61	12.63	11.33	10.35	9.383	8.108	7.152	6.205	5.514	4.970	4.051	3.152	2.637	2.505	2.278	2.003	1.180	0.726
3.1	17.31	13.92	12.90	11.57	10.56	9.562	8.251	7.269	6.296	5.587	5.029	4.089	3.169	2.644	2.509	2.278	1.999	1.164	0.706
3.2	17.71	14.22	13.17	11.80	10.77	9.739	8.393	7.384	6.386	5.658	5.087	4.125	3.185	2.649	2.512	2.277	1.993	1.148	0.687
3.4	18.52	14.82	13.71	12.26	1.17	10.09	8.671	7.609	6.561	5.798	5.199	4.193	3.214	2.658	2.516	2.272	1.980	1.113	0.647
3.6	19.29	15.41	14.25	12.72	11.57	10.43	8.943	7.829	6.730	5.931	5.306	4.256	3.238	2.662	2.515	2.264	1.963	1.077	0.607
3.8	20.08	16.00	14.78	13.17	11.97	10.77	9.210	8.044	6.894	6.060	5.407	4.314	3.258	2.663	2.511	2.253	1.943	1.040	0.566
4.0	20.88	16.58	15.30	13.62	12.36	11.11	9.471	8.253	7.053	6.183	5.504	4.368	3.274	2.659	2.504	2.238	1.920	1.001	0.525

续上表

C_s \ P(%)	20	25	30	100/3	40	50	60	70	75	80	85	90	95	97	98	99	99.5	99.9	99.99
1.50	0.691	0.475	0.295	0.189	0.001	−0.240	−0.449	−0.641	−0.733	−0.825	−0.919	−1.018	−1.131	−1.185	−1.217	−1.256	−1.282	−1.313	−1.328
1.55	0.683	0.467	0.286	0.180	−0.008	−0.247	−0.454	−0.642	−0.732	−0.821	−0.912	−1.006	−1.112	−1.162	−1.191	−1.226	−1.248	−1.275	−1.286
1.60	0.675	0.458	0.277	0.171	−0.016	−0.254	−0.459	−0.643	−0.731	−0.817	−0.904	−0.994	−1.093	−1.140	−1.166	−1.197	−1.216	−1.238	−1.247
1.65	0.667	0.450	0.268	0.162	−0.025	−0.261	−0.463	−0.644	−0.729	−0.813	−0.896	−0.982	−1.075	−1.117	−1.141	−1.168	−1.185	−1.203	−1.210
1.70	0.660	0.441	0.259	0.135	−0.033	−0.268	−0.467	−0.644	−0.727	−0.808	−0.888	−0.970	−1.056	−1.095	−1.116	−1.140	−1.155	−1.170	−1.175
1.75	0.652	0.432	0.250	0.144	−0.042	−0.275	−0.472	−0.645	−0.725	−0.804	−0.880	−0.957	−1.038	−1.073	−1.092	−1.113	−1.126	−1.138	−1.142
1.80	0.643	0.423	0.241	0.135	−0.050	−0.281	−0.475	−0.645	−0.723	−0.799	−0.872	−0.945	−1.020	−1.052	−1.069	−1.087	−1.097	−1.107	−1.111
1.85	0.635	0.414	0.232	0.126	−0.059	−0.288	−0.479	−0.645	−0.721	−0.794	−0.864	−0.932	−1.002	−1.031	−1.046	−1.062	−1.070	−1.078	−1.081
1.90	0.627	0.405	0.222	0.117	−0.067	−0.294	−0.483	−0.645	−0.718	−0.788	−0.855	−0.920	−0.984	−1.010	−1.023	−1.037	−1.044	−1.051	−1.052
1.95	0.618	0.396	0.213	0.108	−0.076	−0.301	−0.486	−0.644	−0.715	−0.783	−0.846	−0.907	−0.966	−0.989	−1.001	−1.013	−1.019	−1.024	−1.025
2.00	0.609	0.386	0.204	0.099	−0.084	−0.307	−0.489	−0.643	−0.712	−0.777	−0.837	−0.895	−0.949	−0.970	−0.980	−0.990	−0.995	−0.999	−1.000
2.1	0.592	0.368	0.185	0.081	−0.100	−0.319	−0.495	−0.641	−0.706	−0.765	−0.819	−0.869	−0.915	−0.931	−0.939	−0.946	−0.949	−0.952	−0.952
2.2	0.574	0.349	0.167	0.063	−0.116	−0.330	−0.500	−0.638	−0.698	−0.752	−0.801	−0.844	−0.882	−0.894	−0.900	−0.905	−0.907	−0.909	−0.909
2.3	0.555	0.330	0.148	0.045	−0.131	−0.341	−0.504	−0.634	−0.690	−0.739	−0.782	−0.819	−0.850	−0.860	−0.864	−0.867	−0.868	−0.869	−0.870
2.4	0.537	0.311	0.130	0.027	−0.147	−0.351	−0.507	−0.630	−0.681	−0.725	−0.763	−0.795	−0.819	−0.827	−0.830	−0.832	−0.833	−0.833	−0.833
2.5	0.518	0.292	0.111	0.0097	−0.161	−0.360	−0.510	−0.625	−0.671	−0.711	−0.744	−0.771	−0.790	−0.796	−0.798	−0.799	−0.800	−0.800	−0.800
2.6	0.499	0.272	0.093	−0.007	−0.176	−0.369	−0.512	−0.619	−0.661	−0.696	−0.725	−0.747	−0.762	−0.766	−0.768	−0.769	−0.769	−0.769	−0.769
2.7	0.479	0.253	0.075	−0.024	−0.189	−0.376	−0.513	−0.612	−0.650	−0.681	−0.706	−0.724	−0.736	−0.739	−0.740	−0.740	−0.741	−0.741	−0.741
2.8	0.460	0.234	0.057	−0.041	−0.203	−0.384	−0.513	−0.604	−0.639	−0.666	−0.687	−0.702	−0.711	−0.713	−0.714	−0.714	−0.714	−0.714	−0.714
2.9	0.440	0.215	0.040	−0.057	−0.215	−0.390	−0.512	−0.596	−0.627	−0.651	−0.669	−0.681	−0.688	−0.689	−0.689	−0.690	−0.690	−0.690	−0.690
3.0	0.420	0.196	0.023	−0.073	−0.227	−0.396	−0.511	−0.588	−0.615	−0.636	−0.651	−0.660	−0.665	−0.666	−0.666	−0.667	−0.667	−0.667	−0.667
3.1	0.401	0.177	0.006	−0.088	−0.239	−0.400	−0.509	−0.579	−0.603	−0.621	−0.633	−0.641	−0.644	−0.645	−0.645	−0.645	−0.645	−0.645	−0.645
3.2	0.381	0.159	−0.011	−0.102	−0.249	−0.405	−0.506	−0.570	−0.591	−0.606	−0.616	−0.622	−0.624	−0.625	−0.625	−0.625	−0.625	−0.625	−0.625
3.4	0.341	0.122	−0.042	−0.130	−0.269	−0.411	−0.498	−0.550	−0.566	−0.577	−0.583	−0.587	−0.588	−0.588	−0.588	−0.588	−0.588	−0.588	−0.588
3.6	0.302	0.087	−0.072	−0.156	−0.286	−0.414	−0.489	−0.530	−0.541	−0.549	−0.553	−0.555	−0.555	−0.556	−0.556	−0.556	−0.556	−0.556	−0.556
3.8	0.264	0.053	−0.100	−0.179	−0.300	−0.414	−0.478	−0.509	−0.518	−0.522	−0.525	−0.526	−0.526	−0.526	−0.526	−0.526	−0.526	−0.526	−0.526
4.0	0.226	0.021	−0.125	−0.200	−0.312	−0.413	−0.465	−0.489	−0.495	−0.498	−0.499	−0.500	−0.500	−0.500	−0.500	−0.500	−0.500	−0.500	−0.500

注:本表摘自华东水利学院、水电站第四工程局、第十一工程局《水文计算中参数估计方法的统计试验研究》(1974年),并作了修正。

皮尔逊 III 型曲线模比系数 K_p 值表

(1)$C_s=C_v$　　表 3-4-2

P(%) / C_v	0.01	0.1	0.2	0.33	0.5	1	2	5	10	20	50	75	90	95	99	P(%) / C_s
0.05	1.19	1.16	1.15	1.14	1.13	1.12	1.11	1.09	1.07	1.04	1.00	0.97	0.94	0.92	0.89	0.05
0.06	1.23	1.19	1.18	1.17	1.16	1.14	1.13	1.10	1.08	1.05	1.00	0.96	0.92	0.90	0.86	0.06
0.07	1.27	1.23	1.21	1.20	1.19	1.17	1.15	1.12	1.09	1.06	1.00	0.95	0.91	0.89	0.84	0.07
0.08	1.31	1.26	1.24	1.23	1.21	1.19	1.17	1.13	1.10	1.07	1.00	0.95	0.90	0.87	0.82	0.08
0.09	1.35	1.29	1.27	1.25	1.24	1.22	1.19	1.15	1.12	1.08	1.00	0.94	0.89	0.86	0.80	0.09
0.10	1.39	1.32	1.30	1.28	1.27	1.24	1.21	1.17	1.13	1.08	1.00	0.93	0.87	0.84	0.78	0.10
0.11	1.44	1.36	1.33	1.31	1.30	1.27	1.23	1.19	1.14	1.09	1.00	0.93	0.86	0.83	0.76	0.11
0.12	1.48	1.39	1.36	1.34	1.32	1.29	1.25	1.20	1.15	1.10	1.00	0.92	0.85	0.81	0.73	0.12
0.13	1.52	1.43	1.39	1.37	1.35	1.32	1.28	1.22	1.17	1.11	1.00	0.92	0.84	0.80	0.71	0.13
0.14	1.56	1.46	1.43	1.40	1.38	1.34	1.30	1.24	1.18	1.12	1.00	0.91	0.82	0.78	0.69	0.14
0.15	1.61	1.50	1.46	1.43	1.41	1.37	1.32	1.26	1.20	1.13	1.00	0.90	0.81	0.77	0.67	0.15
0.16	1.65	1.53	1.49	1.46	1.43	1.39	1.34	1.27	1.21	1.13	0.99	0.89	0.80	0.76	0.65	0.16
0.17	1.70	1.57	1.52	1.49	1.46	1.42	1.37	1.29	1.22	1.14	0.99	0.88	0.79	0.73	0.63	0.17
0.18	1.74	1.60	1.56	1.52	1.49	1.44	1.39	1.30	1.23	1.15	0.99	0.88	0.77	0.71	0.61	0.18
0.19	1.79	1.64	1.59	1.55	1.52	1.47	1.41	1.32	1.25	1.16	0.99	0.87	0.76	0.70	0.59	0.19
0.20	1.83	1.68	1.62	1.58	1.55	1.49	1.43	1.34	1.26	1.17	0.99	0.86	0.75	0.68	0.56	0.20
0.21	1.88	1.72	1.66	1.61	1.58	1.52	1.46	1.36	1.28	1.18	0.99	0.85	0.74	0.67	0.54	0.21
0.22	1.92	1.75	1.69	1.64	1.61	1.55	1.48	1.37	1.29	1.18	0.99	0.85	0.72	0.65	0.52	0.22
0.23	1.97	1.79	1.73	1.68	1.64	1.58	1.50	1.39	1.30	1.19	0.99	0.84	0.71	0.64	0.50	0.23
0.24	2.02	1.82	1.76	1.71	1.67	1.60	1.52	1.41	1.31	1.20	0.99	0.83	0.70	0.62	0.48	0.24
0.25	2.07	1.86	1.80	1.74	1.70	1.63	1.55	1.43	1.33	1.21	0.99	0.83	0.69	0.61	0.47	0.25
0.26	2.12	1.90	1.83	1.77	1.73	1.65	1.57	1.44	1.34	1.22	0.99	0.82	0.67	0.59	0.45	0.26
0.27	2.17	1.94	1.87	1.81	1.77	1.68	1.60	1.46	1.36	1.23	0.99	0.81	0.66	0.58	0.43	0.27
0.28	2.22	1.97	1.90	1.84	1.80	1.71	1.62	1.48	1.37	1.23	0.99	0.80	0.65	0.56	0.41	0.28
0.29	2.27	2.02	1.94	1.88	1.83	1.74	1.64	1.50	1.38	1.24	0.99	0.79	0.64	0.55	0.39	0.29
0.30	2.31	2.06	1.97	1.91	1.86	1.76	1.66	1.52	1.39	1.25	0.98	0.79	0.63	0.54	0.37	0.30
0.31	2.36	2.10	2.01	1.94	1.89	1.79	1.68	1.54	1.40	1.26	0.98	0.79	0.62	0.53	0.35	0.31
0.32	2.42	2.13	2.04	1.98	1.92	1.82	1.71	1.55	1.42	1.26	0.98	0.78	0.60	0.51	0.33	0.32
0.33	2.47	2.17	2.08	2.01	1.95	1.85	1.73	1.57	1.43	1.27	0.98	0.78	0.59	0.50	0.32	0.33
0.34	2.52	2.21	2.12	2.05	1.98	1.88	1.76	1.59	1.45	1.28	0.98	0.77	0.58	0.48	0.30	0.34
0.35	2.57	2.26	2.16	2.08	2.02	1.91	1.78	1.61	1.46	1.29	0.98	0.76	0.57	0.47	0.28	0.35
0.36	2.62	2.30	2.19	2.12	2.05	1.93	1.80	1.63	1.47	1.30	0.98	0.75	0.55	0.45	0.26	0.36
0.37	2.68	2.34	2.23	2.15	2.08	1.96	1.83	1.65	1.49	1.31	0.98	0.74	0.54	0.44	0.24	0.37
0.38	2.73	2.38	2.27	2.19	2.11	1.99	1.85	1.66	1.50	1.31	0.98	0.73	0.53	0.42	0.22	0.38
0.39	2.79	2.43	2.30	2.22	2.15	2.02	1.88	1.68	1.52	1.32	0.97	0.72	0.52	0.41	0.21	0.39

续上表

C_v \ $P(\%)$	0. 01	0. 1	0. 2	0. 33	0. 5	1	2	5	10	20	50	75	90	95	99	$P(\%)$ / C_s
0. 40	2. 84	2. 47	2. 34	2. 26	2. 18	2. 05	1. 90	1. 70	1. 53	0. 33	0. 97	0. 72	0. 51	0. 39	0. 19	0. 40
0. 41	2. 90	2. 51	2. 38	2. 30	2. 22	2. 07	1. 93	1. 72	1. 54	1. 34	0. 97	0. 72	0. 50	0. 38	0. 17	0. 41
0. 42	2. 96	2. 56	2. 42	2. 33	2. 25	2. 10	1. 95	1. 74	1. 55	1. 34	0. 97	0. 71	0. 48	0. 37	0. 15	0. 42
0. 43	3. 01	2. 60	2. 46	2. 37	2. 28	2. 13	1. 98	1. 76	1. 57	1. 35	0. 97	0. 71	0. 47	0. 36	0. 14	0. 43
0. 44	3. 07	2. 65	2. 50	2. 40	2. 31	2. 16	2. 00	1. 77	1. 58	1. 36	0. 97	0. 70	0. 46	0. 34	0. 12	0. 44
0. 45	3. 13	2. 69	2. 54	2. 44	2. 35	2. 19	2. 03	1. 79	1. 60	1. 37	0. 97	0. 69	0. 45	0. 33	0. 10	0. 45
0. 46	3. 19	2. 73	2. 58	2. 48	2. 38	2. 22	2. 05	1. 81	1. 61	1. 37	0. 96	0. 68	0. 44	0. 31	0. 08	0. 46
0. 47	3. 25	2. 78	2. 62	2. 51	2. 42	2. 25	2. 08	1. 83	1. 62	1. 38	0. 96	0. 67	0. 43	0. 30	0. 07	0. 47
0. 48	3. 30	2. 82	2. 66	2. 55	2. 45	2. 28	2. 11	1. 85	1. 63	1. 39	0. 96	0. 67	0. 41	0. 28	0. 05	0. 48
0. 49	3. 36	2. 87	2. 70	2. 59	2. 49	2. 31	2. 14	1. 87	1. 65	1. 40	0. 96	0. 66	0. 40	0. 27	0. 04	0. 49
0. 50	3. 42	2. 91	2. 74	2. 63	2. 52	2. 34	2. 16	1. 89	1. 66	1. 40	0. 96	0. 65	0. 39	0. 26	0. 02	0. 50
0. 52	3. 54	3. 00	2. 82	2. 71	2. 59	2. 40	2. 21	1. 93	1. 69	1. 42	0. 95	0. 64	0. 37	0. 23	0. 01	0. 52
0. 54	3. 66	3. 10	2. 91	2. 78	2. 66	2. 46	2. 26	1. 96	1. 71	1. 43	0. 95	0. 62	0. 35	0. 21	−0. 04	0. 54
0. 55	3. 72	3. 14	2. 95	2. 82	2. 70	2. 49	2. 29	1. 98	1. 73	1. 44	0. 95	0. 61	0. 34	0. 20	−0. 06	0. 55
0. 56	3. 78	3. 19	2. 99	2. 86	2. 73	2. 52	2. 31	2. 00	1. 75	1. 45	0. 95	0. 60	0. 32	0. 18	−0. 07	0. 56
0. 58	3. 91	3. 29	3. 08	2. 93	2. 81	2. 59	2. 36	2. 04	1. 77	1. 46	0. 94	0. 58	0. 30	0. 15	−0. 10	0. 58
0. 60	4. 03	3. 38	3. 16	3. 01	2. 88	2. 65	2. 41	2. 08	1. 80	1. 48	0. 94	0. 57	0. 28	0. 13	−0. 13	0. 60
0. 62	4. 16	3. 46	3. 25	3. 09	2. 95	2. 71	2. 46	2. 12	1. 82	1. 50	0. 94	0. 56	0. 26	0. 10	−0. 16	0. 62
0. 64	4. 29	3. 56	3. 33	3. 17	3. 03	2. 78	2. 52	2. 16	1. 85	1. 51	0. 93	0. 54	0. 24	0. 08	−0. 19	0. 64
0. 65	4. 36	3. 62	3. 38	3. 21	3. 07	2. 81	2. 55	2. 18	1. 87	1. 52	0. 93	0. 53	0. 23	0. 07	−0. 20	0. 65
0. 66	4. 42	3. 66	3. 42	3. 25	3. 10	2. 84	2. 57	2. 20	1. 88	1. 53	0. 93	0. 52	0. 21	0. 06	−0. 21	0. 66
0. 68	4. 56	3. 76	3. 51	3. 33	3. 18	2. 91	2. 63	2. 23	1. 90	1. 54	0. 92	0. 51	0. 19	0. 03	−0. 24	0. 68
0. 70	4. 70	3. 87	3. 60	3. 42	3. 25	2. 97	2. 68	2. 27	1. 93	1. 55	0. 92	0. 50	0. 17	0. 01	−0. 27	0. 70
0. 72	4. 84	3. 97	3. 70	3. 50	3. 33	3. 04	2. 74	2. 31	1. 96	1. 57	0. 91	0. 48	0. 15	−0. 02	−0. 29	0. 72
0. 74	4. 98	4. 08	3. 79	3. 59	3. 41	3. 11	2. 79	2. 35	1. 98	1. 58	0. 91	0. 46	0. 13	−0. 04	−0. 32	0. 74
0. 75	5. 05	4. 13	3. 84	3. 63	3. 45	3. 14	2. 82	2. 37	2. 00	1. 59	0. 91	0. 45	0. 12	−0. 05	−0. 33	0. 75
0. 76	5. 12	4. 18	3. 89	3. 67	3. 49	3. 17	2. 85	2. 39	2. 02	1. 59	0. 90	0. 44	0. 10	−0. 06	−0. 34	0. 76
0. 78	5. 26	4. 29	3. 98	3. 76	3. 57	3. 24	2. 90	2. 43	2. 04	1. 61	0. 90	0. 43	0. 08	−0. 08	−0. 37	0. 78
0. 80	5. 40	4. 39	4. 08	3. 84	3. 65	3. 31	2. 96	2. 47	2. 07	1. 62	0. 90	0. 42	0. 06	−0. 10	−0. 39	0. 80
0. 82	5. 55	4. 50	4. 18	3. 93	3. 73	3. 38	3. 02	2. 51	2. 10	1. 64	0. 89	0. 40	0. 04	−0. 13	−0. 41	0. 82
0. 84	5. 70	4. 61	4. 28	4. 02	3. 81	3. 46	3. 08	2. 55	2. 12	1. 65	0. 88	0. 38	0. 02	−0. 15	−0. 43	0. 84
0. 85	5. 78	4. 67	4. 33	4. 07	3. 86	3. 49	3. 11	2. 57	2. 14	1. 66	0. 88	0. 37	0. 01	−0. 16	−0. 44	0. 85
0. 86	5. 86	4. 73	4. 37	4. 11	3. 90	3. 52	3. 13	2. 59	2. 15	1. 66	0. 87	0. 36	0. 00	−0. 17	−0. 45	0. 86
0. 88	6. 01	4. 84	4. 47	4. 20	3. 98	3. 60	3. 19	2. 63	2. 18	1. 68	0. 87	0. 35	−0. 02	−0. 20	−0. 47	0. 88

续上表

P(%) / C_v	0.01	0.1	0.2	0.33	0.5	1	2	5	10	20	50	75	90	95	99	P(%) / C_s
0.90	6.16	4.95	4.57	4.29	4.06	3.66	3.25	2.67	2.21	1.69	0.86	0.34	−0.04	−0.22	−0.49	0.90
0.92	6.32	5.07	4.67	4.38	4.14	3.73	3.31	2.71	2.24	1.71	0.86	0.33	−0.06	−0.24	−0.51	0.92
0.94	6.48	5.18	4.78	4.48	4.23	3.80	3.37	2.76	2.26	1.72	0.86	0.32	−0.08	−0.26	−0.53	0.94
0.95	6.56	5.24	4.83	4.53	4.28	3.84	3.40	2.78	2.28	1.73	0.85	0.31	−0.09	−0.27	−0.55	0.95
0.96	6.64	5.30	4.88	4.57	4.32	3.88	3.42	2.80	2.29	1.73	0.85	0.30	−0.09	−0.28	−0.56	0.96
0.98	6.80	5.41	4.99	4.67	4.40	3.95	3.48	2.83	2.31	1.74	0.85	0.28	−0.11	−0.30	−0.57	0.98
1.00	6.96	5.53	5.09	4.76	4.49	4.02	3.54	2.88	2.34	1.76	0.84	0.27	−0.13	−0.32	−0.59	1.00
1.02	7.13	5.65	5.20	4.86	4.58	4.10	3.60	2.92	2.37	1.77	0.83	0.25	−0.15	−0.34	−0.61	1.02
1.04	7.30	5.77	5.30	4.96	4.67	4.17	3.66	2.96	2.39	1.78	0.82	0.23	−0.16	−0.36	−0.62	1.04
1.05	7.38	5.83	5.35	5.01	4.72	4.21	3.69	2.98	2.41	1.78	0.82	0.22	−0.17	−0.37	−0.63	1.05
1.06	7.46	5.90	5.41	5.05	4.76	4.25	3.72	3.00	2.42	1.79	0.82	0.21	−0.18	−0.37	−0.64	1.06
1.08	7.63	6.02	5.51	5.15	4.85	4.33	3.78	3.04	2.45	1.80	0.81	0.20	−0.19	−0.39	−0.65	1.08
1.10	7.80	6.14	5.62	5.25	4.94	4.40	3.84	3.08	2.47	1.81	0.80	0.19	−0.21	−0.41	−0.67	1.10
1.12	7.98	6.27	5.73	5.35	5.03	4.48	3.90	3.13	2.50	1.82	0.79	0.17	−0.23	−0.42	−0.68	1.12
1.14	8.16	6.39	5.84	5.45	5.12	4.55	3.96	3.17	2.53	1.84	0.79	0.15	−0.25	−0.44	−0.70	1.14
1.15	8.25	6.46	5.90	5.50	5.17	4.59	3.99	3.19	2.54	1.85	0.79	0.14	−0.26	−0.45	−0.71	1.15
1.16	8.33	6.52	5.96	5.54	5.21	4.63	4.02	3.21	2.55	1.85	0.78	0.13	−0.26	−0.45	−0.75	1.16
1.18	8.51	6.64	6.07	5.64	5.30	4.70	4.08	3.25	2.58	1.87	0.78	0.12	−0.28	−0.47	−0.73	1.18
1.20	8.69	6.77	6.18	5.74	5.39	4.78	4.14	3.29	2.61	1.88	0.77	0.11	−0.30	−0.49	−0.74	1.20
1.22	8.88	6.90	6.30	5.85	5.48	4.86	4.21	3.33	2.64	1.89	0.76	0.10	−0.32	−0.50	−0.75	1.22
1.24	9.07	7.04	6.42	5.95	5.58	4.94	4.27	3.38	2.66	1.90	0.75	0.08	−0.33	−0.52	−0.76	1.24
1.25	9.16	7.11	6.48	6.01	5.63	4.98	4.31	3.40	2.68	1.91	0.75	0.07	−0.34	−0.53	−0.77	1.25
1.26	9.25	7.17	6.53	6.06	5.67	5.02	4.34	3.42	2.69	1.91	0.74	0.06	−0.34	−0.54	−0.77	1.26
1.28	9.44	7.31	6.65	6.16	5.77	5.09	4.40	3.46	2.71	1.92	0.74	0.05	−0.36	−0.55	−0.78	1.28
1.30	9.63	7.44	6.77	6.27	5.86	5.17	4.47	3.50	2.74	1.94	0.73	0.04	−0.38	−0.56	−0.79	1.30
1.32	9.83	7.58	6.89	6.38	5.96	5.25	4.53	3.54	2.77	1.95	0.72	0.03	−0.40	−0.58	−0.80	1.32
1.34	10.03	7.72	7.01	6.49	6.06	5.33	4.60	3.59	2.80	1.96	0.71	0.02	−0.41	−0.59	−0.81	1.34
1.35	10.13	7.79	7.08	6.54	6.11	5.38	4.63	3.61	2.81	1.97	0.71	0.01	−0.42	−0.60	−0.82	1.35
1.36	10.22	7.85	7.14	6.59	6.16	5.42	4.66	3.63	2.82	1.97	0.71	0.00	−0.43	−0.61	−0.83	1.36
1.38	10.42	7.99	7.26	6.70	6.25	5.50	4.73	3.68	2.85	1.98	0.70	−0.01	−0.44	−0.62	−0.84	1.38
1.40	10.62	8.13	7.38	6.81	6.36	5.58	4.79	3.72	2.88	1.99	0.69	−0.02	−0.46	−0.64	−0.85	1.40
1.42	10.82	8.27	7.51	6.92	6.46	5.66	4.85	3.76	2.90	2.00	0.68	−0.03	−0.47	−0.65	−0.86	1.42
1.44	11.03	8.42	7.64	7.03	6.56	5.75	4.92	3.80	2.92	2.01	0.67	−0.05	−0.49	−0.66	−0.87	1.44
1.45	11.13	8.49	7.70	7.09	6.62	5.79	4.95	3.82	2.94	2.02	0.66	−0.06	−0.50	−0.67	−0.87	1.45
1.46	11.23	8.56	7.76	7.14	6.67	5.83	4.98	3.84	2.95	2.02	0.66	−0.07	−0.50	−0.68	−0.88	1.46
1.48	11.44	8.71	7.89	7.25	6.77	5.92	5.05	3.88	2.97	2.03	0.65	−0.08	−0.52	−0.69	−0.88	1.48
1.50	11.64	8.85	8.02	7.36	6.87	6.00	5.11	3.92	3.00	2.04	0.64	−0.10	−0.53	−0.70	−0.89	1.50

(2)$C_s=2C_v$　　续上表

P(%) / C_v	0.01	0.1	0.2	0.33	0.5	1	2	5	10	20	50	75	90	95	99	P(%) / C_s
0.05	1.20	1.16	1.15	1.14	1.13	1.12	1.11	1.08	1.06	1.04	1.00	0.97	0.94	0.92	0.89	0.10
0.06	1.24	1.20	1.19	1.17	1.16	1.14	1.13	1.10	1.08	1.05	1.00	0.96	0.92	0.90	0.87	0.12
0.07	1.29	1.23	1.22	1.20	1.19	1.17	1.15	1.12	1.09	1.06	1.00	0.95	0.91	0.89	0.85	0.14
0.08	1.34	1.27	1.25	1.23	1.22	1.20	1.17	1.14	1.10	1.07	1.00	0.94	0.90	0.87	0.82	0.16
0.09	1.38	1.30	1.28	1.26	1.24	1.22	1.19	1.15	1.12	1.07	1.00	0.94	0.89	0.86	0.80	0.18
0.10	1.42	1.34	1.31	1.29	1.27	1.25	1.21	1.17	1.13	1.08	1.00	0.93	0.87	0.84	0.78	0.20
0.11	1.47	1.38	1.35	1.33	1.30	1.27	1.24	1.19	1.14	1.09	1.00	0.92	0.86	0.83	0.76	0.22
0.12	1.52	1.42	1.38	1.36	1.34	1.30	1.26	1.21	1.16	1.10	1.00	0.92	0.85	0.81	0.74	0.24
0.13	1.57	1.46	1.42	1.39	1.37	1.33	1.29	1.22	1.17	1.11	0.99	0.91	0.84	0.80	0.73	0.26
0.14	1.62	1.50	1.45	1.42	1.40	1.36	1.31	1.24	1.18	1.12	0.99	0.90	0.83	0.78	0.71	0.28
0.15	1.67	1.54	1.48	1.46	1.43	1.38	1.33	1.26	1.20	1.12	0.99	0.90	0.81	0.77	0.69	0.30
0.16	1.72	1.57	1.52	1.49	1.46	1.41	1.35	1.28	1.21	1.13	0.99	0.89	0.80	0.75	0.67	0.32
0.17	1.77	1.61	1.56	1.53	1.49	1.44	1.38	1.30	1.22	1.14	0.99	0.88	0.79	0.74	0.65	0.34
0.18	1.82	1.65	1.60	1.56	1.52	1.47	1.40	1.30	1.24	1.15	0.99	0.88	0.78	0.72	0.63	0.36
0.19	1.87	1.69	1.63	1.59	1.56	1.49	1.43	1.33	1.25	1.16	0.99	0.87	0.77	0.71	0.61	0.38
0.20	1.92	1.73	1.67	1.63	1.59	1.52	1.45	1.35	1.26	1.16	0.99	0.86	0.75	0.70	0.59	0.40
0.21	1.98	1.78	1.71	1.67	1.62	1.55	1.48	1.37	1.28	1.17	0.98	0.85	0.74	0.68	0.58	0.42
0.22	2.04	1.82	1.75	1.70	1.66	1.58	1.50	1.39	1.29	1.18	0.98	0.84	0.73	0.67	0.56	0.44
0.23	2.10	1.87	1.79	1.74	1.69	1.61	1.53	1.41	1.30	1.19	0.98	0.84	0.72	0.66	0.55	0.46
0.24	2.16	1.91	1.83	1.77	1.73	1.64	1.55	1.43	1.32	1.19	0.98	0.83	0.71	0.64	0.53	0.48
0.25	2.22	1.96	1.87	1.81	1.77	1.67	1.58	1.45	1.33	1.20	0.98	0.82	0.70	0.63	0.52	0.50
0.26	2.28	2.01	1.91	1.85	1.80	1.70	1.60	1.46	1.34	1.21	0.98	0.82	0.69	0.62	0.50	0.52
0.27	2.34	2.05	1.95	1.89	1.84	1.73	1.63	1.48	1.35	1.21	0.98	0.80	0.67	0.61	0.48	0.54
0.28	2.40	2.10	2.00	1.93	1.87	1.76	1.66	1.50	1.37	1.22	0.97	0.79	0.66	0.59	0.47	0.56
0.29	2.46	2.14	2.04	1.97	1.90	1.80	1.69	1.52	1.39	1.23	0.97	0.79	0.65	0.58	0.45	0.58
0.30	2.52	2.19	2.08	2.01	1.94	1.83	1.71	1.54	1.40	1.24	0.97	0.78	0.64	0.56	0.44	0.60
0.31	2.58	2.24	2.13	2.05	1.98	1.86	1.74	1.56	1.41	1.25	0.97	0.78	0.63	0.55	0.43	0.62
0.32	2.65	2.29	2.17	2.09	2.01	1.90	1.76	1.58	1.43	1.25	0.97	0.77	0.62	0.54	0.41	0.64
0.33	2.72	2.34	2.22	2.13	2.05	1.93	1.79	1.60	1.44	1.26	0.96	0.76	0.61	0.53	0.40	0.66
0.34	2.79	2.39	2.26	2.17	2.09	1.96	1.81	1.62	1.45	1.27	0.96	0.76	0.60	0.52	0.38	0.68
0.35	2.86	2.44	2.31	2.22	2.13	2.00	1.84	1.64	1.47	1.28	0.96	0.75	0.59	0.51	0.37	0.70
0.36	2.93	2.49	2.36	2.26	2.17	2.03	1.86	1.66	1.48	1.28	0.96	0.74	0.58	0.50	0.36	0.72
0.37	2.99	2.54	2.40	2.30	2.21	2.06	1.89	1.68	50	1.29	0.96	0.73	0.56	0.48	0.34	0.74
0.38	3.06	2.59	2.45	2.34	2.24	2.09	1.92	1.70	1.51	1.30	0.95	0.73	0.55	0.47	0.33	0.76
0.39	3.13	2.65	2.49	2.38	2.28	2.13	1.95	1.72	1.52	1.31	0.95	0.72	0.54	0.46	0.31	0.78
0.40	3.20	2.70	2.54	2.42	2.32	2.16	1.98	1.74	1.54	1.31	0.95	0.71	0.53	0.45	0.30	0.80
0.41	3.28	2.75	2.59	2.47	2.37	2.19	2.01	1.76	1.55	1.32	0.95	0.70	0.52	0.44	0.29	0.82
0.42	3.36	2.81	2.64	2.51	2.40	2.23	2.04	1.78	1.56	1.32	0.95	0.69	0.51	0.43	0.28	0.84

续上表

P(%) / C_v	0.01	0.1	0.2	0.33	0.5	1	2	5	10	20	50	75	90	95	99	P(%) / C_s
0.43	3.43	2.87	2.69	2.56	2.45	2.26	2.07	1.80	1.58	1.33	0.94	0.68	0.50	0.42	0.28	0.86
0.44	3.51	2.92	2.74	2.60	2.49	2.30	2.10	1.82	1.59	1.34	0.94	0.68	0.49	0.41	0.26	0.88
0.45	3.59	2.98	2.80	2.65	2.53	2.33	2.13	1.84	1.60	1.35	0.93	0.67	0.48	0.40	0.26	0.90
0.46	3.67	3.04	2.85	2.70	2.57	2.37	2.15	1.86	1.62	1.35	0.93	0.66	0.47	0.38	0.27	0.92
0.47	3.75	3.10	2.90	2.74	2.61	2.40	2.18	1.88	1.63	1.36	0.92	0.66	0.47	0.37	0.24	0.94
0.48	3.82	3.15	2.95	2.79	2.65	2.44	2.21	1.90	1.64	1.36	0.92	0.65	0.46	0.36	0.23	0.96
0.49	3.90	3.21	3.00	2.83	2.69	2.48	2.24	1.92	1.66	1.37	0.92	0.65	0.45	0.35	0.22	0.98
0.50	3.98	3.27	3.05	2.88	2.74	2.51	2.27	1.94	1.67	1.38	0.92	0.64	0.44	0.34	0.21	1.00
0.52	4.15	3.39	3.16	2.98	2.83	2.59	2.33	1.98	1.70	1.39	0.91	0.62	0.42	0.32	0.19	1.04
0.54	4.33	3.52	3.27	3.08	2.94	2.66	2.39	2.02	1.72	1.40	0.90	0.60	0.40	0.31	0.18	1.08
0.55	4.42	3.58	3.32	3.12	2.97	2.70	2.42	2.04	1.74	1.41	0.90	0.59	0.40	0.30	0.16	1.10
0.56	4.50	3.64	3.37	3.18	3.01	2.74	2.45	2.06	1.75	1.41	0.89	0.58	0.39	0.29	0.14	1.12
0.58	4.68	3.77	3.48	3.28	3.10	2.81	2.51	2.10	1.78	1.43	0.89	0.57	0.37	0.27	0.13	1.16
0.60	4.85	3.89	3.59	3.37	3.20	2.89	2.57	2.15	1.80	1.44	0.89	0.56	0.35	0.26	0.13	1.20
0.62	5.04	4.02	3.71	3.48	3.30	2.97	2.63	2.19	1.83	1.45	0.88	0.55	0.34	0.24	0.12	1.24
0.64	5.23	4.16	3.83	3.59	3.39	3.05	2.70	2.23	1.86	1.46	0.87	0.54	0.32	0.23	0.11	1.28
0.65	5.33	4.22	3.89	3.64	3.44	3.09	2.74	2.25	1.87	1.47	0.87	0.52	0.31	0.22	0.10	1.30
0.66	5.43	4.29	3.95	3.70	3.49	3.13	2.76	2.27	1.88	1.47	0.86	0.51	0.30	0.21	0.20	1.32
0.68	5.62	4.43	4.07	3.80	3.58	3.21	2.83	2.32	1.91	1.48	0.86	0.50	0.29	0.20	0.09	1.36
0.70	5.81	4.56	4.19	3.91	3.68	3.29	2.90	2.36	1.94	1.50	0.85	0.49	0.27	0.18	0.08	1.40
0.72	6.02	4.71	4.32	4.02	3.78	3.38	2.96	2.40	1.96	1.51	0.84	0.48	0.26	0.17	0.07	1.44
0.74	6.23	4.86	4.45	4.13	3.88	3.46	3.02	2.44	1.99	1.52	0.83	0.47	0.25	0.16	0.06	1.48
0.75	6.33	4.93	4.52	4.19	3.93	3.50	3.06	2.46	2.00	1.52	0.82	0.45	0.24	0.15	0.06	1.50
0.76	6.43	5.00	4.58	4.25	3.98	3.54	3.09	2.48	2.01	1.53	0.81	0.44	0.23	0.14	0.05	1.52
0.78	6.64	5.15	4.71	4.36	4.08	3.63	3.16	2.53	2.04	1.54	0.80	0.43	0.22	0.13	0.05	1.56
0.80	6.85	5.30	4.84	4.47	4.19	3.71	3.22	2.57	2.06	1.54	0.80	0.42	0.21	0.12	0.04	1.60
0.82	7.08	5.46	4.97	4.59	4.29	3.80	3.29	2.61	2.09	1.55	0.79	0.41	0.20	0.11	0.04	1.64
0.84	7.30	5.61	5.11	4.71	4.40	3.89	3.36	2.65	2.11	1.56	0.78	0.40	0.19	0.10	0.03	1.68
0.85	7.41	5.69	5.17	4.77	4.46	3.93	3.39	2.68	2.12	1.56	0.77	0.39	0.18	0.10	0.03	1.70
0.86	7.53	5.77	5.24	4.83	4.50	3.97	3.42	2.70	2.14	1.56	0.76	0.37	0.17	0.09	0.03	1.72
0.88	7.75	5.92	5.38	4.95	4.62	4.06	3.49	2.74	2.16	1.57	0.75	0.36	0.16	0.08	0.02	1.76
0.90	7.98	6.08	5.51	5.07	4.74	4.15	3.56	2.78	2.19	1.58	0.75	0.35	0.15	0.08	0.02	1.80
0.92	8.23	6.25	5.65	5.20	4.85	4.24	3.63	2.82	2.21	1.58	0.74	0.34	0.14	0.08	0.02	1.84
0.94	8.47	6.41	5.79	5.32	4.96	4.33	3.70	2.87	2.23	1.59	0.73	0.33	0.13	0.07	0.01	1.88
0.95	8.59	6.49	5.86	5.38	5.02	4.38	3.74	2.89	2.25	1.60	0.72	0.31	0.13	0.07	0.01	1.90
0.96	8.72	6.58	5.94	5.44	5.07	4.43	3.77	2.91	2.26	1.60	0.70	0.30	0.12	0.06	0.01	1.92
0.98	8.96	6.74	6.08	5.57	5.18	4.52	3.84	2.95	2.28	1.60	0.69	0.30	0.12	0.06	0.01	1.96
1.00	9.21	6.91	6.22	5.70	5.30	4.61	3.91	3.00	2.30	1.61	0.69	0.29	0.11	0.05	0.01	2.00
1.02	9.47	7.09	6.37	5.83	5.42	4.70	3.98	3.04	2.32	1.62	0.68	0.28	0.10	0.05	0.01	2.04

续上表

$P(\%)$ / C_v	0.01	0.1	0.2	0.33	0.5	1	2	5	10	20	50	75	90	95	99	$P(\%)$ / C_s
1.04	9.73	7.26	6.52	5.97	5.53	4.80	4.05	3.08	2.34	1.62	0.67	0.27	0.09	0.04	0.01	2.08
1.05	9.86	7.35	6.59	6.03	5.59	4.84	4.08	3.10	2.35	1.62	0.66	0.26	0.09	0.04	0.01	2.10
1.06	10.00	7.44	6.67	6.10	5.65	4.89	4.12	3.12	2.36	1.63	0.65	0.25	0.08	0.03	0.01	2.12
1.08	10.26	7.61	6.82	6.24	5.76	4.99	4.19	3.16	2.39	1.63	0.64	0.24	0.07	0.03	0.01	2.16
1.10	10.52	7.79	6.97	6.37	5.88	5.08	4.26	3.20	2.41	1.63	0.64	0.23	0.07	0.03	0.00	2.20
1.12	10.80	7.97	7.13	6.51	6.00	5.18	4.33	3.24	2.43	1.63	0.63	0.22	0.07	0.02	0.00	2.24
1.14	11.07	8.15	7.29	6.65	6.13	5.28	4.40	3.28	2.45	1.63	0.62	0.21	0.06	0.02	0.00	2.28
1.15	11.21	8.24	7.36	6.71	6.19	5.32	4.44	3.30	2.46	1.64	0.61	0.21	0.06	0.02	0.00	2.30
1.16	11.35	8.34	7.44	6.78	6.25	5.37	4.48	3.33	2.47	1.64	0.59	0.21	0.06	0.02	0.00	2.32
1.18	11.62	8.53	7.60	6.92	6.38	5.47	4.55	3.37	2.49	1.64	0.58	0.20	0.05	0.02	0.00	2.36
1.20	11.90	8.70	7.76	7.06	6.50	5.57	4.62	3.41	2.51	1.65	0.58	0.18	0.05	0.02	0.00	2.40
1.22	12.19	8.89	7.92	7.20	6.63	5.67	4.69	3.45	2.53	1.65	0.57	0.17	0.04	0.02	0.00	2.44
1.24	12.48	9.09	8.08	7.34	6.76	5.76	4.76	3.49	2.55	1.65	0.56	0.16	0.04	0.01	0.00	2.48
1.25	12.63	9.18	8.16	7.41	6.82	5.81	4.80	3.51	2.56	1.65	0.55	0.16	0.04	0.01	0.00	2.50
1.26	12.78	9.28	8.25	7.48	6.89	5.86	4.84	3.53	2.56	1.65	0.54	0.15	0.03	0.01	0.00	2.52
1.28	13.07	9.48	8.41	7.62	7.02	5.96	4.91	3.57	2.58	1.65	0.53	0.15	0.03	0.01	0.00	2.56
1.30	13.36	9.67	8.57	7.76	7.14	6.06	4.98	3.61	2.60	1.65	0.52	0.14	0.03	0.01	0.00	2.60
1.32	13.67	9.87	8.74	7.89	7.27	6.16	5.05	3.65	2.62	1.65	0.51	0.13	0.03	0.01	0.00	2.64
1.34	13.98	10.07	8.91	8.04	7.40	6.26	5.13	3.69	2.64	1.65	0.51	0.13	0.02	0.01	0.00	2.68
1.35	14.13	10.17	8.99	8.13	7.46	6.31	5.16	3.71	2.65	1.65	0.50	0.12	0.02	0.01	0.00	2.70
1.36	14.28	10.27	9.07	8.19	7.52	6.36	5.20	3.73	2.66	1.65	0.49	0.12	0.02	0.01	0.00	2.72
1.38	14.59	10.47	9.24	8.34	7.65	6.46	5.28	3.77	2.68	1.64	0.48	0.11	0.02	0.01	0.00	2.76
1.40	14.90	10.67	9.41	8.50	7.78	6.56	5.35	3.81	2.69	1.64	0.47	0.10	0.02	0.01	0.00	2.80
1.42	15.23	10.88	9.59	8.64	7.91	6.66	5.43	3.85	2.71	1.64	0.46	0.10	0.02	0.01	0.00	2.84
1.44	15.55	11.09	9.77	8.79	8.04	6.77	5.50	3.89	2.72	1.64	0.45	0.09	0.01	0.00	0.00	2.88
1.45	15.71	11.20	9.85	8.89	8.11	6.82	5.54	3.91	2.73	1.64	0.44	0.09	0.01	0.00	0.00	2.90
1.46	15.88	11.31	9.94	8.95	8.18	6.87	5.58	3.92	2.74	1.63	0.44	0.08	0.01	0.00	0.00	2.92
1.48	16.20	11.52	10.12	9.10	8.31	6.98	5.65	3.96	2.75	1.63	0.43	0.07	0.01	0.00	0.00	2.96
1.50	16.53	11.73	10.30	9.27	8.44	7.08	5.73	4.00	2.77	1.63	0.42	0.07	0.01	0.00	0.00	3.00
1.55	17.37	12.26	10.76	9.66	8.78	7.33	5.91	4.10	2.80	1.62	0.38	0.07	0.01	0.00	0.00	3.10
1.60	18.23	12.81	11.22	10.06	9.13	7.59	6.10	4.19	2.82	1.61	0.36	0.06	0.01	0.00	0.00	3.20
1.65	19.10	13.36	11.69	10.46	9.48	7.85	6.29	4.28	2.85	1.59	0.34	0.05	0.00	0.00	0.00	3.30
1.70	19.99	13.92	12.16	10.86	9.84	8.11	6.47	4.37	2.88	1.58	0.31	0.04	0.00	0.00	0.00	3.40
1.75	20.90	14.50	12.63	11.26	10.19	8.38	6.65	4.45	2.91	1.56	0.28	0.04	0.00	0.00	0.00	3.50
1.80	21.83	15.09	13.11	11.67	10.54	8.65	6.83	4.53	2.94	1.54	0.25	0.03	0.00	0.00	0.00	3.60
1.85	22.77	15.69	13.60	12.08	10.90	8.92	7.01	4.61	2.96	1.52	0.22	0.02	0.00	0.00	0.00	3.70
1.90	23.73	16.29	14.09	12.50	11.26	9.19	7.19	4.69	2.98	1.50	0.20	0.01	0.00	0.00	0.00	3.80
1.95	24.71	16.89	14.59	12.92	11.63	9.46	7.37	4.76	2.99	1.48	0.19	0.01	0.00	0.00	0.00	3.90
2.00	25.72	17.50	15.10	13.36	12.00	9.74	7.54	4.84	3.00	1.46	0.18	0.01	0.00	0.00	0.00	4.00

(3)$C_s=2.5C_v$ 续上表

$P(\%)$ / C_v	0.01	0.1	0.2	0.33	0.5	1	2	5	10	20	50	75	90	95	99	$P(\%)$ / C_s
0.05	1.20	1.16	1.15	1.14	1.14	1.12	1.11	1.08	1.07	1.04	1.00	0.97	0.94	0.92	0.89	0.12
0.06	1.25	1.20	1.19	1.17	1.16	1.15	1.13	1.10	1.08	1.05	1.00	0.96	0.92	0.90	0.87	0.15
0.07	1.29	1.24	1.22	1.20	1.19	1.17	1.15	1.12	1.09	1.06	1.00	0.95	0.91	0.89	0.85	0.18
0.08	1.34	1.28	1.25	1.23	1.22	1.20	1.17	1.14	1.10	1.07	1.00	0.94	0.90	0.87	0.83	0.20
0.09	1.38	1.31	1.28	1.26	1.25	1.22	1.20	1.15	1.12	1.08	1.00	0.94	0.89	0.86	0.81	0.22
0.10	1.43	1.35	1.31	1.29	1.28	1.25	1.22	1.17	1.13	1.08	1.00	0.93	0.88	0.84	0.79	0.25
0.11	1.48	1.39	1.35	1.33	1.31	1.28	1.25	1.19	1.14	1.09	1.00	0.92	0.87	0.83	0.77	0.28
0.12	1.54	1.43	1.39	1.36	1.34	1.30	1.27	1.21	1.16	1.10	0.99	0.92	0.86	0.81	0.75	0.30
0.13	1.59	1.47	1.43	1.40	1.38	1.33	1.29	1.22	1.17	1.11	0.99	0.91	0.84	0.80	0.74	0.32
0.14	1.65	1.51	1.47	1.43	1.41	1.36	1.31	1.24	1.18	1.11	0.99	0.90	0.83	0.79	0.72	0.35
0.15	1.70	1.55	1.50	1.47	1.44	1.39	1.34	1.26	1.20	1.12	0.99	0.89	0.82	0.77	0.70	0.38
0.16	1.75	1.60	1.54	1.51	1.47	1.42	1.36	1.28	1.21	1.13	0.99	0.89	0.81	0.76	0.68	0.40
0.17	1.81	1.64	1.58	1.54	1.51	1.45	1.39	1.30	1.22	1.14	0.99	0.88	0.80	0.74	0.66	0.42
0.18	1.86	1.68	1.62	1.58	1.54	1.48	1.41	1.32	1.24	1.15	0.99	0.87	0.78	0.73	0.65	0.45
0.19	1.92	1.72	1.66	1.61	1.58	1.51	1.44	1.34	1.25	1.16	0.99	0.86	0.77	0.72	0.63	0.48
0.20	1.97	1.76	1.70	1.65	1.61	1.54	1.46	1.35	1.26	1.16	0.98	0.86	0.76	0.70	0.61	0.50
0.21	2.03	1.81	1.74	1.69	1.65	1.57	1.49	1.37	1.28	1.17	0.98	0.85	0.75	0.69	0.60	0.52
0.22	2.10	1.86	1.79	1.73	1.68	1.60	1.51	1.39	1.29	1.18	0.98	0.84	0.74	0.68	0.58	0.55
0.23	2.16	1.91	1.83	1.77	1.72	1.64	1.54	1.41	1.31	1.19	0.98	0.84	0.73	0.66	0.57	0.58
0.24	2.23	1.96	1.88	1.81	1.75	1.67	1.57	1.43	1.32	1.19	0.98	0.83	0.72	0.65	0.55	0.60
0.25	2.29	2.00	1.92	1.85	1.79	1.70	1.60	1.45	1.33	1.20	0.97	0.82	0.70	0.64	0.54	0.62
0.26	2.36	2.05	1.96	1.89	1.83	1.73	1.62	1.47	1.35	1.21	0.97	0.81	0.69	0.63	0.53	0.65
0.27	2.42	2.10	2.01	1.93	1.87	1.76	1.65	1.49	1.36	1.21	0.97	0.80	0.68	0.62	0.51	0.68
0.28	2.49	2.15	2.05	1.97	1.90	1.80	1.68	1.51	1.37	1.22	0.97	0.80	0.67	0.60	0.50	0.70
0.29	2.55	2.20	2.10	2.01	1.94	1.83	1.70	1.53	1.39	1.23	0.97	0.79	0.66	0.59	0.48	0.72
0.30	2.62	2.25	2.14	2.05	1.98	1.86	1.73	1.55	1.40	1.24	0.96	0.78	0.65	0.58	0.47	0.75
0.31	2.70	2.31	2.19	2.09	2.02	1.89	1.76	1.57	1.41	1.24	0.96	0.77	0.64	0.57	0.46	0.78
0.32	2.77	2.36	2.24	2.13	2.06	1.93	1.79	1.59	1.43	1.25	0.96	0.76	0.63	0.56	0.44	0.80
0.33	2.85	2.42	2.29	2.17	2.11	1.96	1.82	1.61	1.44	1.26	0.96	0.75	0.62	0.55	0.43	0.82
0.34	2.92	2.47	2.34	2.22	2.15	1.99	1.84	1.63	1.46	1.26	0.95	0.75	0.61	0.54	0.42	0.85
0.35	3.00	2.53	2.39	2.27	2.19	2.03	1.87	1.65	1.47	1.27	0.95	0.75	0.60	0.53	0.41	0.88
0.36	3.08	2.59	2.44	2.31	2.23	2.07	1.90	1.67	1.48	1.28	0.95	0.74	0.59	0.51	0.40	0.90
0.37	3.15	2.64	2.49	2.36	2.27	2.10	1.93	1.69	1.49	1.28	0.94	0.73	0.58	0.50	0.39	0.92
0.38	3.23	2.70	2.54	2.41	2.32	2.14	1.96	1.71	1.51	1.29	0.94	0.73	0.57	0.49	0.38	0.95
0.39	3.30	2.75	2.59	2.46	2.36	2.17	1.99	1.73	1.52	1.30	0.94	0.72	0.56	0.48	0.37	0.98
0.40	3.38	2.81	2.64	2.50	2.40	2.21	2.02	1.75	1.54	1.30	0.94	0.71	0.55	0.47	0.36	1.00
0.41	3.47	2.87	2.69	2.55	2.44	2.25	2.05	1.77	1.55	1.31	0.93	0.70	0.54	0.46	0.35	1.02
0.42	3.56	2.93	2.75	2.60	2.48	2.28	2.08	1.79	1.56	1.32	0.93	0.69	0.53	0.45	0.34	1.05

续上表

$P(\%)$ / C_v	0.01	0.1	0.2	0.33	0.5	1	2	5	10	20	50	75	90	95	99	$P(\%)$ / C_s
0.43	3.64	2.99	2.80	2.65	2.53	2.32	2.11	1.81	1.58	1.32	0.93	0.69	0.53	0.45	0.34	1.08
0.44	3.73	3.05	2.86	2.70	2.57	2.36	2.14	1.83	1.59	1.33	0.92	0.68	0.52	0.44	0.33	1.10
0.45	3.82	3.12	2.91	2.75	2.62	2.40	2.17	1.85	1.60	1.33	0.92	0.67	0.51	0.43	0.32	1.12
0.46	3.91	3.18	2.97	2.80	2.67	2.44	2.20	1.87	1.62	1.34	0.92	0.66	0.50	0.42	0.32	1.15
0.47	4.00	3.24	3.02	2.85	2.72	2.47	2.23	1.90	1.63	1.34	0.91	0.65	0.49	0.41	0.31	1.18
0.48	4.08	3.31	3.08	2.90	2.76	2.51	2.26	1.92	1.64	1.35	0.91	0.65	0.49	0.40	0.30	1.20
0.49	4.17	3.37	3.13	2.95	2.81	2.55	2.29	1.94	1.66	1.36	0.90	0.64	0.48	0.40	0.30	1.22
0.50	4.26	3.44	3.19	3.00	2.85	2.59	2.32	1.96	1.67	1.36	0.90	0.63	0.47	0.39	0.29	1.25
0.52	4.46	3.58	3.31	3.11	2.95	2.67	2.38	2.00	1.70	1.37	0.89	0.62	0.45	0.38	0.28	1.30
0.54	4.66	3.72	3.44	3.22	3.05	2.75	2.45	2.04	1.72	1.38	0.88	0.61	0.44	0.36	0.27	1.35
0.55	4.75	3.79	3.50	3.27	3.10	2.79	2.48	2.07	1.73	1.39	0.88	0.60	0.43	0.35	0.26	1.38
0.56	4.85	3.86	3.56	3.32	3.15	2.83	2.51	2.09	1.75	1.40	0.87	0.59	0.42	0.34	0.26	1.40
0.58	5.05	4.00	3.69	3.43	3.25	2.92	2.58	2.13	1.78	1.41	0.87	0.58	0.41	0.33	0.25	1.45
0.60	5.25	4.14	3.81	3.54	3.35	3.00	2.64	2.17	1.80	1.42	0.86	0.56	0.39	0.32	0.24	1.50
0.62	5.47	4.29	3.94	3.66	3.46	3.08	2.71	2.21	1.83	1.43	0.85	0.55	0.38	0.31	0.24	1.55
0.64	5.69	4.44	4.07	3.78	3.56	3.17	2.78	2.25	1.85	1.44	0.84	0.54	0.37	0.30	0.24	1.60
0.65	5.80	4.52	4.14	3.83	3.61	3.21	2.81	2.27	1.86	1.44	0.83	0.53	0.36	0.30	0.23	1.62
0.66	5.92	4.60	4.21	3.89	3.67	3.26	2.85	2.29	1.87	1.44	0.83	0.52	0.35	0.29	0.23	1.65
0.68	6.14	4.75	4.34	4.01	3.77	3.34	2.92	2.34	1.90	1.45	0.82	0.51	0.34	0.28	0.23	1.70
0.70	6.36	4.90	4.47	4.13	3.88	3.43	2.98	2.39	1.92	1.46	0.81	0.50	0.33	0.27	0.22	1.75
0.72	6.60	5.06	4.61	4.26	3.99	3.52	3.05	2.43	1.94	1.46	0.80	0.49	0.32	0.27	0.22	1.80
0.74	6.84	5.22	4.75	4.38	4.10	3.61	3.12	2.47	1.97	1.47	0.79	0.47	0.31	0.26	0.22	1.85
0.75	6.96	5.31	4.82	4.44	4.16	3.66	3.15	2.49	1.98	1.47	0.78	0.46	0.31	0.26	0.21	1.88
0.76	7.09	5.39	4.90	4.51	4.22	3.71	3.19	2.51	1.99	1.48	0.78	0.45	0.30	0.25	0.21	1.90
0.78	7.33	5.56	5.04	4.63	4.33	3.80	3.26	2.56	2.02	1.48	0.76	0.44	0.30	0.25	0.21	1.95
0.80	7.57	5.73	5.18	4.76	4.44	3.89	3.33	2.60	2.04	1.49	0.75	0.43	0.28	0.25	0.21	2.00
0.82	7.83	5.91	5.33	4.89	4.56	3.98	3.40	2.64	2.06	1.49	0.74	0.42	0.28	0.23	0.21	2.05
0.84	8.09	6.08	5.48	5.03	4.68	4.08	3.47	2.68	2.08	1.49	0.73	0.41	0.27	0.23	0.21	2.10
0.85	8.22	6.17	5.55	5.09	4.73	4.12	3.50	2.70	2.10	1.50	0.72	0.40	0.27	0.23	0.21	2.12
0.86	8.36	6.26	5.63	5.16	4.79	4.17	3.54	2.72	2.11	1.50	0.72	0.39	0.26	0.23	0.20	2.15
0.88	8.62	6.43	5.78	5.30	4.91	4.27	3.61	2.76	2.13	1.50	0.71	0.38	0.26	0.23	0.20	2.20
0.90	8.88	6.61	5.93	5.43	5.03	4.36	3.68	2.80	2.15	1.50	0.70	0.37	0.25	0.22	0.20	2.25
0.92	9.16	6.80	6.09	5.57	5.15	4.46	3.75	2.84	2.17	1.51	0.69	0.36	0.25	0.22	0.20	2.30
0.94	9.45	6.99	6.25	5.71	5.28	4.56	3.82	2.88	2.19	1.51	0.68	0.35	0.24	0.22	0.20	2.35
0.95	9.59	7.09	6.33	5.78	5.34	4.60	3.86	2.90	2.20	1.51	0.67	0.35	0.24	0.21	0.20	2.38
0.96	9.73	7.17	6.41	5.85	5.40	4.65	3.90	2.93	2.21	1.52	0.66	0.35	0.24	0.21	0.20	2.40
0.98	10.02	7.36	6.57	5.99	5.53	4.75	3.97	2.97	2.23	1.52	0.65	0.34	0.23	0.21	0.20	2.45
1.00	10.30	7.55	6.73	6.13	5.65	4.85	4.04	3.01	2.25	1.52	0.64	0.33	0.23	0.21	0.20	2.50
1.02	10.60	7.75	6.90	6.27	5.78	4.95	4.11	3.05	2.27	1.52	0.63	0.32	0.22	0.20	0.20	2.55

续上表

C_v \ P(%)	0.01	0.1	0.2	0.33	0.5	1	2	5	10	20	50	75	90	95	99	P(%) / C_s
1.04	10.90	7.95	7.06	6.42	5.91	5.05	4.19	3.09	2.29	1.52	0.62	0.31	0.22	0.20	0.20	2.60
1.05	11.05	8.04	7.14	6.49	5.97	5.10	4.22	3.11	2.29	1.52	0.61	0.31	0.22	0.20	0.20	2.62
1.06	11.20	8.14	7.23	6.56	6.03	5.15	4.26	3.13	2.30	1.52	0.60	0.30	0.22	0.20	0.20	2.65
1.08	11.50	8.34	7.39	6.71	6.16	5.20	4.34	3.17	2.32	1.52	0.59	0.30	0.21	0.20	0.20	2.70
1.10	11.80	8.54	7.56	6.85	6.29	5.35	4.41	3.21	2.34	1.51	0.58	0.29	0.21	0.20	0.20	2.75
1.12	12.12	8.75	7.74	7.00	6.42	5.45	4.48	3.25	2.36	1.52	0.57	0.28	0.21	0.20	0.20	2.80
1.14	12.45	8.96	7.91	7.15	6.55	5.55	4.56	3.29	2.37	1.51	0.56	0.27	0.21	0.20	0.20	2.85
1.15	12.61	9.06	8.00	7.23	6.62	5.60	4.59	3.30	2.38	1.51	0.55	0.27	0.21	0.20	0.20	2.88
1.16	12.77	9.16	8.09	7.31	6.69	5.66	4.63	3.32	2.39	1.51	0.55	0.27	0.21	0.20	0.20	2.90
1.18	13.10	9.37	8.26	7.46	6.82	5.76	4.71	3.36	2.40	1.50	0.54	0.26	0.21	0.20	0.20	2.95
1.20	13.42	9.58	8.44	7.61	6.95	5.86	4.78	3.40	2.42	1.50	0.53	0.26	0.21	0.20	0.20	3.00
1.22	13.76	9.80	8.63	7.77	7.09	5.96	4.86	3.44	2.43	1.50	0.52	0.25	0.21	0.20	0.20	3.05
1.24	14.10	10.02	8.81	7.93	7.23	6.07	4.93	3.48	2.44	1.49	0.51	0.25	0.21	0.20	0.20	3.10
1.25	14.27	10.12	8.90	8.01	7.29	6.12	4.97	3.50	2.44	1.49	0.50	0.25	0.21	0.20	0.20	3.12
1.26	14.45	10.23	9.00	8.09	7.36	6.17	5.01	3.52	2.45	1.49	0.49	0.24	0.21	0.20	0.20	3.15
1.28	14.79	10.45	9.18	8.25	7.50	6.27	5.08	3.56	2.46	1.48	0.48	0.24	0.21	0.20	0.20	3.20
1.30	15.13	10.67	9.37	8.41	7.64	6.38	5.16	3.60	2.47	1.48	0.48	0.24	0.20	0.20	0.20	3.25
1.32	15.49	10.90	9.56	8.57	7.78	6.49	5.23	3.63	2.48	1.47	0.47	0.24	0.20	0.20	0.20	3.30
1.34	15.85	11.13	9.75	8.73	7.92	6.59	5.30	3.66	2.49	1.47	0.46	0.24	0.20	0.20	0.20	3.35
1.35	16.02	11.24	9.84	8.80	8.00	6.64	5.34	3.68	2.50	1.46	0.45	0.23	0.20	0.20	0.20	3.38
1.36	16.20	11.35	9.93	8.88	8.07	6.70	5.38	3.70	2.51	1.46	0.45	0.23	0.20	0.20	0.20	3.40
1.38	16.56	11.58	10.12	9.04	8.21	6.80	5.45	3.73	2.52	1.45	0.44	0.23	0.20	0.20	0.20	3.45
1.40	16.92	11.81	10.31	9.20	8.35	6.91	5.52	3.76	2.53	1.45	0.43	0.23	0.20	0.20	0.20	3.50
1.42	17.30	12.05	10.50	9.37	8.49	7.02	5.59	3.78	2.54	1.44	0.42	0.23	0.20	0.20	0.20	3.55
1.44	17.68	12.28	10.70	9.53	8.63	7.12	5.66	3.82	2.55	1.43	0.41	0.23	0.20	0.20	0.20	3.60
1.45	17.86	12.40	10.79	9.61	8.70	7.17	5.70	3.83	2.56	1.43	0.40	0.22	0.20	0.20	0.20	3.62
1.46	18.05	12.52	10.89	9.70	8.78	7.23	5.74	3.85	2.56	1.42	0.39	0.22	0.20	0.20	0.20	3.65
1.48	18.43	12.75	11.09	9.85	8.92	7.33	5.81	3.88	2.57	1.42	0.38	0.22	0.20	0.20	0.20	3.70
1.50	18.81	12.99	11.28	10.03	9.06	7.44	5.88	3.91	2.58	1.41	0.37	0.22	0.20	0.20	0.20	3.75
1.55	19.79	13.59	11.77	10.46	9.43	7.71	6.06	3.99	2.59	1.38	0.36	0.21	0.20	0.20	0.20	3.88
1.60	20.78	14.20	12.28	10.89	9.80	7.98	6.23	4.07	2.60	1.36	0.34	0.21	0.20	0.20	0.20	4.00
1.65	21.79	14.82	12.80	11.32	10.17	8.25	6.41	4.14	2.62	1.34	0.32	0.20	0.20	0.20	0.20	4.12
1.70	22.82	15.45	13.32	11.76	10.54	8.52	6.59	4.21	2.62	1.31	0.31	0.20	0.20	0.20	0.20	4.25
1.75	23.87	16.10	13.85	12.20	10.92	8.79	6.77	4.28	2.62	1.28	0.30	0.20	0.20	0.20	0.20	4.38
1.80	24.94	16.75	14.38	12.64	11.30	9.06	6.94	4.34	2.62	1.25	0.28	0.20	0.20	0.20	0.20	4.50
1.85	26.02	17.41	14.91	13.08	11.68	9.33	7.11	4.39	2.62	1.23	0.27	0.20	0.20	0.20	0.20	4.62
1.90	27.14	18.08	15.45	13.54	12.06	9.60	7.27	4.44	2.62	1.20	0.26	0.20	0.20	0.20	0.20	4.75
1.95	28.28	18.76	16.00	14.00	12.45	9.87	7.44	4.49	2.61	1.16	0.25	0.20	0.20	0.20	0.20	4.88
2.00	29.44	19.44	16.54	14.46	12.84	10.14	7.60	4.54	2.60	1.12	0.24	0.20	0.20	0.20	0.20	5.00

(4) $C_s=3C_v$　　续上表

P(%) \ C_v	0.01	0.1	0.2	0.33	0.5	1	2	5	10	20	50	75	90	95	99	P(%) / C_s
0.05	1.20	1.17	1.15	1.14	1.14	1.12	1.11	1.08	1.07	1.04	1.00	0.97	0.94	0.92	0.89	0.15
0.06	1.25	1.20	1.18	1.18	1.16	1.15	1.13	1.10	1.08	1.05	1.00	0.96	0.92	0.90	0.87	0.18
0.07	1.29	1.24	1.22	1.21	1.19	1.17	1.15	1.12	1.09	1.06	1.00	0.95	0.91	0.89	0.85	0.21
0.08	1.34	1.28	1.26	1.24	1.22	1.20	1.17	1.14	1.11	1.07	1.00	0.94	0.90	0.87	0.83	0.24
0.09	1.39	1.31	1.29	1.27	1.26	1.23	1.20	1.15	1.12	1.07	1.00	0.94	0.89	0.86	0.81	0.27
0.10	1.44	1.35	1.32	1.30	1.29	1.25	1.22	1.17	1.13	1.08	0.99	0.93	0.88	0.85	0.79	0.30
0.11	1.49	1.39	1.36	1.34	1.32	1.28	1.25	1.19	1.14	1.09	0.99	0.92	0.86	0.84	0.77	0.33
0.12	1.54	1.43	1.39	1.37	1.35	1.31	1.27	1.21	1.16	1.10	0.99	0.92	0.85	0.82	0.75	0.36
0.13	1.60	1.48	1.43	1.41	1.39	1.34	1.30	1.23	1.17	1.11	0.99	0.91	0.84	0.81	0.74	0.39
0.14	1.65	1.52	1.47	1.44	1.42	1.37	1.32	1.25	1.19	1.12	0.99	0.90	0.83	0.79	0.72	0.42
0.15	1.71	1.56	1.51	1.48	1.45	1.40	1.35	1.26	1.20	1.12	0.99	0.89	0.82	0.78	0.70	0.45
0.16	1.77	1.60	1.55	1.52	1.48	1.43	1.37	1.28	1.21	1.13	0.98	0.89	0.81	0.77	0.69	0.48
0.17	1.83	1.65	1.59	1.55	1.52	1.46	1.40	1.30	1.23	1.14	0.98	0.88	0.79	0.75	0.67	0.51
0.18	1.89	1.70	1.63	1.59	1.55	1.49	1.42	1.32	1.25	1.15	0.98	0.87	0.78	0.75	0.65	0.54
0.19	1.95	1.74	1.68	1.63	1.59	1.52	1.45	1.34	1.26	1.15	0.98	0.86	0.77	0.72	0.64	0.57
0.20	2.02	1.79	1.72	1.67	1.63	1.55	1.47	1.36	1.27	1.16	0.98	0.86	0.76	0.71	0.62	0.60
0.21	2.08	1.84	1.76	1.71	1.67	1.58	1.50	1.38	1.28	1.17	0.98	0.85	0.75	0.70	0.61	0.63
0.22	2.14	1.89	1.81	1.75	1.70	1.62	1.52	1.40	1.29	1.18	0.98	0.84	0.74	0.69	0.60	0.66
0.23	2.21	1.94	1.86	1.79	1.74	1.65	1.55	1.42	1.31	1.18	0.97	0.84	0.73	0.67	0.58	0.69
0.24	2.28	1.99	1.90	1.84	1.78	1.68	1.58	1.44	1.32	1.19	0.97	0.83	0.72	0.66	0.57	0.72
0.25	2.35	2.05	1.95	1.88	1.82	1.72	1.61	1.46	1.34	1.20	0.97	0.82	0.71	0.65	0.56	0.75
0.26	2.42	2.10	2.00	1.92	1.86	1.75	1.63	1.48	1.35	1.21	0.97	0.81	0.70	0.64	0.54	0.78
0.27	2.49	2.15	2.04	1.96	1.90	1.78	1.66	1.50	1.36	1.21	0.96	0.80	0.69	0.63	0.53	0.81
0.28	2.57	2.20	2.09	2.01	1.94	1.82	1.69	1.52	1.37	1.22	0.96	0.80	0.68	0.62	0.52	0.84
0.29	2.64	2.26	2.14	2.05	1.98	1.85	1.72	1.54	1.39	1.22	0.96	0.79	0.67	0.61	0.51	0.87
0.30	2.72	2.32	2.19	2.10	2.02	1.89	1.75	1.56	1.40	1.23	0.96	0.78	0.66	0.60	0.50	0.90
0.31	2.80	2.37	2.24	2.14	2.06	1.92	1.78	1.58	1.42	1.24	0.95	0.77	0.65	0.59	0.49	0.93
0.32	2.88	2.43	2.29	2.19	2.10	1.96	1.81	1.60	1.43	1.24	0.95	0.77	0.64	0.58	0.48	0.96
0.33	2.96	2.49	2.34	2.24	2.15	2.00	1.84	1.62	1.44	1.25	0.95	0.76	0.63	0.57	0.47	0.99
0.34	3.04	2.55	2.40	2.29	2.19	2.03	1.87	1.64	1.46	1.26	0.94	0.75	0.62	0.56	0.46	1.02
0.35	3.12	2.61	2.46	2.33	2.24	2.07	1.90	1.66	1.47	1.26	0.94	0.74	0.61	0.55	0.46	1.05
0.36	3.21	2.67	2.51	2.38	2.28	2.11	1.93	1.68	1.48	1.27	0.94	0.73	0.60	0.54	0.45	1.08
0.37	3.30	2.73	2.56	2.43	2.33	2.15	1.96	1.70	1.50	1.27	0.93	0.73	0.59	0.53	0.44	1.11
0.38	3.38	2.80	2.62	2.48	2.37	2.19	1.99	1.72	1.51	1.28	0.93	0.72	0.58	0.52	0.43	1.14
0.39	3.47	2.86	2.67	2.53	2.42	2.22	2.02	1.74	1.52	1.29	0.92	0.71	0.58	0.51	0.43	1.17
0.40	3.56	2.92	2.73	2.58	2.46	2.26	2.05	1.76	1.54	1.29	0.92	0.70	0.57	0.50	0.42	1.20
0.41	3.66	2.99	2.79	2.64	2.51	2.30	2.08	1.79	1.55	1.30	0.92	0.70	0.56	0.50	0.41	1.23
0.42	3.75	3.06	2.85	2.69	2.56	2.34	2.11	1.81	1.56	1.31	0.91	0.69	0.55	0.49	0.41	1.26

续上表

P(%) / C_v	0.01	0.1	0.2	0.33	0.5	1	2	5	10	20	50	75	90	95	99	P(%) / C_s
0.43	3.85	3.12	2.91	2.74	2.61	2.38	2.14	1.83	1.58	1.31	0.91	0.68	0.54	0.48	0.40	1.29
0.44	3.94	3.19	2.97	2.80	2.65	2.42	2.17	1.85	1.59	1.32	0.91	0.67	0.54	0.47	0.40	1.32
0.45	4.04	3.26	3.03	2.85	2.70	2.46	2.21	1.87	1.60	1.32	0.90	0.67	0.53	0.47	0.39	1.35
0.46	4.14	3.33	3.09	2.90	2.75	2.50	2.24	1.89	1.61	1.33	0.90	0.66	0.52	0.46	0.39	1.38
0.47	4.24	3.40	3.15	2.96	2.80	2.54	2.28	1.91	1.63	1.33	0.90	0.66	0.52	0.45	0.38	1.41
0.48	4.34	3.47	3.21	3.01	2.85	2.58	2.31	1.93	1.65	1.34	0.89	0.65	0.51	0.45	0.38	1.44
0.49	4.44	3.54	3.28	3.07	2.91	2.62	2.34	1.95	1.66	1.34	0.89	0.64	0.50	0.44	0.37	1.47
0.50	4.55	3.62	3.34	3.12	2.96	2.67	2.37	1.98	1.67	1.35	0.88	0.64	0.49	0.44	0.37	1.50
0.52	4.76	3.76	3.46	3.24	3.06	2.75	2.44	2.02	1.69	1.36	0.87	0.62	0.48	0.42	0.36	1.56
0.54	4.98	3.91	3.60	3.36	3.16	2.84	2.51	2.06	1.72	1.36	0.86	0.61	0.47	0.41	0.36	1.62
0.55	5.09	3.99	3.66	3.42	3.21	2.88	2.54	2.08	1.73	1.36	0.86	0.60	0.46	0.41	0.36	1.65
0.56	5.20	4.07	3.73	3.48	3.27	2.93	2.57	2.10	1.74	1.37	0.85	0.59	0.46	0.40	0.35	1.68
0.58	5.43	4.23	3.86	3.59	3.38	3.01	2.64	2.14	1.77	1.38	0.84	0.58	0.45	0.40	0.35	1.74
0.60	5.66	4.38	4.01	3.71	3.49	3.10	2.71	2.19	1.79	1.38	0.83	0.57	0.44	0.39	0.35	1.80
0.62	5.90	4.55	4.15	3.84	3.60	3.19	2.78	2.23	1.82	1.39	0.82	0.55	0.43	0.38	0.34	1.86
0.64	6.14	4.71	4.29	3.96	3.71	3.28	2.85	2.27	1.84	1.40	0.81	0.54	0.42	0.37	0.34	1.92
0.65	6.26	4.81	4.36	4.03	3.77	3.33	2.88	2.29	1.85	1.40	0.80	0.53	0.41	0.37	0.34	1.95
0.66	6.39	4.88	4.43	4.09	3.83	3.38	2.92	2.32	1.86	1.41	0.80	0.53	0.41	0.37	0.34	1.98
0.68	6.64	5.06	4.58	4.22	3.94	3.47	2.99	2.36	1.88	1.41	0.79	0.52	0.40	0.36	0.34	2.04
0.70	6.90	5.23	4.73	4.35	4.06	3.56	3.05	2.40	1.90	1.41	0.78	0.50	0.39	0.36	0.34	2.10
0.72	7.16	5.41	4.89	4.48	4.18	3.66	3.12	2.44	1.93	1.42	0.77	0.49	0.38	0.35	0.34	2.16
0.74	7.43	5.59	5.04	4.62	4.30	3.75	3.20	2.48	1.95	1.42	0.76	0.48	0.38	0.35	0.34	2.22
0.75	7.57	5.68	5.12	4.69	4.36	3.80	3.24	2.50	1.96	1.42	0.76	0.48	0.38	0.35	0.34	2.25
0.76	7.70	5.77	5.20	4.76	4.43	3.85	3.27	2.52	1.97	1.42	0.75	0.47	0.37	0.35	0.34	0.28
0.78	7.98	5.95	5.35	4.90	4.55	3.95	3.34	2.56	1.99	1.43	0.73	0.47	0.37	0.34	0.34	2.34
0.80	8.26	6.14	5.50	5.04	4.66	4.05	3.42	2.61	2.01	1.43	0.72	0.46	0.36	0.34	0.34	2.40
0.82	8.55	6.33	5.67	5.18	4.79	4.14	3.49	2.65	2.03	1.43	0.71	0.45	0.36	0.34	0.34	2.46
0.84	8.85	6.52	5.84	5.33	4.92	4.24	3.56	2.69	2.05	1.43	0.70	0.44	0.36	0.34	0.34	2.52
0.85	9.00	6.62	5.92	5.40	4.98	4.29	3.59	2.71	2.06	1.43	0.69	0.44	0.35	0.34	0.34	2.55
0.86	9.15	6.72	6.00	5.47	5.04	4.34	3.63	2.73	2.06	1.43	0.68	0.43	0.35	0.34	0.34	2.58
0.88	9.45	6.91	6.16	5.61	5.17	4.44	3.70	2.77	2.08	1.43	0.67	0.42	0.35	0.34	0.34	2.64
0.90	9.75	7.11	6.33	5.75	5.30	4.54	3.78	2.81	2.10	1.43	0.67	0.42	0.35	0.34	0.34	2.70
0.92	10.06	7.31	6.50	5.90	5.43	4.64	3.85	2.85	2.12	1.43	0.65	0.41	0.34	0.34	0.34	2.76
0.94	10.38	7.51	6.68	6.05	5.56	4.75	3.93	2.89	2.14	1.43	0.64	0.40	0.34	0.34	0.34	2.82
0.95	10.54	7.62	6.76	6.13	5.62	4.80	3.96	2.91	2.14	1.43	0.64	0.39	0.34	0.34	0.34	2.85
0.96	10.70	7.72	6.85	6.21	5.69	4.84	4.00	2.93	2.15	1.42	0.63	0.39	0.34	0.34	0.34	2.88
0.98	11.02	7.94	7.03	6.36	5.83	4.94	4.08	2.97	2.17	1.42	0.62	0.38	0.34	0.34	0.34	2.94
1.00	11.35	8.15	7.20	6.51	5.96	5.05	4.15	3.00	2.18	1.42	0.61	0.38	0.34	0.34	0.34	3.00
1.02	11.68	8.36	7.39	6.67	6.10	5.15	4.22	3.04	2.20	1.42	0.60	0.38	0.34	0.34	0.34	3.06

续上表

$P(\%)$ / C_v	0.01	0.1	0.2	0.33	0.5	1	2	5	10	20	50	75	90	95	99	$P(\%)$ / C_s
1.04	12.02	8.57	7.57	6.82	6.24	5.26	4.31	3.08	2.20	1.42	0.59	0.38	0.34	0.34	0.34	3.12
1.05	12.20	8.68	7.66	6.90	6.31	5.32	4.34	3.10	2.21	1.41	0.58	0.37	0.34	0.33	0.33	3.15
1.06	12.37	8.79	7.75	6.98	6.38	5.37	4.38	3.12	2.21	1.41	0.58	0.37	0.34	0.33	0.33	3.18
1.08	12.71	9.02	7.94	7.14	6.51	5.47	4.45	3.16	2.22	1.40	0.57	0.36	0.34	0.33	0.33	3.24
1.10	13.07	9.24	8.13	7.31	6.65	5.57	4.53	3.19	2.23	1.40	0.55	0.36	0.34	0.33	0.33	3.30
1.12	13.42	9.47	8.31	7.47	6.79	5.67	4.60	3.22	2.25	1.39	0.54	0.36	0.34	0.33	0.33	3.36
1.14	13.78	9.70	8.50	7.63	6.93	5.78	4.67	3.25	2.26	1.39	0.53	0.35	0.34	0.33	0.33	3.42
1.15	13.96	9.81	8.59	7.70	7.00	5.83	4.70	3.26	2.26	1.38	0.53	0.35	0.34	0.33	0.33	3.45
1.16	14.14	9.93	8.69	7.78	7.07	5.89	4.74	3.28	2.27	1.37	0.52	0.35	0.34	0.33	0.33	3.48
1.18	14.51	10.17	8.88	7.95	7.21	6.00	4.81	3.32	2.28	1.37	0.52	0.35	0.34	0.33	0.33	3.54
1.20	14.88	10.40	9.07	8.12	7.36	6.10	4.89	3.35	2.30	1.36	0.51	0.35	0.33	0.33	0.33	3.60
1.22	15.26	10.64	9.27	8.28	7.51	6.21	4.96	3.38	2.30	1.35	0.50	0.35	0.33	0.33	0.33	3.66
1.24	15.64	10.88	9.47	8.45	7.65	6.31	5.03	3.42	2.31	1.35	0.49	0.35	0.33	0.33	0.33	3.72
1.25	15.84	11.00	9.57	8.53	7.72	6.36	5.07	3.44	2.31	1.34	0.49	0.35	0.33	0.33	0.33	3.75
1.26	16.03	11.12	9.67	8.61	7.79	6.42	5.10	3.45	2.32	1.33	0.48	0.35	0.33	0.33	0.33	3.78
1.28	16.42	11.36	9.87	8.78	7.94	6.53	5.17	3.48	2.32	1.32	0.47	0.35	0.33	0.33	0.33	3.84
1.30	16.81	11.60	10.06	8.94	8.09	6.64	5.25	3.51	2.33	1.31	0.47	0.34	0.33	0.33	0.33	3.90
1.32	17.21	11.84	10.26	9.12	8.24	6.75	5.32	3.54	2.33	1.31	0.46	0.34	0.33	0.33	0.33	3.96
1.34	17.60	12.08	10.47	9.30	8.38	6.86	5.38	3.57	2.34	1.30	0.45	0.34	0.33	0.33	0.33	4.02
1.35	17.80	12.21	10.57	9.38	8.45	6.91	5.42	3.59	2.34	1.30	0.45	0.34	0.33	0.33	0.33	4.05
1.36	18.01	12.33	10.67	9.47	8.52	6.96	5.46	3.60	2.34	1.29	0.44	0.34	0.33	0.33	0.33	4.08
1.38	18.42	12.57	10.88	9.64	8.67	7.07	5.53	3.63	2.34	1.28	0.43	0.34	0.33	0.33	0.33	4.14
1.40	18.84	12.82	11.10	9.82	8.82	7.18	5.60	3.66	2.34	1.27	0.43	0.34	0.33	0.33	0.33	4.20
1.42	19.24	13.08	11.31	10.00	8.97	7.29	5.67	3.68	2.35	1.26	0.43	0.34	0.33	0.33	0.33	4.26
1.44	19.66	13.34	11.52	10.17	9.12	7.40	5.74	3.71	2.35	1.24	0.42	0.34	0.33	0.33	0.33	4.32
1.45	19.88	13.47	11.62	10.26	9.20	7.45	5.77	3.72	2.35	1.23	0.42	0.34	0.33	0.33	0.33	4.35
1.46	20.09	13.60	11.72	10.34	9.28	7.60	5.81	3.73	2.35	1.23	0.42	0.34	0.33	0.33	0.33	4.38
1.48	20.52	13.86	11.93	10.52	9.44	7.61	5.88	3.76	2.35	1.22	0.41	0.34	0.33	0.33	0.33	4.44
1.50	20.95	14.12	12.14	10.69	9.59	7.72	5.95	3.78	2.35	1.21	0.40	0.34	0.33	0.33	0.33	4.50
1.55	22.05	14.79	12.68	11.14	9.96	7.99	6.12	3.83	2.35	1.19	0.39	0.33	0.33	0.33	0.33	4.65
1.60	23.17	15.46	13.22	11.60	10.34	8.26	6.28	3.88	2.34	1.14	0.38	0.33	0.33	0.33	0.33	4.80
1.65	24.31	16.14	13.77	12.06	10.73	8.53	6.45	3.93	2.34	1.11	0.37	0.33	0.33	0.33	0.33	4.95
1.70	25.48	16.83	14.32	12.53	11.12	8.79	6.61	3.98	2.33	1.08	0.36	0.33	0.33	0.33	0.33	5.10
1.75	26.66	17.53	14.88	12.99	11.51	9.05	6.77	4.02	2.31	1.04	0.36	0.33	0.33	0.33	0.33	5.25
1.80	27.86	18.23	15.45	13.45	11.89	9.32	6.92	4.06	2.29	1.00	0.36	0.33	0.33	0.33	0.33	5.40
1.85	29.09	18.94	16.02	13.91	12.28	9.58	7.07	4.10	2.27	0.96	0.35	0.33	0.33	0.33	0.33	5.55
1.90	30.35	19.66	16.60	14.38	12.67	9.83	7.22	4.13	2.24	0.92	0.35	0.33	0.33	0.33	0.33	5.70
1.95	31.61	20.40	17.18	14.84	13.06	10.11	7.36	4.16	2.21	0.89	0.34	0.33	0.33	0.33	0.33	5.85
2.00	32.88	21.14	17.76	15.30	13.46	10.36	7.50	4.18	2.18	0.86	0.34	0.33	0.33	0.33	0.33	6.00

(5)$C_s=3.5C_v$ 续上表

$P(\%)$ \ C_v	0.01	0.1	0.2	0.33	0.5	1	2	5	10	20	50	75	90	95	99	$P(\%)$ / C_s
0.05	1.20	1.27	1.16	1.15	1.14	1.12	1.11	1.09	1.07	1.04	1.00	0.97	0.94	0.92	0.89	0.18
0.06	1.25	1.20	1.19	1.18	1.17	1.15	1.13	1.10	1.08	1.05	1.00	0.96	0.92	0.91	0.87	0.21
0.07	1.30	1.24	1.23	1.21	1.10	1.18	1.16	1.12	1.09	1.06	1.00	0.95	0.91	0.89	0.85	0.24
0.08	1.35	1.28	1.26	1.24	1.23	1.20	1.18	1.14	1.11	1.07	1.00	0.94	0.90	0.88	0.83	0.28
0.09	1.40	1.32	1.30	1.28	1.26	1.23	1.20	1.16	1.12	1.07	1.00	0.94	0.89	0.86	0.82	0.32
0.10	1.45	1.36	1.33	1.31	1.29	1.26	1.22	1.17	1.13	1.08	0.99	0.93	0.88	0.85	0.79	0.35
0.11	1.50	1.40	1.37	1.35	1.33	1.29	1.25	1.19	1.14	1.09	0.99	0.92	0.86	0.83	0.78	0.38
0.12	1.56	1.44	1.41	1.38	1.36	1.32	1.27	1.21	1.15	1.10	0.99	0.92	0.85	0.82	0.76	0.42
0.13	1.62	1.49	1.45	1.42	1.39	1.35	1.30	1.23	1.17	1.11	0.99	0.91	0.84	0.80	0.74	0.46
0.14	1.67	1.53	1.48	1.45	1.42	1.38	1.32	1.25	1.18	1.11	0.99	0.90	0.83	0.79	0.72	0.49
0.15	1.73	1.58	1.52	1.49	1.46	1.41	1.35	1.27	1.20	1.12	0.99	0.89	0.82	0.78	0.71	0.52
0.16	1.79	1.62	1.56	1.53	1.49	1.44	1.38	1.29	1.21	1.13	0.99	0.88	0.81	0.77	0.70	0.56
0.17	1.86	1.67	1.61	1.57	1.53	1.47	1.40	1.31	1.23	1.14	0.98	0.88	0.80	0.75	0.68	0.60
0.18	1.92	1.72	1.66	1.61	1.57	1.50	1.43	1.33	1.24	1.14	0.98	0.97	0.78	0.74	0.66	0.63
0.19	1.99	1.77	1.70	1.65	1.61	1.53	1.46	1.34	1.25	1.15	0.98	0.86	0.77	0.73	0.65	0.66
0.20	2.06	1.82	1.74	1.69	1.64	1.56	1.48	1.36	1.27	1.16	0.98	0.86	0.76	0.72	0.64	0.70
0.21	2.13	1.87	1.79	1.73	1.68	1.60	1.51	1.38	1.28	1.17	0.97	0.85	0.75	0.71	0.63	0.74
0.22	2.20	1.92	1.84	1.77	1.72	1.63	1.54	1.40	1.29	1.17	0.97	0.84	0.74	0.69	0.61	0.77
0.23	2.26	1.98	1.89	1.82	1.76	1.66	1.56	1.42	1.31	1.18	0.97	0.83	0.73	0.68	0.60	0.80
0.24	2.34	2.03	1.94	1.86	1.80	1.70	1.59	1.44	1.32	1.19	0.97	0.82	0.72	0.67	0.59	0.84
0.25	2.42	2.09	1.99	1.91	1.85	1.74	1.62	1.46	1.34	1.19	0.96	0.82	0.71	0.66	0.58	0.88
0.26	2.50	2.14	2.04	1.96	1.89	1.77	1.65	1.48	1.35	1.20	0.96	0.81	0.70	0.65	0.57	0.91
0.27	2.58	2.20	2.09	2.00	1.93	1.81	1.68	1.50	1.36	1.21	0.96	0.80	0.69	0.64	0.56	0.94
0.28	2.66	2.26	2.14	2.05	1.97	1.84	1.71	1.52	1.38	1.21	0.96	0.80	0.68	0.63	0.55	0.98
0.29	2.73	2.32	2.19	2.10	2.02	1.88	1.74	1.55	1.39	1.22	0.95	0.79	0.67	0.62	0.54	1.02
0.30	2.82	2.38	2.24	2.14	2.06	1.92	1.77	1.57	1.40	1.22	0.95	0.78	0.67	0.61	0.53	1.05
0.31	2.90	2.44	2.30	2.19	2.11	1.95	1.80	1.59	1.42	1.23	0.95	0.77	0.66	0.60	0.53	1.08
0.32	2.99	2.50	2.35	2.24	2.15	1.99	1.83	1.61	1.43	1.24	0.94	0.76	0.65	0.59	0.52	1.12
0.33	3.08	2.56	2.40	2.29	2.20	2.03	1.86	1.63	1.44	1.24	0.94	0.76	0.64	0.59	0.51	1.16
0.34	3.17	2.63	2.46	2.34	2.24	2.07	1.89	1.65	1.46	1.25	0.94	0.75	0.63	0.58	0.51	1.19
0.35	3.26	2.70	2.52	2.39	2.29	2.11	1.92	1.67	1.47	1.26	0.93	0.74	0.62	0.57	0.50	1.22
0.36	3.35	2.76	2.58	2.44	2.34	2.15	1.95	1.69	1.48	1.26	0.93	0.73	0.62	0.56	0.50	1.26
0.37	3.46	2.83	2.64	2.50	2.38	2.19	1.99	1.71	1.50	1.27	0.92	0.73	0.61	0.56	0.49	1.30
0.38	3.55	2.90	2.70	2.55	2.43	2.23	2.02	1.73	1.51	1.27	0.92	0.72	0.60	0.54	0.48	1.33
0.39	3.65	2.74	2.76	2.60	2.48	2.27	2.05	1.75	1.52	1.28	0.92	0.71	0.59	0.54	0.48	1.36
0.40	3.75	3.04	2.82	2.66	2.53	2.31	2.08	1.78	1.53	1.28	0.91	0.71	0.58	0.53	0.47	1.40
0.41	3.85	3.11	2.88	2.72	2.58	2.35	2.12	1.80	1.55	1.29	0.91	0.70	0.58	0.53	0.47	1.44
0.42	3.95	3.18	2.95	2.77	2.63	2.39	2.15	1.82	1.56	1.29	0.90	0.69	0.57	0.52	0.46	1.47

续上表

P(%) / C_v	0.01	0.1	0.2	0.33	0.5	1	2	5	10	20	50	75	90	95	99	P(%) / C_s
0.43	4.05	3.25	3.01	2.82	2.68	2.43	2.18	1.84	1.57	1.30	0.90	0.69	0.56	0.51	0.46	1.50
0.44	4.16	3.33	3.08	2.88	2.73	2.48	2.21	1.86	1.59	1.30	0.89	0.68	0.56	0.51	0.46	1.54
0.45	4.27	3.40	3.14	2.94	2.79	2.52	2.25	1.88	1.60	1.31	0.89	0.67	0.55	0.50	0.45	1.58
0.46	4.37	3.48	3.21	3.00	2.84	2.56	2.28	1.90	1.61	1.31	0.88	0.66	0.54	0.50	0.45	1.61
0.47	4.48	3.55	3.28	3.06	2.89	2.60	2.32	1.93	1.62	1.32	0.88	0.66	0.54	0.49	0.45	1.64
0.48	4.60	3.63	3.35	3.12	2.94	2.65	2.35	1.95	1.64	1.32	0.87	0.65	0.53	0.49	0.45	1.68
0.49	4.71	3.71	3.42	3.18	3.00	2.69	2.38	1.97	1.65	1.32	0.87	0.65	0.53	0.48	0.45	1.72
0.50	4.82	3.78	3.48	3.24	3.06	2.74	2.42	1.99	1.66	1.32	0.86	0.64	0.52	0.48	0.44	1.75
0.52	5.06	3.95	3.62	3.36	3.16	2.83	2.48	2.03	1.69	1.33	0.85	0.63	0.51	0.47	0.44	1.82
0.54	5.30	4.11	3.76	3.48	3.28	2.91	2.55	2.07	1.71	1.34	0.84	0.61	0.50	0.47	0.44	1.89
0.55	5.41	4.20	3.83	3.55	3.34	2.96	2.58	2.10	1.72	1.34	0.84	0.60	0.50	0.46	0.44	1.92
0.56	5.55	4.28	3.91	3.61	3.39	3.01	2.62	2.12	1.73	1.35	0.83	0.60	0.49	0.46	0.43	1.96
0.58	5.80	4.45	4.05	3.74	3.51	3.10	2.69	2.16	1.75	1.35	0.82	0.58	0.48	0.46	0.43	2.03
0.60	6.06	4.62	4.20	3.87	3.62	3.20	2.76	2.20	1.77	1.35	0.81	0.57	0.48	0.45	0.43	2.10
0.62	6.32	4.80	4.35	4.01	3.74	3.29	2.83	2.24	1.79	1.36	0.80	0.56	0.47	0.45	0.43	2.17
0.64	6.59	4.98	4.50	4.15	3.86	3.39	2.90	2.28	1.82	1.36	0.79	0.55	0.47	0.44	0.43	2.24
0.65	6.73	5.08	4.58	4.22	3.92	3.44	2.94	2.30	1.83	1.36	0.78	0.55	0.46	0.44	0.43	2.28
0.66	6.87	5.17	4.66	4.29	3.98	3.48	2.98	2.32	1.84	1.36	0.78	0.54	0.46	0.44	0.43	2.31
0.68	7.14	5.35	4.82	4.42	4.11	3.58	3.05	2.36	1.86	1.36	0.76	0.53	0.46	0.44	0.43	2.38
0.70	7.43	5.54	4.98	4.56	4.23	3.68	3.12	2.41	1.88	1.37	0.75	0.53	0.45	0.44	0.43	2.45
0.72	7.73	5.74	5.14	4.70	4.36	3.78	3.19	2.45	1.90	1.37	0.74	0.52	0.45	0.43	0.43	2.52
0.74	8.02	5.93	5.30	4.84	4.49	3.88	3.26	2.49	1.91	1.37	0.73	0.51	0.44	0.43	0.43	2.59
0.75	8.16	6.02	5.38	4.92	4.55	3.92	3.30	2.51	1.92	1.37	0.72	0.50	0.44	0.43	0.43	2.62
0.76	8.32	6.12	5.47	4.99	4.62	3.98	3.34	2.53	1.93	1.37	0.72	0.50	0.44	0.43	0.43	2.66
0.78	8.63	6.32	5.64	5.14	4.74	4.08	3.42	2.57	1.95	1.37	0.71	0.49	0.44	0.43	0.43	2.73
0.80	8.94	6.53	5.81	5.29	4.87	4.18	3.49	2.61	1.97	1.37	0.70	0.49	0.44	0.43	0.43	2.80
0.82	9.26	6.73	5.98	5.45	5.00	4.28	3.56	2.65	1.98	1.37	0.68	0.48	0.44	0.43	0.43	2.87
0.84	9.59	6.94	6.16	5.60	5.13	4.38	3.64	2.69	2.00	1.36	0.67	0.47	0.44	0.43	0.43	2.94
0.85	9.75	7.05	6.25	5.67	5.20	4.43	3.67	2.70	2.00	1.36	0.67	0.47	0.44	0.43	0.43	2.98
0.86	9.91	7.16	6.34	5.75	5.27	4.49	3.71	2.72	2.01	1.36	0.66	0.47	0.43	0.43	0.43	3.01
0.88	10.25	7.37	6.53	5.90	5.41	4.58	3.79	2.76	2.02	1.36	0.65	0.47	0.43	0.43	0.43	3.08
0.90	10.60	7.59	6.71	6.06	5.54	4.69	3.86	2.80	2.04	1.35	0.64	0.46	0.43	0.43	0.43	3.15
0.92	10.94	7.81	6.90	6.23	5.68	4.80	3.94	2.84	2.04	1.35	0.63	0.46	0.43	0.43	0.43	3.22
0.94	11.29	8.03	7.08	6.39	5.82	4.90	4.02	2.87	2.05	1.34	0.61	0.46	0.43	0.43	0.43	3.29
0.95	11.46	8.15	7.18	6.47	5.89	4.95	4.05	2.89	2.06	1.34	0.61	0.45	0.43	0.43	0.43	3.32
0.96	11.65	8.26	7.27	6.55	5.97	5.00	4.09	2.90	2.07	1.34	0.61	0.45	0.43	0.43	0.43	3.36
0.98	12.00	8.49	7.46	6.70	6.11	5.11	4.16	2.94	2.08	1.33	0.60	0.45	0.43	0.43	0.43	3.43

续上表

P(%) / C_v	0.01	0.1	0.2	0.33	0.5	1	2	5	10	20	50	75	90	95	99	P(%) / C_s
1.00	12.37	8.72	7.65	6.86	6.25	5.22	4.23	2.97	2.09	1.32	0.59	0.45	0.43	0.43	0.43	3.50
1.02	12.74	8.95	7.84	7.03	6.39	5.32	4.30	3.00	2.10	1.32	0.58	0.45	0.43	0.43	0.43	3.57
1.04	13.12	9.19	8.03	7.19	6.53	5.43	4.37	3.03	2.11	1.30	0.57	0.45	0.43	0.43	0.43	3.64
1.05	13.31	9.31	8.13	7.27	6.60	5.49	4.41	3.05	2.11	1.29	0.56	0.44	0.43	0.43	0.43	3.68
1.06	13.50	9.43	8.23	7.36	6.67	5.54	4.44	3.07	2.12	1.29	0.55	0.44	0.43	0.43	0.43	3.71
1.08	13.89	9.67	8.42	7.52	6.82	5.65	4.51	3.10	2.12	1.28	0.55	0.44	0.43	0.43	0.43	3.78
1.10	14.28	9.91	8.62	7.69	6.97	5.75	4.59	3.13	2.13	1.28	0.54	0.44	0.43	0.43	0.43	3.85
1.12	14.66	10.15	8.83	7.86	7.11	5.87	4.66	3.16	2.14	1.27	0.54	0.44	0.43	0.43	0.43	3.92
1.14	15.07	10.39	9.03	8.04	7.25	5.98	4.73	3.19	2.14	1.26	0.53	0.43	0.43	0.43	0.43	3.99
1.15	15.26	10.51	9.13	8.12	7.33	6.03	4.76	3.20	2.14	1.26	0.53	0.43	0.43	0.43	0.43	4.02
1.16	15.47	10.64	9.23	8.21	7.40	6.08	4.80	3.22	2.15	1.26	0.52	0.43	0.43	0.43	0.43	4.06
1.18	15.88	10.89	9.44	8.38	7.56	6.19	4.88	3.25	2.15	1.24	0.52	0.43	0.43	0.43	0.43	4.13
1.20	16.29	11.14	9.65	8.56	7.71	6.29	4.95	3.28	2.15	1.23	0.51	0.43	0.43	0.43	0.43	4.20
1.22	16.70	11.40	9.87	8.74	7.86	6.40	5.01	3.30	2.15	1.22	0.50	0.43	0.43	0.43	0.43	4.27
1.24	17.13	11.65	10.08	8.91	8.02	6.51	5.08	3.33	2.16	1.21	0.50	0.43	0.43	0.43	0.43	4.34
1.25	17.33	11.78	10.18	8.99	8.10	6.56	5.12	3.34	2.16	1.20	0.50	0.43	0.43	0.43	0.43	4.38
1.26	17.56	11.91	10.29	9.08	8.17	6.62	5.15	3.35	2.16	1.20	0.49	0.43	0.43	0.43	0.43	4.41
1.28	17.89	12.17	10.50	9.26	8.31	6.73	5.22	3.37	2.16	1.19	0.49	0.43	0.43	0.43	0.43	4.48
1.30	18.41	12.44	10.70	9.44	8.46	6.84	5.29	3.40	2.16	1.18	0.48	0.43	0.43	0.43	0.43	4.55
1.32	18.85	12.71	10.92	9.62	8.61	6.94	5.35	3.42	2.16	1.17	0.48	0.43	0.43	0.43	0.43	4.62
1.34	19.29	12.98	11.13	9.80	8.77	7.06	5.42	3.44	2.16	1.15	0.48	0.43	0.43	0.43	0.43	4.69
1.35	19.50	13.11	11.24	9.89	8.84	7.11	5.45	3.44	2.16	1.14	0.47	0.43	0.43	0.43	0.43	4.72
1.36	19.74	13.24	11.35	9.98	8.92	7.16	5.49	3.45	2.16	1.13	0.47	0.43	0.43	0.43	0.43	4.76
1.38	20.20	13.51	11.57	10.17	9.08	7.26	5.55	3.47	2.16	1.12	0.47	0.43	0.43	0.43	0.43	4.83
1.40	20.66	13.78	11.78	10.35	9.23	7.37	5.62	3.49	2.15	1.11	0.47	0.43	0.43	0.43	0.43	4.90
1.42	21.12	14.05	12.00	10.54	9.39	7.48	5.68	3.52	2.14	1.09	0.46	0.43	0.43	0.43	0.43	4.97
1.44	21.58	14.33	12.23	10.72	9.54	7.59	5.75	3.54	2.14	1.08	0.46	0.43	0.43	0.43	0.43	5.04
1.45	21.80	14.46	12.34	10.81	9.61	7.64	5.78	3.55	2.14	1.07	0.46	0.43	0.43	0.43	0.43	5.08
1.46	22.05	14.60	12.46	10.91	9.69	7.69	5.81	3.55	2.14	1.06	0.46	0.43	0.43	0.43	0.43	5.11
1.48	22.51	14.88	12.67	11.09	9.85	7.79	5.88	3.57	2.13	1.05	0.45	0.43	0.43	0.43	0.43	5.18
1.50	23.00	15.17	12.90	11.28	10.01	7.89	5.95	3.59	2.12	1.04	0.45	0.43	0.43	0.43	0.43	5.25
1.55	24.18	15.86	13.45	11.73	10.39	8.16	6.10	3.63	2.10	1.00	0.45	0.43	0.43	0.43	0.43	5.42
1.60	25.43	16.58	14.02	12.20	10.78	8.43	6.25	3.66	2.07	0.96	0.44	0.43	0.43	0.43	0.43	5.60
1.65	26.70	17.32	14.61	12.67	11.17	8.70	6.39	3.70	2.05	0.92	0.44	0.43	0.43	0.43	0.43	5.78
1.70	27.96	18.05	15.20	13.13	11.57	8.96	6.53	3.72	2.02	0.89	0.44	0.43	0.43	0.43	0.43	5.95
1.75	29.26	18.79	15.78	13.60	11.96	9.21	6.67	3.74	1.99	0.86	0.43	0.43	0.43	0.43	0.43	6.12
1.80	30.61	19.54	16.37	14.07	12.34	9.46	6.80	3.75	1.97	0.82	0.43	0.43	0.43	0.43	0.43	6.30

(6)$C_s=4C_v$

续上表

C_v \ $P(\%)$	0.01	0.1	0.2	0.33	0.5	1	2	5	10	20	50	75	90	95	99	$P(\%)$ / C_s
0.05	1.21	1.17	1.16	1.15	1.14	1.12	1.11	1.08	1.06	1.04	1.00	0.97	0.94	0.92	0.89	0.20
0.06	1.26	1.21	1.20	1.18	1.17	1.15	1.13	1.10	1.08	1.05	1.00	0.96	0.93	0.91	0.87	0.24
0.07	1.30	1.24	1.23	1.21	1.20	1.18	1.16	1.12	1.09	1.06	1.00	0.95	0.91	0.89	0.85	0.28
0.08	1.35	1.29	1.26	1.24	1.23	1.21	1.18	1.14	1.11	1.07	1.00	0.94	0.90	0.88	0.84	0.32
0.09	1.41	1.32	1.30	1.28	1.27	1.23	1.21	1.16	1.12	1.07	0.99	0.94	0.89	0.86	0.82	0.36
0.10	1.46	1.37	1.34	1.31	1.30	1.26	1.23	1.18	1.13	1.08	0.99	0.93	0.88	0.85	0.80	0.40
0.11	1.52	1.41	1.38	1.35	1.33	1.29	1.26	1.19	1.15	1.09	0.99	0.92	0.87	0.83	0.78	0.44
0.12	1.57	1.46	1.42	1.38	1.36	1.32	1.28	1.21	1.16	1.10	0.99	0.92	0.85	0.82	0.77	0.48
0.13	1.63	1.50	1.46	1.42	1.40	1.35	1.31	1.23	1.17	1.11	0.99	0.91	0.84	0.81	0.75	0.52
0.14	1.70	1.55	1.50	1.46	1.43	1.38	1.33	1.25	1.19	1.11	0.99	0.90	0.83	0.80	0.73	0.56
0.15	1.76	1.59	1.54	1.50	1.47	1.41	1.35	1.27	1.20	1.12	0.98	0.89	0.82	0.78	0.72	0.60
0.16	1.83	1.64	1.58	1.54	1.51	1.45	1.38	1.29	1.21	1.13	0.98	0.88	0.81	0.77	0.71	0.64
0.17	1.89	1.69	1.63	1.58	1.55	1.48	1.41	1.31	1.23	1.14	0.98	0.88	0.80	0.76	0.69	0.68
0.18	1.96	1.75	1.68	1.62	1.58	1.51	1.43	1.33	1.24	1.14	0.98	0.87	0.79	0.75	0.68	0.72
0.19	2.03	1.80	1.72	1.67	1.62	1.54	1.46	1.35	1.25	1.15	0.98	0.86	0.78	0.74	0.66	0.76
0.20	2.10	1.85	1.77	1.71	1.66	1.58	1.49	1.37	1.27	1.16	0.97	0.85	0.77	0.72	0.65	0.80
0.21	2.17	1.90	1.82	1.75	1.70	1.61	1.52	1.39	1.28	1.16	0.97	0.85	0.76	0.72	0.64	0.84
0.22	2.25	1.96	1.87	1.80	1.74	1.65	1.55	1.41	1.30	1.17	0.97	0.84	0.75	0.71	0.63	0.88
0.23	2.33	2.02	1.92	1.84	1.79	1.68	1.58	1.43	1.31	1.18	0.97	0.83	0.74	0.69	0.62	0.92
0.24	2.41	2.07	1.97	1.89	1.83	1.72	1.61	1.45	1.32	1.18	0.96	0.82	0.73	0.68	0.61	0.96
0.25	2.49	2.13	2.02	1.94	1.87	1.76	1.64	1.47	1.34	1.19	0.96	0.82	0.72	0.67	0.60	1.00
0.26	2.57	2.19	2.07	1.99	1.92	1.79	1.67	1.49	1.35	1.20	0.96	0.81	0.71	0.66	0.60	1.04
0.27	2.66	2.25	2.13	2.04	1.97	1.83	1.69	1.51	1.36	1.20	0.95	0.80	0.70	0.65	0.59	1.08
0.28	2.74	2.32	2.18	2.09	2.01	1.87	1.73	1.53	1.38	1.21	0.95	0.79	0.69	0.65	0.58	1.12
0.29	2.83	2.38	2.24	2.14	2.06	1.91	1.76	1.55	1.39	1.21	0.95	0.79	0.68	0.64	0.57	1.16
0.30	2.92	2.44	2.30	2.18	2.10	1.94	1.79	1.57	1.40	1.22	0.94	0.78	0.68	0.63	0.56	1.20
0.31	3.02	2.51	2.35	2.24	2.15	1.98	1.82	1.59	1.42	1.23	0.94	0.77	0.66	0.62	0.56	1.24
0.32	3.12	2.58	2.41	2.29	2.19	2.02	1.85	1.62	1.43	1.23	0.93	0.76	0.65	0.61	0.55	1.28
0.33	3.21	2.64	2.47	2.34	2.24	2.06	1.88	1.64	1.44	1.24	0.93	0.76	0.65	0.61	0.55	1.32
0.34	3.31	2.71	2.53	2.40	2.29	2.10	1.91	1.66	1.45	1.24	0.93	0.75	0.64	0.60	0.54	1.36
0.35	3.40	2.78	2.60	2.45	2.34	2.14	1.95	1.68	1.47	1.25	0.92	0.74	0.64	0.59	0.54	1.40
0.36	3.51	2.86	2.66	2.51	2.39	2.19	1.98	1.70	1.48	1.25	0.92	0.74	0.63	0.58	0.53	1.44
0.37	3.61	2.93	2.72	2.56	2.44	2.23	2.02	1.72	1.49	1.26	0.91	0.73	0.62	0.58	0.53	1.48
0.38	3.72	3.00	2.78	2.62	2.49	2.27	2.05	1.74	1.51	1.26	0.91	0.72	0.62	0.57	0.53	1.52
0.39	3.82	3.07	2.85	2.68	2.55	2.31	2.08	1.76	1.52	1.27	0.90	0.72	0.61	0.57	0.52	1.56
0.40	3.92	3.15	2.92	2.74	2.60	2.36	2.11	1.78	1.53	1.27	0.90	0.71	0.60	0.56	0.52	1.60

续上表

C_v \ P(%)	0.01	0.1	0.2	0.33	0.5	1	2	5	10	20	50	75	90	95	99	P(%) \ C_s
0.41	4.04	3.22	2.98	2.80	2.65	2.40	2.15	1.81	1.54	1.28	0.89	0.70	0.60	0.56	0.52	1.64
0.42	4.15	3.30	3.05	2.86	2.70	2.44	2.18	1.83	1.56	1.28	0.89	0.70	0.59	0.55	0.52	1.68
0.43	4.26	3.38	3.12	2.91	2.76	2.48	2.22	1.85	1.57	1.28	0.88	0.69	0.59	0.55	0.51	1.72
0.44	4.38	3.46	3.19	2.98	2.81	2.53	2.25	1.87	1.58	1.29	0.88	0.68	0.58	0.55	0.51	1.76
0.45	4.49	3.54	3.25	3.03	2.87	2.58	2.28	1.89	1.59	1.29	0.87	0.68	0.58	0.54	0.51	1.80
0.46	4.62	3.62	3.32	3.10	2.92	2.62	2.32	1.91	1.61	1.29	0.87	0.67	0.57	0.54	0.51	1.84
0.47	4.74	3.70	3.40	3.16	2.98	2.66	2.35	1.93	1.62	1.30	0.86	0.66	0.57	0.54	0.51	1.88
0.48	4.86	3.79	3.47	3.22	3.04	2.71	2.39	1.96	1.63	1.30	0.86	0.66	0.56	0.53	0.51	1.92
0.49	4.98	3.87	3.54	3.29	3.09	2.76	2.42	1.98	1.64	1.30	0.85	0.65	0.56	0.53	0.50	1.96
0.50	5.10	3.96	3.61	3.35	3.15	2.80	2.45	2.00	1.65	1.31	0.84	0.64	0.55	0.53	0.50	2.00
0.52	5.36	4.12	3.76	3.48	3.27	2.90	2.52	2.04	1.67	1.31	0.83	0.63	0.55	0.52	0.50	2.08
0.54	5.62	4.30	3.91	3.61	3.38	2.99	2.59	2.08	1.69	1.31	0.82	0.62	0.54	0.52	0.50	2.16
0.55	5.76	4.39	3.99	3.68	3.44	3.03	2.63	2.10	1.70	1.31	0.82	0.62	0.54	0.52	0.50	2.20
0.56	5.90	4.48	4.06	3.75	3.50	3.09	2.66	2.12	1.71	1.31	0.81	0.61	0.53	0.51	0.50	2.24
0.58	6.18	4.67	4.22	3.89	3.62	3.19	2.74	2.16	1.74	1.32	0.80	0.60	0.53	0.51	0.50	2.32
0.60	6.45	4.85	4.38	4.03	3.75	3.29	2.81	2.21	1.76	1.32	0.79	0.59	0.52	0.51	0.50	2.40
0.62	6.74	5.04	4.54	4.17	3.87	3.38	2.88	2.26	1.78	1.32	0.78	0.58	0.52	0.51	0.50	2.48
0.64	7.04	5.24	4.70	4.31	4.00	3.48	2.95	2.29	1.79	1.32	0.77	0.58	0.52	0.50	0.50	2.56
0.65	7.18	5.34	4.78	4.38	4.07	3.53	2.99	2.31	1.80	1.32	0.76	0.57	0.51	0.50	0.50	2.60
0.66	7.33	5.43	4.87	4.45	4.13	3.58	3.02	2.33	1.81	1.32	0.76	0.57	0.51	0.50	0.50	2.64
0.68	7.64	5.63	5.04	4.60	4.26	3.68	3.10	2.37	1.83	1.32	0.75	0.56	0.51	0.50	0.50	2.72
0.70	7.95	5.84	5.21	4.75	4.39	3.78	3.18	2.41	1.85	1.32	0.73	0.55	0.51	0.50	0.50	2.80
0.72	8.27	6.05	5.38	4.90	4.52	3.88	3.25	2.45	1.86	1.32	0.72	0.54	0.51	0.50	0.50	2.88
0.74	8.60	6.25	5.56	5.05	4.65	3.98	3.32	2.48	1.88	1.32	0.71	0.54	0.51	0.50	0.50	2.96
0.75	8.76	6.36	5.65	5.13	4.72	4.03	3.36	2.50	1.88	1.32	0.71	0.54	0.51	0.50	0.50	3.00
0.76	8.93	6.47	5.74	5.21	4.79	4.08	3.40	2.52	1.89	1.31	0.70	0.53	0.51	0.50	0.50	3.04
0.78	9.27	6.68	5.93	5.37	4.92	4.19	3.48	2.56	1.90	1.31	0.69	0.53	0.50	0.50	0.50	3.12
0.80	9.62	6.90	6.11	5.53	5.06	4.30	3.55	2.60	1.91	1.30	0.68	0.53	0.50	0.50	0.50	3.20
0.82	9.96	7.13	6.30	5.69	5.21	4.40	3.63	2.63	1.92	1.30	0.67	0.52	0.50	0.50	0.50	3.28
0.84	10.32	7.35	6.49	5.85	5.35	4.50	3.70	2.67	1.94	1.29	0.66	0.52	0.50	0.50	0.50	3.36
0.85	10.50	7.46	6.58	5.93	5.42	4.55	3.74	2.68	1.94	1.29	0.65	0.52	0.50	0.50	0.50	3.40
0.86	10.68	7.58	6.68	6.01	5.49	4.61	3.77	2.70	1.95	1.29	0.65	0.52	0.50	0.50	0.50	3.44
0.88	11.04	7.81	6.87	6.17	5.63	4.72	3.84	2.73	1.96	1.28	0.64	0.52	0.50	0.50	0.50	3.52
0.90	11.41	8.05	7.06	6.34	5.77	4.82	3.92	2.76	1.97	1.27	0.63	0.51	0.50	0.50	0.50	3.60
0.92	11.79	8.29	7.25	6.50	5.91	4.93	3.99	2.80	1.98	1.26	0.62	0.51	0.50	0.50	0.50	3.68
0.94	12.18	8.53	7.45	6.67	6.06	5.04	4.06	2.83	1.99	1.25	0.61	0.51	0.50	0.50	0.50	3.76

续上表

C_v \ P(%)	0.01	0.1	0.2	0.33	0.5	1	2	5	10	20	50	75	90	95	99	P(%) / C_s
0.95	12.37	8.65	7.55	6.75	6.13	5.10	4.10	2.84	1.99	1.25	0.60	0.51	0.50	0.50	0.50	3.80
0.96	12.56	8.77	7.65	6.83	6.20	5.15	4.13	2.86	1.99	1.24	0.60	0.51	0.50	0.50	0.50	3.84
0.98	12.96	9.01	7.85	7.00	6.35	5.26	4.20	2.89	2.00	1.23	0.60	0.51	0.50	0.50	0.50	3.92
1.00	13.36	9.25	8.05	7.18	6.50	5.37	4.27	2.92	2.00	1.23	0.59	0.50	0.50	0.50	0.50	4.00
1.02	13.76	9.50	8.26	7.35	6.65	5.47	4.34	2.95	2.00	1.22	0.58	0.50	0.50	0.50	0.50	4.08
1.04	14.17	9.75	8.47	7.53	6.80	5.57	4.42	2.98	2.01	1.21	0.57	0.50	0.50	0.50	0.50	4.16
1.05	14.38	9.87	8.57	7.62	6.87	5.63	4.46	3.00	2.01	1.20	0.57	0.50	0.50	0.50	0.50	4.20
1.06	14.58	10.00	8.68	7.70	6.94	5.69	4.49	3.01	2.01	1.19	0.57	0.50	0.50	0.50	0.50	4.24
1.08	15.00	10.26	8.89	7.88	7.09	5.80	4.56	3.03	2.01	1.18	0.56	0.50	0.50	0.50	0.50	4.32
1.10	15.43	10.52	9.10	8.05	7.25	5.91	4.63	3.06	2.01	1.18	0.56	0.50	0.50	0.50	0.50	4.40
1.12	15.86	10.78	9.31	8.22	7.40	6.01	4.70	3.08	2.01	1.16	0.55	0.50	0.50	0.50	0.50	4.48
1.14	16.29	11.04	9.52	8.40	7.55	6.12	4.76	3.10	2.01	1.15	0.54	0.50	0.50	0.50	0.50	4.56
1.15	16.51	11.18	9.62	8.50	7.62	6.18	4.80	3.12	2.01	1.16	0.54	0.50	0.50	0.50	0.50	4.60
1.16	16.73	11.31	9.73	8.59	7.70	6.23	4.83	3.12	2.01	1.14	0.54	0.50	0.50	0.50	0.50	4.64
1.18	17.17	11.58	9.95	8.77	7.85	6.34	4.89	3.14	2.01	1.12	0.54	0.50	0.50	0.50	0.50	4.72
1.20	17.62	11.85	10.17	8.96	8.01	6.45	4.96	3.16	2.01	1.11	0.53	0.50	0.50	0.50	0.50	4.80
1.22	18.08	12.12	10.39	9.14	8.16	6.55	5.02	3.18	2.00	1.10	0.53	0.50	0.50	0.50	0.50	4.88
1.24	18.54	12.39	10.60	9.32	8.32	6.66	5.09	3.20	2.00	1.08	0.53	0.50	0.50	0.50	0.50	4.96
1.25	18.78	12.52	10.71	9.41	8.40	6.71	5.12	3.21	2.00	1.07	0.53	0.50	0.50	0.50	0.50	5.00
1.26	19.01	12.66	10.83	9.50	8.47	6.76	5.15	3.22	2.00	1.07	0.53	0.50	0.50	0.50	0.50	5.04
1.28	19.48	12.94	11.05	9.69	8.63	6.86	5.22	3.23	1.99	1.06	0.52	0.50	0.50	0.50	0.50	5.12
1.30	19.94	13.22	11.27	9.88	8.79	6.96	5.29	3.25	1.99	1.04	0.52	0.50	0.50	0.50	0.50	5.20
1.32	20.42	13.50	11.49	10.06	8.94	7.07	5.35	3.27	1.98	1.03	0.52	0.50	0.50	0.50	0.50	5.28
1.34	20.90	13.78	11.72	10.24	9.09	7.18	5.41	3.28	1.98	1.01	0.52	0.50	0.50	0.50	0.50	5.36
1.35	21.14	13.92	11.83	10.33	9.17	7.24	5.44	3.29	1.97	1.00	0.52	0.50	0.50	0.50	0.50	5.40
1.36	21.39	14.06	11.94	10.42	9.24	7.29	5.47	3.30	1.97	0.99	0.52	0.50	0.50	0.50	0.50	5.44
1.38	21.88	14.35	12.17	10.62	9.40	7.39	5.53	3.31	1.96	0.98	0.51	0.50	0.50	0.50	0.50	5.52
1.40	22.38	14.64	12.40	10.80	9.55	7.50	5.59	3.32	1.94	0.96	0.51	0.50	0.50	0.50	0.50	5.60
1.42	22.89	14.92	12.64	10.98	9.71	7.60	5.65	3.34	1.93	0.95	0.51	0.50	0.50	0.50	0.50	5.68
1.44	23.40	15.22	12.87	11.16	9.87	7.71	5.71	3.35	1.92	0.93	0.51	0.50	0.50	0.50	0.50	5.76
1.45	23.65	15.37	12.99	11.27	9.95	7.77	5.74	3.36	1.91	0.93	0.51	0.50	0.50	0.50	0.50	5.80
1.46	23.90	15.52	13.10	11.36	10.03	7.82	5.77	3.37	1.91	0.92	0.51	0.50	0.50	0.50	0.50	5.84
1.48	24.40	15.81	13.33	11.55	10.18	7.92	5.82	3.38	1.90	0.91	0.51	0.50	0.50	0.50	0.50	5.92
1.50	24.91	16.10	13.57	11.72	10.34	8.02	5.88	3.39	1.88	0.90	0.51	0.50	0.50	0.50	0.50	6.00
1.55	26.23	16.84	14.16	12.20	10.73	8.28	6.01	3.40	1.85	0.86	0.50	0.50	0.50	0.50	0.50	6.20
1.60	27.58	17.61	14.76	12.68	11.11	8.53	6.14	3.42	1.82	0.82	0.50	0.50	0.50	0.50	0.50	6.40

一、抽样误差

水文现象是一个无限的总体，观测到的水文资料系列无论年限多长，毕竟是个有限的样本。利用有限的样本推算无限的总体的参数值，必然存在抽样误差。

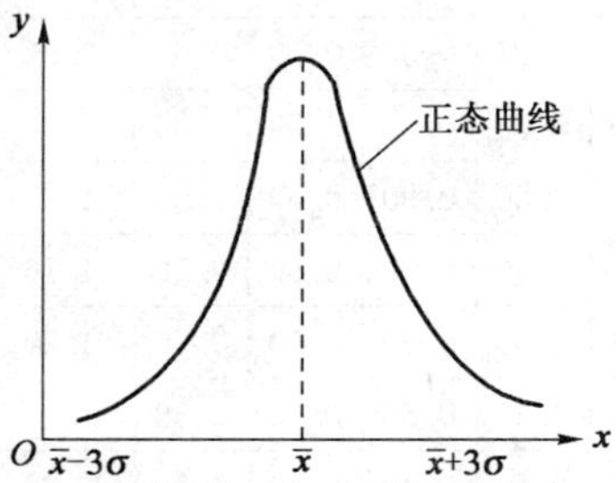

图 3-4-2　正态分布密度曲线

1. 抽样误差的频率分布

从总体中可以抽取无限多个样本，每个样本推算总体的参数都存在抽样误差。抽样误差也是随机变量 x，根据误差理论，总体中各样本的抽样误差数值大小出现的频率呈正态分布(图 3-4-2)。

随机变量系列的均值为 $\bar{x}$，均方差(均方误)为 σ，则正态分布频率密度函数为：

$$f(x)=\frac{1}{\sigma\sqrt{2\pi}}e^{-\frac{(x-\bar{x})^2}{2\sigma^2}} \tag{3-4-10}$$

式中，$-\infty<x<+\infty$。

置信区间和置信水平分析表明：

(1)
$$P(\bar{x}-\sigma<x\leqslant\bar{x}+\sigma)=\int_{x-\sigma}^{x+\sigma}f(x)\mathrm{d}x=0.683 \tag{3-4-11}$$

抽样误差出现在其均值上下均方差($\pm\sigma$)范围内的频率为 68.3%。

(2)
$$P(\bar{x}-3\sigma<x\leqslant\bar{x}+3\sigma)=\int_{x-3\sigma}^{x+3\sigma}f(x)\mathrm{d}x=0.997 \tag{3-4-12}$$

抽样误差出现在其均值上下 3 倍均方差($\pm3\sigma$)范围内的频率为 99.7%。可见，在正态分布的条件下，均值出现在其大于均值加减 3 倍均方差范围的频率只有 0.3%。

(3)定义机误为 E，则存在：

$$P(\bar{x}-E<x\leqslant\bar{x}+E)=\int_{\bar{x}-E}^{\bar{x}+E}f(x)\mathrm{d}x=0.500 \tag{3-4-13}$$

在正态分布的条件下，抽样误差出现在其均值上下机误($\pm E$)范围内的频率为 50%。

(4)
$$P(\bar{x}-4E<x\leqslant\bar{x}+4E)=\int_{\bar{x}-4E}^{\bar{x}+4E}f(x)\mathrm{d}x=0.993 \tag{3-4-14}$$

在正态分布的条件下，抽样误差出现在其均值上下 4 倍机误($\pm4E$)范围内的频率为 99.3%。

(5)机误与均方差的关系：

$$E=\pm0.674\sigma \tag{3-4-15}$$

2. 水文统计的抽样误差

抽样误差用相对均方差 σ' 表示，韦伯公式计算经验频率的相对均方差为：

$$\sigma'_{\mathrm{P}}=\pm\frac{\sigma_{\mathrm{P}}}{P}\times100\%=\pm\sqrt{\frac{n-m+1}{nm(n+2)}}\times100\% \tag{3-4-16}$$

随机变量 x 系列统计参数(均值 $\bar{x}$、变差系数 C_{v}、偏差系数 C_{s})按皮尔逊 III 型分布计算时，频率曲线纵坐标 x_{P} 的相对均方差分别为：

$$\sigma'_{\bar{x}} = \pm \frac{\sigma_{\bar{x}}}{\bar{x}} = \pm \frac{C_v}{\sqrt{n}} \times 100\% \tag{3-4-17}$$

$$\sigma'_{C_v} = \pm \frac{\sigma_{C_v}}{C_v} \times 100\% = \pm \frac{1}{\sqrt{2n}} \sqrt{1 + 2C_v^2 + \frac{3}{4}C_s - 2C_vC_s} \times 100\% \tag{3-4-18}$$

$$\sigma'_{C_s} = \pm \frac{\sigma_{C_s}}{C_s} \times 100\% = \pm \frac{1}{C_s} \sqrt{\frac{6}{n}\left(1 + \frac{3}{2}C_s^2 + \frac{5}{16}C_s^4\right)} \times 100\% \tag{3-4-19}$$

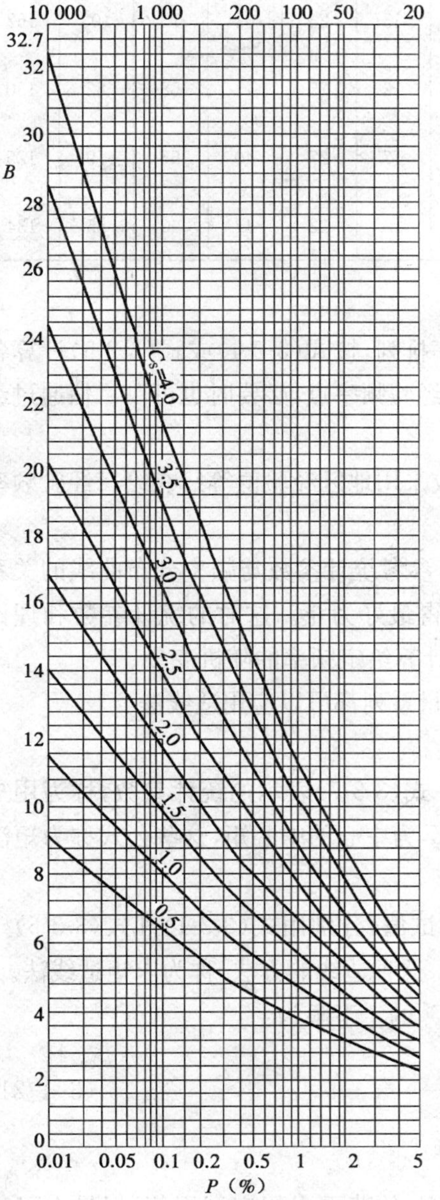

图 3-4-3　P-III 型曲线图解适线法 B 值图

图注：此图摘自《水文统计常用图表》(谭维炎、张维然编，刘光文审 1982 年)

$$\sigma'_{x_P} = \pm \frac{\sigma_{x_P}}{x_P} \times 100\%$$

$$= \pm \frac{C_v B}{K_P \sqrt{n}} \times 100\% \tag{3-4-20}$$

式中：B——与频率 P 和偏差系数 C_s 有关，可由图 3-4-3查得。

当 $C_s=2C_v$ 时，按上式计算的统计参数抽样误差相对均方差见表 3-4-3。

3. 水文统计抽样误差分析

(1)统计参数和设计流量的抽样误差与系列容量 n 的平方根成反比，增大系列容量是减小抽样误差最有效的方法。

(2)若系列容量一定，均值 $\bar{x}$ 抽样误差最小，变差系数 C_v 的抽样误差较大，而偏差系数 C_s 的抽样误差特别大。

(3)目前，我国水文站大多有 20～40 年的观测资料，系列均值 $\bar{x}$ 和变差系数 C_v 尚可用式(3-3-1)和式(3-3-5)～式(3-3-7)计算；但是，偏差系数 C_s 因误差过大，不宜直接应用式(3-3-9)计算，一般采用适线法来选定偏差系数 C_s 值。

二、适线法(试错法)

适线法是根据皮尔逊 III 型分布理论频率曲线计算设计流量时，确定统计参数的一种方法，又称试错法。首先，根据初步试选的统计参数，绘出一条理论频率曲线；然后，以这条绘出的理论频率曲线与经验频率点群(实测资料)分布拟合最好为原则，反复调整统计参数的数值，直到理论频率曲线与经验频率点群拟合，认为满意为止，确定最终选用的统计参数。进而，根据选定的三个统计参数，计算给定频率的随机变量。

统计参数的抽样误差($C_s=2C_v$)　　表 3-4-3

σ'(%) 统计参数 / C_v n	$\bar{x}$				C_v				C_s			
	100	50	25	10	100	50	25	10	100	50	25	10
0.1	1	1	2	3	7	10	14	22	120	178	252	399
0.3	3	4	6	9	7	10	15	23	51	73	103	162
0.5	5	7	10	16	8	11	16	25	41	58	82	130
0.7	7	10	14	22	9	12	17	27	40	56	79	125
1.0	10	14	20	32	10	14	20	32	42	60	85	134

1.适线法的一般步骤

(1)将已知的随机变量系列,按元素的大小递减次序排列,按式(3-2-4)或式(3-2-5)计算各项变量(元素)的经验频率,并在海森几率格纸上绘出各经验频率点,必要时也可以目估通过经验频率各点分布中心,绘出经验频率曲线。

(2)根据初步选取的统计参数试用值(由公式计算或采用地区经验值等),在绘有经验频率点群的同一几率格纸上,绘出理论频率曲线。

(3)观察理论频率曲线和经验频率曲线的符合程度,参考统计参数与频率分布曲线的关系(图 3-3-2),反复调整统计参数值的大小,直到两者符合得最好为止。这时的统计参数和理论频率曲线,作为采用值,进而根据式(3-4-6)和式(3-4-8)计算给定频率的随机变量。

流量、水位、海浪高度、台风中心气压等各种随机变量系列都可以应用适线法。

2.求矩适线法

《概率论及数理统计》中,把式(3-3-1)和式(3-3-5)～式(3-3-7)表示的统计参数,称为用矩表示的数学特征。均值 $\bar{x}$ 为原点矩,C_v 和 C_s 为以均值 $\bar{x}$ 为中心的中心矩,这些公式称为矩法公式。

适线法试用的统计参数均值 $\bar{x}$ 和变差系数 C_v 的初试值,分别用式(3-3-1)和式(3-3-5)～式(3-3-7)计算,并假定偏差系数 C_s 值为若干倍的 C_v 值,这种适线的方法,称为求矩适线法。

根据皮尔逊 III 型分布曲线方程,可得到偏差系数 C_s 的上下限为:

$$2C_v \leqslant C_s \leqslant \frac{2C_v}{1-K_{min}} \tag{3-4-21}$$

式中:K_{min}——系列中最小的模比系数。

经验表明,偏差系数 C_s 值,一般在我国可在$2C_v$～$4C_v$ 的范围内假定试用值,但最大可达$6C_v$。若水文站上游有水利工程如分洪区、滞洪区、水坝等,因洪峰被人为消减,则 C_s 最小值将小于上述范围。

一般情况下，只调整偏差系数 C_s 就可得到满意的结果。必要时(系列较短或只调整 C_s 无法达到满意结果)，也可同时对变差系数 C_v 作少量调整，或变差系数 C_v 和均值 $\overline{x}$ 都作少许调整，则可得到拟合更好的结果。

在“桥位设计计算系统(QWSJ)”软件中，适线法可通过人机对话，十分方便、快捷地得到较人工计算更加精确的结果，详见第二十章界面图 20-4-1、图 20-4-2。

第五节　耿贝尔分布

耿贝尔(E. J. Gumbel)分布又称极值Ⅰ型分布，1941 年以后，美国等西方国家广泛应用于洪水水文分析计算。

我国学者研究认为：“耿贝尔曲线矩法解与皮尔逊 III 型曲线适线法解接近，计算简单又无任意性，桥梁水文分析中可广泛应用”(季君鋐，铁道工程学报，1984 年第 2 期)。

在进行海港水文海洋环境极端条件(如最高、最低潮设计潮水位等)的频率分析时，我国海港规范推荐应用耿贝尔分布。

耿贝尔采用的原始分布为指数型分布：

$$G(x)=\frac{1}{K}e^{-y} \tag{3-5-1}$$

大于和等于某一随即变量 x_P 的累积频率为 $P\{x \geqslant x_P\}$：

$$P=1-e^{-e^{-y}}$$

$$y=a(x_P-u)$$

给定频率 P 的随机变量 x_P：

$$x_P=\overline{x}\pm\lambda_{Pn}S_x \tag{3-5-2}$$

$$S_x=\sqrt{\frac{1}{n}\sum_{i=1}^{n}x_i^2-\overline{x}^2} \tag{3-5-3}$$

$$\overline{x}=\frac{1}{n}\sum_{i=1}^{n}x_i \tag{3-5-4}$$

式中：x_P——欲求的给定频率 P 的随机变量，如流量(m^3/s)或潮位(m)；

λ_{Pn}——与频率和系列项数 n 有关的参数，由表 3-5-1 查取；

$\overline{x}$——系列随机变量的均值，如流量(m^3/s)或潮位(m)；

S_x——参数。

式(3-5-2)中的符号，当分析年最高潮位系列、年最大洪水系列时，为正(+)；当分析年最低潮位系列、年最小枯水系列时，为负(−)。

计算年最高潮位系列、年最大洪水系列的经验频率时，x_i 按递减次序排列；计算年最低潮位、年最小枯水系列的经验频率时，x_i 按递增次序排列。

耿贝尔分布(第一型极值分布)的 λ_{Pn} 值表

表 3-5-1

n	频率 P(%)															
	0. 1	0. 2	0. 5	1	2	4	5	10	25	50	75	90	95	97	99	99. 9
8	7. 103	6. 336	5. 321	4. 551	3. 779	3. 001	2. 749	1. 953	0. 842	−0. 130	−0. 897	−1. 458	−1. 749	−1. 923	−2. 224	−2. 673
9	6. 909	6. 162	5. 174	4. 425	3. 673	2. 916	2. 670	1. 895	0. 814	−0. 133	−0. 879	−1. 426	−1. 709	−1. 879	−2. 172	−2. 609
10	6. 752	6. 021	5. 055	4. 322	3. 587	2. 847	2. 606	1. 848	0. 790	−0. 136	−0. 865	−1. 400	−1. 677	−1. 843	−2. 129	−2. 556
11	6. 622	5. 905	4. 957	4. 238	3. 516	2. 789	2. 553	1. 809	0. 771	−0. 138	−0. 854	−1. 378	−1. 650	−1. 813	−2. 095	−2. 511
12	6. 513	5. 807	4. 874	4. 160	3. 456	2. 741	2. 509	1. 777	0. 755	−0. 139	−0. 844	−1. 360	−1. 628	−1. 788	−2. 065	−2. 478
13	6. 418	5. 723	4. 802	4. 105	3. 405	2. 699	2. 470	1. 748	0. 741	−0. 141	−0. 836	−1. 345	−1. 609	−1. 769	−2. 040	−2. 447
14	6. 337	5. 650	4. 741	4. 052	3. 360	2. 663	2. 437	1. 724	0. 729	−0. 142	−0. 829	−1. 331	−1. 592	−1. 748	−2. 018	−2. 420
15	6. 265	5. 586	4. 687	4. 005	3. 321	2. 632	2. 408	1. 703	0. 718	−0. 143	−0. 823	−1. 320	−1. 578	−1. 732	−1. 999	−2. 396
16	6. 196	5. 523	4. 634	3. 959	3. 283	2. 601	2. 379	1. 682	0. 708	−0. 145	−0. 817	−1. 308	−1. 564	−1. 716	−1. 980	−2. 373
17	6. 137	5. 471	4. 589	3. 921	3. 250	2. 575	2. 355	1. 664	0. 699	−0. 146	−0. 811	−1. 299	−1. 552	−1. 703	−1. 965	−2. 354
18	6. 087	5. 426	4. 551	3. 888	3. 223	2. 552	2. 335	1. 649	0. 692	−0. 146	−0. 807	−1. 291	−1. 541	−1. 691	−1. 591	−2. 338
19	6. 043	5. 387	4. 518	3. 860	3. 199	2. 533	2. 317	1. 636	0. 685	−0. 147	−0. 803	−1. 283	−1. 532	−1. 681	−1. 939	−2. 323
20	6. 006	5. 354	4. 490	3. 836	3. 179	2. 517	2. 302	1. 625	0. 680	−0. 148	−0. 800	−1. 277	−1. 525	−1. 673	−1. 930	−2. 311
22	5. 933	5. 288	4. 435	3. 788	3. 139	2. 484	2. 272	1. 603	0. 669	−0. 149	−0. 794	−1. 265	−1. 510	−1. 657	−1. 910	−2. 287
24	5. 870	5. 232	4. 387	3. 747	3. 104	2. 457	2. 246	1. 584	0. 659	−0. 150	−0. 788	−1. 255	−1. 497	−1. 652	−1. 893	−2. 266
26	5. 816	5. 183	4. 346	3. 711	3. 074	2. 433	2. 224	1. 568	0. 651	−0. 151	−0. 783	−1. 246	−1. 486	−1. 630	−1. 879	−2. 249
28	5. 769	5. 141	4. 310	3. 680	3. 048	2. 412	2. 205	1. 553	0. 655	−0. 152	−0. 779	−1. 239	−1. 447	−1. 619	−1. 866	−2. 233
30	5. 727	5. 104	4. 279	3. 653	3. 026	2. 393	2. 188	1. 541	0. 638	−0. 153	−0. 776	−1. 232	−1. 468	−1. 610	−1. 855	−2. 219
35	5. 642	5. 027	4. 214	3. 598	2. 979	2. 356	2. 153	1. 515	0. 625	−0. 154	−0. 768	−1. 218	−1. 451	−1. 591	−1. 832	−2. 191
40	5. 576	4. 968	4. 164	3. 554	2. 942	2. 326	2. 126	1. 495	0. 615	−0. 155	−0. 762	−1. 208	−1. 438	−1. 576	−1. 814	−2. 170
45	5. 522	4. 920	4. 123	3. 519	2. 913	2. 303	2. 101	1. 479	0. 670	−0. 156	−0. 758	−1. 198	−1. 427	−1. 564	−1. 800	−2. 152
50	5. 479	4. 881	4. 090	3. 491	2. 889	2. 283	2. 087	1. 466	0. 601	−0. 157	−0. 754	−1. 191	−1. 418	−1. 553	−1. 788	−2. 138
60	5. 410	4. 820	4. 038	3. 446	2. 852	2. 253	2. 059	1. 446	0. 591	−0. 158	−0. 748	−1. 180	−1. 404	−1. 538	−1. 770	−2. 115
70	5. 359	4. 774	4. 000	3. 413	2. 824	2. 230	2. 038	1. 430	0. 583	−0. 159	−0. 744	−1. 172	−1. 394	−1. 526	−1. 756	−2. 098
80	5. 319	4. 738	3. 970	3. 387	2. 802	2. 213	2. 022	1. 419	0. 577	−0. 159	−0. 740	−1. 165	−1. 386	−1. 517	−1. 746	−2. 085
90	5. 287	4. 710	3. 945	3. 366	2. 784	2. 199	2. 008	1. 409	0. 572	−0. 160	−0. 737	−1. 160	−1. 379	−1. 510	−1. 737	−2. 075
100	5. 261	4. 686	3. 925	3. 349	2. 770	2. 187	1. 998	1. 401	0. 568	−0. 160	−0. 735	−1. 155	−1. 374	−1. 504	−1. 720	−2. 066
200	5. 130	4. 568	3. 826	3. 263	2. 698	2. 129	1. 994	1. 362	0. 549	−0. 162	−0. 723	−1. 134	−1. 347	−1. 474	−1. 694	−2. 023
500	5. 032	4. 481	3. 752	3. 200	2. 645	2. 086	1. 905	1. 333	0. 535	−0. 164	−0. 714	−1. 117	−1. 326	−1. 451	−1. 668	−1. 990
1 000	4. 992	4. 445	3. 722	3. 174	2. 623	2. 069	1. 889	1. 321	0. 529	−0. 164	−0. 710	−1. 110	−1. 318	−1. 442	−1. 657	−1. 976
∞	4. 936	4. 395	3. 679	3. 137	2. 592	2. 044	1. 886	1. 305	0. 520	−0. 164	−0. 705	−1. 110	−1. 306	−1. 428	−1. 641	−1. 957

第六节　相 关 分 析

相关分析是进行水文分析和实验数据处理等数据分析的重要数学工具。例如，利用相关的水文站流量、水位资料系列，插补和延长另一个水文站的流量、水位资料系列；利用实测的资料系列建立经验公式等。

若一个随机变量系列为因变量 y_i，另外一个随机变量系列为自变量 x_i，此两系列存在相关关系，称为简单相关或一元相关。这时，若把两系列中对应的元素（y_i，x_i）分别作为点的纵坐标和横坐标，则点群呈一条带状分布，即表明两系列的变量之间存在相关关系。若通过点群分布中心绘出一条直线或曲线，则称两系列为直线相关或曲线相关；绘出的直线或曲线称为两系列随机变量的回归线，表示回归线的方程称为两系列的回归方程。

若一个随机变量系列为因变量 y_i，另外有两个或两个以上的随机变量系列是自变量，它们存在相关关系，则称它们为多元相关或复相关。

一、直线相关的回归方程

直线相关，是因变量和自变量之间的相关关系，可以近似地用一条直线来表示。通常是根据两系列中随机变量的各个对应值，在坐标纸上绘出相应的点据（图 3-6-1 中的圆点，称为散点图或相关图），如果这些点据呈直线趋势（或带状）分布，表明两系列的变量之间存在着直线相关；然后通过点群绘制一条与这些点据配合最佳的直线，这条直线就称为两变量的回归线，该直线的方程称为两变量的回归方程。

如果绘于坐标纸上的点据分布比较均匀，直线趋势比较明显，也可以目估选配一条通过点群的最佳直线，作为两变量的回归线进行分析，这就是相关分析的"图解法"。这种方法，缺乏选配回归线的依据，任意性较大，工程设计不宜使用。

直线相关分析的"解析法"，将建立因变量和自变量之间的回归方程，作为绘制回归线的依据，可以避免目估的任意性，满足实际工作的需要。

以 x_i、y_i 分别表示两系列中对应的自变量和因变量，（x_i，y_i）为对应点据的横坐标和纵坐标，n 表示其对应值的个数，在坐标纸上，按各对应值绘出相应点据，并通过点群绘一条直线，如图 3-6-1所示。

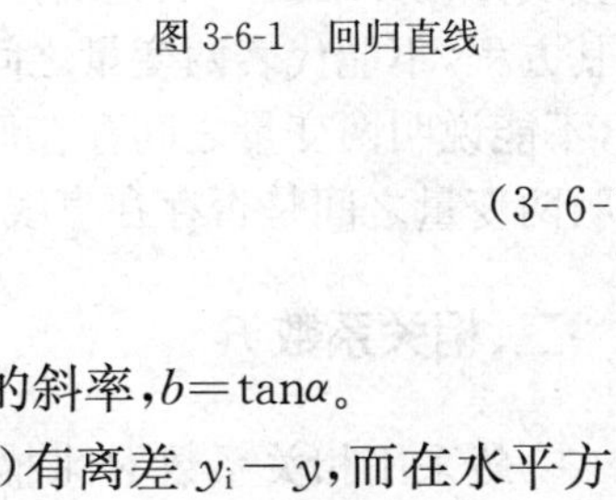

图 3-6-1　回归直线

该直线方程即为回归方程为：

$$y = a + bx \tag{3-6-1}$$

式中：x、y——直线的坐标；

a、b——待定的参数，a 为直线在 y 轴上的截距，b 为直线的斜率，$b=\tan\alpha$。

由图 3-6-1 可以看出，各个点据与直线在垂直方向（纵坐标）有离差 y_i-y，而在水平方向（横坐标）却相等，$x=x_i$，所以，

$$y_i - y = y_i - (a + bx_i)$$

根据最小二乘法的原理，若要直线与各个点据配合最佳，就应使离差的平方和为最小，即

$$\sum_{i=1}^{n}(y_i-y)^2=\sum_{i=1}^{n}(y_i-a-bx_i)^2=\text{极小值}$$

则需令

$$\left.\begin{array}{l}\dfrac{\partial\sum\limits_{i=1}^{n}(y_i-y)^2}{\partial a}=0\\[2ex]\dfrac{\partial\sum\limits_{i=1}^{n}(y_i-y)^2}{\partial b}=0\end{array}\right\}$$

联立求解，可得：

$$b=\frac{\sum\limits_{i=1}^{n}(x_i-\overline{x})(y_i-\overline{y})}{\sum\limits_{i=1}^{n}(x_i-\overline{x})^2} \tag{3-6-2}$$

$$a=\overline{y}-b\overline{x}=\overline{y}-\frac{\sum\limits_{i=1}^{n}(x_i-\overline{x})(y_i-\overline{y})}{\sum\limits_{i=1}^{n}(x_i-\overline{x})^2}\overline{x} \tag{3-6-3}$$

式中：$\overline{x}$、$\overline{y}$——分别为两个随机变量系列各元素的均值；

其他符号意义同前。

将 a、b 代入式(3-6-1)，可得 y 依 x 的回归方程（直线方程）：

$$y-\overline{y}=\frac{\sum\limits_{i=1}^{n}(x_i-\overline{x})(y_i-\overline{y})}{\sum\limits_{i=1}^{n}(x_i-\overline{x})^2}(x-\overline{x}) \tag{3-6-4}$$

同理可得，x 依 y 的回归方程（直线方程）：

$$x-\overline{x}=\frac{\sum\limits_{i=1}^{n}(x_i-\overline{x})(y_i-\overline{y})}{\sum\limits_{i=1}^{n}(y_i-\overline{y})^2}(y-\overline{y}) \tag{3-6-5}$$

依据回归方程式(3-6-4)或式(3-6-5)绘制的直线，就是与各个点据配合最佳的直线，即回归线。由式(3-6-3)可得 $\overline{y}=a+\overline{bx}$，表明该直线通过点$(\overline{x},\overline{y})$，而点$(\overline{x},\overline{y})$恰好是点群的重心位置，所以回归线（直线）必然通过点群的重心。

由回归方程的推导原理可知，对于任意一组点据，都可以按式(3-6-4)或式(3-6-5)求得一个直线方程并绘出一条直线；对于不呈直线趋势分布的或分布非常散乱的点据，所求出的直线及其方程，不能代表两变量之间的关系，没有任何实际意义。所以，回归方程仅是一种计算工具，不能说明两变量之间存在何种相关及其相关的密切程度。因此，还需要一个判别标准，来说明两变量之间是否存在直线相关及其相关的密切程度。

二、相关系数 R

一般采用相关系数 R 来描述和判别两变量之间的相关程度；相关程度即回归线与点据之间的密切程度。

由式(3-6-3)知，$a=\overline{y}-b\,\overline{x}$，所以，

$$y_i-y=y_i-(a+bx_i)=y_i-\overline{y}+b\,\overline{x}-bx_i=(y_i-\overline{y})-b(x_i-\overline{x})$$

则

$$\sum_{i=1}^{n}(y_i-y)^2=\sum_{i=1}^{n}[(y_i-\overline{y})-b(x_i-\overline{x})]^2$$

展开化简，可得：

$$\sum_{i=1}^{n}(y_i-y)^2=\sum_{i=1}^{n}(y_i-\overline{y})^2-b^2\sum_{i=1}^{n}(x_i-\overline{x})^2$$

令

$$A=\sum_{i=1}^{n}(y_i-\overline{y})^2$$

$$B=b^2\sum_{i=1}^{n}(x_i-\overline{x})^2$$

则

$$\sum_{i=1}^{n}(y_i-y)^2=A-B$$

可见 A、B 总是正值，而且 $A\geqslant B$。下列关系中的 R 就称为相关系数。

$$R^2=\frac{B}{A}\leqslant 1 \tag{3-6-6}$$

相关系数 R 具有下列性质：

(1)若$\sum_{i=1}^{n}(y_i-y)^2=0$，则各点据与直线(回归线)的离差为零，表明所有点据都恰好位于一条直线(回归线)上，即两变量之间存在着直线函数关系，为完全相关，此时，$A=B$，$R^2=1$，$R=\pm1$。

(2)$\sum_{i=1}^{n}(y_i-y)^2$ 的值越大，各点据与直线(回归线)的离差就越大，表明点据越散乱(不呈直线趋势)，两变量之间的直线相关程度越差；若$\sum_{i=1}^{n}(y_i-y)^2$ 的值达到最大，则可认为两变量之间根本不存在直线相关，而为零相关(对直线相关而言)，此时，B 值将趋近于零，R^2 值也趋近于零，而 $R=0$。

(3)若$\sum_{i=1}^{n}(y_i-y)^2$ 的值介于上述二者之间，则 R^2 值将介于 0～1 之间，而 R 值介于 -1～1 之间，表明两变量之间存在着直线相关，为统计相关；直线相关的程度将随 R 值的大小而异，R 值的大小，视 A 与 B 的差值而定。

因此，以相关系数 R 作为相关程度的描述和判别：

$R=\pm1$ 时为完全相关，表明两变量之间存在直线函数关系；

$R=0$ 时为零相关，表明两变量之间不存在直线相关；

R 介于 -1～1 之间时为统计相关，表明两变量之间存在直线相关，而且 R 的绝对值越接近于 1，相关程度越密切。

相关系数为正值($R>0$)时称为正相关，为负值($R<0$)时则称为负相关；相关系数的上限为 $+1$，下限为 -1，总是 $|R|\leqslant 1$。尚需指出，当相关系数 R 很小或接近于零时，只说明两变量之间的直线相关程度很差或不存在，但可能存在某种曲线相关。

将 A、B 代入式(3-6-6)，则

$$R^2=\frac{b^2\sum_{i=1}^{n}(x_i-\overline{x})^2}{\sum_{i=1}^{n}(y_i-\overline{y})^2}=\frac{\left[\sum_{i=1}^{n}(x_i-\overline{x})(y_i-\overline{y})\right]^2}{\sum_{i=1}^{n}(x_i-\overline{x})^2\sum_{i=1}^{n}(y_i-\overline{y})^2}$$

$$R=\frac{\sum_{i=1}^{n}(x_i-\overline{x})(y_i-\overline{y})}{\sqrt{\sum_{i=1}^{n}(x_i-\overline{x})^2\sum_{i=1}^{n}(y_i-\overline{y})^2}} \tag{3-6-7}$$

或

$$R=\frac{\sum_{i=1}^{n}K_{xi}K_{yi}-n}{\sqrt{(\sum_{i=1}^{n}K_{xi}^2-n)(\sum_{i=1}^{n}K_{yi}^2-n)}} \tag{3-6-8}$$

式中:K_{xi}、K_{yi}——分别为两系列中随机变量对应值的模比系数,$K_{xi}=\frac{x_i}{\overline{x}}$,$K_{yi}=\frac{y_i}{\overline{y}}$;

其他符号意义同前。

上式即为相关系数的计算公式,对于 y 依 x 和 x 依 y 两种情况,相关系数相同。

由上述分析可知,相关系数也只能说明两系列中随机变量对应值的点据分布趋势,是否存在直线相关及其相关的程度,还不能表明两种自然现象之间存在的客观联系。因而相关分析时,必须首先考虑所研究的自然现象之间,客观上是否存在成因联系,如确有联系,其回归方程和回归线才能在一定程度上反映两种自然现象之间的客观规律,才能据以进行相关分析。对毫无关联的自然现象,只凭数字上的巧合而硬凑它们之间的关系,相关分析就毫无意义,并会造成很大误解。因此,相关分析必须适当地联系自然现象的物理成因。

三、回归方程和回归系数的其他形式

x_i 和 y_i 两系列随机变量的均方差分别为 σ_x 和 σ_y:

$$\sigma_x=\sqrt{\frac{\sum_{i=1}^{n}(x_i-\overline{x})^2}{n-1}}=\overline{x}\sqrt{\frac{\sum_{i=1}^{n}K_{xi}^2-n}{n-1}} \tag{3-6-9}$$

$$\sigma_y=\sqrt{\frac{\sum_{i=1}^{n}(y_i-\overline{y})^2}{n-1}}=\overline{y}\sqrt{\frac{\sum_{i=1}^{n}K_{yi}^2-n}{n-1}} \tag{3-6-10}$$

回归线的斜率 b,又称回归系数:

$$b=R\frac{\sigma_y}{\sigma_x} \tag{3-6-11}$$

y 依 x 的回归方程为:

$$y-\overline{y}=R\frac{\sigma_y}{\sigma_x}(x-\overline{x}) \tag{3-6-12}$$

四、相关分析的误差

在统计相关中,两变量之间不是函数关系,回归线只是实有点据的一条最佳配合线。

直线相关，实有点据并不是完全位于一条直线上，而是分散于直线的两侧，如图 3-6-2 所示；直线与实有点据之间，即依据直线所得 y 值与实际变量 y_i 值之间存在着一定的误差，就是回归线（或回归方程）的误差，按正态分布考虑，其误差可用均方误 S 表示。则 y 依 x（或 x 依 y）回归线的均方误 S_y（或 S_x）为：

$$\left.\begin{aligned} S_y&=\sqrt{\frac{\sum_{i=1}^{n}(y_i-y)^2}{n}} \\ S_x&=\sqrt{\frac{\sum_{i=1}^{n}(x_i-x)^2}{n}} \end{aligned}\right\} \tag{3-6-13}$$

利用样本推算时，则为：

$$\left.\begin{aligned} S_y&=\sqrt{\frac{\sum_{i=1}^{n}(y_i-y)^2}{n-2}} \\ S_x&=\sqrt{\frac{\sum_{i=1}^{n}(x_i-x)^2}{n-2}} \end{aligned}\right\} \tag{3-6-14}$$

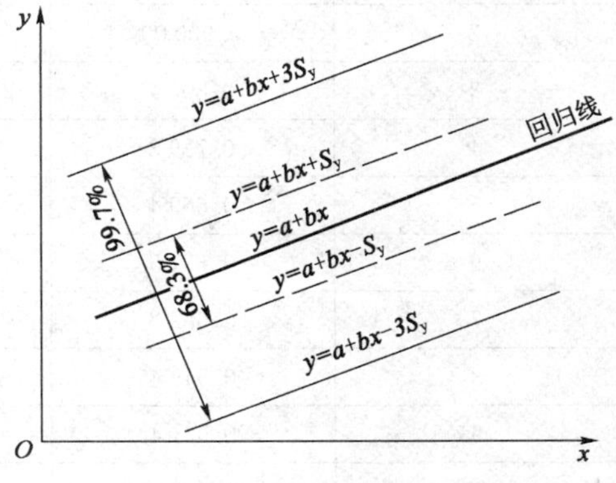

图 3-6-2 回归线的误差范围

根据正态分布置信区间和置信水平的分析，实测值在回归线上下两侧各一个 S_y 范围内的几率为 68.3%；实测值在回归线上下两侧各 $3S_y$ 范围内的几率为 99.7%，如图 3-6-2 所示。

误差范围也可用机误 E 表示，即实测值在回归线两侧各一个 E 范围内的几率为 50%；实测值在回归线两侧各 $4E$ 范围内的几率为 99.3%。

五、容许相关系数的最小值

相关系数 R 表示两个随机变量系列（x_i，y_i）相关的密切程度，R 的最小值要多大，才能应用于进行两系列间的插补和延长呢？

我国桥梁水文分析沿袭前苏联的经验中，认为 R 的绝对值大于 0.8，就可使用相关分析进行资料数据的插补和延长。

应用数理统计的统计检验方法来检验相关系数的可靠性更为合理。

根据 t 检验，制成不同信度 α 水平下所需相关系数最小值 R_α 表（表 3-6-1）。可根据两系列中相应随机变量（x_i，y_i）的个数 n 和信度 α，在表 3-6-1 中查得容许相关系数的最小值 R_α。若两系列间 R 大于 R_α，则两系列间相关是密切的。

信度 α 表示推断的可信程度，例如信度 $\alpha=0.05$，表明推断错误的概率是 5%；$1-\alpha$ 称为置信水平（置信概率，保证率），$1-\alpha=1-0.05=0.95$，即推断正确的概率是 95%。

六、相关分析在水文计算中的应用

水文统计中，资料系列越长，组成的样本代表性就越强，用以推算的总体参数值的抽样误差也就越小。但实际工作中，能够搜集到的实测水文资料往往观测年限较短，有时还可能在观测期间有缺测年份，若能找到与它有客观联系的长期连续观测资料，就可以利用两实测资料系列之间变量的统计相关，进行相关分析，对短期观测资料进行插补和延长，提高水文统计的精度。

不同信度水平下所需相关系数最小值 R_α　　表 3-6-1

R_α \ α / $n-2$	0.10	0.05	0.02	0.01
1	0.987 69	0.996 92	0.999 51	0.999 88
2	0.900 00	0.950 00	0.980 00	0.990 00
3	0.805 4	0.878 3	0.934 33	0.958 73
4	0.729 3	0.811 4	0.882 2	0.917 20
5	0.669 4	0.754 5	0.832 9	0.874 5
6	0.621 5	0.706 7	0.788 7	0.834 3
7	0.582 2	0.666 4	0.749 8	0.797 7
8	0.549 4	0.631 9	0.715 5	0.764 6
9	0.521 4	0.602 1	0.685 1	0.734 8
10	0.497 3	0.576 0	0.658 1	0.707 9
11	0.476 2	0.552 9	0.633 9	0.683 5
12	0.457 5	0.532 4	0.612 0	0.661 4
13	0.440 9	0.513 9	0.592 3	0.641 1
14	0.425 9	0.497 3	0.574 2	0.622 6
15	0.412 4	0.482 1	0.557 7	0.605 5
16	0.400 0	0.468 3	0.542 5	0.589 7
17	0.388 7	0.455 5	0.528 5	0.575 1
18	0.378 3	0.443 8	0.515 5	0.561 4
19	0.368 7	0.432 9	0.503 4	0.543 7
20	0.359 8	0.422 7	0.492 1	0.536 8
25	0.323 3	0.380 9	0.445 1	0.486 9
30	0.296 0	0.349 4	0.409 3	0.448 7
35	0.274 6	0.324 6	0.381 0	0.418 2
40	0.257 3	0.304 4	0.357 8	0.393 2
45	0.243 8	0.287 5	0.338 4	0.372 1
50	0.230 6	0.273 2	0.321 8	0.354 1
60	0.210 8	0.250 0	0.294 8	0.324 8
70	0.195 4	0.231 9	0.273 7	0.301 7
80	0.182 9	0.217 2	0.256 5	0.283 0
90	0.172 6	0.205 0	0.242 2	0.267 3
100	0.163 8	0.194 6	0.230 1	0.254 0

注:n 为样本容量。

年最大流量、水位、降雨量等系列之间变量的统计相关，以直线相关居多，一般可采用简单的直线相关分析。

两测站间观测资料的插补、延长和相互推算，如果采用相关分析的方法，首先应结合气候因素、地理条件、流域特征等，进行分析研究，检查两系列的流量之间是否确有客观联系，并判别它们之间是否存在直线相关，以及相关程度是否密切。同时，为了保证插补和延长的资料具有一定的精度，对实测流量资料除认真审查外，还应该有一定的要求。一般认为：两系列相对应的观测资料不应过少（10 对以上为宜），而且数据变化幅度大一些为好，插补、延长的年数不宜超过已有对应资料的实测年限，外延部分最好不要超出实测范围的 30%～50%（视相关程度而定）。对流量数据进行插补和延长的具体方法和步骤，通过下面的实例说明。

［例 3-6-1］ 某公路桥上游附近的一水文站（y 站，分析站），搜集到 1959～1976 年的年最大流量资料，但是，1977 年和 1978 年因故缺少资料；而同一流域邻近水文站（x 站，参证站）具有 1959～1978 年每年的年最大流量资料。试应用相关分析插补 y 站 1977 年和 1978 年的年最大流量数据。

解：相关分析计算十分复杂，计算工作量大，应用"桥位设计计算系统"计算快捷、准确、简便。界面上输入 x 站和 y 站流量资料数值表，按求回归方程按钮，即得回归方程（图 3-6-3）和相关系数 R：

$$y = 63.369 + 0.709x$$
$$R = 0.91$$

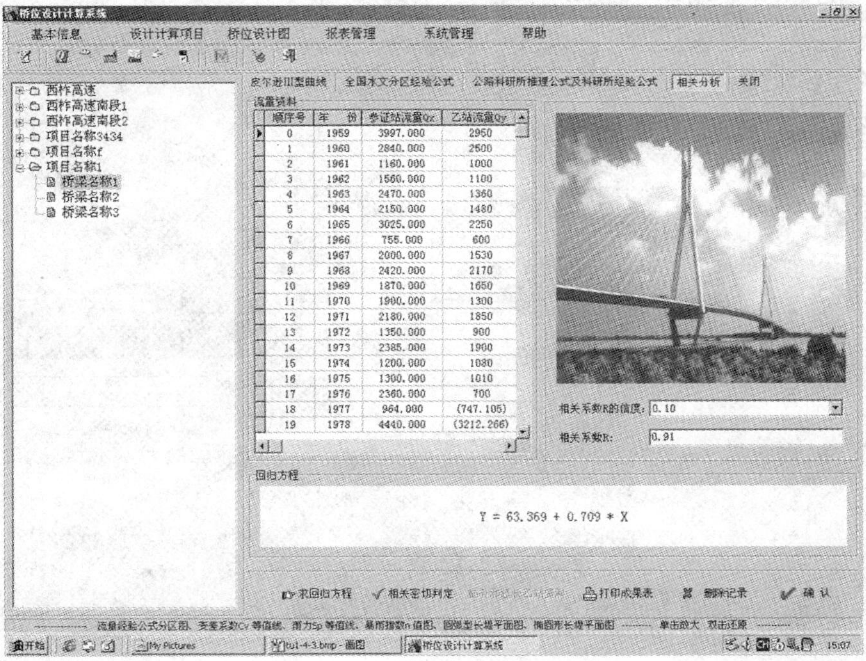

图 3-6-3　流量系列插补

在下拉菜单框选用相关系数的信度值 α，此例取 $\alpha=0.1$，然后，进行相关密切程度判断。若 $R>R_\alpha$，即相关密切，"插补和延长乙站资料"按钮显示，按此按钮后，计算数据表中立即显示插补的 1977 年流量值为 747.105m^3/s，1978 年流量值为 3 212.266m^3/s。

[例 3-6-2] 粤北山区某桥位于连江溪牛镇附近一个山前平原的 U 形河湾段,上游数公里有七里峡,峡谷河道阻塞,水深流急。设计洪水流量 $Q_{1\%}$ 可由水文站观测资料推算,得知相当 1995 年的流量。但是,每次特大洪水时,桥位河段数公里 U 形河段洪水漫溢,测不出过水断面。试确定设计水位 $H_{1\%}$。

解:每次特大洪水 U 形河段洪水漫溢河道,找不到泛滥边界,无明显的过水断面,无法根据设计流量按均匀流计算得到设计水位。

洪水调查得知,在溪牛镇下游 10km 的峡谷河段,有一个高岛水文站和国家水准点,两地 10km 之间无支流汇入;同时,高岛水文站有溪牛镇 7 次调查大洪水水位对应的测流断面水位。

试图寻找两地水位相关关系,建立两地水位回归方程,若相关密切,则可由高岛水文站水位推算溪牛镇水位。

应用“桥位设计计算系统”进行相关分析(图 3-6-4)。

输入两站对应的水位值,求回归方程和相关系数 R:

$$y = 4.072 + 0.963x$$

$$R = 0.99$$

输入 R 的信度 $\alpha = 0.10$,判定相关关系密切时,“插补和延长乙站资料”按钮显示,按下该按钮,即得 1995 年溪牛站水位为 36.045m,相当 于 $H_{1\%}$,见图 3-6-4。

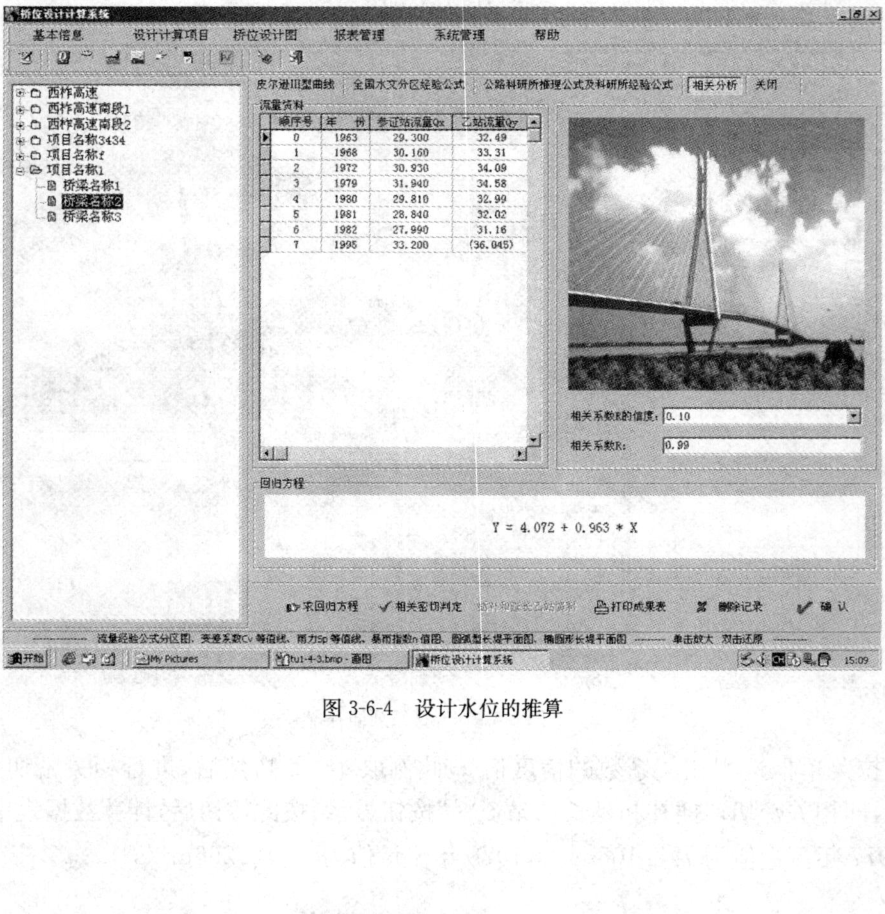

图 3-6-4 设计水位的推算

第四章 设 计 洪 水

第一节 设计洪水频率和洪水风险

桥梁设计中采用与某一设计洪水频率所对应的洪水过程的洪峰流量，作为设计洪水流量，简称设计流量(m^3/s)。桥位计算断面上，通过设计流量时相应的洪水位称为设计水位(m)。设计流量通过时，桥位水文计算断面的河槽平均流速，习惯上称为设计流速(m/s)。

一、桥涵设计洪水频率的规定

《公路工程技术标准》(JTG B01—2003)规定，永久性桥涵设计洪水频率，一般如表 4-1-1 所示。表 4-1-2 为桥涵分类。

桥涵设计洪水频率 表 4-1-1

公路等级	设计洪水频率				
	特大桥	大桥	中桥	小桥	涵洞及小型排水构造物
高速公路	1/300	1/100	1/100	1/100	1/100
一级公路	1/300	1/100	1/100	1/100	1/100
二级公路	1/100	1/100	1/100	1/50	1/50
三级公路	1/100	1/50	1/50	1/25	1/25
四级公路	1/100	1/50	1/50	1/25	不作规定

桥 涵 分 类 表 4-1-2

桥涵分类	多孔跨径总长 L(m)	单孔跨径 L_k(m)
特大桥	$L>1\,000$	$L_k>150$
大桥	$100\leqslant L\leqslant 1\,000$	$40\leqslant L_k\leqslant 150$
中桥	$30<L<100$	$20\leqslant L_k<40$
小桥	$8\leqslant L\leqslant 30$	$5\leqslant L_k<20$
涵洞	—	$L_k<5$

二级公路的特大桥及三、四级公路的大桥，在水势猛急、河床易于冲刷的情况下，可提高一级设计洪水频率验算基础冲刷深度。

沿河纵向高架桥和桥头引道的设计洪水频率按表 4-1-3 所示路基设计洪水频率确定。

路基设计洪水频率　　表 4-1-3

公路等级	高速公路	一级公路	二级公路	三级公路	四级公路
设计洪水频率	1/100	1/100	1/50	1/25	按具体情况确定

沿河路基和受水浸淹的路基边缘设计高程，应高出表 4-1-3 路基设计洪水频率确定计算水位，加上壅水高、波浪侵袭高和 0.5 的安全高度。沿河湾凹岸的路基还应加凹岸水面的超高。

三级、四级公路在交通容许有限度的中断时，可修建漫水桥和过水路面。漫水桥和过水路面的设计洪水频率，应根据容许阻断交通时间的长短和对上下游农田、城镇、村庄的影响以及泥沙淤塞桥孔、上游河床的淤高等因素确定。

二、风险

《公路桥涵设计通用规范》(JTG D60—2004)规定："公路桥涵结构的设计基准期为 100 年"。

由概率论：

重现期为 T 年一遇洪水流量 Q 的概率为：

$$p = \frac{1}{T}$$

小于 T 年一遇洪水流量的概率为：

$$q = 1 - p$$

若工程有效服务年数为 N，则洪水流量 Q 在 N 年中发生一次的概率为：

$$p'_{N} = pq^{N-1}N$$

洪水流量 Q 在 N 年内至少发生一次的概率为：

$$p_{N} = 1 - q^{N} \tag{4-1-1}$$

若设计标准定为 T 年一遇的洪水，在工程有效服务年限 N 年内，发生 T 年一遇洪水的概率，称为失事概率或破坏率 U，也就是设计工程所承担的风险。

$$U = p_{N} = 1 - q^{N} = 1 - \left(1 - \frac{1}{T}\right)^{N} \tag{4-1-2}$$

当桥梁、涵洞结构的设计寿命 $N=100$ 年，在设计寿命中不同重现期的设计洪水发生的概率即失事概率，见表 4-1-4。

不同重现期设计洪水的失事概率(桥梁设计寿命为 100 年的条件下)　　表 4-1-4

洪水重现期(年)	20	50	100	200	300
失事概率(%)	99.4	86.7	63.4	39.4	28.4

第二节　根据流量观测资料推算设计流量

根据流量观测资料系列推算设计流量时，首先，确定系列的统计参数，然后，根据水文站流量观测资料系列(样本)的统计参数，按理论频率曲线(皮尔逊 III 型分布曲线或耿贝尔分布曲线)，推算给定频率的设计流量。

皮尔逊 III 型分布曲线的统计参数为平均流量 $\overline{Q}$(或 $\overline{x}$)、变差系数 C_v 和偏差系数 C_s。耿贝尔分布曲线的统计参数为平均流量 $\overline{Q}$(或 $\overline{x}$)和均方差 S_x。

一、根据水文站观测的流量资料连续(序)系列推算设计流量

[例 4-2-1] 经过插补和延长，得到某水文站 32 年连续年最大流量资料，见表 4-2-1。试用皮尔逊 III 型分布求矩适线法，确定其平均流量 $\overline{Q}$(或 $\overline{x}$)、变差系数 C_v 和偏差系数 C_s，推算洪水频率 2%、1%、0.33%的流量，并计算 $\overline{Q}$(或 $\overline{x}$)、C_v、C_s 和 $Q_{1\%}$ 的抽样误差。

某水文站 32 年连续年最大流量 表 4-2-1

顺序号	按年份顺序排列		按流量大小排列		K_i	K_i^2	经验频率(%) $P=\frac{m}{n+1}\times 100\%$
	年份	流量 (m^3/s)	年份	流量 (m^3/s)			
1	2	3	4	5	6	7	8
1	1951	767	1978	3 770	2.052	4.211	3.0
2	1952	1 781	1967	3 408	1.853	3.434	6.1
3	1953	1 284	1960	3 145	1.710	2.924	9.1
4	1954	1 507	1959	2 950	1.604	2.57	12.1
5	1955	2 000	1974	2 854	1.552	2.409	15.2
6	1956	2 380	1958	2 600	1.414	1.999	18.2
7	1957	2 100	1961	2 500	1.359	1.347	21.2
8	1958	2 600	1956	2 380	1.294	1.674	24.2
9	1959	2 950	1966	2 250	1.223	1.496	27.3
10	1960	3 145	1971	2 170	1.180	1.392	30.3
11	1961	2 500	1957	2 100	1.142	1.304	33.3
12	1962	1 000	1968	2 088	1.135	1.288	36.4
13	1963	1 100	1955	2 000	1.088	1.184	39.4
14	1964	1 360	1979	1 900	1.033	1.067	42.4
15	1965	1 480	1976	1 850	1.006	1.012	45.5
16	1966	2 250	1952	1 781	0.968	0.937	48.5
17	1967	3 408	1982	1 700	0.924	0.854	51.5
18	1968	2 088	1972	1 650	0.897	0.805	54.5
19	1969	600	1970	1 530	0.832	0.632	57.5
20	1970	1 530	1954	1 507	0.819	0.671	56.6
21	1971	2 170	1965	1 480	0.805	0.648	62.6
22	1972	1 650	1964	1 360	0.740	0.548	66.7
23	1973	840	1975	1 300	0.707	0.500	69.7
24	1974	2 854	1953	1 284	0.698	0.487	72.7
25	1975	1 300	1963	1 100	0.590	0.358	75.8
26	1976	1 850	1980	1 080	0.587	0.345	78.8
27	1977	900	1981	1 010	0.549	0.301	81.8
28	1978	3 770	1962	1 000	0.544	0.296	84.8
29	1979	1 900	1977	900	0.489	0.239	87.9
30	1980	1 080	1973	840	0.457	0.209	90.9
31	1981	1 010	1951	767	0.417	0.174	93.9
32	1982	1 700	1969	600	0.326	0.106	97.0
合计				58 857	32.002	37.934	

解:把历年的年最大流量,按大小递减次序排列,列入表 4-2-1 第 5 栏;计算各流量的经验频率,列入第 8 栏。

在海森几率格纸上点出各流量的经验频率点(图 4-2-1)。按表 4-2-1 各栏的顺序计算。

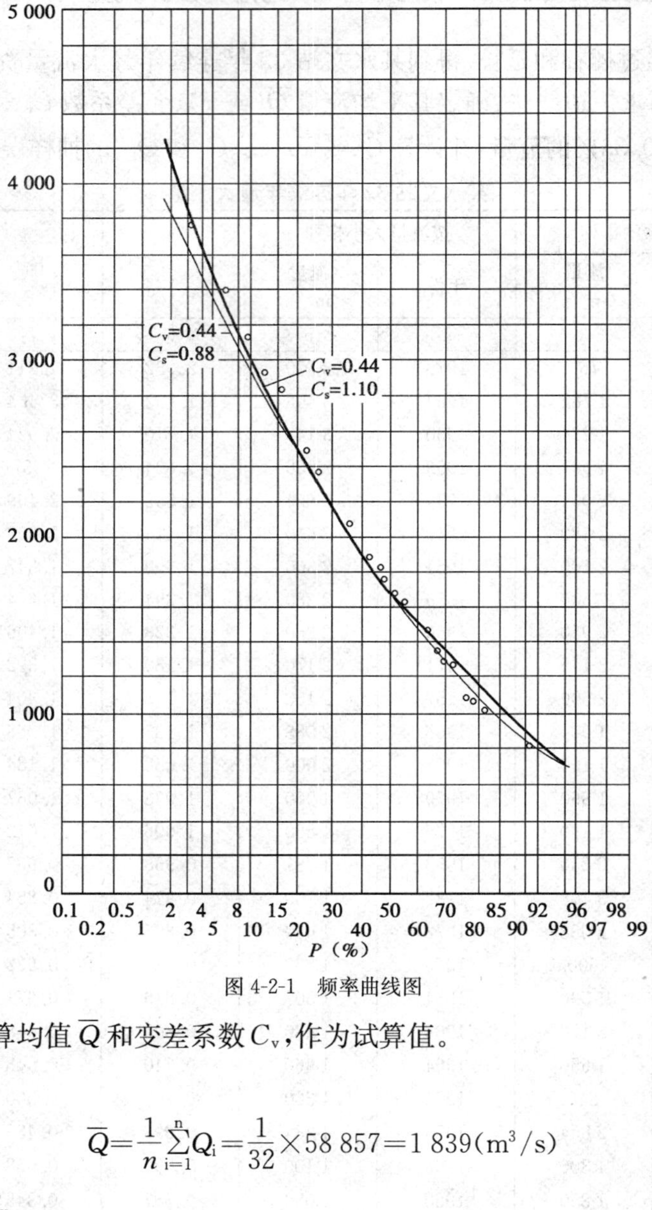

图 4-2-1 频率曲线图

按矩法公式计算均值 $\overline{Q}$ 和变差系数 C_v,作为试算值。

(1)均值 $\overline{Q}$

$$\overline{Q}=\frac{1}{n}\sum_{i=1}^{n}Q_i=\frac{1}{32}\times 58\,857=1\,839(\mathrm{m^3/s})$$

(2)变差系数 C_v

令 $K_i=\frac{Q_i}{\overline{Q}}$,计算 K_i 和 K_i^2,列入表 4-2-1 第 6 栏和第 7 栏。

$$C_v=\sqrt{\frac{\sum_{i=1}^{n}K_i^2-n}{n-1}}=\sqrt{\frac{37.934-32}{32-1}}=0.44$$

(3)用 Q 求矩适线法,选定统计参数

假定 C_s＝？C_v，按式(3-4-6)和式(3-4-8)计算各个给定频率 P 对应的流量 Q_P，并绘制理论频率曲线，计算结果见表 4-2-2。

计 算 结 果　　表 4-2-2

统计参数 \ 频率 P(%)			5	10	20	50	75	90	95
1	$\overline{Q}$=1 839	Φ_P	1.86	1.34	0.77	−0.15	−0.73	−1.15	−1.36
	C_v=0.44	K_P	1.82	1.59	1.34	0.93	0.68	0.49	0.40
	C_s=0.88	Q_P	3 347	2 924	2 464	1 710	1 251	901	736
2	$\overline{Q}$=1 839	Φ_P	1.89	1.34	0.74	−0.18	−0.74	−1.10	−1.28
	C_v=0.44	K_P	1.83	1.59	1.33	0.92	0.67	0.52	0.44
	C_s=1.10	Q_P	3 365	2 921	2 446	1 692	1 232	956	809
3	$\overline{Q}$=1 839	Φ_P	1.89	1.34	0.74	−0.18	−0.74	−1.10	−1.28
	C_v=0.48	K_P	1.91	1.64	1.36	0.91	0.64	0.47	0.39
	C_s=1.10	Q_P	3 512	3 016	2 501	1 673	1 177	864	747

①第一次试选 C_s

令 $C_s=2C_v=2\times0.44=0.88$，计算 P 为 5%、10%、50%、75%、90%和 95%各频率对应的 K_P 和 Q_P。据此在图 4-2-1 中绘出理论频率曲线。与经验频率点群比较，曲线左端偏低，右端偏高，应增大 C_s 值。

②第二次试选 C_s

令 $C_s=2.5C_v=1.10$，点出理论频率曲线，与经验频率点群比较，仍左端偏低，右端偏高。

③第三次试选 C_s

为增大理论频率曲线的陡度，增大 C_v 值，令 $C_v=0.48$，$C_s=1.10$，再次适线。发现理论频率曲线与经验频率点群分布拟合较好，统计参数 $\overline{Q}=1\,839\text{m}^3/\text{s}$，$C_v=0.48$，$C_s=1.10$，可作为采用值。

(4)根据采用的统计参数，计算给定频率的流量

根据式(3-4-6)，$x_P=(1+C_v\Phi_P)\overline{x}$，计算：

$$Q_{2\%}=(2.58\times0.48+1)\times1\,839=4\,119(\text{m}^3/\text{s})$$

$$Q_{1\%}=(3.09\times0.48+1)\times1\,839=4\,561(\text{m}^3/\text{s})$$

$$Q_{0.33\%}=(3.86\times0.48+1)\times1\,839=5\,241(\text{m}^3/\text{s})$$

(5)抽样误差

根据式(3-4-17)～式(3-4-20)，计算各统计参数和设计流量的抽样误差。

$$\sigma'_{\overline{x}}=\pm\frac{\sigma_{\overline{x}}}{\overline{x}}=\pm\frac{C_v}{\sqrt{n}}\times100\%=\pm\frac{0.48}{\sqrt{32}}=\pm0.08=\pm8\%$$

$$\sigma'_{C_v}=\pm\frac{\sigma_{C_v}}{C_v}\times100\%=\pm\frac{1}{\sqrt{2n}}\sqrt{1+2C_v^2+\frac{3}{4}C_s-2C_vC_s}\times100\%$$

$$=\pm\frac{1}{\sqrt{2\times32}}\sqrt{1+2\times0.48^2+0.75\times1.10^2-2\times0.48\times1.10}=\pm0.14=\pm14\%$$

$$\sigma'_{C_s}=\pm\frac{\sigma_{C_s}}{C_s}\times100\%=\pm\frac{1}{C_s}\sqrt{\frac{6}{n}\left(1+\frac{3}{2}C_s^2+\frac{5}{16}C_s^4\right)}\times100\%$$

$$=\pm\frac{1}{1.10}\times\sqrt{\frac{6}{32}\times\left(1+1.5\times1.10^2+\frac{5}{16}\times1.10^4\right)}=\pm0.71=\pm71\%$$

$$\sigma'_{x_P}=\pm\frac{\sigma_{x_P}}{x_P}\times100\%=\pm\frac{C_vB}{K_P\sqrt{n}}\times100\%$$

$$=\pm\frac{0.48\times5.3}{2.28\times\sqrt{32}}=\pm0.197=\pm19.7\%$$

上述结果表明,利用32年资料统计计算,平均流量相对抽样误差最小,约为±8%;变差系数相对抽样误差较大,约为±14%;而偏差系数的相对抽样误差最大,达±71%,;这样,设计流量的相对抽样误差约为20%。

采用适线法确定的统计参数,它们的抽样误差大大小于上述按公式计算的数值,因而设计流量的抽样误差也远远小于上述计算值。

利用皮尔逊III型分布理论频率曲线推算设计流量,必须应用适线法。适线法能够通过反复调整统计参数,达到理论频率曲线与经验频率点群拟合最好的结果。

[例4-2-2] 根据[例4-2-1]的资料,采用耿贝尔曲线作为理论频率曲线,试计算$Q_{1\%}$和$Q_{2\%}$。

解:

(1)计算系列的均值:

$$\overline{Q}=\frac{1}{n}\sum_{i=1}^{n}Q_i=\frac{1}{32}\times58\,857=1\,839(\mathrm{m^3/s})$$

(2)计算均方差:

$$S_x=\sqrt{\frac{1}{n}\sum_{i=1}^{n}x_i^2-\overline{x}^2}$$

式中资料见表4-2-1,$n=32$,$\overline{x}=\overline{Q}=1\,839\mathrm{m^3/s}$,计算得$S_x=798\mathrm{m^3/s}$。

(3)查表3-5-1,得系数λ_{Pn}:

$$P=1\%,\lambda_{Pn}=3.631$$

$$P=2\%,\lambda_{Pn}=3.007$$

(4)根据式(3-5-2),$x_P=\overline{x}\pm\lambda_{Pn}S_x$,得:

$$Q_{1\%}=1\,839+3.631\times798=4\,737(\mathrm{m^3/s})$$

$$Q_{2\%}=1\,839+3.007\times798=4\,239(\mathrm{m^3/s})$$

与[例4-2-1]计算结果比较,取耿贝尔曲线作为理论频率曲线时算出的$Q_{1\%}$和$Q_{2\%}$的数值都稍大一点,$Q_{1\%}$大3.9%,$Q_{2\%}$大2.9%。一般习惯5%以内的差别是可接受的。

应用耿贝尔分布曲线计算时,不用适线法确定统计参数,人工计算较简单,但是它有一定的主观性,即假定年最大洪水流量的频率分布就是耿贝尔分布,无法进行调整。皮尔逊III型分布的优点是应用适线法,多次试选统计参数,最终能够达到使理论频率曲线与经验频率点群分布拟合最佳,实现理论符合实际;但是,人工做起来太繁琐,费时费力,通常人工试选参数两三次就不想再做下去了。现在应用计算机软件如“桥位设计计算系统(QWSJ)”进行适线,极为快捷、简单,很快就完成多次适线,做到理论频率曲线和经验点群拟合最佳。因此,根据皮尔逊 III 型分布作为理论频率曲线，应用计算机进行适线，推算设计流量，应是最佳的方法。过去为简化人工计算介绍的三点适线法等现在都没必要再使用了。

二、根据年最大流量的不连续（序）系列推算设计流量

通过洪水调查及历史资料考证等途径，得到在观测资料系列年份内或观测资料之前发生的特大洪水资料（洪水特大值）时，则形成年最大流量资料的不连续（序）系列。

1. 不连续（序）系列的经验频率

1）第一种方法

将特大洪水和实测洪水看做是从总体中独立抽取的不同的独立样本，因此，分别计算其经验频率。各项洪水可在各个系列中分别排位，其中实测系列的各项经验频率仍按式（3-2-4）计算；而调查期 N 年中的前 a 项特大洪水，序位为 $M(M=1,2,3,\cdots,a)$ 的经验频率为：

$$P_{\mathrm{M}}=\frac{M}{N+1} \tag{4-2-1}$$

实测洪水系列中包含 L 个特大值时，经验频率 P_{m} 为：

$$P_{\mathrm{m}}=\frac{m+L}{n+1} \tag{4-2-2}$$

上两式中：M——特大洪水按递减次序排列的序号；

N——特大洪水系列中首项的重现期，由历史洪水调查与考证确定；

m——实测一般洪水按递减次序排列的序号，特大值除外；

L——实测洪水中特大洪水的数目；

n——实测洪水年数。

2）第二种方法

将特大洪水和实测洪水共同组成一个不连续（序）的系列作为样本，实测系列为其中的组成部分，不连续（序）系列各项在调查期 N 年内统一排位。

设在调查期 N 年中有特大洪水 a 项，其中有 L 项发生在 n 年实测系列之内；N 年中的 a 项特大洪水的经验频率仍用式（4-2-1）估算。实测系列中其余 $(n-L)$ 项，因为抽样是在总体内小于末位特大洪水条件下进行的，其经验频率的估算公式为：

$$P_{\mathrm{m}}=P_{\mathrm{M_a}}+(1-P_{\mathrm{M_a}})\frac{m-L}{n-L+1} \tag{4-2-3}$$

其中，$P_{\mathrm{M_a}}=\frac{a}{N+1}$，为末位特大洪水的经验频率，故

$$P_{\mathrm{m}}=\frac{a}{N+1}+\left(1-\frac{a}{N+1}\right)\frac{m-L}{n-L+1} \tag{4-2-4}$$

式中：P_{m}——实测系列第 m 项的经验频率；

a——在 N 年中不连续系列的特大洪水项数；

N——调查期或考证期；

n——实测洪水系列的项数；

L——实测系列中抽出作为特大值的洪水项数；

m——实测系列第 m 项的经验频率。

如果在 N 年之外,有更远的 N_1 年内的考证或调查洪水,则同样可把 N 与 N_1 年组成不连续(序)系列,按上述公式估算各项的经验频率。

2. 不连续(序)系列的统计参数

1)矩法公式

在迄今的 N 年中已查明为首 a 项的特大洪水,其中有 L 个发生在 n 年实测系列中。假定 $n-L$ 年系列的均值和均方差与除去特大洪水后的 $N-a$ 年系列的数值是相等的,可导出均值 $\overline{Q}$ 和变差系数 C_v 的公式:

$$\overline{Q}=\frac{1}{N}\left(\sum_{j=1}^{a}Q_j+\frac{N-a}{n-L}\sum_{i=1}^{n}Q_i\right) \tag{4-2-5}$$

$$C_v=\frac{1}{\overline{Q}}\sqrt{\frac{1}{N-1}\left[\sum_{j=1}^{a}(Q_j-\overline{Q})^2+\frac{N-a}{n-L}\sum_{i=1}^{n}(Q_i-\overline{Q})^2\right]} \tag{4-2-6}$$

式中:Q_i——一般洪水(m^3/s),$i=1,2,3,\cdots,n$;

Q_j——特大洪水(m^3/s),$j=1,2,3,\cdots,a$;

a——特大洪水的总数,其中包括发生在实测系列内的 L 个;

N——特大洪水调查期或考证期(年);

n——一般洪水实测期(年)。

2)适线法

用矩法公式计算的水文系列平均流量,抽样误差较小,一般可不加修正。矩法公式计算的系列 C_v 值,较总体的 C_v 值一般常偏小,调整时可适当加大。经过适线,即可确定与经验频点群拟合最佳的理论频率曲线的统计参数 $\overline{Q}$、C_v 和 C_s 值,再按式(3-4-6)或式(3-4-8),求得给定频率的设计洪水流量。

[例 4-2-3] 某一级公路拟修建一座大桥,试推求该桥的设计洪水流量。

桥位上游附近有一水文站,能搜集到 20 年连续的流量观测资料(表 4-2-3)。通过洪水调查和文献考证得知,从 1784~1982 年期间,曾有 8 年发生过较大洪水。其中,1880 年、1948 年和 1955 年能调查到历史洪水位,可推算得到洪水流量;1975 年在实测期内,有实测资料;其余 4 年未能获得流量资料,只知 1784 年洪水大于 1880 年,另外 3 年洪水均小于 1948 年。

解:按现行规范,一级公路上的大桥,设计洪水频率为 1%。

(1)经验频率分析(表 4-2-3)

第一种方法:可分为 3 个独立的系列:

考证期(1784~1982 年):N_2 为 199 年,1784 年洪水频率 $P=\frac{1}{N+1}=0.5\%$。

调查期(1880~1982 年):N_1 为 103 年,包括 1880 年、1948 年、1955 年和 1975 年(在实测期内)四个特大值。$P=\frac{M}{103+1}$,M 取 1、2、3、4。

实测期(1963~1982 年):n 为 20 年,$P=\frac{m}{n+1}$,m 取 1、2、3……20,其中 1975 年为特大洪量,则 $L=1$。

经验频率分析　表 4-2-3

按年份顺序排列		按流量大小排列		经验频率 P(%)（第一种方法）			经验频率 P(%)（第二种方法）	经验频率 P(%)（采用值）
年份	流量（m^3/s）	年份	流量（m^3/s）					
1	2	3	4	5	6	7	8	9
1784	>3 800	1784	>3 800	0.50			0.50	0.5
1880	3 800	1880	3 800	1.00	0.96		1.00	1.0
1948	3 350	1955	3 550		1.92		1.96	2.0
1955	3 550	1975	3 470		2.88	4.76	2.92	2.9
1963	2 570	1948	3 350		3.85		3.88	3.9
1964	3 025	1964	3 025			9.52	8.69	8.7
1965	1 750	1970	2 805			14.29	13.49	13.5
1966	1 600	1963	2 570			19.05	18.30	18.3
1967	1 490	1968	2 270			23.81	23.10	23.1
1968	2 270	1974	1 960			28.57	27.91	27.9
1969	1 280	1979	1 840			33.33	32.72	32.7
1970	2 805	1965	1 750			38.10	37.52	37.5
1971	1 680	1972	1 710			42.86	42.33	42.3
1972	1 710	1971	1 680			47.62	47.13	47.1
1973	1 580	1966	1 600			52.38	51.94	51.9
1974	1 960	1973	1 580			57.14	56.75	56.7
1975	3 470	1978	1 550			61.90	61.55	61.6
1976	1 100	1981	1 510			66.67	66.36	66.4
1977	1 310	1967	1 490			71.43	71.16	71.2
1978	1 550	1982	1 460			76.19	75.97	76.0
1979	1 840	1977	1 310			80.95	80.78	80.8
1980	840	1969	1 280			85.71	85.58	85.6
1981	1 510	1976	1 100			90.48	90.39	90.4
1982	1 460	1980	840			95.24	95.19	95.2

第二种方法：在考证期 199 年中的全部流量统一排位(图 4-2-2)。

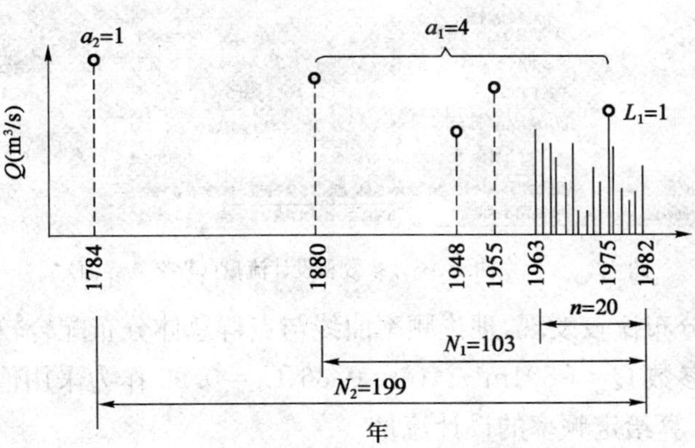

图 4-2-2　不连续水文系列示意图

考证期：$N_2=199$ 年，$a_2=1$，1784 年的流量，$L_2=0$。

调查期：$N_1=103$ 年，$a_1=4$，包括 1880 年、1948 年、1955 年和 1975 年的大洪水流量。$L_1=1$，即 1975 年流量。

实测期：$n=20$ 年，包含特大值 1975 年流量，应在调查期内按特大值排位。

水文站观测资料只有 20 年，年限较短，代表性不强，建议采用第二种方法的计算结果。

(2)在海森几率格纸上绘出经验频率点群分布(图 4-2-2)

(3)应用适线法，确定统计参数 $\overline{Q}$、C_v 和 C_s

按式(4-2-5)计算得系列平均流量 $\overline{Q}=1\ 801\text{m}^3/\text{s}$。

按式(4-2-6)计算得变差系数 $C_v=0.34$。

第一次试选：试取 $C_v=0.34$，$C_s=4C_v=1.37$，绘出相应的理论频率曲线，与经验频率点群分布比较，发现曲线上端，$P>20\%$的线段，频率曲线符合较好；曲线下端，$P<20\%$的线段，频率曲线偏低。

第二次试选：稍微加大 C_v 值，使频率曲线变陡，使曲线下端接近经验频率点群；另一方面，减小 C_s 值，使频率曲线的弯度减小，试取 $C_v=0.36$，$C_s=0.90$，绘出相应的理论频率曲线(图 4-2-3)。

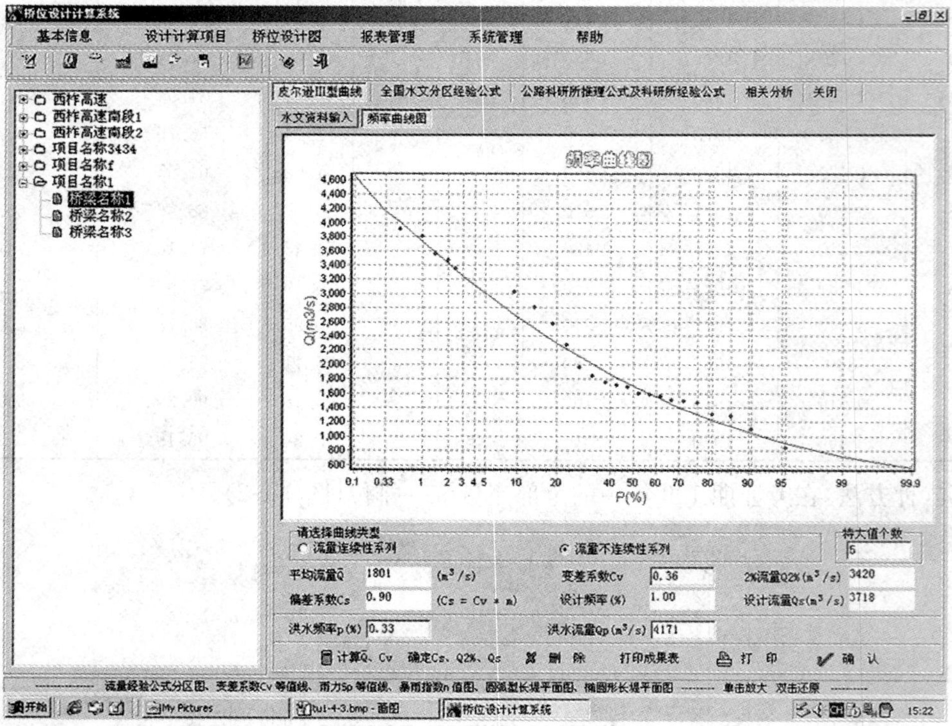

图 4-2-3 频率曲线、统计参数和设计流量(QW2.0 界面)

与经验频率点群分布比较发现，理论频率曲线与点群总体分布配合较好；与 5 个特大流量吻合较好。故取统计参数 $\overline{Q}=1\ 801\text{m}^3/\text{s}$，$C_v=0.36$，$C_s=0.90$ 作为采用值。

(4)按式(3-4-6)计算给定频率的设计流量

$Q_{2\%}=3\ 420\text{m}^3/\text{s}$，$Q_{1\%}=3\ 718\text{m}^3/\text{s}$，$Q_{0.33\%}=4\ 171\text{m}^3/\text{s}$。

三、资料的插补和延长

为了尽量增大洪水系列的容量，增强系列的代表性，减少抽样误差，应根据邻近水文站资料，对该水文站资料系列进行插补或延长。

1. 资料插补延长的范围

插补延长洪水系列时，插补延长年数一般不应超过实测年数；对相关关系线外延应慎重，外延部分不应超过实测年数的30%～50%，视相关程度而定。

2. 资料插补延长的方法

(1)流域面积比拟法

若上下游两水文站的流域面积之差不超过10%，两水文站间河道平面和纵断面较平顺，无分洪、滞洪时，历年最大洪峰流量可以相互搬用。

若上下游两水文站流域面积之差小于20%，且全流域暴雨分布较均匀，区间无特殊调蓄作用时，可按面积比将参证站的设计流量推算到设计断面上，即

$$Q_1 = \left(\frac{F_1}{F_2}\right)^n Q_2 \tag{4-2-7}$$

式中：Q_1、F_1——桥位附近水文站的流量(m^3/s)和流域面积(km^2)；

Q_2、F_2——桥位上游或下游水文参证站的流量(m^3/s)和流域面积(km^2)；

n——表4-3-1中的地区n或n_1值。

(2)相关分析法

若两水文站相关关系的点群分布有明显的规律，可用图解法插补。

若由两水文站相关关系的点群绘制相关曲线比较困难时，可建立回归方程插补延长，见第三章第六节。

(3)水位流量关系曲线法

当桥位上下游两水文站之间无较大支流汇入，两站相同观测年份的最大洪峰流量大致成比例关系时，则可绘出两站的$H_1=f(H_2)$、$Q_1=f(Q_2)$关系曲线，相互补充缺测资料，进行插补延长。

(4)过程线叠加法

当两支流上有较长的观测系列，合流后实测资料系列短，则可利用两支流过程线叠加法，插补延长合流后的流量。洪水传播时间t按下式计算：

$$t = \frac{L}{v_s} \tag{4-2-8}$$

式中：L——洪水传播距离(m)；

v_s——洪水传播速度(m/s)，根据实测资料选其出现次数最多者。

第三节　缺乏流量观测资料时设计流量的推算

当桥位上下游无水文站观测资料或观测年数太少时，不能得到可靠的统计参数，必须利用洪水调查资料和其他间接的或经验性的资料推算设计流量。

其方法主要有两种：一种是根据洪水调查资料、地区经验资料确定皮尔逊 III 曲线的 3 个统计参数，推算设计流量；一种是根据所在地区水利部门资料制定的经验公式或图表资料，来推算设计流量。一般来说，这些方法计算的结果比较粗略，实际应用时，宜采用多种方法计算，经过分析比较，特别是与洪水调查资料相比较，最后选择一个比较合理的数值。

一、根据历史洪水调查资料和少量观测资料推算设计流量

在缺乏流量观测资料的情况下，洪水调查资料特别重要。

当桥位附近水文站插补延长后有 10 年左右的观测资料，同时又有历史洪水调查资料时，可采用适线法确定 3 个统计参数。一般根据 10 年左右的观测资料求得的平均流量 $\overline{Q}$ 较其他间接法求得的平均流量会准确一些。

若仅有 3～5 个调查历史洪水资料，调查期较长，则可利用海森几率格纸点绘经验频率曲线上半部，适当外延读出设计流量值。

二、根据全国水文分区经验公式确定设计流量

1979 年 4 月，在原交通部公路规划设计院主持下，有 28 个省交通厅和 3 个部属设计院，根据全国 1 785 个水文站，34 041 站年的观测资料，2 198 站年的历史洪水调查资料，制定了“我国公路大中桥流量经验公式汇总报告”。报告中把全国分为 111 个分区，分区图见图 4-3-1。

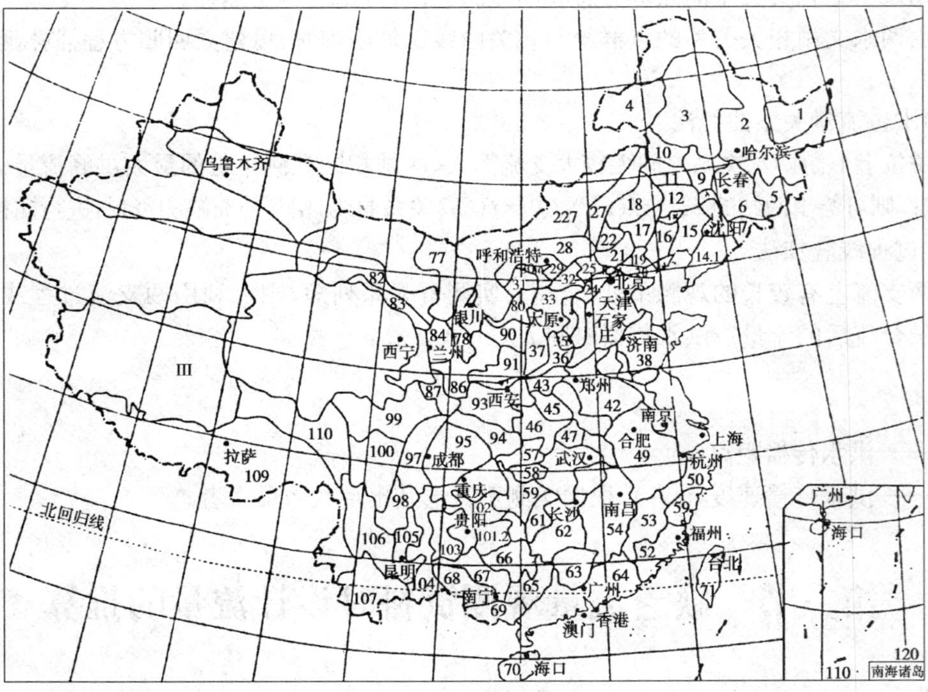

图 4-3-1　公路大中桥流量经验公式分区

每个分区的平均流量 $\overline{Q}$ 和频率为 $P=2\%$ 的洪水流量经验公式 $\overline{Q}=CF^{n}$、$Q_{2\%}=KF^{n_1}$ 的系数 C、K 和指数 n、n_1，各分区的 C_v 值和 C_s/C_v 值等都列表给出(表 4-3-1～表 4-3-3)。

全国水文分区流量计算参数表 表 4-3-1

分区编号	分区名称	$\overline{Q}=CF^{n}$				$Q_{2\%}=KF^{n_1}$				$\frac{Q_{1\%}}{Q_{2\%}}$	公式使用说明
		C	n	误差(%)		K	n_1	误差(%)			
				平均	最大			平均	最大		
1	三江平原区	1.67	0.65			8.24	0.65	11	30.5	1.17	
2	大小兴安岭地区	2.14～3.00	0.65			7.0～17.3	0.65	21.5	59	1.17	$C=2.14$ 为三江口以上黑龙江流域各支流(我方一侧)及汤旺河流域，$C=3.00$ 为拉河流域；其他流域 $C=2.51$； $K=7.00$ 适用于三江口以上黑龙江流域各支流；$K=10$ 适用于穆棱河、芬河、蚂蚁河、汤旺河及该区范围内松花江沿岸各支流，$K=17.3$ 适用于拉林河、呼兰河水系
3	嫩江流域区	0.38	0.80			1.09～2.6	0.80	18.7	49.4	1.17	$K=1.09$ 适用于嫩江县以上各支流； $K=1.47$ 适用于嫩江县以下各支流(讷谟尔、乌裕尔水系除外)； $K=2.60$ 适用于讷谟尔、乌裕尔水系
4	海拉尔河上游区	0.71	0.65			2.13	0.65	16.5	32	1.10	
5	图、牡、绥区	0.33	0.88	36	145	2.00	0.86	39	187	1.09	
6	二松、拉区	0.46	0.88	40	166	8.00	0.74	33	108	1.10	
7	鸭绿江区	1.04	0.85	23	51	2.90	0.93	19	57	1.08	
8	东辽河区	5.64	0.45	34	71	48.00	0.45	46	83	1.12	
9	松嫩平原区										
10	洮蛟山丘陵区	2.50	0.49	40	136	47.00	0.40	25	67	1.08	
11	霍内上游区										缺观测资料
12	西辽河下游区										缺观测资料
13	辽东北部区	0.97	0.84	13.1	29.4	10.10	0.75	21.8	38.7	1.17～1.31	采用等值线
14	辽东及沿海山丘区	7.40	0.70	22.9	62.9	33.70	0.68	16.6	45.9	1.13～1.28	采用等值线
15	辽河平原区	4.87	0.68	17.8	36.3	10.90	0.75	21.1	43.3	1.09～1.22	采用等值线
16	辽西丘陵区	6.80	0.65	17.1	55.0	16.5	0.72	15.7	37.5	1.16～1.30	采用等值线

续上表

分区编号	分区名称	$\overline{Q}=CF^n$				$Q_{2\%}=KF^{n_1}$				$\frac{Q_{1\%}}{Q_{2\%}}$	公式使用说明
		C	n	误差(%)		K	n_1	误差(%)			
				平均	最大			平均	最大		
17	辽西山丘区	3.40	0.65	16.1	39.7	52.00	0.50	28.3	59.5	1.09～1.33	采用等值线
18	辽西风沙区	0.16	0.84	13.3	34.8	4.10	0.61	91.2	46.2	1.12～1.27	采用等值线
18′	辽河丘陵区	5.88	0.61	8	12	4.50	0.91	3	5	1.09	
19	辽河深山区	9.60	0.60	19	54	57.00	0.60	30	74	1.22	
20	沿海丘陵区	3.10	0.85	16	70	15.00	0.85	23	77	1.21	
21	辽东浅山区	5.90	0.55	25	77	24.00	0.55	24	116	1.25	
22	北部高原区	0.30	0.60	45	75	1.00	0.60	55	128	1.23	
23											
24	太行山北部区	11.6	0.60	25	69	66.70	0.60	18	68	1.27	
25	坝下山区	3.26	0.60	15	33	13.80	0.60	9.2	15	1.20	
26	太行山南部区	10.90	0.55	27	92	66.70	0.55	27	108	1.26	
27	东北部草原丘陵区	0.184	0.50	16.4	21	1.00	0.50	21.2	28.3	1.24	
27′	无资料										
28	内陆河草原丘陵区	2.52	0.60	34.3	152	12.00	0.60	39.3	124	1.24	百灵庙站按本区之亚区考虑,$C=0.95$,$K=5.82$,$n=0.60$,$n_1=0.60$
29	大青山、蛮汉山、土石山丘陵区(北)	4.45	0.60	9.9	18.2	23.44	0.60	13.1	27.3	1.25	
30	大青山、蛮汉山、土石山丘陵区(南)	14.5	0.50	6.6	18.5	88.40	0.45	16.8	29.2	1.21	
31	黄河流域黄土丘陵沙丘区	5.76	0.75	16.1	30	37.64	0.70	6.8	15.6	1.22	
32	晋北(I)(雁北地区)	8.33	0.50	13	25	60.94	0.45	14	23	1.23	系中线数值,上限为C、K乘1.3,下限为C、K乘0.7。上限一般在植被很差,光土石山区采用;下限一般在植被好,森林面积大,汇水面积大的平原区采用
33	晋中(II)	5.59	0.60	21	41	16.18	0.66	16	49	1.23	
34	晋东南(III)	8.12	0.50	20	34	38.57	0.50	19	42	1.26	

续上表

分区编号	分区名称	$\overline{Q}=CF^n$				$Q_{2\%}=KF^{n_1}$				$\frac{Q_{1\%}}{Q_{2\%}}$	公式使用说明
		C	n	误差(%)		K	n_1	误差(%)			
				平均	最大			平均	最大		
35	晋东南(特)(III$_1$)(浊漳河水系)	53.22	0.35	5	8	111.50	0.43	14	27	1.16	
36	同34区										
37	晋西南(IV)	10.79	0.60	24	40	85.83	0.50	19	42	1.22	
38	鲁山区	19.00	0.60	15.6	46.1	66.83	0.60	17.6	52.9	1.18	$C_v=0.9018/F^{0.00062}$
39	苏鲁丘陵区	0.33	1.00	20.4	39.8	7.15	1.00	40	93.5	1.16	苏鲁丘陵区 $Q_{2\%}=1.09F$，精度差不采用
40											
41	苏西地区	4.04	0.71	14.2	27.4	11.14	0.75	12.2	24.5	1.20	
42	淮河平原区	0.47	0.80	15	39	7.65	0.63	17	51	1.15	包括洪、汝、沙、颍、沱、惠济、贾鲁河
43	黄河流域区	2.35	0.73	20	67	7.30	0.78	19	34	1.20	包括伊、洛、漭、沁、济河
44	淮河山丘区	51.00	0.45	19	46	145.00	0.48	28	99	1.18	包括淮河、竹竿、潢、狮、史、史灌、白露河及洪、汝、沙、颍河上游
45	长江流域区	8.85	0.65	23	36	58.00	0.57	20	56	1.19	包括丹江、唐、白河水系
46	南、堵、蛮、沮漳、黄柏河区	1.35	0.86	18.9	34.1	19.07	0.69	15.1	31.7		
47	汉北区	24.00	0.51	14.8	35	111.00	0.46	13.3	20.8		
48	滠、举、巴、倒蕲、浠水	17.50	0.59	16	34.2	141.70	0.48	10.3	29.9		
49	皖、浙、赣山丘区	$0.26H_{24}^{1.5}\times10^{-2}$	0.85	15	45	$0.88H_{24}^{2}\times10^{-3}$	0.85	18.7	52	1.08～1.23	(一)本区分 $F<3000\text{km}^2$ 及 $F>3000\text{km}^2$ 统计，调节参数 H_{24} 指数相同，F 指数不同；(二)$F<3000\text{km}^2$ 时，$\overline{Q}$ 中 C 值变幅分中上限 0.29～0.37，安徽省大别山区用上限，其他地区用中限；(三)$F>3000\text{km}^2$ 时，$Q_{2\%}$ 中 K 值变幅为 0.62～1.1，安徽大别山区用 1.1，其他地区用 0.85
		$0.3H_{24}^{1.5}\times10^{-1}$	0.54	18	39	$6.8H_{24}^{2}\times10^{-3}$	0.52	23.5	44.4	1.06～1.14	

续上表

分区编号	分区名称	$\overline{Q}=CF^{n}$				$Q_{2\%}=KF^{n_1}$				$\frac{Q_{1\%}}{Q_{2\%}}$	公式使用说明
		C	n	误差(%)		K	n_1	误差(%)			
				平均	最大			平均	最大		
50	瓯江、椒江、奉化江、曹娥江水系	$652H_{24}\times10^{-2}$ $13.9H_{24}\times10^{-2}$	0.76 0.68	10.1	33	$0.35H_{24}$ $1.56H_{24}$	0.66 0.50	12.5	32.2	1.15	(一)本区分 $F<3\ 000\text{km}^2$ 及 $F>3\ 000\text{km}^2$ 统计,调节参数 H 指数相同,F 指数不同; (二)$F<3\ 000\text{km}^2$ 时,$\overline{Q}$ 中 C 值为 6.52,$Q_{2\%}$ 中 K 值为 0.35,用于沿海台风区及风陆海雨区; (三)$F>3\ 000\text{km}^2$ 时,$\overline{Q}$ 中 C 值为 13.9,$Q_{2\%}$ 中 K 值为 1.56,用于过渡区
51	闽、浙沿海台风雨区	$(1.15\sim1.33)H_{24}^{1.4}\times10^{-2}$	0.75	7.6	14.4	$3.74H_{24}^{1.4}\times10^{-2}$	0.75	10.2	25.1	1.15	浙江省水系: $C=1.15H_{24}^{1.4}\times10^{-2}$; 福建省水系: $C=1.35H_{24}^{1.4}\times10^{-2}$
52	福建沿海台风区	$6.7H_{24}^{1.6}\times10^{-3}$	0.65	12.5	28.7	$17.2H_{24}^{1.4}\times10^{-3}$	0.65	15.5	42.3 23	1.14 1.23	九江水系: $C=6.6H_{24}^{1.6}\times10^{-3}$; 其余水系: $C=7.2H_{24}^{1.6}\times10^{-3}$, $K=5.5H_{24}^{1.4}\times10^{-2}$
53	福建内陆锋面雨区	$2.7H_{24}^{1.6}\times10^{-3}$	0.75	8.8	26.9	$6.22H_{24}^{1.3}\times10^{-3}$	0.75	13.0	40.6	1.14	建溪水系: $C=3.1H_{24}^{1.6}\times10^{-3}$, $K=6.0H_{24}^{1.3}\times10^{-2}$; 沙溪水系: $C=2.6H_{24}^{1.6}\times10^{-3}$, $K=5.2H_{24}^{1.3}\times10^{-2}$; 其余水系: $C=2.7H_{24}^{1.6}\times10^{-3}$, $K=5.5H_{24}^{1.3}\times10^{-2}$
54	赣江区	5.4	0.70	9.4	23.1	25.3	0.61	16.7	28.4	1.12	
55	金、富、陆、修水区	4.85	0.77	10.3	36.2	19.0	0.72	9.6	20.2		
56	湖区										
57	清江三峡区	4.30	0.77	13.6	26.8	24.50	0.66	14.0	33.9		

续上表

分区编号	分区名称	$\overline{Q}=CF^{n}$				$Q_{2\%}=KF^{n_1}$				$\frac{Q_{1\%}}{Q_{2\%}}$	公式使用说明
		C	n	误差(%)		K	n_1	误差(%)			
				平均	最大			平均	最大		
58	澧水流域区	11.44	0.71	13.2	43.0	45.20	0.63	11.5	28.2	1.10	除63区外,包括沅水干支流地区藏江、黔域等以上地段的沅水支流及渠水、巫水上游地区
59	沅水中下游区	6.76	0.72	14.1	35	23.09	0.68	15.9	36.6	1.20	
60	沅水上游区	2.47	0.78	12.1	30.2	7.91	0.75	13.1	31.7	1.14	
61	资水流域区	11.95	0.62	8.2	22.1	31.59	0.59	12.6	24.9	1.10	
62	湘江流域区	2.77	0.78	13.2	32.4	7.23	0.75	16.9	48.2	1.10	
63	内陆区	0.004 6 $H_{24}^{1.6}$	0.65	6.5	−18	0.024 $H_{24}^{1.6}$	0.55	9.5	−27	1.13	
64	沿海区	0.003 3 $H_{24}^{1.6}$	0.65	10.5	26	0.016 6 $H_{24}^{1.6}$	0.55	12.3	29	1.13	
65	郁江、贺江区	7.92	0.70	14.8	57	55	0.55	12.7	57	1.12	
66	柳江、桂江区	22.50	0.60	16.4	54	52.8	0.60	24.3	66	1.13	
67	红水河区	8.20	0.60	18.2	39	45.00	0.50	21.6	49	1.14	
68	左右江区	3.30	0.70	14.4	27	12.00	0.64	10.6	17	1.15	
69	沿海区	13.51	0.60	20.9	40	78.00	0.50	19.1	28	1.15	防域河流域C值采用58.1,K值采用284
70	海南岛区(西北区),海南岛区(东区)	0.005 9 $H_{24}^{1.6}$	0.65	11.4	−36	149.00	0.55	18.6	41	1.17	
71	台湾省										
72	阿尔泰区	0.39～0.73	0.80	22	44	1.16～2.14	0.75	14	33	1.11	额尔齐期主流 $C=0.18$,$K=0.69$
73	伊犁区	0.31～0.58	0.75	28	75	0.54～1.00	0.75	20	58	1.09	
74	天山北坡区	0.27～0.50	0.80	45	129	0.82～1.52	0.80	39	78	1.17	
75	天山南坡区	1.66～2.84	0.60	20	63	7.13～13.25	0.53	30	88	1.13	开都河水系 $C=1.0$,$K=4.23～7.13$
76	昆仑山北坡区	0.28～0.52	0.80	20	58	2.97、1.60	0.80	25	53	1.15	和田地区 $C=1.12～2.08$,喀什地区 $K=2.08～3.86$
77	阿左旗荒漠区										缺资料

续上表

分区编号	分区名称	$\overline{Q}=CF^{n}$				$Q_{2\%}=KF^{n_1}$				$\frac{Q_{1\%}}{Q_{2\%}}$	公式使用说明
		C	n	误差(%)		K	n_1	误差(%)			
				平均	最大			平均	最大		
78	贺兰山、六盘山区	5.20 上限 8.00 下限 3.60	0.60	25.4	77.5	23.00 上限 34.00 下限 16.00	0.60	25.9	104	1.25	固原东部茹河水系、贺兰山北段用上限，西吉、泾源、香山地区用下限
79	吴忠盐池区	2.20	0.60	21.6	61.8	5.5	0.60	33.4	119	1.20	红柳沟上游、苦水河上游用上限，苦水河下游盐池内陆河用下限
80	河西走廊北部荒漠区										无资料地区
81	河西走廊西区	0.010 0.014 0.001 8	0.90	24	52	0.042 0.060 0.078	0.90	25	75	1.23	
82	河西走廊东区	0.049 0.070 0.091	0.90	15	33	0.390 0.555 0.720	0.85	21	50	1.26	荒漠边缘区 $C=0.03$ $n_1=0.90$ $K=0.19$ $n'_1=0.85$
83	祁连山区	0.810 1.15 1.49	0.67	22	56	14.29 20.46 26.62	0.45	18	43	1.23	
84	中部干旱区	0.485 0.690 0.890	0.75	26	138	10.94～15.49	0.55	21	97	1.21	
85	黄河上游区	0.060 0.850 0.110	0.90	15	32	1.29 1.84 2.38	0.71	20	99	1.18	大峪沟、冶木河、广通河 $C=0.24$，$n=0.90$，$K=2.38$，$n_1=0.71$
86	陇东、泾、渭、汉区	2.89 4.10 5.30	0.64	26	67	22.26～44.65	0.55	28	72	1.23	
87	陇南白龙江区	0.210 0.300 0.390	0.82	24	116	0.94～1.55	0.77	19	45	1.14	
88-I	黄河上游区	0.07	0.88			0.51	0.76			1.11	
88-II	湟河、大通河区	1.43	0.62			11.76	0.49			1.14	

续上表

分区编号	分区名称	$\overline{Q}=CF^n$				$Q_{2\%}=KF^{n_1}$				$\frac{Q_{1\%}}{Q_{2\%}}$	公式使用说明
		C	n	误差(%)		K	n_1	误差(%)			
				平均	最大			平均	最大		
88-Ⅲ	青海湖区	4.54	0.48			17.25	0.42			1.22	
88-Ⅳ	柴达木地区	0.25	0.69			0.77	0.68			1.16	
88-Ⅴ	玉树区	0.50	0.70			0.79	0.74			1.13	
88-Ⅵ	祁连山区	0.59	0.74			4.91	0.63			1.19	
89	陕北窟野河区	48.5	0.48	19.8	53.7	320.00	0.45	14.4	42.0	1.20	
90	陕北大理河、延河区	6.10	0.65	23.3	42.1	13.80	0.72	17.3	40.5	1.18	
91	渭河北岸泾、洛、渭区	2.80	0.64	14.4	26.7	31.20	0.53	12.0	34.0	1.30	
92	渭河南岸秦岭北麓区	1.90	0.83	17.3	51.6	3.69	0.92	13.9	47.1	1.10	
93	陕南秦岭区	3.50	0.76	13.9	45.0	15.90	0.70	12.0	47.0	1.10	
94	大巴山暴雨区	5.77	0.80	22.9	44.4	25.40	0.73	18.5	41.6		
95	东部盆地丘陵区	4.80	0.73	19.0	53.4	11.22	0.73	14.1	36.7		
96	长江南岸深丘区	5.32	0.73	14.9	38.4	10.70	0.74	20.7	49.9		
97	青衣江、鹿头山暴雨区	17.20	0.64	22.9	61.6	23.62	0.69	19.8	54.6		
98	安宁河区	3.92	0.68	17.4	45.4	9.10	0.66	23.7	40.8		
99	川西北高原干旱区	54.00	0.32	14.1	38.0	74.00	0.38	25.1	42.8		
100	金沙江及雅砻江下游区	1.55	0.69	18.4	41.0	6.60	0.59	19.7	50.1		
101	贵州东南部多雨区	高 8.00 中 6.43 低 5.23	0.70	17.14	26.5	55.70 42.80 33.80	0.60	13.3	22.0	1.20	黔东北锦江、松桃江，黔东南都柳江、樟江可用高值；清水河各支流及干流下游段可用中值；清水河中游及六洞河可用低值；雷公山、梵净山地区用高值

续上表

分区编号	分区名称	$\overline{Q}=CF^{n}$				$Q_{2\%}=KF^{n_1}$				$\frac{Q_{1\%}}{Q_{2\%}}$	公式使用说明
		C	n	误差(%)		K	n_1	误差(%)			
				平均	最大			平均	最大		
102	贵州中部过渡区	高 6.12 中 4.61 低 3.65	0.70	13.33	27.2	39.80 29.10 21.10	0.60	18.2	45.1	1.20	乌江支流、青永江中下游、石阡河西江水系的六洞河可用高值;乌江中下游干支流,西江水系的平扩河,濛江以及赤水河下游、沅阳河上游采用中值;赤水河中上游以及沅阳河中下游采用低值
103	贵州西部少雨区	高 3.88 中 3.01 低 2.38	0.70	14.48	29.8	21.10 17.30 13.10	0.60	13.6	62.3	1.20	北盘江下游用高值;北盘山中上游六冲河、乌江鸭池河至乌江渡干河北岸各支流用中值;三岔河上游、南盘江贵州境内干支流及威宁、华节、赫章等地区用低值
104	滇东区	3.60	0.60	21.8	109	1.80	0.80	32.1	117	1.14	$C=2.9\sim4.5$,$K=1.45\sim2.5$; 按云南省增划的副区使用,以利提高精度(资料另详)
105	滇中区	1.20	0.70	25.5	52	3.00	0.65	44.9	135	1.12	$C=0.95\sim1.54$,$K=2.55\sim4.5$; 按云南省增划的副区使用,以利提高精度(资料另详)
106	滇西北区	0.80	0.80	23.6	89	7.50	0.65	27.5	83	1.17	$C=0.6\sim1.04$,$K=5.6\sim11.2$; 按云南省增划的副区使用,以利提高精度(资料另详)
107	滇南区	1.23	0.83	19.3	40	6.40	0.75	24.2	58	1.13	$C=1.0\sim1.6$,$K=4.8\sim8.45$; 按云南省增划的副区使用,以利提高精度(资料另详)
108	滇西区	3.30	0.70	20.6	50	6.90	0.70	31.7	67	1.10	$C=2.64\sim4.2$,$K=5.2\sim9.6$; 按云南省增划的副区使用,以利提高精度
109	西藏高原湖泊区										无资料
110	西藏东部区	0.09	0.95	7.4	19.8	0.50	0.85	7.0	14.6	1.08	参见有关资料
111	雅鲁藏布江区	0.77	0.75	15.1	37.4	1.40	0.75	9.6	28.3	1.09	参见有关资料

全国水文分区 C_v 值　　表 4-3-2

分区编号	分区名称	流域面积（km^2）							
		100	250	500	1 000	5 000	10 000	25 000	50 000
1	三江平原区	采用等值线							
2	大小兴安岭地区	采用等值线							
3	嫩江流域区	采用等值线							
4	海拉尔河上游区	采用等值线							
5	图、牡、绥区	1.55	1.40	1.30	1.20	1.01	0.94	0.85	0.80
6	二松、拉区	1.31	1.22	1.17	1.11	0.99	0.94	0.88	0.83
7	鸭绿江区	1.08	1.05	1.02	1.00	0.95	0.92	0.90	0.87
8	东辽河区	1.25	1.22	1.20	1.19	1.14			
9	松嫩平原	缺观测资料							
10	洮蛟山丘陵区	1.73	1.61	1.52	1.43	1.26	1.19	1.10	1.04
11	霍内上游区	缺观测资料							
12	西辽河下游区	缺观测资料							
13	辽东北部山区	采用等值线							
14	辽东及沿海山丘区	采用等值线							
15	辽河平原区	采用等值线							
16	辽西丘陵区	采用等值线							
17	辽西山丘区	采用等值线							
18	辽西风沙区	采用等值线							
18′	辽河丘陵区		1.06	1.00	0.94	0.82			
19	辽河深山区	采用等值线							
20	沿海丘陵区	采用等值线							
21	辽河浅山区	采用等值线							
22	北部高原区	采用等值线							
23		采用等值线							
24	太行山北部区	采用等值线							
25	坝下山区	采用等值线							
26	太行山南部区	采用等值线							
27	东北部草原丘陵区	1.30	1.26	1.24	1.20	1.12	1.10		
28	内陆河草原丘陵区	1.42	1.37	1.32	1.28	1.20	1.16		
29	大清山、蛮汗山、土石山丘陵区（北）	1.60	1.52	1.47	1.44	1.37	1.32		
30	大清山、蛮汗山、土石山丘陵区（南）	1.40	1.25	1.15	1.07	0.88	0.80		

续上表

分区编号	分区名称	流域面积(km^2)							
		100	250	500	1 000	5 000	10 000	25 000	50 000
31	黄河流域黄土丘陵沙丘区	1.40	1.30	1.20	1.13	0.95	0.90		
32	晋北(I)(雁北地区)	1.40	1.40	1.40	1.35	1.14	1.04	0.92	
33	晋中(II)区	1.40	1.30	1.22	1.16	1.00	0.94	0.88	
34	晋东南(III)区	1.22	1.18	1.16	1.12	1.06	1.03	1.00	
35	晋东南(特)(III_1)(浊漳河水系)	1.05	1.05	1.05	1.05	1.05	1.05	1.05	
36	同34区								
37	晋西南(IV)	1.32	1.22	1.17	1.12	1.00	0.96	0.90	
38	鲁山区	$C_v=0.901\,8/F^{0.006\,2}$							
39	苏鲁丘陵区	采用等值线							
40									
41	苏西地区								
42	淮河平原区	采用等值线							
43	黄河流域区	采用等值线							
44	淮河山丘区	采用等值线							
45	长江流域区	采用等值线							
46	南、堵、蛮、沮漳、黄柏河区	$F\leqslant300$ $C_v=1.02$		$F>300$ $C_v=3.84\times F^{-0.64}$					
47	汉北区	$C_v=1.7\times F^{-0.115}$							
48	滠、举、巴、倒蕲、浠水	$F\leqslant560$ $C_v=1.12$		$F>560$ $C_v=5.68\times F^{-0.29}$					
49	皖、浙、赣山丘区	$C_v=2.9\times F^{-0.2}$							
50	瓯江、椒江、奉化江、曹娥江水系	$C_v=2.15/F^{0.08}$							
51	闽、浙沿海台风雨区	0.76	0.71	0.67	0.63	0.54			
52	福建沿海台风雨区	0.60	0.57	0.55	0.53	0.48	0.46	0.44	
53	福建内陆锋面雨区	0.60	0.54	0.51	0.48	0.40	0.37	0.34	(0.32)
54	赣江区	0.80	0.71	0.65	0.58	0.47	0.43	0.38	0.34
55	金、富、陆、修水区	$C_v=0.94F^{-0.06}$							
56	湖区								

续上表

分区编号	分区名称	流域面积(km^2)							
		100	250	500	1 000	5 000	10 000	25 000	50 000
57	清江三峡区	$C_v=2.4F^{-0.2}$							
58	澧水流域区		0.70	0.50	0.43	0.38	0.34	0.34	
59	沅水中下游区		0.70	0.64	0.60	0.56	0.54	0.51	0.35
60	沅水上游区		0.70	0.64	0.60	0.56	0.54	0.51	0.35
61	资水流域区				0.60	0.40	0.40	0.40	
62	湘江流域区		0.59	0.55	0.53	0.45	0.45	0.43	0.36
63	内陆区	0.72	0.64	0.58	0.53	0.44	0.40		
64	沿海区	0.72	0.64	0.58	0.53	0.44	0.40		
65	郁江、贺江区	0.80	0.71	0.64	0.58	0.46	0.42		
66	柳江、桂江区	0.80	0.71	0.64	0.58	0.46	0.42		
67	红水河区	0.80	0.71	0.64	0.58	0.46	0.42		
68	左右江区	0.85	0.78	0.71	0.66	0.52	0.47		
69	沿海区	0.85	0.78	0.71	0.66	0.52	0.47		
70	海南岛区(西北区)	0.72	0.64	0.58	0.53	0.44	0.40		
	海南岛区(东区)	0.88	0.85	0.83	0.80	0.76	0.74		
71	台湾省								
72	阿尔泰区	采用等值线							
73	伊犁区	采用等值线							
74	天山北坡区	采用等值线							
75	天山南坡区	采用等值线							
76	昆仑山北坡区	采用等值线							
77	阿左旗荒漠区								
78	贺兰山、六盘山区	1.20	1.10	1.04	0.98	0.84	0.78		
79	吴忠盐池区	1.20	1.10	1.04	0.98	0.84	0.78		
80	河西走廊北部荒漠区								
81	河西走廊西区	采用等值线							
82	河西走廊东区	采用等值线							
83	祁连山区	采用等值线							
84	中部干旱区	采用等值线							
85	黄河上游区	采用等值线							
86	陇东、泾、渭、汉区	采用等值线							
87	陇南白龙江区	采用等值线							
88-I	黄河上游区	$C_v=3.51F^{-0.21}$							

续上表

分区编号	分区名称	流域面积(km²)							
		100	250	500	1 000	5 000	10 000	25 000	50 000
88-II	湟河、大通河区	$C_v=3.10F^{-0.21}$							
88-III	青海湖区	$C_v=1.68F^{-0.14}$							
88-IV	柴达木地区								
88-V	玉树区	$C_v=0.11F$							
88-VI	祁连山区								
89	陕北窟野河区	1.55	1.45	1.30	1.23	1.06	1.00	0.92	0.86
90	陕北大理河、延河区	1.55	1.45	1.30	1.23	1.06	1.00	0.92	0.86
91	渭河北岸泾、洛、渭区	1.52	1.42	1.31	1.24	1.09	1.03	0.97	0.92
92	渭河南岸秦岭北麓区	0.92	0.87	0.81	0.76	0.67	0.64	0.59	0.56
93	陕西山岭区	1.52	1.42	1.31	1.24	1.09	1.03	0.97	0.92
94	大巴山暴雨区		0.72	0.68	0.62	0.52	0.48		
95	东部盆地丘陵区	0.81	0.72	0.66	0.62	0.51	0.47		
96	长江南岸深丘区		0.70	0.63	0.57	0.45	0.41		
97	青衣江、鹿头山暴雨区		0.38～0.80	0.34～0.72	0.32～0.64	0.25～0.52	0.22～0.45		
98	安宁河区	0.75～1.85	0.56～1.20	0.46～0.88	0.36～0.64	0.25～0.30	0.18～0.22		
99	川西北高原干旱区		0.57	0.52	0.49	0.41	0.38	0.34	
100	金沙江及雅砻江下游区	0.69～1.50	0.52～1.10	0.42～0.92	0.34～0.76	0.21～0.47	0.18～0.38		
101	贵州东南部多雨区	采用等值线							
102	贵州中部过渡区	采用等值线							
103	贵州西部少雨区	采用等值线							
104	滇东区	采用等值线							
105	滇中区	采用等值线							
106	滇西北区	采用等值线							
107	滇南区	采用等值线							
108	滇西区	采用等值线							
109	西藏高原湖泊区	采用等值线							
110	西藏东部区	采用等值线							
111	雅鲁藏布江区	采用等值线							

全国水文分区 C_s/C_v 经验关系表　　表 4-3-3

分区	分区名称	C_s/C_v 的经验关系	分区	分区名称	C_s/C_v 的经验关系
1	三江平原区	2.5	29	大清山、蛮汗山、土石山丘陵区(北)	2.5
2	大小兴安岭地区	2.5	30	大清山、蛮汗山、土石山丘陵区(南)	2.5
3	嫩江流域区	2.0	31	黄河流域黄土丘陵沙丘区	2.5
4	海拉尔河上游区	2.0	32	晋北(I)(雁北地区)	
5	图、牡、绥区	2.5	33	晋中(II)区	3
6	二松、拉区	2.5	34	晋东南(III)区	3
7	鸭绿江区	2.5	35	晋东南特(III_1)区(浊漳河水系)	3
8	东辽河区	3.0	36	同 34 区	3
9	松嫩平原区	无观测资料	37	晋西南 IV 区	3
10	洮蛟山丘陵区	1.5	38	鲁山区	2.5
11	霍内上游区		39	苏鲁丘陵区	2
12	西辽河下游区		40		
13	辽东北部山区	3	41	苏西地区	3
14	辽东及沿海山丘区	3	42	淮河平原区	2
15	辽河平原区	2.5	43	黄河流域区	2
16	辽西丘陵区	3	44	淮河山丘区	2.5
17	辽西山丘区	3	45	长江流域区	2.5
18	辽西风沙区	3	46	南、堵、蛮、沮漳、黄柏河区	3.5、2.5
18′	辽河丘陵区	1.5	47	汉北区	2.5
19	辽河深山区	2.5	48	滠、举、巴、倒蕲、浠水	3.5、2.0
20	沿海丘陵区	2	49	皖、浙、赣山丘区(1)	2.0～3.5
21	辽东浅山区	2.5	49′	皖、浙、赣山丘区(2)	2.0～3.5
22	北部高原区	3	50	瓯江、椒江、奉化江、曹娥江水系	2.0～3.5
23			51	闽、浙沿海台风雨区	2.0～3.0
24	太行山北部区	2.5	52	福建沿海台风雨区	3
25	坝下山区	2.5	53	福建内陆锋面雨区	3.5
26	太行山南部区	2.5	54	赣江区	3
27	东北部草原丘陵区	3.5	55	金、富、陆、修水区	2.5
28	内陆河草原丘陵区	2.5	56	湖区	

续上表

分区	分区名称	C_s/C_v 的经验关系	分区	分区名称	C_s/C_v 的经验关系
57	清江三峡区	2.5、3.5	85	黄河上游区	3
58	澧水流域区	2.0	86	陇东、泾、渭、汉区	3
59	沅水中下游区	2.5	87	陇南白龙江区	3.5
60	沅水上游区	2.5	88	青海高原区	2～4,一般取 3
61	资江流域区	2	89	陕北窟野河区	3
62	湘江流域区	1	90	陕北大理河、延河区	
63	内陆区	3	91	渭河北岸泾、洛、渭区	2.5
64	沿海区	3	92	渭河南岸秦岭北麓区	3
65	郁江、贺江区	3	93	陕西山岭区	2
66	柳江、桂江区	3	94	大巴山暴雨区	2
67	红水河区	3	95	东部盆地丘陵区	2
68	左右江区	3	96	长江南岸深丘区	2.5
69	沿海区	3	97	青衣江、鹿头山暴雨区	2.5
70	海南岛区(西北区),海南岛区(东区)		98	安宁河区	2
71	台湾省		99	川西北高原干旱区	3
72	阿尔泰区	1.5	100	金沙江及雅砻江下游区	2
73	伊犁区	1.5	101	贵州东南部多雨区	3.5
74	天山北坡区	3.5	102	贵州中部过渡区	3.5
75	天山南坡区	3	103	贵州西部少雨区	3.5
76	昆仑山北坡区	3.5	104	滇东区	4
77	阿左旗荒漠区	3	105	滇中区	4
78	贺兰山、六盘山区	3	106	滇西北区	4
79	吴忠盐池区	3	107	滇南区	4
80	河西走廊北部荒漠区	—	108	滇西区	4
81	河西走廊西区	3.5	109	西藏高原湖泊区	4
82	河西走廊东区	3	110	西藏东部区	4
83	祁连山区	3.5	111	雅鲁藏布江区	4
84	中部干旱区	3			

分区流量公式仅适用于流域面积 F 小于 50 000km^2 的范围使用。首先在地图上勾绘出桥位以上流域面积 F，视流域大部分处于哪一分区中，就采用该分区公式；当 F 跨越两分区的面积大致相等时，则取两分区公式分别计算，并取其平均值。

经验公式的组合使用方法：

由分区平均流量 $\overline{Q}=CF^n$，C、n 值，C_v 值和 C_s/C_v 值，求算 $Q_{P\%}=\overline{Q}(1+C_v\Phi_P)$；

由分区 $Q_{2\%}=KF^{n_1}$ 中的 K 和 n_1 值，求出 $Q_{2\%}$；再由表 4-3-1 中 $Q_{1\%}/Q_{2\%}$ 的比值，得 $Q_{1\%}$ 值。

注意：1979 年制订该表时，大中桥的设计频率为 $Q_{2\%}$ 和 $Q_{1\%}$；但 1982 年后，高等级公路上的特大桥设计洪水频率为 0.33%。表中无法得到 $Q_{0.33\%}$ 值，则可由 $\overline{Q}$、C_v、C_v/C_s 值，查得 $\Phi_{0.33\%}$ 值，计算 $Q_{0.33\%}=\overline{Q}(1+C_v\Phi_{0.33\%})$。

[例 4-3-1]　欲求陕西省延安市延河某桥位 $Q_{2\%}$ 和 $Q_{1\%}$ 的设计流量。

解：从 1∶50 000 的地形图上，量得桥位以上流域面积 $F=3\,208$km^2；该流域面积全部处于全国第 90 区范围内。

(1)采用分区公式 $\overline{Q}=CF^n$，分区 C_v、C_v/C_s 和 $Q_{1\%}/Q_{2\%}$ 计算

查 90 区：　　$\overline{Q}=6.1F^{0.65}=6.1\times3\,208^{0.65}=1\,141(\text{m}^3/\text{s})$

查得 $C_v=1.1$，$C_s/C_v=3$，$Q_{1\%}/Q_{2\%}=1.18$。

$$Q_{2\%}=\overline{Q}(1+C_v\Phi_P)=1\,141\times(1+1.1\times4.15)=6\,350(\text{m}^3/\text{s})$$

$$Q_{1\%}=1.18\times6\,350=7\,493(\text{m}^3/\text{s})$$

(2)采用分区 $Q_{2\%}=KF^{n_1}$ 计算

查 90 区：

$$Q_{2\%}=13.8F^{0.72}=13.8\times3\,208^{0.72}=4\,617(\text{m}^3/\text{s})$$

$$Q_{1\%}=1.18\times4\,617=5\,448(\text{m}^3/\text{s})$$

三、根据水利部门编写的地区性《水文手册》等文献推算设计洪水流量

新中国成立 60 年来，我国各地水利部门搜集和整编了大量水文（暴雨、径流、洪水等）资料，各省、各地区大都编印出版了本地区的《水文手册》等文献，对该地区自然地理、气象、降雨、水系、洪水等各方面进行了整编分析，制定了该地区水文因素等值线图如 C_v 和 C_s/C_v 等图表、地区有关经验公式等多方面资料。这些资料较前述全国公路分区资料更切合当地的具体条件，是公路、桥梁勘察设计的重要参考资料。

四、根据特殊河段地形和建筑物的洪水位推算洪水流量

(1)当水文计算断面取在河槽束窄处卡口时，可根据上下游洪水位推算洪水流量，则

$$Q=A_2\sqrt{\frac{2g(H_1-H_2)}{\left(1-\frac{A_2^2}{A_1^2}\right)+\frac{2gLA_2^2}{K_1K_2}}} \tag{4-3-1}$$

式中：Q——流量（m^3/s）；

H_1、H_2——上游和下游水位（m）；

A_1、A_2——上游和下游过水面积（m^2）；

K_1、K_2——上游和下游过水断面的流量模数（m^3/s）；

L——上游和下游两断面间的距离（m）。

(2)取水文计算断面在变坡点断面,河底坡上游小于临界坡,下游大于临界坡,水文断面为临界水深。按临界流公式推算流量,由此向上推算水面线直至调查到的洪痕处,视二者是否相符。如不符应重新假定 h_x,重新推算至相符为止,即为所求的流量。临界流公式:

$$Q=\sqrt{\frac{gA_k^3}{B_k}} \tag{4-3-2}$$

(3)根据已建桥梁上下游洪水位差(水面高差 ΔH),由能量方程和连续性方程,计算洪水流量 Q:

$$Q=A_2\sqrt{2g\left(\Delta H+\frac{v_1^2}{2g}\right)-h_f} \tag{4-3-3}$$

(4)恒定非均匀流:洪水痕迹位于非均匀流河段(扩散河段或收缩河段),无条件用均匀流公式(谢才、满宁公式)来推算历史洪水流量,可采用下式计算:

$$Q=\overline{K}\sqrt{\frac{\Delta H}{L-\frac{1+\xi}{2g}\left(\frac{\overline{K}^2}{A_1^2}-\frac{\overline{K}^2}{A_2^2}\right)}} \tag{4-3-4}$$

式中:$\overline{K}$——上下游断面流量模量的均值(m^3/s);

A_1、A_2——上下游断面的有效过水面积(m^2);

ξ——局部水头损失系数,收缩河段 $\xi=0\sim0.1$,扩散河段 $\xi=0.3\sim0.5$,突然扩大河段 $\xi=0.5\sim1.0$;式中收缩河段用 $1+\xi$,扩散河段用 $1-\xi$;

L——上、下游断面间距(m)。

第四节　利用暴雨资料推算设计洪水流量

由暴雨资料推求洪水,有两类方法:一类是传统的经验方法,把计算过程分为两步,第一步由降雨过程扣除损失,求出净雨过程,称为产流;第二步由净雨过程推出洪水过程,称为汇流。另一类方法是用降雨径流流域模型,输入降雨和其他气象因子,直接输出洪水过程,应用电算来实现。

公路、铁路、城建、水利工程等小型建筑物如小桥、涵洞、排水系统等大都应用第一类方法推求设计洪水流量。20 世纪 60 年代和 80 年代原交通部先后制定和修正了公路桥涵小流域暴雨径流推理公式和经验公式,在全国普遍应用。

近年来,很多省、市、自治区交通系统制定了本地区分区较详细的小流域暴雨径流公式及其参数。鉴于气候及水文的地区性很强,建议尽量应用本地区交通、水利或市政部门的有关公式和参数计算小桥涵流量。这样,计算结果较全国分区更符合当地实际。

降雨经过植物截留、土壤入渗等损失扣除后,再填满流域坡面的坑洼,出现地面径流。降雨扣除各项损失后称为净雨。从降雨到净雨的过程称为产流过程。设计暴雨的频率采用与设计洪水频率相同,时段平均暴雨强度 i、历时 t 和暴雨强度 S_p 之间的关系,可用下式表示:

$$i = \frac{S_p}{t^n} \tag{4-4-1}$$

式中：S_p——$t=1$h 的暴雨强度，称雨力(mm/h)；

n——降雨递减指数。

湿润地区和干旱地区产流情况不同。湿润地区土壤含水率大，降雨只把地表通气层的缺水量蓄满，就产生地面径流；1973 年为新安江水库入库流量预报建立的降雨径流流域模型(新安江模型)就是适用于湿润地区和半湿润地区的流域模型。干旱地区土壤干燥，只有当降雨强度(雨强)超过下渗强度时，才出现地面径流；1966 年根据陕北子洲县径流试验站的资料建立的陕北模型，属于这种情况，大体可应用于黄土高原地区。前者称蓄满产流方式，后者称超渗产流方式。

降雨的全部损失用净雨量和降雨量的比值 Ψ 来表示，称为洪峰径流系数。

我国特大暴雨主要雨区的洪水径流系数见表 4-4-1。

我国特大暴雨主要雨区的洪水径流系数 Ψ 值　　表 4-4-1

暴雨名称	河　流	站　名	流域面积(km²)	面平均雨量		径流深(mm)	前期土壤含水情况	径流系数 Ψ
				历时	雨量(mm)			
沅江流域，1935 年 7 月(35.7)	澧水	三江口	14 500		660.2	589.6	处于平均情况，即 $P_a \approx I_m/2$	0.893
	清江	拌鱼咀	15 560		367.6	337.3		0.917
海河流域，1963 年 8 月(63.8)	界河	刘家台	174	3 日	725	594	邢台、邯郸地区接近平均情况，其他地区比平均情况偏小 50%	0.820
	槐河	马村	760		1 221	1 021		0.835
	泜河	临城水库	384		1 568	1 391		0.888
	小马河	马河水库	113		1 282	1 115		0.869
	渡口川	佐村水库	224		1 257	1 084		0.862
	沙河	朱庄	1 318		1 202	993		0.826
淮河上游林庄，1975 年 8 月(75.8)	洪河	板桥水库	762	3 日	1 028.5	915	干燥	0.890
	唐河	唐河站	4 772		498	378	平均情况	0.760
	唐河	郭滩站	7 591		397	307	湿润情况	0.773

坡面出现的径流，从流域各处汇集到流域出口河流断面的过程，称为汇流过程。影响汇流过程的主要因素是流域的大小、主河道长度 L(km)、河道的坡度 J、地形等流域的其他因素(用汇流参数 m 表示)。从流域最远点流到出口断面的时间称为汇流时间 τ(h)。

桥梁、涵洞和公路排水的设计流量是设计频率洪峰流量，可根据推理公式来计算。

一、水利科研院水文研究所的推理公式

公式的基本形式：

$$Q_P = K\Psi iF \tag{4-4-2}$$

式中：Q_P——频率为 P 的设计流量(m^3/s)；

K——单位换算系数 0.278；

i——平均雨强(mm/h)；

F——流域面积(km^2)；

Ψ——洪峰径流系数，为最大净雨量与降雨量之比，见表 4-4-1。

当降雨历时 $t=\tau, i=\frac{S_P}{\tau^n}$ 时，则

$$Q_P = 0.278\frac{\Psi S_P}{\tau^n}F \tag{4-4-3}$$

式(4-4-3)为水文研究所(1958 年)的设计洪峰流量计算式。式中共有 5 个参数，Ψ、S_P、τ、n、F。暴雨递减指数 n 可由各地区《水文手册》等值线图求得，流域面积 F 可从地形图量得。

1. 设计暴雨雨力计算

设计频率的雨力 S_P 广泛采用同频率的年最大 24h 雨量 $H_{24,P}$ 进行计算。

$$S_P = 24^{n-1}\cdot H_{24,P} \tag{4-4-4}$$

2. 流域汇流时间 τ(h)和径流系数 Ψ

根据瞬时降雨强度 i 等于平均入渗强度 μ 时为产流临界点，可导出产流历时 t_c(h)：

$$t_c = \left[(1-n)\frac{S_P}{\mu}\right]^{\frac{1}{n}} \tag{4-4-5}$$

$$\tau = 0.278\frac{L}{V_r}$$

若山区河道断面概化为三角形，令

$$V_r = mJ^{1/3}Q_P^{1/4}$$

则

$$\tau = 0.278\frac{L}{mJ^{1/3}Q_P^{1/4}} \tag{4-4-6}$$

式(4-4-3)和式(4-4-6)联立，得：

$$\tau = \tau_0\Psi^{-\frac{1}{4-n}} \tag{4-4-7}$$

式中：τ_0——$\Psi=1.0$ 时的汇流时间，

$$\tau_0 = \frac{0.278^{\frac{3}{4-n}}}{\left(\frac{mJ^{1/3}}{L}\right)^{\frac{4}{4-n}}(S_PF)^{\frac{1}{4-n}}} \tag{4-4-8}$$

当 $t_c>\tau$ 时：

$$\Psi = 1-\frac{\mu}{S_P}\tau^n \tag{4-4-9}$$

当 $t_c\leqslant\tau$ 时：

$$\Psi = \left[n\left(\frac{t_c}{\tau_0}\right)^{1-n}\right]^{\frac{4-n}{3}} \tag{4-4-10}$$

根据式(4-4-7)～式(4-4-10)制成诺谟图(图 4-4-1 和图 4-4-2)，查出 τ。

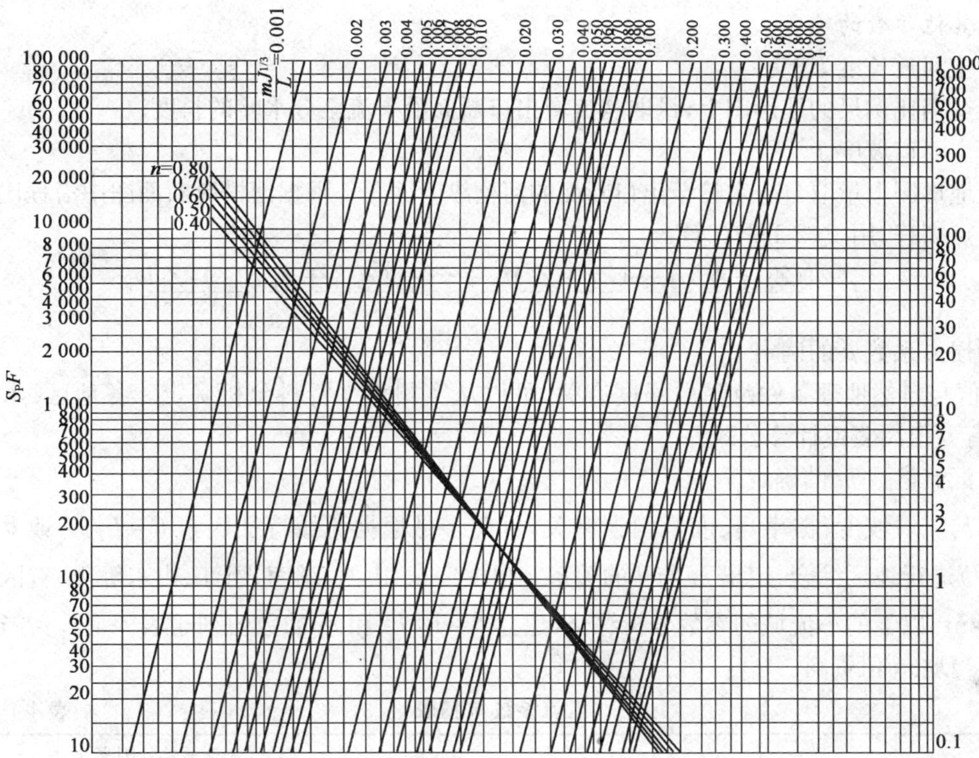

图 4-4-1　水文研究所推理公式 τ_0 值诺谟图

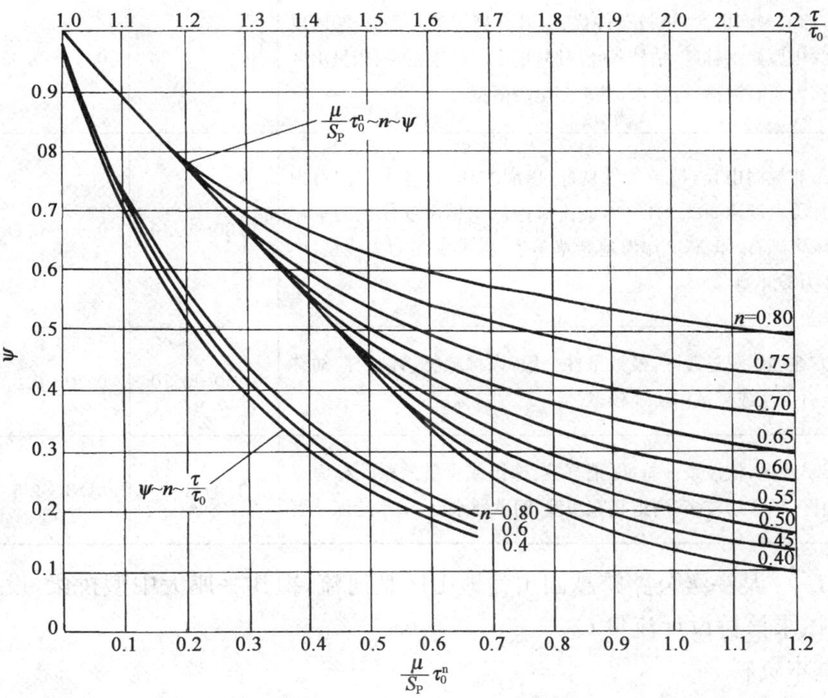

图 4-4-2　水文研究所推理公式 Ψ 和 τ/τ_0 诺谟图

3.其他参数的确定

1)主河道长度 L

在适当比例尺的地形图上,量取从流域出口断面沿干流至分水岭的长度。

2)主河道坡度 J

在地形图上量取自分水岭至出口断面的河槽纵断面图。根据河槽纵断面图中沿程比降变化的特点高程,用式(2-1-2)计算:

$$J=\frac{(\boldsymbol{Z}_0+\boldsymbol{Z}_1)l_1+(\boldsymbol{Z}_1+\boldsymbol{Z}_2)l_2+\cdots+(\boldsymbol{Z}_{n-1}+\boldsymbol{Z}_n)l_n-2\boldsymbol{Z}_0L}{L^2}$$

3)损失系数 μ 的确定

μ 值与自然地理条件及降雨强度有关,可以从实测水文资料分析确定。各地区《水文手册》都有 μ 值图表或计算公式。

4)汇流参数 m 的确定

m 与流域坡度、糙率、长度等因素有关,目前多是根据流域特征因素 $\theta=L/J^{\frac{1}{3}}$ 或 $\theta=L/(J^{\frac{1}{3}}F^{\frac{1}{4}})$ 进行地区综合,定出 m 与 θ 的关系。根据广东、山西、湖南、浙江、山东等 11 省区面积在 100km² 以下的小流域的参数分析综合,建立 $\theta=L/J^{\frac{1}{3}}$ 和 m 的数值列于表 4-4-2。各省、地区都有当地 m 值资料。

汇流参数 m 值表

表 4-4-2

类别	雨洪特征、河道特性、土壤植被	流域特征因素 θ		
		1～10	10～30	30～90
I	雨量丰沛的湿润山区,植被条件优良,森林覆盖度可高达 70%以上,多为深山原始森林区,枯枝落叶层厚,壤中流较丰富,河床呈山区型大卵石、大砾石河槽,有跌水,洪水多呈缓落型	0.20～0.30	0.30～0.35	0.35～0.40
II	南方、东北湿润山丘,植被条件良好,以灌木林、竹林为主的石山区,或森林覆盖度达 40%～50%,或流域内以水稻田或优良的草皮为主,河床多砾石、卵石,两岸滩地杂草丛生,大洪水多为尖瘦型,中小洪水多为矮胖型	0.30～0.40	0.40～0.50	0.50～0.60
III	南、北方地理景观过渡区,植被条件一般,以稀疏林、针叶林、幼林为主的土石山区或流域内耕地较多	0.60～0.70	0.70～0.80	0.80～0.95
IV	北方半旱地区,植被条件差,以荒草坡、梯田或少量的稀疏林为主的土石山区,旱作物较多,河道呈宽浅型、间歇性水流、洪水陡涨陡落	1.0～1.3	1.3～1.6	1.6～1.8

[例 4-4-1] 某一级公路跨越四川盆地山区某河流,拟建一座大中型桥梁,设计洪水频率为 $P=1\%$。试求该桥设计流量 Q_P。

解:(1)基本资料

①由 1∶50 000 航测图上量得流域面积 $F=54.9\text{km}^2$,主河道长度 $L=17.4\text{km}$,主河道坡度 $J=0.008\,08=8.08‰$。

②查四川省水文手册，得 $t=1\sim24\text{h}$ 的 $n=0.73$。

③查四川省水文手册，得年最大 24h 暴雨统计参数(均值) $\overline{H}_{24}=90\text{mm}$，$C_v=0.5$，$C_s=3.5C_v$。算出 $P=1\%$的 24h 雨量 $H_{24,1\%}=246\text{mm}$。由式(4-4-4) 得 $S_{1\%}=104.5\text{mm}$。

④查四川省水文手册，$\mu_{1\%}=3.0\text{mm/h}$。

⑤$\theta=L/(J^{\frac{1}{3}}F^{\frac{1}{4}})=17.4/(0.20\times2.72)=31.8$

查四川省水文手册，得 $m=0.83$。

(2)设计流量 $Q_{1\%}$

①求 τ_0

$$S_{1\%}F=104.5\times54.9=5\,740$$

$$\frac{mJ^{\frac{1}{3}}}{L}=\frac{0.83\times0.201}{17.4}=0.009\,58$$

由 $S_{1\%}F$ 及 $mJ^{\frac{1}{3}}/L$ 和 n 值查图 4-4-1，查图的顺序是 $S_{1\%}F\rightarrow mJ^{\frac{1}{3}}/L\rightarrow n\rightarrow\tau_0$，得 $\tau_0=6.6\text{h}$。

②求 Ψ 和 τ

$$\frac{\mu}{S_{1\%}}\tau_0^n=\frac{3.0}{104.5}\times6.6^{0.73}=0.114$$

由 $\frac{\mu}{S_{1\%}}\tau_0^n$ 和 n 查图 4-4-2 得：

$$\Psi=0.88,\frac{\tau}{\tau_0}=1.10$$

所以：

$$\tau=6.6\times1.1=7.26(\text{h})$$

③设计流量 $Q_{1\%}$

$$Q_{1\%}=0.278\Psi\frac{S_{1\%}}{\tau^n}F=0.278\times0.88\times\frac{104.5}{7.26^{0.73}}\times59.4=330(\text{m}^3/\text{s})$$

二、原交通部公路科学研究所推理公式

公式的形式：

$$Q_P=0.287\left(\frac{S_P}{\tau^n}-\mu\right)F \tag{4-4-11}$$

式中：Q_P——设计频率 P 时的洪峰流量(m^3/s)；

S_p——设计频率 P 的雨力(mm/h)，查各省(自治区)《水文手册》中雨力等值线图或全国雨力等值线图 (图 4-4-3～图 4-4-5)；

μ——损失参数(mm/h)；

n——暴雨递减指数，按各省(自治区)分区查图 4-4-6 和表 4-4-3，得 n_1、n_2 和 n_3；$\tau<1\text{h}$，用 n_1；$1\text{h}<\tau<6\text{h}$，用 n_2；$6\text{h}<\tau<24\text{h}$，用 n_3；

τ——汇流时间(h)；

F——流域面积(km^2)。

(1)流域面积 $F(\text{km}^2)$、主河沟长度 $L(\text{km})$、主河沟平均坡度 $I(‰)$的确定方法同前。

(2)损失参数 μ 的计算。

损失参数计算考虑以下几点：

①按超渗产流概念，假定把地面点的损失概化为产流历时的损失等于常数。

②分类分区给出各系数和指数值。

③以扣损法进行计算。

计算公式：

北方地区：

$$\mu = K_1 S_P^{\beta_1} \tag{4-4-12}$$

南方地区：

$$\mu = K_2 S_P^{\beta_2} F^{-\lambda} \tag{4-4-13}$$

式中：K_1、K_2——系数，查表 4-4-4，表中土壤分类见表 4-4-5；

β_1、β_2、λ——指数，查表 4-4-4。

(3)汇流时间 τ 的计算

①按全面汇流计算。净雨(产流)历时 $t_c>\tau$，但只是 τ 时段的部分最大净雨造峰，即 $t_c\leqslant\tau$ 时，则以 τ 取代 t_c。

②假定同一时段内，流域内净雨是相同的。

③主要考虑流域特征、降雨量和地形等特征。

计算公式：

北方多采用：

$$\tau = K_3 \left(\frac{L}{\sqrt{I}}\right)^{\alpha_1} \tag{4-4-14}$$

南方多采用：

$$\tau = K_4 \left(\frac{L}{\sqrt{I}}\right)^{\alpha_2} S_P^{-\beta_3} \tag{4-4-15}$$

式中：τ——汇流时间(h)；

L——主河沟长度(km)；

I——主河沟平均坡度(‰)；

S_P——频率为 P 时的雨力(mm/h)；

K_3、K_4——系数，查表 4-4-6；

α_1、α_2、β_3——指数，查表 4-4-6。

暴雨递减指数 n 值分区　　表 4-4-3

省名	分区	n 值		
		n_1	n_2	n_3
内蒙古自治区	I	0.62	0.79	0.86
	II	0.60	0.76	0.79
	III	0.59	0.76	0.80
	IV	0.65	0.73	0.75
	V	0.63	0.76	0.81
	VII	0.59	0.71	0.77
	VIII	0.62	0.74	0.82
陕西省	I	0.59	0.71	0.78
	II	0.52	0.75	0.81
	III	0.52	0.72	0.73
福建省	I	0.53	0.65	0.70
	II	0.52	0.69	0.73
	III	0.47	0.65	0.70
	IV	0.48	0.65	0.73
	V	0.51	0.67	0.70
浙江省		0.60	0.65	0.78
		0.49	0.62	0.65
		0.53	0.68	0.73
安徽省	I		0.61	0.69
	II	0.38	0.69	0.69
	III	0.39	0.76	0.77
甘肃省	I	0.69	0.72	0.78
	II	0.61	0.76	0.82
	III	0.62	0.77	0.85
	IV	0.55	0.65	0.82
	V	0.58	0.74	0.85
	VI	0.49	0.59	0.84
	VII	0.53	0.66	0.75
宁夏	I	0.52	0.62	0.81
	II	0.58	0.66	0.75
湖南省	III	0.40～0.50	0.55～0.60	0.70～0.80
	IV	0.40～0.50	0.65～0.70	0.75～0.80
	V	0.40～0.50	0.70～0.75	0.75～0.80
辽宁省	I	0.60～0.66	0.70～0.074	
	II	0.60～0.55	0.70～0.60	
	III	0.55～0.50	0.60～0.55	
四川省	I	0.50	0.60～0.65	
	II	0.45	0.70～0.75	
	III	0.73	0.70～0.75	
青海省	I	0.49	0.75	0.87
	II	0.47	0.76	0.82
	III	0.65	0.78	
吉林省	I	0.56	0.70	0.76
	II	0.56	0.75	0.82
	III	0.60	0.69	0.75

续上表

省名	分区	n 值		
		n_1	n_2	n_3
河南省	I	0.55～0.66	0.65～0.70	0.75～0.80
	II	0.50～0.55	0.70～0.75	0.75～0.80
	III	0.45～0.50	0.60～0.65	0.75
广西	I	0.38～0.43	0.65～0.70	0.70～0.73
	II	0.40～0.45	0.70～0.75	0.75～0.85
	III	0.40～0.45	0.60～0.65	0.75～0.85
新疆	I	0.63	0.70	0.84
	II	0.73	0.78	0.85
	III	0.56	0.72	0.88
	IV	0.45	0.64	0.80
	V	0.63	0.77	0.91
	VI	0.62	0.74	0.80
	VII	0.60	0.72	0.86
	VIII	0.60	0.66	0.85
山西省		0.60	0.70	
贵州省		0.47	0.69	0.80
河北省	I	0.40～0.50	0.50～0.60	0.65
	II	0.50～0.55	0.60～0.70	0.70
	III	0.55	0.60	0.60～0.70
	IV	0.30～0.40	0.70～0.75	0.75～0.80
湖南省	I	0.45	0.62～0.63	0.70～0.75
	II	0.30～0.40	0.65～0.70	0.75
云南省	I	0.50～0.55	0.75～0.80	0.75～0.80
	II	0.45～0.55	0.70～0.80	0.75～0.80
	III	0.55	0.60	0.65
	IV	0.50～0.45	0.65～0.75	0.70～0.80

注：n_1-小于 1h 的暴雨递减指数；n_2-1～6h 的暴雨递减指数；n_3-6～24h 的暴雨递减指数。

损失参数的分区和系数指数值 表 4-4-4

省名	分区	分区、指标 \ 系数、指数	K_1	β_1	K_2	β_2	λ
河北省	I	河北平原区	1.23	0.61			
		冀北山区	0.95	0.60			
	III	冀西北西盆区	1.15	0.58			
		冀西山区	1.12	0.56			
		坝上高原区	1.52	0.50			
山西省	I	煤矿塌陷和森林覆盖较好地区	0.85	0.98			
	II	裸露石山区	0.25	0.98			
	III	黄土丘陵区	0.65	0.98			
四川省	I	青衣江区			0.742	0.542	0.222
	II	盆地丘陵区			0.270	0.897	0.272
	III	盆缘山区			0.263	0.887	0.281

续上表

省名	分区	系数、指数 / 分区、指标	K_1	β_1	K_2	β_2	λ
安徽省	II	根据表 4-4-5 土壤分类			0.755	0.74	0.017 1
	III				0.103	1.21	0.042 5
	IV				0.406	1.00	0.110 4
	V				0.520	0.94	0
	VI				0.332	1.099	0
宁夏	IV	根据表 4-4-5 土壤分类	0.93	0.86			
	V		1.98	0.69			
湖南省	I	湘资流域	0.697	0.567			
	II	沅水流域	0.213	0.940			
	III	沣水流域	1.925	0.223			
甘肃省	II	根据表 4-4-5 土壤分类	0.65	0.82			
	III		0.75	0.84			
	IV		0.75	0.86			
吉林省	II	根据表 4-4-5 土壤分类	0.12	1.44			
	III		0.13	1.37			
	IV		0.29	1.01			
	V		0.29	1.01			
河南省	I	根据河南省 n 值分区图	0.002 3	1.75			
	II		0.057	1.0			
	III		1.0	0.71			
	IV		0.80	0.51			
青海省	I	东部区	0.52	0.774			
	II	内陆区	0.32	0.913			
新疆	I	$50<F<200$	0.46	1.09			
	II	$F<200$	0.68	1.09			
浙江省	I	浙北地区	0.08	0.15			
	II	浙东南沿海区	0.10～0.11	0.15			
	III	浙西南、西北及东部丘陵区	0.13～0.14	0.15			
	IV	杭嘉湖平原平原边缘地势平缓区	0.15	0.15			
内蒙古	IV	大兴安中段及余脉山区	0.517～0.83	0.4～0.71			
	VI	黄河流域山地丘陵区	1.0	1.05			
福建省		全省通用	0.34	0.93			
贵州省	I	深山区			1.17	1.099	0.437
	II	浅山区			0.51	1.099	0.437
	III	平丘区			0.31	1.099	0.437
广西	I	丘陵区	0.52	0.774			
	II	山区	0.32	0.915			

注：F 表示汇水面积(km^2)。

土壤植被分类 表 4-4-5

类别	特　征
II	黏土、盐碱土地面，土壤脊薄的岩石地区；植被差，轻微风化的岩石地区
III	植被差的沙质黏土地面；土层较薄的土面山区，植被中等、风化中等的山区
IV	植被差的黏、砂土地面；风化严重土层厚的山区，草灌较厚的山丘区或草地；人工幼林区；水土流失中的黄土地面区
V	植被差的一般砂土地面，土层较厚森林较密的地区；有大面积水土保持措施治理较好的土质
VI	无植被松散的砂土地面，茂密并有枯枝落叶层的原始森林

汇流时间分区和系数指数 表 4-4-6

省名	分区	系数、指数 / 分区、指标	K_3	α_1	K_4	α_2	β_3
河北省	I	河北平原区	0.70	0.41			
	II	冀北山区	0.65	0.38			
		冀西北盆地	0.58	0.39			
		冀西山区	0.54	0.40			
	III	坝上高原区	0.45	0.18			
山西省		土石山覆盖的林区	0.15	0.42			
		煤矿塌陷漏水区和严重风化区	0.13	0.42			
		黄土丘陵区	0.10	0.42			
四川省		盆地丘陵区 $I_z \leqslant 10‰$			3.67	0.620	0.203
		青衣江区 $I_z > 10‰$			3.67	0.516	0.203
		盆缘山区 $I_z < 15‰$及			3.29	0.696	0.239
		西昌区 $I_z \geqslant 15‰$			3.29	0.536	0.239
安徽省	I	$I_z > 15‰$			$\begin{cases} F<(90) \\ 37.5 \end{cases}$	0.925	0.725
	II	$I_z = 10‰ \sim 15‰$			$F>(90)$ 26.3		
					11	0.512	0.395
	III	$I_z = 5‰ \sim 10‰$			29	0.810	0.544
	IV	$I_z < 5‰$			14.3	0.30	0.330
湖南省	I	湘资水系	5.59	0.380			
	II	沅水系	3.79	0.197			
	III	沣水系	1.57	0.636			
宁夏	I	山区	0.14	0.44			
	II	丘陵区	0.38	0.21			
广西	I	山区	0.56	0.306			
	II	丘陵区	0.42	0.419			
甘肃省	I	平原	0.96	0.71			
	II	丘陵区	0.62	0.71			
	III	山区	0.39	0.71			
吉林省	I		0.000 35	1.40			
			1.40	0.84			
	II		0.032	0.84			
	III		0.022	1.45			

续上表

省名	分区	分区、指标 \ 系数、指数	K_3	α_1	K_4	α_2	β_3
河南省	I	根据 n 值分区，查图 4-4-6	0.73	0.32			
	II		0.038	0.75			
	III		0.63	0.15			
	IV		0.80	0.20			
青海省	I	东部区	0.871	0.75			
	II	内陆区	0.96	0.747			
新疆	I	$50<F<200$	0.60	0.65			
	II	$F>200$	0.20	0.65			
浙江省	I	浙北地区			72.0	0.187	0.90
	II	浙东南沿海区			72.0	0.187	0.90
	III	浙西南、西北山区及中部丘陵区			72.0	0.187	0.90
	IV	杭嘉湖平原边缘地势平缓地区			105.0	0.187	0.90
内蒙古	I	大兴安岭中段及余脉山地丘陵区	0.334～0.537	0.16			
	II	黄河流域山地丘陵区	0.334～0.537	0.16			
福建省	I	平原区			1.8	0.48	0.51
	II	丘陵区			2.0	0.48	0.51
	III	山区			2.6	0.48	0.51
贵州省	I	平丘区	0.080	0.713			
	II	浅山区	0.193	0.713			
	III	深山区	0.302	0.713			

注：F 表示汇水面积(km^2)，I_z 表示主河沟纵坡。

三、原交通部公路科学研究所经验公式

公式一：

$$Q_P = \Psi(S_P - \mu)^m F^{\lambda_2} \tag{4-4-16}$$

式中：Ψ——地貌系数，查表 4-4-7；

m、λ_2——指数，查表 4-4-7；

其他符号意义同前。

公式二：

$$Q_P = CS_P^{\beta} F^{\lambda_3} \tag{4-4-17}$$

式中：C、β、λ_3——系数，查表 4-4-8；

其他符号意义同前。

经验公式(4-4-16)各区系数指数 表4-4-7

省名	分区	系数、指数 / 分区、指标		Ψ		m	λ_2
四川省	I	盆地丘陵区	$I_z \leqslant 2‰$		0.086	1.18	0.712
			$2‰ < I_z < 10‰$		0.105		0.730
			$I_z \geqslant 10‰$		0.124		0.747
	II	盆缘山区,青衣江区	$I_z \leqslant 10‰$		0.102	1.20	0.724
			$10‰ < I_z < 20‰$		0.123		0.745
			$I_z \geqslant 20‰$		0.142		0.788
安徽省	I	$I_z > 15‰$		$P=4\%$	1.2×10^{-4}	2.75	0.896
				2%	1.4×10^{-4}		
				1%	1.6×10^{-4}		
	II	$I_z = 5‰ \sim 15‰$		$P=4\%$	4.8×10^{-4}	2.75	1.0
				2%	5.5×10^{-4}		
				1%	2.0×10^{-4}		
	III	$I_z < 5‰$		$P=4\%$	1.8×10^{-4}	2.75	0.965
				2%	1.9×10^{-4}		
				1%	2.0×10^{-4}		
宁夏	I	丘陵区			0.308	1.32	0.60
	II	山区			0.542	1.32	0.60
	III	林区			0.085	1.32	0.75
甘肃省	I	平原			0.08	1.08	0.96
	II	丘陵			0.14	1.08	0.96
	III	山区			0.27	1.08	0.96
吉林省	I	平原			0.007 6~5.6	1.50	0.80
	II	丘陵			0.0053~7.0	1.50	0.80
	III	山区			0.003~0.68	1.50	0.80
河南省	I	根据河南省 n 值分区图			0.22	0.98	0.86
	II				0.66	1.03	0.65
	III				0.76	1.00	0.67
	IV				0.28	1.07	0.81
新疆	I	林区土石山			0.006 5	1.5	0.80
	II	土石山			0.035	1.5	0.80
内蒙古	I	大青山东端山区		$P=4\%$	8.4	0.41	0.55
				2%	12.3		
				1%	19.2		
	II	大青山东部和蛮汉山山地丘陵区		$P=4\%$	7.8	0.41	0.55
				2%	11.8		
				1%	16.5		
	III	大青山西端山区		$P=4\%$	7.4	0.41	0.55
				2%	11.2		
				1%	15.0		
福建省	I	平原区			0.09	1.0	0.96
	II	丘陵区			0.10		
	III	浅山区			0.16		
	IV	深山区			0.25		
贵州省	I	平原丘陵区			0.022	1.085	0.98
	II	浅山区			0.038		
	III	深山区			0.066		

经验公式(4-4-17)各区系数指数 表 4-4-8

省名	分区	分区、指标	条件	C	β	λ_3
山西省	I	石山、黄土丘陵植被差		0.24～0.20	1.0	0.78
	II	土石山,风化石山植被一般		0.19～0.16		
	III	煤矿漏水区,植被较好地区		0.15～0.12		
四川省	I	盆地丘陵区	$I_z \leqslant 10‰$	0.125	1.10	0.723
			$I_z > 5‰$	0.145		
	II	盆缘山区,青衣江区	$I_z \leqslant 10‰$	0.140	1.14	0.737
			$I_z > 10‰$	0.160		
安徽省	I	$I_z > 15‰$	$P=4\%$	2.92×10^{-4}	2.414	0.896
			2%	3.15×10^{-4}		
			1%	3.36×10^{-4}		
	II	$I_z > 5‰\sim15‰$	$P=4\%$	1.27×10^{-4}	2.414	1.0
			2%	1.32×10^{-4}		
			1%	1.50×10^{-4}		
	III	$I_z < 5‰$	$P=4\%$	2.35×10^{-4}	2.414	0.965
			2%	2.66×10^{-4}		
			1%	2.75×10^{-4}		
宁夏	I	丘陵区		0.061	1.51	0.60
	II	山区		0.082		0.60
	III	林区		0.013		0.75
甘肃省	I	平原区		0.016	1.40	0.95
	II	丘陵区		0.025		
	III	山区		0.05		
吉林省	I	松花江、图们江、牡丹江水系	山岭	0.075	0.8	1.12
			丘陵	0.035		
			平原	0.0135		
	II	拉林河、饮马河水系	山岭	0.31	0.8	1.37
			丘陵	—		
			平原	0.14～0.618		
	III	东运河水系	山岭	—	0.8	0.52
			丘陵	—		
			平原	0.275		
河南省	I	见 n 值分区		0.18	1.0	0.86
	II			0.45	1.09	0.65
	III			0.36	1.07	0.67
	IV			0.48	0.95	0.80
浙江省	I	钱塘江流域		0.01	1.37	1.11
	II	浙北地区		0.02		
	III	其他		0.015		
福建省	I	平原区		0.030	1.25	0.90
	II	丘陵区		0.034		
	III	浅山区		0.050		
	IV	深山区		0.071		
贵州省	I	平原丘陵区		0.016	1.112	0.985
	II	浅山区		0.030		
	III	深山区		0.056		

[例 4-4-2] 甘肃省某公路通过黄河流域关川河支流,其流域面积 $F=89\text{km}^2$,主河沟长 $L=21.32\text{km}$,主河沟平均坡度 $I=16‰$;河床为砂砾夹卵石,两岸为粉质亚黏土,地表为黄土层,划为 III 类土,丘陵区;试用推理公式和经验公式分别推求 $Q_{2\%}$ 的设计流量。

解:(1)推理公式

$$Q_P = 0.278\left(\frac{S_P}{\tau^n} - \mu\right)F$$

①查图 4-4-4,得 $S_{2\%}=45\text{mm/h}$。

②汇流时间 τ。

北方地区:

$$\tau = K_3\left(\frac{L}{\sqrt{I}}\right)^{\alpha_1}$$

查表 4-4-6 丘陵区,$K_3=0.62$,$\alpha_1=0.71$。

$$\tau = 0.62\left(\frac{21.32}{\sqrt{16}}\right)^{0.71} = 2.03(\text{h})$$

③暴雨递减指数 n:查图 4-4-6 知,该区属中部干旱黄土山区;再查表 4-4-3,当 $\tau=2.03\text{h}$ 时(1~6h),应取 $n_2=0.65$。

④损失参数。

北方地区:

$$\mu = K_1 S_P^{\beta_1}$$

查表 4-4-4,$K_1=0.75$,$\beta_1=0.84$。

则 $\mu=0.75\times45^{0.84}=18.36(\text{mm/h})$。

⑤$Q_{2\%}$ 的计算:

$$Q_{2\%} = 0.278\times\left(\frac{45}{2.03^{0.85}} - 18.36\right)\times 89 = 249(\text{m}^3/\text{s})$$

(2)经验公式(4-4-16)

$$Q_P = \Psi(S_P-\mu)^m F^{\lambda_2}$$

查表 4-4-7,$\Psi=0.14$,$m=1.08$,$\lambda_2=0.96$。

查图 4-4-4,$S_{2\%}=45\text{mm/h}$。

方法同前,得 $\mu=18.36\text{mm/h}$。

$$Q_{2\%} = 0.14\times(45-18.36)^{1.08}\times 89^{0.96} = 361\ (\text{m}^3/\text{s})$$

(3)经验公式(4-4-17)

$$Q_P = CS\,\frac{\beta}{\text{p}}F\lambda_3$$

查表 4-4-8,$C=0.025$,$\beta=1.4$,$\lambda_3=0.95$

$$Q_{2\%} = 0.025\times45^{1.4}\times89^{0.95} = 387\ (\text{m}^3/\text{s})$$

四、单位线法汇流计算

单位线法是一种应用较普遍、效果较好的利用净雨来推求流量过程线的方法。

单位线是单位时段内分布均匀的单位净雨深汇流到流域出口处所形成的流量过程线。单位净雨深常取 10mm，单位时段 Δt 根据需要可取 1h、3h、6h 等。图 4-4-7 为单位时段 $\Delta t=6h$，单位净雨深 $h=10mm$ 所形成的单位线，用 $q(t)$表示，以 m^3/s 计。

利用单位线做汇流计算时，引用了倍比假定和叠加假定。

倍比假定：如果单位时段内的净雨深不是 1 个单位，而是 n 个，则它所形成的流量过程线，总历时与单位线底长相同，流量则为单位线的 n 倍。

叠加假定：如果净雨历时不是 1 个时段，而是 m 个，则各时段净雨深所形成的流量过程线之间互不干扰，出口断面的流量过程线等于 m 个流量过程线之和。

基于以上假定，认为在汇流过程中，单位线不随净雨量和流量而变化。这样，可以根据各时段的实际净雨按倍比假定，将单位线进行同底长的放大，再将各时段放大后的流量过程线纵坐标即流量 $Q'_i(t)$ 值，按叠加假定进行叠加，便可得到用单位线法推求的流量过程线（图 4-4-8）。

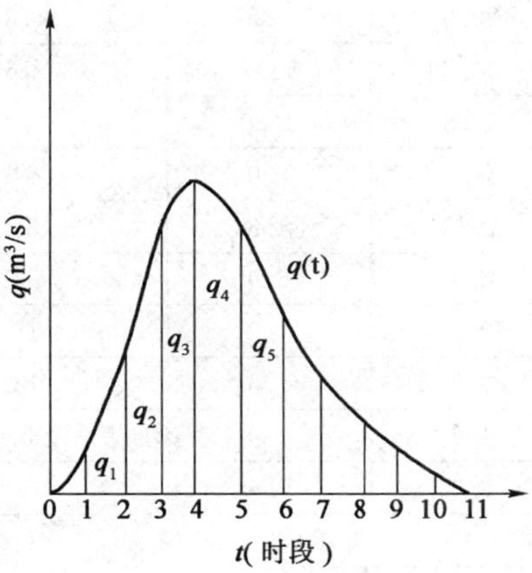

图 4-4-7　6h10mm 净雨的单位线

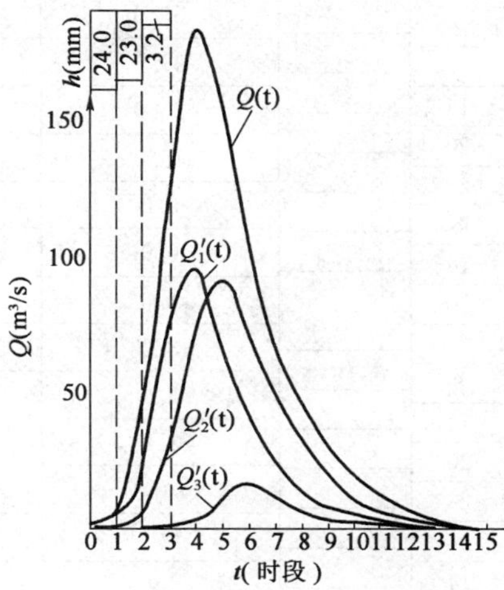

图 4-4-8　用单位线推求流量过程线示意图

推求单位线的方法：

(1)选用资料。在实测资料中选取多次孤立的洪水作为分析对象；雨量站选用分布较为均匀的有自记记录的站。

(2)确定单元线时段长 Δt。以涨水至少有 2～3 个控制点为标准，同一流域不同次洪水，可采用不同的 Δt。

(3)求地面径流过程。从选定的孤立洪水中计算总径流深，然后用斜线分割法割去地下径流，斜线以上即为地面径流。

(4)求地面净雨过程。由流域平均降雨过程 $x(t)$ 和求得的总径流深 y，从降雨末向前反推，求得净雨过程。湿润地区的流域应根据分析得来的稳定下渗强度 f_c 计算地面净雨和地下净雨过程。地面净雨深$\sum h_{面}$ 应等于由流量过程线上分割得来的地面径流深 $y_{面}$。干旱地区可将全部净雨作为地面净雨。

(5)由地面净雨过程 $h_{面}(t)$和地面径流过程 $Q_{面}(t)$推求单位线。当求得的净雨过程时段数较少(1 或 2 个)时，宜用分析法；若时段在 3 个以上，宜用试算法。

算例为推算某小流域(面积为 341km²)出口断面的流量过程线,资料和推算过程见表 4-4-9 和图 4-4-8。表 4-4-9 中,单位时段 Δt 取 6h,已知各时段净雨深列入(2)栏,已知 6h10mm 的单位线列入(3)栏。利用倍比假定求得部分径流过程 $Q'_i(t)$ 线列入(4)(5)(6)栏;利用叠加假定求得总的出口断面过程线 $Q(t)$ 列入(7)栏。

用单位线推求流量过程线计算表 表 4-4-9

时间(月 日 时)	净雨深 h (mm)	单位线 $q(t)$ (m^3/s)	部分径流 $Q'(t)=\frac{h}{10}q(t)$ (m^3/s)			流量 $Q(t)=\sum Q'(t)$ (m^3/s)
			$h_1=24.0$mm	$h_2=23.0$mm	$h_3=3.2$mm	
(1)	(2)	(3)	(4)	(5)	(6)	(7)
8 31 2		0	0			0
8	24.0	2.0	4.8	0		4.8
14	23.0	15.0	36.0	4.6	0	40.6
20	3.2	35.0	84.0	34.5	0.6	119
9 1 2		41.0	98.5	80.5	4.8	184
8		25.0	60.0	94.2	11.2	165
14		15.0	36.0	57.5	13.0	106
20		9.0	21.6	34.5	8.0	64.1
2 2		6.0	14.4	20.6	4.8	39.8
8		4.0	9.6	13.8	2.9	26.3
14		3.0	7.2	9.2	1.9	18.3
20		2.0	4.8	6.9	1.3	13.0
3 2		1.0	2.4	4.6	1.0	8.0
8		0	0	2.3	0.6	2.9
14				0	0.3	0.3
20					0	0
3 2						
8						
14						
20						
合计	50.2	158(折合 10.0mm)				792.1(折合 50.2mm)

注:流域面积为 341km²。

由以上实测降雨资料按时段进行分析得到的单位线称为经验单位线,它是时段单位线。而瞬时单位线是指无穷小时段内流域上均匀的单位净雨所形成的地面径流过程线。两者基本假定是相同的,其差别在于前者是单位时段,由经验方法表示;后者是无穷小时段,由数学方程来表示。

公路工程水文分析和计算应尽量搜集当地水利部门的有关流域单位线,直接应用。

五、说明

(1)式(4-4-3)是水利科学研究院水文研究所于 1958 年建立的推理公式。50 多年来广泛应用于全国各地水利工程中。全国各地区的《水文手册》中,载有详细的当地的有关数据,以备查用。产流和汇流过程概化分析较严密、合理。应用范围对于多雨湿润地区,流域面积一般为

300～500km²，在干旱地区为 100～200km²。可应用于一般大中桥设计流量计算。

(2)式(4-4-11)是 20 世纪 80 年代初，由原交通部公路科学研究所主持，若干省公路部门参加制定的暴雨推理公式。原理与式(4-4-3)相同，不同的是式(4-4-3)采用径流系数求净雨，而式(4-4-11)采用直接扣除法求净雨。各项系数、指数已分区列表给出，使用简便。应用范围为流域面积在 100km² 以下。

(3)式(4-4-16)和(4-4-17)是与公式(4-4-11)根据同样的资料由交通部公路科学研究所及多省公路部门制定的暴雨流量经验公式。两者使用范围也相同。目前，上述公式指数、系数表中包括 16～20 省(自治区)的资料。

(4)交通部公路科学研究所 1960 年制定了暴雨径流简化公式：

$$Q_P = \Psi(h - Z)^{1.5} F^{0.8} \tag{4-4-18}$$

式中：Q_P——频率为 P 的洪峰流量(m^3/s)；

Ψ——地貌系数；

h——径流厚度(mm)；

Z——被植物和洼地滞留的径流厚度(mm)；

F——流域面积(km^2)。

另外，同时还制定了经验公式：

$$Q_P = CF^n \tag{4-4-19}$$

式中：C、n——系数和指数；

其他符号意义同前。

以上两式给出了全国各地区的径流厚度 h 和损失 Z 值及各有关指数和系数的数值，在全国已使用多年。但是，因制定公式时水文系列历时较短，各系数、指数值有待修订。资料表可查《公路桥涵设计手册　涵洞》。

第五节　桥位断面的设计流量和设计洪水位

一般大中桥设计，根据水文站观测资料和洪水调查资料，推算设计洪水频率的流量，得到设计流量。这是根据水文站的测流断面或桥位附近的水文计算断面而得的，因而需要换算到桥位断面。

若桥位断面距水文站断面或水文计算断面较近，流域面积相差小于 5%～10%，之间又无大的支流汇入，则直接可将水文站断面或水文计算断面流量作为桥位断面流量。

若桥位断面与水文站断面或水文计算断面的流域面积相差小于 20%，则可应用流域面积比拟法，用式(4-2-7)换算得到桥位断面设计流量。

桥位断面的设计流量确定后，还要确定桥位断面的设计水位、流速和过水断面面积等水文水力因素，以便进行桥位设计。

桥位断面的设计水位，可根据桥位断面的设计流量和桥位河流横断面图，应用谢才—满宁公式,推算桥位断面的各项水力因素,见后边[例 5-6-1]。桥位设计计算系统(QWSJ)可以根据设计流量和桥位过水断面等资料,通过界面操作,进行计算,见第二十章界面图 20-5-1。

另外,若桥位断面和水文站断面或水文计算断面之间有密切的相关关系,可通过相关分析(回归分析),建立回归方程,根据水文站流量、水位,推算桥位断面的流量和水位,见[例 3-6-2]。

在有条件的情况下,可应用明渠非均匀流水面曲线计算和绘制,求得桥位断面设计水位,见第五章第七节[例 5-7-1]。

第五章 河渠水力学

河渠水流是在重力和边界阻力(弯曲河段水流此外还承受离心力)等外力共同作用下,具有自由表面、在河流及渠道内流动的水流。此外,沿一定坡度、具有自由表面、在管道内流动的水流,也属于此类。它们都属于明渠水流,大气压力作用在自由表面上,相对压强为零,又称无压流。无压力式涵洞、道路排水管中的水流都是无压流。

第一节 水力因素

过水断面是指水流的横断面,该断面上任意一点流速的方向都与该断面相垂直。与过水断面有关的水力因素有:过水断面面积 A (m^2)、湿周 P(m)、水面宽度 B(m)、水力半径 R(m)($R=A/P$)、平均水深 h(m)($h=A/B$)。当水面宽度 B 大于水深 10 倍以上时,$B \approx P$,则$R \approx h$。湿周 P 是过水断面的固体边界,即边界阻力分布长度,如图 5-1-1 所示。边界粗糙程度用粗糙系数(又称糙率)n 表示。

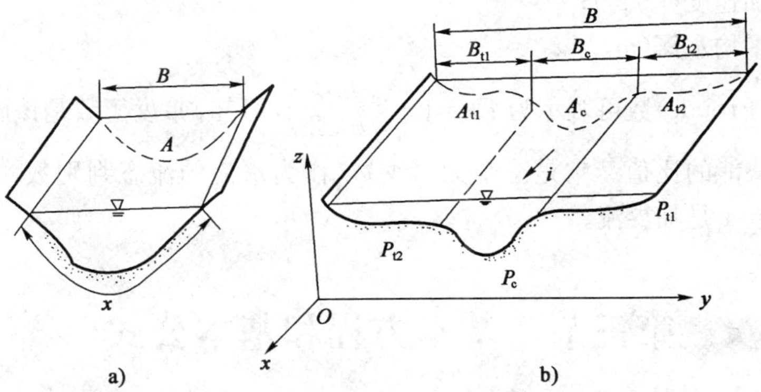

图 5-1-1 河渠水流的水力因素

a)单式断面;b)复式断面

河床单位流程的落差称为河床比降(坡降)i,水力计算中,比降用小数表示,例如 $i=0.000\,46$。它决定了水流重力沿水流方向分力的数值大小。

水体通过过水断面的流动状态用断面平均流速 v (m/s)来反映。单位时间通过过水断面水的体积称为流量 Q(m^3/s),则

$$Q = Av \tag{5-1-1}$$

第二节　水 流 分 类

一、根据水流水力因素随时间、空间变化的性质分类

根据时间 T 分:恒定流,水力因素不随时间变化;非恒定流,水力因素随时间而变,例如潮汐、波浪、洪水波传播等。

根据空间(x,y,z)分:均匀流,水力因素上下游不变;非均匀流,水力因素上下游发生变化。

非均匀流根据上下游水流变化的缓慢或者急剧,分为渐变流(缓变流)和急变流。例如桥梁及水坝上游的壅水曲线是渐变流;建筑物下游水跃、陡坎处的跌水等是急变流。

二、根据水流流态的缓急分类

水流流动状态的缓急,是由水流过水断面的总比能中,比动能与比势能两部分的相对比例来决定的,流态可分为缓流和急流。例如,平原区河流的水流一般是缓流;山涧溪流、坝及闸下游水跃的跃前水流都是急流。

水流流态的缓急程度用弗汝德(Froude)数 Fr 来表示。

$$Fr = \frac{v^2}{gh} \tag{5-2-1}$$

式中:v——断面平均流速(m/s);

g——重力加速度(m/s^2);

h——断面平均水深(m)。

因为弗汝德(Froude)数可表示为$Fr=\left(\frac{v^2}{2g}\right)\Big/\left(\frac{h}{2}\right)$,可知,弗汝德数是该断面水流比动能的 2 倍和平均比势能的比值。它是一个无量纲数,作为水流的流态判别数,$Fr<1$ 是缓流,$Fr>1$是急流,$Fr=1$ 是临界流。

第三节　基本方程和基本公式

在桥位设计中,除潮汐、风浪等问题外,一般把设计洪水过程洪峰状态时的水流当作设计依据,对于这个选定的设计状态来说,视为恒定流来处理。

恒定流的基本方程和基本公式主要如下。

一、连续性方程

$$Q = A_1 v_1 = A_2 v_2 \tag{5-3-1}$$

单位时间:　　断面 1 的流量=断面 2 的流量

式中：Q——流量(m^3/s)；

A_1——上游过水断面面积(m^2)；

v_1——上游过水断面的平均流速(m/s)；

A_2——下游过水断面面积(m^2)；

v_2——下游过水断面的平均流速(m/s)。

分汊河段(分两汊，图 5-3-1)公式：

$$Q = A_1 v_1 = A_2 v_2 + A_3 v_3 \tag{5-3-2}$$

式中：A_3——下游分汊段汊流之一的过水面积(m^2)；

v_3——下游汊流之一断面的平均流速(m/s)。

二、能量方程(Bernoulli，伯诺里方程，图 5-3-2)

$$z_1 + h_1 + \frac{\alpha_1 v_1^2}{2g} = z_2 + h_2 + \frac{\alpha_2 v_2^2}{2g} + h_f \tag{5-3-3}$$

断面 1 的总比能＝断面 2 的总比能 ＋ 两断面之间的比能损失

式中：z_1、z_2——断面 1、断面 2 的床底高程(m)；

h_1、h_2——断面 1、断面 2 的水深(m)；

v_1、v_2——断面 1、断面 2 的断面平速流速(m/s)；

α_1、α_2——断面 1、断面 2 的动能修正系数，见式(5-3-4)；

h_f——断面 1 和断面 2 之间的比能(水头)损失。

能量方程中，断面 1 和断面 2 水流必须是渐变流或均匀流。

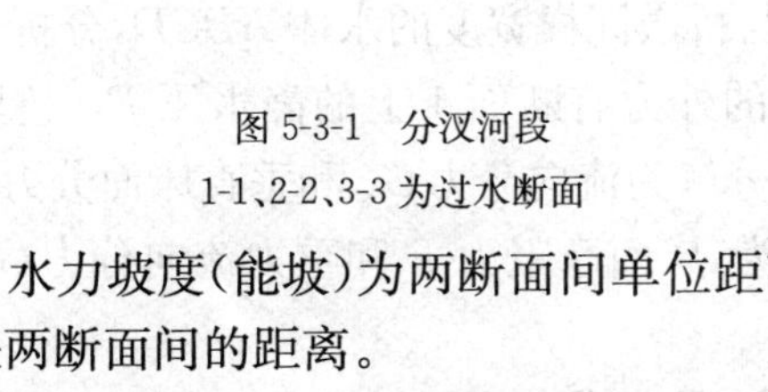

图 5-3-1　分汊河段

1-1、2-2、3-3 为过水断面

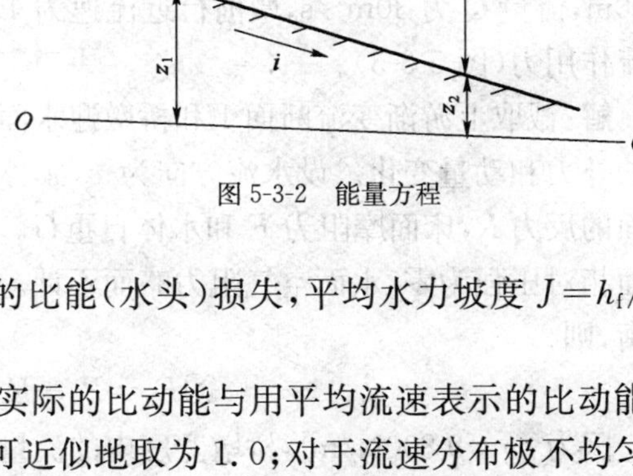

图 5-3-2　能量方程

水力坡度(能坡)为两断面间单位距离流程的比能(水头)损失，平均水力坡度 $J = h_f / L$，L 是两断面间的距离。

动能修正系数 α 的数值，等于通过断面水流实际的比动能与用平均流速表示的比动能的比值。α 值稍大于 1。通常，顺直规则的河渠，α 可近似地取为 1.0；对于流速分布极不均匀的宽浅河段，α 值可超过 2.0。水文站测流断面用测深垂线把过水断面 A 划分成许多个分断面 A_i，测得分断面平均流速 u_i，则

$$\alpha=\frac{\sum\limits_{i=1}^{n}u_i^3A_i}{v^3A} \tag{5-3-4}$$

式中:A——全断面面积(m^2);

v——全断面平均流速(m/s);

u_i——分断面平均流速(m/s);

A_i——分断面的面积(m^2);

n——分断面的个数。

连续性方程、能量方程分别是水流质量守恒定律、能量守恒定律的水力学表达式。水流沿程各水力因素的变化都必然受到这两个基本方程的制约,桥孔大小、壅水高度和范围等分析计算,都必须应用这两个方程。此外,水流动量方程是牛顿第二运动定律的水力学表达式,常用它解决和水流冲击力有关的问题。

三、动量方程

$$\sum \boldsymbol{F}=\rho Q(\beta_2\boldsymbol{v}_2-\beta_1\boldsymbol{v}_1) \tag{5-3-5}$$

为了便于计算,通常写成直角坐标系三轴投影方向表示的标量形式,并取$\beta_1=\beta_2=1.00$。

$$\left.\begin{aligned}\sum F_x=\rho Q(v_{2x}-v_{1x})\\ \sum F_y=\rho Q(v_{2y}-v_{1y})\\ \sum F_z=\rho Q(v_{2z}-v_{1z})\end{aligned}\right\} \tag{5-3-6}$$

式中: $\sum \boldsymbol{F}$——控制体受到的外力矢量(N);

$\boldsymbol{v}_2$、$\boldsymbol{v}_1$——控制体出口断面 2 和进口断面 1 的速度矢量(m/s);

ρ——水的密度,$\rho=1\,000kg/m^3$;

Q——通过控制体的流量(m^3/s);

F_x、F_y、F_z——F 在 x、y、z 三个坐标轴方向的投影(N);

v_{2x}、v_{2y}、v_{2z}——控制体出口断面 2 流速在 x、y、z 三个坐标轴方向的投影(m/s);

v_{1x}、v_{1y}、v_{1z}——控制体进口断面 1 流速在 x、y、z 三个坐标轴方向的投影(m/s)。

[例 5-3-1] 在宽度 B 为 10m 的河中,有一矩形断面的桥墩,墩宽 b 为 1.50m,水深 h 为 2.00m,流量 Q 为 $30m^3/s$,墩前行近流速为 1.50m/s,河槽视为矩形断面,求桥墩阻水引起的水流作用力(图 5-3-3)。

解:截取上游渐变流断面 1 和桥墩迎水面 2 之间与桥墩同样宽度的水体 $ABCD$,分析它受到的外力和动量变化。设水流方向为 x 轴,水体受到的外力有断面 1 上的静水压 P_1,桥墩迎水面的反力 R,床面摩阻力 F 和水体自重 G。重力 G 分解为流向分力 G_x 和垂直床面分力 G_y,水面相对压强为零,水面空气阻力略而不计。近似认为,床面摩阻力 F 和重力流向分力 G_x 相平衡,则

$$\sum F_x=P_1-R+G_x-F=P_1-R$$

因为 $\rho g=9\,800N/m^3$,桥墩宽度内的流量 $Q_b=30\times1.5/10=4.50(m^3/s)$,$\rho=1\,000kg/m^3$,所以,

$$P_1-R=\rho Q_b(v_{2x}-v_{1x})$$

$$\frac{1}{2}\rho g h^2 b - R = \rho Q_b (v_{2x} - v_{1x})$$

$$R = 29\,400 - 1\,000 \times 4.50 \times (1.50 - 0) = 22\,650(\text{N})$$

R 是桥墩对水流的反力，水流对桥墩的冲击力与 R 大小相等、方向相反。

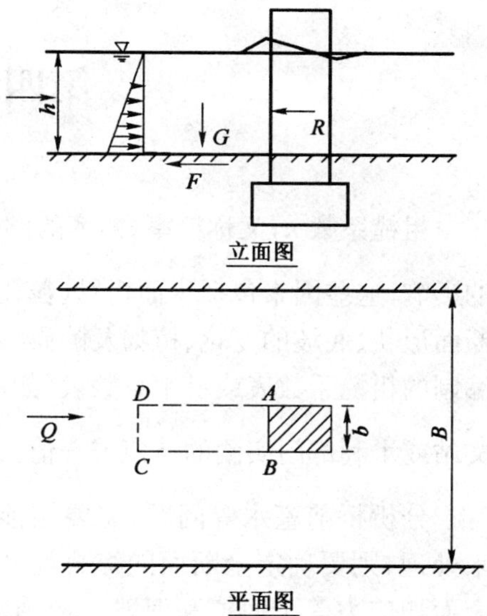

图 5-3-3　水流对桥墩的冲击力

四、谢才公式和满宁公式

1. 谢才公式(Chezy,1775 年,法国)

对于均匀流，根据重力沿流向的分力和边界阻力相平衡的条件，可建立断面平均流速与水流边界的几何因素、阻力因素间的关系，即谢才公式：

$$v = C\sqrt{RJ} \tag{5-3-7}$$

式中：v——断面平均流速(m/s)；

R——水力半径(m)；

C——谢才系数($\text{m}^{0.5}/\text{s}$)；

J——水力坡度。

2. 满宁公式 (Manning,1890 年,英国)

$$v = \frac{1}{n} R^{2/3} J^{1/2} \tag{5-3-8}$$

式中：n——粗糙系数 (糙率) ($\text{s}/\text{m}^{1/3}$)；

其他符号意义同前。

由式(5-3-7)和式(5-3-8)得：

$$C = \frac{1}{n} R^{\frac{1}{6}} \tag{5-3-9}$$

式(5-3-7)中，谢才系数 C 是有量纲的，单位是 $\text{m}^{0.5}/\text{s}$。工程中有时用无量纲谢才系数 C_0 代替 C 值，C_0 为：

$$C_0 = \frac{C}{\sqrt{g}} \tag{5-3-10}$$

或

$$C_0 = \frac{R^{1/6}}{n g^{1/2}} \tag{5-3-11}$$

或

$$C_0 = \frac{\overline{h}^{1/6}}{n g^{1/2}} \tag{5-3-12}$$

式中：g——重力加速度(m/s^2)。

对于宽浅的天然河流，$B \gg \overline{h}$，$B \approx P$，$R \approx \overline{h}$，则以上各式中的 R 可用平均水深 $\overline{h}$ 代入。

对于均匀流，水力坡度 J、水面坡度 J_P 和底坡 i 都相等，即 $J = J_P = i$，故以上各式中的 J，均可用底坡 i 和水面坡 J_P 代入。

渐变流的水力计算，一般可近似地看做均匀流，应用谢才公式和满宁公式计算。

第四节 粗 糙 系 数

粗糙系数 n,又称糙率,糙率的倒数$\frac{1}{n}$称糙率系数。它们综合地反映各种因素对水流阻力的影响,这些因素包括床面粗糙(粒径大小和级配)、床面形态(沙纹、沙垄、沙波及床面地形)、断面形状、底坡的变化、植物及障碍物的存在等。一般,工程计算为了简便,可参照按实测资料编制的粗糙系数表或糙率系数表(如河流糙率表 5-4-1～表 5-4-5 等)来选定。最好选用当地水文站或水利部门实测的 n 值或$\frac{1}{n}$值。

分析桥前壅水等问题,需要用能量方程进行计算,必须把过水断面作为一个整体断面来处理,则要确定全断面的综合糙率 n,即河槽和河滩的综合粗糙系数。姜国干"从全断面床面切应力等于河槽和河滩切应力之和"的概念出发,给出综合河槽和河滩全断面的糙率公式:

$$n=\left(n_{c}^{2}\frac{P_{c}}{P}+n_{t1}^{2}\frac{P_{t1}}{P}+n_{t2}^{2}\frac{P_{t2}}{P}\right)^{0.5} \tag{5-4-1}$$

同理,对于宽滩河段,一侧河滩具有不同糙率部分时的综合糙率 n_{t1}:

$$n_{t1}=\left(n_{t1.1}^{2}\frac{b_{t1.1}}{b}+n_{t1.2}^{2}\frac{b_{t1.2}}{b}+\cdots\cdots\right)^{0.5} \tag{5-4-2}$$

式中:b、$b_{t1.1}$、$b_{t1.2}$——分别是一侧河滩的总宽度和该河滩上不同糙率部分的宽度(m)。

一、天然河道粗糙系数(表 5-4-1)

天然河道粗糙系数　　表 5-4-1

<table>
<tr><th colspan="4">(1)河 槽 部 分</th></tr>
<tr><th>河段平面及水流状态</th><th>河床组成及床面情况</th><th>岸壁及植被情况</th><th>$\frac{1}{n}$</th></tr>
<tr><td rowspan="6">河段顺直或下游略有扩散;断面宽阔、规则;水流通畅</td><td rowspan="2">砂质或土质河床,河底平顺</td><td>平顺的土岸或人工堤防</td><td>55(45～65)</td></tr>
<tr><td>略有坍塌的土岸或杂草稀疏的平顺土岸</td><td>50(40～60)</td></tr>
<tr><td rowspan="2">卵石、圆砾河床,河底较平顺</td><td>砂、圆砾河岸或平整的岩岸</td><td>45(36～54)</td></tr>
<tr><td>不够平整的岩岸或灌丛中密的河岩</td><td>40(32～48)</td></tr>
<tr><td rowspan="2">卵石、块石河床;河床上有水生植物</td><td>不平顺的砂砾河岸,风化剥蚀的河岸</td><td>35(28～42)</td></tr>
<tr><td>不平顺的岩岸或灌丛中密的河岸</td><td>30(24～36)</td></tr>
</table>

续上表

河段平面及水流状态	河床组成及床面情况	岸壁及植被情况	$\frac{1}{n}$
河段上下游接弯道或下游有卡口、支流汇入等束水影响；复式断面；水流不够通畅	砂、圆砾河床，边滩交错	有坍塌的土岸或砂砾河岸；风化岩岸	45(36～54)
		不平顺的岩岸或灌丛中密的河岸	40(32～48)
	卵石、圆砾河床，河底不够平顺；长中密水生植物	岩岸或不平整的卵石圆砾河岸	35(28～42)
		不平顺的岩岸或灌丛中密的河岸	30(24～36)
	卵石、块石、圆漂河床；河底间有深坑、石梁或水生植物	参差不齐的卵石、圆砾河岸或土岸，略有凸凹的岩岸	25(20～30)
		参差不齐的岩岸或灌木丛生的河岸	20(16～24)
山区峡谷河段；急弯间的河段或弯曲河段；阻塞的复式断面；水流曲折不畅；流向紊乱	砂、圆砾河床；边滩、砂洲犬牙交错	人工堤防强制弯曲者	35(28～42)
		有矶石或丁坝挑流者	30(24～36)
	卵石、圆砾河床；起伏不平或长有水生植物	参差不齐的卵石、圆砾河岸或灌丛中密的河岸	25(20～30)
		参差不齐的岩岸或灌丛中密的河岸	20(16～24)
	卵石、块石、大漂石河床，石梁、跌水、孤石交错，或水生植物稠密，阻水严重	参差不齐的岩岸或灌丛中密的河岸	15(12～18)
		两岸时有岩嘴突出，很不平顺，形成强烈斜流、回水、死水的河岸	12(10～14)

(2)河 滩 部 分

滩地植被情况	平面及水流状态	$\frac{1}{n}$
基本无植物或仅有稀疏草丛	平面顺直，纵面平坦，水流通畅，没有串流且滩宽不大者	25 (20～30)
	下游有束水影响，水流不够通畅；水流虽通畅，但河滩甚宽者(滩宽在槽宽的三倍以上)	20 (15～25)
长有中等密度植物或已垦为耕地	下游无束水影响，河滩甚宽，或有束水影响，滩宽较窄	15 (12～18)
	平面不够平顺，下游有束水影响，河滩甚宽	10～13
长有稠密灌木丛或杂草林木丛生，阻水严重		7～10

注：1. 采用满宁糙率 n 的倒数 $1/n$ 作为统计分析值，因此，从本表查得的 $1/n$ 值必须用满宁公式计算断面谢才系数，即 $C=\frac{1}{n}R^{\frac{1}{6}}$；断面平均流速用 $v=\frac{1}{n}R^{2/3}J^{1/2}$ 计算。

2. 表中描述的河段长度，一般为 4～8 倍高水位的河宽，但不应小于 300m。
3. 河床组成分类及河床质平均粒径变幅为：砂 0.05～2.00mm，圆砾 2～20mm，卵石 20～20mm，块石、漂石(200mm)以上。
4. 包括河槽与河滩的断面称为复式断面，发生底沙运动的那部分河床(不包括边滩)称为河槽，只有洪水流过而不发生泥沙运动的那部分河流泛滥宽度称为河滩。河滩一般种有作物或茂密的植被。
5. 稀疏杂草或灌木丛：人行其中无甚阻碍。中密灌丛或农作物：人行其中，多受阻碍。稠密灌丛：人难入其中。
6. 表中 $1/n$ 值：当洪水比降在 0.1%以上者，可采用括号内较低的数值；洪水比降变化在 0.01%以上者，可采用括号内较大的数值。
7. 河段的形态是千变万化的，可以形成各种各样的组合，应用时，首先应调查工点的河段平面和水流状态属于表列三类的哪一类，其次，才是河床的组成和床面情况，岸壁及植被情况是第三位的。调查工点的河段特性若与表列的组合方式不尽相同，可以根据实际情况，对表列数值作适当调整。

二、我国各地区河流洪水糙率系数表

(1)西北地区河流糙率系数表(表 5-4-2-1,铁路、公路系统 1961 年编制)

(2)西南地区河流粗糙系数表(表 5-4-2-2,铁路、公路系统 1962 年编制)

(3)华北、东北地区河流洪水糙率系数表(表 5-4-2-3,铁路、公路系统 1961 年编制)

(4)中南、华东地区河流洪水糙率系数表(表 5-4-2-4,铁路、公路系统 1964 年编制)

(5)中南、华东地区河难洪水糙率系数表(表 5-4-2-5,铁路、公路系统 1964 年编制)

表 5-4-2-1～表 5-4-2-5 使用说明:

1. 资料来源

表 5-4-2～表 5-4-2-3 为我国铁路、公路系统 1961、1962 年编制。表 5-4-2-4 中南、华东地区采用 1964 年编制成果。表 5-4-2-5 为中南、华东地区铁路、公路系统 1964 年编制的河滩洪水糙率系数。

2. 引用公式

表列数字均采用谢才—满宁公式进行计算。

3. 名词术语含义

(1)糙率系数:糙率 n 的倒数 $\frac{1}{n}$ 为糙率系数。

(2)河段特征:表中描述河段长度,一般为 4～8 倍河宽,但最小不小于 300m。描述所用名词含义如下:

顺直、缓弯、急弯——调查断面上、下游 6 倍河宽内弯曲部分与顺直部分的交角:在 20°以下者为顺直,在 20°～70°者为缓弯,在 90°左右者为急弯。

扩散段与收缩段——扩散角或收缩角(岸边线与水流方向线之交角):在 15°以下者为无扩散或无收缩,在 15°以上者为有扩散或有收缩。

冲淤——河床高程的冲淤变化:在 1m 以内者为略有冲淤,在 1～2m 者为有冲淤,在 2m 以上者为冲淤严重。

(3)宽深比:单式断面采用历年最高观测水位的断面相应水面宽和平均水深之比值;复式断面采用平滩水位时主槽的水面宽和主槽平均水深的比值。

(4)含沙量:历年最大日平均含沙量的平均值(内陆河流为最大含沙量)。

(5)洪水坡度:洪水期间最高水位时水面坡度的代表性数值(特大、特小及低水部分未予考虑)。

(6)河床质分类及其平均粒径变幅:淤泥 0.005～0.05mm、细砂 0.05～0.25mm、中砂 0.25～0.5mm、粗砂 0.5～2mm、砾石 2～20mm、卵石 20～200mm、块石、漂石 200mm 以上。

(7)线形特征及编号:糙率系数 $\frac{1}{n}$ 随平均水深而变的。在表中编号右脚所注"正"、"反"、"弓"、"常",系表示糙率系数随水深而变化的趋势,例如"$1_{正}$"即表示第 1 号正向趋势曲线。

4. 选用方法

(1)各地区河流原则上宜应用本地区的糙率系数表,但当本地区的糙率系数表缺乏某种分类而其他地区有相当者,亦可考虑按其他地区的数值试用。

西北地区河流糙率系数表(铁路、公路系统1961年编制)(栏内下排系均值)　　表5-4-2-1

河流类型		编号及线形特征	河段特征的描述	洪水坡度变化范围(‰)	河床质平均粒径变化范围(mm)	宽深比$B/\bar{h}_P$变化范围	含沙量变化范围(kg/m³)	随平均水深(m)而变的$\frac{1}{n}$值									备注
								1.0	1.5	2.0	3.0	4.0	6.0	8.0	10.0	12.0	
山区	大中型	$1_{正}$	河道平面顺直,河底为夹砂卵石,基本平顺,河槽近似矩形,两岸为砂及砾石,较为稳定	1.0～1.6		35～37	7～12	25～39 32	31～45 38	36～52 44	43～59 51						
山区	大中型	$2_{正}$	河道平面顺直,但上下游均有沙洲或边滩生有水草,沙夹卵石河床,河底基本平顺,略有小坑、石梁,冲淤变化不大,两岸稳定	0.3～1.2		37～63	3～26	18～36 27	20～39 30	22～42 32	26～48 37	30～54 42	38～66 52	45～77 61	48～84 66		
山区	大中型	$3_{正}$	河道平面顺直,沙夹卵石河床,河底基本平顺,冲淤变化很小,两岸为岩石	0.3		44	28			22～49 36	24～52 38	26～55 41	30～61 46	34～67 51	38～73 56		
山区	大中型	$4_{反}$	河段基本顺直或稍有弯曲,高水略呈弧形或测流段略有收缩,水流不够畅通,河床为卵石组成,河道中无沙洲及石滩,低水无串流,主槽稳定,稍有冲淤变化,河床纵坡平缓且平整,断面宽阔成梯形,一侧稍有边滩,无水生植物及杂草	0.6～1.0		43～80	12～131			55～45 50	48～38 43	41～31 36	33～27 30				

续上表

河流类型		编号及线形特征	河段特征的描述	洪水坡度变化范围(‰)	河床质平均粒径变化范围(mm)	宽深比 $B/\bar{h}_P$ 变化范围	含沙量变化范围(kg/m^3)	随平均水深(m)而变的$\frac{1}{n}$值									备注
								1.0	1.5	2.0	3.0	4.0	6.0	8.0	10.0	12.0	
山区	大中型	5反	测流段略有弯曲,或测流段较顺直,但高水时下游稍有束水影响,水流不够畅通,河床冲淤变化较大,河床纵坡略有凹凸不平,低水时无串流,断面宽阔成梯形,高水时边滩很宽无水生植物	0.8～1.6		55～75	35～587	54～42 48	50～38 44	47～35 41	41～30 36	37～27 32	32～24 28				
山区	大中型	6反	测流段基本顺直,但上下游河道有不同程度弯曲或受支流顶托,高水时水流不定,冲淤变化不大,河道中有沙洲及石滩,河床纵坡较前两类略陡,断面较窄深呈矩形,两岸多为岩石	1.5～4.0		10～23	7～646	49～30 40	47～28 38	45～26 36	41～23 32	37～21 29	32～18 25	29～17 23	27～15 21	26～14 20	
山区	大中型	7反	测流段内顺直,但上下游河道均有急弯,高水时水流不很通畅,河床为卵石及块石组成,主槽稳定,冲淤变化很小,河床纵坡平顺,断面为不对称三角形,一侧边滩较宽,生有杂草	1.5～2.0		12～33	14～792	70～48 59	63～39 51	56～32 44	41～25 33	35～23 29	33～21 27	32～20 26	31～19 25		

续上表

河流类型		编号及线形特征	河段特征的描述	洪水坡度变化范围(‰)	河床质平均粒径变化范围(mm)	宽深比 $B/\bar{h}_P$ 变化范围	含沙量变化范围(kg/m^3)	随平均水深(m)而变的$\frac{1}{n}$值									备注
								1.0	1.5	2.0	3.0	4.0	6.0	8.0	10.0	12.0	
山区	中小型	$8_{正}$	河道平面顺直，主槽稳定，河床为卵石，河底平整，两岸为土坡，无崩塌现象，河槽较为宽浅	0.1～0.5		37～123	0.9～38	34～58 46	42～66 54	50～74 62	66～90 78						
山区	中小型	$9_{正}$	河道平面顺直、通畅，或略有扩散，或有滩岛及石嘴等，河床为卵石及块石，河底较为粗糙，河岸略受冲刷或长有杂草	1.6～4.4		15～44	～77	29～41 35	34～46 40	37～49 43							
山区	中小型	$10_{正}$	河道顺直或略有扩散，河中有滩岛及孤石、石嘴等，河底为块石，粗糙度很大，水小时激起浪花，两岸稳定，多为砂夹卵石及岩石	1.7～1.5		13～38	1.5～75	19～31 25	25～37 31	31～43 37	42～54 48						
山区	中小型	$11_{反}$	测流河段顺直，上下游河道弯曲成S形，两岸为陡坎、台地或缓坡，砾石河床，主槽稳定，冲淤变化不大，河床纵坡平缓，水流基本畅顺	1.3～2.3		17～18	212～733	69～49 59	62～44 53	54～38 46	39～27 33						
山区	中小型	$12_{反}$	测流河段基本顺直或下游有河湾，河床质为卵石，河床稳定，河中有沙洲，冲淤变化较大，河底不够平顺、整洁，纵坡大于上类，两岸为陡坎或一面为缓坡有边滩	1.0～2.9		22～36	4.9～590	54～40 47	52～38 45	50～36 43	47～35 41	45～34 40					

续上表

河流类型		编号及线形特征	河段特征的描述	洪水坡度变化范围(‰)	河床质平均粒径变化范围(mm)	宽深比 $B/\bar{h}_P$ 变化范围	含沙量变化范围(kg/m³)	随平均水深(m)而变的 $\frac{1}{n}$ 值									备注
								1.0	1.5	2.0	3.0	4.0	6.0	8.0	10.0	12.0	
山区	中小型	13反	测流段位于缓弯或基本顺直处,上下游河道弯曲严重,下游有卡口、收缩等束水现象,砂夹卵石或卵石河床,主槽稳定,冲淤变化较大,纵坡不够平顺,且纵坡较陡,两岸为陡坎或一面为缓坡	2.0～4.0		11～46	44～663	53～35 44	46～30 38	41～25 33	34～22 28	28～20 24					
山区	中小型	14反	测流河段基本顺直,主槽稳定,河床为卵石组成,冲淤变化不大,河底较平顺,纵坡较大,一岸为石质较陡峻,一岸为长有小灌木的缓坡	3.6～5.0		10～21	18～67	40～28 34	36～25 31	32～22 27	27～17 22						
山区	中小型	15反	测流河段顺直,断面处收缩,受下游人工建筑物的影响,高水时水流不通畅,河床为卵石,河底不够整洁、平顺,河床纵坡较陡	6.1		32	18	35～23 29	32～20 26	30～18 24							
山区	中小型	16反	河流顺直,石板河床,河底平顺,两岸很陡,为稳定的岩石或砂夹卵石	1.5～2.6		15～18	736～777	68～48 58	59～41 50	51～35 43	44～32 38	42～30 36	37～27 32				
山区	中小型	17反	河道略有弯曲,或上下游有急弯,石板河床,河底纵向有高低不平小台阶及部分卵石及块石,河槽窄深,两岸为稳定的土坡或岩石	2.1～3.2		13～18	502～559	57～39 48	52～36 44	48～32 40	39～27 33	34～24 29					

续上表

河流类型		编号及线形特征	河段特征的描述	洪水坡度变化范围(‰)	河床质平均粒径变化范围(mm)	宽深比 $B/\bar{h}_P$ 变化范围	含沙量变化范围(kg/m³)	随平均水深(m)而变的 $\frac{1}{n}$ 值									备注
								1.0	1.5	2.0	3.0	4.0	6.0	8.0	10.0	12.0	
山区	内陆河流	$18_{正}$	山区中小河流，顺直段长度在10倍河宽(高水)以上，河床质为卵石，冲淤变化小，河底平整，断面较宽浅	3.0～8.6		13～43		24～30 27	30～36 33	33～39 36	35～41 38	37～43 40					
山区	内陆河流	$19_{正}$	测段处于稍有扩散或顺直的河道，顺直长度较短，一般为河宽的3～5倍，上下游均有弯道，河底有石梁、沙洲等影响水流，河床质为卵石夹砂及块石，冲淤变化不大，断面近似槽形或梯形，高水能控制	2.6～14.0		15～29	10～40	20～30 25	24～34 29	27～36 32	29～38 34	32～40 36					
山区	内陆河流	$20_{正}$	山区中小河流的弯曲段或河流的顺直段，但上下游有卡口、急滩等堵塞情况者，河床为块石、卵石及砂，河底不平整，断面窄深，高水能控制	2.8～9.0		15～22		14～20 17	17～24 21	20～27 24	21～29 25	22～30 26					
山区	内陆河流	$21_{反}$	山区中等河流，断面处于下游有峡口或孤石、构造物等，使水流宽度受到收缩(尤其高水位)，河道大致顺直，河床为砂夹卵石，稍有冲淤，河底不太平整，两岸为直立陡岸，高水控制良好	4.0～7.0		9～34	20～35	60～46 53	50～36 43	41～29 35	34～24 29	27～21 24					

续上表

河流类型		编号及线形特征	河段特征的描述	洪水坡度变化范围(‰)	河床质平均粒径变化范围(mm)	宽深比 $B/\bar{h}_P$ 变化范围	含沙量变化范围(kg/m³)	随平均水深(m)而变的$\frac{1}{n}$值									备注
								1.0	1.5	2.0	3.0	4.0	6.0	8.0	10.0	12.0	
山区	内陆河流	22反	山区中小河流,断面与上类相同,处于收缩河段,河道缓弯或上下游有弯道,河床为砂夹卵石,不平整,有冲淤变化,两岸为砂夹卵石或岩石陡岸,高水控制良好	8.0～15.0		13～39	99～371	44～28 36	34～24 29	29～21 25	26～20 23						

西南地区河流糙率系数表(铁路、公路系统 1962 年编制)(栏内横线下系均值) 表 5-4-2-2

河流类型	编号及线形特征	河段特征的描述	洪水坡度变化范围(‰)	河床质平均粒径变化范围(mm)	宽深比 $B/\bar{h}_P$ 变化范围	含沙量变化范围(kg/m³)	随平均水深(m)而变的$\frac{1}{n}$值										备注
							1.0	2.0	3.0	4.0	6.0	8.0	10.0	15.0	20.0	25.0	
山区河流	1正	河段顺直,上游 1km 有滩;为窄浅 U 形河槽;河床质淤泥很深;一岸为岩石,一岸为土质	1.0～1.4		11.5	0～0.03	25～39 32	39～58 48									
山区河流	2正	河段顺直,水流通畅,上游 1～2km 处河中有滩,或有其他河流汇入;河槽断面宽深呈 U 形;河床质为沙夹卵石或砾石,两岸杂草从生	0.5～1.2		13.7～16.7		21～31 26	22～35 29	28～42 35	34～52 41							

续上表

河流类型	编号及线形特征		河段特征的描述	洪水坡度变化范围(‰)	河床质平均粒径变化范围(mm)	宽深比 $B/\bar{h}_{P}$ 变化范围	含沙量变化范围(kg/m³)	随平均水深(m)而变的$\frac{1}{n}$值										备注
								1.0	2.0	3.0	4.0	6.0	8.0	10.0	15.0	20.0	25.0	
山区河流	$3_{正}$	甲	河段顺直，水流通畅；河底平整，河床为宽浅型矩形河槽；河床质为砂、砾、卵石，冲淤变化甚微；河床两边有水草生长，低水则露出水面，两岸为沙质土，易于冲刷，高洪水时有漫溢现象	0.3～0.8		45～70	0.44～1.0	4～6	22～34	30～45	37～54							
								5	28	38	45							
	$3_{正}$	乙	河段顺直，上游有河沟汇入，或上游有桥，河槽稳定，断面为矩形；河底为岩石和卵石组成，低水时出现乱石和浅滩，一岸为岩石坡缓，一岸为土质，高水时水流通畅	0.8～4.8		14～52	2.3～26.8	19～30	23～35	27～41	31～47	38～58						
								24	29	34	39	48						
	$4_{正}$		河段尚顺直，下游略扩散，河槽稳定；河床为矩形；河底有起伏或深潭，河床质系卵石，间有块石，一岸为岩石陡坡，或为土质陡坡，生长零星灌木或芦苇，一岸为砂卵石坡缓，高水时水流通畅	0.9～1.2		19～50	1.95～6.87		21～31	22～34	25～37	29～43	35～50					
									26	28	31	36	42					

续上表

河流类型	编号及线形特征	河段特征的描述	洪水坡度变化范围(‰)	河床质平均粒径变化范围(mm)	宽深比 $B/\overline{h}_P$ 变化范围	含沙量变化范围(kg/m^3)	随平均水深(m)而变的 $\frac{1}{n}$ 值 1.0	2.0	3.0	4.0	6.0	8.0	10.0	15.0	20.0	25.0	备注
山区河流	$5_{正}$	河段顺直,水流通畅,上游有石滩,河槽稳定,高水位时有漫滩现象;河床质为卵石,冲淤甚少,河中间有青苔及苔丝,两岸为砂土夹卵石,普通洪水位以上两岸为灌木或柳树或荆棘丛生,崩坍较少,间有黄泥夹砂土者则易崩坍	0.2~0.7		30~60	0.3~0.6	22~32	26~38	27~41	28~42	29~43	30~44					
							27	32	34	35	36	37					
	$6_{正}$	河段顺直,水流通畅,河槽稳定;断面呈U形,高洪水时有漫溢现象,低水时岸边有局部回流;纵断面有反坡现象;河底多为卵石夹砂砾,间有块状岩石,两岸为沙质土,表面杂草丛生,间有岩石或板岩迭接	0.3~0.5		22~48	0.2~7.0		16~24	20~30	21~32	22~34	23~35	24~36				
								20	25	27	28	29	30				
	$7_{正}$	河段稳定,一岸顺直,一岸略扩散,主流略偏顺直一岸,扩散岸有回流现象;纵坡陡,水流急,河床为大卵石;断面呈矩形	2.1	125		2.44~6.79			17~25	20~30	21~31						
									21	25	26						
	$8_{正}$	河段顺直或有缓弯,水流通畅,下游1km内有滩险、跌水,或喀斯特情况较发育,河槽稳定,为V形深槽;河床质为卵石、砾石或岩石,两岸为风化岩层	0.3~0.9		4~11	0.9~2.9				7~11	11~17	13~19	13~19	14~20	14~22		
										9	14	16	16	17	18		

续上表

河流类型	编号及线形特征		河段特征的描述	洪水坡度变化范围（‰）	河床质平均粒径变化范围（mm）	宽深比 $B/\bar{h}_P$ 变化范围	含沙量变化范围（kg/m³）	1.0	2.0	3.0	4.0	6.0	8.0	10.0	15.0	20.0	25.0	备注
								随平均水深(m)而变的 $\frac{1}{n}$ 值										
山区河流	$9_{正}$		河段在中、高水位以上顺直，低水位较弯曲；断面为V形的狭谷深槽，水位变化幅度很大，涨落水急剧；岩石河床无冲淤，两岸在高水位以下均为岩石，高水位以上则在砂土，并长杂草	0.3～0.6		4.2～0.8										8～12	10～14	
																10	12	
	$10_{反}$		河段较顺直，上下游有急弯，上游有急弯或沙坝，下游有急滩及弯道，主槽较稳定；冲淤变化小，断面为梯形；河床为卵石夹沙，两岸为岩石及卵石	0.28～0.31	39～70	20～42	4.12～50.2					55～37	50～34	46～30	35～23			
												46	42	38	29			
	$11_{反}$	甲	河段顺直，河槽稳定，为窄深形河槽；下游2km有卡口，天然控制良好；河床质为砂夹卵石及小砾石，两岸长有30%～40%杂树野草；河段内喀斯特情况特别发育	1.4～1.7	5～25	15～18	3.64～4.13			58～38	52～31	48～30	48～30	44～30				
										48	43	38	38	37				
		乙	河段顺直，上下游有急弯，或仅下游有急弯，或下游无急弯但有低水堆石坝（平均水深在4m以下），或下游无弯而高水位时有分流现象；河槽稳定；河底起伏不很大，间有深潭；断面呈窄深形单式断面；河床质为卵、砾石夹沙，冲淤变化不大；河槽两边长有水草，两岸多为沙土或岩石，冲刷、崩坍现象较少	0.22～1.8	55～410	20～60	1.0～113	55～37	45～30	42～28	41～27	40～26	38～26	37～25	34～22	29～19		
								46	38	35	34	33	32	31	28	24		

续上表

河流类型	编号及线形特征	河段特征的描述	洪水坡度变化范围(‰)	河床质平均粒径变化范围(mm)	宽深比 $B/\bar{h}_P$ 变化范围	含沙量变化范围(kg/m³)	随平均水深(m)而变的 $\frac{1}{n}$ 值 1.0	2.0	3.0	4.0	6.0	8.0	10.0	15.0	20.0	25.0	备注
山区河流	12反	河段顺直，上下游有缓弯，下游有急滩；纵断面起伏比较平滑顺直，测流段属平缓区段；河槽稳定，断面为宽浅矩形，主槽有摆动；河床为卵石组成；一岸为岩石、块石，一岸为较平坦的沙土、卵石，种植农作物及杂草丛生	1.2～3.4	35～130	23～46	2.03～116			38～26 32	35～23 29	34～22 28						
	13反	河段紧接急滩，且正当串沟流入主槽，水浪湍急，水声较大，下游有大片滩地，一岸有大石形成小股回流；纵断面起伏不平，坡度较陡，高低水位坡度变化较大；断面为单式U形，河床为乱石及卵石，流向紊乱，河床不整齐，有冲淤变化，高水位时岸边略有崩坍	3.5～22		28～30		52～34 43	22～14 13									
	14反 甲	河段大致顺直，两岸为山岭屏障，上游河道曲折，下游为急弯狭道并有浅滩，呈高、中、低水控制；河底为泥沙，两岸为红黏土夹岩石，一岸较陡峭，一岸较缓，局部易坍塌；两岸并有竹林、灌木丛，中水位以上引起水流有局部旋涡及回流现象	0.4～0.5		13～79	0.02～1.6	42～31 37	36～25 30	33～22 27	32～21 26							

续上表

河流类型	编号及线形特征		河段特征的描述	洪水坡度变化范围(‰)	河床质平均粒径变化范围(mm)	宽深比 $B/\bar{h}_P$ 变化范围	含沙量变化范围(kg/m³)	随平均水深(m)而变的 $\frac{1}{n}$ 值										备注
								1.0	2.0	3.0	4.0	6.0	8.0	10.0	15.0	20.0	25.0	
山区河流	14反	乙	河段尚顺直，下游两岸高山陡立，形成夹口状，有束水作用；河槽稳定，呈V形；河底靠两岸均为大乱石和大板石，低水时形成局部回流，河中为粗砂卵石；两岸在常水位以下为岩石，以上则是沙质土及黄土，表面长杂草，一般高度在0.5～2.0m，十分稠密	0.6～1.0		6～8	0.3～1.2					28～18	23～15	18～12				
												23	19	15				
	15反		河段较顺直通畅，上游有卡口急弯，下游有回水影响；断面为单式矩形；纵段面起伏不平，测流段位于平缓坡度，或倒坡段内；河床为卵石、砾石夹砂，一岸为大乱石，一岸为卵石、砾石，对糙率影响较大	2～4.7		18～37	1.1～2.77	42～62	37～25	35～23	34～22							
								52	31	29	28							
	16反		河段顺直，下游1.5km内有卡口或急弯，或纵断面起伏甚大；河槽稳定呈窄深型，河床质为砂夹卵石、砾石或岩石组成；两岸为风化岩层或乱石堆积或沙质土，但表面植物丛生，表面粗化较甚	0.2～3.2	30～100	11～30	3.9～6.4	40～26	35～24	34～22	31～21	29～19	29～19	28～18	26～18	24～16		
								33	30	28	26	24	24	23	22	20		
	17反		河段顺直，上游1km内有河流汇入，或有桥梁影响，河段起扩散作用，下游500m内有急弯、卡口，水流在洪水以上受压缩；河槽稳定呈U形；河床质为砂砾及卵石；两岸为风化页岩及杂草，喀斯特情况较发育	0.62～1.5	35～60	4～7	3.7～5			36～24	25～17	22～14	22～14	22～14	20～14	19～13		
										30	21	18	18	18	17	16		

续上表

河流类型	编号及线形特征	河段特征的描述	洪水坡度变化范围(‰)	河床质平均粒径变化范围(mm)	宽深比 $B/\bar{h}_P$ 变化范围	含沙量变化范围(kg/m³)	随平均水深(m)而变的 $\frac{1}{n}$ 值										备注
							1.0	2.0	3.0	4.0	6.0	8.0	10.0	15.0	20.0	25.0	
山区河流	18反	河段有缓弯;河槽稳定;大溜不稳定,低水位时有串沟情况,下游有急弯、急滩,形成束口,上下游河中有突出孤石及深潭;纵断面起伏不平;河底系岩石,间有卵石;两岸高山峙耸;多系岩石及砂质土,丛生芦苇及灌木,洪水时有冲刷、坍塌现象	0.4～1.3		9～25	0.25～30	56～84	41～61	32～48	26～40	26～18	19～13	19～13	17～11			
							70	51	40	33	22	16	16	14			
	19反	河段缓弯,上、下游有急弯,下游有急滩及卡口;河床坡度很陡,起伏不平,呈波浪形,有深坑及深沟,多石梁急滩,洪水期浪高流急坡度大;断面为单式U形,主槽经常摆动,不太稳定;河床质由砂夹卵石、漂石、乱石组成,两岸为岩石及砂土	8.2～11.2	110～800	20～60	4.16～10.8	36～24	26～18	25～17								
							30	22	21								
	20反	河段顺直,上游有水流较急的小滩,下游有河湾,并有岩石裸露;断面控制良好,河槽为U形,低水位时有分流现象;砂质河床,冲淤变化不定,两岸系砂质土,易崩坍,具有平原区河段的一般特征	0.82～1.6		22～60	1.11	35～23	31～21	29～19	29～19							
							29	26	24	24							

华北、东北地区河流洪水糙率系数表（铁路、公路系统 1961 年编制）（栏内下排系均值）　　表 5-4-2-3

河流类型	编号及线形特征	河段特征的描述	洪水坡度变化范围（‰）	河床质平均粒径变化范围（mm）	宽深比 $B/\bar{h}_p$ 变化范围	含沙量变化范围（kg/m^3）	随平均水深（m）而变化的 $\frac{1}{n}$ 值						备注
							1	2	3	4	6	8	
山区	$1_{反}$	河段顺直通畅，河槽稳定，冲淤不大；断面宽敞近似抛物线形，单式断面；河底平顺，河床质为砂夹卵石	1.1～2.6	55～120	54～64		62～40 51	59～40 49	54～36 45	49～33 41			
山区	$2_{反}$	河段位于缓弯上或测流段顺直，上下游弯曲；河槽通畅稳定，冲淤不严重；一岸陡为岩石，一岸缓为砂夹卵石或土，断面为宽敞的不对称三角形，单式断面；河床不够平整，河床质为砂夹卵石，或表面为细砂，底为岩石	1.0～2.0	1.0～50	31～70		77～51 64	65～43 54	55～37 46	49～33 41	41～27 34	37～25 31	
山区	$3_{反}$	情况与 $2_{反}$ 同，但洪水坡度以及河床质粒径较大	2.0～3.6	30～130	31～96		52～35 44	44～29 37	37～25 31	33～22 28	27～18 23	25～17 21	
山区	$4_{反}$	河段顺直，河槽稳定，稍有冲淤；断面近似 $2_{反}$、$3_{反}$，但较窄深，单式断面，河床质为大卵石	1.4～3.0	50～230	22～75		52～33 42	47～31 39	45～30 37	42～28 35			
山区	$5_{反}$	情况与 $4_{反}$ 同，两岸较陡，断面近似梯形，单式断面且较窄深；低水时水声很大，有深坑不平整	1.9～3.4	30～45	11～30		76～42 58	50～30 42	42～26 34	36～22 29	24～15 20	16～10 13	
山区	$6_{反}$	河道弯曲窄深，不通畅，河底有大孤石或岩石突出，有深坑不平整；断面近似三角形，单式断面；河床质为大卵石	2.1～7.6	21～200	24～90		45～28 37	40～24 33	36～22 30	34～22 28	31～20 26		

续上表

河流类型	编号及线形特征	河段特征的描述	洪水坡度变化范围(‰)	河床质平均粒径变化范围(mm)	宽深比 $B/\bar{h}_p$ 变化范围	含沙量变化范围(kg/m^3)	随平均水深(m)而变化的$\frac{1}{n}$值						备注
							1	2	3	4	6	8	
山前区(变迁性河流)	7反	河段有缓弯,上下游弯曲较大,河槽摆动不大,有沙洲;纵坡较大,不平整;断面多为单式,略有冲淤,但不够整齐;河床质为砂夹卵石,一般颗粒较大,河岸多为石质	2.2～6.6	6～120	53～280		54～30 42	35～22 28	32～18 25				
	8反	河段基本顺直,上下游有缓弯,高低水位时河槽均有摆动,槽内有沙洲;纵坡较平顺;断面多为宽浅,常有变化,且有冲淤现象;河床质为砂夹卵石,颗粒较小	1.2～3.0	20～75	51～257		76～42 61	47～30 37	35～23 29	30～19 24			
	9反	河段较顺直,宽敞,河槽摆动大,冲淤严重,河槽内有沙洲,底水成串流;河床纵坡由于回淤尚平整,河岸多为土质,单式断面;河床质为沙(此类接近平原区)	0.5～1.0	0.01～1.0	16～84		120～80 100	84～60 72	72～52 62				
	10反	情况与9反同,但洪水坡度、河床质粒径与漫溢宽度较大	0.9～2.4	0.25～2.5	67～395		80～52 66	60～40 50	52～35 44				

续上表

河流类型	编号及线形特征	河段特征的描述	洪水坡度变化范围（‰）	河床质平均粒径变化范围（mm）	宽深比 $B/\bar{h}_p$ 变化范围	含沙量变化范围（kg/m^3）	随平均水深(m)而变化的 $\frac{1}{n}$ 值						备注
							1	2	3	4	6	8	
平原区单式断面	11反	河段顺直整齐，河槽稳定，水流通畅；断面多为宽敞的抛物线形，冲淤变化严重；河床质为细沙，两岸为沙质黄土陡坎	0.2～0.3	0.05～0.25	64		102～67 84	88～58 73	80～54 67	77～51 64			
	12反	河段顺直整齐，河槽稳定；纵坡平缓，但水流不够通畅；断面较窄深，近似梯形，冲淤不严重；河床质为黏土或细沙，两岸为沙质黄土陡坎	0.07～0.13	0.005～0.50	10～29			89～59 74	67～42 55	52～35 45	48～31 39	36～24 30	
	13反	情况与12反同，但水流通畅；河床质为淤泥细沙，水面坡的变幅较大	0.04～0.3	0.005～0.25	11～42		80～52 66	62～40 52	48～32 40	42～26 34	36～21 28	30～20 25	
	14反	河段较顺直整齐，河槽略有变动，水流通畅；断面近似梯形，冲淤变化严重；河床质为淤泥细沙	0.05～0.26	0.005～0.25	11～20		64～42 55	50～32 42	40～26 33	36～24 30			
	15反	河段不够顺直，测段上下游附近弯曲，河床中有稀疏水草，或水生植物，水流不够通畅；断面较窄，近似梯形；河床质为细沙，两岸为砂质黄土	0.15～1.66	0.05～0.25	8～27		50～32 42	36～22 27	24～15 19				

续上表

河流类型		编号及线形特征	河段特征的描述	洪水坡度变化范围(‰)	河床质平均粒径变化范围(mm)	宽深比 $B/\bar{h}_p$ 变化范围	含沙量变化范围(kg/m³)	随平均水深(m)而变化的 $\frac{1}{n}$ 值						备注
								1	2	3	4	6	8	
平原区复式断面	河槽	16反	河段顺直,河槽不够稳定,水流通畅,附近无沙洲、串流或其他束水影响,河槽本身较宽浅,有冲淤变化;河床质为细沙,两岸为沙质土	0.07～0.56	0.05～0.25	15～100		71～45 59	60～40 50	52～34 43	47～31 39	43～29 36		
平原区复式断面	河槽	17反	河段顺直,上下游有缓弯或测流段有缓弯,河槽稳定,水流较通畅;河槽窄深,冲淤变化不大;河床质为黏土或细沙,两岸种庄稼	0.04～0.22	0.005～0.25	16～61		70～45 57	64～40 53	57～35 48	55～33 45	50～30 40	48～32 40	
平原区复式断面	河槽	18反	河段顺直,河槽基本稳定,一般下游有束水影响,水流不够通畅;河槽较窄深,冲淤变化不大;河床质为细沙,两岸为黄土	0.33～0.85	0.05～0.25	19～80		45～30 37	40～26 33	36～24 30	32～22 27	30～20 25		
								随平均水深(m)而变的 1/*n* 值						
								0.5	1.0	1.5	2.0	3.0	4.0	
平原区复式断面	河滩	19反	顺直通畅,平坦无植物的河滩,滩为槽宽的2倍以上;土质为沙土	2.5～3.5	0.05～0.25			52～42 47	42～33 37					测点少,$\frac{1}{n}$ 值有偏大现象
平原区复式断面	河滩	20反	基本顺直通畅,上下游有缓弯,河滩平坦,上面种有农作物,滩与槽宽大致相同;土质为沙质土或黄土	0.04～0.55	0.005～0.50			37～12 25	36～6 19	28～9 16	18～6 15	18～12 15		
平原区复式断面	河滩	21反	基本顺直,但不通畅,一般下游有束水影响,河滩起伏不平,上面种有农作物或有稀疏树林,滩与槽宽大致相同;土质为沙质土	0.2～0.33	0.005～0.25				28～16 23	20～10 15				

中南、华东地区河流洪水糙率系数表（铁路、公路系统 1964 年编制）（栏内横线下系均值）　　表 5-4-2-4

<table>
<tr><th rowspan="2">河流类型</th><th rowspan="2">编号及线形特征</th><th rowspan="2">河段特征的描述</th><th rowspan="2">洪水坡度变化范围（‰）</th><th colspan="14">随平均水深（m）而变化的 $\frac{1}{n}$ 值</th><th rowspan="2">采用站数</th></tr>
<tr><th>1</th><th>2</th><th>3</th><th>4</th><th>5</th><th>6</th><th>7</th><th>8</th><th>9</th><th>10</th><th>11</th><th>12</th><th>13</th><th>14</th></tr>
<tr><td rowspan="8">山区</td><td rowspan="2">$1_{反}$</td><td rowspan="2">河段顺直，下游有大沙洲，或河段上游顺直，下游 3～4 倍河宽长度外接急弯。卵石或沙夹卵石河床，河底较平顺（稍有冲淤或稍呈倒坡）。一岸石质（或部分石质），长有杂草，一岸土质长有杂草及树木</td><td rowspan="2">0.1～0.4</td><td>49～34</td><td>46～32</td><td>45～30</td><td>44～29</td><td>43～29</td><td>42～28</td><td>42～28</td><td>42～28</td><td>42～28</td><td>42～28</td><td>42～28</td><td>42～28</td><td>42～28</td><td>42～28</td><td rowspan="2">10</td></tr>
<tr><td>42</td><td>39</td><td>38</td><td>36</td><td>36</td><td>35</td><td>35</td><td>35</td><td>35</td><td>35</td><td>35</td><td>35</td><td>35</td><td>35</td></tr>
<tr><td rowspan="2">$2_{反}$</td><td rowspan="2">河段顺直。卵石或岩石河床，河底较平顺（稍呈倒坡）。一岸为石质，不平顺，长有中密杂草、灌木，一岸土质，长有中密灌木、杂草</td><td rowspan="2">0.5～1.3</td><td>54～40</td><td>49～36</td><td>44～32</td><td>40～29</td><td>36～26</td><td>33～24</td><td>30～22</td><td>27～21</td><td>27～21</td><td rowspan="2"></td><td rowspan="2"></td><td rowspan="2"></td><td rowspan="2"></td><td rowspan="2"></td><td rowspan="2">6</td></tr>
<tr><td>47</td><td>43</td><td>38</td><td>35</td><td>31</td><td>28</td><td>26</td><td>24</td><td>24</td></tr>
<tr><td rowspan="2">$3_{反}$</td><td rowspan="2">同 $1_{反}$；但一岸长有茂密的灌木及小竹子</td><td rowspan="2">0.6～1.5</td><td>58～40</td><td>48～32</td><td>40～26</td><td>33～23</td><td>29～20</td><td rowspan="2"></td><td rowspan="2"></td><td rowspan="2"></td><td rowspan="2"></td><td rowspan="2"></td><td rowspan="2"></td><td rowspan="2"></td><td rowspan="2"></td><td rowspan="2"></td><td rowspan="2">6</td></tr>
<tr><td>49</td><td>40</td><td>33</td><td>28</td><td>25</td></tr>
<tr><td rowspan="2">$4_{反}$</td><td rowspan="2">河段上游顺直，下游 3 倍河宽外接缓弯。砂夹卵石河床，河底不平顺（倒坡、深坑、孤石、石梁等）。两岸石质，较陡，不平顺有回流，或两岸部分为石质岸坡，不平顺有回流，部分土质有坍塌，岸坡上部长有中密灌木、竹子</td><td rowspan="2">0.6～1.6</td><td>44～30</td><td>39～26</td><td>36～24</td><td>33～22</td><td>32～21</td><td>31～21</td><td>30～20</td><td>30～20</td><td>30～20</td><td>30～20</td><td>30～20</td><td>30～20</td><td>30～20</td><td>30～20</td><td rowspan="2">20</td></tr>
<tr><td>37</td><td>33</td><td>30</td><td>28</td><td>27</td><td>26</td><td>25</td><td>25</td><td>25</td><td>25</td><td>25</td><td>25</td><td>25</td><td>25</td></tr>
</table>

续上表

河流类型	编号及线形特征	河段特征的描述	洪水坡度变化范围(‰)	随平均水深(m)而变化的$\frac{1}{n}$值														采用站数
				1	2	3	4	5	6	7	8	9	10	11	12	13	14	
山区	5反	河段上游较顺直,下游3倍河宽外接急弯。岩石、卵石河床,河底不平顺(深坑、孤石、跌水、卵石洲)。两岸石质、崎岖不平整,有局部回流,上面长有杂草,或两岸坡系土夹乱石,坡上密生芦苇	0.7～2.5	40～30	35～25	30～21	26～18	23～16	21～15	19～14	18～14	18～13						6
				35	30	26	22	20	18	17	16	16						
	6正	河段顺直。岩石、卵石河床,河底不平顺(倒坡、深坑、急滩)。两岸石质较平顺,长有稀疏杂草,或两岸石质、不平整,生长茂密杂草及少量的灌木,但测流河段内有明显的扩散	0.3～0.4		31～20	37～25	41～29	43～32	44～34	44～35	44～35	44～35	44～35					3
					26	31	35	37	39	40	40	40	40					
	7常	河段上游顺直。下游2～4倍河宽有大沙洲,中水淹没,沙洲下游紧接急弯。沙及板岩河床,部分长有水草,河岸稍呈倒坡。一岸为石质,长有杂草,一岸土质,岸线不平顺,有坍塌,长有稀疏杂草	0.3～0.6	35～24	35～24	35～24	35～24	35～24	35～24	35～24	35～24	35～24						3
				30	30	30	30	30	30	30	30	30						

续上表

河流类型	编号及线形特征	河段特征的描述	洪水坡度变化范围(‰)	随平均水深(m)而变化的$\frac{1}{n}$值														采用站数
				1	2	3	4	5	6	7	8	9	10	11	12	13	14	
半山区	$8_{\text{反}}$	河段较顺直，沙质或卵石夹砂河床，河底平顺。一岸为较陡的土岸或土堤长有草皮，有坍塌，一岸由砂夹卵石组成，长有稀疏树木和杂草	0.2～10	57～42	48～34	42～31	40～30	39～30										4
				50	41	37	35	34										
	$9_{\text{反}}$	河段呈孤形，沙砾石河床，河底平顺。两岸为土质，有坍塌，凹凸不平，长有杂草及庄稼	0.3～0.6	58～42	46～30	37～24	32～21											7
				50	38	31	27											
	$10_{\text{反}}$	河段上游顺直，下游接缓弯。沙质河床，河底不平顺（低水时沙洲、沙滩交错）。一岸为土质，岸坡凹凸不平，长有草皮，一岸为风化岩石组成，岸坡长有中密杂草	0.4～1.0	43～28	38～25	36～24	35～24	35～23	34～22									24
				36	32	30	30	29	28									
	$11_{\text{弓}}$	河段顺直，边滩淹没时，下游2倍河宽外有明显的扩散。沙质河床，河床不平顺（边滩、沙洲交错分布）。一岸土质长有稀疏杂草，下部稍有坍塌，一岸部分为土质，部分为石质，长有稀疏杂草	0.2～0.6	47～31	39～25	36～24	38～25	41～28	44～31	48～34	52～38							3
				39	32	30	32	35	38	41	45							

续上表

河流类型	编号及线形特征	河段特征的描述	洪水坡度变化范围(‰)	随平均水深(m)而变化的$\frac{1}{n}$值														采用站数
				1	2	3	4	5	6	7	8	9	10	11	12	13	14	
平原区	12反	河段上游顺直,下游4倍河宽外接缓弯。沙质河床,河底平顺。两岸不够整齐,或为人工砌石河岸,有挑水坝、码头等伸出,形成局部回流,或为黄土河岸,下部有坍塌,不平顺,上部长有带状柳树	0.1～0.5	69～45	63～42	58～38	54～36	51～34	48～32	46～30	44～29	42～28	41～27					10
				57	52	48	45	42	40	38	36	35	34					
	13反	河段上游顺直。下游1倍左右河宽处有大桥,或河段稍呈孤形。砂夹卵石河床,河底平顺。一岸为石质或石砌河岸,不平整,长有杂草,一岸为土质,下部有崩坍,上部长有中密的杂草和竹子	0.1～0.4		60～40	53～36	48～32	44～29	41～27	38～25	36～24	35～23	34～22	34～22	34～22	34～22		3
					50	45	40	37	34	32	30	29	28	28	28	28		
	14反	河段上游顺直。下游4倍河宽外接缓弯。沙质河床,河底不太平顺。土质河岸,一岸坍塌严重,呈馈齿状,下部长有稀疏杂草,上部长有稀疏的灌木、杂草,一岸稍有坍塌,长有稠密的芦苇	0.2～0.5	53～35	48～32	43～29	39～27	36～24	34～22	32～21								16
				44	40	36	33	30	28	27								

续上表

河流类型	编号及线形特征	河段特征的描述	洪水坡度变化范围(‰)	随平均水深(m)而变化的$\frac{1}{n}$值														采用站数
				1	2	3	4	5	6	7	8	9	10	11	12	13	14	
平原区	15反	河段上游顺直,下游2倍河宽外接急弯,或河段位有孤形上。沙质河床,河底平顺,边滩占槽宽50%以上,中高水时淹没。一岸土质坍塌严重,长有稀疏杂草,或下部石砌不平整,上部土质平顺长草皮,但有数处挑水坝,一岸为连接边滩的平顺土岸,长草皮	0.2～1.0	56～38	45～31	37～26	32～23	28～19	23～16									4
				47	38	32	28	25	20									
	16正	河段顺直通畅,高水时下游略有扩散,沙质河床,河底不平顺。两岸系光滑的浆砌砖石,或为土质河岸,平顺,长稀疏杂草	0.1～0.7	42～28	45～30	48～32	51～34	53～36	55～38	57～39	58～40	60～41						4
				35	38	40	43	45	47	48	49	51						
	17常	河段上游顺直,下游2倍河宽外接急弯。沙质河床,河底不平顺,沙洲、边滩交错分布。两岸为土质,有坍塌,长有中密杂草	0.3～0.6	41～27	41～27	41～27	41～27	41～27	41～27									4
				34	34	34	34	34	34									

中南、华东地区河滩洪水糙率系数表(铁路、公路系统 1964 年编制)　　表 5-4-2-5

编号	河滩特征描述	$\frac{1}{n}$值		采用站数
		平均值	变化范围	
1	平面不通畅,下游 40m 为斜向主槽的山嘴,束水严重。滩地纵面、横面不平整,有洼地、土埂等。滩宽与主槽宽之比值在 1 左右,长满中密之杂草、灌木(高约 1.0～1.5m)	9	15～4	1
2	平面顺直,纵面、横面起伏不平,流向紊乱。长满茂密的杂草(高约 1.0m)及少量农作物的开阔河滩,滩宽与主槽宽的比值在 3.0 以上	10	15～5	5
3	同 1;但束水程度较轻,滩宽与主槽宽之比值在 3 以上,生长矮小(高约 0.3m)的玉米,棉花等农作物	16	20～12	2
4	滩地平面、纵面及横面顺直整齐,且较窄(滩宽与主槽宽的比值一般在 1.0 以下),有稠密的较高植被(如竹林、柳树等)生长,约占滩宽的一半,其余生成稀疏的小树或矮小农作物	22	28～16	4
5	滩地平面、纵面、横面顺直整齐,且较窄(滩宽与主槽宽之比值在 1.0 以下),生长稀疏杂草	30	38～23	5

注:本表整编最大水深为 3.0m。

(2)本表列出了影响糙率的 5 种主要因素(河段特征、洪水坡度、河床质平均粒径、宽深比和含沙量。中南、华东地区只列河段特征和洪水坡度两种),选用时不能全部适合。因此,宜首先考虑河段特征和洪水坡度作为主要考虑因素。西北地区还规定要考虑河床粒径。

(3)线形有正向、反向、弓形、常数 4 种。

三、我国天然河流河道糙率参考表

我国天然河流河道糙率见表 5-4-3(摘自《水利工程实用水文水利计算》,长江流域规划办公室水文处,1983 年)。

四、人工渠道糙率系数表

人工渠道糙率系数见表 5-4-4(译自《OPEN CHANNEL HYDROLICS》,作者 Wende Chou,u. s.)。

我国天然河流河道糙率参考表

(《水利工程实用水文水利计算》,长江流域规划办公室水文处,1983 年)

表 5-4-3

(1)单式断面或主槽

类型		河段特征			n
		河床组成及床面特征	平面形态及水流流态	岸壁特征	
I		河床由砂质组成,床面较平整	河段顺直,断面规整,水流通畅	两侧岸壁为土质或土砂质,形状较整齐	0.020～0.024
II		河床由岩板、砂砾石或卵石组成,床面较平整	河段顺直,断面规整,水流通畅	两侧岸壁为土砂或石质,形状较整齐	0.022～0.026
III	1	砂质河床,河底不太平整	上游顺直,下游接缓弯,水流不够通畅,有局部回流	两侧岸壁为黄土,长有杂草	0.025～0.029
III	2	河底由砂砾或卵石组成,底坡较均匀,床面尚平整	河段顺直段较长,断面较规整,水流较通畅,基本上无死水、斜流或回流	两侧岸壁为土砂、岩石,略有杂草、小树,形状较整齐	0.025～0.029

续上表

类型		河段特征			n
		河床组成及床面特征	平面形态及水流流态	岸壁特征	
IV	1	细砂,河底中有稀疏水草或水生植物	河段不够顺直,上下游附近弯曲,有挑水坝,水流不顺畅	土质岸壁,一岸坍塌严重,为锯齿状,长有稀疏杂草及灌木;一岸坍塌,长有稠密杂草或芦苇	0.030～0.034
IV	2	河床由砾石或卵石组成,底坡尚均匀,床面不平整	顺直段距上弯道不远,断面尚规整,水流尚通畅,斜流或回流不甚明显	一侧岸壁为石质,陡坡,形状尚整齐;另一侧岸壁为砂土,略有杂草、小树,形状较整齐	0.030～0.034
V		河底由卵石、块石组成,间有大漂石,底坡尚均匀,床面不平整	顺直段夹于两弯道之间,距离不远,断面尚规整,水流显出斜流、回流或死水现象	两侧岸壁均为石质,陡坡,长有杂草、树木,形状尚整齐	0.035～0.040
VI		河床由卵石、块石、乱石,或大块石、大乱石及大孤石组成;床面不平整,底坡有凹凸状	河段不顺直,上下游有急弯,或下游有急滩、深坑等。河段处于S形顺直段,不整齐,有阻塞或岩溶情况较发育,水流不通畅,有斜流、回水、漩涡、死水现象。河段上游为弯道或为两河汇口,落差大,水流急,河中有严重阻塞,或两侧有伸入河中的岩石,伴有深潭或有回流等。上游为弯道,河段不顺直,水行于深槽峡谷间,多阻塞,水流湍急,水声较大	两侧岸壁为岩石及砂土,长有杂草、树木,形状尚整齐。两侧岸壁为石质砂夹乱石、风化页岩,崎岖不平整,上面生长杂草、树木	0.04～0.10

(2)滩地部分

类型	滩地特征			n	
	平纵横形态	床质	植被	变化幅度	平均值
I	平面顺直,纵断平顺,横断整齐	土、砂质、淤泥	基本上无植物或为已收割的麦地	0.026～0.038	0.030
II	平面、纵面、横面尚顺直整齐	土、砂质	稀疏杂草、杂树或矮小农作物	0.030～0.050	0.040
III	平面、纵面、横面尚顺直整齐	砂砾、卵石滩,或为土砂质	稀疏杂草、小杂树,或种有高秆作物	0.040～0.060	0.050
IV	上下游有缓弯,纵面、横面尚平坦,但有束水作用,水流不通畅	土砂质	种有农作物或有稀疏树林	0.050～0.070	0.060
V	平面不通畅,纵面、横面起伏不平	土砂质	有杂草、杂树或为水稻田	0.060～0.090	0.075
VI	平面尚顺直,纵面、横面起伏不平,有洼地、土埂等	土砂质	长满中密的杂草及农作物	0.080～0.120	0.100
VII	平面不通畅,纵面、横面起伏不平,有洼地、土埂等	土砂质	3/4 地带长满茂密的杂草、灌木	0.11～0.16	0.130
VIII	平面不通畅,纵面、横面起伏不平,有洼地、土埂阻塞物	土砂质	全断面有稠密的植被、芦柴或其他植物	0.160～0.200	0.180

人工渠道粗糙系数表 表 5-4-4

渠道特征	$\frac{1}{n}$值	
	灌溉渠	退水渠
A. 土质渠道		
a. 流量大于 $25m^3/s$		
平整顺直,养护良好	50	45
平整顺直,养护一般	45	40
渠床多石,杂草丛生,养护较差	40	35
b. 流量 $1\sim25m^3/s$		
平整顺直,养护良好	45	40
平整顺直,养护一般	40	35
渠底多石,杂草丛生,养护较差	35	33
c. 流量小于 $1m^3/s$		
渠床弯曲,养护一般	40	36
d. 支渠以下的固定渠道	36～33	
B. 岩石上开凿的渠道		
经过良好修整的	40	
经过中等修整的,无凸出部分的	33	
经过中等修整的,有凸出部分的	30	
未经过修整的,有凸出部分的	29～22	
C. 用各种材料护面的渠道		
抹光的水泥抹面	83	
不抹光的水泥抹面	71	
光滑的混凝土护面	67	
平整的喷浆护面	67	
料石砌护面	67	
砖砌护面	67	
粗糙的混凝土护面	59	
不平整的喷浆护面	56	
浆砌护面	40	
干砌护面	30	

五、人工管道的糙率 *n* 值

人工管道的糙率 n 值见表 5-4-5。

人工管道的糙率 *n* 值 表 5-4-5

管道类别	n值
带釉陶管	0.013
混凝土和钢筋混凝土管	0.013～0.014
石棉水泥管	0.012
铸铁管	0.013
钢管	0.012

第五节　水流阻力、比能损失、桥梁及涵洞引起的比能损失

一、床面切应力

均匀流的重力沿床面方向的分力等于床面边界阻力。因此，床面切应力 τ_0 为：

$$\tau_0=\gamma Ri=\rho gRi \tag{5-5-1}$$

对于宽浅的二元流，$R\approx\bar{h}$。

$$\tau_0=\rho g\,\bar{h}i \text{ 或 } \tau_0=\rho g\,\bar{h}J \tag{5-5-2}$$

对于渐变流，用水力坡度 J 代替底坡 i。

根据谢才公式可得：

$$v=C\sqrt{RJ}=\frac{C}{\sqrt{g}}\sqrt{gRJ}=C_0v_* \tag{5-5-3}$$

因为 $C_0=C/\sqrt{g}$是无量纲数，所以$\sqrt{gRJ}$具有流速的量纲，定义称做摩阻流速或切力流速 v_*（m/s）。对比式(5-5-1)和式(5-5-2)，可知：

$$\tau_0=\rho v_*^2 \text{ 或 } v_*=\sqrt{\frac{\tau_0}{\rho}} \tag{5-5-4}$$

上列各式表明了平均流速与床面切应力 τ_0之间的关系。

二、比能损失

比能损失又称水头损失，是指单位重力的液体从断面 1 流到断面 2，因克服边界阻力和液体内部的黏性、紊动、旋涡，重力作功使水流的机械能转换为热能，使机械能减少的数量。

比能(水头)损失 h_f包括沿程比能(水头)损失 $h_f=h_l+h_r$和局部比能（水头)损失 h_r，即

$$h_f=h_l+h_r \tag{5-5-5}$$

沿程比能(水头)损失 h_l，是水流克服边界阻力作功而引起的比能(水头)损失，可用达西(Darcy)公式确定。

对于任意形状横断面的水流：

$$h_l=k_f\frac{L}{R}\frac{v^2}{2g} \tag{5-5-6}$$

对于圆形横断面的水流，因为水力半径 $R=\dfrac{d}{4}$，d 为圆管的直径(m)，则

$$h_l=\lambda\frac{L}{d}\frac{v^2}{2g} \tag{5-5-7}$$

$$\lambda=4k_f \tag{5-5-8}$$

式中:k_f——任意形状过水断面的沿程阻力系数(无量纲);

λ——过水断面为圆形的沿程阻力系数(无量纲);

L——上下游计算断面间的距离(m);

其他符号意义同前。

式(5-5-6)中 k_f 可由谢才公式和达西公式得到:

$$k_f=\frac{2gn^2}{R^{1/3}} \tag{5-5-9}$$

沿程水头损失也可用水力坡度乘两断面间的距离来确定:

$$h_l=JL \tag{5-5-10}$$

三、桥梁及涵洞引起的局部比能(水头)水头损失

桥梁及涵洞引起的局部比能(水头)水头损失按下式计算:

$$h_r=\zeta_q\frac{v_q^2}{2g} \tag{5-5-11}$$

式中:ζ_q——桥孔压缩水流引起的局部水头损失系数,

$$\zeta_q=\frac{1}{\varphi_q^2}-\alpha_q \tag{5-5-12}$$

v_q——桥下平均流速(m/s);

φ_q——桥孔流速系数;

α_q——桥孔计算断面的动能校正系数,近似取为1.0。

其他符号意义同前。

桥孔流速系数 φ_q 是反映桥孔泄洪能力的综合参数,它与桥位河段的天然水力特性(坡降 i、水流阻力因素 C_0、流态因素 F_r、断面形态等)和桥孔对水流压缩程度、桥梁墩台、导流堤形式等有关。高冬光根据《实桥调查资料汇总表》(公路大中桥孔设计研究全国资料汇总会议编,1976年)研究得到大中桥孔流速系数 φ_q 的回归方程,列入表5-5-1,详见《桥梁水力学》[1]。

一般情况,可选用冲刷完成一半的中间状态的 φ_q 值,对于岩石河床则采用无冲刷条件的 φ_q 值。

表5-5-2为小桥和涵洞的水力计算系数。

大中桥孔流速系数 φ 回归方程和小桥涵水力计算系数表 表5-5-1

河段(代号)	无冲刷(壅水最大)	冲刷完成一半(中间状态)	冲刷完成(壅水最小)
稳定性河段 (1)	$\varphi=0.677i^{0.146}C_0^{0.485}$ $R=0.987$	$\varphi=0.489F^{0.253}r_0C_0^{0.311}$ $R=0.884$	$\varphi=0.880F^{0.267}r_0\left(\frac{B_0}{L_0}\right)^{-0.637}\left(\frac{\sqrt{B}}{H}\right)^{-0.190}\times\left(\frac{Q_c}{Q}\right)^{-0.924}C_0^{0.335}$ $R=0.904$
次稳定性河段 (2)	$\varphi=0.672i^{0.143}C_0^{0.468}$ $R=0.984$	$\varphi=0.727F^{0.188}r_0i^{0.05}C_0^{0.225}$ $R=0.932$	$\varphi=29.712F^{0.095}r_0\left(\frac{B_0}{L_q}\right)^{-0.135}\left(\frac{\sqrt{B}}{H}\right)^{-0.444}\times\left(\frac{Q_c}{Q}\right)^{-0.939}i_0^{0.462}$ $R=0.915$

续上表

河段(代号)	无冲刷(壅水最大)	冲刷完成一半(中间状态)	冲刷完成(壅水最小)
宽滩性河段(3)	$\varphi=0.671i^{0.145}C_0^{0.55}$ $R=0.937$	$\varphi=0.402F^{0.292}r_0\left(\frac{\sqrt{B}}{H}\right)^{0.28}C_0^{0.208}$ $R=0.813$	$\varphi=1.42F^{0.280}r_0\left(\frac{B_0}{H}\right)^{-0.100}\left(\frac{Q_c}{Q}\right)^{-2.000}\times i^{0.024}C_0^{-0.056}$ $R=0.823$
变迁性河段(4)	$\varphi=0.241C_0^{0.603}$ $R=0.959$	$\varphi=0.0018F^{0.087}r_0\left(\frac{B_0}{L_q}\right)^{0.214}\left(\frac{\sqrt{B}}{H}\right)^{-0.507}\times\left(\frac{Q_c}{Q}\right)^{2.156}i^{-1.292}$ $R=0.826$	$\varphi=0.810\times\left(\frac{Q_c}{Q}\right)^{1.409}$ $R=0.864$
游荡性河段(5)	$\varphi=0.207C_0^{0.537}$ $R=0.947$	$\varphi=1.569\left(\frac{\sqrt{B}}{H}\right)^{-0.238}\left(\frac{Q_c}{Q}\right)^{1.854}$ $R=0.922$	$\varphi=0.580F^{0.390}r_0C_0^{0.163}$ $R=0.880$

注：表中符号 i 为河床比降(小数表示)；C_0 为不量纲谢才系数；Q 为设计流量(m^3/s)，Q_c 为河槽流量(m^3/s)；Fr_0 为天然河床弗汝德数；B 和 H 为造床流量对应的水面度宽(m)和平均水深(m)；

Q_c/Q 是河槽流量与总流量的比值，$\frac{\sqrt{B}}{H}$ 是造床流量(平摊水位)时的宽深比，B_0/L_q 是水面全宽与桥孔净长的比值，R 是复相关系数。

小桥和涵洞的水力计算系数　　表 5-5-2

小桥、涵洞形式		ξ	自由流 φ_x	淹没流 φ_x	ε	n
小桥	单孔桥锥坡填土	0.235	0.56	0.90	0.90	
	单孔桥八字翼墙	0.235	0.56	0.90	0.85	
	多孔桥、无锥坡桥或桥台伸出锥坡外	0.384	0.54	0.85	0.80	
	拱桥，淹没拱脚	0.563	0.54	0.80	0.75	
涵洞	石盖板涵	0.108	0.57	0.95	1.00	0.016
	钢筋混凝土盖板无抬高洞口	0.384	0.54	0.85	1.00	
	抬高进口	0.108	0.57	0.95	1.00	
	钢筋混凝土圆管涵，半压力式	0.384	0.54	0.85	0.6，$h_c=0.6d$	0.013
	石拱涵，无抬高进口	0.384	0.54	0.85		0.020

第六节　明渠均匀流的水力计算

一、均匀流特性和基本公式

均匀流的河底线、水面线和水力坡线为三条平行直线，即河底坡 i、水面坡(测压管水头线坡) J_P 和水力坡度 J 相等。单位长度的河底落差使重力所作的功，等于单位长度的水头损失，数值上等于水力坡度。均匀流的底坡必须为正坡($i>0$)，均匀流才能存在。均匀流只能存在于长直的、沿程底坡、断面(形状和尺度)和边界糙率都不变化的渠道中。工程设计中,在长、直且断面和糙率都不变的渠道,流量也不变时为均匀流,天然河道中河槽特性变化不大的若干河段为渐变流,一般可近似地按均匀流计算。

均匀流的基本公式是谢才公式:

$$v=C\sqrt{RJ}\text{或}v=C\sqrt{Ri}$$

因

$$Q=Av=AC\sqrt{Ri}=AC\sqrt{R}i^{0.5}=Ki^{0.5}$$

所以,

$$K=AC\sqrt{R}$$

K 称为流量模数,具有流量的量纲(L^3/t),又称特性流量 (m^3/s)。

二、复式断面河渠的流速和流量计算

河道均匀流水力计算的基本公式为谢才—满宁公式和连续性方程。

天然河流的过水断面一般由河槽和河滩(一侧河滩或两侧河滩)组成,称为复式断面(图 5-6-1)。

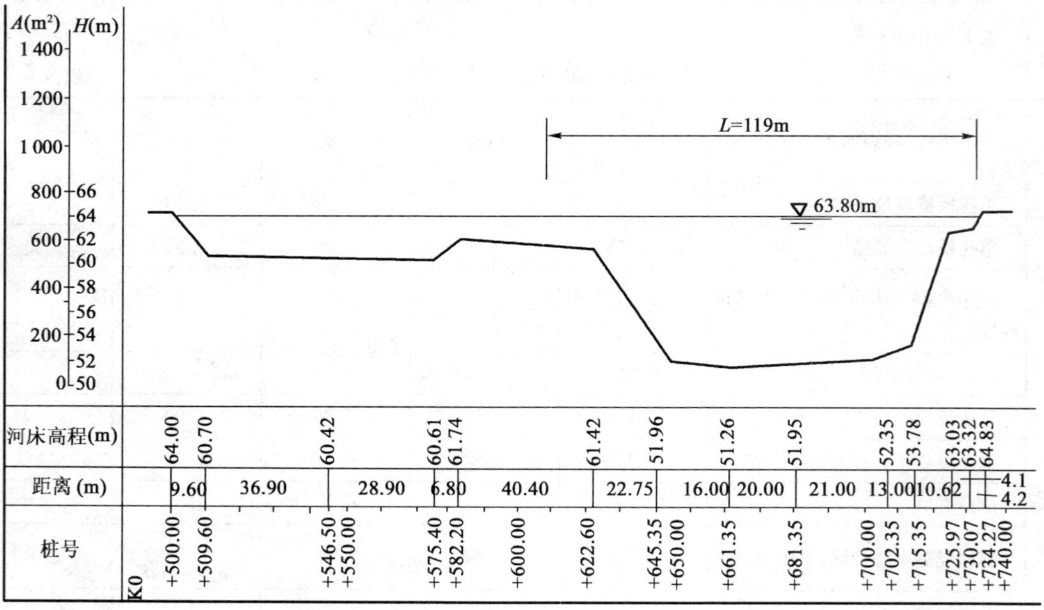

图 5-6-1　河流横断面图

复式断面中河槽和河滩各部分的水力半径、床面粗糙度、流速和流量都相差悬殊,故在计算同一断面的各项水力因素时,采用将河槽和每侧河滩分别计算的方法。每部分过水断面的湿周,只是水流与床面(固体边界)接触的长度,不计滩槽水流接触的长度。各部分断面面积、湿周、水力半径、平均水深及流速、流量计算,可列表进行。

河槽:

$$Q_c=A_cv_c,v_c=\frac{1}{n_c}R^{2/3}i^{1/2} \tag{5-6-1}$$

河滩(1):

$$Q_{t1}=A_{t1}v_{t1},v_{t1}=\frac{1}{n_{t1}}R_{t1}{}^{2/3}i^{1/2} \tag{5-6-2}$$

河滩(2)：

$$Q_{t2}=A_{t2}v_{t2},v_{t2}=\frac{1}{n_{t2}}R_{t2}{}^{2/3}i^{1/2} \tag{5-6-3}$$

全断面：

断面：

$$A=A_c+A_{t1}+A_{t2} \tag{5-6-4}$$

湿周：

$$P=P_c+P_{t1}+P_{t2}$$

水力半径：

$$R=\frac{A}{R} \tag{5-6-5}$$

流量：

$$Q=Q_c+Q_{t1}+Q_{t2} \tag{5-6-6}$$

平均流速：

$$v=\frac{Q}{A} \tag{5-6-7}$$

上列计算时，假定床面比降在河槽和河滩是相同的。当水面宽度 B 为 5～10 倍水深时，上式中的水力半径则可用平均水深 h 代替。

对于宽滩河段，河滩床面上各部分的植被、土质可能不同，可应用式(5-4-2)计算该河滩的综合糙率，再按上式计算。

[例 5-6-1]　某公路桥跨越一条平原区河流，桥位河段基本顺直。河槽为砂砾，沙滩为耕地。桥位河流横断面如图 5-6-1 所示，桩号 K0＋622.60 为河槽和河滩的分界。粗糙系数：河槽 $m_c=1/n_c=40$，河滩 $m_t=1/n_t=30$。调查历史洪水位为 63.80m，洪水比降为 0.3‰，求其相应的历史洪水流量。

(1)人工表格计算

对于天然河床，一般水面宽度大于平均水深 10 倍，近似地用平均水深代替水力半径，应用谢才公式、满宁公式列表计算，见表 5-6-1。

河滩部分：

$$\bar{h}_t=\frac{A_t}{B_t}=\frac{336.02}{122.02}=2.75(\text{m})$$

$$v_t=m_t\,\bar{h}_t^{2/3}i^{1/2}=30\times2.75^{2/3}\times0.000\,3^{1/2}=1.03(\text{m/s})$$

$$Q_t=A_tv_t=336.02\times1.03=346(\text{m}^3/\text{s})$$

河槽部分：

$$\bar{h}_c=\frac{A_c}{B_c}=\frac{1\,045.10}{108.81}=9.60(\text{m})$$

$$v_c = m_c \bar{h}_c^{2/3} i^{1/2} = 40 \times 9.60^{2/3} \times 0.0003^{1/2} = 3.13(\mathrm{m/s})$$

$$Q_c = A_c v_c = 1\,045.10 \times 3.13 = 3\,272(\mathrm{m^3/s})$$

洪水断面水力计算 表 5-6-1

桩 号	河床高程(m)	水深(m)	平均水深(m)	水面宽度(m)	过水面积(m^2)	累计面积(m^2)	合 计
K0+500.58	63.80	0				0	
			1.55	9.02	13.98		
+509.60	60.70	3.10				13.98	
			3.24	36.90	119.56		河滩
+546.50	60.42	3.38				133.54	A_t=336.02m²
			3.29	28.90	95.08		B_t=122.02m
+575.40	60.61	3.19				228.62	
			2.63	6.80	17.88		
+582.20	61.74	2.06				246.50	
			2.22	40.40	89.69		
+622.60	61.42	2.38				336.19	
			7.11	22.75	161.75		
+645.35	51.96	11.84				497.94	
			12.19	16.00	195.04		
+661.35	51.26	12.54				692.98	
			12.20	20.00	244.00		
+681.35	51.95	11.85				936.98	
			11.65	21.00	244.65		
+702.35	52.35	11.45				1 181.63	河槽
			10.74	13.00	139.62		A_c=1 045.10m²
+715.35	53.78	10.02				1 321.25	B_c=108.81m
			5.40	10.62	57.35		
+725.97	63.03	0.77				1 378.60	
			0.63	4.10	2.58		
+730.07	63.32	0.48				1 381.18	
			0.24	1.34	0.32		
+731.41	63.80	0				1 381.50	
			合计	230.83	1 381.50		

全断面总流量：

$$Q = Q_c + Q_t = 3\,272 + 346 = 3\,618(\mathrm{m^3/s})$$

平均流速：

$$v = \frac{Q}{A} = \frac{3\,618}{1\,381.12} = 2.62(\mathrm{m/s})$$

(2)电算

天然河床断面形状不规则，必须对各个断面桩号之间的部分断面，进行几何计算，再分别按河槽和河滩进行平均流速、流量等水力计算，计算工作十分繁重。目前，应用“桥位设计计算系统(QW2.0)”软件，完成上述工作，十分准确、快捷。

已知水位求算流速和流量等各项水力因素，或已知流量，求算相应的水位及其各项水力因素，都可自动完成，详见第 20 章。

第七节　河渠非均匀流特性和水面曲线

一、弗汝德数和三种流态(缓流、临界流、急流)

弗汝德数 Fr，由式(5-2-1)表示，其物理意义为过水断面中单位重量液体 2 倍的平均动能 $\frac{\alpha v^2}{g}$ 和平均势能$\bar{h}$之比，故弗汝德数 Fr 反映了水流流态的缓急，可作为流态判别数。判别标准是：

缓流 $Fr<1$；临界流 $Fr=1$；急流 $Fr>1$。

临界流水深称临界水深 h_k。h_k可根据 $Fr=1$ 的条件计算。

以下脚 k 表示临界流，则

$$\frac{A_k{}^3}{B}=\frac{Q^2}{g} \tag{5-7-1}$$

当已知 Q 和 A 的形状时，则可由上式求得 h_k。

对于矩形断面，$A_k=B_kh_k$，

$$h_k=\sqrt[3]{\frac{Q^2}{gB_k^2}}\text{或 } h_k=\frac{v_k^2}{g} \tag{5-7-2}$$

在给定流量 Q 和断面形状 P 的条件下，棱柱体形渠道形成均匀流，若水深 h 恰好等于临界水深 h_k时，其相应的坡度为临界坡度 i_k：

$$i_k=\frac{g}{C_k{}^2}\frac{P_k}{B_k} \tag{5-7-3}$$

对于宽浅河槽，$P_k\approx B_k$，

$$i_k\approx\frac{g}{C_k{}^2}$$

$$i_k=\frac{Q^2}{K_k^2} \tag{5-7-4}$$

式中：C_k——$h=h_k$时(临界流)的谢才系数($m^{0.5}/s$)；

P_k——$h=h_k$时(临界流)的湿周(m)；

K_k——$h=h_k$时(临界流)的流量模数(m^3/s)。

二、水跃和跌水

1. 水跃

水流从急流过渡到缓流，即在水深从小于临界水深转换到大于临界水深的过渡段，水面急剧升高的现象称水跃。水跃上部为旋滚区，下部为主流区(图 5-7-1)。

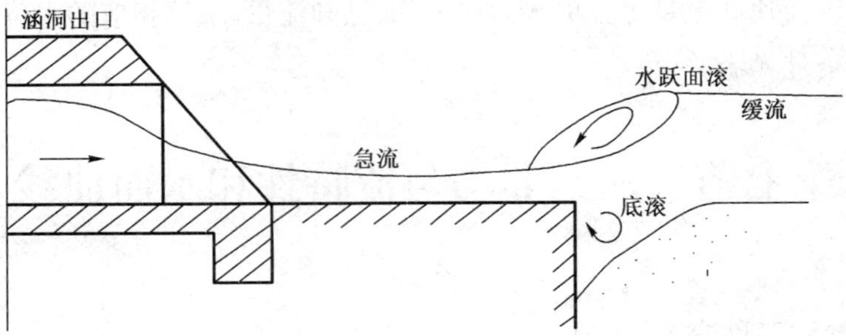

图 5-7-1　涵洞出口的水跃

跃前水深 h'（急流段）和跃后水深 h''（缓流段）之间的关系，可用水跃方程来表达：

$$\frac{Q^2}{gA_1}+y_1A_1=\frac{Q^2}{gA_2}+y_2A_2 \tag{5-7-5}$$

式中：Q——流量(m^3/s)；

A_1、A_2——跃前和跃后过水断面面积(m^2)；

y_1、y_2——跃前和跃后断面形心的深度(m)。

对于矩形断面：

$$\left.\begin{aligned} h'&=\frac{h''}{2}\left[\sqrt{1+8\left(\frac{h_k}{h''}\right)^3}-1\right] \\ h''&=\frac{h'}{2}\left[\sqrt{1+8\left(\frac{h_k}{h'}\right)^3}-1\right] \end{aligned}\right\} \tag{5-7-6}$$

水跃长度 l(矩形断面渠道)按下列经验公式确定：

以跃后水深 h''表示：

$$l = 6.1h'' \tag{5-7-7}$$

以跃高表示：

$$l=6.9(h''-h') \tag{5-7-8}$$

以 Fr_1表示：

$$l=10.8h'(\sqrt{Fr_1}-1)^{0.93} \tag{5-7-9}$$

式中：Fr_1——跃前水流的弗汝德数 Fr 。

2. 跌水

上游缓坡($i<i_k$)渠道和下游陡坡渠道相接处或渠道末端跌坎处，水面急剧降落的水力现象，称为跌水。跌水是缓流和急流之间的连接形式。瀑布是天然的跌水。

一般工程计算中，以跌坎或缓坡变陡坡处的水深作为临界水深 h_k，以该断面为控制断面，来推求下游水面曲线。

三、渐变流水面曲线

1. 棱柱形河渠，恒定、渐变流的微分方程

$$\frac{dh}{dl}=\frac{i-\dfrac{Q^2}{K^2}}{1-\dfrac{Q^2B}{gA^3}}=\frac{i-J}{1-Fr} \tag{5-7-10}$$

式中符号意义同前。

$\frac{dh}{dl}=0$ 是均匀流；$\frac{dh}{dl}>0$ 是壅水曲线；$\frac{dh}{dl}<0$ 是降水曲线；$\frac{dh}{dl}=a$ 是水平线。

明渠渐变流的水面曲线共 12 种，见图 5-7-2。

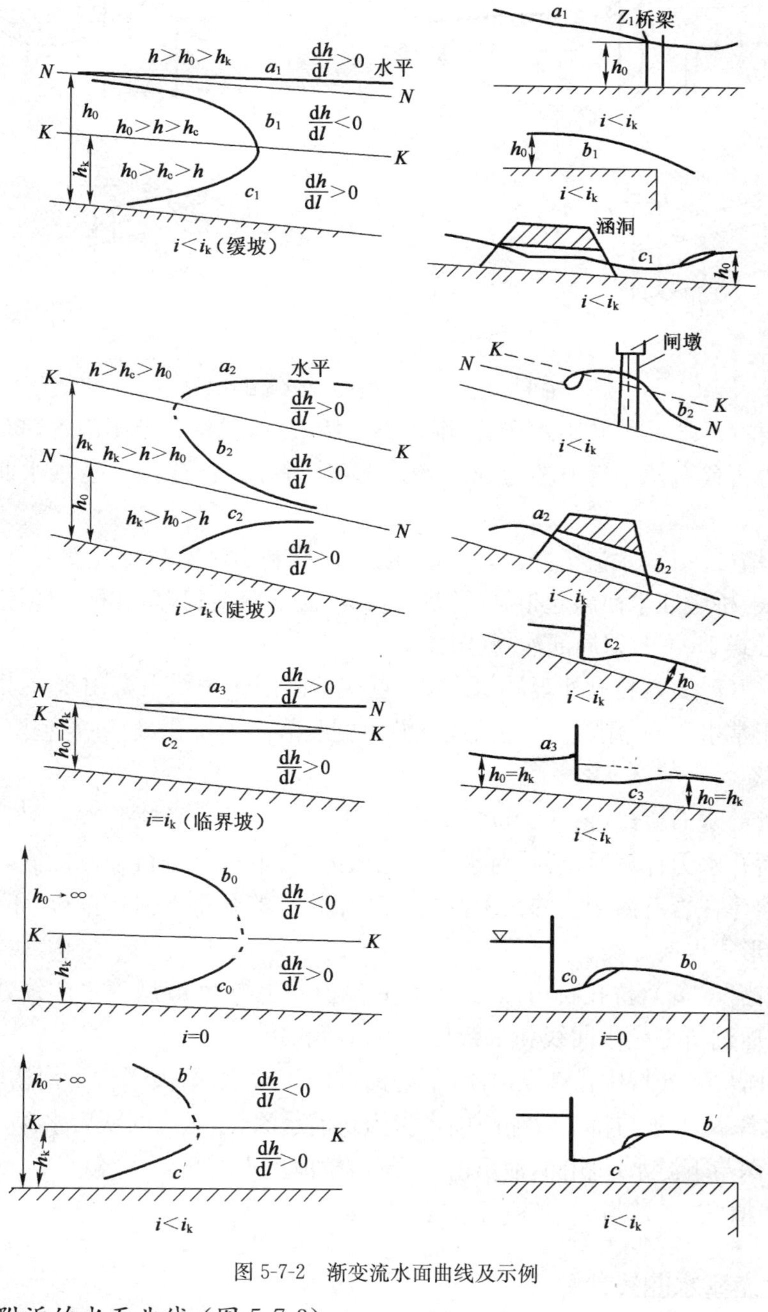

图 5-7-2　渐变流水面曲线及示例

2. 大中桥附近的水面曲线（图 5-7-3）

“大中桥”是指桥下河槽可以自由变形的桥梁。

(1)缓流河槽($i<i_k$)，桥孔压缩和桥墩阻水都不过大。最大壅水 ΔZ 断面上游为 a_1 型曲

线,在较远处与天然水面相衔接。ΔZ 断面下游与桥孔断面之间,水流向桥孔急剧集中,水面急剧跌落;桥孔稍下游处,出现宽度和水深都最小的收缩断面;再向下游,水流逐渐扩散,直至与天然水面相接。一般桥梁大都属于这种情况。

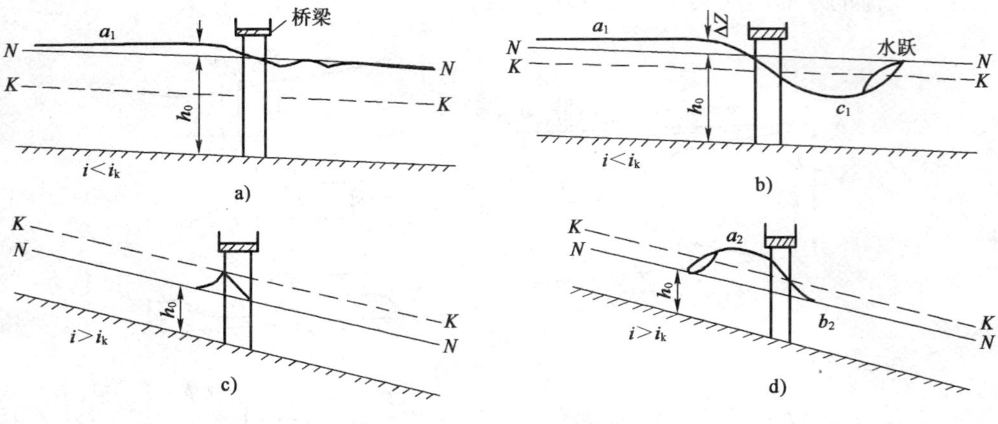

图 5-7-3　大中型桥梁附近的水面曲线

(2)缓流河槽($i<i_k$),桥孔阻水严重,桥孔小而桥墩宽,或桥孔带闸门等,多见于水利工程的闸门桥或南方古代石桥。桥上游为 a_1 型壅水曲线,桥孔出流存在 c_1 型壅水曲线,通过水跃与下游水流衔接。

(3)急流河槽($i>i_k$),水流为急流,出现于峡谷河段和山区宽浅变迁性河段的股流。桥前不出现壅水曲线,桥墩迎水面激起很高的浪花(实为涌波、驻波;其高度称为急流的桥前冲击高度,简称溅高,公式 13-4-9)即局部涌高(图 1-3-6)。

(4)急流河槽($i>i_k$),桥孔小、桥孔阻水严重或带闸门。桥梁上游出现 a_2 型壅水曲线,通过水跌与上游正常水深 h_0 相接。a_2 型曲线下游急剧跌落流入桥孔,通过 b_2 型降水曲线与下游正常水深 h_0 相接。

3. 小桥附近的水面曲线(图 5-7-4)

小桥是指桥孔水力计算时,桥孔对水流压缩较大,桥下河槽进行铺砌加固,不会出现冲刷的小型桥梁。修建在岩石河床上的大中桥或浅基加固对整个桥下河槽铺砌,不容许出现冲刷的大中桥,水流形式也属此类。

(1)缓流河槽($i<i_k$),桥孔自由出流($h_0\leqslant 1.3h_k$)。上游为 a_1 型壅水曲线,桥下为宽顶堰自由流,桥下游通过 c_1 型壅水曲线和水跃与天然水流相接。

(2) 缓流河槽($i<i_k$),桥孔淹没出流(下游河槽的正常水深,大于桥下河槽临界水深 h_k 的 1.3 倍),下游水深 h_0 大于与桥下收缩断面水深为跃前水深,相对应的跃后水深,桥下收缩断面被淹没,桥下水深与下游水深相同,泄洪能力降低,桥前壅水增高。

(3) 急流河槽($i>i_k$),与大中桥水面曲线类似。

四、桥梁上游壅水曲线计算

桥梁上游两岸有重要设施、建筑物等,需要评估洪水发生时,桥梁壅水对这些设施等的淹没范围和状况,必须进行桥梁上游壅水曲线的计算。桥梁上游壅水曲线较水库、大坝上游壅水

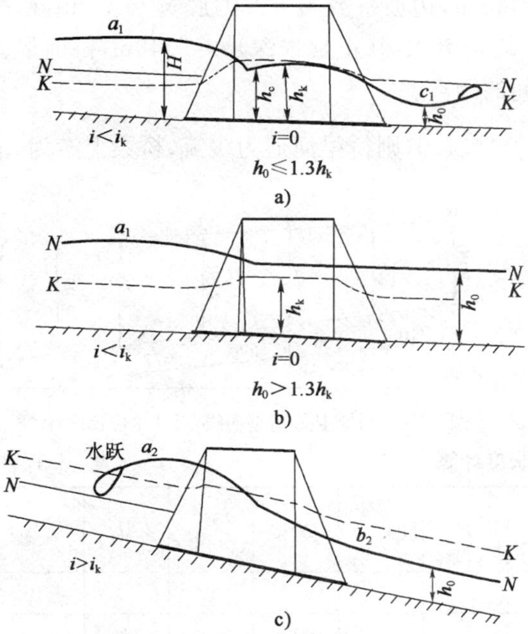

图 5-7-4　小桥附近的水面曲线

曲线短得多，一般对于河床形态沿程变化不大的情况，可按棱柱体形河渠水面曲线，采用分段求和法计算。

(1) 将水面曲线全长按不同水深分成若干段，求出相邻水深之间的水面曲线长度，逐段连接，得到全部水面曲线。若两相邻水深相差不很大，则这两相邻断面之间的距离，可近似地按下式计算：

$$\Delta L=\frac{E_{s2}-E_{s1}}{i-J} \tag{5-7-11}$$

$$E_{s2}=h_2+\frac{v_2^2}{2g}\quad E_{s1}=h_1+\frac{v_1^2}{2g}$$

$$J=\frac{v^2}{C^2R}=\frac{v^2n^2}{R^{4/3}},v=\frac{1}{2}(v_1+v_2),R=\frac{1}{2}(R_1+R_2)$$

式中：ΔL——两相邻水深之间的距离(m)；

E_{s2}、E_{s1}——分别是断面 2 和断面 1 的断面比能；

i——底坡；

J——相邻断面间平均水力坡度；

v、R——相邻两断面的流速和水力半径的平均值。

一般，缓流从下游向上游计算。当桥前壅水 Δz 确定后，则已知最大壅水断面水深 $h+\Delta z$，作为自下游向上游计算的起始断面水深。根据水面曲线分析(图 5-7-2)上游为 a_1 型壅水曲线，远处与天然水深 h 相接。将水深从 $h+\Delta z$ 到 h 之间分为若干水深段，分别按式(5-7-11)计算该段的长度 ΔL。各段 ΔL 总和为壅水曲线全长，即壅水范围。一般列表计算，应用电算则十分简便。

(2)在桥位设计中可近似地将 a_1 型壅水曲线看做二次抛物线进行计算，如图 5-7-5 所示。

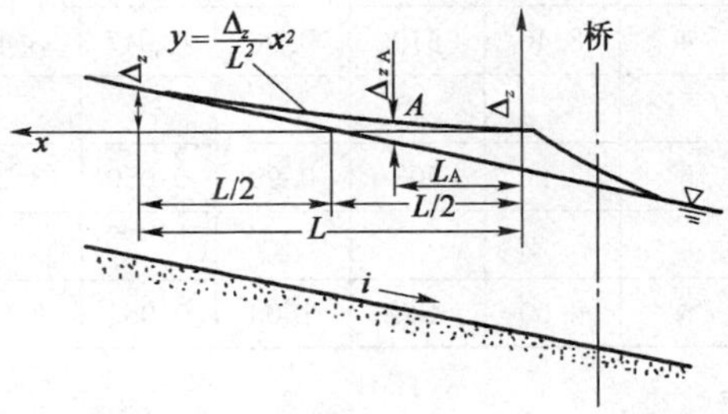

图 5-7-5　壅水曲线示意图

壅水曲线的全长 L 和任意断面 A 处壅水高度 Δz_A 可近似按下式计算：

$$L=\frac{2\Delta z}{i} \tag{5-7-12}$$

$$\Delta z_A=\left(1-\frac{iL_A}{2\Delta z}\right)^2\Delta z \tag{5-7-13}$$

式中：L——壅水曲线的全长(m)；

Δz——桥前最大壅水高度(m)；

i——河床比降(以小数计)；

Δz_A——任意断面 A 处的壅水高度(m)；

L_A——任意断面 A 至最大壅水断面的距离(m)。

[例 5-7-1] 桥梁河道较顺直,近似看做梯形断面,边坡系数 $m=2.0$,底宽 $b=45$m,糙率 $n=0.025$,比降 $i=0.000\,33$,流量 $Q=500\text{m}^3/\text{s}$。均匀流水深(正常水深)$h=8.40$m,桥前最大壅水 $\Delta z=0.55$m。试计算水曲线总长度和各段间的距离。

解:均匀流的流态 $F_r=\frac{v^2}{gh}=\frac{0.96^2}{9.80\times 8.4}=0.011<1.0$,则桥梁河道为缓流,桥梁上游为 a_1 型壅水曲线。

列表计算(表 5-7-1)。假设计算断面 h 分别为:8.40m,8.60m, 8.80m 和 8.95m,则算出壅水曲线全长为 1 880m。

桥梁最高壅水断面上游 a_1 型壅水曲线见图 5-7-6。

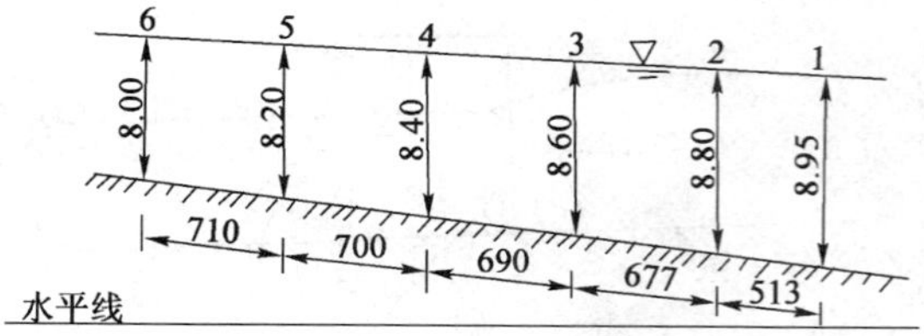

图 5-7-6 桥梁上游 a_1 型曲线(尺寸单位:m)

壅水曲线总长度计算 表 5-7-1

断面	h	ω	v	$\frac{v^2}{2g}$	E_s	x	R	$J(\times 10^5)$	ΔEs	$j-J$ $(\times 10^5)$	ΔL	$\Sigma\Delta L$
1	8.95	563	0.89	0.040	8.99	85.0	6.62					0
								4.08	0.156	29.3	513	
2	8.80	551	0.91	0.042	8.84	84.3	6.54					513
								4.39	0.196	29.0	677	
3	8.60	535	0.94	0.044	8.64	83.5	6.40					1 190
								4.80	0.197	28.5	690	
4	8.40	519	0.96	0.047	8.45	82.6	6.28					1 880
								5.24	0.197	28.1	700	
5	8.20	503	0.99	0.050	8.25	81.3	6.16					2 580
								5.70	0.196	27.9	710	
6	8.00	488	1.03	0.054	8.05	80.8	6.04					3 290

第六章　泥沙运动和河床演变

第一节　河流泥沙运动

桥梁大多修建在由泥沙颗粒组成的土质或沙砾河床上，床面泥沙随水流一起运动，引起河床冲淤变形。

泥沙(sediments)是组成河床并能随水流运动的沙、石、泥、土等物质在泥沙运动力学中的统称。

按泥沙颗粒运动的形式，泥沙分为推移质（底沙）和悬移质(悬沙)两类。推移质泥沙颗粒较粗，在水流推动下，沿床面滑动、滚动或跳跃着前进；悬移质泥沙颗粒较细，在紊流脉动或旋涡作用下，被抛离床面，悬浮着流向下游。另外，比推移质颗粒更大的泥沙，在一定的水力条件下，在床面上固定不动，称河床质(床沙)。河床质、推移质和悬移质颗粒大小的分界是相对的，是随水力条件而变化的。从床面到水面泥沙运动的形态是连续的，推移质与河床质、悬移质与推移质的颗粒之间不断地进行着交换。

一、泥沙的特性

1. 几何特性

河床泥沙是由大小不等、形状不同的土壤、沙石颗粒组成的群体。

颗粒的大小是由颗粒直径(粒径)来表示的。从理论上说，粒径是与颗粒体积相等的球体直径，称为等容粒径。实际上，粒径的数值是和量测方法直接有关的。

对于卵石及颗粒更大的泥沙，可直接量测三个正交坐标轴方向的长度 a、b 和 c，用其平均值 $d=(a+b+c)/3$ 或 $d=\sqrt[3]{abc}$表示颗粒直径。

对于沙土（从细沙到砾石），一般用筛分法，以泥沙颗粒恰好通过筛孔边长作为粒径，称为筛孔粒径(筛径)。粒径小于 0.05mm 的颗粒（粉土和黏粒)，采用水析法测量颗粒在静水中的沉降速度，反求与该颗粒重度相同、沉速相等的球体直径作为颗粒直径，称为沉降直径(沉径)。

泥沙群体的粒径大小，可用平均粒径或中值粒径来表示。

若筛分法得到各筛径之间的几组泥沙，各组平均粒径为上下两级筛孔的均值，即 $d_{\rm i}=(d_{大}+d_{小})/2$，每组泥沙的质量为 $p_{\rm i}$，沙样群体的平均粒径$\overline{d}$为：

$$\overline{d}=\frac{\sum\limits_{\rm i=1}^{\rm n}d_{\rm i}p_{\rm i}}{\sum\limits_{\rm i=1}^{\rm n}p_{\rm i}} \tag{6-1-1}$$

中值粒径 d_{50}，是在沙样中大于和小于这种粒径的泥沙质量各占一半的那种粒径。一般可从粒径级配曲线上查得。图 6-1-1 是黄河花园口站悬移质、推移质和床沙的粒配曲线。

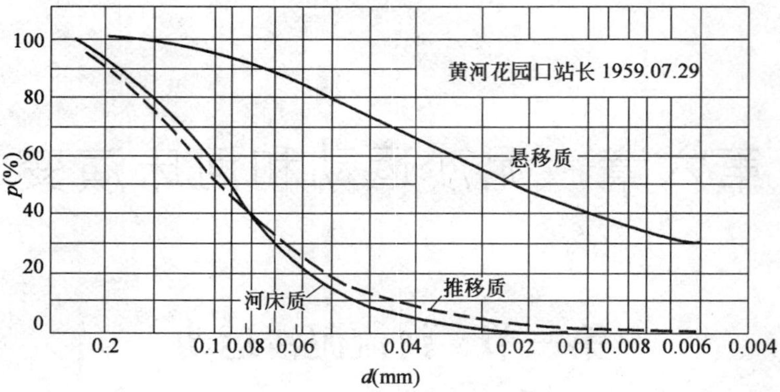

图 6-1-1 悬移质、推移质、河床质的级配曲线

泥沙群体颗粒的大小均匀程度,用土样各级粒径的均方差 σ_g 表示。若在半对数纸上颗粒大小的分布为正态分布,其几何均方差为:

$$\sigma_g=\sqrt{\frac{d_{84}}{d_{16}}} \tag{6-1-2}$$

可认为 $\sigma_g\leqslant 1.2$ 为均匀沙,$\sigma_g>1.2$ 为非均匀沙。非均匀沙质河床变形和桥梁墩台冲刷坑床面都有粗化现象。

2. 泥沙的重力特性

重度 γ_s,是泥沙颗粒实体单位体积所受的重力,一般平均为 26kN/m³;浸在水中的泥沙应扣除浮力(γ 为水的重度,为 9.8kN/m³),则 $\gamma_s-\gamma=16.2$kN/m³。干重度 γ',是指土样中的颗粒所受重力(沙样烘干后的重力)与原状土体积的比值,即单位体积的原状土样中颗粒具有的重力。γ' 越大,泥沙越密实。

孔隙率 ε,是土样中孔隙的体积与原状土样体积的比值,即单位体积土样中孔隙占的体积。河床、水库中稳定淤沙,ε 为 0.4。颗粒重度 γ_s、干重度 γ' 和孔隙率 ε 之间有下列关系:

$$\gamma'=\gamma_s(1-\varepsilon) \tag{6-1-3}$$

3. 泥沙的水力特性

用泥沙颗粒的沉速 ω 来表示。

泥沙在静止的清水中匀速下沉的速度称为沉速 ω,单位为 cm/s。沉速与粒径的关系可见表 6-1-1。

不同温度下泥沙粒径 d 与沉速 ω 的关系($\gamma_s=26.5$kN/m³) 表 6-1-1

d	ω (cm/s)				
	5℃	10℃	15℃	20℃	25℃
滞性状态					
0.001	0.000 041 4	0.000 048 1	0.000 055	0.000 062 4	0.000 070 2
0.002	0.000 166	0.000 191	0.000 22	0.000 249	0.000 281
0.003	0.000 373	0.000 432	0.000 495	0.000 561	0.000 631
0.004	0.000 664	0.000 77	0.000 88	0.000 998	0.001 12
0.005	0.001 04	0.001 2	0.001 37	0.001 56	0.001 75
0.006	0.001 49	0.001 73	0.001 98	0.002 24	0.002 52

续上表

d	ω (cm/s)				
	5℃	10℃	15℃	20℃	25℃
滞性状态					
0.007	0.002 03	0.002 35	0.002 69	0.003 05	0.003 44
0.008	0.002 66	0.003 08	0.003 52	0.003 99	0.004 49
0.009	0.003 36	0.003 89	0.004 45	0.005 05	0.005 67
0.010	0.004 14	0.004 81	0.005 5	0.006 24	0.007 02
0.015	0.009 34	0.010 8	0.012 4	0.014 1	0.015 8
0.02	0.016 6	0.019 2	0.022	0.024 9	0.028 1
0.03	0.037 3	0.043 2	0.049 5	0.056 1	0.063 1
0.04	0.066 4	0.077	0.088	0.099 8	0.112
0.05	0.104	0.12	0.137	0.156	0.175
0.06	0.149	0.173	0.198	0.224	0.252
0.07	0.203	0.235	0.269	0.305	0.344
0.08	0.266	0.308	0.352	0.399	0.449
0.09	0.336	0.389	0.445	0.505	0.567
过渡状态					
0.1	0.41	0.47	0.54	0.62	0.68
0.15	0.91	1.04	1.18	1.32	1.46
0.2	1.55	1.75	1.97	2.13	2.36
0.3	3.07	3.39	3.68	3.96	4.21
0.4	4.63	4.99	5.31	5.59	5.84
0.5	6.07	6.42	6.72	6.99	7.22
0.6	7.10	7.44	7.71	7.96	8.16
0.7	8.55	8.87	9.0	9.34	9.52
0.8	9.58	9.86	10.1	10.31	10.47
0.9	10.52	10.8	11.01	11.19	11.35
1.0	11.33	11.57	11.77	11.93	12.08
1.2	12.83	13.06	13.23	13.38	13.49
1.4	14.28	14.46	14.62	14.74	14.86
1.6	15.52	15.70	15.83	15.95	16.04
1.8	16.68	16.83	16.95	17.06	17.13
2.0	17.75	17.88	17.99	18.09	18.15
2.5	20.17	20.28	20.37	20.45	20.51
3.0	22.3	22.4	22.48	22.54	22.59
3.5	24.24	24.33	24.38	24.44	24.48

紊流状态

d(mm)	4.0	4.5	5.0	6.0	7.0	8.0	9.0	10.0
ω(cm/s)	26.55	28.20	29.70	32.50	35.10	37.60	39.9	42.0

二、泥沙起动

在水流推动下，床面泥沙颗粒由静止开始运动，称为起动。它是床面泥沙颗粒受到的驱动力和抗拒力以及这些力产生的力矩失去平衡的结果。

泥沙起动条件可用起动流速 v_0 和起动床面切应力 τ_0 两种形式来表示。我国桥梁冲刷计算中采用了起动流速,即以起动条件下的垂线平均流速作为判别床面泥沙状态的标准。

床面泥沙颗粒周围的水流状态和作用力如图 6-1-2 所示。

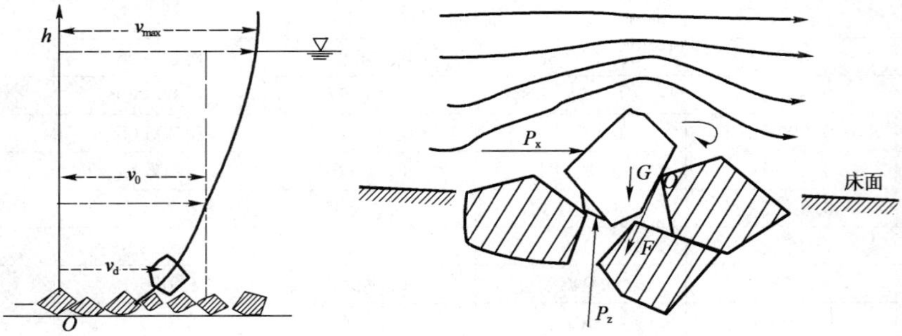

图 6-1-2　泥沙颗粒周围的水流和受力状态

20 世纪 50 年代以来,应用我国资料建立的起动流速公式主要有如下几种。

1. 张瑞瑾公式

若 $\gamma_s=26\ kN/m^3$,水的 $\gamma=9.8\ kN/m^3$,则

$$\underbrace{v_0=\left(\frac{h}{d}\right)^{0.14}}_{\text{流速换算}}\Bigg(\underbrace{17.6\frac{\gamma_s-\gamma}{\gamma}d}_{\text{重力对起动的抗拒}}+\underbrace{0.000\,000\,605\frac{10+h}{d^{0.72}}}_{\text{黏结力对起动的抗拒}}\Bigg)^{0.5} \tag{6-1-4}$$

式中:v_0——起动流速(m/s)(垂线平均流速);

h——水深(m);

d——粒径(m);

γ——水的重度,取 $9.8kN/m^3$。

当 $d>2mm$,上式中的第二项可略而不计,则

$$v_0=5.39h^{0.14}d^{0.36} \tag{6-1-5}$$

当 $d<0.02mm$,可略去上式第一项(重力),则

$$v_0=0.000\,708\frac{h^{0.14}(10+h)^{0.5}}{d^{0.5}} \tag{6-1-6}$$

根据张瑞瑾公式制订的起动流速数值见表 6-1-2。

河床泥沙起动流速 v_0 值(张瑞瑾公式)　　表 6-1-2

d(mm) \ h(m)	0.5	1	2	3	4	5	7	10	15	20
0.1	0.29	0.33	0.37	0.40	0.43	0.45	0.50	0.55	0.64	0.72
0.2	0.28	0.31	0.35	0.37	0.40	0.41	0.44	0.49	0.54	0.59
0.3	0.30	0.33	0.36	0.39	0.41	0.43	0.45	0.49	0.54	0.58
0.5	0.33	0.37	0.41	0.43	0.45	0.47	0.50	0.53	0.57	0.60
0.7	0.37	0.41	0.45	0.48	0.50	0.52	0.54	0.57	0.62	0.65
1	0.41	0.46	0.51	0.53	0.56	0.58	0.60	0.64	0.68	0.71
1.5	0.47	0.53	0.58	0.61	0.64	0.66	0.70	0.73	0.77	0.81

续上表

d(mm) \ h(m)	0.5	1	2	3	4	5	7	10	15	20
2	0.52	0.58	0.63	0.67	0.70	0.73	0.76	0.80	0.85	0.88
3	0.61	0.67	0.74	0.78	0.81	0.84	0.88	0.92	0.98	1.02
4	0.67	0.74	0.82	0.86	0.90	0.93	0.97	1.02	1.08	1.12
5	0.72	0.79	0.87	0.92	0.96	0.99	1.03	1.09	1.15	1.20
6	0.77	0.85	0.93	0.99	1.03	1.06	1.11	1.17	1.24	1.29
8	0.85	0.94	1.04	1.10	1.14	1.18	1.23	1.30	1.37	1.43
10	0.93	1.02	1.12	1.19	1.24	1.28	1.34	1.41	1.49	1.55
15	1.07	1.18	1.30	1.38	1.43	1.48	1.55	1.63	1.72	1.79
20	1.19	1.31	1.44	1.53	1.59	1.64	1.72	1.81	1.91	1.99
30	1.38	1.52	1.68	1.77	1.85	1.90	1.99	2.10	2.22	2.31
40	1.53	1.69	1.86	1.97	2.05	2.12	2.21	2.33	2.47	2.57
60	1.77	1.95	2.15	2.28	2.37	2.44	2.55	2.69	2.85	2.96
100	2.12	2.34	2.58	2.73	2.84	2.93	3.07	3.23	3.42	3.56
150	2.47	2.72	3.00	3.17	3.30	3.41	3.56	3.75	3.97	4.13
200	2.75	3.03	3.34	3.54	3.68	3.79	3.97	4.18	4.42	4.61

2. 窦国仁公式

$$v_0=\underbrace{C_1\left(\ln 11\frac{h}{k_s}\right)}_{\text{换算流速}}\left(\underbrace{\frac{\gamma_s-\gamma}{\gamma}gd}_{\text{重力抗拒}}+\underbrace{0.19\frac{gh\delta+\varepsilon_k}{d}}_{\text{黏结力抗拒}}\right)^{0.5} \tag{6-1-7}$$

上式各项的量纲是平衡的，只要全式取同一单位制就可计算。

式中：v_0——起动流速(垂线平均流速)；

h——水深；

d——粒径；

k_s——床面粗糙高度，当 $d\leqslant 0.5$mm 时，$k_s=0.5$mm，当 $d>0.5$mm 时，$k_s=d$；

δ——颗粒的薄膜水厚度，$\delta=0.213\times10^{-4}$cm；

ε_k——黏结力参数，$\varepsilon_k=2.56\text{cm}^3/\text{s}^2$；

C_1——起动状态常数，颗粒将动未动，取 $C_1=0.265$，颗粒少量起动，取 $C_1=0.32$，颗粒多数起动，取 $C_1=0.48$，一般以少量颗粒起动作为起动标准，即取 $C_1=0.32$。

3. 沙玉清公式

$$v_0=\left[\underbrace{0.43d^{0.75}}_{\text{重力抗拒}}+\underbrace{1.1\frac{(0.7-\varepsilon)^4}{d}}_{\text{黏结力抗拒}}\right]^{0.5}\underbrace{h^{0.2}}_{\text{流速换算}} \tag{6-1-8}$$

式中：ε——自然淤积稳定空隙率，取 0.4；

其他符号意义同前。

张瑞瑾公式在我国桥墩局部冲刷公式中、窦国仁公式在 64-2 的建立中都应用到，沙玉清公式在我国渠道设计中应用较多。

4.黏性土的起动条件

黏性土可分为两种情况：

(1)新淤尚未密实的泥沙。这种泥沙的起动仍可按单颗粒泥沙来处理,用张瑞瑾、窦国仁和沙玉清等制订的包括黏结力项的起动流速公式来确定。

(2)沉积日久,经过物理化学作用已形成黏土矿物的固结黏土,它的起动主要决定于土粒间黏结力的大小和性质。固结黏土起动时,以成片或成团的形式离开土体开始运动。目前这种黏性土起动和冲刷的问题还没有全面系统的研究成果。

黏性土的含水率直接影响粒间黏结力的大小,与黏性土的物理状态和性质有密切关系。黏性土物理状态用液性指数来表示,即

$$I_L=\frac{W_0-W_p}{W_L-W_p}=\frac{W_0-W_p}{I_p} \tag{6-1-9}$$

式中:I_L——黏土的液性指数;

W_0——黏土的天然含水率;

W_p——黏土的塑限含水率;

W_L——黏土的液限含水率;

I_p——黏土的塑性指数。

《铁路工程水文勘测设计规范》(TB 10017—99)中的黏土一般冲刷计算公式,根据实桥资料分析采用下列冲止流速公式:

$$\left.\begin{aligned}&\text{河槽}\quad v_{zc}=0.33I_L^{-1}h^{\frac{3}{5}}\\&\text{河滩}\quad v_{zt}=0.33I_L^{-1}h^{\frac{1}{6}}\end{aligned}\right\} \tag{6-1-10}$$

式中:v_{zc}、v_{zt}——分别是河槽和河滩一般冲刷停止时的垂线平均流速,即冲止流速。

长江水利科学研究院为下荆江裁弯取直工程所做的黏性土冲刷流速试验得到:

$$v_c=0.125I_L^{-0.125} \tag{6-1-11}$$

三、推移质输沙率、含沙量和挟沙能力

推移质输沙率 g_b,是单位时间内过水断面单位河槽宽度上,通过的推移质的质量,单位是kg/(s·m)。我国桥下河槽一般冲刷计算中,采用了以流速为主要参数的推移质输沙率公式。

窦国仁(1977年)根据输移推移质的水流能量与泥沙运动动能相平衡的条件,导出了单宽输沙率公式:

$$g_b=\frac{k_0\gamma_s\cdot\gamma}{C_0^2\gamma_s-\gamma}(v-v_k)\frac{v^3}{g\omega} \tag{6-1-12}$$

式中:g_b——推移质输沙率[kg/(s·m)];

k_0——系数,若计算推移质输沙量,$k_0=0.01$,若计算推移质和近底悬移质总沙量,$k_0=0.1$,若只计算近底悬移质输沙量,$k_0=0.09$;

C_0——无量纲谢才系数(长度以m计),按下式计算:

$C_0=2.5\ln 11\dfrac{h}{k_s}$或,$C_0=\dfrac{C}{\sqrt{g}}$,式中 k_s取值同窦国仁起动流速公式(6-1-7);

ω——泥沙沉速(m/s);

v_k——将动未动时的起动流速,按式(6-1-7)计算,C_1取为0.265;

其他符号意义同前。

式(6-1-12)表明，推移质输沙率 g_b 与流速的 4 次方成正比，推移质对流速变化十分敏感。因此，推移质的分布在空间上，大多集中在河槽中流速最大的主流区内；在时间上，一年内几次大洪水的推移质输沙量，则占全年推移质总输沙量的很大部分。

桥梁、丁坝等建筑物附近河段的冲刷，主要与推移质运动有关；而长河段天然河床的演变，则与悬移质关系较大。

含沙量 g 是单位体积的水流所含悬移质的质量，单位为 kg/m^3。

在一定的水力条件和边界条件下，单位体积的水流能够挟带泥沙的最大数量，称为水流的挟沙能力。它包括悬移质和推移质的全部泥沙数量。平原河流水流挟带的泥沙中，悬移质占绝大部分，推移质可略而不计，挟沙能力常用悬移质最大含沙量来表示。

张瑞瑾根据长江、黄河、渠道及水槽试验资料分析，得到水流挟沙能力 S 与代表水力和床面条件的综合因素 $v^3/(gR\omega)$ 有较明显的关系。

$$S=k\left(\frac{v^3}{gR\omega}\right)^m \tag{6-1-13}$$

式中：v——断面平均流速(m/s)；

R——水力半径(m)，宽线河道 $R\approx h$；

ω——床沙质沉速(m/s)；

g——重力加速度(m/s^2)；

k、m——系数和指数，随 $v^3/(gR\omega)$ 而变，由图 6-1-3 查取。

S 也可直接从图 6-1-4 查得。

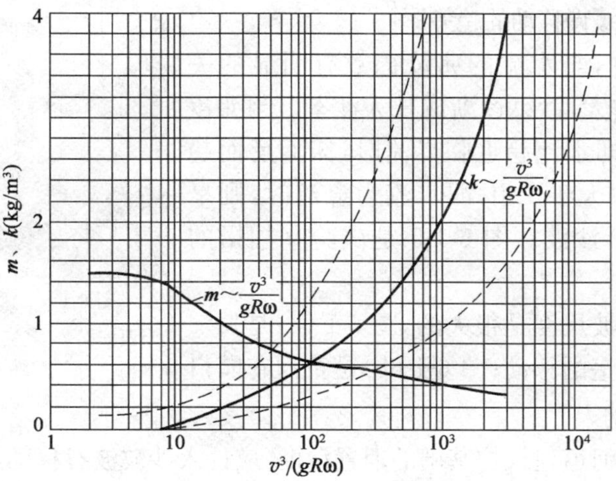

图 6-1-3　K、m 和 $v^3/(gR\omega)$ 的关系

四、沙波运动

沙波是泥沙颗粒起动后形成的床面形态。

沙波运动，是沙质河床中推移质运动的主要形式，它对水流阻力、河床形态和桥梁墩台冲刷都有重要影响。沙波迎水面的沙粒逐个被冲起后，落于背水面旋涡区内，停滞在背水面坡脚处，逐渐

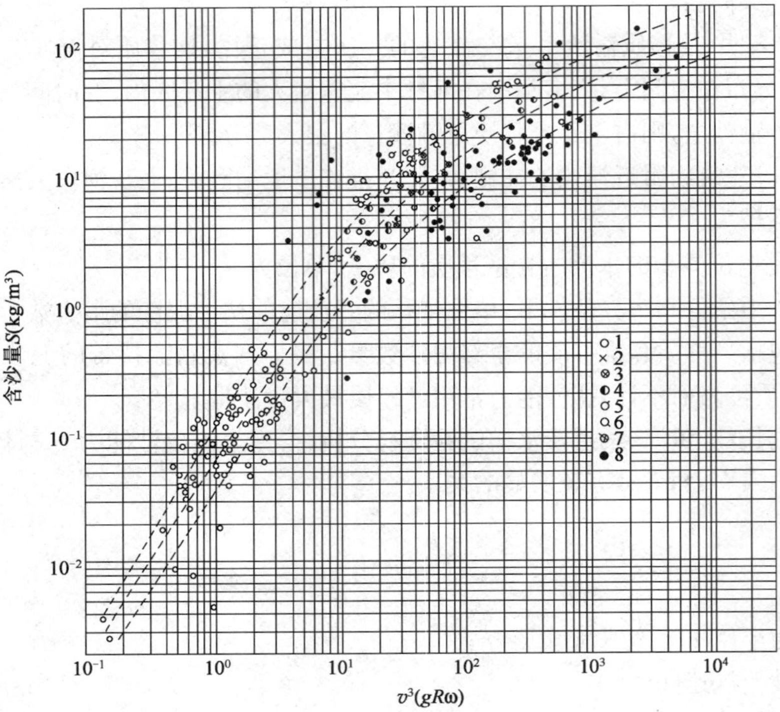

图 6-1-4　S 和 $v^3/(gR\omega)$ 的关系

1-长江;2-武汉水利电力学院玻璃水槽;3-黄河;4-人民胜利渠;5-南京水利实验处钢板水槽;6-青铜峡灌区;7-三门峡水库;8-官厅水库

淤高,呈现沙波向下游缓慢移动的趋势。

图 6-1-5　试验水槽中的二元沙坡

(原西安公路学院水力试验室,高冬光 1983 年摄)

沙波形态和尺度,与水流的弗汝德数有明显的关系。随弗汝德数的增大,沙纹逐渐成长为沙垄。当弗汝德数接近于 1.0 时,即水流趋近临界流时,床面反而趋向平整。当弗汝德数大于 1.0,即水流为急流时,则呈现向上游移动的逆行沙波。图 6-1-5 是试验室拍摄的二元沙坡。

大江大河中的沙波尺度是很大的,图 6-1-6a)是长江南京段实测一昼夜沙垄的移动;图 6-1-6b)是黄河花园口段实测 3h 沙垄的移动。

桥梁墩台及其他河道建筑物基础的埋置深度,应计入沙波波谷移动到建筑物附近时,床面下降的附加深度。

五、泥沙的水下休止角

静止在水中的泥沙,由于摩擦力的作用,可形成一定倾斜面而不致塌落,此倾斜面与水平面的倾角 φ 称为水下休止角 φ(°)。泥沙的水下摩擦系数 $f=\tan\varphi$。天津大学试验($d=0.2$~4.37mm)存在如下关系:

$$\varphi = 32.5 + 1.27d \quad (°) \tag{6-1-14}$$

塞蒙斯(Simons,U. S. ,1957 年)进行的泥沙水下休止角试验得到了粒径 0.3～600mm,圆形的有棱角的沙和带棱角的砾石的水下休止角,以图 6-1-7 中的曲线表示。

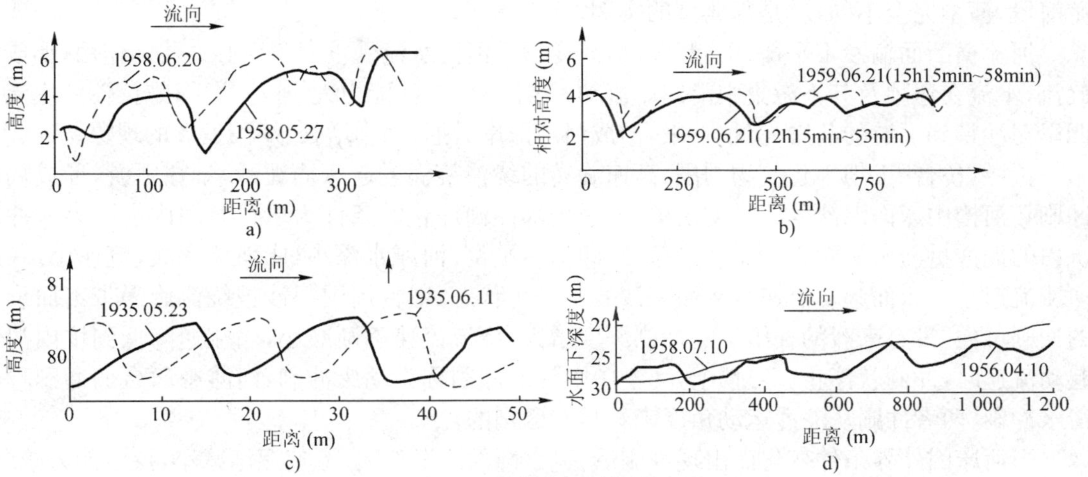

图 6-1-6 天然河流中的沙坡

a)长江南京段;b)黄河花园口段;c)伏尔加河;d)密西西比河

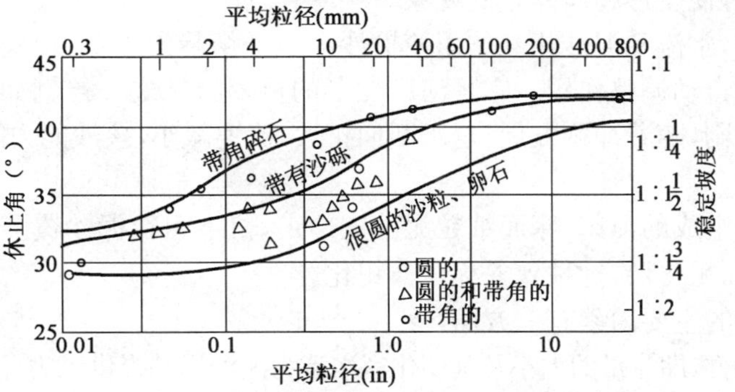

图 6-1-7　泥沙水下休止角 (Simons,U. S. ,1957 年)

注:1in=0.025 4m。

墩台等建筑物冲刷坑的边坡坡度是由休止角决定的。冲刷坑范围大小和泥沙水下休止角有关,休止角越小,冲刷坑范围越大。

第二节　河床演变和河相关系

水流推动泥沙运动,导致河床变形;变形后的河床又反作用于水流,引起水流结构的变化。水流和河床永远处于相互作用、相互制约、不间断的变化过程中。在天然状况下或人类活动的干扰后,河床形态逐渐的变化,称为河床演变。水流通过泥沙运动塑造河床形态,一般情况下,在河床演变中水流是最活跃的因素,起着主导作用。

一、河床演变的基本概念

水流输沙不平衡是河床演变的根本原因。上游来沙量大于河段水流挟沙能力,床面淤积;

反之,上游来沙量小于河段水流挟沙能力,床面冲刷。

河流上游多在山区,比降大,流速急,挟沙能力强,床面下切;河流下游多在平原区,比降小,流速缓,挟沙能力弱,床面多为淤积。在青海、甘肃的黄河上游河段和河南、山东的黄河下游河段,河型完全不同,就是很典型的实例。

河流横断面输沙不平衡,引起河床横向变形。河湾水流受重力和离心力共同作用,形成螺旋流,水流在弯顶及其下游集中沿凹岸流动,凹岸一侧挟沙能力大,冲刷严重;螺旋流的底流把凹岸泥沙带到下游的凸岸,沉积下来,形成河湾凹岸后退、凸岸增长、河湾发展的现象。

桥墩、桥台、丁坝等建筑物周围,高速旋转的绕流旋涡卷起床面泥沙,带往下游,形成局部冲刷。河槽中床面泥沙处于运动之中,桥墩局部冲刷停止的条件为单位时间内上游落入冲刷坑内的泥沙量与旋涡卷走的泥沙量相等,即输沙平衡;河滩水深小,床面糙率大,流速小(一般河滩流速小于床面起动流速),床面泥沙处于静止状态,墩台周围泥沙被绕流旋涡带走而形成的冲刷坑内,没有来沙的补给。随冲刷深度增大,绕流流速逐渐减小,当流速降低到坑内泥沙起动流速时,冲刷就停止。习惯上,河槽中墩台的冲刷称为动床冲刷,河滩中墩台的冲刷称为清水冲刷,两者冲刷从泥沙运动角度来看是有区别的。

当河床因外界条件变化而出现冲刷后,过水断面逐渐增大,流速逐渐减小,挟沙能力减弱,同时床面粗化,抗冲能力增强,冲刷过程逐渐减缓,冲刷趋向停止;对于淤积河段,也有这种使河床变形逐渐减缓,使变形趋向停止的现象。

在河床变形中,水流和泥沙相互作用使输沙由不平衡趋向平衡,使变形趋向停止的现象,称为河床和水流的自动调整作用。它是河床变形的重要特性之一。例如,桥孔压缩水流引起的桥下河槽一般冲刷,随着冲刷发展,过水断面扩大,流速减小,挟沙能力降低,冲刷逐渐减慢,趋向停止。

由不均匀泥沙组成的河床,床面细粒泥沙被冲走,留下粗粒泥沙覆盖床面,形成一层抗冲刷的保护层,称床面粗化层,这种现象称床面粗化。

影响河床演变的主要因素有三方面:

(1)上游来水条件,即流量的大小及其变化。水流为泥沙运动提供动力,流量大则挟沙能力大,河床变形亦大。随流量的季节性和年际周期性变化,河床形态也相应地发生周期性变化。

(2)上游来沙条件,即上游河床的来沙量及其粒径组成。上游来沙为泥沙运动提供物质来源,沙量、粒径组成及其季节性变化,对河床变形影响很大。

(3)河床地质、土质条件和河床比降,为河床演变提供了边界条件。土质坚硬,抗冲力强,比降则陡;土质粒细、松散,抗冲力弱,比降则坦。

上游来水、来沙条件总是不断变化的,输沙平衡只是暂时的、相对的,或者说,输沙平衡只是对平均情况而言的。输沙不平衡则是持续的、绝对的。

二、河相关系和造床流量

在水流作用下,由泥沙颗粒组成的河床能够自由地进行冲刷、淤积变形,称为冲积河床。冲积河床在水和沙长期相互作用下,逐渐形成了一种均衡的河床形态。这种均衡河床形态的几何因素(河宽、平均水深、比降、弯道半径等)与来水、来沙条件之间,存在着一定的对应关系,称为河相关系,又称均衡(regime)关系。显然,来水、来沙永恒地处于变化之中,均衡的河床形态只能是指在一定时间内、一定河段的平均状况而言。

河床形态是在无数次洪水过程中，水、沙相互作用下连续演变的结果。为了研究河相关系，人们引用一个与多年连续造床作用相当的、某个流量数值作为代表流量，称为造床流量。

造床流量对河床形态的塑造作用最大。造床作用大小可用乘积 $Q^m JP$ 来表示（流量 Q 具有的输沙能力与 $Q^m J$ 成正比，流量作用时间用其出现频率 P 表示），绘出多年流量值与其对应的 $Q^m JP$ 曲线后发现，$Q^m JP$ 最大值对应的流量，其水位大约与河滩平滩水位齐平，大致相当于多年最大洪水流量的平均值。

桥位设计中，通常采用平滩流量作为造床流量。对于河滩、河槽难以划分的游荡性、变迁性河段，可用多年最大洪水流量的平均值，作为造床流量。

三、河相关系式

我国桥梁冲刷计算和桥孔长度的确定，已广泛应用了河相关系式。

河相关系对河床不稳定、变形复杂的河段上的桥位设计，具有重要的参考意义。主要的河相关系式有如下几种。

1. 河槽宽度与水深的关系（前苏联水文研究所）

$$\frac{\sqrt{B}}{H}=\eta \tag{6-2-1}$$

式中：B——平滩水位（造床流量）时的河槽宽度（cm）；

H——平滩水位（造床流量）时河槽平均水深（m）；

η——断面河相系数，与河型有密切关系，η 值越大，河槽越宽浅，河槽稳定性越差。

2. 河槽断面尺寸的河相关系

(1)阿尔图宁（АЛТУНИН，苏联，1962 年）的河槽宽度公式（根据中亚西亚河流资料）：

$$B=\xi\frac{Q^{0.5}}{J^{0.2}} \tag{6-2-2}$$

式中：Q——造床流量（m^2/s）；

J——比降；

ξ——稳定河宽系数，河床由粗、中、细沙组成的中游河段，$\xi=1.0\sim1.1$，河床由细沙组成的下游河段，$\xi=1.1\sim1.3$，不稳定河段 $\xi=1.3\sim1.7$。

(2) 我国新疆、青海、甘肃、内蒙、河北等地滩、槽难分的变迁性河流的基本河宽[《公路桥位勘测设计规范》(JTJ 062—91)，西安公路学院，高冬光，1990 年；《公路工程水文勘测设计规范》(JTG C30—2002)]计算公式：

$$B=16.07\frac{Q^{0.24}}{d^{0.30}} \tag{6-2-3}$$

式中：Q——造床流量（取多年平均最大洪水流量，m^3/s）；

d——河床质平均粒径（m）；

B——基本河槽宽度（m）。

(3) 里奥普（Leopold，美国）和麦道克（Maddock）的河流几何形态关系式：

$$\left.\begin{aligned}B&=\alpha_1 Q^{\beta1}\\h&=\alpha_2 Q^{\beta2}\\v&=\alpha_3 Q^{\beta3}\end{aligned}\right\} \tag{6-2-4}$$

式中：h——平均水深(m)；

v——断面平均流速(m/s)；

Q——造床流量(平滩流量或多年平均最大流量，m^3/s)；

α_1、α_2、α_3——系数；

β_1、β_2、β_3——指数。

世界一些河流的实测指数值见表6-2-1。

世界上一些河流的水力几何形态关系中的实测指数值　表6-2-1

国别	河流	断面关系			沿程关系				参考文献
		β_1	β_2	β_3	β_1	β_2	β_3	Q	
中国	华北地区六条游荡型小河				0.48	0.35			
中国	黄河下游弯曲型河段 弯段	0.16	0.30						[21]
中国	黄河下游弯曲型河段 直段	0.28	0.18						[21]
中国	长江荆江段三个断面的平均	0.08	0.46	0.46					长江水利水电科学研究院，荆江特性研究，1974年，94页
美国	中西部常流性河流	0.26	0.40	0.34	0.50	0.40	0.10	Q_m	[34]
美国	半干燥地区间歇性河流	0.29	0.36	0.34	0.50	0.30	0.20	把沿程各断面所有测流资料点绘在一起	[11]
美国	宾夕法尼亚州16条河流				0.55	0.36	0.09		[35]
美国	东部布兰底威恩溪	0.04	0.41	0.55	0.42	0.45	0.13	Q_{II}	[36]
美国	158处水文站资料	0.12	0.45	0.43					[11]
美国	华盛顿州怀特河(冰川沉积区的小河)	0.38	0.33	0.27					[42]
美国	受潮汐影响的海湾地区海滩上的封闭式小河	0.09	0.13	0.78	0.76	0.20	0.04	断面上流速达到最大时的流量	[38]
英国	英格兰和威尔士的27条河流				0.49	0.27	0.24	Q_{II}	[13]
英国	英格兰和威尔士的23条卵石河流				0.45	0.40	0.15	Q_{II}	[38]
英国	苏格兰的17条低地河流				0.53	0.40	0.07	Q_{II}	[39]
英国	苏格兰的17条高地河流				0.52	0.32	0.16	Q_{II}	[39]
英国	南部三条小河	0.13	0.42	0.44					
加拿大	河岸与河床均由卵石组成的河流(包括两条美国河流，一条英国河流)				0.50	0.415	0.085	Q_{II}	[40]
加拿大	20条卵石河流				0.527	0.333	0.140	Q_2	[28]
加拿大	12条沙河				0.53	0.32	0.15	Q_{II}	[41]
	欧洲的莱茵河(10处水文站)	0.13	0.41	0.43					[11]

注：1. Q_{II}-平滩流量；Q_m-年平均流量；Q_a-a年一遇的流量。

2. 表中参考文献编号为本书参考文献[51]《河床演变学》原参考文献的编号。

(4) 砾石河床，凯莱哈尔斯(Kellehals)建议，应用下列公式估计河槽宽度与水深：

$$\left.\begin{aligned} B &= 3.26Q^{0.5} \\ h &= 0.47\left(\frac{Q}{B}\right)^{0.8} d_{90}{}^{-0.12} \end{aligned}\right\} \tag{6-2-5}$$

式中：d_{90}——河床质质量中 90%的粒径较它为小的粒径(m)。

(5)黏土河槽平均水深 h，根据床面切应力达到床面临界切应力的平衡条件得：

$$h=51.4n^{0.86}\left(\frac{Q}{B}\right)^{0.86}\tau_c{}^{-0.43} \tag{6-2-6}$$

式中：n——粗糙系数；

τ_c——床面开始冲刷的临界切应力，列于表 6-2-2。

冲刷临界切应力　　表 6-2-2

孔隙比	2.0～1.2	1.2～0.6	0.6～0.3	0.3～0.2
干密度(kg/m^3)	880～1 200	1 200～1 650	1 650～2 030	2 030～2 210
饱和密度(kg/m^3)	1 550～1 740	1 740～2 030	2 030～2 270	2 270～2 370
土壤类别	临界切应力 τ_c(Pa)			
沙黏土	1.9	7.5	15.7	30.2
重黏土	1.5	6.7	14.6	27.0
黏土	1.2	5.9	13.5	25.4
贫黏土	1.0	4.6	10.2	16.8

(6)断面平均水深 h，乘以冲刷系数 k，得到河槽最大冲刷深度(平均床面以下)：

$$h_{max}=kh \tag{6-2-7}$$

冲刷深度系数列于表 6-2-3。

冲 刷 深 度 系 数　　表 6-2-3

河 段 情 况	k 值	
	奈尔(Neill)	雷赛(Lacey)
顺直河段	0.5	0.25
平缓弯道	0.6	0.50
陡急弯道	0.7	0.75
直角急弯	—	1.00
垂直岩壁或墙	—	1.25

洪水过程中，由于主流摆动，即使顺直河段也会产生(0.25～0.50)h 河床的下切；对于岩壁或挡土墙下切深度可达 1.25h，即最大水深可达到平均水深的 2.25 倍。

桥梁和沿河公路的基础深度和防护，应当注意河床的这种自然变形。

第七章　桥位河段分类和河湾水流

第一节　桥位河段分类

一、河段分类表的制定和发展

选定桥位、确定桥长、布设桥梁孔径、选定墩台位置及其埋置深度、设置桥梁上下游的导流调治工程等桥梁勘测设计和涉河的路线勘测设计等各项工作，都必须根据桥位河段或涉河河段的水力、水文和河床变形特性来处理。为此，首先将河流的各个河段根据其所在地区的自然地理、地形地貌特点，水文、泥沙运动和河床变形特点，纵断面和平面特点，进行河段分类，作为桥位勘测设计及路线勘测设计的依据。

自 1958 年起，我国铁路和交通相关部门都以桥位河段或路线涉河河段的自然特性为基础，从桥位设计及路线设计需要出发，分析各类河段的共同性和特殊性，制定桥位河段分类表。

河流或河段，从不同的角度出发，可以进行不同的分类。自然地理学有自然地理的河流分类，分类形式繁多，本书所述的河段分类，都是指主要从桥位设计及路线设计出发的分类。

一般河流上游在山区，中游可能在山前区、丘陵区或平原区，下游在平原区，最终由河口注入海洋或大河(图 7-1-1)。按河流所在自然地理条件，河流主要分为山区和平原区河流两大类。另外，山前区河流虽是山区河流和平原区河流之间的过渡段，长度不大，但在我国分布很广；河口感潮河段，长度较短，但是河口三角形入口集中，经济发达，道路密集。每一种河段都

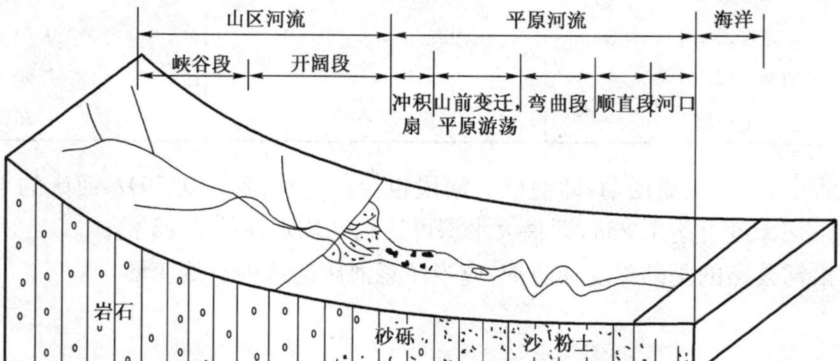

图 7-1-1　河流模型

有重要意义。

1964 年，中国土木工程学会桥梁工程委员会召开的“桥渡冲刷计算学术会议”，制定了桥位河段分类表，把全国公路、铁路建桥河段分为平原稳定、平原次稳定、平原游荡、山区稳定、半山区山前区变迁五类河段。该会议制定的各冲刷公式应用范围所说的河段，都是指这个分类表而言。

1976 年，交通部召开“大中桥孔设计研究汇总工作会议”，汇总各省已建桥梁的水文资料，制定了主要从桥孔设计确定桥长出发，着重于河槽河床稳定性的七类桥位河段分类表（表 7-1-1）。它较 1964 年的河段分类表增加了冲积漫流河段（冲积扇）、宽滩性河段（分布在东北，是草原、平原上具有宽阔河滩的弯曲、蜿蜒河流）。铁道部门认为它是平原弯曲型河段，这是符合河床演变学的。七类河段是峡谷性河段、稳定性河段、次稳定性河段、变迁性河段、游荡性河段、宽滩性河段、冲积漫流性河段。

1992 年实行的《公路桥位勘测设计规范》(JTJ 062—91)中，根据上述桥位河段分类的使用经验，参考铁路桥位勘测设计规范的河段分类，又增加了三角港河口、三角洲河口两类河段。同时能反映河段所在地区、河段类型、河床稳定程度三方面相互联系的河段分类表（表 7-1-2），这是一个较完善又便于应用的河段分类表。

二、推荐的河段分类表

2002 年实行的《公路工程水文勘测设计规范》制定时，经调研认为，表 7-1-1 所示的河段分类表能够较完善，较全面地集中了我国铁路、公路部门 40 年的生产经验，值得推荐生产使用。

表 7-1-2 所示河段分类表可供参考，它主要是从确定桥长出发，按河槽稳定性分类，对洪水水文、河床变形等各方面考虑较少。

三、我国建桥河段的水力特性分析

根据我国公路《大中桥孔设计研究·实桥调查资料汇总表》（全国汇总工作会议，南宁，1976 年）刊布的、位于各类河段上有代表性的 88 座桥梁的资料进行分析及数据处理，得各类河段上桥梁的基本水力参数（高冬光，1983 年）：

宽深比$\sqrt{B}/H$、比降 i (‰)、动能校正系数 α、弗汝德数 $Fr=v^2/(2g)$和无量纲谢才系数 $C_0=C/\sqrt{g}$，见表 7-1-3。

由表 7-1-3 可看出，表 7-1-2 所列的七类河段分类中：

(1)各类河段水力参数值互相搭接重叠，但其数值范围差异与河段自然特性差异是相吻合的，基本可以反映我国桥梁河段的水力特征。

(2)迁变性河段、游荡性河段断面宽深$\dfrac{\sqrt{B}}{H}$的最大值为 20～30；这两种河段和宽滩河段断面流速分布极不均匀，动能修正系数很大，一般为 2.4～4.39。

(3)山区峡谷、山区稳定性河段和山前变迁性河段床面比降很大，达 20‰～40‰。

(4)变迁性河段宽浅流急，比降较大，流态急，弗汝德数的最大值可能超过山区峡谷河段。

河段分类表(全国公路大中桥孔研究资料汇总合成,1976年)　表7-1-1

特性＼描述＼河段名称	峡谷性河段	稳定性河段	次稳定性河段	变迁性河段	游荡性河段	宽滩性河段	冲积漫流性河段
稳定性及变形特点	1. 岸线不变,河槽固定; 2. 河床天然冲淤极微弱,多呈下切加深的趋势	1. 岸线基本稳定,变形速度缓慢; 2. 河槽天然冲淤变化不大; 3. 主流在河槽内很少摆动	1. 岸线不太稳定,洪水期有塌岸现象; 2. 河槽内天然冲淤比较明显,主流在河槽内摆动; 3. 边滩、沙洲不稳定,洪水期变形或下移	1. 岸线不稳多变,洪水期塌岸严重; 2. 冲淤变化大,床面有淤高之势; 3. 洪水股流摆动不定,常产生严重的集中冲刷	1. 岸线很不稳定,历年变化无常; 2. 主流游荡不定,沙洲、沙滩推移快,变形大; 3. 冲淤变化强烈,集中冲刷严重,床面淤积抬高,河床容易改道	1. 河槽岸线不稳,洪期易坍岸; 2. 河槽平面常发生变形,摆动幅度较大; 3. 河槽经过多年冲淤交替作用,出现裁弯取直,老河槽淤死,成为月牙泡等	1. 两岸不受约束,岸线级不稳定; 2. 河槽形态、位置极不稳定,主流在洪水浸溢范围内摆动不定; 3. 自然冲淤严重,床面逐年淤高; 4. 集中冲刷明显,冲刷值并不大
河段平面外形	1. 河段多数有急弯卡口; 2. 水流单股无汊	1. 河段基本顺直,河岸比较整齐; 2. 一般无汊流,如有分汊,汊道及江心洲均稳定; 3. 滩槽分明,有时有不发达的边滩	1. 河段微弯或弯曲; 2. 如水流分汊,则沙洲不稳定,汊道有变化; 3. 滩槽分明,一般边滩较发达	1. 河段弯曲或微弯; 2. 水流分汊,沙洲较多; 3. 有的不易划分河槽与河滩	1. 河段大体顺直或微变; 2. 河身宽浅,沙滩密布、汊道交织; 3. 通常不易划分河槽与河滩	1. 河槽蜿蜒或微弯; 2. 在不稳定的河段上,有明显的曲率增大、河湾下移和产生汊流等情况; 3. 滩槽易划分	1. 河段呈冲积,扩散状,大体顺直或微弯; 2. 河床极宽浅,汊道交织,多呈网羽状; 3. 通常分不出河槽与河滩
断面及地质特点	1. 河槽窄深,断面呈V形或U形; 2. 两岸为基岩或紧密的砂砾石; 3. 河底岩石外露或浅层漂卵石覆盖	1. 河槽较深,断面多呈U形; 2. 河岸为抗冲刷能力较强的土壤组成,如硬黏土、紧密的砂夹卵石,以及风化岩等; 3. 河床多为粒径较小的卵砾石及砂组成,在下游河段常以砂黏土组成	1. 河槽较宽浅,断面以复式为多; 2. 河岸抗冲刷能力较差,多为砂质黏土或砂砾石; 3. 河床多为中等的卵砾石或砂组成	1. 河床开阔,河槽断面多呈锯齿形,有的中间高两边低; 2. 河床质常与河岸质相似,抗冲能力差,以砂夹卵砾石为多	1. 河床平坦开阔,有时呈地上河; 2. 河岸与河床组成成分接近,粒径小,多为细砂及粉砂	1. 河槽较窄,河滩宽阔,地势平坦,河床与河槽宽度比大于5倍; 2. 河岸与河床组成成分接近,多为砂黏土或粉砂土	1. 断面呈锯齿状,中间高两边低; 2. 岸槽高差甚小; 3. 河岸与河床组成成分接近,多为卵砾石

续上表

特性 \ 描述 \ 河段名称	峡谷性河段	稳定性河段	次稳定性河段	变迁性河段	游荡性河段	宽滩性河段	冲积漫流性河段
水文特点	1. 河床坡陡，水流湍急； 2. 水位变幅大，而水面宽变幅小，洪水容纳于槽内无漫溢	1. 高低水位时流向基本一致； 2. 洪水期两岸漫溢流量不大	1. 高低水位时流向差别很大； 2. 洪水期漫滩流量较大	1. 大小洪水流向不一致； 2. 水面宽度变幅较大； 3. 水面常呈现横比降； 4. 同一断面上水面很不平，有自然壅高	1. 洪水流向不定多变，水流散乱； 2. 洪水含沙量大	1. 高低水位流向不一致； 2. 水面宽度变幅大； 3. 河滩流量常占总流量 40%以上	1. 洪水流向常与河段总方向一致，水流散乱漫流； 2. 同一横断面上水面很不平，自然壅高很大
河段区别要点	峡谷性河段，河床窄深，床面岩基裸露或为大漂块石覆盖，或为胶结沉积层；河床纵坡大，多急弯，卡口	稳定性河段，岸线整齐，河槽稳定，断面多呈 U 形，滩槽分明，各级洪水流向基本一致	稳定性河段与次稳定性河段的区别：前者岸线、河槽、洪水主流均基本稳定，变形缓慢；后者河湾发展、下移，主流在河槽内摆动	变迁性河段与次稳定性河段的区别：前者主流在整个河床内摆动，幅度大，变化快，河床有可能扩宽；后者主流在河床内摆动，幅度小	游荡性河段与变迁性河段的区别：前者土质颗粒细、冲刷深、回淤快，主流不仅在整个河床内摆动，甚至造成整个河槽改道；后者颗粒粗、冲刷浅，由于河床淤高、扩宽和主流摆动，造成主槽变迁，河岸傍切扩宽幅度小	宽滩性河段，地势平坦，洪水泛滥宽度可达几公里至十几公里，滩槽宽度比可达 5 倍以上，河滩流速小，河槽流速大，河滩流量占总流量的 40%以上	冲积漫流性河段，地貌大致具有冲积扇体特征，床面逐年淤高，较荡游性河段明显，洪水股流按总趋势在较高的沟槽中通过

桥位河段分类表《公路工程水文勘测设计规范》(JTG C30—2002)　　表 7-1-2

河流类型	河段类型	稳定程度		河流特性及河床演变特点			
		序号	分类	形态特征	水文泥沙特征	河床演变特征	河段区别要点
山区河流	峡谷河段	I	稳定	1. 在平面上多急弯卡口，宽窄相间，河床为 V 形或 U 形； 2. 河流纵断面多呈凸形，比降缓陡相连； 3. 峡谷河段，河床狭窄，河岸陡峭多石质，中、枯水河槽无明显区别； 4. 开阔河段，河面较宽，有边滩，有时也有不大的河漫滩和明显阶地，有的地方也会出现心滩和沙洲，比降较缓，河床泥沙较细	1. 河床比降陡，一般大于 2‰； 2. 流速大，洪水时河槽平均流速可达到 5～8m/s； 3. 水位变幅大，个别达到 50m 左右； 4. 含沙量小，河床泥沙颗粒较大；由于流速大，搬运能力强，故洪水时河床上有卵石运动	1. 河流稳定，变形多为单向的切蚀作用，速度相当缓慢； 2. 峡谷河段的进口或窄口的上游，受壅水的影响，洪淤、枯冲； 3. 开阔河段有时有较厚的颗粒较细的沉积物，且多呈洪冲、枯淤变化； 4. 两岸对河流的约束和嵌制作用大	峡谷河段，河床窄深，床面岩石裸露或为大漂石履盖，河床比降大，多急弯、卡口，断面呈 V 形或 U 形 开阔河段和顺直微弯河段，岸线整齐，河槽稳定，断面多呈 U 形，滩、槽分明，各级洪水流向基本一致
	开阔河段	II III					
平原区河滩	顺直微弯河段	II III		1. 平原区河流，平面外形可分为顺直微弯型、分汊型、弯曲型、宽滩型和游荡型； 2. 河谷开阔，有时河槽高出地面，靠两侧堤防束水； 3. 河床横断面多呈宽浅矩形，通常横断面上滩槽分明，在河弯处横断面呈斜三角形，凹岸侧窄深，凸岸侧为宽且高的边滩，过滤段有浅滩、沙洲； 4. 枯水期河槽中露出各种形态的泥沙堆积体； 5. 由于平原区河流多河弯、浅滩连续分布，因此，河床纵断面亦深浅相间	1. 河床比降平缓，一般小于 1‰，有时不到 0.1‰； 2. 流速小，洪水时河槽平均流速多为 2～4m/s； 3. 洪峰持续时间长，水位和流量变幅小于山区河流； 4. 河床泥砂颗粒较细；水流输送泥沙以悬移质为主，多为沙、粉沙和黏粒；但也有推移质； 5. $\frac{Q_{河滩}}{Q_{设计}} \geqslant 0.4$ 或 $\frac{Q_{河滩}}{Q_{河槽}} \geqslant 0.67$者为宽滩河流	1. 顺直微弯河段，中水河槽顺直微弯，边滩呈犬牙交错分布；洪水时边滩向下游平移；对岸深槽亦向下游平移； 2. 分汊河段，中高水河槽分汊，两汊可能有周期性交替变迁趋势； 3. 弯曲型河段，凹冲凸淤，自由弯曲型河段，由于周而复始的凹冲凸淤，随着凹岸侧冲刷下切和侵蚀，弯顶横移下行，凸岸侧成鬃岗地形并扭曲弯向下游；与此同时弯曲路径加长，阻力加大，颈口缩短，洪水时发生裁弯取直； 4. 宽滩蜿蜒型河段，河床演变与弯曲型河段类似； 5. 游荡型河段，河槽宽浅，沙洲众多，且变化迅速，主流、支汊变化无常	稳定性和次稳定性河段的区别：前者河槽岸线、河槽、洪水主流均基本稳定，变型缓慢，后者河湾发展下移，主流在河槽内摆动。分汊河段，两汊有交替变迁的趋势；宽滩河段泛滥宽度很宽，达几公里、十几公里，滩槽宽度比、流量比都较大，滩流速小，槽流速大
	分汊河段	III IV	次稳定				
	弯曲河段	III IV					
	宽滩河段	III IV					
	游荡河段	V	不稳定				

续上表

河流类型	河段类型	稳定程度		河流特性及河床演变特点			
		序号	分类	形态特征	水文泥沙特征	河床演变特征	河段区别要点
山前区河流	山前变迁河段	V	不稳定	1. 山前变迁河段，多出现在较开阔的、地面坡度较平缓的山前平原地带，河段距山口较远，其下多是比较稳定的平原河流，水流多支汊，主流迁徙不定，河槽岸线不稳，洪水时主流有滚动可能； 2. 冲积漫流河段，距山口较近，河床坡度较陡；因为地势单调平坦，水流出山口后成喇叭形散开，流速、水深骤减，水流夹带大量泥沙落淤在山口坦坡上形成冲积扇	1. 河床比降介于山区和平原之间，一般为 1‰～10‰；但冲积漫流河段有时大于 20‰～50‰； 2. 流速介于山区与平原区之间，洪水时河槽平均流速可达到 3～5m/s； 3. 水流宽浅；水深变幅不大，既小于山区，也小于平原区； 4. 泥沙中等或较大；在干旱、半干旱地区，洪水时往往携带大量细颗粒泥沙（既有悬移质又有推移质），是淤积的主要材料	1. 山前变迁河段，泥沙与河床演变特点有类似平原游荡型河段之处，但其比降和泥沙颗粒皆大于平原游荡型河段；主要还是山前河流的特点，夺流改道之势更为凶猛迅速； 2. 冲积漫流河段，通常无固定河槽，夹带大量粗颗粒泥沙的水流淤此冲彼；加以坡陡、流急造成水沙混合体奔突冲击，有很大的破坏力；洪水后，河床支汊纵横，支离破碎，没有固定河漫滩，是最不稳定的河段；河床有可能淤高	不稳定河段与次稳定河段的区别：前者主流在整个河床内摆动，幅度大，变化快，河床有可能扩宽；后者主流在河槽内摆动，幅度小；游荡性河段与山前变迁性河段的区别：前者土质颗粒细，冲刷深，回淤快，主流不仅在河床内摆动，甚至可能造成河道改道，后者颗粒粗冲刷浅，由于河床淤高扩宽和主流摆动，造成主槽变迁，河岸傍切扩宽幅度小；冲积漫流河段地貌大致具有冲积扇体特征，床面逐年淤高，较游荡性河段明显，洪水股流按总趋势在高沟槽中通过
	冲积漫流河段	VI					
河口	三角港河口	V		1. 三角港河口段为凹向大陆的海湾型河口段； 2. 三角洲河口段为凸出海岸伸向大海的冲积型河口；河口段沙洲林立，支汊纵横交错	比降一般小于 0.1‰，流速也小，由于受潮汐影响，流速呈周期性正负变化；泥沙颗粒极细，多为悬移质	河口除受波浪和海流作用外，河流下泄的部分泥沙（进入河口后），由于受潮流和径流的相互作用，常形成拦门沙，加之咸、淡水交汇造成泥沙颗粒的絮凝现象，促进了泥沙的淤积，洪水期山水占控制的河段，可能有河床冲刷。因此很多河口段河床的冲淤变化很明显	区别要点同形态特征
	三角洲河口	VI					

注：1. 表列河段为一般情况，如山区河段一般为稳定性河段，也有例外的情况。有的山区河流有次稳定的，甚至有不稳定的河段，遇到这类场合，应根据具体河段实际情况，分析其稳定性，决定采用何种勘测设计方法。

2. 表中序号表示河段的稳定程度，序号愈小，河段愈稳定；反之，愈不稳定。

河段水力参数　　表 7-1-3

河　　段	$\sqrt{B}/H$	i(‰)	α	Fr	C_0
稳定性河段	0.9～12	0.1～5	1.0～3.1	0.01～1.06	3～18
次稳定性河段	1.76～7.36	0.1～4	1.01～2.8	0.08～1.92	3～13.8
宽滩性河段	2.47～9.32	0.25～0.86	1.2～3.6	0.05～0.4	2.93～9.18
变迁性河段	2.6～31.2	1～20	1.0～4.39	0.16～1.46	1.1～15.41
游荡性河段	3.8～22.7	0.5～1.17	1.0～2.1	0.24～0.88	3.97～28.14
稳定性河段(基岩)	2.04～2.22	2～6	1.0～1.1	0.40～0.47	8～10
峡谷河段	1.1～2.2	0.6～40	1.0	0.33～0.92	7～18

(5)宽滩性河段比降很小,最大为0.86‰,弗汝德数也很小,在0.05～0.40之间。

(6)稳定性河段中包括山区和平原区稳定河段,两者水力参数相差很大。显然,仅从河床稳定性的角度分类,将山区河段与平原区河段划为一类,其水力特性相差悬殊,同一类中水力参数数值范围很宽,是可以理解的。但是,这是把截然不同的两类河段,只从河槽稳定这一平面形态因素出发,合为一类,有一些不妥。

四、桥位勘测水力计算断面

选用桥位水力计算断面时,必须考虑河床演变。桥位勘测时测得的原始断面,一般是在中枯水位时测量的,考虑建桥后长时期内的河床演变,上游深槽和各断面上的最大水深通过主槽摆动、边滩下移等,可能移到桥下,理论上应取桥位上游包含最大水深的若干断面的包络图,作为冲刷计算断面。通常,为简便可用桥位轴线断面作为计算断面,但是,考虑到上游最大水深下移,可应用实测或调查的上游最大水深作为桥位计算断面的最大水深,进行桥梁墩台冲刷计算。

不同河段最大水深的位置,应根据河段特性进行分析判断,酌情处理。

五、各类河段的形态(图 7-1-2～图 7-1-12)

图7-1-2　河源天山一号冰川(高冬光,2002年)

图 7-1-3　美国科罗拉多山脉大峡谷

图 7-1-4　秦岭山区(高冬光,1994 年)

图 7-1-5　昆仑山区上游河段(高冬光,1999 年)

图 7-1-6　天山冲积扇(卫星照片)

图 7-1-7　新疆冲积漫流河段(马磊)

图 7-1-8　新疆山前变迁性河段

图 7-1-9　黄土高原河流　陕北洛河 50 年一遇洪水过后(高冬光,1995 年)

图 7-1-10　浙江嘉兴河网地区河流(高冬光,1999 年)

图 7-1-11　潮汐河口河段　杭州钱塘江大桥

图 7-1-12　近岸坡

六、河段的平面形态

(1)顺直微弯河段,河槽内边滩交错分布,见图 7-1-13 和图 7-1-14。

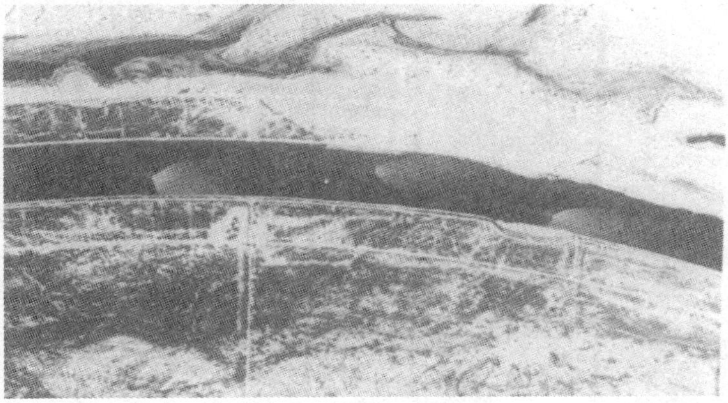

图 7-1-13　科罗拉多河(加利福尼亚州,美国)

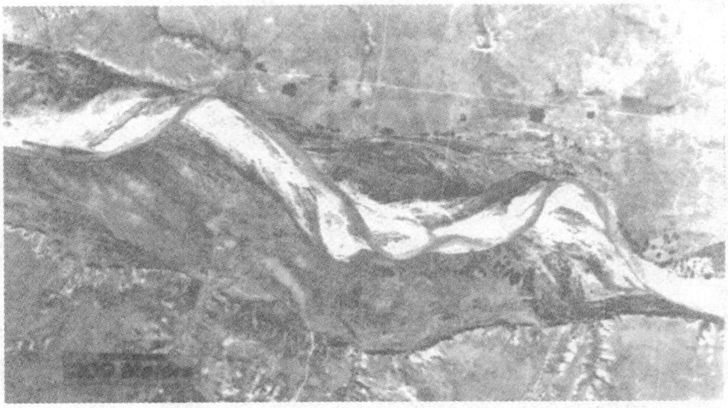

图 7-1-14　北加拿大河(俄克拉荷马州,美国)

(2)平原弯曲(蜿蜒)河段,见图 7-1-15 和图 7-1-16。

(3)山区或高原地区侵蚀的弯曲峡谷河段,见图 7-1-17。

图 7-1-15　斯瑙奎利梅河(华盛顿州,美国)

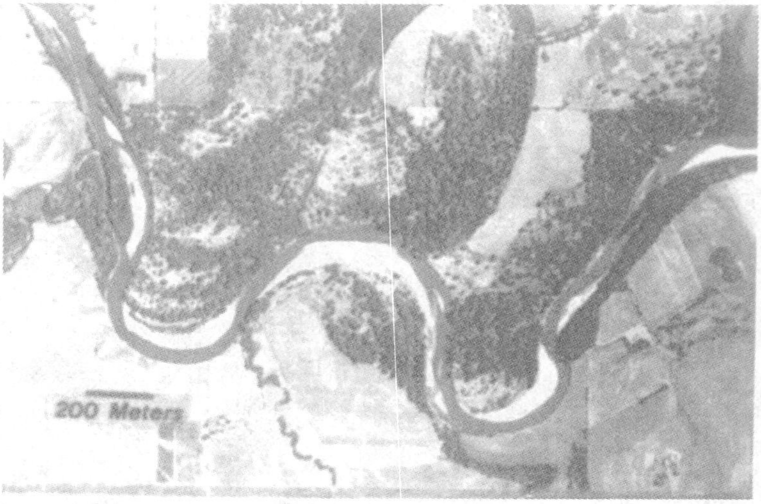

图 7-1-16　爱澳华河(美国)

图 7-1-17　圣朱安河(犹他州,美国)

第二节　河湾水流和河湾冲刷

河湾是河流平面形态的一般形式,直河段则是两河湾之间的过渡段(图 7-2-1)。即使在河岸顺直河段,河槽或河槽槽内的股流,一般也是弯曲的水流,也服从弯道变化的规律。

山区河流受两岸地形限制,形成强制性河湾;平原区河流为可以自由冲淤的冲积河流,为自由弯曲。这样,凹岸逐渐后退,凸岸逐渐前进,是发展的趋势。

桥位选择及桥梁抗洪能力和沿河公路能否正常运行,都与河流弯道的行洪和河床变形有密切关系。一些桥梁和路基水毁就是河湾水流引起的凹岸水流集中和凹岸冲刷造成的(图 7-2-2、图 7-2-3)。挑流、支流、股流对直河段的冲刷也是由于弯曲水流凹岸的冲刷引起的(图 7-2-4)。

图 7-2-1　河湾的平面形态(航片)

图 7-2-2　河湾下游桥梁的水毁(新疆，托克逊，1996 年 7 月，高冬光摄)

图 7-2-3　路基被河湾水流冲毁(312 国道天山段，1996 年 7 月，高冬光摄)

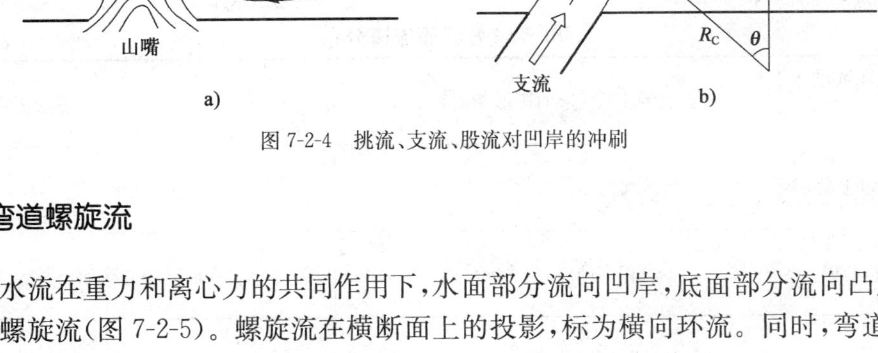

图 7-2-4　挑流、支流、股流对凹岸的冲刷

一、弯道螺旋流

弯道水流在重力和离心力的共同作用下，水面部分流向凹岸，底面部分流向凸岸，形成向前流动的螺旋流(图 7-2-5)。螺旋流在横断面上的投影，标为横向环流。同时，弯道范围内凹

岸水面升高,凸岸水面降低,出现水面横比降。两岸水面高差为 Δh。

图 7-2-5 中取单位宽度($b=1$)水体为单元体,进行受力分析。

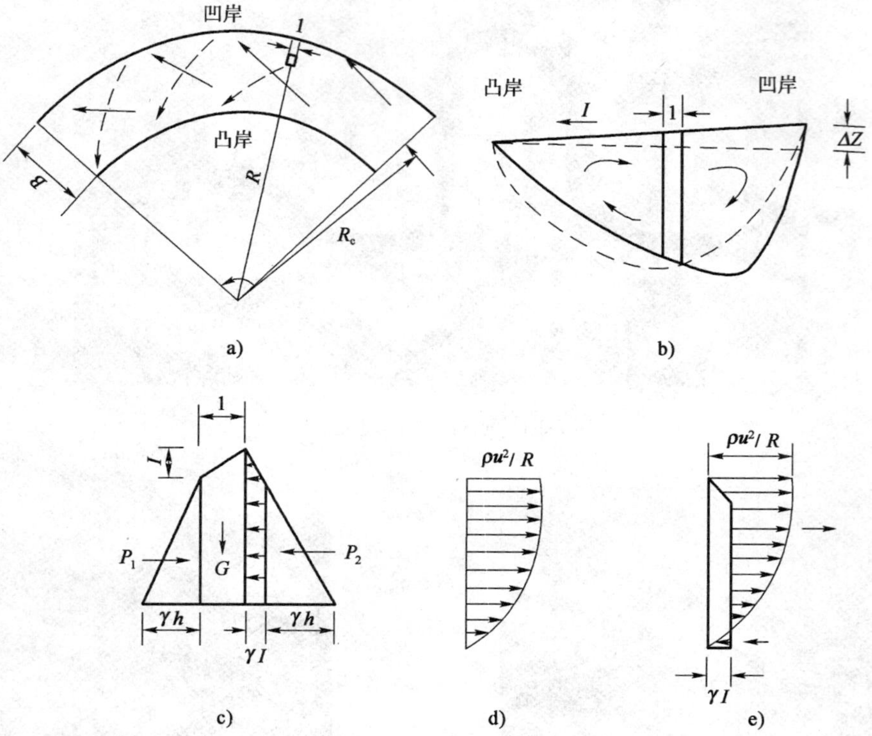

图 7-2-5　弯道螺旋流和断面环流

二、弯道水流的流速分布

(1)弯道水流垂线平均纵向流速沿程分布,如图 7-2-6 所示。

(2)弯道沿程各横断面内的纵向流速分布,如图 7-2-7 所示。圆心角为 90°的弯道,沿程各横断面最大点流速 v_{max} 的位置、最大流速和最小流速的比值 v_{max}/v_{min}(反映断面流速分布的不均匀程度)见表 7-2-1。

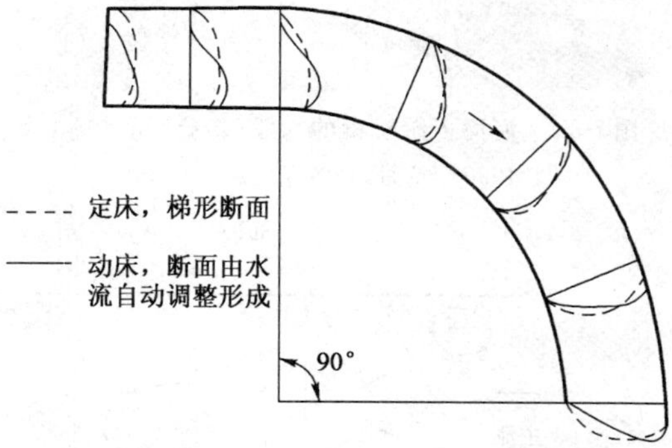

图 7-2-6　弯道水流垂线平均纵向流速沿程分布

90°弯道各断面流速分布　　表 7-2-1

断面 \ 定床或动床	定床(不变形的矩形断面)	动床(床面铺沙、自由变形平衡后)
1 号,进口上游	流速均匀,对称,$\frac{v_{max}}{v_{min}}=1.18$	v_{max}偏向凹岸,$\frac{v_{max}}{v_{min}}=1.44$
2 号,进口,0°	v_{max}偏向凸岸,$\frac{v_{max}}{v_{min}}=1.25$	v_{max}在断面中心水面,$\frac{v_{max}}{v_{min}}=1.70$

续上表

断面 \ 定床或动床	定床(不变形的矩形断面)	动床(床面铺沙、自由变形平衡后)
3 号,弯顶,45°	v_{max}近凸岸,$\frac{v_{max}}{v_{min}}=1.20$	v_{max}在凹岸,凸岸淤高,$\frac{v_{max}}{v_{min}}=1.59$
4 号,60°	流速较均匀,对称,$\frac{v_{max}}{v_{min}}=1.54$	
5 号,75°		v_{max}在凹岸,凹岸为冲沟,$\frac{v_{max}}{v_{min}}=2.40$
6 号,出口,90°	v_{max}在凹岸,$\frac{v_{max}}{v_{min}}=1.86$	v_{max}在凹岸,冲深最大,$\frac{v_{max}}{v_{min}}=3.55$
7 号,下游直段0.66B	v_{max}在凹岸,$\frac{v_{max}}{v_{min}}=2.62$	v_{max}在凹岸,冲沟宽度增大$\frac{v_{max}}{v_{min}}=6.78$

注:B 为河湾的水面宽度。

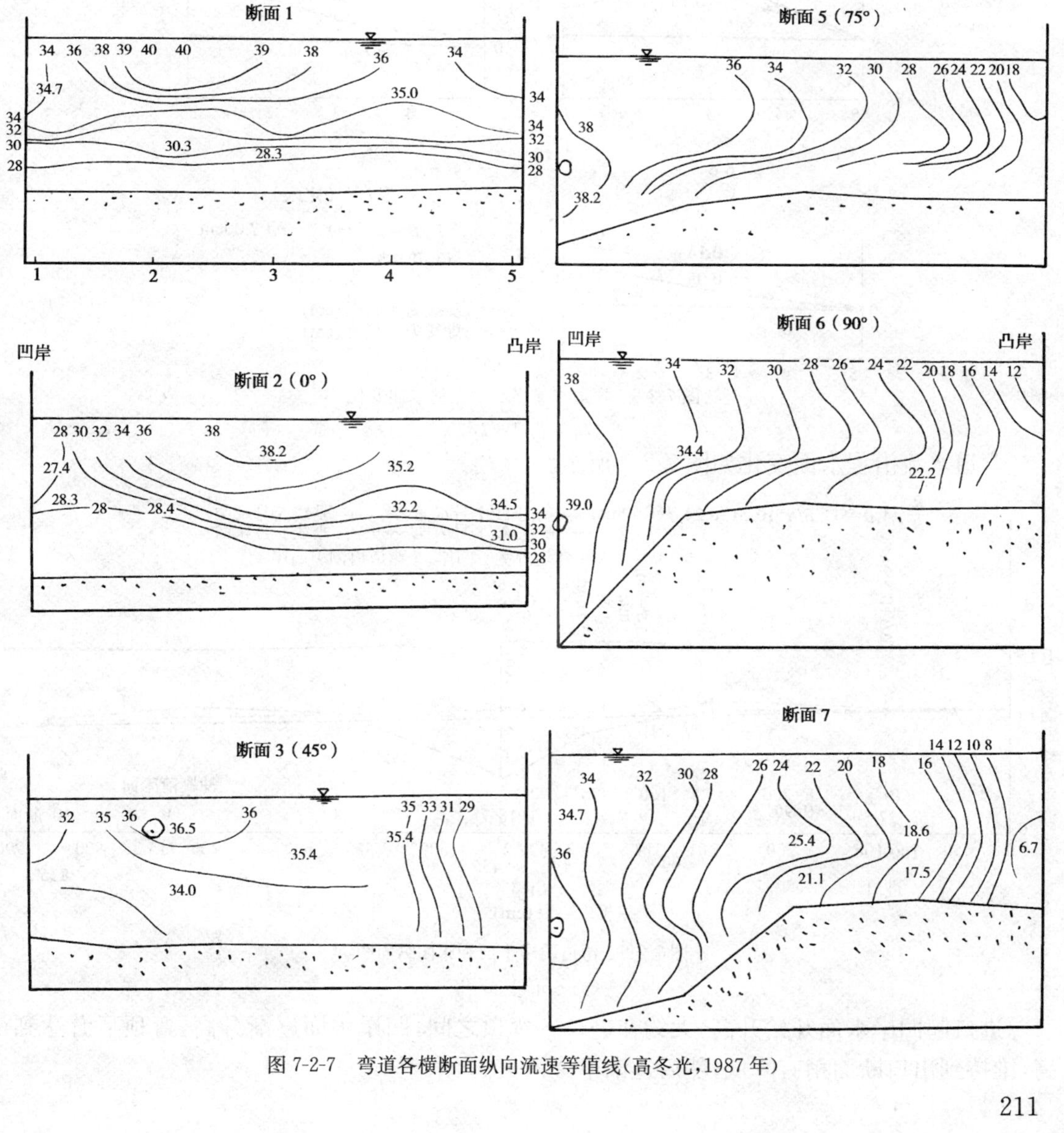

图 7-2-7　弯道各横断面纵向流速等值线(高冬光,1987 年)

(3)弯道水流水面变化。弯道水流横断面上的水面变化,是与流速在空间上的分布相对应的,如图 7-2-8 所示。

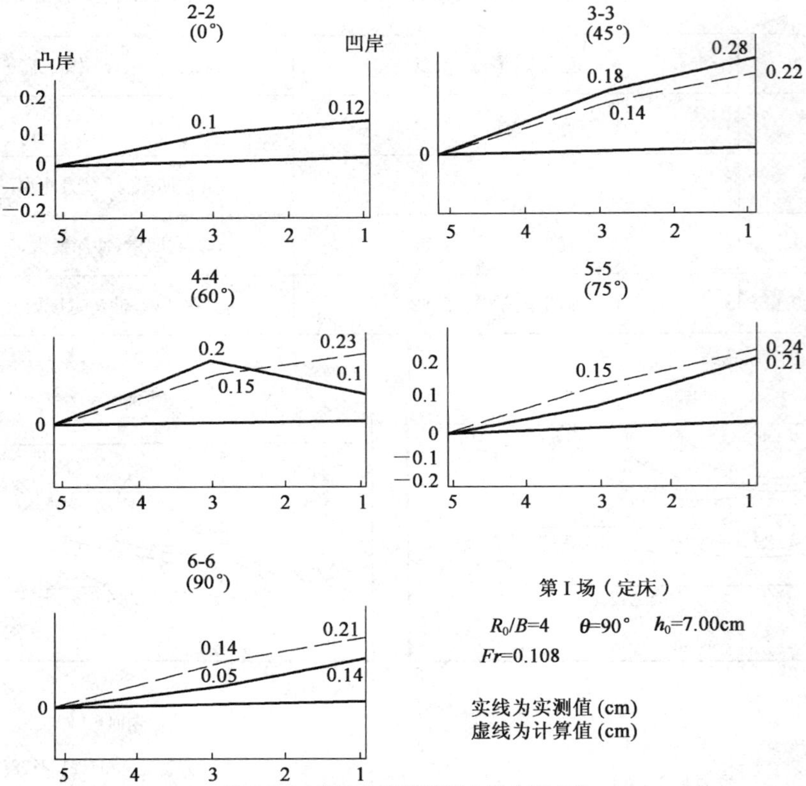

图 7-2-8 弯道水流横断面上的水面变化

(高冬光,1987 年)

弯道水流沿程水面变化如图 7-2-9 所示。

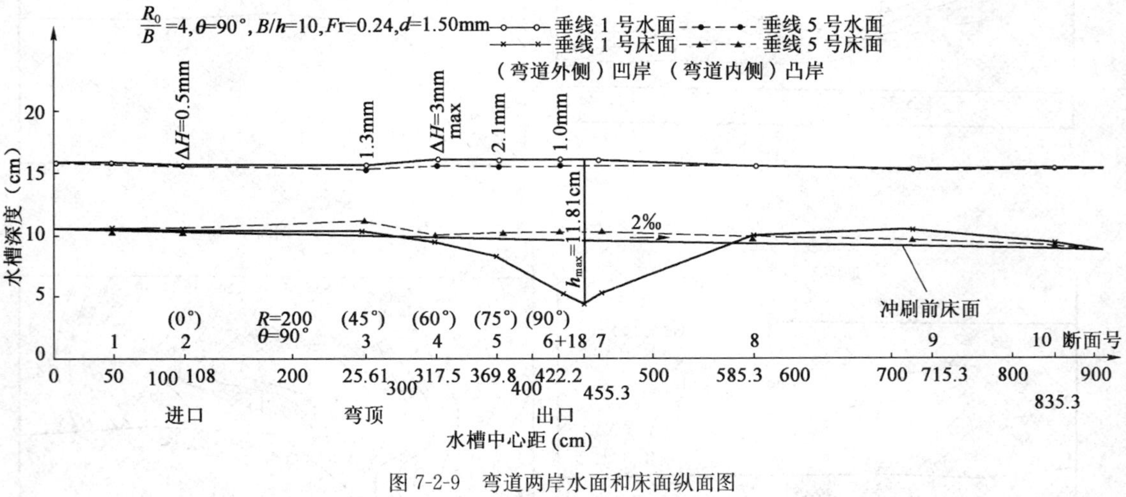

图 7-2-9 弯道两岸水面和床面纵面图

(高冬光,1987 年)

进口起凹岸水面开始升高,大约在进口到弯顶之间,凹岸水面逐渐升高,弯顶下游达到最高,维持到出口断面稍有降低,然后逐渐下降消失。

(4)凹岸超高计算。根据单元体径向力平衡微分方程，得：

$$\Delta h=\left(\frac{\alpha_0 v^2}{gR}-\frac{h}{2R}\right)\Delta R$$

因 $\Delta R=B$，一般河流弯道半径比水深大得多时，近似得：

$$\Delta h=\frac{\alpha_0 v^2}{gR}B \tag{7-2-1}$$

$$\alpha_0=1+\frac{g}{C^2K^2}=1+\frac{6.25g}{C^2} \tag{7-2-2}$$

式中：Δh——凹岸与凸岸的水面高差(超高)(m)；

v——凹岸处的垂线平均流速，近似可取断面平均流速(m/s)；

R——弯道中心半径(m)；

B——弯道水面宽(m)；

α_0——动能校正系数；

g——重力加速度(9.80m/s^2)；

C——谢才系数(m$^{0.5}$/s)；

K——卡门系数，清水 $K=0.4$。

式(7-2-1)和式(7-2-2)见《河湾水流冲刷试验研究报告》(高冬光，1987 年)。

山区河流峡谷河段弯小流急，根据嘉陵江、牛头河等实验资料和模型试验研究(铁道部第一设计院、铁道科学研究院，1989 年)，凹岸超高可按下式确定：

$$\Delta h=3.0\frac{v^2}{g}\lg\frac{R_2}{R_1} \tag{7-2-3}$$

式中：R_2——弯道外侧(凹岸)半径(m)；

R_1——弯道内侧(凸岸)半径(m)。

三、河湾凹岸冲刷

(1)法格(O. Fargue，法国，1908 年)根据对河湾的长期观测资料分析，总结出 5 条规律：

①河湾中泓线迫近凹岸，凸岸因泥沙淤积形成边滩。

②凹岸深槽的水深和凸岸边滩的宽度，均因河湾半径的减小而加大。

③深槽水深和边滩宽度最大的地方，与河湾曲度最大处(弯顶)并不相重，而是位于弯顶的下游。

④河湾稳定性和平面外形的圆滑性，因河湾曲率半径程度变化而异。

⑤曲率半径突变会带来扰动，造成河湾形态的不规律性，产生深潭和沙洲；这些深潭和沙洲，虽经回填或疏浚，日久以后仍会再次出现。

(2)不同圆心角弯道的地形。根据不同圆心角、不同中心半径与河宽比的弯道试验，平衡冲刷后实测的地形图如图 7-2-10 所示。

S 形弯道(两个 90°弯道中间带有过渡段反向连接)平衡冲刷后的地形和中泓线(沿程各断面最大水深的连线呈中泓线或深泓线)如图 7-2-11 所示。

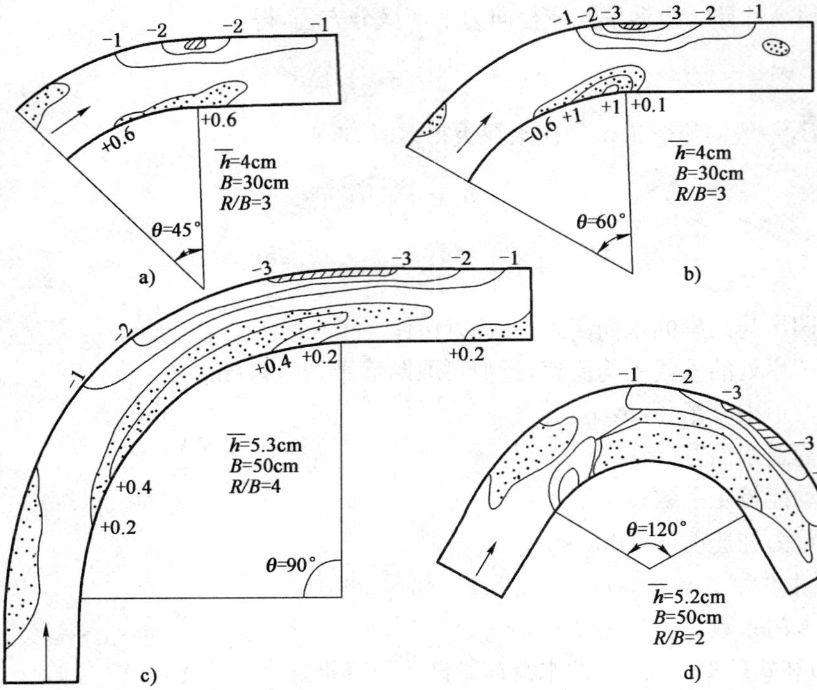

图 7-2-10　不同圆心角弯道的地形(西安公路学院试验,高冬光,1987 年)

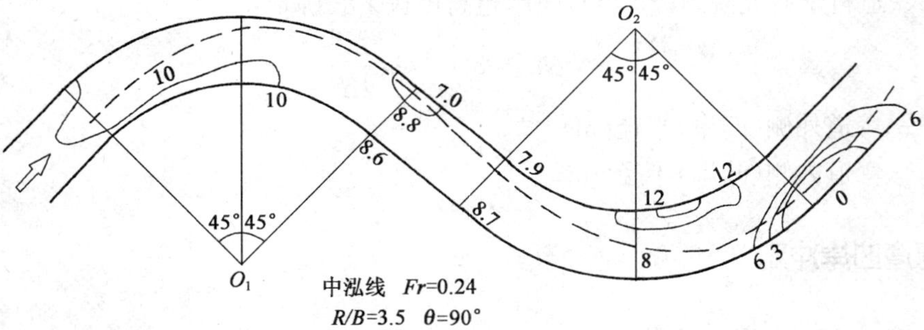

图 7-2-11　S 形(两个反向 90°)弯道的地形和中泓线(西安公路学院试验,高冬光,1987 年)

U 形弯道(两个 90°弯道通向相连)实测主流线(沿程各断面最大流速线的连线称动力轴线,即主流线)如图 7-2-12 所示。

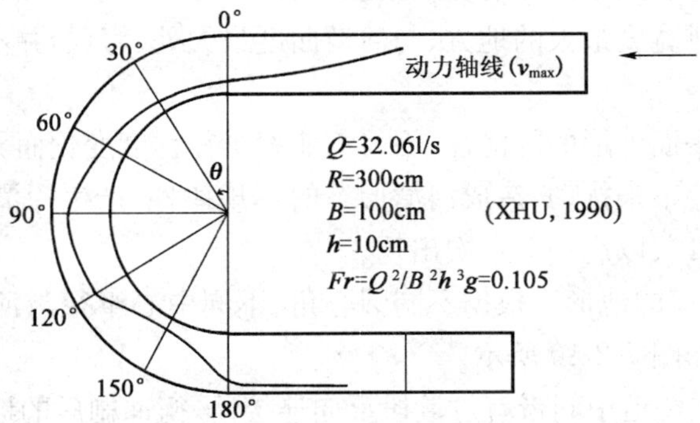

图 7-2-12　U 形弯道实测主流线(动力轴线)(西安公路学院试验,高冬光,1990 年)

不同圆心角的河湾其凹岸最大冲刷深度，都出现在弯道出口断面上下游附近。

在 θ 小于或等于 90°时(图 7-2-10)，一般就在出口断面处。

对于 θ 大于 90°至 120°时(图 7-2-10、图 7-2-12)，最大冲刷深度出现在 90°～120°之间。

S 形弯道(图 7-2-11)，即两个反向弯道相连接时，最大冲深出现在下游弯道出口断面，其冲刷深度较单个弯道明显增大，增大 15%～20%；相反，上游弯道冲刷较单个弯道有明显减弱，减小 20%～25%。

U 形弯道(图 7-2-12)，在圆心角 90°～120°之间凹岸冲刷水深基本保持 90°河湾冲刷水深；120°～180°凹岸冲深减小；到达出口断面(180°)及下游直线凹岸一侧冲刷深度较 90°处增大 20%～25%。

(3)凹岸最大冲刷后水深，采用以下各式计算。

①根据秦岭山区、丘陵区的河湾实测冲刷深度和水力模型试验资料，回归分析得：

$$h_{\max} = 1.48\left(\frac{B}{R_c}\right)^{0.24}\left(\frac{B}{h}\right)^{0.17}\left(\frac{h}{d}\right)^{0.05} h$$

或

$$h_{\max} = 1.48\,\frac{B^{0.42}}{R_c^{\ 0.25}}\,\frac{h^{0.88}}{d^{0.05}} \tag{7-2-4}$$

式中：$h_{\max}$——设计水位以下的弯道凹岸最大冲刷后水深(m)；

h——弯道进口断面的平均水深(m)；

B——弯道进口断面水面宽度(m)；

R_c——弯道中线半径(m)；

d——河床质粒径(m)。

适用于沙质、砂砾、卵砾石河床，相关系数为 0.927(高冬光，1987 年)。

式(7-2-4)是根据凹岸为竖直壁面时的资料得到的，对于边坡系数为 m(边坡为 1∶m)的斜坡面，冲刷深度有减小，其折减系数 C_m 为：

$$C_m = e^{-0.16m} \tag{7-2-5}$$

式中：e——自然对数的底，e=2.718 28；

m——边坡系数，即边坡为 1∶m。

S 形弯道，上游弯道出口凹岸冲刷深度减小，取：

$$h_{\max 1} = 0.73 h_{\max} \tag{7-2-6}$$

S 形弯道，下游弯道出口凹岸冲刷深度增大，取：

$$h_{\max 2} = 1.15 h_{\max} \tag{7-2-7}$$

U 形弯道，在圆心角 90°～120°之间，凹岸冲刷水深按式(7-2-4)和式(7-2-5)计算；在弯道出口附近及下游 2 倍河宽的范围内，取式(7-2-4)和式(7-2-5)计算值的 1.2 倍。

式(7-2-4)～式(7-2-7)详见《公路与桥梁水毁防治》(高冬光，人民交通出版社，2002 年)。

②根据上列山区中小河流实测冲深和王木兰等资料分析(西安公路学院，刘德进、葛风楼，1987 年)，得：

$$h_{max}=h\left(1.9+\frac{B}{R_c}\right) \tag{7-2-8}$$

③根据对伏尔加河、多瑙河、长江、黄河及渭河等自由变形河湾资料的分析,得下列关系(水利水电科学研究院,曾庆华,1982 年):

$$h_{max}=1.44h+0.298 \tag{7-2-9}$$

④对有建筑物控制的河湾,则

$$h_{max}=1.81h+0.976 \tag{7-2-10}$$

四、河湾凹岸冲刷的防护范围

建议应用图 7-2-13 所示方法,确定河流弯道凹岸冲刷防护的范围。

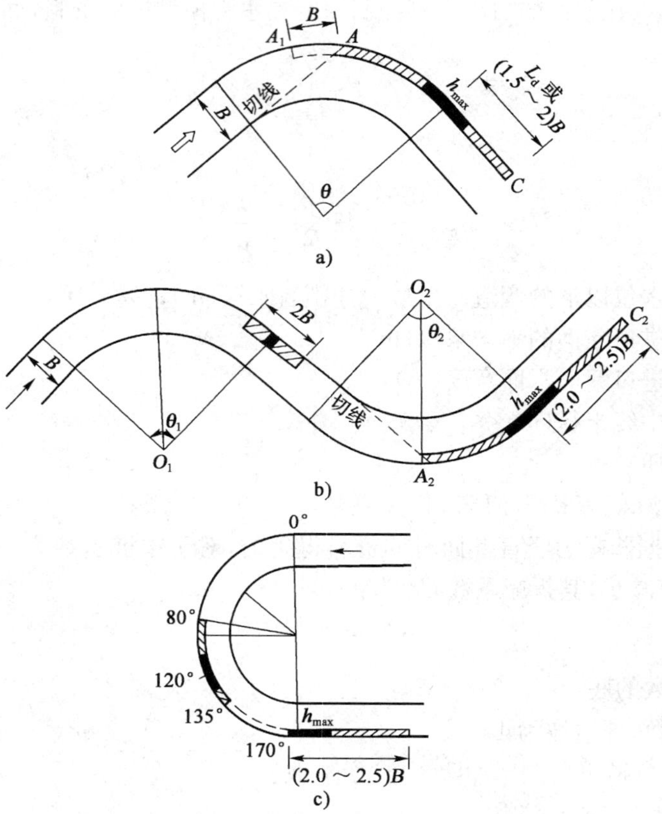

图 7-2-13 弯道冲刷防护范围(高冬光,2002 年)

当圆心角 $\theta<60°$时,防护起点应在进口断面的凸岸引出切线与凹岸交点 A 的上游一个槽宽 B 处的 A_1 点。

当圆心角 $\theta>60°$时,防护起点应在进口断面的凸岸引出切线与凹岸的交点 A 点。

上述两种情况,防护范围的下游终点为弯道出口断面下游 1.5～2.0 倍河槽宽度 B 处。

S 形弯道防护起点 A_2,在上游弯道出口的凹岸引出切线与下游弯道凹岸的交点 A_2 处;下游终点在出口断面下游 2.0～2.5 倍河槽宽。

U 形弯道凹岸冲刷防护有两段:一段在 90°～135°断面之间,一段在 170°断面到出口断面下游 2.0～2.5 倍河槽宽度处。

五、河湾横断面基础埋深

桥梁和公路设计时，河湾横断面建议按图 7-2-14 横断面概化处理。图中 h_{max} 是设计水位以下的凹岸最大冲刷后水深，可按式(7-2-4)～式(7-2-7)确定；Δh 是凹岸对凸岸的超高，可按式(7-2-1)～式(7-2-3)确定。

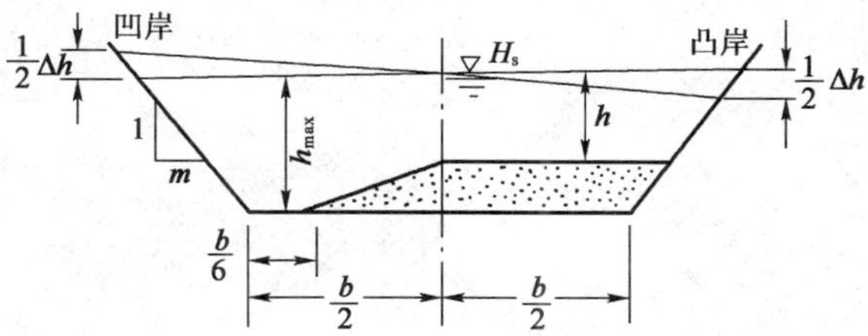

图 7-2-14　弯道凹岸冲刷横断面简图(高冬光，2002 年)

位于河湾影响范围内桥梁的各个墩台基础埋置深度，必须根据凹岸冲刷深度慎重处理。河湾断面各个桥墩处河床冲刷深度不同，每个桥墩的冲刷深度应分别计算。

凹岸水流集中，凹岸桥台不应突出于凹岸；否则，伸入河中，极易造成水毁，这种事例常有发生，见图 7-2-15。

图 7-2-15　河湾桥梁凹岸基础的冲刷

第三篇　桥梁的海洋环境

21世纪，伴随我国沿海地区的发展和海洋资源开发，跨海域的桥梁建设将有较大发展。跨越河口、海峡、港湾及岛屿等处的桥梁工程，规划、勘测、设计及施工，包括桥位选择及勘察、桥梁孔径长度及高度的确定、墩台及桥头路堤、防护工程的设置、施工方案的制订和实现，以及长期的运营和养护，都与桥梁所在海域的海洋环境因素密切相关。

各种海洋环境因素如海风、海浪、潮汐、海流、海冰、地震和饱含氯离子的大气等，长期作用于跨海桥梁(图8-0-1)，有的成为桥梁的动力或静力荷载，有的引起桥梁材料腐蚀，影响桥梁的耐久性。

桥梁工程人员，首先应清楚地了解桥梁所在海域的海洋工程环境条件，进而规划、设计并实现既安全又经济的桥梁建设、运营和养护方案。

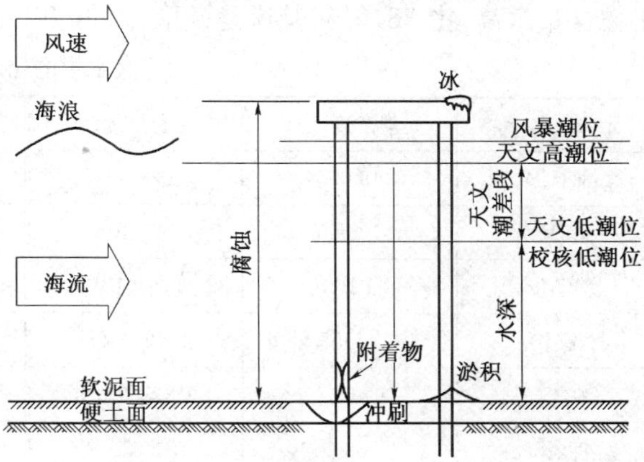

图8-0-1　海洋桥梁的环境条件

第八章　海水、海冰和海水运动

海水是海洋工程、海岸工程的主要海洋环境要素之一，无论是施工中作为工程材料的水或作为生活必需品的水的处理、工程建成后长期运营中海水引起工程材料的腐蚀，还是我国北部海域海冰问题，都需要有关海水性质的知识。

海洋是地球水圈的主体，是全球水循环的起点和归宿，也是各大陆外流区的岩石风化物最终的聚集地。海水的历史可追溯到地球形成的初期，在漫长的岁月中，由于地壳的变动和广泛性的生物活动，改变着海水的某些化学成分。

海水运动的主要形式是波浪、潮汐、潮流和海流(洋流)。海水的运动作用于桥梁或其他海洋工程，成为这些工程的环境作用荷载。

第一节　海水的化学性质

一、海水的化学组成

海水是一种成分复杂的混合液体。其中包含溶解物质(包括各种盐类、有机化合物和溶解气体)、气泡和固体物质(包括有机固体、无机固体和胶体颗粒)三类物质。海洋总体积内96%～97%是水，3%～4%是溶解于水中的各种化学元素和其他物质。

海水中已发现化学元素80多种，但其含量差别很大。主要化学元素是氯、钠、镁、硫、钙、钾、溴、碳、锶、硼、硅、氟 12 种(表 8-1-1),占全部海水化学元素总量的 99.8%~99.9%。海水化学元素的最大特点是上述 12 种元素主要离子浓度之间的比例不变,海水组成具有恒定性。溶解在海水中的元素绝大部分是以离子形式存在的。海水中主要盐类含量差别很大(表 8-1-2),氯化物含量最高,占 88.6%,其次是硫酸盐,占 10.8%。

海水中的化学成分 表 8-1-1

元素名称	元素浓度(g/t)	元素总量(t)	元素名称	元素浓度(g/t)	元素总量(t)
氯(Cl)	19 000	26×10^{15}	溴(Br)	67	0.095×10^{15}
钠(Na)	10 000	14×10^{15}	碳(C)	28	0.035×10^{15}
镁(Mg)	1 290	1.8×10^{15}	锶(Sr)	8	0.011×10^{15}
硫(S)	855	1.19×10^{15}	硼(B)	4.6	0.0064×10^{15}
钙(Ca)	400	0.55×10^{15}	硅(Si)	3	0.0041×10^{15}
钾(K)	380	0.5×10^{15}	氟(F)	1.3	0.0018×10^{15}

海水中的主要盐分 表 8-1-2

盐分名称	每公斤海水中的含量(g)	百分比(%)
氯化钠	27.2	77.7
氯化镁	3.8	10.9
硫酸镁	1.7	4.9
硫酸钙	1.2	3.4
硫酸钾	0.9	2.5
碳酸钙	0.1	0.3
溴化镁及其他	0.1	0.3
总计	35	100

海水中盐分的来源有两个方面:一是河流不断地将其所溶解的盐类带到海洋,海洋生物将大量碳酸钙吸收,变成骨骼、甲壳等,死后沉到海底,使海水中的碳酸钙较河水中大为减少(表 8-1-3);二是海水中大量的氯和钠,根据古海洋地理和古海洋生物的研究是由岩浆活动中分离出来的。以上两个来源相辅相成维持着海水盐分的平衡。

海水与河水所含盐分的比较(%) 表 8-1-3

盐类成分	河水	海水
氯化物	5.20	88.64
硫酸盐	9.90	10.80
碳酸岩	60.10	0.34
氮、磷、硅的化合物及有机物质	24.80	0.22
总计	100.00	100.00

二、海水的盐度

海水的盐度是 1 000g 海水中所含溶解的盐类物质总量，叫做绝对盐度，单位是‰或 10^{-3}。工作中因外界对盐度不易量测，而常用“使用盐度”。20 世纪 50 年代以来，使用盐度用测定海水的电导率来推算。采用在温度 15℃、压强为一个标准大气压的海水电导率，与质量比为 32.4356×10^{-3} 的标准氯化钾(KCl)溶液的电导率的比值(K_{15})来定义。当 $K_{15}=1$ 时，海水的实用盐度恰好等于 35×10^{-3}，这是世界大洋的平均盐度值。

海洋盐度的空间分布和时间变化，主要取决于影响海水盐度的自然环境因素和各种过程如降水、蒸发等。在低纬度，江水蒸发、海水的涡动、对流混合起主要作用，降水大于蒸发，海水被冲淡，盐度降低。在高纬度，除上述因素影响外，结冰和融冰也能影响盐度。例如，我国长江口附近，在夏季长江流量增大，海水被冲淡，盐度降低到 11.5×10^{-3} 左右。

世界大洋界大部分海域表面盐度变化在 $33\times10^{-3}\sim37\times10^{-3}$ 之间。海洋表面盐度分布的规律：

(1)从亚热带向高、低纬度递减，形成马鞍形。

(2)盐度等值线大体与纬线平行，但寒暖流交汇处等值线密集。

(3)大洋中的盐度比近岸海区的盐度高。

(4)世界最高盐度在红海($>40\times10^{-3}$)，最低盐度在波罗的海($3\times10^{-3}\sim10\times10^{-3}$)。

三、海水中的气体

溶解在海水中的气体，以氧和二氧化碳较为重要。海水中的氧主要来自大气和海生植物的光合作用。海水中的二氧化碳，主要来自大气与海洋生物的呼吸作用及生物残体的分解。当海生植物茂密，光合作用强烈时，水中溶解氧含量多，二氧化碳少；当植物残体多，植物光合作用弱时，水中二氧化碳多，氧含量就少。当水温增高时，海水中的氧含量降低；当水温降低时，海水中的氧含量增多。

海水中的二氧化碳的溶解度是有限的，但是海生植物能消耗相当多的二氧化碳，而且在碱性环境中，海水中的二氧化碳还可与钙离子结合生成碳酸钙沉淀。这样，大气中的二氧化碳就可以不断地溶于海水中，海洋成为自然界二氧化碳的巨大调节器，使海洋上和海岸边的空气总是清新的。

第二节 海水的物理性质

海水的物理性质主要包括温度、密度、水色、透明度、海冰等。

一、海水温度

海水主要靠吸收太阳能辐射来增高温度。海水温度因时、因地而异。因海水有较大的热容量，海面水温的变化比陆地温度变化小得多，平均日温差不超过 1℃，年温差不超过 1～17℃。

海洋表面最低温度为－2℃，最高温度为 36℃。世界大洋表面的年平均温度为 17.4℃，其中太平洋最高达 19.1℃,印度洋为 17.0℃,大西洋为 16.9℃。

世界大洋表面水温分布有下列规律:

(1)水温从低纬度向高纬度递减,等温线大体呈带状分布。

(2)北半球水温(平均 19.2℃)较南半球水温(平均 16℃)高。

(3)水温等温线从低纬度向高纬度疏密相间,纬度 40°～45°地带等温线较密。

(4)大洋东西两侧,水温分布有明显差异,低纬度水温西高东低,高纬度水温则东高西低,纬度 40°～50°地带,等温线西密东疏。

(5)大洋水温的垂直分布,从海面向海底呈不均匀递减的趋势,在南北纬 40°之间,海水可分为表层暖水对流层和渐冷水平流层。

二、海水密度

海水密度是指单位体积内所含海水的质量,单位为 g/cm^3。习惯上,使用的密度是指海水的相对密度,即在一个大气压力条件下,海水的密度与水温 3.98℃时的蒸馏水密度之比。海水的密度是决定海水运动的重要因素之一。

海水密度与盐度、水温、大气和压强有关,用 $\rho_{s,t,p}$来表示。

大洋表面海水密度随纬度增高而增大,等密度线大致与纬线平行。赤道地区水温高,降雨多,盐度低,表面海水相对密度很小,约为 1.023 00;亚热带海域海水相对密度一般在 1.024 00 上下;极地海域海水相对密度可达 1.027 00 以上。

在垂直方向,海水的结构总是稳定的,密度向下递增。在南北纬 20°之间 100m 上下的水层内,密度最小,并且在 50m 以内垂直梯度极小,几乎不变;50～100m 深度,密度垂直梯度最大,呈现密度的突变层(跃层),对声波有折射作用,有"液体海底"之称。1 500m 以下密度变化很小;3 000m 以下,密度几乎不变。

三、水色和透明度

水色是指海面及海水中发出于海面外的光的颜色。由于水体对光有选择吸收和散射的作用,阳光的红、橙、黄等长光波易被水吸收而增温,而蓝、绿、青等段光波,散射的很强,故海水多呈蓝绿色。水色常用水色计测定。水色计由 21 种颜色组成,用 1～21 的号码代表水色,号码越大,水色越低。

海水的透明度即海水的能见度。它决定于光线强度和水中悬浮物和浮游生物的多少。用一个直径为 30cm 的白色圆盘垂直放在海水中,直到肉眼隐约可见圆盘为止,该深度即为透明度,我国南海为 20～30m,黄海为 1～2m。世界上最大海水透明度在大西洋中部可达 66m。

第三节 海 冰

海冰包括海水冻结而成的咸水冰和流入海洋的河冰。

淡水的冰点为 0℃,最大密度的温度是 4℃。

海水的冰点和最大密度的温度都随盐度的增大而降低。当盐度为 24.695‰时,海水最大密度的温度和冰点温度相同，为−1.332℃。海水结冰较淡水困难，大洋表面的盐度一般大于24.695‰，故冰点更低。当海面温度达到冰点时，因密度增大形成对流，下层温度较高的海水上升，故较难结冰。当整层海水达到冰点，海水结冰时，又要不断地析出盐分，使结冰的海水盐分增大，密度也增大，又加强了对流和降低了冰点，阻碍海冰的进一步增长。

海冰的密度为 0.85～0.94g/cm^3，形状规则的海冰，水面以上的部分为总厚度的 1/10～1/7，冰山露出水面的部分为总厚度的 1/4～1/3。

海冰的抗压强度约为淡水冰的 3/4。

我国海冰灾害主要发生在渤海、黄海北部和辽宁半岛沿岸海域，以及山东半岛部分海湾。盛冰期为 1 月下旬至 2 月上旬。

海冰可以推倒海上平台，破坏海洋工程设施和船舶，阻碍航行。

1969 年 1 月下旬至 3 月中旬，整个渤海几乎被海冰覆盖，冰厚达 29～40cm，最厚达 80cm，堆积冰厚高达 9m，使进出天津塘沽港的 58 艘轮船被冰夹住，“海二井”平台桩柱受破坏，损失数亿元。

20 世纪海冰较严重的年份为 1908 年、1915 年、1969 年等，近 20 年来海冰呈缓和态势，如表 8-3-1 所示。但是，2009 年 12 月到 2010 年 1 月渤海出现 30 年来最严重的冰情。

1908～1990 年中国近海严重海冰灾害　　表 8-3-1

年　份	冰 情 等 级	海 冰 灾 害	资 料 依 据
1908	偏重冰年	大连港封冻，船舶进出困难	历史资料分析
1915	重冰年	大连港封冻，船舶进出困难	历史资料分析
1922	局部封冻	大沽口与曹妃甸灯塔海面冻住数艘轮船，大连港封冻	海关年报、历史资料分析
1930	局部封冻	渤海湾很多船只搁浅，大连港封冻	海河工程局报告
1936	重冰年	冰情严重，船舶无法航行	海河年报
1939	局部封冻	海河河口航行困难	海河工程局报告
1945	局部封冻	塘库沿海不少渔船冻在海上	天津塘沽新港档案
1947	重冰年	冰情严重，船舶无法航行	航海日志，访问渔民
1957	重冰年	冰情严重，船舶无法航行	航海日志，访问渔民
1966	初春返冻	莱州湾西部黄河口沿岸在短时间内封冻，封冻外沿线离岸 10～15km，约 400 艘渔船和 1 500 渔民被冻在海上	莱州湾海冰调查报告
1968	偏重冰年	龙口港封冻，载重 3 000t 的货轮不能出港	黄海、渤海冰情资料汇编
1969	特大冰封 重冰年	渤海石油公司“海二井”（重 500t）平台被海冰推倒，“海一井”（重 500t）平台支座拉筋被冰割断。在一个月内进出塘沽港的 123 艘轮船中 58 艘被损坏	1969 年渤海冰封调查报告
1971	局部封冻	滦河口至曹妃甸海面封冻	调查报告
1974	局部封冻	辽东湾冰情比常年偏重，发生船舶走锚 5 起，货船相撞等事故	调查报告
1977	偏重冰年	渤海石油“海四井”烽火台被海冰推倒，秦皇岛港多艘轮船被海冰夹住，需要破冰船引航	调查访问报告
1979	常年偏轻	辽东湾内发生船舶海底门被冰堵住事故一起	调查报告

续上表

年份	冰情等级	海冰灾害	资料依据
1980	常冰年局部封冻	龙口港封冻,万吨轮"津海"105 被海冰所困,破冰船引航才脱险	海冰调查报告
1986	常冰年局部封冻	3 万吨级货轮在塘沽口受困,破冰船引航才脱险	采访破冰船报告
1990	常冰年局部封冻	辽东湾封冻,2 艘 5 000t 级货轮受阻,轮船走锚 37 起	调查访问报告

注:表中资料引自《社会、减灾、发展——中国百年自然灾害态势与 21 世纪减灾策略分析》。

渤海湾、莱州湾冰情等级标准见表 8-3-2。

渤海湾、莱州湾冰情等级标准 表 8-3-2

海区	渤海湾			莱州湾		
标准	冰厚(cm)		范围(cm)	冰厚(cm)		范围(cm)
等级	一般	最大		一般	最大	
轻年	<10	20	<5	<10	20	<5
偏轻年	10~20	35	5~10	10~15	30	5~15
常年	20~30	50	15~35	15~25	45	15~25
偏重年	30~40	60	35~65	25~35	50	25~35
重年	>40	80	>65	>35	70	>35

第四节　潮汐、风暴潮、潮流和海流

海水的运动形式主要是波浪、潮汐、潮流和海流(洋流)。

置身于海洋中的桥梁及附属设施,长期经受波浪的冲击、潮汐涨落的变化、海流的冲刷,这些都是桥梁设计、施工和长期运营、养护中必须考虑的重要海洋环境因素。

跨海、跨河口桥梁及其附属建筑物的设计高程必须依据高潮位、最大的波浪高度来确定;潮差段是波浪力和海冰等的主要影响区,也是海水腐蚀最严重的范围;海岸预制场的布置及大型预制构件的浮运也都和潮位变化有密切关系。

一、潮汐现象及其成因

潮汐是日、月引潮力引起的海洋水面产生的周期性升降运动。潮汐又起引了潮流,二者的周期变化完全相应。潮汐和潮流在沿海和浅海地区最为明显。

1. 高潮和低潮

在潮汐升降的每一周期中,水位升到最高时称高潮,水位降到最低时称为低潮。

2. 潮差

相邻的高潮与低潮的水位差称为潮差。在半日潮地区,潮差随月令而变,最大潮差发生在朔望后1~3d,最小潮差发生在上、下弦后 1~3d。

3. 月潮间隙

月球经过中天时应是高潮时刻,但由于海水黏性、海底地形变化、潮流摩擦阻力的存在,高潮总在月中天时刻后若干时间才发生，此时间间隔称为高潮间隙。从月中天到低潮出现的时间间隔，称为低潮间隙。二者统称为月潮间隙。

各地潮汐具有不同形态，可分为三种类型（图8-4-1）。

1. 半日潮

在一个太阴日（24h50min）内发生两次高潮和两次低潮。相邻两次高潮和两次低潮高度几乎相等，涨潮历时和落潮历时相等，潮位曲线为对称的余弦曲线。

2. 日潮

太阴月中的大多数太阴日里出现一次高潮和一次低潮。潮位曲线为对称的余弦曲线。

3. 混合潮

分为不规则半日潮和不规则日潮。不规则半日潮是在一个月的多数日子里出现两次高潮和两次低潮，呈半日潮性质；而在其余日子里，两次高潮和两次低潮的高度相差较大，涨潮历时和落潮历时也不相等。不规则日潮，在半月中日潮的天数超过7d，而在其余日子里为不规则半日潮。

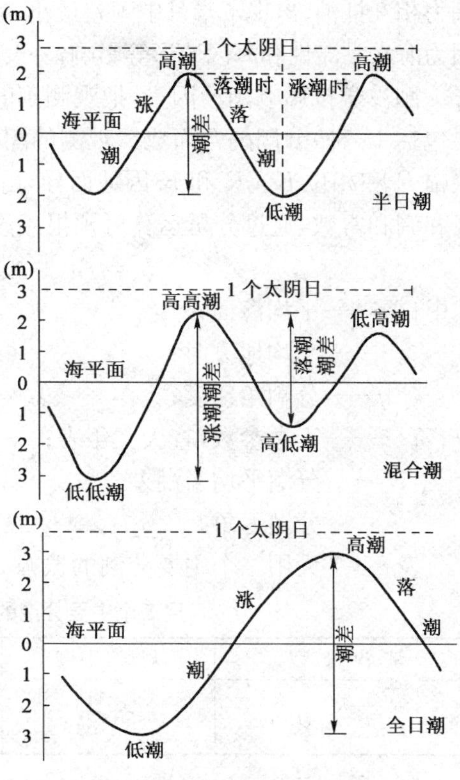

图8-4-1　潮汐涨落的三种类型

潮汐现象与天体引力有关，随地球、日、月位置的变化而变化。月球运行的轨道长轴随天体在不断地变化，近地点不断向东移，每8.85年是一个周期；另外，日月相对地球的运动位置也在不断地变化，18.61年为一个周期。这样，在分析潮位资料时，应考虑9年和19年资料周期的问题。

地球上的潮汐现象，最主要的是月和日的引力作用，而以月球引力为主。

地球表面各质点受着月球的吸引力（图8-4-2中指向月亮方向），又受到绕地月系共同质心转动而产生的惯性离心力，这二力的合力称为引潮力（图8-4-2中由平行四边形法则形成的合力）。假定地球表面覆盖着等深的海水，在引潮力的作用下，该水圈形成了潮汐椭圆（图8-4-2）。引潮力的大小与重力比是很小的，但是，它的方向与重力垂直，足以引起海洋中数量显著的潮汐运动。

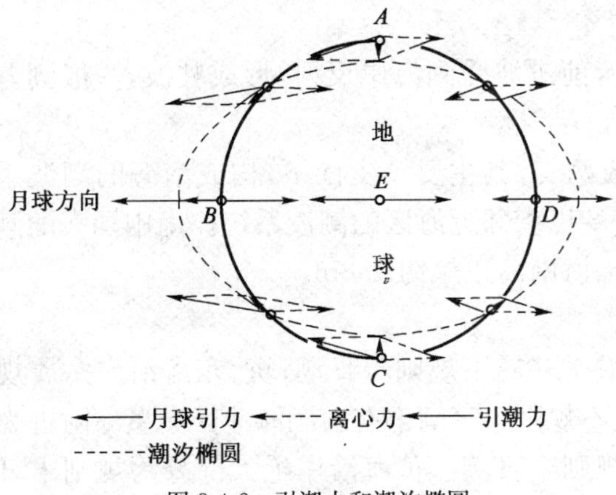

图8-4-2　引潮力和潮汐椭圆

每逢朔（初一）、望（十五），太阳、月亮和地球位于一条直线上，太阴潮与太阳潮相合，形成的潮汐高潮最高，低潮最低，潮差最大，称为大潮，又叫朔望潮。朔、望以后，月球和太阳的位置不断变化，到上弦（初七、初八）和下弦（二十二、二十三）时，地、月、日处于直角位置，日月引潮力相互抵消,出现了半月中潮差最小,称为小潮,又叫方照潮,这样就产生了潮汐的半月不等。因为海水黏滞性和海区地形等影响,一般大潮和小潮是在朔、望和上、下弦后1~3d发生。

潮汐学按影响潮汐因素,把观测到的潮汐作为由天文分潮、浅水分潮、气象分潮三大类(主要包括11种)分潮叠合而成。观测的潮位曲线可分解为各分潮的余弦曲线,求出每个分潮的振幅R'和相位K。R'和K因地而异,由实测潮位资料推求,称为调和常数。利用分潮余弦曲线和调和常数,通过分析运算可预报潮汐,称为调和分析任一地点的潮高,表示式为:

$$h = A_0 + \sum f R' \cos(qt + V_0 + u - K) \tag{8-4-1}$$

式中:A_0——平均海面;

t——平均地方时;

q——分潮角速度;

f、V_0、u——天文参数,查天文年表;

R'——分潮平均半潮差;

K——分潮迟角。

表8-4-1为用三个主要分潮的振幅R'_K、R'_0、R'_{M0}表示的潮汐类型。

用三个主要分潮的振幅R'_K、R'_0、R'_{M0}表示潮汐类型 表8-4-1

潮 汐 类 型	规则半日潮	不规则半日潮	不规则日潮	规 则 日 潮
$\frac{R'_K+R'_0}{R'_{M0}}=R$	$0<R\leqslant 0.5$	$0.5<R\leqslant 2.0$	$2.0<R\leqslant 4.0$	$R>4.0$

二、我国的潮汐

太平洋潮波引起的强迫振动,是我国海区潮汐的主要成分。太平洋的潮波从琉球群岛传入东中国海后,东海海区较开阔,潮波属于进行波的性质。

福建沿岸半日潮差为5m,全日潮差为0.80m,温州附近潮差可达8m。这种情况与地形有密切关系,当进行波传至海洋时,水深变浅,潮波能量集中,促使潮差迅速增大。黄海,受海岸轮廓影响,进行波被反射,变成驻波,在地球自转的影响下,形成旋转的潮汐系统,又因海底摩擦影响,东海岸潮差较西海岸潮差为大。我国黄海沿岸潮差大都为3~4m,而朝鲜西岸潮差可达8m以上。

渤海区的潮振动是由黄海的潮波传入引起的,前进波受到海岸反射,形成驻波,一般潮差为3~4m。

太平洋潮波由巴士海峡进入南中国海后分成两支,其主要一支南下,构成南海的潮波系统;另一支北上向台湾海峡方向推进,形成台湾海峡以南邻近海区的潮波系统。南中国海的潮差,一般较东中国海要小。广州附近潮差约3.5m,海南岛东岸约1.8m。

我国各沿海各测站潮差分布见表8-4-2。

我国沿海地形复杂,潮汐性质也复杂。渤海沿岸多属不规则半日潮;黄、东海沿岸多属规则半日潮;南海沿岸较复杂,规则和不规则日潮及不规则半日潮都有。渤海地区秦皇岛附近为不规则日潮,渤海湾和烟台、威海渔场附近为不规则半日潮。黄海沿岸绝大部分为规则半日潮,但威海成山头一带为不规则半日潮。从海州湾(连云港)至台湾海峡南端为不规则半日潮。

东海大陆沿岸和台湾西侧属于不规则半日潮，台湾东侧属半日潮。南海沿岸广州湾、海南岛附近大部分为不规则日潮，只有北部湾和琼州海峡为规则日潮。西沙和南沙群岛也是不规则日潮。

我国各沿海各测站潮差分布 表 8-4-2

编号	站名	平均潮差（m）	实测最大潮差（m）	编号	站名	平均潮差（m）	实测最大潮差（m）
1	大鹿岛	4.09	6.38	17	金山嘴	4.01	4.01
2	大连	2.04		18	定海	2.10	3.80
3	营口	2.58		19	旋门港	5.13	8.43
4	秦皇岛	0.71		20	三都澳	5.35	8.54
5	塘沽	2.48	4.35	21	崇武	4.27	6.60
6	羊角沟	1.08		22	厦门	3.96	6.42
7	烟台	1.66	2.88	23	汕尾	0.98	2.58
8	成山角	0.75	1.81	24	黄浦	1.64	3.38
9	乳山口	2.44	4.31	25	湛江港	2.15	5.13
10	青岛	2.80	4.49	26	海口	0.82	3.31
11	石臼所	3.01	4.90	27	八所	1.49	3.40
12	连云港	3.39	6.48	28	榆林	0.85	2.41
13	吕四	3.68	6.78	29	北海	2.26	5.36
14	高桥	2.34	4.66	30	钦州	0.98	2.63
15	镇海	1.75	3.30	31	防城港	2.25	4.93
16	乍浦	4.50	7.57	32	白龙尾	3.22	5.64

三、我国的风暴潮

风暴潮（气象海啸）是因台风、寒潮等天气系统带来的大风或气压剧变，而引起的海水位异常升降现象。当风暴潮发生的时间与天文大潮高潮时间相叠加，就将促成特大增水而成灾害。

我国沿海多数地区是风暴潮多发区，每隔 3～4 年就会发生一次特大的风暴潮灾。渤海沿岸 1949 年前发生过较大的风暴潮 30 多次，1895 年 4 月 28 日的风暴潮最为严重，水位高达 6m，大沽口地区建筑几乎全部被毁，死亡 2 000 余人；莱州湾地区也是风暴潮多发区之一。

东南、华南沿海是受台风袭击最多的地区，1922 年 8 月 2 日台风风暴潮袭击广东汕头地区，造成 7 万人死亡，30 万人无家可归的重大灾害，台风达 12 级，增水 3.5m，这是 20 世纪以来，我国死亡人数最多的一次风暴潮灾害。

1956 年 8 月 2 日，正值朔望大潮，杭州湾乍浦站测到增水高达 4.57m，成为世界最大增水记录。

2007 年 3 月 4 日至 5 日（正月十五），强大的西伯利亚寒流南下的大风侵袭我国广大地区和海域，正逢天文大潮，在我国渤海湾、莱州湾引起强大风暴潮。

我国是世界上多风暴潮的国家之一。世界上多风暴潮国家最大增水见表 8-4-3。

世界上多风暴潮国家最大增水　　表 8-4-3

国　家	最大增水(m)	出 现 时 间	出 现 地 点	原　因
中国	4.57	1956.8.2	杭州湾乍浦	强台风,风力 50m/s 以上
美国	4.50	1954.8.31	新英格兰州	强飓风
孟加拉国	3.90	1970.11.12	孟加拉湾	强飓风
日本	3.41	1959.9.26	伊势湾	台风
中国	3.55	1969.4.23	莱州湾羊角沟	寒潮,风力 12 级
英国、荷兰	3.00	1953.1.31～2.1	英国、荷兰沿海	冬季低压系统袭击

我国风暴潮有如下特点。

1.一年四季均可发生

夏秋两季台风风暴潮可遍及整个中国海域沿岸;冬春两季受寒潮大风、冷空气及气旋活动影响,在渤海、黄海沿岸也常发生较强的风暴潮。

2.发生频率高

西北太平洋沿岸是世界风暴潮发生最频繁的地区,而我国风暴潮的发生率较日本大 5 倍以上。

3.风暴潮的潮位最高

我国有广阔的大陆架,水浅、滩涂广,为风暴潮的发展提供了有利条件。现有记录表明,我国风暴潮的增水值超过日本、荷兰、英国和美国,成为风暴潮最高的国家。

4.风暴潮产生的过程极为复杂

我国海岸线极为曲折,海岸类型(平原、基岩和生物)复杂,潮汐类型多样,天气多变,各气旋、台风、反气旋的移动路径、强度、速度、风力大小与方向等各不相同。我国沿海风暴潮与天文潮的相互作用过程极其复杂,致使风暴潮产生的过程也极其复杂。

由于风暴潮的频率远高于地震,故风暴潮的累积损失也远高于地震。例如,2001 年 9 月,“桑美”台风风暴潮正值天文大潮,杭州湾、长江口沿岸、舟山、宁波等市城区进水,农田被淹,海陆空交通中断;浙、苏、沪三省市直接经济损失 32.7 亿元。

四、海流

近岸海水由于外海潮波、大洋水团迁移、风和气压影响及河川泄流、波浪破碎、地理因素等原因而造成的流动,称近岸海流。

外海海水的流动有如下几种。

1.漂流

无限宽广、水深的海区,在长期风力作用引起的海水流动,称为漂流。流向、平均流速、流量几乎年年相同,故又称恒定流。阵风引起的流动称风海流,又称暂时流。

2.气压梯度流

大气压力变化,使高气压区水位降低,低气压区水位增高,这样造成的流动,称为气压梯度流。

3.密度梯度流

由于水温和盐度分布不均匀,使海区水团密度不均匀而引起的流动,称为密度梯度流。

4.潮流

海洋潮汐涨落的同时,还有周期性的水平流动,称为潮流。

5. 补偿流

海水水团流动形成某些海压海水亏缺，由邻近水团来补充所造成的流动称补偿流。

近岸特有的水流有如下几种。

1. 河川泄流

河川径流入海，在河口附近海区引起的海水流动。

2. 波浪流

近岸区由于波浪破碎而形成的水平方向的水流，称为波浪流。

我国北部海区主要由太平流传来的洋流(黑潮)和大陆河川径流所构成的沿岸海流组成。北太平洋的赤道流在菲律宾东岸受阻分为两支，一支向北流，其主流沿台湾东海岸流向东北，这就是台湾暖流。台湾暖流的主流以后延伸为黑潮，流经日本诸岛东南岸。黑潮以后的分支为流入对马海峡的对马暖流和黄海暖流，给整个东中国海带来了高温、高盐的大洋水，常称为外海流系。与此相应的是被大陆径流冲淡了的沿岸水构成的沿岸流系。

沿岸流系具有低温低盐的性质。沿岸流自渤海、黄海沿岸起，从北向南流，直达中印半岛东岸，其中有辽南沿岸流、辽东沿岸流、渤海沿岸流、黄海沿岸流、东海沿岸流等，其最大厚度为 200～300m，流速一般为每秒几厘米到十几厘米。此沿岸流和黄海暖流构成了东中国海北部的环流系统(图 8-4-3)，在冬季比较强盛。此外，浙江、福建沿岸，冬季有一支自长江口南下的沿岸流，携带着长江等沿岸江河的淡水经台湾海峡流入南海。

南海沿岸潮流方向是东西向，东海沿岸则是南北向。舟山群岛区域潮流速度较大，杭州湾最大。长江口以北 200～250km 处潮流渐弱。山东半岛区域内，潮流具有合成海流的特性。黄海北部潮流一般为东西向。台湾海峡由于涨潮波所形成的潮流与黑潮支流的速度相加，向北流速可达 5～6km/h(1.4～1.7m/s)。南海潮流的流速则被黑潮支流削弱，甚至有时变为零。

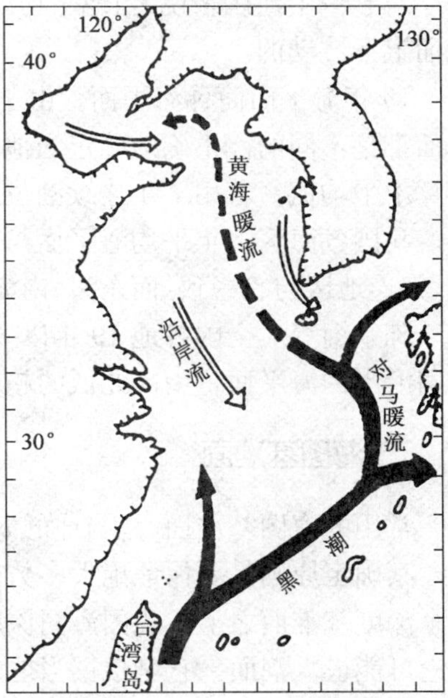

图 8-4-3 东中国海环流模式

第五节 我国高程基准面和特征潮位

一、高程基准面

从 1957 年起，采用“黄海平均海平面”作为全国统一的大地高程起算面，即基准面(图 8-5-1)。它是青岛验潮站 1950～1956 年所测的多年平均海平面，在大港水尺零点之上 2.39m。

从 1987 年起，我国高程计算改用“1985 国家高程基准”。它是青岛验潮站 19 年的每小时潮位观测记录的平均海平面，在大港水尺零点之上 2.42m，较 1957 年黄海零点高 3cm。

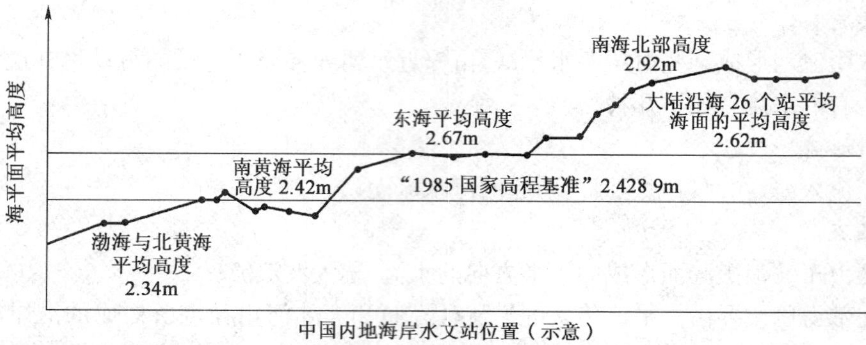

图 8-5-1 1985 年国家高程基准与大陆沿海海面的关系示意图(不包括江河河口附近)

由于历史原因,各地常采用所在水系的河口平均海面作为该水系的基准面,如吴淞口基准面(上海)、大沽基面(天津)、黄埔基面、罗兴基面等。

对于一个地区来说,当地平均海面是一个重要的基面,当地的潮位是以当地海平面为平衡面而上下波动的。

19 年海平面简称海平面。由于受潮汐周期长度的影响,日平均海面、月平均海面、年平均海面都是不同的。正确地确定当地平均海面,要求有连续 9 年以上的逐时潮位观测记录,计算其算术平均值。若用 2 年连续潮位观测记录,计算平均海面误差可达±0.1m。

我国各海区多年平均海平面与青岛黄海平均海平面有些差异,渤海沿岸与它相差较小,旅顺、大连地区与它一致,而东海、南海比青岛海平面略高。

陈宗镛等对全国各地 19 年以上的连续水位资料进行统计,求得各地海平面及变化,表明全国沿岸的海平面呈南高北低的趋势,相差约 70cm(±10cm),如图 8-5-1 所示。

二、海图基准面

常用的海图基准面,是当地的海图深度基准面。

其确定原则是要保证绝大多数的低潮位都在这个深度基准面之上。我国海图深度基准面采用理论可能最大潮面。它是根据当地的潮位调和常数(主要的 11 个分潮)进行长期潮位计算后,选出的可能最低潮面。不同地区的海图基准面是不同的。我国各地海图深度基准面的资料由海军有关部门保存。

进行不同基面的换算,应知道当地平均海平面与水尺零点之间的关系,平均海面与 1985 年国家高程基准面及黄海基面的关系,平均海面与深度基面的关系。图 8-5-2 较全面地指示出所需水位与基准面的关系。

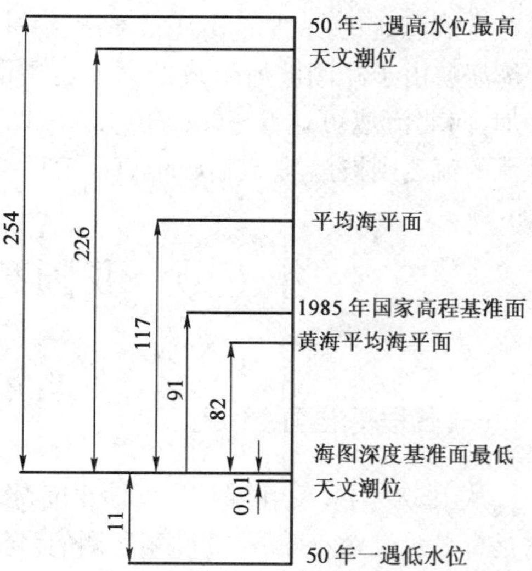

图 8-5-2 某地特征水位与基准面关系(尺寸单位:cm)

三、海平面变化

重要工程设计时,应考虑海平面的变化。由

于地球温室效应等原因，估计 21 世纪，全球海平面上升速率将加快 3～6 倍，将淹没、侵袭海岸带，对沿海低洼带构成环境问题。工程高程的设计应予以考虑。

海平面上升问题研究，应具有 50 年以上水位资料。

1993 年，中国科学院地学部委员会发表了《海平面上升对我国沿海地区经济发展的影响与对策》，指出：2050 年，我国海平面上升幅度，珠江三角洲 40～60cm，上海地区 50～70cm，天津地区 70～100cm。

郑文振计算结果：我国海平面上升幅度，珠江三角洲 29.3～57.6cm，上海地区 42.8～71.1cm，天津地区 74.6～102.9cm。两种结果基本一致，但都应由实践来验证。

四、特征潮位

特征潮位有平均大潮高潮位、平均小潮高潮位、平均大潮低潮位、平均小潮低潮位等(图 8-5-3)。

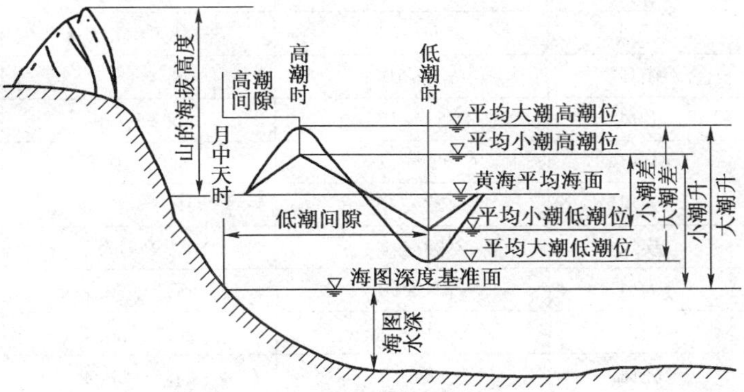

图 8-5-3　特征潮位

半潮面，是高潮的高度和低潮的高度的平均值，即平均高潮和平均低潮的算术平均数，又称平均潮面。如果潮汐曲线呈正规的余弦曲线，半潮面与平均海平面相重合。实际上潮汐曲线是复杂的，因此两者是有差别的。一般两者相差数不大且很稳定，视为常数。

潮高基准面，低于平均海平面，也不一定与海图深度基准面一致，某时某海域的潮汐预报(潮汐表资料)就是以它作为起算面的。我国每年刊印潮汐表，发表对次年各主要港口潮汐预报，内容有每日高(低)潮的潮时和潮高、农历、地点经纬度、标准时、潮高基准面等资料，还有沿海潮汐、潮流概况等。

第六节　风

一、风的形成

风是影响工程的主要气象因素。风引起海浪、风暴潮作用于桥梁的墩台基础，风作为主要的动力荷载作用于桥梁的上部结构(梁、主缆、吊缆或拉索)和桥塔，可导致桥梁的破坏。对于跨海桥梁和跨峡谷的桥梁,风的作用十分重要,能够造成桥梁毁坏。

地球表面大气压力不均匀,形成气压梯度力,引起空气在水平方向的运动,形成风。形成大风的天气主要是热带气旋(台风)、冷空气(寒潮)和强对流天气(龙卷风)。另外,地球自转形成的地转偏向力(柯里奥里斯力),也作用于大气,使气流的方向发生偏转。靠近地表附近的风还应考虑地表阻力,称为地表风。不计地表阻力的风称为梯度风。

风的强度国际上用风级等级(蒲氏风级)表示,如表 8-6-1 所示。

风级、风速和波高范围见风级表(表 8-6-1)。

风级表 表 8-6-1

蒲氏风级	名称	风速		波高(m)
		(n mile/h)	(m/s)	
0	无风	1 以下	0.0～0.2	—
1	软风	1～3	0.3～1.5	0.1
2	轻风	4～6	1.6～3.3	0.2
3	微风	7～10	3.4～5.4	0.6
4	和风	11～16	5.5～7.9	1.0
5	清劲风	17～21	8.0～10.7	2.0
6	强风	22～27	10.8～13.8	3.0
7	疾风	28～33	13.9～17.1	4.0
8	大风	34～40	17.2～20.7	5.5
9	烈风	41～47	20.8～24.4	7.0
10	狂风	48～55	24.5～28.4	9.0
11	暴风	56～63	28.5～32.6	11.5
12	飓风	64 以上	大于 32.6	14.0

二、风的紊动特性

风在任意时刻的瞬时风速是由平均风速和脉动风速两部分组成的。脉动风速的大小,可用其方差谱(能量谱)来表达。当桥梁的自振频率与风速谱显著部分的子脉动频率相近时,风将导致桥梁的共振。平均风速为 30m/s 时,风速的脉动周期为 1～100s,应尽量避免桥梁共振发生。

阵风系数是指某一时距阵风最大平均风速与 10min 平均风速的比值,以 k 表示,可查表或用经验公式得到(表 8-6-2)。风的紊动特性将在桥梁风致振动、桥梁结构风工程中讨论。

阵风系数表 表 8-6-2

平均风速 v (n mile/h)	时距长度 t(s)					
	600	60	30	20	10	5
20	1.10	1.25	1.30	1.35	1.40	1.5
40	1.10	1.25	1.32	1.35	1.42	1.48
60	1.08	1.23	1.31	1.35	1.42	1.48
80	1.09	1.24	1.33	1.36	1.43	1.48

三、风速的垂直高度分布

在地表1 000m以上，具有稳定的风速，按地转风或梯度风风速计算。

在地表大气边界层（地面以上0.5～1.0km）内，风速垂直高度分布，近于对数形式或指数形式，我国有关风荷载规范中，高度低于100m时，风速采用对数分布；高于100m时，采用指数分布。因此，在风浪计算时一般采用对数分布；在桥梁受风的动力作用进行桥梁结构动力分析时，一般采用指数分布。

1.风速垂向对数分布

按普兰特-卡门紊流混掺假定，在近地（海）处风速沿高度的变化接近于对数规律。不同高程风速的比值关系为：

$$\frac{U_{Z2}}{U_{Z1}}=\frac{\lg Z_2-\lg Z_0}{\lg Z_1-\lg Z_0} \tag{8-6-1}$$

式中：U_{Z2}——高程Z_2处的风速（m/s）；

U_{Z1}——高程Z_1处的风速（m/s）；

Z_0——地（海）面粗糙高度，对地面取$Z_0=0.03$m，对海面取$Z_0=0.003$m或参考表8-6-3选取。

地表分类　　表8-6-3

地表类别	地表状况	地表粗糙度系数α	粗糙高度Z_0(m)
A	海面、海岸、开阔水面、沙漠	0.12	0.01
B	田野、乡村、丛林、平坦开阔地及低层建筑物稀少地区	0.16	0.05
C	树木及低层建筑物等密集地区，中高层建筑物稀少地区，平缓的丘陵地	0.22	0.3
D	中高层建筑物密集地区、起伏较大的丘陵地	0.30	1.0

$$U_{10}=K_Z U_Z \tag{8-6-2}$$

式中：U_{10}——离地（海）面10m处的风速（m/s）；

U_Z——离地（海）面Z处的风速（m/s）；

K_Z——风速高度换算系数，见表8-6-4。

风速高度换算表　　表8-6-4

风速仪离地面高度(m)	K_Z	风速仪离地面高度(m)	K_Z
5.0	1.14	8.0	1.04
5.5	1.12	8.5	1.03
6.0	1.11	9.0	1.02
6.5	1.09	9.5	1.01
7.0	1.07	10.0	1.00
7.5	1.05	10.5	0.99

续上表

风速仪离地面高度(m)	K_Z	风速仪离地面高度(m)	K_Z
11.0	0.98	15.5	0.93
11.5	0.98	16.0	0.93
12.0	0.97	16.5	0.92
12.5	0.97	17.0	0.92
13.0	0.96	17.5	0.91
13.5	0.96	18.0	0.91
14.0	0.95	18.5	0.91
14.5	0.94	19.0	0.90
15.0	0.94	20.0	0.89

$$(U_{10})_{海} = K(U_{10})_{陆} \tag{8-6-3}$$

式中：$(U_{10})_{海}$——海面以上 10m 处风速(m/s)；

$(U_{10})_{陆}$——陆地以上 10m 处风速(m/s)；

K——海上风速增大系数，见表 8-6-5。

风速高度换算表 表 8-6-5

海面和海岛距海岸距离(km)	海上与沿海陆上风速比值 K	海面和海岛距海岸距离(km)	海上与沿海陆上风速比值 K
2km 以内	<1.1	50～100	1.23～1.30
2～30	1.10～1.14	100km 以外	根据实测或调查资料确定
30～50	1.14～1.23		

2. 风速垂向指数分布

风速沿竖直高度方向的分布可按下述公式计算：

$$v_{Z2} = \left(\frac{Z_2}{Z_1}\right)^{\alpha} \cdot v_{Z1} \tag{8-6-4}$$

式中：v_{Z2}——地面以上高度 Z_2 处的风速(m/s)；

v_{Z1}——地面以上高度 Z_1 处的风速(m/s)；

α——地表粗糙度系数，可按照表 8-6-3 取用。

四、风的观测

主要观测一段时间内风向、风速的平均值。水文气象台、站一般记录是 2min 内的平均值。风向和波向的观测分为 16 个方位(每个方位对应圆心角 22.4°)，方位与度数的关系见表 8-6-6。

16 个方位与度数换算表　　表 8-6-6

方　位	度　数	方　位	度　数
N(北)	348°.9～11°.3	S(南)	168°.9～191°.3
NNE(北东北)	11°.4～33°.8	SSW(南西南)	191°.4～213°.8
NE(东北)	33°.9～56°.3	SW(西南)	213°.9～236°.3
ENE(东东北)	56°.4～78°.8	WSW(西西南)	236°.4～258°.8
E(东)	78°.9～101°.3	W(西)	258°.9～281°.3
ESE(东东南)	101°.4～123°.8	WNW(西西北)	281°.4～303°.8
SE(东南)	123°.9～146°.3	NW(西北)	303°.9～326°.3
SSE(南东南)	146°.4～168°.8	NNW(北西北)	326°.4～348°.8

根据气象台、站的风资料，整理绘制成风玫瑰图和波浪玫瑰图，供工程规划设计使用(图 8-6-1，图 8-6-2)。

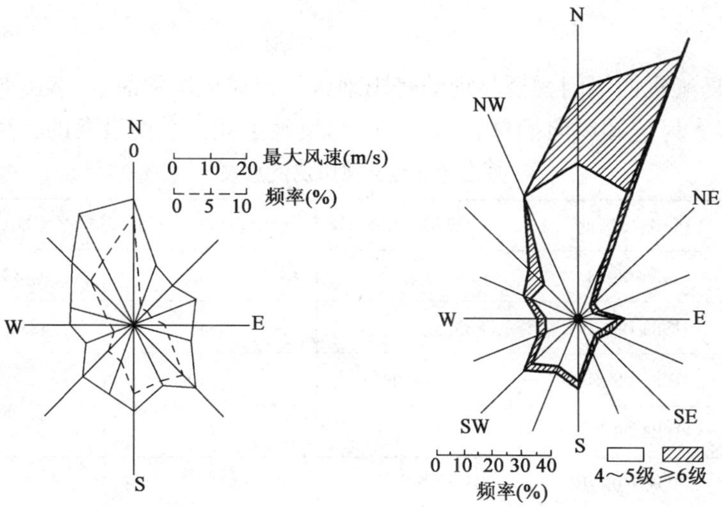

图 8-6-1　最大风速和风向频率的玫瑰图

五、台风

洋面上急速旋转的大气流动称热带气旋，台风是海洋上最强的热带气旋。热带气旋的强弱受气旋中心气压控制，其中心气压越低，则越强。按国际规定，热带气旋中心附近的最大风速在 7 级以下，称为热带低压；8～11 级的称为热带风暴；在 11～12 级的称为强热带风暴；风力大于 12 级(风速超过 32.6s/m)的称为台风。

台风是一种气流旋转的准圆形风场，具有梯度风的特征，风速受气压梯度力控制。如果台风不移动，风场则为圆形；实际上台风是移动的。移动中，台风的风速是静止风速(旋转切向风速)和移动风速(平动风速)的矢量合成风速，导致台风域内的风速分布不对称，前进方向右侧风速增大，左侧则减小。

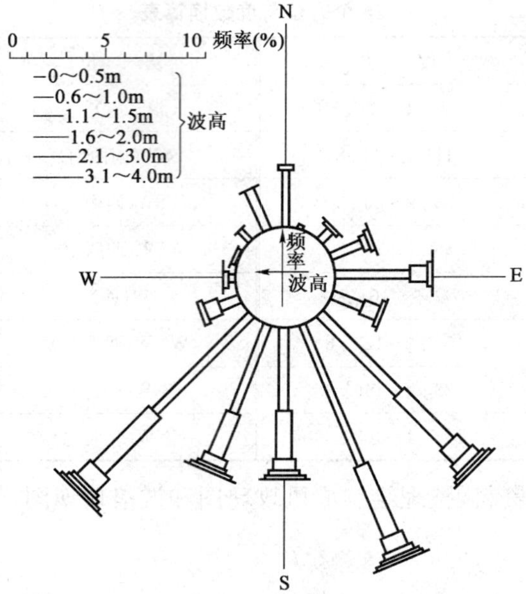

图 8-6-2 波浪玫瑰图

舟山大陆连岛工程西堠门大桥整理的舟山地区强台风风况汇总表(表 8-6-7)、影响舟山的台风最大风速、极大风速和风向汇总表(表 8-6-8),反映了我国东南沿海的台风概况。

舟山地区强台风风况汇总表 表 8-6-7

台风名及编号	影响日期	生成中心位置	近中心风速(m/s)	受影响区风速(m/s)、位置
5612	1956-08-01	关岛附近	90	32.6～59,舟山
8114	1981-09-01	冲绳附近	45	32.6～42,北仑、舟山
8310	1983-09-27	关岛西	75	35～40,北仑、普陀
8615	1986-08-27	太平洋西	60	33.7～40,普陀
2000 年 4 号	2000-07-09、10	台湾东		32,普陀
2000 年 8 号	2000-08-10	关岛东北		32.6～38,普陀
2000 年 12 号	2000-08-30	冲绳东		32.6～44.4,嵊泗
2000 年桑美	2000-09-13、15	关岛东		32～36,舟山
2002 年威马	2002-07-04、05			32～45,普陀
2003 年鸣蝉	2003-09-11、12	关岛西北		20～28,舟山

影响舟山的台风最大风速、极大风速和风向汇总表 表 8-6-8

风速(m/s)、风向	测站				平均值(m/s)
	北仑	舟山	普陀	嵊泗	
最大风速、风向	43.3,E	34,NE	35,NNW	44.7,NNE	37
极大风速、风向	大于 40,ESE	大于 40,N	大于 40,NW	54.2,E	43.6

琼州海峡不同重现期 10min 平均最大风速(m/s)见表 8-6-9。

琼州海峡不同重现期 10min 平均最大风速(m/s) 表 8-6-9

测站 高度(m)	炮台角(徐闻县)			天尾角(海口市)			罗斗沙(徐闻县)		
	30a	100a	120a	30a	100a	120a	30a	100a	120a
10	38.46	46.01	47.15	40.72	47.88	48.96	44.09	51.58	52.71
30	42.86	51.18	52.44	44.77	52.63	53.81	48.44	56.68	57.93
50	44.82	53.49	54.81	46.58	54.75	55.99	50.37	58.96	60.26

该地区位于我国南海北部沿岸的西段,反映了这一地区的台风概况。

第七节 波 浪

波浪是海水在它的平衡位置附近产生的一种周期性的振动和能量传播。

波浪运动只是波形向前传播,水质点并没有随波形前进。这是水质点同时受到动力和复原力这两个相互垂直的力共同作用的结果。动力包括风力、潮汐力、地震力、局部大气压的变动等,使水质点产生水平位移;复原力包括重力、水压力、表面张力等,使水质点恢复原来的位置。

水质点在动力作用下产生水平位移,同时,受恢复力的作用具有恢复原来位置的趋势,而产生垂直运动,这样,海水质点就沿着两个力的合力方向运动,在平衡位置附近作周期性的圆周运动。运动着的水质点又将它所获得的能量,传递给相邻的水质点,使每个水质点都作圆周运动,依次相传,形成波浪运动形状的传播,同时,连续的"动能流"也随波向前进方向传播,但是水质点并不随波前进。

一、波浪的名称和波浪要素

波浪一般是风浪、涌浪以及涌浪传播到海岸所引起的近岸波的总称(图 8-7-1)。风浪是在风的直接、持续作用下产生的波浪;涌浪是在风停止后,海面存在的波浪,或传播到无风区的波浪;海面经常遇到的是风浪、涌浪等两个或几个波系叠加后的混合浪。

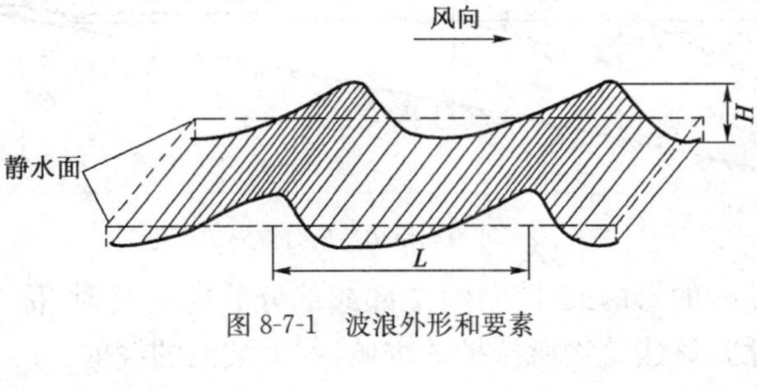

图 8-7-1 波浪外形和要素

1. 波浪要素

波峰:波面的最高点。

波谷:波面的最低点。

波高 H:相邻波峰与波谷间的竖直距离(m)。

波长 L:相邻两波峰或两波谷间的水平距离(m)。

波陡:波高与波长之比,即 $\delta=H/L$。

周期 T:波浪起伏一次所需的时间,或相邻两波峰越过空间固定点所经历的时间间隔(s)。

波速 C:波面形状(波形)移动的速度,即单位时间内波动传播的距离(m/s),即 $C=L/T$。

波向线:表示波浪传播方向的线。

波峰线:与波向线正交并通过波峰的线。

在波浪形成以后,向岸边传播的波浪,称为前进波。在水深大于一半波长处的前进波,称为深水前进波,又称短波。它的运动不受海底的影响,水质点运动的轨迹接近于圆形。

波动只集中在海面以下一个较薄的水层内。波速 C、波长 L 与周期 T 的关系为:

$$C=\frac{L}{T}=\sqrt{\frac{gL}{2\pi}} \text{ 或 } L=\frac{gT^2}{2\pi}=1.56T^2 \tag{8-7-1}$$

当波浪逐渐向岸传播,到达水深 h 小于半个波长的水域时,称为浅水前进波,又称长波。其波动受海底摩擦的影响,水质点运动的轨迹接近于椭圆。波速 C、波长 L 和周期 T 及水深 h 有关,即

$$C=\sqrt{\frac{gL}{2\pi}\text{th}\frac{2\pi d}{L}}$$

或

$$L=\frac{gT^2}{2\pi}\text{th}\frac{2\pi d}{L} \tag{8-7-2}$$

式中:g——重力加速度(m/s^2);

d——水深(m);

$\text{th}\frac{2\pi d}{L}$——浅水修正因子,$\frac{2\pi d}{L}$的双曲正切函数,令 $x=\frac{2\pi d}{L}$,$\text{th}\frac{2\pi d}{L}=\frac{e^x-e^{-x}}{e^x+e^{-x}}$。

浅水前进波因受海底摩擦影响,波陡增大。若水深减小到一定程度,波形不能维持而倾倒破碎,称为波浪的破碎。波浪破碎后水质点的运动有明显的前移,称为击岸波。击岸波继续向海岸传播,经多次发生破碎,最终形成击岸水流,沿岸滩涌到一定高度后,再向海回流(图 8-7-2)。

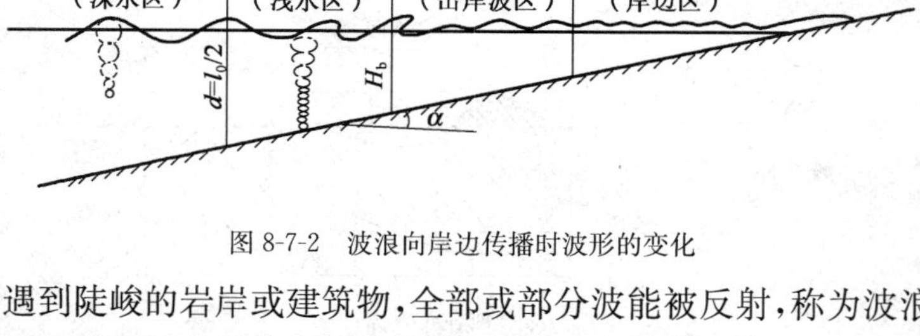

图 8-7-2 波浪向岸边传播时波形的变化

波浪前进中遇到陡峻的岩岸或建筑物,全部或部分波能被反射,称为波浪的反射;部分波能绕过建筑物继续传播到该建筑物所掩护的水域,称为波浪的绕射。

2. 波浪分类

(1)按成因分类

①风浪和涌浪

在风力的直接作用下形成的波浪,称为风浪。当风停止后或波浪离开风区时,波浪称为涌

浪。两者的性质、波形、波高与波长、波速都不同。风浪的性质属于强制波，其波形的轮廓和余摆线差别大，波峰尖陡，波谷平广，海面凸凹不平，此起彼伏；波高较大，波长较短；波速较慢，最大仅达 40～50km/h。涌浪的性质属于自由波，波形的轮廓和余摆线接近，波峰圆滑，海面较规则，波浪成一排排前进，波高较低，波长较长，可达 500～800m，波速较快，每小时可达 100 多公里，可以比风速大，可利用它预测台风和风暴。

②内波

发生在海水的内部，有两种不同密度的海水相对运动而引起的波动现象，称为内波。

③潮波

海水在引潮力作用下产生的波浪，称为潮波。

④海啸

由火山、地震、风暴等引起的巨浪，称为海啸。

(2)按水深分类

按水深相对波长大小，可分为深水波和浅水波。

①深水波

深水波为水深较波长大得多，波动集中在海面以下较薄的水层内，又称表面波或短波。

②浅水波

浅水波为水深较波长很小的波，又称长波。

(3)按波形的传播类型分类

①前进波

波形不断向前传播的波浪，又称进行波。

②驻波

因前方有阻碍，波形不能向前传播，只是波峰和波谷在固定点不断地升降交替着的波浪，称驻波。

3. 余摆线波(正弦波)理论(假定)

1802 年，戈尔斯特纳(Gerstner，捷克)提出波浪的余摆线理论(假定)。

以水深等于 1/2 波长($\lambda/2$，λ 为波长)为临界水深。当水深大于临界水深为深水波，当水深小于临界水深为浅水波。

深水波的余摆线理论(假定)：

(1)海是无限深广的。

(2)海水由无数水质点组成，它们之间没有内摩擦力存在。

(3)参加波动的一切水质点，均作圆周轨迹运动，运动中在水平方向上，它们的半径相等，在垂直方向上，则自水面以下逐渐减少，在波动前位于同一直线上的一切水质点，在波动时角速度均相等。

二、风浪的生成、发展和衰减及其影响因素

空气和海水是两种不同密度的流体，当空气与水体发生相对运动(有风)时，由于风对水面的作用力(海面切应力和海面正压力)，在两者分界面(海面)上形成波浪，即风浪。风不断将能量输入水体，波高、波长和波速都不断增大。但随波速增大，水体内部摩擦引起的能量损失也

相应增大。当能量输入等于能量消耗时,波浪不再发展,而趋向稳定,达到该风速条件所能形成的最大波浪。风停后,能量不再输入,波能的一部分向四周传播,另一部分不断消耗于内部运动以及空气阻力、海滩摩擦等,使波浪逐渐衰减和消亡。

影响风浪的因素是风场要素。

1. 风速 U(m/s)

风速 U 与风给水面的切应力 τ_w 成正比,风速与风给水面的正压力 P_w 成正比。风速越大,波浪也越大。

2. 风时 t(h)

同一方向的风,连续作用的时间称为风时。风时越长,水体获得的能量越多,波浪越大。风速和风向是不断变化的,可近似地认为,在该方向左右 30°范围内变化的风,对该方向波浪的发展,产生基本相同的作用。

3. 风距 F

在一定风况作用下,对波浪发展有实际作用的、风区内的水域长度称为风距。风距越长,波浪越大。

多岛的海湾和海峡地区,风区范围往往包括整个水域,则风距为沿风向量至对岸的距离(图8-7-3)。

一般情况下,风区和风距应根据海平面等压线图来确定。空气在气压梯度作用下开始流动(风),由于地球自转以及风与海面摩擦,风向与气压梯度方向偏离一个角度。在海洋上,风向与等压线的交角为 10°～20°。图 8-7-4 中以海岸 A 点而言,只有 BC 段区域内气流引起的波浪传向 A 点,称为 A 点的有效风区(简称风区)。风区内各点的风速和风向基本相同,在天气图上可用一矩形框来表示。沿风向风在上沿至下沿的距离称为风区长度 F,又称风距 F。垂直于风区长度方向矩形框的边长称为风区宽度。ABC 段所包括的水域,为 A 点波浪的传播范围,称为 A 点的波区。

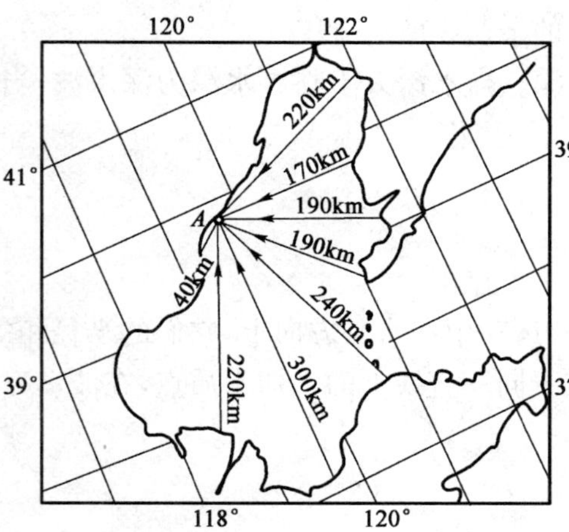

图 8-7-3 A 处风浪各风向的风距

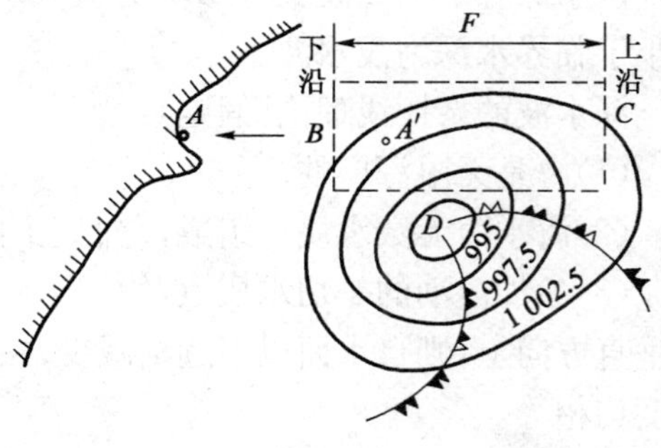

图 8-7-4 A 点风浪的风区和风距

如波浪预报点 A' 位于风区内,则自风区上沿至风区内此点的距离,即为 A' 点的风区长度或风距。

三、波浪的观测资料

国家海洋局在沿海各地建立了一系列海洋水文气象观测台、站，进行系统的观测以积累资料。

波浪观测项目主要是波高的观测，包括最大波高、平均波高、平均周期的观测。

现行观测的平均波高相当于通过固定点观测到的 100 个波高中，10 个最大波高的平均值，即 1/10 大坡或称显著波，即作 $H_{1/10}$。这 10 个波高的最大者作为最大波高，实际（累积）频率为 1%的波高 $H_{1\%}$。

海况是指风力作用下海面的外貌特征，波高的大小，共分 10 级，见表 8-7-1。

波　级　表　　表 8-7-1

波　级	波高范围(m)		波浪名称
0	0	0	无浪
1	$H_{\frac{1}{3}}<1$	$H_{\frac{1}{10}}<0.1$	微浪
2	$0.1\leqslant H_{\frac{1}{3}}<0.5$	$0.1\leqslant H_{\frac{1}{10}}<0.5$	小浪
3	$0.5\leqslant H_{\frac{1}{3}}<1.25$	$0.5\leqslant H_{\frac{1}{10}}<1.5$	轻浪
4	$1.25\leqslant H_{\frac{1}{3}}<2.5$	$1.5\leqslant H_{\frac{1}{10}}<3.0$	中浪
5	$2.5\leqslant H_{\frac{1}{3}}<4.0$	$3.0\leqslant H_{\frac{1}{10}}<5.0$	大浪
6	$4.0\leqslant H_{\frac{1}{3}}<6.0$	$5.0\leqslant H_{\frac{1}{10}}<7.5$	巨浪
7	$6.0\leqslant H_{\frac{1}{3}}<9.0$	$7.5\leqslant H_{\frac{1}{10}}<11.5$	狂浪
8	$9.0\leqslant H_{\frac{1}{3}}<14.0$	$11.5\leqslant H_{\frac{1}{10}}<18$	狂涛
9	$H_{\frac{1}{3}}\geqslant 14.0$	$H_{\frac{1}{10}}\geqslant 18$	怒涛

四、我国的风况和海浪概况

我国是典型的季风气候国家。我国沿海冬季盛行偏北风，夏季盛行偏南风，春秋为过渡季节。

冬季是我国季风最强的季节，蒙古冷高压控制着我国整个大陆。黄海和渤海多西北风和北风，东海多东北偏北风，南海则主要是东北风和东北偏东风。夏季偏南气流主要有两个来源，一个是太平洋高压热带海洋风团，称东南季风；另一个是印度洋赤道气团，称西南季风。前者主要影响黄海、渤海和东海北部沿岸；后者主要影响东海南部和南海沿岸。

我国沿岸平均风速，一般来说，东海沿岸最大，渤海、黄海沿岸次之，南海沿岸最小。渤海、黄海沿岸最大风速多出现于秋、冬和春季寒潮时期，风向偏北；东海、南海沿岸则一般出现在夏秋之交的台风季节，各方向风都有。

对海洋工程来说，还应特别注意台风、寒潮等灾害性天气对我国沿岸的影响。

台风是热带洋面上急速旋转的气旋，伴有狂风、暴雨、巨浪和风暴潮。

台风中心气压梯度很大，风速一般可达 50～60m/s。台风在海上引起巨浪，浪高可达 5～

15m。台风在我国登陆范围南起两广,北至辽宁沿岸;广东登陆约占一半,台湾、福建和浙江次之。

寒潮是强烈冷高压由北向南侵袭的天气过程,强冷空气给我国沿海带来的大风,一般为6～8级。

与风况相对应,我国沿海冬季盛行偏北向浪,夏季盛行偏南向浪,春秋季为浪向交替时期。

我国沿海岸年平均浪高北部小南部大,渤海沿岸大致为0.3～0.6m,渤海海峡、黄海沿岸大致为0.6m,南海沿岸为1.0m左右。

渤海海峡曾出现过8m大浪,台湾海峡浪高达9.5m,台湾北部曾出现过15m巨浪,南海沿岸最大波高可达9.8m。

波浪的平均周期,各地平均为0.5～20s之间。台风或寒潮作用下,最大周期达19.8s。渤海地区最大周期达13.6s,波长在数厘米至数百米之间,波高在几厘米至20多米。

五、海啸

海啸是一种具有强大破坏力的海浪。来自海底的地震、火山爆发、海底地层移动、陨石落入大海、人为的海底爆炸等原因,都会引起海啸。海啸掀起狂涛骇浪,高度可达十多米至几十米不等,形成"水墙"(图8-7-5),海啸波传至海岸处波高骤然增高,冲上海岸形成灾害。

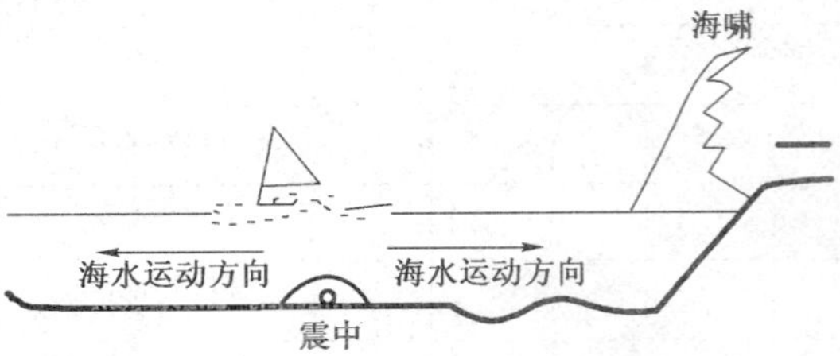

图8-7-5 海啸波传播至近海岸处波高骤增[26]

环太平洋海域,特别是西北太平洋海域是地震海啸集中发生的地区,包括日本、智利、秘鲁、夏威夷群岛、阿留申群岛沿岸。太平洋平均每18个月就发生一次破坏性的海啸,传播数千公里而能量损耗极微,使远离海啸发生地的滨海地区也会出现海啸灾害。2004年12月26日印尼强地震激起印度洋海啸,使印尼等印度洋沿岸各国人员伤亡、财产损失极为惨重。我国海岸自北向南地震海啸均有发生,但破坏性的海啸主要发生在台湾和福建省沿岸。其他海岸由于受琉球群岛和东南亚诸国阻挡,加之大陆架宽阔,越洋海啸对我国大陆的影响较小。据统计,从公元前47年到1966年,我国近海共发生25次地震海啸,其中9次为灾害性海啸。1981年5月22日,发生在台湾的大海啸持续达38h,淹没120km海岸,4万～5万人丧生。1950年以来,我国大陆沿海共监测到海啸共4次(1969年7月18日,1992年1月4日,1994年,2004年)。

第九章　桥梁设计潮位和设计波浪高度

第一节　桥梁设计水(潮)位

跨海、跨河口桥梁设计需要确定设计最高(低)水位和设计通航最高(低)水位。大桥、特大桥的设计最高水位采用设计频率为1%、0.33%即1/300的水位(或潮位)。根据《通航海轮桥梁通航标准》(JTJ 311—97),“跨海桥梁的设计通航水位应采用当地历史最高水位;必要时经论证,可采用年最高潮位频率分析5%的水位,该水位应采用耿贝尔Ⅰ型极值分布计算”。

确定最高、最低潮位,进行频率分析,一般采用第Ⅰ型极值分布即耿贝尔(E. J. Gumbel)频率分布曲线进行计算(第三章第五节),也有用皮尔逊Ⅲ型曲线适线法来计算的。例如南京水利科学研究院对象山港海港大桥设计最高、最低水位的确定,是应用第Ⅰ型极值分布计算完成的;而珠江水利委员会对珠海伶仃洋大桥各级频率设计潮位的分析,则用了皮尔逊Ⅲ型曲线适线法。

我国沿海海洋站和港口都设立有水尺和自记水位计,长期系统地搜集潮位资料。在没有潮位资料的海岸或海域进行海工建筑物设计时,应该尽可能提早设立水尺或自记水位计,作一定时期的短期潮位观测,以便与邻近海洋站建立潮位相关关系,把短期潮位资料插补延长,推算设计潮位并可进行潮位预报。

潮位观测应昼夜24h连续进行,每小时观测一次。在接近高潮(满潮)和低潮(枯潮)时,观测时间应缩短为5～15min观测一次,以免漏测高低潮位和高低潮位出现时刻。应及时把潮位资料绘成潮位过程线。

1. 利用多年最高、最低潮位观测资料,推求设计最高、最低潮位

潮位的频率分布曲线采用耿贝尔曲线。耿贝尔分布见第三章第五节。

[例9-1-1]　已知某海湾有22年最高潮位资料,要求推算重现期为100年和50年的最高潮位。

解:列表计算,结果见表9-1-1。

(1)将资料按递减次序排列,用公式

$$P=\frac{m}{n+1}\times 100\%$$

计算对应各项的经验频率,并计算各项的平方值。

表 9-1-1

m	年最高潮位 x_i(cm)	经验频率 $P=\frac{m}{n+1}\times100\%$	x_i^2
1	330	4.35	108 900
2	315	8.70	99 225
3	310	13.04	96 100
4	303	17.39	91 809
5	297	21.74	88 209
6	286	26.09	81 706
7	285	30.44	81 225
8	284	34.78	80 656
9	284	39.13	80 656
10	282	43.48	79 524
11	280	47.83	78 400
12	278	52.17	77 284
13	275	56.52	75 625
14	274	60.87	75 076
15	270	65.22	72 900
16	268	69.57	71 824
17	264	73.91	69 696
18	263	78.26	69 169
19	261	82.61	68 121
20	256	86.96	65 536
21	254	91.30	64 516
22	254	96.65	64 516
Σ	6 173		1 740 763

(2)多年平均最高潮位

$$\bar{x}=\frac{1}{n}\sum_{i=1}^{n}x_i=\frac{1}{22}\times 6\,173=280.59(\text{cm})$$

(3)计算 S_x

$$S_x=\sqrt{\frac{1}{n}\sum_{i=1}^{n}x_i^2-\bar{x}^2}=\sqrt{\frac{1}{22}\times 1\,740\,763-280.59^2}=19.87$$

(4)根据 n 和 P 值,查参数 λ_{Pn}(表 3-5-1)

$n=22,P=1\%$,查得 $\lambda_{Pn}=3.788$;

$n=22,P=2\%$,查得 $\lambda_{Pn}=3.139$。

(5)计算某一重现期(频率)的高潮位

$P=1\%$，即 $T=100$ 年，$x=\overline{x}+\lambda_{Pn}S_x=280.59+3.788\times19=356$(cm)

$P=2\%$，$T=50$ 年，$x=\overline{x}+\lambda_{Pn}S_x=280.59+3.139\times19.87=392$(cm)

2. 用短期同步差比法推求设计最高、最低潮位(图 9-1-1)

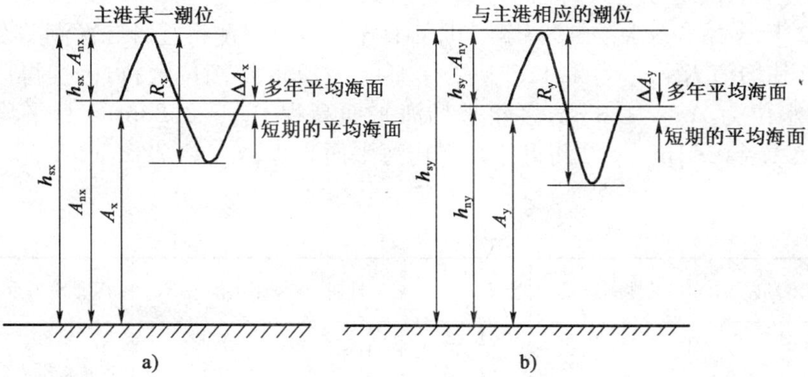

图 9-1-1　用同步差比法推求潮位

a)主港 x；b)副港 y

在潮位实测资料不足一整年的海域，设计高、低潮位可用“短期同步差比法”利用邻近有一年以上验潮资料的港口或验潮站，经过同步相关分析后加以确定。

进行差比计算的两测站应符合下列条件：地理位置靠近；潮汐性质相似；受河川径流(包括汛期)的影响相似。

为了判别两测站潮汐性质的相似性，应进行以下比较。

(1)潮位过程线比较

把两站短期(半月以上)同步的每小时潮位分别点绘在两张透明方格纸上，重叠两过程线，观察其潮形、潮差、日潮等是否相似。

(2)高(低)潮位相关比较

在方格纸上，以纵横两坐标分别表示两个测站的高(低)潮位，点出短期(一个月以上)同步的逐次高(低)潮位，比较两站高(低)潮位的相关情况。

当两测站潮型相似，两地相近时，假定：

①引起两地短期平均海平面与多年平均海平面有差异的因素基本相同；

②两地潮位值不同，主要是两地潮差不同所引起。

这时两地潮位间有以下关系：

$$\frac{h_{sy}-A_{ny}}{h_{sx}-A_{nx}}=\frac{R_y}{R_x} \tag{9-1-1}$$

式中：h_{sy}、h_{sx}——y 站和 x 站的设计高(低)潮位(m)；

R_x、R_y——x 站和 y 站的短期(一个月以上)同步潮差，其比值可取两地每日潮差比值的平均值(m)；

A_{nx}、A_{ny}——x 站和 y 站的年平均海平面(m)，$A_{ny}=A_y+\Delta A_y$；

A_y——y 站短期验潮资料的月平均海平面(m)；

ΔA_y——y 站所在地区海平面的月份订正值，近似地用 x 站海平面的月份订正值 ΔA_x。

y 站设计潮位为：

$$h_{sy} = A_{ny} + \frac{R_y}{R_x}(h_{sx} - A_{nx}) \tag{9-1-2}$$

式中取 $A_{ny}=A_y+\Delta A_y=A_y+\Delta A_x$。

［例 9-1-2］ y 站与 x 站自 1983 年 5 月 4 日至 6 月 2 日测得逐日二次潮差及比值 R_y/R_x，见表 9-1-2，取其均值 R_y/R_x 为 1.13。x 站有 1965～1968 年潮位资料，已推得历时累计频率 1%的设计高水位为 $A_{sx}=4.35$m，多年平均海平面高程 $A_{nx}=2.83$m，5 月平均海平面高程 $A_x=2.82$m，$\Delta A_x=0.01$m。y 站测得 5 月平均海平面高程 $A_y=2.72$m，求 Y 站相应的设计潮位 h_{sy}。

表 9-1-2

日期	某港潮差 R_x	某地潮差 R_y	$\frac{R_y}{R_x}$
5 月 4 日	2.50	2.80	1.12
	2.95	3.30	1.12
5 月 5 日	2.50	2.85	1.14
	3.15	3.45	1.10
5 月 6 日	2.35	2.60	1.11
	3.00	3.35	1.12
5 月 7 日	2.10	2.50	1.19
	2.75	2.95	1.07
5 月 8 日	2.30	2.50	1.09
	2.55	2.85	1.12
5 月 9 日	1.70	1.95	1.15
	2.30	2.60	1.13
5 月 10 日	1.85	1.85	1.0
	2.20	2.40	1.09
5 月 11 日	1.55	1.85	1.19
	1.90	2.10	1.11
5 月 12 日	1.65	1.85	1.12
	2.00	2.20	1.10
5 月 13 日	1.90	2.10	1.11
	—	—	—
5 月 14 日	2.05	2.40	1.17
	1.95	2.20	1.13
5 月 15 日	2.20	2.50	1.14
	1.90	2.30	1.21
5 月 16 日	2.65	2.85	1.08
	2.00	2.25	1.13
5 月 18 日	2.55	2.90	1.14
5 月 19 日	1.85	2.20	1.19
	2.50	2.85	1.14
5 月 20 日	1.90	2.20	1.16
	2.30	2.85	1.24
5 月 21 日	1.80	2.10	1.17
	2.40	2.70	1.13
5 月 22 日	1.75	1.90	1.09
	2.25	2.50	1.11
5 月 23 日	1.75	1.90	1.09
	2.20	2.45	1.11
5 月 24 日	1.55	1.85	1.19
	2.10	2.40	1.14
5 月 25 日	1.40	1.60	1.14
	1.90	2.15	1.13
5 月 26 日	1.30	1.55	1.19
	1.75	2.00	1.14
5 月 27 日	1.45	1.75	1.21
	1.85	2.00	1.08
5 月 28 日	1.50	1.70	1.13
	1.85	2.00	1.08
5 月 29 日	2.10	2.25	1.07
	2.00	2.30	1.15
5 月 30 日	2.30	2.55	1.11
	2.10	2.45	1.17
5 月 31 日	2.65	3.00	1.13
	2.25	2.55	1.13
6 月 1 日	2.85	3.35	1.18
	2.30	2.60	1.13
6 月 2 日	3.15	3.45	1.10
	2.30	2.65	1.15

注：表中 5 月 17 日因缺测，少 2 个潮差记录，5 月 18 日因缺测，少 1 个潮差记录。

解：应用式(9-1-2)，把 x 和 y 站已知数代入：

$$h_{sy}=2.72+(2.83-2.82)+1.13\times(4.35-2.83)=4.45(\text{m})$$

3. 用相关分析推求设计最高、最低潮位

如果两站距离较近，潮汐现象相似，可利用相关分析从数量上分析和确定两站短期同步潮位间的关系密切程度，建立回归方程以推求设计高(低)潮位。

相关分析的原理和方法在第三章第六节已详细说明。计算公式简述如下。

均值：

$$\overline{x}=\frac{1}{n}\sum_{i=1}^{n}x_i,\overline{y}=\frac{1}{n}\sum_{i=1}^{n}y_i$$

均方差：

$$\sigma_x=\sqrt{\frac{\sum(x_i-\overline{x})^2}{n-1}},\sigma_y=\sqrt{\frac{\sum(y_i-\overline{y})^2}{n-1}}$$

满足 Δy_i 的平方和为最小的回归直线方程：

$$y=a+bx$$

斜率：

$$b=\frac{\sum_{i=1}^{n}(x_i-\overline{x})(y_i-\overline{y})}{\sum_{i=1}^{n}(x_i-\overline{x})^2}$$

截距：

$$a=\overline{y}-b\overline{x}=\overline{y}-\frac{\sum_{i=1}^{n}(x_i-\overline{x})(y_i-\overline{y})}{\sum_{i=1}^{n}(x_i-\overline{x})^2}\overline{x}$$

均方误：

$$S_y=\sigma_y\sqrt{1-r^2}$$

相关系数：

$$R=\frac{\sum_{i=1}^{n}(x_i-\overline{x})(y_i-\overline{y})}{\sqrt{\sum_{i=1}^{n}(x_i-\overline{x})^2\sum_{i=1}^{n}(y_i-\overline{y})^2}}$$

[例 9-1-3]　x 站和 y 站相应潮位资料见表 9-1-3。试求两站相关分析的回归方程。

解：均值：

$$\overline{x}=3.02\text{m},\overline{y}=2.99\text{m}$$

均方差：

$$\sigma_x=\sqrt{\frac{2.47}{29}}=0.29\text{m}$$

表 9-1-3

x(甲)	y(乙)	$x-\overline{x}$	$y-\overline{y}$	$(x-\overline{x})^2$	$(y-\overline{y})^2$	$(x-\overline{x})(y-\overline{y})$
2.41	2.32	−0.60	−0.67	0.36	0.45	0.40
2.78	2.77	−0.24	−0.22	0.06	0.05	0.05
2.65	2.62	−0.36	−0.37	0.13	0.14	0.13
2.78	2.77	−0.24	−0.22	0.06	0.05	0.05
2.71	2.72	−0.30	−0.27	0.09	0.07	0.08
3.02	3.10	0	0.11	0	0.01	0
2.84	2.80	−0.18	−0.19	0.03	0.04	0.03

续上表

x(甲)	y(乙)	$x-\overline{x}$	$y-\overline{y}$	$(x-\overline{x})^2$	$(y-\overline{y})^2$	$(x-\overline{x})(y-\overline{y})$
3.20	3.18	0.18	0.19	0.03	0.04	0.03
2.96	2.94	−0.06	−0.05	0	0	0
3.32	3.23	0.30	0.24	0.09	0.06	0.07
3.14	3.11	0.12	0.12	0.01	0.01	0.01
3.42	3.32	0.40	0.33	0.16	0.11	0.13
3.23	3.18	0.22	0.19	0.05	0.04	0.04
3.45	3.34	0.44	0.35	0.19	0.12	0.15
3.26	3.32	0.24	0.33	0.06	0.11	0.08
3.45	3.35	0.44	0.36	0.19	0.13	0.16
3.29	3.24	0.28	0.25	0.08	0.06	0.07
3.42	3.39	0.40	0.40	0.16	0.16	0.16
3.14	3.10	0.12	0.11	0.01	0.01	0.01
3.32	3.27	0.30	0.28	0.09	0.08	0.08
3.02	2.96	0	−0.03	0	0	0
3.17	3.20	0.16	0.21	0.03	0.04	0.03
2.90	2.87	−0.12	−0.12	0.01	0.01	0.01
3.17	3.28	0.16	0.29	0.03	0.08	0.05
2.71	2.70	−0.30	−0.29	0.09	0.08	0.09
2.96	2.85	−0.06	−0.14	0	0.02	0.01
2.68	2.66	−0.34	−0.33	0.12	0.11	0.11
2.75	2.74	−0.26	−0.25	0.07	0.06	0.06
2.71	2.78	−0.30	−0.21	0.09	0.04	0.06
2.59	2.60	−0.42	−0.39	0.18	0.15	0.16
Σ90.45	89.71	−0.02	0.01	2.47	2.33	2.31

$$\sigma_y = \sqrt{\frac{2.33}{29}} = 0.28\text{m}$$

回归方程斜率：

$$a = \frac{\sum(x_i - \overline{x})(y_i - \overline{y})}{\sum(x_i - \overline{x})^2} = \frac{2.31}{2.47} = 0.94$$

$$b = \overline{y} - a\overline{x} = 2.99 - 0.936 \times 3.015 = 0.17\text{m}$$

回归直线方程：

$$y = 0.94x + 0.17$$

相关系数：

$$R = \frac{2.31}{\sqrt{2.47 \times 2.33}} = 0.96$$

均方误：

$$S_y = \sigma_y \sqrt{1 - R^2} = 0.28 \times \sqrt{1 - 0.96^2} = 0.078$$

则可应用回归方程由 x 站潮位资料推算 y 站的潮位。

第二节　桥梁设计波浪高度

一、海浪固定点波高和周期的统计分布

任意固定点处的波高、周期等因素都是随时间在时大时小地变化着。观测资料构成了该固定点不规则波浪因素的统计系列。固定点波高变化的频率分布为雷利(Rayleigh)分布。深水中固定点波高的理论几率密度函数为：

$$f(H)=\frac{\pi}{2}\frac{H}{\overline{H}^2}\exp\left(-\frac{\pi}{4}\frac{H^2}{\overline{H}^2}\right) \tag{9-2-1}$$

频率分布函数(累积频率函数)：

$$F(H)=\exp\left(-\frac{\pi}{4}\frac{H^2}{\overline{H}^2}\right) \tag{9-2-2}$$

模比系数$\frac{H}{\overline{H}}$(给定频率波浪因素与均值之比)与累积频率 $F\%$的关系为：

$$\frac{H}{\overline{H}}=\left(\frac{4}{\pi}\ln\frac{1}{F}\right)^{\frac{1}{2}} \tag{9-2-3}$$

式中：H——某给定频率的波高(m)

F——该波高的累积频率(%)；

$\overline{H}$——平均波高(m)。

系列的平均波高 $\overline{H}$：

$$\overline{H}=\frac{n_1H_1+n_2H_2+\cdots+n_sH_s}{n_1+n_2+\cdots+n_s}=\frac{1}{N}\sum_{i=1}^{s}n_iH_i \tag{9-2-4}$$

式中：n_i——每一波高 H_i 出现的次数；

H_i——系列中每个波高；

N——系列所取波高的总数，$N=\sum_{i=1}^{s}n_i$。

雷利分布为偏态分布，离差系数 $C_v=0.52$，偏态系数 $C_s=0.64$。波高的众值(频率密度最大的波高)$H_m=0.8\overline{H}$。

不同频率(累积频率 $F\%$)的波高 H_F、波长 L_F、周期 T_F和波速 C_F与其各因素均值 $\overline{H}$、$\overline{L}$、$\overline{T}$和 $\overline{C}$ 的比值见表 9-2-1。不同累积频率波高的换算曲线见图 9-2-1。

表 9-2-1

累积频率 F (%)	$\frac{H_F}{\overline{H}},\frac{L_F}{\overline{L}}$	$\frac{T_F}{\overline{T}},\frac{C_F}{\overline{C}}$	累积频率 F (%)	$\frac{H_F}{\overline{H}},\frac{L_F}{\overline{L}}$	$\frac{T_F}{\overline{T}},\frac{C_F}{\overline{C}}$
1	2.42	1.62	5	1.95	1.46
2	2.23	1.56	10	1.71	1.36

续上表

累积频率 F (%)	$\frac{H_F}{\overline{H}},\frac{L_F}{\overline{L}}$	$\frac{T_F}{\overline{T}},\frac{C_F}{\overline{C}}$	累积频率 F (%)	$\frac{H_F}{\overline{H}},\frac{L_F}{\overline{L}}$	$\frac{T_F}{\overline{T}},\frac{C_F}{\overline{C}}$
20	1.43	1.25	70	0.67	0.85
30	1.24	1.16	80	0.53	0.76
40	1.08	1.08	90	0.37	0.62
50	0.94	1.01	95	0.26	0.52
60	0.81	0.94			

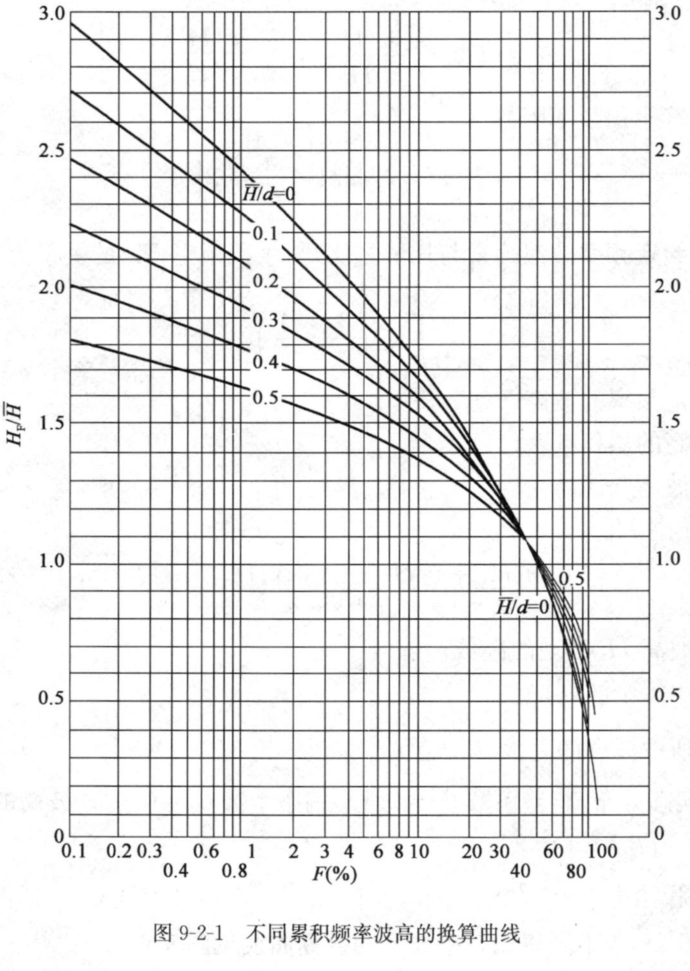

图 9-2-1　不同累积频率波高的换算曲线

[例 9-2-1]　已知 $\overline{H}$=2.20m，试求频率为 1%和 5%的波高 $H_{1\%}$和 $H_{5\%}$。

解：查表 9-2-1，$H_{1\%}/\overline{H}=2.42$，$H_{5\%}/\overline{H}=1.95$，则

$$H_{1\%}=2.42\times2.2=5.30(\text{m}),H_{5\%}=1.95\times2.2=4.30(\text{m})$$

波浪由深水逐渐向浅水区(水深 d 小于波长一半)传播时，浅水区波高受海底影响，波高频率分布函数与水深 d 有关：

$$F(H)=\exp\left[-\frac{\pi}{4\left(1+\frac{\overline{H}}{d\sqrt{2\pi}}\right)}\cdot\left(\frac{H}{\overline{H}}\right)^{\frac{2}{1-\frac{\overline{H}}{d}}}\right] \tag{9-2-5}$$

上式中，当 $\overline{H}/d=0$，即为深水中波高分布，同式(9-2-2)。

根据式(9-2-5)得不同频率浅水波的波高换算表 9-2-2 和表 9-2-3。在我国桥梁工程尚未制定出设计波浪的标准之前，可参照我国海港工程设计波浪的各项标准采用。

波高换算表(1)　　表 9-2-2

$\frac{\overline{H}}{d}$	$\frac{H_{4\%}}{H}$	$\frac{H_{1\%}}{H_{4\%}}$	$\frac{H_{5\%}}{H_{4\%}}$	$\frac{H_{13\%}}{H_{4\%}}$
0	2.02	1.20	0.965	0.796
0.1	1.92	1.18	0.968	0.814
0.2	1.81	1.16	0.972	0.833
0.3	1.70	1.14	0.976	0.853
0.4	1.59	1.12	0.981	0.874
0.5	1.48	1.10	0.986	0.895

波高换算表(2)　　表 9-2-3

$\frac{1}{P}$部分大波	$\frac{H_P}{H}$	$\frac{1}{P}$部分大波	$\frac{H_P}{H}$
1/100	2.663	4/10	1.520
5/100	2.242	5/10	1.418
1/10	2.032	6/10	1.327
2/10	1.796	7/10	1.244
1/4	1.712	8/10	1.164
3/10	1.642	9/10	1.086
1/3	1.598	1	1.000

设计波浪的标准包括两方面：一是设计波浪的重现期标准，二是设计波浪的波列频率（累积频率）标准。

二、设计波浪的波列频率（累积频率）标准

设计波浪的波列频率标准是指在确定设计波浪时，选用观测波列中某一频率（累积频率）的波作为代表，视为一个规则波取其波浪要素。我国港口工程设计技术标准规定：设计波浪的周期均采用平均周期 $\overline{T}$，设计波长由规则波公式(8-7-1)和式(8-7-2)确定。

设计波浪的波高应根据不同的建筑物类型采用不同的波高频率（累积频率）标准，从不规则波列中选取。此标准见表 9-2-4。

波高频率标准　　表 9-2-4

建筑物形式	部　位	计 算 内 容	波高(累积)频率 $F\%$
直墙式和墩柱式	上部结构、墙身或桩基	强度和稳定性	1
	基床和护底块石	稳定性	5
斜坡式	胸墙或堤顶方块	强度和稳定性	1
	护面块石或块体	稳定性	13
	护底块石	稳定性	13

直立式建筑物对于波浪作用的反应比较灵敏,波列中个别大波即可影响建筑物的安全,此类建筑物的修复也比较困难,故采用较小的频率标准。

另外,以所谓部分大波的平均波高作为特征波高,例如取观测波列中连续 100 个波中前 10 个大波的平均值作为特征波高,称 1/10 大波或显著波,记作 $H_{1/10}$。又如以波列中前 1/3 大波的平均值作为特征波高,称 1/3 大波,亦称有效波,记作 $H_{1/3}$。

资料分析表明,1/10 大波波高相当于(累积)频率为 4%的波高,即 $H_{1/10} \approx H_{4\%}$;1/3 大波波高相当于(累积)频率为 13%的波高,即 $H_{1/3}=H_{13\%}$。各种波高对应的周期也存在类似关系,即 $T_{H4\%} \approx T_{H1/10} \approx 1.31\overline{T}$;$T_{H13\%} \approx T_{H1/3} \approx 1.15\overline{T}$。

目前,我国海港工程规范中一律以平均周期 $\overline{T}$ 作为设计波浪的周期。

三、根据海浪观测资料推算设计波浪

若工程所在地区有海洋水文观测台、站,可以根据以往多年海浪观测资料,得到一个年最大特征波高(一般采用 $H_{1/10}$ 或 $H_{F\%}$)的随机变量样本系列。应用数理统计法可建立最大特征波高(如 $H_{1/10}$)的频率分布关系,用来推求今后可能出现的给定频率的最大特征波高。

设计波浪的频率分布采用皮尔逊(K. Pearson)III 型曲线作为理论频率曲线。年最大特征波高样本系列,经验频率的计算应用韦伯(Weibull)公式(数学期望公式、均值公式),再应用海森(A. Hasen)正态几率格纸点绘经验频率曲线。皮尔逊 III 型曲线的 3 个统计参数(H、C_v 和 C_s)的取值,应用适线法以及特大值(特大波列)的处理方法来确定。上述内容的数理统计原理和方法,与推算河流设计洪水流量的原理和方法完全相同,只是把第三章的年最大洪水流量换成了年最大特征波高($H_{1/10}$或 $H_{F\%}$),详见第四章第二节。

根据国内外建港实践经验,我国港口工程技术规范对设计波浪重现期标准规定见表 9-2-5,桥梁工程可参照使用。

设计波浪重现期标准　　表 9-2-5

建筑物形式	建筑物等级	重现期	建筑物形式	建筑物等级	重现期
直墙式	I、II、III	50 年一遇	斜坡式	I、II	50 年一遇
墩柱式	I、II、III	50 年一遇		III	25 年一遇

在进行设计波浪推算之前,首先应该分析当地气象台、站多年来风的观测资料,作为确定主要来波方向的依据。可应用风速、风向频率玫瑰图,确定当地的强风向(风速最大方向)和常风向(风向频率最大方向)。

搜集原始波浪观测资料，首先应注意观测台、站的地理环境与该工程地理环境进行比较，检验观测台、站资料的适用程度，还应考虑观测台、站与工程所在地水深不同的影响。

搜集资料时采用年最大值取样法。从观测台的报表中选取每年各个方向出现的最大波高，用显著波($H_{1/10}$)表示。因为使用岸用测波仪观测中，显著波高 $H_{1/10}$ 较最大波高 $H_{1\%}$ 的精度高。

例如表 9-2-6 为搜集到的某海洋水文站 1963～1976 年内东南(SE)、南(S)和西南(SW)各方向每年出现的最大显著波高 $H_{1/10}$(m)。

1963～1976 年出现的最大显著波高(单位:m)　　表 9-2-6

年　份	SE(ESE)		S(SSW,SSE)		SW(WSW)	
	观测值	调整值	观测值	调整值	观测值	调整值
1963	2.6	2.6	3.5	3.5	3.2	3.2
1964	4.1	4.1	3.1	3.6	4.2	4.2
1965	2.3	2.3	3.4	3.4	3.8	4.0～4.5
1966	2.8	2.8	2.7	2.7	3.0	3.0
1967	4.6	5.5	2.8	2.8	2.5	2.5
1968	2.8	3.0	3.3	3.7	2.5	2.5
1969	3.3	3.3	4.1	4.5～5.0	2.8	2.8
1970	3.1	3.5	3.4	3.4	2.2	2.2
1971	3.5	3.5	2.5	2.5	2.6	2.6
1972	7.3	7.3	2.8	3.0	3.0	3.5
1973	2.5	2.5	4.0	4.0	2.8	2.8
1974	4.2	4.2	4.0	4.0	7.1	7.1
1975	2.4	2.4	2.3	2.3	2.2	2.2
1976	2.6	3.1	3.1	3.1	2.3	2.3

[例 9-2-2]　根据表 9-2-6 某地南向(S)年最大波高系列，应用适线法求 50 年一遇和 100 年一遇的最大显著波高$(H_{1/10})_{2\%}$和$(H_{1/10})_{1\%}$。

解:把表 9-2-6 中 S(SSW,SSE)向的观测调整值($H_{1/10}$)按从大到小的次序填入表 9-2-7 的 H_i 栏中，分别计算每年波高的模比系数 $K_i=\frac{H_i}{\overline{H}}$和经验频率 $P_i=\frac{m}{n+1}\times100\%$，填入表中。

显著波高的多年均值：

$$\overline{H}=\frac{1}{n}\sum_{i=1}^{n}H_i=\frac{1}{14}\sum_{i=1}^{14}H_i=\frac{1}{14}\times47.0=3.36(\mathrm{m})$$

变差系数：

$$C_v=\frac{1}{\overline{H}}\sqrt{\frac{\sum(H_i-\overline{H})^2}{n-1}}=\sqrt{\frac{\sum(K_i-1)^2}{n-1}}=\sqrt{\frac{0.578}{14-1}}=0.21$$

偏差系数 C_s 应用适线法确定。

在海森(A. Hasen)正态几率格纸上，点出各个 H_i 的经验频率点(图 9-2-2)。假设 $\overline{H}=3.36\mathrm{m}$，$C_v=0.20$，$C_s=3C_v=0.6$，查表 3-4-2，得到各频率对应的模比系数 $K_p=\frac{H_P}{\overline{H}}=1+C_v\phi$，

列入表 9-2-8。

计算值列表　　表 9-2-7

m	H_i	$K_i=\frac{H_i}{\overline{H}}$	K_i-1	$(K_i-1)^2$	$(K_i-1)^3$	$P=\frac{m}{n+1}(\%)$
1	5.0	1.489	0.489	0.239	0.117	6.7
2	4.0	1.190	0.190	0.036	0.007	13.3
3	4.0	1.190	0.190	0.036	0.007	20.0
4	3.7	1.100	0.100	0.010	0.001	26.7
5	3.6	1.070	0.070	0.005	0	33.3
6	3.5	1.040	0.040	0.002	0	40.0
7	3.4	1.011	0.011	0.001	0	46.7
8	3.4	1.011	0.011	0.001	0	53.3
9	3.1	0.923	−0.077	0.006	0	60.0
10	3.0	0.894	−0.106	0.011	−0.001	66.7
11	2.8	0.834	−0.166	0.028	−0.005	73.3
12	2.7	0.804	−0.196	0.038	−0.007	80.0
13	2.5	0.745	−0.255	0.066	−0.017	86.7
14	2.3	0.685	−0.315	0.099	−0.031	93.3
Σ	47.0			0.578	0.071	

各频率 P 相应的 K_P 值　　表 9-2-8

$\overline{H}=3.36$　$C_v=0.2$　$C_s=3C_v$											
$P(\%)$	0.1	1	2	5	10	20	50	75	90	95	99
K_P	1.79	1.55	1.47	1.36	1.27	1.16	0.98	0.86	0.76	0.71	0.62

按表中的数值绘入图 9-2-2,连成一条 $K_P=\frac{H_P}{\overline{H}}$ 的理论频率曲线(图中虚线)。显然,与经验频率点群偏离较大,特别是与小频率的特大浪高相差很远。第二次设 $\overline{H}=3.36\text{m}$,$C_v=0.25$,$C_s=4C_v=1.0$,按表 3-4-2,查得各频率相应的 $K_P=\frac{H_P}{\overline{H}}$,得到另一条理论频率曲线(图中实线),与经验频率点群分布符合较好,则认为本海浪系列统计参数为 $\overline{H}=3.36\text{m}$,$C_v=0.25$,$C_s=1.0$。根据图 9-2-2,得频率 $P=2\%$(重现期 50 年)的显著浪高:

$$(H_{1/10})_{2\%}=K_P\overline{H}=1.64\times3.36=5.50(\text{m})$$

频率 $P=1\%$(重现期为 100 年)的显著浪高:

$$(H_{1/10})_{1\%}=K_P\overline{H}=1.76\times3.36=5.90(\text{m})$$

[例 9-2-3]　在深水中已知 50 年一遇($P=2\%$)的设计波高 $(H_{1/10})_{2\%}=5.50\text{m}$,试换算成 50 年一遇($P=2\%$)的波列中为 1% 和 5% 的设计波高 $H_{1\%}$ 和 $H_{5\%}$。

解:由表 9-2-2 和表 9-2-3(波列中各种部分大波 H_P 与波列平均波高 $\overline{H}$ 的关系)查得,对于 1/10 大波 $H_{1/10}$ 与波列平均波高 $\overline{H}$ 的比值为 2.032,即 $H_{1/10}/\overline{H}=2.0320$。

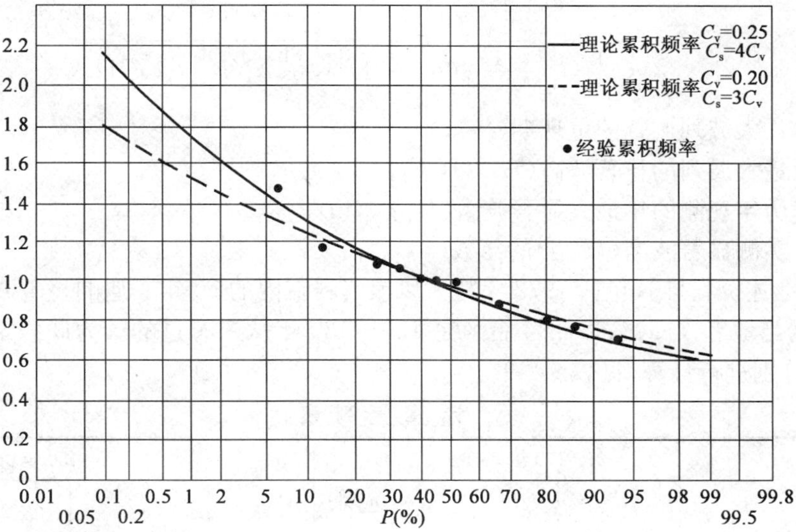

图 9-2-2　适线法

波列平均波高 $\overline{H}=\dfrac{H_{1/10}}{2.032}=2.70$m。

查表 9-2-1(通过固定点波列中不同频率的波浪要素与其均值的比值),分别得波列中(累积)频率 F 为 1%时的波高 $H_{1\%}$ 和 F 为 5%时的波高 $H_{5\%}$ 与波系平均波高 $\overline{H}$ 的比值,即 $H_{1\%}/\overline{H}=2.42$ 和 $H_{5\%}/\overline{H}=1.95$,则:

重现期为 50 年($P=2\%$)的波列中,出现频率 $F=1\%$ 的波高为 $H_{1\%}=2.42\times2.70=6.50$(m)。

重现期为 50 年($P=2\%$)的波列中,出现频率 $F=5\%$ 的波高为 $H_{5\%}=1.95\times2.70=5.30$(m)。

或考虑到 $H_{1/10}=H_{4\%}$,查表 9-2-1,对于深水 $\overline{H}/d=0$,得:$H_{1\%}/H_{4\%}=1.20$,$H_{5\%}/H_{4\%}=0.965$,则

$$H_{1\%}=1.20\times5.50=6.60(\text{m})$$

$$H_{5\%}=0.965\times5.50=5.30(\text{m})$$

[例 9-2-4]　当观测资料中有特大波列时的设计波高的确定。

表 9-2-6 中某地东南(SE、ESE)向历年最大显著波高 $H_{1/10}$ 中,1972 年受台风侵袭,出现了一次特大风浪,最大显著波高达 7.3m,比历年最大波高大得多。

特大值处理中假定:

(1)应用历史调查来确定特大波浪的重现期为 N 年,只能是一个估计值;

(2)假定在 n 年实测资料以外缺测的 $N-n-1$ 年中,最大波高的均值和离差(H_i-H)与 n 年实测资料的均值和离差相同。

根据上述假定,包括特大波列在内的均值 H_N 和离差系数 C_{vN} 为:

$$\overline{H}=\frac{1}{N}\left(H_N+\frac{N-1}{n}\sum_{i=1}^{n}H_i\right) \tag{9-2-6}$$

$$C_{vN}=\frac{\sigma_N}{H_N}=\frac{1}{H_N}\sqrt{\frac{1}{N-1}(H_N-\overline{H})^2+\frac{1}{n}\sum_{i=1}^{n}(H_i-\overline{H}_N)^2} \tag{9-2-7}$$

或

$$C_{vN}=\sqrt{\frac{1}{N-1}(K_N-1)^2+\frac{1}{n}\sum_{i=1}^{n}(K_i-1)^2} \tag{9-2-8}$$

式中:N——最大波列调查的重现期(年);

H_N——最大波列的显著波高($H_{1/10}$)(m);

H_i——历年观测的年最大显著波高($H_{1/10}$)(m);

n——实测显著波高($H_{1/10}$)的年数(年)。

试根据上述资料推算包括1972年特大风浪资料在内的50年一遇的显著波高$(H_{1/10})_{2\%}$。

解:根据当地老人回忆,1972年台风是120～130年从未有过的。为此假定重现期为100年、150年,分别进行计算,见表9-2-9。

计 算 值 列 表 表9-2-9

m	H	$N=100$ 年				$N=150$ 年			
		K_i	K_{i-1}	$(K_{i-1})^2$	$P=\frac{m}{n+1}(\%)$	K_i	K_{i-1}	$(K_{i-1})^2$	$P=\frac{m}{n+1}(\%)$
1	5.5	1.650	0.650	0.423	7.1	1.656	0.656	0.430	7.1
2	4.2	1.260	0.260	0.068	14.3	1.265	0.265	0.070	14.3
3	4.1	1.230	0.230	0.053	21.4	1.235	0.235	0.055	21.4
4	3.5	1.050	0.050	0.003	28.6	1.054	0.054	0.003	28.6
5	3.5	1.050	0.050	0.003	35.7	1.054	0.054	0.003	35.7
6	3.3	0.990	−0.010	0	42.9	0.994	−0.006	0	42.9
7	3.1	0.930	−0.070	0.005	50.0	0.934	−0.066	0.004	50.9
8	3.0	0.900	−0.100	0.010	57.1	0.903	−0.097	0.009	57.1
9	2.8	0.840	−0.160	0.026	64.3	0.844	−0.156	0.024	64.3
10	2.6	0.780	−0.220	0.048	71.4	0.783	−0.217	0.047	71.4
11	2.5	0.750	−0.250	0.063	78.6	0.753	−0.247	0.061	78.6
12	2.4	0.720	−0.280	0.079	85.7	0.723	−0.277	0.076	85.7
13	2.3	0.690	−0.310	0.096	92.9	0.692	−0.318	0.094	92.9
$\sum_{i=1}^{n}$	42.8			0.877				0.876	
14	H_N	K_N	K_{N-1}	$(K_{N-1})^2$	$P=\frac{1}{N+1}(\%)$	K_N	K_{N-1}	$(K_{N-1})^2$	$P=\frac{1}{N+1}(\%)$
	7.3	2.192	1.192	1.416	0.99	2.199	1.199	1.438	0.66

设$N=100$年,则

$$\overline{H}_{160}=\frac{1}{100}\times\left(7.3+\frac{99}{13}\times42.8\right)=3.33(\text{m})$$

$$C_{v100}=\sqrt{\frac{1}{99}\times1.416+\frac{1}{3}\times0.877}=0.286$$

设$N=150$年,则

$$\overline{H}_{150}=\frac{1}{150}\times\left(7.3+\frac{149}{13}\times42.8\right)=3.32(\text{m})$$

$$C_{v150}=\sqrt{\frac{1}{149}\times 1.438+\frac{1}{13}\times 0.876}=0.278$$

显然，取 $N=100$ 年和 $N=150$ 年，计算的统计参数 H 和 C_v 基本相同。取 $N=150$ 年，$H_N=3.32\text{m}$，$C_{vN}=0.30$，$C_s=6C_v$，应用适线法来确定 C_s。根据表 3-4-2，查得理论频率曲线的对应于不同频率 P 的模比系数 K_P 值，见表 9-2-10。经验频率点和理论频率曲线绘于图 9-2-3。

各频率 P 对应的 K_P 值　　表 9-2-10

P(%)	0.5	1	2	5	10	20	50	75	90	95	99
K_P	2.24	2.05	1.86	1.59	1.40	1.19	0.92	0.78	0.72	0.69	0.67

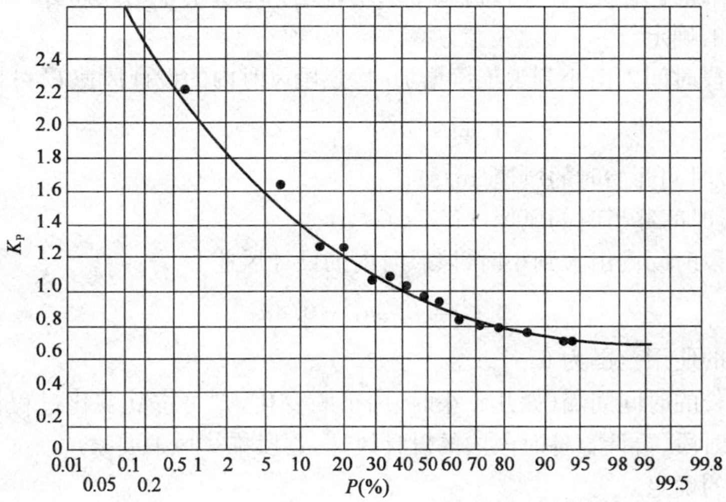

图 9-2-3　适线法(包括特大值)

可见两者符合较好。

由表 9-2-9 得：$K_P=\dfrac{(H_{1/10})_{2\%}}{\overline{H}_N}=1.86$，则

$$(H_{1/10})2\%=1.86\overline{H}_N=1.86\times 3.32=6.20(\text{m})$$

四、根据气象资料推算风浪尺度

当桥梁所在地区或邻近地区没有海洋水文台、站时，只能根据历史气象资料来推算风浪尺度。风浪推算要解决两方面的问题：一是确定风场要素(设计所用的风速 U、风距 F 和风时)，二是建立气象要素和波浪要素之间的关系。

1. 风场要素的确定

根据桥梁附近地区岸上气象台、站的实测资料来确定海上的风速和风时方法如下。

1)设计风速的确定

工程设计根据气象资料推算一定重现期(例如 50 年一遇)的风浪要素有两种处理方法。

(1)假定风浪要素的重现期简单地等于风速的重现期。在历年气象资料中，找出某一波向的每年最大风速，组成一个随机变量系列，进行年最大风速的频率分析，采用皮尔逊 III 型曲线作为理论频率曲线,应用适线法,求得该波向的某一重现期的风速,作为设计风速。

(2)认为决定风浪要素的风场是由风速、风距和风时三者共同决定的。对于某一波向每年取数场较大的风(包括风速大而风时、风距较短和风速较小而风时、风距较长等情况),进行波浪要素推算,选择每年的最大者作为该年最大风浪。然后,根据各年最大风浪要素组成的随机变量系列进行频率分析,求得设计所要求重现期的风浪要素。

通常,桥梁、港口的对岸距离较短,波浪是由风速和对岸距离决定的,可应用方法(1);方法(2)较合理,但工作量大,如有条件应尽量采用。

波浪推算是以海面上 10m 高处风速和 2min 观测平均值为标准的。

1958 年起,我国定时观测的风速记录都是以时距 2min 来平均取值的,这与风浪推算要求的风速时距是一致的。但是,计算风荷载时采用时距 10min 的平均风速。

2)设计风时的确定

当风速在一段时间内由小到大连续增加时,该段风时内的设计风速 U 可按下式确定:

$$U=0.3u_1+0.7u_2 \tag{9-2-9}$$

式中:u_1——该段时间开始时的风速(m/s);

u_2——该段时间终了时的风速(m/s)。

当风速在一段时间内由大到小时,该风时内的设计风速 U 为:

$$U=0.2u_1+0.8u_2 \tag{9-2-10}$$

以上两公式的使用范围为 6~12h。

若风速在很长的时间间隔(如几十小时)内不断变化,则可按其变化过程将总时间间隔划分为几个较小的时段,再计算各时段内的设计风速,逐段推算风浪要素。

3)设计风距的确定

当水域较小时(小于 100km),一般情况下风可波及全部水域,则可取该风向的对岸距离作为设计风距,相应地采用前述方法 1)确定设计风速。

当海面开阔,则根据所选的与这场风对应的天气图来确定设计风距。近似地认为只要某点的等压线方向(该点的切线方向)同该点与港址计算点连线的交角不超过 30°(当等压线较平直时)或 45°(当等压线曲率较大时),即可将该点划入风区内,亦即等压线的切线方向就代表该点风向。

风浪要素除与风场有关外,还与风区内的水深有关。如风区内水深大致均匀,则可取平均水深供推算风浪使用。如风区内沿风向有较大变化,可将水域分成几段来推算风浪。当水深超过 40m 时,可不考虑水深对风浪的影响。

2.深水和浅水风浪要素的推算

根据文圣常(山东海洋大学)普遍风浪谱的波浪成长理论和我国沿海观测资料,制成风场要素(风速 U、风距 F、风时 t 和水深 d)和风浪要素(显著波高 $H_{1/10}$、平均周期 $\overline{T}$)的关系图线(图 9-2-4),作为推算风浪的依据。

若已知风速 U、风时 t、风距 F 和风区内的平均水深 d,则可根据图 9-2-4 推算风浪要素。图中纵轴为波浪要素,波高以 $H_{1/10}$ 或 $H_{4\%}$(m)表示,周期为平均周期 $\overline{T}$(s);横轴代表风时(h)。

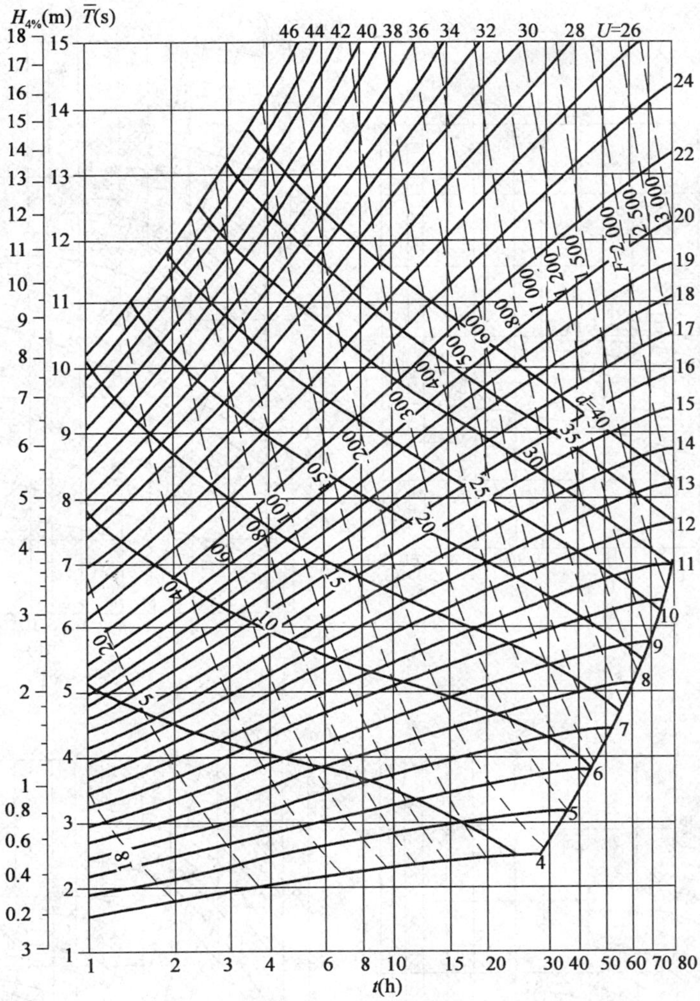

图 9-2-4　风浪与风场关系图线

图中有三个等值线簇，分别表示海面上 10m 处风速 U(m/s)、风距 F(km)和水深 d(m)。深水风浪要素计算图还可查海港水文规范。

另外，水深小于等于 40m 处的风浪要素计算图见图 9-2-5。

1)深水风浪要素的推算

深水，是指该水深很大，海底对海面风浪的成长无影响。

(1)在图 9-2-5 中自横轴上与风时 t 对应的位置引铅直线向上与所对应的风速线 U 相交。据此交点，从等风曲线中内插读取此交点的风距 F 值。此值即为与上述风速 U 和风时 t 相对应的最小风距 F_{min}。

(2)判断风浪状态

如实际风距 $F>F_{min}$，则说明风浪受风时控制，处于过渡状态，自此交点引水平线至纵轴，即可读取波浪要素。

如实际风距 $F<F_{min}$，说明风浪受风距控制，处于定常状态，则应自表示实际风距 F 的等风曲线与对应的等风速线 U 的交点，引水平线至纵轴，读取波浪要素。

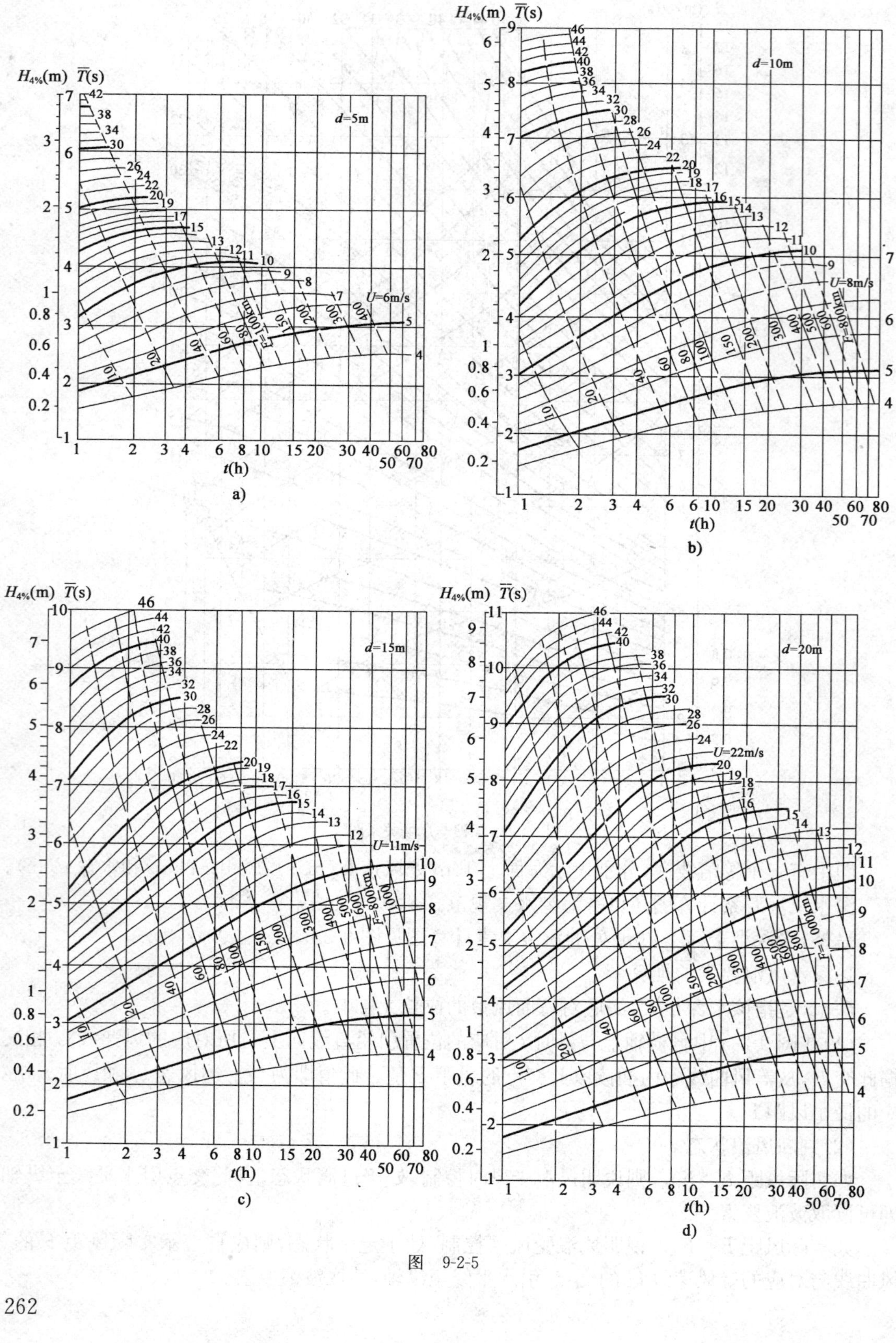

$H_{4\%}$(m) $\overline{T}$(s)
d=5m
U=6m/s
F=100km
t(h)
a)
$H_{4\%}$(m) $\overline{T}$(s)
d=10m
U=8m/s
F=800km
t(h)
b)
$H_{4\%}$(m) $\overline{T}$(s)
d=15m
U=11m/s
F=800km
t(h)
c)
$H_{4\%}$(m) $\overline{T}$(s)
d=20m
U=22m/s
F=1 000km
t(h)
d)

图 9-2-5

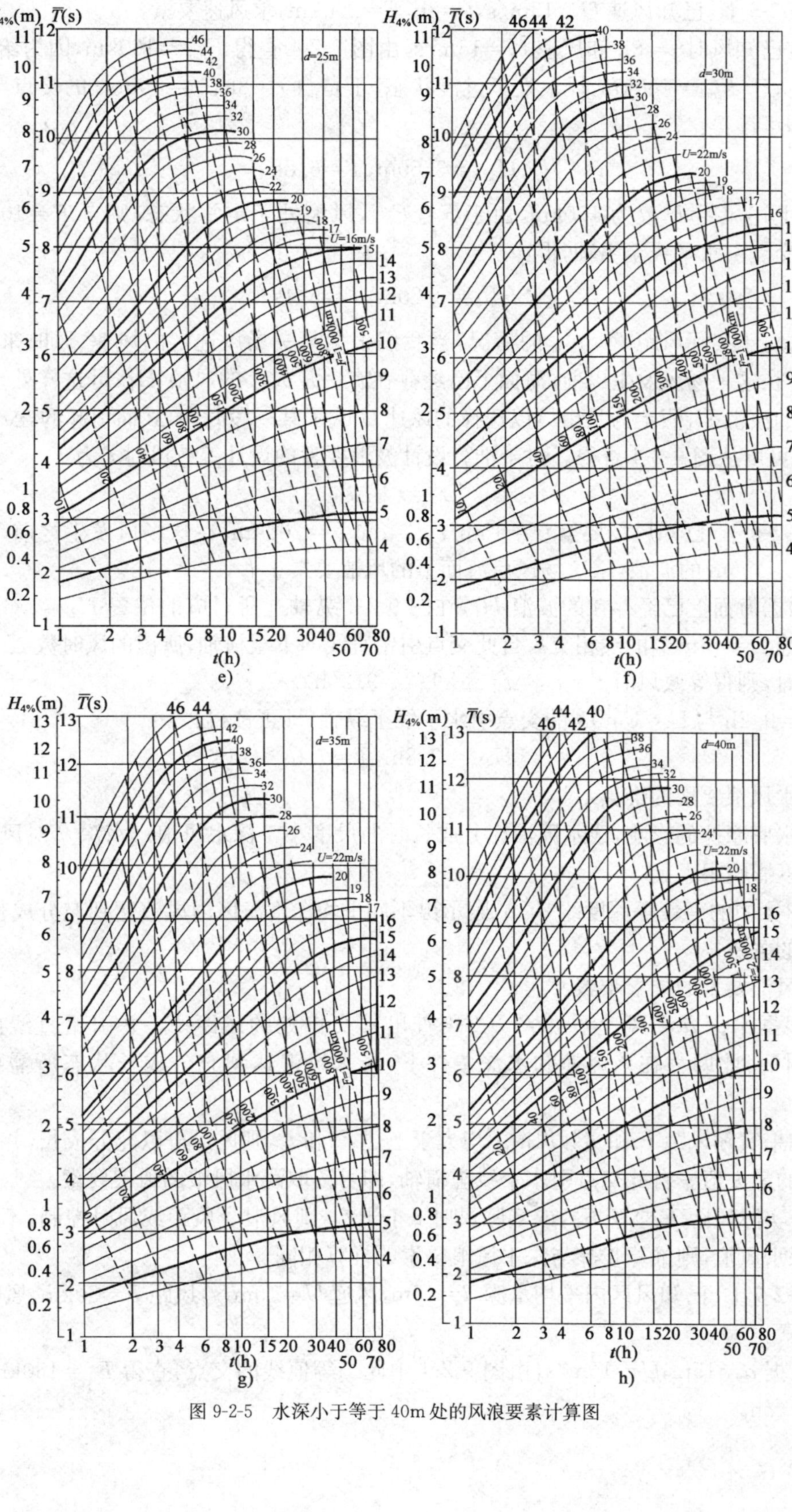

图 9-2-5　水深小于等于 40m 处的风浪要素计算图

[例 9-2-5] 已知风速 $U=15\text{m/s}$,$t=8\text{h}$,$F=200\text{km}$,求风速要素。

解:按已知风时 $t=8\text{h}$ 和风速 $U=15\text{m/s}$,由图 9-2-4 查得 $F_{min}=160\text{km}$,因为给出风距 $F=200\text{km}$ 大于 $F_{min}=160\text{km}$,风浪处于过渡状态,于是自 $t=8\text{h}$、$U=15\text{m/s}$ 的交点,引水平线至纵轴,即可读得:

$$H_{4\%}=3.60\text{m},\overline{T}=6.8\text{s}$$

假如上述风距 F 改为 100km,由于 $F<F_{min}$,风浪处于定常状态,则自 $F=100\text{km}$,$U=15\text{m/s}$ 的交点引水平线至纵轴,得:

$$H_{4\%}=3.20\text{m},\overline{T}=6.4\text{s}$$

另外,对于实际风距 $F>F_{min}$ 的情况,当我们根据某一场风选定的风速、风时来推算风浪要素时,若在这一场风发生以前,海面上已经存在有一定大小的风浪 H_1,可这样处理:将这个已经存在的波浪 H_1 假定为是由风以选择的风速 U 吹了某一段时间 Δt 而引起的,Δt 称为补充风时。Δt 可以从图 9-2-4 查得。对于推算设计波浪要素的设计等效风时 t' 为:

$$t'=t+\Delta t \tag{9-2-11}$$

[例 9-2-6] 已知风场要素 $U=15\text{m/s}$,$t=8\text{h}$,$F=200\text{km}$,在这场风发生之前,海面上已有 $(H_1)_{4\%}=1.6\text{m}$ 的波浪,求这场风后海面上的风浪要素。

解:根据海面上已经存在的波浪 H_1,在图 9-2-4 纵轴上所对应的位置 $H_1=1.6\text{m/s}$,引水平线和风速 $U=15\text{m/s}$ 的线相交。自此交点引铅直线向下至横轴,所读的风时数 $\Delta t=1.2\text{h}$ 即为附加风时,则得等效风时 $t'=t+\Delta t=8+1.2=9.2(\text{h})$。

由 $t'=9.2\text{h}$ 与 $U=15\text{m/s}$ 的交点引水平线至纵轴,即可读得:

$$H_{4\%}=3.8\text{m},\overline{T}=7.0\text{s}$$

2)浅水风浪要素的推算

由于水底摩擦的影响,浅水风浪充分成长时的尺度小于深水风浪。水深 d 对风浪充分成长时的尺度影响很大。

图 9-2-4 中的一簇等深度线 d(m)表示出不同平均深度海区内风浪达到充分成长时,风与浪要素间的关系。

浅水风浪要素的推求步骤。

(1)根据水深 d 和风速 U 由图 9-2-4 查出其交点处的风距 F_d,并引铅直线向下至横轴,得风时 t_d,此即为在该风速和水深条件下,浅水风浪达到充分成长状态所需要的风距和风时。

(2)如果实际风距 F 和实际风时 t 均大于上述 F_d 和 t_d,则风浪得以充分成长,并达到此水深条件下的最大值。自此交点引水平线至横轴,即可读取浅水风浪的风浪要素。

(3)若实际风距 F 小于 F_d,或实际风时 t 小于 t_d,则风浪受风距或风时控制,不能充分成长,属于深水风浪,则推算步骤与深水风浪要素的推算相同。

[例 9-2-7] 已知风区内平均水深 $d=15\text{m}$,风速 $U=15\text{m/s}$,风距 $F=50\text{km}$,风时 $t=5\text{h}$,求风浪要素。

解:根据 $d=15\text{m}$,$U=15\text{m/s}$,由图 9-2-4 中此二等值线的交点,查得 $F_d=150\text{km}$,由横坐标查得 $t_d=8\text{h}$。

由于实际风时 $t=5h<t_d=8h$，实际风距 $F<F_d$，因此，风浪未能充分成长，应按上述深水风浪的方法推算。

根据 $t=5h, U=15m/s$，查得 $F_{min}=90km$。由于 $F=50km<F_{min}=90km$，风浪受风距控制，处于定常状态，则自 $F=50km$ 和 $U=15m/s$ 的交点，引水平线至横轴，得：

$$H_{4\%}=2.5m, \overline{T}=5.6s$$

假若实际风距为 $F=200km$，风时 $t=16h$，则 $F>F_d$ 和 $t>t_d$，风浪已充分形成，属浅水风浪，则自 $d=15m$ 和 $U=15m/s$ 的交点引水平线至横轴，得：

$$H_{4\%}=3.6m, \overline{T}=6.8s$$

应注意，风浪充分成长，必须同时满足 $F>F_2$ 和 $t>t_d$ 两个条件。

3. 小风距风浪要素的推算

当风距大于 20km 时，应用图 9-2-4 的图解法，与实测资料符合较好。对于风距小于 20km，但风速和水深相对较大的情况，利用图 9-2-4 图解得到的风浪要素将会偏大。这时可利用图 9-2-6 进行图解，得到小风距（$F<20km$）条件下的风浪要素。这些风浪要素尺度不大，一般属于深水波浪。

[例 9-2-8] 已知风距 $F=13km$，50 年一遇最大风速 $U=28m/s$，求 50 年一遇的波浪要素。

解：查图 9-2-6，得：

$$H_{1/10}=270cm=2.70m, \overline{T}=5.9s$$

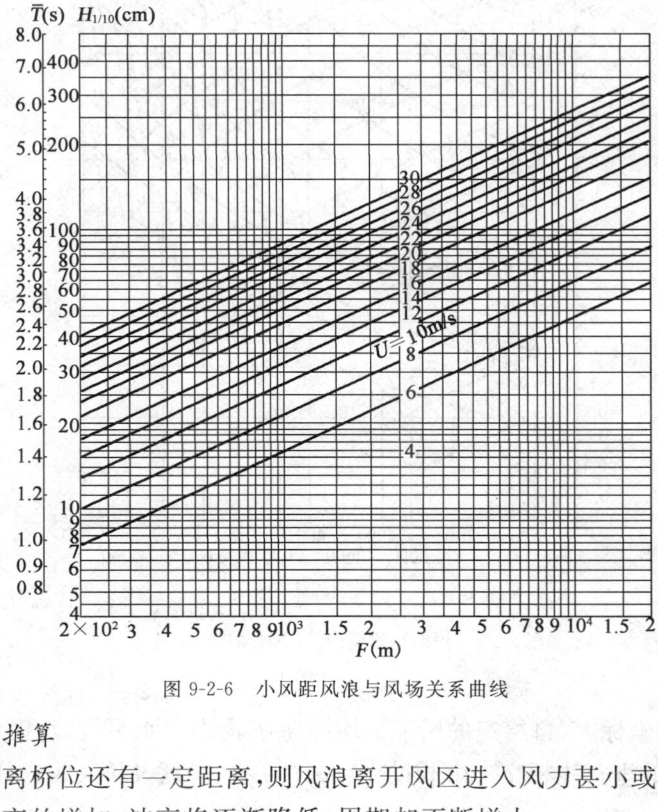

图 9-2-6 小风距风浪与风场关系曲线

4. 涌浪要素的推算

如果风区下沿离桥位还有一定距离，则风浪离开风区进入风力甚小或无风区后，就变成涌浪。涌浪随传播距离的增加，波高将逐渐降低，周期却不断增大。

计算涌浪要素时的已知条件为风浪波高 $H_{4\%}$ 和周期 $\overline{T}$、最小风区 F_m、传播距离 D(km)以及传播角 θ(°)。D 为天气图上风区下沿中点 O 至计算点 P 间的距离,θ 为 OP 与风区内的风向间的夹角(图 9-2-7)。

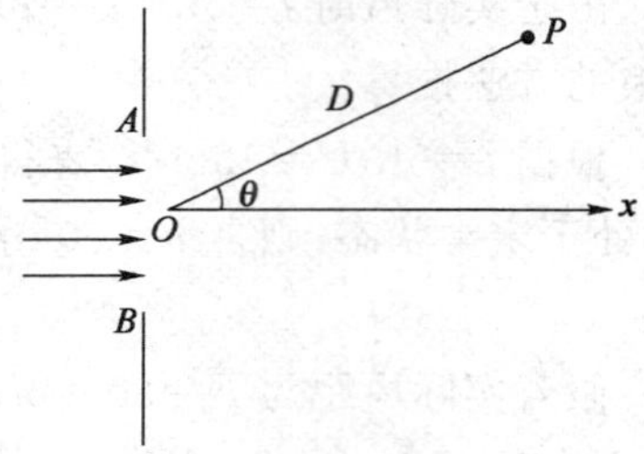

图 9-2-7 涌浪的传播距离 D 和传播角 θ

涌浪的平均周期 $\overline{T}_D$(s)和风区下沿传至计算点所需的时间(传时)t_D(h),由图 9-2-8 确定。图中纵坐标为累计频率 4%的波高 $H_{4\%}$(m)和平均周期 $\overline{T}$(s),横坐标为 D,3 组曲线分别代表 $\overline{T}_D$、t_D 及涌浪波高 H_D(m)。

涌浪波高 H_D(波高累积频率为 4%)由图 9-2-9 确定。图中左侧纵坐标同图 9-2-8,右侧纵坐标为 H_D,横坐标上的两组读数分别为 H_D 和 D,3 组曲线分别代表 D/F_m、参数 I 和 θ 值。

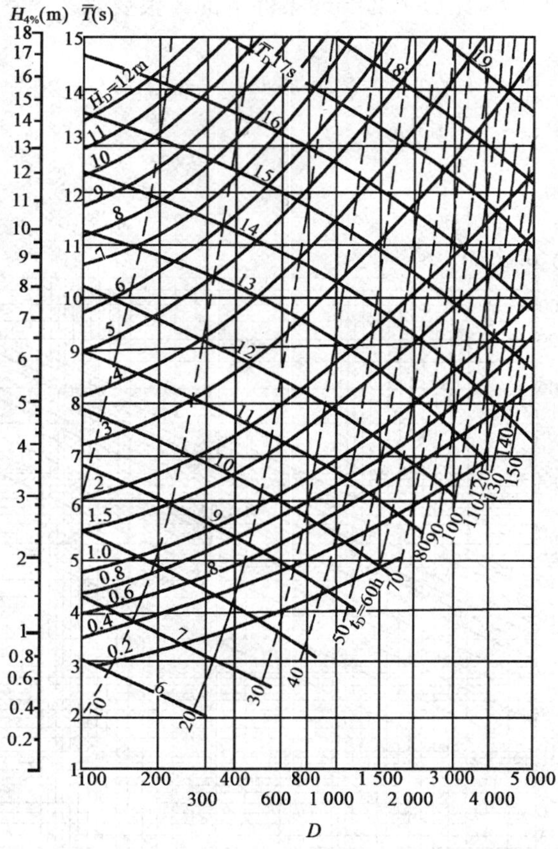

图 9-2-8 涌浪平均周期 $\overline{T}_D$ 和传时 t_D 的确定

查图方法:

在图 9-2-8 的纵坐标上,自给定的风浪平均周期 $\overline{T}$ 向右引水平线,与横坐标上自给定的传播距离 D 向上引出的垂直线相交。由通过交点的 $\overline{T}_D$ 线、t_D 线及 H_D 线或其内插值,读取涌浪的 $\overline{T}_D$、t_D 及 H_D(近似值)。

在图 9-2-9 的纵坐标上，自给定的平均周期 $\overline{T}$ 引水平线向右，与横坐标上自给定的 D 向上引出的垂直线相交。自此交点沿 I 线移动，直至与相应的 D/F_m 相交。再自第二个交点引垂直线与相应的 θ 线相交，最后自第三个交点向右引水平线至右侧纵坐标，读取涌浪波高 H_D。若 $\theta<20°$，传播方向的影响很小，则可自上述第二个交点，直接向下引垂线至横坐标上，读取涌浪波高 H_D。

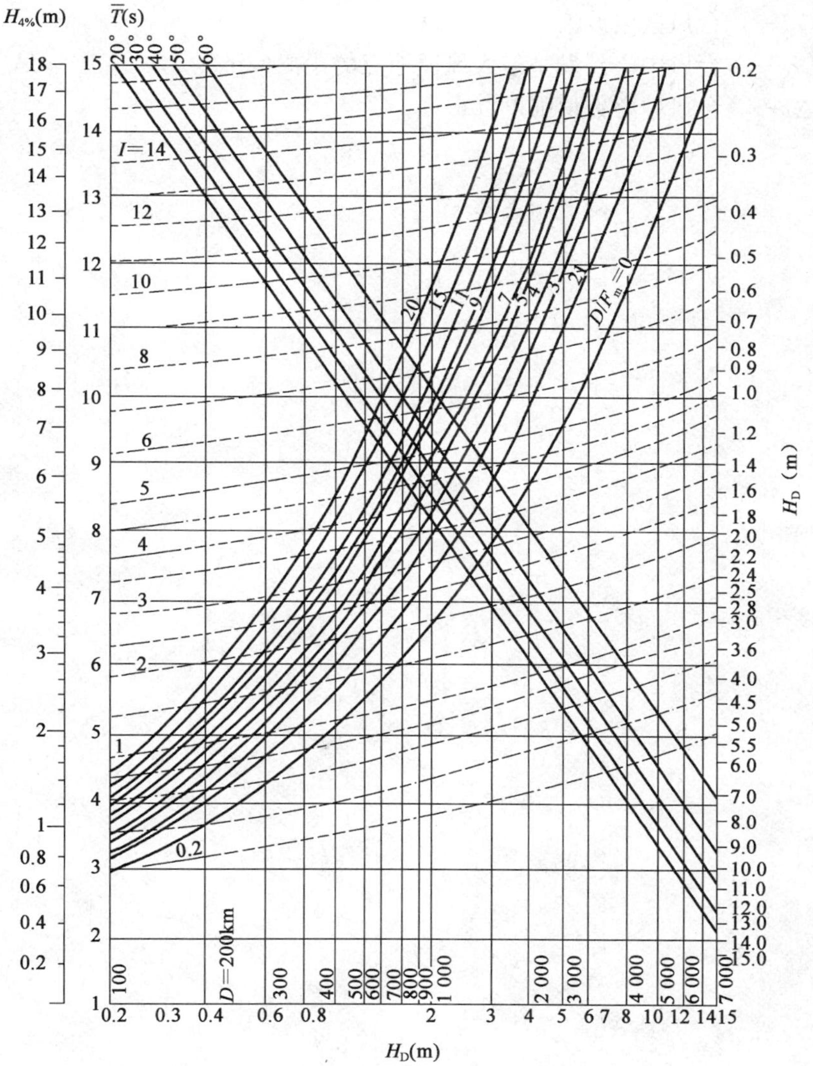

图 9-2-9　涌浪波高 H_D 的确定

5. 台风区域内的波浪

台风区域内风浪的特性是由台风中心数值强度 Δp（mb）[1mb（毫巴）=100Pa（帕）]、台风中心至最大风速地点的距离 r_0（km）和台风移动速度 v(m/s)等确定的。台风区域内的最大有效波高 $(H_{1/3})_{max}$ 和周期 $(T_{1/3})_{max}$ 可按下式确定。

纬度 $\varphi=30°$时：

$$(H_{1/3})_{max}=0.126r_0^{1/4}\Delta p^{3/4} \tag{9-2-12}$$

$$(T_{1/3})_{max}=1.47\sqrt{r_0^{1/4}\Delta p^{3/4}} \quad (9\text{-}2\text{-}13)$$

纬度 $\varphi=10°$时：

$$(H_{1/3})_{max}=0.14r_0^{1/4}\Delta p^{3/4} \quad (9\text{-}2\text{-}14)$$

$$(T_{1/3})_{max}=1.57\sqrt{r_0^{1/4}\Delta p^{3/4}} \quad (9\text{-}2\text{-}15)$$

式中：$(H_{1/3})_{max}$——台风区内最大有效波高(m)；

$(T_{1/3})_{max}$——台风区内波浪的周期(s)；

r_0——台风中心到发生最大风速地点的距离(km)；

Δp——台风中心数值强度(mb)。

第十章 海洋环境要素对桥梁的作用

跨海桥梁的桥墩及管桩、管柱基础、桥台和桥头砌筑的引道、海堤等建筑物，日夜承受着波浪、海流及海冰等海洋自然环境要素的作用，这些海洋自然要素成为设计跨海桥梁的海洋环境荷载。

第一节 波浪对建筑物的作用

一、波浪对桩基和墩柱的作用

目前我国计算波浪对桩柱和桩群的作用力，大都采用莫里森(Morison)方程计算。作用于水中桩基和墩柱等建筑物的波浪压力（图10-1-1)，可认为是由柱体迎水面的驻点压力 p_D 和水流绕过柱体发生分离及旋涡产生的绕流波压力 p_I 两部分组成。驻点压力 p_D 与迎水面前速度 u 的平方 u^2、迎水面积成正比；绕流波压力 p_I 与水质点的加速度 $\frac{\partial u}{\partial t}$ 和绕过的柱体横断面积及形状有关。

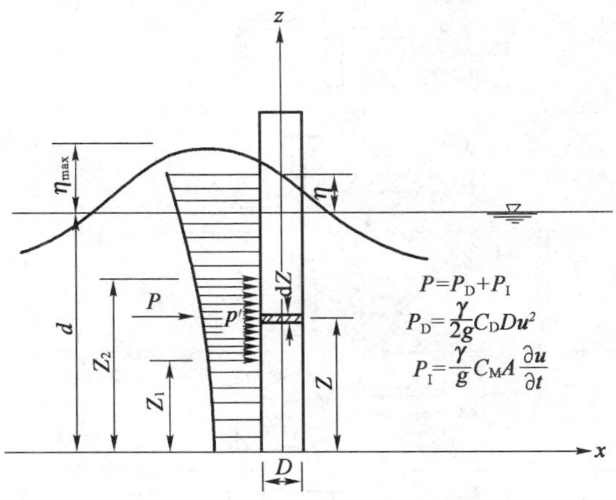

图 10-1-1 波浪对桩柱的作用力

进行波作用于水中柱体上的水平波压力，可用下式表示：

$$\mathrm{d}P=\frac{1}{2}\frac{\gamma}{g}C_\mathrm{D}u|u|\mathrm{d}S+\frac{\gamma}{g}C_\mathrm{M}\frac{\partial u}{\partial t}\mathrm{d}V \tag{10-1-1}$$

式中：$\mathrm{d}P$——作用于柱体垂直高度 $\mathrm{d}Z$ 部分上的水平波压力(kN)，Z 是 $\mathrm{d}Z$ 在水底面以上的高度 (m)；

γ——水的重度，$\gamma=9.8\mathrm{kN/m^3}$；

g——重力加速度，$g=9.80\mathrm{m/s^2}$；

C_D——阻力系数，近似地，圆形断面取 1.2，方形断面或$\frac{a}{b}\leqslant1.5$ 的矩形断面可取 2.0，详见表 10-1-1；

C_M——惯性力系数,对圆形断面可取 2.0,对方形或$\frac{a}{b}\leqslant1.5$的矩形断面可取 2.2,详见表 10-1-2;

u——波浪运动的水平质点速度(m/s);

$\frac{\partial u}{\partial t}$——波浪运动水平质点加速度(m/s^2);

dS——柱体 dZ 部分对水流方向的投影面积(m^2);

dV——柱体 dZ 部分的体积,dV=AdZ。

各种物体的阻力系数 表 10-1-1

物体的形状(柱体时,其轴方向垂直于纸面)	基准面积*(柱体时为单位长度)	阻力系数 C_D (l—柱的长度)
圆柱 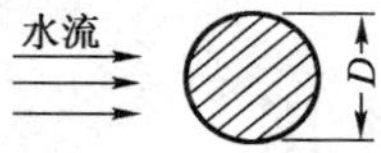	D	1.71($l\gg D$)
正方柱 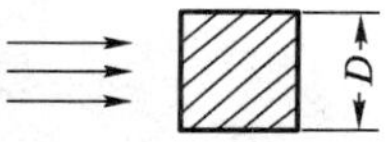	D	2.05($l\gg D$)
正方柱 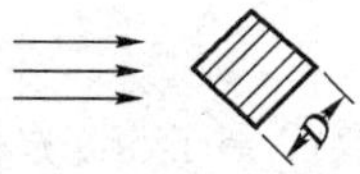	$\sqrt{2}D$	1.55($l\gg D$)
L形柱 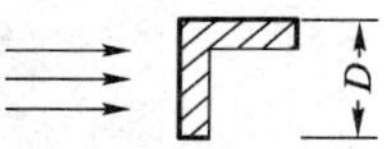	D	2.00($l\gg D$)
I形柱 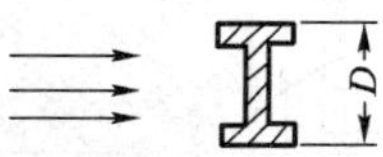	D	2.10($l\gg D$)
长方形板 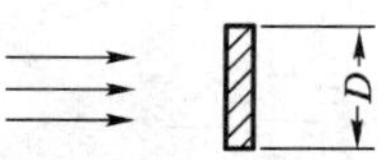	D	2.01($l\gg D$)
球 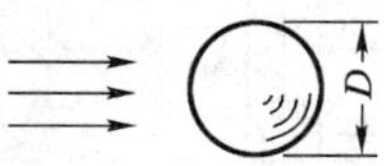	$\frac{\pi}{4}D^2$	0.5
立方体 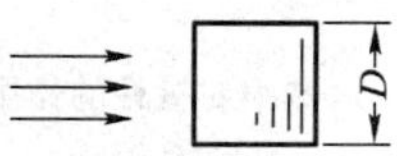	D^2	1.05

注:* 物体对水流方向的投影面积。

对于直径为 D(m)的圆柱,则

$$\mathrm{d}P=\left(\frac{1}{2}\frac{\gamma}{g}C_D Du|u|+\frac{\gamma}{g}C_M\frac{\pi}{4}D_2\frac{\partial u}{\partial t}\right)\mathrm{d}Z$$

$$=\rho D\left(\frac{1}{2}C_D u|u|+\frac{\pi}{4}C_M D\frac{\partial u}{\partial t}\right)\mathrm{d}Z$$

$$=\rho D\left(0.6u|u|+1.57D\frac{\partial u}{\partial t}\right)\mathrm{d}Z \tag{10-1-2}$$

各种物体的惯性力系数　　　　表 10-1-2

物体的形状（柱体时其轴方向垂直于纸面）	基准面积（柱体时为单位长度）	惯性力系数 C_M（l—柱的长度）
圆柱 	$\frac{\pi}{4}D^2$	2.0($l \gg D$)
正方柱 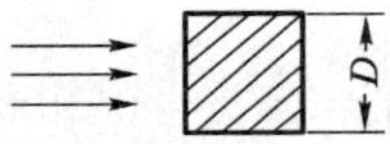	D^2	2.19($l \gg D$)
长方形板 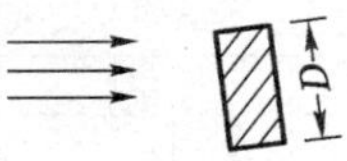	$\frac{\pi}{4}D^2$	1.0($l \gg D$)
球 	$\frac{\pi D^3}{6}$	1.5
立方体 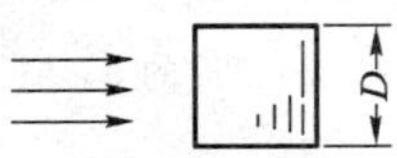	D^3	1.67

波浪中水质点轨道运动的水平速度 u(m/s)和水平加速度$\frac{\partial u}{\partial t}$（m/s^2）：

$$u=\frac{\pi H}{T}\frac{\cosh\frac{2\pi Z}{L}}{\sinh\frac{2\pi d}{L}}\cos(\sigma t) \tag{10-1-3}$$

$$\frac{\partial u}{\partial t}=-\frac{2\pi^2 H}{T^2}\frac{\cosh\frac{2\pi Z}{L}}{\sinh\frac{2\pi d}{L}}\sin(\sigma t) \tag{10-1-4}$$

式中：σ——圆频率(s^{-1})，$\sigma=2\pi/T$；

t——时间(s)，当波峰通过柱体中心时 $t=0$。

P_D 和 P_I 的最大值 P_{Dmax} 和 P_{Imax} 分别出现在 $\sigma t=0°$ 和 $\sigma t=270°$ 的相位上。

我国港口工程规范中，驻点压力 P_D 称为速度压力，绕流阻力引起的波压力 P_I 称为惯性压力。

1. 作用于整个柱体高度上的最大速度压力 P_{Dmax}(kN)和最大惯性压力 P_{Imax}(kN)

一般按下述方法计算。

1)对于$\frac{H}{d}\leqslant 0.2$和$\frac{d}{L}\geqslant 0.2$,或$\frac{H}{d}>0.2$和$\frac{d}{L}\geqslant 0.35$的情况

方法1:

根据式(10-1-1),可写成:

$$P=P_{\mathrm{D}}+P_{\mathrm{I}} \tag{10-1-5}$$

$$P_{\mathrm{D}}=\frac{\gamma}{2g}C_{\mathrm{D}}Du|u|=\frac{\rho}{2}C_{\mathrm{D}}Du|u| \tag{10-1-6}$$

$$P_{\mathrm{I}}=\frac{\gamma}{g}C_{\mathrm{M}}A\frac{\partial u}{\partial t}=\rho C_{\mathrm{M}}A\frac{\partial u}{\partial t} \tag{10-1-7}$$

沿柱体高度选取不同Z值,按式(10-1-6)和式(10-1-7)分别计算$\sigma t=0°$和$\sigma t=270°$时的p_{Dmax}和p_{Imax}。计算点不少于5个,其中包括$Z=0$、d和$d+\eta$三点。η为任意相位时波面在静水面以上的高度(m)。当$\sigma t=0°$时,$\eta=\eta_{\max}$。$\eta_{\max}$为波峰在静水面以上的高度(m),由图10-1-2查取。当$\sigma t=270°$时,$\eta=\eta_{\max}-\frac{H}{2}$。若沿柱体高度断面有变化时,则在变化断面上下分别进行计算。由P_{Dmax}和P_{Imax}分布图形即可标出P_{Dmax}和P_{Imax}。

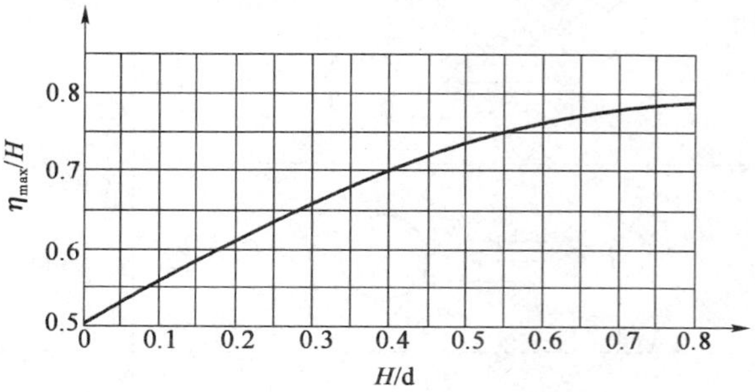

图10-1-2　$\sigma t=0°$时的$\eta_{\max}$值

式(10-1-6)中,u波浪运动的水平质点速度(m/s)和它的绝对值相乘,表示速度压力P_{D}的方向总与流速方向相同。

方法2:

当Z_1至Z_2间柱体断面相同时,作用于该段上的P_{Dmax}和P_{Imax}分别为:

$$P_{\mathrm{Dmax}}=C_{\mathrm{D}}\frac{\gamma DH^2}{2}K_1 \tag{10-1-8}$$

$$P_{\mathrm{Imax}}=C_{\mathrm{M}}\frac{\gamma AH}{2}K_2 \tag{10-1-9}$$

其中:$K_1=\dfrac{\frac{4\pi Z_2}{L}-\frac{4\pi Z_1}{L}+\sinh\frac{4\pi Z_2}{L}-\sinh\frac{4\pi Z_1}{L}}{8\sinh\frac{4\pi d}{L}}$

$$K_2=\frac{\sinh\frac{2\pi Z_2}{L}-\sinh\frac{2\pi Z_1}{L}}{\cosh\frac{2\pi d}{L}}$$

K_1、K_2系数见图10-1-3和图10-1-4。

P_{Dmax}和P_{Imax}对Z_1断面的力矩M_{Dmax}(kN·m)和M_{Imax}(kN·m)分别为:

$$M_{\mathrm{Dmax}}=C_{\mathrm{D}}\frac{\gamma DH^2}{2\pi}K_3 \tag{10-1-10}$$

$$M_{\mathrm{Imax}}=C_{\mathrm{M}}\frac{\gamma AHL}{4\pi}K_4 \tag{10-1-11}$$

$$其中:K_3=\frac{1}{\sinh\frac{4\pi d}{L}}\left[\frac{\pi^2(Z_2-Z_1)^2}{4L^2}+\frac{\pi(Z_2-Z_1)}{8L}\sinh\frac{4\pi Z_2}{L}-\frac{1}{32}\left(\cosh\frac{4\pi Z_2}{L}-\cosh\frac{4\pi Z_1}{L}\right)\right]$$

$$K_4=\frac{1}{\cosh\frac{2\pi d}{L}}\left[\frac{2\pi(Z_2-Z_1)}{L}\sinh\frac{2\pi Z_2}{L}-\left(\cosh\frac{2\pi Z_2}{L}-\cosh\frac{2\pi Z_1}{L}\right)\right]$$

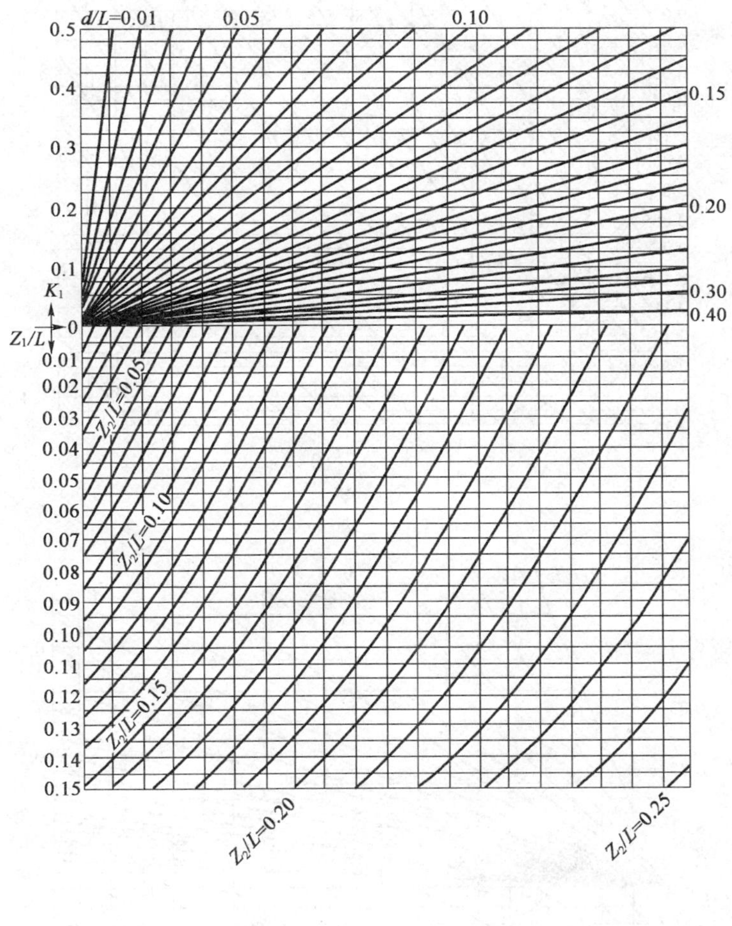

图 10-1-3　系数 K_1

K_3 系数见图 10-1-5 和图 10-1-6，K_4 系数见图 10-1-7 和图 10-1-8。

若沿整个柱体高度断面相同，则在计算整个柱体上的 P_{Dmax} 及其对水底面的力矩 M_{Dmax} 时，应取 $Z_1=0$ 和 $Z_2=d+\eta_{max}$；而在计算整个柱体上的 P_{Imax} 及其对水底面的力矩 M_{Dmax} 时，应取 $Z_1=0$ 和 $Z_2=d+\eta_{max}-\frac{H}{2}$。

2）对于 $\frac{H}{d}\leqslant 0.2$ 和 $\frac{d}{L}<0.2$，或 $\frac{H}{d}>0.2$ 和 $\frac{d}{L}<0.35$ 的情况

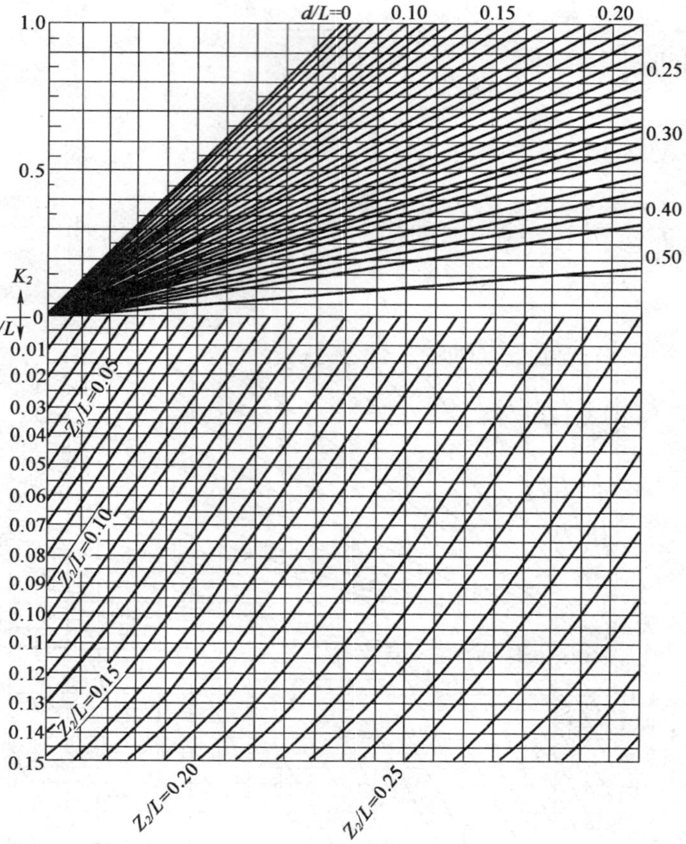

图 10-1-4　系数 K_2

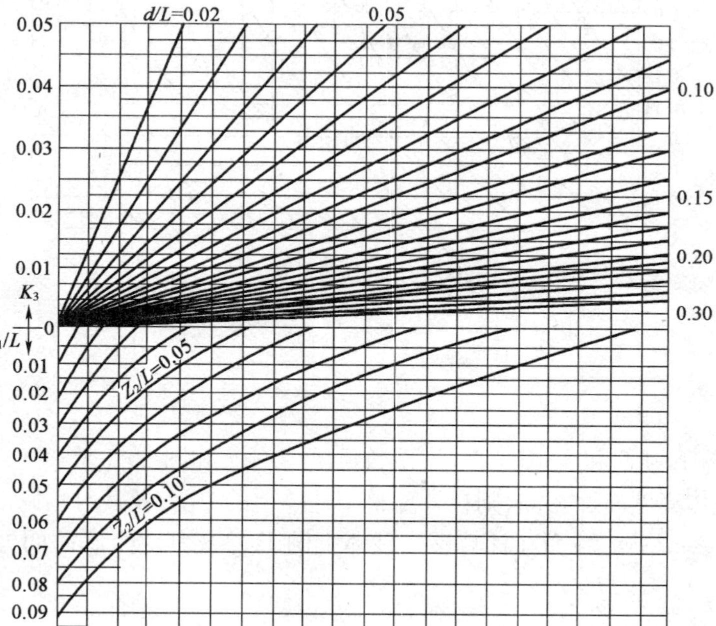

图 10-1-5　系数 K_3(一)

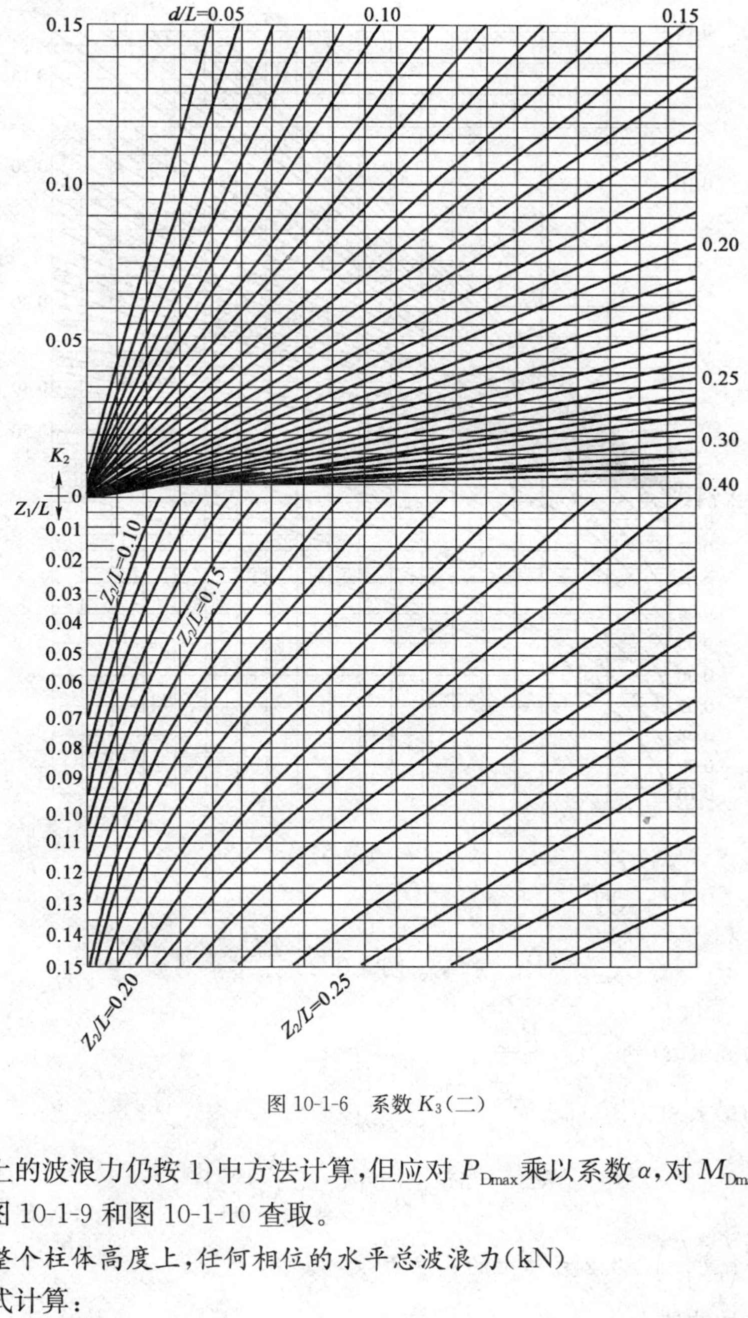

图 10-1-6 系数 K_3(二)

整个柱体上的波浪力仍按 1)中方法计算,但应对 P_{Dmax} 乘以系数 α,对 M_{Dmax} 乘以系数 β。α 和 β 值分别由图 10-1-9 和图 10-1-10 查取。

2.作用于整个柱体高度上,任何相位的水平总波浪力(kN)

一般按下式计算:

$$P=P_{Dmax}\cos(\sigma t)\left|\cos(\sigma t)\right|-P_{Imax}\sin(\sigma t) \tag{10-1-12}$$

最大水平总波浪力 P_{max} 分下列两种情况计算:

(1)当 $P_{Dmax}\leqslant 0.5P_{Imax}$ 时

$$P_{max}=P_{Imax} \tag{10-1-13}$$

此时相位为 $\sigma t=270°$。

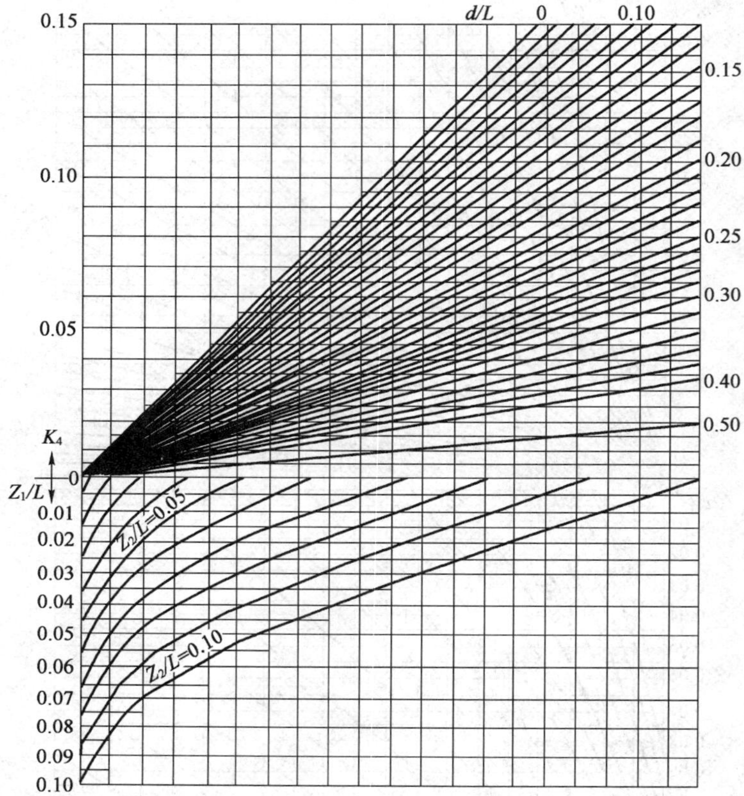

图 10-1-7　系数 K_4(一)

(2)当 $P_{Dmax}>0.5P_{Imax}$时

$$P_{max}=P_{Dmax}\left(1+0.25\frac{P_{Imax}^2}{P_{Dmax}^2}\right) \tag{10-1-14}$$

此时相位为 $\sin(\sigma t)=-0.5\frac{P_{Imax}}{P_{Dmax}}$。

对水底面的最大总力矩 M_{max}为:

$$M_{max}=M_{Dmax}\left(1+0.25\frac{M_{Imax}^2}{M_{Dmax}^2}\right) \tag{10-1-15}$$

3.作用在$\frac{D}{L}\left(或\frac{b}{L}\right)>0.2$柱体上的波浪力

1)圆柱体上的波浪力

(1)最大水平总波力(kN)

$$P_{max}=P_{Imax} \tag{10-1-16}$$

P_{Imax}及其对水底面的力矩 M_{Imax}按式(10-1-9)和式(10-1-11)计算,惯性力系数 C_M 由图10-1-11查得。

(2)有基床的墩柱建筑物(图 10-1-12)

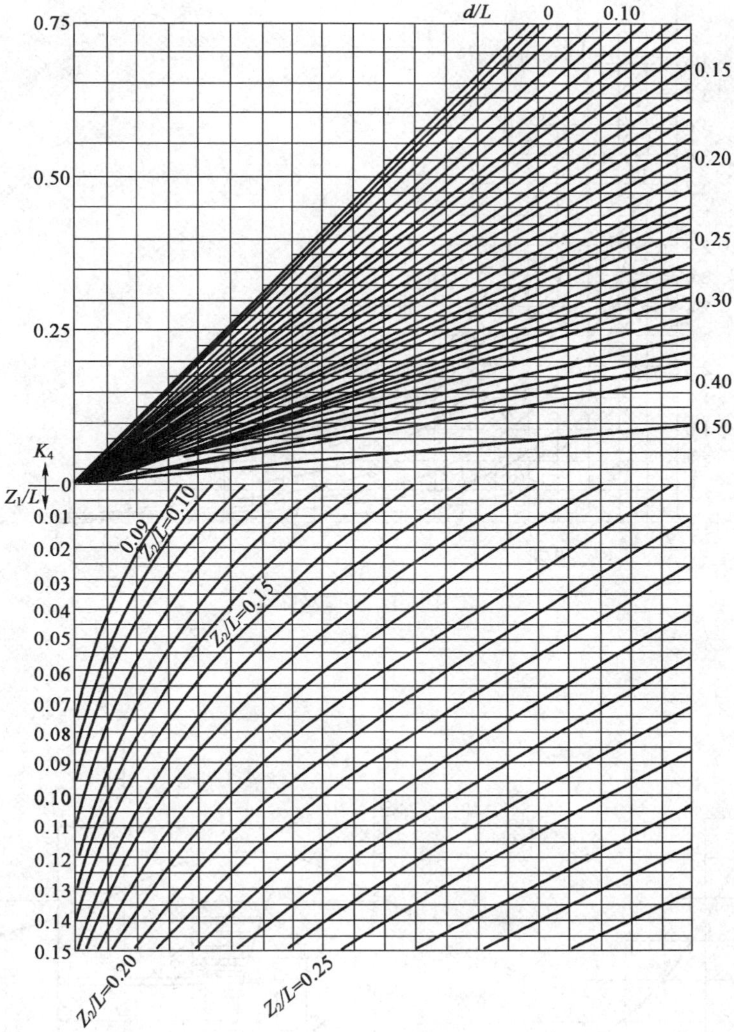

图 10-1-8 系数 K_4（二）

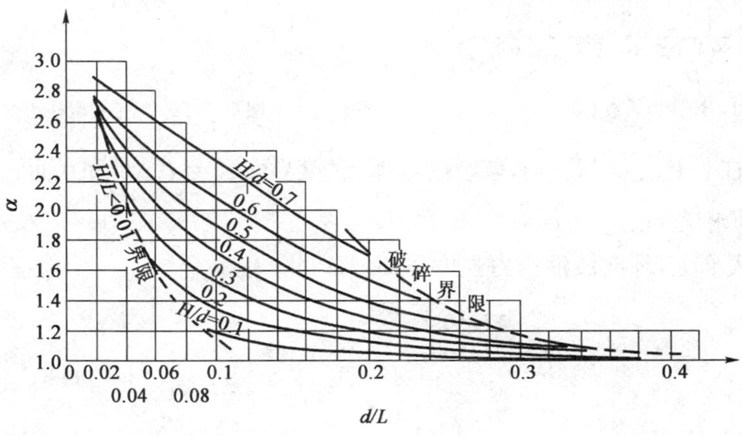

图 10-1-9 系数 α

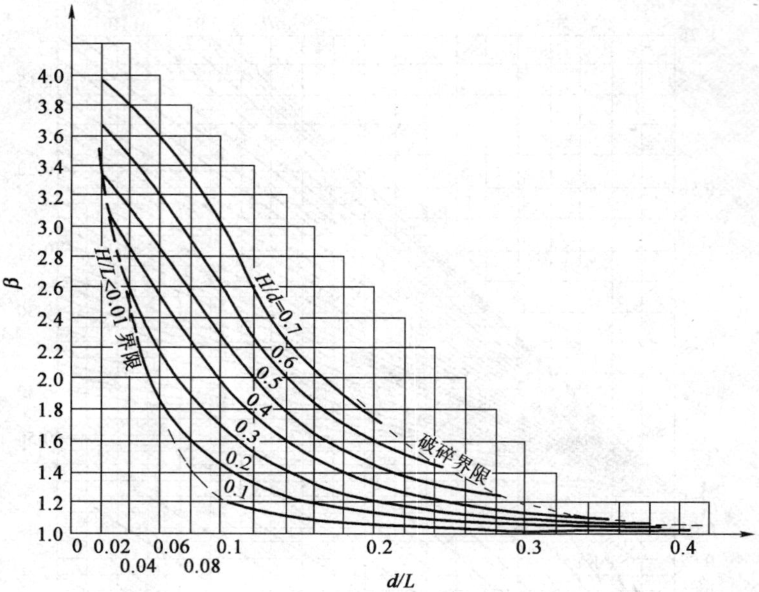

图 10-1-10　系数 β

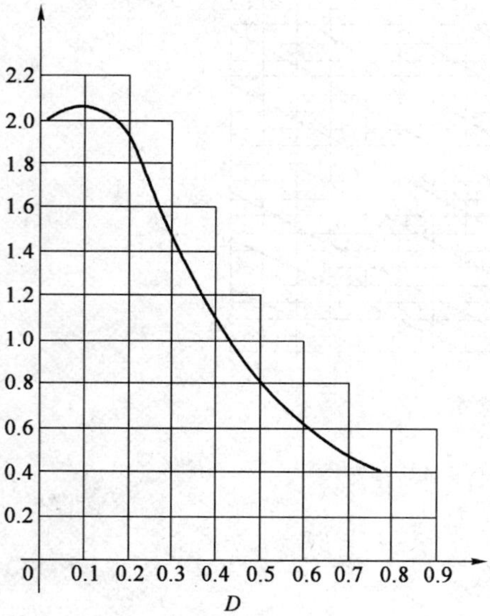

图 10-1-11　惯性力系数 C_M

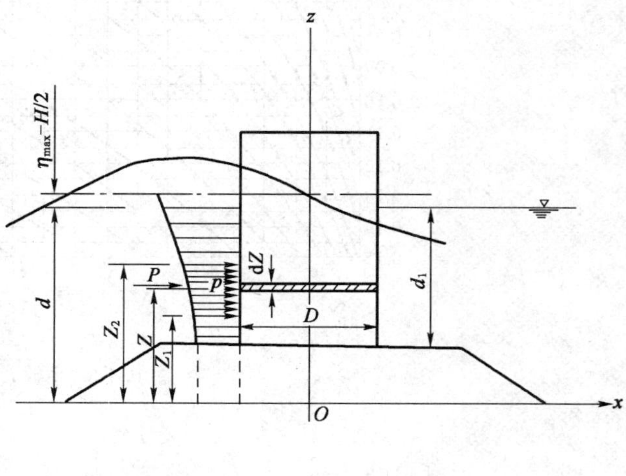

图 10-1-12　波浪对墩柱的作用

计算整个墩柱上 P_{Imax} 及 M_{Imax} 时,取墩柱与基床的交界面 $Z_1=d-d_1$ 和水面 $Z_2=d+\eta_{\max}-\frac{H}{2}$, d_1 为基床顶面的水深(m)。

(3)圆柱体表面上,环向波浪压力强度 p(kPa)

$$p=\frac{\gamma H\cosh\frac{2\pi Z}{L}}{\pi\cosh\frac{2\pi d}{L}}(f_1\cos\theta-f_0) \tag{10-1-17}$$

式中:f_1、f_0——与 $\frac{D}{L}$ 有关的系数(图 10-1-13);

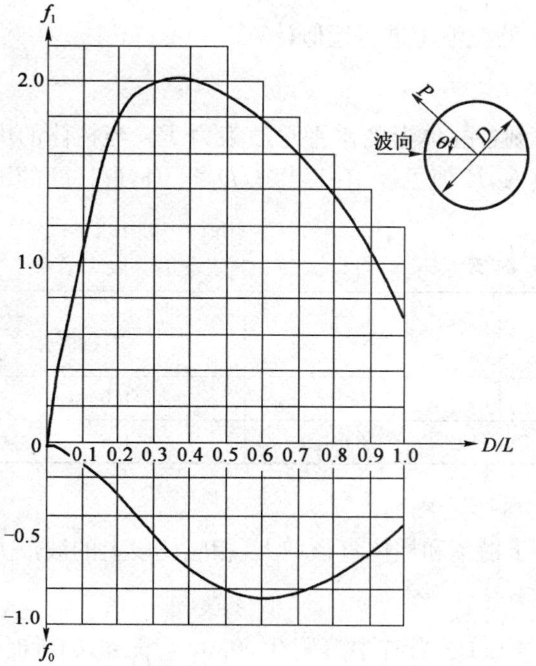

图 10-1-13 系数 f_1 和 f_0

θ——计算点同柱体圆心的连线与波向线间的夹角(°)。

为了估算柱体底面(与基床连接面)上的波浪浮托力,其周边浮托力强度可近似地采用相应点的环向波浪压力强度。

2)方形和矩形柱体上的波浪力

对于$\frac{b}{L}>0.2$的方形和$\frac{\alpha}{b}\leqslant 1.5$的矩形断面柱体上的波浪力,按下列方法计算:

(1)对于$\frac{b}{L}=0.2\sim0.9$,$\frac{2}{3}\geqslant\frac{d_1}{d}\geqslant\frac{1}{3}$和$d_1>1.7H$的情况

①波浪正向作用时

最大水平总波浪力P_{max}(kN)为:

$$P_{max}=0.355\gamma HL\left(\frac{\pi}{8}\tanh\frac{2\pi d}{L}\right) \tag{10-1-18}$$

为绘制作用于柱体宽度b的波浪力分布图,可取静水面以上高度H处的波浪力为零,静水面处的波浪力p_s(kN/m)为:

$$p_s=0.357\gamma HL\left(\frac{b}{L}\right)^{\frac{2}{3}} \tag{10-1-19}$$

基床面水深为d_1处(与基床连接面)的波浪力p_{d1}(kN/m)为:

$$p_{d1}=\gamma HL\left[0.68\frac{b}{d_1}\left(\frac{\pi}{8}\tanh\frac{2\pi d}{L}\right)-0.388\left(\frac{b}{L}\right)^{2/3}\left(1+\frac{H}{d_1}\right)\right] \tag{10-1-20}$$

柱底面(柱与基床连接面)上的波浪总浮托力p_u(kN)为:

$$P_u=\mu\frac{ap_{d1}}{2} \tag{10-1-21}$$

式中:a——沿水流流向的柱体宽度(m);

μ——波浪浮托力分布图的折减系数,由表 10-1-3 查取。

折 减 系 数 μ 表 10-1-3

b/L	0.90	0.60	0.45	0.30	0.24	0.20
μ	0.645	0.530	0.310	0.200	0.109	−0.030

②当波向线与柱体断面轴线成45°夹角时

最大水平总波浪力:

$$P_{max}=0.205\gamma Hl^2\left(\frac{\pi}{8}\tanh\frac{2\pi d}{L}\right)\left(\frac{l}{L}\right)^{0.867} \tag{10-1-22}$$

式中:l——柱体断面对角线长度(m)。

(2)对$\frac{b}{L}=0.2\sim0.9$,$\frac{d_1}{d}>\frac{2}{3}$和$d_1>1.7H$的情况

可用折算直径 $D=\sqrt{\frac{4\alpha b}{\pi}}$,按上述 1)圆柱体上的波浪力进行近似计算。

4. 群柱上的波浪力

群柱应根据波浪的计算剖面,来确定同一时刻各柱体上的水平总波浪力 P。当柱体的中心距 l 小于 4 倍柱体直径 D 时,应乘以群桩系数 K,K 值见表 10-1-4。$l/D \geqslant 4$ 时,群柱间的影响可略而不计。

群 柱 系 数 K　　表 10-1-4

l/D 桩列方向	2	3	4
垂直于波向	1.5	1.25	1.0
平行于波向	0.7	0.8	1.0

5. 桩基地区附着生物时

桩基建筑物所在地区有附着生物存在时,由于糙率和柱体直径增大,相应柱段上的波浪力应乘以增大系数 n。

当有一般附生,即相对糙率 $\frac{\varepsilon}{D} \leqslant 0.02$ 时,$n=1.15$;当有中等附生,$0.02<\frac{\varepsilon}{D}<0.04$ 时,$n=1.25$;当有严重附生,$\frac{\varepsilon}{D} \geqslant 0.04$ 时,$n=1.4$。ε 是附着生物的平均厚度 (m)。

二、波浪对斜坡式建筑物的作用

桥梁引道、沿海岸路堤及桥梁一些附属建筑物是填筑而成的斜坡式建筑物。对于波浪为正向作用,斜坡坡度 $1:m$,$m=1\sim1.5$,建筑物前水深 $d=(1.5\sim5.0)H$,建筑物前水底坡度 $i<0.04$ 的情况,波浪对斜坡式建筑物的作用,可进行下列计算。

1. 斜坡式建筑物前的波高和波浪爬高

(1)斜坡式建筑物前经过反射以后的坡高 $H'=H+R_R$,反射波高 H_R(m)可按下式计算:

$$H_R=K_\Delta H'_R \tag{10-1-23}$$

式中:K_Δ——与斜坡护面形式有关的粗糙系数,见表 10-1-5;

H'_R——$K_\Delta=1$ 时的反射波高,与斜坡的 m 值和坡陡 H/L 有关,在不发生越浪的情况下,H'_R 由图 10-1-14 查得。

斜坡护面粗糙系数 K_Δ　　表 10-1-5

斜坡护面形式	K_Δ	斜坡护面形式	K_Δ
整片光滑不透水护面(沥青混凝土)	1.00	块石(抛填两层)	0.50~0.55
混凝土护面	0.90	混凝土方块(抛填两层)	0.50
砌石	0.75~0.80	四脚锥体(安放两层)	0.40
块石(安放一层)	0.60~0.65	工字形块体(安放两层)	0.38
四脚空心方块(安放一层)	0.55		

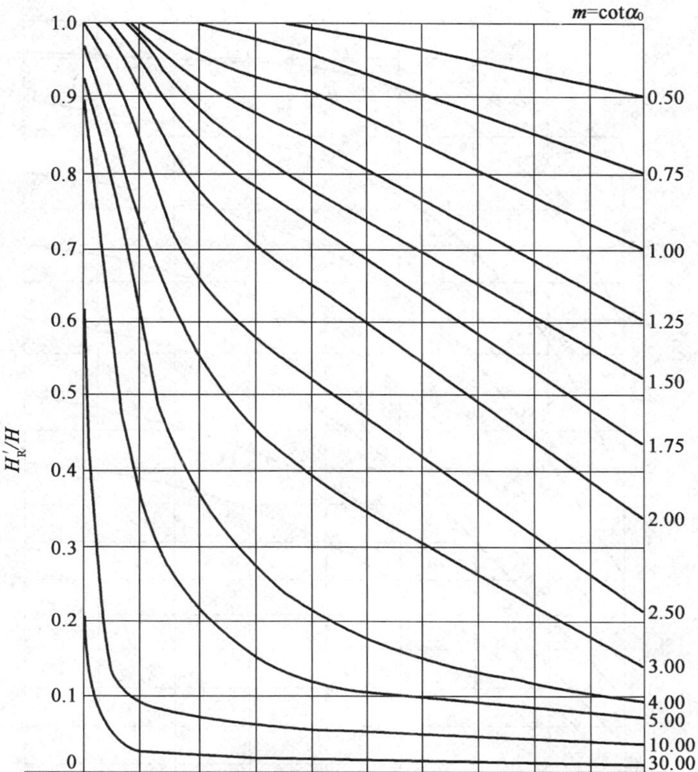

深水	0	0.010	0.020	0.030	0.040	0.050	0.060	0.070	0.080	0.090	0.100
5H		0.019	0.027	0.035	0.042	0.050	0.060	0.070	0.080	0.090	0.100
4H		0.022	0.030	0.038	0.045	0.053	0.061	0.070	0.080	0.090	0.100
3H		0.025	0.035	0.043	0.050	0.058	0.065	0.073	0.081	0.090	0.100
2H		0.032	0.043	0.052	0.060	0.068	0.075	0.082	0.090	0.098	0.100
1.5H		0.037	0.050	0.060	0.069	0.078	0.086	0.093	0.100	0.108	
d	H/L										

图 10-1-14　$K_\Delta=1$ 时的反射波高 H'_R 曲线

(2)规则波在斜坡上的爬高：

$$R=K_\Delta K_d R_0 H \tag{10-1-24}$$

式中：R——斜坡上的爬高(静水面起算，m)；

K_d——水深校正系数，见表 10-1-6；

R_0——$K_\Delta=1$、$H=1$m 时的爬高，与斜坡的 m 值和波坦 L/H 有关，由图 10-1-15 查得。

水深校正系数 K_d　　表 10-1-6

d/H	1.5	2.0	3.0	4.0	5.0
K_d	1.12	1.15	1.00	0.96	0.94

(3)在风直接作用下，不规则波的爬高：

$$R_{1\%}=K_\Delta K_{ud} R_0 H_{1\%} \tag{10-1-25}$$

式中：$R_{1\%}$——累积频率为 1%的爬高 (m)；

K_{ud}——与风速 U 和水深 d 有关的系数，见表 10-1-7；

R_0——意义同前，波坦为主，L 由 $\overline{T}$ 按式(8-7-2)换算，图 10-1-15 查得。

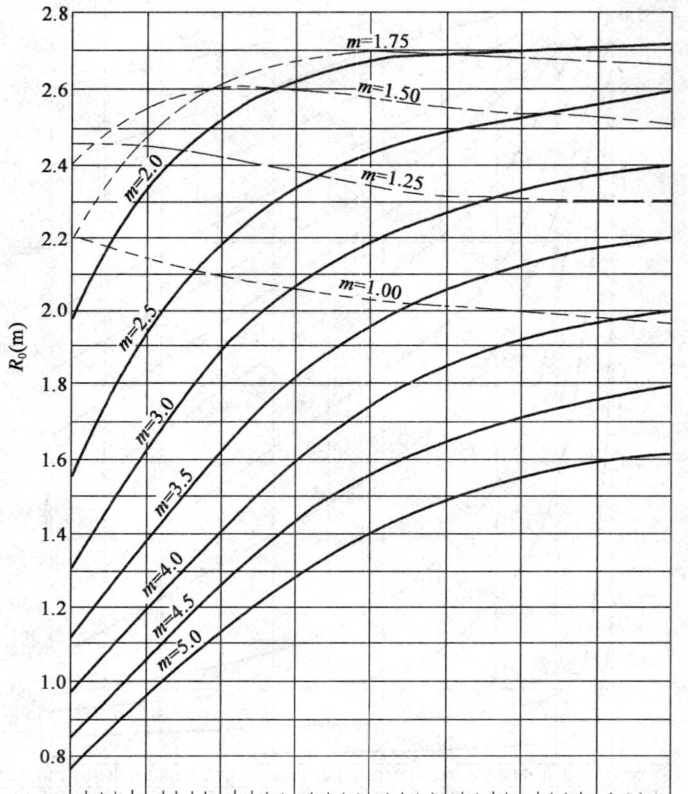

深水	10	15	20	25	30	35	40	45	50
5H	10	15	20	24	27	30	32	35	37
4H	10	15	19	22	25	27	29	31	33
3H	10	14	17	20	22	24	26	27	29
2H	9.5	12.5	15	17	18	20	21	22	23
1.5H		14.4	13	11	16	17	18	19	20
d	L/H								

图 10-1-15　$K_\Delta=1$、$H=1$m 时的爬高 R_0 曲线

系　数　K_{ud}　　　表 10-1-7

$d/H_{1\%}$ \ U/c	1.5	2.0	2.5	3.0	4.0	5.0
≤1.5	1.08	1.12	1.15	1.18	1.21	1.22
2.0	1.12	1.16	1.21	1.26	1.32	1.35
2.5	1.16	1.22	1.29	1.36	1.45	1.48
3.0	1.20	1.29	1.38	1.46	1.58	1.62
3.5	1.23	1.36	1.46	1.55	1.68	1.73
≥4.0	1.26	1.42	1.52	1.62	1.75	1.80

注:波速 $c=L/\overline{T}$(m/s)。

累积频率 $F\%$ 的爬高 $R_{F\%}$：

$$R_{F\%}=K_F R_{1\%} \tag{10-1-26}$$

K_F 系数见表 10-1-8。

系　数　K_F　　表 10-1-8

$F(\%)$	0.1	1	2	3	4	5	10	14	20	30	40	50
K_F	1.14	1.00	0.94	0.91	0.89	0.87	0.80	0.76	0.71	0.66	0.60	0.55

2. 波浪作用下斜坡建筑物护面块体的容许失稳率和要求的斜坡护面单个块体质量

波浪作用下斜坡式建筑物护面块体（块石或人工块体）的稳定标准，以容许失稳率 n（%）表示，即静水面上下一个波高范围内，容许被波浪打击移动和滚落的块体个数所占的百分比。

斜坡护面单个块体应有的质量 W（t）为：

$$W=0.1\gamma_b K_\gamma^3 \frac{1}{K_D}\frac{H^3}{\mathrm{m}} \tag{10-1-27}$$

式中：γ_b——块体材料重度（kN/m^3）；

K_γ——重度系数，$K_\gamma=\dfrac{\gamma}{\gamma_b-\gamma}$，$\gamma$ 是水的重度；

K_D——与护面形式和容许失稳率有关的系数，见表 10-1-9。

斜坡式建筑物堤头部分单个块体的质量应加大，可按式（10-1-27）的计算结果增加 20%～30%。

各种块体的容许失稳率　　表 10-1-9

护面块体	构造形式	$n(\%)$	K_D	说明
四脚空心方块	安放一层	0	14	
块石	安放（立放）一层	0～1	5.5	
四脚锥体	安放两层	0～1	8.5	
工字形块体	安放两层	0	18	$H \geqslant 7.5m$
		1	24	$H<7.0m$
块石	抛填两层	1～2	4.0	
方块	抛填两层	1～2	5.0	

3. 波浪作用下斜坡式建筑物干砌块石的护面厚度 h（m）

$$h=1.3K_\gamma H(K_{md}+K_b)\frac{\sqrt{m^2+1}}{m} \tag{10-1-28}$$

式中：h——干砌块石护面厚度（m）；

K_{md}——与斜坡的 m 值和 $\dfrac{d}{H}$ 值有关的系数，见表 10-1-10；

K_b——波坦系数，见表 10-1-11。

系　数　K_{md}　　表 10-1-10

m / d/H	1.5	2	3	4	5
1.5	0.426	0.261	0.130	0.080	0.054
2.0	0.354	0.198	0.087	0.048	0.031
2.5	0.332	0.180	0.076	0.041	0.026
3.0	0.332	0.171	0.070	0.037	0.023
3.5	0.314	0.166	0.067	0.035	0.021
4.0	0.310	0.162	0.065	0.034	0.020

系　数　K_b　　表 10-1-11

L/H	10	15	20	25	30
K_b	0.081	0.122	0.162	0.202	0.243

注:设置排水孔的浆砌块石护面层可用与干砌块石护面相同的厚度。

4.斜坡式建筑物顶部胸墙上的波浪力(图 10-1-16)。

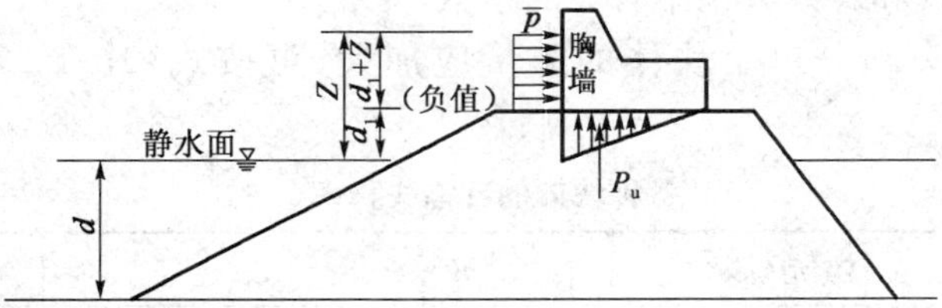

图 10-1-16　胸墙波压力

波峰作用时胸墙上的平均波浪压力强度 $\overline{p}$(kPa):

$$\overline{p} = 0.24\gamma HK_{p} \tag{10-1-29}$$

式中:K_p——与无量纲参数 ξ 和波坦 L/H 有关的平均压强系数,由图 10-1-17 查得。

无量纲参数 ξ:

$$\xi = \left(\frac{d_1}{d}\right)\left(\frac{d}{H}\right)^{\frac{2\pi H}{L}} \tag{10-1-30}$$

式中:d_1——胸墙前水深(m),当静水面在胸墙底面以下时 d_1 为负值。

无量纲参数 ξ_b:

$$\xi_b = 3.29\left(\frac{H}{L} + 0.043\right) \tag{10-1-31}$$

当 $\xi = \xi_b$ 时,$\overline{p}$ 为最大值。

胸墙上 $\overline{p}$ 作用的总高度:

$$d_1 + Z = H\tanh\left(\frac{2\pi d}{L}\right)K_z \tag{10-1-32}$$

式中：K_z——与ξ和L/H有关的作用高度系数，由图10-1-17查得。

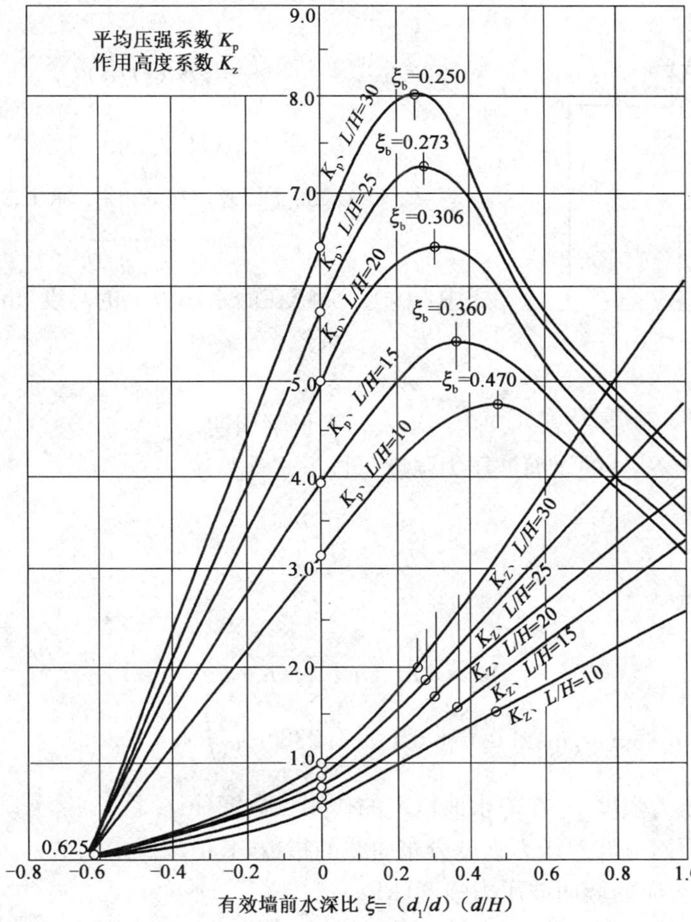

图10-1-17　K_p和K_z与波坦L/H和参数ξ关系曲线

单位长度胸墙上的总波浪力P(kN/m)为：

$$P = \bar{p}(d_1 + z) \tag{10-1-33}$$

胸墙底面上的波浪浮托力P_u：

$$P_u = \mu\frac{b\bar{p}}{2} \tag{10-1-34}$$

式中：μ——波浪浮托力分布图的折减系数，可采用0.7。

三、波浪对直墙式建筑物的作用

桥台和沿海路堤等直墙式建筑物的波浪力，也可根据波峰作用时波压力分布图计算。桥台直墙建筑物前的波压力是由立波和远堤破碎波两种波态的波浪产生的。

1. 直墙式建筑物上立波作用力

当 $d \geqslant 1.8H$, $d/L=0.05 \sim 0.12$ 时，直墙式建筑物上的立波作用力可按下列方法确定。波峰作用时立波压力分布见图 10-1-18。

(1)波面高程：

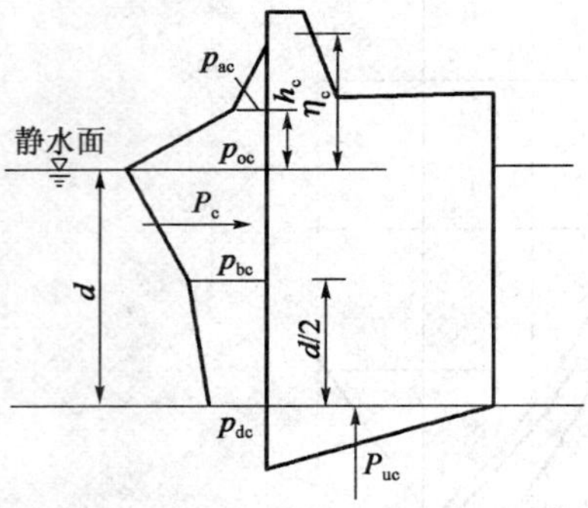

图 10-1-18 波峰作用时立波压力分布图

$$\frac{\eta_c}{d}=B_\eta (H/d)^m \tag{10-1-35}$$

$$B_\eta = 2.3104 - 2.5907 T_*^{-0.5941} \tag{10-1-36}$$

$$m = T_*/(0.00913 T_*^2 + 0.636 T_* + 1.2515) \tag{10-1-37}$$

$$T_* = \overline{T}\sqrt{g/d} \tag{10-1-38}$$

式中：η_c——波峰在静水面以上的高度(m)；

B_η——系数；

m——系数；

T_*——无量纲周期。

(2)静水面以上 h_c 处的墙面波压力强度可按下式计算：

$$\frac{h_c}{d}=\frac{2\frac{\eta_c}{d}}{n+2} \tag{10-1-39}$$

$$\frac{p_{ac}}{\gamma d}=\frac{p_{oc}}{\gamma d}\frac{2}{(n+1)(n+2)} \tag{10-1-40}$$

$$n=\max\left[0.636618+4.23264\left(\frac{H}{d}\right)^{1.67}, 1.0\right] \tag{10-1-41}$$

式中：h_c——波浪压力强度 p_{ac} 在静水面以上的作用点位置(m)；

n——静水面以上波浪压力强度分布曲线的指数，其值取式中两数的大数；

p_{ac}——与 h_c 对应的墙面波压力强度(kPa)；

γ——水的重度(kN/m^3)；

p_{oc}——静水面上的波压力强度(kPa)。

(3)p_{oc} 及墙面上其他各特征点的波压力强度按下式计算：

$$\frac{p}{\gamma d}=A_p+B_p\left(\frac{H}{d}\right)^q \tag{10-1-42}$$

式中系数 A_p、B_p、q 按表 10-1-12 确定。计算时若 $p_{bc}>p_{oc}$，取 $p_{bc}=p_{oc}$。

系数 A_p、B_p 和 q(波峰作用)　　表 10-1-12

条件	计算式		A_1, B_1, a	A_2, B_2, b	α, β, c
波峰	$\frac{p_{oc}}{\gamma d}$	$A_p=A_1+A_2T_*^\alpha$	0.029 01	−0.000 11	2.140 82
	$\frac{p_{bc}}{\gamma d}$		0.145 74	−0.024 03	0.919 76
	$\frac{p_{dc}}{\gamma d}$		−0.18	−0.000 153	2.543 41

续上表

条件	计算式		A_1,B_1,a	A_2,B_2,b	α,β,c
波峰	$\frac{p_{oc}}{\gamma d}$	$B_p=B_1+B_2T_*^{\beta}$	1.314 27	−1.200 64	−0.673 6
	$\frac{p_{bc}}{\gamma d}$		−3.073 72	2.915 85	0.110 46
	$\frac{p_{dc}}{\gamma d}$		−0.032 91	0.174 53	0.650 74
波峰	$\frac{p_{oc}}{\gamma d}$	$q=\frac{T_*}{aT_*^2+bT_*+c}$	0.037 65	0.464 43	2.916 98
	$\frac{p_{bc}}{\gamma d}$		0.062 20	1.326 41	−2.975 57
	$\frac{p_{dc}}{\gamma d}$		0.286 49	−3.867 66	38.419 5

(4)单位长度墙身上的水平总波浪力按下式计算：

$$\frac{p_c}{\gamma d^2}=\frac{1}{4}\left[2\frac{p_{ac}}{\gamma d}\frac{\eta_c}{d}+\frac{p_{oc}}{\gamma d}\left(1+\frac{2h_c}{d}\right)+\frac{2p_{bc}}{\gamma d}+\frac{p_{dc}}{\gamma d}\right] \tag{10-1-43}$$

式中：p_c——单位长度墙身上的水平总波浪力(kN/m)；

p_{ac}、p_{oc}、p_{bc}、p_{dc}见图 10-1-18。

(5)单位长度墙身上的水平总波浪力矩按下式计算：

$$\frac{M_c}{\gamma d^3}=\frac{1}{2}\frac{p_{ac}}{\gamma d}\frac{\eta_c}{d}\left[1+\frac{1}{3}\left(\frac{\eta_c}{d}+\frac{h_c}{d}\right)\right]+\frac{1}{24}\frac{p_{oc}}{\gamma d}\left[5+12\frac{h_c}{d}+4\left(\frac{h_c}{d}\right)^2\right]+\frac{1}{4}\frac{p_{bc}}{\gamma d}+\frac{1}{24}\frac{p_{dc}}{\gamma d} \tag{10-1-44}$$

(6)单位长度墙底面上的波浪托力按下式计算：

$$P_{uc}=\frac{1}{2}p_{dc}b \tag{10-1-45}$$

式中：P_{uc}——单位长度墙底上的波浪托力(kN/m)；

b——直墙的底宽(m)。

2.直墙式建筑物上破碎波作用力

当$\overline{T}\sqrt{g/d}<8$，$d<2H$或$\overline{T}\sqrt{g/d}\geqslant 8$，$d<1.8H$，且床面坡度$i<1/10$时，建筑物上的波浪为破碎波。

远破波波峰作用下波浪力的波压力分布如图 10-1-19 所示。

静水面以上高度 H 处的波浪压力强度为零。

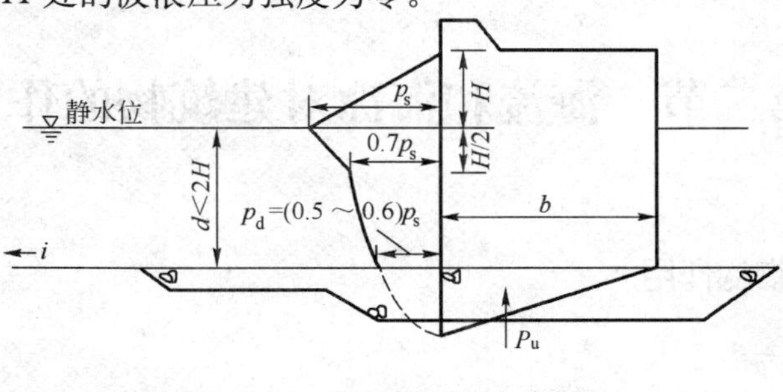

图 10-1-19　远破波的波压力分布图

静水面处波浪压力强度按下式计算：

$$p_s = \gamma K_1 K_2 H \tag{10-1-46}$$

式中：K_1——水底坡度系数，见表 10-1-13；

K_2——波坦 L/H 系数，见表 10-1-14。

系　数　K_1　　表 10-1-13

底坡 i	$\frac{1}{10}$	$\frac{1}{25}$	$\frac{1}{40}$	$\frac{1}{50}$	$\frac{1}{60}$	$\frac{1}{80}$	$\leqslant\frac{1}{100}$
K_1	1.89	1.54	1.40	1.37	1.33	1.29	1.25

系　数　K_2　　表 10-1-14

波坦 $\frac{L}{H}$	14	15	16	17	18	19	20	21	22
K_2	1.01	1.06	1.12	1.17	1.21	1.26	1.30	1.34	1.37
波坦 $\frac{L}{H}$	23	24	25	26	27	28	29	30	
K_2	1.41	1.44	1.46	1.49	1.50	1.52	1.54	1.55	

静水面以上的波浪压力强度按直线变化。

静水面以下深度 $z=H/2$ 处的波浪力强度 p_z 为：

$$p_z = 0.7p_s \tag{10-1-47}$$

水底处波浪力压力强度 p_d：

当 $d/H \leqslant 1.7$ 时，

$$p_d = 0.6p_s \tag{10-1-48}$$

当 $d/H \leqslant 1.7$ 时，

$$p_d = 0.5p_s \tag{10-1-49}$$

墙底面上的波浪托力 p_u 为：

$$p_u = \mu \frac{bp_b}{2} \tag{10-1-50}$$

式中：μ——波浪浮托力布图的折减系数，取 0.7。

单位长度墙身上的水平总波浪力，可按波压力分布图的面积求得。

单位长度墙身上的水平总波浪力矩可由压力图各部分面积与其形心到水底距离的乘积之和求得。

各种形式海中建筑物的波浪力计算，详见《海港水文规范》(JTJ 213—1998)和《海洋工程》(严恺主编，海洋出版社，2002 年)等书籍。

第二节　海流和海冰对建筑物的作用

一、海流对建筑物的作用

1. 海流的垂直分布

海流是一种综合性流动，是几个类型海流的合成流动，因地而异。近岸海流一般以潮流和风海流为主。有些情况下，还包含波浪破碎产生的沿岸流和离岸流。河口区的水流以潮流和径流为主。同时存在几种流动的海流，其流速为合成流速。潮流和风海流合成的流速分布如图 10-2-1 所示，图中 U_{st}、U_{sw}、U_{sc}分别是潮流、风海流及其合成流的表面流速(m/s)。

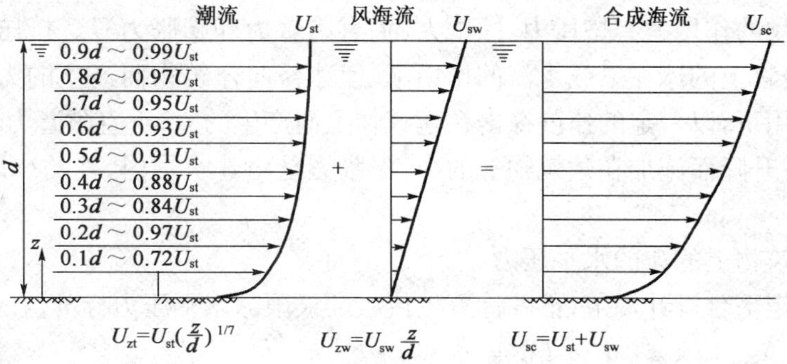

图 10-2-1　海流的垂直分布

潮流在深度 z 处的流速 U_{zt}：

$$U_{zt}=U_{st}\left(\frac{z}{d}\right)^{\frac{1}{7}} \tag{10-2-1}$$

近岸风海流在深度 z 处的流速 U_{zw}：

$$U_{zw}=U_{sw}\frac{z}{d} \tag{10-2-2}$$

式中：z——计算点对海底的高度(m)；

d——海水深度(m)。

在深度 z 处的合成流速应为 U_z 应为 U_{zt}与 U_{zw}的和，如图 10-2-1 所示。

2.海流的水流力计算

(1)作用于建筑物上的水平拖曳力。海流变化较缓，可看做稳定流，作用在建筑物海底高度为 z 处的水平拖曳力 f_w 为：

$$f_w=\frac{1}{2}\frac{\gamma}{g}C_D A_p U_z^2 \tag{10-2-3}$$

式中：C_D——阻力系数，见表 10-1-1；

A_p——建筑物海底高度为 z 处垂直流向的投影面积(m^2)；

U_z——在建筑物海底高度为 z 处的流速(m/s)；

$\frac{\gamma}{g}$——海水的密度，可近似取作 1.025。

作用在整个建筑物上的海流拖曳力 F_w：

$$F_w=\int_0^d f_w dz \tag{10-2-4}$$

(2)港口设计规范中计算水流力 F_w(kN)采用下式：

$$F_w=C_w\frac{\rho}{2}U^2 A \tag{10-2-5}$$

式中：U——工程范围内的可能最大平均流速(m/s)；

A——建筑物在流行垂直方向上的投影面积(m^2)。

二、海冰对建筑物的作用

在渤海水域和黑龙江等北方省份修建的桥梁,冰的作用力是控制因素之一。

海冰对建筑物的作用力有挤压力、撞击力、垂直附着力和膨胀力等。挤压力(也称静冰压力)是冻结在建筑物上的冰在风或水流的作用下,使冰挤向建筑物而产生的力;撞击力是浮冰在水流或风的作用下,以一定的速度撞击在建筑物上而产生的力;垂直附着力为冻结在结构物上的海冰,因潮位升降而施加在建筑物上的力;膨胀力是由建筑物内、外的冰因温度变化而产生的力。

直立桩柱建筑物上的冰的水平压力。

我国海上固定平台设计规范,推荐计算桩或墩的极限冰水平压力标准值的公式为:

$$F_H = m \cdot A \cdot b \cdot h \cdot R_y \tag{10-2-6}$$

式中:F_H——桩或墩的极限冰水平压力;

m——桩柱迎水面的形状系数,见表 10-2-1 和图 10-2-2;

A——冰温系数,见表 10-2-2,冰温取结冰期最低冰温;

b——柱体迎水面投影宽度(m);

h——计算冰厚(m);

R_y——冰的抗压强度标准值(kPa),一般可取为 750kPa。

迎水面形状系数 *m* 值　　表 10-2-1

迎水面形状	平面	圆形	迎水面夹角 2α(°)					
			45	60	75	90	120	180
形状系数	1.00	0.90	0.54	0.59	0.64	0.69	0.77	1.0

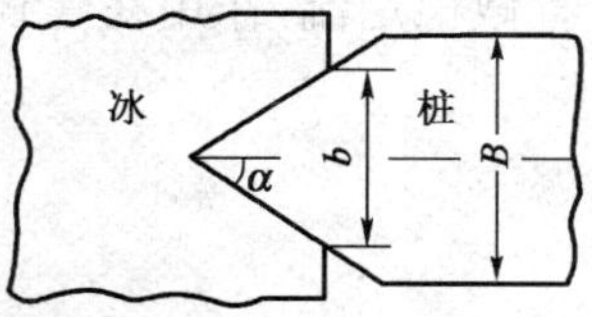

图 10-2-2　冰对三角形端部桩柱挤压

冰温系数 *A* 值　　表 10-2-2

冰温(℃)	0	−10	−20
A	1.0	2.0	4.0

冰的撞击力、附着力和膨胀力,应结合工程实际情况论证确定,其最大值一般不超过极限冰压力的标准值。

第十一章　海岸和河口

沿海地区和河口三角洲是我国人口最稠密、经济最发达、交通网最密集的区域，也是我国海洋资源开发的出发点。我国已建成的东海大桥、杭州湾大桥、舟山连岛工程的几座大桥，在建的港珠澳大桥等，都在这些近岸或河口地区。

第一节　海　　岸

我国海岸线范围很广，具有不同地貌特征。杭州湾（钱塘江河口）以北主要为堆积海岸，沙岸较多，这与我国平原堆积有密切关系；杭州湾以南主要为海蚀海岸，岩岸较多，一般认为是大陆下降的结果。台湾东岸是岩石，西岸为砂岸；海南岛主要是砂质海岸，岛南端有一段岩石海岸。

海岸的底质经常处于波浪、潮汐、海流和风等动力因素作用下而运动着，而泥沙运动又决定了海岸的演变过程。河川径流和近岸海流具有季节性变化，使海岸也有季节性变化。从长远来看，海岸变化有三种情况：侵蚀、淤积和基本稳定。在波浪、近岸海流侵蚀下，海岸崩坍内缩，形成陡直的基岩海岸；波浪、近岸海流带来的泥沙多于被运走的泥沙，淤积成平缓的沙质海岸；如果输入、输出的泥沙约相等，海岸稳定。海岸泥沙中值粒径大于 0.05mm，粒间无黏结力，属沙质河岸；泥沙中值颗径小于 0.05mm，泥沙颗粒间有黏结力，在海水中是絮凝状态，属淤泥质海岸，滩面广阔，坡度平坦，一般为 1/2 000～1/500，多位于平原河流和大河口附近。

波浪由深海向浅海岸边传播，一方面受海底摩擦、渗透、海水涡动损耗了波浪的能量，另一方面，波浪进入浅水后又促使能量集中，引起波能重新分布。波浪要素不断变化，直到临界水深波浪发生破碎，破碎后的击岸波继续向岸推进，由于水深继续变浅，还会发生多次破碎，直到离水边线不远处，波浪最终破碎，变成击岸水流涌上岸滩。然后在重力作用下又退回来，击破随后来的波。这样，波浪流表现为引起水体质量输送的向岸流和因向岸流的水位升高而促使底部海水向海流动的回流。另外，因破碎波而发生的沿岸流、裂流（向海洋方向）、裂流头的扩散水流等如图 11-1-1 所示。

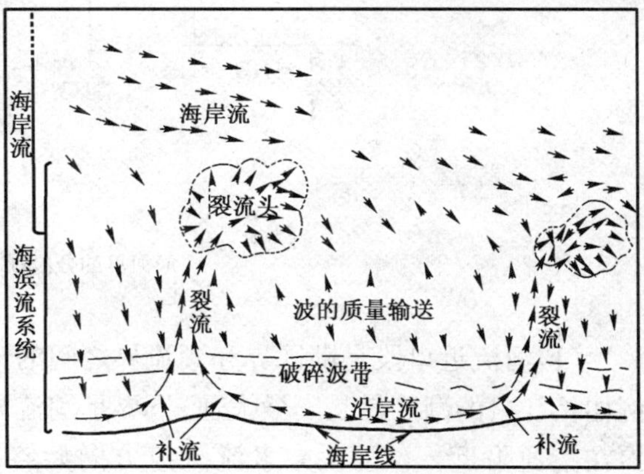

图 11-1-1　海岸附近的流系

图 11-1-2 为海岸附近利用带有 T 形头的丁坝修建的淤沙防护。

图 11-1-2　海岸附近利用带有 T 形头的丁坝修建淤沙防护

第二节　河　　口

河流流入海洋、湖泊以及支流流入干流的地方称为河口。其中入海河口又称潮汐河口或感潮河口。它是河流淡水径流和海洋含盐潮水相遇，最终在落潮时排泄出海的过渡区。入海河口一方面受河川径流(山水)洪枯季节周年变化的影响，又受海洋潮汐涨落潮、大中小潮(潮水)周期变化的影响，极为复杂。

一、潮汐河口的分段(图 11-2-1)

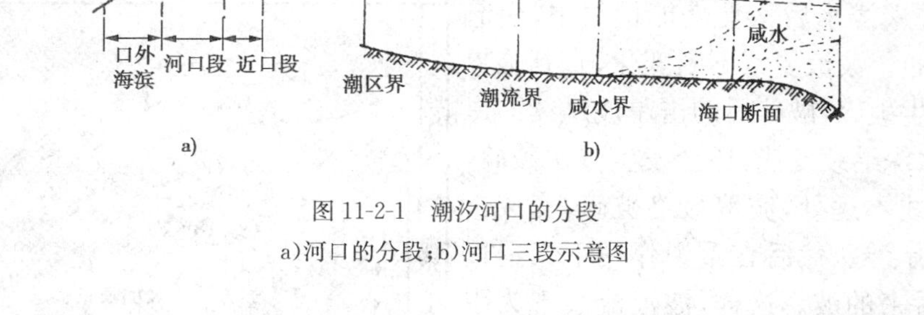

图 11-2-1　潮汐河口的分段

a)河口的分段；b)河口三段示意图

(1)河流近口段是潮区界和潮流界之间的河段。上界是潮区界，即潮水位影响的最远点，例如长江口的潮区界是安徽大通；下界是潮流界，即河道中潮流上溯的最远点长江口的潮流界在南通附近。该河段中水流流速方向始终指向下游，潮流作用不明显，基本上属于河流性质。

(2)河流河口段也称潮流段，是指从潮流上溯最远点到河流口门为止的河段。河流口门的位置则可取河口地区平均水位纵剖面线与外海平均海平面的交汇点作为河流口门(长江口的口门是铜沙浅滩)。这一河段中，山水(径流)和潮水(潮汐)相互作用、相互混合的力量很强。沿程越向上游，山水作用越显著，越向下游，潮水逐渐取代山水而成为塑造河床的主要动力，常常形成河汊和水下三角洲。潮流的上界通常是在一个区域内变动，山水受潮水顶托也会倒流。潮流界只能是一个相对变化的位置。

(3)口外海滨是从河流河口段的下界起到滨海浅滩的外界为止的区域。

二、潮汐河口的分类

按形态特征分为三角港河口和三角洲河口两类。

1.三角港河口

河流含沙量较小，较强的潮汐和沿岸流把泥沙带走，则形成单一的、河道逐渐放宽而水深逐渐增大的喇叭口形河口。我国钱塘江河口(杭州湾)(图 11-2-2)、英国泰晤士河河口都属此类。

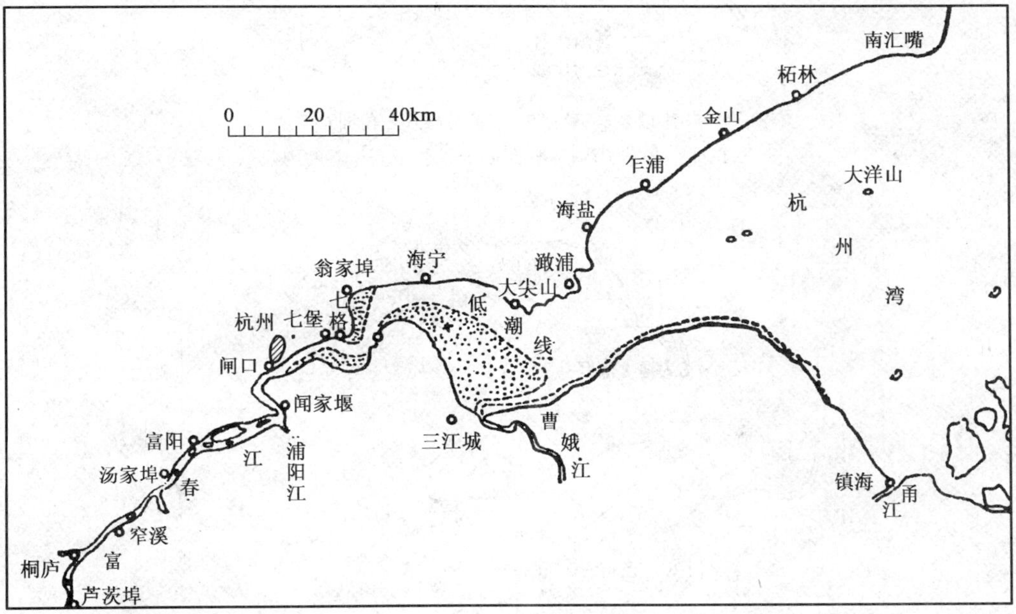

图 11-2-2 钱塘江河口(堆积型三角河口)

2.三角洲河口

河流含沙量大，河口区盐淡水形成的异重流较强，而潮汐弱，潮流和沿岸流不能够将河流送来的泥沙带走，淤积成沙滩，逐渐淤高，又被冲积成许多放射状的汊道，逐渐发展形成扇形分汊式河口，即三角洲河口。长江、黄河、珠江、多瑙河、尼罗河、密西西比河等都是三角洲河口。三角洲河口又可按其形态再分为分汊式河口如黄河口(图 11-2-3)、多岛式河口如长江口(图 11-2-4)和径流河网状三角洲如珠江三角洲(图 11-2-5)。

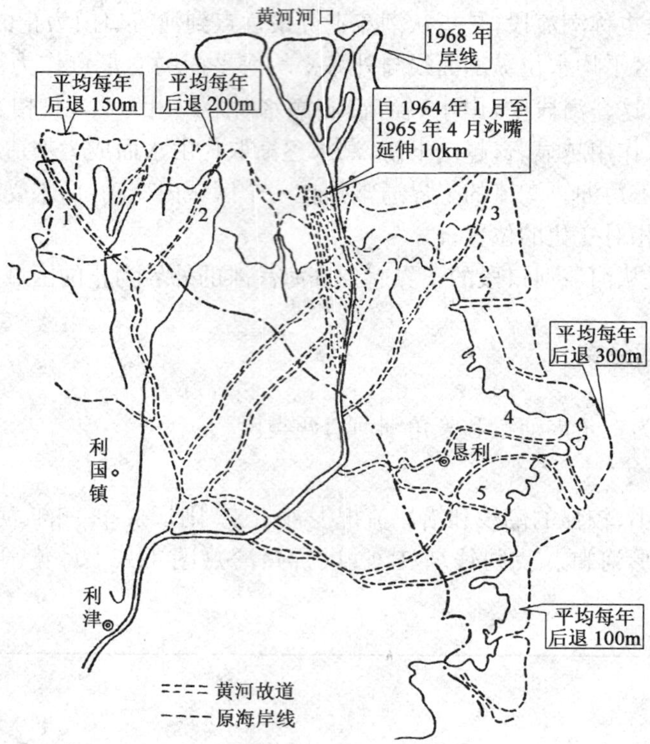

图 11-2-3　黄河口(径流分汊式三角洲)

1-顺沟;2-车子沟;3-神仙沟;4-甜水沟;5-宋春岭沟

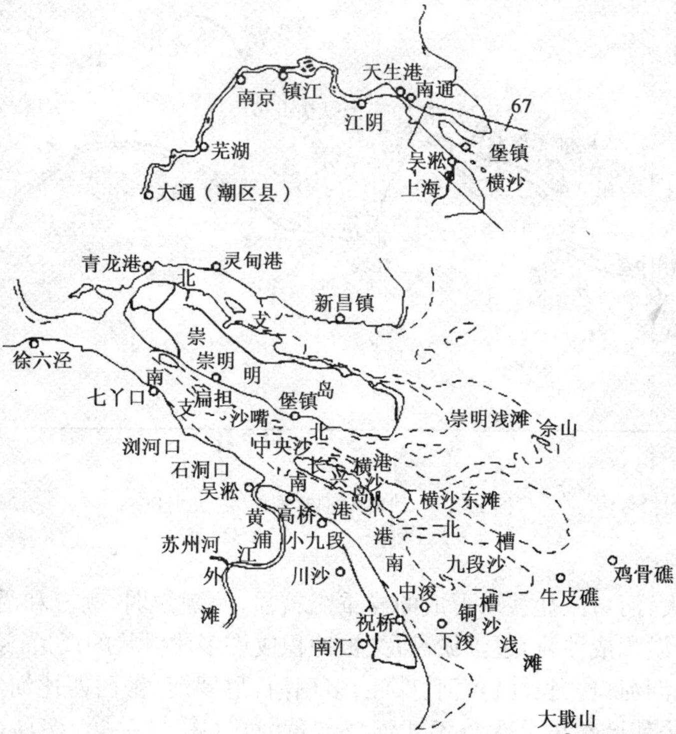

图 11-2-4　长江口(径流潮汐型多岛式三角洲)

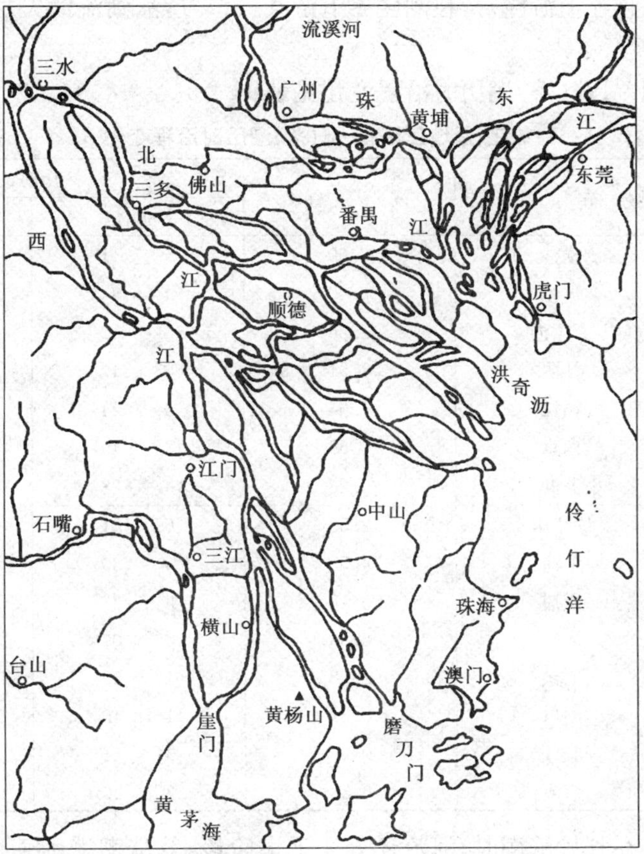

图 11-2-5　珠江三角洲(径流河网状三角洲)

影响河口形态的主要是动力的强弱(潮汐)和泥沙的多寡两种因素的综合作用。

三、河口的潮汐现象

河口的潮汐是外海潮波传到岸边后,继续向河口传播的结果。外海潮波进入河口后,在逆坡、逆流的水域向上游传播,引起潮波变形,形成河口潮波。各河口地理位置不同,水文、地质条件各异,河口潮波变形各不相同。钱塘江口湾口宽度急剧束窄,河底沙洲水深急剧变浅,潮波能量相对集中,形成涌潮现象。中小河口常修挡潮闸,河口潮波被闸门反射,其潮差可达建闸前的 1.6~1.8 倍。

河口潮波的共同特点:

(1)各河口潮波周期和外海潮波周期相同,我国多数是 12h25min。

(2)河口潮波的波形反映在某一测站上为潮位过程线,因受河川泄流、床面及岸边摩阻及潮谷较潮峰所受影响较大,使得涨潮过程时间缩短而落潮时间增长,即波形前坡变陡,后坡变平坦。

(3)潮流过程与潮位过程有一定相位差,即最大涨潮流速不发生在最高潮位时刻,一般有 1~2h 超前现象。

(4)潮位过程线的潮差越往上游越小,至上游某一距离处,潮差为零,此处即潮区界。

(5)涨潮流历时越往上游越短,在潮区界下游某一位置,涨潮流消失,无往复水流存在,此处称潮流界。

长江、钱塘江潮差、涨(落)潮历时沿程变化见表 11-2-1。

长江、钱塘江潮差、涨(落)潮历时沿程变化 表 11-2-1

河名	站名	潮差(m)	历时(h min)	
			涨潮	落潮
长江	横沙	2.60	5 11	7 14
	堡镇	2.40	4 37	7 48
	天生港	2.26	4 12	8 14
	江阴	1.91	3 34	8 51
	镇江	1.64	3 24	9 14
	南京	0.55	3 49	8 36
	芜湖	0.28	3 28	8 37
钱塘江	绿华山	2.53	6 01	6 24
	乍浦	4.55	5 30	6 55
	澉浦	5.48	5 33	6 53
	海宁	5.33	2 02	10 23
	七堡	2.38	1 59	10 22
	闸口	0.37	1 46	10 38
	闻家堰	0.36	2 11	10 09
	窄溪	0.33	2 26	9 53

由图 11-2-6 知,在开始涨潮时,河流还处于退潮阶段,等涨潮涨到某一阶段,水流才开始逆转向上游流动,前者称涨潮落潮流,后者称涨潮涨潮流。然后,一直到涨到最高潮位时,均处于涨潮流阶段。在水位达到最高潮位后,潮位开始下落。在落潮阶段开始时,水流仍为涨潮流,称为落潮涨潮流,等落潮水位落到一定阶段后,涨潮流也转向落潮流,称为落潮落潮流。接着水位又开始上升,呈周期性变化。以上四个阶段的变化见图 11-2-6。

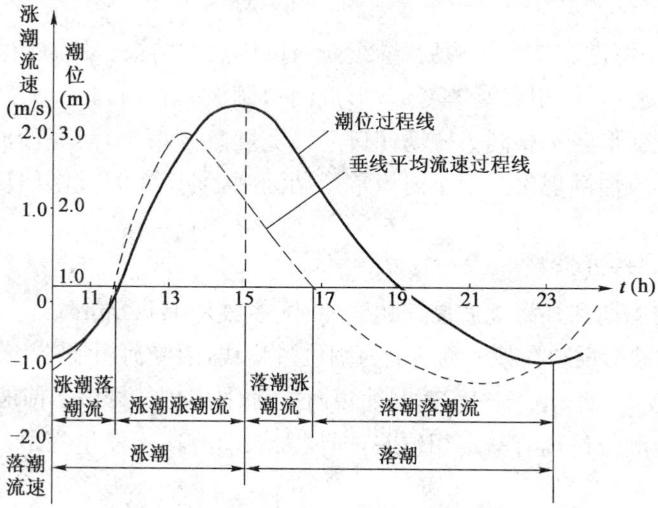

图 11-2-6 河口潮波的潮位、潮波过程线

四、河口泥沙运动和河床演变

河流携带的大部分泥沙在河口处由于海水顶托，比降减小，流速突然降低，最终停留在河口附近，形成各种河床形态，如边滩、心滩、水下沙洲、口外扇形拦门沙等。只是极细的悬移泥沙颗粒，才有被水流带出口外海滨的可能。因此，河口区是河流搬运泥沙的最终归宿地。

河口区泥沙粒径大都在 0.062 5mm 以下，属淤泥、黏土类。粒径小于 0.005mm 时称为黏土颗粒。即使东南沿海山区河流（钱塘江、瓯江、闽江等）河口中值粒径稍大于平原河流河口，也是细粉沙物质。在河流淡水中，这些极细颗粒表面电化学作用较强。各粒间在负电荷作用下相互排斥分散，沉速很小，不会沉积。但当这些黏粒带到河口盐水体内时，因盐水中钠离子带正电，两者结合成为呈中性不带电颗粒，并絮凝成团块、絮凝网，沉速提高几倍到几十倍。

汛季河口段上冲下游，枯季河口段下冲上游。整个河口具有河口区河床断面的周年稳定性质。在一个水文年度内净冲游量很小，具有河口区河床断面的周年稳定性质。

五、潮汐河口的桥位设计

见第十六章第一节。

跨河口桥梁及口外拦门沙见图 11-2-7。

图 11-2-7 跨河口的桥梁（美国海岸公路桥）及口外拦门沙

第四篇　桥位设计与水毁防治

第十二章　桥 位 勘 测

《公路工程水文勘测设计规范》(JTG C30—2002)对各个设计阶段的水文勘测设计工作内容及方法，作了具体规定；对特殊大桥的设计，要求进行河势演变分析及通航等的专题论证和水工模型试验。

第一节　不同勘测设计阶段的水文勘测工作

一、可行性研究阶段

水文勘测设计主要为选择路线方案、桥位方案提供水文依据，初拟大、中桥桥梁长度，估算小桥涵及浸水路基防护工程数量。

1.应收集的基本资料

应收集的基本资料如下：

沿线各主要河流的分布、汇水面积、汇水区概况、河流长度及洪峰流量、河堤的设计标准、安全泄流的流量计相应水位、历年最高及最低水位；

通航河道等级、航道图、最高及最低通航水位、最小通航净高及最小通航跨径；

沿线低洼内涝区、分洪区、滞(蓄)洪区的分布及分洪、滞洪的运用情况；

沿线水利工程分布、规模、标准、运用情况；

水利及河道整治计划、编制单位、实施时间；

沿线各地区水文、气象资料及洪水计算方法；

1∶10 000或1∶50 000比例尺地形图。

2.勘测和分析的主要内容和要求

勘测和分析的主要内容和要求如下：

各河流桥位河段的历史最高洪水位、常水位、汛期、一般洪水持续时间、漂浮物大小、河流封冻时间及流冰、冰厚及涎流冰等情况；

各主要河流历次分洪、决口情况，沿线分洪区、滞(蓄)洪、低洼内涝区等的历史最高积水位、淹没范围、积水时间；

各主要河流桥位河段的河道演变概况、目测河床质组成及量测河道断面宽度；

沿线历史最高潮位、波浪高度；

航道的航运密度,历年平均最高通航水位、最低通航水位、船舶最大吨位、船队最大尺度;

沿线原有桥涵及各种水利工程的泄水宽度、高度及运用情况;

在万分之一地形图上量取河道比降及与路线交角;

大、中桥的设计流量可利用已有成果或地区经验公式确定;

人工河道上的大、中桥,桥梁长度可按其设计水面宽度拟定;其他河流上的大、中桥的桥梁长度,参照历史最高洪水位时的有效过水宽度或上下游已有桥梁长度拟定;

小桥涵的孔径可按河渠断面宽度或已有桥涵断面拟定;

拟定浸水路基的防护范围。

3. 水文勘测设计的资料整编

(1)说明。整编资料的内容包括调查和勘测日期、沿线地形类别、多年平均降雨量及气象情况、洪水期;沿线主要大、中河流,低洼内涝区、分洪、滞洪区的分布,历年地区洪涝灾害(淹没水位和时间),水利规划、河道整治规划以及对路线布设的建议等。

(2)水系图。主要河流的位置,低洼内涝区、分洪、滞洪区分布、范围,主要水利工程位置、形式,主要地名、路线位置等。

(3)现有大、中桥调查表。

(4)大、中桥设置一览表。

(5)小桥涵设置一览表。

(6)浸水路基防护工程一览表。

二、初步设计阶段

初步设计阶段的水文勘测设计,主要为路线布设及路基、桥涵等工程设计提供水文依据,确定桥涵、浸水路基防护工程总体布设方案。

1. 基本资料的收集和核实

(1)核实可行性研究阶段水文调查和勘测中所收集的水文资料。

(2)应补充收集的资料:

①按《公路勘测规范》(JTG C10—2007)规定初测应收集的水文资料;

②初测或一次定测中设置的平面控制点及水准点位置、高程,与有关部门设置的水准点高程间的关系;

③县志、地方历史文献、报刊等有关洪水灾害的记载,水利、城建、铁路等部门收集调查的历史洪水资料;

④收集上、下游水(位)站、潮位站位置,历年历史最大流量、相应水位、断面平均流速、最大流速、比降、含沙量、实测日期及测站河床断面、河床质、高程系统和测站沿革、测流基本要素变动的相关关系等资料;

⑤其他有关资料。

2. 勘测和分析计算

(1)汇水区概况调查。

(2)河段形态调查和勘测。

①河段调查；

②水文断面测绘；

③河床比降测绘；

④河床质测定。

(3)洪水及其他特征水位调查。

(4)洪水观测。对水文情况复杂、通航等级高、技术复杂或须做水力试验的特大桥，应进行洪水观测；一般大、中桥在勘测时如遇洪水可进行洪水观测。

(5)冰凌调查和观测。一般大、中桥应进行冰凌调查；位于冰凌严重的河段或水库上的特大桥、大桥，尚宜进行冰凌观测。

(6)现有涉河工程调查。水文、地质情况复杂，技术难度大的大桥、特大桥，应对位于桥位河段上的现有桥梁，进行洪水冲刷调查和观测。

(7)水文分析与计算：

①确定设计流量、水位、流向和流速；

②预测桥位河段河床变迁、冲淤变化；

③拟定桥(涵)孔径及调治工程平面布设，预测对河段的影响；

④确定桥(涵)最小高度，计算墩台及调治工程冲刷深度。

特殊地区水文勘测和分析计算，还应符合《公路工程水文勘测设计规范》(JTG C30—2002)第10章的有关规定；小桥涵和路基水文勘测及分析计算，应符合《公路工程水文勘测设计规范》(JTG C30—2002)第8、9章的有关要求。

3.水文勘测和分析计算成果整编

水文勘测和分析计算成果可按以下要求整编。

(1)说明：

①调查和勘测日期和范围；

②地形类别、水文气象情况；

③河流分布、特征，各河主要涉河工程的分布、运用情况及对桥位河段流量、流向、冲淤变化的影响，水利规划和河道整治方案；

④低洼内涝区、分洪区、滞洪区等的分布，历史最高淹没水位、淹没范围、洪涝灾害和运用情况；

⑤各座大、中桥的桥位河段类型，历史洪水情况，河道变迁及发展趋势预测，河道安全泄洪量，通航要求，漂浮物和冰凌情况，设计流量、水位、流速、冲刷深度的计算成果，桥孔确定和调治工程布设依据；

⑥小桥涵孔径计算依据，漫水桥、过水路面设置理由；

⑦各沿河路基设计流量、水位、流速、路基坡脚冲刷深度的计算成果，防护工程计算依据；

⑧各低洼内涝区、分洪区、滞洪区的设计水位即排水构造物的布设依据；

⑨路线布设、路基和桥涵设计中应注意的问题。

(2)水系图。

(3)桥位平面图、河道变迁平面示意图。

(4)水文断面图。

(5)河段比降图。

(6)河床质颗粒分析或塑、液限试验表。

(7)水文(位)站历年实测最大流量表,包括观测时间、相应水位、断面平均流速、最大流速、比降、含沙量及河床质等内容。

(8)水文(位)站典型流量(水位)过程线、水文要素关系曲线。

(9)历史洪水位调查表,包括资料来源、调查日期、地点、被调查人姓名、年龄、职业、洪水年代、洪痕标志、高程、重现期、可靠性评价等内容。

(10)历史洪水位平面位置图。

(11)水尺及浮标控制断面布设图,可在桥位平面图上标出。

(12)实测水位过程线图。

(13)实测垂线水深、流速表,包括垂线间距、垂线水深、各测点流速、垂线平均流速、风向、风力等。

(14)实测流量成果表,包括测时、水位、河槽平均流量和流速、河滩平均流量和流速、总流量、比降、河槽和河滩的糙率等。

(15)滩、槽及全断面的水位—流速—流量面积相关图。

(16)冰凌观测资料汇总表。

(17)现有桥梁冲刷观测成果图表。

(18)现有涉河工程一览表。

(19)桥梁总体布设方案图。

(20)沿河路基调治及防护工程布设方案图。

(21)低洼内涝区、分洪区、滞洪区排水构造物及防护工程布设方案图。

(22)水文及桥(涵)孔径设计计算书。

(23)通航论证、河势演变分析及水力模型试验成果。

(24)有关函件及其他资料。

三、施工图设计阶段

施工图设计阶段或技术设计阶段,水文勘测设计的主要内容:

(1)核实初步设计阶段水文调查和勘测的成果资料。

(2)验证初步设计阶段水文和计算成果,实地检验桥(涵)孔总体布设记录及调治、防护工程设置的合理性。

(3)补充和修正初步设计水文调查和勘测成果资料及水文分析计算成果,满足施工图设计或技术设计的需要。

(4)根据初步设计审批意见,补充水文调查和勘测内容,调整水文分析和计算成果。

(5)一阶段施工图设计的水文勘测设计工作,应按上述初步设计阶段的要求进行。

第二节　水文调查与水文勘测

水文调查与水文勘测的任务是为水文分析和计算提供基础资料。调查和勘测成果，须经可靠性分析，符合精度要求。水文调查与勘测的主要内容，应满足工程水文分析和计算的需要，并应符合各勘测设计阶段的要求。

凡是路线经过的大小河流、沟、渠、低洼内涝区、分(滞)洪区，以及沿河路堤、潮汐影响区等都应作水文调查与勘测。调查与勘测中的高程，应与路线或桥梁的高程系统一致，并应起始和闭合于路线或桥梁的水准点，允许闭合差按相关规范规定执行。

平面位置应与路线控制桩或桥位桩建立联系，间距限差为1/2 000。

一、水文调查

1. 汇水区概况调查

(1)绘制沿线水系图。核实低洼内涝区、分(滞)洪区的分布及主要水利工程位置和形式。

(2)从1∶10 000、1∶50 000比例尺地形图上，量绘各汇水区面积、宽度、坡度等特征值及水利工程控制的汇水面积。大汇水区的特征值及水利工程控制面积可由有关部门提供。

(3)调查岩溶、泉水、泥石流等的分布和规模，以及土壤类型、地形、地貌、植被情况等特征资料。

(4)调查各汇水区内对工程设计有影响的水利规划、编制单位及实施时间。

2. 河段调查

(1)收集河段历年变迁的图纸和资料，调查河湾发展及滩槽稳定情况。

(2)调查支流、分流、急滩、卡口、滑坡、塌岸和自然壅水等现象。

(3)调查水流泛滥宽度、河岸稳定程度。

(4)调查河床冲淤变形，上游泥沙来源，历史上淤积高度和下切深度。

(5)调查河堤设计标准、河道安全泄洪量及相应水位。

(6)调查河道整治方案及实施时间。

(7)调查航道等级，最高和最低通航水位，通航孔数，高、中、低水位的上、下行航线位置。

(8)调查筏运、漂浮物类型及尺寸。

(9)根据河床形态、泥沙组成、岸壁及植被情况，参考河床糙率表，选定河床各部分的洪水糙率。

3. 洪水调查

(1)结合所收集的历史洪水资料，在河段两岸调查各次洪水发生的时间、洪痕位置、洪水来源、涨落过程、主流方向，调查有无漫流、分流及受人工建筑物的影响，确定洪水重现期，调查河床断面冲淤变化情况。

(2)调查各次洪水发生的雨情、灾情、汇水区内有无人类活动的影响，自然条件有无变化，并按大小排序确定其重现期。

(3)洪水调查河段，宜选择在两岸有较多洪水点，水流顺直稳定，无回流、分洪及人工建筑物影响,尽量靠近水文断面。

(4)同一次洪水应调查3个以上的较可靠的洪痕点,作出标志,记录洪痕指定人的姓名、职业、年龄和叙述内容。根据制定的洪痕标志情况,指定人对洪水的记忆程度,按表12-2-1综合分析、判断洪痕点的可靠性。

洪痕可靠程度评定标准 表12-2-1

评定因素	等级		
	可靠	较可靠	供参考
指认的印象、旁证情况	亲眼所见,印象深刻,旁证确凿	亲眼所见,印象深刻,所述情况比较逼真,旁证材料较少	听传说或印象不深刻,所述情况不够清楚具体,缺乏旁证
标志物和洪痕情况	标志物固定,洪痕位置具体或有明显的洪痕	标志物变化不大或洪痕位置较具体	标志物有较大变化,洪痕位置不具体
估计可靠误差范围	0.2m以下	0.2～0.5m	0.5～1.0m

4.其他特征水位调查

在洪水调查的同时,应调查枯水位、常水位、洪水期的水面横波、水拱及波浪高度等。

5.冰凌调查

调查风动机开合时间、最高和最低流冰水位、冰块尺寸、流冰速度和密度、冰塞和冰坝现象、历史凌汛水害情况、上下游建筑物对溜冰的影响。

6.涉河工程调查

(1)桥位河段上既有桥梁、过河管(缆)的跨度、基础埋深、修建年代、水毁及防护等情况。

(2)堤坝设计标准、结构形式、基础埋置深度、施工质量、洪水检验情况。

(3)上下游水库位置、设计频率、泄洪流量、控制汇水面积、回水范围、上下游河床冲淤情况。

(4)其他涉河工程,如取水口、泵站、码头、储木场、锚地等的位置及其影响。

二、水文勘测

1.水文断面测绘

水文断面宜选在洪痕分布较多、河岸稳定、淤积不大、泛滥宽度较小、无死水和回流、断面比较规则的顺直河段上,应与流向垂直。

水文断面应在桥位断面上、下游各测一个;当桥位断面符合水文断面条件时,可作为水文断面;对于桥面部宽的中桥,可测一个水文断面。

测绘范围:平原宽滩河流,测至历史洪水泛滥宽度以外50m;山区河流测至历史最高洪水位以上2～5m。

测量要求:

(1)水面以上部分。按地形变化设测点,测点间距不宜大于50m;量距误差不应大于测段距离的1/2 000,横向偏距不应大于0.1m,测点高程精确至厘米。

(2)水面以下部分。水深小于 2m 的两次测深不符值,应不大于 0.1m;水深大于 2m 的两次测深不符值,应不大于水深的 1/20。当实测特别困难时,可酌情降低要求。测深垂线间距一般不超过表 12-2-2 的规定,其限差应不大于距离的 1/2 000。当水深大于 3m,流速大于 1.5m/s,应记录测量方法、测时风向和风力。

测深垂线最大间距(m) 表 12-2-2

水面宽	>50	50~100	100~300	300~1 000	>1 000
最大间距	3~5	5~10	10~20	20~50	50

(3)水面高程测量。应测量测深开始及终了时的水面高程,读数精确至厘米;当水位涨速较快时,应定时测定水面高程,并记录个垂线的测深时间。

水文断面测绘应标出河床地面线、滩槽分界线(在现场确定)、植被和地质情况、糙率、测时水位、施测时间、历史洪水位及发生年份、其他特征水位等。

2. 河床比降测绘

1)测绘范围

测绘范围一般不小于下列规定:

水文断面上游 2 倍河宽,水文断面河下游 1 倍河宽;还应具备当比降为 0.02‰~0.05‰时,测绘总长度 3.00km;当比降为 0.05‰~0.10‰时,测绘总长度 2.00km;当比降为 0.10‰~0.50‰时,测绘总长度 0.50km;当比降为 0.50‰~1.00‰时,测绘总长度 0.25km。

2)测绘内容

测绘内容包括:河床纵断面线(比降线)、测时水面纵断面线(比降线)、历史洪水水面纵断面线(比降线)、水文断面和桥位的位置。

3)洪水水面纵断面线的测绘

洪水痕迹点高程应用水准仪或光电测距仪施测,读数精确至厘米。

洪水痕迹点平面位置应在桥位地形图(1/2 000~1/10 000)上标出,并投影到中泓线上,沿中泓线两处各洪水痕迹点间。

河湾段洪痕高程取两岸洪痕平均高程;仅一岸有洪痕时,可根据河湾观测资料或河湾超高计算来改正。

根据可靠、较可靠的洪痕点位,结合河床比降和地形,确定洪水比降线。

4)河床纵断面线(比降线)、测时水面纵断面线(比降线)的测绘

水面高程应沿河槽一侧水边线用水准仪施测,读数精确至厘米;量测河流主流线水深,测定河床底面高程。

枯水河床的底的底面高程,可沿河床主流线,用水准仪测量。

测点间距不宜大于 100m,可采用直接丈量或光电测距仪施测,最大限差为 1/1 000。

测点平面位置应在 1/2 000~1/10 000 桥位地形图上标出,并投影到中泓线上,沿中泓线量出各测点间距,点绘河床纵断面图和测时水面纵断面图,画出相应的河床比降线和测时水面比降线。

3. 河床质测定

根据地质勘探资料确定河床断面各层的河床质类别、性质和平均粒径。对表层河床质,可按《公路土工试验规程》(JTG E40—2007)规定,采集扰动土样,进行颗粒分析或液、塑限试验确定。河槽内的土样采集数量,小桥涵不少于 1 个,中桥不少于 2 个,大桥、特大桥不少于 3

个,河滩内的采集数量,视土质分布情况取 1～2 个。采样深度应大于底沙运动的深度。

4. 冰凌观测

观测内容:冰厚、冰温、冰块尺寸、冰的流动速度和方向、冰层面积、沿水流方向的长度、冰层下的水流速度、水面比降、风速、风向、气温变化率、冰压力计算所需的其他内容。观测期不宜少于一个凌期,每隔 5 日观测一次。

不同冰温下的冰的抗压强度,应由试验确定。

三、洪水观测

观测项目可视需要而定,一般包括水位、水深、流速、流向、水文断面、水面比降、含沙量。一般大桥、中桥可进行水位、流速、流向、比降等观测,洪水过后补测水文断面。

1. 水位、水面比降观测

在水文断面上设基本水尺或自记水位计观测水位;在基本水尺上、下游分别布设比降水尺,观测水面比降;也可用基本水尺兼用上游或下游比降水尺。

比降水尺的最小间距见表 12-2-3。

比降水尺的最小间距(m)　　表 12-2-3

比降(‰)	0.68	0.38	0.28	0.22	0.19	0.16	0.15	0.13	0.12	0.11
水尺间距(m)	100	200	300	400	500	600	700	800	900	1 000

基本水尺的观测时段和精度,宜与上、下游水文(位)站一致。

当无水文(位)站时,水位读数精确至 0.01m;水位变化缓慢时,每日 8 时、20 时观测;水位变化较大时,每日 2 时、8 时、14 时、20 时观测;在水位变化急剧的洪水期,应增加观测次数,控制洪峰过程。

上、下游比降水尺的水位,一般应同时观测,观测次数应与流速观测相一致。

一般大、中桥勘测中的洪水观测,可在涨水过程、洪峰附近、落水过程中各观测一次,同时沿水文断面上、下游观测水面比降,其观测总长度已控制水面落差 0.1～0.3m,上游长度占 2/3,下游长度占 1/3。洪水位高程和水面比降应用水准仪观测,读数精确至 0.01m,往返各观测一次,取两次高程的平均值。

2. 流速观测

应采用流速仪观测,在流速仪施测有困难时,可用均匀浮标法施测。当洪峰历史短,需缩短测速时间时,可改用中泓浮标法实测。

流速观测不少于一个洪峰过程,至少峰前观测 1 次,峰顶附近观测 1 次,峰后观测 2 次。同时应观测风向、风力。

1)流速仪测速

断面测梁垂线数量应不少于表 12-2-4 中的数值。

断面测深垂线分布　　表 12-2-4

水面宽度(m)	<100	100～300	300～600	600～1 000	>1 000
垂线数目	5	7	9	11	14

垂线测点按表 12-2-5 布置。

测速垂线测点布置　表 12-2-5

垂线水深(m)	测点相对水深	垂线水深(m)	测点相对水深
>10	0.0,0.2h,0.6h,0.8h,$h-\Delta$	1.5～3.0	0.2h,0.8h
3～10	0.2h,0.6h,0.8h	<1.5	0.6h

注:h 为垂线水深。

垂线平均流速 v_m 按式(2-1-3)计算。

精度要求:

垂线水深相对误差为 1%～3%;

垂线平面位置可用经纬仪交汇,水平角读数精确至 1′;

悬放流速仪的钢丝绳垂线方向偏角读数精确至 2°;

测速时间计至秒,测流速记至 0.01m/s。

2)浮标测流速

均匀浮标应从一岸向另一岸顺序均匀投放,河槽部分的浮标行走线,应符合表 12-2-6 的规定。中泓浮标一般早河槽主流部分投放 3～5 个,选用其运行正常、历史最短且相差不超过 15%的 2～3 个浮标流速。

河槽部分浮标行走线数　表 12-2-6

河槽宽度(m)	<200	200～500	500～1 000	>1 000
浮标行走线数	7～9	9～11	11～13	13～15

当采用断面控制法计算浮标流速时,浮标控制断面间距不小于表 11-2-7 的要求。

浮 标 断 面 间 距　表 12-2-7

最大表面流速(m/s)	中、上断面间距(m)	中、下断面间距(m)	上、下断面间距(m)	最大表面流速(m/s)	中、上断面间距(m)	中、下断面间距(m)	上、下断面间距(m)
1.0	15～20	15～20	30～40	3.0	40～50	40～50	80～100
2.0	25～40	25～40	50～80	4.0	50～80	50～80	100～160

注:秒表计时,用表中较小的间距;手表计时,用表中较大的间距。

浮标系数应参照上、下游水文站的分析成果采用。

一般大、中桥可采用中泓浮标法或漂浮物浮标法施测,在洪峰峰前、峰后及峰顶附近各测一次。

3. 流向观测

可用流向仪、流向器、浮标等观测。采用浮标观测时,依据浮标测速同时进行。

浮标观测的河段长度,一般在水文断面或桥位上游不小于 2 倍河宽,在水文断面或桥位下游不小于 1 倍河宽处;

根据浮标运行轨迹,确定流向,浮标运行轨迹用经纬仪测定。

4. 水深和水文断面测量

水深和水文断面测量宜与流速同时进行。

第三节 特殊大桥的专题论证

跨越江河的特大桥,应进行河势演变分析和通航等专题论证。

一、河势演变分析

跨越江河的特大桥,一般应进行河势演变分析;对桥位有影响的河段内,建有或拟建大型涉河工程的特大桥,必须进行河势演变分析;跨越海域的特大桥,还应进行潮汐、海浪、海流、海底泥沙运动等分析。

1.河势演变分析的目的

预测桥梁使用期间遭遇洪水后,可能出现的各种河床变形。

预测桥梁对河床演变及其他建筑物的影响。

提出对桥位、桥垮、墩台、基础埋深及调治构造物等合理布设的建议。

2.河床演变分析的主要内容

桥位河段内的水系、水文、泥沙、地质及河床形态特征等资料的收集。

影响河床稳定性的各种因素分析,如流域内地形地貌因素、水力因素,以及这些因素变化对桥位河段的影响等。

上、下游已建或拟建的涉河工程对桥位河段水文水力及河床变形的影响。

建桥后可能发生的水流变化及河床变形的分析和预测。

提出桥位选择、桥孔布设、墩台冲刷及调治构造物布设的建议。

3.河势演变分析方法

一般可采用各因素计算图解分析法和水力模型试验法相结合,以水力模型试验结果为主;在无条件进行水力模型试验的情况下,可采用各因素计算图解分析和水力、泥沙数学模型相结合的方法;对于水力、泥沙条件较简单,河床较稳定,又无其他工程影响的桥位,可用各因素计算图解分析法。各种方法都必须以实测资料为依据,其结果应经实测资料的验证,才可作为分析的结果。

二、通航论证

凡在通航河流上建桥,必须进行通航论证。论证的形式和深度为:

一级航道(不包括下游通航海船段)必须按照《内河通航标准》(GB 50139—2004)规定内容进行通航论证,单独编制"通航论证报告"。

二、三级航道除有特殊要求或河道水文及航道条件较复杂,需进行专题论证并编制通航论证报告外,一般可在设计文件编制说明中作专题论证。

四、五、六、七级航道可在设计文件编制说明中阐述与地方航运和航管部门协调情况。

1.基本资料收集和调查

(1)河段地形图。地形图的范围:

顺直河段　　　上游大于1 000m，下游大于500m；

弯曲河段　　　上、下游各包括1个河湾。

图上应标的内容：

除应符合《公路勘测规范》(JTG C10—2007)要求外，尚应标绘涉河工程、险滩、暗礁等位置及各级洪水航迹线。

(2)调查桥位河段及上、下游相邻河段两岸岸坡有无崩塌、滑坡隐患；崩塌滑坡的规模和分布。

(3)调查桥位河段历史航行事故发生次数、发生原因及损失。

(4)收集桥位河段航道等级，航行船型、船队及拖排尺寸，航道发展规划等资料，以及对桥下通航的要求。

2.论证的主要内容

论证的主要内容有：

河床稳定性及变形特征分析，预测建桥后桥位河段可能发生的变形；

桥位与涉河工程的位置关系及对通航的影响；

桥轴线与水流方向、通航孔位、孔数、跨径等对通航的影响；

设计最高、最低通航水位及桥下通航保证率。

3.下列特殊河段，须与有关部门研究确定论证内容

通航海船和木筏的河段；

流速大于3m/s，滩礁多、水势汹乱的山区河段；

特殊宽浅河段；

辽阔的湖泊、水库；

与邻国有航运协定的国籍、国界河流。

4.通航论证报告编制的主要内容

通航论证报告编制的主要内容有：

概述，包括编制依据、过程、河道情况、桥梁位置、标准、结构类型、建设单位、修建日期等；

通航等级、通航要求、航运发展规划等；

5.论证的主要内容和结论

建议桥跨布设和河道养护应采取的相应工程措施；

附件；

河段地形图；

桥孔布设图，应标绘通航孔，最高、最低通航水位，相应航道流速，通航水深，河床地质情况；

建议设计和养护中，应采取的相应措施的布设及结构图；

有关函件及其他资料。

第十三章　桥位选择和孔径设计

桥梁孔径设计主要是根据桥位断面的设计流量和设计水位，推算泄洪需要的桥孔最小长度和桥面最底高程，为确定桥孔设计方案提供依据。

现行桥孔水力计算方法分为“大、中桥”和“小桥”两类。大、中桥孔径计算方法适用于桥下河槽能够自由冲刷变形的天然河床，洪水过程中桥孔压缩水流，改变了水流和泥沙运动的天然状态，同时引起上游壅水和桥下冲刷。冲刷逐渐加深，壅水相应降低。桥孔长度、冲刷深度、壅水高度三者是一个相互依存、相互制约的整体。小桥孔径计算方法只适用于不能冲刷的人工加固河槽或岩石河床，桥下水流看做宽顶堰溢流，即小桥桥下自由出流时为临界流。故可根据水流连续性方程和临界流方程求得桥孔长度，根据能量方程计算桥前壅水断面水深。

第一节　桥位选择

桥位选择和桥位方案比选是桥位勘测设计的中心工作。

桥位选择应从国民经济发展、生态环境保护和国防需要出发，在整体布局上应与铁路、水利、航运、城建、环境保护等方面相互配合；注意保护文物、环境和军事设施；同时，还要照顾群众利益，少占良田，少拆迁有价值的建筑物。桥位方案应从政治、经济、环境、技术上进行多方面比较；对于影响面大的桥位方案，尚应征求有关部门的意见，还应遵循《中华人民共和国水法》，河流及海洋、生态环境等法规的有关规定。

公路桥梁设计和桥位选择都应根据所在公路的任务、功能和将来发展的需要，按照安全、适用、经济和美观的原则进行，力求做到公路及桥梁建筑物与当地生态环境的和谐与协调。

高速公路、一级公路上的各类桥梁(特大桥、大中桥及小桥涵)和二、三、四级公路上的小桥、涵洞的线形及其与公路的衔接，一般应符合路线布设的规定。二、三、四级公路上的特大桥，大、中桥桥位，原则上应服从路线走向，桥、路综合考虑，尽量选择在河道顺直、水流稳定、地质良好的地段上。当桥上线形为曲线时，其各项技术指标应符合路线布设的要求，与引道线形相配合。

桥位选择和桥位设计必须保证在交通正常运行的状态下，顺畅地通过设计洪水和凌汛，满足通航要求，并与附近地区环境保护及引道路基、路面排水、堤防设施等相配合。

保护自然生态环境是我国的基本国策，也是我国60年来建设经验的总结。公路及桥梁勘测设计时，应全面搜集、分析当地水文、地形、地质、植被等资料，尽量做到公路及桥梁建筑物和生态环境相协调，二者成为和谐的整体。这样，一方面保护了环境，另一方面可避免或减少公路及桥梁的洪水和地质等自然灾害。

一、桥位应满足水文、地形、地质、通航方面的要求

1. 水文

桥位应选在河道顺直、稳定、狭窄、河槽明显的河段，不宜选在不稳定的分汊、汇合、急弯和流冰、流木阻塞等河段；桥轴线宜与中、高水位的水流正交，若不可能，斜交角不宜大于 5°；若斜交角大于 5°时，桥孔长度、墩台冲刷都应考虑斜交的影响。

桥位选择必须考虑未来河床变形和洪水水势变化的影响。

2. 地形、地貌

桥位应尽量选在两岩有山嘴、高地等河岸稳定河段及两岸便于接线的开阔地段，应避开桥位上下游存在山嘴、沙滩、石梁等对水流有严重干扰的河段。

3. 地质

桥位应尽量选在基岩和坚硬土层外露或埋藏较浅、地质构造简单、地基稳定处，避开活动性断层、滑坡、泥石流、强岩溶等不良地质地段。

4. 通航

桥位一般应选在航道稳定、顺直、有足够水深的河段；桥轴线宜与通航水位的水流正交，若不可能，斜交角不宜大于 5°；桥位应避开险滩、浅滩、急弯、卡口、汇流口、水工设施、港口作业区、船舶锚地等。

二、各类河段上的桥位选择

山区峡谷河段：桥孔不得压缩水流，尽量一孔跨过。

山区开阔河段：选在河槽稳定、流速缓和处。

平原顺直（微弯）河段：选在河槽和河床走向一致，河槽流量较大处（图 13-1-1）。墩台基础深度应考虑边滩下移，置于同一深度。

平原弯曲（蜿蜒）河段：桥位应选在河湾逼近河岸处，较稳定的河湾中部，并选择河床和河槽方向接近平行处跨越，如图 13-1-2 所示。

图 13-1-1　平原顺直（微弯）河段的桥位

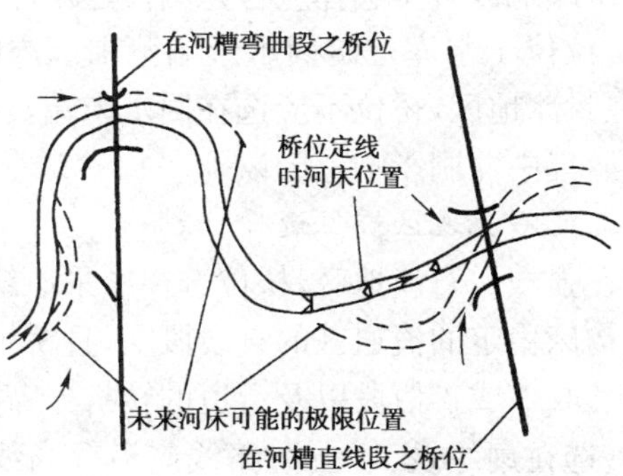

图 13-1-2　平原弯曲（蜿蜒）河段的桥位

平原分汊河段：桥位尽量避开河汊，分流、汇流点，不得已时，选在分流点、汇流点上游，流向基本顺直河段。

平原游荡性河段:桥位应选在河岸有固定的土丘或岸坝的天然束窄处,如无法利用时,应结合治河工程,筑堤束水,稳定河道,如图 13-1-3 所示。

平原宽滩河段:桥位应选在顺直、微弯、滩地较高、滩槽洪水流向一致的稳定河段,河滩可以较大压缩。

山前区变迁性河段:桥位应与岸边正交,不考虑多变河汊的位置,必须设置导流、防护设施。若有可能,桥位选在上下游河道较窄、岸边稳定处为好,如图 13-1-4 所示。

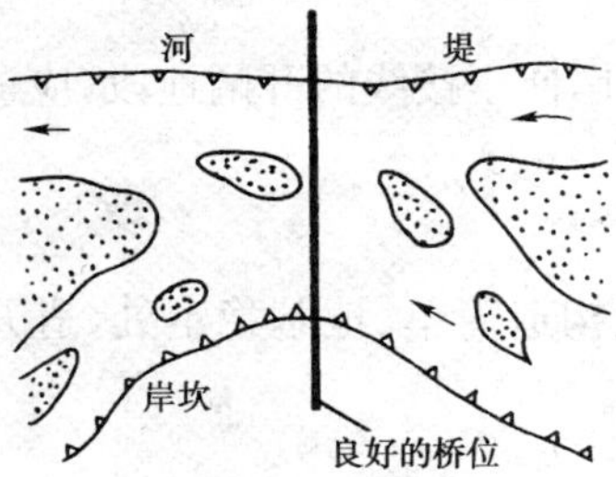

图 13-1-3 平原游荡性河段的桥位

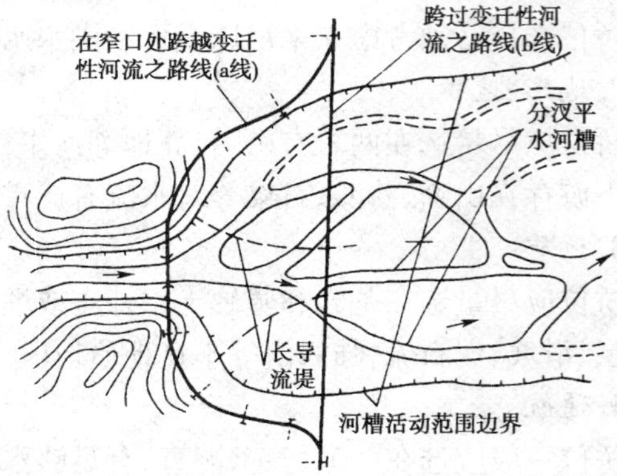

图 13-1-4 山前变迁性河段的桥位

倒灌河段:跨越支流的桥梁,桥位尽量避开大河倒灌的影响。受大河洪水倒灌影响时的桥孔设计,因桥前产生积水,在此期间支流发生洪水而干流洪水又急剧下降,此时桥前积水体积将使泄流加大。设计流量可按大河倒灌后急剧退水,同时支流出现设计流量时计算,桥高以调查或实测的倒灌水位控制。

潮汐河口河段:桥位应避开涌潮、滩岸多变的区段;潮汐河段上游段的桥位,可按一般情况处理;潮汐下游段、中间段的桥梁,桥孔长度可按一般情况下的长度加大 5%~15%。

三、特殊地区的桥位选择

1. 水库地区桥位选择

水库地区桥位选择应考虑因修建水库而引起的河流状态的变化及可能产生的各种不利因素;桥位位于水库上游回水影响范围以内时,应选在库面较窄、岸坡稳定、泥沙沉积较少的地段;在封冰地区,桥位不应选在回水末端,容易形成冰坝、冰衔缝地段;在水库下游时,桥位应选在下游集中冲刷影响范围以外。

2. 泥石流地区桥位选择

在强烈泥石流地区,桥位选择应采取绕避的方案;当路线必须通过泥石流地区时,桥位应选在沟床稳定的流通区的直线段上,且桥轴线应与主流正交,不应选在沟床纵坡由陡变缓、断面突然收缩或扩散段以及弯道的转折处;路线通过泥石流堆积扇时,桥位宜避开扇腰、扇顶部位,宜选在扇缘及其尾部;路线应沿等高线定线,桥梁宜分散设置;如堆积扇受大河水流切割时,桥位选择应考虑切割发展,留有一定的余地;路线通过泥石流堆积扇群时,桥位宜选在各沟出山口处或横切各扇缘尾部。

3. 岩溶地区桥位选择

桥位尽量避开岩溶发育严重地区,在岩溶轻微处选择桥位;若必须在强岩溶地区设桥时,则应选在岩层比较完整，洞穴顶板较厚处；当路线通过岩溶地区构造破碎带时，桥位应避开破碎带；当无法避开时，应尽量使桥位垂直破碎带或以较小的斜交角通过；桥位应避开巨大洞室和大竖井；桥位不宜选在可溶岩层与非可溶岩层的接触带，应选在非可溶岩层上；桥位不宜选在岩溶丘陵压峰间谷地的漏斗、落水溶洞、溶泉、地下通道及暗河露头处；暗河范围内不宜建桥；岩溶塌陷区的桥位应选在覆盖层较厚、土层稳固、洞穴和地下水位稳定处；如塌陷范围小，可用单孔跨越。

四、跨越通航海轮航道桥梁的桥位选择

桥位应远离航道弯道、险滩、汇流口、渡口、港口作业区和船舶锚地，其距离应满足通航安全的要求。通航海轮的内河航道桥梁上游不得小于代表船型或控制性顶推船队长度 4 倍的大值，下游不得小于代表船型或控制性顶推船队长度 2 倍的大值；跨越海域的桥梁上、下游均为不得小于代表船型长度的 4 倍。通航 10^4DWT 及以上船舶航道上的桥梁，远离的距离可适当加大，不能远离时需经实船试验或模型试验论证确定。

桥位选择在水文、地形地貌、工程地质和通航等方面的要求见表 13-1-1。

桥位选择的要求　　表 13-1-1

水文方面	1. 应选在河道顺直、稳定、较窄、滩地较高、河槽明显的河段；不宜选在不稳定河汊、水流汇合口、急弯、古河道以及易形成流水、流木阻塞的河段； 2. 必须考虑未来河床变形的影响； 3. 桥轴线宜与中、高水位的水流正交；若斜交大于 5°时，桥孔长度、墩台冲刷必须考虑斜交的影响；应采取措施避免因斜交而在上游一端引道形成水袋
地形地貌方面	1. 尽量选在两岸有山嘴、高地等河岸稳定的河段，两岸便于接线的开阔地段； 2. 应避开在桥位上下游有山嘴、石梁、沙洲等干扰水流的河段
地质方面	1. 应选在基岩和坚硬土层外露或埋藏较浅、地质构造简单、稳定的地段； 2. 应避免活动性断层、滑坡、泥石流、强岩深及其他不良地质地段
通航方面	1. 选在航道稳定、顺直且具有足够通航水深的河段上； 2. 桥轴线应与主流正交；若不可能，斜角不宜大于 5°； 3. 桥位应避开险滩、浅滩、急弯、卡口、汇流口、水工设施、港口作业和锚地。离开的距离参照有关规范规定

各类河段桥位选择的要求和特点见表 13-1-2。

各类河段桥位选择的要求和特点　　表 13-1-2

河　段	要求和特点
山区河段	峡谷河段，桥孔不得压缩水流，尽量一孔跨越；开阔段，桥位应选在河槽稳定，流速较缓的河段上
平原顺直微弯河段	桥位应选在槽和河谷走向一致，槽流量较大处；墩台基础深度必须考虑河槽内边滩下移的影响
平原分汊河段	桥位尽量避开河汊和分流、汇流点；不得已时，选在分汊点上游或汇流点上游，流向基本顺直段
平原宽滩河段	桥位应选在顺直、微弯、滩地较高、滩槽洪流向一致的稳定河段；河滩可做较大压缩

续上表

河　段	要求和特点
平原游荡河段	桥位宜选在两岸土质较好或有固定依托的稳定河段;桥孔布设应根据洪水主流总趋势确定
山前变迁河段	同平原游荡河段
山前冲积、漫流河段	桥位宜选在上游狭窄段或下游束窄段上,尽量避开中游扩散段,无法避开扩散段时,可采用一河多桥方案,各桥大致在同一等高线上;且桥上游设置固定汊流的设施
潮汐河口河段	桥位应避开涌潮区段和滩岸、凹岸多变区段;潮汐河段上游段的桥位、桥孔设计可按天然状态下的设计方法进行;位于潮汐河段下游段和中间段的桥梁,桥孔长度可按天然状态下桥孔净长度,再加大5%~15%来考虑

特殊地区桥位选择的要求和特点见表13-1-3。

特殊地区桥位选择的要求和特点　　表13-1-3

地　区	要求和特点
泥石流地区	在强烈泥石流地区,桥位应采取绕避方案;对于一般泥石流沟,桥位应选在沟床固定、主流稳定、水流顺直处,宜与主流正交,不应选在沟床纵坡由陡变缓断面扩大和缩小及弯道外;路线通过泥石流堆积扇时,桥位宜避开扇腰、扇顶部位,选在扇缘及其尾部;线路应沿等高线定线,桥梁分散设置;路线通过泥石流堆积扇群时,宜在各沟山口建桥或切各扇缘设桥
岩溶地区	桥位尽量避开岩溶发育严重地区,在岩溶轻微处选择桥位;尽量选在岩层完整、洞穴顶板较厚处;线路通过岩溶地区构造破碎带时,桥位应避开破碎带或尽量使桥位垂直破碎带(或以较小斜交角)通过,必须避开巨大洞室和大竖井;桥位不宜选在可溶岩层与非可溶岩层的接触带,应选在非可溶岩层上;桥位不宜选在岩溶丘陵压峰间谷地的漏斗、落水溶洞、溶泉、地下通道及暗河露头处;暗河范围内不宜建桥
水库地区	应考虑因修建水库而引起的河流状态的变化及可能产生的各种不利因素;在水库上游回水影响范围,桥位宜选在库面较窄、岸坡稳定、泥沙沉积较少的地段;在封冻地区,桥位不应选在回水末端,容易形成冰坝的地段;在水坝下游,桥位应离开坝址有相当距离,必须考虑坝下集中冲刷的影响
黄土地区	桥位应选在沟岸较低、冲沟较窄、抗冲性强、较为稳定处,并应注意沟底冲刷和沟岸防护;桥位应避开黄土陷穴、溶洞和陷穴易于崩解、潜蚀、顶冲以及发育不稳定地段
地震地区	按《公路工程抗震设计规范》有关规定处理

特殊水力条件下,桥位河段水流和河床变化见表13-1-4。

特殊水力条件下,桥位河段的水流和河床的变化　　表13-1-4

序　号	桥位示意图	桥位处变化	桥位上游河床变化	桥位下游河床变化
1	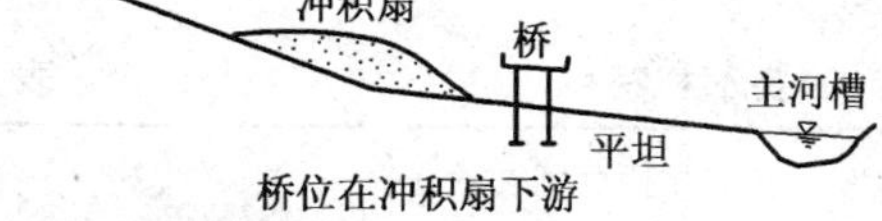 桥位在冲积扇下游	冲积扇阻塞河槽;桥下河槽和水流方向都不稳定	两岸冲刷;河槽不稳定	沉积;漫流;主河槽内沙洲发展
2	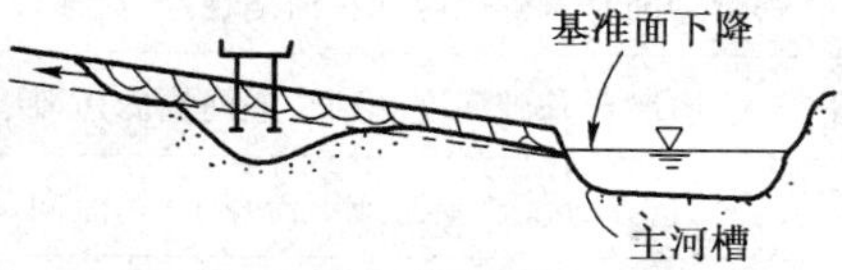 桥下河槽侵蚀基准面下降	床面下切;河床不稳定;流速增大	流速增大;输沙率增大;河槽不稳定	输沙率增大;主河槽淤积;洪水位增大

续上表

序　号	桥位示意图	桥位处变化	桥位上游河床变化	桥位下游河床变化
3	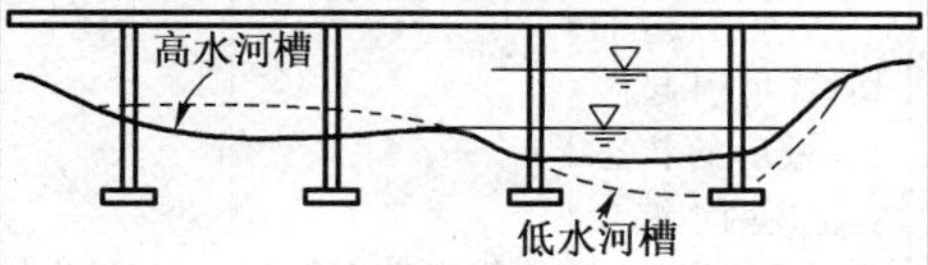 低水位股流长期流动的河流	低水股流下切，出现深槽，增大桥墩基础冲刷的可能性；河岸冲刷		
4	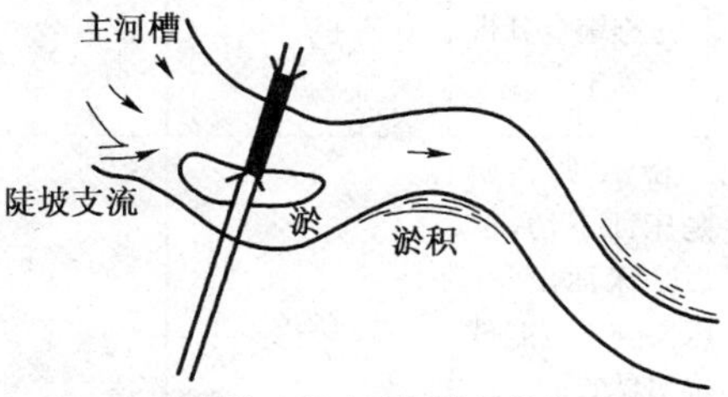 桥位上游支流泥沙量很大	河槽淤积变窄；流速增大；河岸不稳定	淤积；上游洪水受支流、淤高顶托，壅水加大	淤积；下游第1个河湾水流冲刷严重
5	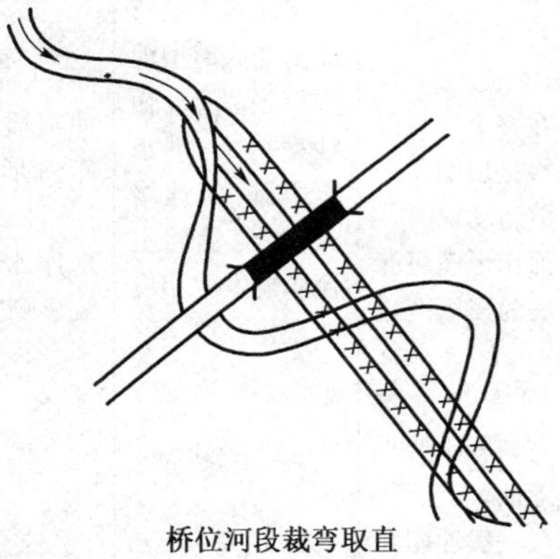 桥位河段裁弯取直	底坡加大；流速加快；输沙能力加强；设计人工河槽保证输沙和河槽的稳定性		
6	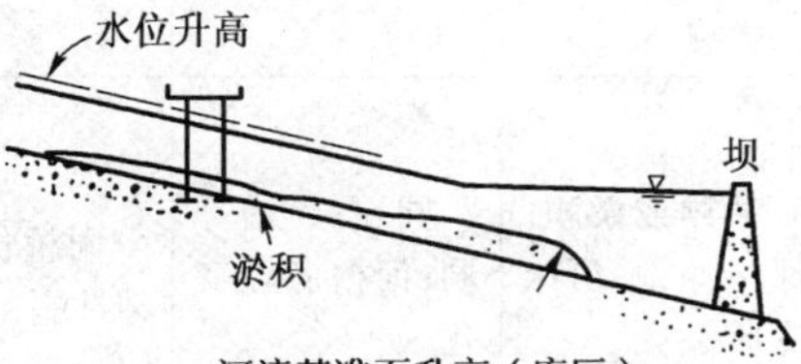 河流基准面升高（库区）	床面淤高；水位升高；河床形状变化	床面和水面升高；上游各支流基准面升高；各支流引起淤积	同上游变化
7	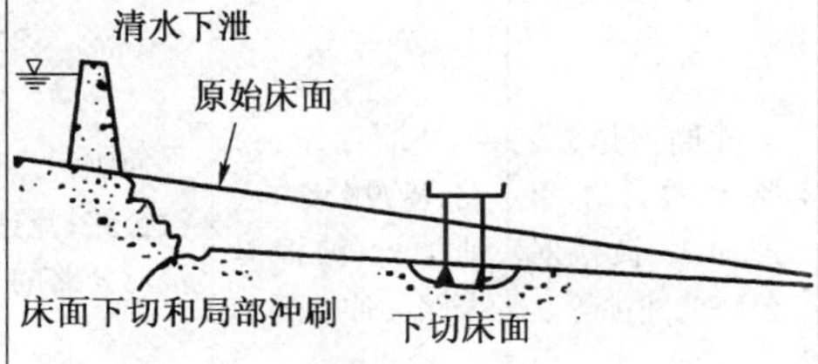 上游来沙量减少	河槽床面下切；河床形态可能变化；河岸不稳定；溃坝可能导致桥梁破坏	床面下切；洪水位下降；支流侵蚀基准面下降，加大流速和减小河槽稳定性，引起主河槽输沙量的增大	床面下切；增大流速和输沙量

续上表

序　号	桥位示意图	桥位处变化	桥位上游河床变化	桥位下游河床变化
8	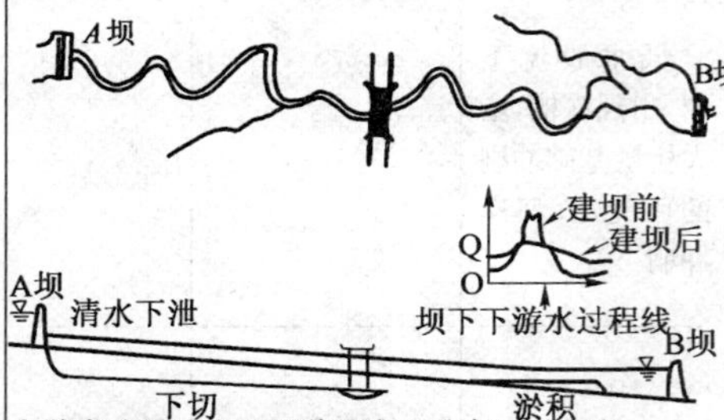 上游来沙量减少和下游基准面升高同时存在(例如桥位在两坝之间)	A坝引起下切,B坝引起淤积;最后的状态是上述两坝综合作用的结果。主流和支流必须应用洪水过程和输沙过程综合分析计算确定	同桥位处变化	同桥位处变化
9	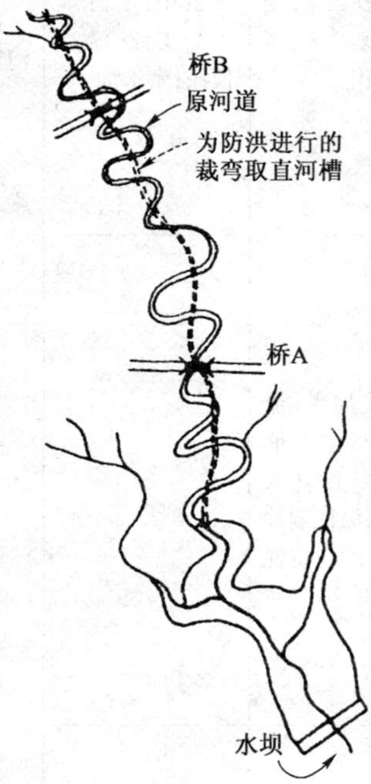	桥A处开始是床面下切,然后是床面淤积,床面变化可能是很明显的; 桥B处基本是床面下切,变化可能是显著的; 在整个取直段内将呈现明显的沙波运动; 河床形态可能发展为多汊变迁型; 桥A洪水位升高;桥B洪水位降低; 对一般冲刷和局部冲刷有显著的影响	河床形态从弯曲型变成辫型即多汊游荡型;输沙率增大;洪水位下降;流速增大;支流受到主流影响发生相应的变化	桥A先下切,后淤高;大量的河床质和冲泻质带到水库;水库内形成淤积三角洲;冲泻质可能影响水库水质;支流受主流影响发生变化
10	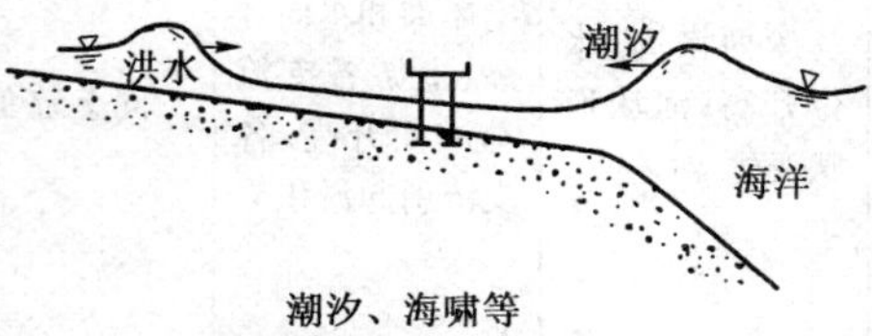 潮汐、海啸等	冲刷或淤积;河岸冲刷;河床变形	同左;河槽冲刷;河槽底坡变化	同桥位处变化;海滩冲刷
11	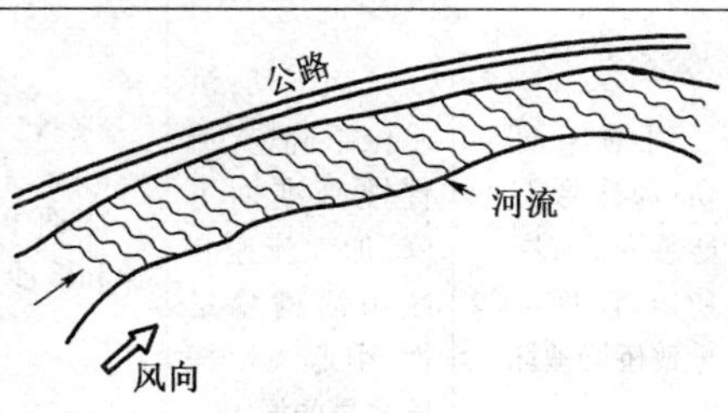 风、台风、龙卷风等对沿河公路、桥梁的影响	冲刷河岸、公路;淹没公路;流速加大;波浪对公路的冲蚀等	冲刷河岸、公路;淹没公路;流速加大;波浪对公路的冲蚀等	冲刷河岸、公路;淹没公路;流速加大;波浪对公路的冲蚀等

续上表

序　号	桥位示意图	桥位处变化	桥位上游河床变化	桥位下游河床变化
12	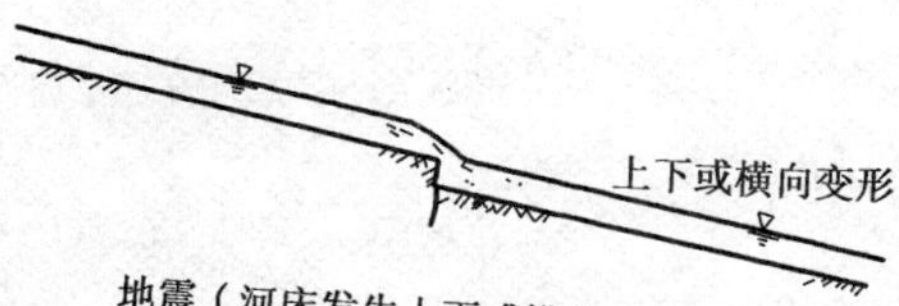 地震（河床发生上下或横向变形）	河床变形；冲刷或床面下切；降低河岸稳定性； 滑坡或泥石流发生	河床变形；冲刷或床面下切；降低河岸稳定性； 滑坡或泥石流发生	河床变形；冲刷或床面下切；降低河岸稳定性； 滑坡或泥石流发生
13	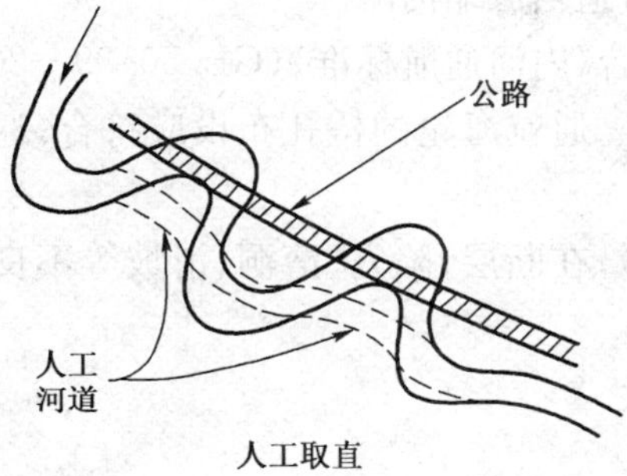 人工取直	增大水力坡度和河岸、床面冲刷； 公路填土受冲刷； 人工河道床面下切（从下游端向上游发展）	水力坡度增大；可能引起从弯曲河段到分汊游荡段的变化； 输沙率增大；可能出现河岸和床面冲刷	河槽可能淤高； 河槽可能由弯曲型向多汊游荡型变化
14	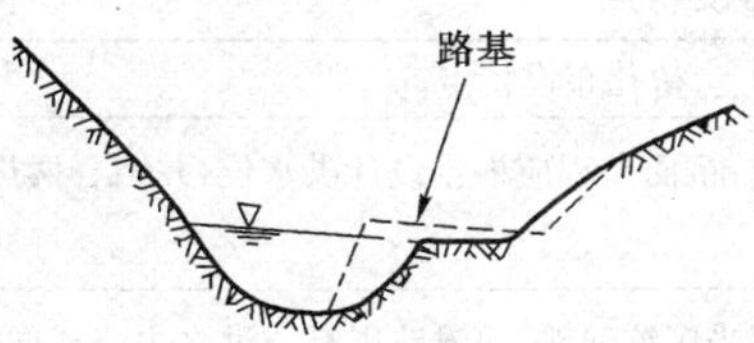 路基侵占河槽	减小水流断面、流速增大；对路基填土产生明显冲刷和床面下切； 切断天然边坡横向排水，可能导致洪水时，路面漫水和路肩冲刷	洪水位升高；桥梁壅水范围可能有淤积	具有较大输沙率，可导致淤积； 水流压缩段末端，可能出现局部冲刷
15	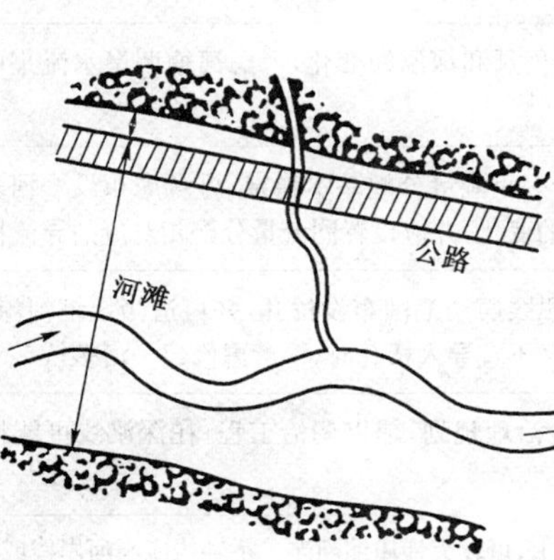 路基侵占河滩	洪水期路基填方冲刷或有被淹没的可能性； 路基的存在影响了洪水漫滩的状况，可能引起河床变形的变化； 天然状态进入河流的横向排水被阻断，可能引起路基漫流或冲刷	洪水位升高	可能引起河床纵向变形；若上游有明显的冲刷，下游可能有淤积

注：此表摘译自《Highways in the River Enivironment》，美国运输部公路总署，1987年。

第二节　桥孔布设原则和桥位水流图式

一、桥孔布设的一般原则

(1)桥孔布设应与天然河流断面流量分配相适应。在稳定性河段上,左右河滩桥孔长度之比应近似与左右河滩流量之比相当;在次稳定和不稳定河段上,桥孔布设必须考虑河床变形和流量分布变化趋势的影响。桥孔不宜压缩河槽,可适当压缩河滩。

(2)在内河通航的河段上,通航桥孔布设应符合《内河通航标准》(GB 50139—2004),并应充分考虑河床演变和不同水位所引起的航道变化。通航海轮的桥孔布设应符合《通航海轮桥梁通航标准》(JTJ 311—97)。

(3)在主流深泓线上或主航道上不宜布设桥墩;在断层、陷穴、溶洞、滑坡等不良地质地段也不宜布设墩台。

(4)在有流冰、流木的河段上,桥孔应适当放大。

二、各类河段上桥孔布设特点(表 13-2-1)

各类河段上桥孔布设特点　　表 13-2-1

河流类型	河段类型	桥孔布设特点
山区河流	峡谷河段	桥孔不得压缩河槽,宜单孔跨越;桥面高程应根据设计洪水位,并结合两岸地形和路线等条件确定
	开阔河段	桥孔不得压缩河槽,必要时可适当压缩河滩;河滩路堤宜与洪水主流流向正交,否则应增设调治工程
平原区河流	顺直微弯河段	桥孔不得压缩河槽,可适当压缩河滩;河桥孔布设应考虑河槽内边滩下移,主槽在河槽内摆动的影响,河槽内墩台基础应埋置在同一最低高程
	弯曲河段	应通过河床演变调查,预测河弯发展和深泓线变化,考虑河槽凹岸水流集中冲刷和凸岸淤积等对桥孔及墩台的影响
	分汊河段	在滩槽较稳定的分汊河段上,若多年流量分配基本稳定,可考虑布设一河多桥。桥孔布设应预计各汊流流量分配比例的变化,并应设置同流量分配相对应的导流构造物
	宽滩河段	根据桥位上下游主流趋势及深泓线摆动范围布设桥孔,并可适当压缩河滩,但应考虑壅水对上游的影响。若河汊稳定又不宜导入桥孔时,可考虑修建一河多桥
	游荡河段	不宜过多压缩河床,应结合当地治理规划,辅以调治工程,在深泓线可能摆动的范围内,不宜设置桥墩
山前区河流	变迁河段	在辅以适当的调治构造物的基础上,可较大地压缩河滩。桥轴线应与河岸线或洪水总趋势正交。河滩路堤不宜设置小桥和涵洞。当采用一河多桥方案时,应堵截临近主河槽的支汊
	冲积漫流河段	桥孔宜在河流上游狭窄或下游收缩段跨越。若在河床宽阔、水流有明显分支处跨越,可采用一河多桥方案,并应在各桥间采用相应的分流和防护措施。桥下净空应考虑河床淤积影响

三、桥位河段水流图式

建桥后，桥位河段的水流和泥沙运动状态是桥孔水力计算的依据，但桥位河段的水流和泥沙运动十分复杂，目前只能在某些假定和实验的基础上，对缓流河段（弗汝得数 $Fr<1$）提出简化的水流图式。通过全国实桥资料调查表明，只有很少部分峡谷性河段和变迁性河段的桥位，设计洪水的流态接近或达到急流（弗汝得数 $Fr>1$），而绝大多数的桥位是处于缓流河段。因此，缓流河段的水流图式及其孔径计算方法，适用于大多数桥梁的孔径计算。

桥位河段的水流图式如图 13-2-1 所示。桥位河段的平面，见图 13-2-1a）和 b），河流的天然水面宽度为 B，桥孔长度为 L，均匀流水深为 h_0。由于桥孔对水流的压缩，从桥位上游相当远处的断面①起，水面就开始壅高，并呈 a_1 型壅水曲线，无导流堤直到桥位上游大约一个桥孔长度 L 处的断面②（有导流堤时则为上游堤端附近），达到最大壅水高度 Δz。水流接近桥孔时，急剧收缩而呈"漏斗"状，无导流堤时直到桥位下游附近的断面③′（有导流堤时则到桥位中线断面③），水面最窄，流速最大，形成桥位河段的"颈口"，称为收缩断面。收缩断面下游，水流又逐渐扩散，到断面④才恢复天然状态。并且在水流收缩段的主流与河岸之间，由于水流分离现象，桥台上下游两侧将形成回流区。

桥位河段的河槽纵断面见图 13-2-1c）、d），在壅水范围内，水流流速减小，挟沙能力降低，泥沙沉积。最大壅水断面的下游，水流流速增大，挟沙能力增强，河床发生冲刷，而且收缩断面处的河床冲刷最严重。

桥位河段的水流图式，反映了建桥后水流和泥沙运动的变化，并表现了桥孔长度、桥前壅水和桥下冲刷三者之间的关系，应作为桥孔计算的分析依据。

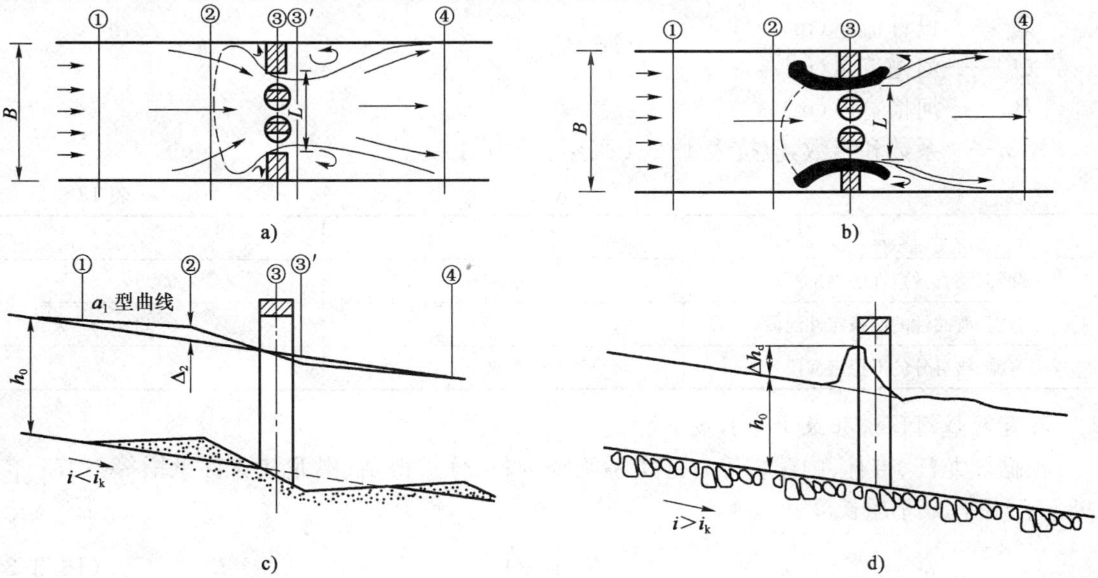

图 13-2-1　桥位河段水流图式

a）平面（无导流堤）；b）平面（有导流堤）；c）河流中心纵断面（$Fr<1.0$）；d）河流中心纵断面（$Fr>1.0$）

第三节 桥孔长度

设计水位上两桥台前缘之间(埋入式桥台则为两桥台护坡坡面之间)的水面宽度,称为桥孔长度(L);扣除全部桥墩宽度(顺桥方向)后,则称为桥孔净长度(L_j)。

桥孔长度的确定,首先应满足泄洪和输沙的要求,保证设计洪水及其所挟带的泥沙从桥下顺利通过,并应综合考虑桥孔长度、桥前壅水和桥下冲刷的相互影响。

一、桥孔最小净长度计算公式

根据原交通部"全国大中桥桥孔设计研究"全国桥孔调查汇编资料(1975年,南宁会议),建立了不同河段计算最小桥孔净长度的公式。

1. 河槽宽度公式

根据全国桥孔调查资料(1974—1976年调查、2000年补充调查),从水流能量方程和连续性方程出发,导出能量平衡桥长公式("全国大中桥桥孔设计研究"课题研究报告,1975年),再经两届规范专题研究课题分析、简化(高冬光,1990年、2000年),最终得到下列公式,被《公路桥位勘测设计规范》(1991年)、《公路工程水文勘测设计规范》(2002年)推荐工程应用。适用于具有明显河槽及河滩的各类河段,包括山区开阔河段和平原区顺直微弯的稳定性河段;平原区分汊、弯曲的次稳定河段;滩槽可分山前区变迁性河段、平原区游荡性河段等不稳定河段。

桥孔最小净长度:

$$L_j = K\left(\frac{Q_P}{Q_c}\right)^n B_c \tag{13-3-1}$$

式中:L_j ——桥孔最小净长度(m);

Q_P ——设计流量(m^3/s);

Q_c ——河槽流量(m^3/s);

B_c ——河槽宽度(m);

K、n——系数和指数,应按表13-3-1采用。

K、n 表13-3-1

河段类型	K	n
开阔、顺直微弯性的稳定河段	0.84	0.90
分汊、弯曲性的次稳定性河段	0.95	0.87
滩、槽可分的不稳定河段	0.69	1.59

2. 宽滩性河段桥孔最小净长度

根据黑龙江、吉林、内蒙古等省区实桥调查资料,分析得到(黑龙江省许承增等,1975年、1982年)桥孔最小净长度:

$$L_j = \frac{Q_P}{\beta q_c} \tag{13-3-2}$$

$$\beta = 1.19\left(\frac{Q_c}{Q_t}\right)^{0.10} \tag{13-3-3}$$

式中：β——水流压缩系数；

q_c——河槽平均单宽流量[$m^3/(s \cdot m)$]；

Q_t——河滩流量(m^3/s)；

其他符号意义同前。

3. 基本河槽宽度公式

适用于无明显河槽、滩槽难分的不稳定河段(山前区变迁性河段、平原区游荡性河段)。基本河槽宽度、河相关系说明及计算见第六章第二节。

根据新疆、青海、内蒙古等省区实桥调查资料，应用河相关系分析得到计算桥孔最小净长度公式(高冬光，1990年、2000年)。

桥孔最小净长：

$$L_j = C_P \cdot B_0 \tag{13-3-4}$$

基本河槽宽度：

$$B_0 = 16.07 \cdot \frac{\overline{Q}^{0.24}}{\overline{d}^{0.3}} \tag{13-3-5}$$

设计频率系数：

$$C_P = \left(\frac{Q_P}{Q_{2\%}}\right)^{0.33} \tag{13-3-6}$$

式中：B_0——基本河槽宽度(m)；

$\overline{Q}$——年最大流量平均值(m^3/s)；

$\overline{d}$——河床泥沙平均粒径(m)；

C_P——洪水频率系数，可参考表13-3-2选用；估算桥长时，设计洪水频率为1%时，取1.1；设计频率为0.33%时，取1.2；

$Q_{2\%}$——频率为2%的洪水流量(m^3/s)；

其他符号意义同前。

洪 水 频 率 系 数　　表13-3-2

地　区	C_P		地　区	C_P	
	P=1%	0.33%		P=1%	0.33%
天山北坡、南坡，昆仑山北坡	1.06	1.19	青海黄河上游	1.05	1.15
伊犁、阿尔泰	1.04	1.08	内蒙古、东北草原、大青山、蛮汗山、大石山	1.07	1.16
贺兰山、六盘山、祁连山、河西走廊	1.07	1.19			

从表13-3-2可知，新疆北部降水丰沛地区C_P值较小，为1.04～1.08；高寒降水较少地区，C_P值较大，为1.06～1.19；青海、内蒙古、东北各地在以上二者中间，为1.06～1.16；华北平原游荡性河段，为1.05～1.15。

4. 各类河段最小桥孔净长度可参考下列公式计算

(1)稳定性河段

稳定性河段包括平原区微弯顺直河段、山区开阔河段。

$$L_j=\frac{0.581}{i^{0.05}}\left(\frac{Q_s}{Q_c}\right)^{0.91}B_c \tag{13-3-7}$$

(2)次稳定性河段

次稳定性河段包括平原区弯曲、分汊河段等。

$$L_j=1.042C_PB_c \tag{13-3-8}$$

若 $C_P=1.06\sim1.19$，则 $L_j=(1.11\sim1.25)B_c$。

(3)滩槽可分的变迁性河段

$$L_j=0.66\left(\frac{Q_s}{Q_c}\right)^{1.56}B_c \tag{13-3-9}$$

(4)游荡性河段

$$L_j=\frac{2.24}{C_0}\left(\frac{Q_s}{Q_c}\right)^{1.19}h_c^{0.18}B_c^{0.82} \tag{13-3-10}$$

(5)宽滩性河段

$$L_j=\frac{2.24}{i^{0.12}}C_0^{0.29}h_c^{0.54}B_c^{0.46} \tag{13-3-11}$$

式中：i——河床比降(小数表示)；

C_0——无量纲谢才系数，按式(5-3-10)～式(5-3-12)计算；

其他符号意义同前。

式(13-3-7)～式(13-3-11)见“《公路桥位勘测设计规范》专题研究报告”(高冬光、徐国平，1990年)。

二、根据需要的桥下过水面积(冲刷系数法)确定桥孔长度

利用桥位断面的设计流量 Q_s 和设计水位 H_s，根据水力学的连续性原理($Q=Av$)，求出桥下顺利宣泄设计洪水时所需要的最小过水面积，布设桥孔，用以确定桥孔的最小长度。桥下设计流速根据别列柳勃斯基假定来确定。

别列柳勃斯基(H. A. Белелюбскнй，1875年)根据多年建桥经验假定：

桥下冲刷后，当桥下过水面积扩大到使桥下流速等于天然河槽平均流速时，桥下冲刷就会停止。建议用天然河槽平均流速作为河槽冲刷停止时的平均流速。因此，计算桥孔长度时，采用天然河槽平均流速作为设计流速(假设等于一般冲刷完成后的桥下平均流速)。

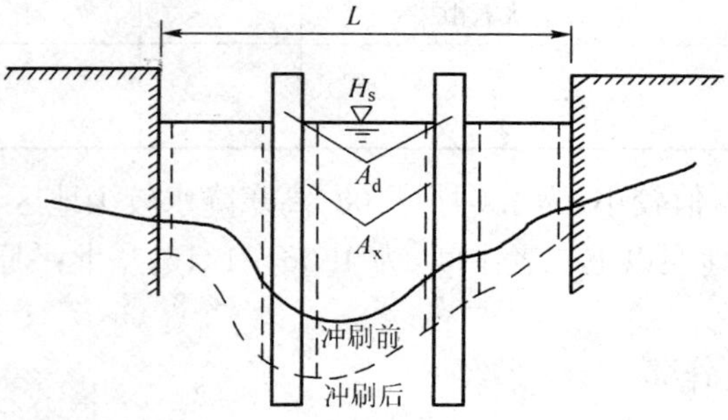

图 13-3-1 桥下过水面积示意图

建桥后，桥下河槽产生冲刷，桥下的过水面积将随冲刷而变化，设计水位(H_s)下过水面积的组成如图 13-3-1 所示。其中，桥墩所占的面积阻挡水流，墩台侧面产生涡流所占的面积，形成滞流区而阻断水流，只有剩余的部分，才是桥下实际泄流(排洪或输沙)的面积，称为有效过水面积。根据桥下过水面积的变化情况，采用下列符号，建立桥孔长度的计算公式(图 13-3-1)：

Q_s——设计流量(m^3/s)；

v_s——设计流速(m/s)，一般采用天然河槽平均流速 v_c；

A_d——冲刷前(一般冲刷以前)桥墩所占的桥下过水面积(m^2)；

A_x——冲刷前墩台侧面涡流所占的桥下过水面积(m^2)；

A_y——冲刷前桥下有效过水面积(m^2)，其中不包括桥墩和涡流所占的过水面积；

A_j——冲刷前桥下净过水面积(m^2)，其中不包括桥墩所占的过水面积，$A_j=A_y+A_x$；

A_q——冲刷前桥下毛过水面积(m^2)，包括有效过水面积以及桥墩和涡流所占过水面积，$A_q=A_y+A_x+A_d=A_j+A_d$；

μ——因墩台侧面涡流阻水而引起的桥下过水面积折减系数，又称压缩系数，$\mu=\frac{A_y}{A_j}$，可以用公式计算：$\mu=1-0.375\frac{v_s}{l_j}$(其中 l_j 为桥墩净间距)；对于不等跨的桥孔，采用各孔 μ 值的加权平均值；

λ——因桥墩阻水而引起的桥下过水面积折减系数，$\lambda=\frac{A_d}{A_q}$；对于一般宽浅河流，可认为各桥墩处的水深近似相等，则 $\lambda=\frac{b}{l}$(其中 b 为桥墩宽度，l 为桥墩中心间距)。

为了推算一般冲刷后的桥下过水面积，引用了一个比值 P。P 是冲刷后与冲刷前的桥下过水面积之比，即 $P=\frac{A_{冲后}}{A_{冲前}}$，称为冲刷系数；冲刷后的桥下过水面积为冲刷前面积的 P 倍，冲刷后的桥下有效过水面积、净过水面积和毛过水面积则分别为 PA_y、PA_j 和 PA_q。由于冲刷前后的流量不变，也可以写成 $P=\frac{v_{冲前}}{v_{冲后}}$，因而冲刷前的桥下平均流速为冲刷后流速的 P 倍。

根据水力学连续性原理，

因为

$$Q_s=PA_yv_s$$
$$A_y=\mu A_j$$

所以，

$$A_j=\frac{Q_s}{\mu Pv_s} \tag{13-3-12}$$

又因为

$$A_d=\lambda A_q, A_j=A_q-A_d=(1-\lambda)A_q$$

所以，

$$A_q=\frac{Q_s}{\mu(1-\lambda)Pv_s} \tag{13-3-13}$$

冲刷系数 P，表示桥下河槽的冲刷程度，也表示桥孔对水流的压缩程度，是桥孔长度计算的控制因素。选用冲刷系数应考虑河段类型和河床变形特点，例如，平原稳定性河段因水流和河床稳定，不宜压缩，P 取较小值；山前区变迁性河段因水流宽浅，多摆动，P 值可取稍大些。一般情况下，平原河段不应大于 1.20，山前区变迁性河段不应大于 1.40。然后，在桥位河流横断面上，布设桥孔方案，计算该方案实际具有的桥下净过水面积(或毛过水面积)，若等于或稍大于上述公式计算的 A_j(或 A_q),则表明布设方案符合需要的桥下最小过水面积,桥孔净长 L_j(或桥孔长度 L)满足泄洪要求,可采用。

冲刷系数法适应于细颗粒、均匀的沙质河床、平原稳定性河床。但是,对于我国广大地区存在的大颗粒、宽浅变迁性河床等不稳定性河床,与实际情况相差较大。

1976 年我国公路系统根据我国实桥调查资料,制定了估定桥孔长度的公式,自 1982 年起不再推荐使用,但对于沙质稳定的冲积河流,仍是一种合理的参考办法。我国铁路桥有关规范,目前还应用这种方法。

三、桥孔设计长度

桥孔设计长度除应满足泄洪、输沙需要的桥孔最小净长外,必须结合桥位地形、桥形方案、通航要求、桥前壅水、冲刷深度、河床地质、墩台形式及尺寸、桥头接线等诸多因素综合考虑。上列各式计算得桥孔净长度是泄洪输沙要求必须具有的桥孔最小净长度,初步设计阶段桥孔布设方案必须大于以上计算的桥孔最小净长度。工程技术人员应根据现场条件和工作经验,综合分析,采用适当的桥长。

四、桥长确定方法的说明

1. 全国实桥孔径调查

1974~1976 年在原交通部的组织下,根据统一的大纲和鉴定标准进行了全国实桥孔径调查,由"大中桥孔设计研究全国资料汇总会议"(1976 年,南宁)汇编成《大中桥孔设计研究实桥调查汇总表》,这是建国后近 30 年公路桥孔设计成果的总结,是制定和检验我国桥孔长度计算方法的依据。

其中被鉴定为"桥长合适"或"排水输沙良好"并通过大洪水考验的、且资料齐全的共 132 座桥。先后作为《公路桥位勘测设计规程》(1982 年)、《公路桥位勘测设计规范》(1991 年)、《公路工程水文勘测设计规范》(2002 年)中制定桥长公式所依据的样本。这些桥长公式历经 30 年,三次规范的验证、修正、简化和全国不同地区的工程考验,一般较为成熟。

2. 桥孔长度公式的应用

(1)由实桥资料应用数理统计得到的公式,计算得到的是最优桥孔净长度的估计值,具有平均尺度的意义。

(2)考虑到 1970 年以前选定桥孔时,多考虑对水流有一定的压缩;而当今生态环境保护要求尽量少干扰水流自然状态;因此计算值应视为最小桥孔净长度的估计值。

(3)全国自然条件差异很大,桥位地形、水文状况各异,应给设计人员在参照桥长计算值布设桥孔时留有足够的调整余地。调整范围可参考上列公式制定时的离差分析作参照。

稳定类各河段(山区开阔河段、平原顺直及微弯河段等)可加大 15%左右。

次稳定类各河段(平原区弯曲、宽滩、分汊等河段)和不稳定类河段中的山前区变迁、平原区游荡河段(有明显的河槽者)可加大 20%。

不稳定类河段中无明显河槽的宽浅变迁河段可加大 24%。

3. 根据需要的桥下过水面积(冲刷系数法)确定桥孔长度的方法

1982 年以前,我国公路桥梁应用此方法确定桥孔长度,至今铁路规范还在应用。

基于别列柳勃斯基假定(1785 年),基本反映了颗粒均匀的沙质河床,在水沙作用下桥下河床的变化规律,对于这种河床尚可应用。对于大颗粒、宽浅变迁性河段等非均匀河床、黏土河床,偏离较大。

第四节　桥 面 高 程

桥面设计高程是指桥面中心线最低点的高程。它必须满足桥下通过设计洪水、流冰、流木和通航的要求,并且应该考虑壅水、浪高、水拱、河弯凹岸水面超高以及河床淤积等各种因素引起的桥下水位升高。对于跨越河口、海湾等处的桥梁,还必须考虑潮汐、海浪等方面的水位升高因素。

一、引起桥下水位升高的因素

1. 壅水

建桥后,天然水流受到桥孔压缩,桥前形成壅水,天然水面以上壅起的高度,称为壅水高度。最大壅水高度的位置,无导流堤时,大约在桥位中线上游一个桥孔长度 L 附近;有导流堤时,大约在导流堤的上游堤端附近。

(1)桥前最大壅水高度 Δz

《公路桥位勘测设计规范》(JTJ 062—91)、《公路工程水文勘测设计规范》(JTG C30—2002)推荐,桥前最大壅水高度可用下式计算:

$$\Delta z = \frac{K_N K_y}{2g}(v_M^2 - v_{0M}^2) \tag{13-4-1}$$

$$K_N = \frac{2}{\sqrt{\frac{v_M}{v_{0M}} - 1}} \tag{13-4-2}$$

$$K_y = \frac{0.5}{\frac{v_M}{\sqrt{g}} - 0.1} \tag{13-4-3}$$

$$v_M = \frac{v_M'}{1 + 0.5 d_{50}^{-0.25}\left(\frac{v_M'}{v_c} - 1\right)} \tag{13-4-4}$$

式中:Δz——桥前最大壅水高度(m);

K_N——定床壅水系数;

K_y——修正系数,当桥下河床为岩石或有铺砌时,取 1.0;

v_M——冲刷后桥下平均流速(m/s),当桥下河床为岩石或有铺砌时,即为 v_M';

v_M'——冲刷前桥下平均流速(m/s),为设计流量除以桥下净过水面积;

v_{0M}——天然状态下桥孔部分的平均流速(m/s);

v_c——河槽平均流速(m/s);

d_{50}——河床质中值粒径,即按质量计 50%都较它为小的粒径(mm),对黏性土河床,可按表 13-4-1 换算。

黏性土换算粒径 d_{50} 表 13-4-1

天然空隙比 e	>1.2	1.2~0.6	0.6~0.3	0.3~0.2
换算粒径 d_{50}(mm)	0.15	3	10	50

(2)桥下壅水高度 $\Delta z'$

桥下壅水高度 $\Delta z'$ 是指桥下断面处的壅水高度,可根据洪水情势和土质易冲程度参照表 13-4-2 取值。

桥下壅水高度 $\Delta z'$ 取值 表 13-4-2

序 号	洪水和河床土质条件	$\Delta Z'$ 取值
1	一般情况	$\frac{1}{2}\Delta Z$
2	洪水暴涨暴落,土壤坚实,不易冲刷时	$\Delta Z'$
3	洪水涨落缓慢,土壤松,较易冲刷时	不计

桥梁壅水引起的桥梁上游水面壅水曲线长度计算见第五章第七节,可计算桥梁壅水引起的土地淹没范围。

2. 浪高

水面受风的作用而呈现起伏波动,并沿风向传播,形成波浪。波面凸起的最高点称为波峰,波面凹下的最低点称为波谷,相邻的波峰与波谷之间的垂直距离称为波浪高度,相邻两个波峰(或两个波谷)之间的水平距离称为波浪长度,波浪传播的距离称为浪程。桥位处波浪的大小与风速、风向、浪程、水深及桥位处的自然环境都有直接关系。当桥前为水库、湖泊或设计洪水持续很长时的河流均需要考虑浪高对桥高的影响。

桥位处河流洪水的浪高一般通过现场调查确定。计算桥面高程时,以桥位静水面以上,浪高的 2/3 计入。

调查困难时,可按实测资料分析建立的经验公式计算:

$$h_{b1\%}=\frac{2.3\times 0.13\,\mathrm{th}\left[0.7\left(\frac{g\bar{h}_D}{\bar{v}_W^2}\right)^{0.7}\right]\mathrm{th}\left\{\frac{0.0018\left(\frac{gD}{\bar{v}_W^2}\right)^{0.45}}{0.13\,\mathrm{th}\left[0.7\left(\frac{g\bar{h}_D}{\bar{v}_W^2}\right)^{0.7}\right]}\right\}}{\frac{g}{\bar{v}_W^2}} \tag{13-4-5}$$

式中:$h_{b1\%}$——波浪高度(m),1%表示累积频率,即连续观测的 100 个波浪高度的最大一个;

th——双曲正切函数;$\mathrm{th}x=\frac{e^x-e^{-x}}{e^x+e^{-x}}$,e=2.7183;

$\bar{v}_W$——风速(m/s),水面以上 10 m 高度处多年测得的洪水期间自记 2min 平均最大风速的平均值,可按下式换算,

$$\bar{v}_W=\frac{\bar{v}_{W0}-0.8}{0.88} \tag{13-4-6}$$

$\bar{v}_{W0}$——水面以上 10m 高度处多年测得的洪水期间自记 10min 平均最大风速的平均值(m/s);

$\bar{h}_D$——沿浪程的平均水深(m)；

D——计算浪程(m)；

g——重力加速度(m/s²)。

对于河滩路堤或导流堤，波浪沿斜坡面的爬高按下式计算：

$$h_e = \frac{1+2\sin\beta}{3}K_\Delta K_v K_e h_{b1\%} \tag{13-4-7}$$

式中：h_e——波浪沿斜面爬高(m)；

β——波射线与路堤处水边线的夹角；

K_Δ——边坡糙渗系数，见表 13-4-3；

K_v——风速影响系数，见表 13-4-4；

K_e——相对波浪爬高系数，即当 $K_\Delta=K_v=h_{b1\%}=1.0$ 的波浪爬高，见表 13-4-5。

边坡糙渗系数 K_Δ　　表 13-4-3

边坡护面类型	光滑不透水护面(沥青混凝土)	混凝土及浆砌片石护面与光滑土质边坡	浆砌片石及草皮	1～2 层抛石加固	抛石组成的建筑物
K_Δ	1.0	0.9	0.75～0.80	0.6	0.5～0.55

风速影响系数 K_v　　表 13-4-4

$\bar{v}_W$	5～10	10～20	20～30	>30
K_v	1.0	1.2	1.4	1.6

相对波浪爬高系数 K_e　　表 13-4-5

边坡系数 m	1.00	1.25	1.50	1.75	2.00	2.50	3.00
K_e	2.16	2.45	2.52	2.40	2.22	1.82	1.50

3. 河湾两岸水位高差计算

位于河湾段的桥梁应当计入凹岸水面超高对桥面高程的影响，可按下式计算：

$$\Delta h_w = \frac{\bar{v}^2 B}{gR} \tag{13-4-8}$$

式中：Δh_w——河湾两岸水位高差(m)；

$\bar{v}$——断面平均流速(m/s)；

B——河湾水面宽度(m)，如滩地有丛林或死水时，该部分水面宽应予扣除；

R——河湾曲率半径(m)，$R\approx\frac{R_0+r_0}{2}$，$R_0$ 为凹岸曲率半径，r_0 为凸岸曲率半径。

确定桥面高程时，河湾水位超高可取用 $\Delta h_w/2$。

4. 其他

水拱、局部股流壅高、墩前水流冲高和河床淤积高度，可通过实地调查确定，跨海域的桥梁、感潮河口段的桥梁桥下潮汐、波浪高度及其他增水计算，见第九章。

5. 急流河槽中桥墩的水流冲击高度 Δh_d

急流河槽($Fr>1.0$)修建桥梁后，桥梁上游河槽不出现 a_1 型壅水曲线，即不存在桥前壅水高度和桥下壅水高度，但是出现在桥墩迎水面，水流溅起很高的冲击高度 Δh_d(图 1-3-6、图 13-2-1)。在确定桥面高程时，不计壅水高度 Δz，而以水流冲击高度计入。墩前水流冲击高度 Δh_d 由水力学动量方程和连续方程得：

$$\Delta h_d = 0.5\left(h_0^2 + 16h_0\frac{v_0^2}{2g}\right)^{0.5} - 1.5h_0 \tag{13-4-9}$$

式中：Δh_d——急流河槽桥墩水流冲击高度(m)；

h_0、v_0——墩前河槽的天然水深(m)和流速(m/s)。

二、桥下净空

1. 不通航河段

按《公路桥涵设计通用规范》(JTG D60—2004)规定，桥涵下净空高度如表 13-4-6 所示。

非通航河流桥下最小净空 表 13-4-6

桥梁的部位		高出计算水位(m)	高出最高流冰面(m)
梁底	洪水期无大漂流物	0.50	0.75
	洪水期有大漂流物	1.50	—
	有泥石流	1.00	—
支承垫石顶面		0.25	0.50
拱脚		0.25	0.25

注：1. 计算水位即设计水位加壅水、浪高等。

2. 无铰拱的拱脚允许被设计洪水淹没，但不宜超过拱圈高度的 2/3，且拱顶底面至计算水位的净高不得小于 1.0m。

3. 在不通航和无流筏的水库区域内，梁底面或拱顶底面离开水面的高度不应小于计算浪高的 0.75 倍加上 0.25m。

2. 有流冰、流木的河段

应考虑流冰、流木主要从河槽桥孔通过，河槽内桥孔的净跨径不宜小于表 13-4-7 中的规定，并应大于实地调查的最大流冰、流木尺寸。

3. 通航河流

通航河流桥下净空尺度的规定见图 13-4-1 和表 13-4-8～表 13-4-11。

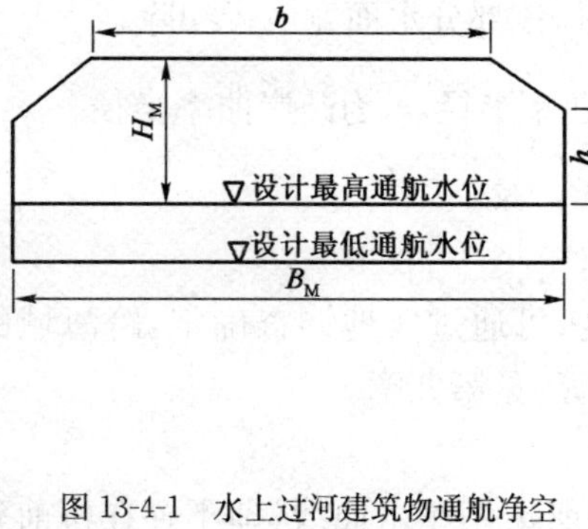

图 13-4-1 水上过河建筑物通航净空

流冰、流木河流上桥梁最小净跨 表 13-4-7

类型		净跨(m) 主槽桥孔	净跨(m) 边滩桥孔	备注
流冰	微弱	16	10	冰块小于 0.7m 厚×50m²
	中等	20	13	冰块大于 0.7m 厚×50m²
	强烈	40	30	冰块大于 1.0m 厚×110m²
流木	中等	流木长度加 1m		
	强烈	流木长度加 2m		

注：1. 本表应根据桥址附近调查资料校正。

2. 有冰塞或流木堵塞堆积的河流，桥跨要根据需要加大。

天然和渠化河流航道尺度　　表 13-4-8

航道等级	船舶吨级(t)	代表船型尺度(m)(总长×型宽×设计吃水)	代表船舶、船队	船舶、船队尺度(m)(长×宽×设计吃水)	航道尺度(m) 水深	直线段宽度 单线	直线段宽度 双线	弯曲半径
I	3 000	驳船 90.0×16.2×3.5；货船 110.0×16.2×3.0	(1) 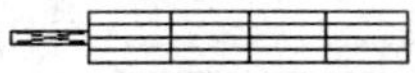	406.0×64.8×3.5	3.5～4.0	125	250	1 200
			(2) 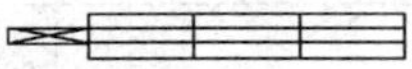	316.0×48.6×3.5		100	195	950
			(3) 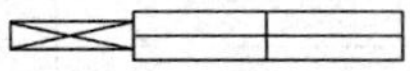	223.0×32.4×3.5		70	135	670
II	2 000	驳船 75.0×16.2×2.6；货船 90.0×16.2×2.6	(1) 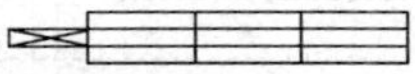	270.0×48.6×2.6	2.6～3.0	100	190	810
			(2) 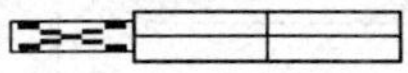	186.0×32.4×2.6		70	130	560
			(3) 	182.0×16.2×2.6		40	75	550
III	1 000	驳船 67.5×10.8×2.0；货船 85.0×10.8×2.0	(1) 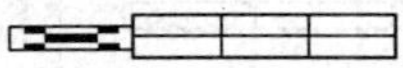	238.0×21.6×2.0	2.0～2.4	55	110	720
			(2) 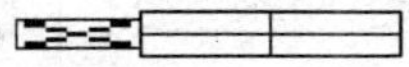	167.0×21.6×2.0		45	90	500
			(3) 	160.0×10.8×2.0		30	60	480
IV	500	驳船 45.0×10.8×1.6；货船 67.5×10.8×1.6	(1) 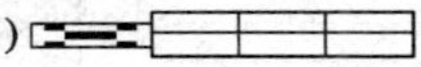	167.0×21.6×1.6	1.6～1.9	45	90	500
			(2) 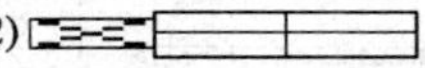	112.0×21.6×1.6		40	80	340
			(3) 	111.0×10.8×1.6		30	50	330
			(4) 	67.5×10.8×1.6				
V	300	驳船 35.0×9.2×1.3；货船 55.0×8.6×1.3	(1) 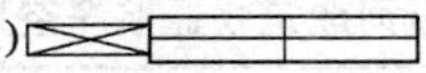	94.0×18.4×1.3	1.3～1.6	35	70	280
			(2) 	91.0×9.2×1.3		22	40	270
			(3) 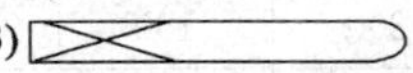	55.0×8.6×1.3				
VI	100	驳船 32.0×7.0×1.0；货船 45.0×5.5×1.0	(1) 	188.0×7.0×1.0	1.0～1.2	15	30	180
			(2) 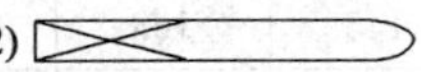	45.0×5.5×1.0				
VII	50	驳船 24.0×5.5×0.7；货船 32.5×5.5×0.7	(1) 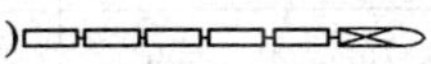	145.0×5.5×0.7	0.7～0.9	12	24	130
			(2) 	32.5×5.5×0.7				

注：1. 当航队推轮吃水大于等于驳船吃水时，应按推轮设计吃水确定航道水深。

2. 流速 3m/s 以上、水势汹乱的航道，直线段航道宽度应在表列宽度的基础上适当加大。

3. 航道最小弯曲半径应结合《内河通航标准》(GB 50139—2004)第 3.0.5 条的有关规定确定。

限制性航道尺度 表 13-4-9

航道等级	船舶吨级(t)	代表船型尺度(m)(总长×型宽×设计吃水)	代表船舶、船队	船舶、船队尺度(m)(长×宽×设计吃水)	航道尺度(m)		
					水深	直线段双线底宽	弯曲半径
Ⅱ	2 000	驳船 75.0×14.0×2.6; 货船 90.0×15.4×2.6	(1) 	180.0×14.0×2.6	4.0	60	540
III	1 000	驳船 67.5×10.8×2.0; 货船 80.0×10.8×2.0	(1) 	160.0×10.8×2.0	3.2	45	480
IV	500	驳船 42.0×9.2×1.8; 货船 45.0×7.3×1.9	(1) 	108.0×9.2×1.9	2.5	40	320
			(2) 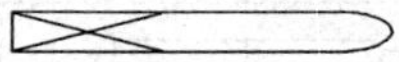	45.0×7.3×1.9			
V	300	驳船 30.0×8.0×1.8; 货船 36.7×7.3×1.9	(1) 	210.0×8.0×1.9	2.5	35	250
			(2) 	82.0×8.0×1.9			
			(3) 	36.7×7.3×1.9			
VI	100	驳船 25.0×5.5×1.5; 货船 28.0×5.5×1.5	(1) 	298.0×5.5×1.5	2.0	20	110
			(2) 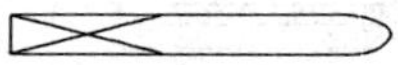	28.0×5.5×1.5			
VII	50	驳船 19.0×4.5×1.2; 货船 25.0×5.5×1.2	(1) 	230.0×4.7×1.2	1.5	16	100
			(2) 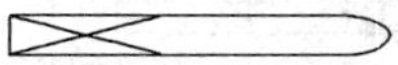	25.0×5.5×1.2			

注:航道最小弯曲半径应结合《内河通航标准》(GB 50139—2004)第 3.0.5 条的有关规定确定。

天然和渠化河流水上过河建筑物通航净空尺度(单位:m) 表 13-4-10

航道等级	代表船舶、船队	净高	单向通航孔			双向通航孔		
			净宽	上底宽	侧高	净宽	上底宽	侧高
I	(1)4 排 4 列	24.0	200	150	7.0	400	350	7.0
	(2)3 排 3 列	18.0	160	120	7.0	320	280	7.0
	(3)2 排 2 列		110	82	8.0	220	192	8.0
II	(1)3 排 3 列	18.0	145	108	6.0	290	253	6.0
	(2)2 排 2 列		105	78	8.0	210	183	8.0
	(3)2 排 1 列	10.0	75	56	6.0	150	131	6.0
III	(1)3 排 2 列	18.0* 10.0	100	75	6.0	200	175	6.0
	(2)2 排 2 列	10.0	75	56	6.0	150	131	6.0
	(3)2 排 1 列		55	41	6.0	110	96	6.0

续上表

航道等级	代表船舶、船队	净高	单向通航孔			双向通航孔		
			净宽	上底宽	侧高	净宽	上底宽	侧高
IV	(1)3 排 2 列	8.0	75	61	4.0	150	136	4.0
	(2)2 排 2 列		60	49	4.0	120	109	4.0
	(3)2 排 1 列		45	36	5.0	90	81	5.0
	(4)货船							
V	(1)2 排 2 列	8.0	55	44	4.5	110	99	4.5
	(2)2 排 1 列	8.0 或 5.0▲	40	32	5.5 或 3.5▲	80	72	5.5 或 3.5▲
	(3)货船							
VI	(1)1 拖 5	4.5	25	18	3.4	40	33	3.4
	(2)货船	6.0			4.0			4.0
VII	(1)1 拖 5	3.5	20	15	2.8	32	27	2.8
	(2)货船	4.5						

注：1. 角注 * 的尺度仅适用于长江。

2. 角注▲的尺度仅适用于通航拖带船队的河流。

限制性航道水上过河建筑物通航净空尺度(单位：m)　　表 13-4-11

航 道 等 级	代表船舶、船队	净　　高	双向通航孔		
			净宽	上底宽	侧高
II	(1)2 排 1 列	10.0	70	52	6.0
III	(1)2 排 1 列	10.0	60	45	6.0
IV	(1)2 排 1 列	8.0	55	45	4.0
	(2)货船				
V	(1)1 拖 6	5.0	45	36	3.5
	(2)2 排 1 列	8.0			5.0
	(3)货船				
VI	(1)1 拖 11	4.5	22	16	3.4
	(2)货船	6.0	30	22	3.6
VII	(1)1 拖 11	3.5	18	13	2.8
	(2)货船	4.5	25	18	2.8

注：III 级及 III 级以上的航道，通航净宽应根据船舶通航要求研究确定。

设计最高通航水位根据各种河流具体情况确定。一般天然河流的设计最高通航水位可采用表 13-4-12 中规定的各级洪水重现期水位；山区河流如经多年水文资料查证，出现高于设计最高通航水位历时很短，则根据具体情况，III 级航道的设计最高通航水位标准可采用 10 年一遇，IV 级和 V 级航道的设计最高通航水位标准可采用 5～3 年一遇，VI 级和 VII 级航道可按 3～2 年一遇的标准执行；综合利用的排灌和引水渠道、运河和河网航道、通航的水利枢纽上下游，以及渠化河流的设计最高通航水位可按《内河通航标准》(GB 50139—2004)规定执行。

天然河流设计最高通航水位标准　　表 13-4-12

航道等级	I～III	IV、V	VI、VII
洪水重现期(年)	20	10	5

三、桥面设计高程的确定

1. 不通航河流(图 13-4-2)

(1)按设计水位计算桥面最低高程时,应按下式计算:

$$H_{min}=H_s+\sum\Delta h+\Delta h_j+\Delta h_0 \tag{13-4-10}$$

式中:H_{min}——桥面最低高程(m);

H_s——设计水位(m);

$\sum\Delta h$——考虑壅水、浪高、波浪壅高、河弯超高、水拱、局部股流壅高(水拱与局部股流壅高只取其大者)、床面淤高、漂浮物高度等诸因素的总和(m);

Δh_j——桥下净空安全值(m),应符合表 13-4-6 的规定;

Δh_0——桥梁上部构造建筑高度(m),应包括桥面铺装高度。

(2)按设计最高流冰水位计算桥面最低高程,应按下式计算:

$$H_{min}=H_{SB}+\Delta h_j+\Delta h_0 \tag{13-4-11}$$

式中:H_{SB}——设计最高流冰水位(m),应考虑床面淤高;

其他符号意义同前。

2. 通航河流(图 13-4-3)

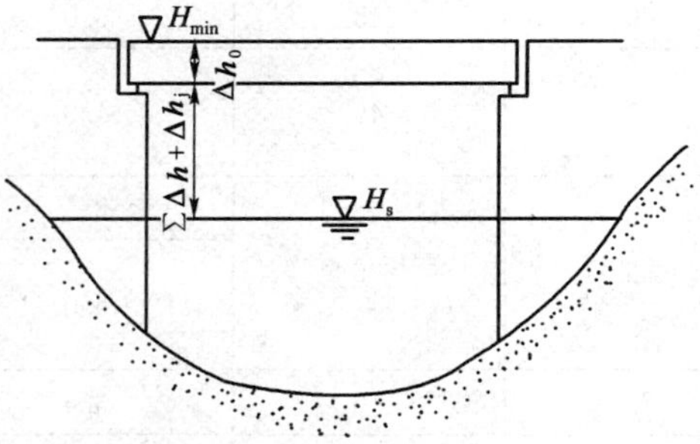

图 13-4-2　不通航河流桥面高程示意图

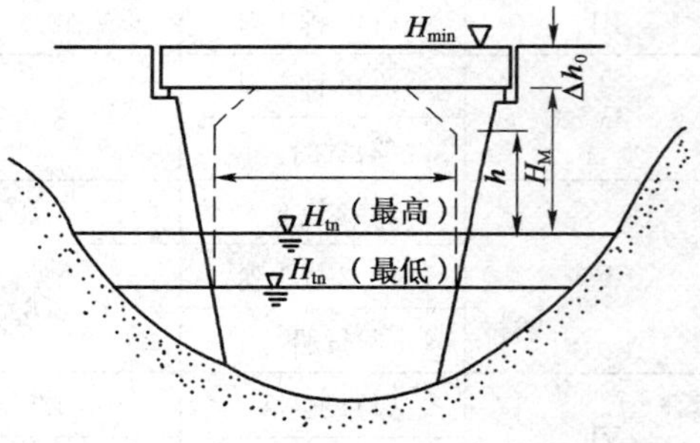

图 13-4-3　通航河流桥面高程示意图

通航河流的桥面设计高程除应满足不通航河流的要求外,同时还应满足下式要求:

$$H_{min}=H_{tn}+H_M+\Delta h_0 \tag{13-4-12}$$

式中:H_{tn}——设计最高通航水位(m);

H_M——通航净空高度(m);

其他符号意义同前。

采用式(13-4-9)～式(13-4-11)计算结果中的最大值作为桥面最低高程。

[例 13-4-1] 某桥跨越平原区次稳定性河段。设计流量 $Q_P=3\ 500m^3/s$,设计水位 $H_S=63.65m$,天然河槽流量 $Q_c=3\ 190m^3/s$,河床全宽 $B=230m$,河槽宽度 $B_c=108.39m$,设

计水位下河槽平均水深 $\bar{h}_c=9.49\text{m}$，河滩平均水深 $\bar{h}_t=2.61\text{m}$，河槽的平均流速 $v_c=3.13\text{m/s}$，河床平均水深 $\bar{h}=5.85\text{m}$，河床平均流速 $\bar{v}=2.61\text{m/s}$，未冲刷前桥下流速 $v'_M=3.39\text{m/s}$；河床土质为粗沙、砾石，$d_{50}=2\text{mm}$；桥位河段为河弯段，中心半径为 430 m；桥位河段为 VI-(1)级航道；桥位河段无凌汛、流冰。试计算桥孔长度和桥面高程。

解:1)桥孔长度

该桥位在次稳定河段，有明显的河槽宽度，可按公式(13-3-1)计算，有

$$K=0.95,n=0.87$$

$$L_j=K\left(\frac{Q_P}{Q_c}\right)^n B_c=0.95\times\left(\frac{3\,500}{3\,190}\right)^{0.87}\times 108.39=111.62(\text{m})$$

根据桥位河床横断面形态和现场勘察，确定两岸桥台前缘桩号为 K0＋604.00 与 K0＋724.00，采用 4 孔 30 m 预应力混凝土箱梁为上部结构，双柱式桥墩，墩径取 1.6 m，该桥孔净长 $L_j=724-604-(4-1)\times 1.6=115.2(\text{m})$，大于最小桥孔净长度 111.62 m，是合理的。

上述计算结果是桥下宣泄设计洪水所需要的最小长度，应综合考虑桥前壅水、桥下冲刷和桥孔长度的关系，以及技术经济方面的要求，分析比较后确定。本河流为 VI-(1)级航道，要求桥下通航净宽为 22 m，可以满足要求。

2)桥面高程

河槽弗汝德数 $Fr=\dfrac{v_c^2}{g\bar{h}_c}=\dfrac{3.13^2}{9.8\times 9.49}=0.105<1.0$，即设计流量通过时为缓流，桥前出现壅水。

(1)桥前壅水高度 Δz 和桥下壅水高度 $\Delta z'$

$$v_M=\frac{v'_M}{1+0.5d_{50}^{-0.25}\left(\dfrac{v'_M}{v_c}-1\right)}=\frac{3.39}{1+0.5\times 2^{-0.25}\times\left(\dfrac{3.39}{3.13}-1\right)}=3.28(\text{m/s})$$

$v_{0M}\approx v_c=3.13\text{m/s}$

$$K_N=\frac{2}{\sqrt{\dfrac{v_M}{v_{0M}}}-1}=\frac{2}{\sqrt{\dfrac{3.28}{3.13}}-1}=9.14$$

$$K_y=\frac{0.5}{\dfrac{v_M}{\sqrt{g}}-0.1}=\frac{0.5}{\dfrac{3.28}{\sqrt{9.8}}-0.1}=0.528$$

桥前壅水高度 Δz 为：

$$\Delta z=\frac{K_N K_y}{2g}(v_M^2-v_{0M}^2)=\frac{9.14\times 0.528}{2\times 9.8}\times(3.28^2-3.13^2)=0.24(\text{m})$$

桥下壅水高度 $\Delta z'$ 取 $0.5\Delta z$，则

$$\Delta z'=0.5\times 0.24=0.12(\text{m})$$

(2)浪高 $h_{b1\%}$

桥位处于空旷平原，由实测风速换算得到的计算风速为 21.53 m/s，浪程内平均水深取河床平均水深 5.85 m，汛期顺风向到达桥位断面，形成的最大水面风距为 1 450 m。浪高按式(13-4-5)计算。

$$h_{b1\%}=\frac{2.3\times0.13\text{th}\left[0.7\left(\frac{g\bar{h}_D}{\bar{v}_W^2}\right)^{0.7}\right]\text{th}\left\{\frac{0.0018\left(\frac{gD}{\bar{v}_W^2}\right)^{0.45}}{0.13\text{th}\left[0.7\left(\frac{g\bar{h}_D}{\bar{v}_W^2}\right)^{0.7}\right]}\right\}}{\frac{g}{\bar{v}_W^2}}$$

$$=\frac{2.3\times0.13\text{th}\left[0.7\times\left(\frac{9.8\times5.85}{21.53^2}\right)^{0.7}\right]\times\text{th}\left\{\frac{0.0018\times\left(\frac{9.8\times1450}{21.53^2}\right)^{0.45}}{0.13\text{th}\left(0.7\times\frac{9.8\times5.85}{21.53^2}\right)^{0.7}}\right\}}{\frac{9.8}{21.53^2}}$$

$$=0.87(\text{m})$$

按《公路工程水文勘测设计规范》(JTG C30—2002),静水面以上波浪高度取2/3的浪高计,即$0.66h_{b1\%}=0.66\times0.87=0.58(\text{m})$。

(3)河弯凹岸超高

桥位在河弯内,桥面最低高程应计入两岸超高的一半。按式(13-4-8)计算河弯凹岸超高。

$$\Delta h_w=\frac{\bar{v}^2B}{gR}=\frac{2.61^2\times230}{9.8\times430}=0.37(\text{m})$$

凹岸对水流中线的超高为$0.5\Delta h_w=0.5\times0.37=0.19(\text{m})$。

(4)桥面最低高程计算

①按设计洪水通过要求的桥面最低高程

$$\begin{aligned}H_{min}&=H_s+\sum\Delta h+\Delta h_j+\Delta h_0\\&=H_s+0.5\Delta z+\frac{2}{3}h_{b1\%}+0.5\Delta h_w+\Delta h_j+\Delta h_0\\&=63.65+0.12+0.58+0.19+0.50+1.2\\&=66.24(\text{m})\end{aligned}$$

②按VI-(1)级航道通航标准要求的桥面最低高程

VI-(1)级航道最高通航水位的重现期为5年,对应的最高通航水位,由$P=1/5$的流量即$Q_{20\%}$,计算相应的水位$H_{20\%}=61.70\text{m}$;通航净空高度为4.5 m;通航净宽为22 m。

$$\begin{aligned}H_{min}&=H_{tn}+H_M+\Delta h_0\\&=61.70+4.5+1.2\\&=67.40(\text{m})\end{aligned}$$

以上计算结果表明,通航要求控制桥面高程,桥面最低高程确定取$H_{min}=67.40\text{m}$。

第五节　桥长、壅水和桥下冲刷的整体水力计算

桥孔压缩水流,导致桥前壅水和桥下冲刷,而桥长、壅水和桥下冲刷三者构成了相互依存的整体。现行桥孔计算方法把三者分割开来,各自用独立的经验公式确定其数值,不能反映三

者相互依存的整体关系。

大、中桥和小桥(包括无压涵)通过的水流都属于河道压缩段的水流,只是河槽床面抵抗冲刷能力不同。用统一的反映压缩段水流的桥孔整体水力计算方法代替现行两者截然不同的桥孔计算方法,更为合理。三者相互制约的基本关系是水力学连续性方程、能量方程和输沙平衡方程。根据我国实桥调查资料,制定出了桥孔泄流的各项参数,建立了桥孔整体水力计算理论和方法。

一、桥孔水力学基本公式

桥孔长度、壅水高度和桥下冲刷后水深三者之间的关系,可由桥孔水力学基本方程表示。它是根据水流连续性方程和能量方程建立的。

1.桥位河段水流纵断面和横断面的水力因素(图 13-5-1)

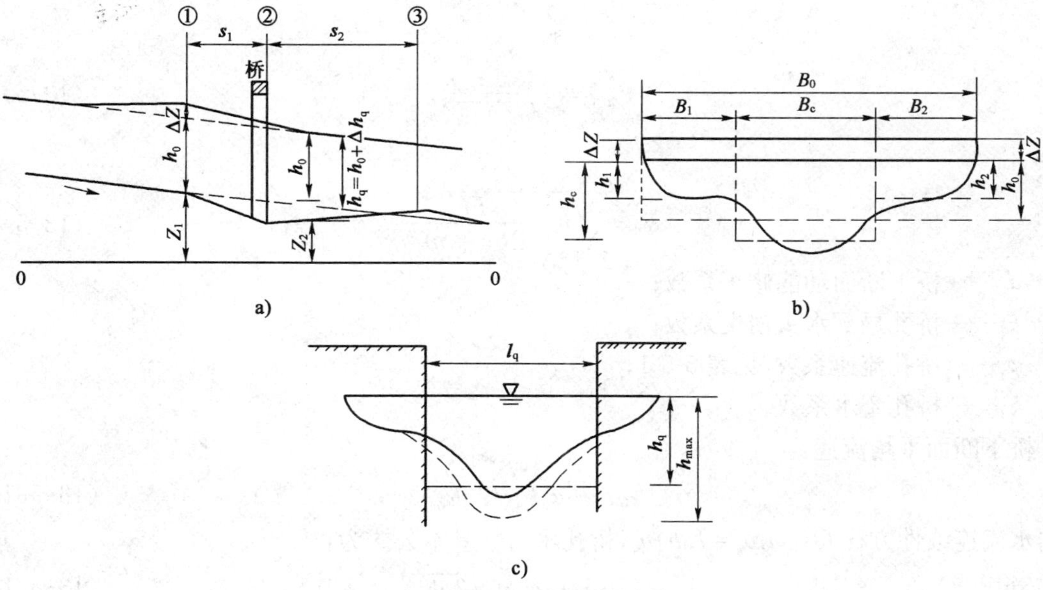

图 13-5-1　桥位河段水流纵断面和横断面

a)纵断面;b)最大壅水断面;c)桥下横断面

天然状态时,全断面、河槽和河滩的水力因素分别用 o、c、t 脚码表示,例如,h_o、v_o、α_o和Fr_o分别表示天然状态下全断面的平均水深(m)、平均流速(m/s)、动能修正系数和弗汝德数。

$$h_o=\frac{\omega_o}{B_o}=\frac{\omega_c+\sum\omega_t}{B_c+\sum B_t} \tag{13-5-1}$$

$$Fr_o=\frac{\alpha_o v_o^2}{gh_o} \tag{13-5-2}$$

$$\frac{\alpha_o v_o^2}{2g}=\frac{1}{2}h_o Fr_o \tag{13-5-3}$$

$$\alpha_o=\frac{v_c^3\omega_c+\sum v_t^3\omega_t}{v_o^3\omega_o} \tag{13-5-4}$$

建桥后最大壅水断面的水力因素用脚码 1 表示,该断面水深 $h_1=h_o+\Delta Z=(1+\eta)h_o$,令

$\eta=\frac{\Delta Z}{h_o}$,称为壅水比;若近似取 $B_1 \approx B_o$,则

$$v_1 = \frac{Q}{B_o(1+\eta)h_o} = \frac{v_o}{1+\eta} \tag{13-5-5}$$

$$\frac{\alpha_1 v_1^2}{2g} = \frac{\alpha_o v_o^2}{2g(1+\eta)^2} = \frac{Fr_o}{2(1+\eta)^2}h_o \tag{13-5-6}$$

桥下断面一般冲刷完成后用脚码 q 表示;桥下无冲刷用脚码 w 表示。

2. 可冲刷河床中的桥梁(图 13-5-1)

通过水流和泥沙运动的自动调整,水沙运动趋于平衡,此时水流视为恒定流。取最大壅水断面和桥下断面列能量方程,得桥下流速:

$$v_q = \frac{1}{\sqrt{\alpha_q + \xi_q}}\sqrt{\eta + \frac{Fr_o}{2(1+\eta)^2}} \cdot \sqrt{2gh_o} \tag{13-5-7}$$

令

$$\varphi_q = \frac{1}{\sqrt{\alpha_q + \xi_q}} \tag{13-5-8}$$

再令

$$k_\eta = \sqrt{\eta + \frac{Fr_o}{2(1+\eta)^2}} \tag{13-5-9}$$

式中:α_q——桥下断面动能修正系数;

ξ_q——桥孔局部水头损失系数;

φ_q——桥孔流速系数,见表 5-5-1;

k_η——桥孔壅水系数。

桥下断面平均流速:

$$v_q = \varphi_q k_\eta \sqrt{2gh_o} \tag{13-5-10}$$

根据水流连续性方程 $Q=\omega_q v_q = L_j h_q v_q$,桥孔水力学基本公式为:

$$Q = L_j h_q \varphi_q k_\eta \sqrt{2gh_o} \tag{13-5-11}$$

式中:Q——桥孔通过的流量(m^3/s);

L_j——桥孔净长度(m);

h_q——一般冲刷后桥下平均水深(m)。

3. 桥下河床不能冲刷的桥梁

1)基岩河床或人工加固河槽中的大中桥

根据作者对甘城道主持的桥梁定床模型水工试验(南昌)回归分析得(回归系数为0.941):

$$h_{qw} = \left(\frac{B_o}{L_j}\right)^{0.5} h_o \tag{13-5-12}$$

式中:h_{qw}——河床不能冲刷时的桥下平均水深(m);

B_o——天然水面宽(m)。

由能量方程和连续性方程可得:

$$v_{qw} = \varphi_w k_{\eta w} \sqrt{2gh_o} \tag{13-5-13}$$

$$Q = L_j h_{qw} \varphi_w k_{\eta w} \sqrt{2gh_o} \tag{13-5-14}$$

其中：

$$k_{\eta w} = \sqrt{1 + \eta_w + \frac{Fr_o}{2(1+\eta_w)^2} - \left(\frac{B_o}{L_q}\right)^{0.5}} \tag{13-5-15}$$

$$\varphi_w = \frac{1}{\sqrt{\alpha_w + \xi_w}}$$

脚码“w”表示河槽不能冲刷条件下的状态。其他符号意义同前。φ_w取值见表 5-5-1。

2)小桥和无压力式涵洞

跨越小河、溪沟的小桥和无压力式涵洞，一般水流有较大压缩，因桥下河槽及上下游附近由人工铺砌，故桥下河槽不会被冲刷。桥下水流可视为宽顶堰溢流，根据巴赫米杰夫宽顶堰最大流量假定，桥下水流为临界流，桥下水深为临界水深，则

$$h_q = h_k \tag{13-5-16}$$

$$h_k = \sqrt[3]{\frac{\alpha Q^2}{gB^2}} = \frac{\alpha v_k^2}{g} \tag{13-5-17}$$

桥下为自由出流的小桥或无压力涵洞：

$$Q = L_x h_k \varphi_x k_{\eta x} \sqrt{2gh_o} \tag{13-5-18}$$

$$v_x = \varphi_x k_{\eta x} \sqrt{2gh_o} \tag{13-5-19}$$

$$k_{\eta x} = \sqrt{1 + \eta_x + \frac{Fr_o}{2(1+\eta)^2}} \tag{13-5-20}$$

$$\varphi_x = \frac{1}{\sqrt{3+\xi}} \tag{13-5-21}$$

桥下为淹没出流，桥下水深为河槽正常水深 h_o，得：

$$Q = L_x h_o \varphi_x k_{\eta x} \sqrt{2gh_o} \tag{13-5-22}$$

$$v_x = \varphi_x k_{\eta x} \sqrt{2gh_o} \tag{13-5-23}$$

$$k_{\eta x} = \sqrt{\eta_x + \frac{Fr_o}{2(1+\eta_x)^2}} \tag{13-5-24}$$

$$\varphi_x = \frac{1}{\sqrt{\alpha+\xi}} \tag{13-5-25}$$

式中，脚码“x”表示小桥或无压力式涵洞；φ_x值见表 5-5-2。

桥前最大壅水 ΔZ 的计算步骤：

(1)计算壅水系数

$$k_\eta = \frac{Q}{L_j h_q \varphi_q \sqrt{2gh_o}} \tag{13-5-26}$$

(2)壅水方程

$$x^3 - Bx^2 + 0.5Fr_o = 0 \tag{13-5-27}$$

确定方程的系数 B：

①可冲刷的河床

$$B = 1 + k_\eta^2 \tag{13-5-28}$$

②岩石河床、人工加固的不可冲刷河床

$$B = \left(\frac{B_o}{L_J}\right)^{0.5} + k_\eta^2 \tag{13-5-29}$$

③小桥和无压力式涵洞

令

$$B = k_{\eta x}^2 \tag{13-5-30}$$

解壅水方程 $x^3 - Bx^2 + 0.5Fr_o = 0$,求 x。

桥前壅水高度:

$$\Delta Z = (x-1)h \tag{13-5-31}$$

桥前壅水后水深: $h_{max} = xh$

另外,根据上述计算步骤得到的 x 值,列成数值表(见表 13-5-1),可由系数 B 和 Fr_o 查得。

桥前壅水计算的 x 值($x=1+\eta$)　　表 13-5-1

B \ Fr_o	0.02	0.06	0.10	0.14	0.18	0.22	0.26	0.30	0.34	0.38	0.42
1.00	1.000	1.000	1.000	1.000	1.000	1.000	1.000	1.000	1.000	1.000	1.000
1.04	1.030	1.010	1.000	1.000	1.000	1.000	1.000	1.000	1.000	1.000	1.000
1.08	1.071	1.052	1.033	1.011	1.000	1.000	1.000	1.000	1.000	1.000	1.000
1.12	1.111	1.094	1.076	1.057	1.036	1.012	1.000	1.000	1.000	1.000	1.000
1.16	1.152	1.136	1.120	1.102	1.083	1.062	1.039	1.014	1.000	1.000	1.000
1.20	1.192	1.178	1.162	1.146	1.129	1.110	1.090	1.068	1.044	1.015	1.000
1.24	1.233	1.219	1.205	1.190	1.174	1.157	1.139	1.120	1.099	1.075	1.049
1.28	1.273	1.261	1.247	1.234	1.219	1.204	1.187	1.170	1.151	1.131	1.109
1.32	1.314	1.302	1.289	1.277	1.263	1.249	1.234	1.219	1.202	1.184	1.165
1.36	1.354	1.343	1.331	1.319	1.307	1.294	1.280	1.266	1.251	1.236	1.218
1.40	1.394	1.384	1.373	1.362	1.350	1.338	1.326	1.312	1.299	1.284	1.269
1.44	1.435	1.425	1.415	1.404	1.393	1.382	1.370	1.358	1.346	1.333	1.319
1.48	1.475	1.466	1.456	1.446	1.436	1.425	1.415	1.403	1.392	1.380	1.367
1.52	1.515	1.506	1.497	1.488	1.478	1.468	1.458	1.448	1.437	1.426	1.415
1.56	1.555	1.547	1.538	1.530	1.521	1.511	1.502	1.492	1.482	1.472	1.461

二、桥孔泄水能力和流速系数

桥下流速的数值等于桥下单位过水面积通过的流量,反映了桥孔的泄水能力。桥孔流速系数 φ 是反映桥孔泄水能力的综合参数,与桥位河段的天然水力特性(坡降 i、流态 Fr_o、河床形态 $\frac{\sqrt{B}}{H}$ 及阻力 C_o 等)、桥孔对水流的压缩程度 $\frac{B_o}{L_q}$ 等因素有关。

根据我国 24 省(自治区)各类河段中 406 座桥孔的调查资料,筛选出 88 座"桥长合适"或"泄洪输沙良好"者为样本,应用方差分析、回归分析,得桥孔流速系数 φ 值最优回归方程,见表 5-5-1。小桥和涵洞的流速系数 φ_x 和其他水力参数见表 5-5-2。人工加固床面的容许流速见表 13-5-2。

人工加固工程的容许(不冲刷)平均流速　　　　表 13-5-2

编号	加固工程种类		水流平均深度(m)			
			0.4	1.0	2.0	3.0
			平均流速(m/s)			
1	平铺草皮(在坚实基底上) 叠铺草皮		0.9 1.5	1.2 1.8	1.3 2.0	1.4 2.2
2	用大圆石或片石堆积,石块平均尺寸分别为	20～30cm 30～40cm 40～50cm 及以上	3.3 — —	3.6 4.1 —	4.0 4.3 4.6	4.3 4.6 4.9
3	在篱格内堆两层大石块,石块平均尺寸为	20～30cm 30～40cm 40～50cm 及以上	4.0 — —	4.5 5.0 —	4.9 5.4 5.7	5.3 5.7 5.9
4	青苔上单层铺砌(青苔层厚度不小于 5cm): (1)用 15cm 大小的圆石(或片石) (2)用 20cm 大小的圆石(或片石) (3)用 25cm 大小的圆石(或片石)		2.0 2.5 3.0	2.5 3.0 3.5	3.0 3.5 4.0	3.5 4.0 4.5
5	碎石(或砾石)上的单层铺砌(碎石层厚度不小于 10cm): (1)用 15 cm 大小的片石(或圆石) (2)用 20 cm 大小的片石(或圆石) (3)用 25 cm 大小的片石(或圆石)		2.5 3.0 3.5	3.0 3.5 4.0	3.5 4.0 4.5	4.0 4.5 5.0
6	单层细面粗凿石料铺砌在碎石(或砾石)上(碎石层厚度不小于 10cm): (1)用 20cm 大小的石块 (2)用 25cm 大小的石块 (3)用 30cm 大小的石块		3.5 4.0 4.0	4.5 4.5 5.0	5.0 5.5 6.0	5.5 5.5 6.0
7	铺在碎石(或砾石)上的双层片石(或圆石): 下层用 15cm 石块,上层用 20cm 石块(碎石层厚度不小于 10cm)		3.5	4.5	5.0	5.5
8	铺在坚实基底上的枯枝铺面及枯枝铺褥(临时性加固工程用): (1)铺面厚度 δ=20～25cm (2)铺面为其他厚度时		— 按上值乘以系数 $0.2\sqrt{\delta}$	2.0	2.5	—
9	柴排: (1)厚度 δ=50cm (2)其他厚度时		2.5 按上值乘以系数 $0.2\sqrt{\delta}$	3.0	3.5	—
10	石笼(尺寸不小于 0.5m×0.5m×1.0m 者)		4.0 及以下	5.0 及以下	5.5 及以下	6.0 及以下
11	在碎石层上 M5 水泥砂浆砌双层片石,其石块尺寸不小于 20cm		5.0	6.0	7.5	—
12	M5 水泥砂浆砌石灰岩片石的圬工(石料极限强度不小于 10MPa)		3.0	3.5	4.0	4.5
13	M5 水泥砂浆砌坚硬的粗凿片石圬工(石料极限强度不小于 30MPa)		6.5	8.0	10.0	12.0
14	C15 混凝土护面 C15 混凝土水槽(表面光滑)		6.0 12.0	7.0 14.0	8.0 16.0	9.0 18.0

三、大中桥孔径计算实例

桥孔水力计算必须搜集的桥位现场资料主要有：

(1)桥位过水断面测量资料(桩号及其高程)；

(2)洪水观测和调查资料；

(3)河流洪水水面比降或河床比降；

(4)选定河槽及两侧河滩粗糙系数 n_c、n_1 和 n_2；

(5)根据水文资料计算确定桥梁设计流量 Q_S；

(6)河床(河槽和河滩)地质资料、土的平均粒径等资料。

第一步,根据上列现场资料和设计流量,进行天然状态桥位断面水力因素计算。按明渠均匀流水力计算确定正常水深的方法,根据连续性方程 $Q=\omega v$ 和谢才—满宁公式 $v=\frac{1}{n}h^{2/3}i^{1/2}$,求出设计水位 H_S,进而计算该断面的各项水力因素(见表 13-5-3);再计算设计洪水下的断面水力参数:动能修正系数(断面流速分布系数)、弗汝德数(流态判别数)、全断面综合粗糙系数、无量纲谢才系数。

水力因素　　表 13-5-3

项　目	河　槽	河滩(1)	河滩(2)	全断面
宽　度(m)	B_c	B_1	B_2	B 或 B_o
平均水深(m)	h_c	h_1	h_2	h 或 h_o
过水面积(m^2)	ω_c 或 A_c	ω_1 或 A_1	ω_2 或 A_2	ω_o 或 A
最大水深(m)	h_m	—	—	h_m
平均流速(m/s)	v_c	v_1	v_2	v
流　量(m^3/s)	Q_c	Q_1	Q_2	Q
粗糙系数 n,$\frac{1}{n}$	m_c	m_1	m_2	m
造床流量(m^3/s)	Q_z	—	—	—
造床流量时河槽平均水深(m)	h_z	—	—	—

第二步,根据桥孔水力基本公式(13-5-11)或式(13-5-14)以及相应的壅水系数 k_η、流速系数 φ_q 或 φ_w 等的关系,按 64-2 简化公式由输沙平衡原理计算一般深度,确定桥孔净长 L_q、桥前最大壅水高度 ΔZ 和桥下一般冲刷后的平均水深 h_p。

第三步,桥下最低冲刷线的确定,可根据桥下断面各垂线的一般冲刷后的水深与冲刷前水深呈正比的关系确定桥下最大的一般冲刷水深 h_{pm},即

$$h_{pm}=h_p\frac{h_m}{h} \tag{13-5-32}$$

按谢才—满宁公式,冲刷后桥下最大流速 v_{qm} 为:

$$v_{qm}=v_q\left(\frac{h_{pm}}{h_p}\right)^{2/3} \tag{13-5-33}$$

按河床变形最不利条件考虑,以一般冲刷最大水深和相应的最大流速,作为行近水流的水深和流速,计算桥下的最大桥墩局部冲刷。

［例 13-5-1］ 桥梁跨越平原顺直河段，桥位与河道正交，设计断面附近最大水深 $h_m=5.8$m，造床流量（平滩水位）时 $\sqrt{B}/H_z=8.738$，床沙平均粒径 $d=0.34$mm，河床坡降 $i=0.0008$。天然状态桥位断面水力因素见表 13-5-4。

天然状态桥位断面水力因素　　表 13-5-4

项　目	河　槽	河　滩（1）	河　滩（2）	全　断　面
流量 Q(m^3/s)	4 246	511	507	5 264
过水面积 ω(m^2)	1 370	306	274	1 950
水面宽 B(m)	324	198	153	675
平均水深 h(m)	4.22	1.54	1.80	2.89
最大水深 h_m(m)	5.80	1.80	2.10	5.80
粗糙率 $1/n$	40	30	30	—
平均流速(m/s)	3.10	1.67	1.85	2.70

(1)天然状态水力参数

动能修正系数（断面流速分布系数）：

$$\alpha_o=\frac{\sum_1^3 v_i^3\omega_i}{v_o^3\omega_o}=\frac{1.85^3\times274+3.1^3\times1\,370+1.67^3\times306}{2.70^3\times1\,950}=1.15$$

弗汝德数（流态判别数）：

$$Fr_o=\frac{\alpha_o v_o^2}{gh_o}=\frac{1.15\times2.70^2}{9.8\times2.89}=0.296<1.0\text{（缓流）}$$

全断面综合粗糙率系数：

$$m=\left(\frac{B_o}{\frac{B_c}{m_c^2}+\sum_{i=1}^{2}\frac{B_i}{m_i^2}}\right)^{0.5}=\left(\frac{675}{\frac{324}{40^2}+\frac{153}{30^2}+\frac{198}{30^2}}\right)^{0.5}=33.753$$

无量纲谢才系数：

$$C_o=\frac{m}{\sqrt{g}}h_o^{1/6}=\frac{33.753}{\sqrt{9.8}}\times2.89^{1/6}=12.873$$

(2)试拟桥孔净长度 L_j

初拟壅水 $\Delta Z=0.5$m，桥下冲刷后水深 $h_p=Ph_o=1.5h_o=1.5\times2.89=4.34$(m)，计算桥长 L_j：

$$\eta=\frac{\Delta Z}{h_o}=\frac{0.50}{2.89}=0.17$$

$$k_\eta=\sqrt{\eta+\frac{Fr_o}{2(1+\eta)^2}}=\sqrt{0.17+\frac{0.296}{2(1+0.17)^2}}=0.53$$

按稳定性河段查表 5-5-1 计算：

$$\varphi_q=0.88Fr_o^{0.267}\left(\frac{B_o}{L_q}\right)^{-0.637}\left(\frac{\sqrt{B}}{H}\right)^{-0.190}\left(\frac{Q_c}{Q}\right)^{-0.924}C_o^{0.335}$$

化简得 $\varphi_q=0.019L_j^{0.637}$，代入桥孔水力学基本公式(13-5-11)得：

$$Q=L_j h_q\varphi_q k_\eta\sqrt{2gh_o}$$

整理得：

$$L_j=\left(\frac{5\ 264}{0.330}\right)^{\frac{1}{1.637}}=369.30(\text{m})$$

采用净跨 23.85m 15 孔简支梁，$L_j=357.75$m。

(3)一般冲刷完成后水深及相应壅水高度

$$A=\left(\frac{\sqrt{B}}{H}\right)^{0.15}=8.738^{0.15}=1.384$$

$$\begin{aligned}h_q&=1.03\left(A\frac{Q_S}{Q_c}\right)^{0.96}\left(\frac{B_c}{\mu L_j}\right)^{0.72}h_c\\&=1.03\times\left(1.384\times\frac{5\ 264}{4\ 246}\right)^{0.96}\left(\frac{324}{0.95\times357.75}\right)^{0.72}\times4.22\\&=7.11(\text{m})\end{aligned}$$

最大水深：

$$h_{qm}=h_q\frac{h_{cm}}{h_c}=7.11\times\frac{5.80}{4.22}=9.77(\text{m})$$

流速系数：

$$\varphi_q=0.019L_j^{0.637}=0.019\times357.75^{0.637}=0.804$$

壅水系数：

$$k_\eta=\frac{Q}{L_jh_q\varphi_q\sqrt{2gh_o}}=\frac{5\ 264}{357.75\times7.11\times0.804\times\sqrt{2\times9.8\times2.89}}=0.341$$

$B=1+k_\eta^2=1+0.341^2=1.12$，查表 13-5-1 得，$x=1.00$，壅水 $\Delta Z=(x-1)h_o=0$，故一般冲刷完成后壅水高度为零。

(4)冲刷进行一半时的桥前壅水高度

$$h_{qz}=\frac{1}{2}(h_o+h_q)=\frac{1}{2}(2.89+7.11)=5.00(\text{m})$$

$$\varphi_{qz}=0.489Fr_o{}^{1.253}C_o{}^{0.011}=0.489\times0.296^{1.253}\times12.873^{0.011}=0.798$$

$$k_{\eta z}=\frac{Q}{L_jh_{qz}\varphi_{qz}\sqrt{2gh_o}}=\frac{5\ 264}{357.75\times5.00\times0.798\times\sqrt{2\times9.8\times2.89}}=0.490$$

$B=1+k_\eta^2=1+0.49^2=1.24$，查表 13-5-1 得，$x=1.12$。

$$\Delta Z=(x-1)h_o=(1.12-1)\times2.89=0.35(\text{m})$$

(5)无冲刷时的桥下水深及相应壅水

$$h_{qw}=\left(\frac{B_o}{L_q}\right)^{0.5}h_o=\left(\frac{675}{357.75}\right)^{0.5}\times2.89=3.97(\text{m})$$

$$\varphi_w=0.677i^{0.146}C_o{}^{0.485}=0.677\times0.000\ 8^{0.146}\times12.873^{0.485}=0.825$$

$$k_{\eta w}=\frac{Q}{L_jh_{qw}\varphi_w\sqrt{2gh_o}}=\frac{5\ 264}{357.75\times3.97\times0.825\times\sqrt{2\times9.8\times2.89}}=0.597$$

$$B=\left(\frac{B_o}{L_j}\right)^{0.5}+k_{\eta w}^2=\left(\frac{675}{357.75}\right)^{0.5}+0.597^2=1.73$$

查表得 $x=1.68$,故

$$\Delta Z=(x-1)h_o=(1.68-1)\times 2.89=1.965(\text{m})$$

水流较急($Fr_o=0.296$),河床泥沙较细($d=0.34$mm),在洪水涨水尚未达到洪峰流量 Q_S 时,桥下河槽已开始冲刷,如此大的桥前壅水在这种条件是不会出现的。

桥梁设计方案可取桥孔净长度 $L_j=357.75$m,采用冲刷进行一半时的桥前壅水高度 $\Delta z=0.35$m,确定桥面高程。桥下河槽一般冲刷后最大水深 $h_{pm}=9.77$m。桥墩局部冲刷计算按第十四章第三节的方法确定。

根据上列计算可知,流速急、河床不易冲刷或不能冲刷(岩石河床等)时,桥前将出现很高壅水。因此,建在山区河谷桥梁上游地带的厂矿建筑物,容易因山洪暴发(Fr_o很大),基岩河槽不能冲刷,壅水过高而被淹没。山区桥梁水毁,常有墩台完整无损,而上部结构被冲毁,甚至冲往下游,沉落在河槽中的情况。这都是流速急、河床不能冲刷、壅水过高所致。

四、小桥及无压力式涵洞孔径计算实例

[例 13-5-2]　八字翼墙单孔桥,设计流量 $Q_S=16\text{m}^3/\text{s}$,加固允许最大流速 $v_y=4$m/s,天然断面平均流速 $v_o=2.85$m/s,河槽正常水深 $h_o=1.2$m,试确定桥孔净长度 L_j 和桥前水深 H。

(1)若桥下为自由出流,桥下流速达到最大不冲刷流速(见表 13-5-2),则桥下水深为临界水深:

$$h_k=\frac{v_k^2}{g}=\frac{4^2}{9.8}=1.63(\text{m}),1.3h_k=2.119\text{m}>h_o$$

考虑到小桥桥下水流有较大的侧收缩,引入桥孔侧收缩系数 ε,查表 5-5-2 得 $\varepsilon=0.85$,0.56,由连续性方程得:

$$L_j=\frac{Q_S}{\varepsilon h_k v_k}=\frac{16}{0.85\times 1.63\times 4}=2.89(\text{m})$$

取桥孔净长度 $L_j=3.00$m。

(2)由以上两式可得:

$$L_j=\frac{gQ_S}{\varepsilon v_k^3}\text{或 }v_k=\sqrt[3]{\frac{gQ_S}{\varepsilon L_j}}$$

当取 $L_j=3.00$m 时,$v_k=\sqrt[3]{\frac{gQ_S}{\varepsilon L_j}}=\sqrt[3]{\frac{9.8\times 16}{0.85\times 3.00}}=3.95(\text{m/s})$。

故桥下仍为自由流,$h_k=\frac{v_k^2}{g}=\frac{3.95^2}{9.8}=1.59(\text{m})$。

(3)桥前水深 H 计算,由式(13-5-18)得:

$$k_{\eta x}=\frac{Q_S}{\varepsilon L_j h_k \varphi_x\sqrt{2gh_o}}=\frac{16}{0.85\times 3.00\times 1.59\times 0.56\times\sqrt{2\times 9.8\times 1.2}}=1.453$$

由式(13-5-30)得　$B=k_{\eta x}^2=1.453^2=2.111$。

$$Fr_o=\frac{v_o^2}{gh_o}=\frac{2.85^2}{9.8\times1.20}=0.691$$

由式(13-5-27)，$x^3-2.111x^2+0.346=0$，得 $x=2.03$，则桥前水深 $H=xh=2.03\times1.20=2.44$(m)。

[例 13-5-3]　单孔带锥坡的小桥，设计流量 $Q_S=20\text{m}^3/\text{s}$，正常水深 $h_o=1.5$m，天然断面平均流速 $v_o=2.50$ m/s，要求桥前水深 H 不大于 1.8m，试选取桥孔净长度 L_j 和桥下加固形式。

桥前水深 H 与天然水深 h_o 很接近，桥下为淹没出流，则 $h_x=h_o=1.5$m，

$$\Delta Z=1.80-1.50=0.3(\text{m}),\eta_x=\frac{\Delta Z}{h_o}=\frac{0.3}{1.50}=0.20,Fr_o=\frac{v_o^2}{gh_o}=\frac{2.50^2}{9.8\times1.50}=0.425$$

由式(13-5-24)得：

$$k_{\eta x}=\sqrt{\eta_x+\frac{Fr_o}{2(1+\eta_x)^2}}=\sqrt{0.20+\frac{0.425}{2\times(1+0.2)^2}}=0.59$$

查表 5-5-1 和表 5-5-2，得 $\varepsilon=0.90$，$\varphi_x=0.90$。

桥下流速 $v_x=\varphi_x k_{\eta x}\sqrt{2gh_o}=0.9\times0.59\times\sqrt{2\times9.80\times1.50}=2.88$(m/s)。

桥下河槽采用在碎石上用单层圆石(15cm)铺砌，允许流速 $v_y=3.0\sim3.5$m/s。

$$L_j=\frac{Q_S}{\varepsilon h_x v_x}=\frac{20}{0.90\times1.50\times2.88}=5.14(\text{m})$$

选取桥孔净长度 $L_j=6.00$m。

第十四章　河床变形和墩台冲刷

第一节　桥位河床变形和基础埋置深度

一、桥位河床变形

河道中水流驱使床面泥沙运动，泥沙运动后的床面形态又影响水流结构。水流和泥沙运动是相互影响、相辅相成的。在水流作用下永恒变化着的河床形态，称为河床演变或河床变形（详见第六章第二节）。河床演变无论在建桥前还是建桥后，都在不断地进行着。不同类型河段的河床演变呈现不同的特点，在进行桥梁设计时，必须考虑桥位河段的特点和桥梁使用期间可能发生的河床变形。汛期桥位河段水流集中，深泓线摆动和河湾凹岸冲刷，是引起桥梁墩台、桥头防护严重冲刷，导致水毁的最常见的原因。

河床演变是十分复杂的自然过程，河床演变引起的桥下自然冲刷，至今难以用简单的公式进行全面的预测。桥梁工程师在桥位勘测时，应全面、翔实地调查、收集桥位河段水文和河床变形的历史及现今资料，分析水文和河床变形的特点，明确所在桥位河段的分类名称。

在某些情况下的自然演变，通过河相关系（regime，均衡关系）进行分析，得到的河相关系式可供生产应用（参考第六章第二节）。例如，滩槽难分的变迁性河流可根据河相关系确定的基本河宽，拟定桥长。河床自然演变的冲刷深度，可根据第六章河床变形及河相关系进行分析估计。对于水流具有横向摆动特点的河段，各桥墩基底设计为同一高程。

河湾凹岸冲刷公式（7-2-4），依据资料较多，且通过汛后观测验证，可供计算凹岸桥台、沿河路堤的冲刷。另外，考虑到中泓线摆动、边滩下移等桥位附近的最大水深可能移到桥位断面，则应在桥位勘测时在桥位断面及其上下游，测量几个横断面，以其包络图作为桥位冲刷的计算断面。通常，为减少测量工作，测绘桥位（桥轴）断面时，在桥位上下游附近，调查、测量几处最大水深，假定该最大水深将移到桥位（桥轴）断面并作为一般冲刷计算的最大水深 h_{max}。

建桥后，洪水受桥孔压缩，上游形成壅水；水流自最大壅水断面，急剧从上游及两侧河滩集中流入桥孔，形成收缩断面；这段水流带走床面泥沙，引起该段床面冲刷，称为一般冲刷或压缩冲刷。桥位设计时，应计算桥下收缩断面的最大一般冲刷。收缩断面后，水流逐渐扩散，最后恢复天然状态。

水流急剧流入桥孔，在桥台前缘、桥墩两侧、导流堤上游端等部位形成绕流，使水流与建筑物壁面出现边界层分离,不断地生成旋涡,并向下游传播和发展,卷走床面泥沙,在桥台前缘、桥墩上游端及两侧和导流堤上游端附近,形成冲刷坑,称为局部冲刷。

桥梁墩台附近床面总的冲刷深度,是河床演变、一般冲刷和局部冲刷的总和。在洪水冲刷过程中,上述三种冲刷是交织在一起同时进行的。但是,为了便于分析和计算,一般将三种冲刷深度分别确定,然后再叠加起来。假定局部冲刷是在一般冲刷完成的基础上进行的。

我国制定的桥下断面一般冲刷计算公式的结果中也包含一部分自然冲刷。这是因为这些公式(如 64-1 公式和 64-2 公式)的系数和指数是根据桥梁现场的实测冲刷资料制定的。一般冲刷深度的现场观测资料中已包含了一部分自然冲刷在内,两者是无法分割的。

位于水库上游的桥梁和位于流域水土流失严重,床面逐年淤高河段上的桥梁,桥孔被淤沙堵塞,泄洪能力减小,其危害是不容忽视的。另外,位于河湾处的桥梁或受上游山嘴、丁坝挑流影响,一岸桥孔受冲刷,另一岸桥孔被淤塞,也是值得注意的。这些河床变形可通过调查、观测,加以分析,预测河床变形的速度和床面高程变化的数值,并寻求适当的处理措施。

一般冲刷和局部冲刷都有清水冲刷和动床冲刷(浑水冲刷)两种情况。清水冲刷是指被冲刷处的流速或因水流压缩或因墩台绕流,超过床面泥沙的起动流速,床面泥沙被冲向下游,出现冲刷,而冲刷处上游床面泥沙尚未起动,不能得到上游来沙补给的情况;动床冲刷是指被冲刷处上游床面泥沙已经起动,使冲刷处有泥沙补给的情况。动床冲刷深度决定于冲刷处向下游的输沙量与上游来沙量是否平衡。当上游床面形成沙波时,进入冲刷处的来沙量随沙波向下游移动的过程,形成大小起伏的变化,冲刷深度也相应呈现起伏波动,但是,在一定水力条件下,呈现出随冲刷时间趋向不变的平衡冲刷深度。

通常,河槽水流急,一般流速大于起动流速,河槽内的一般冲刷和局部冲刷都认为是动床冲刷。河滩平时无水,汛期大多水浅,流速小,达不到起动流速,认为无底沙运动,河滩冲刷大都作为清水冲刷看待。

河床质颗粒大小不均匀的河床,都存在冲刷后形成的床面粗化现象,表现出床沙颗粒级配对冲刷的影响。

二、墩台基础埋深

在确定桥梁墩台基础埋置深度时,应根据桥位河段具体情况,取河床自然演变冲刷、一般冲刷和局部冲刷的最不利组合,作为确定墩台基础埋深的依据。

1. 最低冲刷线高程

在进行桥梁设计时,计算的桥墩、桥台全部冲刷完成后的床面位置,用最低冲刷线高程来表示。

桥墩的最低冲刷线高程 H_{min}(m)为:

$$H_{min} = H_s - h_p - h_b \tag{14-1-1}$$

桥台的最低冲刷线高程 H_{min}(m)为:

$$H_{min} = H_s - h - h_s \tag{14-1-2}$$

式中:H_{min}——桥墩、桥台的最低冲刷线高程(m);

H_s——设计水位(m);

h_p——一般冲刷后最大水深(m)；

h_b——桥墩局部冲刷深度(m)；

h——桥台所在位置(河滩或河槽)的平均水深(m)；

h_s——桥台冲刷深度(m)。

2.对非岩性河床天然基础墩台基底埋深安全值,可参照表 14-1-1 确定

基底埋深安全值　　表 14-1-1

桥梁类别	总冲刷深度(m)				
	0	5	10	15	20
一般大、中桥梁	1.5	2.0	2.5	3.0	3.5
特殊大桥	2.0	2.5	3.0	3.5	4.0

注:1.总冲刷深度为自河床面算起的河床自然演变冲刷、一般冲刷与局部冲刷深度之和。

2.表列数字为墩台基底埋入总冲刷深度以下的最小值;若设计流量、水位和原始断面资料无十分把握或河床演变尚不能获得准确资料时,其值可适当加大。

3.若桥位上下游有已建桥梁或旧桥改建,应调查旧桥的特大洪水冲刷情况,新桥墩台基础埋置深度应在旧桥最大冲刷深度上酌加必要的安全值。

三、河床变形监测及分析

受自然变化及人为因素的影响,河床总在不停地变化着,桥位河段主流及汊流的摆动、墩台及两岸桥头路堤附近的集中冲刷、导流堤及防护工程的集中冲刷等都可能发生,桥梁的管理和养护必须定期进行观测,并及时处理。汛期前和汛期过后必须对观测资料进行分析,寻找河床变形的影响因素、研究发展趋势和制订相应对策。桥梁水毁治理经验表明,桥梁上下游自然及人为因素影响引起的河床变形及水流集中冲刷,是导致水毁的主要原因。

第二节　桥下河床一般冲刷

一、概述

1.桥位河段的水流和一般冲刷[图 13-2-1c)]

建桥后,桥孔压缩水流,致使桥孔上游水流急剧集中流入桥孔,在桥孔稍下游处,形成收缩断面。该断面处流速梯度很大,床面切应力剧增,引起强烈的河床泥沙运动,床面发生明显冲刷,称为一般冲刷(general scour)或压缩冲刷(contract scour)。

收缩断面再往下游,水流逐渐扩散,在相当远处恢复到天然状态。桥下河床断面的一般冲刷计算就是指收缩断面的冲刷计算。但是,桥梁墩台设计时,偏安全地把桥梁轴线断面处的冲刷深度看作与收缩断面相同。

对于两岸有导流堤的桥梁,桥下收缩断面大约就出现在桥轴线附近;对于无导流堤的桥梁,收缩断面在桥轴线下游不远处,因洪水变化难测,这种偏安全的处理还是完全必要的。

2.对一般冲刷机理的三种认识和计算途径

(1)别列柳勃斯基(Н. А. Белелюьский,1875,俄国)假定:“桥下水流断面面积,增大到使

桥下流速等于河槽天然流速时,冲刷即停止。”1973 年,加拿大 Alberta 大学水槽试验表明,桥孔压缩引起河床冲刷后,水面流速有明显增大,床面附近流速无明显变化,桥孔断面平均流速大致保持压缩前的数值。别氏假定得到了试验验证。生产实践证明,建立在这个假定基础之上的桥孔长度计算和一般冲刷计算(以包尔达柯夫公式为代表,1930),对于冲积河流(可自由变形的沙质河床)基本符合实际。至今,我国铁路桥孔长度的确定仍以此为基础。

(2)根据输沙平衡原理,分析和计算水流压缩段的冲刷。斯乔勃(L. G. Straub,1934,美国)首先应用河槽压缩段一元流冲刷原理解决了河工问题。他认为,当水流压缩段达到平衡冲刷时,在上游天然断面和收缩断面之间,水流和输沙都遵循各自的连续性方程,两断面之间单位时间内通过的流量和输沙量是守恒的。劳尔森(E. M. Laursen,1952,美国)、安德列耶夫(O. B. Андреев,1955,前苏联)先后发表了根据输沙平衡原理建立的桥下河槽一般冲刷公式。我国甘城道根据输沙平衡原理建立的桥梁一般冲刷公式,经桥梁实测资料验证后,1964 年被中国土木工程学会桥梁工程委员会桥渡冲刷学术会议推荐为生产试用公式,称为 64-2 公式。根据修订规范的要求,1987 年对该式使用情况进行调查发现,该式的理论基础和计算结果合理,但原式变系数、变指数应用不便,且有的数据难以得到,故需要在保证原式计算精度的条件下,建立简化公式。通过对垂线流速分布和床面糙率与输沙率关系的分析,以 30 座实桥资料为依据,应用电算优化数值处理,得到《公路桥位勘测设计规范》(1991)中的公式(《公路桥位勘测设计规范》专题研究,西安公路交通大学高冬光,1990)。

(3)根据动力平衡流速、冲止流速的概念,建立的一般冲刷公式。李斯特万(Л. Л. Лищтван,1947,前苏联)认为:“在天然条件下,多数河段上沿河底有泥沙输移,河床为复式断面,洪水期间过水断面总的尺寸保持不变,这是上述造床过程所固有的性质。这种相对稳定河槽过水断面上洪峰时期的平均流速,叫做动力平衡流速。”“动力平衡流速”没有与泥沙运动的机理相联系,仍属经验假定性质。我国铁路部门根据实桥观测资料,建立了冲止流速经验公式。根据桥下断面单宽流量和冲止流速制定了一般冲刷深度公式,1964 年桥渡冲刷学术会议将其命名为 64-1 公式,推荐生产试用,后在我国铁路系统应用较多。

二、根据输沙平衡原理建立的桥下河槽一般冲刷深度公式

输沙不平衡引起河床变形。对于一个过水断面或某一河段,在一定时段内,上游来沙量小于该断面或该河段被冲走的泥沙量,该断面或该河段就会出现冲刷、下切;反之,该断面或该河段,就会出现淤积。输沙不平衡引起的冲刷称为动床冲刷。

当桥梁上游进入桥下河槽断面的泥沙数量小于桥下断面急速水流冲走的泥沙数量,桥下断面就会出现冲刷,这就是一般冲刷。

冲刷发生后,水深和桥下过水断面逐渐增大,桥下流速逐渐减小,水流挟沙能力也逐渐降低,桥下冲刷随之减缓。最终,上游来沙量 G_1 和桥下输沙量 G_2 趋向平衡,冲刷趋于停止,达到最大冲刷深度。桥孔过水断面压缩水流引起的河床变形,主要是由河床质中颗粒较大的推移质的运动来完成的。粒径很细的悬移质,悬浮在洪水中流向下游,难以实现桥位断面的泥沙交换,不影响桥位断面的河床变形。

桥下断面输沙平衡应是该断面推移质输沙量 G 的输沙平衡,即

$$\begin{bmatrix}\text{上游天然断面}\\ G_1\end{bmatrix}=\begin{bmatrix}\text{桥下断面}\\ G_2\end{bmatrix}$$

$$B_1 \cdot g_{s1} = B_2 \cdot g_{s2} \tag{14-2-1}$$

式中：B_1——上游天然断面的河槽宽度 B_c(m)；

g_{s1}——上游天然断面单宽输沙率[kg/(s·m)]；

B_2——桥下河槽宽度(m)，一般沙性土河床建桥后，桥下河槽可扩宽至整个桥孔，即 $B_2=L_q$；若桥下河槽不能扩宽时，B_2 为桥下河槽宽度 B_c；

G_1、G_2——输沙量；

g_{s2}——桥下断面单宽输沙率[kg/(s·m)]。

将式(14-2-1)代入输沙率公式后，可导出一般冲刷深度公式的一般形式：

$$h_p = K\left(\frac{Q_2}{Q_1}\right)^{x_1}\left(\frac{B_1}{B_2}\right)^{x_2} h_{max} \tag{14-2-2}$$

由于各国学者在公式(14-2-1)中引入的单宽输沙率公式及推导中的一些资料不同，式中的指数 x_1 和 x_2 也不同。表 14-2-1 列出了近半个世纪以来各国学者的研究成果。

x_1、x_2 的数值　　表 14-2-1

公式 / 指数	Loursen (1960)	Андреев (1960)	沙玉清 (1964)	Anderson (1968)	Gill (1981)	甘城道 (1964)	高冬光 1984	高冬光 1989、2002 规范公式
x_1	0.86	1.00	1.06	0.86		$4m_1$ 0.84～0.97	0.96	0.903
x_2	0.59～0.69	0.75	0.71	0.75～0.86	0.714	$3m_1$ 0.63～0.73	0.72	0.655

1964 年"全国桥渡冲刷学术会议"推荐将交通部科学研究院甘城道研究员导出的公式作为全国试用公式，即

$$h_p = K\left(A\frac{Q_2}{Q_1}\right)^{4m_1}\left[\frac{B_1}{\mu(1-\lambda)B_2}\right]^{3m_1} h_{mc} \tag{14-2-3}$$

式中：h_p——一般冲刷后最大水深(m)；

h_{mc}——桥下河槽最大水深(m)；

K——综合系数，

$$K = 1 + 0.02\lg\frac{H_{max}}{\sqrt{Hd}} \tag{14-2-4}$$

H_{max}、H——造床流量时的最大水深(m)和平均水深(m)；

d——床沙平均粒径(m)；

A——单宽流量集中系数，

$$A = \left(\frac{\sqrt{B}}{H}\right)^{0.15} \leqslant 1.8 \tag{14-2-5}$$

B——造床流量下的河槽宽度(m)，一般为河槽宽度 B_c；

m_1——与相对糙率 h_{max}/d_{95} 有关的指数，$m_1=0.216～0.243$，d_{95} 是土样中质量占 95% 的土粒都比它小的那种大粒径，由粒径级配曲线查取；

其他符号意义同前。

1984～1990 年,总结式(14-2-3)的使用经验,根据理论论证和我国实桥资料分析,建立简化公式:

$$h_p = 1.04\left(A\frac{Q_2}{Q_1}\right)^{0.90}\left[\frac{B_1}{\mu(1-\lambda)B_2}\right]^{0.66} h_{cmax} \tag{14-2-6}$$

式中:Q_1——计算断面的天然河槽流量 Q_c(m^3/s);

Q_2——桥下河槽通过的流量(m^3/s);当桥下河槽能够扩宽至全桥孔时,$Q_2=Q_s$;当桥下河槽不能扩宽时,

$$Q_2 = \frac{Q_c}{Q_c + Q_t''} \cdot Q_s \tag{14-2-7}$$

Q_t''——天然状态下,桥下河滩部分通过的流量(m^3/s);

其他符号意义同前。

式(14-2-6)与式(14-2-3)机理相同,计算结果相差小于±5%,但简明易用,《公路工程水文勘测设计规范》(JTG C30—2002)推荐在生产中应用此公式。

式(14-2-6)称 64-2 简化公式,适用于沙性土河槽的一般冲刷计算。

三、根据冲止流速建立的桥下河槽一般冲刷深度公式

1. 沙性土河槽的一般冲刷

桥下一般冲刷停止时的垂线平均流速称为冲止流速,以 v_z(m/s)表示。桥下断面内任意垂线在一般冲刷过程中垂线平均流速降低到该垂线的冲止流速时,冲刷即停止。此时达到最大一般冲刷垂线水深 h_p。根据水力学连续性原理,$q=hv$,q 是单宽流量[$m^3/(s \cdot m)$],h 是垂线水深(m),v 是垂线平均流速(m/s)。一般冲刷停止时,桥下最大水深 h_p与桥下最大单宽流量 q_{max}之间的关系为:

一般冲刷后最大水深:

$$h_p=\frac{q_{max}}{v_z} \tag{14-2-8}$$

桥下平均单宽流量:

$$\bar{q}=\frac{Q_s}{\mu L_j} \tag{14-2-9}$$

桥下最大单宽流量:

$$q_{max}=\bar{q}\left(\frac{h_{mc}}{\bar{h}_c}\right)^{\frac{5}{3}}=\frac{Q_s}{\mu L_j}\left(\frac{h_{mc}}{\bar{h}_c}\right)^{\frac{5}{3}} \tag{14-2-10}$$

冲止流速:

$$v_z=Ed^{1/6}h_p^{2/3} \tag{14-2-11}$$

式中:E——根据水文站多年汛期 3 个月的最大含沙量的平均值按表 14-2-2 选用。

E 值 表 14-2-2

含沙量 ρ(kg/m^3)	<1.0	1～10	>10
E	0.46	0.66	0.86

将式(14-2-9)、式(14-2-10)和式(14-2-11)代入式(14-2-8)整理后，得：

$$h_p=\left[\frac{A\dfrac{Q_2}{\mu B_2}\left(\dfrac{h_{mc}}{\overline{h}_c}\right)^{5/3}}{Ed^{1/6}}\right]^{3/5} \tag{14-2-12}$$

式中，各符号意义同前，d 的单位为毫米(mm)。

式(14-2-12)是铁道部科学研究院阚译等制定的(1964 年)，称 64-1 公式。铁路有关规范推荐在生产中应用该式。

2. 沙性土河滩的一般冲刷

河槽中流速大，大于床沙的起动流速，洪水发生时，总是处于泥沙运动状态；河滩上水深小，糙率大，流速很小，只有洪水漫滩后，才有水流，一般流速小于床沙起动流速，无推移质运动，冲刷后没有上游来沙的补偿，称为清水冲刷。桥下河滩冲刷后，只有当流速降低到土的容许(不冲刷)流速时，才逐渐停止，其冲止流速为河滩土的容许(不冲刷)流速。桥下河滩部分的一般冲刷深度为：

$$h_p=\left[\frac{\dfrac{Q'_t}{\mu B'_t}\left(\dfrac{h_{mt}}{\overline{h}'_t}\right)^{5/3}}{v_{H1}}\right]^{5/6} \tag{14-2-13}$$

冲止流速：

$$v_z=v_{H1}h_p^{1/5} \tag{14-2-14}$$

式中：h_p——桥下河滩部分一般冲刷最大水深(m)；

Q'_t——桥下河滩部分通过的部分设计流量(m^3/s)，按下式计算：

$$Q'_t=\frac{Q''_t}{Q_c+Q''_t}Q_s \tag{14-2-15}$$

Q''_t——天然状态(建桥前)河滩部分通过的流量(m^3/s)；

h_{mt}——桥下河滩最大水深(m)；

$\overline{h}'_t$——桥下河滩平均水深(m)；

B'_t——桥下河滩部分桥孔过水净宽(m)；

v_{H1}——河滩水深 1m 时，非黏性土不冲刷流速(m/s)，见表 14-2-3 和表 14-2-4。

水深 1m 时非黏性土不冲刷流速 v_{H1}　　表 14-2-3

土的名称		d(mm)	v_{H1}(m/s)
砂	细	0.05～0.25	0.35～0.32
	中	0.25～0.50	0.32～0.40
	粗	0.50～2.00	0.40～0.60
圆砾	小	2.00～5.00	0.60～0.90
	中	5.00～10.00	0.90～1.20
	大	10～20	1.20～1.50
卵石	小	20～40	1.50～2.00
	中	40～60	2.00～2.30
	大	60～200	2.30～3.60
漂石	小	200～400	3.60～4.70
	中	400～800	4.70～6.00
	大	>800	>6.00

非黏性土的容许(不冲刷)平均流速表

表 14-2-4

序号	土及其特征		土的粒径(mm)	平均水深(m)					
				0.4	1.0	2.0	3.0	5.0	10 及以上
	名称	分类		容许流速(m/s)					
1	粉土	含细砂的粉土和淤泥,种植土	0.005~0.05	0.15~0.20	0.20~0.30	0.25~0.40	0.30~0.45	0.40~0.55	0.45~0.65
2	砂	杂有中砂的细砂	0.05~0.25	0.20~0.35	0.30~0.45	0.40~0.55	0.45~0.60	0.55~0.70	0.65~0.80
		含黏土的中砂,杂有粗砂的中砂	0.25~1.00	0.35~0.50	0.45~0.60	0.55~0.70	0.60~0.75	0.70~0.85	0.80~0.95
		杂有砾石的粗砂,含黏土的粗砂	1.00~2.50	0.50~0.65	0.60~0.75	0.70~0.80	0.75~0.90	0.85~1.00	0.95~1.20
3	砾石	杂有中砾石的小砾石	2.50~5.00	0.65~0.80	0.75~0.85	0.80~1.00	0.90~1.10	1.00~1.20	1.20~1.50
		杂有砂和小砾石的中砾石	5.00~10.0	0.80~0.90	0.85~1.05	1.00~1.15	1.10~1.30	1.20~1.45	1.50~1.75
		杂有砂和中小砾石的大砾石	10.0~15.0	0.90~1.10	1.05~1.20	1.15~1.35	1.30~1.50	1.45~1.65	1.75~2.00
4	卵石	杂有砂和砾石的小卵石	15.0~25.0	1.10~1.25	1.20~1.45	1.35~1.65	1.50~1.85	1.65~2.00	2.00~2.30
		杂有砾石和中卵石的小卵石	25.0~40.0	1.25~1.50	1.45~1.85	1.65~2.10	1.85~2.30	2.00~2.45	2.30~2.70
		杂有大卵石的中卵石	40.0~75.0	1.50~2.00	1.85~2.40	2.10~2.75	2.30~3.10	2.45~3.30	2.70~3.60
5	大卵石	杂有卵、砾石的小号大卵石	75.0~100	2.00~2.45	2.40~2.80	2.75~3.20	3.10~3.50	3.30~3.80	3.60~4.20
		杂有卵、砾石的中号大卵石	100~150	2.45~3.00	2.80~3.35	3.20~3.75	3.50~4.10	3.80~4.40	4.20~4.50
		杂有卵、砾石的大号大卵石	150~200	3.00~3.50	3.35~3.80	3.75~4.30	4.10~4.65	4.40~5.00	4.50~5.40
6	漂石	杂有卵石的小漂石	200~300	3.50~3.85	3.80~4.35	4.30~4.70	4.65~4.90	5.00~5.50	5.40~5.90
		杂有中漂石的小漂石	300~400	—	4.35~4.75	4.70~4.95	4.90~5.30	5.50~5.60	5.91~6.00
		中漂石及大漂石	400~500 以及上的	—	—	4.95~5.35	5.30~5.50	5.60~6.00	6.00~6.20

注:1. 在本表每一栏中,流速的较低值与土颗粒的较低值相对应;流速的较高值与土颗粒的较高值相对应。

2. 表列流速不可内插,当土颗粒尺寸与水深值在表列数值之间时,流速采用表中颗粒尺寸及水深最接近的。

3. 黏性土河床的桥下断面一般冲刷

不同行业的规范对土的分类名称不完全相同。按泥沙颗粒大小分类，一般认为粒径小于0.05mm的泥沙，属于黏性土；粒径小于0.005mm的泥沙颗粒，称为黏粒。按黏粒的质量含量不同，黏性土又分为黏沙土、沙黏土和黏土。

黏性土颗粒极细，颗粒表面形成很薄而且结合很牢的黏结水膜，黏滞性很大，颗粒间存在黏结力。黏性土的抗冲能力决定于颗粒间黏结力的大小，黏结力越大，抗冲能力越强。

黏性土的物理状态和性质与其粒间孔隙大小和含水率关系密切。含水率是土中所含水质量与颗粒质量的比值(以百分数表示)。黏性土随含水率的增大，可以从固态变成流态，物理性质也随之变化，其变化如下：

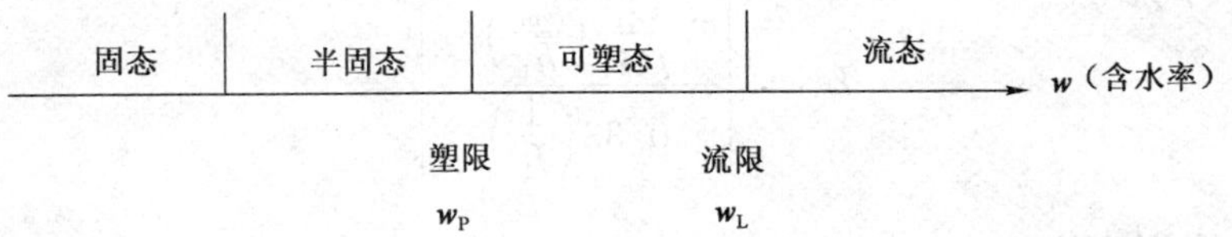

若含水率极小，则不能形成黏结水膜，颗粒分散无黏结力；若含水率过大，在粒间水膜之外还存在自由水，黏结力减小，甚至变成流态。含水率为塑限时，黏结力最大，抗冲能力最强。

流限含水率与塑限含水率的差值称为塑性指数 I_p，$I_p=w_L-w_p$。塑性指数大，表明极细颗粒含量多，形成黏结水膜越多，黏结力和抗冲能力都大。

黏性土的物理状态可用液性指数 I_L 表示：

$$I_L=\frac{w_0-w_p}{w_L-w_p}=\frac{w_0-w_p}{I_p} \tag{14-2-16}$$

式中：I_L——黏性土的液性指数；

w_0——黏性土的天然含水率；

w_p——黏性土的塑限含水率；

w_L——黏性土的流限含水率；

I_p——黏性土的塑性指数。

《黏土桥渡冲刷天然资料分析报告》(铁道部黏土桥渡冲刷研究小组，1982的修订稿)中根据36座桥的调查资料，推荐了供生产试用的冲止流速公式和相应的一般冲刷公式。在此基础上《铁路工程水文勘测设计规范》(TB 10017—99)给出下列黏性土河床的桥下一般冲刷计算公式：

1)河槽部分

冲止流速：

$$v_z=0.33\frac{1}{I_L}h_p^{3/5} \tag{14-2-17}$$

一般冲刷后水深：

$$h_p=\left[\frac{A\dfrac{Q_2}{\mu B_c'}\left(\dfrac{h_{mc}}{\bar{h}_c}\right)^{5/3}}{0.33\dfrac{1}{I_L}}\right]^{5/8} \tag{14-2-18}$$

式中:A——单宽流量集中系数,A 的范围为 1.0~1.2;

I_L——冲刷范围内的液性指数,本式中 I_L 范围为 0.16~1.19;

其他符号意义同前。

2)河滩部分

冲止流速:

$$v_z = 0.33\left(\frac{1}{I_L}\right)h_p^{1/6} \tag{14-2-19}$$

一般冲刷后水深:

$$h_p = \left[\frac{A\dfrac{Q'_t}{\mu B'_t}\left(\dfrac{h_{mt}}{\bar{h}_t}\right)^{5/3}}{0.33\left(\dfrac{1}{I_L}\right)}\right]^{6/7} \tag{14-2-20}$$

式中符号意义同前。

四、根据别列柳勃斯基假定计算桥下河槽一般冲刷的公式

E. B. 包尔达柯夫根据别氏假定,认为桥下流速达到天然河槽平均流速时,桥下冲刷即停止,而且同一垂线处,冲刷后的水深与冲刷前的水深成正比,并于 20 世纪 30 年代建立了桥下一般冲刷经验公式,称为包尔达柯夫公式,该公式适用于冲积河流中稳定性河段的河槽。

1. 河槽土质均匀时

$$h_p = ph \tag{14-2-21}$$

$$p = \frac{Q_s}{\mu(1-\lambda)v_c A_{实}}$$

式中:h_p——一般冲刷后的垂线水深(m);

h——冲刷前相应的垂线水深(m);

$A_{实}$——桥下实际具有过水面积(m^2);

p——冲刷系数。

2. 河槽土质不均匀时

冲刷遇到河床下埋岩石或不易冲刷的土质时,易冲刷土部分冲刷深度将增大,可按下式计算:

$$h'_p = [(p\omega_q - \omega_2)/\omega_1]h \tag{14-2-22}$$

式中:h'_p——河床中易冲刷部分冲刷后的水深(m);

ω_q——冲刷前桥下毛过水面积(m^2);

ω_1——冲刷前易冲刷部分的毛过水面积(m^2);

ω_2——冲刷后不可冲刷部分(表层土被冲去后)的毛过水面积(m^2);

其他符号意义同前。

式(14-2-21)和式(14-2-22)因具有很强的假设性,故目前应用不多。

五、各种条件下的允许不冲刷流速

1. 非黏性土容许(不冲刷)流速(表14-2-3、表14-2-4)

2. 黏性土容许(不冲刷)平均流速(表14-2-5)

黏性土容许(不冲刷)平均流速　　表14-2-5

序号	土的名称	颗粒成分(%) <0.005(mm)	颗粒成分(%) 0.005~0.05(mm)	不太密实的土(孔隙比为1.2~0.9,土骨架重度为12kN/m³以下) 0.4	1.0	2.0	3.0	中等密实的土(孔隙比为0.9~0.6,土骨架重度为12~16.6kN/m³) 0.4	1.0	2.0	3.0	密实的土(孔隙比为0.6~0.3,土骨架重度为16.6~20.4kN/m³) 0.4	1.0	2.0	3.0	极密实的土(孔隙比为0.3~0.2,土骨架重度为20.4~21.4kN/m³) 0.4	1.0	2.0	3.0
				平均水深(m) / 容许流速(m/s)															
(1)	(2)	(3)	(4)	(5)	(6)	(7)	(8)	(9)	(10)	(11)	(12)	(13)	(14)	(15)	(16)	(17)	(18)	(19)	(20)
1	黏土	30~50	70~50	0.35	0.40	0.45	0.50	0.70	0.85	0.95	1.10	1.00	1.20	1.40	1.50	1.40	1.70	1.90	2.10
2	重粉质沙黏土	20~30	80~70																
3	中、轻粉质砂黏土	10~20	90~80	0.35	0.40	0.45	0.50	0.65	0.80	0.90	1.00	0.95	1.20	1.40	1.50	1.40	1.70	1.90	2.10
4	新沉积的黄土类土							0.60	0.70	0.80	0.85	0.80	1.00	1.20	1.30	1.10	1.30	1.50	1.70
5	黏沙土	5~10	20~40	根据土中含砂粒大小按非黏性土的容许(不冲刷)平均流速采用															

注:1. 表中数值不可内插,如水流的深度在表列水深值的中间,则流速应取与实际水流深度最接近的。

2. 当水流深度大于3.0m而同时又缺少专门观测及计算资料时,容许流速采用3.0m水深时的数值。

3. 均质黏性土按表中数值采用。对于粗颗粒石块的混杂土,其中黏性土只填充粗颗粒石块之间的空隙时,则容许流速根据粗颗粒石块的平均粒径按非黏性土的容许(不冲刷)平均流速表采用。

4. 若设计高程位于密实或极密实的土已遭受风化时,则容许(不冲刷)平均流速可采用中等密实的土,即(9)~(12)诸栏的数值。

3. 渠道容许(不冲刷)流速(表14-2-6~表14-2-8)

坚硬岩石与人工护面的渠道容许(不冲刷)流速　　表14-2-6

岩石或护面的种类	渠道流量(m³/s) <1	1~10	>10
软质水成岩(泥灰岩、页岩、软砾岩)	2.5	3.0	3.5
中等硬质水成岩(致密砾岩、多孔石灰岩、层状石灰岩、白云砂岩、灰质砂岩)	3.5	4.25	5.0
硬质水成岩(白云砂岩、砂质石灰岩)	5.0	6.0	7.0
结晶岩、火成岩	8.0	9.0	10.0
单层块石铺砌	2.5	3.5	4.0
双层块面铺砌	3.5	4.5	5.0
混凝土护面(水流中不含砂和卵石)	6.0	8.0	10.0

注:表中所列容许流速以m/s计。

均质黏性土质渠道容许不冲流速表　　表 14-2-7

土　质	容许不冲流速(m/s)	土　质	容许不冲流速(m/s)
轻壤土	0.6～0.8	重壤土	0.70～1.00
中壤土	0.65～0.85	黏土	0.75～0.95

均质非黏性土质渠道容许不冲流速表　　表 14-2-8

土　质	粒径(mm)	容许不冲流速(m/s)	土　质	粒径(mm)	容许不冲流速(m/s)
极细砂	0.05～0.1	0.35～0.45	中砾石	5.0～10.0	0.90～1.10
细砂和中砂	0.25～0.5	0.45～0.60	粗砾石	10.0～20.0	1.10～1.30
粗砂	0.5～2.0	0.60～0.75	小卵石	20.0～40.0	1.30～1.80
细砾石	2.0～5.0	0.75～0.90	中卵石	40.0～60.0	1.80～2.20

注:1. 均质黏性土质渠道中各种土质的干重度为 13～17kN/m³。

2. 土质渠道表中所列的容许不冲流速,是属于水力半径 $R=1\text{m}$ 的情况。当 $R\neq 1\text{m}$ 时,表中所列数值乘以 R^{α},即得相应的容许不冲流速。对各种粒径的砂、砾石和卵石,以及疏松的砂壤土、壤土和黏土,$\alpha=\frac{1}{3}\sim\frac{1}{4}$。对中密实的和密实的砂壤土、壤土和黏土,$\alpha=\frac{1}{4}\sim\frac{1}{5}$。

3. 退水渠道的容许不冲流速可比表中所列数值大 10%,而对不常放水的退水渠道则可加大 20%。

4. 对于流量大于 $50\text{m}^3/\text{s}$ 的渠道,容许不冲流速应专门研究确定。

(本表摘自武汉水电学院编《水力学》,系 1965 年陕西省水电厅勘测设计院总结数值。)

第三节　桥墩局部冲刷

修建在河床内的桥墩,经受着桥位河段桥下断面的一般冲刷,同时,桥墩阻挡水流,水流在桥墩两侧绕流,形成十分复杂的、以绕流旋涡体系为主的绕流结构,引起桥墩周围泥沙的急剧运动,形成桥墩周围局部冲刷坑(图 14-3-1)。为了便于分析计算,假定桥墩局部冲刷是在一般冲刷完成后的基础上进行的,桥墩计算公式中的墩前水深和流速都是采用一般冲刷后的水深和流速。

一、桥墩局部冲刷的机理

1. 桥墩周围的水流

桥墩周围的水流主要包括墩前水面涌波、桥墩迎水面的向下水流和尺度很大的旋涡体系。旋涡体系是一个复杂的综合水流结构,包括两侧绕流旋涡和墩前向下水流在床面附近形成的马蹄形旋涡、桥墩两侧边界层分离形成的尾流旋涡(图 14-3-2)以及床面附近形成的小旋涡。每个急速旋转并向下游移动旋涡的中心形成负压,吸起床沙,带往下游。伴随旋涡的生成和移动,床面静止的泥沙呈阵发性、突然的随机运动状态。在桥墩下游两侧,旋涡相会,泥沙沉积,形成很长的沙脊。当行近流速较小时,在桥墩下游约 8 倍墩宽(墩径)处,旋涡逐渐消失。

桥墩迎水面两侧 B 和 C 点附近(图 14-3-3),绕流流速的大小和方向急剧变化,流速梯度最大，床面切应力也最大，对床面泥沙的作用最强。当这里的流速达到床沙起动流速时，床沙开始向下游移动，桥墩开始冲刷。这时上游 A 点附近的行近流速 v_0' 称为桥墩起冲流速。起冲流速 v_0' 大约等于 40%～60%的床沙起动流速 v_0。

图 14-3-1　桥墩局部冲刷坑

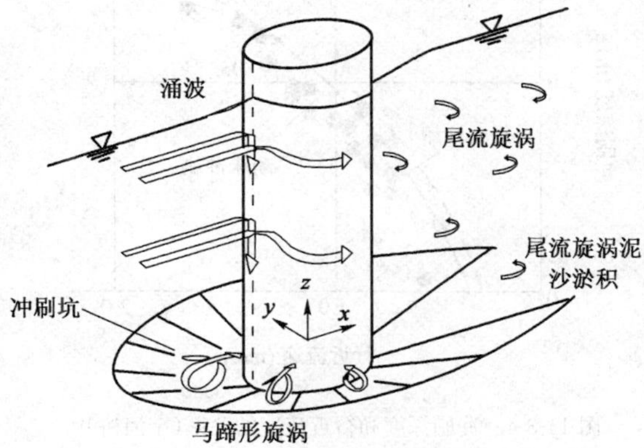

图 14-3-2　桥墩附近的水流结构

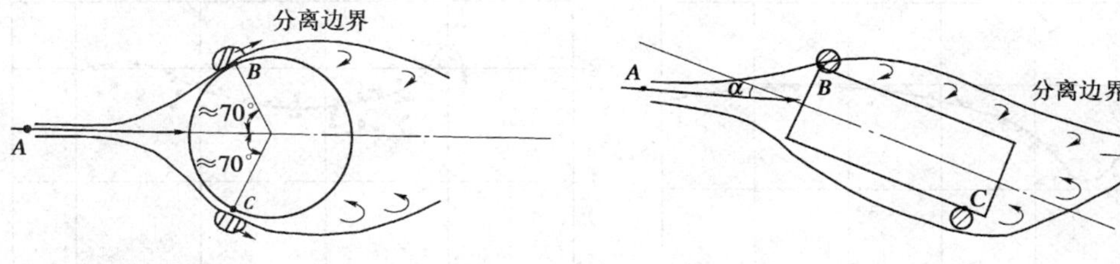

图 14-3-3　桥墩的绕流和起冲点 B、C

a)圆柱墩；b)矩形墩

2. 冲刷深度和行近流速的关系

行近流速是指桥墩上游不远处，未受绕流影响的墩前天然流速。由于计算时假定局部冲刷是在一般冲刷完成后进行的，故取一般冲刷终止后的墩前流速作为墩前行近流速，相应的墩前行近水深也是取一般冲刷后的最大水深 h_p 来计算。

桥墩局部冲刷深度 h_b 与行近流速 v 的关系，实桥观测资料（江西宁河桥 6 号墩）如图 14-3-4 所示。h_b 与 v 的关系呈现为下端（清水冲刷，$v<v_0$）较陡，上端（动床冲刷，$v>v_0$）较缓的一条连续的下凹曲线，当流速增大后似趋近于一条渐近线（图中虚线所示）。在清水冲刷和动床冲刷的分界点，即 $v=v_0$ 处，是连续的，并无明显变化。

1964 年，桥渡冲刷学术会议为了制定桥墩局部冲刷计算公式，假定清水冲刷（$v_0'<v\leqslant v_0$）深度 h_b 随行近流速 v 呈直线增加；动床冲刷（$v>v_0$）深度 h_b 随行近流速 v 呈下凹曲线形式增大，“冲刷坑的深度起伏变化的趋势是上升的”；在 $v=v_0$ 处，这两种状态是连续的（图 14-3-5）。

1984 年 Baker 的试验、1986 年 Chiew 的试验（图 14-3-6）等国外的桥墩试验研究和 1995 年高冬光等对桥台冲刷的试验研究都发现，流速大于起动流速以后，行近流速继续增大，达到 2～3 倍的起动流速时，局部冲刷坑内达到输沙平衡，冲刷坑的深度趋于极限值，不再增大，并非按下凹曲线持续增加。

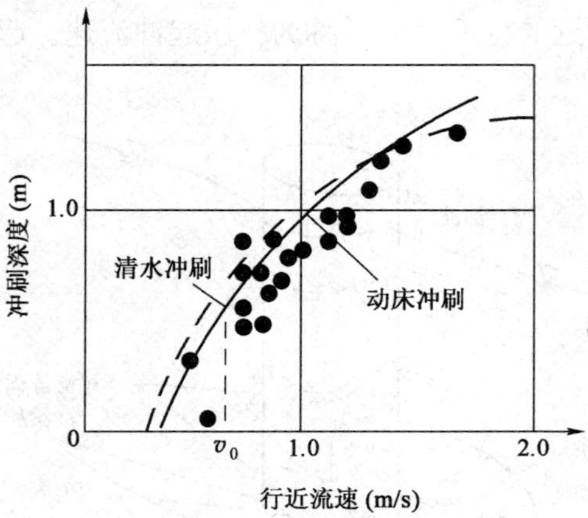

图 14-3-4　冲刷深度和行近流速的关系(宁河桥)

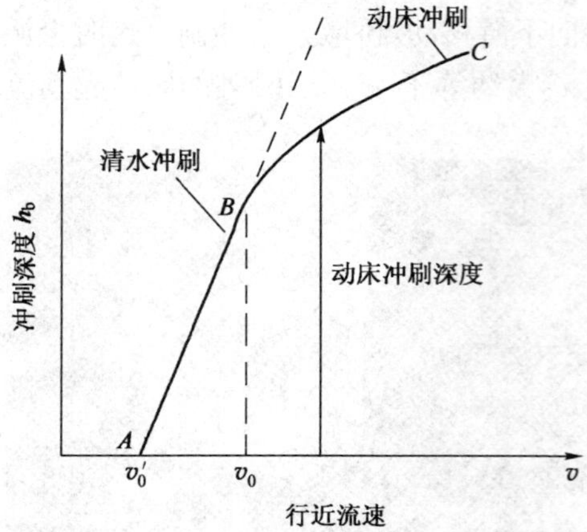

图 14-3-5　冲刷深度和行近流速的关系(全国桥渡冲刷学术会议报告,1964)

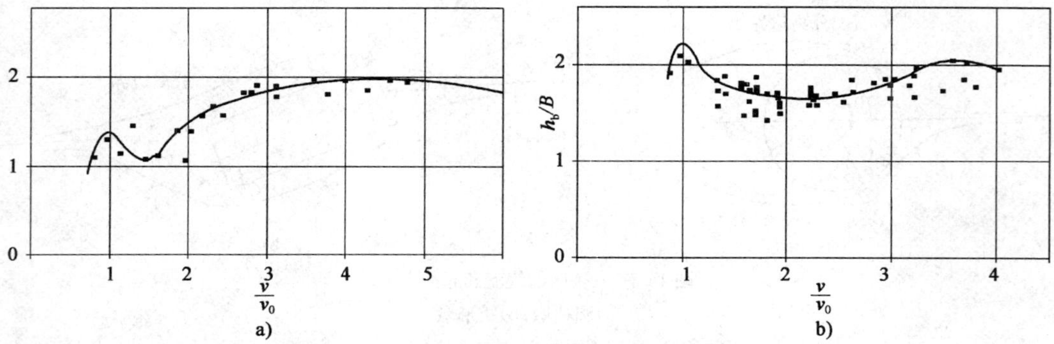

图 14-3-6　桥墩局部冲刷深度 h_b 与行近流速 v 的关系曲线(Chiew,1984)

a)床面无沙波;b) 床面有沙波

3. 冲刷深度和冲刷时间的关系

1995 年美国 Richardson 等桥墩局部冲刷研究(FHWA 研究报告),发现动床冲刷床面有沙波时,冲坑深度将逐渐趋于一个平衡值,该值比清水冲刷深度最大值还小大约 10% ;清水冲刷冲刷深度达到冲刷平衡深度的历时较动床冲刷要长得多(图 14-3-7)。

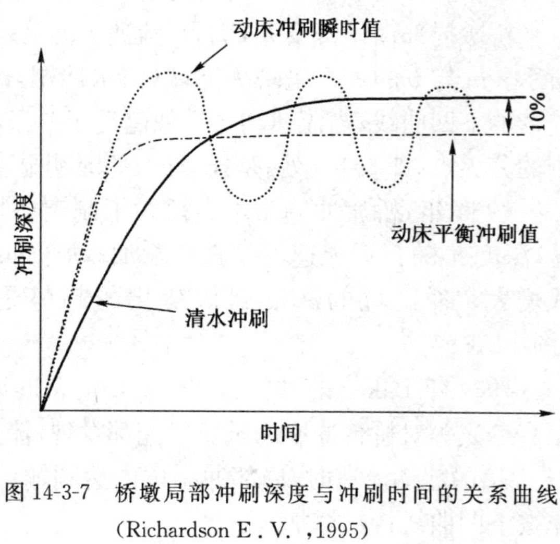

图 14-3-7　桥墩局部冲刷深度与冲刷时间的关系曲线(Richardson E . V. ,1995)

二、65-2 公式

65-2 公式是 1965 年公路技术人员在桥渡冲刷会议讨论意见的基础上,根据图 14-3-5 所示冲刷深度和行近流速的关系建立的公式,并于 1965～1991 年在我国公路桥梁设计中广泛使用。

1.65-2 公式

当 $v \leqslant v_0$ 时：

$$h_b = K_\zeta K_{\eta_2} B_1^{0.60} h^{0.15} \frac{v - v'_0}{v_0} \tag{14-3-1}$$

当 $v > v_0$ 时：

$$h_b = K_\zeta K_{\eta_2} B_1^{0.60} h^{0.15} \left(\frac{v - v'_0}{v_0}\right)^n \tag{14-3-2}$$

式中：h_b——桥墩局部冲刷深度(m)，从一般冲刷后床面算起；

K_ζ——墩形系数，见表 14-3-1，于 1976 年铁道科学研究院水工试验室完成，并于 2002 年进行了补充；

B_1——计算墩宽(m)，见表 14-3-1；

h——行近水深(m)，取一般冲刷后水深作为行近水深；

$K_{\eta2}$——粒径系数，$K_{\eta2} = \dfrac{0.0023}{d^{2.2}} + 0.375d^{0.24}$；

d——冲刷层平均粒径(mm)；

v——行近流速(m/s)，取一般冲刷后墩前流速；

v_0——河床泥沙起动流速，$v_0 = 0.28(d+0.7)^{0.5}$；

v'_0——桥墩起冲流速(m/s)，$v'_0 = 0.12(d+0.5)^{0.55}$；

n——指数，$n = \dfrac{1}{\left(\dfrac{v}{v_0}\right)^{0.23+0.19\lg d}}$。

墩形系数及墩宽计算表　　　表 14-3-1

<table>
<tr><th>序号</th><th>墩形示意图</th><th>墩形系数 K_ζ</th><th>墩形计算宽度 B_1</th></tr>
<tr><td>1</td><td>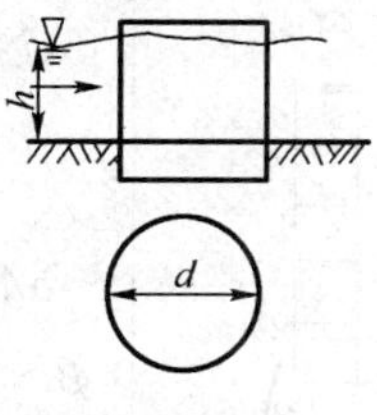</td><td>1.00</td><td>$B_1=d$</td></tr>
<tr><td>2</td><td>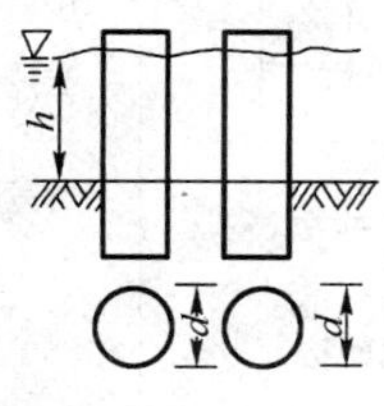</td><td>不带联系梁：$K_\zeta=1.00$
带联系梁：<table><tr><td>α</td><td>0°</td><td>15°</td><td>30°</td><td>45°</td></tr><tr><td>K_ζ</td><td>1.00</td><td>1.05</td><td>1.10</td><td>1.15</td></tr></table></td><td>$B_1=d$</td></tr>
</table>

续上表

序号	墩形示意图	墩形系数 K_ζ	墩形计算宽度 B_1
3	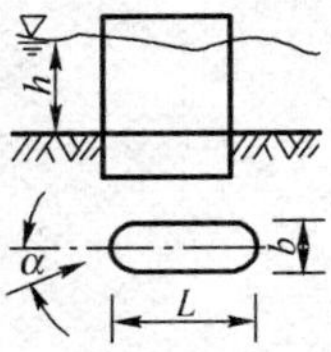	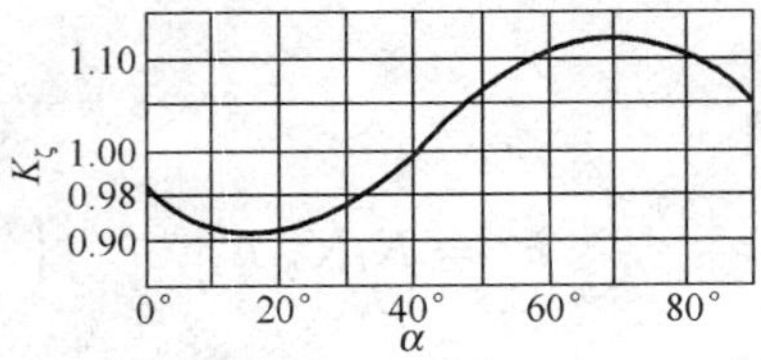	$B_1=(L-b)\sin\alpha+b$
4	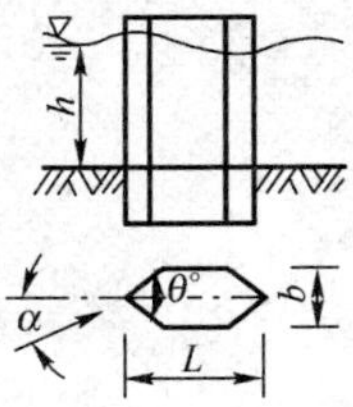	与水流正交时各种迎水角系数 θ: 45°, 60°, 75°, 90°, 120° K_ζ: 0.70, 0.84, 0.90, 0.95, 1.10 迎水角 $\theta=90°$ 与水流斜交时的系数 K_ζ 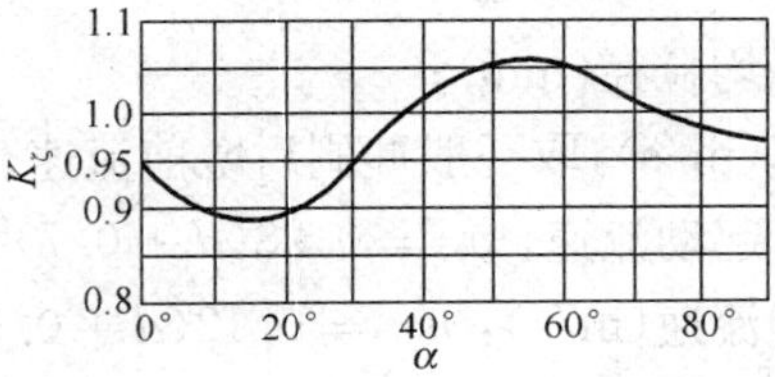	$B_1=(L-b)\sin\alpha+b$ (为了简化,可按圆形墩计算)
5	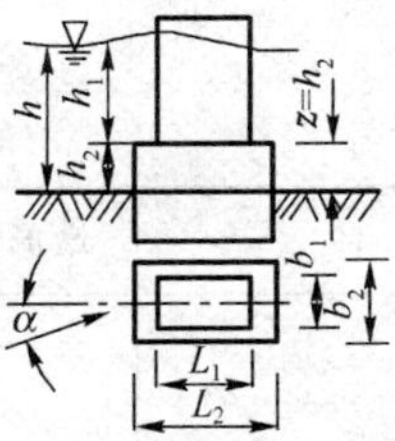	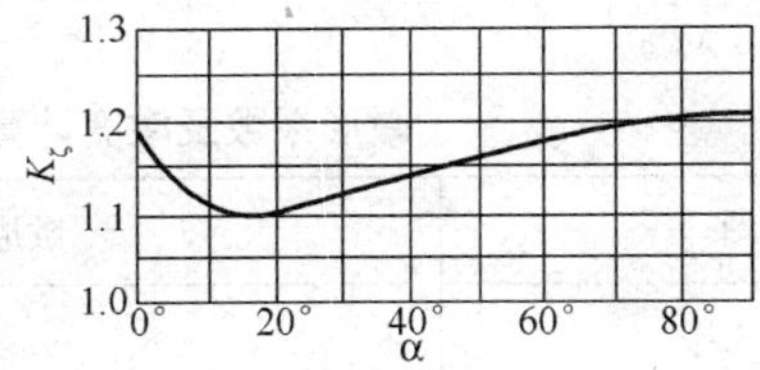	与水流正交时: $B_1=\frac{b_1h_1+b_2h_2}{h}$; 与水流斜交时: $B_1=\frac{B'_1h_1+B'_2h_2}{h}$, $B'_1=L_1\sin\alpha+b_1\cos\alpha$, $B'_2=L_2\sin\alpha+b_2\cos\alpha$
6	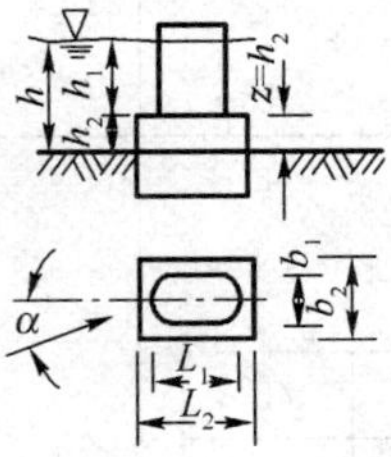	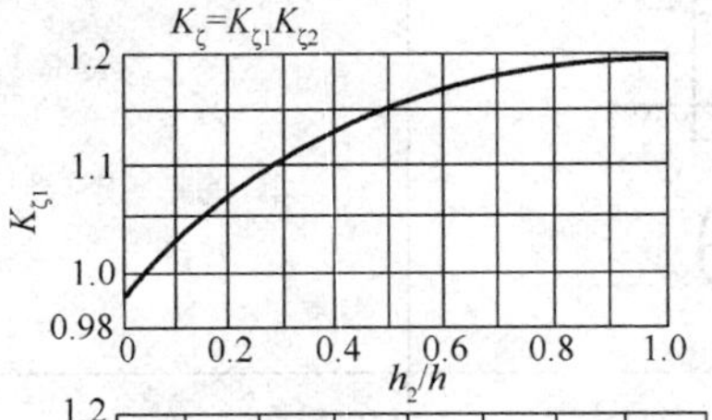 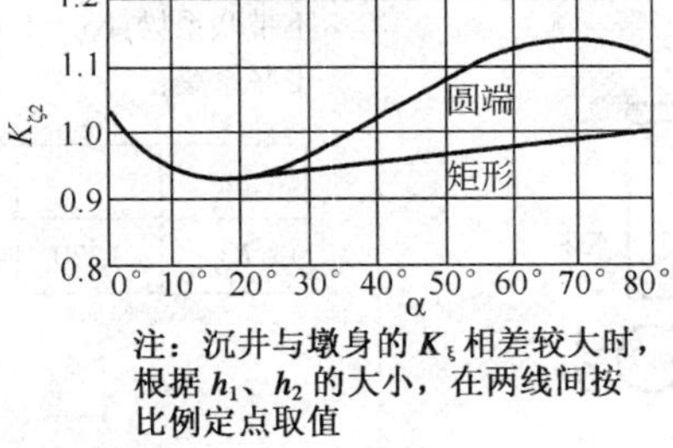 注:沉井与墩身的 K_ξ 相差较大时,根据 h_1、h_2 的大小,在两线间按比例定点取值	与水流正交时: $B_1=\frac{b_1h_1+b_2h_2}{h}$; 与水流斜交时: $B_1=\frac{B'_1h_1+B'_2h_2}{h}$, $B'_1=(L_1-b_1)\sin\alpha+b_1$, $B'_2=L_2\sin\alpha+b_2\cos\alpha$

续上表

序号	墩形示意图	墩形系数 K_ζ	墩形计算宽度 B_1
7	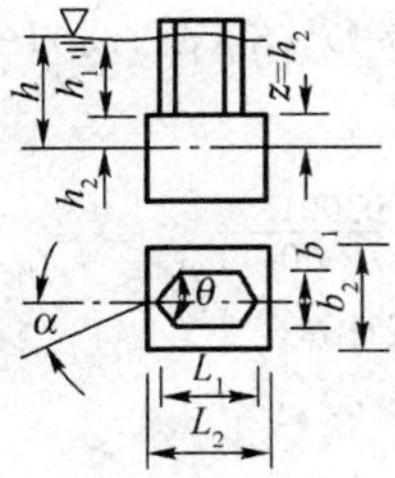	与水流正交时，$K_\zeta=K_{\zeta1}$ 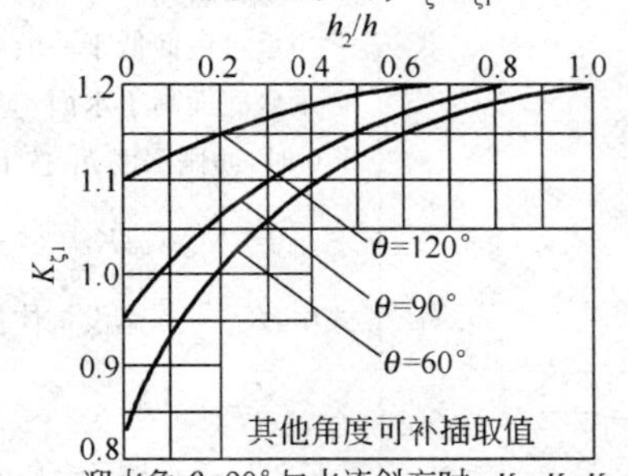 迎水角 θ=90°与水流斜交时，$K_\zeta=K_{\zeta1}K_{\zeta2}$ 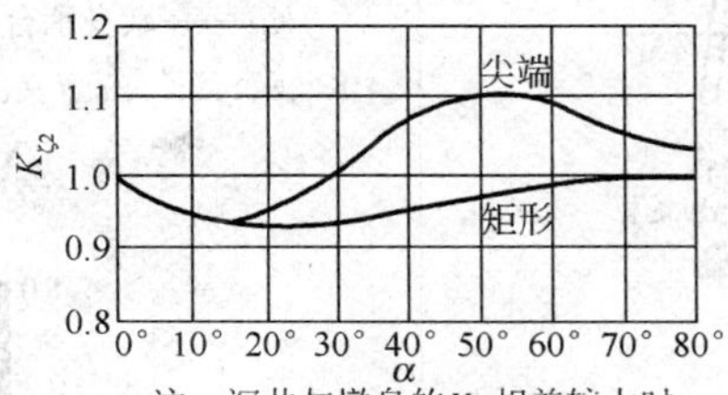 注：沉井与墩身的$K_{\zeta2}$相差较大时，根据h_1、h_2的大小，在两线间按比例定点取值	与水流正交时： $B_1=\frac{b_1h_1+b_2h_2}{h}$； 与水流斜交时： $B_1=\frac{B'_1h_1+B'_2h_2}{h}$， $B'_1=(L_1-b_1)\sin\alpha+b_1$， $B'_2=L_2\sin\alpha+b_2\cos\alpha$
8	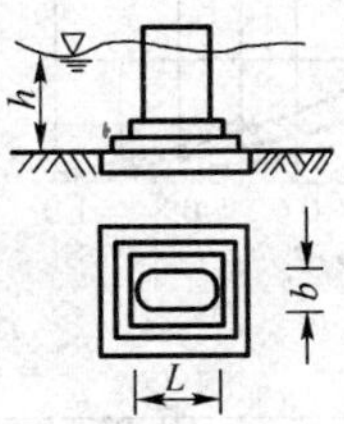	扩大基础采用与水流正交时的墩身形状系数	与水流正交时： $B_1=b$； 与水流斜交时： $B_1=(L-b)\sin\alpha+b$
9	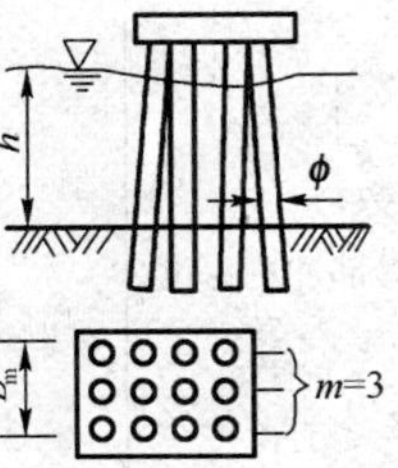	$K_\zeta=K'_\zeta K_{m\phi}$ 式中：K'_ζ——单桩形状系数，按序号1、2、3、5墩形确定（如多为圆桩，$K_\zeta=1.0$，可省略）； $K_{m\phi}$——桩群系数， $K_{m\phi}=1+5\left[\frac{(m-1)\phi}{B_m}\right]^2$ B_m——桩群垂直水流方向的分布宽度； m——桩的排数（垂直水流方向）	$B_1=\phi$

续上表

序号	墩形示意图	墩形系数 K_ζ	墩形计算宽度 B_1
10	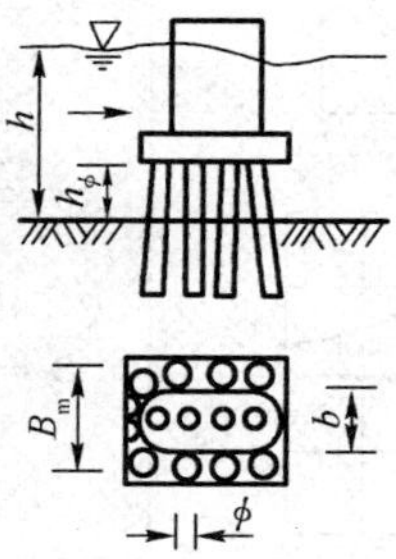	桩承台桥墩局部冲刷计算方法： 当承台底面低于一般冲刷线时，按上部实体计算； 承台底面高于水面，应为上述排架墩，承台底面相对高度在 $0\leqslant h_\phi/h\leqslant 1.0$ 时，冲刷深度 h_b 按下式计算： $$h_b=(K'_\zeta K_{m\phi}K_{h\phi}\phi^{0.6}+0.85K_{\zeta1}K_{h2}B_1^{0.6})\times K_\eta(v_0-v'_0)\left(\frac{v-v'_0}{v_0-v'_0}\right)^n$$ 式中：$K_{h\phi}$——淹没桩体折减系数， $$K_{h\phi}=1.0-\frac{0.001}{(h_\phi/h+0.1)}$$ K_ζ'、B_1——按承台底处于一般冲刷线计算； K_{h2}——墩身承台减少系数； K_η、v、v_0、v'_0、n 意义同前 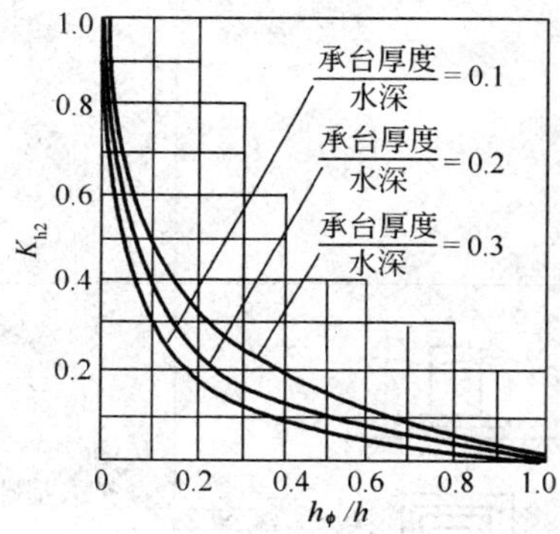	
11	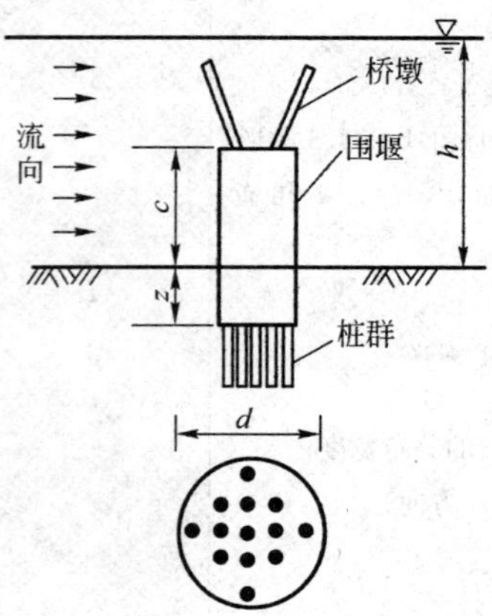	按下式计算局部冲刷深度 h_b： $$h_b=K_{cd}h_{by}$$ $$K_{cd}=0.2+0.4\left(\frac{c}{h}\right)^{0.3}\left[1+\left(\frac{z}{h_{by}}\right)^{0.6}\right]$$ 式中：K_{cd}——大直径围堰群桩墩形系数； h_{by}——按编号(1)墩形计算的局部冲刷深度 适用范围： $0.2\leqslant\frac{c}{h}\leqslant1.0$，$0.2\leqslant\frac{z}{h_{by}}\leqslant1.0$	$B_1=d$

续上表

序号	墩形示意图	墩形系数 K_ζ	墩形计算宽度 B_1
12	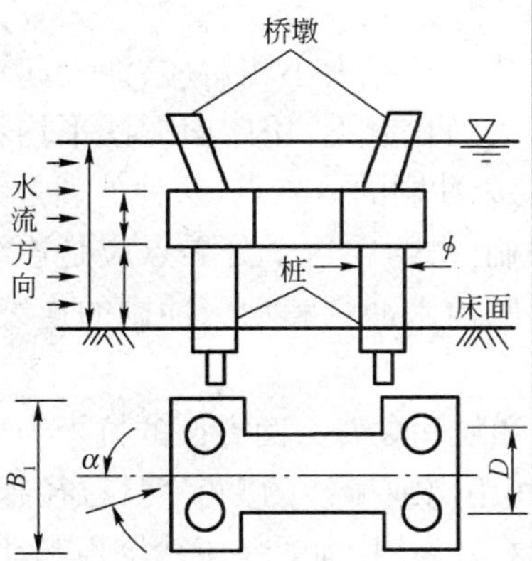	按下式计算局部冲刷 h_b： $h_b=K_\alpha K_{Zh}h_{by}$ $K_{Zh}=1.22K_{h2}\left(1+\frac{h_\phi}{h}\right)+1.18\left(\frac{\phi}{B_1}\right)^{0.6}\cdot\frac{h_\phi}{h}$ $K_\alpha=-0.57\alpha^2+0.57\alpha+1$ 式中：h_{by}——按编号(1)墩形计算的局部冲刷深度； K_{Zh}——工字承台大直径基桩组合墩墩形系数； α——桥轴法线与流向的夹角适用范围(rad)： $D=2\phi$ $0.2<\frac{h_2}{h}<0.5,0<\frac{h_\phi}{h}<1.0$ $\alpha=0\sim0.785$	B_1

2.65-2 公式使用中发现的问题和改进措施

1)问题的提出

1990 年，受《公路桥位勘测设计规范》(JTJ 062—91)编写组委托，作者分别对我国公路系统 1964 年和 1965 年制定的一般冲刷 64-2 公式和桥墩局部冲刷 65-2 公式使用情况进行了调研总结和分析验证，并针对原式不足之处，制定了一般冲刷 64-2 简化公式和桥墩局部冲刷 65-2修正公式。经多次讨论、审定，写入了《公路桥位勘测设计规范》条文。

1992 年，受美国联邦公路总署(FHWA)科研中心资助，作者应用中国、美国、加拿大、前苏联、前南斯拉夫、新西兰等国，亚、欧、美和大洋洲各类河流上桥墩现场观测数据，对桥墩局部冲刷 65-2 修正公式进行了再次验证和评估，结论表明，该修正公式对于世界各地河流的桥墩冲刷计算结果是“合理的和稳定的”，并于 1993 年 9 月以美国联邦公路总署(FHWA)研究报告形式发表。

2000 年，修正公式已使用了 10 年，未出现安全问题，但是在《公路工程水文勘测设计规范》版编写会议上，针对 65-2 修正公式计算冲刷深度，在流速较大时，小于 65-2 公式计算值的现象，有人对是否能确保安全提出质疑。

近年来，经再次对理论机理和实桥数据验证分析，根据对不同地区河流、河口应用修正公式情况的调查，表明 65-2 修正公式计算结果，较修正前更为合理、更加符合实际，并且是安全的。

2009 年，通过对我国南方沿海桥梁、跨河口桥梁细颗粒海床基础冲刷进行分析，表明 65-2 公式计算结果一般偏大，尤其对于细颗粒床沙桥墩计算结果偏大更明显，甚至达到不合理的程度。同时，表明 65-2 修正公式计算结果较 65-2 公式的计算值更为合理和稳定。

2)65-2 公式存在的问题

(1)冲刷深度 h_b 与行近流速 v 关系图式

1964 年，我国“桥渡冲刷学术会议”纪要提出的桥墩局部冲刷计算图式(14-3-5)，作为制定 65-2 公式的依据，即动床冲刷的冲刷深度随流速增大持续地增大。这种计算图式反映了 19

世纪60年代的最新认识。但是,19世纪80年代以后,国内外的研究表明,实际上行近流速达到2~3倍的起动流速后冲坑内趋于输沙平衡,冲深不再增大(图14-3-6,图14-3-7)。这就是65-2公式计算值偏大,而修正公式反映了近20年的研究成果,对原公式的流速项及其指数进行了修正,计算值较65-2公式为小的原因。

(2)河床床面由颗粒大小不同的泥沙组成,床沙起动流速与粒径大小相对应,泥沙起动出现在流速从小到大的一个区间内。建立桥墩冲刷公式时,为简化起见,用床面泥沙平均粒径(或中值粒径)作为代表,以它的起动流速作为清水冲刷和动床冲刷的分界点,这种处理是无可非议的。但是,描述冲刷深度随流速变化的函数,即局部冲刷公式,在这个分界点应是连续函数。显然,65-2公式用两个截然不同的函数来表达,无法反映清水冲刷和动床冲刷的连续性,与天然状态是不吻合的。

(3)起动流速是床沙起动的临界流速,是由颗粒的重力和粒间黏着力两方面的抗拒力来决定的。颗粒重力决定于粒径大小,粒间黏着力则决定于粒间距离或床沙的密实度,粒径越小,黏着力越明显。粗颗粒在抗拒起动时,重力起主要作用,黏着力为辅;细颗粒床沙抗拒起动时,黏着力起主要作用,重力为辅。因此,合理的起动流速公式中应含粒径和黏着力两方面的因素。

起冲流速是墩前两侧床沙起动时的墩前行近流速,即因水流沿墩两侧绕流,增大墩前两侧流速,使其达到床沙起动流速时的墩前流速。起冲流速是直接与起动流速相关的,二者不可分离的。

65-2公式的床沙起动流速和起冲流速公式,只含粒径单因素,没有反应床沙级配中细粒泥沙黏着力的抗冲能力,故不适用于较细颗粒的河床。因此,对于高流速(没反映冲坑内输沙平衡)和细颗粒床沙(没考虑黏性力抗冲作用)两种情况的计算结果明显偏大。

(4)1965年,因当时技术条件所限,没有计算机,只靠人工单因素分析,在对数坐标纸上,手工点数据,然后应用图解法建立公式,无法根据误差分析,进行快速多次地曲线拟合和函数逼近,从而得到最理想的公式。

(5)65-2公式共包括6个公式,都是量纲不和谐、单位不一致的纯经验公式。

以上存在的5方面问题,表明65-2公式需要修正改进,以趋于完善,才能更加符合实际。

3. 针对65-2公式存在的问题,65-2修正公式作的改进

(1)用一个公式(连续函数)描述清水冲刷和动床冲刷两个阶段。

(2)起动流速 v_0 采用在我国多年使用、结构较完善的、包含重力项和黏性项的张瑞瑾公式计算;在桥墩绕流分析的基础上,根据桥墩冲刷水力模型试验数据,建立起冲流速 v'_0 与起动流速 v_0 的关系式。

(3)应用行近流速对起冲流速的增量 $(v-v'_0)$ 与起动流速对起冲流速的增量 $(v-v'_0)$ 的比值,准确地反映计算状态在清水冲刷或动床冲刷过程中的相对位置,用以表示流速对冲刷的影响。

(4)应用数理统计法,根据实桥观测资料,制定流速项的指数 n 的公式,反映了冲坑内趋向输沙平衡的实际状态(图14-3-6、图14-3-7),因此,得到的 n 值较原65-2公式(见图14-3-5)为小。

(5)根据量纲分析原理,建立公式基本构架,应使量纲和谐,单位统一,结构合理。

(6)根据数理统计原理，以模型试验资料和现场实测资料的数据为基础，应用计算机进行多元回归分析、误差频率分析等数值处理，代替65-2公式制定时的手工图解法，公式精度更高。

三、65-2修正公式

$$h_b=KK_\zeta B_1^{0.60}h^{0.15}d^{-0.068}\left(\frac{v-v'_0}{v_0-v'_0}\right)^n \tag{14-3-3}$$

式中：h_b——桥墩局部冲刷深度(m)，从一般冲刷后床面算起；

K——系数，一般建议取回归值，$K=0.46$；或取较大值，$K=0.60$；K值也可按对计算值要求的风险概率取不同的数值(见表14-3-2)；

K_ζ——墩形系数，见表14-3-1；

B_1——桥墩计算宽度(m)，以垂直于水流方向桥墩的投影宽度计算，反映水流冲击角对冲刷的影响，见表14-3-1；

h——墩前行近水深(m)，以一般冲刷后水深h_p代入；

d——冲刷层内泥沙平均粒径(m)；

v——墩前行近流速(m/s)，以一般冲刷完成时流速计；

v_0——床沙起动流速(m/s)，以张瑞瑾公式计算：

$$v_0=\left(\frac{h}{d}\right)^{0.14}\left(29d+0.000\,000\,605\frac{10+h}{d^{0.72}}\right)^{0.5} \tag{14-3-4}$$

v'_0——桥墩起冲流速(m/s)，见式(14-3-5)。

K与安全保证率、风险概率的关系　　表14-3-2

修正公式的常系数 K		0.46	0.60	0.74	0.89	0.96
计算值的安全保证率 P_A (%)		56.13	80.66	95.28	97.16	98.00
冲深计算值的风险概率 $1-P_A$ (%)		43.87	19.34	4.72	2.84	2.00
不同设计洪水频率 P(%)，对应的设计桥墩冲刷风险概率 P_X (%)	$P=0.33$(%)	0.15	0.06	0.02	0.01	0.01
	1 (%)	0.44	0.19	0.05	0.03	0.02
	2 (%)	0.88	0.38	0.10	0.06	0.04
计算冲深与原计算冲深($K=0.46$)之比		1	1.3	1.6	1.9	2.1

(1)桥墩迎水面两侧泥沙起冲流速v'_0(图14-3-3)

$$v'_0=0.645\left(\frac{d}{B_1}\right)^{0.053}v_0 \tag{14-3-5}$$

式中，符号意义同前。

(2)指数n

$$n=\left(\frac{v_0}{v}\right)^{9.35+2.23\lg d} \tag{14-3-6}$$

当$v\leqslant v_0$，取$n=1.0$；当$v>v_0$，按式(14-3-6)计算，$n<1.0$。

当$d<0.064$mm时，必须用黏性土冲刷公式计算。

四、实桥现场资料对65-2公式和65-2修正公式的检验

1. 以各国现场观测资料作为检验分析的样本

作为检验分析样本的实桥观测资料有：

1964年，全国桥渡冲刷学术讨论会编制的《桥墩局部冲刷资料选编》，是我国桥墩冲刷公式制定时的主要依据；美国、加拿大、新西兰等国的桥墩冲刷现场观测资料；前苏联全国道路科学研究院 Zhuraflyov M M. 发表的前苏联、欧洲和亚洲的河流及运河、前南斯拉夫河流的桥墩冲刷现场观测资料。上述资料包括建于亚洲、北美洲、欧洲及大洋洲的平原区、山区、山前区各类河流及人工运河上的桥梁，动床冲刷464组，清水冲刷51组，共515组现场资料。

资料范围涵盖很广，具有较好的代表性：

粒径 d 为0.008～150mm；

水深 h 为0.20～19.50m；

流速 v 为0.15～4.70m/s(大部分流速为1.0～3.0m/s)；

水流夹角 α 为0°～45°。

2. 应用现场观测数据对65-2公式和修正公式进行检验

根据《桥墩局部冲刷资料汇编》(1964年全国桥渡冲刷学术讨论会编，1964年12月)提供的动床冲刷现场实测资料212组，分别代入两个公式，计算冲刷深度 h_b，并与实测冲刷深度 h_{bc} 进行比较。令 R 表示计算冲刷深度 h_b 和实测冲刷深度 h_{bc} 之比，即 $R=h_b/h_{bc}$，则 $R=1$，表明计算值与实测值相等。检验结果分别如图14-3-8和图14-3-9所示。图中横坐标为 R 值，纵坐标为每级 R 值具有的组数。R 值在图中越向 $R=1$ 集中，两侧连续均匀分布趋势越明显，表明该公式计算结果越符合实测数据，该公式越合理、越完善。对比图14-3-8和图14-3-9，显而易见，65-2公式较修正公式计算深度偏大，$R>1$ 范围偏大，分布分散，最大为实测值的3倍。修正公式计算值大都集中在实测值1.9倍之内，在 $R=1$ 的两侧分布较均匀、比较趋向对称。

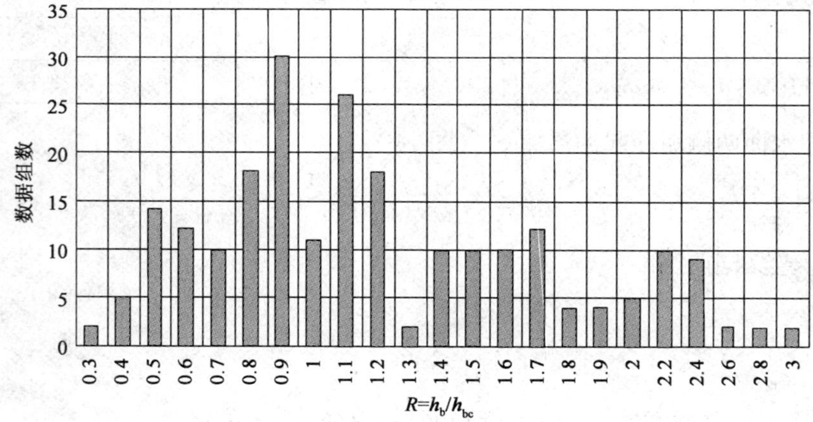

图14-3-8　65-2公式 $R=h_b/h_{bc}$ 分布(中国资料212组)

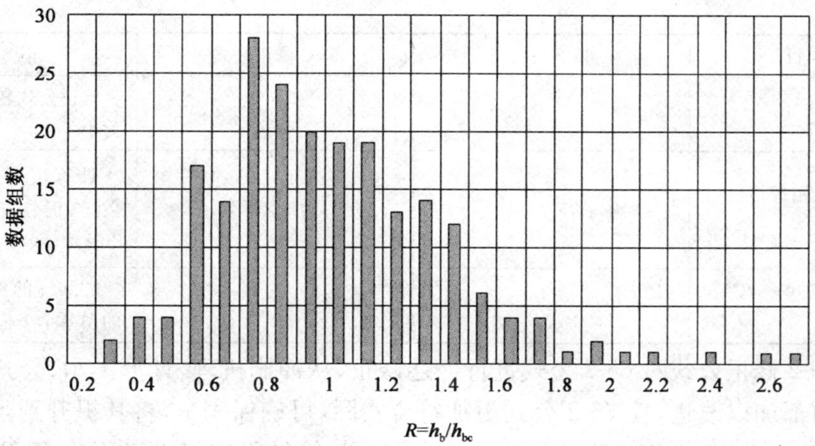

图 14-3-9　修正公式 $R=h_b/h_{bc}$分布图(中国资料 212 组 $K=0.46$)

修正公式与原公式计算冲刷深度统计特征值的比较见表 14-3-3。

根据世界不同地区 464 组动床冲刷现场观测资料，对修正公式计算值进行再检验，结果如图 14-3-10 所示，与图 14-3-8 比较，其计算值几乎呈正态分布，光滑、连续。由此证明，修正公式与世界不同地区河流上的桥梁现场观测资料是十分吻合的，分布稳定、合理。

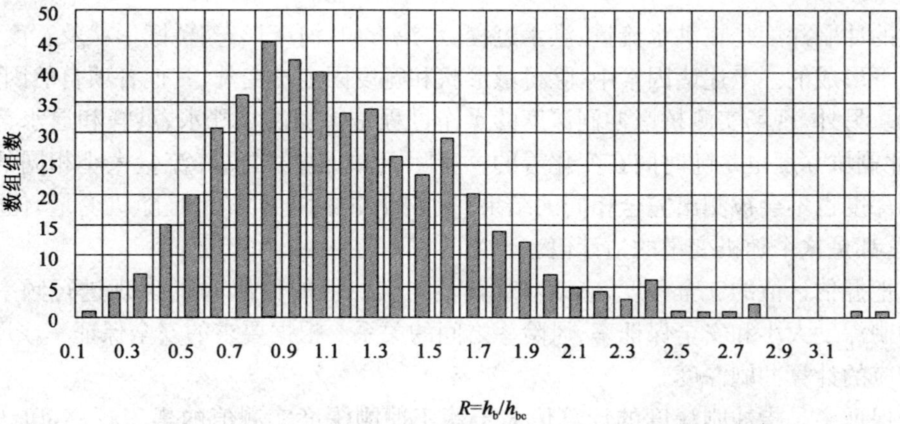

图 14-3-10　$R=h_b/h_{bc}$分布，65-2 修正公式(中国、美国和前苏联等国动床冲刷资料 464 组)

修正公式与原公式计算冲刷深度统计特征值比较　表 14-3-3

项　目	65-2 公式	65-2 修正公式	说　明
R 值分布($R=h_b/h_{bc}$)	图 14-3-8，较离散，分布不均匀	图 14-3-9，图 14-3-10 分布集中、均匀、连续，近似正态分布	修正公式为回归方程，误差由最小二乘原理控制；原公式为手绘图解的经验公式
R 平均值	1.2091	1.0328	修正公式接近实测值 $R=1$；平均较实测值大 20.9%

续上表

项　目	65-2 公式	65-2 修正公式	说　明
R 相对均方差	0.53	0.43	修正公式较实测值均方差为小
计算与实测相等，$R=1$ 的组数，百分数	11 组，占 5.18%	20 组，占 9.43%	计算值等于实测值的组数，修正公式接近原公式的 2 倍
相对误差在(－30%，＋30%)的比例	51.9%	59.9%	59.9%的组数，修正公式的误差小于±30%

显然，65-2 修正公式对 65-2 公式进行上述修正，从冲刷机理、计算图示、公式结构到数据拟合，各方面都加以改进，使 65-2 公式更加符合实际，可确保安全，将其提升到当今世界桥墩冲刷计算的新水平，65-2 公式获得了持续性发展。计算结果数值小于原公式，说明它更符合实际，是安全的。

进而，在上述大量实测数据和计算值对比的基础上，进行频率分布研究，可根据不同的风险概率，选用 65-2 修正公式相应的不同系数 K 值，计算不同风险概率对应的冲刷深度。将局部冲刷计算从定值计算，发展到可以根据风险概率来进行计算。

五、桥墩局部冲刷深度计算值的风险概率分析

桥墩的冲刷深度是在洪水流量、洪水过程、水流方向、河床形态、桥墩形状及宽度等各方面因素影响下形成的。上述诸因素中，除桥墩形状和宽度固定不变外，其他各项自然因素都是随机变化的。另外，现场实测桥墩冲刷深度的操作过程是伴随洪水涨水、洪峰和退水、落淤过程进行的，冲刷坑深度也是随时间在变化着的。实际上，即使两次洪峰流量大小相同的洪水，形成的冲刷深度也不会被测出完全相同的结果。桥墩冲刷深度实际上是随机变量，任何冲刷公式计算值，都是这个随机变量的估计值。

为了把握估计值的安全程度，应该对估计值与实测值的比值 R 的出现进行频率分析，找出计算冲刷深度大小和安全保证率、风险率之间的关系。根据要求的安全保证率或风险概率，来确定相应的计算冲刷深度。

安全保证率是指冲刷深度的计算值大于等于冲刷深度实测值的累积频率，以 $P_A(\%)$ 表示；对应的风险概率 $P_F(\%)=1-P_A$。设计洪水桥墩冲刷风险概率 $P_X(\%)$，应为设计洪水发生设计频率(洪水发生时间频率 P)和由各地桥墩实测资料计算的桥墩冲刷风险频率(空间分布频率 P_F)两者的乘积，即设计洪水频率 P 与该墩空间冲刷风险率 $(1-P_A)$ 的乘积：

$$P_X=P\times(1-P_A) \tag{14-3-7}$$

修正公式系数 K 与安全保证率、风险概率数值的关系，见表 14-3-2。

对表 14-3-2 中数值进行分析表明：

当 $K=0.46$ 时(回归分析值)，300 年一遇的设计洪水，每年汛期桥墩冲刷深度超过计算值的概率为 0.15%；100 年一遇设计洪水，超过计算值的概率为 0.44%。应该说，已足够安全，可作为一般推荐值。

若取 $K=0.6=1.3\times0.46$，按 300 年一遇的设计洪水，每年汛期桥墩冲刷深度超过计算值

的概率为0.06%；按100年一遇设计洪水，超过计算值的概率为0.19%。可以近似看作冲刷深度的上限。

假设取更大的K值，当$K \geqslant 0.74$，冲刷深度虽有较大增加，但对减小风险概率作用不大。这是因为在计算条件下，515座桥梁样本中实测冲刷深度达到或大于这个深度者极少。

六、65-1 修正公式

65-1公式是1965年铁路技术人员在桥渡冲刷会议讨论意见的基础上，根据图14-3-5所示冲刷深度和行近流速的关系建立的公式。经1986年修正后写入铁路规范，推荐将其作为非黏性土河床桥墩局部冲刷计算公式。

清水冲刷$v \leqslant v_0$时：

$$h_b = K_\xi K_\eta B_1^{0.6}(v - v_0') \tag{14-3-8}$$

动床冲刷$v > v_0$时：

$$h_b = K_\xi K_\eta B_1^{0.6}(v_0 - v_0')\left(\frac{v - v_0'}{v_0 - v_0'}\right)^n \tag{14-3-9}$$

式中，h_b、K_ξ、B_1、v、v_0和v_0'，意义同前。

河床泥沙起动流速v_0：

$$v_0 = 0.0246\left(\frac{h_p}{d}\right)^{0.14}\sqrt{332d + \frac{10 + h_p}{d^{0.72}}} \tag{14-3-10}$$

墩前起冲流速v_0'：

$$v_0' = 0.462\left(\frac{d}{B_1}\right)^{0.06} \cdot v_0 \tag{14-3-11}$$

河床颗粒影响系数K_η：

$$K_\eta = 0.8\left(\frac{1}{d^{0.45}} + \frac{1}{d^{0.15}}\right) \tag{14-3-12}$$

指数n：

$$n = \left(\frac{v_0}{v}\right)^{0.25d^{0.19}} \tag{14-3-13}$$

以上各式中d的单位是mm。

65-1公式和65-2公式都是在1964年全国桥渡冲刷学术讨论会意见的基础上建立的公式，分别是铁路系统和公路系统当时全国桥梁冲刷研究的总结。两式的共同点都是以图14-3-5所示冲刷深度和行近流速的关系为基本图示，以全国桥墩冲刷观测数据为依据建立的。但是，65-1公式起动流速采用张瑞瑾公式能反映颗粒重力和黏着力对起动的抗力，起冲流速用与起动流速的关系来表示，对于细颗粒河床，适应性较强，较65-2公式更为合理。65-1修正公式补充了成昆铁路大粒径河床冲刷观测数据。

七、由实桥资料得到的桥墩局部冲刷深度计算公式

上列公式都是从冲刷机理出发，建立公式结构，应用实桥观测资料和水力模型试验资料，分析确定式中系数、指数，而建立的半理论半经验公式，可较全面、准确地反映冲刷机理和现场

条件的自然规律。但是其计算较为复杂,为便于生产应用,在收集大量实桥洪水冲刷现场观测资料的基础上,根据各国桥墩冲刷现场观测资料,进行数值分析,应用回归分析、误差分析等方法,直接建立经验公式,也是一种预估冲刷深度的有效方法。国外也有这类公式,如美国Froehlich D. C. 公式(1989)。

现场实测资料包括:中国资料 212 项,美国、加拿大和新西兰资料 79 项,前苏联各加盟共和国和前南斯拉夫资料 109 项,共计 400 项。这些资料覆盖了亚洲、北美洲、欧洲和大洋洲的长江、黄河、密西西比河、伏尔加河、多瑙河等大江河和山区急流的小河以及大型运河上的各类桥梁。应用计算机对上述实测资料进行多元回归分析,得到桥墩局部冲刷深度计算公式:

$$h_b = 0.304K_\zeta h^{0.29}B_1^{0.53}d^{-0.13}v^{0.61} \tag{14-3-14}$$

式中:h_b——桥墩局部冲刷深度(m),从一般冲刷后床面算起;

K_ζ——墩形系数,见表 14-3-1;

h——墩前行近水深(m),以一般冲刷后水深 h_p 代入;

B_1——桥墩计算宽度(m),以垂直于水流方向桥墩的投影宽度计算,反映水流冲击角对冲刷的影响,见表 14-3-1;

d——冲刷层内泥沙平均粒径(m);

v——墩前行近流速(m/s),取一般冲刷后墩前流速。

因实桥资料限于沙性土河床,建议式(14-3-14)应用于粒径大于 0.5mm 的沙质河床。

式(14-3-14)由王亚玲、高冬光完成(《西安公路交通大学学报》,1999 年第 4 期),可在生产中参考试用。

八、黏性土河床桥墩局部冲刷公式

《黏土桥渡冲刷天然资料分析报告》(铁道部黏土桥渡冲刷研究小组,1982 年修订稿)中根据 26 座桥的调查资料,推荐了供生产试用的黏性土河床桥墩局部冲刷公式。在此基础上《铁路桥渡勘测设计规范》(TBJ 17—86)、《铁路工程水文勘测设计规范》(TB 10017—99)、《公路桥位勘测设计规范》(JTJ 062—91)、《公路工程水文勘测设计规范》(JTG C30—2002)给出下列黏性土河床的桥墩局部冲刷计算公式:

当 $h_p \geqslant 2.5\,B_1$ 时:

$$h_b = 0.83K_\zeta B_1^{0.6}I_L^{1.25}v \tag{14-3-15}$$

当 $h_p < 2.5\,B_1$ 时:

$$h_b = 0.55K_\zeta B_1^{0.6}h_p^{0.1}I_L v \tag{14-3-16}$$

式中:I_L——冲刷范围内黏土液性指数,本公式中 I_L 的范围为 0.16～1.48;

其他符号意义同前。

九、行近水深和行近流速

假定局部冲刷是在一般冲刷完成后进行的,应取一般冲刷后最大水深作为行近水深,取一般冲刷后垂线平均流速作为行近流速。计算桥墩局部冲刷时,应根据所采用的一般冲刷公式,选用其对应的行近流速公式。

(1)按输沙平衡原理公式计算一般冲刷时，可近似取：

$$v=\frac{A^{0.1}}{1.04}\left(\frac{Q_2}{Q_c}\right)^{0.1}\left[\frac{B_c}{\mu(1-\lambda)B_2}\right]^{0.34}\left(\frac{h_{mc}}{h_c}\right)^{0.66}v_c \tag{14-3-17}$$

(2)按冲止流速公式计算一般冲刷时，取该公式对应的冲止流速公式计算，例如对于沙性土河槽：

$$v_z = Ed^{1/6}h_p^{2/3} \tag{14-3-18}$$

(3)按别氏假定计算一般冲刷时，墩前行近流速为河槽中最大流速：

$$v = v_c\left(\frac{h_{cmax}}{h_c}\right)^{2/3} \tag{14-3-19}$$

十、例题

[例 14-3-1] 某桥跨越沙质河床，桥轴与水流夹角 $\alpha=15°$，带圆头的重力式桥墩，墩宽 $b=1.52$m，墩长 $L=8.30$m，冲刷层平均粒径 $d=14$mm。一般冲刷后桥前水深 $h=3.70$m，行近流速 $v=2.16$m/s，设计水位为 261.30m。试计算建桥后可能出现的最大桥墩局部冲刷坑深度 h_b 和最低冲刷线高程。

解：(1)按 65-2 修正公式计算

床沙起动流速 v_0($d>2$mm，黏结力不计)：

$$v_0 = \left(\frac{d}{h}\right)^{0.14}(29d)^{0.5} = \left(\frac{3.70}{0.014}\right)^{0.14}\times(29\times0.014)^{0.5} = 1.39(\text{m/s})$$

$v=2.16\text{m/s}>v_0=1.39\text{m/s}$ 时，动床冲刷。

查表 14-3-1，$K_\xi=0.91$，计算墩宽：

$$B=(L-b)\sin\alpha+b=(8.30-1.52)\sin15°+1.52=3.27(\text{m})$$

桥墩起冲流速 v_0'：

$$v_0'=0.645\left(\frac{d}{B}\right)^{0.053}v_0=0.645\times\left(\frac{0.014}{3.27}\right)^{0.053}\times1.39=0.67(\text{m/s})$$

指数 n：

$$n=\left(\frac{v_0}{v}\right)^{9.35+2.23\lg d}=\left(\frac{1.39}{2.16}\right)^{9.35+2.23\lg0.014}=0.10$$

冲刷深度：当常数 K 取回归值 0.46 时，

$$\begin{aligned}h_b &=0.46K_\xi B^{0.60}h^{0.15}d^{-0.07}\left(\frac{v-v_0'}{v_0-v_0'}\right)^n\\ &=0.46\times0.91\times3.27^{0.60}\times3.70^{0.15}\times0.014^{-0.07}\times\left(\frac{2.16-0.67}{1.39-0.67}\right)^{0.10}\\ &=1.54(\text{m})\end{aligned}$$

(2)当常数 K 取 0.60 时，$h_b=2.01$m

(3)经验公式(14-3-14)

$$\begin{aligned}h_b &= 0.304K_\zeta h^{0.29}B_1^{0.53}d^{-0.13}v^{0.61}\\ &=0.304\times0.91\times3.70^{0.29}\times3.27^{0.53}\times0.014^{-0.13}\times2.16^{0.61}\\ &=2.10(\text{m})\end{aligned}$$

(4)65-1 修正公式

起动流速 v_0 同上。

起冲流速：

$$v'_0 = 0.462\left(\frac{d}{B}\right)^{0.06} v_0 = 0.462\times\left(\frac{14}{3.27}\right)^{0.06}\times 1.39$$
$$= 0.46(\mathrm{m/s})$$

系数：

$$K_\eta = 0.8\left(\frac{1}{d^{0.45}}+\frac{1}{d^{0.15}}\right) = 0.8\times\left(\frac{1}{14^{0.45}}+\frac{1}{14^{0.15}}\right)$$
$$= 0.782$$

指数：

$$n = \left(\frac{v_0}{v}\right)^{0.25d^{0.19}} = \left(\frac{1.39}{2.16}\right)^{0.25\times 14^{0.19}} = 0.83$$

冲刷深度：

$$h_b = K_\xi K_\eta B^{0.60}(v_0 - v'_0)\left(\frac{v-v'_0}{v_0-v'_0}\right)^n$$
$$= 0.91\times 0.78\times 3.27^{0.60}\times(1.39-0.46)\times\left(\frac{2.16-0.46}{1.39-0.46}\right)^{0.83}$$
$$= 2.22(\mathrm{m})$$

(5)65-2 公式

动床冲刷公式：

$$h_b = K_\xi K_{\eta_2} B_1^{0.60} h^{0.15}\left(\frac{v-v'_0}{v_0}\right)^n$$

$$K_{\eta_2} = \frac{0.0023}{d^{2.2}} + 0.375d^{0.24} = (0.0023/14^{2.2}) + 0.375\times 14^{0.24} = 0.71$$

$$v_0 = 0.28(d+0.7)^{0.5} = 0.28\times(14+0.7)^{0.5} = 1.07\ (\mathrm{m/s})$$

$$v'_0 = 0.12(d+0.5)^{0.55} = 0.12\times(14+0.5)0.55 = 0.52(\mathrm{m/s})$$

$$n = \frac{1}{\left(\frac{v}{v_0}\right)^{0.23+0.19\lg d}} = \frac{1}{\left(\frac{2.16}{1.07}\right)^{0.23+0.19\lg 14}} = 0.73$$

$$h_b = 0.91\times 0.71\times 3.27^{0.6}\times 3.70^{0.15}\times 0.71\times\left(\frac{2.16-0.52}{1.07}\right)^{0.73}$$
$$= 2.20(\mathrm{m})$$

(6)讨论

①各公式计算值的比较(表 14-3-4)

局部冲刷计算深度表 表 14-3-4

冲刷公式	65-2 修正（回归式）	65-2 修正（上限）	65-2 公式	65-1 修正	经验公式	推荐值
冲刷深度(m)	1.54	2.01	2.20	2.22	2.10	2.01

比较各公式计算结果，可知65-1修正公式和65-2公式计算值最大，修正后的65-2公式因引入冲刷坑输沙平衡，进行了修正，公式的计算结果都小于它；而且，当粒径小于0.5mm时，粒径越小，其偏大越显著。推荐取修正公式上限值 $h_b=2.01$m，按百年一遇洪水计算，每年发生的风险概率为0.19%；按300年一遇洪水计算，风险概率为0.06%。

最低冲刷线高程：

$$H_b=261.30-3.70-2.01=255.59(\text{m})$$

②65-2修正公式计算值的风险概率分析

不同风险概率条件下，65-2修正公式的计算冲刷深度见表14-3-5。

65-2修正公式的计算冲刷深度　　表14-3-5

每年发生的风险概率 P(%)	0.44	0.19	0.05	0.03	0.02
65-2公式中的系数 K	0.46	0.60	0.74	0.89	0.96
计算冲刷深度(m)	1.54	2.01	2.46	2.93	3.23

一般设计采用 $K=0.46$，即回归值(与各实测样本离差平方和最小)，对于百年一遇洪水，每年冲深超过它的概率(风险概率)为0.44%，小于1/200，可达到安全要求。

如果取 $K=1.3\times0.46=0.6$，百年一遇洪水时，每年超过计算冲深的概率仅有0.19%，即小于1/500，足够安全。

当 $K=2.1\times0.46=0.96$，百年一遇洪水时，每年超过计算冲深的概率为0.02%，即1/5 000，可视为冲刷深度不可能达到的上限。

十一、建议

不同情况的河床，桥墩局部冲刷计算可分别采用下列方法：

(1)沙质河床。采用我国65-2修正公式(公路)、65-1修正公式(铁路)和实桥经验公式。

(2)沙含黏粒的河床。采用我国65-2修正公式(公路)、65-1修正公式(铁路)，以及本章第五节有关公式。

(3)黏土河床。我国采用黏土桥墩局部冲刷公式，并参考本章第五节黏土冲刷公式。

(4)潮汐河口桥梁。可参考本章第八节有关公式。

第四节　桥台冲刷

桥台是位于桥梁两端，与路基连接，支承上部结构和承受台背土压力的构造物。在没有导流堤时，桥台突出于洪水中，河滩流量较大时，冲刷十分严重。

1995年，根据交通部"八五"科技攻关课题成果，从研究桥台冲刷机理出发，应用大量水工模型试验和现场观测数据及图像资料，通过数值分析和处理，建立了桥台冲刷计算公式。

一、桥台冲刷的机理

1.桥台绕流的水流结构(图14-4-1)

桥台附近的水流(图14-4-2)由主流区(无旋流动)、下游回流区(有旋流动)和上游滞流区

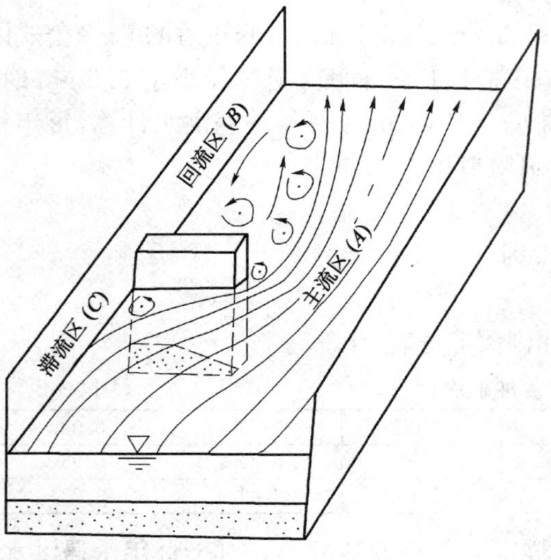

图 14-4-1　桥台绕流水流结构示意图
(根据试验照片绘制,高冬光,1995 年)

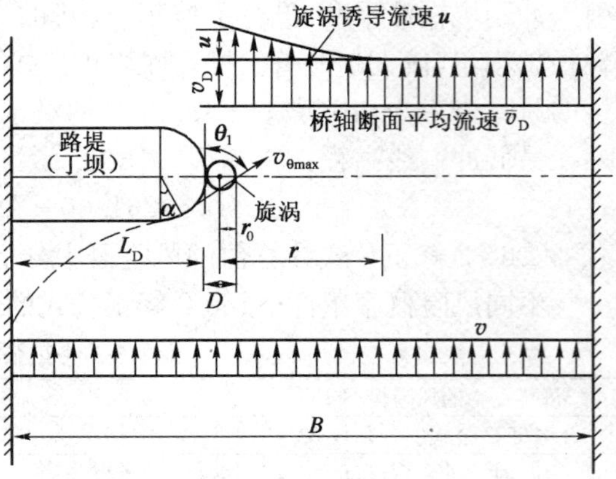

图 14-4-2　桥台附近流速分布(高冬光,1994 年)

(有旋流动)三部分组成。被束窄的主流导致上游壅水和河道的一般冲刷。急速绕过桥台的水流,在桥台上游边缘与壁面边界层分离,形成强烈的竖轴旋涡体系,并不断地向下游扩散,形成回流区。旋涡中心形成负压强,吸起床面泥沙,带到下游回流区沉积下来,形成桥台冲刷和回流区淤积(图 14-4-3)。

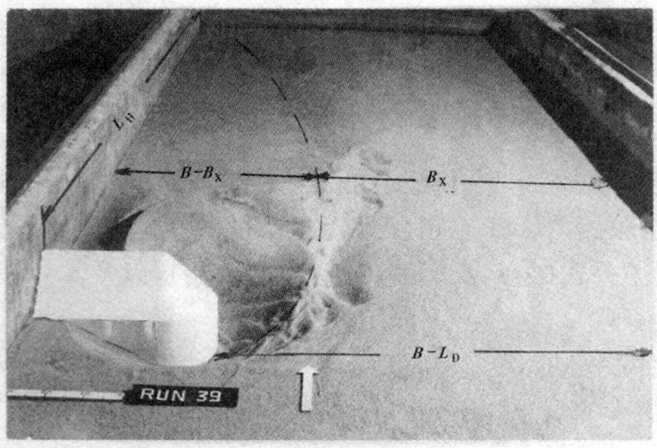

图 14-4-3　桥台附近床面冲刷和回流区淤积
(原西安公路交通大学,高冬光,1994 年)

根据试验资料分析,桥台前缘绕流最大流速 $v_{\theta max}$:

$$v_{\theta max} = 1.05e^{1.97(L_D/B)} \cdot v \tag{14-4-1}$$

式中:L_D——桥台路堤阻水长度(m);

B——河槽天然宽度(m);

v——河槽天然流速(m/s)。

根据流体力学旋涡分析,桥台前缘处涡心压强 p_c:

$$p_c = p_\infty - \rho v_{\theta max}^2 \tag{14-4-2}$$

式中:p_∞——无穷远处不受旋涡影响的压强(Pa);

ρ——水的密度,$\rho=1\,000\text{kg/m}^3$;

$v_{\theta max}$——桥台前缘绕流最大流速(m/s)。

涡心沙粒受到的压力 p_d:

$$p_d = (p_\infty - \rho v_{\theta max}^2)\frac{\pi}{4}d^2 \tag{14-4-3}$$

式中:d——颗粒粒径(m);

p_d——床面泥沙受到的旋涡压力(N)。

桥台前缘上游侧，水流与桥台壁面分离处，不断地生成旋涡。涡心床面泥沙压强较无旋涡处的压强 p_∞，减小 $v_{\theta\max}^2$。这里流速最大，床面压强最小，冲刷最深(图 14-4-1 和图 14-4-2)。

2. 桥台床面泥沙受力分析和起冲流速 v'_0

桥台前缘床面上的泥沙颗粒，承受重力、旋涡负压及绕流流速的水平推力和升力的作用，即：

水中重力：

$$W=(\gamma_s-\gamma)\frac{\pi}{6}d^3 \qquad (向下)$$

旋涡负压：

$$P_d=(p_\infty-\rho v_{\theta\max}^2)\frac{\pi}{4}d^2 \qquad (向上)$$

绕流推力：

$$P_x=c_x\rho\frac{v_{\theta\max}^2}{2}\cdot\frac{\pi}{4}d^2 \qquad (水平)$$

绕流升力：

$$P_z=c_z\rho\frac{v_{\theta\max}^2}{2}\cdot\frac{\pi}{4}d^2 \qquad (向上)$$

驱使颗粒离开床面的力(P_d 和 P_z)都随 $\rho v_{\theta\max}^2$ 而增大。当 $v_{\theta\max}$ 增大到一定数值时，P_d 和 P_z 大于 W，则向上的力(P_z+P_d-W)与水平力 P_x 的合成力 $\boldsymbol{F}$，使颗粒离开床面，沿 $v_{\theta\max}$ 方向随旋涡运动。这就是桥台起冲的条件。

根据西安公路交通大学试验资料分析，桥台起冲流速 v'_0 和床面泥沙起动流速 v_0 的关系为：

$$v'_0=4.07\left(\frac{d}{L_D}\right)^{0.34}\cdot v_0 \qquad (14\text{-}4\text{-}4)$$

式中：d——床沙平均粒径(m)；

L_D——桥台、路堤阻水长度(m)，以垂直于流向的投影长度计；

v_0——床沙起动流速(m/s)，按张瑞瑾公式(14-3-4)计算。

3. 清水冲刷($v\leqslant v_0$)和动床冲刷($v>v_0$)

西安公路交通大学(1993 年)对不同路堤阻水长度 L_D 条件下，进行的清水冲刷和动床冲刷试验，结果如图 14-4-4 所示。它和国外试验资料(吉尔，1970)是一致的。冲刷深度 h_s 和行近流速 v 的关系，可用一条斜率由大变小的下凹曲线来拟合；也可采用处理桥墩冲刷的办法，清水冲刷 $\frac{v}{v_0}\leqslant 1$ 近似地用直线、动床冲刷用曲线来拟合，令两者在 $v=v_0$ 处连接。前者称单线拟合，后者称两线拟合(以上内容详见“桥台的冲刷机理和冲刷深度”，《中国公路学报》，1998 年第 1 期)。

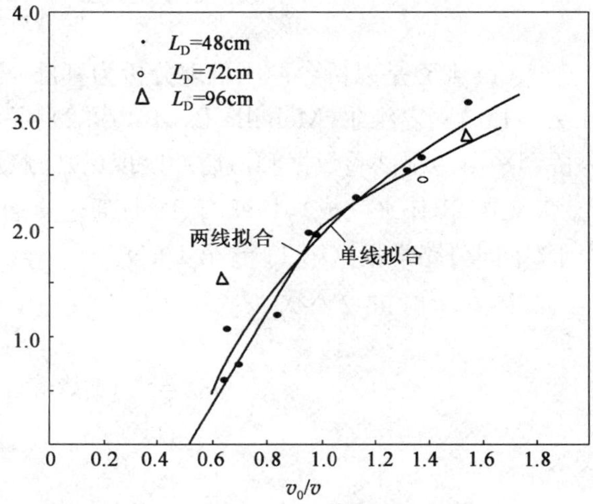

图 14-4-4　桥台冲刷深度随流速的变化
(原西安公路交通大学 1993 年)

二、桥台冲刷公式

1. 交通部"八五"攻关课题公式(简称 95-1 公式)

$$h_s = 1.95 Fr^{0.20}(L_D h)^{0.50} C_\alpha C_A \tag{14-4-5}$$

或

$$h_s = 1.95 Fr^{0.20} A_z^{0.50} C_\alpha C_A \tag{14-4-6}$$

式中:h_s——桥台平衡冲刷深度(m),即所给的水力条件下,达到输沙平衡时冲刷的极限深度,自床面平均高程算起,包括一般冲刷和局部冲刷;

Fr——河道天然状态下的弗汝德数,$Fr=\frac{v^2}{gh}$,v 和 h 分别是天然河道平均流速(m/s)和水深(m);对于河滩宽阔、河滩路基较长的河床取河滩阻水流部分天然弗汝德数;

A_z——桥台、路堤阻水面积(m^2),以垂直流向的投影计;$A_z = L_D h$,L_D 是路堤阻水长度(m),h 是阻水区平均水深(m);

C_A——桥台形状系数,竖直前墙带锥坡或八字翼墙,$C_A=0.95$;带边坡的前墙,两侧带锥坡或八字翼墙,$C_A=0.90$;

C_α——挑角系数,α 是上游流向与桥轴的夹角(°),桥轴与水流正交,$\alpha=90°$,$C_\alpha=1.0$;桥轴与水流斜交,两岸桥台 α 不同,一岸 $\alpha>90°$,另一岸 $\alpha<90°$(图 14-4-5)。

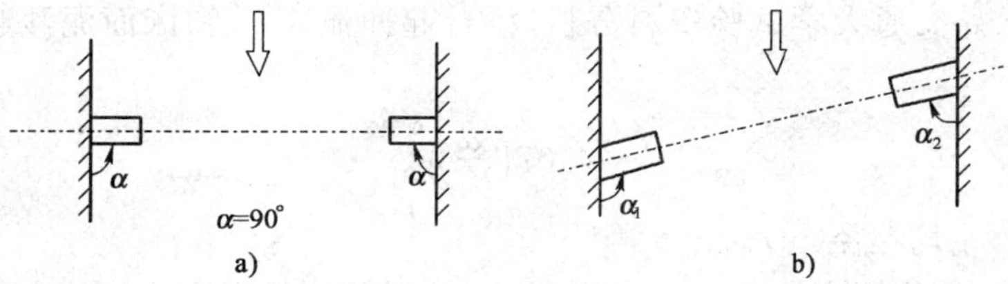

图 14-4-5 两岸桥台与水流的挑角

a)桥轴与水流正交;b)桥轴与水流斜交

$$C_\alpha = \left(\frac{\alpha}{90°}\right)^{0.15} \tag{14-4-7}$$

式(14-4-5)是以桥台冲刷机理分析为基础,根据原西安公路交通大学(1993)、刘心宽(Liu H. K.,1961)、麦维尔(Melville B. M.,1992)、关(Kwan,1989)、坎达沙麦(Kandasamy,1989)等桥台平衡冲刷试验数据和汛后冲刷现场观测数据,应用量纲分析和回归分析制定的(由高冬光、张义青、田伟平完成),1995 年 12 月通过交通部科技司鉴定,推荐生产试用,1998 年 1 月发表于《中国公路学报》(第 11 卷第 1 期)。

2. 桥台冲刷 95-2 公式

$$h_s = 1.61 A_z^{0.50}\left(\frac{v - v'_0}{v_0 - v'_0}\right)^n C_A C_\alpha \tag{14-4-8}$$

或

$$h_s = 1.61 (L_D h)^{0.50}\left(\frac{v - v'_0}{v_0 - v'_0}\right)^n C_A C_\alpha \tag{14-4-9}$$

式中：h_s——桥台平衡冲刷深度(m)，自平均床面高程算起，包括一般冲刷和局部冲刷；

A_z——桥台和路堤阻水面积(m^2)，以垂直流向投影面积(m^2)计，$A_z = L_D h$；

L_D——桥台和路堤阻水长度(m)，以垂直流向投影长度(m)计；

h——阻水区平均水深(m)；

v——天然河槽平均流速(m/s)；

v_0——河床泥沙起动流速(m/s)，由张瑞瑾公式(14-3-4)计算；

v'_0——桥台床面起冲流速(m/s)，由式(14-4-4)计算；

n——指数，

当 $v \leqslant v_0$ 时，取 $n=1.0$；

当 $v > v_0$ 时，

$$n = \left(\frac{v_0}{v}\right)^{35.33+10.16\lg d} \tag{14-4-10}$$

d——床沙平均粒径(m)；

C_A——桥台形状系数，取值同前；

C_α——挑角系数，取值同前。

式(14-4-8)是根据原西安公路交通大学和国外桥台平衡冲刷试验资料，应用量纲分析和回归分析，由王亚玲，高冬光完成，于1993年12月通过专家评审，发表在《西安公路学院学报》(1994年第4期)上。

3. 美国联邦公路局(FHWA)推荐公式

若 $\dfrac{a}{y_1} < 25$，

$$\frac{y_s}{y_1} = 2.15\left(\frac{a}{y_1}\right)^{0.40} Fr_1^{0.33} \tag{14-4-11}$$

若 $\dfrac{a}{y_1} \geqslant 25$，

$$\frac{y_s}{y_1} = 4Fr_1^{0.33} \tag{14-4-12}$$

式中：y_s——桥台平衡冲刷深度(m)，即极限冲刷深度，自平均床面高程算起，包括一般冲刷和局部冲刷；

y_1——上游平均水深(m)；

a——路堤阻水长度(m)，垂直于流向计；

Fr_1——上游水流弗汝德数，

$$Fr_1 = \frac{v_1}{\sqrt{g y_1}} \tag{14-4-13}$$

式(14-4-11)是科罗拉多州立大学刘心宽(Liu H. K，1961)公式，式(14-4-12)是科罗拉多州立大学根据密西西比河石丁坝冲刷观测资料制定的公式(1975)。这两个公式是美国应用最普遍的桥台冲刷计算公式。

4. 按冲刷系数计算桥台冲刷

$$h'_p = P\left[(h_{max} - h)\frac{h}{h_{max}} + h\right] \tag{14-4-14}$$

式中:h_p'——桥台冲刷后水深(m);

h——桥台冲刷前水深(m);

h_{max}——河槽最大水深(m);

P——冲刷系数。

这是在别列柳勃斯基假定基础上建立的前苏联公式(1921年)。

三、河流弯道凹岸的桥台冲刷深度

在河流弯道凹岸的桥台,因在凹岸上下游位置不同,其冲刷深度是不同的。若弯道从进口到出口的圆心角为θ,以h_s表示桥台在直河段的冲刷深度[式(14-4-5)~式(14-4-9)],弯道进口河槽宽度为B,则可根据表14-4-1,确定凹岸桥台冲刷深度(原西安公路交通大学试验,高冬光、张义青,1990)。由表14-4-1可知,当桥台在河湾凹岸的顶点$\left(\dfrac{\theta}{2}\right)$附近时,达到直河段的冲刷深度;河湾出口附近冲刷深度最大,约为直河段冲刷深度的1.54倍,然后,进入直段凹岸冲刷逐渐减弱,大约到出口下游距离1.5倍河宽附近才消失。

凹岸桥台冲刷深度　　表14-4-1

桥台位置	进口	$\frac{\theta}{6}$	$\frac{\theta}{3}$	$\frac{\theta}{2}$	$\frac{2}{3}\theta$	$\frac{5}{6}\theta$	θ	下游直度(凹岸一侧)
冲刷深度	$0.73h_s$	$0.82h_s$	$0.95h_s$	$1.18h_s$	$1.21h_s$	$1.21h_s$	$1.54h_s$	$1.54h_s \rightarrow h_s$

注:表内凹岸冲刷深度自平均床面高程算起;平均床面高程=设计水位-平均水深。

对于凹岸埋入式桥台,其冲刷深度按凹岸冲刷深度计算[式(7-2-4)~式(7-2-7)]。

四、黏性土河床桥台冲刷深度

根据桥台附近流速分布(图14-4-2)可导出桥台附近最大单宽流量q_{max}的表达式,同时,根据实桥观测资料建立了黏土河槽冲止流速v_z表达式(14-2-17),将以上两式代入单位宽度水流连续性方程$q_{max}=h_p v_z$,得黏性土河床桥台冲刷深度h_s:

$$h_s=\left[\bar{q}I_L\left(\frac{3}{1-\lambda}+1.05e^{1.97\lambda}\right)\right]^{5/8}C_\alpha C_A \tag{14-4-15}$$

式中:h_s——桥台附近最大冲刷深度(m),自床面平均高程(设计水位减去平均水深)算起,包括一般冲刷和局部冲刷;

$\bar{q}$——天然条件下河床平均单宽流量[$m^3/(s\cdot m)$];

λ——桥台路堤阻水比,$\lambda=\dfrac{L_D}{B}$;

I_L——黏性土液性指数,$I_L=0.16\sim1.19$。

此式由王亚玲、高冬光完成(《西安公路交通大学学报》,2000年第1期),可在生产中参考试用。

[例14-4-1]　桥位河段顺直,河床宽浅,河床质为砾石,平均粒径$d=10$mm,河槽平均水深$h=2.02$m,平均流速$v=2.10$m/s。桥孔在河槽中对称布设,两岸路堤阻水长度(与流向垂直的路堤长度)都是10m。桥轴与水流斜交,右岸桥台挑角$\alpha_1=70°$,左岸桥台角$\alpha_2=110°$。桥

台采用竖直前墙，上下游两侧带锥坡，河床面以下竖直墙基础不设导流堤。设计水位 H_s 是 493.15m（黄海基面）。

试求两岸桥台的冲刷线高程。

解：(1)根据 95-1 公式计算

$$h_s = 1.95 Fr^{0.2} A_z^{0.5} C_A C_\alpha$$

$$h_s = 1.95\left(\frac{v^2}{gh}\right)^{0.2}(L_D h)^{0.5} C_A C_\alpha$$

$$h_s = 1.95\left(\frac{v^2}{gh}\right)^{0.2}(L_D h)^{0.5} C_A C_\alpha$$

$$= 1.95\times\left(\frac{2.10^2}{9.8\times 2.02}\right)^{0.2}\times(10\times 2.02)^{0.5}\times 0.95 C_\alpha$$

$$= 6.15 C_\alpha$$

右岸桥台，$\alpha_1 = 70°$：

$$h_{s1} = 6.15\times\left(\frac{70°}{90°}\right)^{0.15} = 6.15\times 0.963 = 5.92(\text{m})$$

左岸桥台，$\alpha_2 = 110°$：

$$h_{s2} = 6.15\times\left(\frac{110°}{90°}\right)^{0.15} = 6.15\times 1.03 = 6.34(\text{m})$$

(2)根据 95-2 公式计算

床面起动流速 v_0：

$$v_0 = \left(\frac{h}{d}\right)^{0.14}\cdot\left(29d + 6.05\times 10^{-7}\times\frac{10+h}{d^{0.72}}\right)^{0.5}$$

因为河床质 $d=10$mm，为砾石，上式中 $d\geqslant 2$mm 时，黏结力项可略而不计，则

$$v_0 = \left(\frac{2.02}{0.01}\right)^{0.14}\times(29\times 0.01)^{0.5} = 1.13(\text{m/s})$$

桥台起冲流速 v_0'：

$$v_0' = 4.07\left(\frac{d}{L_D}\right)^{0.34} v_0 = 4.07\times(0.01/10)^{0.34}\times 1.13 = 0.44(\text{m/s})$$

因为 $v=2.10\text{m/s} > v_0 = 1.13\text{m/s}$，所以为动床冲刷。

指数 $n = \left(\frac{v_0}{v}\right)^{35.33+10.16\lg d} = \left(\frac{1.13}{2.10}\right)^{35.33+10.16\lg 0.01} = 9.12\times 10^{-5}$。

$$h_s = 1.61 A_z^{0.50}\left(\frac{v-v'_0}{v_0-v'_0}\right)^{n} C_A = 1.61\times(10\times 2.02)^{0.50}\times\left(\frac{2.10-0.44}{1.13-0.44}\right)^{9.12\times 10^{-5}}\times 0.95$$

$$= 7.20\times 0.95 = 6.84(\text{m})$$

右岸桥台，$\alpha_1 = 70°$，$C_{\alpha 1} = 0.963$，$h_{s1} = 6.84\times 0.963 = 6.59$(m)。

左岸桥台，$\alpha_2 = 110°$，$C_{\alpha 2} = 1.03$，$h_{s2} = 6.84\times 1.03 = 7.05$(m)。

(3)根据 FHWA 公式计算

若 $\frac{a}{y_1}<25$，$\frac{y_s}{y_1}=2.15\left(\frac{a}{y_1}\right)^{0.40}Fr_1^{0.33}$。

若 $\frac{a}{y_1}\geqslant 25$，$\frac{y_s}{y_1}=4Fr_1^{0.33}$。

因为 $\frac{a}{y_1}=\frac{10}{2.02}=4.95<25$，用上式计算：

$$\frac{y_s}{2.02}=2.15\times\left(\frac{10}{2.02}\right)^{0.40}\times\left(\frac{2.10}{\sqrt{9.8\times 2.02}}\right)^{0.33}=2.15\times 1.90\times 0.474^{0.33}=3.19$$

$$y_s=2.02\times 3.19=6.44(\mathrm{m})$$

由此可见，上列 3 个公式计算结果相近，最大冲刷出现在左岸桥台前缘附近的床面，最大冲刷深度按 95-2 公式计算为 7.05m；最低冲刷线高程为 $H_{min}=H_s-h-h_s=493.15-2.02-7.05=484.08(\mathrm{m})$。

第五节　床沙粒径级配、黏粒含量对桥梁墩台冲刷的影响

半个世纪以来，美国联邦公路总署(FHWA)资助科罗拉多州立大学(CSU)完成了多项桥梁水力学、桥梁冲刷、公路与桥梁河流稳定性等公路与桥梁河流环境方面的研究。作者在此完成了应用各国桥梁现场观测资料对我国 65-2 修正公式的验证评估，得到了肯定的结论。这些研究成果都曾作为联邦公路总署(FHWA)研究报告发表。以下仅介绍 2003 年发表的 Molinas 的研究成果，可供我国参考。

一、桥墩冲刷(沙性土)公式的修正

在原有 CSU 桥墩冲刷公式(Richardson E. V, 1995)的基础上，增加了起冲系数 K_i 和不均匀沙的颗粒粗糙及级配影响系数 K_4，则公式无量纲形式为：

$$\frac{D_s}{y}=2K_1K_2K_3K_iK_4\left(\frac{b}{y}\right)^{0.65}\left(\frac{v}{\sqrt{gy}}\right)^{0.43}\tag{14-5-1}$$

或

$$D_s=2K_1K_2K_3K_4K_ib^{0.65}y^{0.35}Fr^{0.43}\tag{14-5-2}$$

式中：D_s——桥墩局部冲刷深度(m)；

b——桥墩宽度(m)；

y——墩前水深(m)；

Fr——弗汝德数，$Fr=\frac{v}{\sqrt{gy}}$；

K_1——上游端墩形系数，矩形为 1.1，半圆形为 1.0，圆柱墩为 1.0，双柱墩为 1.0，尖头墩为 0.9；

K_2——流向偏角系数，取值见表 14-5-1；

K_3——床面沙坡尺度系数，取值为：

清水冲刷时，取 1.1；

床面无沙坡时，取 1.1；

沙纹 $0.6<H<3$ 时，取 1.1；

中等沙坡 $3\leqslant H<9$ 时，取 1.2～1.1；

大型沙坡 $H\geqslant 9$ 时，取 1.3；

H——沙坡高度(m)；

K_i——起冲系数，

$$K_i=\left(1-\frac{v_i}{v}\right)^{0.45}\qquad (v>v_i) \tag{14-5-3}$$

v_i——墩前起冲流速(m/s)，

$$v_i=2.65D_{35}^{0.38}y^{0.17} \tag{14-5-4}$$

床沙粒径级配不均匀，冲刷坑内细颗粒被冲走，坑底留下大颗粒覆盖形成粗化层，减小了冲刷深度。

$$K_4=1.25+3\sqrt{\frac{D_{cfm}}{D_{50}}}\psi^{0.60}\ln(\psi+0.5)\qquad (0\leqslant K_4\leqslant 1,0\leqslant\psi\leqslant 1) \tag{14-5-5}$$

式中：D_{cfm}——粗颗粒平均粒径，

$$D_{cfm}=\frac{D_{85}+2D_{90}+2D_{95}+D_{99}}{6} \tag{14-5-6}$$

ψ——流速大于起冲流速的无量纲系数，

$$\psi=\frac{v-v_i}{v_c-v_i}\qquad (0\leqslant\psi\leqslant 1) \tag{14-5-7}$$

v_c——床面泥沙起动流速(m/s)，

$$v_c=(26.1\sqrt{\frac{0.047\gamma_s}{\gamma}})D_r^{0.33}R^{0.17}=6.625D_\gamma^{0.33}R^{0.17} \tag{14-5-8}$$

D_r——取粗粒沙平均粒径 D_{cfm}(m)；

R——取水深 Y(m)。

K_2 取值表　　表 14-5-1

偏角(°)	$L/a=4$	$L/a=8$	$L/a=12$
0	1.0	1.0	1.0
15	1.5	2.0	2.5
30	2.0	2.75	3.5
45	2.3	3.3	4.3
90	2.5	3.9	4.5

注：L-墩长(m)；a-墩宽(m)。

二、桥墩冲刷公式(含细粒土沙)黏粒含量的影响

在上列沙性土冲刷研究的基础上,在沙性土床沙中掺入中值粒径为 0.55mm,级配系数 σ_g 为 2.43 的黏性土粒。黏性土粒是用蒙脱石(Montmorillonite)矿黏土颗粒,黏粒含量 CC 在1.6%~12.8%。在上列沙性土相似的水力条件和几何条件下,进行试验,得到图 14-5-1 所示的关系。纵坐标为冲刷深度折减系数 K_{CC},横坐标是黏粒含量 CC。图中曲线拟合用下式表示:

$$K_{CC}=\frac{1}{1+\left(\frac{CC}{11}\right)^{0.9}} \qquad (0\leqslant CC\leqslant 11) \tag{14-5-9}$$

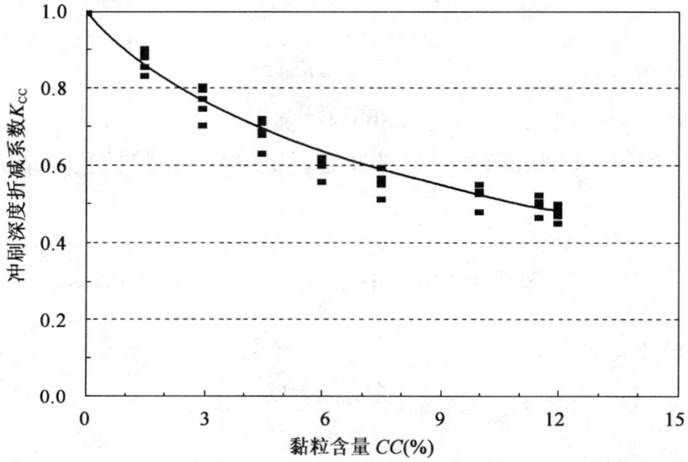

图 14-5-1 桥墩冲刷深度折减系数 K_{CC}与黏粒含量 CC(%)的关系

含细粒土沙的冲刷深度计算,可按沙性土桥墩冲刷公式计算,再乘以黏粒含量的冲刷折减系数 K_{CC}即可。

试验研究表明,当细粒、黏粒含量超过 12%时,黏粒含量对冲刷的影响将不能再按沙性土公式中乘以黏土冲刷折减系数的方法来计算,而应按下列研究进行计算。

三、黏土河床桥墩冲刷公式

在细粒、黏粒含量大于 12%的情况下,不能按上列公式计算桥墩冲刷。根据黏土按矿物成分及晶体结构的不同,有高岭土(Kaolinite)黏土、蒙脱石(Montmorionite)黏土、伊利石黏土。黏土的冲刷不仅是土颗粒受外力平衡的问题,而且与土的矿物成分、细颗粒外的水膜结构及化学作用等有关,十分复杂。目前,桥梁黏土冲刷理论和试验研究成果不多,可应用于生产的成果则更少。

美国联邦公路总署(FHWA)资助科罗拉多州立大学(CSU)“非匀质混合土和黏土的桥梁冲刷”(Bridge Scour in Nonuniform Sediment Mixtures and in Cohesive Materials)试验研究,历时 13 年(1991~1996 年完成阶段报告,2003 年完成综合报告),综合报告终于以美国运输部公路总署技术报告(FHWA-RD-03083)的形式发表。

由黏性土桥墩局部冲刷深度试验可知,在不饱和黏土和饱和黏土两种条件下,起决定性作用的因素有所不同,得到下列关系:

1. 不饱和黏土中的桥墩冲刷(图 14-5-2)

$$\frac{D_s}{b}=24\,715(IWC)^{-0.36}Fr^{1.92}C^{-1.62} \tag{14-5-10}$$

式中：IWC——初始含水率(%)；

C——密实度(%)；

Fr——水流弗汝德数，$Fr=\frac{v}{\sqrt{gh}}$；

b——墩宽(m)。

试验条件：IWC 为 15%～50%，密实度 C 为 50%～100%，Fr 为 0.18～0.37，土的抗剪强度为 0.1～0.45kg/cm^2。

2. 饱和黏土中的桥墩冲刷(图 14-5-3)

$$\frac{D_s}{b}=0.028\,8(IWC)^{1.14}(Fr-F_i)^{0.6} \qquad (Fr\geqslant F_i) \tag{14-5-11}$$

式中：F_i——黏土冲刷开始的水流弗汝德数，

$$F_i=\frac{350}{(IWC)^2} \tag{14-5-12}$$

其他符号意义同前。

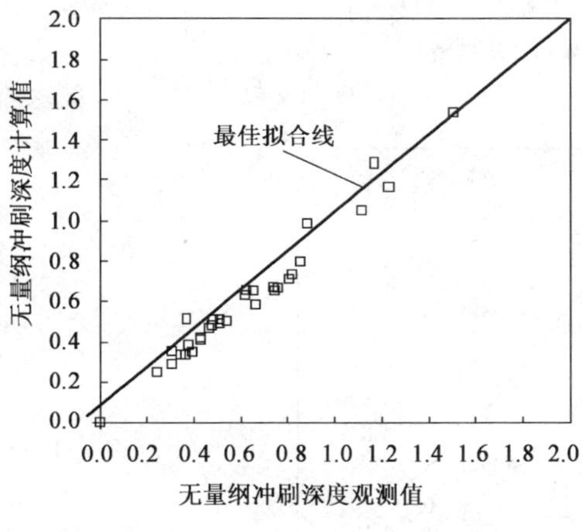

图 14-5-2　不饱和蒙脱石黏土无量纲冲刷深度计算值和观测值相关图

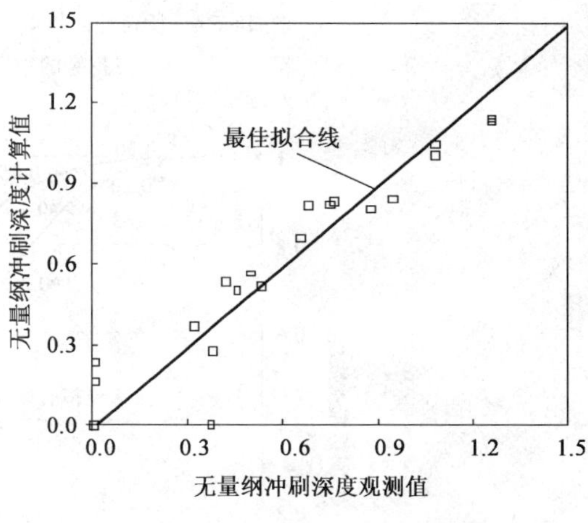

图 14-5-3　饱和蒙脱石黏土无量纲冲刷深度计算值和观测值相关图

四、桥台冲刷公式(含细粒土沙)黏粒含量的影响

含细粒土沙的桥台冲刷深度可按沙性土公式计算，再乘以黏粒含量的黏性折减系数即可。在黏粒含量 CC 小于等于 11%的条件下，根据 CSU 试验室研究资料得到图 14-5-4(掺入蒙脱石黏土颗粒)和图 14-5-5(掺入高岭土黏土颗粒)所示的关系。

1. 掺入蒙脱石黏土颗粒条件下，桥台冲刷折减系数 K_{CC}

$$K_{CC}=\frac{1}{1+\left(\frac{CC}{\alpha}\right)^{\beta}} \qquad (0\leqslant CC\leqslant 11) \tag{14-5-13}$$

式中，α、β对最佳拟合线(best-fit Line)分别取 16 和 1.5，对外包线(envelop line)分别取 22 和 1.8。

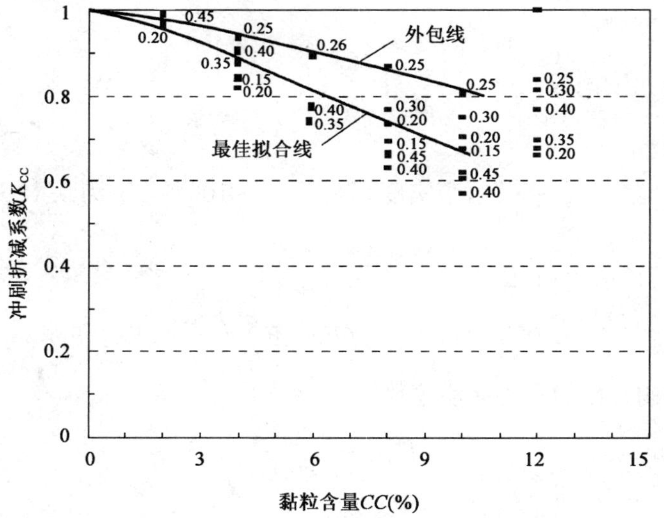

图 14-5-4　桥台冲刷折减系数 K_{CC}与黏粒含量 CC(%)的关系

注：点据旁的数字为试验水流弗汝德数。

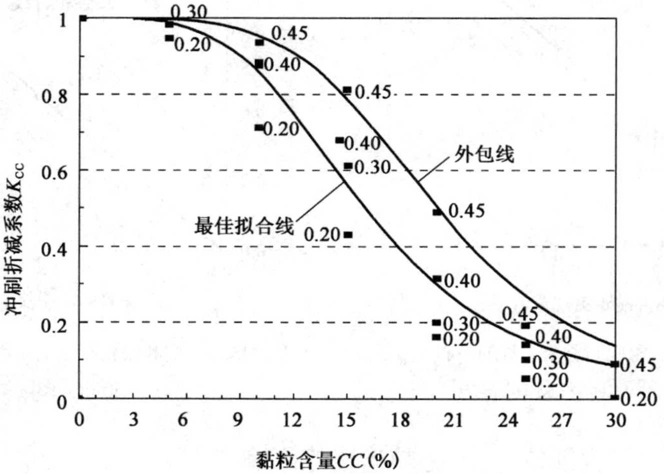

图 14-5-5　桥台冲刷折减系数 K_{CC}与黏粒含量 CC(%)的关系

注：点据旁数值为试验水流弗汝德数。

2. 掺入高岭土黏土颗粒条件下，桥台冲刷折减系数 K_{CC}

$$K_{CC}=\frac{1}{1+\left(\frac{CC}{\alpha}\right)^{\beta}}\qquad(0\leqslant CC\leqslant 11)\tag{14-5-14}$$

式中，α、β对回归线(best-fit line)分别取 16 和 3.8，对外包线(envelop line)分别取 20 和 4.5。

五、CSU 桥台冲刷公式(黏土)

试验发现黏土河床的抗冲刷能力与黏土组成的矿物质类别有关,根据莫利纳斯、莱德和琼斯(Molinas, Reiad, Jones)的试验研究,得到蒙脱石黏土和高岭土黏土床面桥台冲刷的回归方程。

1. 蒙脱石黏土(图 14-5-6)

(1) 不饱和黏土,初始含水率小于 25%的条件下:

$$\frac{D_{sc}}{D_s}=(2.186-0.05342IWC)(15.407-0.522C+0.006087C^2-0.0000235C^3) \quad (14\text{-}5\text{-}15)$$

(2)饱和黏土,初始含水率(IWC)为 28%～45%:

$$\frac{D_{sc}}{D_s}=(4.76-0.451IWC+0.01361IWC^2-0.000126IWC^3)(0.339+0.01744C) \quad (14\text{-}5\text{-}16)$$

以上两式中,符号意义同前,初始含水率(IWC)从 12%～45%,密实度(C)从58%～89%,水流弗汝德数 Fr 为 0.1～0.6,土的抗剪强度为 0.1～0.63 kg /cm²。

2. 高岭土黏土(图 14-5-7)

试验用高岭土黏土是由 30%的高岭土和 70%的中沙(中值粒径 d_{50} 为 0.81mm)混合组成的。回归方程为:

$$\frac{D_{sc}}{D_s}=(0.12+0.014IWC-0.00205IWC^2-0.000057IWC^3)(0.4+0.017C) \quad (14\text{-}5\text{-}17)$$

式中:D_{sc}——黏性土的桥台冲刷深度(m);

D_s——沙性土的桥台冲刷深度(m)。

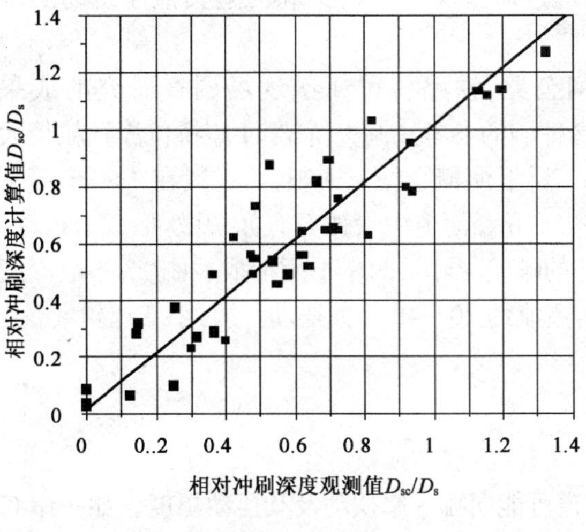

图 14-5-6　蒙脱石黏土桥台冲刷计算值和观测值的相关图

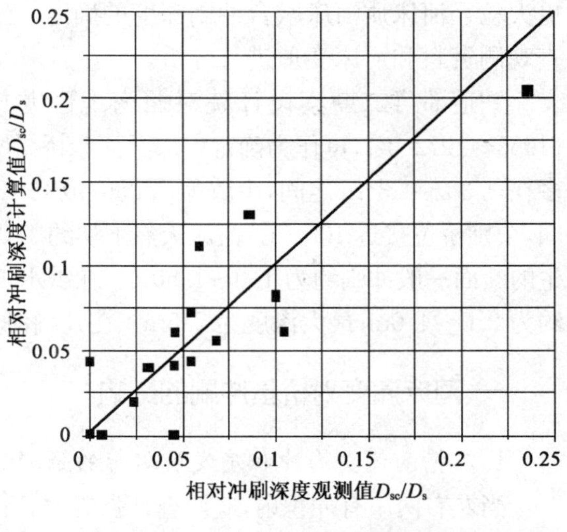

图 14-5-7　高岭土黏土桥台冲刷计算值和观测值的相关图

试验表明,在相同的几何和水流条件下,桥台黏土冲刷深度与沙性土冲刷深度的比值 D_{sc}/D_s(相对冲刷深度)变幅很大,从 7%～140%。这与黏土的初始含水率、土的抗剪强度、密实度、黏性矿物质的类型及百分比等因素有关。对于不饱和蒙脱石混合黏土,桥台冲刷深度随密实度和初始含水率的增加而减小;对于饱和蒙脱石黏土,主要是初始含水率的函数,与初始含水率成反比。

对于不饱和的高岭土混合黏土,起冲流速很大,在同样的水流条件下,冲刷深度可能较沙性土小80%。

六、床面泥沙的矿物成分对黏土冲刷的影响

上述试验表明:床面泥沙的矿物成分对黏土冲刷的影响是十分显著的,在相同的水力条件下,蒙脱石土较高岭石土冲刷变化幅度大很多,因此,在进行黏土冲刷计算以前,应分析黏土的矿物成分,判别黏土矿物成分类别,以采取不同的计算公式。

我国黄河、长江流域的沉积土以及沿海软黏土中,其黏土矿物大部分以伊利石为主,塑性指数较低。高岭石(最早发现于我国江西浮梁高岭山)、蒙脱石、伊利石是最常见的黏土矿物。它们由于晶体结构的差异,表现出的力学性质有很大差别。蒙脱石的塑性指数最高,高岭石最低,伊利石居中。高岭土的残余强度为12°,伊利石为10.2°,蒙脱石为4°～10°。蒙脱石的渗透系数最小,高岭石最大。高岭石亲水性差、压缩性低、可塑性低,对水稳定性好。蒙脱石吸水后体积膨胀,脱水后可收缩,形成膨胀土,具有高塑性、高压缩性、低强度、低渗透性的特点。蒙脱土是由火山灰、玄武岩转变而来,伊利石土的性能在高岭土和蒙脱土之间。

第六节　大漂石河床墩台冲刷

前述各节墩台冲刷计算方法依据的河床质资料一般为细(粉)沙到卵石(例如第三节各国桥墩冲刷观测资料的河床质粒径为0.008～150mm,国内实桥资料粒径为0.10～70mm),更大粒径河床质河床墩台冲刷深度的确定,必须通过对现场已建桥梁和河道其他建筑物的调查观测资料和河床变形进行分析。

铁道部第二勘察设计院对西南地区龙川河公路、铁路桥梁4次现场调查研究的成果(1965～1972年),可作为确定大漂石河床桥梁墩台冲刷的参考。调查桥梁44座桥位漂石粒径大多在0.30～0.35m之间,少数为0.25m或0.40m。桥下河槽平均流速很大,一般在4～9m/s之间,个别桥位接近10m/s。河床天然下切约1.0～1.50m。河道中大孤石有如桥墩,形成卡口,产生的断面一般冲刷约为1.0～1.50m。在洪水顶冲的峭壁、凸岸、凹岸下面形成冲刷坑,一般深度约为2.0～4.0m,最大深度为5.5m。在开阔河段,主流约30～40年大摆动一次,小变迁频繁。

一、河床演变对桥基冲刷的影响

1.河槽两侧支沟冲积扇发展趋势的强弱

当左右两岸有冲积扇,应调查其强弱,判断河道可能向哪一岸摆动及其摆动幅度。如一岸有冲积扇,另一岸为漫滩,则河道向漫滩一侧改道的可能性极大,洪水切削扇缘往冲积扇一侧回摆的可能性很小;若冲积扇长期停止发展,有可能切削扇缘向本岸回摆,但遇特大洪水,泥石流突然发生,将致使主流复改向对岸。设计时应进行细致调查,不要被泥石流间歇状态所迷惑。

2.半边山冲刷的强弱

半边山是指靠河一边的山坡被河水冲成峭壁的山。峭壁可能因洪水冲刷坡脚而坍塌,坍

塌堆积物将洪水逼向对岸。如山坡较缓，坍塌量不大，则坍塌堆积物多能被洪水冲走而河道摆回；如山坡较陡，半边山很高，塌方量大，则河道摆回的可能性就小。

3. 冲积扇与半边山冲刷发展趋势的强弱

在冲积扇与半边山对峙的河段，在平面上形成一个节点，在纵剖面上形成台阶（上游纵坡较缓，下游纵坡较陡）。冲积扇与半边山两者冲刷强弱彼此相对变化着，主槽呈小幅度的往复摆动，河岸在两强之间缓慢扩张，河床因两岸漂石补充而淤高，又因洪水淘刷而下切。桥梁设计时应判明节点的冲淤处于何种阶段，以确定冲刷基准面，在平面位置亦应酌留余地。

4. 主槽与河汊的消长

河汊可能发展成主流，也可能回淤成河滩，主流可能回复到已淤成农田的故道。要根据上下游，尤其是上游冲积扇、半边山及河湾冲刷发展的趋势来分析主槽与河汊的消长变化。

二、一般冲刷和局部冲刷

从调查河床漂石运动情况推测，在床面有一层厚 0.5～0.7m 的漂石被洪水挟带滚动或跳跃运动，顺水推移，洪峰减退时该层漂石就逐渐停留下来。当全河大部分漂石已停止运动，而在河湾、河汊汇口、岩壁突出、桥墩和卡口压缩段，水流因螺旋流、旋涡、急流，漂石不能停留下来时，洪水退后就遗留下深潭。因此，考虑一般冲刷和局部冲刷时，宜再加 0.5m，以减少测量失真程度。

根据龙川河大漂石河床上 31 座铁路桥和 13 座公路桥，对主流直接冲刷的桥墩逐个踏勘，探明冲刷深度和冲坑内河床质情况；对河床演变剧烈变化断面不同年份实测资料进行对比分析，并对已建桥梁冲刷与漂石运动资料进行分析，建立了一般冲刷和局部冲刷与流速的关系曲线（图 14-6-1 和图 14-6-2）。

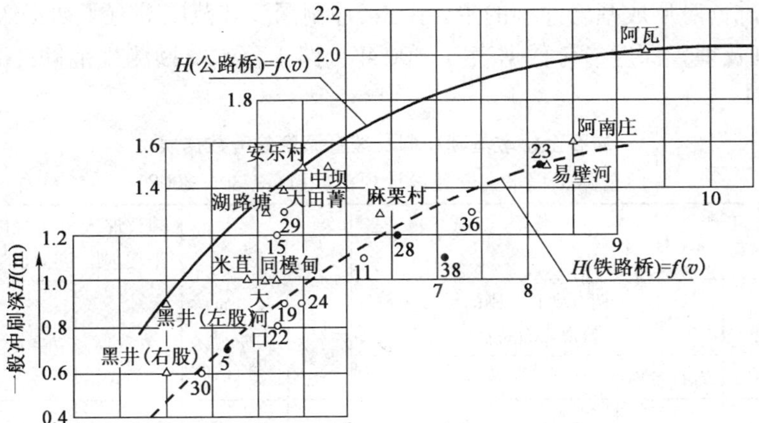

图 14-6-1　龙川河公路、铁路桥一般冲刷与平均流速关系图

注：1. △、●、○分别表示公路桥、铁路正交桥及斜交桥一般冲刷值，图内实曲线按△值的上限，虚曲线按●及○的上限绘制。

2. 桥址处漂石粒径大多数在 0.3～0.35m 之间，只有个别是 0.25m 或 0.4m。

3. 公路桥一般与河床正交，跨度 4～8m，墩多，墩小；断面压缩比在 12%～23%之间；铁路桥墩大，同一断面最多有两墩在河床上。

4. 斜交桥下游端墩受上游端墩影响，冲刷较严重。图中 15 及 29 两点表示下游端墩冲刷值。

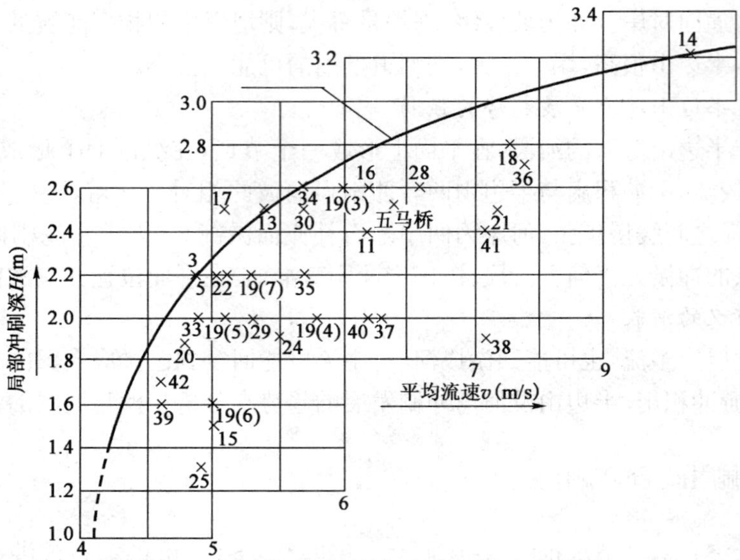

图 14-6-2 龙川河铁路桥局部冲刷与平均流速关系图

注:图内各点为龙川河各铁路桥实测局部冲刷数值,$H=f(v)$ 曲线按点群上限绘制,上端由 14 号桥 3 墩冲深值控制,下端以纵坐标为渐近线,因 $v<4$ m/s 时,一般不产生局部冲刷。

第七节 岩石河床墩台冲刷

关于桥下岩石河床冲刷,目前尚缺少系统的资料,还不能用公式计算。1973 年,铁道科学研究院曾和四川省交通厅等 7 个单位,在 9 省区对 64 余座桥进行了调查,属基岩冲刷者有 31 座。通过调查分析,对形成基岩冲刷的主要因素、冲刷深度和范围等有了初步认识,制成"岩石上桥墩基础冲刷及埋置深度参考数据表",2000 年公路工程水文勘测规范修订时,对原来的表作了修正,见表 14-7-1。

岩石上桥墩基础冲刷及埋置深度参考数据表 表 14-7-1

[《公路工程水文勘测设计规范》(JTG C30—2002)]

<table>
<tr><th colspan="5">岩 石 特 性</th><th colspan="2">调 查 资 料</th><th colspan="3">建议埋入岩面深度(按施工枯水季平均水位至岩面的距离分级)(m)</th></tr>
<tr><th rowspan="2" colspan="2">岩石类别</th><th rowspan="2">极限抗压强度(MPa)</th><th colspan="2">调查到有冲刷的桥渡岩石特性</th><th rowspan="2">桥梁座数</th><th rowspan="2">各桥的最大冲刷深度(m)</th><th rowspan="2">$h<2$</th><th rowspan="2">$h=2\sim10$</th><th rowspan="2">$h>10$</th></tr>
<tr><th>岩石名称</th><th>特性</th></tr>
<tr><td>Ⅰ</td><td>极软岩</td><td><5</td><td>胶结不良的长石砂岩,炭质页岩等</td><td>成分以长石为主,石英凝灰碎屑、云母次之;以黏土及铁质胶结,胶结不良,用手可捏成散砂,淋滤现象明显,但岩质均匀,节理、裂隙不发育;其他岩石如风化严重,节理、裂隙发育,强度小于 5MPa,用镐、锹易挖动</td><td>2</td><td>0.65～3</td><td>3～4</td><td>4～5</td><td>5～7</td></tr>
</table>

续上表

岩石特性						调查资料		建议埋入岩面深度（按施工枯水季平均水位至岩面的距离分级）(m)		
岩石类别		极限抗压强度(MPa)		调查到有冲刷的桥渡岩石特性		桥梁座数	各桥的最大冲刷深度(m)	$h<2$	$h=2\sim10$	$h>10$
				岩石名称	特性					
Ⅱ	软质岩	Ⅱ	5～15	黏土岩、泥质页岩等	成分以黏土为主，方解石、绿泥石、云母次之；胶结成分以泥质为主，钙质铁质次之；干裂现象严重；易风化，处于水下岩石整体性好，不透水，暴露后易干裂成碎块，碎块较坚硬，但遇水后崩解呈土状	10	0.4～2.0	2～3	3～4	4～5
Ⅱ	软质岩	Ⅱ	15～30	砂质页岩、砂质岩互层、砂岩、砾岩等	砂质岩成分同上，夹砂颗粒；砂岩组成中以石英为主，长石、云母次之，圆砾石砂粒黏土等再次之；胶结物以泥质、钙质为主，砂质次之，层理、节理较明显，砂页岩在水陆交替处易干裂、崩解	9	0.4～1.25	1～2	2～3	3～4
Ⅲ	硬质岩		＞30	板岩、钙质砂岩、矽质岩、石灰岩、花岗岩、流纹岩、石英岩等	岩石坚硬，强度虽大于30MPa，但节理、裂隙、层理发育，应考虑冲刷，如岩体完整，节理、裂隙、层理少，风化很微弱，可不考虑冲刷，但基底也宜埋入岩面0.2～0.5m深	9	0.4～0.7	0.2～1.0	0.2～2.0	0.5～3.0

注：1. 在条件较好的情况下，可选用埋深数值的下限；在条件较差的情况下，可选用埋深数值的上限。情况特殊的桥，例如在水坝下游或流速特大等情况下，可不受表列数值限制。

2. 表列调查最大冲刷值系参考桥中冲刷最深的桥墩，建议埋深值亦系按此值推广使用。处于非主流部分及流速较小的桥墩，可按具体情况适当减少埋深。

3. 岩石栏内系调查到的岩石具体名称，使用时应以岩石强度作为选用表中数值的依据。

4. 表列埋深数值系由岩面算起，包括风化层部分，已风化成松散砂粒或土状的除外。

5. 要考虑岩性随深度变化的因素，应以基底的岩石为准，并适当考虑基底以上岩石的可冲性质。

6. 表中建议埋深系指扩大基础或沉井的埋深，如用桩基可作为最大冲刷的位置。

一、岩石与冲刷的关系

岩石抗冲能力的大小,决定于岩石成分、强度、均一性、软弱结构面、风化情况及其产状(走向、倾向、倾角)与水流流向的交角、软弱结构面与水流流向交角等。

岩石成分以硅、钙质为主,强度高,均一性好,风化轻,抗冲力强。坚硬岩石被冲刷的主要原因是岩石节理、裂隙和层理等软弱结构面的发育。如果造岩矿物的硬度低、胶结不良、抗风化稳定性差,抗冲能力就低。软质岩石冲刷的主要原因是水流冲蚀和推移质磨损。

除岩石强度外,如岩石软弱结构面的走向与水流方向一致或近于一致时,水流容易沿层面和软弱结构面冲刷,形成顺水方向的冲沟;而岩石走向与流向垂直或近于垂直时,又倾向下游,就容易被水流掀起、冲走。

二、水流的影响

水流冲刷能力(流速)对坚硬岩石所起的作用不明显,但是对强度较弱或抗冲能力较差的岩质,就明显地表现出来。一般主流稳定河槽中主流直接冲刷的桥墩受冲刷最严重。石质土容许(不冲刷)平均流速见表14-7-2。

石质土容许(不冲刷)平均流速表 表14-7-2

顺号	土的名称	平均水深(m)			
		0.4	1.0	2.0	3.0
		容许流速(m/s)			
1	砾岩,泥灰岩,页岩	2.0	2.5	3.0	3.6
2	多孔的石灰岩,紧密的砾岩,成层的石灰岩,石灰质砂岩,白云质石灰岩	3.0	3.5	4.0	4.8
3	白云质砂岩,紧密不分层的石灰岩,矽质石灰岩,大理岩	4.0	5.0	6.0	6.5
4	花岗岩,辉绿岩,玄武岩,安山岩,石英岩,斑岩	15	18	20	22

注:1. 表中数值不可内插,如水流的深度在表列水深值之间,则流速应取与实际水流深度最接近的。

2. 当水流深度大于3.0m而同时又缺少观测资料时,容许流速可采用水深为3.0m时的数值。

3. 表中流速是按岩层比较完整的情况考虑的。对于有裂隙或已风化的岩层,则容许流速值应根据岩层的完整程度减少10%~15%,对于严重风化破碎的岩层,则应根据占大多数的碎块尺寸按非黏性土的容许(不冲刷)平均流速表采用之。

三、覆盖层的影响

岩石上覆盖层的厚度及其冲淤变化对下部岩石冲刷有直接影响。

(1)覆盖层较薄时,易被全部冲走,岩石长期暴露处于受冲刷的状态。覆盖层推移质运动增加了岩石表面的撞击磨损。

(2)覆盖层较厚时,不易被水流冲光,只在洪水期间局部冲刷坑较深时,墩周小范围内岩石才暴露出来,被冲时间短、范围小。覆盖层减轻了岩石冲刷。

四、冲刷时间与冲刷深度

某桥基础河床岩石强度很差，从该桥建成7年内，4次观测资料来看，除其中一墩外，各墩历次所测冲刷深度都是逐年增加的，还看不出明显的减缓趋势。虽然可以预测冲刷终会逐渐减缓并稳定下来，但需多少年的时间，尚无法肯定，绝非短期或几个洪水过程所能完成的，这与泥沙冲积河床达到平衡冲刷的时间有很大区别。

第八节　感潮河口桥墩冲刷

沿海潮汐河口河段(见第十一章第二节)受径流和潮流两方面不同周期变化的影响，水文和河床变形，十分复杂。钱塘江二桥(铁道科学研究院戴荣尧等，1990年)、下白石桥(冯卫兵等1999年)、苏通长江大桥(高正荣等，2005年)，对以上三桥潮汐和洪水共同作用下的桥墩冲刷及防护进行了试验研究。本节用以上三个实桥(两个沉井基础，一个群桩基础)试验研究实例，来说明对这一问题的定性认识，定量的数据可供分析参考。

因河川径流有洪枯季节周年变化，海洋潮汐涨落又有年、月及日的大、中、小潮周期变化，同时，桥位在不同位置，受径流和潮流影响也不同，水文和河床变化极为复杂，故河口修建的桥梁都是特大型桥梁，一般应做水工模型试验作为设计依据。这里得到的一般规律可作为初步设计的依据及一般规律，以供参考。

桥位勘测设计首先搜集洪水径流、潮汐、风浪及河床演变资料，分析确定对桥长、桥高和桥梁墩台冲刷等最不利的水文(径流、潮流)组合；然后根据相应的最不利洪水和潮汐组合条件，分别确定桥长、桥高和墩台冲刷深度。

一、钱塘江二桥桥墩潮汐冲刷试验研究

试验研究任务为确定施工期间在特定组合的潮汐水流过程作用下，沉井周围的冲刷深度和桥墩建成后设计频率与其他潮汐过程重复作用下的最大的局部冲刷深度。

施工时，当钢沉井(D=16.00m)已下沉埋入地下时，在其上加接混凝土沉井(D=15.60m)，需要确定其施工过程中的冲刷深度。在混凝土沉井以上浇筑墩身，墩身为圆端形，宽5m、长9.60m，恒定流水深为8m。

河床质为粉沙，d_{50}=0.11mm和0.17mm。

沉井施工50d，共100个潮汐过程。采用不同潮波组合的三种潮流过程进行试验，即v_{max}=+2.0～−1.5m/s，v_{max}=+1.7～−1.3m/s和v_{max}=+1.4～−1.1m/s。相应潮水位的变幅为H_{max}=+4.2～−2.5m。

桥墩试验采用两组潮汐过程组合的条件，v_{max}=+2.5～−2.0m/s和v_{max}=+2.2～−1.8m/s，相应潮水位变幅为+4.7～−2.8m，冲刷时间以达到平衡冲刷深度为准。

试验在玻璃水槽内，通过断面模型单墩试验确定局部深度，采用以天然沙作模型沙的系列比尺模型延伸法进行研究。

按照雅林(M. S. Yalin)推导的相似条件,表明潮汐波水流相似条件与恒定流导出的相似条件是一致的。

除进行潮汐作用下沉井施工冲刷和桥墩冲刷试验外,还进行了单向恒定流条件下的桥墩冲刷试验,以探讨潮汐水流与一般单向恒定流桥墩冲刷的差异,积累对桥墩潮汐冲刷认识的经验。

试验是在长 30m、宽 1.5m、高 0.8m 的玻璃水槽中进行,配置两套电子计算机流量自动控制系统,分别进行潮汐水流和尾水水位控制。床面地形测量采用试验室超声波地形仪,流速采用微型光电流速仪进行观测、水位的精密数字水位仪显示记录,流量测量采用肯特电磁流量计。

1. 沉井施工冲刷试验结果(见表 14-8-1～表 14-8-3)

恒定流($Q=C$),水深 6m,粒径 $d_{50}=0.11$mm。

沉井施工冲刷试验结果(一)　表 14-8-1

v_{max}(m/s)	2.0	1.7	1.4
h_b	20.0	13.5	9.0

注:潮汐水流(潮汐次数 $N=25,50,75,100$),$d_{50}=0.11$mm。

沉井施工冲刷试验结果(二)　表 14-8-2

N(次) / h_b(m) / v_{max}(m/s)	100 (50d)	75	50	25
2.0	10.5	9.5	8.3	5.4
1.7	7.2	6.7	5.9	3.6

注:潮汐水流,$d_{50}=0.17$mm。

沉井施工冲刷试验结果(三)　表 14-8-3

N(次) / h_b(m) / v_{max}(m/s)	100 (50d)	75	50	25
2.0	8.6	7.8	6.8	4.3
1.7	5.9	5.4	4.8	2.9

2. 桥墩冲刷试验结果

沉井下沉完毕,桥墩建成,设计水流条件下的极限冲刷深度为 h_b。最高一节沉井直径 $D=15.6$m,圆端形宽 5m,长 9.6m,恒定水流($Q=C$),水深 8m,水流与桥轴正交($\alpha=0°$)。在恒定水流和潮汐水流($Q\neq C$)两种条件下的冲刷试验结果见表 14-8-4。

桥墩冲刷试验结果表　表 14-8-4

d_{50}(mm)		0.11		0.17	
v_{max}(m/s)		2.5	2.2	2.5	2.2
h_b(m)	$Q=C$	27.0	22.0	21.0	17.5
	水流冲刷的对比分析:$Q\neq C$	20.0	16.5	16.5	13.5

3. 在本桥具体条件下，潮汐水流冲刷和恒定流冲刷的比较

潮汐水流往复冲淤形成局部冲刷深度约为同样流速、水深、粒径条件下，恒定水流冲刷深度的75%～80%；恒定流作用下，最大冲刷深度速 h_{bmax} 多发生在墩前(0°)或墩上游侧45°附近；在潮汐水流作用下，由于水流往复冲淤变化(正向与反向，最大与最小)，冲刷随机性增大，h_{bmax} 位置变化较多，以墩侧90°和270°附近较多。

另外，沉井顶面在一般冲刷床面或稍高于一般冲刷床面时，可起到一定消能作用，如高出床面较多时，由于增大墩宽，反而会加深冲刷。这个结果与护坦顶面必须埋置于床面以下的研究结论是一致的。

以上研究是铁道部科学研究院王群、黄崇佑、林桂宾、戴荣尧完成的。

二、下白石特大桥墩局部冲刷试验研究

下白石桥位于福安市，跨白马海峡，桥位河段是典型的潮汐河段，受潮流、径流共同作用，非洪水期潮汐起主导作用。上游流域为山区，在每年5～6月的梅雨期或8～9月的台风期，常形成山洪，造成灾害性洪水。桥位附近的海峡最窄处(下白石至马头断面)，水深流急，动力条件复杂，桥墩附近局部冲刷深度及其影响范围直接影响基础埋置深度及工程造价，为此需进行桥墩局部冲刷试验研究。表14-8-5所示为桥位断面洪水设计频率。

桥位断面设计洪水频率　　表14-8-5

设计频率 P(%)	300年一遇 0.33	20年一遇 5	10年一遇 10
洪峰流量 Q(m^3/s)	26 900	16 300	13 500

各洪峰流量与不同情况组合条件下，桥位断面平均流速 $\bar{v}$ 和最大流速 v_{max} 见表14-8-6。

桥位断面平均流速 $\bar{v}$ 和最大流速 v_{max}(单位:m/s)　　表14-8-6

洪峰频率 P(%)	与历年平均低潮位相遇，Z=−4.21m		与历年平均高潮位相遇，Z=−4.61m		与历年最低潮位相遇，Z=−4.46m		1969年典型洪水与低潮相遇，Z=−3.07m		与历年低潮平均潮位相遇，Z=−2.27	
	$\bar{v}$	v_{max}	$\bar{v}$	v_{max}	$\bar{v}$	v_{max}	$\bar{v}$	v_{max}	$\bar{v}$	v_{max}
0.33	3.79	5.31	1.99	2.79(min)	3.90	5.46(max)	2.44	3.42	3.16	4.42
5	2.30	3.22	1.21	1.69	2.36	3.30	1.48	2.07	1.92	2.69
10	1.90	2.66	1.00	1.40	1.96	2.74	1.02	1.43	1.59	2.23

由表14-8-6可知，洪峰与最低潮位相遇流速最大。

桥位断面实测水位、流速过程线见图14-8-1。

300年一遇洪峰流量和20年一遇洪峰与多年平均潮组合的桥位非恒定潮位、流速过程线见图14-8-2。

模型水下地形图由交通部第一公路勘察设计院1999年5月桥轴附近(上下游各100m)1∶1 000的地形图、海军航保部1∶25 000的海图和福建省港址普查分册1∶15 000的地形图拼接而成。

根据该桥工程地质勘察报告(C-30)钻孔土样分析，主要墩床面取中值粒径 d_{50}=0.36mm。

桥墩按直径为34m和28m的圆柱形试验，以施工钢围堰作为桥墩外壳。

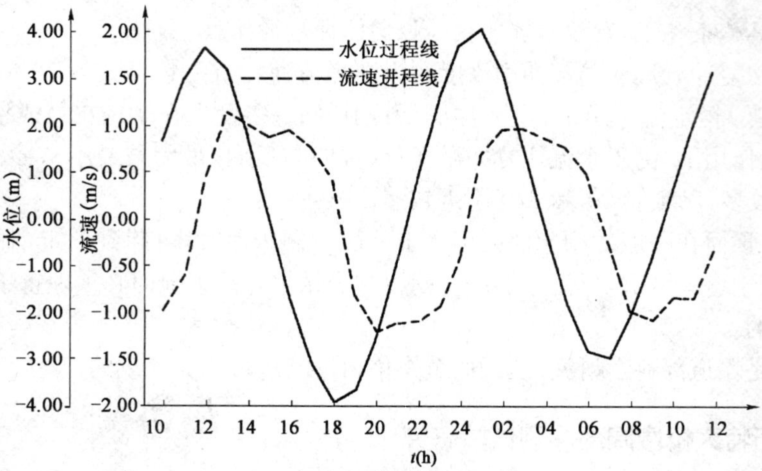

图 14-8-1　桥位断面实测水位、流速过程线

(1999 年 5 月 16 日～17 日，涨潮流为负，落潮流为正)

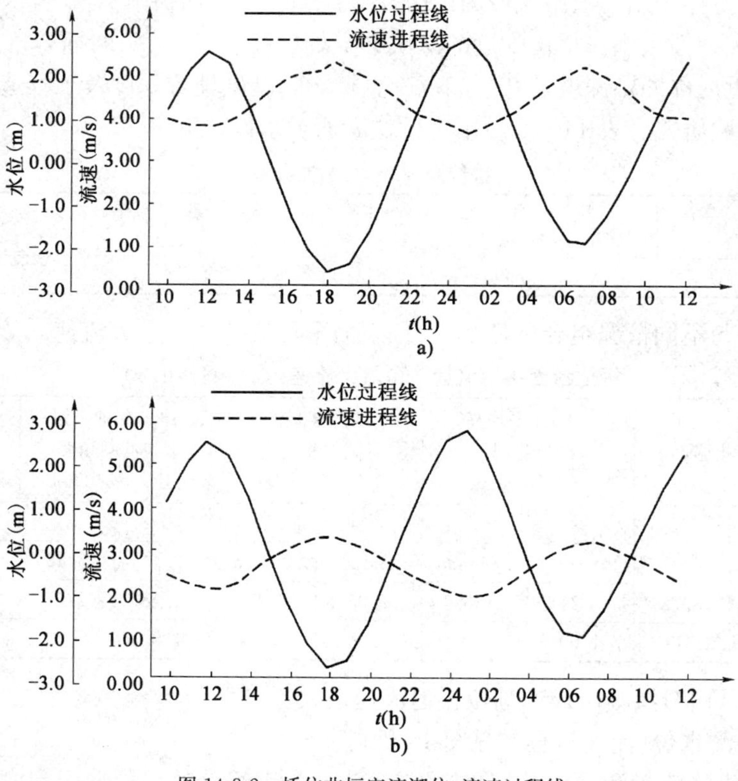

图 14-8-2　桥位非恒定流潮位、流速过程线

a)300 年一遇洪峰与多年平均潮组合；b)20 年一遇洪峰与多年平均潮组合

采用正态模型，即水平比尺 λ_L 与垂直比尺 λ_H 相同，并取 $\lambda_L=\lambda_H=100$。根据重力相似和阻力相似同时满足的要求，进行模型设计。另外，泥沙运动相似按底沙运动相似准则，做到起动相似、推移质输沙量相似和河床变形时间相似。

试验得到桥墩冲刷数据一览表见表 14-8-7，表中给出各试验组次局部冲刷坑深度及其在上、下游，左、右侧影响范围。

桥墩冲刷数据一览表　　表 14-8-7

洪峰重现期	桥墩直径(m)	试验组合		冲刷坑深度(m)	冲刷坑底高程(m)	影响范围(m)			
						上游	下游	左边(马头)	右边(下白石)
300 年一遇	34	不加沙	恒定流	18.2	−38.2	95	110	50	48
			非恒定流	12.5	−32.5	65	80	40	35
300 年一遇	34	加沙	恒定流	17.5	−37.5	90	105	48	45
			非恒定流	12.5	−32.5	62	78	38	32
	28	不加沙	恒定流	16.5	−36.5	87	108	34	29
20 年一遇	34	不加沙	恒定流	15.0	−35.0	78	92	45	42
			非恒定流	10.0	−30.0	52	62	32	0
		加沙	恒定流	15.0	−35.0	76	90	42	40
			非恒定流	7.5	−27.5	40	48	28	25

注：1. 高程为黄海高程零点。

2. 表中恒定流量是指以 300 年一遇、20 年一遇洪峰流量做恒定流试验；非恒定流是指 300 年一遇、20 年一遇洪峰通过和多年平均潮相结合的试验。300 年一遇洪峰流量作为恒定流试验地形图见图 14-8-3；300 年一遇洪峰和多年平均潮相结合的试验地形图见图 14-8-4。

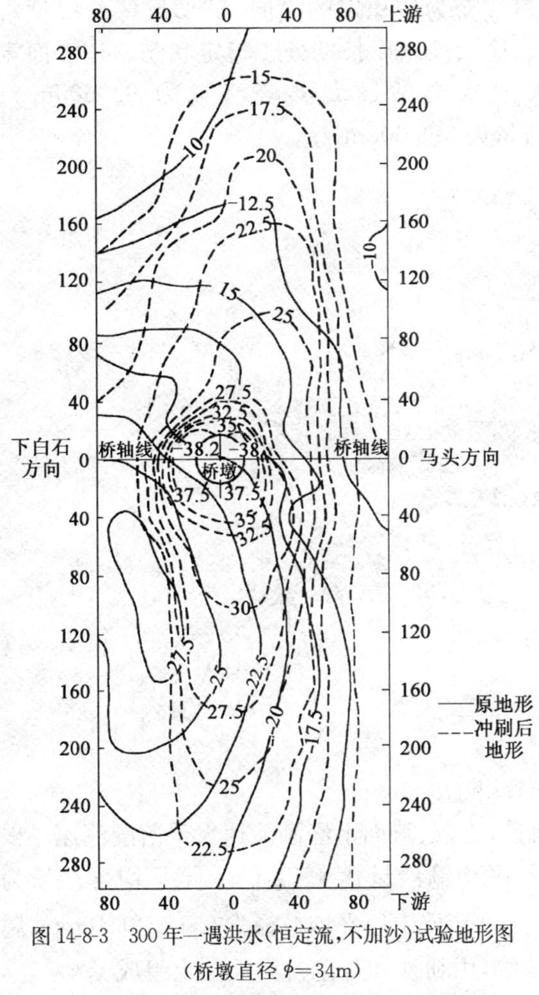

图 14-8-3　300 年一遇洪水(恒定流，不加沙)试验地形图(桥墩直径 $\phi=34$m)

注：平面尺度单位为 m；深度(黄海基准面)单位为 m。

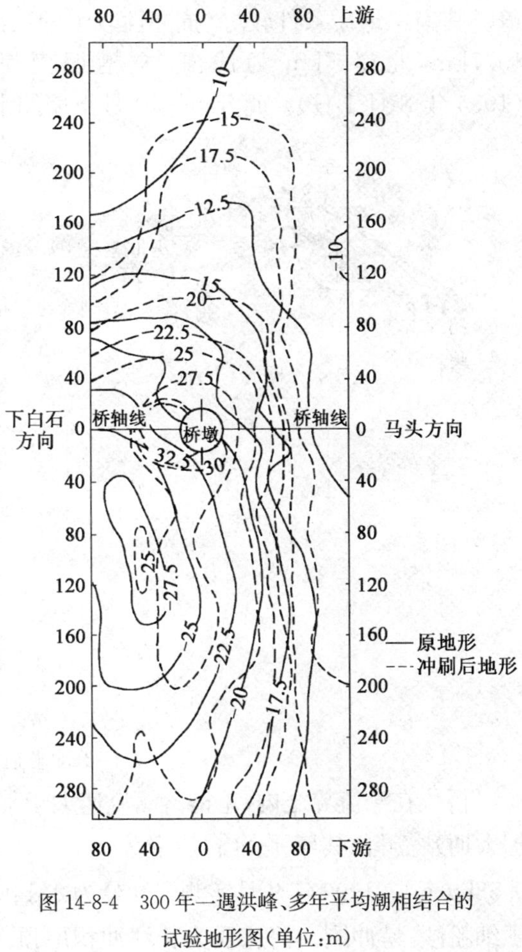

图 14-8-4　300 年一遇洪峰、多年平均潮相结合的试验地形图(单位：m)

从表 14-8-7 中的试验结果分析可知：对于 $D=34\text{m}$ 的桥墩，在特大洪水（$P=0.33\%$）加多年平均潮波共同作用下的桥墩冲刷深度为特大洪峰（$P=0.33\%$）持续作用（无潮汐）的冲刷深度的 0.68～0.71；常见洪水（$P=5\%$）加多年平均潮波共同作用下的桥墩冲刷深度为常见洪水洪峰流量持续作用（无潮汐）的冲刷深度的 0.67；冲刷坑的范围，对于圆柱墩（墩径为 D），恒定流上游约为 $2.8D$、下游约为 $3.2D$，两侧约为 $1.45D$；非恒定流上游约为 $1.9D$，下游约为 $2.4D$，两侧约为 $1.1\sim1.2D$。

下白石特大桥冲刷试验研究是由河海大学海岸及海洋工程研究所冯卫兵等完成的（1999 年 12 月）。

三、长江河口苏通大桥桥墩局部冲刷试验研究

苏通大桥主航道采用主跨 1 088m 的双塔斜拉桥，主跨双塔高达 300m，重约 10 万 t。大桥主塔桥墩区内第四系土层厚达 270m 左右，地质条件复杂，属软弱地基。苏通大桥位于长江河口澄通河段的徐六泾节点段（图 14-8-5），距长江入海口约 100km。经长期河道整治和江堤防护，近百年来，桥位河段从摆荡较大的宽浅型水道转变为较稳定的横向“S”形反弯分汊型水道。其南岸地质条件较好（抗冲性较强的亚黏土），徐六泾南岸长期处于稳定状态。该江面宽 15.7km，北岸 7km 为浅滩，主槽偏南岸。大通水文站最大洪峰流量为 92 $600\text{m}^3/\text{s}$（1954 年 8 月 1 日）。每年 5～10 月汛期的平均流量为 393 $000\text{m}^3/\text{s}$。

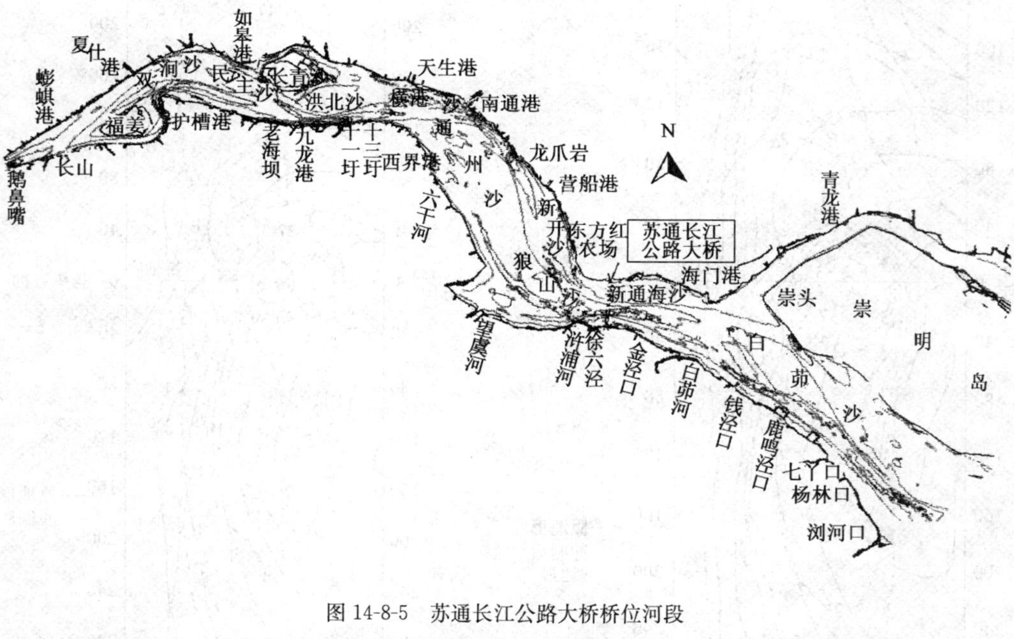

图 14-8-5　苏通长江公路大桥桥位河段

桥位在潮流界之内，主槽落潮流速大于涨潮流速，支汊、滩面上涨潮流速大于落潮流速。根据大通站资料，其年平均输沙率为 15.0 kg/m^3，年平均输沙量达 4.72 亿 t，年平均含沙量为 0.53kg/m^3。1999 年 9 月实测含沙量为 4.14kg/m^3。河床质中值平均粒径为 0.12～0.16mm，属于细粉沙，易冲刷。河床质为长江冲积层顶部沉积物，由粉沙和灰色粉质亚黏土组成。

桥塔采用承台群桩基础，南塔基础示意图见图 14-8-6。

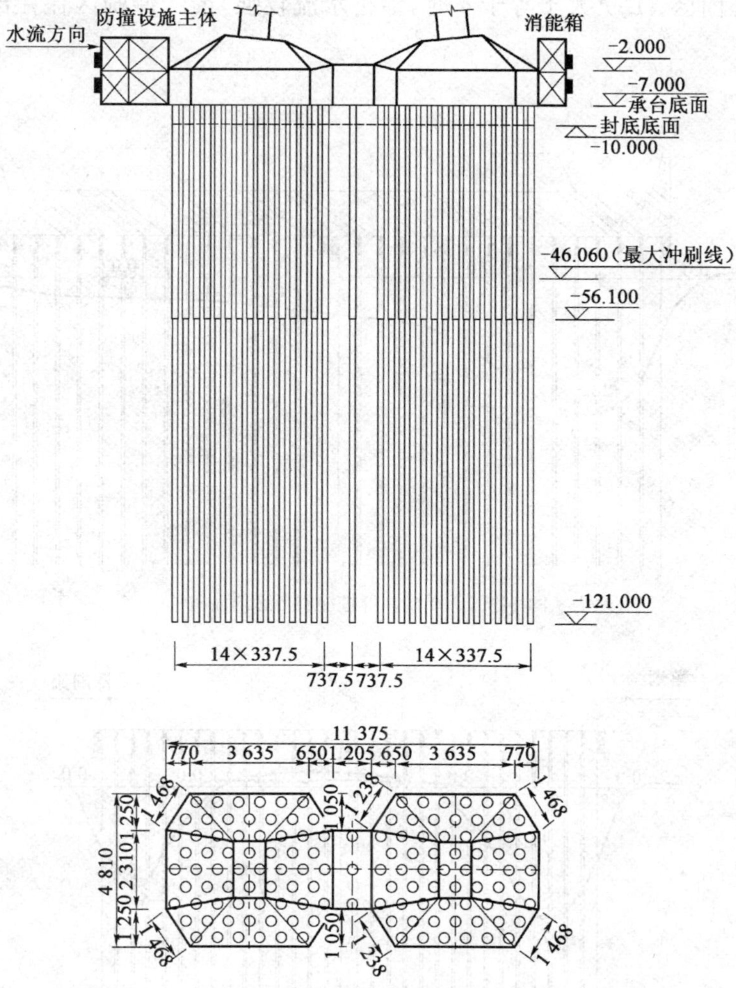

图 14-8-6　苏通大桥南塔基础示意图(高程单位:m;尺寸单位:cm)

对于水深、流急、易冲底床桥墩冲刷,采用泥沙系列模型作为主要研究手段。

1. 冲刷坑形态

单向流试验表明,承台群桩基础由于桩间能过水,墩前壅水较低,冲刷坑范围和冲刷深度都小于不透水结构。最大冲刷区域基本在承台迎水面底部前侧的桩柱间。由于受到群桩多重阻水,在承台范围内越趋向后,桩群消能减速影响越大,使承台下自迎水面向下游形成前深后浅的“勺状冲刷坑”形态。冲刷平面形态可分三个区域:迎水面桩间为“明显冲深区”;群桩外两侧呈现对称的“燕翅形冲刷区”;桩群背水面向后为绵长且与群桩迎水面基本等宽的“浅度冲刷区”(图 14-8-7)。

在潮流作用下,群桩冲刷形态的区别主要是潮流作用是上下游双向来水冲刷,纵剖面形成上下游两个最深冲刷区,中间为较浅或微淤的马鞍形(图 14-8-8);平面上呈现桩前冲刷明显区、两侧燕翅形冲刷区、桩间冲刷受阻区、桩后浅淤(冲)区。

在同样潮流作用下,规则排列群桩和梅花排列群桩对冲刷形态无明显影响,但是相对桩距(桩距/桩径,L/ϕ)起主要作用,它决定了“穿桩水流”强度的不同。$L/\phi=2\sim3$ 时,最大冲刷区出现在桩前区；L/ϕ 大于等于 4 时，穿桩水流较强，最大冲刷区往往出现在迎水桩的前2～5 列。

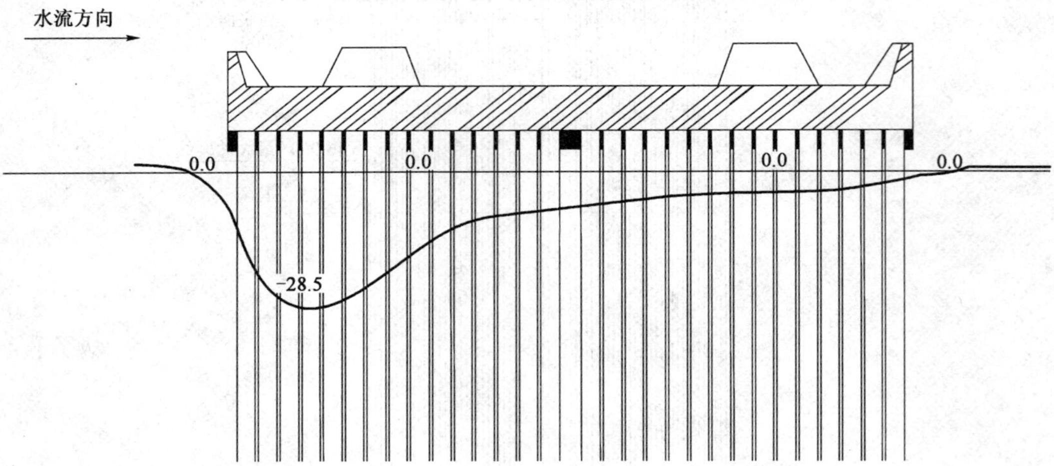

图 14-8-7　单向流群桩冲刷形态剖面图

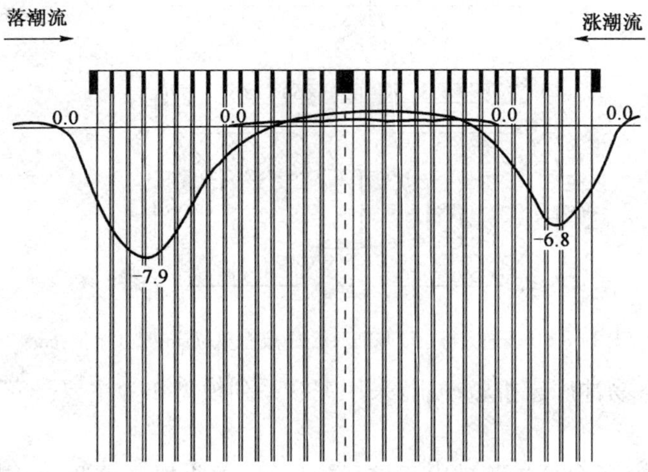

图 14-8-8　潮流作用下群桩冲刷剖面图

2. 最大冲刷深度试验结果分析

近 20 年来，国内外通过试验研究对潮流作用下桥墩的最大冲深得出两种不同倾向的结果和解释。

(1)在潮流作用下的桥墩冲刷，由于得到潮流带来的反向泥沙供给，较单向流桥墩最大冲深有所减小，试验表明，最大冲刷深度的折减系数大致在 0.75～0.90 之间(见表 14-8-8)。

(2)以 Nakagawa、Suzuki 和韩玉芳等为代表，以长时间潮流和单向流冲刷试验对比表明，如果涨落潮最大流速与单向流平均流速相一致，两者的最大冲刷速度则基本一致，即在潮流作用下最大冲刷深度取决于涨落急的最强动力条件。与单向流作用下局部冲刷过程相比，一个潮周期内低流速和憩流占的时间较长，因而潮流作用下局部冲刷达到平衡需要的时间更长。

单向流与潮流作用下桥墩最大局部冲刷深度试验对比　　表 14-8-8

桥　梁	桥墩形式尺度(m)	水深(m)	最大流速(m/s)	泥沙中径 d_{50}(mm)	迎流角(°)	单向流最大冲深(m)	潮流最大冲深(m)	折减系数
日本 Akashi 海峡大桥	40×70	40.0	4.0	50	0	12.0	10.0	0.83
					30	14.0	14.0	1.0
汕头妈屿跨海大桥	圆柱 ϕ18	27.0	3.8	0.008	0	15.8	12.0	0.76
						15.8	13.8	0.87
缅甸仰光丁茵大桥	沉井基础，圆端形	6.0	2.0	0.11	0	20.0	10.5	0.48
			1.7			13.5	7.2	0.53
			1.4			9.0		
	桥墩	8.0	2.5	0.11	0	27.0	20.0	0.74
			2.2			22.0	16.5	0.75
			2.5	0.17	0	21.0	16.5	0.79
			2.2			17.5	13.5	0.77
钱塘江二桥	桩基础，方形墩	13.95	2.94	0.12	0	10.5	8.4	0.80
			3.49	0.12	0	10.3	9.5	0.92
			3.03			17.5	13.4	0.77
			2.52			10.1	8.2	0.81
苏通长江大桥	钢围堰 ϕ68	19.0	3.03	0.12～0.16	0	23.9	21.0	0.88
	钢沉井 48×98					20.9	15.6	0.75
	群桩承台 48×112	24.3	3.28	0.12～0.16	0	26.4	21.9	0.83
						21.2	16.5	0.79

3. 潮流作用下大型群桩局部冲刷深度的预测公式

通过对我国 65-1 修正公式和 65-2 修正公式墩形系数的修正，令 K_ξ 为群桩综合影响系数，代入我国原桥墩局部冲刷计算公式中，计算群桩基础的局部冲刷深度。

$$K_\xi = K'_\xi K_B K_L \tag{14-8-1}$$

$$K_B = 1 + \left[\frac{(m-1)\phi}{B}\right]^2 \tag{14-8-2}$$

式中，当 $L/\phi > 2.8$ 时，

$$K_L = 1.16 - 0.16\tanh\left[0.15\left(\frac{L}{\phi} - 2.8\right)\right] \tag{14-8-3}$$

当 $L/\phi = 2.8$ 时，$K_{L\min} = 1.16$；

当 $L/\phi < 2.8$ 时，

$$K_L = 1.16\tanh\left[1.2\left(\frac{L}{\phi}\right)\right] \tag{14-8-4}$$

其中，K'_ξ 为单桩墩形系数，参考墩形系数，见表 14-3-1 选用，圆桩为 1.0；m 为迎水面桩数；ϕ 为桩径(m)；L 为桩距(m)。

四、建议

钱塘江二桥、下白石桥和苏通大桥桥位都在潮流界下游典型的潮流段。它们的试验研究结果具有代表性，有一定的普遍意义，可供参考。

(1)潮区界下游的桥梁都受到潮汐的影响，即受径流和潮汐两种作用。潮区界和潮流界之

间(近口段)的桥梁是以径流为主,只是受下游潮汐的顶托影响;潮流界下游(河口段、潮流段)的桥梁受径流、潮汐共同作用,流向随潮汐涨退而向上游或下游往复地变化。应注意的是,潮流界的位置随水流和潮流来势的强弱,而在上下游是有一定移动的,并非固定不变的。

(2)洪水径流和潮汐共同作用产生的桥墩冲刷深度,较洪水径流作为恒定流产生的桥墩冲刷深度要小,大约减少15%~25%,最大冲刷深度折减系数见表14-8-8。

潮流最大冲刷深度取决于涨、落急的最强动力条件。按式(14-8-1)等计算局部冲刷最大深度时,应采用潮流的涨、落急最大流速,替代单向流的平均流速。

(3)潮流冲刷达到平衡冲刷的时间比单向流达到平衡冲刷的时间要长。

(4)潮汐河口的桥梁经受洪水和潮汐共同作用,桥梁水力条件的最不利组合是重要的问题。若设计洪水和落潮相遇,则流量是洪水流量加潮流量,洪水水面必将达到最大,桥位勘测设计必须查清这种遭遇的可能性。下白石桥试验考虑了这种组合。

(5)桥墩最大冲刷深度的位置,单向流一般在上游端及其两侧,大约在左右各60°范围内;而潮汐作用使最大冲刷深度的位置随机性很大,一般同时出现在两侧的上下游。

第九节　沉井施工下沉中的冲刷

目前,特大型桥梁的深水桥墩,常采用钢沉井作施工围堰,施工完成后又将其作为墩身或承台的外壳永久使用的设计方案。

首先,在工地或工厂预制沉井块件,运到船上拼成整体,船运就位后,起吊抽出拼装船、下放入水、向沉井内密闭钢气筒充气,使之浮于水中,然后,慢慢放气下沉,逐级接高沉井,直至沉到河床床面。在浮运沉井下沉过程中,沉井、水流、泥沙三者的相互作用,使浮运沉井周围的河床产生冲刷,即为浮运沉井施工下沉中的冲刷。

一、铁道部大桥工程局勘测设计院对此进行的大量现场观测和水工模型试验

这些试验条件是:浮运沉井的不同位置(水面向下5m一级,直至刃脚落入河床)、不同水深(15m、20m和25m)、不同沉井宽度(11m、16.2m、18.2m和20m)、不同水速(0.60~4.50m/s,共30级)。

施工期沉井冲刷的水流现象如图14-9-1所示。

沉井下沉过程中的床面冲刷,在刃脚下沉到床面之后与桥墩冲刷是一样的。决定冲刷深度h_b的主要因素是墩形、流速v、桥墩(沉井)阻水宽度B_1、水深h和床面粒径d。沉井下沉过程中的冲刷深度h_{b0},除以上各因素外,其决定因素是刃脚入水深度h_0。当刃脚接触水面$h_0=0$时,则$h_{b0}=0$;当刃脚下沉到床面冲刷坑底时,$h_0=h+h_b$,则$h_{b0}=h_b$。

通过试验数据分析和实测数据验证,得知浮运沉井下沉过程中及沉到河床的冲刷深度,存在下列关系:

$$\left.\begin{aligned} h_{b0} &= \left(\frac{h_0}{h_b+h}\right)^x h_b \\ x &= \frac{1.005(h+h_b-h_0)^{0.45}}{\dfrac{v-v_0'}{v_0}(vh_0)^{0.3}} \end{aligned}\right\} \tag{14-9-1}$$

式中：h_{b0}——浮运沉井施工下沉过程中的床面冲刷深度(m)；

h_b——与浮运沉井沉到床面，形成一个与浮运沉井同形状同尺寸的桥墩所具有的局部冲刷深度(m)，按本章第三节公式计算；

h_0——浮运沉井刃脚入水深度(m)；

h——施工时水深(m)；

v——施工时水流行近流速(m/s)；

v_0——床沙起动流速(m/s)；

v_0'——床沙起冲流速(m/s)。

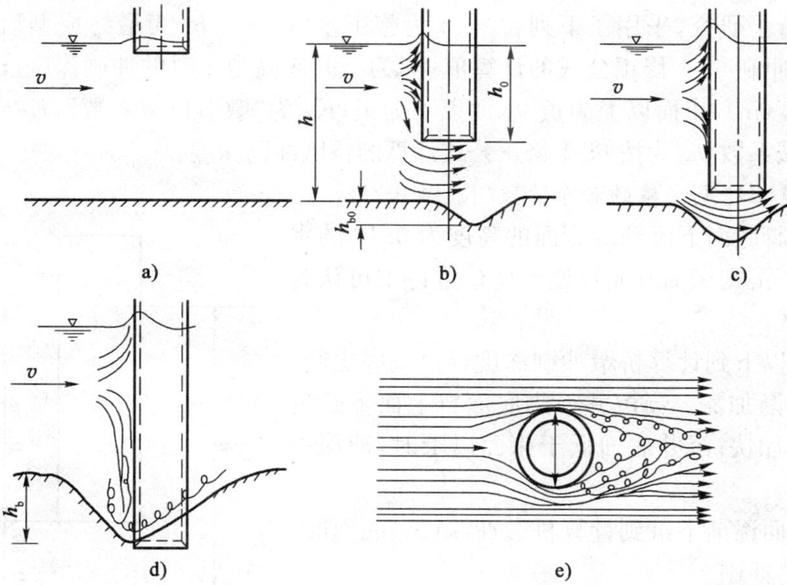

图 14-9-1　施工期沉井冲刷的水流现象

式(14-9-1)的计算值与试验值基本一致；用天然现场观测资料验证，当冲刷深度大于8m时，最大误差为20%。以包头黄河公路桥为例进行计算预测和实测对比。该桥2号墩采用浮运钢沉井施工。细沙河床 $\overline{d}$=0.2mm，枯水河槽水位为2～3m，浮运沉井为圆端形，尺寸为7m×13m，枯水位时主槽表面流速为0.8～1.0m/s(表面流速取均值为0.9m/s，浮标系数为0.80，则水流行近流速为0.72m/s)。沉井在枯水期浮运及下沉，对2号沉井的测量数据如下：

沉井浮运前墩位处水深为2.8m，浮运沉井就位后，当沉井刃脚入水深度达3m时，测浮运沉井上游侧最大深度为4.7m，下游侧最大深度为3.9m，沉井周围河床产生了下沉过程的冲刷，最深位置在上游，冲深1.9m，下游冲深1.1m。计算取 $\overline{d}$=0.22mm，为细沙；墩形系数(半圆端)K_ζ=0.85，v=0.72m/s，B_1=7.0m(沉井宽)，h=2.8m(浮运前水深)；算出 v_0=0.368m/s，v_0'=0.115m/s，h_b=3.2m；再根据 h_0=3m，算得 h_{b0}=1.8m，实测值为1.9m，两者相近。

在施工过程中，除应掌握水情预报，加强现场观测外，在浮动沉井下沉时间上，应尽量安排在水浅、流速小的枯水期下沉，减少施工冲刷，并应使沉井尽快沉入河床的稳定深度，防止水流变化、流速增大而使冲刷加深，危及沉井安全。在浮运沉井下沉方式上，为赢得时间，在汛末、枯水期前,可预先在墩外开始下沉,待浮运沉井下沉至接近河床面前,再选择流速较小的枯水期,将浮运沉井移于墩位上继续下沉至河床床面上,可减小墩位处冲刷深度。

以上现场资料都是沙质、卵砾石河床上无潮汐影响的实测资料,所以式(14-9-1)适用于无潮汐影响的沙质、卵砾石河床。

(详见铁道工程学报,1989 年第 4 期,铁道部大桥工程局勘测设计院詹贵春论文。)

二、跨江、跨海大桥基础应用大型钢沉井施工

近年来,跨江、跨海大桥基础应用大型钢沉井施工较多,南京水利科学研究院采用系列模型试验延伸法进行了研究,采用了下列符号:h 为施工水深(m); h_s 为最终成型后冲刷深度(m),即应用桥墩冲刷 65-1 修正公式的计算值;h_z 为沉井底高为 z 时的冲刷深度(m);z 为沉井底距床面的高度(m),床面以上为负,床面以下为正;K_Z 为“墩形折减系数”,$K_Z=h_z/h_s$,即下沉高度冲刷折减系数,h_s 为按 65-1 修正公式计算的桥墩冲刷深度。

1. 沉井下沉过程冲刷发展的 3 个阶段(图 14-9-2)

(1)当沉井刃脚底面下沉到距床面的高度为 0.18 的水深(0.18h)时,再下沉则床面开始冲刷。此位置以上可认为是施工沉放安全区。

(2)在此位置以下到计算桥墩冲刷深度(h_s)坑底之间,沉井下沉,冲深逐渐加深。当沉井刃脚底面自上而下趋近床面时,冲刷急剧加快;沉井底面低于床面以下时,冲深平缓加深。

(3)当沉井底面逐渐下沉到计算桥墩冲深(h_s)底面时,即完成施工过程的冲刷。

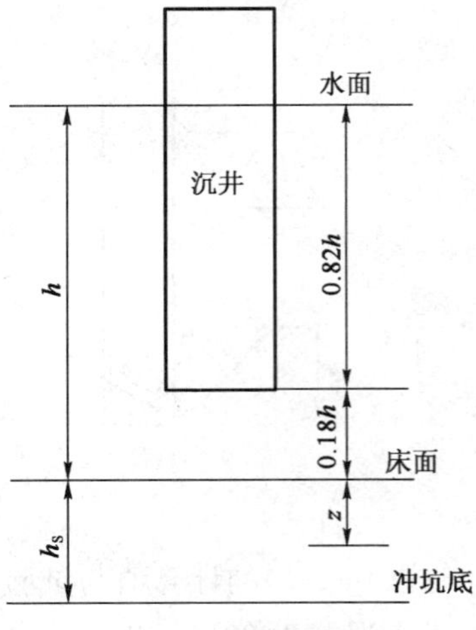

图 14-9-2　沉井下沉示意图

2. 试验其他结论

沉井下沉到床面后,河床上游冲,下游淤,为保持沉井平稳下沉,应清理下游侧淤沙;沉井迎水角为 10°时,局部冲刷深度增加 10%～20%;不同河床质对局部冲刷深度影响较大,应予以重视。

3. 墩形折减系数($K_Z=h_z/h_s$)

根据苏通大桥试验数据拟合得:

$$K_Z = 0.14 + 0.7\left(\frac{z+6}{h_s}\right)^{0.38} \tag{14-9-2}$$

式中,0.18h 处取整数 6,是根据苏通长江大桥初步设计方案施工条件试验得到的具体值。建议对于其他应用情况,此常数取 0.18h 参考试用(见式 14-9-3)。

$$K_Z = 0.14 + 0.7\left(\frac{z+0.18h}{h_s}\right)^{0.38} \tag{14-9-3}$$

试验条件:河床质为粉沙、淤泥质亚黏土,未考虑潮汐影响。河床中值粒径为 0.2mm 的细沙。

第十五章　桥 头 引 道

第一节　桥头路线布设

桥头引道的线形应与路线布设相互协调，各项技术指标应符合《公路工程技术标准》(JTG B01—2003)对路线布设的规定。桥头引道应做好总体设计，使各项技术指标的设置与平、纵线形组合恰当，平面顺适，纵面均衡，横断面合理，注意保护环境，同当地景观相协调。应考虑车辆行驶的安全、舒适，以及驾驶员视觉与心理活动，引导其视线的连续性。

一、平面

一般情况下，桥梁和引道最好都在直线上。地形复杂时，可将桥梁和引道均设在曲线上。位于直线上的桥梁，如两端引道必须设置曲线时，应尽量在桥两端保持较长的直线段。

特大、大、中、小桥桥头引道设计，原则上应服从路线布设的要求，应将桥、路综合考虑。桥头两端引道线形应与桥上线形相配合。桥位应选择在河道顺直稳定、河床地质良好、河槽能通过大部分设计流量的河段上。桥头引道如设置平曲线，一般与桥台连接宜有一段直线长度，以保证车辆行驶安全和驾驶员心理、视觉的连续性。在地形条件复杂和路线布设无法实现上述要求时，应服从路线布设要求，可从桥台后在桥头引道上设置平曲线。山区、重丘区桥头地形狭窄或有其他条件限制时，允许从桥台起在引道上设置平曲线，也可考虑用曲线桥，其他各项指标应符合路线布设的规定。

引道路堤宽度与桥面总宽(栏杆至栏杆)以及路面宽度与桥面净宽不一致时，应在桥头引道上从桥台起设置长度不小于10m的渐变段。

二、纵断面

桥头引道的纵坡应尽量与桥梁保持同一坡度。桥上纵坡不宜大于4%，桥头引道纵坡不宜大于5%；在市镇混合交通繁忙处，桥上纵坡和桥头引道纵坡均不得大于3%。

三、横断面

在洪水泛滥区域以内，特大、大、中桥桥头引道的路肩高程应高出桥梁设计洪水频率的水位加壅水高、波浪爬高、河湾超高、河床淤积等影响0.5m以上。

小桥、涵洞的引道路肩高程，宜高出桥涵前壅水水位(不计浪高)0.5m以上。

桥头锥坡及桥台台后5～10m长度内的引道，可用砂性土等材料填筑。在非严寒地区，当无透水性土时，可就地取土，经处理后填筑。

锥坡与桥台两侧正交线的坡度，当有铺砌时，路肩边缘下的第一个8m高度内不宜陡于1∶1；在8～12m高度内不宜陡于1∶1.25；高于12m的路基，其12m以下的边坡坡度应由计算确定，但不应陡于1∶1.5，变坡处台前宜设宽0.5～2.0m的锥坡平台；不受洪水冲刷的锥坡可采用不陡于1∶1.25的坡度；经常受水淹没部分的边坡坡度不应陡于1∶2。

埋置式桥台和钢筋混凝土灌注桩式或排架桩式桥台，其锥坡坡度不应陡于1∶1.5，对不受洪水冲刷的锥坡，加强防护时可采用不陡于1∶1.25的坡度。

洪水泛滥范围以内的锥坡和引道的边坡坡面，应根据设计流速设置铺砌层。铺砌层的高度应为：特大、大、中桥应高出设计水位加壅水高、波浪爬高、河湾超高、河床淤积0.5m以上；小桥涵应高出设计水位加壅水水位(不计浪高)0.25m以上。

桥台侧墙后端和悬臂梁桥的悬臂端深入桥头锥坡顶点以内的长度，均不应小于0.75m(按路基和锥坡沉实后计)。

高速公路、一级公路和二级公路的桥头宜设置搭板，搭板厚度不宜小于0.25m，长度不宜小于5m。

第二节　河滩路堤水力计算

一、河滩路堤上下游的横向水面变化

建桥后，天然水流受到桥孔压缩，形成桥孔和路堤上游壅水。在接近桥孔处，水流从桥孔上游河槽和两岸河滩路堤上游坡面，集中流入桥孔。一方面，形成河槽中桥前壅水；另一方面，河滩路堤上游坡面，从桥台向两岸形成路堤壅水。河滩路堤的下游坡面，由于水流自桥孔向两岸河滩扩散，故呈现出水面自桥台向两岸降低的现象[图13-2-1a)]。

河滩路堤上游坡面最大壅水高度出现在临近泛滥边界附近，此处路堤上下游坡面的水位差最大。上下游堤面较大的水位差，一方面使路堤承受较大的向下游的静水压力，同时，路堤土体内存在来自上游较大的渗透压力。对于压缩水流较大、河滩很宽的桥头引道，如上游壅水过高，堤身结构薄弱，常在最大壅水高度附近造成路堤决口，出现滩地自然分洪现象。

二、河滩路堤上游侧水位的确定

1. 桥头无导流堤或有梨形导流堤的河滩路堤上游侧最大壅水高度，可按下式计算

$$\Delta h_{sh} = \Delta Z + L_{y1} I \tag{15-2-1}$$

$$L_{y1} = K_s (1 - M') B \tag{15-2-2}$$

式中：Δh_{sh}——路堤上游侧，设计水位以上的最大壅水高度(m)；

ΔZ——桥前最大壅水高度(m)；

L_{y1}——桥前最大壅水高处至桥轴线的距离(m)；

I——桥位河段天然洪水比降(以小数计)；

M'——天然状态下桥孔范围内通过的流量与设计流量之比；

B——设计洪水时的水面宽度(m)；

K_s——系数，可查表 15-2-1。

K_s 系数表　　表 15-2-1

M'	0.8	0.7	0.6	0.5
K_s	0.45	0.49	0.53	0.59

最大壅水高度点至桥台前缘的距离，可按下式计算：

$$L_{sh} = AL_{y1} - 0.5L_d \tag{15-2-3}$$

$$E' = 1 - \frac{Q'_{t2}}{Q'_{t1}} \tag{15-2-4}$$

式中：L_{sh}——最大壅水高度点至桥台前缘的距离(m)；

L_d——两桥台前缘间的距离(m)；

A——系数，根据 E'、M' 值查表 15-2-2 得；

E'——桥孔偏置系数；

Q'_{t1}——桥梁一端路堤阻挡的较大流量(m^3/s)；

Q'_{t2}——桥梁另一端路堤阻挡的较小流量(m^3/s)。

A 系数表　　表 15-2-2

M' \ A \ E'	0	0.1	0.2	0.3	0.4	0.5	0.6	0.7	0.8	0.9
0.5	1.43	1.44	1.48	1.55	1.63	1.73	1.85	1.98	2.14	2.31
0.6	1.93	1.94	1.95	2.00	2.09	2.20	2.35	2.52	2.73	2.97
0.7	2.80	2.81	2.82	2.83	2.90	3.03	3.23	3.47	3.79	4.16
0.8	4.60	4.64	4.68	4.72	4.77	4.87	5.16	5.57	6.16	6.92

桥台前缘至最大壅水高度点的水面横坡可按下式计算：

$$I_h = \frac{L_{y1} I}{L_{sh}} \tag{15-2-5}$$

最大壅水高度点至岸边的水面，按平坡计。

当计算的 L_{sh} 大于河滩路堤长度时，最大壅水高度可按下式计算：

$$\Delta h'_{sh} = \Delta Z + L_a \frac{L_{y1} I}{L_{sh}} \tag{15-2-6}$$

式中：$\Delta h'_{sh}$——当 $L_{sh} > L_a$ 时，路堤上游侧边坡与岸坡交接处设计水位以上的最大壅水高度(m)；

L_a——由桥台前缘至同一端岸边间的路堤长度(m)。

2. 桥头有非封闭式导流堤的路基上游侧壅水高，宜按以下规定确定

(1)当 $L_{sh} > L_a$ 时，按 $\Delta h'_{sh}$ 计；

(2)当 $L_{sh} < L_a$ 时，按 Δh_{sh} 计；

(3)沿桥头河滩路堤上游侧水面线按平坡考虑。

三、河滩路堤下游侧水位的确定

按《公路工程水文勘测设计规范》(JTG C30—2002)中的规定,沿河滩路堤下游侧水位,按同一高度计;该水位比设计水位的值低,可按下式估算:

$$\Delta h_x = K_j h_{t1} \tag{15-2-7}$$

式中:Δh_x——水位降低值(m);

h_{t1}——设计水位时,河滩路堤范围内的平均水深(m);

K_j——水位降低系数,可查表 15-2-3。

K_j 值 表 表 15-2-3

Q'_t/Q_P \ E'	河滩路堤阻挡流量较大一端						河滩路堤阻挡流量较小一端					
	0	0.2	0.4	0.6	0.8	1.0	0	0.2	0.4	0.6	0.8	1.0
0	0.00	0.00	0.00	0.00	0.00	0.00	0.00	0.00	0.00	0.00	0.00	0.00
0.1	0.07	0.08	0.10	0.12	0.13	0.14	0.07	0.07	0.07	0.06	0.06	0.06
0.2	0.13	0.17	0.20	0.23	0.25	0.26	0.13	0.13	0.12	0.12	0.11	0.11
0.3	0.19	0.25	0.29	0.33	0.35	0.36	0.19	0.19	0.18	0.18	0.18	0.17
0.4	0.25	0.33	0.38	0.41	0.43	0.44	0.25	0.24	0.24	0.23	0.23	0.22
0.5	0.30	0.40	0.44	0.46	0.48	0.48	0.30	0.29	0.28	0.27	0.26	0.24
0.6	0.33	0.42	0.47	0.49	0.51	0.51	0.33	0.32	0.30	0.29	0.28	0.26
0.7	0.36	0.44	0.49	0.51	0.52	0.52	0.36	0.34	0.32	0.30	0.28	0.27

注:1. 表列 K_j 值可由内插求算。

2. 表中 Q'_t 为两端河滩路堤所阻挡的流量之和(m^3/s),E' 为桥孔偏置系数,Q_P 为设计流量(m^3/s)。

式(15-2-1)~式(15-2-7)是《公路工程水文勘测设计规范》(JTG C30—2002)中推荐的有关公式,是根据桥孔上游及两侧河滩水流急剧向桥孔集中形成“水漏斗”和水流通过桥孔后向两侧河滩扩散形成“水拱”的水力图式导出的。

这是铁道科学研究院陆浩、曹瑞章、王玉洁等关于桥梁壅水课题的试验研究成果(1988年),详见《桥梁水力学》(陆浩、高冬光)第三章第五节。

四、沿河滩路堤边坡的波浪侵袭高度

沿河滩路堤边坡的波浪侵袭高度(爬坡高度),应根据本地区的观测和调查资料确定。缺乏观测和调查资料时,可按地区经验估算,或按经验公式估算。

当有下列情况之一时,可不考虑波浪侵袭高度的影响:

(1)洪峰历时短促的河流;

(2)浪程短于 200m 时;

(3)水深小于 1m 时;

(4)靠近路堤的河滩上,长有高于水深加半个波浪高度的成片灌木丛时。

跨海桥的桥头引道路堤，应满足海堤设计的要求。根据潮汐和风暴潮的潮位、潮差及波浪高度来确定设计高程和边坡稳定性设计。

五、河滩路堤受斜向水流顶冲时局部冲击高度和斜流流速

山前区河滩路堤受洪水股流冲击时，因路堤滞水，路堤承受水流驻点压力并出现局部水面冲击高度 Δh_{ch}，Δh_{ch}可按下式估算：

$$\Delta h_{ch} = \frac{v_g^2 \sin^2\theta}{g\sqrt{1+m^2}} \tag{15-2-8}$$

式中：Δh_{ch}——水流局部冲击高度(m)；

v_g——冲向路基水流或股流平均流速(m/s)；

θ——水流流向与路堤边坡水边线所成的平面夹角(°)；

m——路堤迎水面边坡系数；

g——取 9.80m/s^2。

河滩路堤受斜水流冲击时，沿堤水流流速应考虑流速不均匀分布的影响，斜流流速可按下式估算：

$$v_x = \frac{2\varepsilon}{1+\varepsilon}\bar{v}_t \tag{15-2-9}$$

式中：v_x——斜流流速(m/s)；

$\bar{v}_t$——河床中河滩的平均流速(m/s)；

ε——流速不均匀分布系数，可按流向与路堤的夹角 α 确定，见表 15-2-4。

ε 系 数 表　　表 15-2-4

α(°)	90	80	70	60	50	40	30	20	15 以下
ε	3.00	2.75	2.50	2.25	2.00	1.75	1.50	1.25	1.00

第三节　河滩路堤高程

河滩路堤最低高程应在桥梁设计洪水位以上再加各种可能的水位升高(如壅水高、波浪爬高、局部冲高、河湾超高、床面淤高等)，并留有 0.50m 的安全高度。

大中桥桥头河滩路堤沿堤高程，根据导流堤设置情况的不同，分别按以下公式计算。

一、桥孔上游无导流堤或有梨形堤

路堤上任意位置最低高程可按下式计算：

当 $L_x < L_{sh}$时，

$$H_{min} = H_S + \Delta Z + L_{y1} I \frac{L_x}{L_{sh}} + \Delta h_P + 0.50 \tag{15-3-1}$$

式中：H_{min}——路堤上任意位置最低高程(m)；

H_S——设计洪水位(m);

ΔZ——桥前最大壅水高度(m);

L_x——路堤计算点距桥台前缘的距离(m);

Δh_P——除桥前壅水高度以外的各种可能的水面升高高度,如波浪侵袭高度、斜水流局部冲高、弯道凹岸水面超高和床面淤高等,通常波浪侵袭高度与斜水流局部冲高,只取两者中较大者计入;

其他符号意义同前。

二、上游有非封闭式导流堤

当 $L_{sh} \leqslant L_a$ 时,按式(15-3-1)确定 H_{min}。

当 $L_{sh} > L_a$ 时,按下式确定 H_{min}:

$$H_{min} = H_S + \Delta Z + L_{y1} I \frac{L_a}{L_{sh}} + \Delta h_P + 0.50 \tag{15-3-2}$$

式中符号意义同前。

三、上游有封闭式导流堤

(1)当导流堤设计标准低于设计洪水频率时,河滩路堤最低高程应按式(15-3-1)或式(15-3-2)确定。

(2)当导流堤能够抵抗设计频率的洪水时,河滩路堤最低高程由路堤下游水位控制,按下式计算:

$$H_{min} = H_S + \Delta h_x + h_w + 0.50 \tag{15-3-3}$$

式中:Δh_x——河滩路堤下游侧水位较设计洪水位的降低值(m),按式(15-2-7)确定;

h_w——自桥梁设计洪水位计算起的波浪侵袭高度(m)。

位于感潮河口段、海滩上的桥头路堤的高程,应根据高潮潮位、波浪侵袭高度,必要时还应考虑风暴潮的影响等来确定。

第十六章　特殊河段桥位设计

第一节　感潮河口河段的桥位设计

入海河口是在河流和海洋两种动力因素作用下径流和潮流相互作用的河段，该河段因受潮汐影响，又称潮汐河段或感潮河段。这里越向上游径流作用越大，越向下游潮流作用越强。潮流含盐的咸水逆流而上与流向海口的径流混合，引起泥沙絮凝、团聚现象，使泥沙落淤。潮流有涨潮落潮、大潮小潮变化，径流有洪枯季之分，河口河段水位、流速流向和泥沙运动变化异常复杂（见第十一章）。

一、感潮河口的分段

从上游向下游分为近口段、河口段和口外海滨段三段（图 16-1-1）。

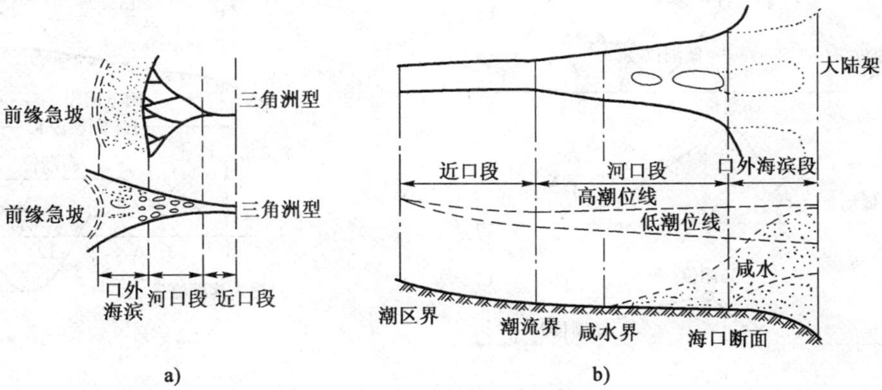

图 16-1-1　感潮河口的分段

a)河口的分段；b)河口三段示意图

1. 近口段

近口段为潮区界到潮流界之间的河段。水位受潮流顶托有周期性起伏，但流向、垂线流速分布和含沙量都与无潮河流接近。

2. 河口段

河口段为潮流界下游至口门（海口断面）之间的河段。径流和潮流两种力量相互消长，往复变化着。洪季小潮汛以径流为主，枯季大潮汛以潮流为主。含沙量一方面随洪、枯河水来沙量变化，同时也随大、小潮汛而变化。含盐量自上而下逐渐增加。这里径流和潮流两种水流强弱交替作用最强,水位、流速和河床变化最为强烈。

3. 口外海滨段

海口断面(口门)以外区域,以潮流为主,含沙量和河床冲淤变形主要取决于潮汛和风浪的大小。

二、感潮河口的水位、流速沿程变化

图 16-1-2 是感潮河口河段高潮位和低潮位的变化,分别表示海口断面(A)、咸水界(B)、潮流界(C)和潮区界(D)四个位置的水位流速随时间变化的曲线。

河口常设挡潮闸,闸下游河段的水位、流速变化见图 16-1-3,闸下游普遍会发生淤积。

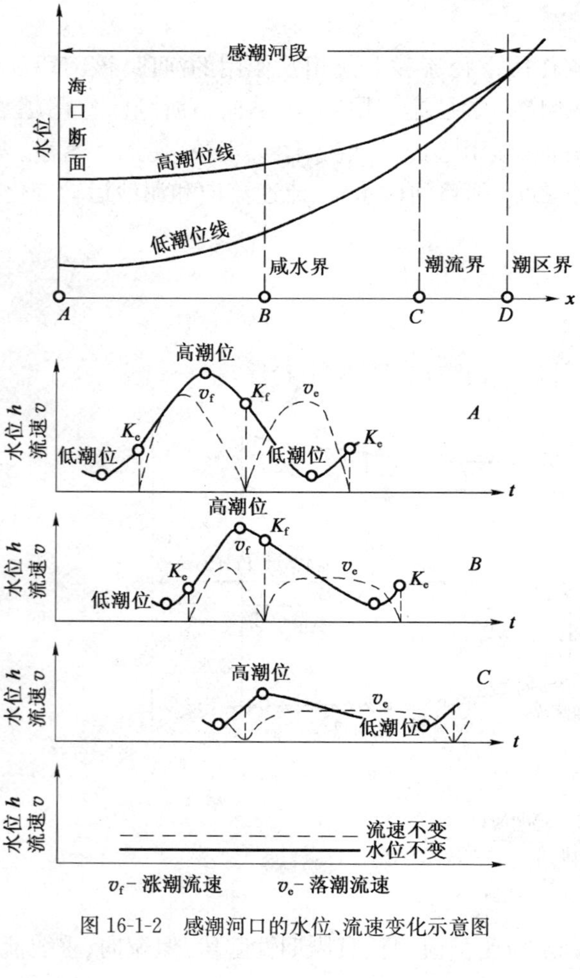

图 16-1-2　感潮河口的水位、流速变化示意图

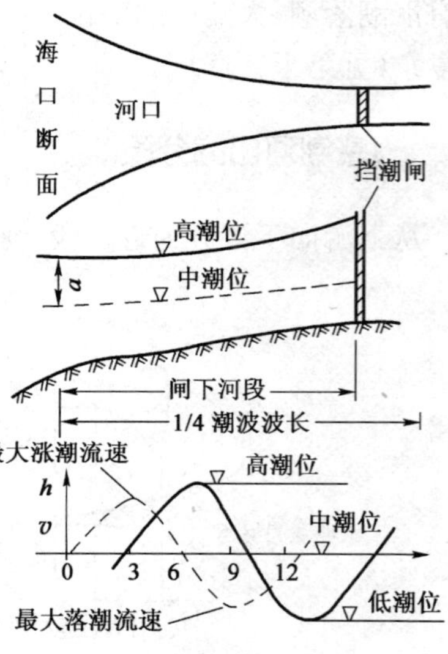

图 16-1-3　河口筑闸后闸下游河段水位、流速变化

三、感潮河口潮水涨落四个阶段的水位、流速变化过程

图 16-1-4a)表示一次浅海潮波进入河口后,与上游径流相互作用,引起的流速、水位随时间的变化;图 16-1-4b)～图 16-1-4e)表示四个阶段的水位、流速流向的变化过程。

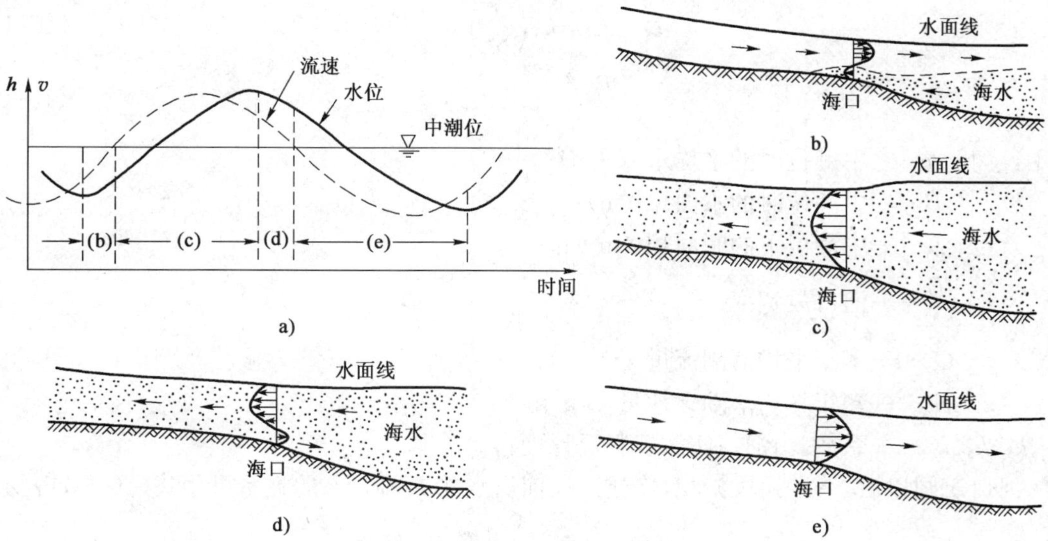

图 16-1-4　河口潮水涨落四个阶段的水位、流速变化

a)四个阶段的潮位和流速变化；b)涨潮落潮流；c)涨潮涨潮流；d)落潮涨潮流；e)落潮落潮流

1. 涨潮落潮流

海口外涨潮之初，水位上升，水面比降变缓甚至接近于零；河道内落潮水流在惯性力作用下流向仍指向下游，流速渐缓，称为涨潮落潮流。此时，垂线上可能出现上下两层方向相反的交错水流，上层水流指向下游，含盐度较小；下层水流指向上游，含盐度较大。从横断面来看，两岸和底部流速小，惯性力弱，故岸边和底部先涨。主流区流速大，惯性力作用强，故后涨。

2. 涨潮涨潮流

海口外水位不断上升，水面比降区转向上游倾斜，落潮流经历憩流以后，在整个断面上都转向上溯，称为涨潮涨潮流。

3. 落潮涨潮流

当涨潮流上溯到一定距离后，口外已开始落潮，河内口水位亦随之下降。此时，水面上溯比降趋于平缓，涨潮流速减小，但涨潮流在惯性力作用下，流向仍指向上游，称为落潮涨潮流。此时，岸边和河底因惯性力较小而先落，主流因惯性力较大而后落。

4. 落潮落潮流

河口水位继续下降，水面比降转向下游倾斜，涨潮流经历憩流以后，整个断面都变成落潮流，称为落潮落潮流。

四、河口的河相关系

根据我国若干河口资料分析，塑造河口河床的主要因素是多年平均落潮流量（包括涨潮流量和径流量）和多年平均落潮含沙量。河口海相关系式有：

$$h = k_1\left(\frac{Q_e}{S_e}\right)^{1/3} \tag{16-1-1}$$

$$B = k_2\,(S_e Q_e^5)^{1/9} \tag{16-1-2}$$

$$A=k_3\left(\frac{Q_e^8}{S_e^2}\right)^{1/9} \tag{16-1-3}$$

$$\frac{\partial B}{\partial X}=k_4(S_eQ_e^5)^{1/9} \tag{16-1-4}$$

式中： h——中潮位时的平均水深 (m)；

B——中潮位时的水面宽 (m)；

A——中潮位下的断面积 (m^2)；

$\frac{\partial B}{\partial X}$——河口放宽率；

Q_e——多年平均落潮流量 (m^3/s)；

S_e——多年平均落潮含沙量 (kg/m^3)；

k_1、k_2、k_3、k_4——系数，由河口实测资料反算而得。

河口筑闸以后，下游河段淤积，修建工程前后水深 H_1 和 H_2 的关系可用式(16-1-5)表示：

$$H_2=\left(\frac{S_1}{S_2}\right)^{1/3}\left(\frac{q_2}{q_1}\right)^{2/3}H_1 \tag{16-1-5}$$

式中：S_1、S_2——建闸前后含沙量(kg/m^3)；

q_1、q_2——建闸前后单宽潮量[$m^3/(s \cdot m)$]。

五、潮汐河口挡潮枢纽工程防洪标准

潮汐河口挡潮枢纽工程主要建筑物的防洪标准见表 16-1-1。

防洪标准表　　表 16-1-1

水工建筑物级别	1	2	3	4
防洪标准(重现期)(年)	>100	100～50	50～20	20～10

注：潮汐河口挡潮枢纽工程的安全工作主要是防潮水，为统一起见，本标准将防潮标准统称防洪标准。

六、桥位勘测和水文调查

1. 桥位选择

桥位首先应满足路线走向、地区规划的要求，并照顾铁路、港口、水利工程等已建工程的布设。桥位应尽量选择在河道较窄、河道顺直、洪水和潮流畅通、风浪小和河床较稳定的河段。

2. 水文调查和桥位测量

(1)向水利、港口及航道、铁路、规划等有关部门搜集河口地区规划资料和水文(洪水、潮汐、风浪)、河道变形等历史资料。

(2)向上下游水文站、验潮站、潮位站搜集历年洪水、泥沙、潮位、风浪、风向风速等资料。

(3)桥位现场调查洪水、潮汛、风浪、河床变形等资料。进行洪水位和洪水比降，以及高低潮位及风浪高度的测量。

(4)对已建范围内的水利、港口航道、铁路及城市工程有关洪水、潮汐、地质等方面进行调查。

(5)测量桥轴河床横断面和水文计算河床横断面，以及桥头引道等。

(6)桥位现场踏勘结合水文、地形及地质条件，初步拟订桥孔布设方案。

七、桥孔设计

1. 水文分析和计算

通过洪水和潮汐资料分析，确定桥位处于河口河段的哪一段(近口段、河口段、口外海滨)。近口段以洪水为主；桥孔设计除应考虑潮流顶托和周期变化外，基本与一般河流建桥相同。口外海滨建桥主要考虑因素是高潮、低潮、风浪及口门泥沙淤积等，与跨海桥类似。河口段的桥梁，受洪水和潮汛两方面共同作用，情况较为复杂。若洪水和高潮不在相同季节发生，则应分析洪水伴随相应潮汛相遇和高潮伴随相应季节径流相遇两种情况，取其不利者。若年内最大潮汛和洪水季节相同，则应按两者同时相遇时，涨潮涨潮阶段的最高水(潮)位作为设计水位；落潮落潮阶段的河口水面比降和流速最大，水深最小，此时对桥孔的冲刷最不利。把各种流量相应的下限水位，连成 Q-H 的下包线，即孔径计算的水位流量关系曲线(图 16-1-5)。

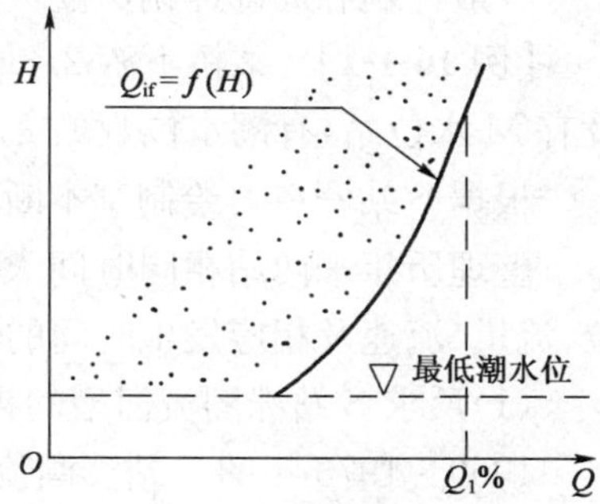

图 16-1-5　$Q=f(H)$曲线

应用潮位差法根据桥位上下游两水文站相同时间水位过程线的潮流观测资料，反求涨落潮的河段糙率，用历年最高水位推求设计频率水位；选用两站代表性潮型及潮位差，放大潮型为设计频率的流量过程线，再从该两站水位过程线计算设计频率的流量过程线，详见例 16-1-1。利用数理统计、相关分析等方法推求设计潮位的计算，见例 9-1-1、例 9-1-2。

2. 桥孔长度

桥孔布设和桥孔长度的确定应在现场勘察和水文水力计算的基础上进行。

(1)根据河口河相关系式(16-1-2)计算平均中潮位所需的水面宽度 B，估计桥孔长度。同时，根据式(16-1-1)和式(16-1-3)计算中潮位平均水深 h 和过水面积 A。

(2)根据河槽宽度公式(13-3-1)和单宽流量公式(13-3-2)和公式(13-3-3)计算最小桥孔净长。

根据以上计算，结合现场地形，拟订桥孔布设方案。

3. 桥面高程

采用式(13-4-9)、式(13-4-10)和式(13-4-11)计算结果中的最大值作为桥面最低高程。式中，H_s用设计最高潮位或设计最高水位(由洪水和潮汐共同作用形成的最高水位)代入；风浪高度视当地情况决定，由调查浪高、海浪侵入或内地河流浪高计算计入；河口若有淤积应调查淤积发展速率，计入淤积预留高度。

河口桥梁桥面高程大多由通航净空控制。通航水位参照《通航海轮桥梁通航标准》(JTJ 311—97)、《内河通航标准》(GB 50139—2004)确定；第十三章第四节通航净空标准，根据规划桥下通过的船舶形式的净高(空载时的水面以上高度加安全富余高度)和净宽按交通运输部港口工程的相关技术规范要求确定。内河航运最高通航水位取高水位频率曲线中频率 5%的水位，即 20 年一遇的高水位。

4. 桥梁墩台的冲刷

河流泥沙受海水顶托和咸淡水混合后的絮凝、团聚现象的作用,泥沙落淤,形成边滩、心滩、水下沙洲等河床形态。河口段汛季上游冲下游淤,枯季则下游冲上游淤,具有海口区河床断面的周年稳定性。因洪水、潮汛季节影响和涨落潮变化,水下河床地形变化,桥墩床面可能出现上下变化。冲刷计算应首先选定最不利的计算断面(历次实测断面中出现最低高程的断面)。这个断面在洪枯期、涨落潮时都可能出现。因此,必须观测各时期各种情况下的河床断面,进行比较选定。

一般冲刷和局部冲刷深度可采用第十四章第八节的方法计算。

[例 16-1-1] 某桥下游 2.3km 设有 S 水文站,记录有历年潮流观测资料;桥上游 11.5km 设有 M 水位站,有潮水位观测资料。两站相距 13.8km。

根据 S 站资料可绘制基本断面及其水力因素 R、$R^{2/3}$、B、ω 与水位 H 的关系曲线。

整理历年来两站相同时间大潮期的潮流观测资料,选用每年较大涨潮与落潮流量时,水位、流量、流速及相应发生时间的资料,绘制两站历年同时间的 H-t、v-t 关系曲线。

(1)反求 S 站涨潮流河槽的粗糙系数(糙率)

1960～1973 年的 S 站涨潮流河槽糙率的观测推算资料见表 16-1-2。根据这些资料点绘糙率与水深的关系,未见明显规律。糙率采用平均值 0.0144。同理,将落潮有关资料列表反求 n,糙率平均值为 0.0159。

反求 S 站涨潮流河槽的糙率 表 16-1-2

日　期	H_S (m)	H_M (m)	ΔH_1 (m)	I (0.01%)	R (m)	$\bar{v}$ (m/s)	$I^{1/2}$	$R^{2/3}$	n
1960-08-06	3.06	2.99	0.07	0.051	6.785	0.69	0.00226	3.58	0.0117
	3.134	3.09	0.044	0.032	6.84	0.62	0.00179	3.60	0.0103
	3.175	3.145	0.03	0.022	6.87	0.52	0.00148	3.61	0.0103
1962-09-13	3.30	3.15	0.15	0.109	6.95	0.70	0.00330	3.64	0.0172
	3.33	3.207	0.123	0.089	6.98	0.64	0.00298	3.65	0.0170
	3.33	3.24	0.09	0.065	6.98	0.59	0.00255	3.65	0.0158
1963-09-20	3.25	3.12	0.13	0.094	6.924	0.70	0.00307	3.63	0.0159
	3.28	3.19	0.09	0.065	6.945	0.68	0.00255	3.64	0.0137
1965-09-27	2.86	2.58	0.28	0.203	6.632	1.13	0.00450	3.53	0.0141
	2.92	2.65	0.27	0.196	6.677	1.10	0.00443	3.55	0.0143
1965-10-22	3.00	2.75	0.25	0.181	6.74	0.88	0.00425	3.566	0.0172
	3.07	2.865	0.205	0.149	6.794	0.86	0.00386	3.584	0.0161
	3.10	2.915	0.185	0.134	6.815	0.84	0.00366	3.59	0.0157
1966-08-21	3.11	2.81	0.30	0.217	6.822	1.09	0.00466	3.594	0.0154
	3.17	2.88	0.29	0.210	6.866	1.06	0.00458	3.609	0.0156

续上表

日　期	H_S (m)	H_M (m)	ΔH_1 (m)	I (0.01%)	R (m)	$\bar{v}$ (m/s)	$I^{1/2}$	$R^{2/3}$	n
1967-08-08	2.61	2.185	0.425	0.308	6.445	1.20	0.005 55	3.462	0.016 0
	2.73	2.375	0.355	0.257	6.535	1.10	0.005 07	3.49	0.016 1
	2.80	2.57	0.23	0.167	6.587	1.03	0.004 09	3.51	0.014 0
	2.90	2.70	0.20	0.145	6.66	0.89	0.003 81	3.54	0.015 2
1967-11-03	2.61	2.42	0.19	0.138	6.445	1.21	0.003 72	3.462	0.010 6
	2.78	2.59	0.19	0.138	6.573	1.13	0.003 72	3.505	0.011 6
	2.895	2.75	0.18	0.131	6.657	0.95	0.003 62	3.538	0.013 5
1968-04-15	2.37	2.16	0.21	0.152	6.262	1.15	0.003 90	3.397	0.011 5
	2.72	2.56	0.16	0.116	6.526	0.82	0.003 41	3.49	0.014 5
1969-09-27	2.95	2.66	0.29	0.210	6.70	1.23	0.004 58	3.553	0.013 2
	3.08	2.80	0.28	0.203	6.80	1.21	0.004 51	3.586	0.013 4
	3.15	2.90	0.25	0.181	6.85	1.13	0.004 26	3.604	0.013 4
	3.20	2.99	0.21	0.152	6.887	1.04	0.003 90	3.616	0.013 6
	3.23	3.05	0.18	0.131	6.91	0.92	0.003 62	3.623	0.013 6
	3.24	3.08	0.16	0.116	6.915	0.83	0.003 41	3.626	0.014 3
1970-07-21	3.05	2.83	0.22	0.160	6.78	1.09	0.004 00	3.58	0.014 9
	3.17	2.93	0.24	0.174	6.865	1.04	0.004 17	3.609	0.013 1
	3.25	3.095	0.155	0.112	6.924	0.77	0.003 35	3.629	0.014 5
1970-08-19	2.87	2.575	0.295	0.214	6.64	1.26	0.004 63	3.53	0.015 8
	2.98	2.715	0.265	0.192	6.723	1.20	0.004 38	3.561	0.013 0
	3.06	2.83	0.23	0.167	6.786	1.10	0.004 00	3.581	0.013 0
1970-08-09	3.11	2.91	0.20	0.145	3.822	1.03	0.003 81	3.594	0.013 3
	3.14	2.97	0.17	0.123	6.845	0.94	0.003 51	3.60	0.013 4
	3.15	3.00	0.15	0.109	6.85	0.84	0.003 30	3.604	0.014 2
1973-09-14	3.14	2.975	0.165	0.120	6.845	0.92	0.003 46	3.60	0.013 5
	3.23	3.13	0.10	0.073	6.91	0.69	0.002 70	3.625	0.014 2
1973-09-17	3.07	2.90	0.17	0.123	6.794	0.75	0.003 51	3.584	0.016 8
	3.20	3.07	0.16	0.094	6.887	0.73	0.003 07	3.616	0.015 2
1973-09-26	3.09	2.87	0.22	0.160	6.808	0.97	0.004 00	3.588	0.014 8
	3.18	3.02	0.16	0.116	6.872	0.83	0.003 41	3.611	0.014 8
	3.20	3.06	0.14	0.102	6.887	0.74	0.003 20	3.616	0.015 6
						分析后剔除 4 处		总计	0.592 8
								平均	0.014 4

(2)汇总、整理两站历年最高潮位及相应潮差、历年最高潮位涨落潮历时、最高潮位与相应时差、潮差,见表16-1-3和表16-1-4。

S和M站历年最高潮位、涨落潮历时及相应潮差 表16-1-3

顺序	年份	S站						M站						两站年最高潮位差ΔH
		月-日	年最高潮位	涨潮历时	落潮历时	全潮历时	潮差	月-日	年最高潮位	涨潮历时	落潮历时	全潮历时	潮差	
1	1953	(7-1)	3.08				(1.21)	7-1	2.94	5h22min	8h03min	13h05min	0.77	0.14
2	1954	8-2	3.65	3h40min	9h15min	12h55min	0.7	8-2	3.63	4h20min	8h10min	12h30min	0.39	0.02
3	1955	7-23	3.32	4h14min	8h52min	13h06min	1.16	7-23	3.12	4h27min	8h19min	12h45min	0.69	0.20
4	1956	9-25	3.46	4h04min	8h19min	12h23min	0.94	9-25	3.34	4h33min	8h00min	12h33min	0.57	0.12
5	1957	7-4	3.44	4h15min	8h55min	13h10min	0.80	7-4	3.42	5h05min	8h05min	13h10min	0.51	0.02
6	1958	9-16	3.32	4h15min	8h30min	12h45min	1.28	9-16	3.13	4h10min	7h55min	12h05min	0.71	0.19
7	1959	9-6	3.34	4h25min	8h10min	12h35min	1.18	9-17	3.12	4h35min	8h15min	12h50min	0.77	0.22
8	1960	8-9	3.45	4h15min	8h45min	13h00min	1.27	8-9	3.30	4h35min	8h15min	12h50min	0.84	0.15
9	1961	10-26	3.31	4h00min	8h25min	12h25min	1.03	10-26	3.19	4h55min	7h40min	12h35min	0.67	0.12
10	1962	9-16	3.45	3h30min	9h15min	12h45min	0.99	9-6	3.45	4h55min	8h00min	12h55min	0.26	0.00
11	1963	9-13	3.43	9h10min	6h25min	15h35min	0.97	9-15	3.34	5h15min	7h40min	12h55min	0.34	0.09
12	1964	9-23	3.28	4h15min	8h20min	12h35min	1.05	9-24	3.11	4h35min	7h55min	12h30min	0.72	0.17
13	1965	10-11	3.19	4h20min	7h50min	12h10min	1.10	10-11	3.06	4h25min	7h50min	12h15min	0.77	0.13
14	1966	8-21	3.22	4h25min	8h05min	12h30min	1.13	8-21	3.05	4h55min	7h45min	12h40min	0.80	0.17
15	1967	7-9	3.19	4h40min	8h25min	13h05min	1.14	7-9	3.09	5h15min	7h55min	13h10min	0.84	0.10
16	1968	9-7	3.16	4h30min	8h25min	12h55min	1.25	9-7	3.09	4h40min	8h05min	12h45min	1.03	0.07
17	1969	9-27	3.29	4h05min	8h20min	12h25min	1.29	9-28	3.17	4h10min	8h05min	12h15min	0.97	0.12
18	1970	9-18	3.32	3h45min	8h20min	12h05min	1.00	9-18	3.26	4h15min	8h15min	12h30min	0.75	0.06
19	1971	9-21	3.31	4h10min	8h00min	12h10min	0.91	9-21	3.24	4h20min	7h30min	11h50min	0.76	0.07
20	1972	7-14	3.15	4h35min	8h25min	13h00min	1.18	7-14	3.01	5h05min	7h55min	13h00min	0.97	0.14
21	1973	7-2	3.39	4h05min	8h50min	12h55min	1.09	7-2	3.32	4h00min	8h55min	12h55min	0.81	0.07
不计1963年、1972年、1973年						214h59min		不计1963年、1953年				240h04min		2.37
平均						12h 38.8min	1.08					12h 38.4min	0.71	0.11
拟用						12h39min						12h39min		

S和M站最高潮位相应时差、潮差表 表16-1-4

年份	时间			潮差		
	S站(月-日,时间)	M站(月-日,时间)	Δt	S站	M站	Δh
1953	7-1,6h30min	7-1,8h17min	1h47min	1.21	0.77	0.44
1954	8-2,4h45min	8-2,6h50min	2h05min	0.70	0.39	0.31
1955	7-23,5h54min	7-23,7h06min	1h12min	1.16	0.69	0.47
1956	9-25,17h55min	9-25,19h28min	1h33min	0.94	0.57	0.37

续上表

年　份	时　间			潮　差		
	S站(月-日,时间)	M站(月-日,时间)	Δt	S站	M站	Δh
1957	7-4,8h00min	7-4,9h25min	1h25min	0.80	0.51	0.29
1958	9-16,5h25min	9-16,19h05min		1.28	0.71	0.57
1959	9-6,5h50min	9-17,4h30min		1.18	0.77	0.41
1960	8-9,5h05min	8-9,6h00min	0h55min	1.27	0.84	0.43
1961	10-26,17h30min	10-26,18h40min	1h10min	1.03	0.67	0.36
1962	9-16,4h25min	9-6,20h45min		0.99	0.26	0.73
1963	9-13,1h25min	9-15,2h40min		0.97	0.34	0.63
1964	9-23,4h35min	9-24,6h00min		1.05	0.72	0.33
1965	10-11,16h15min	10-11,17h35min	1h20min	1.10	0.77	0.33
1966	8-21,7h00min	8-21,8h15min	1h15min	1.13	0.80	0.33
1967	7-9,4h40min	7-9,6h10min	1h30min	1.14	0.84	0.30
1968	9-7,4h00min	9-7,15h00min	1h10min	1.25	1.03	0.22
1969	9-27,16h25min	9-28,18h05min	1h40min	1.29	0.97	0.32
1970	9-18,17h30min	9-18,18h50min	1h20min	1.00	0.75	0.25
1971	9-21,16h50min	9-21,17h50min	1h00min	0.91	0.76	0.15
1972	7-14,5h50min	7-14,7h05min	1h15min	1.18	0.97	0.21
1973	7-2,4h45min	7-2,5h25min	0h40min	1.09	0.81	0.28
			21h17min			
平均时差			1h20min			

(3)应用数理统计法,采用历年最高潮位推求 $P=1\%$(100 年一遇)的高潮位,得 S 站 $H_{1\%}=3.77$m,M 站 $H_{1\%}=3.69$m。

(4)选择两站同步最高潮位,且选较大的潮流过程线作为代表性潮型。经搜集历年资料分析后,拟用 1960 年 8 月 9 日及 1973 年 7 月 2 日这两年最高潮落潮位过程线,计算绘制两站潮型(见表 16-1-5、表 16-1-6)。一般采用平均值作为两站代表性潮型(图 16-1-6 和图 16-1-7)。

①S 站潮型

1960 年 8 月 9 日,$T=13:00$,$H=3.45$m　　表 16-1-5

时间(时:分)	0:50	1:55	2:30	3:20	4:00	5:05	6:15	9:00	10:20	13:50
%	0	8.3	12.8	19.2	24.4	32.7	41.6	62.8	73.0	100
高程(m)	2.18	2.80	3.06	3.30	3.40	3.45	3.38	2.80	2.60	2.26
%	63.3	81.2	88.7	95.7	98.6	100.0	98.0	81.2	75.4	65.5

1973 年 7 月 2 日,$T=12:55$,$H=3.39$m

时间(时:分)	0:40	1:00	1:30	2:00	3:15	3:30	4:00	4:45	5:20	6:00	9:00	12:00	13:15	13:35
%	0	2.6	6.5	10.3	20.0	22.0	25.8	31.6	36.2	41.3	64.5	87.7	97.5	100
高程(m)	2.30	2.42	2.80	3.01	3.30	3.34	3.37	3.39	3.36	3.28	2.79	2.50	2.36	2.36
%	67.8	71.4	82.8	88.8	97.4	98.5	99.5	100	99.2	96.8	82.3	73.8	69.6	69.6

②M 站潮型

1960 年 8 月 9 日，T=12:50，H=3.30m　　表 16-1-6

时间(时:分)	1:25	1:40	2:15	2:40	4:00	4:40	5:15	6:00	6:40	7:10	9:25	10:20	12:50	14:15
%	0	2.0	6.5	9.7	20.2	25.3	29.9	35.7	40.9	44.8	62.3	69.5	89.0	100
高程(m)	2.46	2.51	2.90	3.06	3.22	3.27	3.29	3.30	3.28	3.25	2.90	2.79	2.59	2.50
%	74.6	76.0	87.8	92.8	97.6	99.1	99.7	100	99.4	98.5	87.8	84.5	78.5	75.8

1973 年 7 月 2 日，T=12:50，H=3.32m

时间(时:分)	1:30	1:45	2:15	2:45	3:00	4:00	5:25	5:45	6:30	7:45	10:00	12:00	14:00	14:20
%	0	2.0	5.8	9.7	11.7	19.5	30.5	33.1	39.0	48.7	66.2	81.8	97.4	100
高程(m)	2.51	2.58	2.85	3.05	3.11	3.27	3.32	3.32	3.27	3.10	2.85	2.69	2.56	2.55
%	75.6	77.7	85.8	91.8	93.7	98.5	100	100	98.5	93.3	85.8	81.0	77.1	76.8

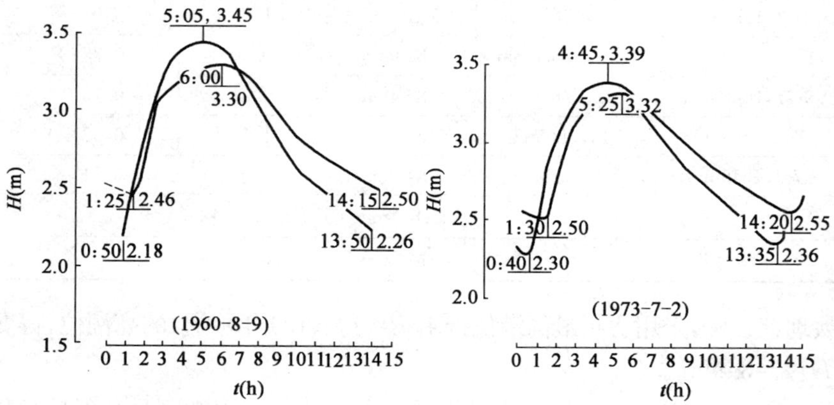

图 16-1-6　两站代表型潮型 H-t 曲线

(5)选定两站代表潮型后[图 16-1-7a)]，同法利用两站代表性潮型、高潮时差及全潮历时，将 $H_{S1\%}$=3.77m、$H_{M1\%}$=3.69m，将 100 年一遇设计水位放大为 100 年一遇设计潮型，计算绘制两站 $H_{1\%}=f(t)$关系曲线[图 16-1-7b)]。放大计算如下：

①S 站 $H_{1\%}$=3.77m，全潮历时 12h39min，利用代表潮型放大，见表 16-1-7；

②M 站 $H_{1\%}$=3.69m，全潮历时 12h39min，较 S 站高潮时差 1h20min(S 站高潮时分为 4:00)，利用代表性潮型放大并换算，见表 16-1-8。

(6)利用 $H_{1\%}=f(t)$关系曲线，推算 S 站 $Q_{1\%}$，见表 16-1-9。

(7)推算得到的水文成果为：

$$H_{1\%}=3.77\text{m}$$

涨潮时：$Q_{1\%}=1\,732\text{m}^3/\text{s}$，$H_{1\%}=3.50\text{m}$，$v=1.36\text{m/s}$；

落潮时：$Q_{1\%}=1\,260\ \text{m}^3/\text{s}$，$H_{1\%}=2.52\text{m}$，$v=1.14\text{m/s}$。

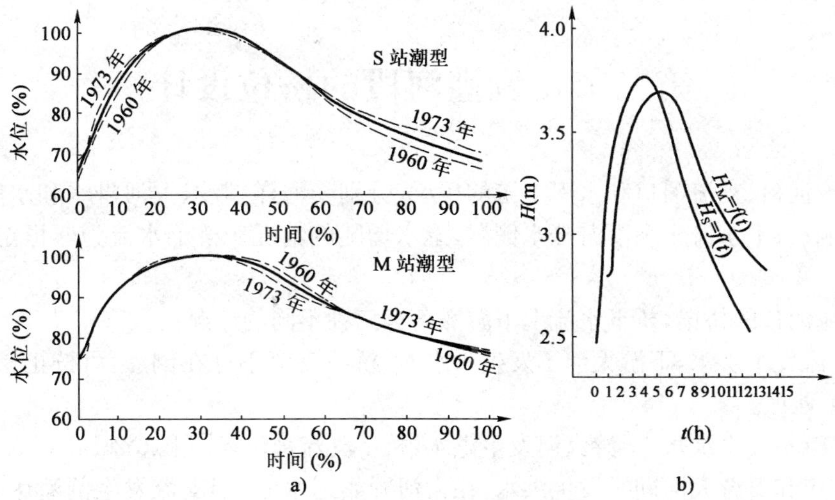

图 16-1-7　潮型图

a)代表性潮型；b)放大潮型 $H_1\%=f(t)$ 曲线

表 16-1-7

%	0	3.0	5.0	7.5	10.0	15.0	20.0	25.0	30.0	31.6	35.0	40.0	45.0	50.0	55.0	60.0	65.0	70.0	80.0	90.0	95.0	100
时间(时:分)	0	0:23	0:38	0:57	1:16	1:54	2:32	3:10	3:48	4:00	4:26	5:04	5:42	6:20	6:58	7:35	8:13	8:51	10:17	11:24	12:01	12:39
%	65.5	71.5	77.0	82.6	86.7	92.8	96.8	99.0	99.9	100	99.8	98.1	95.3	91.8	87.7	84.0	81.1	78.5	74.1	70.3	68.5	67.0
高程(m)	2.47	2.70	2.90	3.11	3.27	3.50	3.65	3.73	3.76	3.77	3.76	3.70	3.59	3.46	3.30	3.16	3.06	2.96	2.79	2.65	2.58	2.52

表 16-1-8

%	0	2	5	7.5	10	15	20	25	30	32.5	40	45	50	55	60	65	70	80	90	100
时间(时:分)	0	0:15	0:38	0:57	1:16	1:54	2:32	3:10	3:48	4:07	4:05	5:42	6:20	6:58	7:35	8:13	8:51	10:07	11:24	12:39
换算时间(时:分)	1:32	1:28	1:51	2:10	2:29	3:07	3:45	4:23	5:01	5:20	6:17	6:55	7:33	8:11	8:48	9:26	10:04	11:20	12:37	13:52
%	75.0	77.6	84.4	88.5	91.4	95.5	98.0	99.5	99.8	100	99.2	97.3	94.6	91.5	88.6	86.4	84.4	81.3	78.5	76.3
高程(m)	2.77	2.87	3.12	3.27	3.37	3.52	3.62	3.67	3.68	3.69	3.66	3.59	3.49	3.38	3.27	3.19	3.11	3.00	2.90	2.82

表 16-1-9

	H(m)	H_M(m)	ΔH(m)	I(0.01%)	$I^{1/2}$	$R^{2/3}$	n	$\bar{v}$(m/s)	A	Q
涨潮	3.50	3.12	0.38	0.275	0.005 25	3.69	0.014 4	1.36	1 274	1 732(采用)
	3.64	3.37	0.27	0.196	0.004 43	3.726	0.014 4	1.16	1 299	1 508
	3.71	3.50	0.21	0.152	0.003 90	3.743	0.014 4	1.02	1 310	1 335
落潮	3.187	2.87	0.317	0.228	0.004 79	3.532	0.015 9	1.07	1 164	1 246
	3.07	2.75	0.32	0.232	0.004 82	3.498	0.015 9	1.06	1 144	1 214
	2.985	2.635	0.35	0.254	0.005 04	3.466	0.015 9	1.10	1 124	1 236
	2.90	2.52	0.38	0.275	0.005 25	3.436	0.015 9	1.14	1 105	1 260(采用)

第二节　倒灌河段的桥位设计

跨越潮汐河口、支流河口和水库上游的桥梁,分别受海洋潮汐、大河洪水和水库蓄水等水位涨落的影响,桥下水流出现下游涨水倒灌,退水增陡的情况。桥下水流为非恒定流(不稳定流)。

跨越支流河口的桥梁,桥下水流上下游涨落有三种不同的情况:

(1)当支流发生洪水,下游大河不发生洪水时,桥下支流不存在倒灌,可按正常情况(第三章和第五章)处理。

(2)当支流不发生洪水,下游大河发生洪水,桥下支流被倒灌[图 16-2-1a)]。

(3)当支流和下游大河同时发生洪水,在大河开始退水时,即支流发生倒灌达到最高水位后,支流洪水和大河倒灌蓄水同时流向下游[图 16-2-1b)],此时流量、流速最大,是对桥孔设计最不利的情况。

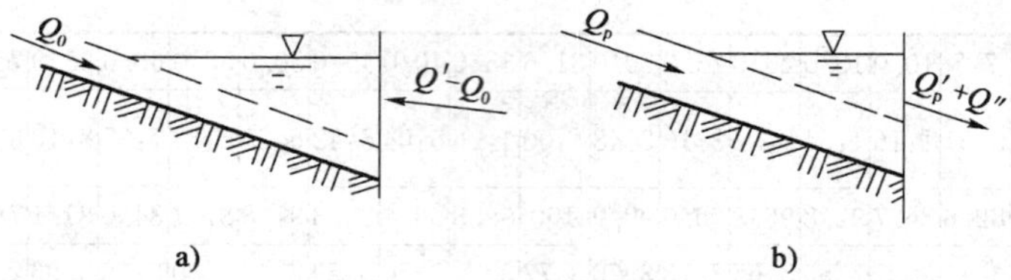

图 16-2-1　支流河口受大河倒灌

a)支流无洪水,大河发生洪水;b)支流和大河同时发生洪水,在大河开始退水时

在这种情况下,支流的设计洪水流量过程线产生增陡现象,洪峰流量将有所增加,称为增陡流量 Q'_s,计算如下:

$$Q'_s = Q_s \frac{W_c}{W_c - W_a} = f(W_a) \tag{16-2-1}$$

式中:　Q_s——天然状态下的设计流量 (m^3/s);

Q'_s——增陡设计流量 (m^3/s);

W_c——相应 Q_s 的一次洪水径流总体积 (m^3),可根据天然状态下的 $H=f(t)$ 及 $Q=f(H)$ 两曲线绘制流量过程线 $Q=f(t)$,计算一次洪水径流总体积 W_c;

W_a——桥位上游河床预先洪水蓄水体积 (m^3),

$$W_a = W - W_0 - W_1 \tag{16-2-2}$$

W——桥位上游蓄水总体积 (m^3),可根据最高倒灌水位从等高线地形图上求出;

W_0——桥位上游天然状态下常水位河槽蓄水体积 (m^3);

$$W_0 = A_0 \frac{h_m - h_0}{i} \tag{16-2-3}$$

W_1——桥位上游超过 Q_s 相应水位以上的蓄水体积 (m^3);

$$W_1 = \frac{(A_{hm} - A_m)(h_m - h_0)}{2i} \tag{16-2-4}$$

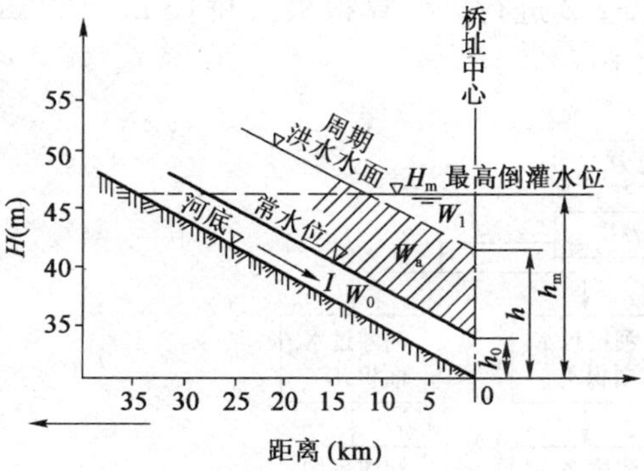

图 16-2-2 桥位上游的蓄水体积

A_0、A_{hm}、A_m——桥位断面水深为 h_0、h_m和 h 时的过水面积 (m^2)，见图 16-2-2。

当桥位上游河床有宽阔河滩，泛滥面积很大，即蓄水体积很大，而洪水总径流量 W_c 较小时，增陡流量 Q'_s，才比天然流量有较大增长。反之，当两岸地形较陡的非宽滩河流，蓄水体积有限，其增陡流量较天然流量增大很少，可忽略不计。

桥下通过的流量 Q_q 为支流的增陡流量 Q'_s（或设计流量 Q_s）与退水流量 Q''之和：

$$Q_q = Q'_s + Q'' \tag{16-2-5}$$

或近似为：

$$Q_q = Q_s + Q'' \tag{16-2-6}$$

$$Q'' = \Omega \frac{\Delta h}{\Delta t} \tag{16-2-7}$$

式中：$\frac{\Delta h}{\Delta t}$——支流蓄水位的下降速度 (m/s)，可借用大河洪水位的退水过程线确定；

Ω——桥前蓄水面积 (m^2)。

壅水水位下河槽的平均流速 v'_c 可按下式计算：

$$v'_c = \frac{Q_q}{A_c + \sum A_t \left(\frac{\bar{h}_t}{\bar{h}_c}\right)^{2/3} \frac{n_c}{n_t}} \tag{16-2-8}$$

式中：A_c、A_t——壅水位下河槽、河滩的过水面积 (m^2)；

$\bar{h}_c$、$\bar{h}_t$——河槽、河滩的平均水深 (m)；

n_c、n_t——河槽、河滩的糙率；

其他符号意义同前。

式(16-2-8)中 Q_q、A_c、A_t、$\bar{h}_c$、$\bar{h}_t$ 都随大河壅水位而变化，是大河水位的函数，即 $v'_c = f(h)$。若根据式(16-2-8)算出的 v'_c 小于土的容许不冲刷流速，则采用相应水深的不冲刷流速 $v_{bc} = v_{H1} h^{1/5}$，作为设计流速。当 h=1m 时的不冲刷流速，见第十四章表 14-2-3～表 14-2-5。

按第十三章式(13-3-7)、式(13-3-8)，根据水流连续性方程 $Q_q = PA_q v'_c$，在冲刷系数 P 取值后，可得到桥下必需的有效过水面积 A_q，再从河床横断面图上布设桥台、桥墩位置，确定相应 A_q 的水面宽度，即为需要的桥孔长度 L_q。

桥下一般冲刷可按 64-2 简化式(14-2-6)计算、局部冲刷按 65-2 修正式(14-3-3)计算。

计算程序框图如图 16-2-3 所示。

［例 16-2-1］ 某桥位在某大河支流河口断面 N_2 上游的支流 N_1 处，受大河洪水倒灌影响。桥位横断面如图 16-2-4 所示，河床纵断面图如图 16-2-5 所示。N_1 断面不受倒灌影响的天然状态 $Q_{1\%}$ = 5 000m^3/s，H_1 = 97.02m，河槽过水面积 $A_{1\%}$ = 2 480m^2，无河滩。河槽流速 v_c = 2.02m/s，平均水深 $\bar{h}$ = 4.68m。N_1 和 N_2 相距 2 400m，河床比降 i = 0.000 336。水力特征曲线 $H = f(A, v, Q)$ 如图 16-2-6 所示。大河 N_3 断面有水文站（图 16-2-7），N_3 处 1957 年水位变化过程如表 16-2-1 所示。大河 $Q_{1\%}$ = 16 000m^3/s，河口 N_2 断面 $H_{1\%}$ = 99.34m，本支流无河滩，

蓄水区很小,故不考虑增陡流量计算。计算按表 16-2-2 进行。计算得最大桥长 $L_q=578\text{m}$,$H=99.25\text{m}$,$v_c'=1.33\text{m/s}$,$Q_q=5\ 055\ \text{m}^3/\text{s}$,$\bar{h}=6.91\text{m}$。

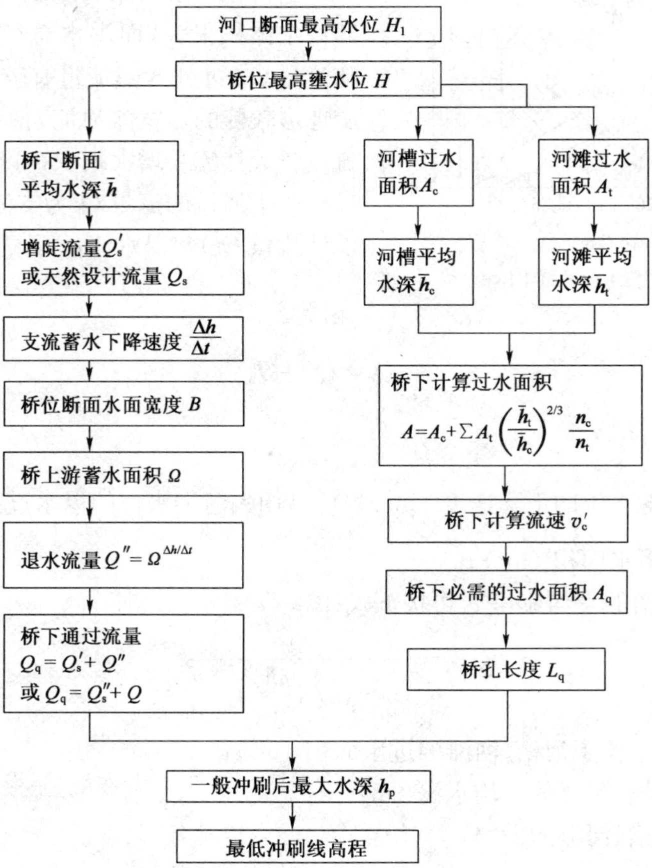

图 16-2-3　计算程序框图

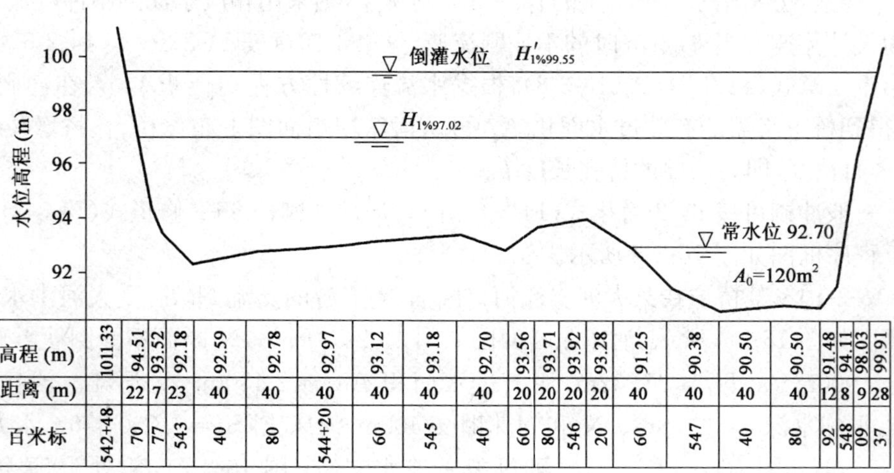

高程 (m)	1011.33	94.51	93.52	92.18	92.59	92.78	92.97	93.12	93.18	92.70	93.56	93.71	93.92	93.28	91.25	90.38	90.50	90.50	91.48	94.11	98.03	99.91
距离 (m)		22	7	23	40	40	40	40	40	40	20	20	20	20	40	40	40	40	12	8	9	28
百米标	542+48	70	77	543	40	80	544+20	60	545	40	60	80	546	20	60	547	40	80	92	548	09	37

图 16-2-4　桥位河床横断面图(N_1)

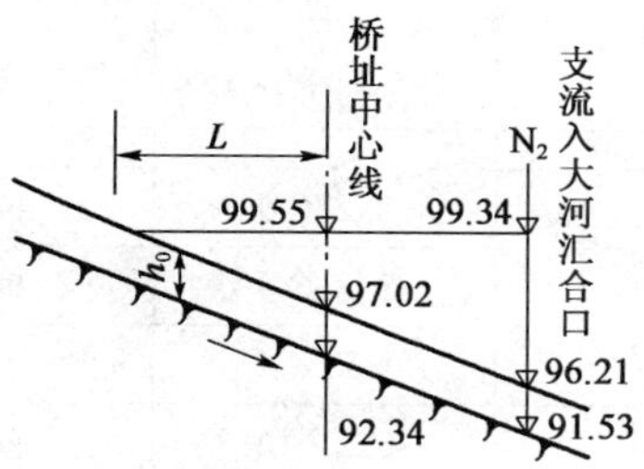

图 16-2-5　桥位河床纵断面图(高程单位:m)

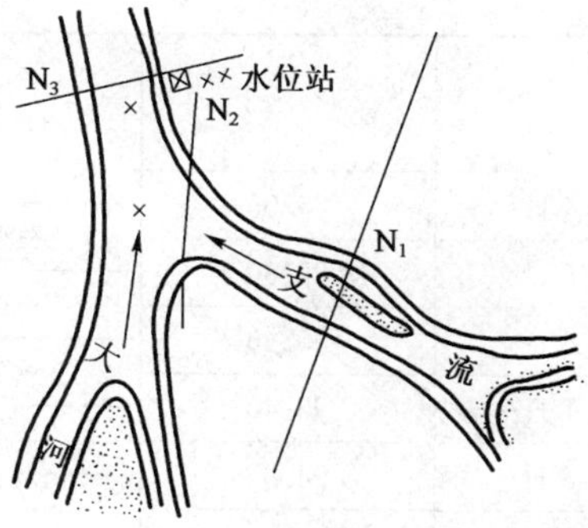

图 16-2-7　桥位平面图

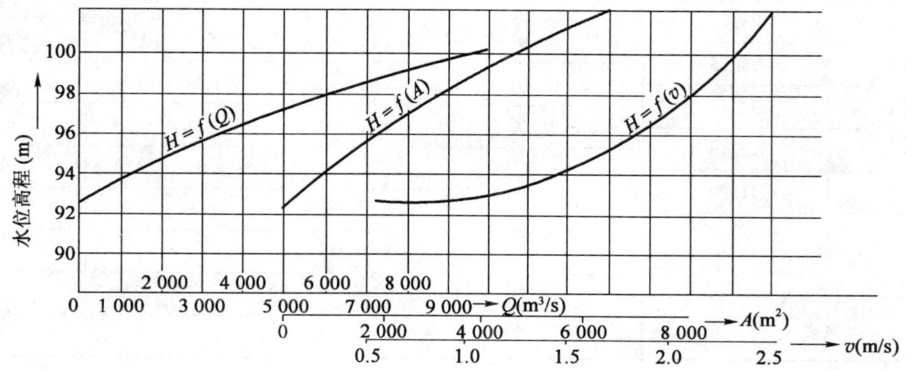

图 16-2-6　桥位断面水力特征曲线

大河 N_3 断面 1957 年洪水位涨落过程　　表 16-2-1

日　期	H (m)	Δh (m)	Δt (d)	$\frac{\Delta h}{\Delta t}$ (m/s)	$\overline{H}$ (m)
7月20日	92.70				
		0.05	1	0.58×10^{-6}	92.73
7月21日	92.75				
		0.60	1	6.9×10^{-6}	93.05
7月22日	93.35				
		0.18	1	2.1×10^{-3}	93.44
7月23日	93.53				
		0.27	1	3.1×10^{6}	93.67
7月24日	93.80				
		0.25	1	2.9×10^{-6}	93.93
7月25日	94.05				
		0.30	1	3.5×10^{-6}	94.20
7月26日	94.35				
		0.35	1	4.0×10^{-6}	94.53
7月27日	94.70				
		4.30	1	50.0×10^{-6}	96.85
7月28日	99.00				
		0.35	1	4.0×10^{-6}	99.18
7月29日	99.35				
		0.20	1	2.3×10^{-6}	99.45
7月30日	99.35				
		−0.60	1	-6.9×10^{-6}	99.25
7月31日	98.95				
		−1.00	1	-11.6×10^{-6}	98.45
8月1日	97.95				
		−0.70	1	-8.1×10^{-6}	97.60
8月2日	97.25				
		−0.80	1	-9.3×10^{-6}	96.85
8月3日	96.45				
		−0.40	1	-4.6×10^{-6}	96.25

续上表

日　期	H (m)	Δh (m)	Δt (d)	$\frac{\Delta h}{\Delta t}$ (m/s)	$\overline{H}$ (m)
8月4日	96.05				
		−0.45	1	-5.2×10^{-6}	95.83
8月5日	95.60				
		−0.15	1	-1.7×10^{-6}	95.53
8月6日	95.45				
		−0.05	1	-0.58×10^{-6}	95.43
8月7日	95.40				
		−0.45	1	-5.2×10^{-6}	95.18
8月8日	94.95				
		−0.50	1	-5.8×10^{-6}	94.70
8月9日	94.45				
		−0.30	1	-3.5×10^{-6}	94.30
8月10日	94.15				
		−0.40	1	-4.6×10^{-6}	93.95
8月11日	93.75				
		−0.50	1	-5.8×10^{-6}	93.50
8月12日	93.25				
		−0.10	1	-1.16×10^{-6}	93.20
8月13日	93.15				
		−0.70	1	-8.1×10^{-6}	92.80
8月14日	92.45				
		−1.25	1	-14.5×10^{-6}	91.83
8月15日	91.20				

桥位水力计算表　　表16-2-2

H (m)	$\overline{h}$ (m)	Q_s (m³/s)	$\frac{\Delta h}{\Delta t}$ (×10⁻⁶m/s)	B (m)	Ω (×10⁻⁶m²)	Q'' (m³/s)	Q_q (m³/s)	A (m²)	v_c' (m/s)	$v_{不冲}$ (m/s)	L_q (m)
(1)	(2)	(3)	(4)	(5)	(6)	(7)	(8)	(9)	(10)	(11)	(12)
99.25	6.91	5 000	6.9	580	7.96	54.92	5 055	3 800	1.33	0.588	578
98.45	6.11	5 000	11.6	570	6.91	80.16	5 080	3 300	1.54	0.574	567
97.60	5.26	5 000	8.1	562	5.85	47.39	5 047	2 800	1.80	0.557	559
97.02	4.68	5 000	9.3	556	5.17	48.00	5 048	2 480	2.03	0.545	556

本桥为通航河流且为倒灌河口，泥沙落淤，冲刷系数 P 不应过大，采用1.08，故算出的桥梁孔径基本上等于水面宽度。这种情况下一般可直接采用水面宽度作为桥孔长度。

采用64-2简化式(14-2-6)进行一般冲刷最大水深计算：

$$h_p = 1.04\left(A\cdot\frac{Q_2}{Q_1}\right)^{0.90}\left[\frac{B_1}{\mu(1-\lambda)B_2}\right]^{0.66}h_{cmax}$$

式中，$A=\left(\frac{\sqrt{B}}{H}\right)^{0.15}=\left(\frac{\sqrt{556}}{4.68}\right)^{0.15}=1.27$。

$h_p = 1.04\times\left(1.27\times\frac{5\,055}{5\,055}\right)^{0.90}\left(\frac{580}{578}\right)^{0.66}\times8.87 = 11.44(\text{m})$ 。

采用64-1式(6-2-7)进行一般冲刷最大水深计算：

$h_p = \left(\frac{AQ_q}{\mu L_j E d^{1/6}}\right)^{3/5} \frac{\bar{h}_{max}}{\bar{h}_c}; E = 0.46$(含沙量 $S < 1.0$)。

$$h_p = \left(\frac{1.27 \times 5\,055}{0.46 \times 0.2^{1/6} \times 0.98 \times 0.9 \times 578}\right)^{3/5} \times \frac{8.87}{6.91} = 10.90(\mathrm{m})$$

一般冲刷后最低冲刷线高程 $H_{min} = 99.25 - 11.44 = 87.81$(m);桥墩局部冲刷深度未计入。

大河自河口向上游倒灌的长度,根据河口水位 99.34m,河床比降 $i = 0.000\,336$,支流正常水深 $\bar{h} = 4.68$m 及支流河床横断面,应用分段求和法(第五章第七节)进行计算。

根据式(5-7-12)进行近似计算:

河口向上游总的倒灌影响长度 S:

$$S = \frac{2\Delta Z}{i} = \frac{2 \times (99.34 - 96.21)}{0.000\,336} = 18\,631(\mathrm{m})$$

桥位上游的影响长度 S_b:

$$S_b = 18\,631 - 2\,400 = 16\,231(\mathrm{m})$$

第三节　泥石流沟的桥位设计

泥石流沟桥位勘测设计中的问题详见《公路与桥梁水毁防治》第十章第九节,本节主要讨论泥石流的水力计算问题。

我国西北、西南、华北很多山区是泥石流的主要分布地区,泥石流在其他地区的山区也有零星分布。这些地区具有形成泥石流的地形、地质和水文三方面的条件。这些地区地形一般山高沟深,地势陡峻,沟谷纵坡大,流域形状便于水流汇集;地质构造复杂,经历多次构造运动(包括强烈地震),岩质多褶皱、挠曲和断裂,岩层破碎,节理发达,常有断层带;岩层裸露或覆以薄而松散的土质、岩粒碎片;沟谷及支沟存在大量堆积物或冲积物。气候条件多为常年干旱或干湿季分明,严寒酷暑交替,温差及湿度变幅大,风化及干燥剥蚀作用剧烈。在水文方面,降雨集中、山洪急剧,冲刷搬运能力强。西北、西南地区的冰川高山,冰川消融强烈,提供了大量水源。流域内丰富的固体松散物、陡峻的地形和充沛的降雨或融雪水源,构成了形成泥石流的基本条件。

泥石流是一种携带大量泥沙、石块等固体物质的洪流,具有突发、短暂和间歇性,沿沟谷以很大的流速倾泻而下,破坏性很大。

泥石流爆发时,其前锋是一股浓浊、黏稠的洪流,以几米或十几米的高峰倾泻而下,该前锋被称为泥石流的"龙头"。泥石流黏稠、重度大,具有特殊的结构和浮托能力,以及很强的侵蚀、冲刷、搬运能力,其在很短的时间内能流出数十万以至数百万固体物质,能将数十吨、数百吨甚至上千吨的巨石,从山谷中冲到山口外,冲毁路基桥梁,堵塞埋设桥孔、涵洞,对交通运输、建筑物造成巨大破坏。

泥石流流域从上游到下游,具有三个区段,即泥石流形成区(固体物质和水源的供给区)、泥石流流通区(坡陡顺直的峡谷沟槽)和泥石流的沉积区(泥石流沟口下游的平缓地带,呈扇形和锥形堆积,沉积区的大小反映了泥石流规模的大小)。

形成区内固体物质的积累过程是个经常而缓慢的孕育过程，这个过程完成后，一旦由暴雨或融雪提供了动力，就会爆发一场来势凶猛的泥石流。

泥石流按其挟带的固体物质可分为：

(1)水石流。由大石块和水或稀泥浆组成，主要发生在石灰岩、大理岩、白云岩、部分花岗岩或砾岩山区。

(2)泥流。固体物质主要是细粒泥沙，仅有少量碎石岩屑，黏度大，呈稠泥状，有时出现“泥球”。

(3)泥石流。含有大量细颗粒物质(粉砂、黏土等)和巨大石块、漂砾石，主要发生在花岗岩、片麻岩、板岩、千枚岩、页岩等分布的山区。

泥石流从不同角度的分类及其特征见表 16-3-1。

泥石流分类简表 表 16-3-1

类　别	分　类	内容及特征
流体性质	黏性	重度大于 $16kN/m^3$，黏度大于 0.3Pa·s，层流，有阵流，浆体浓稠，承浮和悬托力大，流体直进性强，补给量大
	稀性	重度为 $12\sim18kN/m^3$，黏度小于 0.3Pa·s，有股流及散流现象，浆体混浊，悬托力弱，堆积物松散，补给量小
物质组成	泥流	颗粒均匀，由粒径小于 0.005mm 的黏粒和小于 0.05mm 的粉粒组成，偶夹砂和圆砾，有稀性和黏性
	泥石流	颗粒差异性大，由黏粒、粉粒、砂粒、圆砾、碎块石等大小不同的粒径混杂组成，有黏性和稀性
	水石流	堆积物分选性强，由圆砾、碎块石及砂粒组成，夹少量黏粒和粉粒，为稀性
危害程度	严重	松散固体物质丰富，植被破坏，水土流失严重，河滩堆积和堵塞现象严重，塌方面积率大于 10%
	中等	松散固体物质较丰富，植被部分遭到破坏，水土流失较严重，在河床局部地段形成较严重的坍塌堆积，塌方面积率为 5%～10%
	轻微	流域内侵蚀情况明显减弱，河槽堆积物质甚少，以冲刷下切为主，植被良好，塌方面积率小于 5%

泥石流发展时期划分见表 16-3-2。

泥石流发展时期划分表 表 16-3-2

指标＼发展时期	发　展　期	兴　旺　期	衰　退　期
汇水区内沟谷形态	冲沟开始发育，多细沟等形式，下切深度较小	沟谷严重下切，断面呈 V 字形，两岸崩塌、滑坡严重	支沟趋稳定，断面呈 U 字形，上游沟床已多为基岩
不良地质现象	沟岸有少量崩塌、滑坡	深层滑坡、大型崩塌及错落为主	滑坡、坍塌趋稳定，以局部坍塌、滑溜为主
泥石流性质	黏性或稀性	黏性为主	稀性
扇形地发展情况	开始发育，扇面较小	扇面大，淤高快，改道频繁	冲积物堆积山顶，沟内回淤，冲积扇顶有固定沟床

一、泥石流流速计算

1. 铁道科学研究院西南研究所推荐公式

该公式宜用于稀性泥石流，即

$$v_c = \frac{m_c}{\alpha} R_c^{2/3} I^{1/2} \tag{16-3-1}$$

式中：v_c——泥石流断面平均流速（m/s）；

I——泥石流水面或沟底坡度（以小数计）；

R_c——泥石流流体水力半径（m）；

m_c——泥石流粗糙系数表，见表 16-3-3；

α——阻力系数，$\alpha = (\phi\gamma_H + 1)^{1/2}$；

ϕ——泥石流中泥石体积增大系数，$\phi = \frac{\gamma_c - 1}{\gamma_H - \gamma_c}$；

γ_c——泥石流重度，$\gamma_c = 10 \sim 23\text{kN/m}^3$；

γ_H——泥石流中固体物质重度，$\gamma_H = 24 \sim 27\text{kN/m}^3$。

当已知了 γ_c、γ_H 后，α、ϕ 可从表 16-3-4 查出。

泥石流沟粗糙系数(m_c)表 表 16-3-3

组别	沟槽特征	m_c 值		坡度
		极限值	平均值	
1	沟槽中堆积有难以滚动的棱角石或稍能滚动的大石块；沟槽被树木严重阻塞，无水生植物；沟底以阶梯式急剧降落	3.9～4.9	4.5	0.375～0.174
2	不平整的泥石流沟槽，沟底无急剧突起，沟床内均堆积大小不等的石块，沟槽被树木阻塞，沟槽内两侧有草本植被，沟床不平整，有洼坑，沟底呈阶梯式降落	4.5～7.9	5.5	0.199～0.067
3	较弱的泥石流沟槽，但有大的阻力；沟槽由滚动的砾石和卵石组成；常因有稠密的灌木丛而严重阻塞，沟槽凹凸不平	5.4～7.0	6.6	0.187～0.116
4	山区中下游的泥石流沟槽，沟槽经过光滑的岩面，有时经过具有大小不断的阶梯跌水的沟床，在开阔河段有树枝、砂石停积阻塞，无水生植物	7.7～10.0	8.8	0.220～0.112
5	山区或近山区的河槽，由砾石、卵石等中小粒径和能完全滚动的物质所组成，河槽阻塞轻微，河岸有草本及木本植物，河底降落较均匀	9.8～17.5	12.9	0.090～0.022

γ_c、γ_H 与 ϕ、α 对照表 表 16-3-4

γ_H	ϕ、α \ γ_c	1.0	1.1	1.2	1.3	1.4	1.5	1.6	1.7	1.8	1.9	2.0	2.1	2.2	2.3
2.4	ϕ	0	0.077	0.167	0.272	0.400	0.556	0.750	1.00	1.33	1.80	2.50	3.67	6.00	13.00
	α	1.0	1.09	1.18	1.29	1.40	1.53	1.67	1.84	2.05	2.31	2.64	3.13	3.92	5.68
2.5	ϕ	0	0.071	0.154	0.250	0.364	0.500	0.667	0.875	1.14	1.50	2.00	2.75	4.00	6.50
	α	1.0	1.08	1.18	1.28	1.38	1.50	1.63	1.79	1.96	2.18	2.45	2.81	3.32	4.15

续上表

γ_H	γ_c / ϕ、α	1.0	1.1	1.2	1.3	1.4	1.5	1.6	1.7	1.8	1.9	2.0	2.1	2.2	2.3
2.6	ϕ	0	0.067	0.143	0.231	0.333	0.454	0.600	0.778	1.00	1.28	1.67	2.20	3.00	4.33
	α	1.0	1.08	1.17	1.26	1.37	1.48	1.60	1.74	1.90	2.08	2.31	2.55	2.96	3.50
2.7	ϕ	0	0.063	0.133	0.214	0.308	0.416	0.545	0.700	0.890	1.12	1.43	1.83	2.40	3.25
	α	1.0	1.08	1.17	1.26	1.35	1.46	1.57	1.70	1.84	2.01	2.21	2.44	2.74	3.13

2.根据甘肃附近青海扎麻隆峡稀性泥石流调查资料,提出的稀性泥石流公式(铁道部第一设计院)

$$v_c = \frac{15.5}{\alpha} H^{2/3} I^{3/8} \tag{16-3-2}$$

式中符号意义同前。

3.西藏古乡黏性泥石流公式

$$v_c = K_1 K_2 v_h = 0.46 v_h \tag{16-3-3}$$

式中:v_c——泥石流断面平均流速(m/s);

v_h——现场观测的表面中泓流速(m/s);

K_1——表面平均流速($\bar{v}$)与表面中泓流速(v_h)之比,即 $K_1 = \bar{v}/v_h \approx 0.6$;

K_2——垂线流速分布系数,$K_2 \approx 0.77$。

根据试验资料,

$$v_h = \frac{1}{n} R_c^{3/4} I^{1/2} \tag{16-3-4}$$

式中:n——取 0.45;

其他符号意义同前。

4.甘肃泥石流公式(1982 年)

黏性泥石流流速:

$$v_c = m_c H^{2/3} I^{1/2} \tag{16-3-5}$$

或

$$v_c = m_{c1} H^{1/4} I^{1/2} \tag{16-3-6}$$

式中:v_c——泥石流断面平均流速(m/s);

m_c——粗糙系数$\frac{1}{n}$,见表 16-3-5;

m_{c1}——泥深为 1m 时的粗糙系数,见表 16-3-5;

H、I——意义同前。

黏性泥石流沟的粗糙系数 m_c 表 16-3-5

类别	沟 床 特 征	m_c			
		平均泥深(m)			
		0.5	1.0	2	4
1	黄土地区泥流沟或大型黏性泥石流沟,沟床平坦开阔,流体中大石块很少,I=2%~6%		29	22	16
2	中小型黏性泥石流沟,沟谷一般平顺,流体中含大石块较少,I=3%~8%	26	21	16	14

二、泥石流流量计算

1. 洪水调查法

$$Q_c = A_c v_c \tag{16-3-7}$$

式中：Q_c——泥石流流量(m^3/s)；

A_c——根据洪水调查得到的泥石流最高洪水计算得到的泥石流横断面面积(m^2)；

v_c——泥石流流速(m/s)，用上述方法确定。

2. 配方法

泥石流最大流量要比同等流域面积上清水最大流量大 2～50 倍。这是由于水流中混入了大量的泥沙石块，上游来的清水全部被泥沙石块吸收至饱和而变成了泥石流的缘故。

假定 1 单位体积清水中加入 ϕ 体积泥沙，该泥石流的重度为：

$$\gamma_c = \frac{1+\gamma_H\phi}{1+\phi} \tag{16-3-8}$$

则

$$\phi = \frac{\gamma_c - 1}{\gamma_H - \gamma_c} \tag{16-3-9}$$

式中符号意义同前，式中用工程单位制。

泥石流流量 Q_c 为：

$$Q_c = (1+\phi)Q_W \tag{16-3-10}$$

式中：Q_W——清水流量(m^3/s)，可按小流域暴雨径流公式计算确定。

以上是假定泥沙不含水分的情况。由于黏性泥石流的含水率一般仅有 14%～25%，土体含水率对形成泥石流的影响不应被忽视。

设 1 单位体积水中加 ϕ' 单位体积的泥沙，泥沙含水率为 P(以小数计)，则

$$\gamma_c = \frac{1+\phi'\gamma_H+\phi'\gamma_H P}{1+\phi'+\phi'\gamma_H P} \tag{16-3-11}$$

$$\phi' = \frac{\gamma_c - 1}{\gamma_H(1+P) - \gamma_c(1+\gamma_H P)} \tag{16-3-12}$$

泥石流流量 Q_c 为：

$$Q_c = (1+\phi')Q_W \tag{16-3-13}$$

按 ϕ 值计算的泥石流流量为清水的 1.31～3.70 倍，与实测资料相比，一般偏小；按 ϕ' 计算的泥石流流量为清水流量的 1.34～6.3 倍，与实际结果较为接近。

式(16-3-10)对于水石流、稀性泥石流较适用；式(16-3-13)对于含土和泥沙较多的泥流、黏性泥沙流较适用。

3. 雨洪修正法

(1)东川经验公式

$$Q_c = (1+\phi)Q_W D_\mu \tag{16-3-14}$$

式中：D_μ——泥石流堵塞系数，根据东川 7 年 40 个观测资料验证，$D_\mu=1$～3，可参考表 16-3-6

选定。

堵塞系数 D_μ 表 16-3-6

堵塞程度	最严重堵塞	较严重堵塞	一般堵塞	微弱堵塞
D_μ	2.6～3.0	2.0～2.5	1.5～1.9	1.0～1.4

(2)斯里布内公式(1960年)

$$Q_c = \frac{(1+\phi)^{7/6}}{(\gamma_H\phi+1)^{1/4}}Q_W D_\mu \tag{16-3-15}$$

式中符号意义同前。

目前对泥石流的认识还很不够,尚无完善的流速、流量计算公式。勘测人员应深入调查研究,将实际观测资料与计算结果进行验证,逐步积累资料,力求切合实际。

三、河床淤积估计

1. 年供给的塌方储备量

$$W = vA \tag{16-3-16}$$

式中:W——年供给的塌方储备量(m^3);

A——塌方面积(m^2);

v——土的侵蚀速度(m/年),见表16-3-7。

土的侵蚀速度 表 16-3-7

土的侵蚀速度	微弱的	中等的	强烈的
v(m/年)	0.02～0.05	0.06～0.15	0.16～0.30

如流域内土的侵蚀程度不同,应进行加权平均。

2. 多年平均淤积厚度估计

(1)调查法

$$\bar{h}=\frac{\sum h}{n} \tag{16-3-17}$$

式中:$\bar{h}$——多年平均淤积厚度(m);

$\sum h$——调查年限内的淤积总厚度(m),由观测、挖探或钻探求得。

(2)成因分析法

$$\bar{h} = \frac{W - n\omega}{nA} \tag{16-3-18}$$

式中:W——全流域设计年限 n 年内可补给的松散物质储备量(m^3);

ω——估算每年被水冲走的固体物质体积(m^3);

A——沉积范围的面积(m^2)。

(3)数理统计法

若各年淤积厚度观测值为 h_1、h_2、h_3……h_n,则 n 年平均淤积厚度 h 可按式(16-3-15)计算。

可计算频率为 $P\%$ 的年平均淤积厚度为:

$$\bar{h}_{p\%} = \bar{h}(1 + C_v\phi_p) = K_p\bar{h} \tag{16-3-19}$$

式中，C_v、ϕ_p和K_p见洪水频率分析计算(第三章第三、四节)。

3. 设计总淤积深度 H_n

(1)平均年值法

$$H_n = Kn\bar{h} \tag{16-3-20}$$

式中：K——淤积趋势系数，按泥石流发展趋势、人类活动、工程治理措施与通过位置的情况，综合分析确定，取0.4～1.2。

(2)极限值法

调查研究已经稳定泥石流沟的淤积坡度、长度、侵蚀基面、排水基面等，综合分析求得最大可能的极限积深的变化规律，从而推断路线通过的泥石流沟的极限淤积深，作为设计总淤积深。

四、泥石流沟的冲刷

泥石流不仅有快速的淤积作用，其冲刷作用也很强烈，一次泥石流甚至可下切3～6m。泥石流沟的桥梁墩台基础埋深，必须认真分析冲刷深度，特别是对凹岸的桥台冲刷。

影响泥石流冲刷深度的因素很多，通常用实际观测和调查访问的资料作为设计依据。稀性泥石流可参考下面公式计算墩台一般冲刷 h_p，并与调查结果相互印证。

$$h_p = \frac{Aq}{d^{1/3}H^{1/6}} \tag{16-3-21}$$

式中：q——单宽流量[$m^3/(s \cdot m)$]；

d——泥石流固体物质平均粒径(m)；

H——原泥深(m)；

A——系数，直槽取$A=0.1$，弯道凹岸取$A=0.17$。

五、梁底设计高程

$$H = H_p + H_n + C + 1.0 \tag{16-3-22}$$

式中：H_p——考虑各种冲刷下切后的沟底高程(m)；

H_n——设计总淤积深度(m)；

C——泥石流“龙头”高或漂浮的大石块等固体物质高，由调查或实测决定；考虑到漂浮的大石块半浮半沉的状态，高度取直径之半。

式中，1.0为安全值，泥石流严重时可取大于1.0的数值。

六、通过泥石流的桥位选择和布设

(1)西北地区气候干旱，常年雨量小，径流量小，不易将上游存积松散物带出山口。有的冲积扇古老固定、树木茂密、居民定居较久，勘测时易被误认为泥石流已停止发展，但一遇罕见强烈暴雨，猛烈山洪将多年存积的沙石运出山口，发生强烈泥石流，具有强烈的破坏作用。

(2)山口冲积扇地形中间高、两侧低，发生洪水时呈扩散漫流，但应注意，泥石主流一般仍沿扇形隆起脊梁部位直冲而下,桥孔应设在这个主流上。

(3)路线和桥位选择应避免通过强烈的泥石流,可采用绕避方案,取改走跨越大河对岸方案或另选方案,或在山口附近用隧道或明洞通过。对于中等泥石流也应尽可能优先考虑绕避方案,以减少隐患。

(4)当路线必须通过泥石流时,宜选在泥石流通过地段,不宜选在沟床纵坡由陡变缓地点。对发展较缓慢的冲积扇,可选在沉积区可能发展范围以下适当距离处通过。

(5)对于轻微泥石流,路线必须通过沉积区中部冲积扇时,路线中心线与冲积扇的辐射线应成正交,即以曲线通过。

(6)当路线通过山口附近的冲积扇顶部时,一般均有固定的集中沟槽,可集中设桥。

(7)当路线必须通过沉积区冲积扇时,桥位应设在与山口顺接的隆起脊梁主流所经之处。同时,应根据扇顶水流分布情况及其可能的摆动,在各主要沟槽处分别设桥,避免挖沟筑堤强行合并分散的水流。

(8)在泥石流地区不得下挖设桥,更不得压低路线而强行改沟至冲积扇两侧低洼处设桥。

(9)两冲积扇间的洼地,即使不受山洪影响,也应设置桥涵,排除积水。

七、泥石流的排导和拦挡措施

泥石流的防治,根本办法是采用流域水土保持,植树造林,修建大量山坡截水沟、鱼鳞坑等调节地表径流,减少泥沙来量。这些不是公路部门能够单独完成的,公路部门最主要的工作是合理选线和正确布设桥涵位置,避免危害地段,消除隐患。在较小型泥石流沟设计桥涵,除本身应留有余地之外,可采用一些排导和拦挡等辅助措施,以利安全运行。

1. 泥石流排导措施

为了使泥石流顺畅通过桥下,下游应有妥善的排泄出路,也应设排洪道。

(1)排洪道平面布置

泥石流(特别是黏性泥石流)在转弯处有较大的超高和爬高能力,裁弯取直性能很强,也易受阻停积,造成漫流和决堤。排洪道一般宜取直线布设。受地形限制必须转弯时,稀性泥石流弯道半径应大于底宽 8～10 倍,黏性泥石流弯道要大于排洪道底宽的 20 倍。

排洪道出口通入大河,其交角宜为 45°以下的锐角。与大河衔接处的高程应高于同频率的大河水位,至少要高出 20 年一遇的大河水位。

排洪道与桥涵相接,横断面应一致平顺连接,力避断面突变。

(2)排洪道纵坡

中国科学院兰州冰川冻土研究所的建议见表 16-3-8。设计纵坡应与洪积扇的天然坡度大致相符。排洪道中间不宜变坡,以免局部冲淤。

(3)排洪道弯道超高

泥石流重度大,凹岸超高较清水大。超高 $\Delta h'$应按现场调查资料确定,或参考下式估计。

$$\Delta h' = \frac{2.3v_c^2}{g} \cdot \lg\frac{R_0}{r_0} \tag{16-3-23}$$

式中:R_0、r_0——分别为弯道凹岸和凸岸的半径(m)。

(4)排洪道横断面

排洪道断面多用梯形断面、矩形断面。断面大小应满足流量公式(16-3-7)的要求。设计底宽 B 和泥深 h_c 的比值应与该地区稳定的天然沟床 $\frac{B}{h_c}$ 比值相近，如条件不能满足，则 $\frac{B}{h_c}$ 应不大于5～7。排洪道深度应为泥深 h_c 加不小于0.5m的安全值，弯道处应另加超高。

人工铺砌排洪道纵坡参考表　　表16-3-8

性　质	重度(kN/m³)	物质组成	最小坡度(%)
稀性	13～14	泥流	2.5
		泥石流	3.5
	14～15	泥流	3.0
		泥石流	4.0
黏性	15～16	泥流	3.5
		泥石流	4.5
	16～18	泥石流	5～7
	18～22	泥石流	8～15

(5)排洪道的防护

泥石流具有比清水大得多的推动力和冲刷能力，对土质的人工开挖排洪道或护堤，在过流部分多采用铺砌加固的方式。对河道较宽不宜作全宽护底者，可采用加深护堤铺砌的基础，或加横向锥坡拦墙(图16-3-1)，以保持河底的纵坡和加强排洪道的整体性。

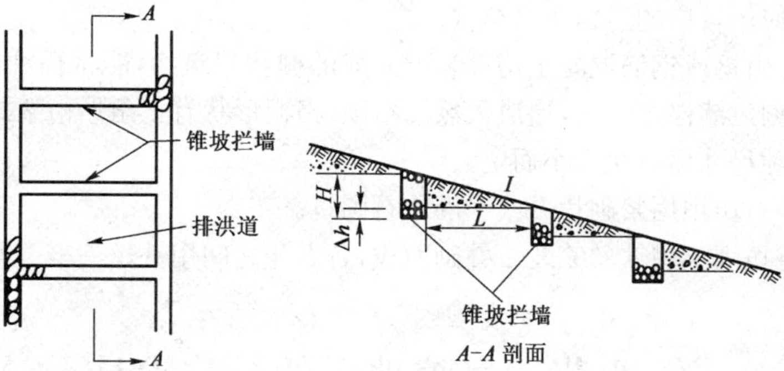

图16-3-1　排洪道和锥坡拦墙

锥坡拦墙的埋深同排洪道的边墙基础埋深相同，砌成一整体，拦墙顶与沟底平，间距8～15m，拦墙厚0.5～1.0m。一般排洪道纵坡 $I>5\%$ 时，才使用锥坡拦墙。

(6)其他排导建筑物

①泥石流渡槽

对于小型泥石流(一般不超过30m³/s)，如地形许可，下游有淤积场地或宣泄下来的固体物质，大河可及时带走，可考虑渡槽方案。为保证渡槽不受堵塞，其纵坡取8°～15°。

②泥石流急流槽

用增大纵坡和压缩断面的办法，使泥石流形成急流下泄的人工沟槽。为防止冲刷，急流槽的首尾连接处，常做成嵌入地下的石裙。纵坡应大于天然沟槽的石淤的最小坡度。急流槽应避免转弯，非设弯道不可时，应考虑泥石流冲击超高或爬高的影响。

2. 泥石流拦挡措施

在泥石流中游区采用拦挡措施，在天然河沟内设置一系列的拦挡坝，层层拦截，使相当数量的固体物质沉积下来，削减了泥石流的规模，稳定了泥石流的沟槽。拦截后，泥石流纵坡变得平缓，减小了泥石流流速，降低了泥石流的破坏力。对于经常无水、规模小的泥石流沟，回淤坡度 I_0 约为原沟底坡 I 的 3/4～1；对经常有水的泥石流沟，I_0 约为原沟底坡 I 的 1/2 左右。

最常用的重力式拦挡坝示例见图 16-3-2。

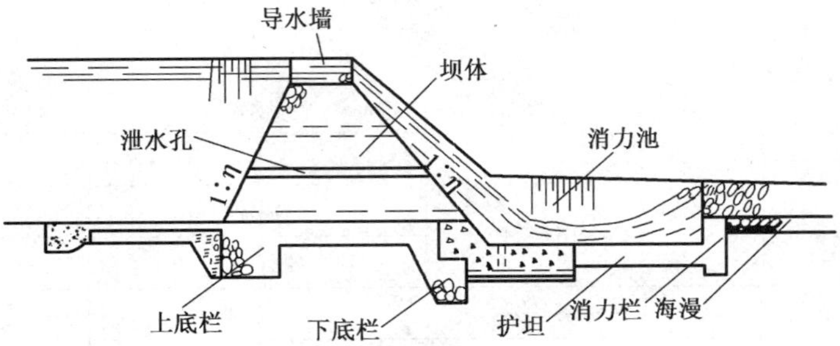

图 16-3-2　浆砌块石重力式坝示意图

一般坝高不宜超过 5m，上游第一坝坝高宜小一些。坝高 H 与坝距 L 成下列关系：坝址必须与当地地形相适应，设在跌水上游或下游沟底平缓处，最后一座坝与路基之间的距离，一般不小于坝高的 3 倍。拦挡坝的断面、消力池、海漫等各部尺寸，应根据泥石流溢流过坝的水力计算来确定，一般宜用实用堰的断面形式，以提高过水能力。

我国近年来应用较广的拦挡建筑结构形式有：

(1)格栅坝。由钢或钢筋混凝土构件装配而成的栅状建筑物，能将稀性泥石流、水石流携带的大石块由格栅过滤停积下来，形成天然堆石坝，格栅形状有三角形桁架式，有交叉成菱形，也有狭缝的。孔隙尺寸由石块大小而定。

(2)石坊坝。石坊坝用浆砌片石或干砌片石砌筑。

(3)铁丝笼谷坊坝。用铁丝笼装石叠砌而成，各石笼之间用铁丝箍牢。属半永久性工程。

第四节　岩溶地区的桥位设计

我国岩溶地区分布很广，广西、云南、贵州等省(自治区)岩溶地区占全地区面积的一半以上，广东等省广大石灰岩地区也有岩溶地质条件分布。岩溶是地表水和地下水对石灰岩的溶蚀作用而产生的一种地质现象，可分为地表的岩溶和地下的岩溶两种，如溶洞、溶沟、漏斗、竖井、坡立谷、溶蚀洼地、落水洞和暗河等。

由于岩溶地区特殊的地貌和地下水系的存在，改变了暴雨径流的汇流集流条件，地表径流往往通过漏斗、竖井、落水洞等通道潜入地下，汇集成暗河，最后又以明流露出于下游。地下暗河断面大小可变化，很大的溶洞和地下湖，有很大调蓄作用。曲折不规则的孔道、裂隙将阻塞水流，增长流程，增大阻力。水流流态可时而有压、时而无压，集中与分汊相间，十分复杂。

当暴雨雨量较小时，降水可能全部潜入地下。有的上游有水，下游无水。暴雨雨量较大时，由于漏斗、竖井、坡立谷、落水洞等排水不及时，在低洼处形成积水。

在岩溶地区勘测时，必须通过调查测绘，摸清地下水流的来龙去脉。水文计算首先应确定天然情况下（无岩溶情况下）的设计流量、设计洪水总量和设计流量过程线。通过观测、调查和分析计算，确定地表和地下径流分配系数、溶洞和溶洞群的消水能力、积水区的设计洪水最高积水位。为了满足公路和桥涵设计的要求，修筑排水沟和泄水隧洞，排除积水，降低积水位。

一、一般条件下的水文分析

首先确定一般条件下（无岩溶情况下）的设计流量、设计洪水总量和设计洪水过程线。一般情况下，设计流量的确定见第四章。设计洪水总量可按下式确定：

$$W_s = 0.1 h_R A \tag{16-4-1}$$

式中：W_s——设计洪水总量（$10^4 m^3$）；

h_R——径流深度（mm），

$$h_R = \alpha H_{24,P} \tag{16-4-2}$$

α——径流系数，根据地区水文手册和图集查取，如能观测到较大的降雨（与设计频率相近，前期降雨量也较大的）和流量过程线，则直接采用实际观测的资料计算；

$H_{24,P}$——设计频率的最大24h暴雨量（mm），查所在地区水文手册和图集；

A——流域面积（km^2）；

0.1——单位换算系数。

设计流量过程线一般可概化为三角形，如果地区有根据实测资料制定的典型流量过程线，则应优先选用。所在地区水文手册中列有各种不同形状系数的典型流量过程线的坐标值，使用前首先要计算出径流过程线的形状系数λ，再据此选择与λ值相同或接近的典型流量过程线。λ值按下式计算：

$$\lambda = 0.36 t_R Q_s / W_s \tag{16-4-3}$$

式中：t_R——与Q_s相应的涨水时间（h），

$$t_R = \frac{CL^{1.2}}{Q_s^{1/3} I^{1/3}} \tag{16-4-4}$$

L——主河槽长度（km）；

I——主河槽平均坡度（‰）；

C——系数，随主河槽和山坡条件而变，见表16-4-1；

0.36——单位换算系数。

C 值 表　　表16-4-1

山坡 \ 河床	顺直，整洁	中等弯曲，中等糙率	很弯曲，不整洁
植被稀少	3.05	3.37	3.60
植被及垦植程度中等	3.90	4.23	4.46
森林植被茂密、多耕地	4.51	4.83	5.07

二、地表和地下径流分配系数

地表径流分配系数：

$$P=\frac{Q_{表}}{Q_{总}} \tag{16-4-5}$$

或

$$P=\frac{W_{表}}{W_{总}} \tag{16-4-6}$$

地下径流分配系数：

$$P'=1-P \tag{16-4-7}$$

式中，$Q_{表}$、$Q_{总}$ 和 $W_{表}$、$W_{总}$ 可根据观测资料和洪水调查资料确定。

1. 观测资料

首先应查明水的来龙去脉、流域情况、溶洞的位置分布、进出口情况、下游水的出路等，在此基础上，选定观测点位置。

(1)在积水上游观测点，观测来水流量过程线 $Q=f(t)$ 和水位过程线 $H=f(t)$。根据流量过程线可求得 $Q_{总}$ 和 $W_{总}$。

(2)在溶洞分布区洼地积水处设点，测洞前积水过程线 $H_{积}=f(t)$。

(3)溶洞区下游设立流量观测站，以观测溶洞消水后的地表径流过程线 $Q_{表}=f(t)$ 及水位过程线 $H=f(t)$。根据 $Q_{表}=(t)$ 可求得 $W_{表}$。

2. 洪水调查资料

在溶洞上游和下游分别进行洪水勘测，求得洪峰流量 $Q_{总}$ 和消水后的 $Q_{表}$。

三、溶洞或溶洞群的消水能力

至少具备一次洪水观测的下列资料：

(1)上游来水流量过程线 $Q_{来}=f(t)$。

(2)上游水位流量过程线 $Q_{来}=f(H)$。

(3)洞前积水位过程线 $H_{积}=f(t)$。

(4)下游洼槽漫出 $Q_{下}=f(t)$。

(5)下游洼槽漫出 $Q_{下}=f(H)$。

(6)洞前积水体积和积水位 $V_{积}=f(H_{积})$(从地形图等高线计算)。

对于任一时段 Δt 的水量平衡方程：

$$\overline{Q}_{消}=\overline{Q}_{来}-\overline{Q}_{下}-\frac{\Delta V_{积}}{\Delta t}=f(H_{积}) \tag{16-4-8}$$

式中，$\overline{Q}_{来}=(\overline{Q}_{来1}+\overline{Q}_{来2})/2$，$\overline{Q}_{下}=(\overline{Q}_{下1}+\overline{Q}_{下2})/2$，$\overline{Q}_{消}=(\overline{Q}_{消1}+\overline{Q}_{消2})/2$，$\Delta V_{积}=\overline{V}_{积1}-\overline{V}_{积2}$，注脚 1 和注脚 2 分别表示计算时段开始和终止。

若来水至溶洞口，除溶洞消水外，下游无其他出路，则式(16-4-8)变为：

$$\overline{Q}_{消}=\overline{Q}_{来}-\frac{\Delta V_{积}}{\Delta t}=f(H_{积}) \tag{16-4-9}$$

将观测的上述各项流量、水位、积水体积等过程线，分成若干个时段 Δt，对每一时段按式(16-4-8)或式(16-4-9)进行水量平衡方程求解，可得到积水位 $H_{积}$ 和消水线 $Q_{消}$ 的关系曲线。可列表计算，用电算更为简便。

四、设计洪水时的最高洪水位

式(16-4-8)可变为：

$$\Delta V_{积}=\Delta t(\bar{Q}_{来}-\bar{Q}_{下}-\bar{Q}_{消})$$

$$\sum\Delta V_{积}=\sum\Delta t(\bar{Q}_{来}-\bar{Q}_{下}-\bar{Q}_{消})=f(t)$$

当水流在下流无出路时，则

$$\sum\Delta V_{积}=\Delta V_{积}=\sum\Delta t(\bar{Q}_{来}-\bar{Q}_{消}) \tag{16-4-10}$$

将洪水过程线分成若干时段，算出每一时段的水量：

$$\frac{1}{2}\Delta t_{i}(Q_{来i-1}+Q_{来i})=\Delta t_{i}Q_{来}$$

则可得到 $H_{积}=f(t)$ 和最高积水位。

五、排水沟或泄水隧洞的设计

为了满足公路和桥涵设计要求，对溶洞前有过多积水的地区，应设置排水沟或泄水隧洞，以降低积水位。

排水沟和泄水隧洞(无压力式)的水力计算，按水力学均匀流和非均匀流计算方法进行(见第五章)。流速、流量及水深的关系，根据连续性原理 $Q=Av$ 和谢才—满宁公式 $v=\frac{1}{n}R^{2/3}I^{1/2}$ 或 $v\approx\frac{1}{n}h^{2/3}I^{1/2}$ 计算。

若水流为急流，Fr 大于 1.0，对于梯形断面的排水沟，其临界水深 h_k 根据式(5-7-1)和梯形断面的几何关系，水面宽度 $B=b+2mh$，过水断面 $A=(b+mh)h$，代入得流量 Q(m^3/s)：

$$Q=\sqrt{g\frac{[(b+mh_k)h_k]^3}{b+2mh_k}} \tag{16-4-11}$$

式中：b——梯形底宽(m)；

m——梯形边坡系数；

h_k——梯形断面内的水深，即临界水深(m)。

对于矩形断面渠道或流水部分为矩形断面的泄水隧洞，流量 Q 和洞前积水深 H_0，可用堰流流量公式计算：

$$Q=M_1bH_0^{3/2} \tag{16-4-12}$$

式中：M_1——流量系数，不淹没洞口时，$M_1=1.54$，淹没洞口时，$M_1=1.34$；

b——矩形断面宽度(m)；

H_0——洞前积水深度(m)。

泄水隧洞的水力计算，洞口水流形式分别与无压力式和半压力式涵洞相同，计算方法参照涵洞水力计算进行。

排水沟(或泄水隧洞)的设计流量也可按下式估算:

$$Q_{泄} = Q_{P}(1-\frac{V_{积}}{W_{P}}) \tag{16-4-13}$$

式中:$Q_{泄}$——通过蓄水区调蓄后的下泄流量(m^3/s);

Q_P——设计频率 P 的流域来水流量(m^3/s);

W_P——设计频率 P 的流域来水总量(m^3/s);

$V_{积}$——容许蓄水位 $H_{积}$ 的蓄水体积(m^3)。

$Q_{泄}$包括溶洞(或溶洞群)的消水流量和排水沟(或隧洞)的下泄流量。排水沟(或隧洞)的设计流量:

$$Q=Q_{泄}-Q_{消} \tag{16-4-14}$$

第五节　平原防洪、治涝地区的桥位设计

为了保障平原河流两岸免受洪水威胁或避免两岸低洼、排水不畅地区发生内涝,水利部门制定了地区防洪、治涝规划、设计标准等,采取了筑堤防洪和排水治涝等治理措施。公路和桥涵工程勘测设计必须搜集有关资料,设计方案应当与防洪、治涝规划和设计标准相配合。

一、防洪地区的桥位设计

平原河流比降很小,两岸平坦,河床淤积,河湾阻水都较严重,泄洪能力很差。为防止两岸洪水泛滥成灾,应采取以筑堤防洪为主的综合治理防洪措施。采取水土保持,就地蓄水;利用水库和湖泊蓄洪;分洪入泛洪区、入海、入其他河流或将一部分洪水引入湖泊、洼地或预定的滞洪区,拦蓄起来,洪峰过后,再由原处回归河道,称为滞洪。

1.防洪设计标准

按《防洪标准》(GB 50201—94)规定,见表16-5-1和表16-5-2。灌溉和治涝工程主要建筑物的防洪标准见表16-5-3,供水工程主要建筑物的防洪标准见表16-5-4。

城市的等级和防洪标准　　表16-5-1

等　级	重 要 性	非农业人口(万人)	防洪标准[重现期(年)]
I	特别重要的城市	＞150	＞200
II	重要的城市	150～50	200～100
III	中等城市	50～20	100～50
IV	一般城镇	＜20	50～20

乡村防护区的等级和防洪标准表　　表16-5-2

等　级	防护区人口(万人)	防护区耕地面积(万亩)	防洪标准[重现期(年)]
I	≥150	≥300	≥100～50
II	50～150	300～100	50～30
III	20～50	100～30	30～20
IV	≤20	≤30	20～10

灌溉和治涝工程主要建筑物的防洪标准表　　　表 16-5-3

水工建筑物级别	防洪标准[重现期(年)]	水工建筑物级别	防洪标准[重现期(年)]
1	100～50	4	20～10
2	50～30	5	10
3	30～20		

供水工程主要建筑物的防洪标准　　　表 16-5-4

水工建筑物级别	防洪标准[重现期(年)]	
	设　计	校　核
1	100～50	300～200
2	50～30	200～100
3	30～20	100～50
4	20～10	50～30

水工建筑物级别见表 16-5-5。

水工建筑物的级别　　　表 16-5-5

工 程 等 级	永久性水工建筑物级别		临时性水工建筑物级别
	主要建筑物	次要建筑物	
I	1	3	4
II	2	3	4
III	3	4	5
IV	4	5	5
V	5	5	

一般根据《公路公程技术标准》(JTG B01—2003)设计的公路、桥涵的设计洪水频率均能满足上列防护对象的防洪标准要求。遇有特殊防洪标准要求的情况时，应根据防洪标准进行校核。

在有防洪要求河道上修桥，桥孔不宜压缩，应尽量减小桥前壅水，以保证堤防安全。桥长应尽量与堤间距离相近，梁底高程应高于堤顶。对于河底逐年淤高和远期拓宽及堤顶加高的河段，桥长和梁底高程均需考虑预留量。

2.防洪地区的桥梁设计洪水流量

1)黄淮海平原洪峰流量公式

利用山东、河北、安徽北部及江苏北部广大平原地区 30 余站 170 余场较大洪水资料，根据等流时线概念，按推理公式分析整理，得到下列洪峰流量公式(由铁道部第三设计院完成)。

(1)当涨水历时内的流域平均降雨量大于 90mm 时

A 类：流域内为旧河道，只有局部治理开挖，或者治理开挖标准不高，稍大洪水即满槽漫滩；或者开挖治理的小河沟；或者虽然治理标准较高(治理标准为 5%)，但流域形状为细长条形。

$$Q_P = 0.0948 \times 2.53^{0.813N} m^{0.813} F^{0.244N+0.571} \eta^{0.813} \qquad (16\text{-}5\text{-}1)$$

B类:流域内河道开挖标准较高(治理标准为频率5%)的大河道,只有较大洪水才会满槽漫滩,流域形状为扇形;平均坡降大于3‰,且河道经过开挖治理者及流域近于丘陵经低标准治理。

$$Q_P = 0.189 \times 1.56^{0.813N} m^{0.813} F^{0.244N+0.571} \eta^{0.813} \tag{16-5-2}$$

式中:Q_P——频率为P的流量(m^3/s);

N——暴雨指数,$N=1-n$,n为暴雨衰减指数;

m——暴雨量系数,即一般暴雨强度公式中的S_p值(mm/h);

F——流域面积(km^2);

η——暴雨量点面折减系数。

(2)当涨水历时内流域平均降雨量小于90mm时

A类:

暴雨雨量公式:

$$H_P = 2.53^N mF^{0.3N} \tag{16-5-3}$$

洪峰流量公式:

$$Q_P = 0.0059 H_P^{1.43} F^{0.517} \eta^{1.43} \tag{16-5-4}$$

B类:

暴雨雨量公式:

$$H_P = 1.56^N mF^{0.3N} \tag{16-5-5}$$

洪峰流量公式:

$$Q_P = 0.01176 H_P^{1.43} F^{0.517} \eta^{1.43} \tag{16-5-6}$$

式中:H_P——频率为P的暴雨量(mm);

其他符号意义同前。

A类和B类划分同前,地形近于丘陵的流域,河道经低标准治理,可用B类公式。

公式适用范围:

①适用于上下游均为平原的河流;对上游为山区、下游为平原的流域不适用。

②适用于河道经过初步治理或治理标准较高的河流,治理后河道裁弯取直,断面规整;对于治理标准较高的河道,应用上列公式计算可能偏大。

③适用于河道平均坡小于3‰的流域,如河道坡度大于3‰的平原流域,河道稍加开挖治理的,用B类公式计算洪峰流量。

对于这个地区河流近似概化流量过程线,经过对大小不同流域的单峰典型过程线进行归纳,取平均值,得其结果如表16-5-6所示。

概化流量过程线 表16-5-6

洪峰流量的倍数	0	0.31	0.69	1	0.55	0.26	0.12	0.02
相应流量出现的时间为涨水历时t_R的倍数	0	0.30	0.60	1	2.1	3.2	4.3	5.5

2)确定堤内外的设计流量

平原地区河道,两岸大都筑有防洪堤。公路跨越这类河流,必须查明防洪堤远景规划最大安全泄洪流量Q_{an},进而与桥梁设计流量Q_s作比较。

若 $Q_{an}<Q_s$，则跨越河堤桥梁的设计流量应采用 Q_{an}。Q_{an} 必须考虑远期提高防洪标准的数值，且不得少于平堤通过的流量。同时，堤外应设防洪桥孔或另设防洪桥。其流量按 $Q_w=Q_s-Q'_{an}$ 计算，Q'_{an} 为不考虑远期提高防洪标准，也不平堤，仍按现状计算河道的安全泄洪量。这样，堤内外桥梁孔径泄洪能力总和大于 Q_s。

若 $Q_{an}>Q_s$ 时，则桥梁设计流量仍采用 Q_s，但梁底高程必须高出远期规划的堤顶高程。通航河流亦应满足通航净空要求。

堤内最大泄洪流量的计算，一般由水利部门提供，必要时可按下列方法计算。

(1)落差指数法

当平原河流下游有回水顶托，如河潮、大河或狭窄河段时，则可用本法校正河道某处的水位—流量关系曲线，以便查得堤防安全泄洪流量。河道安全泄洪流量为：

$$Q_{an}=k(H_B-H'_B)^{\alpha} \tag{16-5-7}$$

式中：H_B——保证水位，系与河段安全泄洪流量相应的水位(m)；

H'_B——河段下游参证站与 H_B 相应的水位(m)；

α——落差指数，由实测的水位、流量资料通过试算确定；当河流只受回水顶托影响时，$\alpha\approx0.5$；当河流同时受顶托与洪水涨落两种因素影响时，$\alpha\approx0.5\sim1.0$；

k——系数，$k=Q/F_m^{\alpha}$，当水位一定时，k 是常数；

Q——各测次的实测流量(m^3/s)；

F_m——各测次的水面落差(m)，由设计(水文)站和参证(水文)站的同时观测水位相减得出，参证站一般选在设计站下游回水顶托范围内的某一水文站或水位站。

(2)比降法

对于河段顺直，无下游顶托影响的河段，若已知最大安全泄洪水位和河库比降，则可按第五章第六节根据谢才—满宁公式进行明渠均匀流计算，得到泄洪水位相应的泄洪流量。

3.堤防防洪水位计算

利用防洪控制点(水文站)设计洪水流量及水位推算桥位水位的方法，有下列情况：

(1)当水文站离桥位较近，中间无区间流量汇入，不受回水影响时，可用水面曲线法推求。详见第五章第七节和例5-7-1。

当河段顺直、横面沿程变化和河底底坡变化都不大时，可近似按下式计算：

$$H_q=H_z+\frac{LQ^2}{2}\left(\frac{1}{k_q^2}+\frac{1}{k_z^2}\right) \tag{16-5-8}$$

式中：H_q——桥位断面水位(m)；

H_z——水文站断面水位(m)；

L——桥位到水文站两断面间的距离(m)；

Q——水文站的防洪设计流量(m^3/s)；

k_q、k_z——分别是桥位断面、水文站断面的流量模量(m^3/s)，见第五章第六节。

(2)当水文站在桥位上游较远处，沿程断面、坡度、糙率等变化较大，且中间有交流汇入，但无变动的回水影响时，可用洪水演进法推算。

(3)当桥位处受明显的变动回水影响时(如海潮、湖泊、大河、水库等)，可采用落差指数法[式(16-5-7)]求桥位处的水位。

4.堤防的调查

在有堤防的河道上修建桥梁,必须对桥位附近的堤防进行调查,了解堤防防洪标准、尺寸、堤线布置以及历史变化等情况,搜集堤防的远期规划、断面尺寸、水文资料。

堤防断面的边坡,对于土或砂土筑的堤,且洪水持续时间不长,堤高不大于5m时,内外边坡不应小于1∶2.5;堤高为5～10m时,内外坡不应小于1∶3.0。

堤顶高程应高出防洪保证水位,加上波浪侵袭高,再加安全超高0.5～1.0m。

堤顶宽度可参考表16-5-7核对。应考虑建桥引起桥前壅水后,堤防高度是否满足防洪要求。

堤顶宽度(单位:m)　　表16-5-7

堤　高	堤顶宽	堤　高	堤顶宽	堤　高	堤顶宽
<6	3	6～10	4	>10	≥5

二、治涝地区的桥位设计

平原地区地形平坦,地势低洼,地面排水不畅,河道过水能力小,遇暴雨易形成内涝。排涝是治涝的主要方面,对于遭受洪涝双重灾害的地区,必须洪涝兼治,以筑堤防洪和排水治涝相结合。由于这些地区的公路和桥涵设计遇到的问题较复杂,必须对水利部门的治涝规划和设计标准有所了解。

1.治涝设计和标准

治涝设计一般采用自排方式,即修建排水沟渠排除地表涝水及降低地下水位。只有外河水位高于涝区地面,如低洼地、滨海、淤坑等,才采用建电排站排涝的办法。

某些平原地区利用排水河道进行蓄水,把防涝治碱同抗旱灌溉结合起来,形成排、灌、蓄、滞联合运用的深渠河网。

治涝设计标准以涝区发生一定重现期的暴雨不成灾为准,一般重现期取5～10年,有的地区取10～20年。自排为主的地区可高于抽排为主的地区,但一般不高于当地的防洪标准。一般采用“一次规划,逐年提高”的方式来实现。

2.治涝地区的桥涵设计

治涝地区的公路选线应尽量绕避易形成内涝和大面积滞洪区。在这些地区修建公路,路基造价高,桥涵位置、设计流量及孔径不易确定,即使修建长桥也达不到降低水位的目的。在不得已的情况下,尽量在滞洪区边缘地带通过为宜。

(1)内涝设计水位的确定

对于有足够保证率的江河堤防两岸低洼地区,求算内涝设计水位可按下列方法进行:

①向当地水利部门调查了解堤防设计标准,农田概况及行政范围,小河沟、湖塘数量,地形、地质、滞洪、蓄洪条件,排灌能力和联系通道等资料。

②搜集足够比例尺的地形图,等高线间距最好为0.5～1.0m。

③调查沿线历史最高内涝水位 H_c 和相应年份的降雨量,并求出该年降雨量和百年一遇降雨量的差;百年一遇降雨量可查地区《水文手册》;降雨天数标准根据当地条件而定。

④建立各种水位下的蓄水面积关系曲线 $A=f(H)$ 和各种水位下的蓄水体积关系曲线

$V=f(H)$。假定降雨增加的体积 ΔV 等于蓄水增加的体积$\Delta V'$，由 $\Delta V=F\Delta h$ 可算出 100 年一遇雨量较历史最高内涝水位相应雨量增加的降雨体积，即可从 $v=f(H)$曲线上查得增加的积水深 ΔH：

$$\Delta H=\frac{\Delta V'}{A}=\frac{\Delta V}{A}=\frac{F\cdot\Delta h}{A} \tag{16-5-9}$$

式中：ΔH——积水深度增量(m)；

Δh——降雨量的增量(m)；

A——蓄水面积(m^2)；

F——汇水面积(m^2)；

ΔV、$\Delta V'$——分别是降雨体积和蓄水体积(m^3)。

⑤各段 $P=1\%$的内涝水位

$$H_{1\%}=H_e+\Delta H \tag{16-5-10}$$

(2)桥涵设计流量的确定

应根据治涝地区的水文特点来确定：各地防洪、排涝标准不相同，设计时应区别对待。如河北省境内主要河道，采用洪涝分家的办法，河南、安徽有些地区则采用排、灌、蓄、滞联合运用的办法。

排涝设计重现期一般用 3～5 年、10 年或更高一些，应向当地有关单位调查。

桥涵设计流量的来龙去脉应配合当地水利部门规划合理确定。

除在排涝沟上布置桥涵外，剩余的设计流量还应根据地方需要和地形特点，酌情布设桥涵。

①地面排水率经验公式

影响地面排水率 q 的主要因素有设计暴雨、地形坡度、地面覆盖、作物(水稻或旱作)、土的性质与排水面积大小等。

$$q=kh_RA^n \tag{16-5-11}$$

式中：q——排水率[$m^3/(s\cdot km^2)$]；

h_R——设计径流深(mm)；

A——排水沟设计断面所控制的排水面积(km^2)；

k——系数，见表 16-5-8；

n——指数，见表 16-5-8，排水面越大，排水率越小，n 为负值。

各地区排水率公式参数　　表 16-5-8

地　区	k	n	备　注
冀、鲁、豫、皖北及北京市平原区	0.012～0.024	−0.25	1961 年除涝会议制定的设计参数
淮北平原区	0.02～0.027	−0.25	
湖北平原区	0.013 5	−0.201	

②平均排水法

对于控制小面积的排水沟，在不超过作物允许耐淹历时的条件下，允许地面径流在短时间内漫出沟槽，则可按排水面积上的净雨在规定的排水时间内(以允许地面积水时间或作物耐淹天数为控制)排涝的平均排水率 M[又称综合设计排涝模数，$m^3/(s\cdot km^2)$]来确定排水设计流

量 Q:

$$Q = M \cdot A \tag{16-5-12}$$

式中:A——排涝区耕地面积(包括旱地和水田)(km^2);

M——综合设计排涝模数[$m^3/(s \cdot km^2)$],或按式(16-5-17)计算,

$$M = \frac{M_{旱排}A_{旱} + M_{水排}A_{水田}}{A_{旱} + A_{水田}} \tag{16-5-13}$$

$$M_{旱排} = \frac{h_{PT} - V}{86.4T} \tag{16-5-14}$$

$$M_{水排} = \frac{h_{PT} - h_1}{86.4T} \tag{16-5-15}$$

$A_{旱}$——旱地面积(km^2);

$A_{水田}$——水田面积(km^2);

h_{PT}——设计净雨量(mm),面积不大的排涝区一般取24h设计净雨,可用24h设计暴雨乘以径流系数 α 得到(水田最大可用到3d净雨量);

T——排涝历时(d),即作物耐淹历时,一般旱地取2d,水稻取3~5d,见表16-5-9和表16-5-10;

V——排涝区内每单位面积上已建排水沟及其他蓄水工程的容积,称滞涝库容(m^3);

h_1——水田滞蓄水深(mm),

$$h_1 = h_m - h_0 \tag{16-5-16}$$

h_m——水稻耐淹水深(mm);

h_0——水稻适宜水深(mm)。

h_m 和 h_0 见表16-5-9和表16-5-10。

$$M = KR^m F^n \tag{16-5-17}$$

式(16-5-17)中参数参考表16-5-11选用。

安徽及湖南省水稻耐淹水深 h_m 值 表16-5-9

省别	项目	早稻			晚稻		
安徽	耐淹历时	1d	2d	3d	1d	2d	3d
	h_m(mm)	210	190	170	100	80	60
湖南		50~100					

江苏省苏北、苏南地区水稻适宜水深及耐淹水深 表16-5-10

地区	生长期		返青期~分蘖期	分蘖盛期	拔节期	孕穗期	抽穗期	乳熟期~黄熟期
苏北	早熟中稻(月-日)		5-31~6-15	6-16~7-5	7-9~7-25	7-26~8-5	8-6~8-10	8-11~9-6
	迟熟中稻(月-日)		5-28~6-19	6-20~7-10	7-14~7-31	8-1~8-12	8-13~8-19	8-20~10-4
	适宜水深(mm)		30~40	30~50	30~50	30~50	30~50	干干湿湿
	不同淹水天数,允许淹水深度(mm)	1d	80	190~200	320	350	350	
		2d	60~70	170~190	300	320	320	
		3d	40~60	140~160	250	270	270	

续上表

<table>
<tr><th>地区</th><th colspan="2">生　长　期</th><th>返青期～分蘖期</th><th>分蘖盛期</th><th>拔节期</th><th>孕穗期</th><th>抽穗期</th><th>乳熟期～黄熟期</th></tr>
<tr><td rowspan="12">苏南</td><td colspan="2">单晚生长期(月-日)</td><td>6-24～7-19</td><td>7-20～7-30</td><td>8-3～8-25</td><td>8-26～9-6</td><td>9-7～9-13</td><td>9-14～10-2</td></tr>
<tr><td colspan="2">双晚生长期(月-日)</td><td>7-27～8-20</td><td>8-21～8-27</td><td>8-31～9-6</td><td>9-7～9-18</td><td>9-19～9-23</td><td>9-24～11-10</td></tr>
<tr><td colspan="2">单晚、双晚适宜水深(mm)</td><td>20～40</td><td>20～45</td><td>20～45</td><td>30～50</td><td>30～50</td><td>干干湿湿</td></tr>
<tr><td rowspan="3">不同淹水天数，允许淹水深度(mm)</td><td>1d</td><td>80</td><td>180～200</td><td>250</td><td>260</td><td>260</td><td></td></tr>
<tr><td>2d</td><td>60～70</td><td>160～180</td><td>220</td><td>230</td><td>230</td><td></td></tr>
<tr><td>3d</td><td>40～60</td><td>140～160</td><td>190</td><td>200</td><td>200</td><td></td></tr>
<tr><td colspan="2">双早生长期(月-日)</td><td>4-25～5-12</td><td>5-13～5-31</td><td>6-4～6-15</td><td>6-16～6-25</td><td>6-26～7-1</td><td>7-2～7-25</td></tr>
<tr><td colspan="2">双早适宜水深</td><td>20～30</td><td>20～45</td><td>20～45</td><td>30～35</td><td>30～35</td><td>干干湿湿</td></tr>
<tr><td rowspan="3">不同淹水天数，允许淹水深度(mm)</td><td>1d</td><td>70</td><td>150～180</td><td>250</td><td>260</td><td>260</td><td></td></tr>
<tr><td>2d</td><td>50～65</td><td>140～150</td><td>220</td><td>230</td><td>230</td><td></td></tr>
<tr><td>3d</td><td>40～50</td><td>120～140</td><td>190</td><td>200</td><td>200</td><td></td></tr>
</table>

注：分蘖期到拔节期间放水烤田。

各地排水模数公式参数表　　表 16-5-11

<table>
<tr><th colspan="2">地　　区</th><th>使用范围(km²)</th><th>K</th><th>m</th><th>n</th><th>设计降雨天数(d)</th></tr>
<tr><td colspan="2">淮北平原地区</td><td>500～5 000</td><td>0.026</td><td>1.00</td><td>−0.25</td><td>3</td></tr>
<tr><td rowspan="3">河南省平原地区</td><td>豫南地区</td><td></td><td>0.030</td><td>1.00</td><td>−0.25</td><td>1</td></tr>
<tr><td>豫东地区</td><td></td><td>0.117</td><td>0.85</td><td>−0.38</td><td></td></tr>
<tr><td>豫北地区</td><td></td><td>0.054</td><td>0.80</td><td>−0.30</td><td></td></tr>
<tr><td rowspan="2">山东省沂沭泗地区</td><td>湖西地区</td><td>2 000～7 000</td><td>0.031</td><td>1.00</td><td>−0.25</td><td>3</td></tr>
<tr><td>邳苍地区</td><td>100～500</td><td>0.031</td><td>1.00</td><td>−0.25</td><td>1</td></tr>
<tr><td colspan="2" rowspan="2">河北省黑龙港地区</td><td>>1 500</td><td>0.058</td><td>0.92</td><td>−0.33</td><td>3</td></tr>
<tr><td>200～1 500</td><td>0.032</td><td>0.92</td><td>−0.25</td><td>3</td></tr>
<tr><td colspan="2">河北省平原地区</td><td>30～1 000</td><td>0.040</td><td>0.92</td><td>−0.33</td><td>3</td></tr>
<tr><td colspan="2">山西省太原平原地区</td><td></td><td>0.031</td><td>0.82</td><td>−0.25</td><td></td></tr>
<tr><td colspan="2" rowspan="2">湖北省平湖地区</td><td>≤500</td><td>0.013 5</td><td>1.00</td><td>−0.201</td><td>3</td></tr>
<tr><td>>500</td><td>0.017</td><td>1.00</td><td>−0.238</td><td>3</td></tr>
<tr><td colspan="2">辽宁省中部平原地区</td><td>>50</td><td>0.012 7</td><td>0.93</td><td>−0.176</td><td>3</td></tr>
</table>

注：此表摘自《公路工程水文勘测设计规范》说明。

对于面积较大的排涝区骨干排水河道，设计排水模数可采用当地制定的经验公式或根据资料确定。

桥涵设计要考虑排盐碱的要求，桥涵基础应适当埋深，基底在设计渠底以下。对尚未在规划中，远期有可能成为排涝者的河沟，桥涵基础应在原河床下适当加深。

跨排涝沟的桥孔不宜压缩，并应考虑远期发展需要。桥前壅水一般为 0.02～0.05m，不得大于 0.10m,否则将影响排涝。

对于无堤防或堤防不高的排涝沟,其两侧应设分洪桥,分洪桥孔按扣除排涝设计流量后剩余的流量布设。

[例 16-5-1] 排涝面积为 $0.82km^2$,其中旱地为 $0.31km^2$,水田为 $0.51km^2$,试求 10 年一遇综合设计排涝模数与设计排水流量。

解:由于排涝面积不大,查得最大 24h 暴雨型 10 年一遇的设计净雨量 $h_{P,24}=83.9mm$ 和三天净雨量 $h_{P,3d}=139mm$。

已知旱地 $T=2d$,为安全计,假定 $V=0$,则

$$M_{旱排}=\frac{83.9}{86.4\times 2}=0.485[m^3/(s\cdot km^2)]$$

已知水田 $T=3d$,设 $h_1=35mm$,则

$$M_{水排}=\frac{139-35}{86.4\times 3}=0.401[m^3/(s\cdot km^2)]$$

综合设计排涝模数:

$$M=\frac{0.485\times 0.31+0.401\times 0.51}{0.31+0.51}=0.433[m^3/(s\cdot km^2)]$$

设计排涝流量:

$$Q=0.433\times 0.82=0.355(m^3/s)$$

第六节 水库库区的桥位设计

修建在水库上下游河道上的桥梁,因受水库及其运用调节的影响,河道水流及泥沙运动都有很大变化,桥位选择、水文及桥孔计算都有很多特殊问题需要解决。

水库上游的桥梁会受回水和库区淤积的影响;水库下游的桥梁将受水坝下泄水流清水冲刷、河床下切的影响,对于修建在标准较低的水库下游的桥梁,还会受溃坝的威胁。

一、水库的一般知识

1.水库的种类

(1)按地形分类

①山区水库:一般是在河谷狭窄处筑坝横截河谷,在坝上游形成蓄水库。

②平原水库:从河流侧旁把洪水引至洼地,同时把洼地四周高地筑围堤连接,以拦蓄洪水供枯水期应用,又称平原侧旁水库。

(2)按运用方式分类

①拦洪蓄水运用:拦蓄汛期洪水,供枯水期兴利应用和削减下泄洪峰,称调洪水库。但其不利于排沙,泥沙淤积快,水库运用年限短。

②蓄清排浑运用:汛期来沙季节,采用空库迎汛或低水位运用,以利排沙。汛期来沙洪水

尾部及枯水季节，来沙量少时，挡蓄径流。

③自由滞洪运用：汛期水库起滞洪作用，非汛期水流穿堂而过，有利于排沙，但不能调节径流。

(3)按蓄调时限分类

①多年调节水库。

②年调节水库。

③季调节水库。

(4)按工程等级和建筑物级别分类

根据水利水电枢纽工程在国民经济中的重要性、工程规模和效益，分为五等，见表16-6-1。枢纽工程的水工建筑物按其工程等级及其在工程中的作用和重要性划分为五级，见表16-5-5。

2. 水库的防洪标准

《防洪标准》(GB 50201—94)中有关各类水利水电工程的防洪标准见表16-6-1、表表16-6-2。

水利水电枢纽工程的等级　表16-6-1

工程等级	水库		防洪		治涝	灌溉	供水	水电站
	工程规模	总库容(10^8m^3)	城镇及工矿企业的重要性	保护农田(万亩)	治涝面积(万亩)	灌溉面积(万亩)	城镇及工矿企业的重要性	装机容量(10^4kW)
I	大(1)型	>10	特别重要	>500	>200	>150	特别重要	>120
II	大(2)型	10～1.0	重要	500～100	200～60	150～50	重要	120～30
III	中型	1.0～0.10	中等	100～30	60～15	50～5	中等	30～5
IV	小(1)型	0.10～0.01	一般	30～5	15～3	5～0.5	一般	5～1
V	小(2)型	0.01～0.001		<5	<3	<0.5		<1

注：1万亩=666.67×10^4m^2。

水库工程水工建筑物的防洪标准　表16-6-2

水工建筑物级别	防洪标准[重现期(年)]				
	山区、丘陵区			平原区、滨海区	
	设计	校核		设计	校核
		混凝土坝、浆砌石坝及其他水工建筑物	土坝、堆石坝		
1	1 000～500	5 000～2 000	可能最大洪水(PMF)或10 000～5 000	300～100	2 000～1 000
2	500～100	2 000～1 000	5 000～2 000	100～50	1 000～300
3	100～50	1 000～500	2 000～1 000	50～20	300～100
4	50～30	500～200	1 000～300	20～10	100～50
5	30～20	200～100	300～200	10	50～20

注：当山区、丘陵区的水库枢纽工程挡水建筑物的挡水高度低于15m，上下游水头差小于10m时，其防洪标准可按平原区、滨海区栏的规定确定；当平原区、滨海区的水库枢纽工程挡水建筑物的挡水高度高于15m，上下游水头差大于10m时，其防洪标准可按山区、丘陵区栏的规定确定。

3. 水库的各种特征水位和特征库容(图 16-6-1)

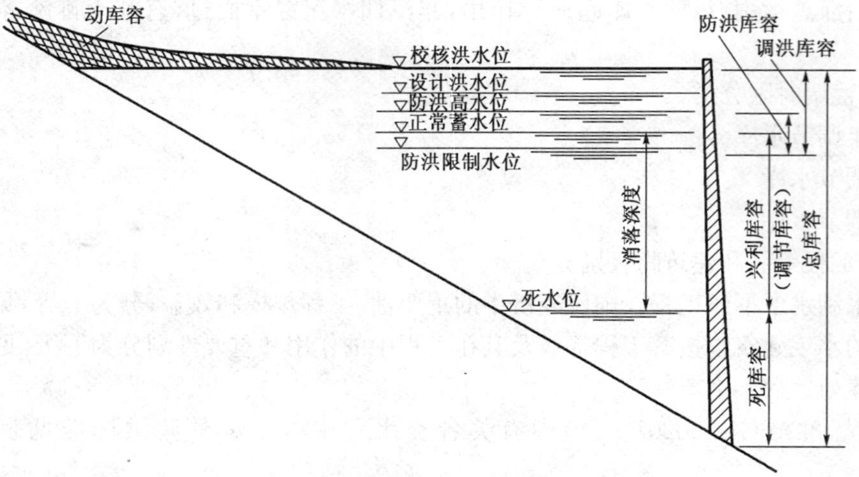

图 16-6-1 水库各种特征水位和特征库容

(1)各种特征水位

①校核洪水位:水库遭遇校核标准洪水时的坝前最高水位。

②设计洪水位:水库遭遇设计标准洪水时的坝前最高水位。

③防洪高水位:当水库调节相应于下游防护对象设计标准的洪水位时,坝前达到的最高水位。

④正常蓄水位:水库在设计保证率的供水期开始时的蓄水位。

⑤防洪限制水位:汛期水库调蓄水位的上限,即调洪起始水位。

⑥死水位:正常运用条件下,水库允许的最低水位。

(2)各种特征库容

①总库容:校核洪水位以下的水库容积。

②防洪库容:防洪高水位和防洪限制水位之间的水库容积。

③调洪库容:校核洪水位与防洪限制水位之间的水库容积。

④死库容:死水位以下的水库容积。

⑤兴利库容(调节库容):正常蓄水位与死水位之间的水库容积。

⑥动库容:坝前水位水平线以上,由回水作用形成的楔形库容。

4. 水库枢纽的水工建筑物

水库枢纽包括坝、泄水洞、电站厂房、溢洪道。多沙河道上还有排沙洞等。泄水洞(或泄水道)将水库坝上游高水头的水引入电站厂房。洪水时,泄水洞宣泄不了的洪水由溢洪洞排到坝下游河道。多沙河流上坝体较低处还设有泄流排沙建筑物。溢洪道和排沙洞在坝上设置的位置及其排出的高速水流和大量泥沙对下游河床变形有直接影响。

5. 水库泥沙运动和淤积

水流进入水库后流速骤减,来沙量大于水流挟沙能力,不断淤积,使库底迅速升高(见图 16-6-2)。粗颗粒沉积得快而多,细颗粒沉积得慢而少,呈现淤积在库底的泥沙沿程分选,逐渐变细的现象。推移质大颗粒都停滞在回水末端,悬移质细颗粒则沉积在库区。对于较短的水库，悬移质沉积在坝前或被排出库外。对于较长的水库，大部淤在水库中段或坝前。实测资料表明，一般条件下，淤积首先从回水末端开始，同时向下游和上游发展。

泥沙在回水区内淤积，过水断面减小。如坝址处控制水位不变，为了通过同样流量，势必抬高上游水位，增加比降和流速。这种趋势逐渐向上游发展，淤积末端便逐渐向上游移动，而回水末端则不断向下游移动。

当坝址水位下降，若回水淤积段尚未达到输沙平衡，仍将继续淤积；若已达到淤积平衡，则因水位下降，比降增大，流速加快，产生冲刷，将泥沙推向坝址。这两种作用方向不同，朝哪个方向发展，取决于来水、来沙条件。汛后水位降低，来沙量少，以冲刷为主，回水末端淤积，向坝址发展。如东北、江西、浙江等省份含沙量小的河流，属此类。华北、西北的多沙河流则不同，淤积末端最高点高程，往往超出坝址处的正常蓄水位很多，如黄河某水库末端淤积高度，有的高于正常蓄水位 20m 以上，存在"翘尾巴"现象。

由于坝前水库变化大小和水库的长度大小不同，水库纵断面存在三种淤积体形态。当汛期坝前水位较稳定，水库相对长度较小时，如平坦宽敞的湖泊形水库，多沙且粗沙颗粒较多，易形成三角洲淤积体(图 16-6-3)。当洪水期来沙少，洪水期坝前水位变幅大，水库地形为带状时，易形成带状淤积体(图 16-6-4)。当来沙量大，水库较小时，易形成锥形淤积体(图16-6-5)。

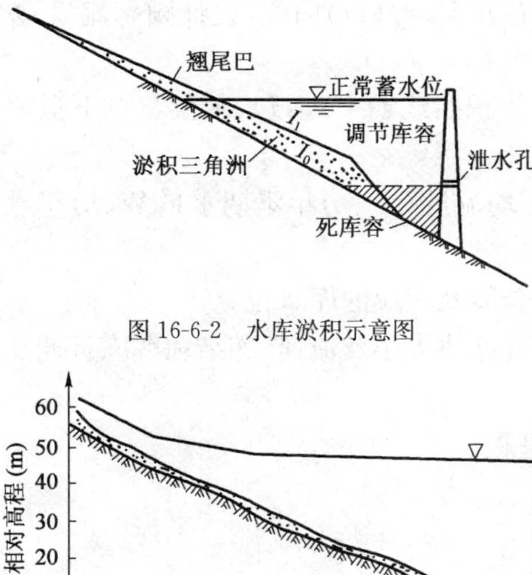

图 16-6-2 水库淤积示意图

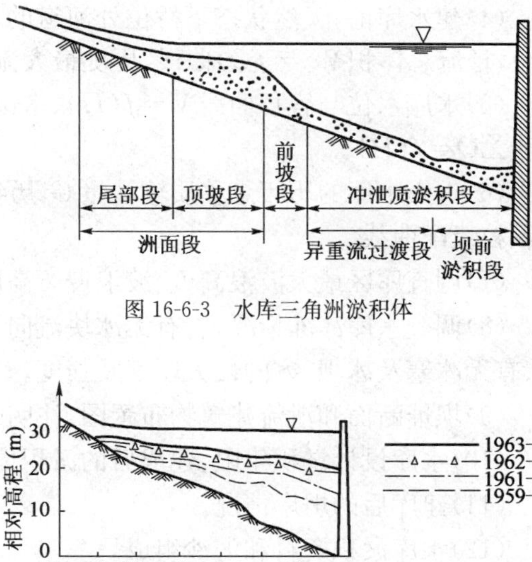

图 16-6-3 水库三角洲淤积体

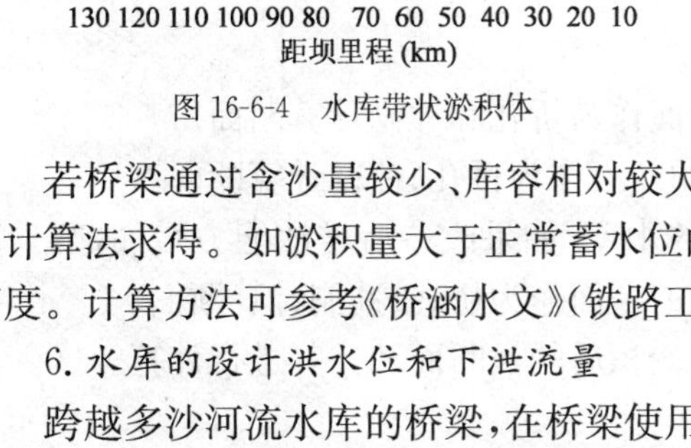

图 16-6-4 水库带状淤积体

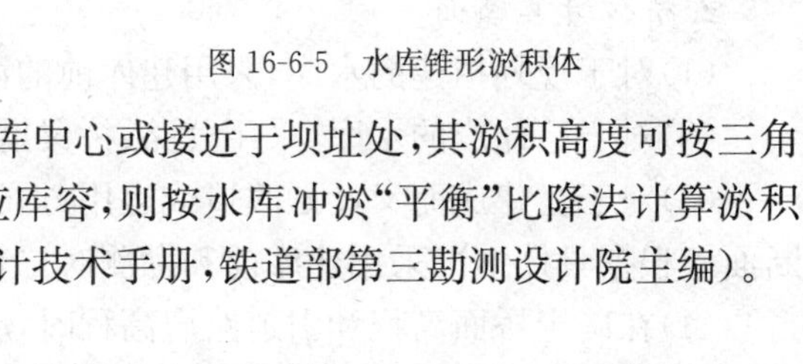

图 16-6-5 水库锥形淤积体

若桥梁通过含沙量较少、库容相对较大的水库中心或接近于坝址处，其淤积高度可按三角洲计算法求得。如淤积量大于正常蓄水位的相应库容，则按水库冲淤"平衡"比降法计算淤积高度。计算方法可参考《桥涵水文》(铁路工程设计技术手册，铁道部第三勘测设计院主编)。

6. 水库的设计洪水位和下泄流量

跨越多沙河流水库的桥梁，在桥梁使用年限内的淤积库容大都属于终极输沙平衡状态，应搜集并查明有关资料。如果不能满足桥梁使用年限的要求，则应计算与桥梁使用年限相应的终极库容、洪水位和下泄流量。

7. 水库回水(壅水)曲线的计算

水库上游回水曲线计算方法与桥梁上游壅水曲线计算方法相同,详见第五章第七节。

二、水坝上游的桥梁

1. 桥涵勘测时应搜集的资料

(1)库区地形图:比例尺为1∶10 000~1∶100 000,等高线高差为1~5m。图上应注明桥涵位置、坝址、水库设计洪水位及正常蓄水位淹没边界线、流入水库河流及其流域面积、其他水工建筑物等。

(2)库区河床纵断面:比例尺为1∶10 000~1∶100 000,高程为1∶100~1∶1 000,范围自坝址到上游回水范围以上。图上应绘出河底线、桥涵位置、坝址断面、水库校核洪水位、设计洪水位、防洪高水位、正常蓄水位、防洪限制水位、死水位、溢洪道泄水洞及排沙母孔(孔径、高程)、水库等别、水库建筑材料及使用年限。

(3)库区横断面图:比例尺为1∶1 000~1∶10 000,高程为1∶100~1∶1 000。横断面间距为200~5 000m,断面形状变化大的,间距应小些,反之则应大些。如无实测横断面,可在足够比例的地形图(例如1∶10 000)上切割,横断面上需注明断面各部分的糙率。

(4)建水库前,天然状态下桥位处河道的$Q=f(H)$及$V=f(H)$曲线,设计频率流量$Q_p=f(t)$,径流总体积$W_p=f(t)$曲线,历史最大流量过程线$Q_L=f(t)$。

(5)水库水位与容积曲线$V=f(H)$、水位与水面面积曲线$\Omega=f(H)$、水位与总下泄流量曲线$\sum Q=f(H)$。

(6)进入水库的历年悬移质输沙量G、历年汛期平均流量$\bar{Q}_X$、历年汛期水量W、历年悬移质颗粒级配曲线。

(7)调查库区最大波浪高度、波浪侵袭高度、波浪长度及相应的库水位。

(8)调查水库冰冻情况,看有无冰块流向下游,调查冰块大小及流速、冻结和解冻日期及水位、有无冰塞及冰坝、冰的最大厚度及强度。

(9)坝址断面和泄流建筑物布置图,注明尺寸和高程。

(10)水库设计淤积年限、建成后的淤积情况。

(11)建库后的坍岸情况。

(12)水库淤积资料和泥沙组成。

(13)水库其他有关技术资料。

2. 桥位计算断面

(1)对于规划拟建的水库,采用建库前的河床断面作为桥孔和冲刷计算断面。

(2)对于已建成的水库,采用公路、桥梁勘测时的断面作为桥孔、冲刷计算断面。

(3)对于已建成而又计划改造或运用方式改变的水库,如果改造后增沙能力增加,则计算断面应根据具体情况采用建库前和勘测时二者之间的断面作为桥孔、冲刷计算断面。

(4)在确定桥面高程和引道路肩高程时,应采用淤积后的横断面和比降进行计算。

3. 水库蓄水对桥位设计的影响

当桥梁设计洪水洪峰到来时,可能遇到水库的各种蓄水位。如遇到高蓄水位,一方面水库调蓄可削减洪峰,另一方面则因库区河槽预先充水,库区洪水传播速度加快,使流量过程线增陡。两者相比，前者即蓄洪塌平占主导地位。因此，洪水到来时，遇到水库高蓄水位，桥下通过的流量和流速将相对减小。当洪峰遇到水库低蓄水位，桥下通过的流量和流速较高，蓄水位相对增大。在桥下不受水库蓄水影响的情况，通过设计流量对桥孔设计是最不利的。

桥梁墩台冲刷（一般冲刷和局部冲刷）都可按无水库的天然河流通过设计流量的状态进行计算。

桥面高程和桥头路肩高程，应按水库淤积后桥位处回水水位来计算。在水库回水水位以上再加桥前壅水和浪高以及桥下净空安全高度等因素的加高值。若水库蓄水位有可能因水库运用方式的改变或水库改建抬高时，桥梁设计水位也应酌情提高。

位于宽阔水面的迎风岸的水面，因吹风而壅高，这里的桥面或路堤高度应考虑这种影响。水库或湖泊岸边壅水高 ΔZ_b 按下式确定：

$$\Delta Z_b = 0.0202 \frac{V_W^2 D'}{g\bar{h}} \tag{16-6-1}$$

式中，符号意义见第十三章第四节。

对于蓄水范围内的小桥和涵洞孔径的计算，与大中桥类似，也是以无水库蓄水的情况为最不利。孔径计算仍按无水库条件进行，但其桥面或路肩高程应考虑淤积和回水的影响。

三、水坝下游的桥梁

1. 水坝下游的河床变形

河床纵向刷深是坝下游河床变形的主要表现。水坝下泄清水的挟沙能力远大于下泄含沙量，下游河床下切，相应水位下降。经过一定时间后，河床粗化，比降变缓，冲刷渐小。当水库下泄泥沙增加时，若水流泥沙过饱和，河床会出现回淤。

河床横向变形有两种可能：一种是以水流归槽，断面形状趋于窄深，滩槽高差加大；另一种是在砾石河底、两岸易冲的河段上，以展宽为主，通过主流摆动和河弯发展，滩岸崩塌，河宽增加，水面比降减小。对于较远的下游展宽较常见。

坝下游河床变形与水库运用方式、下泄流量及沙量、距坝的远近和下游河床本来的情况有关。

1）坝下局部冲刷

坝下泄水建筑物的布设、类型、大小都直接影响坝下游河床变形。下泄水流宽度很窄，单宽流量大。上游水头高、落差大，下泄水流动能大。虽有消能设施，但坝下游仍有巨大冲刷坑，称坝下局部冲刷。

桥位必须设在坝下冲刷范围之外。

（1）下泄清水局部冲刷深度 H_1

$$H_1 = \left(\frac{q}{5.123\bar{d}^{0.36}}\right)^{0.877} \tag{16-6-2}$$

式中：q——下泄单宽流量[$m^3/(s \cdot m)$]；

$\bar{d}$——床沙平均流速（m/s）。

（2）下泄浑水局部冲刷深度

海漫下游淹没水跃情况下，河床局部冲刷后水深为：

$$t=\frac{0.66q\sqrt{2\alpha-y/h}}{\sqrt{\left(\frac{\rho_1}{\rho}-1\right)q\bar{d}(h/\bar{d})^{0.166}}} \tag{16-6-3}$$

式中：t——从水面算起的冲刷深度(m)；

q——护坦末端或不冲海漫末端的最大单宽流量[$m^3/(s \cdot m)$]；

$\bar{d}$——床沙平均粒径，可取 d_{50}(m)；

h——海漫末端水深(m)；

α——计算断面流速分布不均匀系数，$\alpha=1.0\sim1.2$；

y——海漫末端流速分布中最大流速与海漫顶面的距离，流速分布正常时 $y=0.5h$；

$\frac{\rho_1}{\rho}$——颗粒比重，约在 1.35～2.75 之间。

$\sqrt{2\alpha-y/h}$ 的数值，约为 1.05～1.38。

(3)挑流消能局部冲刷坑深度估算

当下游为散粒体(砂、卵石、砾石)河床时，冲刷坑深度 H_1：

$$H_1=3.9\sqrt{q\sqrt{\frac{Z}{d_{90}}}}-h_t \tag{16-6-4}$$

式中：Z——上下游水位差(m)；

d_{90}——级配曲线上重量 90%的泥沙颗粒都较它为小的粒径(mm)；

h_t——下游河床水深(m)。

当下游为岩石河床时，冲刷坑深度由下式估算(式中符号意义同前)：

$$H_1=1.25\sqrt{q\sqrt{Z}}-h_t \tag{16-6-5}$$

(4)冲刷坑的形式

一般上游坡平均坡度在 1∶3～1∶6 范围内，下游坡平均坡度约为 1∶10 或更小。

2)河床粗化

水库下游河床冲刷过程中，由于水流的分选作用，较细颗粒被水冲走，较粗颗粒停留下来的现象称为河床粗化。河床粗化有 3 种不同的类型：

(1)卵石层露头的粗化

山区、山前区的河流上，床面以下不太深处多由漂石、卵石或砾石等组成。水库下泄清水，冲走表层泥沙，使卵石层露头。这种床面粗化后的耐冲刷能力较强。

(2)卵石夹沙河床的粗化

水库下泄清水冲走较细泥沙颗粒，剩余的粗颗粒逐渐聚集，最后形成一层水流难以冲动的床面，称为粗化层或抗冲铺盖层。其特性为：

①河床表面只需有一层粗化颗粒铺盖，而且不需要全部铺盖满，粗化过程即告完成。

②粗化层中粗颗粒约占重量的 65%，细颗粒夹在粗颗粒间，中等颗粒则被冲走。

③决定粗化层特性的水力条件是最大流速及其相应水深。

④粗化过程进行迅速，水库建成后经过 3～5 个汛期，就基本完成，相对稳定下来。

(3)沙质河床的粗化

沙质河床粗化过程中，床面沙波运动不断将床面翻起，经受水流分选，形成铺盖层的时间历时较长，即使形成，一般也不稳定。

上述三种类型的粗化过程是在河床冲刷的过程中完成的，冲刷和粗化是同一事物的两个侧面。粗化层形成后，糙率增大，同一流量下流速减小，水深增大，挟沙能力降低。

3)水坝下游河床冲刷计算

位于水坝下游的桥梁，需要计算水库清水下泄产生的河床一般冲刷深度、长度和完成冲刷所需要的时间。

(1)具有冲不动层的河床

当河床在一定深度内有岩层、卵石层，且其中有65%的颗粒是冲不动的时，称为具有冲不动层的河床。这类河床冲刷极限深度就是泥沙覆盖层的厚度，冲刷停止后的纵断面，即为冲不动层的纵断面。如汉江石泉公路桥，1971年建成后，距离上游平均约1km处，建成水电站。大坝泄洪洞设在右岸，相应于原河滩位置，桥下河滩11m厚的卵石夹沙覆盖层，仅数年内即被冲走变成分汊河道，桥墩沉井裸露。大坝水电站泄水洞设在原河槽位置，运营后坝下冲刷形成在消力戽下游极大的深坑，位于下游约1km的河槽内桥墩，床面原覆盖层及下卧软岩，风化岩层都被冲光。该桥桥位在图16-6-6AB段之内，如图中所示，经历T年后，河床纵断面为ABC，B以上卵石或基岩全露出，C点以下无冲刷。对于覆盖泥沙粒径小于1.0mm时，可根据悬移质输沙量原理，求算冲刷体积W。

$$W = 10\,540.8\,\frac{T}{\gamma_s}\left[S\overline{Q}'_{su}(1+\mu) - S_{cu}\overline{Q}'_{su}\right] \tag{16-6-6}$$

式中：T——水库下泄清水年限，偏安全地采用水库淤满年限；10 540.8是单位换算系数，按每年汛期122d计；

S——泥沙重度(t/m³)，无实测资料时取1.4t/m³；

γ_s——历年汛期出库流量(m³/s)；

$\overline{Q}'_{su}$——水库下游冲刷产生的推移质泥沙占悬移质泥沙的百分数，无实测资料时，可采用10%；

S_{cu}——历年汛期平均出库床沙质含沙量(kg/m³)，如无实测资料，可设$S_{cu}=0$；

S——B断面的挟沙能力(kg/m³)，可用挟沙能力公式(6-1-13)计算或由图6-1-3查得；式中S取冲刷开始值S_0和冲刷完成值S_1的平均值，即$S=(S_0+S_1)/2$。

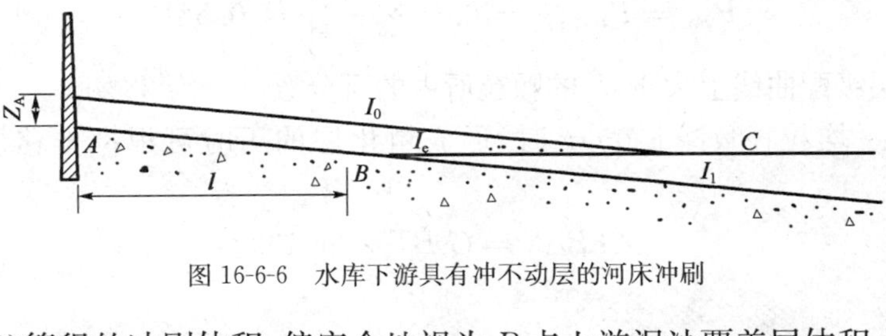

图16-6-6　水库下游具有冲不动层的河床冲刷

由式(16-6-6)算得的冲刷体积，偏安全地视为B点上游泥沙覆盖层体积，即

$$W = \frac{2Z_A + l(I_1 - I_0)}{2}lB_C$$

则坝下游冲出不动层的距离 l：

$$l=\frac{I}{I_1-I_0}\left[\sqrt{Z_A^2+2(I_1-I_0)\frac{W}{B_C}}-Z_A\right] \tag{16-6-7}$$

式中：B_C——冲刷河槽宽度(m)。

由图 16-6-6 中 B 点作 BC 线，令其坡度为 I_e，交原河底线于 C 点，即得冲刷后的河底线 ABC。位于 B 点上游的桥位，其河床冲刷高程即为不冲刷层面的高程；位于 B 点和 C 点之间的桥位，其河底冲刷高程可根据 B 点高程按坡度 I_e 和距离求得。

(2)能形成抗冲铺盖层的卵石夹沙河床

水库下泄清水把河床质中的沙冲走，使卵石留在床面，形成抗冲铺盖层。河床不再下降，其深度即为极限冲刷深度。

若 P_0 为粗化颗粒占原始河床组成的百分数，P_1 为该粗化颗粒占粗化层组成的百分数；γ_0 和 γ_1 分别为原始床沙和粗化层泥沙的重度；Δh 为极限冲刷深度；d_m 为粗化层厚度；若从坝址到桥位(桥轴线)的河槽底面积为 A，即坝址到桥位的距离乘以平均河宽，则粗化层中粗化粒径的重量 G_1 为：

$$G_1=\gamma_1 P_1 A d_m$$

同时，冲刷后冲刷深度加粗化层厚度，即 $\Delta h+d_m$ 总深度内的原始河床组成中粗化颗粒的重量 G_0 为：

$$G_0=\gamma_0 P_0 A(\Delta h+d_m)$$

因为冲刷过程中，粗化颗粒总重量保持不变，即 $G_1=G_0$，则得极限冲刷深度 Δh：

$$\Delta h=(\frac{\gamma_1 P_1}{\gamma_0 P_0}-1)d_m \tag{16-6-8}$$

粗化前后的 γ_0 和 γ_1 可根据实测的重度资料确定。当资料缺乏时，可假定两者相等。

P_0 值的确定，可先根据水力条件确定最小不冲粒径 d_0，再由原始级配曲线上查出相应的 P_0 值，d_0 按下式确定：

$$d_0=(\frac{V}{5.45\bar{h}^{0.14}})^{2.78} \tag{16-6-9}$$

P_1 值按粗化层特性取 65%。

粗化层厚度 d_m 可取粗化层级配曲线上 P_1 为 65%相应的粒径。若无粗化层级配曲线，可按原河床级配曲线对应的百分数 P_{0m}，查取对应的粒径即为 d_m。

$$P_{0m}=P_{1m}\frac{P_0}{P_1}=0.35\times\frac{P_0}{0.65}=0.54P_0 \tag{16-6-10}$$

P_{1m} 是粗化层级配曲线上大于 d_m 的颗粒所占的百分数，P_{1m} 为 35%。

当河床泥沙平均粒径 $d>1.0$mm 时，形成粗化层的历时可根据推移质输沙平衡原理估计：

$$\gamma_s LB\Delta h=G_s BT\times 86\,400$$

则

$$T=\frac{\gamma_s L\Delta h}{G_s\times 86\,400} \tag{16-6-11}$$

式中：T——形成粗化层的时间(d)；

γ_s——河床泥沙重度(t/m^3)；

L——坝桥间的距离(m)；

Δh——河床冲刷深度(m)；

G_s——推移质输沙率[$t/(m \cdot s)$]。

(3)可冲动层很厚的河床

当水库下泄流量、流速很大，90%以上的河床颗粒都可被冲走，床面不能形成抗冲铺盖层时，只有通过河床冲刷使流速降低到起动流速，河床才能停止冲刷。在河床为较均匀的中细沙，下泄水流为清水的条件下，达到冲刷平衡时，则同时满足水流连续性方程、均匀流阻力公式(谢才—满宁公式)、起动公式及河槽冲刷后的河相关系式等关系。联立以上4个方程，可得冲刷终止时的水深、河宽和河床比降：

$$h = 0.58 \frac{Q^{0.32}}{d^{0.11} \zeta^{0.64}} \tag{16-6-12}$$

$$B = 0.34 \frac{Q^{0.64} \zeta^{0.72}}{d^{0.23}} \tag{16-6-13}$$

$$I = 50 \frac{n^2 \zeta^{0.60} d^{0.84}}{Q^{0.33}} \tag{16-6-14}$$

式中：Q——造床流量(m^3/s)；

d——对覆盖层较厚的沙质河床，考虑到床沙粗化，可取 $d_{80} \sim d_{85}$。

ζ——河床宽深比(河相关系参数)，$\zeta = \frac{\sqrt{B}}{H}$，$B$ 是河槽宽度(m)，H 是平滩水位时的平均水深(m)。

当河岸不可冲刷时，B 为定值，则

$$h = 0.23 \frac{Q^{0.88}}{B^{0.88} d^{0.32}} \tag{16-6-15}$$

$$I = 138 \frac{n^2 B^{0.92} d^{1.05}}{Q^{0.92}} \tag{16-6-16}$$

2. 坝桥区间的洪水流量

桥位距水坝很近，中间无大支流汇入时，桥下设计流量可直接采用相同洪水频率的水库下泄流量。对于大中型水库坝桥区间的洪水流量可由其管理部门取得。对于水库运用时间较长，特别是多沙河流，调洪库容将逐渐小于设计调洪库容，使洪水下泄流量逐年增大，直至水库达到终极输沙平衡。终极输沙平衡洪水下泄流量较设计洪水下泄流量大得多，但小于建库前天然洪水流量。位于多沙河流水库下游的桥梁，根据具体情况，可采用水库终极输沙平衡的设计洪水下泄流量作为桥梁的设计流量。对于小型水库，桥下设计流量可直接采用天然洪水设计流量。

对于桥位距坝址较远，中间有较多支流汇入的情况；由于区间洪水和水库下泄流量过程的遭遇不同，水库下游桥梁设计流量的确定，可采用下列不同的原则处理：一般按洪水组合计算方法,将分解为坝址以上和坝桥区间两部分,为安全考虑,采用两者相同频率,再进行流量叠加。两部分流量叠加后,桥下设计流量不宜超过建库前桥位处同频率的流量。以实测某一典型年的洪水过程线进行放大,求得两部分设计洪水过程线,然后按调洪及洪水演进算至桥孔,再行叠加。在缺乏实测洪水过程线的地区,两部分的设计流量可按由暴雨资料推求设计洪水的办法分别计算,然后再进行调节后的下泄流量与区间流量叠加。

水库下泄流量传播与区间洪水组合,常采用下列方法:

(1)流域面积比例法

该法适用于水库控制面积较大,而区间流域面积较小的情况。其基本思路是将计算断面的设计洪峰流量,按控制流域面积比例在区间和水库控制部分进行分配,水库削峰作用以乘上削减系数 $\frac{Q_{cu}}{Q_{lu}}$ 形式来考虑。

当桥位上游只有一个水库时:

$$Q'_s = Q_s(1-\frac{A_1}{A}) + Q_s\frac{A_1}{A}\cdot\frac{Q_{cu}}{Q_{lu}} \tag{16-6-17}$$

式中:Q'_s——桥位断面考虑水库调蓄作用后的设计流量(m^3/s);

Q_s——桥位断面不考虑水库调蓄作用的设计流量(m^3/s);

A——桥位断面控制流域面积(km^2);

A_1——水库控制的流域面积(km^2);

Q_{cu}——水库最大下泄流量(m^3/s);

Q_{lu}——水库入库设计流量(m^3/s)。

(2)区间来水同频率控制法

该法适用于水库到桥位的区间为洪水主要来源的情况。

$$Q'_s = Q_{sq} + (Q_s - Q_{sq})\frac{Q_{cu}}{Q_{lu}} \tag{16-6-18}$$

式中:Q_{sq}——区间设计频率的流量(m^3/s);

其他符号意义同前。

(3)简化法

$$Q'_s = Q_{cu} + Q_s\left(\frac{A_q}{A}\right)^{0.5} \tag{16-6-19}$$

式中:A_q——区间流域面积(km^2)。

四、溃坝流量的计算

位于标准低的小型水库下游的公路及桥梁,应对这些水库防洪能力进行调查评估或必要的验算。若有溃坝可能的,应进行溃坝流量计算。

1. 坝址断面溃坝最大流量

根据水库溃决条件可采用下列公式之一进行计算,或分别按下列两公式计算,经分析比较后,确定采用值。

(1)理论公式

该法适用于坝体全溃或横向局部溃决($b_g<B_g$)。

$$Q_g = K_0 \sqrt{g} b_g H_s^{3/2} \tag{16-6-20}$$

式中：Q_g——坝址断面溃坝最大流量(m^3/s)；

H_s——溃坝时坝体上游水深(m)，对未溃水库，可采用坝最高值；

K_0——系数，按表16-6-3取值；

b_g——坝体溃决口门平均宽度(m)；对于一般土坝和堆石坝，当水库库容大于$10^6 m^3$时，按$b_g=K_1K_2(W^{\frac{1}{4}}B_g^{\frac{1}{7}}H_g^{\frac{1}{2}})$计算；当水库库容小于$10^6 m^3$时，按$b_g=K_1K_3(WH_g)^{\frac{1}{4}}$计算；如果算出的$b_g$大于坝长$B_g$时，则取$b_g=B_g$；混凝土重力坝溃坝口门宽等于坝长；

K_1——安全系数，取$K_1=1.1\sim1.3$，按路线等级及坝体质量选定；

K_2——坝体建材系数，对黏土类、黏土心墙或斜端和土、石、混凝土，$K_2=1.2$，对均质土$K_2=2.0$；

K_3——材质系数，质量好的用6.6，质量差的用9.1；

W——水库库容($10^4 m^3$)；

H_g——坝高(m)。

K_0　值　　表16-6-3

$\frac{B_g}{b_g}$	$\frac{b_g}{B_g}$	K_0	$\frac{B_g}{b_g}$	$\frac{b_g}{B_g}$	K_0	$\frac{B_g}{b_g}$	$\frac{b_g}{B_g}$	K_0
1	1.000	0.296 3	10	0.100	0.520 6	19	0.053	0.566 0
2	0.500	0.368 7	11	0.091	0.526 6	20	0.050	0.569 2
3	0.333	0.410 1	12	0.083	0.533 1	21	0.048	0.572 6
4	0.250	0.438 2	13	0.077	0.541 2	22	0.045	0.575 0
5	0.200	0.460 3	14	0.071	0.544 5	24	0.042	0.581 0
6	0.167	0.475 9	15	0.067	0.549 8	26	0.038	0.587 4
7	0.143	0.489 5	16	0.063	0.554 1	28	0.036	0.592 4
8	0.125	0.500 8	17	0.059	0.558 4	30	0.033	0.596 0
9	0.111	0.510 5	18	0.056	0.562 5			

注：B_g系指坝长或坝址断面附近库区宽度(m)。

(2)经验公式

该公式适用于坝体全溃($b_g=B_g$，$h'_b=0$)、横向局部溃决($b_g<B_g$，$h'_b=0$)、竖向局部溃决($b_g=B_g$，$h'_b>0$)、横和竖向都局部溃决($b_g<B_g$，$h'_b>0$)等情况。

$$Q_g = 0.27\sqrt{g}\left(\frac{L_k}{B_g}\right)^{\frac{1}{10}}\left(\frac{B_g}{b_g}\right)^{\frac{1}{3}} b_g (H_s - K'_0 h'_b)^{\frac{3}{2}} \tag{16-6-21}$$

式中：L_k——水库库区长(m)，可采用坝址断面至库区上游端部淹没宽度突然缩小处的距离，或近似按$L_k=\frac{W}{H_sB_g}$计算，或当$\frac{L_k}{B_g}>5$时，则按$\frac{L_k}{B_g}=5$计算；

h'_b——溃坝后坝体残留高度(m)；由于坝体系分层建筑，当某一高程以下坝体质量良好，该高程以上质量较差,并有可能沿该高程溃决时,则取质量良好部分之高度 h_b;当无法确切估计时,以假定 $h_b=0$,以策安全;

K'_0——修正系数,可按 $K'_0=1.4\left(\frac{b_g h'_b}{B_g H_s}\right)^{\frac{1}{3}}$ 计算,当 $\frac{b_g h'_b}{B_g H_s}>0.3$ 时,则按 $K'_0=0.92$ 计算;

其他符号意义同前。

2. 桥位断面溃坝最大流量

当坝址至桥位区间,泛区洪水调蓄作用影响不大时,桥位的溃坝最大流量可直接采用坝址的溃坝最大流量;泛区洪水调蓄作用较大时,则桥位处的溃坝最大流量可按下式计算:

$$Q'_g=\frac{W_C}{\frac{W_C}{Q_g}+\frac{L_{0M}}{v\cdot K''_0}} \tag{16-6-22}$$

式中:Q'_g——桥位断面溃坝最大流量(m^3/s);

L_{0M}——坝址至桥位的距离(m);

v——平均流速(m/s),有资料地区可采用实测最大值,无资料地区,山区用 3~5m/s,山前区用 2~3m/s,平原区用 1~2m/s;

W_C——水库溃决后下泄的水量体积(m^3),如无资料时,根据 $W_C=\frac{1}{4}B_g(H_s-h'_b)L$ 估算;

K''_0——调整系数,山区取 1.1~1.5,山前区取 1.0,平原取 0.8~0.9;

其他符号意义同前。

以上两溃坝流量计算公式,是在 1975 年 8 月河南驻马店地区溃坝洪水灾害后,铁道科学研究院建立的估算公式,在 20 世纪 80 年代被铁路和公路有关规范采用,沿用至今。

第七节　一 河 多 桥

30 余年来,黑龙江等省对宽滩性河段的桥位设计进行了大量的研究,对桥位选择、桥孔长度确定、调治构造物设置等都积累了丰富的经验,建立了宽滩性河段的桥长计算公式。根据桥梁水毁的经验,采用一河多桥方案应十分慎重。有的运营数 10 年的大桥,只要桥孔位置及长度合理,同时配合修建适当的调治构造物,以稳定水流,一河一桥能安全地通过特大洪水考验的实例很多。

近年来,黑龙江省等地根据多年生产经验设计的大桥,采用一河多桥方案的也较多,并对此进行了新探索。

一河多桥的设计要求对桥位河段洪水水情、河势发展、宽阔河滩上的各个汊流发育变化,进行全面的勘测、调查,分析预测桥梁百年基准期内的发展变化,确定各分汊河槽的流量分配、桥孔长度,及相应的调治防护设施,稳定各个分汊河槽间的水流分布,并进行冲刷防护。

在进行桥位勘测时,应仔细认真地进行详细的形图测量,仔细寻找各个汊流的河床分界点位置,测量多个河床横断面、床面比降、洪水痕迹位置及高程等。

平原区分汊河段汊流发育有交替变化的趋势。大汊流量大,流速高,输沙能力强,但枯水淤积,致使过水能力减小,汊流渐小。原来的小汊水流渐增,冲刷增强,过水能力增强,小汊发育成大汊。河床一直处于这样长期的发育变化之中。因此,各个桥孔长度应根据各汊流流量分配值,留有富余。

我国长期以来习惯用具有经验性的加大倍数法;俄罗斯是应用一河多桥方案较多的国家,其曾有在20世纪初伏尔加河三角洲设过一个桥位14个桥的实例,采用各个桥桥前壅水高度相同,且河滩桥桥下不产生冲刷的假定,进行流量分配,称“壅水平衡法”。目前,我国黑龙江等省也有使用该法的。美国于20世纪50年代、前苏联于20世纪70年代,对于水流上下游断面,应用水力学能量方程和连续性方程,计算各个汊流的流量。但是,宽达数公里的河滩高程变化,形成了横坡,存在汊流的横向弯曲流动,铁道科学研究院的陆浩等应用水流连续性方程、能量方程及水流横向平衡方程,导出了反映横向流动影响的汊流流量公式,称为“流量平衡分配法”。

一河多桥桥孔设计,确定和稳定各个桥孔流量分配是关键,适当修建调治构造物,稳定水流,进行防护,十分重要。

一、加大倍数法

水流和河床泥沙相互作用,总是在不断地变化着,一河多桥中各个桥孔通过的流量,也不可能长期保持不变。因此,各个桥孔设计流量,应按桥梁使用期内设计流量和历史洪水流量在各个桥孔可能出现的最大流量分配比例来确定。这样确定的各个桥孔在设计洪水流量发生时,实际的过水能力总和(能够安全通过的总流量),必将大于设计洪水流量。应该说这样是合理的。

首先,选择上下游至少4个计算水流过水断面(与流向垂直的断面):桥位断面、桥位上游计算断面、桥位下游计算断面和桥位上下游附近计算断面。要求这4个断面能够反映洪水发生时该河段水流纵向和横向的水流分布情况。计算河段两端上下游断面的距离,不应小于桥位断面宽度的4～5倍;如果在河湾段,应从上游直段开始,进入下游直段为止。

[例16-7-1]　建桥河段通过桥位勘测资料,河床很宽,有4个较稳定的汊流,桥位断面拟修建4个桥孔。各个桥孔流量的分配比例,按设计流量和历史最大洪水流量发生时,应用形态法(第五章第六节或应用第二十章软件)计算的各个桥孔(各个汊流)通过的流量,占全断面总流量比例的最大值确定。各个桥孔可取该汊流上下游4个过水断面计算,如表16-7-1所示。

桥孔流量分配比例　　表16-7-1

流量分配比例 P	各个桥孔占总流量的比例(%)				共计(%)
	1号	2号	3号	4号	
设计流量　桥位断面 P_b	31	18	43(最大)	8	100
设计流量　桥位上游断面 P_u	30	26(最大)	35	9	100
设计流量　桥位下游断面 P_d	32	20	38	10	100
历史最大流量　桥位附近断面 P_m	36(最大)	24	40	17(最大)	100
各个桥孔采用值	36	26	43	17	122

此例中4个桥孔的泄洪流量总和为设计流量的122%,这样就为各汊流间流量的消长变化,留出了空间。但是,勘测时如何符合实际地找出各个汊流的分界点,是关键问题。

另外,在上游汊流分汊处修建分水堤,起控制汊流流量、固定汊流位置的作用,是很重要的。

二、河段水流平衡法

天然河流中,水流各水力要素沿流程总在不断发生纵向变化。在水面扩宽、缩窄、地形局部倾斜以及其他外因干扰水流正常流动时,不但纵向变化,而且还会产生横向流动,形成不同形式的横向水平比降(图16-7-1)。河上建桥以后,这种横向流动不但依然存在,而且在地形横向倾斜以及线路与主流向斜交时,横向水平比降将会更加陡峭(表16-7-2)。平原宽浅河流,泛滥地区开阔,植物和灌木丛生,汊流、股流散乱,河流的纵比降一般较小,约在万分之一二,建桥后的水流横比降可比其原纵比降大10~20倍以上(表16-7-2)。如果在这种河流上建桥,其河段水流特征对水量分配、泥沙运动与河槽变迁等势必造成巨大影响,这在桥孔水流分配与水力冲刷计算中,必须给予重视。

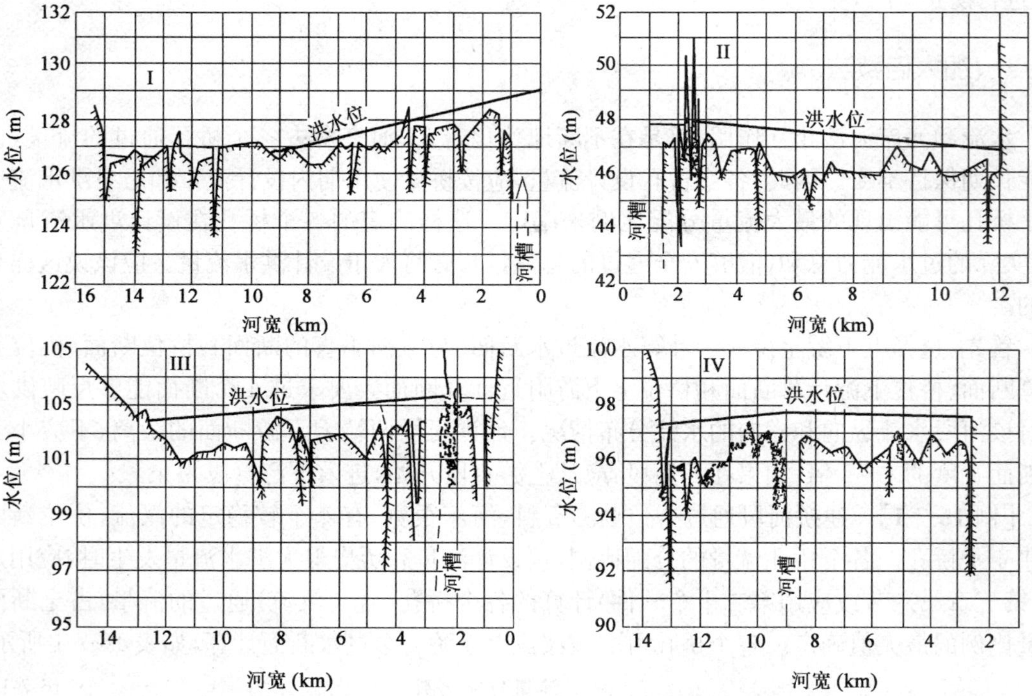

图16-7-1 前苏联尹尔台沙河横比降

水流纵横比降调查表

表16-7-2

序号	线别	河流	主桥水位(m)	河滩桥水位(m)				支岔桥水位(m)	间距(m)	水位差(m)	横比降 J_y(%)	纵比降 J_x(%)
				I	II	III	IV					
1	京广	南沙	71.77	69.97	69.86	68.69	66.34	65.36	4 071	6.41	1.12	1.35
2	白河	归流	392.22	390.52					861	1.70	1.90	1.03
3	白河	洮儿	680.12	678.78					505	1.34	2.65	0.33
4	白河	洮儿	635.42	634.67					371	0.75	2.02	0.25

续上表

序号	线别	河流	主桥水位(m)	河滩桥水位(m)				支岔桥水位(m)	间距(m)	水位差(m)	横比降 J_y(%)	纵比降 J_x(%)
				I	II	III	IV					
5	雅林	根河	96.27	97.62					2 000	1.35	0.68	
6	沈山	狗河	20.06					19.70	854	0.99	1.16	
7	沈山	六股	17.18					16.68	561	0.56	1.00	1.00
8	北黑	讷漠尔	277.04	277.58	277.58				400	0.54	1.35	0.34
9	京广	汝河	65.62	62.30	62.30			66.17	5 407	3.32	0.61	0.10
10	滨州	嫩江	145.49	146.24	146.24				7 100	0.75	0.11	0.10

20 世纪 90 年代,铁道科学研究院陆浩等对此进行了研究,根据 7 座桥梁整体水工模型的试验数据,结合野外 10 多座桥梁和汊道水量分配调查资料,拟订了宽河多桥流量分配的一般设计方法。

1.各个桥孔流量分布公式的建立

水流的基本微分方程:

纵向平衡方程

$$\frac{\partial z}{\partial x}+\frac{\alpha u_x}{g}\frac{\partial u_x}{\partial x}+\frac{n^2u_x^2}{h^{4/3}}=0 \tag{16-7-1}$$

横向平衡方程

$$\frac{\partial z}{\partial \gamma}+\frac{u_x^2}{gR}=0 \tag{16-7-2}$$

连续方程

$$\omega\frac{\partial u_x}{\partial y}+u_x\frac{\partial \omega}{\partial x}=0 \tag{16-7-3}$$

式中:z——水位;

u_x——纵向(x 轴方向)垂线平均流速;

α——动能修正系数;

n——曼宁糙率系数;

g——重力加速度;

R——弯曲水流曲率半径;

ω——断面面积,$\omega=bh$,b 为断面宽度,h 为断面平均水深。

考虑以上三式既适用于总体水流,又适用于单个流束或股流,且水流纵比降 $J_x=-\frac{\partial z}{\partial x}$,横比降 $J_y=-\frac{\partial z}{\partial y}$(图 16-7-2),把此关系代入以上三式,可得:

$$J_x=\frac{\partial u_x}{g}\frac{\partial u_x}{\partial x}+\frac{n^2u_x^2}{k^{4/3}} \tag{16-7-4}$$

$$J_y=\frac{u_x^2}{gR} \tag{16-7-5}$$

$$\frac{\partial u_x}{\partial x}=-\frac{u_x}{bh}\left(b\frac{\partial h}{\partial x}+h\frac{\partial b}{\partial x}\right) \tag{16-7-6}$$

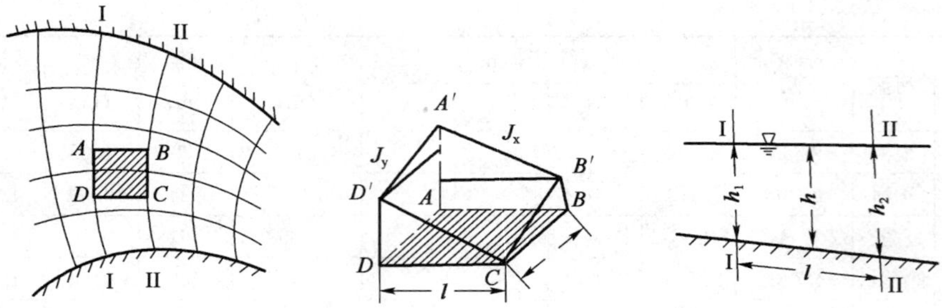

a)　　　　b)　　　　c)

图 16-7-2　水流纵横向平衡图

a)平面;b)纵横水面;c)纵剖面

如不考虑横向平衡条件,则联解式(16-7-4)和式(16-7-6)可得:

$$J_x=\frac{nu_x^2}{h^{4/3}}\left[1-\frac{h^{4/3}}{gn^2}\left(\frac{1}{h}\frac{\partial h}{\partial x}+\frac{1}{b}\frac{\partial b}{\partial x}\right)\right] \tag{16-7-7}$$

代入连续方程,并写成有限差形式,则流量方程可写成:

$$q=\frac{bh^{5/3}}{n}\left[1-\frac{h^{4/3}}{gn^2}\left(\frac{1}{h}\frac{h_{m+1}-h_m}{l}+\frac{1}{b}\frac{b_{m+1-bm}}{l}\right)\right]^{-1/2}J_x{}^{1/2} \tag{16-7-8}$$

考虑横向水流影响时,联解式(16-7-5)和式(16-7-7)并消去 u_x后,可得:

$$J_x=\frac{gn^2}{h^{4/3}}\left[1-\frac{h^{4/3}}{gn^2}\left(\frac{1}{h}\frac{h_{m+1}-h_m}{l}+\frac{1}{b}\frac{b_{m+1-bm}}{l}\right)\right]RJ_y \tag{16-7-9}$$

代入连续条件和曼宁流速公式得:

$$q=\omega u_x=\frac{b}{n}h^{5/3}J_x{}^{1/2} \tag{16-7-10}$$

则反映横向流动影响的流量公式为:

$$q=bh\sqrt{gR}\left[1-\frac{h^{4/3}}{gn^2}\left(\frac{1}{h}\frac{h_{m+1}-h_m}{l}+\frac{1}{b}\frac{b_{m+1-bm}}{l}\right)\right]^{\frac{1}{2}}J_y{}^{1/2} \tag{16-7-11}$$

式中:q——流束断面流量;

m——计算断面编号;

l——断面间距;

其余符号意义同前。

式(16-7-8)和式(16-7-11)可用于计算桥梁河段断面流量的平衡分配。计算中,首先在河段地形图上把几个计算断面位置确定下来,初始断面 0-0 最好选在上游距桥位较远,且水流未受干扰的顺直河段。由于第一次计算中的 $h_{m+1}-h_m=0$ 和 $b_{m+1}-b_m=0$,所以式(16-7-8)就变成式(16-7-10),如初始断面位于弯曲河段时,式(16-7-11)就成为:

$$q=bh\sqrt{gR}\cdot J_y{}^{1/2} \tag{16-7-12}$$

式中:J_y——水流横比降,可根据洪痕调查高程或实测洪水位定出;

R——曲率半径,可依地形图或依洪水平面流向调查资料确定。如确定 R 值的资料不够充分,从而使应用公式(16-7-11)或公式(16-7-12)有困难时,亦可把带有横向水平比降的断面水力要素与河床要素直接代入式(16-7-8)或(16-7-10)中计算断面流量分配,同样能够取得比较满意的结果。

初始断面 0-0 上流量分配算出后,再根据有、无横向水流运动情况,选用式(16-7-11)或式(16-7-8)按断面顺序依次向下游推算。全部预定断面流量算完后,即可在平面图上绘制桥梁河段水量平衡分配图(图 16-7-3),由图中的流束形状、桥孔大小以及调治建筑物布设条件等,确定各个桥孔的通过流量。

2. 一河多桥流量平衡分配方法

该方法的应用步骤如下:

(1)选定计算断面

根据洪水调查与形态勘测资料,在桥梁河段地形图上把几个需要计算的断面标定下来(见图 16-7-3)。断面确定原则是:桥位及其上游一倍桥长处各 1 个;下游(0.5~1.0)B 处 1 个,B 为洪水泛滥宽度;上游(1~3)B 处 1~2 个;共 4~5 个断面,离桥最远的上游起始断面 0-0,最好选在桥孔压缩影响不到的天然水流的河段,如果该河段顺直,设有水文观测断面就更为理想。

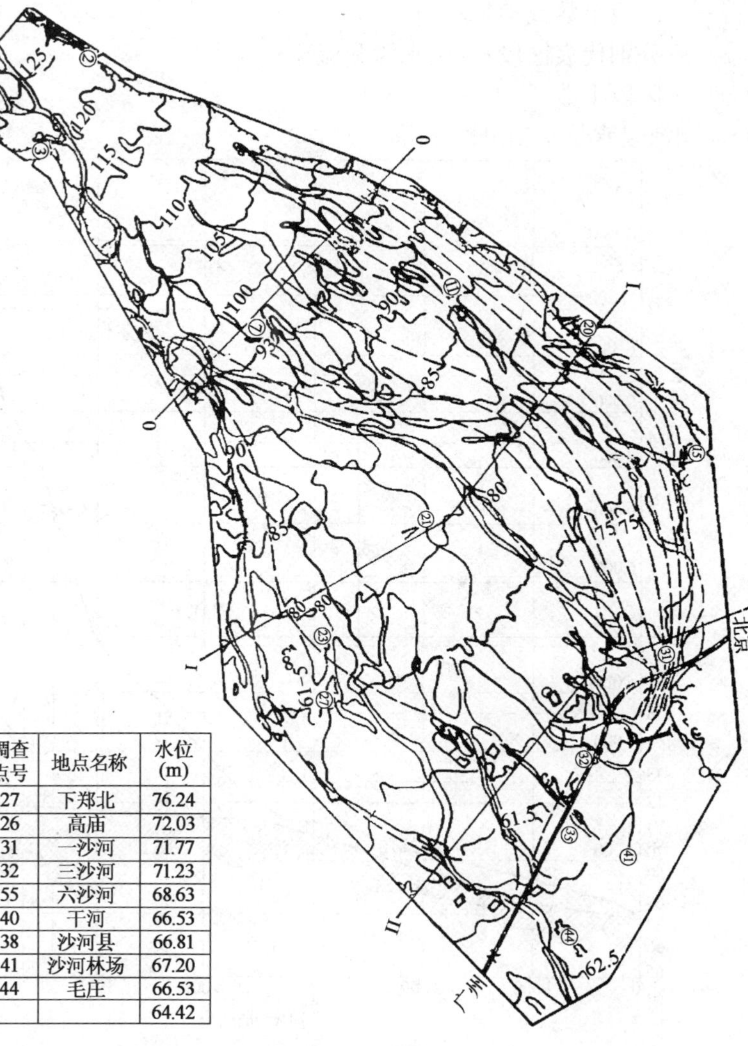

调查点号	地点名称	水位(m)	调查点号	地点名称	水位(m)
2	固坊	126.71	27	下郑北	76.24
3	东苏庄	124.16	26	高庙	72.03
4	畜牧场	98.16	31	一沙河	71.77
14	河心	93.10	32	三沙河	71.23
16	大油村	98.80	55	六沙河	68.63
17	中留南	88.82	40	干河	66.53
20	洛阳镇	81.17	38	沙河县	66.81
21	宋家房子	81.61	41	沙河林场	67.20
23	上郑北	78.91	44	毛庄	66.53
25	东户	79.43			64.42

图 16-7-3 南沙河水流平面分配图

(2)确定横比降 J_y 和曲率半径 R

根据洪痕高程和洪水流向调查资料，参考河槽平面形状和河床地形变化确定纵比降 J_x 与横比降 J_y。由于宽滩漫流地区地形地物特征不同，无论是 J_x 还是 J_y 都不可能是单一坡度的直线，而是不同坡度线段连成的折线(图 16-7-1)。在确定纵、横比降的同时，确定曲率半径 R 值，如果断面水位和流量已知，可把初次确定的 R 值代入式(16-7-12)中进行验算和修正。

(3)绘制断面流量累积曲线

根据断面几何形状和床面糙率特征，沿四周把断面划分成若干计算区段，用式(16-7-8)或式(16-7-11)计算出区段流量 Δq。当曲率半径 R 不容易确定，而应用式(16-7-11)有困难时，可用带有横比降的水位下水力要素代入式(16-7-8)或式(16-7-10)中直接计算 Δq 或 q 值。分别算出断面各区段流量后，从一岸向另一岸累加，并绘制断面流量累积曲线(图 16-7-4)。累加后的流量即是断面总流量：

$$Q=\sum_{i=1}^{n}\Delta q_i=\sum_{i=1}^{n}(bhv)_i \tag{16-7-13}$$

式中：i——区段个数或编号；

b、h、v——分别代表区段宽度、水深和流速；

n——区段个数。

(4)绘制河段水量平衡分配图(图 16-7-4)

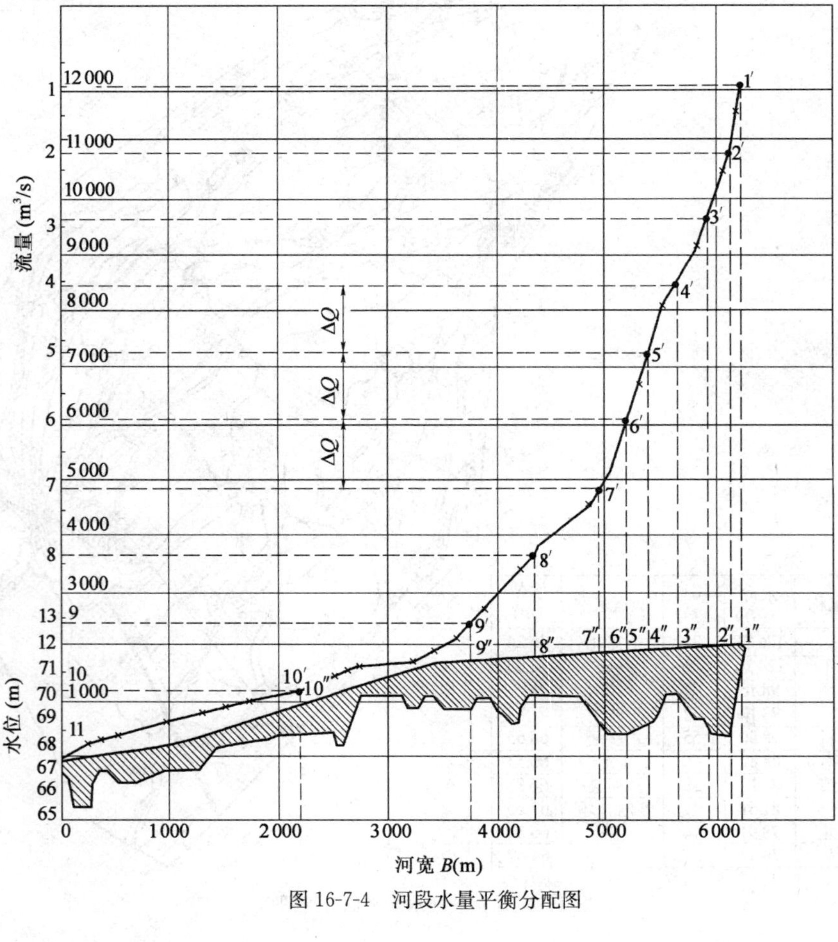

图 16-7-4　河段水量平衡分配图

在图 16-7-4 上，把累积流量曲线纵坐标或总流量 Q 加以等分，等分的个数视桥孔数目和工作方便而定。分界点 1、2……n 为包括两岸端点在内的分界点编号。从这些点逐一向右引水平线交曲线于 $1'$、$2'$……n'，再从交点引垂直线交水面或横坐标于 $1''$、$2''$……n''，在河段平面图上把各个断面与之对应数字的点顺势连接起来，如图 16-7-4 中虚线所示，即构成河段水量平衡分配图。图中虚线反映 $Q/\Delta Q=n-1$ 个流束分布状况，各个流束中上下游流量相等，其形状和走向应当同河段地形变化相应。

(5)小桥孔流量二次分配

对于主槽或支汊明显的河流上(一沙河、二沙河、干河)的大桥，通过流量较大，水量比较容易分配；对于汊道模糊或无汊道的河滩上的小桥(例[16-7-2]中，三～七沙河与干河以南 4 座小桥涵)，每个桥孔通过流量很小，不易在一条流束中进一步细分，此时，可用模型试验和实桥调查资料综合分析结果(图 16-7-5)进行二次分配。图 16-7-5 中，q_0、ω_0 为主槽桥孔流量和过水面积，q_i、ω_i 为第 i 号桥孔流量和过水面积。根据水流连续条件得：

$$\frac{q_i}{q_0}=\frac{\omega_i v_i}{\omega_0 v_0}=C_v\frac{\omega_i}{\omega_0} \tag{16-7-14}$$

式中，$C_v=v_i/v_0=0.8\sim1.3$，为第 i 号桥孔流速与主槽桥孔流速的比例系数，其值按照附加桥孔河床土的允许冲刷程度选用。当 $v_i=v_0$ 时，$C_v=1$，所求第 i 号桥孔流量：

$$q_i=\frac{\omega_i}{\omega_0}q_0 \tag{16-7-15}$$

当 $v_i\neq v_0$ 时，需按《铁路桥涵设计基本规范》(TB 10002.1—2005)或视附加桥下有无铺砌条件先确定 v_i，计算 C_v值，然后用式(16-7-13)确定 q_i值。

3. 主河床桥孔、各个汊流桥孔长度的确定

主河床桥孔、各个汊流桥孔的长度按冲刷系数法确定，见第十三章第三节。

桥下过水面积 ω_i 又称供给面积，是假定建桥前后桥下水位不变的条件下算出的。河上建桥后，桥下断面流速因水流槽受压缩而增大，河床发生冲刷，结果使 ω_i 随之增大，此时，根据《铁路桥涵设计基本规范》(TB 10002.1—2005)规定，桥下流速 v_i 按表 16-7-3 查取。表 16-7-3 中 p(冲刷系数)按表 16-7-4中容许值选用。v_p(设计流速)一般可采用设计水位下河槽(包括边滩)的天然平均流速。

桥下流速 v_i 值 表 16-7-3

土质	土的名称	土的粒径(mm)	流速 v_i (m/s)
松软土	淤泥、细沙、中沙、松软泥泥质黏沙土等	≤1	v_p
中等土	沙砾、小卵石、圆砾、中等密实黏沙土、黏土等	1～25	$\frac{2p}{p+1}v_p$
密实土	大卵石、漂石、密实黏土等	>25	pv_p

容许冲刷系数 p 值 表 16-7-4

河段类型	冲刷系数	河段类型	冲刷系数
山区峡谷河段	≤1.2	其他类型河段	≤1.4
山前区变迁河段	按地区经验确定		

《铁路桥涵设计基本规范》(TB 10002.1—2005)桥孔长度是根据古典的别列柳伯斯基假定确定的。当河滩很大时，河滩汊流桥孔设计流速与河槽桥孔平均流速不同，可根据调查资

料,根据计算的桥下河滩和汊流范围内的平均流速值选定,或根据河床质类别、大小,参照表16-7-3或相应土质的容许不冲刷流速表(第十四章第二节)选定。冲刷系数 p 在平原宽滩河段不应大于1.2。

4.例题

[例16-7-2] 京广铁路跨越南沙水系,一河布设有12座桥梁(图16-7-3),其中大桥3座(一沙河、二沙河、干河)、中桥两座(三、四沙河)、小桥3座(五~七沙河),干河以南还有小型桥涵4座。线路与地形等高线斜交,路堤两端地面高差为5~6m,横向水面严重倾斜,路堤上游侧横向水流比降达1.12%(图16-7-5),形成一股强大的横向水流(从汛期树木和植物倒伏方向上可看出)。

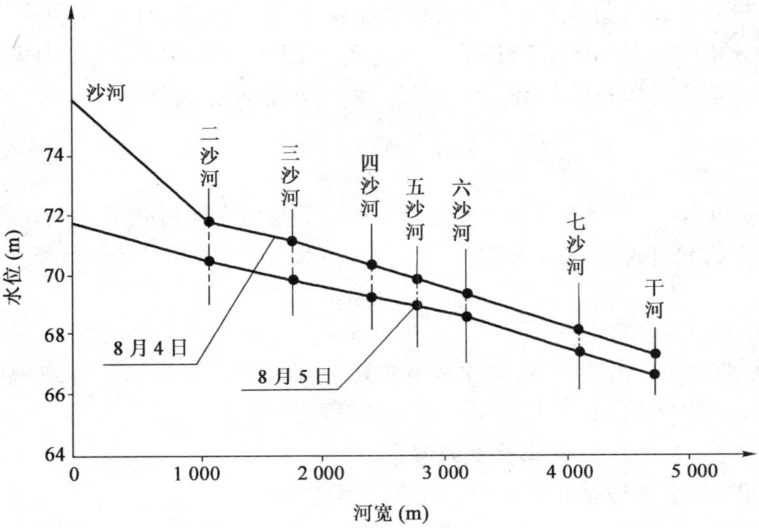

图16-7-5 南沙河桥水流横比降

1963年,该河发生历史特大洪水,水流漫道,路堤决,桥墩倾倒,护岸线倒落,一沙河与二沙河导流堤全部被冲毁,堤头冲刷坑最大达3~4m。一沙河桥一孔钢梁一端坠落,斜插河底。据历史记载,此次水害是建桥后最严重的一次,中断行车并打乱全国铁路运行计划达1个月之久。据水利部门推算,1963年最大洪峰流量 $Q_{63}=11\ 800\text{m}^3/\text{s}$。在水害工程修复设计中,各个桥孔(特别是三座大桥)通过流量的确定,成为当时的关键技术难题之一。

现将三~七沙河各桥孔流量分配结果列在表16-7-5中。从表16-7-5中数字对比看来,各个桥孔用水量平衡法分配的流量,同模型水流实测结果十分接过。

三~七沙河流量分配比较 表16-7-5

分配方法	流量(m³/s) \ 桥孔	三沙河	四沙河	五沙河	六沙河	七沙河	小计	备注
模型实测	有堤	422	271	123	135	202	1 153	一、二沙河堤
	无堤	142	157	96	34	36	455	
平衡法计算	有堤	432	277	126	138	37	1 180	一、二沙河堤
	无堤	146	162	99	37	38	472	
水位差法		354	226	78	24	52	734	(无堤)

三、壅水平衡法

1. 假定

假设某河段有 A、B、C 三座桥，并且假设各桥之间没有明显的水流分界线。在某一洪水情况下，河道水流将根据动能和势能平衡及上下游水流阻力最小的原理进行自然调节。假定在每座桥的桥前壅水高度基本保持一致的情况下，认为相应的每个桥孔长度是合理的。桥孔长度较大者，其桥前壅水的回水长度距桥轴线也相对较长，反之较短。

图 16-7-6 所示为 $q_1/q_0=f(\omega_1/\omega_0)$ 的关系图。

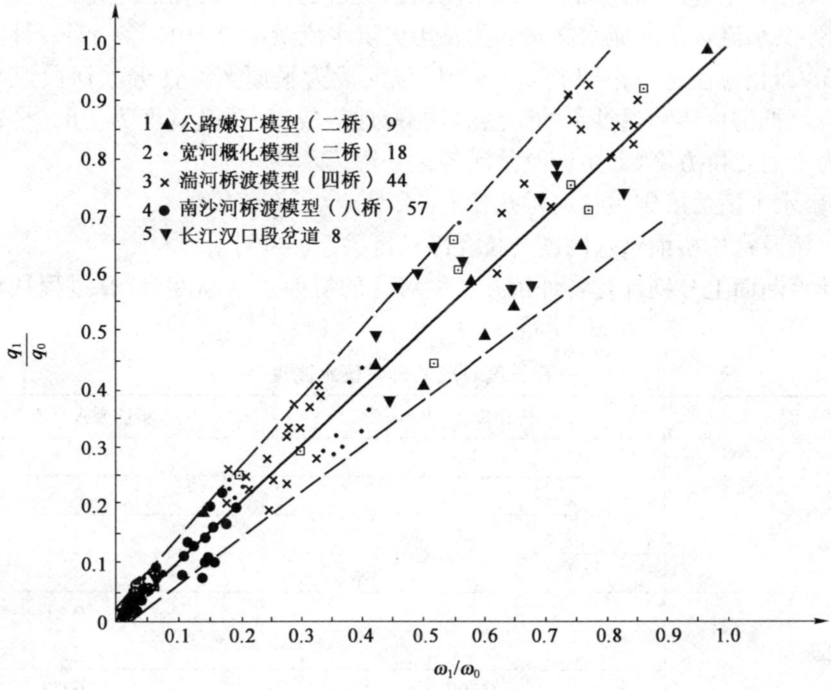

图 16-7-6　$q_1/q_0=f(\omega_1/\omega_0)$ 关系图

上述 A、B、C 三座桥中，如果某桥孔径偏小，则桥前壅水自然会偏高，这必然使桥下和顺桥头路基方向的水流速度加大，将导致冲刷加剧，严重时造成水毁。另一方面，桥前壅水过高也会给两岸防洪安全带来不利影响，增加居民区和耕地的淹没范围和淹没时间。反之，桥前壅水高度偏小，表明桥孔安全储备过大，将造成不必要的浪费。在水流稳定平衡的条件下，假设通过每座桥的流量分别为 Q_A、Q_B 和 Q_C，各桥之间水流分界点分别为 J_1 和 J_2。尽管每桥的孔径长度可能不同，桥前壅水峰值到桥轴线的距离各有长短，但每座桥桥前壅水值是一致的。

2. 一河多桥孔径计算方法

首先，按每座桥应分配的断面流量，进行单桥孔径初步计算，再按初步计算的桥孔净长及加 2 孔或减 2 孔后的桥孔净长分别计算桥前壅水，并绘制以上三种桥长对应的三条壅水高度与桥长的关系曲线。其次，确定合适的桥前壅水高度值。最后，在壅水高度与桥长的关系曲线上，按照确定的壅水高度值，在横坐标上即可求出各个桥孔净长。

如果桥前壅水高度值已确定下来,则可以对各桥孔的壅水公式进行联解,反求出通过各桥孔的流量值。解联立方程即可得出每座桥孔的流量。

以上是一河三桥的计算方法和一般过程,用手工计算较为繁琐,可以借助计算机来解决。对于一河多桥流量分配、桥孔长度计算程序的编制和计算机辅助计算过程,黑龙江交通设计院已做了一些工作。

经多年使用结果表明,这种方法概念明确、易于掌握、精度可靠。特别是近年来通过对哈尔滨绕城高速公路四方台大桥的水文孔径计算,并经过铁道科学研究院铁道建筑研究所所做的定床河模型试验进行验证,结果表明,上述方法是一种行之有效的计算方法。

[例 16-7-3] 同江至三亚公路哈尔滨第二出口段阿什河大桥孔径计算。

已知:设计洪水流量由阿城水文站实测及历史洪水流量推算,100 年一遇设计洪水流量为 $Q_{1\%}=2\,186m^3/s$,相应流速 $v_{1\%}=1.96m/s$。桥位河段为平原宽滩性分岔河段,次稳定河道。桥位左岸建有可抵御百年一遇洪水的防洪堤,右岸地势较高,泛滥宽度为 1 800~2 000m。初设方案确定为一河二桥方案,即主河及岔河各建一桥。

求:利用壅水平衡法确定主岔河桥孔长度。

解:(1)主桥及岔桥桥前壅水高度与桥孔净长度关系曲线计算

在水文计算断面上分别计算各种桥孔长度对应的桥前壅水高度(计算过程从略),结果见表 16-7-6。

桥孔长度对应的桥前壅水高度 表 16-7-6

桥　　别	桥孔长度 L_j(m)	桥前壅水高度 Z(m)
岔河桥	30	0.49
	60	0.42
	90	0.36
	120	0.30
主桥	240	0.48
	270	0.38
	300	0.32

(2)主桥及岔河桥的流量分配计算

由桥位上游 40km 的阿城水文站实测流量及 1960 年、1985 年的历史洪水流量推算 100 年一遇设计洪水流量,由流量与流域面积 $F^{0.55}$ 及流域平均纵坡 $I^{0.2}$ 成正比的经验关系推算出桥位断面相应频率的设计流量,并进行主桥和岔河桥断面的流量分配计算(计算过程从略),且 $Q_{1\%}=Q_{主}+Q_{岔}$,结果见表 16-7-7。

主桥和岔桥断面流量计算结果 表 16-7-7

桥　　别	分配流量 $Q_{1\%}$	分配比例(1%)	设计流量 $Q_{1\%}$(m^3/s)
岔河桥	647	29.6	2 186
主桥	1 539	70.4	

(3)桥前壅水高度的确定

根据桥位附近有村屯及大片耕地,经与当地水利防洪部门协商,确定两桥前壅水高度不宜大于 0.40m,即

$$\Delta Z_{主} = \Delta Z_{岔} \leqslant 0.40\text{m}$$

(4)绘制 ΔZ-L_j 关系曲线(图 16-7-7)

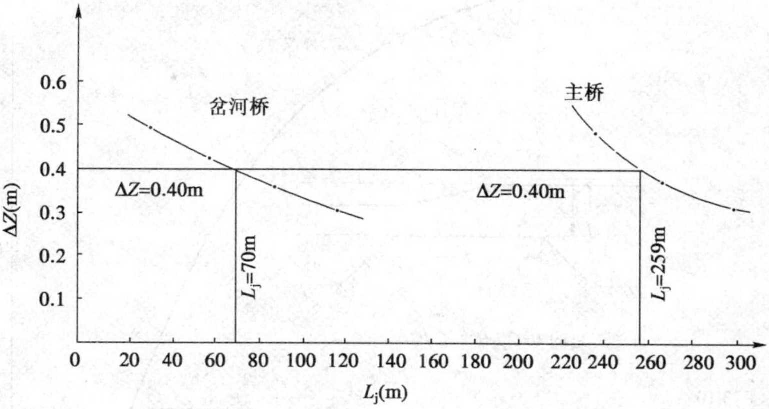

图 16-7-7　ΔZ-L_j 关系曲线图

(5)桥孔净长度的确定

由 ΔZ-L_j 关系曲线确定的主桥及岔河桥长度分别为 70m 和 259m，拟采用 30m 标准跨径的梁式桥作为上部构造，则最终确定主、岔桥分别采用 9×30m＝270m 和 3×30m＝90m 的桥孔方案。由曲线反求实际桥长对应的桥前壅水高度分别为 0.39m 和 0.37m。

(6)计算精度评价

本桥的初设阶段，为验证水文孔径计算成果的精度，特委托铁道科学研究院进行了水工模型试验。试验结果表明，在主桥 9 孔 30m 及岔桥 3 孔 30m 的情况下，桥前壅水高度为 0.36m，与理论计算十分接近，说明本次水文孔径计算成果具有较高的精度。

第八节　过水路面、浸水桥、漫水桥

平原冲积河流过水断面非常宽浅，洪水漫滩宽阔，交通量不太大的公路桥，为了节约工程造价，常在河流的主槽部分修建一定长度的桥梁，用来排泄河槽洪水和泥沙，而在宽阔的河滩上，构筑浆砌片石或混凝土漫水路堤及过水路面，允许较大一部分河滩的设计流量短期从过水路面上通过(见图 16-8-1)，路面溢过水流图式属于宽顶堰顶溢流。

桥长不足或桥高不够，洪水可能浸泡上游侧的主梁迎水面，而没有越过桥面(图 16-8-2)，水流图式为闸门下的出流，这种情况称为浸水桥。

另外，等级较低的公路容许短期中断交通时，在河床宽浅的季节性河流上，可以修建漫水桥。设计洪水可以漫过桥面，桥上、桥下同时过水，是一种造价较低、对常年交通影响不大的公路跨河工程，在一些宽滩河段应用较多，效果也比较好。漫水桥在美国公路及我国地方道路至今仍在使用。

一般设置多为高桥低路，即桥上不漫水，而是部分河滩路堤过水；下面仅给出这种路堤漫水流量的计算方法。

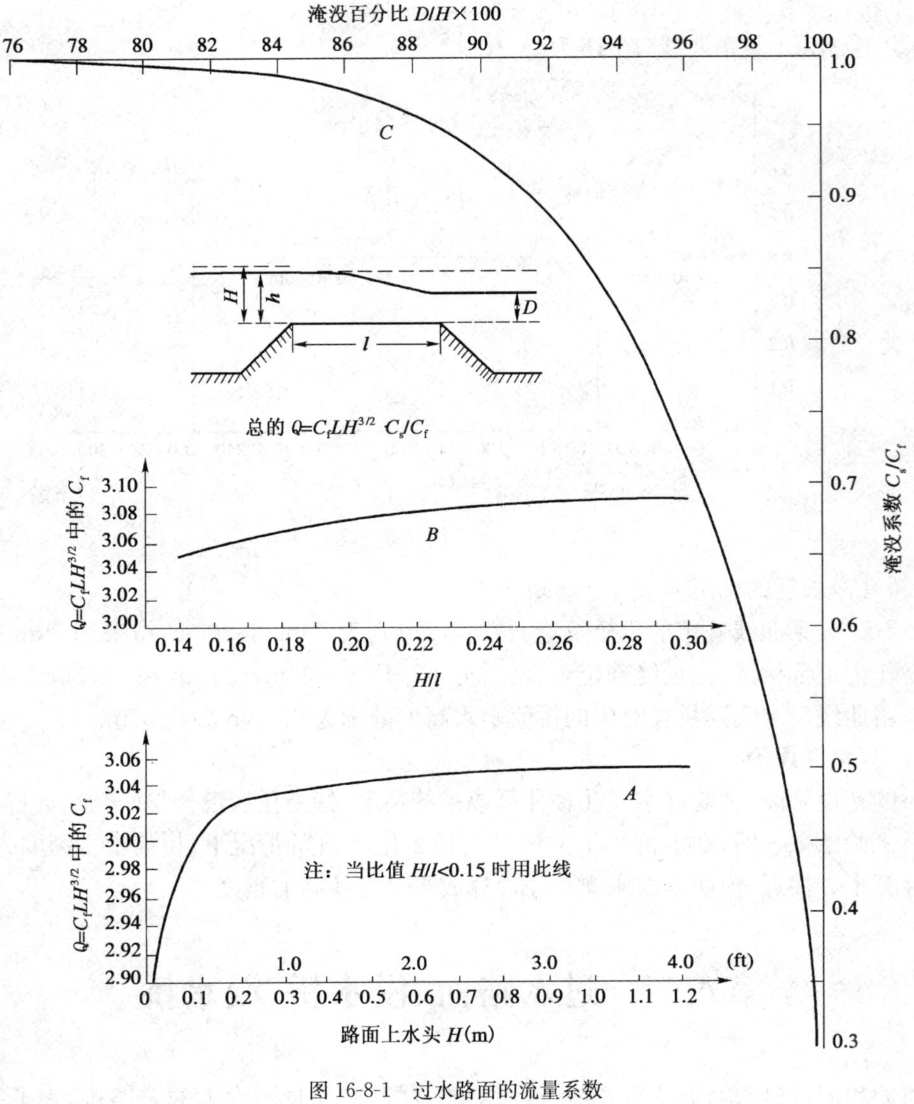

图 16-8-1 过水路面的流量系数

一、过水路面

美国州际公路或干线公路上，引道路堤高于 50 年一遇的洪水位或历史水位，依靠桥梁下的过水断面排泄全部洪水流量。但是，由于经济原因，对桥梁的长度却有一定限制，这个限制条件通常是大约 50 年重现期的洪水标准。如果地形有利，路堤高程允许放在比桥梁设计水位低的位置上，这样可以安全地通过 100 年一遇的洪水。密苏里州 70 号州际公路就是一个实例。另一个例子是弗吉尼亚州 40 号州际公路桥——诺托威桥，该桥所在河段洪水泛滥宽度为 3.96km，桥长仅有 53.34m，漫水路面长约 2.75km，占泛滥宽度的 70%。通过几次较大洪水考验，其中一次洪水重现期超过 100 年，桥孔通过流量接近 283m^3/s，洪水总流量为 735.8m^3/s，后者为前者的 2.6 倍，有 61.5%的水量从路堤上漫过，路堤好像一座巨大的宽顶堰，安全地宣泄洪水，桥梁未出现损坏现象，仅路堤下游肩部在汛后进行了少量的维修。

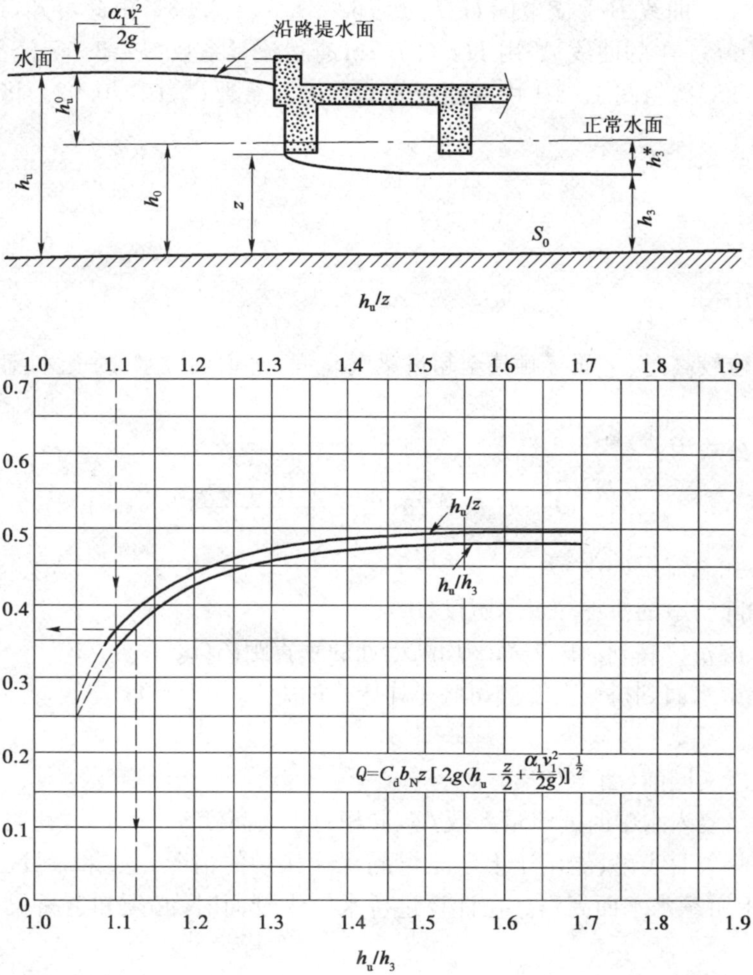

图 16-8-2　上游主梁浸水的流量系数

通过上述两个实例可以看出，过水路面在公路上的使用效果较好。

过水路面，或称漫水路堤，路面通过流量的计算，可根据水力学宽顶堰溢流公式计算。设路面上水深为 h，路基上游水头为 H，路堤的过水长度（路线方向）为 L，路面宽为 l（图 16-8-1），则过水路面通过流量为：

$$Q = C_f L H^{3/2} \cdot \frac{C_s}{C_f} \tag{16-8-1}$$

式中：C_f、C_s——自由溢流和淹没溢流的流量系数，C_f 由图 16-8-1 曲线 A 或 B 查取；C_s/C_f 由图 16-8-1 中曲线 C 查取。

如果沿路面长度上水深不同，则应把路面全长分成若干区段，用式(16-8-1)分别计算各个区段流量，累加后得全面漫水总量。

［例 16-8-1］　已知某漫水桥的过水路面长 L 为 1.875km(6 150ft)，分隔行驶的公路路面宽 l 为 24.38m，当洪水漫越路堤时，上游路肩总水头 $H=0.762$m(2.5ft)，下游路基总水头 $D=0.670$m，求该路面漫水流量。

在图 16-8-1 中曲线 B 上横坐标 $H/l=0.762/24.38=0.031$，由此可知，这样小的 H/l 条件，应当查图 16-8-1 中的曲线 A，用 $H=0.762$m 查得流量系数 $C_f=3.05$，淹没百分比 $D/H=0.670/0.762=88\%$，由图 16-8-1 中的曲线 C 查得淹没系数 $C_s/C_f=0.92$。将以上各值代入式(16-8-1)可得：

$$Q=3.05\times 6\,150\times(2.5)^{3/2}\times 0.92$$
$$=68\,400(\mathrm{ft}^3/\mathrm{s})=143(\mathrm{m}^3/\mathrm{s})$$

二、浸水桥梁

当河中水位较高时，水面接触甚至超过梁底高程，使主梁浸水，桥孔水流变成闸门下出流(图 16-8-2)。

流量计算公式为：

$$Q=C_d b_N z\left[2g\left(h_u-\frac{z}{2}+\frac{\alpha_1 v_1{}^2}{2g}\right)\right]^{1/2} \tag{16-8-2}$$

式中：Q——桥孔总流量(m^3/s)；

b_N——扣除桥墩的桥下净过水宽度(m)；

z——上游桥梁底到河床表面平均高程处的垂直距离(m)；

h_u——上游水面到桥梁上游侧河底平均床面的垂直距离(m)；

C_d——流量系数；

其余符号意义同前(图 16-8-2)。

仅上游大梁浸入水中时的流量系数 C_d，同相对水头高度 h_u/z 有关，其关系如图 16-8-2 所示。图中上面一条曲线，只能用于上游主梁同水流接触的情况。如果流量已知，还可利用式(16-8-2)计算上游壅水水面高程。在计算过桥水流纵剖面时，必须知道桥梁上游和下游的水面高程。

[例 16-8-2] 已知桥孔流量 $Q=552\mathrm{m}^3/\mathrm{s}$，河床比降 $J_0=0.000\,49$，正常水深 $h_0=3.76$m，桥梁总长 $L_q=62.48$m，垂直流向的桥墩宽度为 4.27m，上游行近断面面积 $\omega_{01}=526.2\mathrm{m}^2$，流速 $v_{01}=1.05$m/s，动能修正系数 $\alpha_1=1.62$，上游梁底面程为 8.53m(或位于正常水面)，上游河床高程为 4.77m，下游河床高程为 4.764m，试求：(1)桥梁上游侧水面高程；(2)桥梁下游侧水面高程。

解：(1)桥梁上游侧水面高程

把式(16-8-2)改写成：

$$h_u=\frac{Q^2}{2gb_N^2 z^2 C_d^2}+\frac{z}{2}-\frac{\alpha_1 v_1{}^2}{2g}$$

作为一次近似，假定 $h_u/z=1.12$，查图 16-8-2 上面一条曲线，得 $C_d=0.380$，将已知值代入上式，得：

$$h_u=\frac{552^2}{19.62\times(58.21\times 3.76)^2\times(0.38)^2}+\frac{3.76}{2}-0.09$$
$$=2\,025+1.88-0.09=4.04(\mathrm{m})$$
$$\Delta z_u=h_u-h_0=4.04-3.76=0.28(\mathrm{m})$$

因为

$$\omega_1=526.2+234.7\times0.28=591.0(\text{m}^2)$$
$$v_1=552/591=0.934(\text{m/s})$$

于是，

$$\frac{\alpha_1 v_1^2}{2g}=\frac{1.62\times0.934^2}{2\times9.81}=0.072(\text{m})$$

修正结果：

$$h_u=2.25+1.88-0.072=4.058(\text{m})$$
$$\frac{h_u}{z}=\frac{4.058}{3.76}=1.079$$

这个结果与假定值 1.12 不符。再假定 $h_u/z=1.10$，此时 $C_d=0.370$，算得：

$$h_u=2.366+1.88-0.072=4.17(\text{m})$$
$$\Delta z_u=4.17-3.76=0.41(\text{m})$$

又因

$$v_1=\frac{Q}{\omega_1}=\frac{552}{622}=0.887(\text{m/s})$$
$$\frac{\alpha_1 v_1^2}{2g}=0.065(\text{m})$$

修正结果得：

$$h_u=2.366+1.88-0.065=4.18(\text{m})$$
$$\Delta z_u=4.181-3.760=0.42(\text{m})$$
$$\frac{h_u}{z}=\frac{4.181}{3.76}=1.11\approx1.10$$

即修正结果与第二次假定值 1.10 接近。

所以桥梁上游侧水面高程为：

$$4.77+4.181+0.065=9.02(\text{m})$$

(2)桥梁下游侧水面高程

用 $C_d=0.370$ 查图 16-8-2 中下面一条曲线，向下读出 $h_u/h_3=1.125$，得：

$$h_3=4.181/1.125=3.72(\text{m})$$

于是桥梁下游侧水面高程为：

$$4.4764+3.720=8.48(\text{m})$$

即下游水面在正常水面以下约为：

$$8.53-8.48=0.05(\text{m})$$

(3)桥梁上下游水面高差

$$\Delta h_{sx}=9.02-8.48=0.54(\text{m})$$

三、漫水桥(主梁全部淹没)

在这种水流条件下，桥下部面积被水充满(图 16-8-3)。如果需要计算上游水面高程，必须知道桥孔通过流量和下游水面高程；如果需要确定桥下通过流量，则需先求出桥梁上下游水面高差与桥下净过水面积。

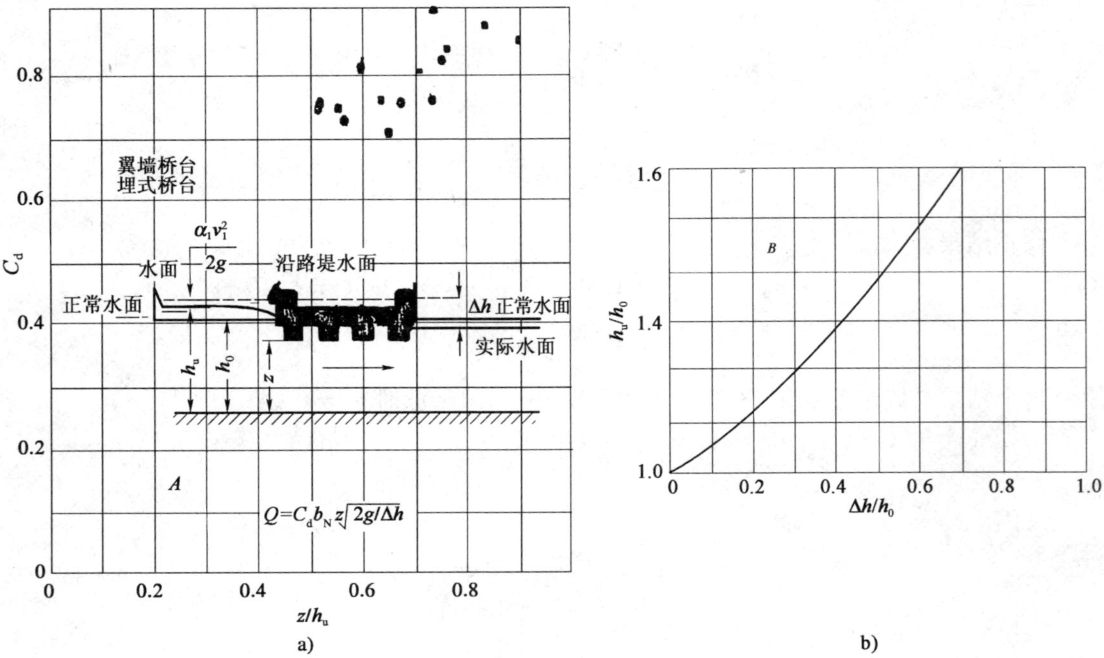

图 16-8-3　主梁全部淹没流量系数

计算流量的公式为：

$$Q = C_d b_N z(2g\Delta h)^{1/2} \tag{16-8-3}$$

式中：Δh——路堤上下游水面高差(m)；

其他符号意义同前。

[例 16-8-3]　计算对象与上例为同一座桥梁。已知流量 $Q=792.4\text{m}^3/\text{s}$，$h_0=4.465\text{m}$，$z=3.764\text{m}$，$b_N=58.22\text{m}$，$\omega_0=219.0\text{m}^2$，求：(1)路堤上下游水面高差；(2)桥梁上游侧水面高程；(3)桥梁下游侧水面高程。

解：(1)路堤上下游水面高差

把式(16-8-3)改写成：

$$\Delta h_{sx} = \frac{Q^2}{2g{b_N}^2 z^2 C_d^2}$$

式中，流量系数 $C_d=0.80$(常数)。将已知各值代入上式后，得：

$$\Delta h_{sx} = \frac{7\,924^2}{19.62\times(58.22\times3.764)^2\times0.8^2} = \frac{627\,898}{19.62\times48\,022.4\times0.64} = 1.04(\text{m})$$

(2)桥梁上游侧水面高程

依 $\Delta h_{sx}/h_0=1.04/4.465=0.233$，查图 16-8-3b)，得 $h_u/h_0=1.13$。因此，

$$h_u = 1.13\times4.465 = 5.045(\text{m})$$

所以，路堤上游侧水面高程为：

$$4.77+5.045=9.815(\text{m})$$

(3)桥梁下游侧水面高程

桥梁下游水面高程等于上游水面高程减去上下游水面高差 Δh_{sx}，即

$$9.815-1.040=8.78(m)$$

即下游水面在正常水面以下：

$$9.235-8.780=0.46(m)$$

同时，桥梁上游壅水高度为：

$$\Delta z_u=9.815-9.235=0.58(m)$$

从上述两例中桥梁两种淹水情况的计算结果表明，过桥流量 $552m^3/s$ 增大到 $792.4m^3/s$，即增大 1.44 倍，相应壅水高度增大 0.58/0.42＝1.38 倍，水位差增大 1.04/0.54＝1.92 倍。此结果反映了桥孔泄水能力，因桥下过水成为孔口出流，流量有所增大。

第十七章　特殊地区的桥位设计

第一节　平原宽滩性河流的桥位设计

1976年，交通部召开"大中桥孔设计研究汇总工作会议"，汇总了各省已建桥梁的水文资料，制定了从确定桥孔长度出发，着重于河槽及河床稳定性的七类桥位河段分类表（见表7-1-2），并制定了相应的桥孔净长度计算公式。根据新疆等西北地区和东北黑龙江、吉林地区公路桥梁勘测设计的需求，此表在1964年我国桥梁冲刷学术会议制定的桥梁河段分类表的基础上，增加了冲积漫流河段（冲积扇）、宽滩性河段。宽滩性河段在东北地区的黑龙江省、吉林省和内蒙古部分地区分布较多，是草原、平原上具有宽阔河滩、河槽较窄，且河槽弯曲（蜿蜒）或分汊的河段，如图17-1-1所示。

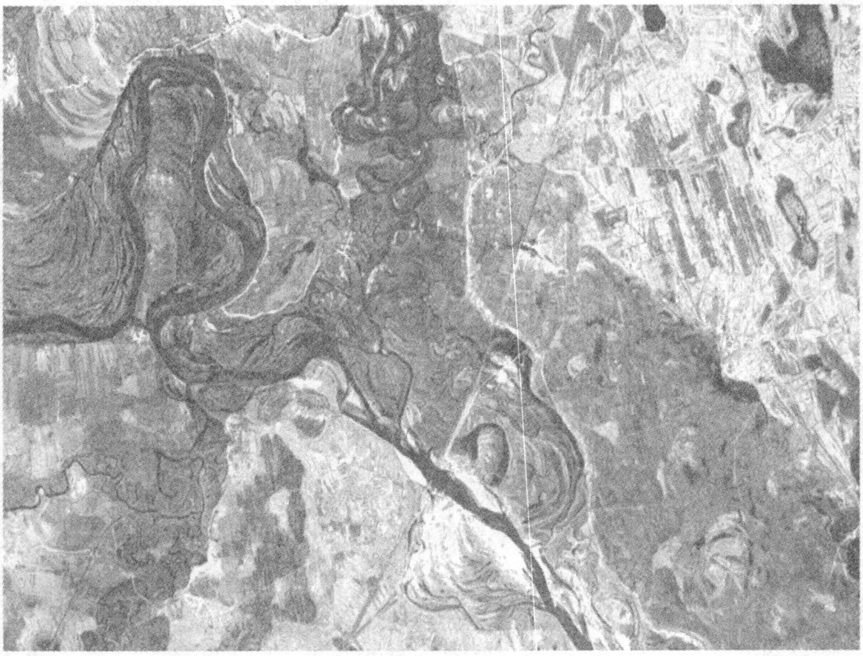

图17-1-1　平齐铁路、齐白公路嫩江特大桥的桥位

铁道部门认为它是平原弯曲型或平原分汊型河段，并未另外分为一类，这样的认识与河床演变学河段的分类（如1964年桥渡冲刷学术会议河段分类）是吻合的，也是合理的。

一、平原宽滩性河流的主要特点

平原宽滩性河流具有以下主要特点：

(1)河道较弯曲，河槽摆动幅度较大，自然裁弯取直现象频繁。

(2)水流比降较小，河滩宽阔。洪泛线达几公里甚至十几公里。洪水期水流较缓，有的地方存在死水区、水泡、沼泽或者湿地。

(3)河槽较狭窄或无明显河槽，主河槽平均流速比河滩流速大，但由于河滩过流面积较大，河滩流量往往大于河槽流量。

(4)河滩调洪、蓄洪作用较大，洪峰流量坦化甚至下降的现象较明显，洪水持续时间较长。例如，黑龙江省三江平原地区的挠力河中游为宽滩河段，河道弯曲，洪水泛滥宽度 6～8km，河滩流量占 70%左右。该河滩地多沼泽、湿地，调洪、蓄洪作用明显，以 1991 年洪水为例，桥位上游的宝清水文站流量为 971m^3/s，相当于 28 年一遇的洪水流量；到达桥位处增至 1 300m^3/s；而最后到达下游的菜咀子水文站的流量为 413m^3/s，仅相当于 10 年一遇的洪水流量。

二、平原宽滩性河段桥位选择

平原宽滩性河段桥位应尽量选在符合以下条件的河段上：

(1)两岸有高地(台地)、崖坎、人工堤防等泛滥宽度较小的河段。

(2)河道顺直、稳定，河槽明显的河段；河滩较小且河槽与河滩洪水流向一致的河段。

(3)无死水区、无湖泊、无沼泽、无湿地及汊河的河段。

(4)宽滩河段采用一河一桥或一河多桥，应根据河道状况及水文条件等具体情况进行方案比选，择优考虑。一般情况下，以一河一桥为宜，但河汊稳定、发育较好且不易与主河合并归流的河段，以及河滩宽广且河滩流量较大的河段应考虑采用一河多桥。

三、宽滩河段的水文勘测、计算特点

平原宽滩河流的河滩流量往往大于河槽流量。确定河滩流量至关重要，为此，应尽量搜集获得桥位河段的洪水观测资料。若无洪水观测资料可资利用，而按形态法确定河滩流量时，应采用多种方法互相认证核对。宽滩河段的水文计算应注意以下几个方面的问题。

(1)注意现场形态调查，尤其是形态断面上、下游一定范围内的地形、植被、土壤、洪痕、流向及冲淤变化等。

(2)正确合理选定糙率，尤其是河滩糙率，不同的形态应选取不同的糙率。如果河滩形态比较简单或差别不大，可选定一个平均值。如果有汊河时，其糙率的选取应与主槽有所区别，一般情况下，汊河糙率应小于主河槽。

(3)正确合理选定洪水纵坡(比降)，洪水纵坡主要参照近期洪水的痕迹确定。

如果缺乏洪痕，可根据主槽常水纵坡确定，黑龙江平原宽滩性河段洪水纵坡按以下经验公式计算：

$$I = 1.12I_c + 0.0005 \quad (17\text{-}1\text{-}1)$$

式中：I_c——河槽常水纵坡。

(4)宽滩河段在洪水期大都出槽漫流，在河道弯曲的情况下，形成直线水流，河滩地洪水纵坡可按以下公式计算：

$$I_t = (L_c/L_t)I_c \tag{17-1-2}$$

式中：I_t、L_t——分别为河滩洪水纵坡和从河弯两端点沿河滩水流的流线量得的距离；

I_c、L_c——分别为河槽常水纵坡和从河弯两端点量取的河槽水流弯曲长度。

根据黑龙江省的经验，无论河槽还是河滩，均取相同的洪水纵坡进行形态断面的流量计算[式(17-1-1)、式(17-1-2)为黑龙江省公路勘察设计院许承铮等制定的经验公式]。

四、平原宽滩性河段的桥孔设计

20 世纪 70 年代初，在交通部全国桥孔设计研究课题组的组织下，各省进行了全面的桥孔调查，黑龙江、吉林、内蒙古等省，总结建国以来 20 余年的经验，根据建成后成功经历大洪水考验的桥梁桥孔资料，制定了根据单宽流量计算需要的最小桥孔净长度的公式，并经 1991 年、2002 年两届有关规范的修订并被推荐，见公式(13-3-2)和公式(13-3-3)。该公式以河槽流量及其与河滩流量的比值作为主要参数，反映了宽滩性河段的特点。

宽滩性河段复杂，采用一河一桥方案还是采用一河多桥方案，应因地制宜，具体分析比较后确定。还应继续总结已建桥梁的运营经验，发展、完善上述宽滩新河段桥位设计理论和方法。

1. 一河一桥方案

平原宽滩河流河槽平均流速往往比河滩平均流速大很多，按常规方法采用河槽平均流速作为桥下设计流速来计算的桥孔长度往往偏小很多，极易造成水毁。因此，计算平原宽滩河段桥孔长度时，应结合河段具体特点及地区经验适当增加桥孔长度，可采用公式(13-3-2)和公式(13-3-3)估定桥长，作为参考。

1)东北通辽至让胡路铁路大赉嫩江大桥桥孔设计

该大桥建于河滩宽 8km 的河段上，洪水时河滩流量占 60%。设计人员考虑到过分压缩桥孔可能产生主槽扩宽、冲刷过大的不利后果，所以最后决定采用较大的桥孔长度 19×64m＝1 216m，另外配以牢靠的整体导流设施，并对一定范围内的河槽边坡进行护岸加固处理。该桥建成后不久就遇到了 1969 年较大洪水的考验，结果除某段护岸遭到局部破坏外，其余桥梁主体结构及调治构造物均处于安全状态。特别是 1998 年特大洪水发生时，该桥又一次经受住了考验，保证了铁路的安全运营(图 17-1-2)。

图 17-1-2 大赉嫩江铁路特大桥的桥位

铁路桥梁采用根据别列柳伯斯基(H. A. Белелюбскнй,1875 年,俄国)假定制定的公式计算桥长公式(13-3-8),桥长以河槽平均流速为依据,没有反映占比例很大的河滩流量、流速的分布,与实际相差较远。公式(13-3-2)和公式(13-3-3),就是针对公式(13-3-8)在宽滩河段使用中存在的这些问题而制定的。

2)东北齐齐哈尔至四平铁路江桥镇嫩江大桥桥孔设计

该桥桥位河段河滩宽 10km,洪水时河滩流量占 30%以上。历史上原先在主河槽上建有 1 座特大桥,河滩上分别建有中小桥 5 座,全部为木桥,1932 年发生的一次大洪水将 6 座桥全部冲毁(见图 17-1-1)。该桥在重建方案中取消了全部河滩桥,仅在主河槽上修建一座永久性特大桥(上部为钢箱梁,下部为混凝土重力式墩台,沉井基础),于 1936 年建成通车。该桥在长达 70 多年的时间里,经受了几次大中小洪水的考验,除了少数几个深水墩受冲刷严重以外,其余主体结构安然无恙。

以上两个东北平原地区的实例说明,不修建河滩桥或封闭原有河滩桥,将水流集中归槽,修建分水堤、导流堤,防止主槽改道或流量分配发生改变,保持河道(或航道)相对稳定,作上述相应的技术处理,一河一桥是可行的。

2. 一河多桥方案

在很多情况下,在宽滩河段上修建一河多桥显示了其诸多的合理性及必要性。以黑龙江省为例,近十几年来在这类河段上修建(或改建/重建)的大型或特大型桥梁,大多数采用了一河多桥的桥孔设计方案。

例如前述齐齐哈尔至四平铁路嫩江铁路桥(图 17-1-1),在全部封闭了河滩桥 60 多年之后的 1998 年遭遇到了超过 300 年一遇的特大洪水,不但唯一的主桥某些桥墩受到严重的冲刷而成了危桥,而且在原有被封闭的几处桥涵路段的路基处被冲成十几米至几十米长的豁口,致使铁路中断运营,造成巨大的经济损失。洪水过后,铁路部门在河滩路基水毁最为严重的豁口处增设了一座河滩桥(图 17-1-3),并将变成危桥的主桥拆除重建,恢复运营。

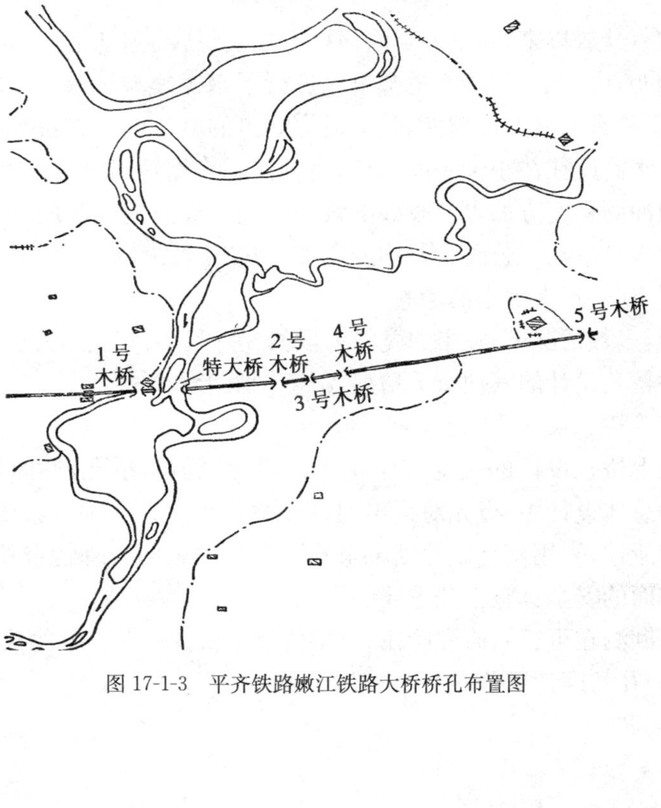

图 17-1-3　平齐铁路嫩江铁路大桥桥孔布置图

在上述重建的铁路桥(包括主桥及河滩桥各一座)下游 1 300m 处,正在建设中的齐齐哈尔至白城的高速公路江桥镇公路特大桥(图 17-1-4)的初步设计中,为慎重起见,并考虑到上游铁路桥及其河滩路堤被 1998 年洪水严重水毁的教训,先后对该大桥做了水工模型试验和数学模型分析,试验分别对一河一桥方案、一河两桥方案、一河三桥方案、一河四桥方案的不同孔径长度布设方案进行多种对比试验,对各种试验结果进行分析和比较后,最终采用了一河四桥方案,这个方案不仅可以保证大桥及其河滩路堤本身的安全泄洪,而且大大降低了桥前壅水高度(只有 0.1m),这对于附近城镇的防洪安全是十分有利的。

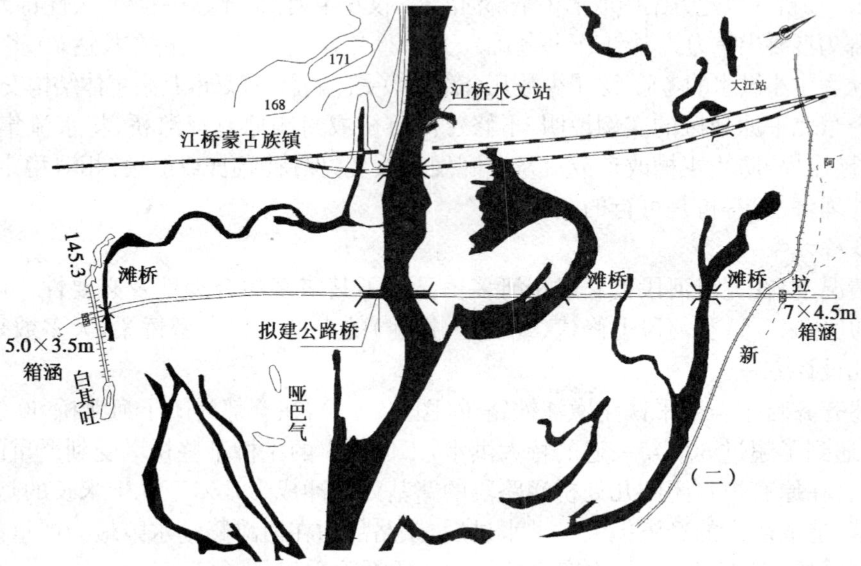

图 17-1-4　平齐铁路、齐白公路嫩江特大桥总体布置

黑龙江省自改革开放以来,在平原宽滩河段上相继建成了十几座大型或特大型公路、铁路桥,出于安全方面的考虑,几乎每座大桥都事先进行了水工模型试验。试验结果表明,与一河一桥相比,一河多桥具有明显的优越性,其中最为突出的就是两者在桥孔长度相同的情况下,一河多桥的桥前壅水高度往往小于一河一桥,而且前者在缩短泄洪时间及减少水流对路基边坡(或桥头锥坡)的冲刷程度方面也有较好的效果。在已经建成通车的一河多桥中,哈尔滨松花江公路大桥和齐齐哈尔嫩江公路大桥均经历了 1998 年特大洪水的考验,哈尔滨二出口阿什河公路大桥经历了 1994 年大洪水的考验。

上述事实证明,多数情况下,在平原宽滩河段修建一河多桥是合理的、可行的。

关于一河多桥桥孔设计的其他有关情况,请参见第十六章第八节。

3. 平原宽滩河段桥孔设计要点

平原宽滩河段上桥孔设计的关键在于是否设置河滩溢洪桥孔,亦即是否采用一河多桥。在大桥初设阶段的总体设计中,事先对提出的各种桥孔布设方案进行必要的水工模型试验是极其必要的。如前所述,利用模型试验结果来验证设计方案的合理性,对于提高设计质量,保证大桥建成后各方面的安全具有十分重要的作用。

黑龙江省公路勘测在可行性研究阶段,对中桥及小桥涵桥孔长度的估算方法如下:

1)中、小桥(涵)孔长度计算公式

$$L_j = Ai^{n1}F^{n2}$$

当 $Q_s \geqslant 60$ 时，

$$L_j = 13.539i^{0.166}F^{0.498}K \tag{17-1-3}$$

当 $Q_s < 60$ 时，

$$L_j = 10.156i^{0.264}F^{0.791}K \tag{17-1-4}$$

$$Q_s = 31i^{0.226}F^{0.677}\text{（经验公式）}$$

式中：L_j——桥孔长度(m)；

i——流域平均纵坡，以小数计；

F——汇水面积(km^2)；

Q_s——设计洪水流量(m^3/s)；

K——修正系数；$K = H_i/H_{方佳}$（$H_{方佳}=60mm$，24h 最大降雨量）。

2)精度估算

该方法计算精度，对小桥涵及一般长度的中桥，公式计算精度在 1 孔桥长范围内。当河槽宽浅时，公式计算的桥孔长度偏大，在使用时应注意。例如，某公路有小桥 29 座，其中有 7 座小桥计算桥孔长度偏大，其偏大的小桥座数为 24%。对大中桥，完线时采用外包线，一般计算结果属于安全。

3)方法使用及要求

(1)根据 5 万及 1 万地形图，按纸上完线的路线位置，构绘大中桥汇水面积，按等高线计算流域平均纵坡。计算方法以桥涵处为起点，全流域长度的 2/3 处为终点。两点高程差除以该距离，即为流域平均纵坡。

(2)公式(17-1-3)和公式(17-1-4)系根据方佳段实测计算资料分析而得。该段流域内植被为次生林，密度较稀，分布面积约占 30%～40%。如该成果应用于其他地区，对上述分析结果应进行修正，方佳县平均 24h 最大降雨量为 60mm，如引用地区 24h 降雨量为 65mm，其修正系数 $K=65/60=1.08$。

(3)本公式可计算最小汇水面积 $F=0.5km^2$。

对大桥项目可行性研究阶段的桥孔长度的估算，也可借鉴铁路部门在东北松嫩平原地区桥梁统计相关分析的结果进行。

$$L = 9.8F^{0.37}K \tag{17-1-5}$$

式中：F——桥位以上流域面积(km^2)；

K——与地区有关的系数，见表 17-1-1。

K 值 表　　表 17-1-1

序号	地域或流域	K	序号	地域或流域	K
1	松嫩平原各流域(黑龙江省)	1.0	3	大凌河、小凌河、巨流河、柳河(辽宁省)	2.0
2	第二松花江、饮马河、伊通河(吉林省)	1.3	4	浑河、太子河、六股河、兴城河(辽宁省)	3.0

五、调治与防护工程

平原宽滩河段的桥位，在一般情况下应根据水流及地形特点，设置适当的调治构造物，并对桥头引道(含锥坡)及河滩路堤进行必要的防护。有关调治设施及防护工程参见第十八章。

1. 同江至三亚公路哈尔滨二出口段阿什河大桥

该桥为一河两桥布孔方案，在调治工程设计中，除分别在主河和汊河桥头设置了导流堤和梨形堤外，还在两桥之间的河滩路堤迎水面一侧设置一道挡水堤兼分水堤，见图 17-1-5。为保证上述构造物及河滩路堤的安全，对其进行了必要的片石铺砌防护。该桥建成不久，就遇到了一次接近设计洪水频率的大洪水的考验，无论主体工程还是调治工程均安全渡汛，而该桥下游一座旧桥却因没有设置适当的调治建筑物致使桥头锥坡和部分桥头引道路堤受到严重水毁。

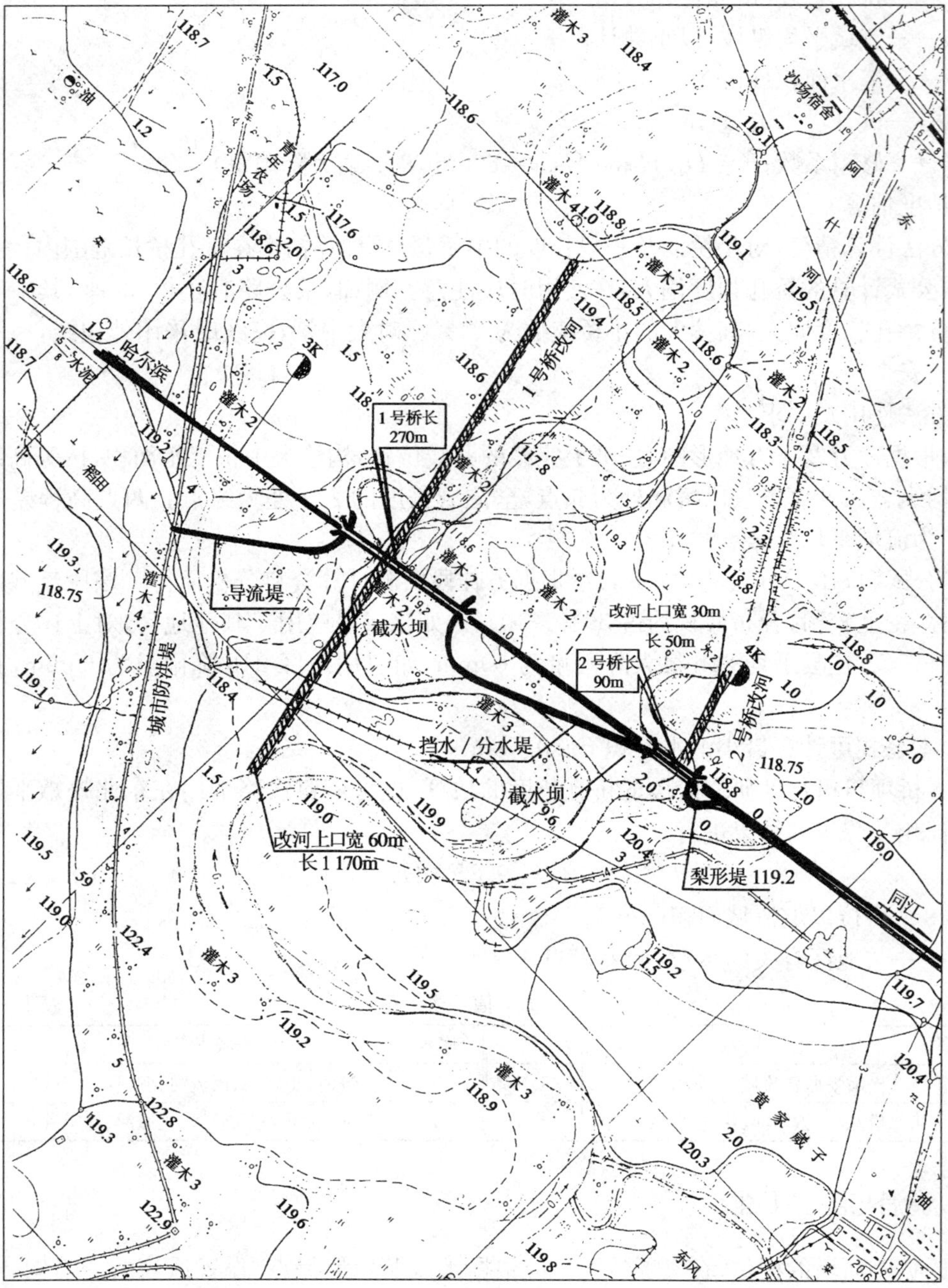

图 17-1-5　哈同公路二出口阿什河桥调治建筑物布设图

2. 黑河至大连公路哈尔滨松花江公路大桥

该桥原采用一河两桥方案，建成于20世纪80年代，在松花江河滩上的汊河(称为金河)建有一座5孔30m的汊河桥。该大桥在设计时，仅在主桥两岸分别设置城市防洪堤和导流堤，但在金河桥两岸没有设置任何调治建筑物。该桥建成通车后的1986年，松花江哈尔滨江段发生了一次较大洪水，金河桥一岸的桥头锥坡和部分引道路基受到严重水毁。在该汊河桥水毁修复设计中，在水毁一侧的桥头设置了相应的调治建筑物，并对桥头锥坡底部进行了铁丝石笼防护。该桥调治工程竣工后经历了1998年特大洪水的考验，无论主体工程或调治工程均安然无恙，见图17-1-6。

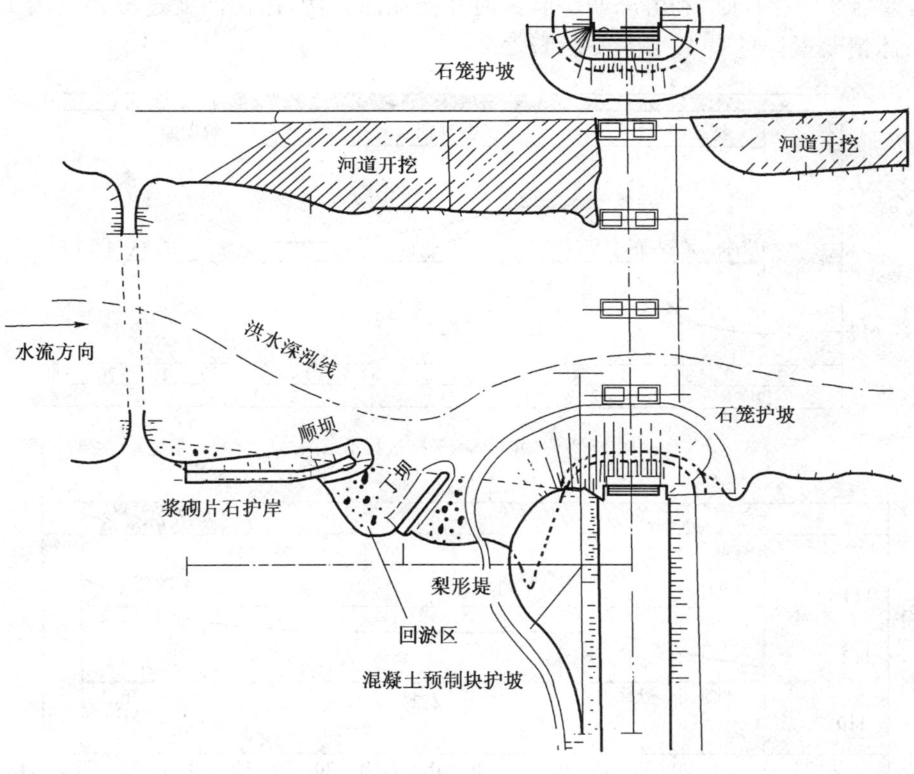

图17-1-6　金河桥哈岸桥台水毁修复方案

六、平原宽滩河段的路桥漫水问题

在平原宽滩河段上的低等级公路桥梁设计中，如果资金短缺或允许短时间中断交通，可以考虑采用高桥低路或低桥低路的渡河形式。前者桥面不漫水，后者路桥均漫水。这种形式在改革开放以前曾大量采用，以黑龙江省为例，前者有哈尔滨至同江公路蚂蚁河大桥(现已改建为高等级公路桥，旧桥及其引道已闲置不用)，后者有哈尔滨至肇兴公路梧桐河大桥(现已改建为高等级公路桥，旧桥及引道现作为宝泉岭水文站的测流断面)。至今，美国乡间道路还有漫水桥、过水路面在使用。

关于高桥低路或漫水桥的设计问题参见第十六章第八节。

第二节　河流冰凌环境及其危害

一、河流冰情及其演变

我国东北、西北北部、华北北部广大地区的河流很多属于季节性冰冻河流。

河流冰情演变过程分六个阶段,即成冰、流凌、封冻、融冰、开河、再流凌;也可简单划分为3个时期,即结冰期、封冻期和解冻期。以黄河和松花江为例,冰情演变过程详见图17-2-1和图17-2-2;冰情要素详见表17-2-1和表17-2-2。

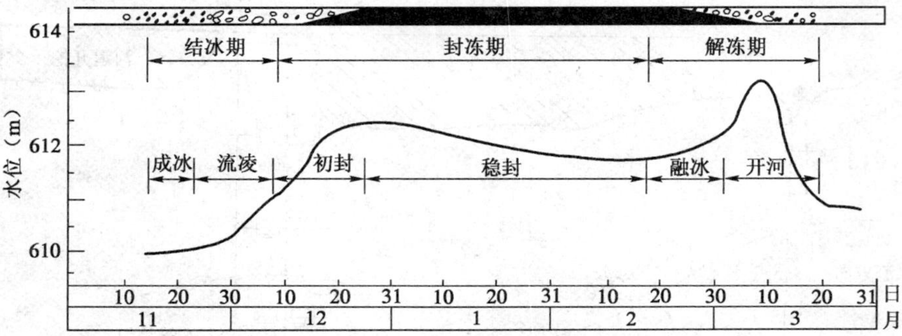

图17-2-1　黄河冰凌演变过程示意图

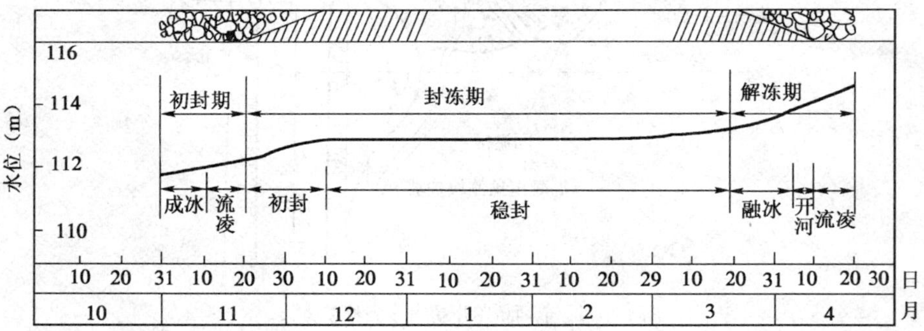

图17-2-2　松花江冰情演变过程示意图(哈尔滨段)

黄河干流冰情要素　　表17-2-1

河　段	黄河上游段	黄河中游段	黄河下游段	备　注
水文站名称	三湖河口站	河曲站	北镇站	
时段 / 冰情要素	1990年以前;1990年以后	多年	多年;1990年以后	
平均流凌日期(月-日)	11-17 11-15		12-21 12-17	
最早/最晚流凌日期(月-日)	11-4/12-2		11-23/1-22	

续上表

河　　段	黄河上游段	黄河中游段	黄河下游段	备　注
水文站名称	三湖河口站	河曲站	北镇站	
时段 / 冰情要素	1990 年以前;1990 年以后	多年	多年;1990 年以后	
平均封河日期(月-日)	12-3;12-9	12-13	1.2 12-20	
最早/最晚封河日期(月-日)	11-15/1-1	11-21/1-3	12-4/2-16	
平均封冻天数(d)	110;103	93		
最长/最短封冻天数(d)	150/72	124/46		
平均开河日期(月-日)	3-21;3-18	3-15	2-20;2-13	
最早/最晚开河日期(月-日)	3-8/4-5	2-17/3-29	1-4/3-18	
平均冰厚(m)	0.72;0.56	0.76		
最大/最小冰厚(m)	0.95/0.43	1.10/0.5		1981 年 11 月～1982 年 3 月河站实测值
平均流速(m/s)		1.21		
平均水深(m)		3.16		

黑龙江水系各江段冰情要素　表 17-2-2

江 河 名 称	黑龙江(中俄界河)	松 花 江		嫩　　江
江段名称 / 冰情要素	黑河	佳木斯	哈尔滨	齐齐哈尔
平均封冻日期(月-日)	11-15	11-20	11-23	11-10
平均封冻天数(d)	159	139	133	150
平均解冻日期(月-日)	4-23	4-9	4-10	4-12
极端解冻日期(月-日)	4-18/5-2			
春季平均流凌日期(月-日)	4-25～5-13	4-13～4-23	4-7～4-17	4-12～4-20
极端流凌持续日期(月-日)		4-5～4-29	4-3～4-23	4-4～4-14
平均流凌持续时间(d)	18	11	11	9
极端流凌持续时间(d)	6/22	2/13	2/20	1/19
最大/平均河心冰厚(m)	1.55/1.10	1.10/0.80	1.06/0.75	1.6/1.00
最大/平均冰块厚度(m)	1.48/0.92			
最大/平均冰块尺寸(m×m)	700×300/150×100	500×300/70×40	200×100/70×40	500×200/120×60
最大/平均冰块流速(m/s)	2.16/1.25	1.90/0.90	1.28/0.70	1.14/0.42
最大/平均冰块流凌水深(m)		10.5/4.8	7.8/4.2	9.4/3.8
最大/平均冰块水温(℃)		8.8/1.8	6.0/2.0	6.8/1.6
最大/平均冰块岸温(℃)		1.9/5.0	16.5/5.5	18.0/5.0

在以上 6 个阶段中,开河期再流凌对桥梁或其他建筑物的影响最大。

二、冰凌及其对桥梁的影响

冰凌是静冰与动冰的总称。静冰指封冻期中河(湖、水库等)的表面冰,也称冰盖(或冰层);动冰指流动的冰,也称为凌;冰在水面或水体中随水流动的现象,则称为流凌。春季流凌以大冰块和冰排为主。

当河段的上游气温回升较快,并先于下游开河,在上游来水增多导致江段水位变化急剧的情况下,冰凌由上至下迅猛推进,流凌量多而集中,黑龙江地区称这种情况为"武开江"的开江形势。这种开江形势发生后,如果事先不加以防范,则很容易对桥梁等跨河建筑物造成危害。冰凌对桥梁的桥墩有以下几种破坏形式:

1. 湖泊或水库中静冰压力破坏

这种破坏主要发生在小尺寸的桥墩或桩。例如,1955 年在官厅水库妫水河建成的京包铁路大桥,于 1956 年初在冰层的作用下有 6 个桥墩(桩)断裂,3 个产生裂痕。

2. 冰层升高对桥墩的竖向力破坏

由于水位的升高导致冰层增高,随之对周围的桥墩产生上拔力,一般情况河(湖)中心的桥墩或入土深度较浅的桥墩受力较大,从而抬高桥面形成"罗锅桥"。

3. 流冰的动压力破坏

严重的流凌会对桥梁等跨河建筑物产生动压力(撞击力)破坏。例如,1958 年建成的包兰铁路三道坎黄河大桥,于 1962 年春季黄河"武开江"时遭受到大冰块的撞击,桥墩产生的振幅比列车过桥时产生的振幅大 10 多倍。再如 2007 年春季,黑河至大连公路哈尔滨松花江大桥遭受一块长大冰块的撞击,整个冰块卡在两个相邻的桥墩中间。以上两个事例都是由于及时采取了有力措施才化险为夷。而 1991 年春,美国缅因州一座大桥在河流冰排撞击下毁于一旦。

在以上三种破坏形式中,以最后一种最为常见,也最为严重。

第三节 桥位设计中的冰凌问题

一、冰凌严重河段的桥位选择

冰凌严重河段桥位选择要点如下:

(1)尽量选择在河道顺直、稳定及流凌顺畅的河段。

(2)尽量选择在主槽较深、流凌集中的河段。

(3)尽量选择在无冰塞、冰卡、冰堆及不易产生冰坝的河段。

(4)尽量避免浅滩较多、水流不畅的河段。

(5)尽量避免沙洲较多、河流分汊的河道。

冰凌严重河段桥孔布设要点如下:

(1)桥轴线应尽量与流凌方向垂直。

(2)视冰块(冰排)大小分别布设主孔及边孔,且主孔宜选择较大的跨径。

二、桥位地区冰情调查与勘测

估算或详细计算冰对桥墩的动压力(或冰压力),其主要是根据冰情原始资料的分析结果进行的。冰情的原始资料一般应有5年以上的连续观测资料系列。大、中河流两岸的大、中城市一般可以利用有关水文气象部门多年的连续观测资料或有关部门编制的水文年鉴。当桥位地区缺乏上述资料时,应当在现场实地对冰情的原始资料进行调查、观测及勘察。为了评估分析或计算冰对桥墩的冰压力影响,必须对以下几个与冰压力计算有关的参数进行现场调查。

三、特征水位及其发生的日期

(1)调查并实测的最高/最低流冰水位(历史最高/最低值)或收集相关水文站记录的最高/最低值。

(2)调查并实测初流冰水位,即流冰开始后,最初几天的高水位。

(3)实测的冬季平均水位(冰面)。

(4)最早/最晚/平均流冰日期。

(5)最早/最晚/平均结冰日期。

(6)最早/最晚/平均初流冰日期。

四、冰的状态

(1)冰的自然厚度。由现场实地调查获取,一般调查冬季河心最大冰厚。

(2)冰块面积。由现场实地调查、测量或访问附近居民。

(3)冰块流速及水面比降。由现场实测求得,作为确定冰的设计频率流速及比降的参考。

五、水温、冰温及气象

由现场实测求得。气象调查主要包括气温、风向、风速,或由现场测定,或由附近气象站观测资料推算。

六、冰凌对桥梁的影响因素

1. 关于冰作用的标准值与设计值

冰作用的标准值可根据作用在设计基准期(基准时间参数,我国公路桥梁为100年)内最大值概率分布的某一分位值来确定,例如分位值为99%,则风险率(毁坏率)为1%。

冰作用的设计值是作用的标准值乘以相应的作用分项系数,例如冰的强度标准值乘以综合系数或其他系数,即为设计冰压力。加拿大和前苏联有关规定提出的最低/最高设计冰压力,见表17-3-1。

设计冰压力比较表(1981年以前资料)　　表17-3-1

加拿大 CAN-S6-M78	冰的抗压强度(kPa)	700				2 800			
	墩宽与冰厚的比值 w/t	1.0	2.0	3.0	5.0	1.0	2.0	3.0	5.0
	挤压系数	1.3	1.0	0.9	0.8	1.3	1.0	0.9	0.8
	设计冰压力(kN)	929	714	643	571	3 714	2 857	2 571	2 286
前苏联 CH11-57-75	冰的抗压强度(kPa)	440				1 470			
	综合系数	2.25	2.0	1.8	1.5	2.25	2.0	1.8	1.5
	设计冰压力(kN)	1 010	890	806	637	3 375	3 000	2 704	2 245

2.设计最高/最低流冰水位

该参数是确定冰压力标准值的参数之一,也是确定桥墩着力点位置的依据。目前,我国现行《公路桥涵设计通用规范》(JTG D60—2004)中没有明确规定,通常的做法是采用与设计洪水位相同的分位值。桥梁设计洪水位所采用的分位值一般视其重要性或等级分别采用99.67%～98%,其意义是在100年的一个周期内,出现对桥梁安全最不利情况(毁坏)的概率年为0.33～2年,这也符合我国设计规范中关于桥梁的设计洪水频率0.33%～2%的规定,所以,建议将0.33%～2%的最高流冰水位及初流冰水位分别作为其流冰水位的标准值。

桥位附近无水文站的情况下,以调查的最高流冰水位和最高的初流冰水位分别作为其流冰水位标准值。

至于最低流冰水位标准值,建议采用前苏联的有关规定,即采用保证率为90%的低流冰水位(亦即采用低流冰水位累积频率为90%的流冰水位)。桥位附近无水文站的情况下,以调查的最低流冰水位作为其标准值。

3.冰厚

冰厚分为天然冰厚及计算冰厚两种,后者相当于冰厚的规定值或标准值。

《公路桥涵设计通用规范》(JTG D60—2004)规定采用实际调查的最大冰厚。如果有水文站资料,可取频率为1%的历年最大河心冰厚的0.8。如果无任何资料可以利用,则参照美国《公路桥梁设计规范》AASHTO标准经验公式计算:

$$t = 34aS_{\mathrm{f}}^{0.5} \tag{17-3-1}$$

式中:a——当地条件系数,有雪的小河取0.2～0.4,有雪的大中河取0.4～0.5,有雪的中湖取0.5～0.7,多风无雪的湖(水库)取0.8;

S_{f}——冰冻指数(℃),从结冰日期到所考虑的日期的总和,为代数和$\sum(-T)$,其中T为日平均气温(℃),由当地气象部门的记录查取。

由水文站冰厚观测资料推求冰厚标准值的步骤如下:

(1)将历史实测极值按大小顺序排列:

$$P_{\mathrm{m}} = \frac{m}{n+1} \tag{17-3-2}$$

式中:P_{m}——实测资料系列中每项极值的经验频率;

m——实测资料系列中由大到小排列的序位;

n——实测资料系列的年限。

(2)将每项P_{m}值点绘到频率格纸上,通过这些点群即可绘出经验频率分布曲线。

(3)将曲线上部外延到 P_m=0.33%～2%的位置上，即可得到相应冰厚的标准值。

可利用第二十章计算机软件皮尔逊 III 型理论频率曲线求设计流量的方法，自动绘出冰厚的皮尔逊 III 型理论频率曲线，直接求出 P=0.33%～2%的极值冰厚作为其标准值。

4.河冰特征强度标准值

(1)一般规定及取值

冰的抗压强度是计算冰压力标准值的核心参数。我国《公路桥涵设计通用规范》(JTG D60—2004)规定如下。

冰的抗压强度标准值可取当地冰温 0℃时的抗压强度；当缺乏试验资料时，按如下的情况取用：

①流冰开始时，取 750kN(735kPa)。

②最高流冰水位时，取 450kN(440kPa)。

③冰的抗弯强度取抗压强度的 0.7。

(2)推求冰的特征强度的其他方法

近几十年来，我国有关科研设计单位和高等学校，陆续开展了冰的力学性质的试验研究，提出了某些研究成果，主要有以下两种。

第一种，以建模法确定冰的抗压强度。在桥位现场进行冰的抗压强度试验难度较大，根据室内试验成果建立数学模型，间接推求现场条件下冰的抗压强度。利用此法得出的黑龙江省呼玛河冰的抗压强度见表 17-3-2。

呼玛河冰的抗压强度(MPa)　　表 17-3-2

冰温(℃) / 应变速率(10^3ε/s)	−0.5	−1.0	−1.5	−2.0	−2.5	3.0	备　注
0.047 6	0.72	0.82	0.93	1.03	1.14	1.24	
0.952	2.12	2.28	2.44	2.61	2.76	2.92	
1.90	3.29	3.33	3.37	3.41	3.45	3.49	
5.70	2.01	2.07	2.13	2.19	2.25	2.31	
均值	2.035	2.125	2.218	2.31	2.40	2.49	
1/2 倍均值	1.02	1.06	1.11	1.16	1.20	1.25	参考值
1/3 倍均值	0.68	0.71	0.74	0.77	0.80	0.83	参考值
1/2.5 倍均值	0.814	0.850	0.887	0.924	0.960	0.966	采用值

第二种，以保证率法确定冰的抗压强度。这种方法类似于内河航务部门推算设计最低通航水位标准值所采用的"保证率频率法"。根据冰的室内试验的抗压强度概率模型，间接推求现场条件下冰的抗压强度。利用此法得到的黑龙江省逊毕拉河冰的抗压强度见表 17-3-3。

逊毕拉河冰的抗压强度　　表 17-3-3

冰温(℃)	−0.5	−3	−5	−15	−30
标准值(MPa)	2.65	2.80	2.98	3.23	4.08
1/2.5 倍均值	1.06	1.12	1.19	1.29	1.63

(3)关于河冰特征强度标准值的建议

我国《公路桥涵设计通用规范》(JTG D60—2004)提出的冰的抗压强度，其主要根据是参照前苏联的有关规范，具有一定的局限性。在现场试验冰的天然抗压强度尚有一定的难度。目前，通常采用的做法是在桥位现场取冰样，运回室内进行试验。

前苏联规范对于冰的抗压强度采用“标准抗压强度”的概念，北美国家采用“有效抗压强度”。其规范值或建议值见表 17-3-4。

设计冰的抗压强度比较表　　表 17-3-4

水位状况	单　位	前苏联 (CH 2.05.03—84)	加拿大 (CAN-S6-M78)	美国	
				AASHTO	ASCE-81
初流冰水位	kN/m²(kPa)	1 500(1 470)	(2 800)2 857	(1 530)1 561	(2 800)2 857
			(2 100)2 143	(1 150)1 173	(2100)2143
最高流冰水位	kN/m²(kPa)	750(735)	(1 400)1 429	(770)786	(1 400)1 429
		900(882)	(700)714	(380)388	(700)714

注：1. ASCE-81 为美国土木工程学会 1981 年建议值；AASHTO 为美国公路桥梁标准规范规定采用值。

2. 前苏联规范标准地区的最高/最低冰强为 735/441kPa，但对冰情严重的地区应分别乘以 1.25～2.0 的系数。

由表 17-3-4 可以看出，北美国家早期提出的最高冰强比前苏联大很多，但在 AASHTO 中由高至低列为 4 个等级，与前苏联的规定基本接近。按照美国《公路桥梁设计规范》AASHTO 条文说明的解释，有效冰强度约为实验值的一半。根据国际水力学研究协会的建议，流冰期实际条件下冰的抗压强度约为实验值的 1/2.5 左右。由表 17-3-2 和表 17-3-3 可知，相当于流冰期天然的抗压强度分别为 814～996kPa 和 1 060～1 120kPa(冰温为－0.5～－3℃)，但这些值仍小于表 17-3-5 中开江(流冰期冰温为－2℃)时冰的天然抗压强度。

嫩江齐齐哈尔江段冰的抗压强度(平均值)　　表 17-3-5

时间/日期	冰温(℃)	最大值/最小值(kPa)	时间/日期	冰温(℃)	最大值/最小值(kPa)
冬三九/1 月 15 日	－20	1 838/1 710	开江/4 月 12 日	－2	1 348/1 143
冬八九/2 月 15 日	－11	1 471/1 245			

应当指出，无论是设计冰强或是有效冰强(标准值)的采用均是为了放入某个冰压力公式中来求算作用在桥墩上的力，不同的公式可能需要不同的强度标准值，以便得到相同或相近的计算结果。一般情况下，受冰情影响较小的桥梁取低值；反之，对于受冰凌作用严重的桥梁取高值；其中，高等级的公路桥梁取高值，低等级公路桥梁取次高值。

根据以上有关冰的抗压强度值，可以看出《公路桥涵设计通用规范》(JTG D60—2004)规定的最高/最低冰的抗压强度，对于黑龙江省(包括内蒙古东北部)是偏小的，因此，建议严重冰冻地区冰的最高/最低抗压强度标准值分别提高一倍，即取 1 470kPa/882kPa，或者将公式中冰温系数(地区系数)取到最高值 2.0。至于冰的抗弯强度，仍取抗压强度的 0.7。

5. 冰块(冰排)面积及其流速

如果桥位河段无水文站，又无居民提供信息及任何其他可以利用的资料时，可参照前苏联的有关指南提出的经验公式进行计算

$$A = 3B_c^2 \text{ 或 } A = 1.75l^2 \qquad (17\text{-}3\text{-}3)$$

式中：A——冰块（冰排）面积（m^2）；

B_c——河槽宽度（m）；

l——桥孔设计跨径（m）。

冰块（冰排）流速可由现场调查的最大流速确定，或参照前苏联规范由下列方法确定：如果桥位附近有水文站，可采用其历年中的最大流速；如无水文站时，采用设计频率的流冰水位时的水流速度；对于湖泊（水库），则采用流冰期频率为1%的风速的3%，但不小于1.0m/s。

6. 流冰期冰面以下水流速度、风速及水面比降

流冰期冰面以下设计频率的最大流速，由水文站资料按数理统计法求得。如果无水文站时，可先求出设计流冰水位时的河槽平均流速（由水位—流速关系曲线查得，此曲线由现场实测的水位及相应流速绘制，可向外延伸），再乘以1.25即为冰面以下相应的水流流速。

冰面以上最大风速由附近气象站资料，按下列步骤求得：

(1)统计流冰期的持续时间（早于流冰开始日期到晚于流冰结束时的全部天数）。

(2)查出桥位地区最不利风向。对于河流，气流方向与水流方向一致；对于湖泊（水库），为除平行桥轴线以外的所有方向。

(3)查出气象站在流冰期持续时间内的历年最不利风向时的最大风速的总和，组成间断系列或连续系列，并对其进行数理统计处理，在其经验频率曲线（或其延长线）上确定出设计频率的最大风速。最后，参照气象站的风速，再确定桥位附近的风速。

开河流冰期水面比降由现场实测得到。

7. 桥墩几何形状及墩形系数

桥墩几何形状（平面及立面）不但决定冰块（冰排）的破坏性质，也决定冰压力的大小。桥墩几何形状及尺寸的选择主要取决于桥位处的地质情况、通航情况、桥梁上部构造、流冰或其他因素。墩形系数可根据桥墩几何形状确定。

我国《公路桥涵设计通用规范》（JTG D60—2004）及前苏联规范CH 2.05.03—84所列的墩形系数是根据平面形状制定的；北美国家是考虑墩前竖向棱体与水平线的夹角制定的。桥墩几何形状及其墩形系数见表17-3-6及表17-3-7。

中国/前苏联墩形系数　　表17-3-6

桥墩迎冰面形状	尖角形角度 α	墩形系数	几何图形
平面（矩形）		1.00	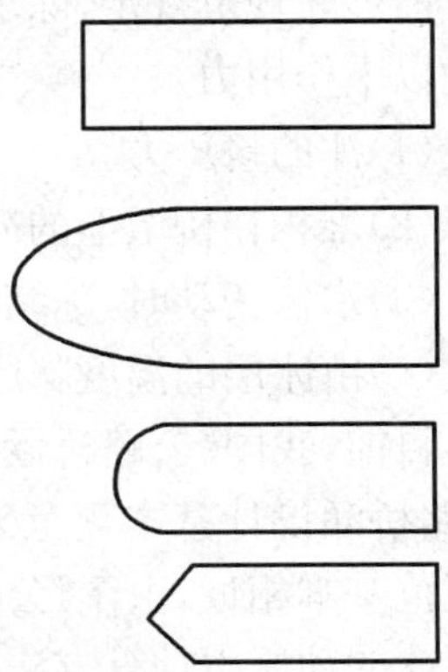
圆弧形（半圆形）		0.90/1.4	
尖角形（°）	120	0.77	
	90	0.69/1.00	
	75	0.64	
	60	0.59	
	45	0.54	

加拿大/美国墩形系数　　表 17-3-7

桥墩倾角(°)		墩形系数	倾斜桥墩竖直与水平力的比值 V/H	几 何 图 形
α	β			
0	90	1.00	0.00	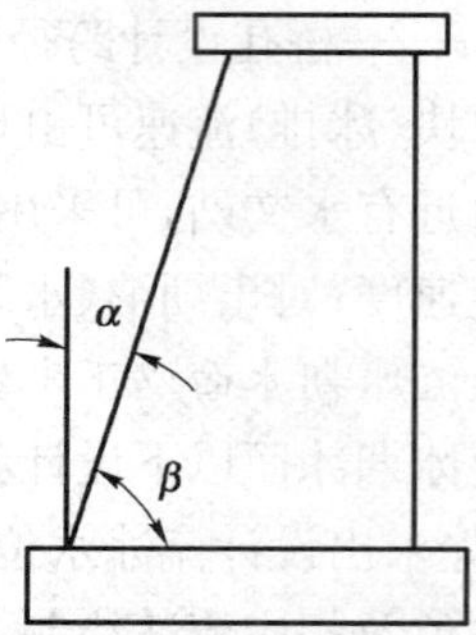
15	75	0.75	0.11	
20	70	0.75	0.20	
25	65	0.75	0.29	
30	60	0.75	0.39	
35	55	0.50	0.50	
40	50	0.50	0.61	
45	45	0.50	0.74	

第四节　河流冰凌对桥墩的作用力及其计算方法

一、冰凌对桥墩作用力的种类

冰凌对桥墩作用力的两种基本形式分别为动力作用和静力作用。例如,当运动的浮冰撞击桥墩时产生动压力;而桥墩周围冰覆盖层的热运动(温度变化引起)将产生静压力。

我国现行的《公路桥涵设计通用规范》(JTG D60—2004)只考虑了流动冰产生的动压力作用;现行的《铁路桥涵设计基本规范》(TB 10002.1—2005)第 4.4.3 条的规定同时考虑动力和静力两种作用。

美国《公路桥梁设计规范》AASHTO 第 3.9.1 条"总则"指出,作用在桥墩上的冰力应根据桥位条件和下列预计的冰作用模式而定:

(1)由水流或风流运载的运动着的冰块或冰片(冰排)引起的动压力。

(2)由冰片(冰层)的热运动引起的静压力。

(3)由悬坝(冰坝)或流冰堆积(冰坝或冰塞)引起的压力。

(4)在起伏的水(水位上升)中黏附的冰(冰层)产生的静压力或竖向力(上拔力)。

前苏联规范规定,除了流动冰对桥墩产生的动压力外,在复杂的冰环境地区,必要时还应考虑以下作用力:

(1)冰的挤压力。

(2)堆积在桥墩上的冰排(冰堆、冰坝或冰塞)引起的作用力。

(3)水位变动时,冻结于桥墩上的冰层产生的竖向作用力。

(4)由冰层的温度膨胀(热运动)和桥墩一侧存在冰缝引起的静压力。

目前,我国《公路桥涵设计通用规范》(JTG D60—2004)只列出了流动冰的动压力作用;《铁路桥涵设计基本规范》(TB 10002.1—2005)第 4.4.3 条规定考虑的冰作用与前苏联和美国规范基本相近,由于《公路桥涵设计通用规范》只考虑冰的动压力(冰压力)作用,以下只着重介绍冰的动压力计算方法。

二、冰的动压力(冰压力)计算方法

1. 我国《公路桥涵设计通用规范》(JTG D60—2004)方法

我国公路部门《公路桥涵设计通用规范》(JTG D60—2004)第 4.3.9 条关于冰压力计算方法规定如下。

(1)对于具有竖直前棱的桩或桥墩产生的冰压力标准值按下式计算。

$$F_i = mC_t btR_{ik} \tag{17-4-1}$$

式中：F_i——冰压力标准值(kN)；

m——桩或墩迎冰面形状系数，可按表 17-4-1 采用；

C_t——冰温系数，可按表 17-4-2 采用；

b——桩或墩迎冰面投影宽度(m)；

t——计算冰厚(m)，可取实际调查的最大冰厚；

R_{ik}——冰的抗压强度标准值(kN/m^2)，可取当地冰温 0℃时的冰抗压强度；当缺乏实测资料时，对海冰可取 $R_{ik}=750kN/m^2$；对河冰，流冰开始时 $R_{ik}=750kN/m^2$，最高流冰水位时可取 $R_{ik}=450kN/m^2$。

桩或墩迎冰面形状系数 *m*　　表 17-4-1

迎水面形状系数	平面(矩形)	圆弧形(半圆形)	尖角形的迎冰面角度(°)					
			45	60	75	90	120	≥150 且<180
m	1.0	0.90	0.54	0.59	0.64	0.69	0.77	0.85～0.95

注：表中最后一列是根据黑龙江省的经验加入的。

冰 温 系 数 C_t　　表 17-4-2

冰温(℃)	0	−5	−10 及以下
C_t	1.0	1.5	2.0

注：1. 表列冰温系数可直线内插。

2. 对海冰，冰温取结冰期最低冰温；对河冰，取解冻期最低冰温。

当冰块流向桥轴线的角度 $\varphi \leqslant 80°$时，桥墩竖向边缘的冰荷载(冰压力)应乘以 $\sin\varphi$ 予以折减，见图 17-4-1。

冰压力合力作用在计算流冰水位以下 0.3 冰厚处，见图 17-4-2。

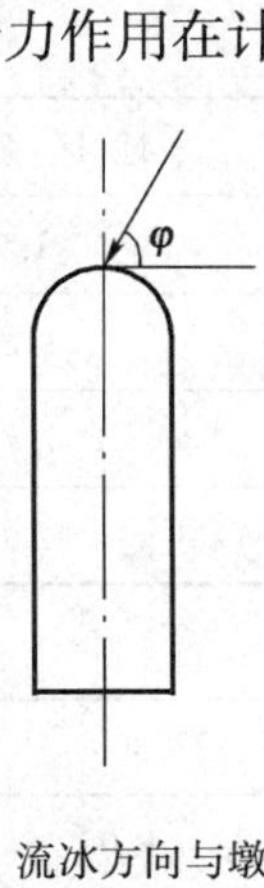

图 17-4-1　流冰方向与墩轴线交角

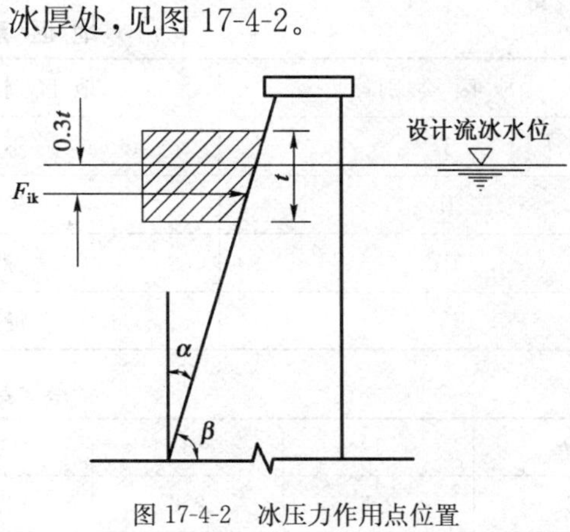

图 17-4-2　冰压力作用点位置

(2)当流水范围内桥墩有倾斜表面时,冰压力应分解为水平分力和竖向分力。

水平分力:

$$F_{xi} = m_0 C_t R_{bk} t^2 \tan\beta \tag{17-4-2}$$

竖向分力:

$$F_{zi} = F_{xi}/\tan\beta \tag{17-4-3}$$

式中:F_{xi}——冰压力的水平分力(kN);

F_{zi}——冰压力的竖向(垂直)分力(kN);

β——桥墩倾斜的棱边与水平线的夹角(°);

R_{bk}——冰的抗弯强度标准值(kN/m²),取 $R_{bk}=0.7R_{ik}$;

m_0——系数,$m_0=0.2b/t$,但不应小于 1.0。

(3)有关说明。

上述公式是在冰块(或冰排)被桥墩破碎或剪断的条件下建立起来,也就是说,上述公式是在结构与冰的破坏极限强度等强的条件下建立起来的,所以,公式中没有考虑冰的流速或风的影响等因素。目前,我国尚没有一个完全自主研发的公式列入有关规范,上述公式是参照了前苏联的规范 CH 2.05.03—84 确定的(也有文献记载为 CH 2.06.04—82)。

2. 前苏联公式

(1)作用于竖直桥墩上的流动冰排产生的冰压力公式

$$F = \varphi_1 n\sigma_j DH \quad 或 \quad F = mC\sigma_c bh \tag{17-4-4}$$

式中:F——桥墩冰压力(kN);

φ_1、m——墩形系数,见表 17-4-1;

n——地区系数,见表 17-4-3;

C——与 b/h(墩宽/冰厚)有关的系数,见表 17-4-4;

σ_j、σ_c——冰的抗压强度(kN/m²),初始/最高流冰水位相应为 750kN/m² 和 450kN/m²;

D、b——冰作用力处的墩宽(m);

D、h——计算冰厚(m),取设计频率(例如 100 年一遇)冬季河心最大冰厚的 0.8;或按实际调查的冰厚取值,但不小于 1.50m。

地区系数 n 表 17-4-3

地区类别	地区冰情种类	地区系数 n
I	不严重	1.0
II	较严重	1.25
III	严重	1.75
IV	最严重	2.0

系数 C 表 17-4-4

b/h	1	3	10	20	30	≥50
C	2.5	2.0	1.5	1.2	1.0	0.5

(2)倾斜桥墩

水平分力：

$$F_h = \varphi_2 n\sigma_f h^2 \tan\beta \text{或} F_x = \varphi n\sigma_w H^2 \tan\beta \tag{17-4-5}$$

竖向分力：

$$F_v = F_h/\tan\beta \text{或} F_v = F_x \tan\beta \tag{17-4-6}$$

式中：φ_2、φ——与 b/h 有关的系数，取 $0.2b/h$，但不小于 1.0；

σ_f、σ_w——冰的抗弯强度(kN/m^2)，取抗压强度的 0.7；

其余符合意义同前。

当流冰方向与桥墩迎冰面的夹角小于(或等于)80°时，应予折减。

(3)有关说明

上述公式是在冰块(冰排)被桥墩挤压破坏(竖直墩)的条件下建立的，所以没有考虑流速等因素影响，但是在下列情况下，应另行计算冰压力，与上述公式相比取其大者。

第一种情况，当冰排被尖端形桥墩剪断或反弹回来(冲击荷载产生的冲击力)时，按下式计算：

$$F = \varphi_1 \sigma_c bh \tag{17-4-7}$$

第二种情况，当冰排被桥墩阻挡而停住(突加荷载产生的撞击力)时，按下式计算：

$$F = (0.4 \sim 1.25) vh\sqrt{\varphi_2 A\sigma_c} \tag{17-4-8}$$

式中：φ_1、φ_2——墩形系数，见表 17-4-5；

v——冰排流速(m/s)，可采用水流速度，按前述方法确定；

A——冰排面积(m^2)，现场测量或按前述方法确定；当水面比降大于 0.007 时，$A=1.02h^2$，其中 h 为冰厚(m)。

墩形系数　　表 17-4-5

墩形系数	圆端形	矩形(平面)	尖角形			
			45°～60°	60°～75°	75°～90°	90°～150°
φ_1	0.90	1.0	0.54	0.59	0.90	1.0
φ_2	2.40	2.70	0.20	0.50	2.40	2.70

3. 美国公式

(1)大中河流冰压力

美国《公路桥梁设计规范》(AASHTO 标准)第 3.9.2.2 条规定：流动冰产生的动压力——水平力应视 w/t(即墩宽/冰厚)比值的不同选用。

①竖直桥墩

$$F_c = C_a ptw \tag{17-4-9}$$

②倾斜桥墩

$$F_b = C_n pt^2 \tag{17-4-10}$$

式中：F_c——被竖直前棱桥墩全宽撞碎的流动冰的水平力(kN)；

C_a——与 w/t 有关的系数，用下式计算，

$$C_a = \sqrt{(5t/w) + 1.0} \tag{17-4-11}$$

t——冰厚(m);

w——冰作用高程处的墩宽(m);

p——设计冰强或有效冰强(MPa 或 Pa),380~1 530kPa;

F_b——当冰排骑上倾斜桥墩前棱而折断所产的水平力(kN);

C_n——与桥墩倾斜度有关的系数,用下式计算,

$$C_n = 0.5/\tan\alpha \tag{17-4-12}$$

α——桥墩前棱与竖直线的倾角(夹角),不应小于15°。

③冰压力的选用(取值)

第一种情况,如果 $w/t \leqslant 6.0$,取 F_c或 F_b中的较小者。

第二种情况,如果 $w/t > 6.0$,取 $F = F_c$。

当桥墩的纵轴线与冰的作用主要方向不平行(存在斜交角)时,则作用在桥墩上总的冰压力(合力)应按桥墩的投影宽度来确定,并分解为分力,即纵向力和横向力,其中横向力至少应占合力的20%。

④说明

上述公式是假定作用在桥墩上的力是由冰的破坏强度(抗压或抗弯)所控制,因此,计算式中没有考虑冰(或水)的流速一项。

(2)小河流冰压力

与大中河流相比,小河流上的桥梁可能只被小冰块撞击,且没有足够的动量造成冰的破碎。美国《公路桥梁设计规范》(AASHTO)第3.9.2.3条关于小河流冰压力的计算方法如下:

在不容易形成大冰块(冰排)的小河流上,可以考虑对上述大中河流冰压力公式确定的 F_b 或 F_c 予以折减,但不能超过50%。对于在平均水位时河宽不足20m的小河流,可按表17-4-6中的折减系数予以折减。

小河流折减系数 表 17-4-6

A/r^2	1 000	500	200	100	50
折减系数 K_i	1.0	0.9	0.7	0.6	0.5

注:A 与 r 分别为冰块面积(m^2)和圆端形桥墩的半径(m)。

4.我国《公路桥涵设计通用规范》(JTG D60—2004)的改进公式

黑龙江省有关设计单位和高等院校根据某些冰的力学性能试验成果,并结合多年以来的实际使用情况,对现行《公路桥涵设计通用规范》(JTG D60—2004)中的冰压力计算公式进行了如下评估和改进,可参照使用。

(1)由地区系数代替冰温系数

冰压力公式中的冰温系数在实际中不易确定,我们借鉴前苏联规范公式的经验,用地区系数取而代之。该系数由地区的寒冷程度而定,具体而明确。根据几条河流冰的特征强度试验间接推算,黑龙江省西北部河流流冰期的冰温在−0.5~−3℃之间,最低在−5℃左右,对应的冰温系数为1.5,这相当于将冰的特征强度提高50%。而事实上,在这个地区冰的强度比规定值高出80%以上,由此可看出,冰温系数存在着一定的局限性,冰压力标准值计算结果也偏

小。现提出的地区系数，如表 17-4-7 所示。

黑龙江省河流冰凌情况区域划分　　表 17-4-7

地区编号	纬度区间	地区及其界限	地区系数 a	建议的冰厚度标准值(m)，频率 $P=1\%$
I	北纬 49°以北	嫩江—黑河—孙吴—逊克/满洲里—海拉尔以北	2.0	1.40～1.50
II	北纬 46°～49°	泰来—肇东—巴彦—桦南/乌兰浩特以北	1.5	1.20～1.30
III	北纬 46°以南	泰来—肇东—巴彦—桦南/乌兰浩特以南	1.0	1.00～1.10

(2)关于冰强度与冰厚度的取值

以当地冰温－3～0℃实验室状态下冰的特征强度代替规定值，最高/最低冰强的取值应当提高一倍，或取用最大的地区系数 2.0。

以冰厚标准值(设计频率最大河心冰厚)取代实际调查的冰厚度，见表 17-4-7，表中建议冰厚标准值是通过对各地区主要河流水文站冰情资料，采用数理统计法求得的。

(3)公式的形式

同《公路桥涵设计通用规范》(JTG D60—2004)中的公式一样，其唯一不同的是将冰温系数 C_t 变为地区系数 a。

第五节　冰冻地区桥梁的防凌设计

一、桥墩结构设计

桥墩几何尺寸初步拟定之后，要验算最不利断面在冰压力参与的其他作用组合下的受力情况，验算墩身倾覆和基础位移的稳定性；对于柱式桥墩则验算摩阻力和承载力，然后确定墩身断面具体尺寸及配筋，以及基础形式和具体尺寸。

二、桥墩防凌构造设计

《公路桥涵设计通用规范》(JTG D60—2004)第 4.3.9 条第 3 款规定如下：

建筑物受冰作用的部位宜采用实体结构。对于具有强烈流冰的河流中的桥墩、柱，其迎冰面宜做成圆弧形、多边形或尖角形，并做成 3∶1～10∶1(竖∶横)的斜度，在受冰作用的部位宜缩小其迎冰面投影宽度。

对流冰期的设计高水位以上 0.5m 到设计低水位以下 1.0m 的部位宜采取抗冻性混凝土、花岗岩镶面或包钢板等防护措施。

黑龙江省地处高寒地区，大多数河流存在流冰现象，在新建桥梁的防凌设计中积累了一定的经验，现介绍于后。

1. 墩身构造形式

(1)关于桥墩迎冰面的平面形状

由表 17-4-1 桩或墩迎冰面形状系数 m 来看,平面形状越尖锐,冰压力值越小,所以,桥墩破冰凌体多采用尖角形,其角度在 80°～120°居多。图 17-5-1 为哈尔滨松花江大桥的墩身。

图 17-5-1 哈尔滨松花江公路大桥

(2)关于墩身结构形式及建筑材料

一般采用重力式实体墩身,而且为了减少工程量和造价,除特殊情况外,均采用竖直墩身。桥墩建筑材料一般采用高强度等级的钢筋混凝土,在早期的桥梁中也有采用石砌墩身的,如图 17-5-2所示为哈尔滨松花江铁路大桥的桥墩构造。

2. 破冰棱体构造形式

(1)桥墩自身兼作破冰棱体,两者合为一体,构造简单,圬工量少,如图 17-5-3 所示为佳木斯松花江公路大桥。

(2)突出于桥墩迎冰面的破冰棱体,受力特性好,圬工量较大。

(3)破冰棱体的平面宜采用 80°～120°的尖角形,以减少流冰的动压力。立面宜采用竖直式棱体,以减少圬工数量,如图 17-5-3 所示。

图 17-5-2 哈尔滨松花江铁路大桥

图 17-5-3 佳木斯松花江公路大桥

3. 墩身防凌构造设计

(1)桥墩自身防护

在一般流冰不甚严重的河流上的桥梁,采用高强度等级的混凝土,并且在桥墩迎冰面加强布设一层钢筋网,也可在墩身外围采用高强度等级的少筋混凝土预制块砌筑,内部采用一般的混凝土或片石混凝土填心。这种形式的防护适用于墩身兼作破冰棱体的情况。

(2)钢板或角钢防护

在桥墩的混凝土破冰棱体的尖角处或圆端部采用钢板或角钢防护（由墩身预埋钢筋与钢板或角钢焊接而成）。也有的水库内的桥梁，为防止静冰压力破坏，在墩身表面四周设置粗钢筋（ϕ20mm）的措施，例如北京至通辽铁路白河桥，已建成 30 多年，效果很好。

（3）花岗岩或混凝土预制块防护

竖直形或倾斜形破冰棱体外围用优质花岗岩或高强度等级少筋混凝土预制块镶砌。在城市附近或名胜景区内的桥梁墩台，可以考虑花岗岩和混凝土预制块混合砌筑墩身外围（迎冰面和背冰面为花岗岩，其余为预制块），内填普通混凝土，这样可以增加桥梁的美观性。

三、原有旧桥的防凌设计

流冰严重河流上的既有桥梁，可能在流冰（或冰层）的作用下发生毁坏，尤其是运营时间较长的老龄桥梁和设计建造时未设破冰棱的桥梁更加危险。结合有关文献对原有旧桥的防凌设计简述如下。

1. 增设永久性破冰棱

对未设破冰棱的旧桥墩增设永久性破冰棱。例如，包头至兰州铁路乌达黄河三道坎桥于 1958 年建成后，受冰棱影响严重，最后对主要桥墩增建了永久性破冰棱，确保了大桥的安全。

2. 对桥墩进行外套加固

对即将损坏或已经损坏的桥墩采用钢筋混凝土外套加固的措施。例如，北京至包头铁路妫水河大桥于 1955 年建成后，分别于 1956 年和 1967 年两次共有 11 个桥墩被冰挤断，后采用钢筋混凝土外套加固的方法，效果良好。

3. 增设临时破冰棱

这种方法适用于桥墩本身不适于增设永久性破冰棱的桥梁。在凌汛开始前，在桥墩前按三角形打入 3～5 根木桩或钢轨桩，外围用角钢或半圆木按一定间隔绑扎牢固，如图 17-5-4 所示，并在其迎冰端的桩前设一根钢轨桩进行破冰。

流冰严重的河流，在上述防撞破冰棱的前方 30～50m 处增设前哨破冰棱，如图 17-5-5 所示，其数量为被防护桥墩数量的 1/2～1/3。

破冰棱纵轴线应与流冰方向一致，其末端应距桥墩前端 2～8m。

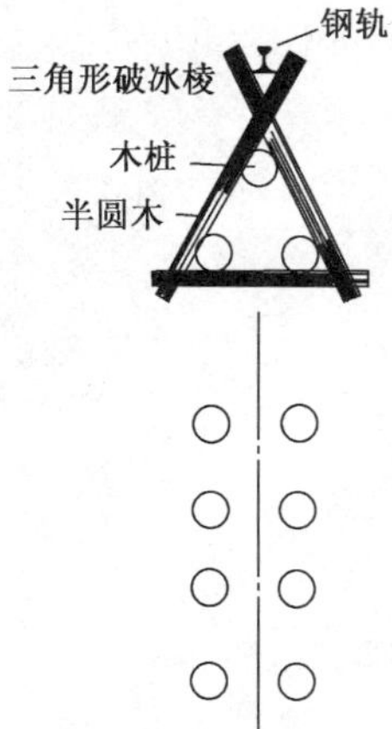

图 17-5-4　冰层厚时破冰棱

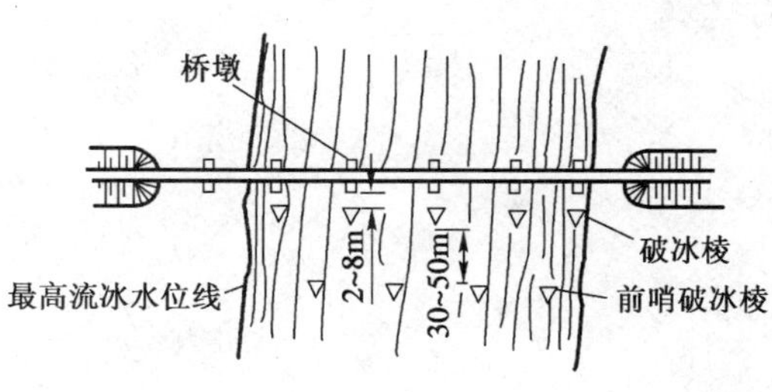

图 17-5-5　大量流冰时破冰棱

4. 增大跨径

在采用上述措施仍不能取得很好的效果时，应考虑对原有旧桥进行改(扩)建，并增大桥孔跨径，使其安全泄凌。例如，1971 年建成的北京至山海关铁路永定新河桥原有 20×24m 梁式桥，每年都经受冰棱的威胁，只能采取破冰船破冰或炸药爆破的措施，工程费用很高。为此，铁道部于 1975 年决定另建新桥梁，新桥跨径为 3×144m 钢箱梁，于 1980 年建成后永久解除了冰棱的危害。又如，前述的妫水河大桥，原桥为 20×32m 钢板梁桥，受冰害之后，虽墩身经外套加固处理，但每年凌汛期仍然要采用破冰船破冰，为永久消除冰患，于 1997 年另建了一座新桥取而代之，新桥跨径组成为 5×24m+5×128m+4×24m。

第十八章 调治构造物和防护工程

第一节 概 论

调治构造物和防护工程的设置是保证桥梁全寿命周期内的安全，达到桥梁与河流环境和谐的重要措施，是桥位设计和沿河路基设计的重要内容。

导流堤、梨形堤的作用是引导水流，使其顺畅、均匀地通过桥孔，防止桥下断面和上下游附近的河床、河岸发生不利变形；另外，设置丁坝、丁坝群、顺坝等工程，通过改变被防护部位的水流结构，也可达到桥梁墩台、锥坡和桥头路堤、沿河路基边坡防护的目的。这些工程都是以导流、调治水流，达到防护的目的的，属于间接防护。桥位设计中，将丁坝等与导流堤通过调节水流达到防护目的的这类构造物，统称为调治构造物。

另外，直接加固被冲刷部位，提高被冲刷部位的抗冲刷能力，以达到防护目的，这类工程称为防护工程。从形式、材料等各方面分类，防护工程种类很多，见表 18-1-1～表 18-1-3。调治构造物和防护工程可在桥梁施工时修建，还必须根据运营期桥位河段水流变化、河床变形情势，跟踪修建。

调治构造物和防护工程应相辅相成，配合使用，以保证桥梁墩台、桥头引道和沿河路基正常运营及桥位附近河床稳定。

桥 梁 水 毁 防 护　　表 18-1-1

防 治 措 施	适用条件及其说明
石笼、格宾防护	水流冲刷危及基础时，可采取石笼或板桩进行防护：①用铅丝、钢筋制成石笼护基，并将石笼间以钢筋或铅丝相互联结下沉；②格宾(Gabion)箱笼填石，格宾是高强低碳钢丝，外涂树脂护膜材料防锈，工厂制造的箱笼，现场填石，有很强的耐久性；透水，可随河床少有变形
水泥混凝土板或混凝土预制块防护	当河床不稳定，基础埋置深度浅，冲刷范围较大时，宜采取平面防护，其范围视具体情况而定；采用铺筑水泥混凝土预制块防护时，需在河床整个宽度内进行，不可部分地铺砌
块石、片石防护	同上情况，亦可采取双层或单层块、片石作平面防护，但当河床面有淤泥杂物时，需加以清除，填以砂砾夯实后再行砌石，方能稳固
梢捆防护	用长约 1.5m 的鲜柳枝、荆条编成梢捆，内装片石或卵石，成捆置放于基础四周防护，具有较好的防冲效果；当冲刷力较大时，可在梢捆上加压石块以策稳定
大桥抛石防护	抛石防护用于深水墩台，将石块抛在桥梁墩台四周冲刷坑内，填满、高出床面，以防再次冲刷

续上表

防治措施	适用条件及其说明
中小桥抛石防护	中、小桥梁墩台的抛石防护，应注意横桥跨的门坎埋置深度须比墩台四周挖深1.2～1.5m，以防水流正面冲刷
板桩墩头防护	对于土质、砂砾石的变迁性河段，可采用板桩进行墩头防护；板桩顶面一般不应高出河床面，最好埋置在冲刷线以下，因板桩高出床面，会产生阻水，在板桩前造成局部冲刷，影响护桩安全；板桩尖头做成单向斜口式，打桩时可使板桩接缝紧密，板桩入土深度一般为0.5～1.0m
马蹄形大型铅丝笼护墩	马蹄形大型铅丝笼，可用ϕ8mm钢筋作骨架，用8号铅丝编成网眼作外框，大铅丝笼宽3.0m，高0.6m，大铅丝笼在岸上编成后，用船运到桥墩处下沉就位，内填毛石，最后再加铅丝网盖；也可用格宾防护
混凝土预制板防护	混凝土板属于局部冲刷平面防护，混凝土板应置于一般冲刷线以下，并应盖住所在位置的冲刷坑范围；混凝土板整体性强，抗冲耐磨，施工较方便，是一种防护桥墩局部冲刷的有效措施；对于新建桥梁，水下深基有困难时，可用混凝土板防护局部冲刷来提高基础埋置深度，一般在基础施工时，可利用开挖基坑，在基坑内浇筑混凝土板；混凝土板埋置较深，要求盖住所在位置冲刷坑的范围较小，可以增加桥墩安全
三级消力坎防护	当下游冲刷严重，为缓冲水流冲刷影响，可用浆砌块、片石或预制混凝土块筑成三级消力坎(或称三级跳坎)，多用于小桥涵下游出口
海漫式防护	当桥下断面冲刷严重，可采用海漫式防护，将墩台至于“静水池”中；海漫式防护适用于大中小各式桥梁，效果显著，可用砌石或铺筑混凝土构成，但工程量大，造价较高
冻拔防护	严寒地区，冬季冰层厚度变化，易于发生浅桩冻拔，深桩环状冻裂，如桩基周围冰层较厚，可打入套管或板桩，中间填以保温材料，亦可将冰冻线以上(墩台周围)用矿渣换填

桥头、沿河路基水毁、河岸防护　　表18-1-2

防治措施	适用范围	备注
生物防护	种草、平铺草皮、平铺叠置草皮、植树；水流容许速度为0.4～3m/s；边坡不陡于1∶1.5；适用于任何适于生长植物、水流方向与路线接近平行、不受各种洪水主流冲刷的季节性浸水边坡	
干砌片石	①较缓的(不陡于1∶1.25)土质路基边坡，因雨、雪水而发生破坏；洪水水流平顺，不受冲刷，均可采用干砌片石防护；②干砌片石防护工程不宜用于水流流速较大(容许速度为2～4m/s)、波浪作用较强、有漂浮物冲击的边坡	浸水边坡和非浸水边坡的坡面防护与冲刷防护
浆砌片石	对于坡度缓于1∶1的土质或岩石边坡，若采用干砌片石进行坡面防护不适宜或效果不好时，可用浆砌片石护坡；当水流流速较大(如4～6m/s)、波浪作用较强，以及可能有流冰、漂浮物等冲击作用时，可采用浆砌片石防护并结合其他防护加固措施	浸水边坡和非浸水边坡的坡面防护与冲刷防护
石笼	适用于受水流冲刷和淘刷较严重、有大风浪作用的路堤坡脚和河岸防护	冲刷防护
抛石	适用于受水流冲刷和淘刷的路堤边坡和坡脚，在盛产石料(大砾石、卵石)和沿河线开山废石方较多的地区使用；最适用于砾石河床	浸水边坡坡脚冲刷防护

续上表

防治措施	适用范围	备注
浸水挡土墙	①支承路基填土或山坡土体；②防止沿河路基受水流冲刷；③受地形限制或其他建筑物干扰，必须约束坡角时；④防止多占农田；⑤路线通过悬崖峭壁，占河砌墙、加宽路基等	冲刷防护
护坦	用于砌石护坡、浸水挡墙、丁坝、桥台和桥墩的基础冲刷防护，效果显著	冲刷防护
丁坝	①河流流速小于6～10m/s，河床比较宽，凹岸冲刷严重或河流属于变迁性河段，可调治水流，以稳定河床；②当路基受水流冲刷严重，通过调治水流，使路基坡脚免受冲刷，由冲变淤；③局部冲刷严重，采用其他防护措施无法满足时	冲刷防护
顺坝	①用于稳定受水流冲刷的地段，使之不再发展而又基本不改变水流原有的特性；②适用于导治线与河岸距离较近及通航河段，并可用于河岸河床地质较差的地段	冲刷防护
桩排	河流容许流速6～12m/s，适用于河床比较宽，水流比较急，凹岸冲刷严重，河水含有大量泥沙及基底地质良好的情况	冲刷防护
混凝土预制板块	适用于石料缺乏、人工费用昂贵的地区，或对城市环境美化要求较高、机械化施工条件较好的地区	冲刷防护
水泥沙袋	适用于缺少石料的地区或作为洪水来临前应急、抢险措施	冲刷防护
梢料防护	水流容许速度2.0～3.5m/s；边坡不陡于1∶1.5；适用于暂时浸水的边坡或河岸；为一种临时性防护，适用于盛产树枝的地区	冲刷防护
大型砌块	容许流速为5.0～8.0m/s；适用于受主流冲刷严重且设置深基防护有困难的河段；常与脚墙配合使用	冲刷防护
多面体、异形块体	容许流速为5.0～8.0m/s；适用于受主流冲刷严重且设置深基防护有困难的河段；常与脚墙配合使用，用于河道和海滩	冲刷防护

小桥、涵洞水毁防护　　表18-1-3

防治类型	适用条件及其说明
三级消力坎防护	当下游冲刷严重，为缓冲水流冲刷影响，可用浆砌块、片石或预制混凝土块筑成三级消力坎（或称三级跳坎）
分水堤	适用于大型冲积扇下游、山前公路，调节涵前水流流向，引导水流均匀顺畅地通过涵洞，防止涵洞上游床面发生不利变形
跌水、急流槽和消力池	当涵洞位于陡坡时（纵坡大于5%），出口水流流速过大，引起过于严重的冲刷，为缓冲水流冲刷影响，可在涵洞出口下游设置跌水、急流槽和消力池，以削减水流的动能，降低流速，减少冲刷
沉沙池或跌水井	当涵洞入水口水流动能较大，且携沙量较大时，要求设计沉沙池（跌水井），以防止泥沙堵住洞口，引起涵洞水毁，沉沙池以沉沙为主；跌水井是在山区小桥涵上游，清水，为消减陡坡水流动能设置的消力井

表18-1-1～表18-1-3摘自西部交通建设科技项目公路水毁防治技术的研究报告《公路水毁防治技术指南》(2006年5月，重庆公路局、同济大学、新疆交通科研院、长安大学)，本书略有修正。

各种铺砌类型的容许流速和糙率见表 18-1-4。

各种铺砌类型的容许流速和糙率表 表 18-1-4

顺号	加固类型		糙率 n	容许流速(m/s) 平均水深(m) 0.4	1.0	2.0
1	碎石反滤层上的 25cm 厚干砌片石(片石尺寸不小于 15cm,碎石反滤层厚度 15cm)		0.025	3.5	4.0	—
2	碎石反滤层上的 35cm 厚干砌片石(片石尺寸不小于 15cm,碎石反滤层厚度 15cm)		0.025	4.0	4.5	—
3	碎石反滤层上的 35cm 厚 M5 水泥砂浆砌片石(片石尺寸不小于 15cm,碎石垫层厚度 10cm)		0.025	5.0	6.0	—
4	碎石垫层上的 35cm 厚 M5 水泥砂浆砌坚硬岩石的片石圬工(片石尺寸不小于 15cm,片石极限强度不小于 30MPa,碎石垫层厚 10cm)		0.025	6.5	8.0	—
5	底面粗糙的 C15 混凝土的沟槽		0.017	—	8.0	—
6	混凝土护面加固	C20 混凝土	0.017	6.5	8.0	9.0
		C15 号混凝土	0.017	6.0	7.0	8.0
		C10 号混凝土	0.017	5.0	6.0	7.0
7	设有横肋条人工粗糙面的 C15 号混凝土沟槽		由图解查得	—	6.0	—
8	在长 1.0m 的水平段内水位落差为 5cm 的钢筋混凝土涵洞		0.013	—	10.0	—
9	在长 1.0m 的水平段内水位落差为 5cm～12cm 的钢筋混凝土涵洞		0.017	—	10.0	—

桥梁浅基各种防护类型容许流速见表 18-1-5。

桥梁浅基各种防护类型容许最大流速表 表 18-1-5

序号	防护类型	容许最大流速(m/s)	附注
1	混凝土护底厚 0.3～0.4m	>7.0	
2	浆砌片石护底 厚 0.3m 厚 0.5m	4.0 7.0	
3	钢筋混凝土块排护基	3.5～4.5	
4	料石护底	2.5～3.5	
5	铅丝石笼护底、护基	2.5～3.5	
6	干砌片石	2.0～3.0	

注:1. 本表系整理各铁路局近年约 30 座桥梁近 60 次的洪水资料而成。

2. 由于目前掌握资料不足,表列数值尚未考虑水深、含沙量、防护高程等因素的影响。

调治构造物和防护工程的布设原则是："预防为主，防治结合"、"顺应水势，因势利导"、"因地制宜"、"绿色、环保"。"水势"是指水流运动、水流结构及其相应的河床变形发展趋势。

总结我国几千年来的治水经验可知，治水应"顺其性、挫其峰、分其势、调其向、稳其流"。首先，顺应洪水的流势，逐步引导，通过工程来消耗主流的动能，分散主流结构，改变主流方向，以避开要防护的工程，最后将水流稳定、平顺地引导进入下游河道中去，力求生态环境保护，提倡应用生物防护，尊重自然。

30 年来(1950～1980 年)的公路、铁路建设经验表明，一般设置不宜强调人的意志，强行改造自然的"长大调治构造物，挑水丁坝的布设宜审慎，在泥石流沟上严禁设置丁坝"(《铁路桥渡勘测设计规范》(TBJ 17—86))。改河工程必须慎重论证。上述"挑水丁坝"是指长大的强行改变河流水势的不漫水丁坝。但是，漫水的短丁坝群防护是一种常用的、合理的、推荐使用的沿河路基防护工程形式(图 18-1-1)。

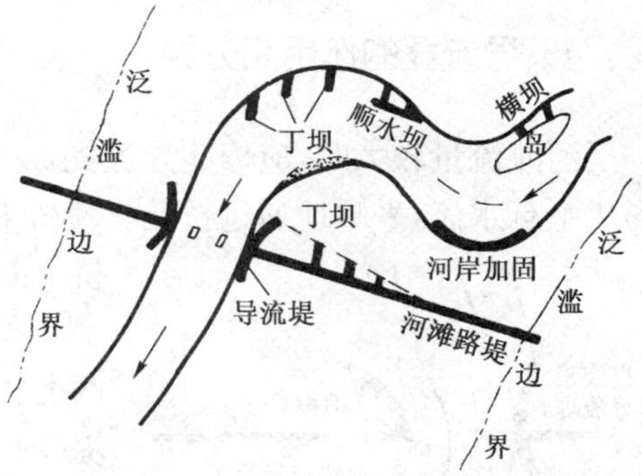

图 18-1-1　调治构造物的布设示意图

调治工程的布设，应满足下列要求：

(1)为使桥孔顺畅地排水输沙，避免或减轻桥位附近河床和河岸的不利变形，或为抵抗水流对路基边坡的冲刷，均应设置必要的调治工程。

(2)调治工程应结合河段特性，水文、地形和地质等自然条件，通航要求、水利设施等情况，根据调治目的，综合考虑高、中、枯水位，兼顾左右岸，对上下游河床变形影响，设置导治线，确定总体布设方案。

(3)调治工程的设置方案应与桥孔设计统一考虑，尊重自然，进行多方案技术经济(包括环境成本)比较，不应片面强调长桥短堤或短桥长堤。

(4)对于复杂河段的桥孔和调治构造物布设，应做水工模型试验加以论证。

导流堤的设计洪水频率应与桥梁的设计洪水频率相同；其他类型调治构造物及防护工程的设计洪水频率应与所依托的工程或被防护工程的设计洪水频率一致，或视工程的重要性而定。

调治构造物基础埋深冲刷线以下的安全值：位于河槽内的调治构造物，若在次稳定河段(如平原区弯曲型、宽滩型、分汊型河段)和不稳定河段(如平原游荡型、山前区变迁型河段)，安全埋深取 1～2m；稳定河段安全埋深取 1m；位于河滩内的调治构造物，安全埋深取 0.5m。

调治构造物和防护工程的建筑材料，一般应因地制宜、就地取材，可用轻亚黏土、亚黏土、砂性土、砾石或卵砾石、漂石、片石和块石填筑；不宜用重黏土、粉沙、淤泥、盐渍土或有机质土填筑。另外，注意采用经济实用的新材料、新技术，如将土工织物用在排水、防冲工程及反滤层方面等。

在可能的情况下，尽量采用透水、绿色植物等生态型防护。

本章介绍几种常用的调治、防护工程的设计原理、计算方法、应用实例。而这些工程采用哪种材料、施工工艺，则应因地制宜、适当选择。例如，在不同情况下丁坝、护坦等防护形式，可因地制宜地采用浆砌、干砌、石笼垒砌、抛石等不同材料和工艺。

第二节　导　流　堤

一、导流堤的作用和分类

河滩流量较大时,应修建导流堤,从桥孔上游,引导上游水流和河滩水流,逐渐改变方向,形成平行水流,平顺地通过桥孔。使桥下断面的流速、水深及输沙等分布都较均匀,充分利用桥下断面,使墩台和桥头路堤免受集中冲刷。

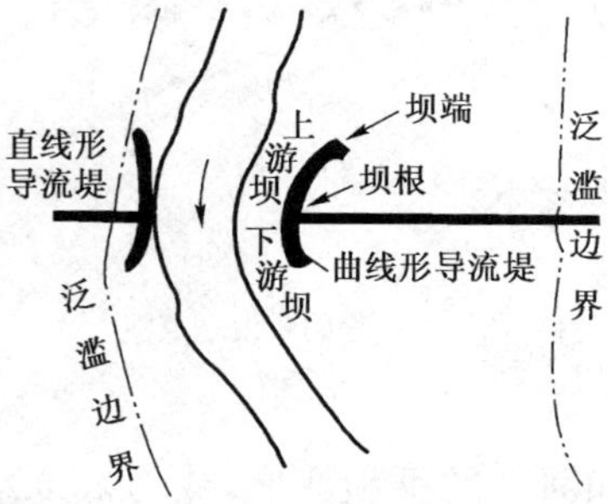

图 18-2-1　导流堤平面形式分类

按平面形式,导流堤分为曲线形导流堤和直线形导流堤两类(图 18-2-1)。曲线形导流堤又分为三类,即封闭式导流堤(图 18-2-2)、曲线导流堤(图 18-2-1)和梨形堤(图 18-2-3)。封闭式导流堤和梨形堤都是曲线导流堤的变异体。把曲线导流堤的主体部分用大半径或直线,延伸到与上游河岸并与其相接,就是封闭式导流堤,堤长可达数千米,又称长堤;把短小的曲线导流堤的堤头用反向曲线与路基上游一侧边坡相连,就是梨形堤。一般说的"导流堤"是指曲线导流堤。

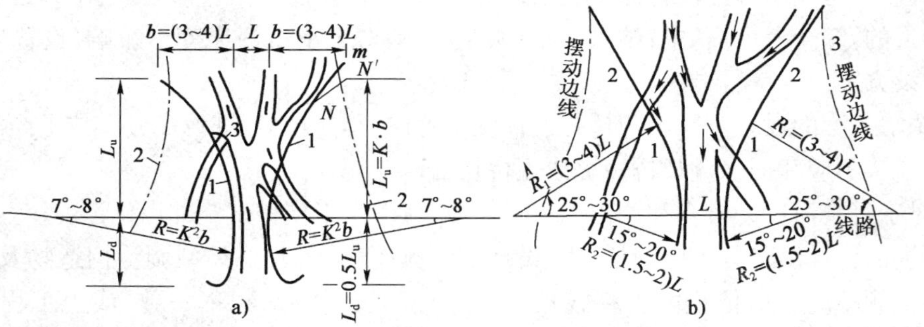

1-椭圆曲线;2-水流摆动边线;3-丁坝;L为桥孔总长;$K=a/b$,可按水流和地形条件选用1.5、1.67、1.83、2.0、2.25

1-圆弧形曲线;2-直线(圆弧切线);3-水流摆动线

图 18-2-2　封闭式长堤的布置

a)椭圆形长堤;b)圆弧形长堤

二、导流堤的布设

一般,根据河滩流量占总流量的比例,来确定是否设置导流堤。被引道阻断的河滩流量占总流量的 15%(单侧河滩)或 25%(双侧河滩)以上时,应设置导流堤;小于上列数值时,可修建梨形堤;小于 5%时,加固桥头锥坡即可;当桥下冲刷前河滩部分的平均流速小于 1.0m/s,且地形上也无必要修建导流堤时,通常不需设置导流堤。

另外,在山区开阔河段上,当桥头路堤伸入河滩,或桥位上游有支汊汇入而引起水流紊乱时,应根据流向和地形、地质条件,设置导流堤。

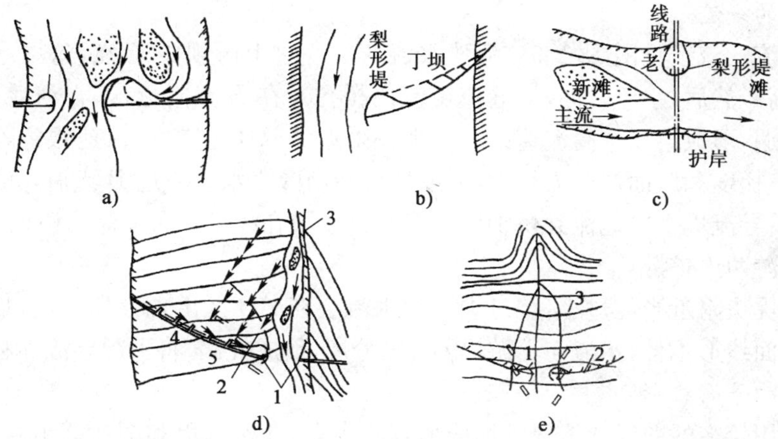

1-封闭式导流堤；2-挑水坝；3-变迁区边界；
4-丁坝；5-引道防护

1-导流堤；2-丁坝；3-挑导坝

图 18-2-3　梨形堤的布置

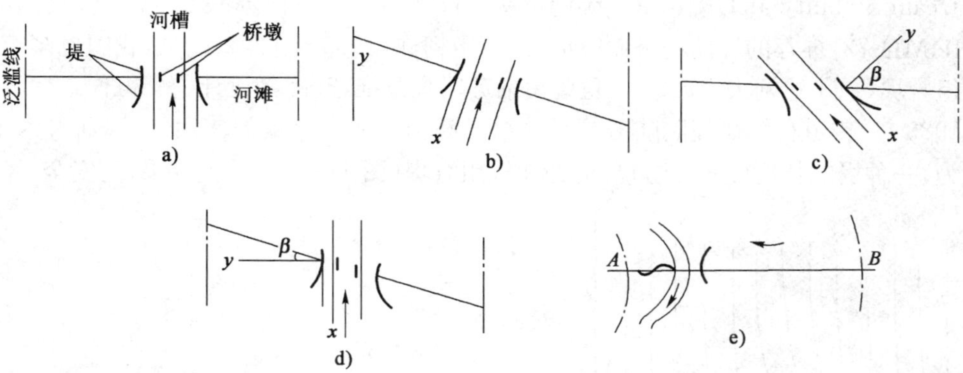

图 18-2-4　导流堤平面布置

在山前冲积扇下游收缩河段上布设导流堤时，可参照山区开阔河段处理。上游出山口附近，可布设封闭式导流堤；中游扩散河段不宜布设长大的封闭式导流堤。当一河多桥时，两桥间可布设桃形导流堤、分水堤或加固路堤。不论布设哪种导流堤，均应与当地的防护堤坝、灌溉设施及其他水利工程相配合。对支汊的演变，应布设调治构造物加以控制。不宜用长大导流堤强行约束水流，集中设桥。

山前变迁河段可布设封闭式导流堤。在摆动河段与稳定河段之间的过渡段上，若河槽集中，岸坎较高，洪水不致漫溢两岸，且桥头有足够的高度时，宜采用梨形堤。

平原游荡河段上宜布设封闭式导流堤。

导流堤的平面布置示例见图 18-2-2～图 18-2-5。

三、导流堤的绕流和平面线形

导流堤水流的绕流决定了导流堤合理的平面线形，导流堤应与绕流流线相吻合，堤长适当，设计施工简便的线形为最佳。

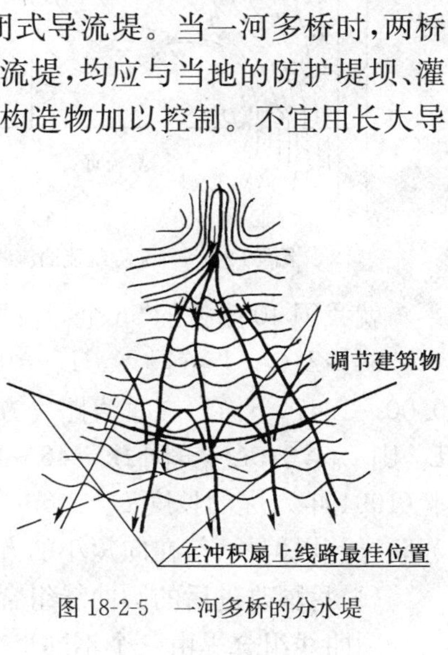

图 18-2-5　一河多桥的分水堤

1. 导流堤的绕流

导流堤绕流的流线见图 18-2-6。河滩水流弯曲绕过上游坝头 A 点，这里水流集中，流速很大，水面壅高。然后，水流转向，沿导流堤流向桥孔。在 B 点附近，来自河滩的水流与靠近河槽的水流相遇，形成第二个高流速区。在坝头附近的 AB 范围内，流速很急，其大小与方向急剧改变，流速梯度和床面切应力很大，形成坝头冲刷区。水流通过 B 点后，如果导流堤平面线形合理，将沿导流堤平顺地流到桥轴断面 C 点。水流在桥下平顺地流出桥孔，以 5°～6°的扩散角向桥梁下游两岸扩散。

如果上游堤头附近半径过小，绕过坝头的水流会在 AB 区出现分离旋涡，加剧坝头冲刷；如果上游堤平面线形不佳，水流与上游堤 BC 段分离，形成旋涡，将引起导流堤和桥台的冲刷。

2. 导流堤的平面线形

工程中应用较多的曲线导流堤平面线形有两大类，即椭圆堤和圆曲线组合堤。最早出现的是椭圆堤。至今美国联邦公路局(FHWA)还推荐应用上游堤为$\frac{1}{4}$椭圆($\lambda=a/b=2.5$)的导流堤(Stream Stability at Highway Structures，FHWA，1995)；前苏联 1972 年桥渡勘测设计规范(НИМП-72)推荐的导流堤平面线形(拉笛申柯夫，1955 年)也属此类，我国也多有应用。圆曲线组合堤(包尔达柯夫，1938 年)也曾由前苏联规范推荐，因其设计施工方便，在我国应用较多。1985 年，铁道科学研究院陆浩等人总结了我国多年导流堤的使用经验，通过水工试验论证认为，一种堤的长度较短、改进后的圆曲线组合堤(图 18-2-7)，导流效果好、安全、经济。

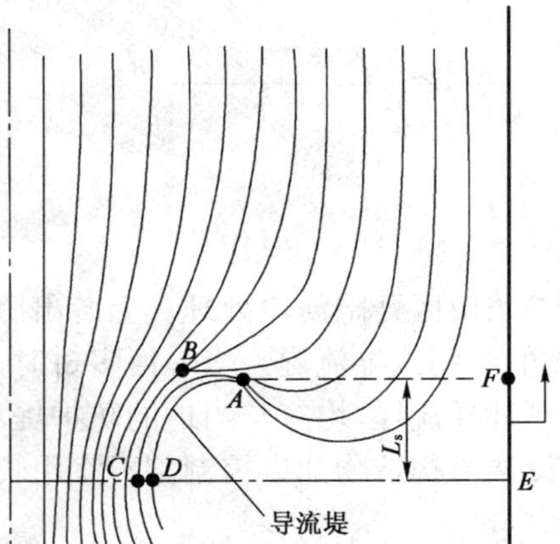

图 18-2-6　导流堤绕流的流线

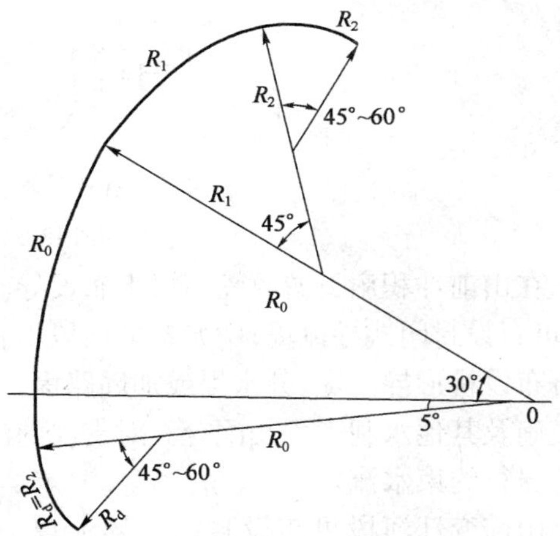

图 18-2-7　改进圆曲线组合堤平面线形(1985 年)

就我国 40 座桥的 56 个导流堤来分析，导流堤总堤长 S_{gt} 与桥孔长 L_q 比值的范围为 $S_{gt}/L_q=0.64\sim2.05$，上游段 $S_{gs}/L_q=0.54\sim1.74$，下游段 $S_{gx}/L_q=0.00\sim0.67$；前苏联 $S_{gt}/L_q=0.00\sim1.47$，下游段在垂直路堤方向的投影长度为 L_d，上游段在垂直路堤投影方向的投影为 L_s，则 $L_d=0.5L_s$；美国 $L_s=46\sim137$m，$L_d=0$(下游不设堤)。美国总结已建导流堤的使用经验(1991 年)，堤的长度 $L_s=46$m 的导流堤在各地应用成功率最高。使用经验表明，我国和前苏联导流堤偏长，都在向短小的方向发展。

(1)我国改进后的圆曲线组合堤

圆曲线组合堤由三个不同半径的圆曲线构成(图 18-2-7)，其中

$$\left.\begin{aligned}&R_1=0.50R_0,\text{圆心角 }\theta_1=45^\circ\\&R_2=0.25R_0,\text{圆心角 }\theta_2=45^\circ\sim60^\circ\\&R_d=R_2,\text{圆心角 }\theta_2=45^\circ\sim60^\circ\end{aligned}\right\}\tag{18-2-1}$$

基本半径 R_0 为：

$$R_0=\frac{B_{td}}{k}\left(1+\frac{1-E}{10}\right)\left(\frac{Q_{te}}{Q_{td}}\right)^{7/8}\tag{18-2-2}$$

式中：R_0——导流堤基本半径(m)；

R_d——下游堤圆半径(m)；

B_{td}、Q_{td}——导流堤所在一侧的河滩宽度(m)和天然状态的河滩流量(m^3/s)；

Q_{te}——导流堤所在一侧的路堤拦阻流量(m^3/s)；

k——同桥位河段水流与宽深比有关的系数，见表 18-2-1；

E——桥孔偏置率(偏置系数)，

$$E=1-\frac{Q_{xi}}{Q_{da}}\tag{18-2-3}$$

Q_{da}——桥孔两侧河滩中，被阻挡较大一侧的天然流量(m^3/s)；

Q_{xi}——桥孔两侧河滩中，被阻挡较小一侧的天然流量(m^3/s)。

系数 k 的取值　　表 18-2-1

B/h	>1 000	500～1 000	200～500	<200
k	30	25	20	15

当 $E=0$ 时，表明桥孔两侧河滩拦阻流量相等，桥孔对称。

上游堤长度：

$$S_{gs}=\frac{30}{180}\pi R_0+\frac{45}{180}\pi R_1+\frac{\theta_2}{180}\pi R_2=\pi\left(\frac{R_0}{6}+\frac{R_1}{4}\right)+\frac{\theta_2}{180}\pi R_2$$

下游堤长度：

$$S_{gx}=\frac{5}{180}\pi R_0+\frac{\theta_d}{180}\pi R_2=\frac{\pi}{36}R_0+\frac{\theta_d}{180}\pi R_2$$

当上下游堤的圆心角都取 $\theta_1=45^\circ$ 时，导流堤总长 $S_{gt}=1.418R_0$，其中上游堤长 $S_{gs}=1.113R_0$，下游堤长 $S_{gx}=0.305R_0$；下游段与上游段之比为 $S_{gx}/S_{gs}=0.274$。

这种导流堤较我国过去引用的前苏联导流堤的长度，明显较短。

(2)椭圆组合堤

椭圆组合堤是在 1955 年由拉笛申柯夫提出，1972 年载入前苏联桥渡勘测设计规范。导流堤的平面外形，上游段为椭圆形，下游段为圆弧形和直线形(图 18-2-8)。

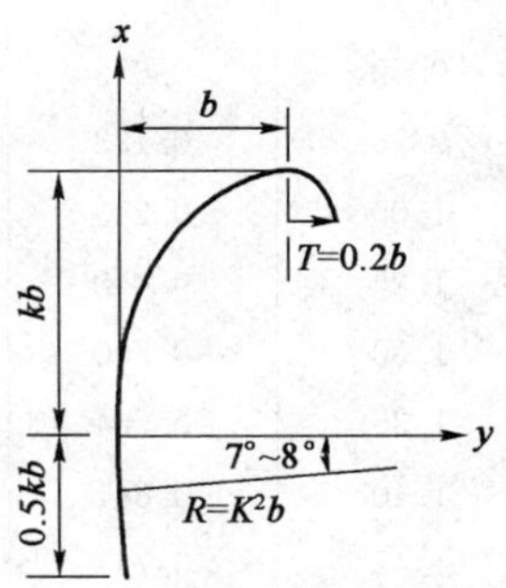

图 18-2-8　椭圆组合堤平面线形

导流堤上游段在桥轴线上的投影长度 b 按下式计算：

$$b=AB_c\tag{18-2-4}$$

式中：B_c——河槽宽度(m)；

A——系数，见表 18-2-2。

拉笛申柯夫型导流堤坐标系数 表 18-2-2

δ	A		K
	双侧河滩	单侧河滩	
0.1	0.106	0.112	1.5
0.15	0.150	0.170	
0.20	0.186	0.222	1.67
0.25	0.215	0.275	
0.30	0.240	0.327	1.83
0.35	0.265	0.378	
0.40	0.290	0.429	
0.45	0.315	0.481	
0.50	0.340	0.533	2.00
0.55	0.365	0.584	
0.60	0.390	0.635	
0.65	0.410	0.680	
0.70	0.430	0.725	

注：1. 表中 δ，对于单侧河滩，为引道路堤阻挡流量与总流量的比；对于双侧河滩，以河槽中心为界，将全河分为两部分，每一部分按单侧河滩计算其 δ 值。

2. K 值为椭圆的长半轴和短半轴之比。椭圆轴线的坐标值见表 18-2-3。

不同 K 值下的椭圆轴线坐标 表 18-2-3

K=1.5		K=1.67		K=1.83		K=2	
$\frac{x}{b}$	$\frac{y}{b}$	$\frac{x}{b}$	$\frac{y}{b}$	$\frac{x}{b}$	$\frac{y}{b}$	$\frac{x}{b}$	$\frac{y}{b}$
0	0	0	0	0	0	0	0
0.25	0.013	0.2	0.010	0.2	0.006	0.2	0.004
0.50	0.059	0.4	0.030	0.4	0.028	0.4	0.020
0.75	0.133	0.6	0.065	0.6	0.056	0.6	0.048
1.00	0.253	0.8	0.118	0.8	0.100	0.8	0.088
1.25	0.448	1.0	0.198	1.0	0.163	1.0	0.135
1.30	0.500	1.2	0.305	1.2	0.244	1.2	0.200
1.35	0.564	1.4	0.454	1.4	0.356	1.4	0.285
1.40	0.641	1.5	0.560	1.6	0.514	1.6	0.400
1.45	0.741	1.6	0.712	1.7	0.629	1.8	0.563
1.48	0.836	1.62	0.751	1.75	0.710	1.9	0.688
1.50	1.000	1.64	0.810	1.78	0.767	1.95	0.776
		1.66	0.890	1.80	0.819	1.98	0.874
		1.67	1.000	1.81	0.852	2.00	1.000
				1.83	1.00		

导流堤上游头部用一圆弧与椭圆线相接，半径 $r=0.2b$，转角为 90°～120°。下游段在水流方向的投影长度为 $0.5kb$；紧接桥台处为一圆弧，转角为 7°～8°，半径 $R=k^2b$；然后用一直线与圆弧相切。

(3)上游椭圆导流堤(或带有下游堤)

上游椭圆导流堤是 1961 年美国联邦公路局(FHWA)根据水工试验和美国地质测量局(USGS)提供的现场资料制定的；1978 年，根据 10 余年的使用经验修正后，被 FHWA 推荐为标准导流堤形式，并使用至今。

导流堤平面形式如图 18-2-9 所示，图中只有上游段部分。堤轴线是自桥台上游侧开始，向上游河滩伸展的 1/4 椭圆，长半轴长为 L_s，短半轴长为 $0.4L_s$，即半轴比为 2.5∶1。轴线坐标可由椭圆方程确定(原点在椭圆形心)。

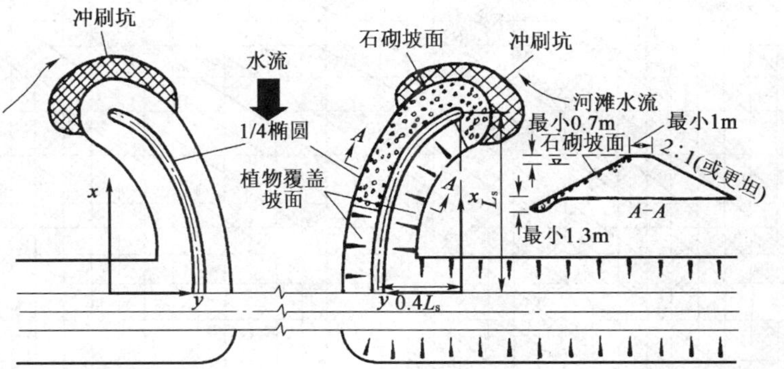

图 18-2-9　上游椭圆导流堤平面形式

$$\frac{x^2}{L_s^2}+\frac{y^2}{(0.4L_s)^2}=1 \tag{18-2-5}$$

即

$$y=0.4\sqrt{L_s^2-x^2}$$

$$x=2.5\sqrt{(0.4L_s)^2-y^2}$$

式中：L_s——上游堤在水流方向的投影长度(m)，以桥台上游边缘为起点；

x——上游堤轴线的 x 坐标(m)，自桥台上游边缘向上游计算；

y——上游堤轴线的 y 坐标(m)，自原点向桥台方向计算。

x、y 坐标原点在椭圆形心，即在桥台上游边缘，自桥台前缘向河岸方向量取 $0.4L_s$处。

上游堤投影长度 L_s，是根据由水工试验资料和现场观测资料制定的诺谟图(见图18-2-10)来确定。

应用诺谟图需要下列参数：

Q——总流量(m^3/s)；

Q_f——所在一侧河滩流量(m^3/s)；

Q_{100}——邻近桥台 30.5m 距离内的桥下断面天然状态下的流量(m^3/s)；

b——桥孔长度(m)；

A_{n2}——桥下过水面积(m^2)，见图 18-2-10；

v_{n2}——桥下平均流速(m/s),$v_{n2}=Q/A_{n2}$;

Q_f/Q_{100}——导流堤流量比;

L_s——导流堤在垂直桥轴方向(或水流方向)的投影长度(m)。

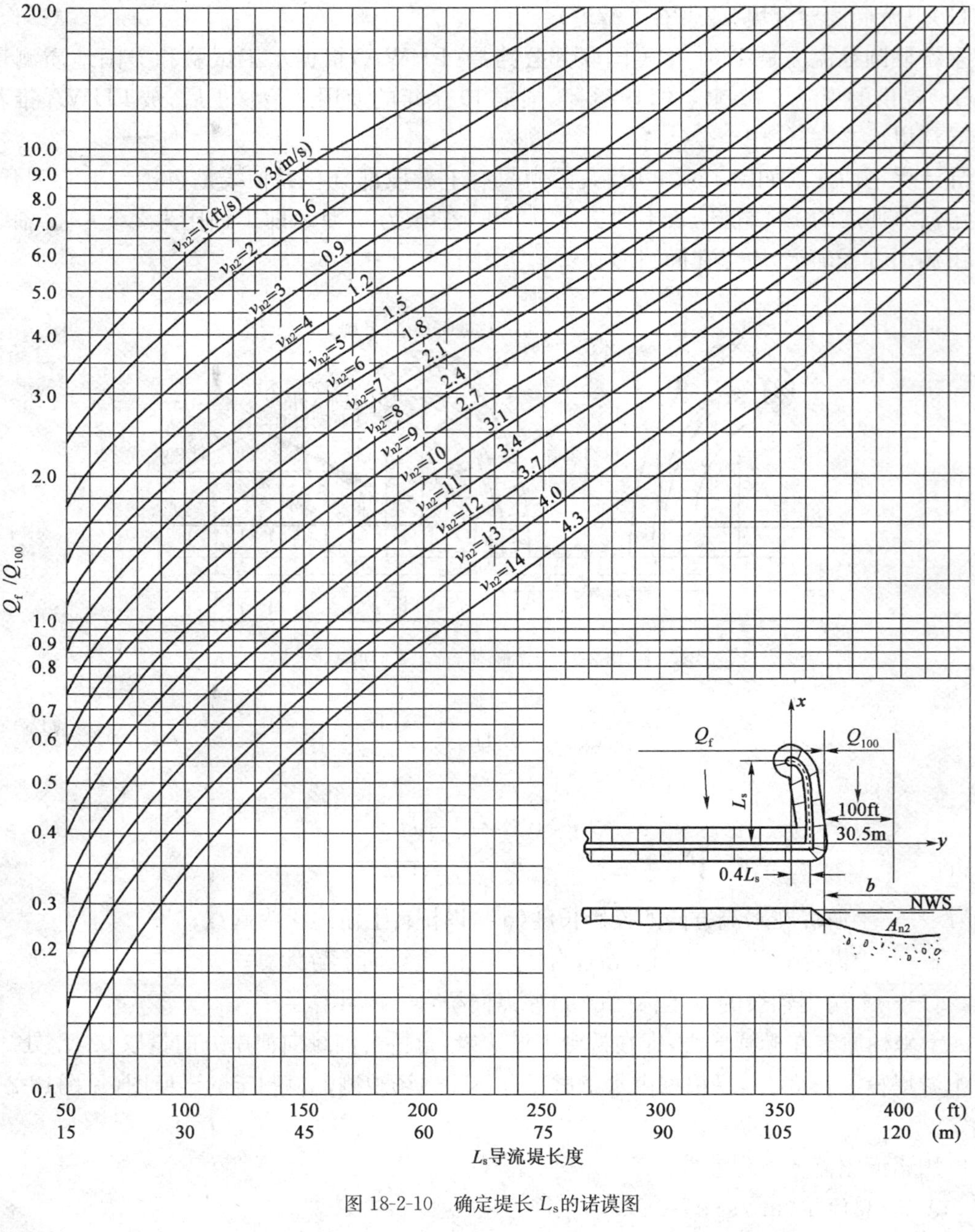

图 18-2-10 确定堤长 L_s的诺谟图

应用诺谟图确定的堤长 L_s,推荐采用的最小长度为 15.25m,最大长度为 76.25m。若从诺谟图中查得 L_s大于 76.25m,则设计取用 76.25m。

FHWA 经验表明,很多导流堤采用标准堤长 45.75m,效果很好,可用于多种地形条件。

导流堤顶高程,一般在设计水位以上 0.61m。

导流堤上游堤端做成圆头，边坡为1：2或更坦。堤顶宽3.05～3.66m，不得小于1m。

美国某些州公路局，为了消除只设上游堤引起的桥台下游侧因水流突然扩散产生的冲刷，设置了下游堤。下游堤从桥台开始，与桥台平行向下游伸展，其长度不应大于15.25m，一般下游堤较上游堤要短得多。

桥台和导流堤临水面配合是很重要的，使桥台和导流堤结合处水流不受干扰。桥台可做成埋入式的或桥台前墙做成斜坡，与导流堤边坡相配合。

椭圆的1/4弧长S：

$$S = \frac{\pi}{4}(a+b)\beta \tag{18-2-6}$$

若$a=L_s$，$b=0.4L_s$，$k=a/b=2.5$，则

$$S = 1.10\beta L_s \tag{18-2-7}$$

式中：a、b——椭圆长半轴(m)和短半轴(m)；

β——与半轴比K有关的系数。

(4)圆曲线组合堤(包尔达科夫型)

圆曲线组合堤在1938年由包尔达科夫提出，并于1948年列入前苏联桥渡勘测设计规范。

平面线形是由不同半径的圆弧线组成，有时，也可插入直线段，分为通航河流和不通航河流两种(图18-2-11)。

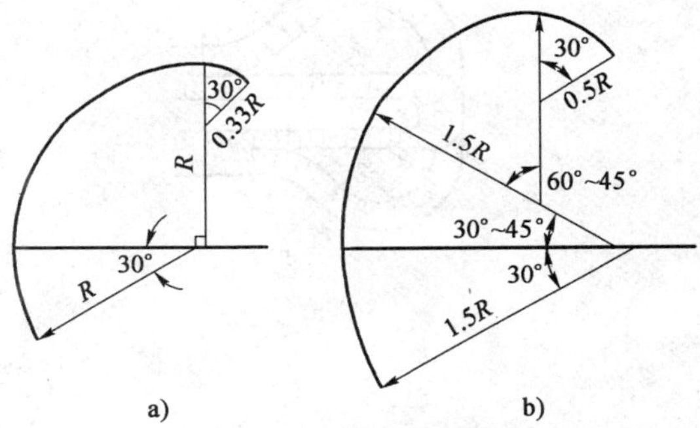

图18-2-11　包尔达科夫线形导流堤

a)适用于不通航河流；b)适用于通航河流

图18-2-11中半径R按下式计算：

$$R = \alpha\lambda L_0 \tag{18-2-8}$$

式中：L_0——桥孔净长度(m)；

α——系数，对于单侧河滩，$\alpha=1$，对于双侧河滩，α值按表18-2-4采用；其中Q_2为较小河滩流量(m^3/s)，Q_3为较大河滩流量(m^3/s)，河滩流量均值为对引道阻挡的天然流量；

λ——系数，按表18-2-5采用。

α的取值　　表18-2-4

Q_2/Q_3	α	β	Q_2/Q_3	α	β
1.0	0.6	0.6	0.2	0.8	0.5
0.8	0.6	0.6	0.1	0.9	0.3
0.6	0.7	0.6	0	1.0	0
0.4	0.7	0.6			

λ的取值　　表18-2-5

自然状态下流入桥孔的流量(%)	λ	自然状态下流入桥孔的流量(%)	λ
50	1.0	75	0.3
55	0.9	80	0.2
60	0.7	90	0.1
65	0.6	100	0
70	0.5		

直线形或曲线形中部插入直线段的导流堤,上游段在水流方向的投影长度可取桥孔长度的一半,下游段投影长度可取桥长的 1/4,并根据当地条件予以修正。双侧河滩的河流,设于河滩较小一侧的直线导流堤,其上游部分在水流方向的投影长度也可用下式计算:

$$A = \beta\lambda L_0 \tag{18-2-9}$$

(5)梨形堤

梨形堤主要用于河滩流量不大或桥头引道凹向上游的桥位上。

梨形堤的平面尺寸,临桥孔一侧可按一般曲线导流堤的尺寸采用;临河岸的后侧部分用反向圆弧连接或再插入一段直线,如图 18-2-12a)所示。为了节省土方,也可采用图 18-2-12b)的形式,堤的后侧留一缺口,以排除堤内积水。梨形堤的线形也可采用图 18-2-13 所示的形式。

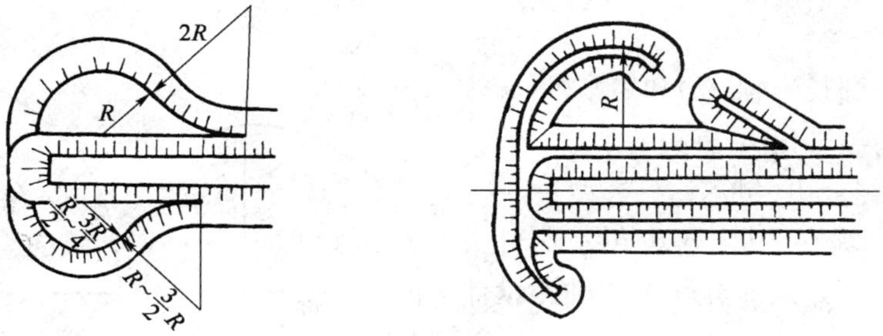

a)　　　　b)

图 18-2-12 梨形堤平面形式

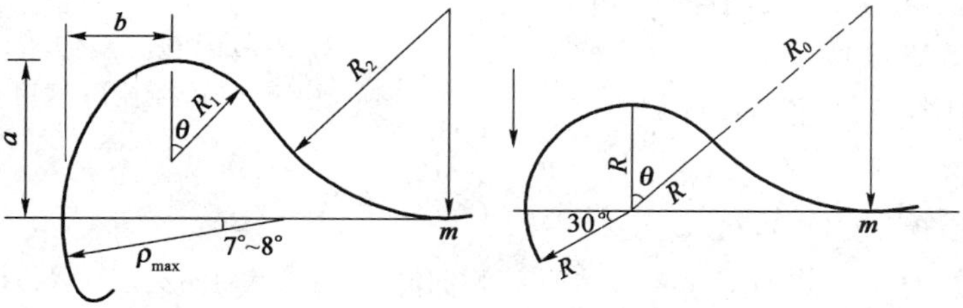

图 18-2-13　梨形堤的平面轴线

(6)封闭式长堤

封闭式长堤修建在山前冲积扇和山前变迁型河段上,或平原游荡型河段上。按水流和地形条件确定对称或不对称布置。长堤的作用是河槽逐渐缩窄,使水流和泥沙平顺地通过桥孔。桥梁位于出山口附近的喇叭形河段上,宜对称布置封闭式导流堤;引道阻断上游汊流,可能形成"水袋",视单侧或双侧汊流及地形,可布设对称或不对称封闭式导流堤;若桥孔通过泥石流,应设封闭式导流堤。

应尽量减小堤身与股流、汊流的夹角,一般应小于 30°;上游堤端必须嵌入稳定河岸;堤身受集中股流顶冲或穿过旧河汊处应设防护,如丁坝、边坡防护等工程。

由多年使用经验表明,封闭式长堤造价高、易水毁、难养护,因此应慎用。

封闭式长堤因河床宽浅、股流汊道多变,无法选择一种平面线形适应其变化,应根据河道地形选型和调整。

①圆曲线组合形或直线与圆曲线组合形封闭式长堤的平面尺寸,见图 18-2-14,可参考下列经验尺寸控制。

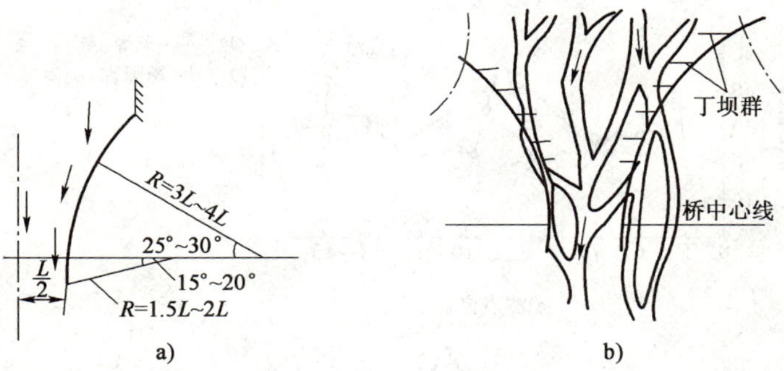

图 18-2-14　圆曲线组合长堤及其防护

当洪水边界线(或岸线)沿水流呈扩散状时：

$$\left.\begin{aligned} a &= (1.04\varepsilon + 0.5)\sqrt{L \cdot S} \\ b &= (1.94 - 1.8\varepsilon)\sqrt{L \cdot S} \end{aligned}\right\} \tag{18-2-10}$$

当洪水边界线(或岸线)沿水流顺直或微收缩时：

$$\left.\begin{aligned} a &= (1.04\varepsilon + 0.5)\sqrt{L \cdot S} \\ b &= (0.54 - 0.59\varepsilon)\sqrt{L \cdot S} \end{aligned}\right\} \tag{18-2-11}$$

式中：a——封闭式长堤在水流方向的投影长度(m)；

b——封闭式长堤在路线方向的投影长度(m)；

L——桥孔长度(m)；

S——导流堤一侧路堤阻挡水流宽度(m)；

ε——长度压缩比，$\varepsilon=S/(S+0.5L)$。

②椭圆形长堤(图 18-2-2)

可按拉笛申柯夫法设计，取

$$\left.\begin{aligned} b &= (3 \sim 4)L \\ a &= Kb \\ K &= 1.5、1.67、1.83、2.0、2.25 \end{aligned}\right\} \tag{18-2-12}$$

四、导流堤的冲刷和防护

模型试验和现场观测表明，桥下断面水流流速分布是不均匀的(图 18-2-15)，在两岸导流堤(或桥台)前和断面中间存在三个高流速区。从上游堤头开始，沿堤的迎水面坡脚，有一条不明显的冲沟，延伸到桥下，其冲刷最深处在堤头 AB 区的 B 点附近(图 18-2-6)。若平面线形不佳，堤迎水面将出现水流分离旋涡，冲刷范围还将扩大。

导流堤附近的流速分布和冲刷地形如图 18-2-16 所示。最大流速区在导流堤中段的桥台附近，但是最大冲刷深度(这里流速梯度、床面切应力最大)却在自堤头起的上游堤 1/3 的一段。

各国发表的导流堤冲刷公式，都是根据水工实验制定的，尚待更多现场观测资料的验证。

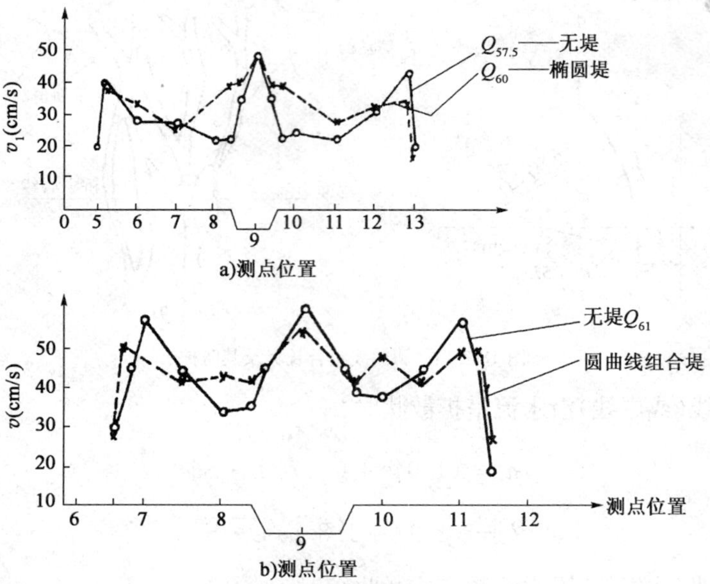

图 18-2-15　桥下断面流速分布

a)$m=0.524$ 椭圆堤;b)$m=0.714$ 圆曲线组合堤

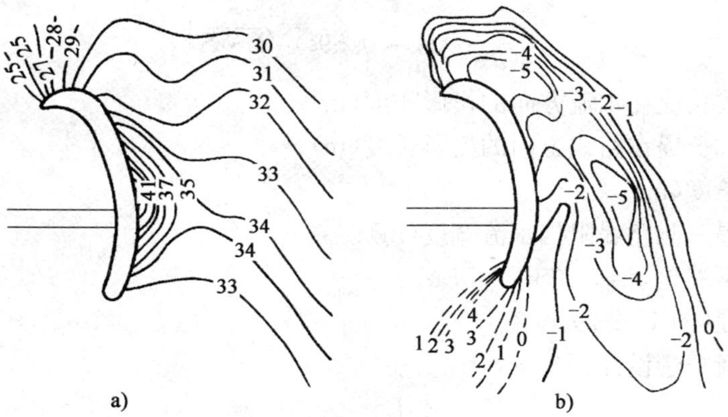

图 18-2-16　导流堤附近流速和地形

a)垂线平均流速等值线;b)河床冲刷等高线

1. 原西安公路交通学院公式(XHU 公式)

该公式是《公路工程水文勘测设计规范》(JTG C30—2002)条文说明推荐参照的公式。该公式是根据改进的圆曲线组合堤模型试验资料制定的(高冬光,1985 年)。

试验表明,流线与堤形吻合,冲刷沟上下游均匀,没有明显的集中冲刷。最大冲深在从上游堤端到上游堤长的 1/3 点处一段。上游堤端背水面也有冲刷。

另外,洪水退水阶段,导流堤临水面与背水面两侧水位出现很大高差,导流堤越长,高差越大。堤身临水面有高速水流淘刷,堤内在两侧压力差形成的渗透压力和堤背后水压力,在这三种破坏因素的作用下,洪水退落时,堤身安全面临严峻的考验。堤越长,越不利。

导流堤上游端部及其邻近的大约上游堤长度 1/3 的一段,是重点防护的范围。对全堤临水面边坡和坡脚也应进行防护。

导流堤上游端应做成圆头，头部坡面和临水面用石砌护坡，坡脚用埋入床面以下1.5～2.0m的石砌或混凝土护坦防护，是一种经济、安全、易行的方案。

上游段迎水面最大冲刷深度公式：

$$h_s = K\left(\frac{L}{B}\right)^{0.42} Fr^{0.38} h \cdot C_m \tag{18-2-13}$$

式中：h_s——堤头冲刷深度(m)，自平均床面算起；

K——沙质土河床 $K=3.37$，卵砾石河床 $K=3.05$；

L——上游堤端至河岸的距离(m)，以垂直流向的投影长度计；

B——河滩设导流堤时，为两岸间水面宽度(m)；两岸设导流堤时，取同一岸边到河槽中泓线(最深点)的距离(m)；

Fr——上游堤头行近水流弗汝德数(河床天然水流的 Fr)，$Fr=\frac{v^2}{gh}$；

h——堤头行近水流水深(m)，即堤头天然水深；

C_m——边坡减冲系数，$C_m=e^{-0.16m}$；

m——堤头边坡系数，即边坡为 $1:m$。

2. 交通部公路科学研究所公式(王迪荣，《公路桥位勘测设计规范》引用，1991年)

$$h_b = 1.45\left(\frac{D_t}{h}\right)^{0.4} \frac{v-v_0'}{v_0} h K_m \tag{18-2-14}$$

式中：h_b——导流堤头部局部冲刷深度(m)；

D_t——上游导流堤头部端点至岸边距离在垂直水流方向的投影长度(m)；

h——导流堤头部冲刷前水深(m)；

v——导流堤头部冲刷前流速(m)；

v_0——河床泥沙起动流速(m/s)，

$$v_0 = \left(\frac{h}{d}\right)^{0.14}\left(29.04d + 0.000\,000\,605\,\frac{10+h}{d^{0.72}}\right)^{0.5}$$

上式为张瑞瑾公式，单位以m计；

v_0'——堤头泥沙起冲流速(m/s)，

$$v_0' = 0.75\left(\frac{d}{h}\right)^{0.1} v_0 \tag{18-2-15}$$

K_m——边坡折减系数，

$$K_m = 2.7^{-0.2m} \tag{18-2-16}$$

d——取 d_{50}(m)；

m——导流堤头边坡系数(边坡为 $1:m$)。

五、导流堤的顶宽和边坡(表 18-2-6、图 18-2-17)

导流堤的顶宽和边坡　　表 18-2-6

堤顶宽(m)		边坡		
堤头	堤身	堤头	堤身	
			迎水面	背水面
3～4	2～3	1∶2～1∶3	1∶1.5～1∶2	1∶1.5～1∶1.75

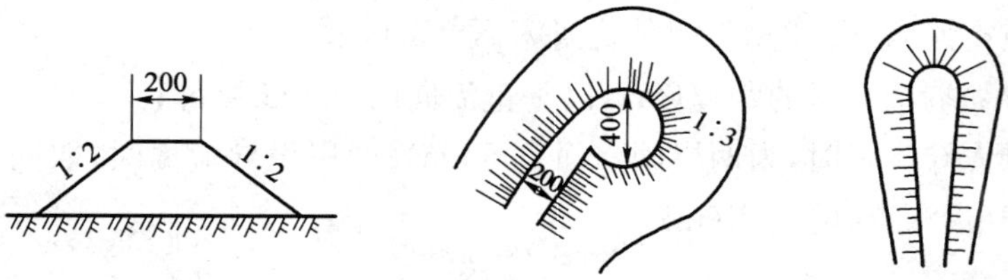

图 18-2-17　导流堤的堤头和边坡(尺寸单位:cm)

六、导流堤堤顶高程

导流堤在桥轴处的顶面高程 H_{min} 按下式计算:

$$H_{min}=H_p+\Delta Z+h_e+\sum\Delta h+0.25 \quad (18\text{-}2\text{-}17)$$

式中:H_{min}——导流堤顶面(桥轴)最低高程(m);

H_p——设计水位(桥梁设计洪水频率的水位)(m);

ΔZ——桥前壅水高度(m);

h_e——波浪侵袭高度(m);

$\sum\Delta h$——影响水面升高的诸因素总和,如局部冲击高、股流涌高、河湾超高、河床淤高等,按实际情况取值。

导流堤各断面的顶面高程,可根据桥轴线处高程按堤在河槽深泓线上的投影位置及水面比降推求。

梨形堤各断面顶面高程,按水面横比降推求。

当桥位河段有流冰或融冰时,导流堤顶面高程除应符合式(18-2-17)外,还应符合堤顶面高程高出流冰或融冰水位 0.75m 的要求。

第三节　丁　　坝

丁坝是一种与河岸(或沿河路堤)成一定的角度,从河岸(或沿河路堤)伸入水流中的构造物(图 18-3-1)。丁坝将水流挑离河岸(或沿河路堤),使坝下游河岸(或沿河路堤)免受冲刷,形成有利的水流结构和河床变形。

丁坝有挑流和护岸的作用。丁坝附近绕流和河床变形的机理与桥头引道及桥台的绕流和河床变形相同(图 14-4-1～图 14-4-3)。

坝头绕流旋涡使坝头床面剧烈冲刷,并把泥沙带到坝后回流区沉积下来,保护了回流区的河岸(或路堤)免受冲刷。即使洪水冲毁坝头,也不会立刻危及河岸(或路堤)的安全,起到保护的作用。

丁坝对上下游水流,甚至对岸都有一定影响,适合应用在较开阔的河段。但在山区狭窄的急流河段应慎用,视情况只能用短而低的漫水丁坝,防护坡脚。

丁坝常设置在桥头引道的一侧或河岸上(图 18-3-1),特别是在河湾凹岸一侧(图 18-3-2),将水流挑离桥头引道或河岸路堤,并使泥沙在坝后淤积,形成新的水边线。一般需要防护的河岸或路堤较长,常采用数个丁坝组成的丁坝群,各坝的坝头连线应为一条平顺的曲线,称为导治线。导治线是设计的水流边界或弯道凹岸的深泓线。导治线两端应与河岸平顺相连。

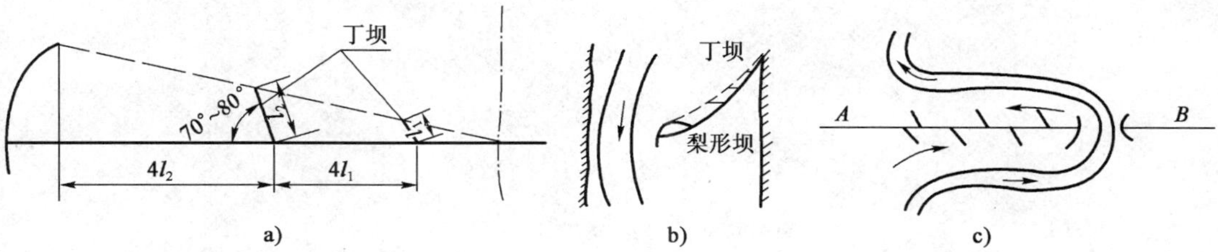

图 18-3-1　桥头引道的丁坝

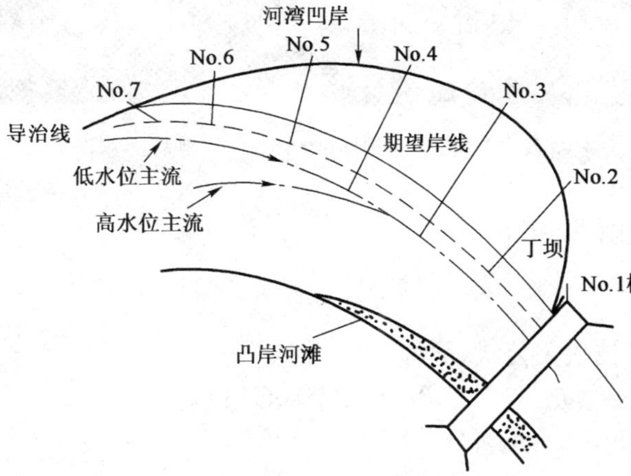

图 18-3-2　丁坝群对桥梁上游凹岸的整治

坝高 h_D 小于水深 h,坝顶溢流的丁坝,称为漫水丁坝或淹没丁坝(图 18-3-3)。

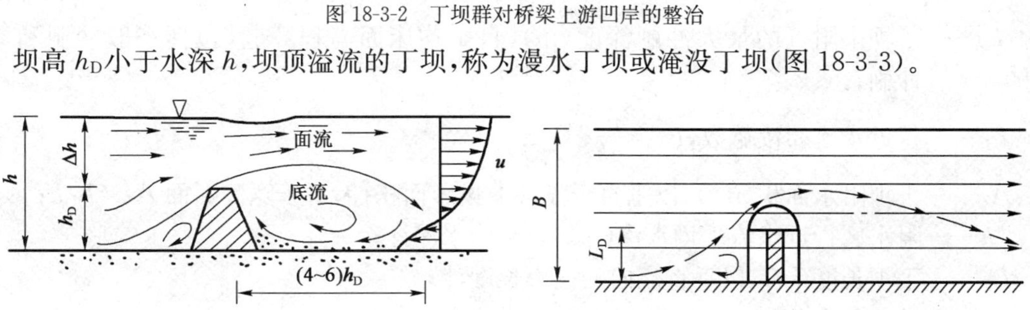

图 18-3-3　漫水丁坝的水流结构(高冬光,1995 年)

a)纵断面(面流和底流);b)漫水丁坝的水流结构

淹没高度 $\Delta h=h-h_D$,丁坝的淹没程度是 $\Delta h/h$,$0<\frac{\Delta h}{h}<1.0$。漫水丁坝的坝顶高程常取相当于常水位或平均洪水位,枯水时为不漫水丁坝,洪水时为漫水丁坝。漫水丁坝的水流通过丁坝时,坝顶以上的面流直接流向下游,坝顶以下的底流,临近坝头部分绕坝头流过,形成竖轴旋涡;同时,面流绕过坝顶,在坝下游$(4\sim5)h_D$范围内,形成平轴旋涡。漫水丁坝底流的坝头绕流较不漫水丁坝大为减弱,坝头冲刷也减小。坝后平轴旋涡,使坝后泥沙卷向丁坝的下游边坡,起到保护作用。

漫水丁坝及漫水丁坝群大大减小了丁坝下游河岸(或沿河路堤)附近的流速,且对大洪水阻水不大,本身冲刷也小,是一种安全、有效的防护形式(图 18-3-4)。

图 18-3-4 漫水丁坝群对河湾凹岸的防护和河槽整治(坝顶淹没)

一、丁坝的冲刷深度和防护长度

1. 丁坝的冲刷深度

(1)交通部"八五"科技攻关公式(简称 95-1 公式,1995 年)

$$h_s = 1.95Fr^{0.20}A_Z^{0.50}\cdot C_\alpha\cdot C_m\cdot C_{sm} \tag{18-3-1}$$

或

$$h_s = 1.95Fr^{0.20}(L_Dh)^{0.50}\cdot C_\alpha\cdot C_m\cdot C_{sm} \tag{18-3-2}$$

式中:h_s——丁坝头附近的最大冲刷深度(m),自平均床面高程算起,包括一般冲刷和局部冲刷;

Fr——行近水流弗汝德数,$Fr=\frac{v^2}{gh}$;

A_Z——丁坝阻水面积(m^2),以垂直于流向的投影面积计,对于宽浅断面 $A_Z=L_Dh$;

h——阻水区行近水流平均水深(m),以平均水深计;

L_D——丁坝长度(m),以垂直流向的投影长度计;

C_α——挑角系数(图 14-4-5、图 18-3-5),

$$C_\alpha=\left(\frac{\alpha}{90}\right)^{0.15} \tag{18-3-3}$$

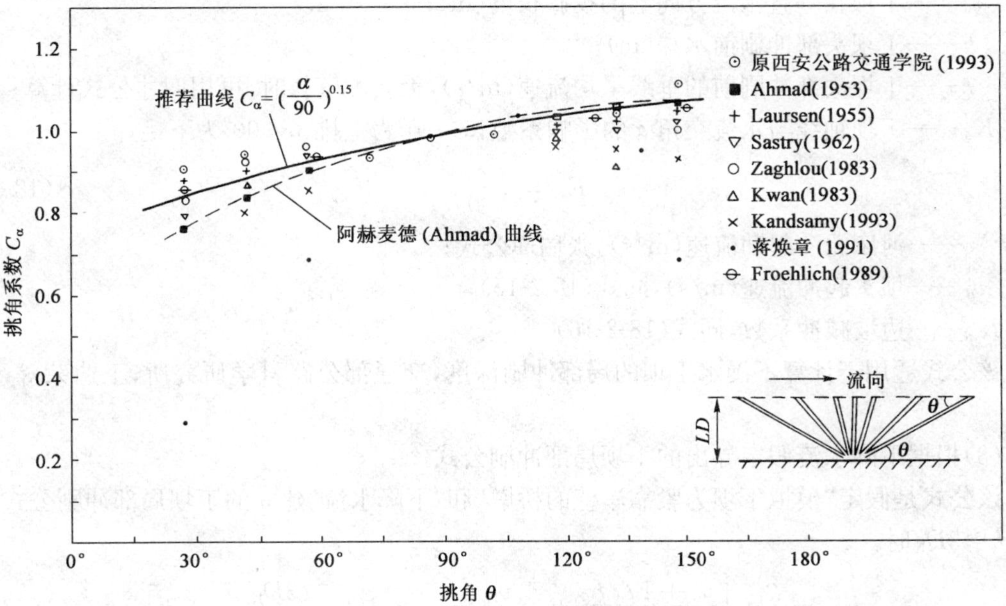

图 18-3-5　挑角系数的各家试验成果分析(高冬光,1993 年)

C_m——边坡减冲系数,坝头及上游边坡的坡度为 1 ∶ m,

$$C_m = e^{-0.07m} \tag{18-3-4}$$

C_{sm}——漫水减冲系数,不漫水丁坝 C_{sm} 为 1.0,漫水丁坝 C_{sm} 按下列公式计算。

对于直河岸:

$$C_{sm} = 1 - \left(\frac{\Delta h}{h}\right)^{0.5} \tag{18-3-5}$$

对于河流凹岸或路堤凹岸边坡:

$$C_{sm} = 1 - 0.5\left(\frac{\Delta h}{h}\right)^{0.5} \tag{18-3-6}$$

该公式适用于不漫水丁坝、漫水丁坝和丁坝群上游 1 号坝的冲刷计算,根据试验达到平衡状态时的资料(清水冲刷和动床冲刷)和现场观测资料制定的(原西安公路交通大学高冬光、陕西省公路局袁雪戡等)。

1995 年 12 月通过交通部科技司鉴定,推荐生产试用。

(2)交通部公路科学研究所丁坝头部的局部冲刷公式

当 $\frac{l_n}{h} \leqslant 1$ 时,

$$h_b = 1.45\left(\frac{l_n}{h}\right)^{0.75} \cdot \frac{v - v_0'}{v_0} \cdot h \cdot K_\alpha \cdot K_m \tag{18-3-7}$$

当 $\frac{l_n}{h} > 1$ 时,

$$h_b = 2.15 \cdot \frac{v - v_0'}{v_0} \cdot h \cdot K_\alpha \cdot K_m \tag{18-3-8}$$

式中:h_b——丁坝头部局部冲刷深度(m),由河床向起算,不包括一般冲刷;

l_n——丁坝在垂直水流方向上的投影长度(m)；

h——丁坝头部冲刷前水深(m)；

v——丁坝头部冲刷前的垂线平均流速(m/s)，无实测资料时，可用谢才公式计算；

K_α——丁坝轴线与水流交角α的影响系数，$\alpha>90°$为上挑，$\alpha<90°$为下挑，

$$K_\alpha=\left(\frac{\alpha}{90}\right)^{0.32} \tag{18-3-9}$$

v——河床泥沙起动流速(m/s)，张瑞瑾公式；

v_0——坝头起冲流速(m/s)，同式(18-2-15)；

K_m——边坡减冲系数，同式(18-2-16)。

该公式适用于计算不漫水丁坝的局部冲刷深度(交通部公路科学研究所，王迪荣等，1990年)。

(3)根据下降水流假定导出的丁坝局部冲刷公式

该公式是假定“模拟丁坝为紧靠岸壁的桥墩”和“下降水流”建立的丁坝局部冲刷公式。

$h\geqslant 3D_K$时，

$$h_{sm}=3D_K\left[\frac{n_0+1}{n_0}\left(\frac{h}{3D_K}\right)^{-\frac{1}{n_0}}\frac{v_H}{v_b'}-1\right]=3D_K\left[\left(\frac{3D_K}{K_s}\right)^{\frac{1}{n_0}}-1\right] \tag{18-3-10}$$

$h\leqslant 3D_K$时，

$$h_{sm}=\frac{3(n_0+1)}{n_0}\left(\frac{h}{3D_K}\right)^{0.65}\frac{v_H}{v_b'}D_K-h=3\left(\frac{h}{3D_K}\right)^{0.65}\left(\frac{h}{K_s}\right)^{\frac{1}{n_0}}D_K-h \tag{18-3-11}$$

$$D_K=K_\alpha K_m D$$

$$K_\alpha=\left(\frac{\alpha}{90}\right)^{1.5}\left(2-\frac{\alpha}{90}\right)$$

$$K_m=e^{-0.75m}\text{(床面上下陡度均为}m\text{)}$$

$$K_m=e^{-0.25m}\text{(床面以下为垂直墙)}$$

$$n_0=5\left(\frac{h}{K_s}\right)^{0.06}$$

$$v_b'=1.44v_b$$

$$v_b=1.09\left(\frac{\gamma_s-\gamma}{\gamma}gd+0.19\times\frac{g\delta h+\varepsilon_k}{d}\right)^{0.5}$$

$$v_H=\frac{n_0}{n_0+1}\left(\frac{h}{K_s}\right)^{\frac{1}{n_0}}v_b'$$

$$\gamma_s=2\,650\text{kg/m}^3;\delta=0.213\times10^{-6}\text{m}$$

$$\varepsilon_k=2.56\times10^{-6}\text{m}^3/\text{s}^2$$

式中：D_K——丁坝阻水长度(m)，以垂直流向计算；

v_H——泥沙起动流速(m/s)；

v_b——窦国仁提出的起动流速(m/s)；

v_b'——泥沙起动流速(m/s)；

K_s——泥沙起动流速v_b'的计算高度，

$d_{50}\geqslant 0.7$mm时，$K_s=d_{50}$

$d_{50}<0.7$mm 时，$K_s=0.0007$m

h——水深(m)；

n_0——垂线流速分布系数；

K_m——边坡系坡；

K_α——挑角系数。

该式是蒋焕章提出的(1993 年)适用于不漫水丁坝的局部冲刷计算。

2. 丁坝对河岸的防护长度

自丁坝轴线起到下游回流区末端，沿河岸的长度是该丁坝对河岸的防护长度 L_H(图 18-3-6、图 18-3-7)。

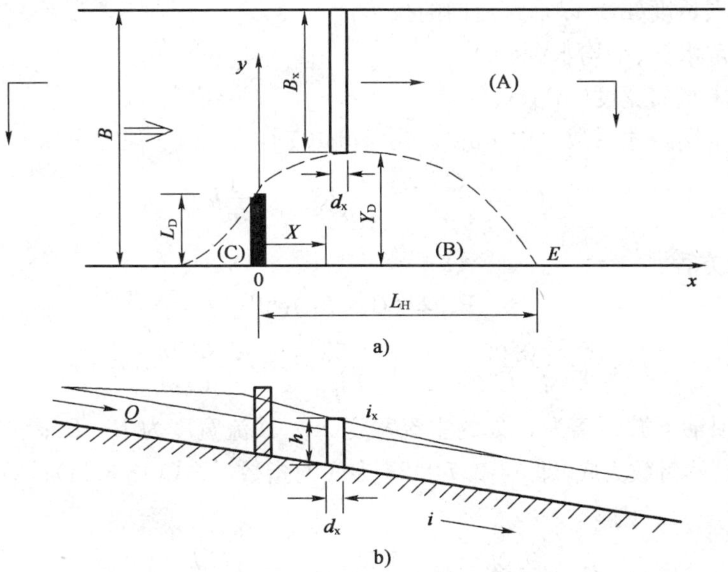

图 18-3-6　丁坝回流长度 L_H 和回流边界图示

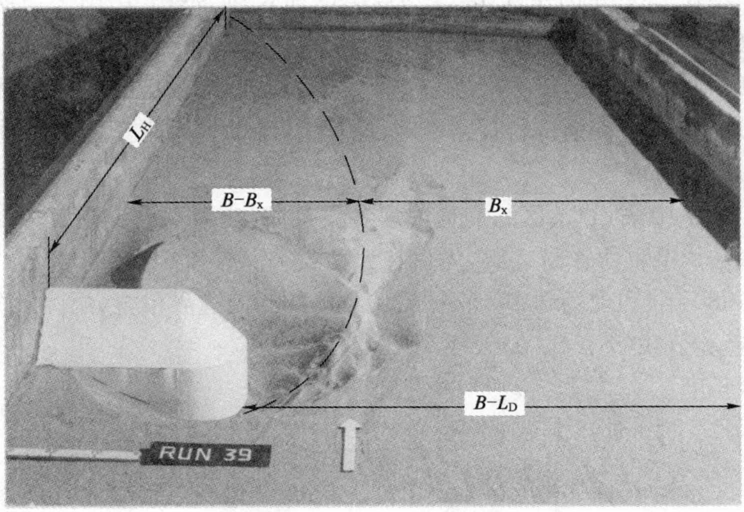

图 18-3-7　丁坝回流长度 L_H 和回流边界照片

丁坝上下游水流同时存在着主流(A)、下游回流(B)和上游回流(滞流)(C)三个区域不同的流动(图 14-4-1)。主流与回流通过它们的交界面不断地进行着质点混掺和动量交换。回流得到动量、动能的补给,主流在交界面上受到回流阻力(切应力)。主流和回流相辅相成的依存关系,可由动量方程来描述。根据水流动量微分方程积分和原西安公路交通大学(1995 年)、南京水利科学研究院的试验资料,得到计算回流长度 L_H(河岸防护长度)和回流边界方程。

丁坝下游回流长度(防护长度)L_H:

$$L_H = \frac{C_0^2 h L_D}{L_D + 0.05 C_0^2 h L_D}\left(\ln\frac{B}{B - L_D} + 0.58\right) \tag{18-3-12}$$

式中:L_H——丁坝下游回流区长度(m);

L_D——丁坝长度(m),以垂直流向的投影计;

h——正常水深、平均水深(m);

B——河床水面宽度(m);

C_0——无量纲谢才系数[式(5-3-9)、式(5-3-10)],

$$C_0 = \frac{C}{\sqrt{g}}, C = \frac{1}{n}R^{1/6} = \frac{1}{n}h^{1/6}$$

回流区边界方程:

$$B_x = (B - L_D)e^{f(x)} \tag{18-3-13}$$

$$f(x) = \frac{0.05}{L_D L_H^{1.25}}x^{2.25} + \frac{0.58}{L_H^2}x^2 - \frac{1.16C_0^2 h - L_H}{C_0^2 h L_H}x \tag{18-3-14}$$

式中:B_x——丁坝轴下游距离为 x 处的主流宽度(m),回流宽度为 $B-B_x$;

$f(x)$——以自然对数为底,即 e=2.718 28 为底的指数,按式(18-3-14)计算 $f(x)=Px^{2.25}+Qx^2-Rx$,则

$$P=\frac{0.05}{L_D L_H^{1.25}}, Q=\frac{0.58}{L_H^2}, R=\frac{1.16C_0^2 h-L_H}{C_0^2 h L_H}$$

对于给定了坝长 L_D和水力条件(h,C_0)后,P、Q 和 R 为常数。给出丁坝轴下游距离 x,即可算出 $f(x)$,再按式(18-3-13)求得主流区宽度 B_x。

上列确定丁坝回流区长度 L_H和回流区边界的计算方法,是交通部“八五”科技攻关课题的成果。1995 年 12 月,通过交通部科技司鉴定,推荐生产试用(原西安公路交通大学高冬光、陕西省公路局袁雪戡等完成)。

另外,1977 年由 10 省(自治区)、交通部属各设计院、交通部公路研究所和原西安公路交通大学等组成调治构造物协作研究组,先后在原西安公路学院(1979 年)、合肥工业大学进行水工模型试验(1980 年)和现场调查。根据试验观测的回流边界位置,用图解分析法建立了回水长度、宽度的经验公式(蒋焕章,1993 年)。

丁坝回流区长度:

当$(B_c-D_l)/h_c<70$ 时,

$$\frac{L_{sl}}{D_{nl}} = K_1\left(5.7C_0^{0.3} - 0.09\frac{B_c - D_{εl}}{h_c}\right) \tag{18-3-15}$$

当$(B_c-D_{εl})/h_c \geq 70$ 时,

$$\frac{L_{sl}}{D_{nl}} = K_1(5.7C_0^{0.3} - 6.3) \tag{18-3-16}$$

式中：B_c、h_c——河槽宽度(m)和河槽平均水深(m)；

$D_{\varepsilon l}$——丁坝长度 D 对河槽宽度 B_c 的压缩宽度(m)；

L_{sl}——通过坝根和坝头设立的(x,y)直角坐标系，在与水流方向平行的 x 轴上的回流区长度(m)；

D_{nl}——与水流方向垂直的 y 轴上丁坝投影长度(m)；

K_1——系数，$K_1=\left(\frac{\theta}{90}\right)^{0.23}$，$\theta$ 为水流与坝轴的夹角，$\theta\geqslant90°$，$K_1=1$；

C_0、g 等符号意义同前。

丁坝回流区宽度：

$$\frac{b_{xl} - D_{nxl}}{D_{nl}} = K_2(5.5 - 7\varepsilon_1)\left(1 - \frac{x_1}{L_{s1}}\right)\left(\frac{x_1}{L_{s1}}\right)^{0.8} \tag{18-3-17}$$

$$K_2 = \left(\frac{\theta}{90}\right)^{0.4}\left(2 - \frac{\theta}{90}\right)^{0.1}$$

式中：x_1——回流边界上任一点与计算原点 O 点的横坐标(m)；

b_{xl}——P 点的回流区宽度(m)；

D_{nxl}——计算长度，$D_{nxl}=\left(1-\frac{x_1}{L_{s1}}\right)D_{nl}$；

K_2——相同压缩比 ε_1 时，随丁坝与水流的交角 θ 不同，斜交丁坝的$(b_{xl}-D_{nxl})$的比例变化。

[例 18-3-1]　顺直河段，设计洪水水面宽度 $B=250.00$m，平均水深 $h=2.94$m，平均流速 $v=2.56$m/s，粗糙系数 $n=0.026$。拟修建一个挑流丁坝，坝长拟定为 $L'_D=40$m$(L'_D/B\approx0.16)$，下挑，坝轴与流向夹角 $\alpha=70°$。试计算坝头冲刷深度 h_s，回流长度(护岸长度)L_H 和回流边界坐标。

解：挑流丁坝采用不漫水的单坝。

垂直流向的投影坝长 $L_D=L'_D\sin\alpha=37.58$m，$L_D/B=0.15$。

坝长已达到上限，边坡取 1∶2。

(1)水力因素

弗汝德数：

$$Fr=\frac{v^2}{gh}=\frac{2.56^2}{9.80\times2.94}=0.2275$$

无量纲谢才系数：

$$C_0 = h^{0.167}(ng^{0.5}) = 2.94^{0.167}(0.026\times9.80^{0.5}) = 14.71$$

$$C_0^2 = 216.38$$

(2)坝头冲刷

①交通部"八五"攻关公式(95-1 公式)

坝长为 40m 时：

$$h_s = 1.95Fr^{0.2}A_Z^{0.5}C_\alpha C_m = 1.95\times0.2275^{0.2}\times(37.58\times2.94)^{0.5}\times\left(\frac{70}{90}\right)^{0.15}\times e^{-0.07\times2}$$

$=15.24\times0.963\times0.869=12.75$(m)

冲刷深度 $h_s=12.75$m(床面平均高程以下),故坝头必须用深基础。

若坝长 L'_D取 20.00m,投影坝长 $L_D=18.79$m,坝头冲刷深度 $h_s=8.98$m。

若坝长 L'_D取 15m,投影坝长 $L_D=14.10$m,坝头冲刷深度 $h_s=7.82$m。可将坝头基础埋下 4m(平均床面以下),再对坝头进行浅基防护,如丁坝上游边坡,坝头加护坦防护等设施。

长大丁坝,应慎用,路桥防护坝长一般多取 10m 以下。

②公路科研所公式

$$h_b=2.15\times\frac{v-v'_0}{v_0}hK_\alpha K_m$$

$$v_0=\left(\frac{h}{d}\right)^{0.14}(29d)^{0.5}=\left(\frac{2.94}{0.01}\right)^{0.14}\times(29\times0.01)^{0.5}=1.19(\text{m/s})$$

$$v'_0=0.75\left(\frac{d}{h}\right)^{0.1}v_0=0.75\times\left(\frac{0.01}{2.94}\right)^{0.1}\times1.19=0.51(\text{m/s})$$

$$h_b=2.15\times\frac{2.56-0.51}{1.19}\times2.94\times\left(\frac{70}{90}\right)^{0.32}\times2.7^{-0.2\times2}=6.63(\text{m})$$

“八五”攻关公式(95-1 公式)与交通部公路科学研究所公式比较,两式计算结果相差较大。交通部公路科学研究所公式[公式(18-3-7)、公式(18-3-8)],当坝长 l_n大于水深 h 时,冲刷深度 h_b与坝长无关。按本例题资料,即当坝长 l_n大于 2.94m 时,冲深 h_b不再随坝长而增大,即 $l_n=2.95$m 和 $l_n=5$m、10m……坝头冲刷深度相同。这与世界各国试验资料不符(见图 18-3-8)。另外,从式(18-3-7)和式(18-3-8)可知,当 $l_n\to h$ 时,两式是不连续的,例如 $l_n=2.94$m 和 $l_n=2.95$m,计算的 h_b值将出现数值突变。长沙交通学院(现名长沙理工大学)李诚等在《长沙交通学院学报》论文“桥台(丁坝)清水冲刷计算公式的试验验证与分析改进”中指出,式(18-3-7)、式(18-3-8)“所依据的资料不是冲刷稳定状态的,可靠性差,计算结果误差很大”。交通部公路科学研究所公式试验时间并非达到实测平衡冲刷时间,然而,“八五”攻关公式(95-1 公式)各场试验时间均达到实测平衡冲刷时间,清水平衡冲刷时间最长,达 114h。

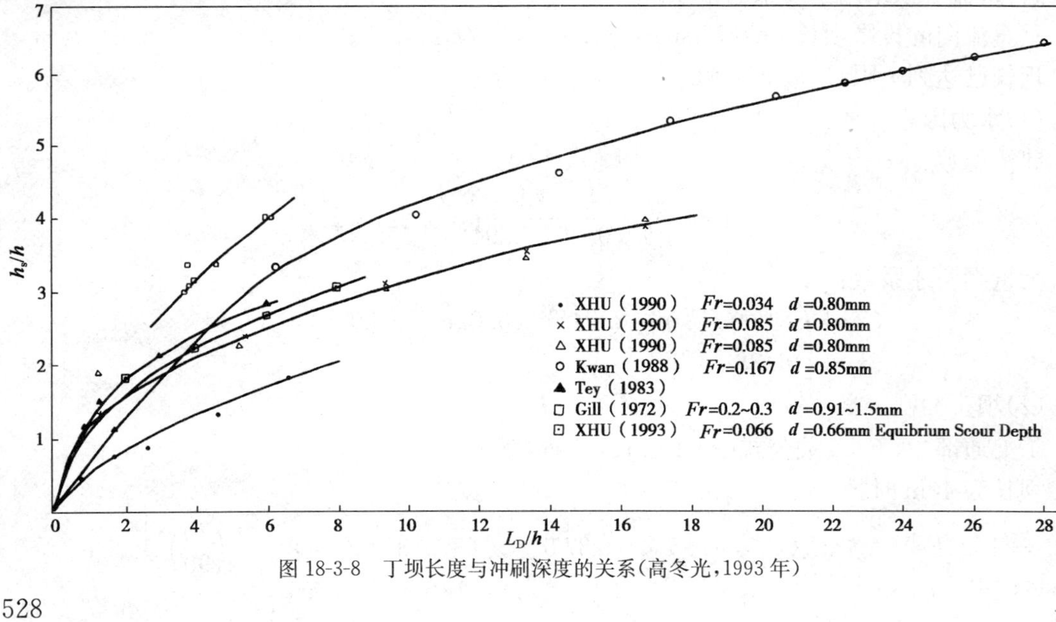

图 18-3-8 丁坝长度与冲刷深度的关系(高冬光,1993 年)

(3)回流长度

$$L_H=\frac{C_0^2hL_D}{L_D+0.05C_0^2hL_D}\left(\ln\frac{B}{B-L_D}+0.58\right)$$

当 $L'_D=40\mathrm{m}$, $L_D=L'_D\sin\alpha=37.58\mathrm{m}$ 时,

$$L_H=\frac{216.38\times2.94\times37.58}{37.58+0.05\times216.38\times2.94}\left(\ln\frac{250}{250-37.58}+0.58\right)=255.10(\mathrm{m})$$

(4)回流区边界(图 18-3-9)

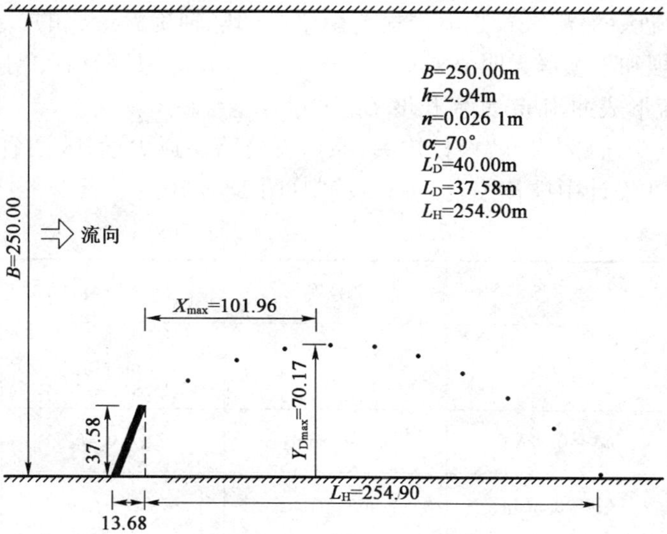

图 18-3-9　回流区边界(尺寸单位:m)

主流宽:

$$B_x=(B-L_D)e^{f(x)}$$

回流宽:

$$Y_D=B-B_x$$

$$f(x)=\frac{0.05}{L_DL_H^{1.25}}x^{2.25}+\frac{0.58}{L_H^2}x^2-\frac{1.16C_0^2h-L_H}{C_0^2hL_H}$$

令 $x=0.1L_H$、$0.2L_H$……$0.9L_H$、L_H,分别计算回流宽度 Y_D,得表 18-3-1。

回 流 宽 度 Y_D　　　表 18-3-1

x(m)	$0.1L_H$	$0.2L_H$	$0.3L_H$	$0.4L_H$	$0.5L_H$	$0.6L_H$	$0.7L_H$	$0.8L_H$	$0.9L_H$	L_H
	25.50	51.00	76.50	102.00	127.50	153.00	178.50	204.00	230.00	255.00
Y_D(m)	51.53	61.71	67.55	70.17	69.32	64.87	56.47	43.55	25.18	0

二、丁坝群防护

一般河湾凹岸或受顶冲的河岸及沿河路基防护段较长,一个丁坝的防护长度 L_H 不能满足需要时,可采用数个丁坝组成的丁坝群进行防护。

对于直河段,当坝距小于上游坝在单坝时回流长度的2倍时,主流从上游坝头流向下游坝头,两坝间泥沙运动十分微弱,岸壁得到很好的保护。当坝距大于上游坝在单坝时2倍的回流长度时,上游坝(1号坝)冲刷不受下游坝的影响,冲深和单坝时相同;但下游坝(2号坝)因1号坝下游回流的存在,使2号坝有效挑流长度减小,2号坝头冲深及其下游回流长度较单坝大为减小。

1号坝的长度取下游各坝长度的一半为宜,方向一般为正挑,即 $\alpha=90°$。河湾凹岸1号坝也可取下挑,即 $\alpha<90°$。将水流逐步挑离河岸及路基,在2号坝下游达到最大回流宽度。然后,保持这个宽度直到最下游坝,最后宽度逐渐减小而终止。

1号坝上游回流区(滞流区),是由坝根与岸壁之间竖轴旋涡形成的。上游回流(滞流)河岸长度 L_{HS} 对于单坝和丁坝群无明显差别。一般 $L_{HS}=(1.2\sim1.5)L_D$。对于河床质易冲刷的河段,丁坝上游回流形成冲刷坑,回流长度 L_{HS} 减小,$L_{HS}=L_D$。

根据试验研究(交通部“八五”科技攻关,原西安公路交通大学、陕西省公路局,1995年),丁坝群的基本尺度在设计中推荐按表18-3-2确定(图18-3-10)。

表18-3-2

丁 坝 编 号	1号坝	2号坝	3号坝	n号坝(最下游)
丁坝长度 L_{Di}	$L_{D1}=0.5L_{D2}$	$L_{D2}=2L_{D1}$ $L_{D2}=0.15B$	$L_{D3}=L_{D2}$	$L_{Dn}=L_{D2}=L_{D3}$ $=\cdots=L_{Dn-1}$
坝头最大冲深 h'_{si}	$h'_{s1}=0.82h_{s1}$	$h'_{s2}=0.6h_{s2}$	$h'_{s3}=0.4h_{s2}$	$h'_{sn}=0.4h_{s2}$
丁坝间距或回流长度	$l_{1,2}=0.8L_{H1}$	$l_{2,3}=l_{1,2}$	$l_{3,4}=l_{1,2}$	$l'_{Hn}=0.8L_{Hn}$
坝轴挑角 α	90°或60°~90°	90°	90°	90°

注:h'_{s1} 表示丁坝群中1号坝的坝头冲深,h_{s1} 表示1号坝作为单坝时的坝头冲刷深度;$l_{1,2}$ 表示1号坝至2号坝的距离;L_{H1} 表示1号坝作为单坝时的下游回流长度;B 是河槽宽度,下游各坝符号依此类推。

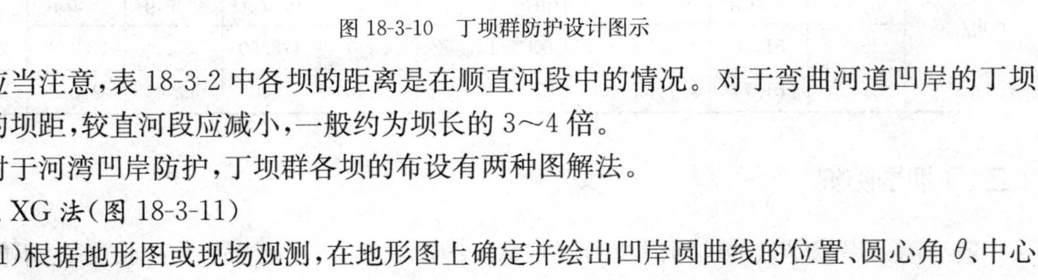

图18-3-10 丁坝群防护设计图示

应当注意,表18-3-2中各坝的距离是在顺直河段中的情况。对于弯曲河道凹岸的丁坝群设置的坝距,较直河段应减小,一般约为坝长的3~4倍。

对于河湾凹岸防护,丁坝群各坝的布设有两种图解法。

1. XG法(图18-3-11)

(1)根据地形图或现场观测,在地形图上确定并绘出凹岸圆曲线的位置、圆心角 θ、中心半径 R_c、凹岸半径 $R_{外}$、凸岸半径 $R_{内}$。

(2)图上取圆心角 $2/5\theta$，确定 1 号坝的位置，绘出 1 号坝的长度（取后坝长的一半，沿半径方向），在 1 号坝坝根作切线，切线上截取 0.8 的 1 号坝单坝时回水长度 L_{H1}[按式(18-3-12)计算]，连接该截点与圆心的直线与凹岸（圆弧）相交，其交点即为 2 号坝的位置。

(3)作 2 号坝坝根的切线，截取 $0.8L_{H2}$ 长度[L_{H2} 为 2 号坝单坝回流长度，按式(18-3-12)计算]，截点与圆心的连线与曲线的交点，即为 3 号坝的位置；2 号坝以后各坝坝长相同，曲线上各坝回流长度也相同，依此类推得凹岸下游各坝位置。

(4)进入下游直段后，直河段的坝距取 $0.8L_{H2}$；最下游坝下游的回流长度为最下游坝作为单坝时回流长度的 0.8。

此法为交通部"八五"攻关课题推荐的方法（高冬光，1995 年）。

2. FHWA 法（图 18-3-12）

1 号坝位置、长度、与岸正交，都与上述方法相同；下游各坝位置，按图解法决定：从 1 号坝坝头作坝轴的垂线，以此为一边向凹岸作 17°夹角，另一边与凹岸的交点，即为 2 号坝根的位置；2 号坝的长度为 1 号坝的 2 倍，以后各坝坝长相同。依此类推，确定下游各坝的位置。

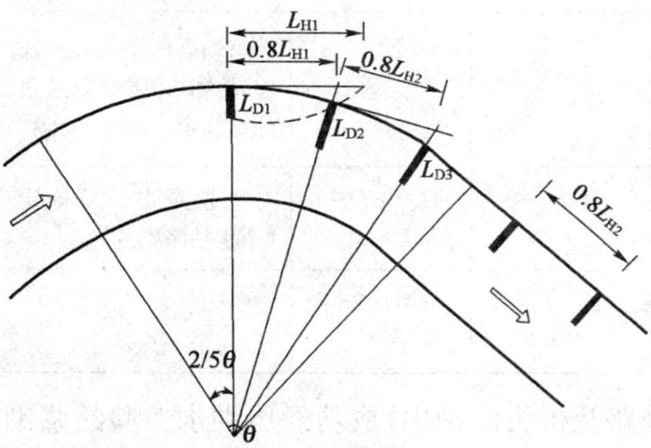

图 18-3-11　凹岸丁坝群的布设(XG 法)

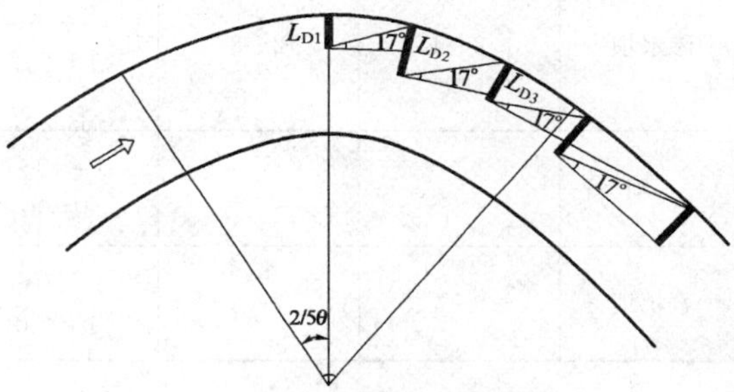

图 18-3-12　凹岸丁坝群的布设(FHWA 法)

三、丁坝设计中的若干问题

1. *河岸防护范围*

河岸防护范围应从多方面来分析确定，应包括经验方法、现场勘测、不同水位主流的动力轴线位置和冲刷情况等。应注意，一般弯道螺旋流大约在弯顶才能发展"成熟"，向下游凹岸冲刷逐渐严重，大约在 90°断面附近达到最大冲刷深度。弯道出口断面以后，螺旋流沿下游直河段相当长的距离，逐渐消失。沿河公路防护，常发生河湾凹岸上游防护过长，而下游防护不足，从而引起的水毁。

2. *丁坝长度和丁坝高度*

应考虑到随丁坝长度的增加，坝头冲刷深度、绕流使坝头水流集中的程度、丁坝对水流挑离程度和丁坝防护河岸的长度，都将增大。

不透水丁坝的长度（垂直于流向的投影长度）不应超过河槽宽度的 15%；透水丁坝（桩、排架等）透水性达到 80%时，丁坝投影长度不得超过河槽宽度的 25%。作为护岸丁坝宜短不宜长，一般不应做到上述最大长度。

使用经验表明,秦岭山区沿河路堤防护丁坝长度一般不宜超过 10m,长丁坝往往被洪水冲断。

护岸丁坝群一般可作为正挑($\alpha=90°$),1 号坝可做成下挑($\alpha=90°\sim60°$),也可作为正挑,但是,坝长较后坝减短一半。

对于不透水丁坝,丁坝高度最好做成漫水丁坝,坝顶在中水位或低于设计水位 lm 左右。透水丁坝的高度必须保证让漂浮物在坝顶通过。

3. 丁坝顶面和坝头的形式

丁坝顶面应有从坝根向坝头倾斜的纵坡(10%～15%),使涨水阶段坝顶从坝头向坝根逐渐漫水,以适应涨水阶段流速、流向急剧变化的水势。

丁坝坝头一般采用直的带半圆头的形式,上下游和坝头带有边坡。丁坝的头部应尽量做成圆滑的形式,以便于绕流和溢流,可减小冲刷、坝头水流集中及对河道水流的影响。

4.《公路路基设计规范》(JTG D30—2004)给出的丁坝断面尺寸及边坡坡度(表 18-3-3)

丁坝断面尺寸及边坡坡度　　表 18-3-3

类　别	坝头顶宽(m)	坝身顶宽(m)	坝头边坡	迎水边坡	背水边坡	备　注
渗水坝	2～4	2～3	1∶2.5～ 1∶4.0	1∶2.0～ 1∶2.5	1∶1.5～ 1∶2.5	当坝高低于 3.0m,流速较大时,顶宽应通过计算确定
石坝			1∶10～ 1∶30	1∶0.5～ 1∶20	1∶0.5～ 1∶20	坝顶宽由计算确定(不包括浆砌片石)
石梢坝	2～4	2～3	1∶20～ 1∶4.0	1∶15～ 1∶2.5	1∶1.5～ 1∶2.5	

20 世纪 90 年代,陕西省秦巴山岭地区沿河公路及桥头防护中,成功经历洪水考验的浆砌片石漫水丁坝,多采用坝头和坝身顶宽相同,顶宽 1.5～2.5m。浆砌边坡为 1∶1.0。长度不大于 10m,坝顶带有纵坡,坝头和坝顶尽量取圆滑形式,正挑。是否用浆砌,应视当地情况而定,砌石笼、格宾、抛石等都可用。

[例 18-3-2]　山区桥头引道沿河流长度 150m 一段,受主流冲刷需进行防护。设计流量 $Q=430\mathrm{m^3/s}$,水面宽 $B_c=132\mathrm{m}$,平均水深 $h=1.73\mathrm{m}$。河道平顺开阔,卵石河床,床面比降 $i=0.19\%$,粗糙系数 $n=1/30$。拟采用浆砌片石漫水丁坝群防护,边坡取 1∶1。

解:流速:

$$v=\frac{1}{n}h^{2/3}i^{1/2}=30\times1.73^{0.667}\times0.0019^{0.5}=1.89(\mathrm{m/s})$$

弗汝德数:

$$Fr=\frac{v^2}{gh}=\frac{1.89^2}{9.80\times1.73}=0.209$$

护岸丁坝应尽量减小对天然流态的干扰,坝长不应过长。最大可能坝长 $L_{Dmax}=0.15B=0.15\times132=19.80(\mathrm{m})$。本设计取丁坝最大长度为 10m,即 2 号坝及下游各坝坝长 $L_{D2}=L_{D3}=\cdots=L_{Dn}=10\mathrm{m}$,1 号坝 $L_{D1}=0.5L_{D2}=5\mathrm{m}$。

各坝取正挑,$\alpha=90°$。

各丁坝之间的距离：

$$C_0^2=\left(\frac{h^{1/6}}{ng^{1/2}}\right)^2=\frac{30^2\times1.73^{1/3}}{9.8}=110(\text{m})$$

1 号坝为单坝时的回流长度 L_{H1}：

$$L_{H1}=\frac{110\times5\times1.73}{5+0.05\times110\times1.73}(l_n\frac{132}{132-5}+0.58)=40.55(\text{m})$$

按表 18-3-2，坝距 $l_{1,2}=0.8L_{H1}=0.8\times40.55=32.44$，取 $l_{1,2}=33\text{m}$。因河道顺直，并取下游各坝等距离，即 $H_{n,n+1}=33.00\text{m}$。

最下游坝(4 号坝)的下游回流长度：

假设 4 号坝为单坝时的回流长度：

$$L_{H1}=\frac{110\times10\times1.73}{10+0.05\times110\times1.73}(l_n\frac{132}{132-10}+0.58)=64.23(\text{m})$$

丁坝群中 4 号坝的下游回流长度：

$$L'_{H4}=0.8L_{H4}=0.8\times64.23=51.38\approx51(\text{m})$$

丁坝群防护总长度 L_f 为：

$$L_f=\sum l_{n,n+1}+L'_{H4}=3\times33+51=150(\text{m})$$

坝头冲刷深度：

拟取丁坝坝顶高程在设计水位下约 0.50m，即取坝高在平均床面高程以上 1.20m。设计洪水位时漫水高度 $\Delta h=1.73-1.20=0.53(\text{m})$，漫水程度 0.31。

顺直河段漫水丁坝坝头冲刷深度：

漫水减冲系数 C_{sm}：

$$C_{sm}=1-\left(\frac{\Delta h}{h}\right)^{0.5}=1-0.31^{0.5}=0.90$$

1 号坝为不漫水单丁坝时，坝头冲刷深度：

$$h_{s1}=1.95Fr^{0.2}(L_{D1}h)^{0.5}\text{e}^{-0.07m}=1.95\times0.209^{0.2}\times(5\times1.73)^{0.5}\times\text{e}^{-0.07\times1}=3.89(\text{m})$$

丁坝群中的 1 号坝受后坝壅水影响和漫水影响时，冲刷深度 h'_{s1}(按表 18-3-2)为：

$$h'_{s1}=0.82h_{s1}\cdot C_{sm}=0.82\times3.89\times0.90=2.87(\text{m})$$

2 号丁坝为单坝时的冲刷深度：

$$h_{s2}=1.95Fr^{0.2}(L_{D2}h)^{0.5}C_m=1.95\times0.209^{0.2}\times(100\times1.73)^{0.5}\text{e}^{-0.07\times1}=5.52(\text{m})$$

2 号丁坝在丁坝群中为漫水丁坝时，冲刷深度为：

$$h'_{s2}=0.4h_{s2}C_{sm}=0.4\times5.52\times0.9=1.99(\text{m})$$

按表 18-3-2，3 号和 4 号丁坝冲刷深度都为 1.99m。

第四节 护　　坦

公路工程中所说的“护坦”是一种浅基防护形式，常用于沿河路基坡脚防护、丁坝、桥墩和桥台等各种基础的防护。对于河湾凹岸引起冲刷的是螺旋流，对于桥台、丁坝和桥墩等引起冲刷的则是绕流旋涡，护坦对螺旋流和绕流旋涡冲刷，都有很好的防护作用。“护坦”在水工结构中是指消能工程的底板，与公路工程中说的不同。

一、护坦防护的水流结构和机理

根据对弯道水流和河床变形的观测分析，护坦防护坡脚的水流结构如图 18-4-1 所示。在修建了埋置于床面以下的护坦后，沿凹岸壁面向下游床面(前下方)发展的螺旋流(对于丁坝坝头、桥梁墩台等绕流，则为急速的绕流及其旋涡)，到达床面后，带走坡脚泥沙，形成冲沟，使水深增大，流速减缓，消减了动能。当水流遇到护坦顶面后，被迫改变流向，变成沿护坦顶面水平地向斜前方流动的水流。当这种沿护坦顶面水平地向下游且偏向凸岸的水流(对丁坝、桥梁墩台则为向下游且偏离壁面的水流)，到达护坦边缘的垂裙后，进入沙质或卵、砾石河床，在垂裙与散粒体(沙砾、卵石等)床面分界处，因水平流动引起次生的水平轴旋涡体系，形成床面上沿护坦垂裙的冲沟。若将垂裙做成有一定坡度的“斜裙”，可对冲沟深度发展有一定限制，减小冲深。

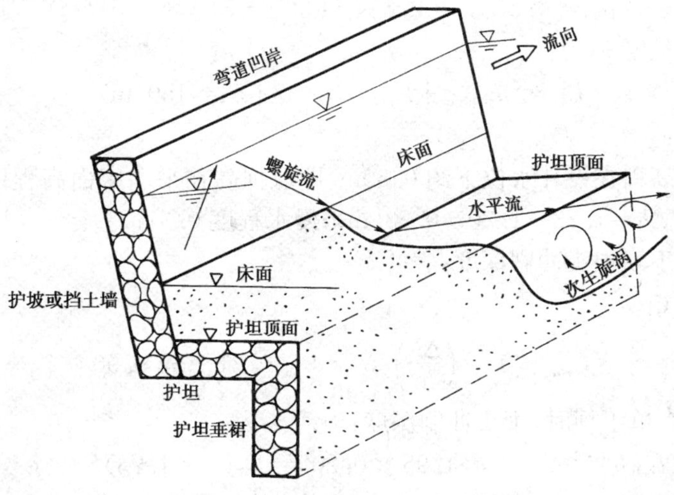

图 18-4-1 护坦防护的水流结构

护坦防护坡脚和基础的机理是由三方面形成的：

(1)凹岸螺旋流或绕流旋涡，首先冲走护坦顶面以上的土层，增大了断面，消耗了动能，降低了流速，因此，护坦必须埋在床面下一定深度。

(2)在护坦顶面又迫使螺旋流或绕流旋涡，改变流动方向，沿护坦顶面水平流动，远离基础坡脚。

(3)护坦顶面水平流动，在整个护坦(垂裙或斜裙)与散粒体床面分界处，诱导形成次生水平轴旋涡体系，引起护坦边缘(垂裙或斜裙)的河床冲刷。次生旋涡冲刷较凹岸螺旋流或绕流旋涡的直接冲刷大为削弱。

二、护坦的减冲效果

根据试验研究和工程验证，对于河湾凹岸边坡(沿河凹岸路基边坡)，护坦边沿垂裙冲刷深

度与无护坦时天然坡脚冲刷深度之比(相对冲刷深度),存在下列关系:

$$\frac{h_{sH}}{h_s} = e^{-0.275 \cdot \frac{180}{\theta} \cdot \frac{B_H}{h_s}} \tag{18-4-1}$$

式中:h_{sH}——护坦外缘(垂裙)冲刷深度(天然平均床面算起)(m);

B_H——护坦宽度(m);

θ——河流弯道圆心角或股流顶冲角(°);

h_s——天然条件(无护坦)凹岸最大冲刷深度(m),即天然平均床面以下的冲刷深度,

$$h_s = h_{smax} - h \tag{18-4-2}$$

$$h_{smax} = 1.48\left(\frac{B}{R_c}\right)^{0.24}\left(\frac{B}{h}\right)^{0.17}\left(\frac{h}{d}\right)^{0.05}C_m \tag{18-4-3}$$

$$C_m = e^{-0.16m} \tag{18-4-4}$$

h——平均水深(m);

h_{smax}——弯道凹岸最大冲刷后水深(m),是未设护坦前的桥墩、桥台及丁坝等冲刷后水深(包括一般冲刷和局部冲刷);

C_m——凹岸边坡减冲系数;

其他符号意义同前。

以上是交通部“八五”科技攻关(1995年)成果。在上述试验成果的基础上,补充试验,分析得到桥台、丁坝、导流堤(高冬光、王军)护坦防护、桥墩护坦防护(王亚玲)等成果。河湾凹岸、桥台、丁坝、桥墩、导流堤的护坦宽度与垂裙冲刷深度的关系,如图18-4-2各条曲线所示。图中,h_s是未设护坦前的冲刷深度,可按式(18-4-2)计算。

不同圆心角θ的河湾凹岸护坦防护、桥台、丁坝护坦防护、桥墩护坦防护及导流堤护坦防护等,相对冲刷深度和相对护坦宽度的关系曲线,见图18-4-2,根据算出的天然冲刷深度h_s和拟定的护坦宽度B_H,可从图上查到护坦相对冲刷深度h_{sH}/h_s,算出护坦冲刷深度h_{sH}。

由图18-4-2可见,对于河湾凹岸和桥墩冲刷,设置护坦防冲效果明显;河湾圆心角θ越小,效果越好;丁坝和桥台防护护坦宽度小于天然冲刷深度时,减冲效果十分明显,护坦宽度再大,效果则会减弱。

三、护坦的埋置深度和宽度

护坦必须埋置于河床天然床面之下,只有大洪水才可能将护坦以上河床泥沙冲走,露出护坦平板。经验表明,对于沿凹岸路基坡脚防护,护坦平板顶面高程应设置在床面平均高程以下至少1～2m处。这样,既能够明挖砌筑,基坑排水较易实现,又可达到防护的目的。凹岸防护护坦平板宽度B_H大多取1.5～3.5m。凹岸冲刷极严重的河段,还可再宽,必要时护坦平板上加筑潜坝(坝顶低于河床面或齐平)。护坦设计宽度由图18-4-2中的曲线,考虑垂裙冲刷深度选择决定。

对于桥墩、桥台及丁坝端部的护坦,埋置深度最好达一般冲刷线高程,床面至少在1.50m以下;其宽度B_H可根据图18-4-2中的曲线选择确定。护坦布设见图18-4-3和图18-4-4。

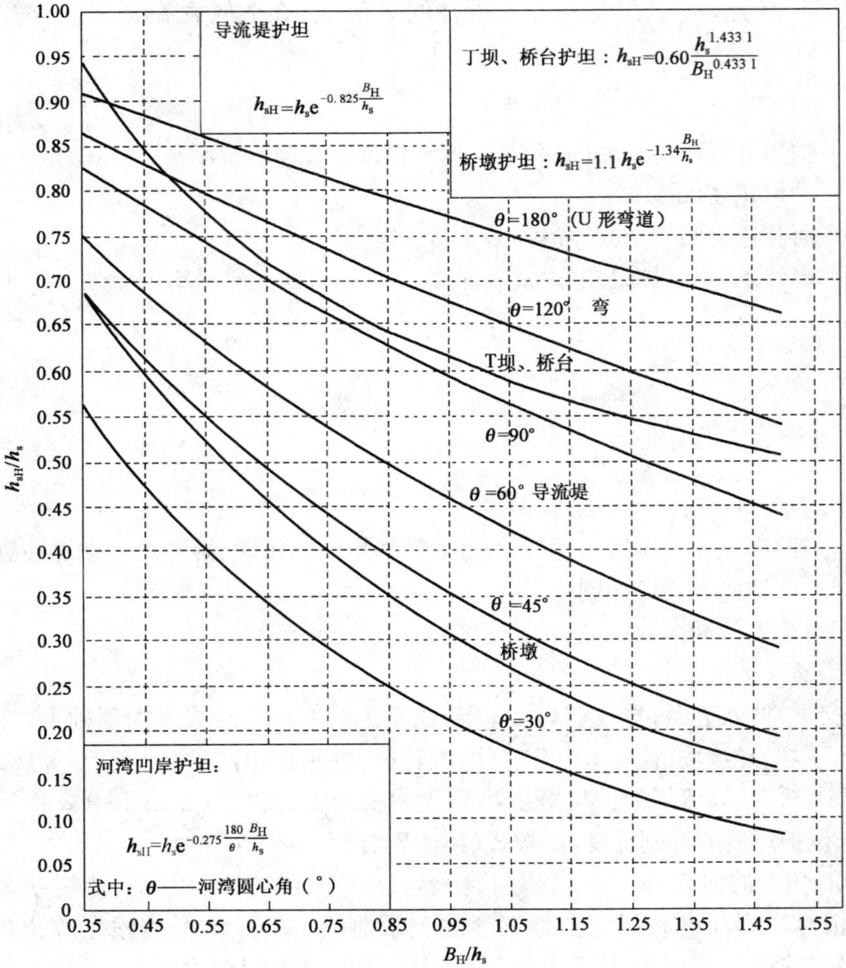

图 18-4-2　相对冲刷深度和相对护坦宽度的关系曲线

（高冬光、官盛飞，2006 年修正）

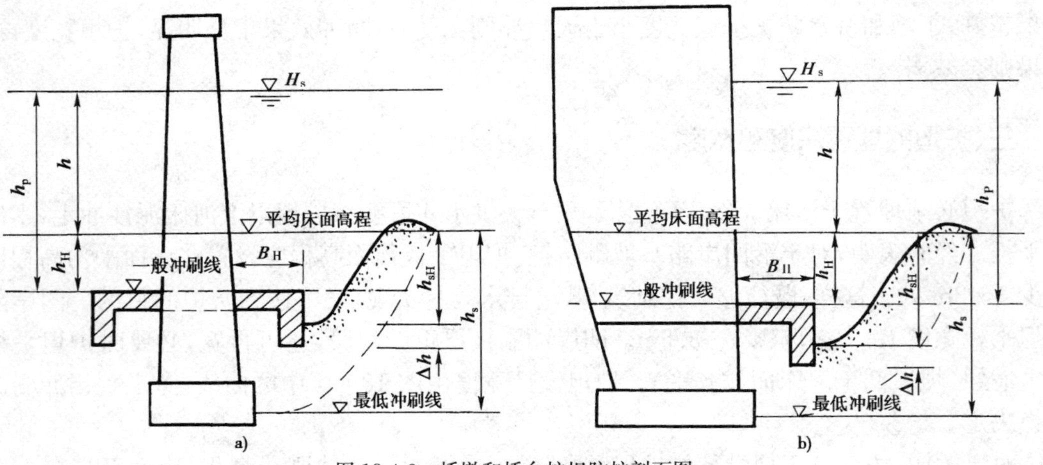

图 18-4-3　桥墩和桥台护坦防护剖面图

a)桥墩护坦；b)桥台护坦

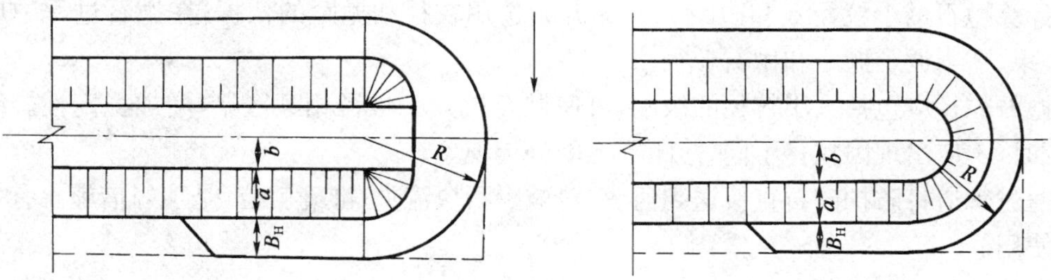

图 18-4-4　桥台和丁坝护坦的平面形式

四、护坦的构造

护坦是由护坦平板和垂裙(或“斜裙”)两部分构成。护坦平板与被防护的护坡、挡墙及墩台基础的联结必须牢固,砌筑成一体。护坦外缘与垂裙(或“斜裙”)应砌筑为一整体。垂裙(或“斜裙”)下端埋置深度是由冲刷深度 h_{sH} 确定的,在 h_{sH} 下还应考虑 0.5m 的安全深度。如果垂裙冲刷深度 h_{sH} 较大,采用人工明挖施工困难,可用 5m 长的短桩(木桩、混凝土桩)代替垂裙,在挖掘机挖槽下,石笼、抛石亦可。

护坦平板和垂裙(或“斜裙”)的材料和形式应就地取材,因地制宜。山区河流发生洪水时若有大孤石移动,为避免护坦平板被砸坏,其厚度不得小于 0.80m。平板和垂裙(或“斜裙”)在山区常用片石砌筑。缺少石料地区的路基边坡防护和重要的桥梁墩台的防护,可用混凝土浇筑、预制块,或用石笼、格宾填石等亦可。

第五节　抛石防护、护坡、反滤层等设计

一、抛石防护

深水桥梁墩台防护,抛石是国内外最常用的措施,其在洪水抢险中常起到关键性的作用(图 18-5-1),在沉井施工临时防护中使用方便。抛石在流速较大的水面上进行,必须事先对石料尺寸(粒径)和抛落位置(P 点)进行计算设计,才能达到预想的效果。

抛石(riprap)是美国、欧洲最常用的防护形式,它具有透水、透气、可随冲刷地形调整形状、便于机械施工等特点。

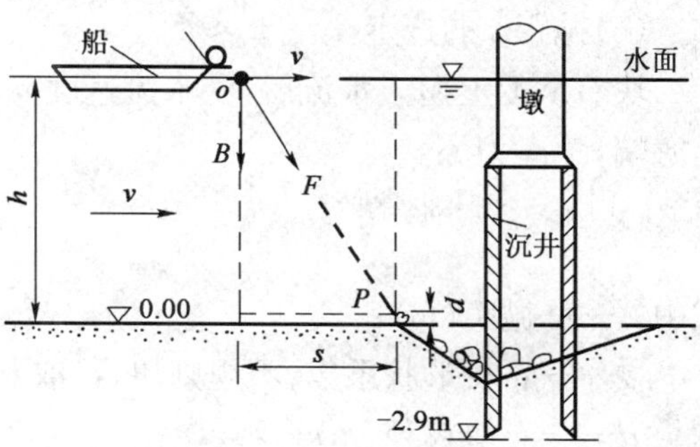

图 18-5-1　抛石护墩水流图示

(1)抛石防护必须密切观测河床和水流变化,选定防护重点、石料粒径及抛距,规划防护范围和抛石厚度,备料及选择抛石方法;随时检查抛石效果,选定新的防护重点,调整粒径和抛距;抛石后证实稳定性及防护效果。水深可用回升探深仪跟踪监测。

(2)计算抛石最小粒径 d 和抛距 s,作为开始选用粒径和抛距的依据,在抛石过程中应根据抛石效果,适当调整抛距和抛石粒径。

(3)抛石粒径应包括大小粒径的级配,可使抛石层大小粒径相互嵌错,增加稳定性。级配碎石下沉时,不应出现因粒径不同,落距不同的分选现象。

(4)通过管道将防护碎石直接送到河底,对减少石块流失,准确就位,是项好措施。有条件时,尽量使用。

(5)抛石粒径 d 的选择。

根据桥墩水流绕流和泥沙起动流速公式,可导出:

$$d = 0.0066\frac{v^3}{\varepsilon^3 h^{0.5}} \tag{18-5-1}$$

式中:d——抛石粒径(m);

v——桥墩行近流速(m/s);

h——桥墩行近水深(一般冲刷后)(m);

ε——行近流速 v 与墩侧最大绕流流速 v_{max} 的比值,可按表 18-5-1 取值。

ε 值 表 18-5-1

抛投石料	粒径 d_{50}(mm)	ε
沙砾、砾石	<20	0.45
片石、卵石	20 ~ 200	0.55
片石、漂石	200~1 000	0.65
	>1 000	0.75

根据桥墩基础处的拖曳力可导出:

$$d_{50} = \frac{1}{2}\cdot\frac{1.384v^2}{(s-1)2g} = 0.0214v^2 \tag{18-5-2}$$

式中:d_{50}——抛石的中值粒径(m);

v——作用于基础边沿石块的流速(m/s),约为行近流速的 1.5 倍;

g——重力加速度,$g=9.80\text{m/s}^2$。

(6)抛距 s 的选定。

块石从船上抛入水流后,受水流速度 v 和沉降速度 ω 的共同作用,沿抛物线轨迹落到桥墩上游端,距离为 s:

$$s = 0.228\frac{hv}{\phi d^{0.5}} \tag{18-5-3}$$

式中:s——抛距(m);

ϕ——石块形状系数,不规则块石,取 0.85,卵石取 1.00;

d——石块粒径(m);

h、v——意义同前。

[例 18-5-1] 铁路郑州黄河桥(老桥),1958 年洪水期 11 号墩上游水深 9m 时,抛下石笼(0.8m^3),触及床面时已被冲到下游 14m。测得流速在 6m/s 以上,局部冲刷坑深度大于 8m。

因抢护不及时，该桥墩被冲毁。现用式(18-5-1)和式(18-5-3)验算。

解：将石笼体积 $0.8m^3$ 化为等体积的圆石，抛石当量粒径为 d。

$$d_e=\left(\frac{6W}{\pi}\right)^{\frac{1}{3}}=1.24\times(0.8)^{\frac{1}{3}}=1.15(\text{m})$$

流速 6m/s 和水深 9 m，抛石需要的粒径，按式(18-5-1)计算：

$$d=0.0066\times\frac{6^3}{0.75^3\times 9^{0.5}}=1.13(\text{m})$$

石笼体积 $0.8m^3$ 相当于直径为 1.15m 的块石，近似于流速、水深要求的粒径 1.13m，合适。抛距 s，根据式(18-5-3)，

$$s=0.228\times\frac{9\times 6}{0.85\times 1.13^{0.5}}=13.6(\text{m})$$

以上分析计算详见《公路与桥梁水毁防治》(高冬光，2002 年)。

二、抛石坝(或堤)防护

1. 抛石堆顶上的石块直径

$$d=\frac{v^2}{\frac{f}{k}2g\frac{\gamma_s-\gamma_w}{\gamma_w}} \tag{18-5-4}$$

式中：γ_s——石块的重度(kN/m³)，$\gamma_s=26\times10^3\text{kN/m}^3$；

γ_w——水的重度(kN/m³)，$\gamma_w=9.8\times10^3\text{kN/m}^3$；

f——石块与抛石堆其他石块间的浸水摩擦系数；

k——石块的绕流系数；

f/k——石块滑动的稳定性系数，其平均值为 0.74，对于圆形和有棱角的石块，此值无显著差别；

g——重力加速度，$g=9.80\text{m/s}^2$；

其他符号意义同前，其中 $\frac{\gamma_s-\gamma_w}{\gamma_w}\approx1.65$。

2. 抛石斜坡上的石块直径，近似地按

$$d_1=\frac{d}{\cos\alpha} \tag{18-5-5}$$

式中：d_1——斜坡上的石块直径(当量球径)(m)；

α——斜坡坡面与水平面的夹角(°)；

d——堤坝顶(水平面)上的抛石直径(m)。

3. 抛石的位移距离

抛石的位移距离可按式(18-5-3)计算，也可按下式计算：

$$s=0.8\frac{vh}{G^{1/6}} \tag{18-5-6}$$

式中：G——抛石的石块质量(kg)；

其他符号意义同前。

4. 抛石防护施工方法和要求(见表 18-5-2)

路基抛石防护 表 18-5-2

项　目	抛石防护施工方法和要求
抛石防护的使用范围	1. 抛石防护主要用于受水流冲刷和淘刷的路基边坡和坡脚，最适用沿砾石河床的路基。对一般土质的沿河路堤在水流冲刷、坡脚淘空的情况下亦被采用 2. 抛石施工不受气候条件的限制，对于季节性浸水或长期浸水的边坡，均可使用，并可在路堤沉实以前施工
新、旧路堤抛石的类型简图（尺寸单位：m）	3. 常用的抛石类型，基本上可分为下图所示两种

新、旧路堤抛石的类型简图（尺寸单位：m）

适用于新路堤的抛石	适用于旧路堤的抛石
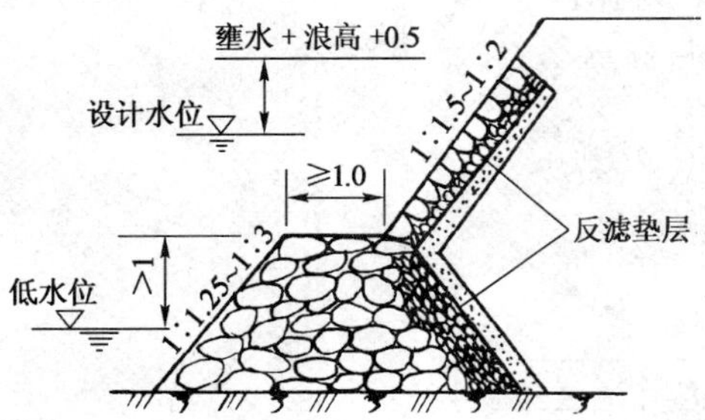	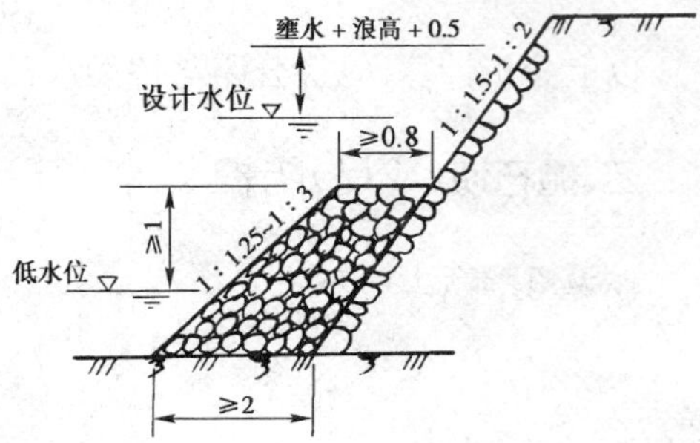

抛石边坡坡度（参考）

4. 抛石边坡坡度参考

水文条件	采用边坡
水浅、流速小	1∶1.25～1∶1.5
水深 2～6m，流速较大，波浪汹涌	1∶2.0～1∶3.0
水深 6m 以上，在急流中施工	缓于 1∶2.0

备注：如选择巨大石块铺在抛石垛表面时（水上施工）边坡坡度可为 1∶1

项　目	抛石防护施工方法和要求
抛石粒径的选用要求	5. 抛石大小的选用，根据水流速度、水深、浪高，以及抛石边坡等因素而定；在流速大、波浪高及水深三者兼有时，应采用较大的石块 6. 抛石厚度一般为粒径的 3～4 倍，用大粒径时至少不得小于粒径的 2 倍；为防止抛石背后路基土流失，必要时设置反滤层

抛石粒径与水深、流速的关系

7. 抛石粒径选用与容许流速关系

抛石粒径(cm)	水深(m) 0.4	1.0	2.0	3.0	5.0
	容许流速(m/s)				
15	2.70	3.00	3.40	3.70	4.00
20	3.15	3.45	3.90	4.20	4.50
30	3.60	3.95	4.25	4.45	5.00
40		4.30	4.45	4.80	5.05
50			4.85	5.00	5.40

续上表

<table>
<tr><th colspan="2">项　目</th><th colspan="7">抛石防护施工方法和要求</th></tr>
<tr><td rowspan="16">抛石最小粒径</td><td rowspan="8">按流速</td><td colspan="7">8. 按流速抛石最小粒径(参考)</td></tr>
<tr><td rowspan="3">流速
(m/s)</td><td colspan="6">采用边坡 1 : m</td></tr>
<tr><td>1 : 1</td><td>1 : 1.5</td><td>1 : 1.75</td><td>1 : 2</td><td>1 : 2.5</td><td>1 : 3</td></tr>
<tr><td colspan="6">抛 石 粒 径 (cm)</td></tr>
<tr><td>2.0</td><td>20</td><td>20</td><td>20</td><td>20</td><td>20</td><td>20</td></tr>
<tr><td>2.5</td><td>25</td><td>20</td><td>20</td><td>20</td><td>20</td><td>20</td></tr>
<tr><td>3.0</td><td>35</td><td>30</td><td>30</td><td>30</td><td>35</td><td>25</td></tr>
<tr><td>3.5</td><td>45</td><td>40</td><td>35</td><td>35</td><td>30</td><td>30</td></tr>
<tr><td rowspan="8">按浪高</td><td colspan="7">9. 按浪高抛石最小粒径(参考)</td></tr>
<tr><td rowspan="3">波浪高
(m/s)</td><td colspan="6">采用边坡 1 : m</td></tr>
<tr><td>1 : 1</td><td>1 : 1.5</td><td>1 : 1.75</td><td>1 : 2</td><td>1 : 2.5</td><td>1 : 3</td></tr>
<tr><td colspan="6">抛石粒径(cm)</td></tr>
<tr><td>0.25</td><td>30</td><td>20</td><td>20</td><td>20</td><td>20</td><td>20</td></tr>
<tr><td>0.50</td><td>45</td><td>30</td><td>30</td><td>25</td><td>25</td><td>25</td></tr>
<tr><td>0.75</td><td></td><td>45</td><td>40</td><td>30</td><td>30</td><td>30</td></tr>
<tr><td>1.00</td><td></td><td></td><td>50</td><td>45</td><td>45</td><td>35</td></tr>
<tr><td colspan="2">抛石施工注意要点</td><td colspan="7">10. 除上述有关粒径选择参考外，所抛石料应选用质地坚硬、耐冻且不易风化崩解的石块
11. 抛石防护除防洪抢险外，一般应于枯水季节施工
12. 抛石时，宜用不少于计算尺寸的大小不同的石块掺杂抛投，使抛石保持一定的密度
13. 抛石堆的顶宽、边坡、结构形式及长度，应按设计规定实施
14. 如采用嵌固的抛石防护类型，一般采用打桩嵌固的方法，加固效果较好</td></tr>
</table>

三、片石护坡防护

1. 浆砌片石护坡的厚度

$$T = \frac{p_{sj}}{(\gamma_s - \gamma_w)\cos\alpha} \tag{18-5-7}$$

式中：T——浆砌片石护坡厚度(m)；

p_{sj}——水流作用于护坡的压强(kPa)，

$$p_{sj} = \eta\mu\gamma_w \frac{v^2}{2g} \tag{18-5-8}$$

η——与护面结构有关的系数，可按光滑连续护面选用，取 1.1～1.2；

μ——与护面透水性有关的系数，可按连续不透水护面选用，$\mu=0.3$；

g——重力加速度，$g=9.80\text{m/s}^2$。

2. 干砌片石护坡的石块尺寸

$$D = 1.5 \frac{p_{sj}}{(\gamma_s - \gamma_w)\cos\alpha} \tag{18-5-9}$$

式中:D——所求石块换算为球形的当量直径(m);

p_{sj}——水流作用在石块上的压强(kPa),按 $p_{sj}=p_{sj1}+p_{si2}$ 计算;

p_{sj1}——动水压强(kPa),按式(18-5-8)计算;

p_{sj2}——脉动压强(kPa),

$$p_{sj2} = 0.25 p_{md} v^2 \tag{18-5-10}$$

η——与护面结构有关的系数,按单个小构件组成的护面选用,η=1.5~1.6;

μ——与护面透水性有关的系数,按透水护面选用,即 μ=0.1;

p_{md}——脉动压力平均值,当行近水流的平均流速为 2m/s 时,其实测平均值按表 18-5-3 查取。

p_{md} 值　　表 18-5-3

调治构造物的阻水特性	p_{md}(kPa)	调治构造物的阻水特性	p_{md}(kPa)
大致顺水流方向,水流均匀绕过	0~0.5	与水流接近垂直,水流急剧分离	3.0 以下
与水流斜交,迎水面水流分离	0.5~0.8		

四、混凝土预制板防护

混凝土预制板防护按使用场合不同可分为混凝土板护坡和柔性混凝土板块(软排)防护两种。

1. 混凝土板护坡(图 18-5-2)

(1)使用条件

①混凝土板护坡对于石料缺乏、人工费用昂贵的地区,或对城市环境美化要求较高、机械化施工条件较好的地区,有一定的优越性。

②混凝土预制块防护比浆砌片石护坡能抵抗更大的流速和波浪冲击,其容许流速在 4~8m/s 以上,而容许波浪高可达 2m 以上,此外还能抵抗较强的冰压力。但是其造价较高,应用范围受到较大的限制。

图 18-5-2　新疆莎车叶尔羌河大桥导流堤
(泽普岸,1954 年建,高冬光 2000 年摄)

(2)设计注意事项

①混凝土块板,一般地区采用 C15 混凝土,严寒地区应提高到 C20 混凝土。为了提高混凝土的耐冻性和防渗性,水泥中可加入适量的增塑剂。

②混凝土块板可预制成方形、长方形,其边长尺寸一般不小于 1.0m,厚度不小于 6cm,并配置一定的构造钢筋。相邻板块间应不连接,靠近铺砌即可。砌缝宽 1~2cm,用沥青麻筋或沥青木板填塞。为了减小水流或波浪对板块的冲击力和上浮力,预制板块时应留出排列整齐

的孔眼，孔眼尺寸应小于靠近板块的垫层颗粒的粒径。

③土坡与混凝土块板之间应按反滤层要求设置砂砾或碎石垫层，其一般厚度为：干燥边坡用10～15cm，较湿的边坡用20～30cm，潮湿边坡用30～40cm。

④为防止坡面上的混凝土预制块下滑，在坡脚位置处需要设置支挡结构物。一般可以采用混凝土脚墙及其防冲木桩、护坦，如图18-5-3所示。

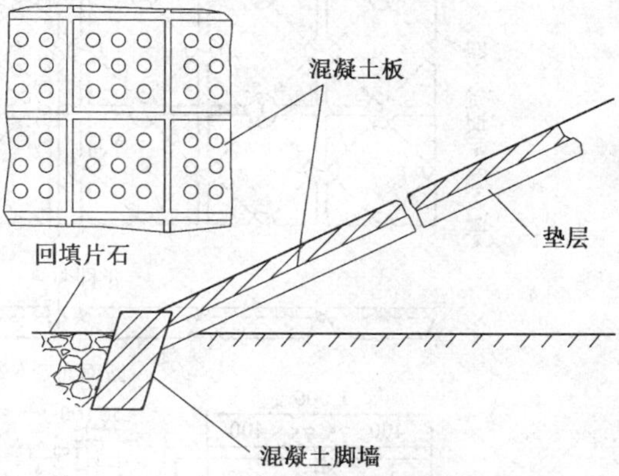

图18-5-3　混凝土板护坡断面示意图

2. 柔性混凝土块板

柔性混凝土块板又称混凝土沉排，是一种强有力的柔性护面，它由具有一定规则形状和尺寸的混凝土板与可以自由转动的铰链互相连接而构成。

(1)使用条件

①柔性混凝土块板护面一般用于沿河路基和沿河建筑物，如导流堤、桥梁墩台的防护，其作用是随基础脚下冲刷深度的加深，柔性护面将能自动沉入冲刷坑内覆盖住坑壁，不使淘刷角向后发展，保持基础稳定。为了减小护面受水流的作用力，柔性板块应铺设在较枯水位稍低的位置。

②柔性护面用于中等粒径的砂砾石河床基础上，其下沉均匀效果较佳。对于颗粒较小的砂性土和黏性土河床基底，必须设置垫层，并用麻筋热沥青灌缝。对于大孤石较多的河床和细粉沙河床不宜采用。

(2)注意事项

①根据水流情况，柔性护面应按与主体防护建筑物基础轮廓线相垂直的方向，一组一组地铺设在防护范围的河床上。当基础轮廓线为直线或近似直线时，宜用方形板块按直线平行排列，以6～8列为一组铺设；当轮廓线为曲线时，用梯形板块按扇形排列，以4～6列为一组铺设为好。在靠近基础的一端可锚固在基础的脚墙内或特设的固定桩上。

板块的铺砌长度应使块板伸入冲刷坑后能覆盖住全部坑壁。在靠近固定脚墙的一端还宜加上约2m的安全长度。

当采用的块板尺寸较大时，整个护面常由一种板块组成。当板块的尺寸较小时，为防止板块位移，宜将整个护面的前缘端部两排和迎水方向边缘两排，均做成加大加厚(1 050mm×250mm)的板块。同时，为减小固定端受到的拉力，在靠近固定端的两排板块，也换成加大加厚尺寸的块板。

②块板采用C15混凝土，平面尺寸一般采用0.5m×0.5m、0.75m×0.75m及1.0m×1.0m。块板厚度不宜小于0.2m。板内设置钢筋并作为连接钩环用，其钢筋尺寸为：对于尺寸较小的板块用ϕ14～18mm钢筋；对于较大的板块用ϕ18～22m钢筋；对于固定端的锚定钩环采用ϕ28～32mm钢筋。

③板块铺设前应先将基底整平，清除大孤石，或先铺一层砂砾垫层，并顺河床地形由河岸向河心做成缓坡。在反滤层设置中，为防止砂砾的冲刷流失，可以采用土工布将砂砾垫层卷包起来。

柔性混凝土块板防护的布置及构件大样示例如图 18-5-4 所示。

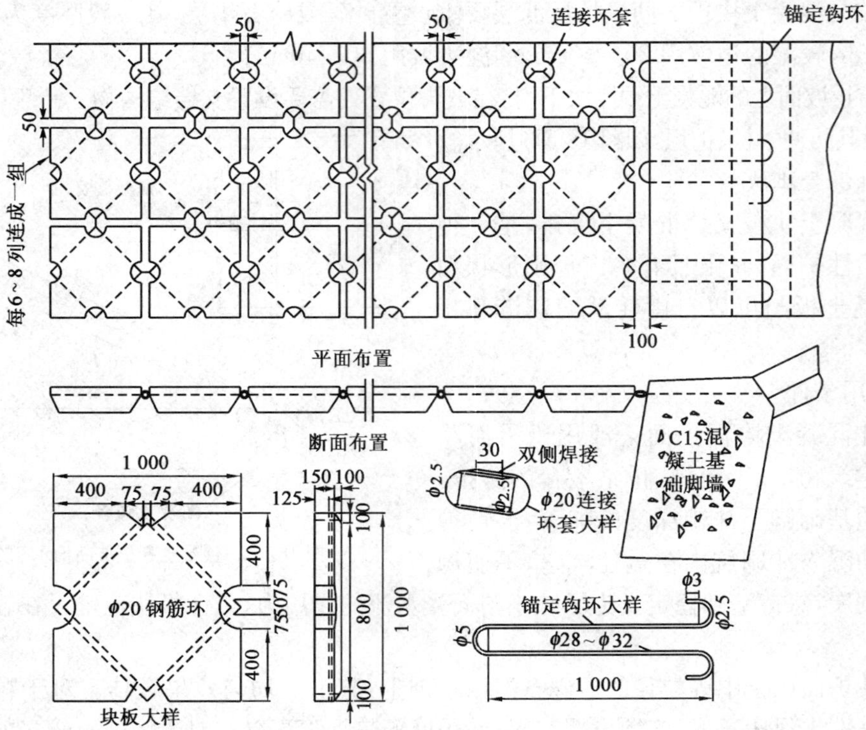

图 18-5-4 柔性混凝土板块防护布置及构件大样图(尺寸单位:mm)

五、反滤层的设计

在护坡、挡墙、桥台和排水沟渠等砌体和填土体之间,要设置反滤层。反滤层材料和厚度要满足两方面的要求,即渗透准则和抗淤堵准则。既能使填土体中的水渗透排除,保持土体的强度和稳定,又不使反滤层材料的孔隙被泥沙颗粒堵死。反滤层材料一般用设计级配的砂砾,近年来,土工织物在道路排水和防护工程中用作反滤层,得到了广泛应用。

砂砾反滤层按下列级配设计:

$$\frac{d_{15}(\text{滤层})}{d_{85}(\text{基层})} < 5 \tag{18-5-11}$$

$$5 < \frac{d_{15}(\text{滤层})}{d_{15}(\text{基层})} < 40 \tag{18-5-12}$$

$$\frac{d_{50}(\text{滤层})}{d_{50}(\text{基层})} < 40 \tag{18-5-13}$$

式(18-5-11)～式(18-5-13)中滤层表示上层材料,基层表示下层材料。这项准则可适用于任何相邻两层护坡(堆石)、反滤层和土体基层之间。假如干砌护坡(堆石)石块很大,而土基层用的颗粒很细,则需要不同粒径的多层反滤结构。反滤层一般厚度为 15～40cm。对于多种反滤结构,每一层厚 10～20cm。

土工织物有很好的物理力学性能和排水性能,但是其在抗紫外线稳定性方面存在缺点。它暴露在阳光下时，老化很快；而埋在地下则不成问题。特别是聚丙烯和聚乙烯的抗紫外线稳定性最差，聚酰胺和聚酯的稳定性较强。在防冲刷排水工程中，抗紫外线稳定性是最重要的因素。

反滤和排水工程，宜选用薄型黏合及针刺无纺织物、膜裂和单丝有纺织物。

织物设计准则如下所述。

(1)土粒保持准则

$$Q_{95} \leqslant BD_{85} \tag{18-5-14}$$

式中：Q_{95}——织物有效孔径(mm)；

D_{85}——土粒粒径(mm)；

B——系数。

对于砂、砾质砂、粉土质砂及黏土质砂，B 由不均匀系数 C_u 决定：

$$C_u = D_{60}/D_{10}$$

$$C_u \leqslant 2 \text{ 或 } C_u \geqslant 8 \text{ 时}, B = 1$$

$$2 \leqslant C_u \leqslant 4 \text{ 时}, B = 0.5C_u$$

$$4 < C_u < 8 \text{ 时}, B = 8/C_u$$

对于非均质砂，美国陆军工程兵团(ACEUS)推荐 $B=1$；

对于粉土和黏土，B 由织物类型决定：

有纺织物，$B=1$；

无纺织物，$B=1.8$；

有纺和无纺织物，$Q_{95} \leqslant 0.3$mm。

(2)渗透准则

①对于非重要工程和不太严格的条件

$$k_g \geqslant k_s \tag{18-5-15}$$

式中：k_g——织物的渗透系数(cm/s)；

k_s——土的渗透系数(cm/s)。

②对于重要工程和严格的条件

$$k_g \geqslant 10k_s \tag{18-5-16}$$

(3)抗淤堵准则

织物允许悬浮状细颗粒穿过，而由较大颗粒很快形成自然反滤层，以阻止住较小颗粒产生淤堵。要求 Q_{95} 远远大于细颗粒 D_{15}，即

对于 $C_u>3$ 的土，$Q_{95} \geqslant 3D_{15}$；

对于 $C_u \leqslant 3$ 的土，选择符合上述准则、具有最大孔隙的织物。

另外，还应用织物孔隙率(μ)和开口面积百分率(POA)，控制其孔隙数量：

有纺织物，$POA \geqslant 4\%$；

无纺织物，$n \geqslant 30\%$。

(4)施工准则

详见相关施工规范、产品说明等要求。

第六节　土工织物在防护工程中的应用

土工织物(geotextile)俗称土工布,具有良好的力学性能和透水性。20世纪50年代,美国首次将其铺设在护岸混凝土块下作为防冲保护层(反滤层),20世纪80年代,它在我国铁路、水利、港航及公路工程等方面均得到推广应用。

一、土工织物在工程中四方面的作用

1. 排水作用

织物是多孔隙透水介质,埋在土中可以汇集水分,将水排出土体。其可以在垂直其平面排水,也可沿其平面排水。

2. 反滤作用

土工织物可代替传统的粒料作反滤层。

3. 分隔作用

在路基、填土、边坡防护等工程中,需要设置不同的粒料层,各自具有不同的性能。

4. 加劲作用

织物具有很大的抗拉强度和较大的破坏变形率,以适当的形式把它埋在土中作为加劲材料,从而控制土的变形,增加土体稳定性。

二、土工织物的类型(表18-6-1)

几种主要织物产品　　表18-6-1

织物类型	纤维类型	成分	织物类型	纤维类型	成分
有纺织物	单丝	聚丙烯 聚偏二氯乙烯	无纺织物	短纤维 连续长丝	聚丙烯,聚酯, 尼龙,多种成分 纤维混纺
	复丝	聚酯 聚丙烯			
	扁丝	聚丙烯	复合织物	由多种成分纤维制成	

三、织物能在同一工程中发挥不同的作用,工程应用十分广阔(表18-6-2)

织物在各种工程中的作用　　表18-6-2

主要作用	工程	次要作用	主要作用	工程	次要作用
分隔	道路和铁路路基	反滤,排水,加筋	加劲	沥青混凝土路面	—
	填土,预压稳定	排水,加筋		路面底基层	反滤
	边坡防护,运动场,停车场	反滤,排水,加筋		挡土结构	排水
排水	挡土墙,垂直排水	分隔,反滤		软土地基	分隔,排水,反滤
	横向排水(铺在薄膜下)	加筋		填土地基	排水
	土坝	反滤	反滤	沟渠,基层,结构和坡脚排水	分隔,排水
	铺在水泥板下	—		堤岸防护	分隔

四、土工织物原料的物理力学性能和耐久性能(表 18-6-3)

土工织物原料的物理力学性能和耐久性能比较　　表 18-6-3

纤维性能 \ 聚合物名称 \ 产品				无纺土工布	机织土工布		编织土工布	
				聚乙烯醇(维纶)	聚酰胺(锦纶)	聚酯(涤纶)	聚丙烯(丙纶)	聚丙烯(丙纶)	聚乙烯
短纤	干态	断裂强度	CN/dT_{ex} (kN/m)	4.4～5.1	3.78～6.16	4.22～5.19	3.96～6.16	—	—
		断裂伸长	%	17～22	25～55	30～45	30～60	—	—
	湿态	断裂强度	CN/dT_{ex} (kN/m)	3.52～4.31	3.34～5.28	4.22～5.19	3.96～6.16	—	—
		断裂伸长	%	17～25	27～58	30～45	30～60	—	—
强力长丝	干态	断裂强度	CN/dT_{ex} (kN/m)	5.3～7.9	5.6～8.4	5.6～7.9	4.0～6.6	—	—
		断裂伸长	%	9～22	16～25	7～17	25～60	—	—
	湿态	断裂强度	CN/dT_{ex} (kN/m)	4.4～7.0	5.2～7.1	5.6～7.9	4.0～6.6	—	—
		断裂伸长	%	10～26	20～30	7～17	25～60	—	—
裂膜丝	干湿态	断裂强度	CN/dT_{ex} (kN/m)	—	—	—	—	≥0.32	≥0.32
		断裂伸长	%	—	—	—	—	15～30	15～30
相对密度				1.26～1.30	1.14	1.38	0.91		0.94～0.96
耐热性(软化点)			℃	220～230	180	233～240	140～160		100～115
在3%伸长下的弹性恢复力			%	70～90	98～100	95～100	95～100		85～97
耐酸性				浓的硫酸、盐酸、硝酸可使其膨润或分解；10%的盐酸、硫酸对其无影响	浓的硫酸、盐酸、硝酸可使其分解；7%的盐酸、20%的硫酸、10%的硝酸对其强度无影响	35%的盐酸、75%的硫酸、65%的硝酸对其强度无影响	除浓硝酸、氯磺酸外耐酸性良好		浓的盐酸、硫酸对其强度无影响

续上表

纤维性能 \ 聚合物名称 \ 产品	无纺土工布		机织土工布		编织土工布	
	聚乙烯醇(维纶)	聚酰胺(锦纶)	聚酯(涤纶)	聚丙烯(丙纶)	聚丙烯(丙纶)	聚乙烯
耐碱性	在 50% 的氢氧化钠溶液中强度不降低	在 50% 的氢氧化钠和 28% 的氨水中强度不降低	在 10% 的氢氧化钠和 28% 的氨水中强度不降	耐浓碱		耐浓碱
耐磨性	良好	优良	优良	优良		优良
耐蛀、耐霉性	优良	优良	优良	优良		优良
耐紫外线	良好	差	良好	差		良好
抗微生物	优良	良好	优良	优良		优良

注:1. 目前工程上应用的非织造土工布,大部分是针刺土工布,采用短纤原料。

2. CN/dT_{ex}——单纤维强度。

五、对土工织物强度的基本要求(表 18-6-4)

土工织物强度的基本要求　　表 18-6-4

测试项目	单位	用途分类					
		I级		II级		III级	
		伸长率<50%	≥50%	<50%	≥50%	<50%	≥50%
握持强度	N	≥1 400	≥900	≥1 100	≥700	≥800	≥500
撕裂强度	N	≥500	≥350	≥400*	≥250	≥300	≥175
刺破强度	N	≥500	≥350	≥400	≥250	≥300	≥175
CBR 顶破强度	N	≥3 500	≥1 750	≥2 750	≥1 350	≥1 000	≥950

注:1. 表中 * 指对机织单丝织物,采用 250N。

2. 表列数值指卷材沿强度最弱方向测试的最低平均值。

六、土工合成材料的分类

1. 土工织物

(1)织造(有纺):经纬编织;针织。

(2)非织造(无纺):针刺黏结;热黏;化黏。

2. 土工膜

沥青土工膜;聚合物土工膜。

3. 特种土工合成材料

(1)土工隔栅。

(2)土工模袋。

①机制模袋:有反滤层排水模袋;无反滤层排水模袋;排水点混凝土模袋;框格型模袋。

②简易模袋。

(3)玻纤网。

(4)土工网。

(5)土工垫。

(6)土工格栅。

(7)超轻型合成材料(泡沫聚苯乙烯等)。

4.复合型土工材料

(1)复合土工膜。

(2)复合排水材料。

①塑料排水板；

②无纺织物和塑料网状管材构成的排水材；

③无纺织物、芯材、土工膜构成的排水材；

④无纺织物、网状管材、土工膜构成的排水材；

⑤无纺织物、芯材排水管。

七、土工织物对紫外线的敏感性

所有的聚合物对紫外线都较为敏感，暴露在阳光下易解体。聚丙烯和聚乙烯抗紫外线最差，聚酰胺和聚酯抗紫外线稳定性较强。实践证明，埋在地下的织物比暴露在阳光下和空气中织物的分解要缓慢得多。在保护良好的条件下，即使聚丙烯和聚乙烯织物的老化时限也可达50年以上，而暴露在阳光下，一年就可分解破坏。因此，要求在储存、运输和施工中避免日晒、高温等，只要处理适当，在设计期内不会因老化而失效。

八、应用示例(图18-6-1、图18-6-2)

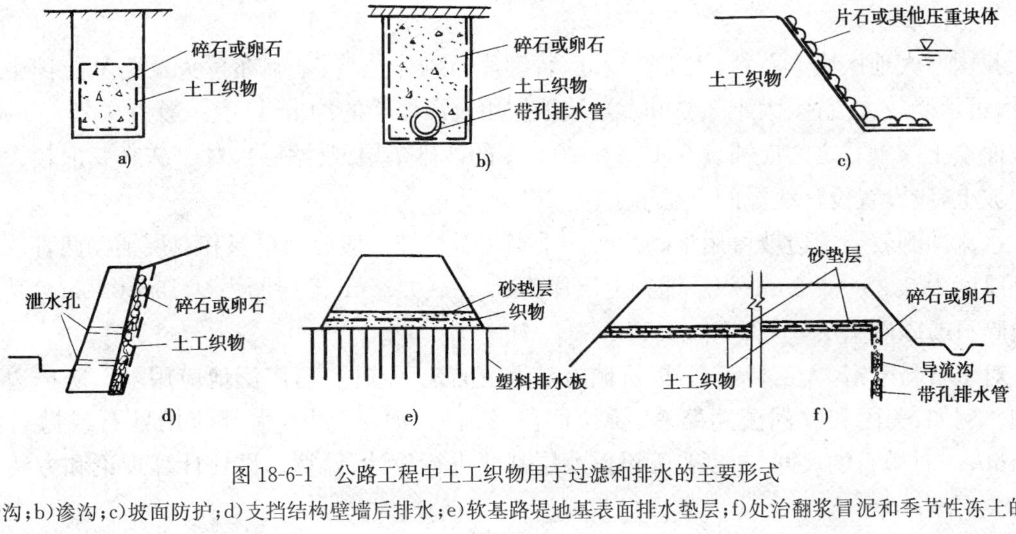

图18-6-1　公路工程中土工织物用于过滤和排水的主要形式

a)暗沟；b)渗沟；c)坡面防护；d)支挡结构壁墙后排水；e)软基路堤地基表面排水垫层；f)处治翻浆冒泥和季节性冻土的导流沟

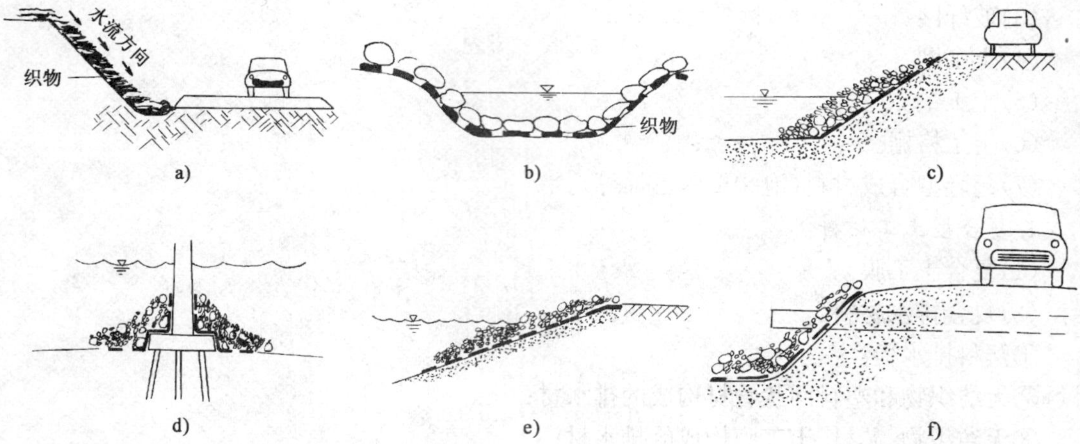

图 18-6-2　土工织物作为冲刷防护的过滤体

a)防边面流水冲刷;b)沟渠防冲;c)防河流边坡冲刷;d)桥墩防冲;e)防波浪及潮汐冲刷;f)防路基涵管出口冲刷

第七节　各种防护形式的综合治理

桥位河段调治构造物和各种形式(如护坡、护坦等)的防护工程,应配合使用综合治理;防护工程中刚性和柔性、不透水和透水等形式,植树、植草生物治理等都应因地制宜、综合运用,从而达到调节水流结构(导流堤、丁坝等),稳定水流,避免河床发生不利变形和提高建筑物抵御洪水的抗冲刷能力(护基脚、坡脚、坡面等)的目的。

从构造物与水流的关系及功能方面,我们分别讨论了导流堤、丁坝及丁坝群和护坦等构造物的类型。从构造物的材料、形式及施工等方面,有下列多种形式(见表 18-1-1～表 18-1-3)。

我国广大地区盛产石料,人工费较低,浆砌片石砌体边坡、基础在桥头及路基防护中最为常见,可承受较大流速(大于 3.00m/s)、波浪作用及漂浮物的冲击,厚度一般为 0.25～0.40m。在坡面填土与砌石之间应铺设 0.10～0.20m 厚的沙砾垫层(反滤层),对于冻胀变形较大的土质边坡上,应设置设计级配的反滤垫层。

水流冲刷较弱的边坡可用干砌片石。干砌片石护坡一般分为单层和双层铺砌两种。单层铺砌厚度为 0.25～0.35m;双层铺砌上层厚为 0.25～0.35m,下层厚为 0.15～0.25m,其下均应设碎石或砂砾垫层,厚 0.10～0.15m。

对于石料丰富,人工费较高,以机械施工为主的地区或国家,广泛地应用堆石防护边坡或坡脚。例如,美国和欧洲公路路基、桥位河段及河岸、海岸防护,大都应用堆石或抛石防护(riprap)。对抛石的尺寸、厚度和下设反滤层都要进行设计、计算。设计计算理论和方法可参见相关文献。

丁坝可用沙砾、卵石、片石作为坝心,外以浆砌片石砌筑。山区漫水丁坝较低,常采用这种形式。对于细沙、粉沙河床，常采用桩排防护。

桥头引道、河滩路基及沿河路堤坡脚或河岸，当受急流冲刷和风浪侵袭，且防护工程基础不易处理时，可采用石笼防护。最常用的是镀锌铁丝石笼，近年来常采用格宾网箱充石，耐久性强。在急流滚石河段，当基础不易处理时，可采用钢筋混凝土框架石笼、格宾网箱。格宾现逐渐被广泛应用。流速不大的南方河流，也有用竹编石笼的。我国缺少木料，所以木框架石笼用得较少。

铁丝石笼常作为受较高流速冲刷的边坡和河岸加固材料，或由数个铁丝石笼直接组成的调治构造物（如丁坝、导流堤，护岸等）。其优点是以小石料填充成大尺寸防护构件，韧性较好，可随床面变形而变形，但造价较高，耐久性较差（视铁丝的耐腐蚀程度而定，镀锌铁丝约 8～10 年，不镀锌铁丝为 3～5 年）。铁丝笼由钢筋骨架（钢筋直径 6～8mm）和镀锌铁丝（8 号或 10 号，直径大约 3.5mm）编制而成。一般有箱形、扁形和圆柱形（直径 0.6m 左右）。

石笼内设置纵横向或斜向的加圈铁丝。几层石笼铺砌时，几个铅丝笼应用铁丝束捆扎在一起。石笼填充的较小石料各层间，放置柳枝等梢料，可加强小石料间的整体性。在低水位下的水中亦不易腐朽。

对于细沙、粉沙河床，如平原游荡河段或沙漠中的河流，洪水期主流摆动、床面下切变化很快，河岸防护可采用桩排防护河岸。桩排本身冲刷被旋涡带走一些泥沙，但是从上游带来的泥沙，沉积在桩排下游尾流区内，淤积成滩，还可生长植物，起到护岸作用（图 18-7-1）。郑州黄河铁路老桥曾采用桩排防护桥头凹岸冲刷。新疆叶尔羌河桥床面为砂夹砾、卵石，河滩表层为细沙，用桩排防护导流堤可收到明显效果（详见第十九章第三节）。

图 18-7-1　桩排防护（新疆麦盖提叶尔羌大桥，马磊，1998 年）

采用工程防护和生物防护综合治理一般都能收到良好的效果。沿河岸、导流堤后与桥头引道两侧河滩植树，对减小流速、固定河滩床面和岸线，以及调治流向都可收到显著效果。挖方边坡一侧植树、种草，保护植被对稳定边坡、避免滑塌有良好效果。植物防护效果随时间而增长,又能改善环境和公路绿化,故应尽量采用。图 18-7-2 是美国公路桥涵、边坡生物防护设计示例,可供参考。

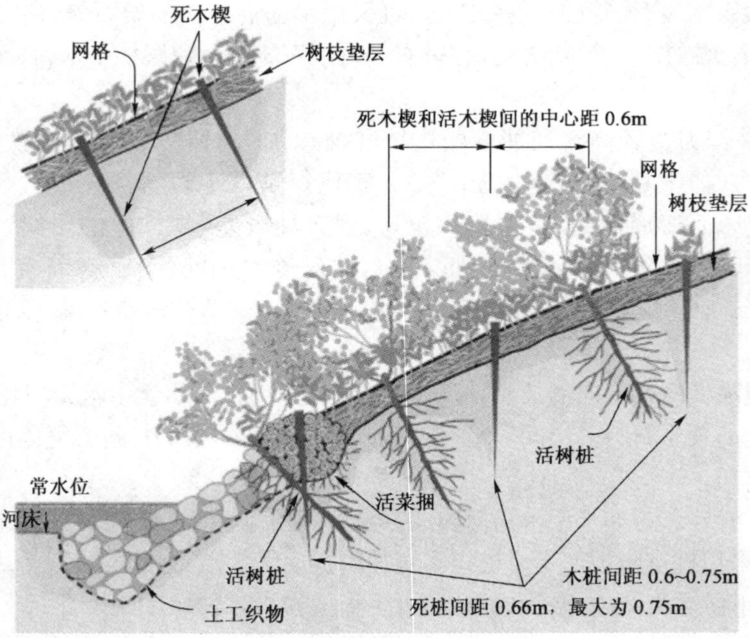

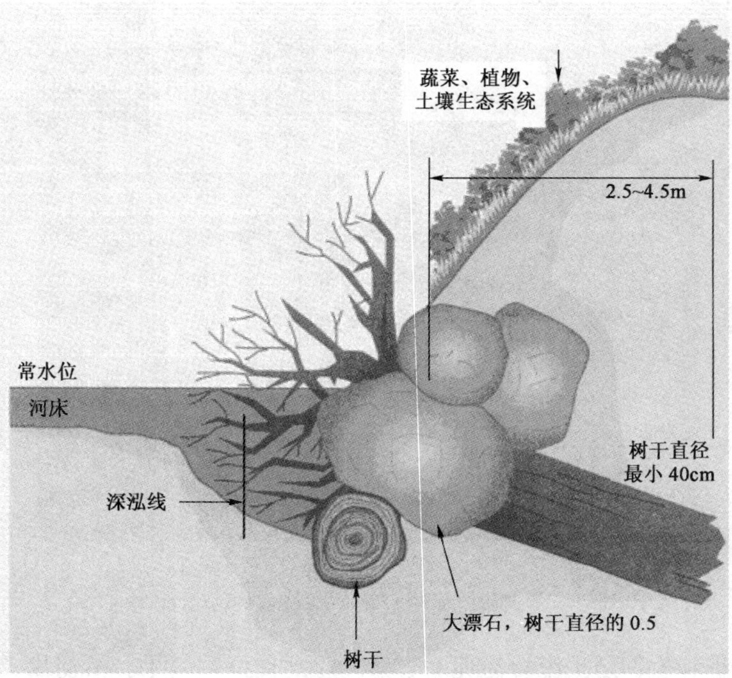

图 18-7-2　边坡生物防护的示例

沿海岸公路或桥头引道的防护照片见图 18-7-3 和图 18-7-4。

图 18-7-3　海岸附近抛石防护

图 18-7-4　海岸混凝土护坡抛石护脚、加肋护坦基础防护

第十九章　桥梁水毁治理实例

桥梁在数10年以至跨百年的运营期内，自然条件（气候、流域、水流、河道等）和人类活动都在不停地发展变化着。气候变暖、人们在流域内及河道中的工程建设、植被破坏等，都会引起水文条件及水流稳定性的改变，形成桥位河段水流摆动、墩台及桥头冲刷，可能导致桥梁水毁。河湾下游的桥梁因河湾凹岸冲刷，桥台及桥头引道可能被冲水毁（图19-0-1）。另外，岛屿及沿海地区台风带来的暴雨洪水，也会导致桥梁水毁，2009年8月，“莫拉克”台风导致台湾约40多座桥梁被河水冲断（图19-0-2）。

图19-0-1　河湾下游桥梁凹岸桥台水毁

图19-0-2　“莫拉克”台风暴雨洪水导致的台湾桥梁水毁（2009年8月）

桥梁水毁原因十分复杂，大致有以下三方面。

1.水文

数10年中，气候变化、气候变暖、冰川融化加剧等引起的长周期的水文变化，使洪水出现频繁、河床变形加剧，威胁桥梁安全；台风、海啸、风暴潮等突发性灾害洪水也会导致桥梁水毁。

桥位勘测设计时未能搜集到全面的、有代表性的水文资料，未能预计到未来水文情况的变化，或采用的水文分析计算方法不符合实际，使设计洪水流量定得太小，桥孔长度和高度不足，导致桥梁水毁（图19-0-1、图19-0-2）。这些问题只能在桥位勘测设计时尽量避免，桥梁建成后难以找到根本的补救方法。

2.河床演变

河床演变是河流中的水流和泥沙相互作用，逐渐产生冲淤变形的结果。它是河流的自然属性，建桥前后都在不停地进行着。桥位勘测设计时应尽量搜集历史和近期河床变形资料及影响河床变形的各种因素，准确地识别桥位河段的类型，认识其水文及河床变形特性，在桥位选择、桥孔设计和调治结构物布设时，采用正确的设计方案，大部分问题是可能解决的。即使这样，一些桥位河段也往往受自然条件变化或人为因素影响，如建桥后修建水库等人类活动，改变了桥梁河道的天然状态，发生难以预料的河床变形，威胁桥梁安全。因此，需要应用第六章、第七章有关河床变形及河相关系的知识，进一步分析研究桥位河段河床变形规律，采用相应的调治和防护措施，以保证桥梁安全。对河床变形复杂的桥位河段，应进行水力模型试验研究，以获得合理的桥孔及调治构造物布设方案。

水文和河床变形的影响因素很多，关系十分复杂，随机性很强，人们往往对它们的认识不够。水文和河床变形引起的水毁可能导致全桥的破坏或桥梁的废弃，只有寻找河床变形和桥梁水毁的原因、影响因素、桥位河段水流特点，进而采取相应对策，“顺应水势，因势利导”才能根治。例如图 19-0-1 所示，河湾洪水主流逼近凹岸，但是桥孔却布设在凸岸一侧，同时，桥长和桥高都不能满足泄洪要求。

3. 桥墩、桥台和调治构造物的冲刷

近半个世纪以来，这方面已经有了一些研究成果，特别是沙性土河床的冲刷分析计算，桥墩台冲刷深度的预测和防护措施等，可以解决一般的桥梁墩台设计问题。但是黏性土河床、海床的冲刷异常复杂，至今人们对其规律性的认识还很不够。很多由水文和河床变形引起的桥梁水毁，往往是由于水流对桥梁墩台或桥位河段河岸或桥头引道的严重冲刷而造成的。这样，桥梁墩台的防护和合理的调治工程设置是防御洪水破坏的最后的一道防线。

桥位河段的导流调治工程，应从“天人合一，顺天应人”出发，遵循“顺应水势，因势利导”和“因地制宜”的原则。

桥梁和沿河路基、河滩路基防护，应遵循对洪水“顺其性、挫其峰、分其势、调其向和稳其流”的原则，这是我国长期治水历史经验的总结(详见《公路与桥梁水毁防治》(高冬光，2002 年))。

桥梁防护工程形式很多，如桥头两岸重力式挡土墙、轻型支挡结构，桥位河道丁坝及丁坝群防护、浅基护坦防护、桩排等。各种防护材料类型在桥梁防护中都可发挥广泛的作用，如浆砌片石、石笼及格宾箱笼、混凝土预制板块沉排、土工织物、透水桩排、抛石、植物种植等。近年来，在桥梁防护上，力求尽量少地改变自然环境，应用绿色防护，使用透水、透气、植物生长的柔性的防护类型，已逐渐受到人们重视。

自然变化和人类活动是不停的，水流变化是持续不断的，桥梁与水流的相互作用在永久地进行着，因此，应进行长期的观测，积累全面系统的监测资料，总结分析变化规律及桥位河段的水流特点，跟踪变化，采用合理对策，综合治理。

第一节 桥位河床变形治理实例

桥位河段河床变形、主流在桥下摆动，流量在桥下断面分布的变化及其发展，影响桥梁墩台、桥头引道及两岸安全，必须进行综合治理。为探索河床变形的原因及有关因素、发展趋势，在此基础上提出对策及综合治理方案，一般应用桥位河段的水力模型试验进行研究，本节介绍两个工程实例供参考。

一、皖河石牌大桥桥位河段整体水工模型试验研究

1. 防护前桥位河段和桥梁状况

该桥位于安徽省江宁县城关外的皖河。皖河发源于大别山区，上游有长河、潜水和皖水三

大支流,先后在城关石牌镇上游 3～5km 处汇合,称皖河,继续下行在安庆市注入长江。

桥位处河段原由两条人字形河道组成,1958 年修建通马大堤时,人工堵塞老南河,新挖新南河和中河(南桥和中桥跨越的河道)。但中河未按时挖通,下游不远处又拐入北河。

石牌大桥建成于 1972 年,为一河三桥,分别跨南、中、北 3 个分河道。北桥为双曲拱 4～36m、中桥为钢筋混凝土装配式 T 梁 7～20m、南桥为石拱桥 4～15m。北、中桥基础较深,土质为坚实泥质砂砾岩。南桥地基较差,且埋置深度也较浅。

受上游弯道和山嘴挑流影响,主流偏于南岸。洪水期北桥通过流量很少,河床逐年淤高,几年中已淤至墩台起拱线以上。而南桥通过流量则大大超过桥孔泄洪能力,造成南桥桥墩和南桥台锥坡严重冲刷,并威胁南岸通马大堤和堤外县城的安全。

2. 试验研究的目的和任务

以上情况继续发展,将使此桥淤死废弃、南桥水毁、河水改道直逼南岸通马大堤,一旦大堤溃决,将造成怀宁周围安徽、湖南省的几个县发生水灾,给人民生命财产和国家带来巨大损失。

为改善北、中、南三桥泄洪条件,防治北桥淤积、南桥冲刷,保护南桥和通马大堤的安全,当地水利和交通部门共同建议,在桥位上游南岸修建丁坝,将主流挑向北岸,增大北桥流量,冲刷北桥河床淤沙,以减少南桥流量和桥墩台冲刷。

通过模型试验,观测桥位河段水流现象,研究北桥淤塞原因,确定丁坝合理方案。

3. 原始资料

(1)地形资料

①地形图(1∶2 000)。

②平面、高程控制三角网。

③水准点。

④河流横断面图(多个断面)。

(2)水文资料

桥位上游 1 200m 处设有石牌水文站,有 24 年实测水文流量资料,其中 1975 年、1977 年洪水较大,沿程洪痕清晰,可作为模型资料。1975 年,流量为 3 800m^3/s,1977 年流量为2 530m^3/s。

(3)河床地质资料

河床表层为细沙,下为黏土层,再下层为泥质砂砾岩,层厚各处变化较大。表层细沙中值粒径 d_{50} 为 0.38mm。平均粒径 $\bar{d}$ 为 0.43mm。

4. 模型比尺设计

采用整体定床变态水工模型和局部动床模型试验,水平比尺 λ_L 为 250,垂直比尺(水深)λ_h 为 50,变率 $\phi=\frac{\lambda_L}{\lambda_h}=5$。相似原理和模型比尺设计详见第二十一章。

5. 试验内容

(1)现有情况下(未建丁坝前)水流现象观测和流量测量

试验采用 1977 年实测洪峰流量 $Q_{77}=2\ 530$m^3/s 为设计流量,1975 年洪峰流量 $Q_{75}=4\ 000$m^3/s 为校核流量。

放水试验,在模型上观测到由于桥位处于河流弯道和受上游猫山嘴挑流的影响,水流主流趋向南岸，并在南岸鲤鱼嘴(大约为弯顶处)及其下游形成螺旋流、横向环流，使面流流向凹岸(南岸)、底流流向凸岸(北岸)。受上游地形限制(图19-1-1)，凹岸主流正对中桥桥孔。洪水通过中桥后急剧折向北河，一方面，使下游汊道受冲刷，汇入北河，夺北桥桥孔水流下泄河道，使北桥孔的河道受下游顶托，流水不畅；另一方面，中桥下游泄洪不畅，桥前水位壅高，使一部分主流折向南桥，冲刷南岸桥台、桥墩及下游河堤。

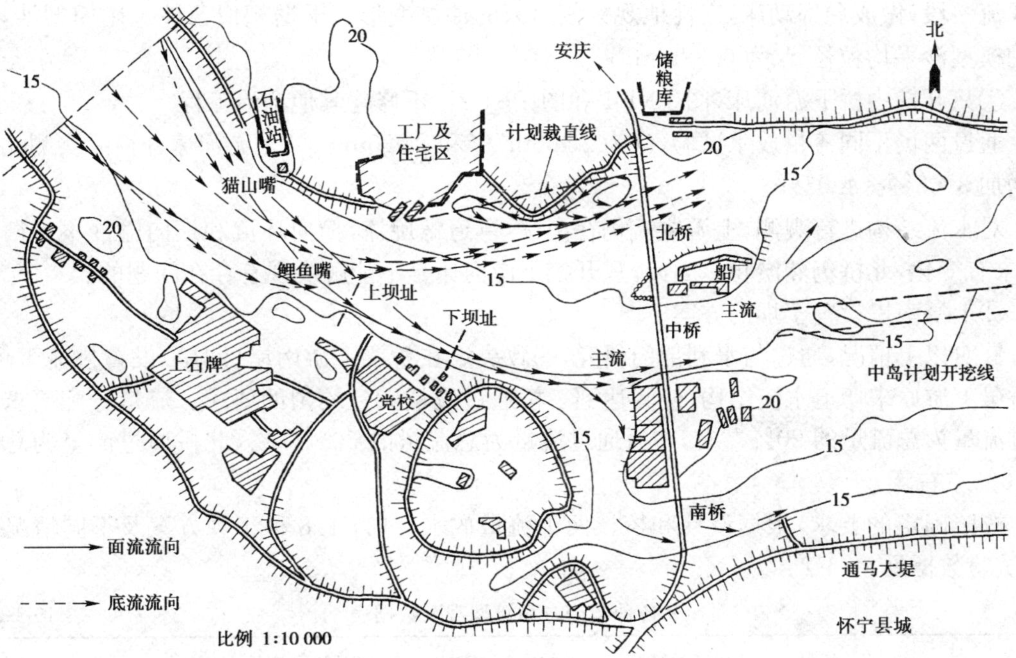

图19-1-1　石牌大桥上游河段水流方向(原西安公路学院水力实验室试验观测，1977年)

北桥位于凸岸，在螺旋流、横向环流影响下，底流指向北桥，大量推移质泥沙流向北桥桥孔，而且桥孔下游北河河道受中桥主流顶托，流速减小，上游冲来的大量泥沙便沉积在北桥桥孔上下游附近，堵塞桥孔。

现有情况桥孔通过流量模型实测数据见表19-1-1。

现有情况桥孔通过流量模型实测数值表　　表19-1-1

场次	总流量$\sum Q$		北桥通过流量$Q_{北}$			中桥通过流量$Q_{中}$			南桥通过流量$Q_{南}$		
	模型(L/s)	原型(m^3/s)	模型(L/s)	原型(m^3/s)	$\frac{Q_{北}}{\sum Q}$(%)	模型(L/s)	原型(m^3/s)	$\frac{Q_{中}}{\sum Q}$(%)	模型(L/s)	原型(m^3/s)	$\frac{Q_{南}}{\sum Q}$(%)
1	20.48	1 815	2.9	265	14.15	12.99	1 089	59.9	5.29	471	29.95
2	26.16	2 319	3.62	321	13.85	16.27	1 440	62.15	6.27	558	24
3	28.4	2 505	4.34	384	15.3	17.13	1 510	60.3	6.93	611	24.4
4	43.04	3 800	5.81	513	13.5	26.61	2 350	61.9	10.62	937	24.6
5	40.9	4 150	7.22	638	15.39	27.9	2 465	59.5	11.78	1 047	25.11
平均					14.44			60.75			24.81

由试验数据可知，南桥净长 60m，远小于北桥 144m，而南桥通过的流量却占全桥流量的 1/4，北桥通过流量仅占全桥流量的大约 1/7，而中桥净孔 140m，通过全桥流量 60% 左右。

(2)各种调治方案的试验比选

为了表现各种调治方案对桥位河段河床变形的影响，在上游鲤鱼嘴到下游中河流入北河的汊流一段，做成局部动床，定性地观察该河床的冲淤变形。根据相似条件选用模型沙，这里选用模型沙平均粒径 d_m 为 0.39mm。

①只开挖中桥下游河床(图 19-1-1 和图 19-1-2)，不修建其他调治工程

通过两场不同流量放水试验(Q 为 2 465m^3/s 和 3 920m^3/s)，下游河床开控后实测北桥流量增加 3.65%～4.05%。

对水流结构进行观测，上游主流仍在南岸，弯道螺旋流，横向环流和横向输沙不平衡的情况，未有变化，北桥仍然淤积。因此，只开挖下游河床是不能解决现有存在问题的。

②上游南岸设置丁坝的方案

针对以上情况，通过与水利部门研究，一致决定在桥梁上游南岸(凹岸)设置挑流丁坝，改变桥梁上游原来弯道水流结构，使其达到三桥通过流量大致均匀的要求。流量分配要求南桥通过流量为总流量的 20%左右，中桥通过流量为总流量的 50%左右，北桥通过流量为总流量的 30%左右。

按照确定的要求，根据设计和校核两个流量放水，进行了 8 种丁坝方案及不同情况的试验，试验数据见 19-1-2。

各种调治方案模型观测数据表 表 19-1-2

序号	方案	试验总流量 $\sum Q$		北桥通过流量 $Q_北$			中桥通过流量 $Q_中$			南桥通过流量 $Q_南$			丁坝长度 L 及挑流角度 θ
		模型	原型	模型	原型	$\frac{Q_北}{\sum Q}$	模型	原型	$\frac{Q_中}{\sum Q}$	模型	原型	$\frac{Q_南}{\sum Q}$	
		(L/s)	(m^3/s)	(L/s)	(m^3/s)	(%)	(L/s)	(m^3/s)	(%)	(L/s)	(m^3/s)	(%)	
1	开挖河床不设坝	72.87	2 465	5.39	478	19.35	14.12	1 248	50.65	8.36	739	30	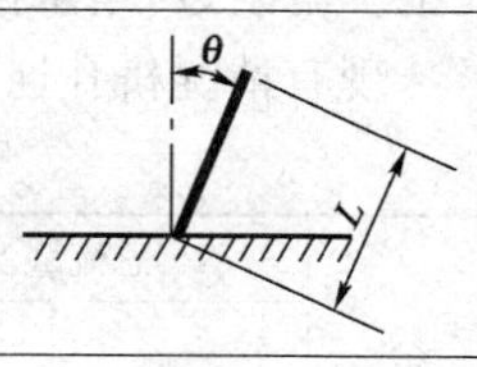
2	开挖河床不设坝	44.2	3 920	7.57	672	17.15	24.99	2 218	56.5	11.64	1 030	26.35	
3	上游设1号丁坝	27.87	2 465	8.41	744	30.2							L=60m，下挑 θ=20°
4	上游设2号丁坝	27.87	2 465	5.39	478	19.35							L=40m，下挑 θ=40°
5	下游设1号丁坝	27.87	2 465	9	796	32.3							L=70m，下挑 θ=30°
6	下游设2号丁坝	27.87	2 465	9.44	835	33.9							L=80m，下挑 θ=30°

续上表

序号	方案	试验总流量 $\sum Q$		北桥通过流量 $Q_{北}$			中桥通过流量 $Q_{中}$			南桥通过流量 $Q_{南}$			丁坝长度 L 及挑流角度 θ
		模型	原型	模型	原型	$\frac{Q_{北}}{\sum Q}$	模型	原型	$\frac{Q_{中}}{\sum Q}$	模型	原型	$\frac{Q_{南}}{\sum Q}$	
		(L/s)	(m^3/s)	(L/s)	(m^3/s)	(%)	(L/s)	(m^3/s)	(%)	(L/s)	(m^3/s)	(%)	
7	下游设3号丁坝	27.87	2 465	8.2	726	29.41							L=60m，下挑 θ=40°
8	上下游设丁坝1组	27.87	2 465	6.99	619	25.1							上游：L=40m，下挑 θ=30°； 下游：L=60m，下挑 θ=20°
9	上下游设丁坝2组	27.87	2 465	7.38	654	26.5							上游：L=50m，下挑 θ=30°； 下游：L=60m，下挑 θ=20°
10	下游设淹没丁坝	27.87	2 465	7.97	705	28.6	13.12	1 160	47.05	6.78	600	24.35	L=50m，上挑 θ=10°
11	下游设淹没丁坝，中岛开挖	27.87	2 465	7.95	702	28.5	14.81	1 312	53.2	5.11	451	18.3	L=50m，上挑 θ=10°
12	下游设淹没丁坝，中岛开挖	44.2	3 920	12.64	1 120	28.6	23.05	2 046	52.2	8.51	754	19.2	L=50m，上挑 θ=10°

丁坝上下游的水流结构和调治水流的原理详见第十八章。应用丁坝的挑流作用，使上游沿南岸的主流挑向北岸，增加北桥流量，加大北桥桥下流速，改变北桥淤积现状；同时，丁坝下游回流区沉积，减少南桥流量，合理调整主桥间的流量分配。挑流丁坝较护岸丁坝更为长大。坝头冲刷成为一个突出问题。

丁坝挑流方案要解决坝位、坝长、坝高、挑角、冲刷等问题。由表19-1-2数据可知，在上游鲤鱼嘴附近设置高水位丁坝挑流（表中方案3），对加大北桥流量效果较好，但坝位河面较窄，对北岸影响较大；若将此坝长缩短（表中方案4），挑流效果明显减小。同时，在中、低水位时，鲤鱼嘴地形突出，已起挑流作用，设置丁坝意义不大。若上下游同时设置丁坝，因下游坝在上游坝的挑流范围之内，挑流效果不明显。为了使中桥的水流顺畅，水流与中桥桥轴垂直，并有利于对南岸淤沙护岸，宜设置上挑漫水丁坝。本试验推荐下游坝位，坝长50m，上挑10°漫水丁坝方案（表19-1-2中方案11）。

推荐丁坝方案及各方案的桥梁上游流场观测地形图如图19-1-2所示。12个调治方案观测得到的北岸垂线流速 v_H 见表19-1-3。

方案11和方案12（图19-1-2和表19-1-3）北岸流速均匀且都大于2倍起动流速 v_0，有利于北桥排沙；丁坝回水压长度适当。方案12是最佳方案，即修建丁坝和中岛开挖同时进行；方案11可认为是应急方案，只建丁坝，中岛开挖暂不实施。

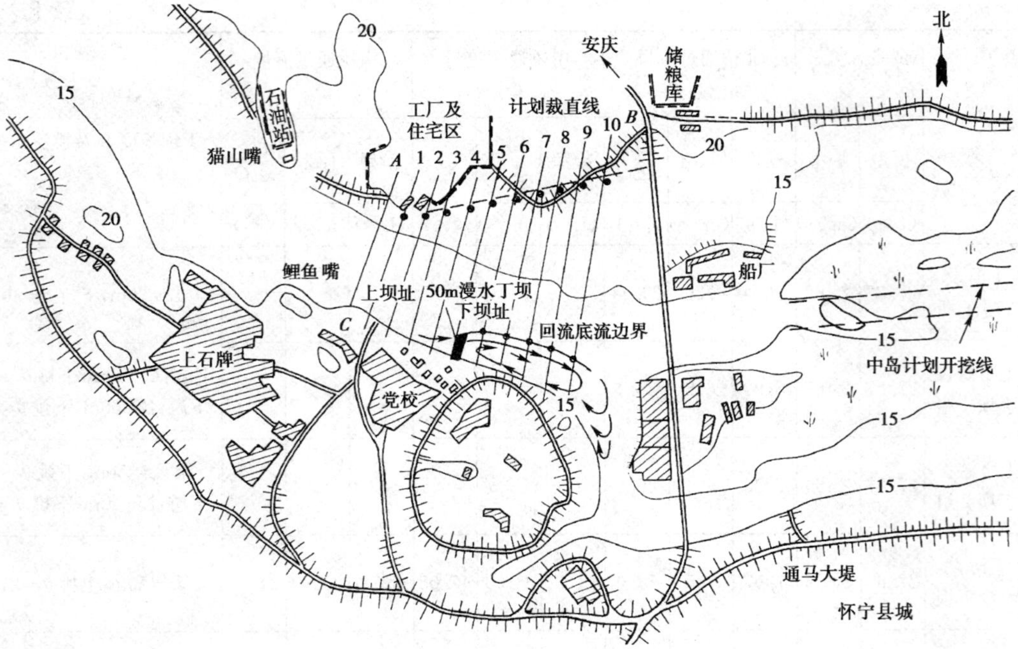

图 19-1-2 原西安公路学院水工模型试验平面图

1～10 表示模型试验断面

北岸沿程(10 个断面)流速观测值 表 19-1-3

断面号	方案 / 起点距(m)	1			3			4			5			6		
		h (m)	v_H (m/s)	v_H/v_0	h (m)	v_H (m/s)	v_H/v_0	h (m)	v_H (m/s)	v_H/v_0	h (m)	v_H (m/s)	v_H/v_0	h (m)	v_H (m/s)	v_H/v_0
1	133	4.14	1.13	4.54	4.08	2.39	5.29	5.11	1.7	3.55	5.27	1.21	2.53	5	1.36	2.86
2	125	3.69	0.74	1.67	4.48	2.45	5.28	4.74	1.31	2.79	4.77	0.87	1.85	5.06	1.18	2.47
3	105.25		0		3.49	1.83	4.2	3.57	0.49	1.12	3.29	0.69	1.61	3.49	0.69	1.58
4	85.25		0		3.77	1.16	2.61	3.53	0.59	1.35	3.76	0.87	1.96	3.73	0.85	1.92
5	77.25		0		3.32	1.36	3.17	3.73	0.41	0.93	3.56	0.77	1.76	3.77	0.9	2.00
6	68.75		0		3.88	1.59	3.57	3.26	0.36	0.84	2.71	0.77	1.88	3.43	0.92	2.12
7	62.5		0		3.07	1.13	2.68	3.75	0.26	0.59	3.56	0.95	2.17	3.51	1.11	2.55
8	54.75		0		4.2	1.08	2.37		0		4.17	0.93	2.03	4.25	1.18	2.58
9	48		0		3.97	1	2.32		0		4.01	0.9	2	4.18	1.08	2.37
10	39		0			—			—		3.88	0.92	2.96	4.16	1.05	2.31

断面号	方案 / 起点距(m)	7			8			9			11			12		
		h (m)	v_H (m/s)	v_H/v_0	h (m)	v_H (m/s)	v_H/v_0	h (m)	v_H (m/s)	v_H/v_0	h (m)	v_H (m/s)	v_H/v_0	h (m)	v_H (m/s)	v_H/v_0
1	133	4.81	1.26	2.67	4.76	2.19	4.64	4.79	2.19	4.64	4.71	1.53	3.26	3.7	1.74	3.94
2	125	4.92	0.94	1.98	4.95	1.92	4.04	4.85	2.12	4.48	4.8	1.05	2.23	4.18	1.42	3.12
3	105.25	3.79	0.71	1.6	4.12	1.15	2.53	3.92	1.26	2.81	3.79	0.77	1.63	3.77	0.77	1.63

续上表

断面号	方案起点距(m)	7			8			9			11			12		
		h (m)	v_H (m/s)	v_H/v_0	h (m)	v_H (m/s)	v_H/v_0	h (m)	v_H (m/s)	v_H/v_0	h (m)	v_H (m/s)	v_H/v_0	h (m)	v_H (m/s)	v_H/v_0
4	85.25	3.76	0.79	1.78	3.86	1.08	2.42	3.57	0.98	2.24	3.31	0.94	2.19	3.15	0.81	1.9
5	77.25	3.81	0.71	1.6	3.95	0.80	1.79	4.11	0.94	2.07	3.98	0.94	2.09	4.19	0.84	1.85
6	68.75	3.58	0.81	1.85	3.34	0.38	0.88	3.53	0.94	2.15	3.34	0.91	2.11	3.68	0.94	2.13
7	62.5	3.32	0.91	2.12	3.55	0.63	1.44	2.73	0.94	2.29	3.07	1.08	2.57	2.96	1.22	2.92
8	54.75	4.26	0.88	1.93	4.35	0.42	0.91	4.33	0.84	1.83	4.09	1.05	2.32	3.91	1.25	2.8
9	48	4.08	0.94	2.08	4.05	0.42	0.93	4.09	0.80	1.77	3.85	1.08	2.42	3.35	1.4	3.25
10	39	4.5	1.03	2.22	4.12	0.39	0.86	4.28	0.80	1.75	4.08	0.98	2.17	3.76	1.08	2.44

(3)皖河大桥丁坝构造图(图 19-1-3)

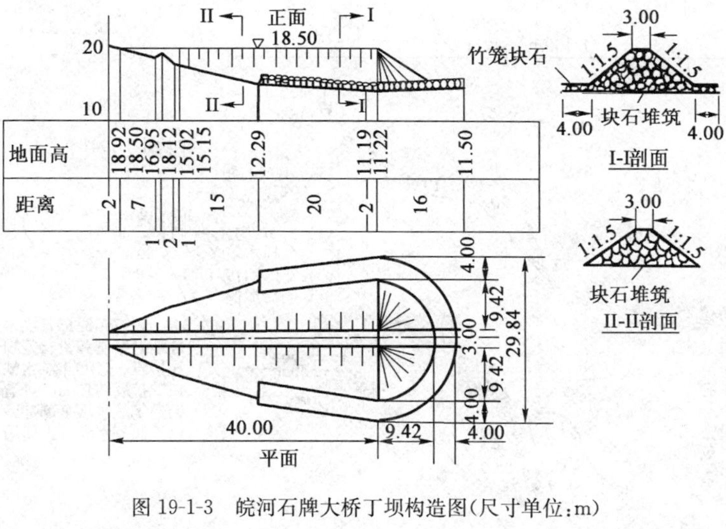

图 19-1-3　皖河石牌大桥丁坝构造图(尺寸单位:m)

坝体为竹笼块石堆石坝,建成后当年就经 Q 为 $700m^3/s$ 小水验证,坝后回流压显著淤积,主槽挑向北岸,北桥桥下开始冲刷。

该次试验研究是由交通部调治构造物研究组完成的,1977 年 9～12 月在原西安公路学院水力实验室进行的该模型试验。

6. 反思与讨论

这是 30 多年前,交通部公路规划设计院、第一及第二公路设计院、10 余省交通厅、西安公路学院(现长安大学)等完成的交通部科研协作项目的成果。从当今可持续发展及生态环境保护的理念,进行反思,应该引以为戒的是:以上问题起源于 1958 年"大跃进"的炸山(上游左岸挑流山嘴)、堵河(右岸原来的南河)和人工开河,是当时"人定胜天"极左思潮,违背"天人合一"、人与自然和谐的自然规律引起的后果。

研究结果表明,右岸桥梁上游修建一个长大不漫水丁坝,通过挑流实现了 3 座桥桥下合理的流量分布,解决了存在的问题。建成后,通过现场观测也表明达到了预定的目的。但是,长达 50m 的漫水丁坝,集中、急剧、人为地改变河道水势,如果采用漫水丁坝群、透水桩排等逐渐地改变水流,实现自行淤积护岸等更绿色的形式,则效果更佳。

二、莎车叶尔羌河大桥桥位河段整体水工模型试验研究

1. 桥梁概况

该桥位于南疆喀什至和田的国道上,是通往西藏及中印边境的重要桥梁。1941 年,在现桥位上游 1 300m 处,修建了一座简支梁木桥,桥长 623.8m。跨度小、桥墩多、阻水严重,每年汛期均需进行水毁抢修,中断交通。1961 年特大洪水 Q=6 270m^3/s,将木桥冲毁。

1964 年建成现有桥梁,拆除了木桥,但遗留了泽普岸河床内的桥头路堤。60 余年来,它的存在对下游水流在河床内的分布和河床演变,有显著影响。

现有桥梁为 24 孔 22.20m 装配式钢筋混凝土简支梁桥,总长 540.80m,重力式桥墩,明挖及沉井基础,基底高程均为 1 236.00m(黄海基面),埋深 8～9m。

2. 调治构造物及其水毁(图 19-1-4)

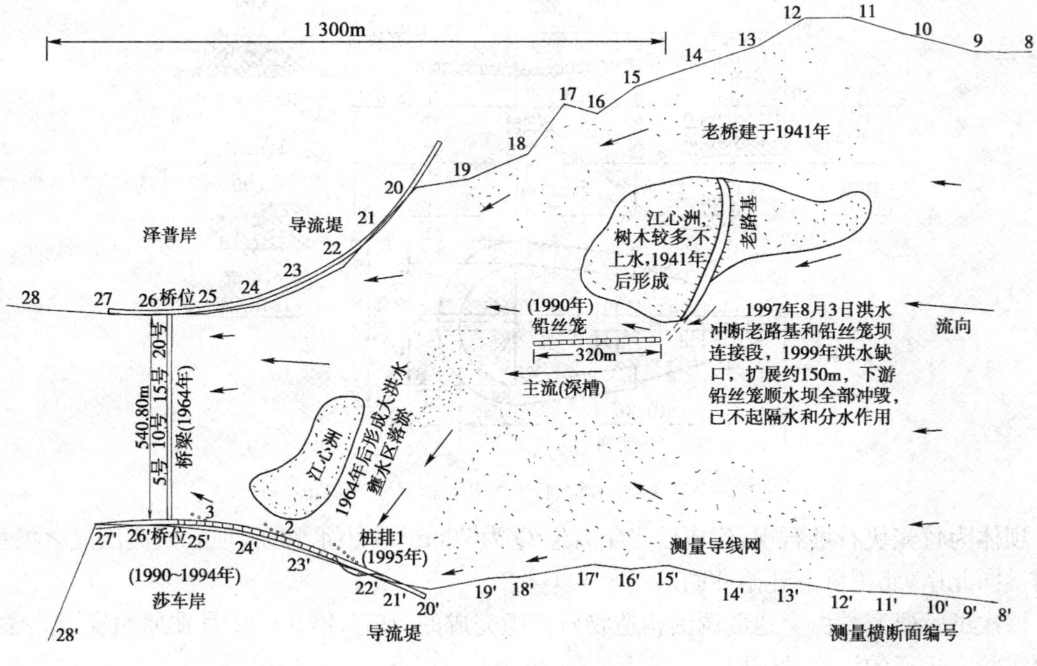

图 19-1-4 莎车叶尔羌河大桥及其原有调治构造物

在桥梁两岸修筑长导流堤,莎车岸(左岸)上游堤长 708m,下游堤长 196.6m,共 904.6m;泽普岸上游堤长 960m,下游堤长 196.6m,共长 1 156.6m。两堤上游端部(20 号测量断面)河床宽约 1 000m,在水流沿中泓距离 700m 长度之内,被两岸导流堤压缩到桥孔长度 540m。

泽普岸上游导流堤靠近桥梁约 50m 的一段,采用钢筋混凝土预制板护面,沿坡脚床面铺砌 2m 宽的混凝土预制块平板,其外缘打入 3m 长木桩,形成垂裙防护,这种形式也是护坦防护,近 40 年来,已起到对泽普岸的防护作用。

1990 年 7～8 月莎车岸导流堤靠近桥头 164m 长的一段发生水毁。1991～1994 年修建莎车岸上

游导流堤铅丝笼护坡。1992年，在距桥台上游分别为500m、300m和100m处，修建了排灌注桩的消力桩，每排12根桩。桩径d为0.80m，设计桩长13m，桩间净距2m，设计入土深度10m。自修建后，每年汛期都有桩被冲掉，尤其是上游第4排桩，1998年洪水后仅剩5根(其中1根歪斜，无防护作用)；第2排桩只剩9根，有的被冲歪斜，已难以起到防护作用；第3排尚存11根，基本齐全。

1990年为减轻泽普岸洪水分布，在桥上游自1.3～1.0km处，修建了320m长铅丝笼顺水坝，与老路堤相接。它增大了莎车岸洪水分配，特别是在中等洪水(最常出现的融雪洪水为Q=1 000～2 000m^3/s)对莎车岸的冲刷。1997年8月3日，溃坝型洪水流量Q为3 900 m^3/s，将顺水坝与老路堤连接处冲开，形成118m缺口，减弱了顺水坝对两岸洪水分配的调节作用，增大了泽普岸的流量分配。

1999年8月11日发生流量Q=5 400m^3/s的大洪水，洪水满槽较均匀地通过桥下，两岸导流堤和桥梁墩台都未发现险情，水位距梁底尚有约0.50m的空间。但是，这次洪水却将全部与上游老路堤相连的铅丝笼调治堤(自1990年修建以来逐年洪水已使其部分冲毁并维修)完全冲毁，失去调治导流和对泽普岸上游的隔水防护作用。莎车导流堤原铅丝护坡大都完整，但坡脚下切，竖直坡面过陡，极易坍塌，应尽早防护。

2000年7月，该河段经历了流量为1 700m^3/s的洪水，将泽普岸上游导流堤距桥680m处冲塌，出现险情；同年9月，出现一次流量仅为600m^3/s的小洪水，却冲毁了泽普岸上游导流堤距桥910m处，再次出现险情。

3.桥位河段水文特性

叶尔羌河发源于喀喇昆仑山脉，由叶尔羌河、克勒清河、塔什库尔干河3条主要支流汇流而成，是塔里木河的正源，是新疆水能蕴藏最丰富，实测洪峰流量(6 270m^3/s)最大的河流。叶河源头为海拔5 000m以上的雪山，径流主要由雪山和冰川融化补给。其每年6～9月为洪水季节，11月至次年4月为枯水季节。其主要灾害性洪水由融雪型洪水(以1994年7月8日洪水为代表，Q=2 200m^3/s)和冰川溃坝型洪水(以1961年9月4日洪水为代表，Q=6 270m^3/s)形成。融雪型洪水是叶河洪水的主要成因，是洪峰的基本型，其涨落缓慢、持续时间长，洪峰较小，大多在2 000m^3/s以下。而融雪和暴雨相遇，叠加的大洪水出现较少。

叶河源头支流克勒清河的克亚吉尔冰川和特拉木次力等冰川末端，河道垂直，形成冰坝，堵塞河道。冰坝溃决形成溃坝型洪水，一般发生在每年8～11月中旬，特点是起涨快、过程短、洪峰高(最大峰值可达多年平均流量的30倍以上)，而水量(径流量)不大，无先兆，破坏力强。1997年8月3日洪水洪峰达3 900m^3/s (喀群站)，洪水过程只有1天，即恢复到400m^3/s。

喀群水文站位于叶河出山口，距桥位40km，本试验采用最常发生的融雪洪水Q=2 330m^3/s (P=20%)，较大溃坝流量Q=3 900m^3/s (P=8%，1997年7月3日)和历史最大实测流量Q=6 270m^3/s (P接近2%，1961年9月4日)为试验流量。

根据《新疆叶尔羌河防洪规划报告》(1995年)防洪抢险预案规划，叶尔羌河灾害流量定为2 000m^3/s。

4.桥位河段的河床特点和河床演变

叶尔羌河源于喀喇昆仑山区，流经塔里木盆地西部、西北部边缘，汇入塔里木河。莎车叶河桥位于叶河出喀喇昆仑山口，进入平原之间的广大冲积扇地区，具有典型的山前区滩槽难分的宽浅变迁性河段的特点。床面土质为砂夹卵石、大圆石；床面以下6.8～8.6m为卵石(圆石)层(d 为 10～30mm),再下层为厚 1.7～2.7m 坚实的胶结砾岩,它下面又是卵石层。现有桥墩基础底面均置于胶结砾岩或其下卧卵石层上,基底高程为 1 236.00m。桥台基底高程莎车岸为 1 237.83m,泽普岸为 237.00m。床面泥沙筛分 $\bar{d}=50.7$mm,中值粒径为 53.3mm。

河床呈平面形态。现桥位上游 2km 以上的河床,宽约 11 700m 左右,河床内股流众多,但平面基本顺直。

桥位上游 1.3km 处,于 1941 年修建了老木桥,压缩水流,水流流向河床中部集中,泽普岸老路堤遗留至今,阻挡水流,60 多年来在其下游形成树木丛生,不再上水的江心洲(图 19-1-4);老路堤上游沙滩成为农田,将水流集中到河床中部主流中。1964 年现桥梁建成后,桥梁上游两岸长导流堤使水流急剧压缩,洪水壅水,泥沙沉积,形成靠近莎车岸的江心洲(图 19-1-4)。

叶尔羌河自喀群出山口,进入广阔的冲积扇,比降陡(图 19-1-5),水流急,股流多,水流横向摆动和冲刷强烈,造成自然灾害。桥梁的两岸长导流堤股流冲刷严重,变化快,对其安全构成威胁。

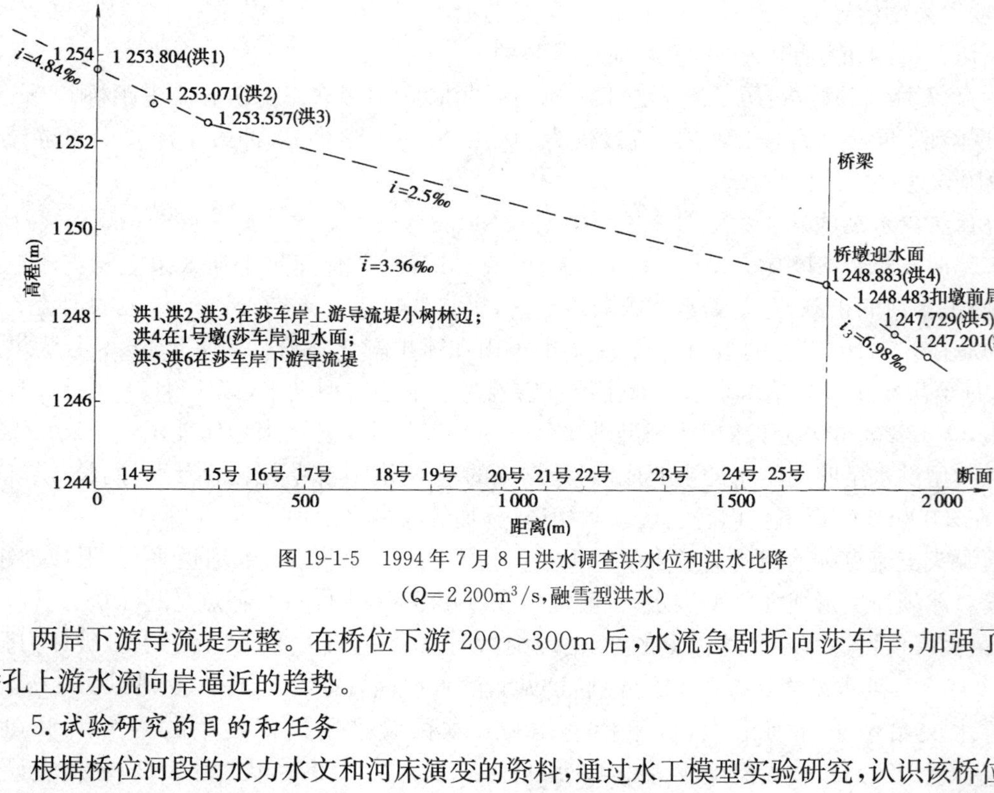

图 19-1-5　1994 年 7 月 8 日洪水调查洪水位和洪水比降

($Q=2\,200m^3/s$,融雪型洪水)

两岸下游导流堤完整。在桥位下游 200～300m 后,水流急剧折向莎车岸,加强了莎车岸桥孔上游水流向岸逼近的趋势。

5. 试验研究的目的和任务

根据桥位河段的水力水文和河床演变的资料,通过水工模型实验研究,认识该桥位河段水文和河床变形的特点和规律,验证桥梁孔径和桥墩基础的泄洪和抗洪能力,提出对桥位河段整体的调治及防护方案和措施。

6. 原型资料的搜集、整理和分析

(1)河道地形资料

①试验河段 1∶10 000 地形图,1997 年 3～5 月测。

②试验河段上下游共 5km 范围的 1∶10 000 地形图。

③桥梁上下游共 36 个横断面图。

(2)水文资料

①喀群水文站自 1954 年建站以来的洪水观测资料。

②自治区水情预报中心和叶尔羌河管理处提出的水情和规划资料。

③在桥梁上下游寻找调查到 6 个 1994 年洪水痕迹。搜集不到洪水推移质输沙率资料和洪水过程线资料。

(3)河床地质资料

①1954 年桥位钻探地质剖面图。

②1997 年河床质粒径筛分资料。

(4)桥梁设计资料

桥梁立面布置图、桥墩及调治构造物位置、尺寸等资料。

7. 桥梁水工模型试验的设计方案

采用桥位河段整体定床变态水工模型试验为主，局部动床模型试验为辅的试验研究方案。桥位河段在融雪型和溃坝型两类不同性质、不同特点洪水的交替作用下，在比降陡、颗粒大的河床上，水流在桥梁上游受导流堤急剧地压缩和上游老路堤的影响，导致在桥梁上游大约 1.3～1.5km 至桥梁的河段上，流速和流向(流场)急剧变化，引起这个范围内的河床急剧变形，股流冲刷造成导流堤水毁危及两岸，并威胁桥梁本身安全。

应用整体定床模型对流场变化进行研究是适宜的；由于水平尺度(河段长度和河宽)和竖直尺度(水深)相差悬殊，采用变态比尺模型是可行的。根据流场数据推算河床变形，然后，结合局部动床试验观察河床变形的位置、范围和趋势进行验证。

平面几何比尺 $\lambda_L=240$，竖向比尺 $L_h=40$，变率 $\Phi=6$。

模型试验的设计和制作，校核和观测等内容详见《莎车叶尔羌河大桥水工模型试验研究报告》(2000 年 11 月)。

8. 试验结果

试验对桥梁上游 1 500m 范围内的 10 个横断面，在最常发生的融雪洪水 $Q=2\ 330\mathrm{m}^3/\mathrm{s}$ ($P\approx20\%$)、较大溃坝洪水 $Q=3\ 900\mathrm{m}^3/\mathrm{s}$ ($P\approx8\%$)和最大溃坝洪水 $Q=6\ 270\mathrm{m}^3/\mathrm{s}$ ($P\approx2\%$)通过的情况下，对流速、流向(流场)进行观测，进而进行整理分析，绘制全河段的流速、流向和单宽流量的分布图，沿两岸导流堤的流速、单宽流速分布图和两岸上游导流堤水面、床面、最低冲刷线的纵断面图，桥梁上下游(1962 年和 1997 年)河床断面变化图等。

图 19-1-6 是莎车叶尔羌河大桥整体水工模型试验全景照片。照片中是发生最大溃坝洪水时的情景，$Q=6\ 270\mathrm{m}^3/\mathrm{s}$，相当 $P=2\%$。这时，洪水满槽，水流受河床股流、汊道地形影响较小，水流在横断面分布较均匀，各断面流速分布如图 19-1-7a)所示；河床经常流量在 400 m^3/s 上下，而较常发生的融雪洪水流量在 2 000m^3/s 上下，以 $P=20\%$的 $Q=2\ 330\mathrm{m}^3/\mathrm{s}$ 为代表，对造床作用影响最大的是这一级流量，以股流为主来塑造河床形态。这时的流速分布如图 19-1-7b)所示，其流向分布见图

图 19-1-6　莎车叶尔羌河大桥水工模型试验
($Q=6\ 270\mathrm{m}^3/\mathrm{s}$ 试验，原西安公路交通大学，1998 年)

19-1-7c)。从照片图 19-1-8 中可明显地看到,急剧折向莎车岸水流,径直流入靠近泽普岸桥孔(15 号墩至 20 号墩之间)水流的流线。图 19-1-9 是局部动床试验桥位河段的地形。试验结果表明,桥下河槽、两岸导流堤冲刷形式及范围与实际地形是吻合的。

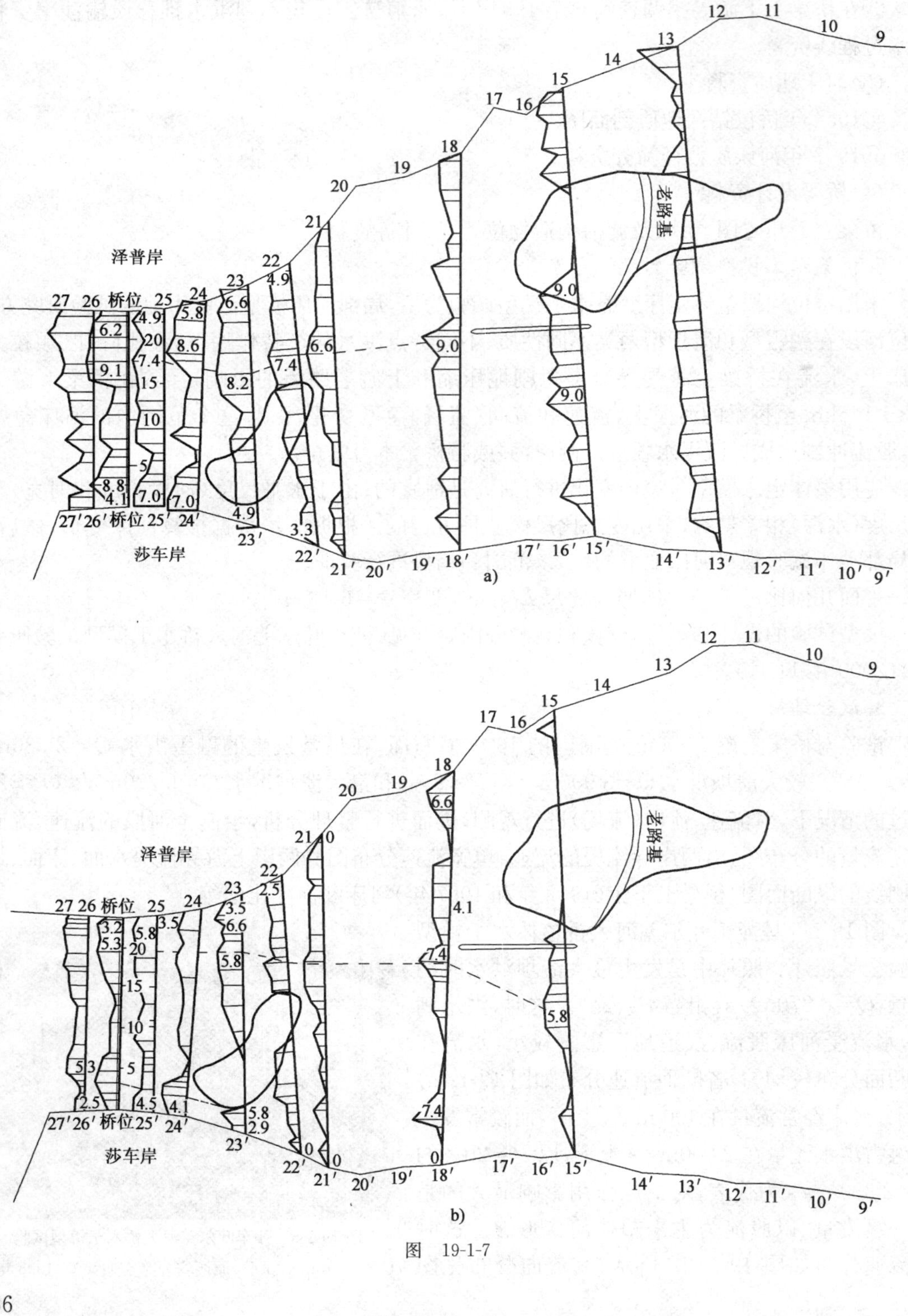

图 19-1-7

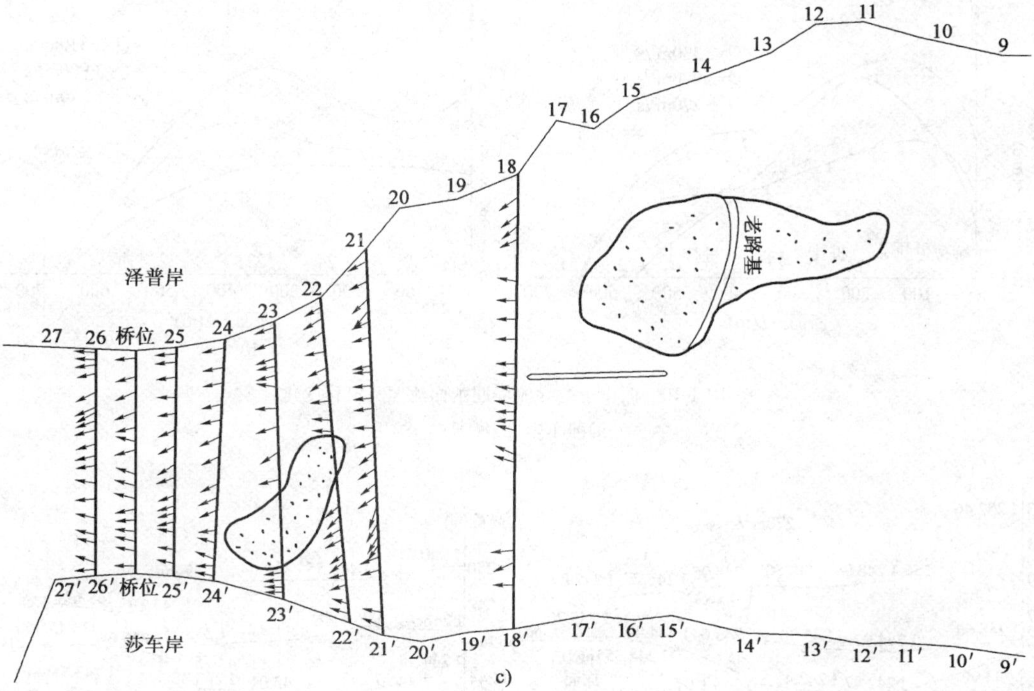

图 19-1-7　桥位河段流速和流向分布

a)流速分布，$Q=6\ 270m^3/s$；b)流速分布，$Q=2\ 330m^3/s$；c)流向分布，$Q=2\ 330m^3/s$

图 19-1-8　桥位上游水流流线

（原西安公路交通大学，1998 年）

图 19-1-9　桥河位河段局部动床试验地形

（加沙，8h，原西安公路交通大学，1999 年）

图 19-1-10 是实测的两岸导流堤迎水面不同流量通过时沿程流速分布图。显然，莎车岸导流堤堤前流速自上游 500m 到桥前急剧增大，最大流速达到 4～7.3m/s；泽普岸导流堤堤前流速较莎车岸沿途分布较为均匀，最大流速约在 3～6.5m/s 之间。但当流量大于 $3\ 000m^3/s$ 以上时，在桥梁上游 350m 处，流速会出现一个高峰。

图 19-1-11 是两岸导流堤迎水面在最大流量 $6\ 270m^3/s$ 通过时的水面、原始河床床面和冲刷后床面的沿程变化曲线。

图 19-1-12 是桥墩上下游断面 1962～1977 年河床变形比较，由图可见，桥下断面在建桥 35 年后无明显集中冲刷或其他不利变化。

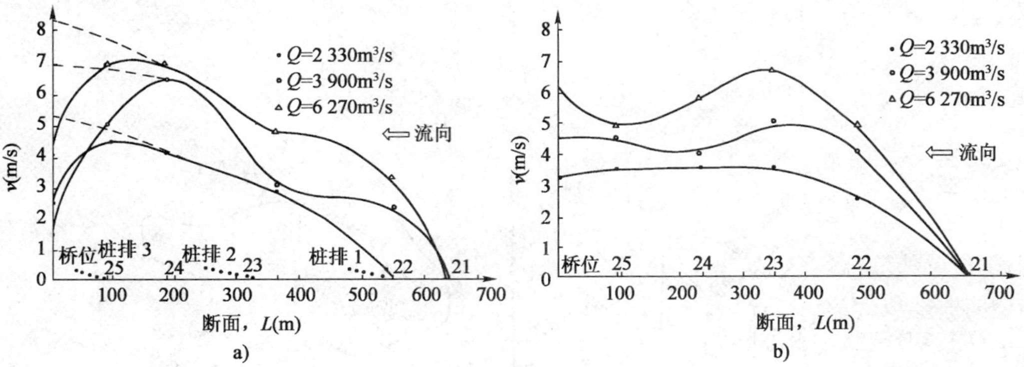

图 19-1-10　两岸上游导流堤迎水面流速 v 沿程变化

a)莎车岸；b)泽普岸

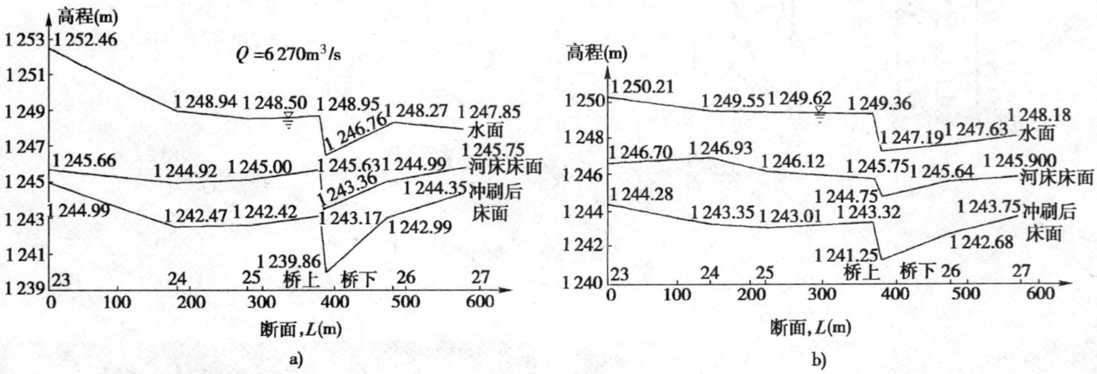

图 19-1-11　两岸上游导流堤迎水面水位、原始床面和冲刷后床面(Q=6 270m³/s)

a)莎车岸；b)泽普岸

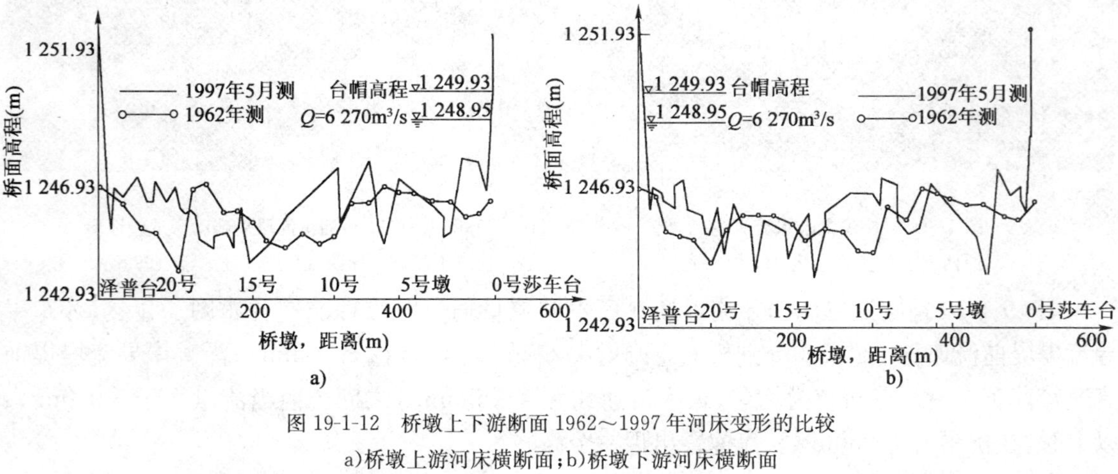

图 19-1-12　桥墩上下游断面 1962～1997 年河床变形的比较

a)桥墩上游河床横断面；b)桥墩下游河床横断面

9. 试验结果的分析

根据试验观测综合分析，得到以下 10 项认识。

(1)以老路堤为屏障的上游江心洲的形成及其对行洪和河床变形的影响。

(2)两岸导流堤对河床压缩较大对洪水通过的影响。

(3)桥孔上游两岸导流堤之间,江心洲的形成及其影响。

(4)莎车岸沿导流堤股流的形成和特点。

(5)两岸导流堤及现有防护措施,通过洪水时,水力性能和工作状态的测定和评估。

(6)桥梁孔径过水能力和工作状态的测定和评估。

(7)上游与老路堤端部相连接的铅丝笼坝(长 320m,1990 年建成,1999 年月 8 水毁)对桥前行洪和河床变形的影响。

(8)对于桥梁上游开挖、开渠引流方案的意见。

(9)动床试验除总体水流分布和河床变形与定床试验结果一致外,还可以看到的两种趋势。

(10)莎车岸导流堤防护桩,洪水后逐渐减少现象的调查分析。

以上分析详见《莎车叶尔羌河大桥水工模型试验研究报告》(2000 年 11 月)。

10.结论

(1)原桥孔及其导流堤设计是正确的,桥高和桥墩埋置深度,可安全通过原设计流量 4 910m³/s(当时设计频率 $P=2\%$),试验表明,桥孔尚可通过 1961 年实测最大洪水 6 270m³/s 的流量;1990 年以来喀什总段对莎车岸导流堤及桥头的防护基本上是正确的,得到了积极效果。

(2)影响两岸导流堤及桥孔安全行洪的是从上游老路堤至桥孔的长约 1 500m 的河段。老路堤已存在 60 年,该桥建成 40 年以来,经多年水流和泥沙运动的自动调整作用,河床已逐渐趋向稳定(在给定条件下的动态平衡)。

(3)该桥防洪的一切防护方案应从上述河段整体行洪和河床变形趋势出发,全面规划,综合考虑。设计原则是"顺应水势,因势利导,因地制宜"。

(4)整体防护方案的建议

整体防护范围是自上游老路堤到桥位的河段,包括上游老路堤及其相连的调治堤、莎车岸导流堤靠近桥梁的 500m 的堤段和泽普岸导流堤靠近桥梁 650m 的堤段。桥梁各桥墩可暂不防护,每年汛后对桥墩上下游横断面进行监测。

①修建上游与老路堤连成一体的调治堤,功能为承接上游水流,将主流引向河床中部主河槽,并隔断流向泽普岸上游的汊道。

②莎车岸导流堤自上游第 1 排桩到桥梁下游的堤段,包括导流堤迎水面边坡防护和利用原来尚存的防护桩,改建成漫水丁坝和挂排板透水丁坝(桩排)。

③泽普岸上游堤的防护,分三段处理:靠近桥梁原有混凝土板护坡面堤段,暂不防护,仅在该段上游端 10m 处,建一短漫水丁坝,将洪水挑离堤面;距桥 650m 到原混凝土板防护段,为主要防护段,特别是距桥 500m 到原混凝土板防护段的约 450m 长的堤段,是重点防护堤段;上游堤端(距桥渠 925m,按地形图距高)到距桥 650m 的堤段,2000 年进行了维持和修整抢险工程,可暂不做另外防护。

防护工程形式:

调治堤和导流堤迎水面用浆砌片石护坡,浆砌片石护坦基础,可抵御流量 2 000m³/s 上下的融雪洪水;配合漫水短丁坝群防护,可抵御 4 000~6 000m³/s 的溃坝型洪水。

莎车岸原防护桩排遗留桩的利用,上游第 1 排桩根床面铺填石笼做成低的漫水丁坝,桩上部用钢筋混凝土连成整体;第2排桩靠近导流堤的3~4根桩,做法同上,远离河岸的3根桩做成上部排板的透水桩排;第3排桩全部做成挂板相连的桩排透水丁坝。

11.问题的思考和讨论

(1)莎车叶尔羌河大桥桥位河段属大型冲积扇与下游平原河段过渡的变迁性河段,即属于我国公路和铁路系统河段分类中的滩槽难分的宽浅变迁性河段。在水文方面,因受暴涨暴落的溃坝型洪水和历时长、水量大的融雪型洪水交替作用,具有泥沙运动强烈,河床变形快,股流冲刷严重,河道内各处冲淤不均匀等特点。水流和泥沙的自动调整作用,使河床变形趋向平衡,当然,这只是相对的、暂时的平衡或稳定。当外部条件(人类活动影响等)和内部条件(气候、水文、地理状况等)有所变化时,相应地又要引起一系列的水流重新调整和河床变形。

1941年修建的老木桥、1964年修建该桥及老木桥泽普岸遗留老路堤的存在,这些重大的人类生产活动,使桥梁上游河床变形已基本稳定,1990年修筑与老路堤相连的临时陛石笼坝,起到顺应水势、因势利导的作用,低水时减轻了泽普岸的压力,增大了莎车岸的冲刷,高水时两岸水流趋向均匀,解决了因两岸长导流堤急剧压缩而在桥前两堤之间靠近莎车岸形成江心洲,将水流挤间泽普岸的威胁这一不利趋势。

这种趋势在一定时期内已基本稳定。当今桥位河段的整体调治和防护工程,均应以此为出发点,不应在河道内或两岸修建大型工程,干扰这一水势和河床变形的状态,引起新的河床剧烈变形。

(2)修建长大导流堤(本桥导流堤总长2 016.6m)将河床宽度大量压缩,修建短桥的方法(本桥是通700m长的距离,将河宽从约1 000m压缩到540m),是建国初期引用前苏联的技术,在我国西部宽浅变迁性河流桥孔设计中的基本思路。这样,势必引起桥孔上游河床逐年落淤,形成江心洲,使股流逼向两岸长导流堤,对长大导流堤坡脚冲刷,形成威胁和病害,多年来投入了大量的抢修费、养护费。就本桥试验结果来看,原设计的导流堤和桥孔应该说是正确的,通过了5 400m^3/s流量,没有水毁,试验观测流速在桥下分布是较均匀的。但是,2000年9月只出现600m^3/s流量,就把泽普岸上游导流堤距桥910m处冲毁,出现险情。

从经济和防护效果来看,提出了一个长导流堤配合短桥方案和短导流堤配合长桥方案的比选问题,值得探讨。

从多年国内外经验看来,导流堤长度有趋向缩短的趋势,修建短堤长桥,根据建桥后河床变形的总体趋势,因地制宜地修建轻型的综合防护工程,更为经济有效。另外,长堤短桥极大地改变了河流环境,对保护自然生态环境也是不利的。

(3)将来,随着交通量的增加和桥梁使用年限的需要,改建或增建新桥,可考虑仍选在现桥位,以免再次引起建桥后长期的河床剧烈演变过程的出现。

该研究是原西安公路交通大学公路学院(现长安大学公路学院)和新疆维吾尔自治区交通厅公路管理局,1997~2000年在西安公路学院水力实验室进行的。

12.反思与讨论

在西部宽浅变迁性河流上,为压缩桥长,修建长大导流堤是我国20世纪80年代以前,一般采用的桥梁方案。随着我国对桥梁水毁防治研究的深入,如今已认识到过大压缩水流、减小桥长存在的问题。目前,不再提倡修建过于长大导流堤,过多人为地改变河流形态与水势;应尽量采用生态的、透水的、柔性的调治工程,适当压缩水流,因势利导,确定适当的桥孔长度。

第二节　桥梁长期跟踪防护实例

河床形态受自然和人为因素的影响，总是处于不停地变化之中。河床演变受多种因素影响，尚难准确预测，在建桥后的几十年中，跟踪河床变形，不断地调整桥位河段的调治及防护工程的布设，最终达到桥位河段稳定和桥梁安全的目的。如果我们能较多地学习河床演变的知识和分析方法，积累经验，必要时辅助以水力模型试验等科学技术手段，会收到较好的预期效果。

下面举例说明，一些国外桥梁数十年中跟踪河床演变，调整桥梁调治防护工程，最终达到稳定水流的过程 。

[例 19-2-1]　赛马龙(Cimarron)河桥(俄克拉何马州，美国，1934～1968 年)

该桥和石坝建于 1934 年[图 19-2-1a)]，1938 年大洪水冲刷南岸，为防止将来再冲刷，修建钢支架突堤(国外在一些较浅河流中，采用三根等长角钢，将其中心点锚固成支撑架，三根角钢之间用钢丝系紧，各支架再用钢缆连成一串，将钢绳锚在岸上，形成阻滞突堤)。由于洪水悬移质和泥沙含量不足，钢支架突堤防护区并未见效。1957 年大洪水冲毁南岸钢支架突堤防护区，洪水塌岸逼近南桥台。大洪水后在南岸原钢支架突堤范围修建了 7 组木桩排和一个抛石堤，以防未来公路水毁。1968 年大洪水，南岸岸线成功地被木桩排和抛石堤固定下来[图 19-2-1b)和 19-2-1c)]。

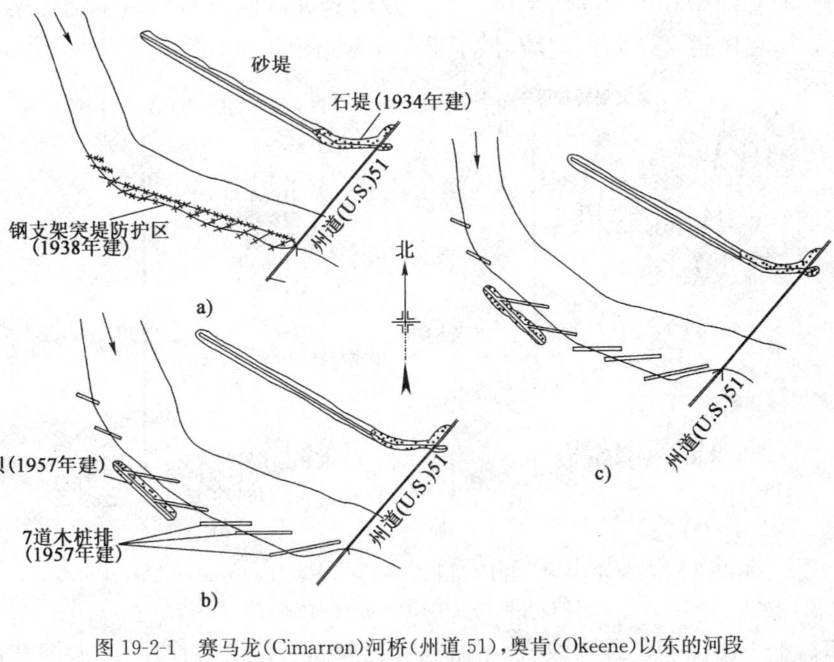

图 19-2-1　赛马龙(Cimarron)河桥(州道 51)，奥肯(Okeene)以东的河段

a)1938 年的河槽；b)1957 年的河槽；c)1968 年的河槽

[例 19-2-2]　阿堪萨斯(Arkansas)河桥(俄克拉荷马州，美国，1939～1968 年)

该桥于 1938 年建成，为防北岸桥台冲刷，1939 年在北岸修建钢支架突堤防护区。1948 年

发生较小洪水,北岸受到保护,而南岸受到冲刷,故在南岸修建了钢支架突堤防护区,并在其上下游河岸抛石防护。1959 年发生了 50 年一遇大洪水,冲刷北岸并将北岸桥头引道路基冲断两处重建的河滩路堤上游边坡抛石防护,并建成北岸桥台抛石导流堤。为防止北岸未来被冲刷,同时修建了 5 个桩排水流导向单元。1968 年南北两岸均被淤起,固定了水流,如图 19-2-2 所示。

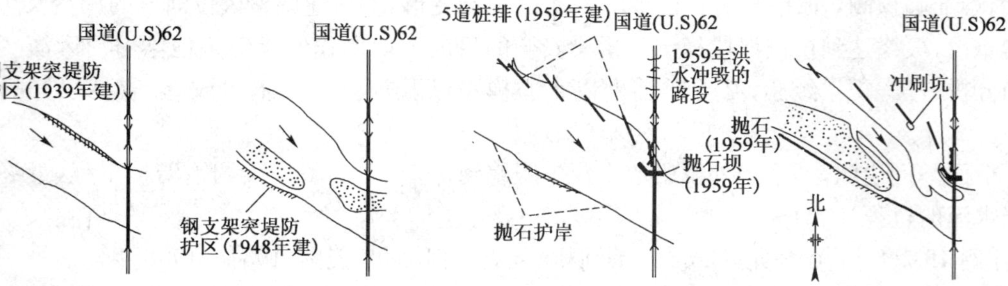

图 19-2-2 阿堪萨斯(Arkansas)河桥(国道 62),比可斯贝(Bixby)以北的河段

a)1939 年的河槽;b)1948 年的河槽;c)1959 年的河槽;d)1968 年的河槽

[例 19-2-3] 比维尔(Beaver)河桥(俄克拉荷马州,美国,1938～1969 年)

此例介绍在 30 年中邻近的三座桥,跨越两个河湾的河道整治稳定过程。

1938 年大洪水,使跨越比维尔(Beaver)河两个邻近河湾的 3 座桥及引道多处都受到不同程度的水毁,特别是上游海湾两桥之间的路基及桥台大部分水毁。1939 年在上游河湾两桥的北岸桥台上游、河套凹岸和下游河湾南桥台上游及河套进口横断面都做了钢支架突堤防护区或防护线。另外,在国道 283 两侧边坡,做了堆土丁坝[图 19-2-3a)]。

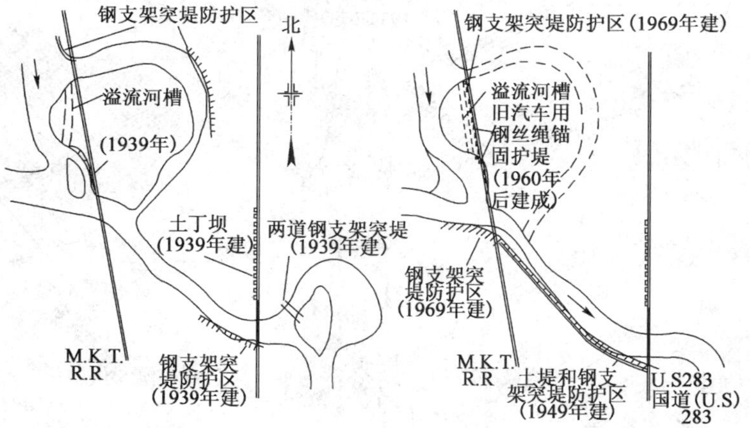

图 19-2-3 比维尔(Beaver)河桥(国道 283 等),雷翁(Laverne)以北的河段

a)1939 年时的河槽;b)1960 年时的河槽

1969 年时,上下游河套已裁弯取直,上游河套只起高水位溢流作用,下游河套已完全消亡不再过水。在这种情况下,三座桥梁之间的河段,形成一个半径很大的弯道,凹岸在下游两桥之间的南岸,沿南岸先后在 1949 年和 1969 年修建了钢支架突堤和土堤。在上游两桥之间路堤的东边坡采用旧汽车排列用钢丝绳锚固护堤(因地制宜,就地取材)。通过 30 余年的河床演

变，河道基本顺畅，受人工构造物控制，才稳定下来。

[例 19-2-4]　包德尔(Powder)河桥[巴弗罗(Buffalo)以东，怀俄明州，美国]

包德尔(Powder)河是细沙河床和十分弯曲的河流。在低水时，河床有沙波、沙垄。桥位上游东岸有木棉树丛林，西岸邻近桥台有一干沟(drydraw)，东岸河滩外沿是一陡崖。桥梁尚未完工时就经历了一次大洪水，洪水有使枯水河槽扩宽取直的趋势，东岸河滩急流把木棉树丛从根拔起，冲挂到东岸桥台抛石导流堤上，同时两岸干沟带有大量泥沙的水流冲向西岸上游一侧，将东岸桥台的抛石导流堤完全水毁。为了保持桥梁上游河槽的顺直，在桥梁上游从东岸到主槽边缘，修建了一个钢支架突堤保护区。沿主槽边缘用较深的桩(桩根有抛石防护)将钢支架突堤锚固。这样，稳定了上游河槽顺直畅通如图 19-2-4 所示。

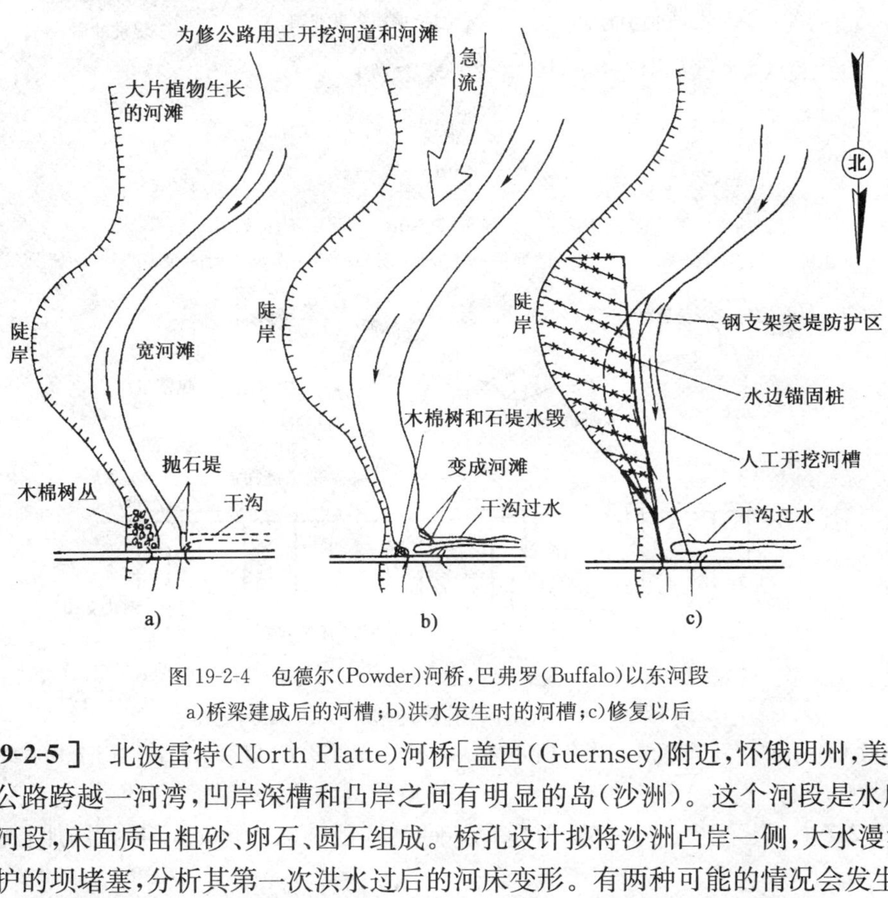

图 19-2-4　包德尔(Powder)河桥，巴弗罗(Buffalo)以东河段

a)桥梁建成后的河槽；b)洪水发生时的河槽；c)修复以后

[例 19-2-5]　北波雷特(North Platte)河桥[盖西(Guernsey)附近，怀俄明州，美国]

县级公路跨越一河湾，凹岸深槽和凸岸之间有明显的岛(沙洲)。这个河段是水库下游相当稳定的河段，床面质由粗砂、卵石、圆石组成。桥孔设计拟将沙洲凸岸一侧，大水漫流河道用一未加防护的坝堵塞，分析其第一次洪水过后的河床变形。有两种可能的情况会发生：第一种情况是冲刷严重的情况，凹岸被冲成高岸后退，上游调治坝被冲刷，桥孔两岸桥台上下游抛石防护；第二种情况是冲刷不严重的情况，总体河床形态较洪水前变化不大，上游调治堤冲刷，桥梁下游凹岸，弯道出口顶冲附近，用混凝土块护岸，如图 19-2-5 所示。

[例 19-2-6]　库尔(Coal)小河[包德尔(Powder)河支流，怀俄明州，美国]

这是支流小桥床面下切后的处理示例。靠近河口的支流床面下切是常见现象。该桥原为桥下梯形断面的小桥，洪水床面下切后，几乎成为矩形断面，全部桥台、桥墩埋深都不足，出现险情，经边孔打入两排钢轨支撑，再回填，床面降低到下切高程，床面铺砌有锚链连接的混凝土预制块，砌成变坡的梯形断面(图 19-2-6)，从而解决了问题。

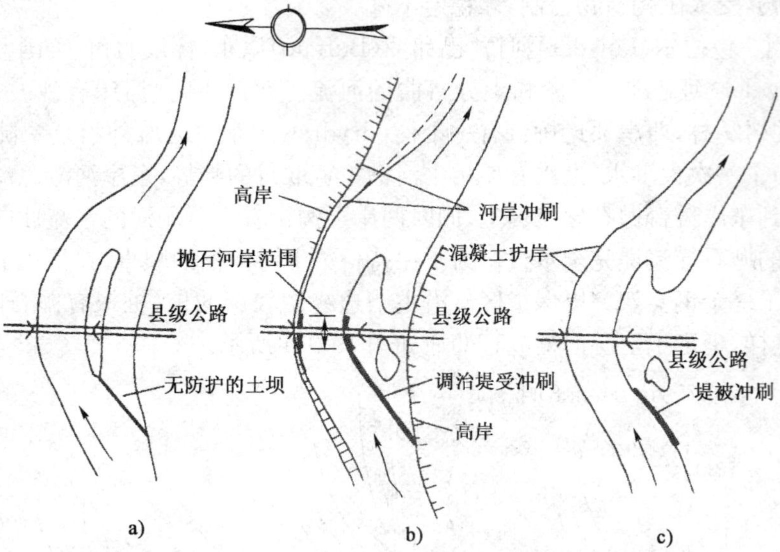

图 19-2-5　北波雷特(North Platte)河桥

a)刚建桥后的河槽;b)第一次洪水后的河槽(第一种情况);c)第一次洪水后的河槽(第二种情况)

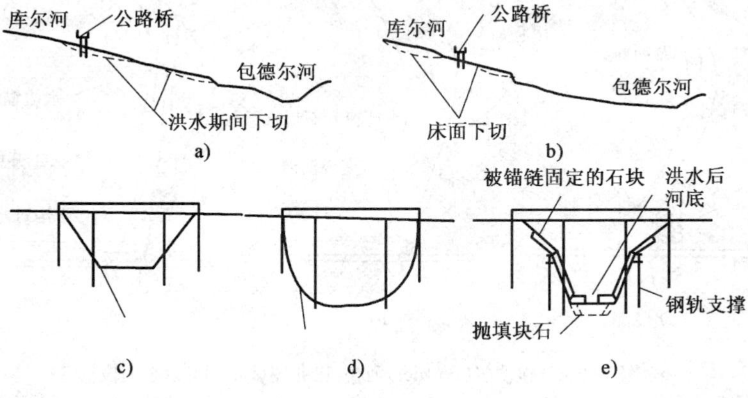

图 19-2-6　库尔(Coal)小河桥,包德尔(Powder)河支流

a)洪水前纵断面图;b)洪水后纵断面图;c)床面下切前洪水前桥下横断面;d)床面下切后洪水后桥下横断面;e)修复改建后的桥下横断面

[例 19-2-7]　奥莱特·克利克(Ouflet Creek)桥[朗维尔(Longvale)附过,加利福尼亚州,美国]

这是河湾人工河槽的整治实例(图 19-2-7)。通过河湾整治人工河槽,使 435m 长的河段缩短为 335m,避免两次横穿公路的桥涵。水流属半冲积河流,床面存在露头的开凿基岩。其右岸是大型抛石(有数吨重的石块)的路基边坡,左岸是边坡为 0.75∶1 坡度的挖方边坡,未有冲刷和滑坍。位于加利福尼亚州朗维尔(Longvale)以南 3.2km 与国道 101 相遇的地方。河床宽度 9～15m,底坡 0.003 6,河床质为卵石砾石,河岸材料为砂砾。在抛石边坡和挖方边脚有小树。经 1964 年大洪水,路基填方和开河挖方边坡都是稳定的。将半径小的河湾整治成与上下游连接顺畅的较大半径的河湾,并按河湾水流规律(第七章第二节)进行防护,取得了成功。

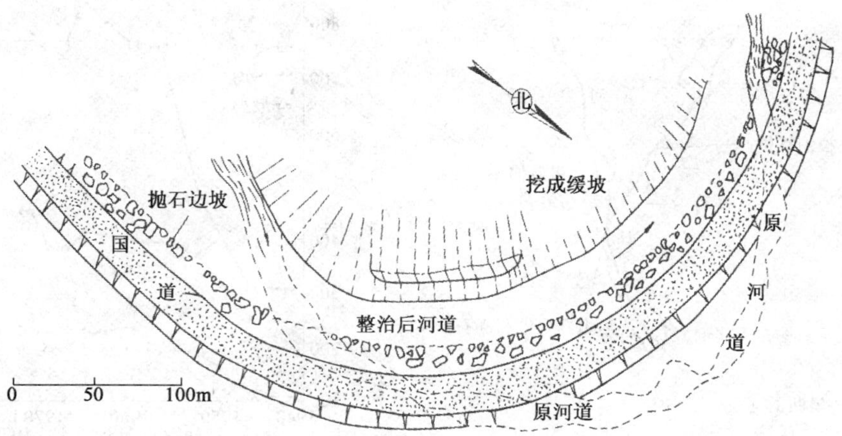

图 19-2-7　国道 101 奥莱特·克利克(Outlet Creek)河湾整治平面图

[例 19-2-8]　采砂石引起河床下切,俄罗斯(Russian)河

这是下游河道采砂石而引起上游支流床面下切的实例(图 19-2-8)。河道采砂石料以及河道修建不合理建筑物是河道监视和管理的重要问题。河道挖砂石料引起河床加深加宽,水流流到这里好像流进沉沙池,使推移质和黏土细料沉积,从而改变河流环境。俄罗斯河(Russian River)和支流干河(Dry Creek)就是因采砂引起明显河床变形的实例。它们的相对位置如图 19-2-8 所示。俄罗斯河和干河上游都有水坝,跨越于河的两座桥(Lambert Bridge 和 Westside Bridge) 都处于水坝下游清水冲刷河段[图 19-2-8a)],另外,在两桥下游不远又流入俄罗斯河,该河段因过度开采砂石而加深和拓宽。在干河流入俄罗斯河的河口出现溯源冲刷[图 19-2-8b)和图 19-2-8c)],自河口向上游影响长度达 55km,当冲刷下切溯源达到桥梁上游11.2km处时,遇到河床基岩露头,成为下切稳定的控制高程(大约 1972 年前后)。该河段是变迁性河段,在挖砂人工造成弯曲水流作用下,也使之有明显的河道弯道的迹象。

上游桥墩床面下切近 1m(3ft)到达基岩为止,下游桥墩下切近 3m(约 10ft)。

类似上述情况,我国时有发生,西宝南线石头河桥水毁(图 19-2-9),就是一例。该桥梁位于渭河支流石头河,距渭河大约 2～3km,上游约 10km 是石头河水库的大坝。在桥位上下游约 1km 的河段河床上,当地无管理地大量开采砂砾材料,使河床床面到处存在不规则的采砂坑,床面普遍下降达 1～2m。1998 年夏天一次水库放水,并未形成洪水,却因局部河床形成挖坑跌水,水流紊流,加速对南岸桥台和桥墩的冲刷,基础埋深减小而倒塌,引起两孔桥梁破坏。

以上列举了 8 座美国和俄罗斯公路桥梁,在大约 30 年中河床演变和调治防护工程相应变化的过程。美国、欧洲等国工业材料和机械工艺发达,人力资源昂贵,易于机械施工的抛石应用很广,钢材(钢板桩、角钢等)应用也很普遍,对多沙浅水河流,钢支架突堤、钢板桩导流排等透水结构应用广泛,混凝土预制块(板)和土工织物应用也较多。我国人多、山多,人力和石料资源丰富、价廉,多年以来,石砌工程成为我国防护工程最普遍的形式。伴随着我国经济、技术发展和经济实力的提高,剩余农村劳动力逐渐减少,以及轻质高强材料的普及,环境保护日益受到重视,公路和桥梁防护形式也逐渐向环保、新材料、新工艺、轻型化和机械化施工方向发展。近年来,我国钢材产量很大,桥梁及其防护工程采用钢材将逐渐增多。

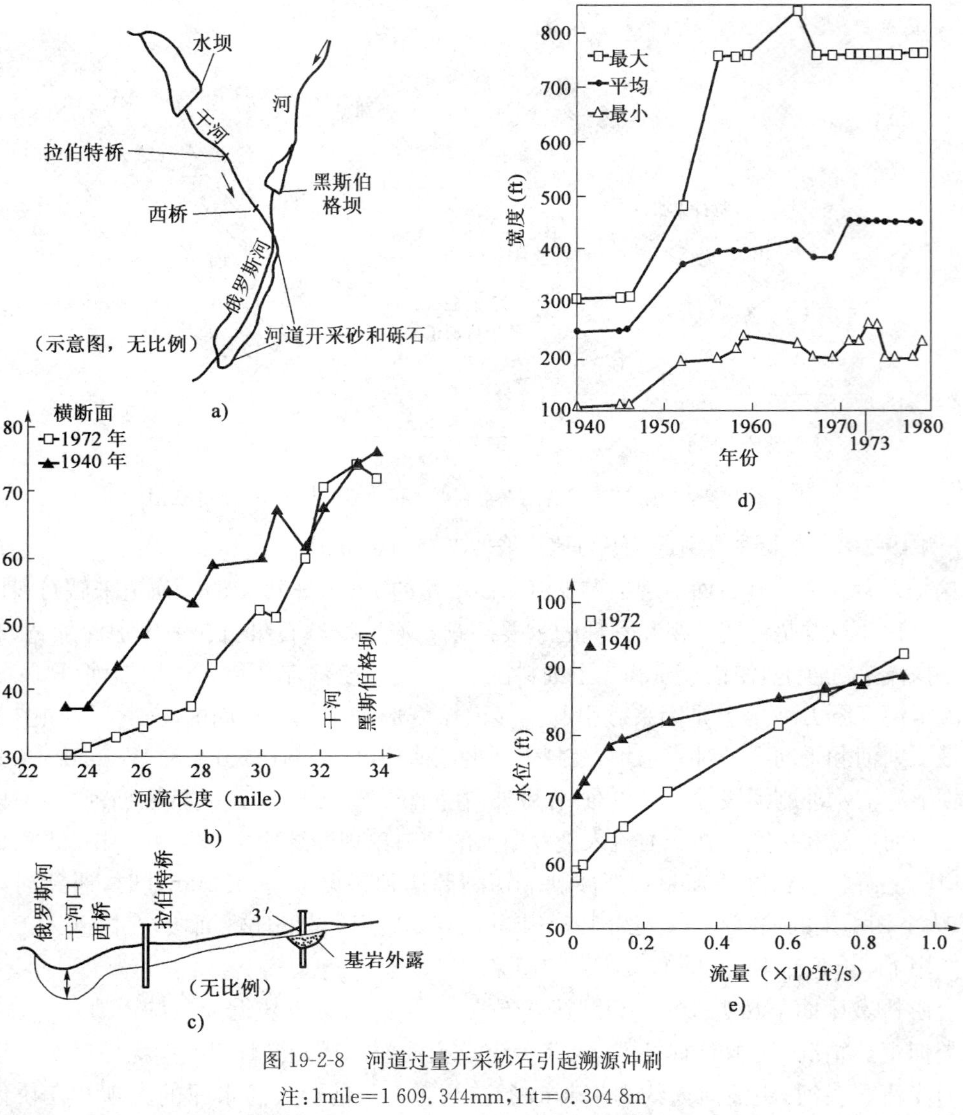

图 19-2-8 河道过量开采砂石引起溯源冲刷

注：1mile=1 609.344mm，1ft=0.304 8m

a)俄罗斯河(Russian River)和干河(Dry Creek)位置图；b)干河沿程床面高程(1940 年和 1972 年)；c)干河及桥位处的纵断面示意图；d)干河河口床面逐年的拓宽(最大宽度、平均宽度和最小宽度)；e)干河河口水位、流量关系曲线

图 19-2-9 石头河桥因河道挖砂而水毁(陕西西宝南线公路，1998 年摄)

第三节　桩排防护实例

桩排防护在 20 世纪 50 年代国外已有应用，对于多沙河流，无论是弯道凹岸还是直岸，都能起到淤滩护岸的效果，进行桥台及桥头路堤防护；同时，桥墩也可采用桩排防护。桩排防护在我国北方和西北含沙量较大的河床防护中都有应用。图 19-3-1 和图 19-3-2 是新疆桥头的桩柱挂板透水丁坝（桩排）的照片，近年来，新疆交通厅科研院马磊等在南疆公路水毁防护中设计的桩排防护，取得较好的应用效果。

图 19-3-1　麦盖提叶尔羌河大桥河岸的桩排防护（马磊，1998 年摄）

图 19-3-2　麦盖提叶尔羌河大桥河岸的桩排防护（马磊，1998 年摄）

一、黄河郑州铁路大桥桩排试验研究

1958 年修建的京广线郑州黄河铁路大桥,于 1965 年通过对天然观测资料分析发现,由于上游水利工程的影响,该桥成为埋深不足的浅基桥梁。为此,郑州铁路局多次提出防护方案,要求铁道部科学研究院通过水工模型实验决定其采用形式。试验从 1972 年 10 日开始,于 1975 年 11 月结束,得到大量的试验数据。通过对桩排、丁坝和抛石三种防护方案的比较,推荐使用桩排防护方案。

该桥位于黄河中游的游荡性河段的河湾段,桥位河段河床变形特点除游荡性河段深槽摆动快、冲刷深以外,主要是严重的凹岸冲刷。现介绍铁道部科学研究院"桩排防护弯道冲刷试验研究"成果,以供借鉴。

水流进入弯道,水流流向凹岸,大约达弯顶 $\frac{\theta}{2}$ 附近(当 $\theta=90°$时,约在弯顶附近;当 θ 比 90°大得多时,则在弯顶之前;当 θ 小于 90°时,则在弯顶之后),再向下游逐渐形成完整的螺旋流,水面流向凹岸,河底流向下游的凸岸。在弯道下游出口断面附近形成沿凹岸的深槽,最深点在出口断面附近(图 7-2-10～图 7-2-12)。弯道水流的性质详见第七章第二节。

黄河上已有无数险工和防护工程,都遵循着我国数年来总结的"因势利导"这一指导思想,在防洪斗争中发挥了巨大作用。河堤和沿河路基的防护是将主流因势利导地引入河中,使深泓线远离堤岸和沿河路基,以保其安全。而桥位河段弯道防护,不但要减轻弯曲水流对凹岸河床的冲刷,而且要把主流稳定下来,不能挑向河中,以免加大对河中桥墩的冲刷,如图 19-3-3 所示。

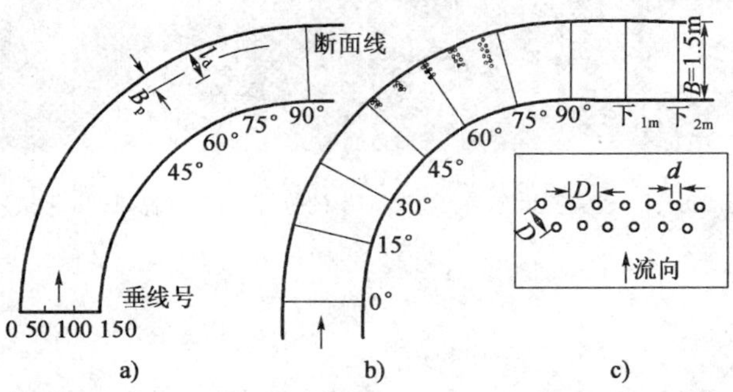

图 19-3-3 弯道断面、垂线、桩排布置图

a)单排;b)多排;c)局部布置图

l_d-桩排长度;B_p-深槽宽度

试验研究表明,桩排防护具有减小凹岸冲刷又能稳定主流的特点,它能较好地实现防护工程对洪水"顺其性、挫其锋、分其势、调其向和稳其流"的要求。

桩排透水,前后水流通畅,而不像丁坝挑流那样,引起急剧的水流和河床形态变化,对总的河势影响较小,从而实现了"顺其性"。

从桩排防护前后断面上流速分布变化和底流速的变化可知,防护后断面流速分布趋向均匀,底流速减小,底流紊动强度减弱,减小了对凹底坡脚的冲刷,从而实现了"挫其锋,分其势"。

桩排防护后,面流流向和底流流向的夹角减小,表明螺旋流削弱,断面环流(螺旋流在横断面上的投影)强度减小,底流横向分量减小,实现了"调其向"。

桩排透水,从上游至弯道出口基本不改变水流方向,也不改变最深点的位置,防护后平顺地流向下游，实现了“稳其流”。

试验在弯道水槽中进行。矩形断面，宽 1.5m，弯道中心角为 90°，曲率半径为 4.5m，$R/B=3$，模型沙取天然沙，$\overline{d}=0.18$mm，试验水深 $H_m=10$cm，试验流速 $v_m=40$cm/s。

水槽平面形状、断面、测流垂线位置及桩排布置如图 19-3-4 所示。

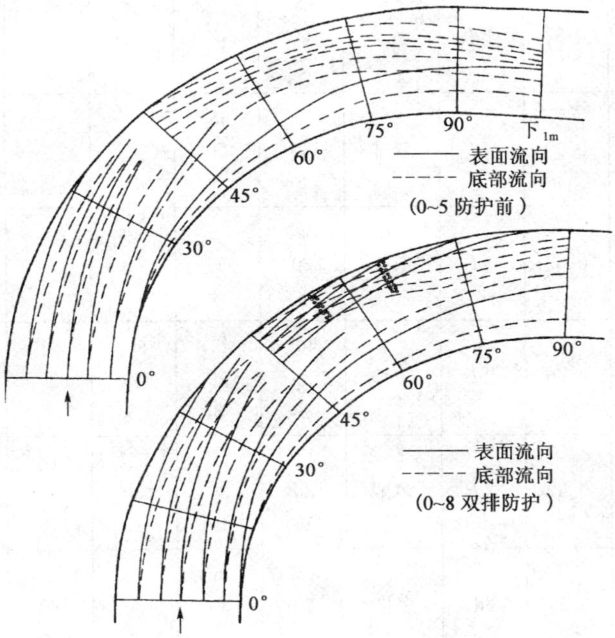

图 19-3-4　双排防护桩设置前后流向分布图

试验组次、各组桩排布置及试验结果见表 19-3-1 和表 19-3-2。为了便于比较分析，表中列出了部分潜坝、丁坝防护试验资料，以及无防护弯道试验资料。

桩排试验组次、布置　　表 19-3-1

试验组次						桩排布置[表中三数分别为桩排位置、桩排长度 l_d(cm)、桩顶以上水深(cm)]						
编号	v_m (cm/s)	H_m (cm)	桩径 d(cm)	桩距 D	桩排情况	1号	2号	3号	4号	5号	6号	7号
0-1	40	10	0.50	$2d$	单排，变 h_d	65° 50 8						
0-2	40	10	0.50	$2d$	单排，变 h_d	65° 50 12						
0-3	40	10	0.50	$2d$	单排，变 h_d		65° 50 16					
0-6	40	10	0.50	$4d$	单排，变 D	65° 50 8						

续上表

试 验 组 次						桩排布置[表中三数分别为桩排位置、桩排长度 l_d(cm)、桩顶以上水深(cm)]						
编号	v_m (cm/s)	H_m (cm)	桩径 d(cm)	桩距 D	桩排 情况	1号	2号	3号	4号	5号	6号	7号
0-7	40	10	0.33	$3d$	单排,变D	65° 50 8						
0-8	40	10	0.50	$4d$	双排	55° 50 8	65° 50 8					
0-32	40	10	0.33	$3d$	双排	55° 30 8	65° 50 8					
0-10	40	10	0.50	$2d$	多排	40° 30 8	45° 30 8	50° 30 8	50° 30 8	60° 30 8	65° 30 8	70° 30 8
0-13	40	10	0.50	$2d$	多排	42° 30 10	47° 30 10	52° 30 10	57° 30 10	62° 30 10	67° 30 10	72° 50 10
0-14	40	10	0.50	2d	多排	42° 20 8	46° 30 8	52° 30 8	59° 30 8	65° 30 8	72° 50 8	
0-15	40	10	0.50	$2d$	多排	44° 15 8	47° 15 8	50° 20 8	54° 20 8	59° 30 8	65° 30 8	72° 50 8
0-16	40	10	0.50	$2d$	多排, 变D	46° 15 10	52° 20 8	59° 30 8	65° 30 8	72° 60 6		
0-18	40	10	0.50	2.5d～ 3d	多排, 变D	46° 15 10	52° 20 8	59° 30 8	65° 30 8 (0～15, 2d)	72° 60 6 (0～30, 2d)		
0-17	40	10	0.50	$3d$	多排, 变D	46° 15 10	52° 20 8	59° 30 8	65° 30 8	72° 60 6		
0-28	40	10	0.50	$4d$	多排, 变D	46° 15 10	52° 20 8	59° 30 8	65° 30 6	72° 60 4		
0-27	40	10	0.50	$8d$	多排, 变D	46° 15 10	52° 20 8	59° 30 8	65° 30 6	72° 60 4		

续上表

试验组次						桩排布置[表中三数分别为桩排位置、桩排长度 l_d(cm)、桩顶以上水深(cm)]						
编号	v_m (cm/s)	H_m (cm)	桩径 d(cm)	桩距 D	桩排 情况	1号	2号	3号	4号	5号	6号	7号
0-29	40	10	0.20	3d	多排，变D	46° 15 10	52° 20 8	59° 30 8	65° 30 6	72° 60 4		
0-25	40	10	0.33	3d	多排，变D	46° 15 10	52° 20 8	59° 30 8	65° 30 6	72° 60 4		
0-19	40	10	0.50	3d	多排，变D	46° 15 10	52° 20 8	59° 30 8	65° 30 6	72° 60 4		
0-26	40	10	0.70	3d	多排，变D	46° 15 10	52° 20 8	59° 30 8	65° 30 6	72° 60 4		
0-23	30	10	0.50	3d	多排，变k	46° 15 10	52° 20 8	59° 30 8	65° 30 6	72° 60 4		
0-$\frac{24}{31}$	35	10	0.50	3d	多排，变k	46° 15 10	52° 20 8	59° 30 8	65° 30 6	72° 60 4		
0-20	40	20	0.50	3d	多排，变v_m	46° 15 20	52° 20 18	59° 30 18	65° 30 16	72° 60 14		
N-4	40	20	0.50	2d	多排，变v_m	75° 50 20						
0-30	40	10	0.50	3d	多排，下移	61° 15 10	67° 20 8	74° 30 8	80° 30 6	87° 60 4		
N-1	40	20			潜坝多排	52° 45 31	57° 45 31	62° 45 31	67° 45 31	72° 45 31	78° 45 31	82° 45 31
M-1	40	20			潜坝多排	78° 45 31						
P-1	40	10			丁坝多排	53° 20 0	56° 25 0	60° 28 0	65° 30 0	70° 28 0	75° 25 0	78° 20 0
P-8	40	6.3	0.50	2d	1号～2号桩排，3号～7号丁坝	45° 30 6.3	48° 30 4.3	53° 20 0	56° 20 0	59° 20 0	63° 20 0	66° 20 0

注：h_d为桩柱在水中的高度，d 为桩径，D 为桩心距，l_d为桩排排长，N 为桩排排数。

桩 排 试 验 结 果 表 19-3-2

编号	桩排后深槽水深				桩排间深槽水深			桩排后防护范围			桩排本身局部冲刷深度 h_{bol}(cm)		
	位置	H_p (cm)	H'_p (cm)	H'_p/H_p	位置	H'_p (cm)	H'_p/H_p	范围	L_d (cm)	L_d/B_p	前排	中排	后排
0-1	70°～80°	25.7	17.9	0.695	45°～70°	≈H_p	1	65°～90°	229	7.63			7.9
0-2	70°～80°	25.7	18.2	0.708	45°～70°	≈H_p	1	65°～90°	229	7.63			5.8
0-3	70°～80°	25.7	20.7	0.805	45°～70°	≈H_p	1	65°～84°	174	5.80			3.8
0-6	70°～80°	25.7	21.3	0.830	45°～70°	≈H_p	1	65°～88°	211	7.03			3.3
0-7	70°～80°	25.7	21.0	0.815	45°～70°	≈H_p	1	65°～88°	211	7.03			4.1
0-8	70°～80°	25.7	20.2	0.785	45°～70°	21.5	0.94	65°～85°	183	6.10	3.0		3.2
0-32	70°～80°	25.7	17.7	0.690	45°～70°	19.0	0.83	65°～84°	174	5.80	3.2		3.8
0-10	70°～80°	25.7	21.6	0.840	45°～70°	15.0	0.66	70°～9.5°	87	2.90	5.2	4.7	5.6
0-13	70°～80°	25.7	20.1	0.782	45°～70°	15.9	0.68	72°～81°	83	2.77	4.5	4.8	4.9
0-14	70°～80°	25.7	19.2	0.746	45°～70°	15.0	0.66	72°～83°	101	3.37	6.8	6.2	5.0
0-15	70°～80°	25.7	18.8	0.732	45°～70°	17.2	0.75	72°～84°	110	3.69	6.5	5.5	5.4
0-16	70°～80°	25.7	17.8	0.691	45°～70°	17.5	0.76	72°～86°	128	4.27	6.0	6.4	7.3
0-18	70°～80°	25.7	18.9	0.735	45°～70°	16.8	0.73	72°～4.5°	115	3.83	3.2	2.7	3.8
0-17	70°～80°	25.7	20.3	0.790	45°～700	17.7	0.77	72°～83°	101	3.37	2.5	2.3	2.4
0-28	70°～80°	25.7	21.3	0.830	45°～70°	18.0	0.78	72°～85°	119	3.97	2.6	2.1	2.3
0-27	70°～80°	25.7	20.9	0.814	45°～70°	19.5	0.84	72°～85°	119	3.97	0.6	1.0	0.8

续上表

编号	桩排后深槽水深				桩排间深槽水深			桩排后防护范围			桩排本身局部冲刷深度 h_{bol}(cm)		
	位置	H_p (cm)	H'_p (cm)	H'_p/H_p	位置	H'_p (cm)	H'_p/Hp	范围	L_d (cm)	L_d/B_p	前排	中排	后排
0-29	70°～80°	25.7	18.2	0.708	45°～70°	16.0	0.69	72°～4.5°	115	3.83	1.4	3.2	2.8
0-25	70°～80°	25.7	19.3	0.751	45°～70°	17.4	0.76	72°～85°	119	3.97	2.8	3.4	2.6
0-19	70°～80°	25.7	18.9	0.735	45°～70°	16.8	0.73	72°～85°	119	3.97	2.8	2.7	3.6
0-26	70°～80°	25.7	19.4	0.754	45°～70°	17.0	0.74	72°～85.5°	124	4.13	3.4	2.3	3.1
0-23	70°～80°	15.2	12.2	0.803				72°～89°	156	5.20	2.0	2.7	1.7
0-$\frac{24}{31}$	70°～80°	20.4	15.4	0.757				72°～87°	137	4.59	2.2	3.1	2.5
0-20	70°～80°	39.8	34.3	0.860				72°～82.5°	96	3.2()	2.1	2.5	2.7
N-4	70°～80°	39.8	31.4	0.788				70°～92°	202	6.73			7.1
备注					H_p=22.9cm			B_p=30cm					

注：H_p和H'_p为防护前后深槽水深，L_d为桩排防护长度，B_p为深槽宽度，h_{bd}为桩排自身的局部冲刷深度，以H'_p/H_p表示防冲效果，以L_d/B_p表示桩排下游防护范围。

表面$\frac{1}{5}$水深h处的流速以$v_{0.2}$表示，近底0.8h的流速用$v_{0.8}$表示，垂线平均流速用v表示。

1.防护后弯道水流及河床变形的变化

(1)弯道防护前后面流、底流的流向变化

图19-3-4是试验观测的桩排设置前后的面流、底流流向分布图。表明桩排有将面流"调直"，将底流导向河中的趋向。但在90°断面底流处又有向凹岸靠近的趋势。若设有3个桩排，使桩后水流进入直段，这种底流向凹岸靠近的趋势则将消失。

(2)弯道凹岸流速的变化

图19-3-4是面流速$v_{0.2}$和底流速$v_{0.8}$从30°断面到90°断面，在三种桩排设置条件下和防护前(无桩排)的比较。显然，设置桩排防护后表面流速$v_{0.2}$增大，而底流速$v_{0.8}$减小，凹岸流速的垂线分布由底流速大于面流速，恢复到面流速大于底流速的正常状态，如图19-3-5和图19-3-6所示。

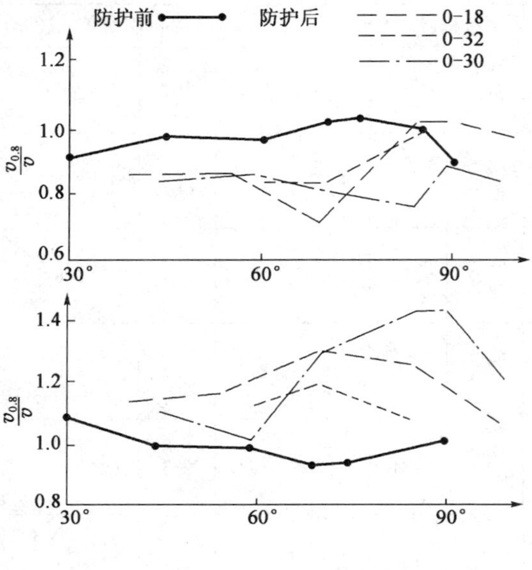

图 19-3-5　防护前后凹岸底流速 $v_{0.8}$ 和面流速 $v_{0.2}$ 的沿程分布

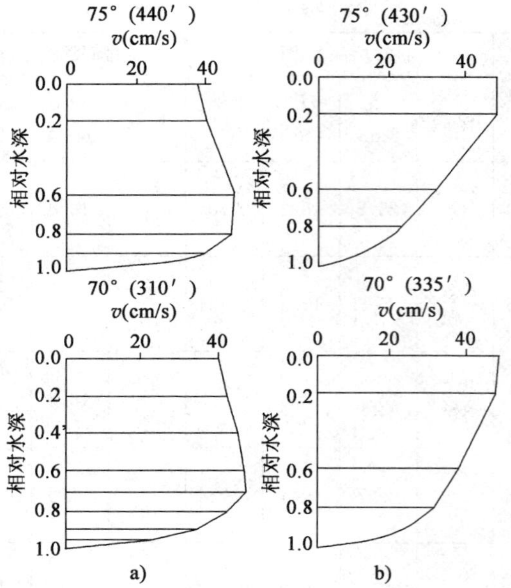

图 19-3-6　防护前和防护后凹岸垂线流速分布的变化
a)防护前；b)防护后

(3)防护前后凹岸河床变形的变化

弯道各断面设置桩排防护前后河床断面如图 19-3-7 所示。从 0°～45°断面(弯顶)的河床无明显变化。60°～80°凹岸床面在设置桩排后有显著升高(0-32 场试验，在 55°断面和 65°断面有两排桩，第 1 排长 30cm，即 1/5 槽宽，第 2 排长 50cm，即 1/3 槽宽，桩高 8cm，为试验水深的 4/5)。应当注意，90°断面凹岸床面设置桩排后反而加深，表明设置两排桩对下游防护长度不足，应再加一排桩，才能对出口断面起到防护作用。由第七章可知，凹岸在出口断面附近受冲刷最为严重。因此，主要防护范围大致在 75°～90°断面至下游一定长度的凹岸。

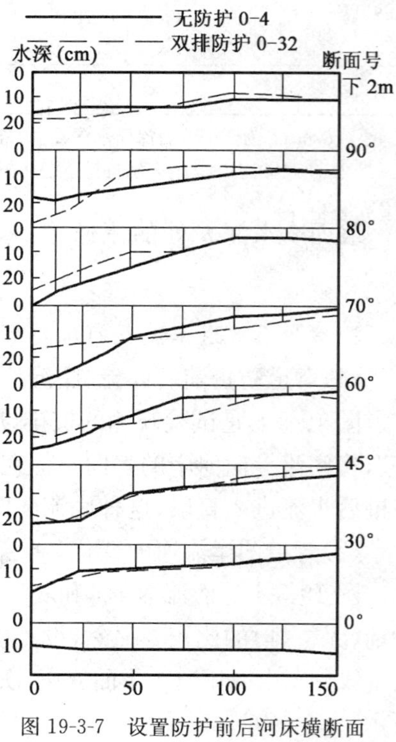

图 19-3-7　设置防护前后河床横断面

2. 桩排各因素与防护效果的关系

(1)桩的高低

本试验采用的是在设计水位下，桩顶被淹没的桩排。桩排相当于一个透水的漫水丁坝。

在桩径 d、桩距 D 和桩排长 L_d 相同的条件下，仅桩高 h_d 不同，测得的床面线如图 19-3-8 所示。h_d 大，则桩排后床面高，防护长度 L_d 也大，但桩排本身冲刷也深。

(2)桩距大小

在桩径 d、桩高 h_d 和桩排长 L_d 相同的条件下，桩距 D 改变时，则 D 越小，防护后凹岸深槽水深 H'_p 越小，但桩排本身冲深 h_{bd} 越大。

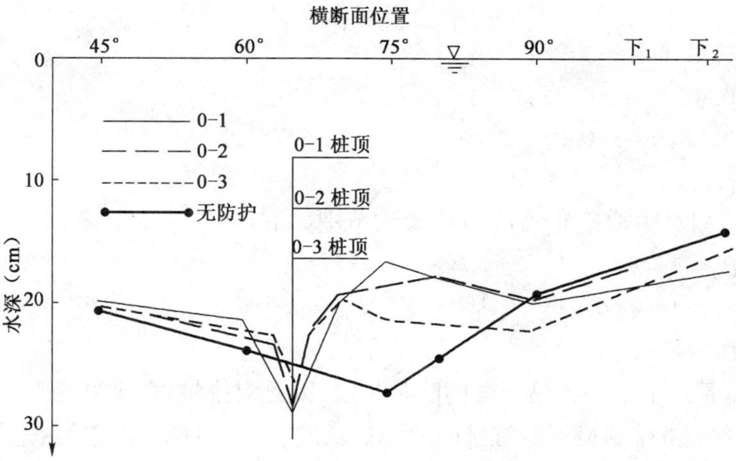

图 19-3-8　桩顶高度不同时的床面线

(3)桩径粗细

当 D/d、h_d 和 L_d 不变，只改变 d 时，桩后防冲效果基本不变。这是因为桩排单宽阻水率 d/D 不变的缘故，但是，桩排本身局部冲刷深度是随 d 值的增大而增大的。

(4)桩排长度

当桩距 D、桩径 d 和桩高 h_d 都相同，仅最下游桩排长度 L_d 变化时，L_d 越大，则 H'_p 越小，防护长度 L_d 就越大。

试验表明，当 D、d 和 h_d 都相同，仅改变上游的桩排长度 L_d 时，L_d 越大，对其邻近下游一段防护越好，但对下游较远处防护效果越差。

桩排长度对桩排本身局部冲刷无明显影响。

(5)桩排的多少

对整个凹岸防护而言，则以多排最好，单排最差；对防护桩后深槽冲刷而言，单排已有明显效果，双排更好，多排效果同双排相近。

若以弯道护岸为主，应采用多排；若以防护弯道深槽中建筑物，如桥台、桥墩的冲刷为主，则在建筑物上游适当位置(注意不应太近)布置一两道桩排即可。

若主要目的是提高床面，减小防护后水深 H'_P，则用密距、高桩；若希望减少桩排本身冲刷深度 h_{bd}，则采用稀距、低桩。若需两者兼顾，可前排稀距低桩，后排密距高桩，排头稀距低桩、排根(靠岸处)密距高桩。总之，可视具体情况灵活掌握。

3. 桩排防冲效果的估算

桩排单宽阻水率 λ：

$$\lambda = \frac{d \cdot h_d}{D \cdot H_p} \tag{19-3-1}$$

试验表明，桩排长度 L_d 与凹岸深槽宽度 B_p 之比 $L_d/B_P = 1.5 \sim 2.0$ 时，防护效果较好。

以 H'_p/H_p 反映防护效果，试验得到：

$$\frac{H'_p}{H_p} = A\lambda^n \tag{19-3-2}$$

式中：A——系数；

n——指数。

单排桩,$A=0.48$,$n=-0.29$;

双排桩,$A=0.43$,$n=-0.32$;

多排桩,$A=0.53$,$n=-0.27$。

4. 桩排防护长度的估算

以 L_d/B_p 表示相对防护长度,则 L_d/B_p 大致范围如下:

单排桩,$L_d/B_p=5\sim8$;

双排桩,$L_d/B_p=4\sim7$;

多排桩,$L_d/B_P=2\sim5$。

注意,此处 L_d 是最下游一排桩下游的防护长度,因此双排桩、多排桩的 L_d 小于单排桩时的 L_d,但是,加上最上游桩排到最下游桩排间的防护长度后,则多排桩的总防护长度将比单排桩大得多。

5. 桩排局部冲刷的估算

桩排冲刷可看作由两部分组成:一部分为单个桩绕流的局部冲刷,另一部分为各桩间挤压水流产生的一般冲刷(压缩冲刷),则

$$h_{bd}=K_1h_b+K_2(h_{pd}-h_{po}) \tag{19-3-3}$$

式中:h_{bd}——桩排的冲刷深度(床面以下)(m);

h_b——作为单柱墩的局部冲刷深度(m),按桥墩局部冲刷公式计算;

h_{pd}——各桩柱间由压缩而引起的一般冲刷深度(m)(由水面算起);

h_{po}——无桩柱时,桩排断面的天然冲刷深度(m)。

K_1、K_2——桩顶在水中不同高度的折减系数,按表 19-3-3 查取。

系数 K_1 和 K_2 表 19-3-3

h_d/h_p	0.2	0.4	0.6	0.8	≥1.0
K_1	0.90	0.95	1.00	1.00	1.00
K_2	0.20	0.40	0.60	0.80	1.00

二、桩排对桥墩的防护

根据对咸阳公路渭河桥设置冲刷防护桩的试验研究(高冬光,1982 年 9 月),在桥墩上游来水方向的适当距离处设置防护桩(或桩排),可减小桥墩的局部冲刷深度。但防护桩与桥墩的距离必须适当,距离过小,反而加深桥墩冲刷,造成危害。

防护桩(排)对桥墩防护的机理有两方面:一为防护桩(排)阻挡了水流,产生绕流和本身冲刷,桥墩在其尾流之中,墩前水流已经过"消能",失去了强烈的冲刷能力;二为桩排冲刷坑由旋涡带到尾流区的泥沙,恰好能沉积在桥墩周围,回填了冲刷坑。防护桩(排)与桥墩距离过近,桥墩在防护桩(排)冲刷范围内,两者成为一个整体被冲刷,使桥墩冲刷反而加重;反之,过远,桥墩在防护桩(排)尾流之外,甚至在尾流沉沙范围之外,则失去了防护效果。根据试验资料分析得:

防护桩的最小距离 L_{mm}[图 19-3-9a)]:

$$L_{mm}=b+h_{bd}/\tan\varphi+1.5d \tag{19-3-4}$$

防护桩的最佳距离 L：

$$L = b + h_{bd}/\tan\varphi + 2.8d \tag{19-3-5}$$

式中：b——冲刷坑底宽(m)，可调查得，无调查资料时可近似取 0.50～0.80m；

h_{bd}——防护桩本身冲刷坑深(m)；

φ——床面泥沙水下休止角(°)，查图 6-1-7 中曲线，或按式(19-3-6)估算(天津大学，$d=$ 0.20～4.37mm)，

$$\varphi = 32.5 + 1.27\bar{d} \tag{19-3-6}$$

$\bar{d}$——床面泥沙平均粒径(mm)；

d——防护桩直径(m)。

防护桩的平面布置，主要是将防护桩(排)中心布置在上游行近流速方向。水流流向稳定，上游设 2～3 根桩即可，水流摆动角 α 越大，则桩数越多。以防护桩(排)的尾流区和冲刷坑泥沙沉落将桥墩上游端和桥墩覆盖为准。桩排形式可为弧形[图 19-3-9b)]、三角形或一字形。

桩顶高度在设计水位以下 $\frac{1}{2}h \sim \frac{1}{3}h$，防护效果为佳，$h$ 为天然水深。

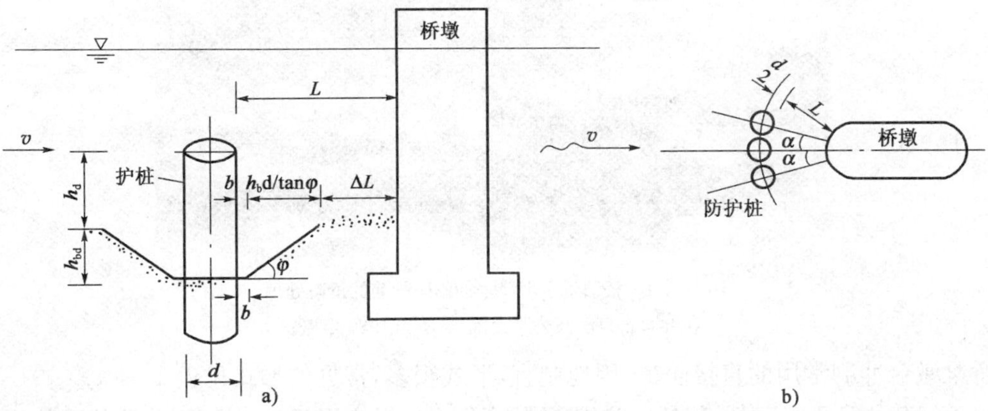

图 19-3-9　桥墩的桩排防护(高冬光，1982)

a)立面图；b)平面图

第四节　平 面 防 护

桥梁墩台冲刷防护形式很多，从防护作用的特点出发，参照路基防护的分类，也可分为桥梁墩台的直接防护和间接防护两大类。直接防护就是直接设置在或附着在桥墩或桥台上的防护构造，用以直接抵御洪水冲刷，如桥墩、桥台周围床面的铺砌、护坦、抛石、石笼以及在桥墩墩身上的防冲盘等；桥梁墩台的间接防护，则是通过桥梁上游或下游设置调治或防护构造物，如丁坝、导流堤、桩排或全桥孔之下床面全铺砌，与下游急流槽和消力池连成一体，以固定桥孔冲刷基准面，称海漫式防护，调整桥下水流的流速、流向及泥沙运动状态，引导洪水平顺通过桥孔，避免墩台过度冲刷。另外，通过注浆加固地基，以防水毁，也可视为间接防护。有的水坝下游清水冲刷严重的桥梁桥下断面整体铺砌并与下游的海漫式防护连成一体。

一般来说，通过适当的桥位选择、合理地布设调治构造物，可达到间接防护的目的。但是，洪水和河床变形受人为和自然多种因素影响，有时会发生无法预料的变化，直接危及桥梁墩台安全，只能在桥梁墩台周围就地采取防护措施，进行直接防护。图 19-4-1 和图 19-4-2 都是在已建桥梁上游修建水库，引起桥梁严重冲刷，导致水毁的实例。图 19-4-1 中的桥梁在十年动乱时期，曾两次被洪水冲毁桥墩，采取直接防护无效，而在改革开放后修建的全桥下游海漫式防护，则获得了成功，成为市郊的一个景观。图 19-4-1 是 1971 年建成的西万公路石泉汉江大桥，因某些原因，缺少统一规划，桥梁竣工数年后就在桥上游约 900m(中泓距离)处建成一水库大坝和电站，其泄洪道位于南岸河滩之上，电站运行仅数年，就将河床靠南岸河滩最大厚度约 11m 的卵石沉积层冲走，变成河槽。桥墩基础全部冲出，有的基底边缘被淘空，致使桥梁成为危桥。后经桥墩基础周围铺砌防护，桥梁方能正常使用。

图 19-4-1　桥墩受水坝泄水冲刷防护前的抢险处理
(陕西，石泉汉江公路大桥，高冬光 1980 年摄)

桥梁墩台冲刷常用的直接防护，因地制宜，形式很多，常见的形式见表 19-4-1。

表 19-4-1 中所示各种桥墩、桥台防护形式，多年来广泛应用于我国铁路、公路的浅基防护，经受过洪水的考验。近 10 余年来发表了一些防护经验总结和研究报告，现将有关成果归纳如下。

表 19-4-1 所列各种防护形式中，序号 1、2、3、5、6、8 和 9 七种最常见，序号 10 多用于小桥涵，序号 11 在大中桥中也有使用。

桥墩冲刷直接防护形式　　表 19-4-1

序号	方法	简　图	说　明
1	石笼或板桩防护	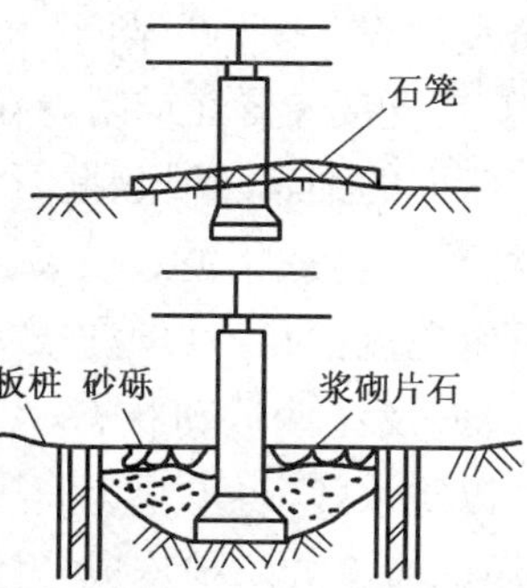	水流冲刷危及基础时，须采取防护措施： (1)用竹子、铅丝或钢筋制成石笼护基，并将石笼间以钢筋或铅丝相互连接下沉； (2)在土质或细砂砾河床，可筑板桩围堰，堰内填砂砾、石；注意板桩顶面高程不应高于河床

续上表

序号	方法	简图	说明
2	水泥混凝土板或混凝土预制块防护	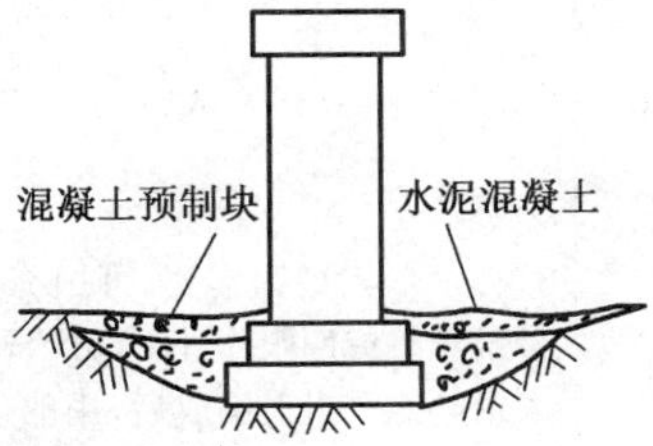	当河床不稳定，基础埋置深度浅，冲刷范围较大时，宜取平面防护，其范围视具体情况而定；在水流中不可部分施工时，宜采用铺置混凝土块的办法防护；采用铺筑水泥混凝土防护时，须在河床整个宽度内进行，不能部分地施工
3	块、片石防护	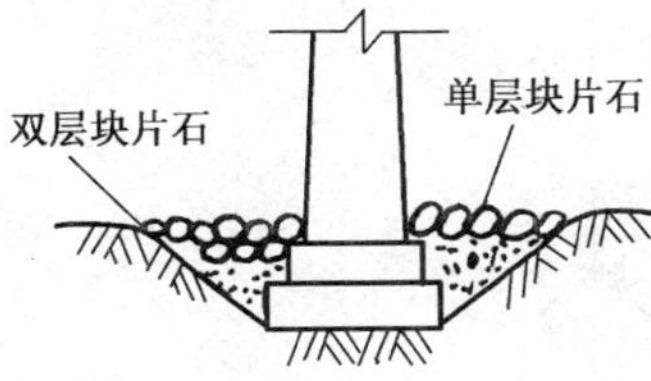	同上情况，亦可采取双层或单层块、片石作平面防护，但当河床面有淤泥杂物时，须加以清除，填以砂砾夯实后再行砌石，方能稳固
4	梢捆防护	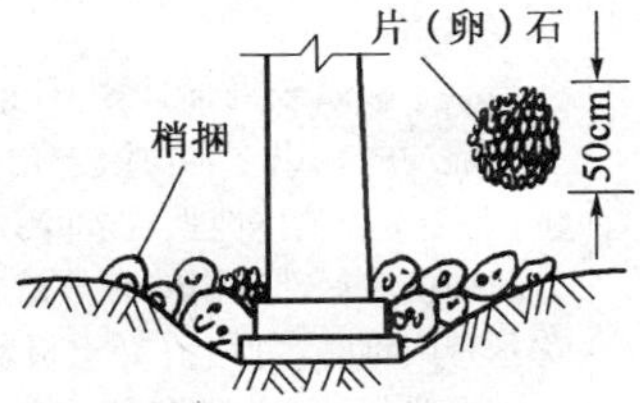	用长约 1.5m 的鲜柳枝、荆条编成梢捆，内装片石或卵石，成捆置放于基础四周防护，具有较好的防冲效果；当冲刷力较大，可在梢捆上加压石块稳定
5	大桥抛石防护	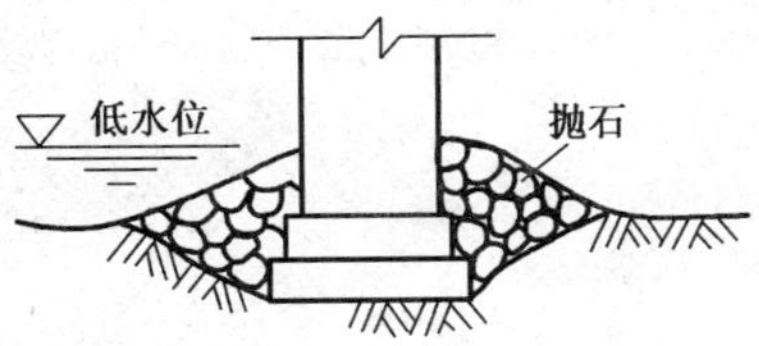	抛石防护用于深水墩台，将石块抛在桥梁墩台四周被冲刷的坑内，填满至高于河床面，以防再次冲刷
6	中小桥抛石防护	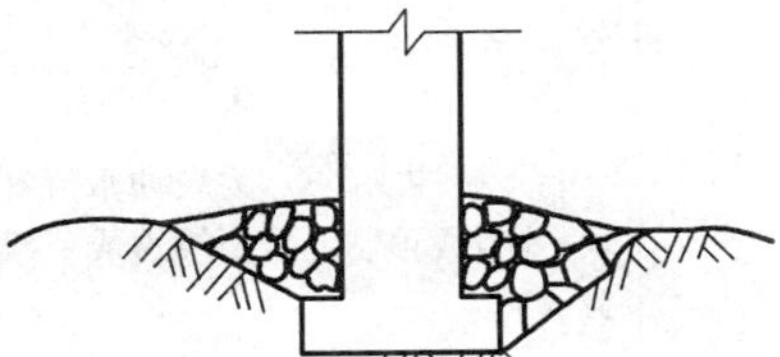	中、小桥梁墩台的抛石防护，应注意横桥跨的门坎埋置深度须比墩台四周挖深 1.2～1.5m，以防水流正面冲刷
7	板桩墩头防护	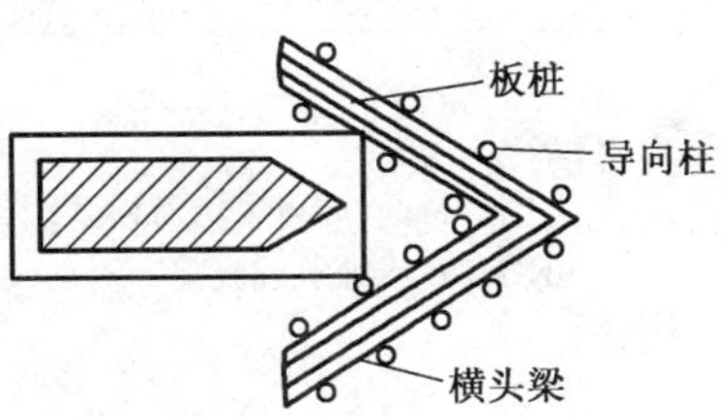	对于土质和砂砾石的变迁性河段，可采用板桩进行墩头防护；板桩顶面一般不应高出河床面，最好埋置在冲刷线以下，因板桩高出床面，会产生阻水，在板桩前造成局部冲刷，影响护桩安全；板桩尖头做成单向斜口式，打桩时可使板桩接缝紧密，板桩入土嵌置深度一般为 0.5～1.0m

续上表

序号	方法	简　　图	说　　明
8	马蹄形大型铅丝笼填石护墩	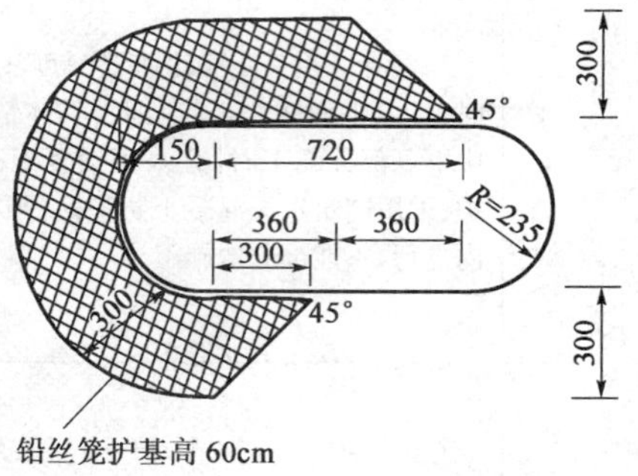 (尺寸单位：cm)	马蹄形大型铅丝笼，可用 ϕ8mm 钢筋作骨架，用 8 号铅丝编成网眼作外框，大铅丝笼宽 3.0m，高 0.6m，大铅丝笼在岸上编成后，用船运到桥墩处下沉就位，内填毛石，最后再加铅丝网盖
9	混凝土板防护	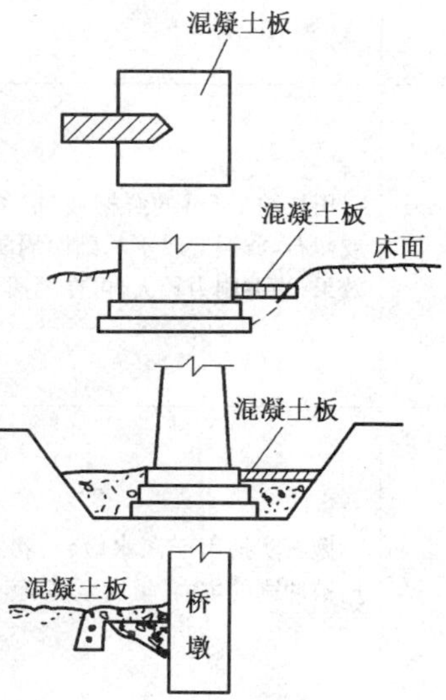	混凝土板属于局部冲刷平面防护，混凝土板应置于一般冲刷线以下，并应盖住所在位置的冲刷坑范围；混凝土板整体性强，抗冲耐磨，施工较方便，是一种防护桥墩局部冲刷的有效措施；对于新建桥梁，下深基有困难时，可用混凝土板防护局部冲刷来提高基础埋置深度，一般在基础施工时，可利用开挖基坑，在基坑内浇筑混凝土板；混凝土板埋置较深，要求盖住所在位置冲刷坑的范围较小，可以增加桥墩安全
10	三级消力坎防护	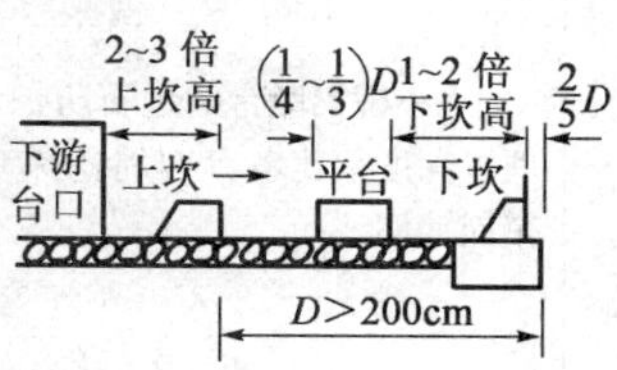	当下游冲刷严重，为缓冲水流冲刷影响，可用浆砌块、片石或预制混凝土块筑成三级消力坎(或称三级跳坎)
11	海漫式防护	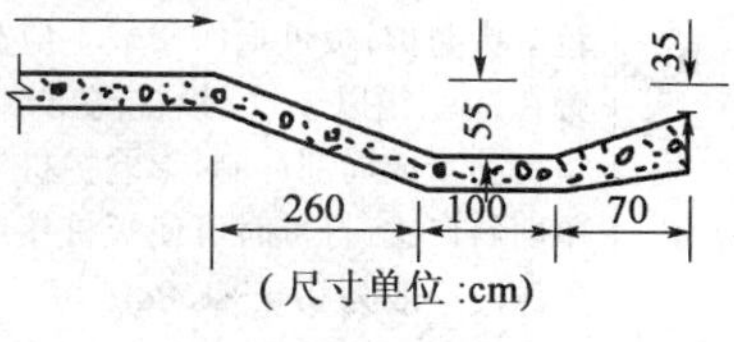 (尺寸单位:cm)	同上目的，亦可采用海漫式缓冲水流；海漫式防护可用砌石或铺筑混凝土

续上表

序号	方法	简　图	说　明
12	冻拔防护	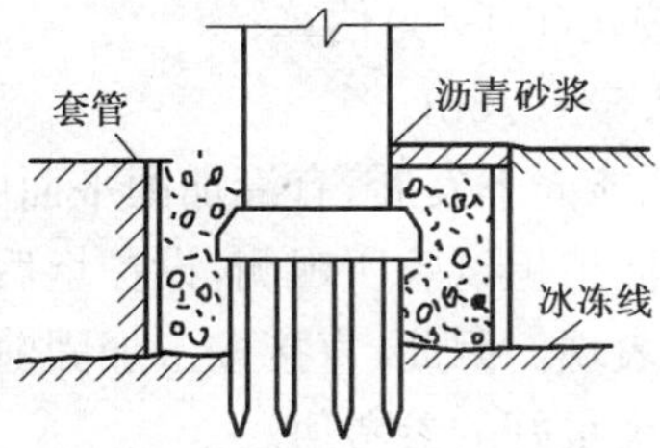	严寒地区，冬季冰层厚度变化，易发生浅桩冻拔，深桩环状冻裂，如桩基周围冰层较厚，可打入套管或板桩，中间填以保温材料，亦可将冰冻线以上（墩以周围）用矿渣换填

美国用土工布沙袋作反滤层，上层用抛石注浆作临水面，进行防护，如图 19-4-2 所示。

桥墩、桥台平面防护的范围及尺寸与冲刷坑的形状和尺度有直接关系，它是由引起冲刷水流的结构及其作用范围决定的。桥墩附近水流结构如图 14-3-2 所示，主要是两侧绕流形成的床面附近马蹄形旋涡体系塑造了桥墩冲刷的床面地形。图 19-4-3 是嘉陵江上游峡谷中桥墩冲刷后的床面形态，虽然冲淤高差不大，但可看出冲刷坑和桥后淤积的特征。图 19-4-4c）是当流向恒定通过墩轴线时，按照模型试验绘出的圆头墩冲刷坑形状和墩后淤积形态。其特点是墩上游两侧冲坑最宽、深度较大，而墩上游中心宽度、深度小于两侧，上游需要的防护宽度是上游两侧宽的 50%～83%。因为桥墩上游两侧处的绕流流速大约是桥墩上游行近流速的 2 倍，这里床面泥沙运动最强烈，冲深和坑宽也最大，而墩迎水面床面泥沙不断滑塌移动来补充两侧的泥沙，随后也形成较深较宽的形态。

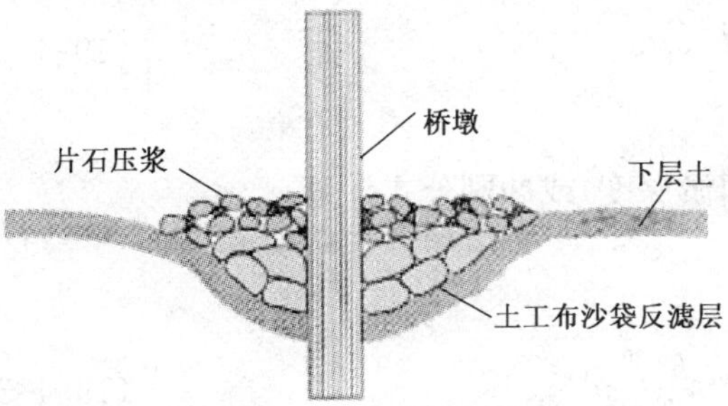

图 19-4-2　土工布沙袋反滤层压浆片石护面（2002 年）

图 19-4-3 嘉陵江上游峡谷河段的桥墩冲刷（宝成铁路、凤州，高冬光，1999 年）

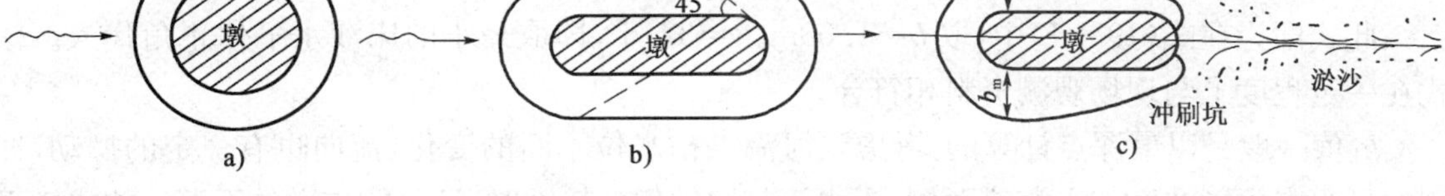

图 19-4-4　桥墩平面防护范围和冲刷坑形状

a）圆柱墩；b）圆头墩；c）圆头墩流向一定时的冲刷坑和淤积

冲刷坑的上缘宽度 B_b 和局部冲刷坑深度 h_b 存在一定的关系，如图 19-3-9 所示，边坡的平均坡度是由其水下休止角来决定的。这样可按式（19-4-1）估算冲刷坑上缘宽度 B_b：

$$B_b = b + h_b/\tan\varphi \tag{19-4-1}$$

式中：B_b——冲刷坑上缘宽度(m)；

h_b——该处局部冲刷深度(m)；

φ——床沙水下休止角(°)，查图 6-1-7 或按式(6-1-14)估算；

b——坑底平面宽度(m)，就地调查或取 0.5～0.8m。

事实上，桥墩床面平面加固以后，绕流旋涡不能向下发展，有沿加固平面向外扩展的趋势，使加固平面以上的冲刷抗外缘宽度稍有增大，如同护坦试验所观测，设护坦后冲沟宽度稍有增大一样，这正是河床变形中水沙自动调整作用的表现。因此，直接按未加固前冲刷坑形状决定加固范围可能是不安全的。但是，冲刷坑宽度是个很好的参考值。

仔细观察冲刷过程中冲刷坑的边坡，发现该边坡并不是自上而下同一个边坡，而是上方略坦而坑底附近稍陡的边坡。同时，沿冲刷坑底马蹄形旋涡挟着泥沙急速冲到坑下游尾部，逐渐卷向上方带到坑外下游。坑底伴随逐渐冲深，边坡泥沙不断塌落下来，致使坡底冲刷坑壁下部坡度稍显陡立，同时，坑底不断向上发展的旋涡对坡脚陡坡也有支撑作用。床沙水下休止角应是静水中泥沙沉积的休止角。因此，冲刷坑边坡坡度以水下休止角计算也有平均坡度的近似意义。

总之，桥梁墩台冲刷坑的宽度、范围和对它们进行平面加固的宽度和范围，主要决定于两方面的因素，即局部冲刷坑的深度(综合反映了水流流速流向、墩形墩宽等各方面的影响因素)和床砂性质(砂性土的粒径)。

根据试验资料和现场实桥冲刷观测资料分析，桥墩局部冲刷平面防护的宽度 B_f，可按式(19-4-2)计算：

$$B_f = \frac{3.43}{\bar{d}^{0.13}} h_b \tag{19-4-2}$$

式中：B_f——平面防护的宽度(m)；

h_b——局部冲刷深度(m)，由实测(应考虑回淤深度)或冲刷公式计算；

$\bar{d}$——床沙平均粒径(m)。

若将上式中的 h_b，以式(14-3-14)代入，则

$$B_f = 1.04 k_\varepsilon B_1^{0.53} \frac{h^{0.29}}{\bar{d}^{0.26}} v^{0.61} \tag{19-4-3}$$

式中，符号意义同前，$\bar{d}$ 的单位以 m 计。

另外，可用式(19-4-4)估算防护宽度 B_f：

$$B_f = \frac{h_b}{\tan 32.5} + 1 \tag{19-4-4}$$

此式即为在式(19-4-1)中，取 $b=1.00$m，$\theta=32.5°$，即取最小的床沙水下休止角代入。该式在一定程度上与现场观测资料相符合。

h_b值一般是以最深点计算的，考虑到河流洪枯水位不断的变化，流向也有一定的摆动，冲刷的最深点可能在墩的上游或两侧，当水流与墩轴偏向较大时，还可能在墩的下游一侧或墩下游，故建议可取桥墩周围同样宽度 B 进行防护[图 19-4-4a)和图 19-4-4b)]。

若桥墩洪水流向较稳定，又有现场实测冲刷坑资料时，可根据情况，将两侧下游防护长度缩短，下游端最好以 45°边缘与床面衔接。

桥台的防护宽度和范围也按以上原理确定，即参照式(19-4-1)和式(19-4-2)确定，而以上

两式中的 h_b 用桥台冲刷深度 h_s 按式(14-4-5)或式(14-4-6)计算。防护平面形式可参考护坦防护形式，见图 18-4-4。

平面防护顶面应埋在一般冲刷线以下或齐平。因为一般冲刷若露出防护层顶面，水流将沿防护加固砌体边缘向下冲刷。若边缘做成向下或向斜下方(45°、30°角)的垂裙，就变成了护坦。若不做垂裙则加固面边缘会被淘空，产生坍塌破坏。加固面埋置深度、宽度与边缘垂裙冲刷深度可按桥墩、桥台护坦垂裙冲刷深度公式计算，见图 18-4-2。

防护加固层一般可用片石砌筑、片石混凝土和混凝土浇筑，也可用石笼、格宾码砌加以钢筋相连，然后再回填密实。表 19-4-1 中序号 1～4 床面应该是一般冲刷后的床面或天然床面以下某一深度。

根据我国西南、西北地区铁路桥多年防护经验，把平面防护层做成以 30°角从墩壁向外侧倾斜的形式，可减小冲刷深度 23%，同时，也省掉了垂裙。这种做法应该提倡。

桥墩周围直接防护切忌把防护顶面高出床面，这样，实际加大了桥墩的阻水宽度，反而增大了冲刷深度。

第五节　海漫式桥下河床防护

海漫式防护主要用于水利工程泄水建筑物下游的桥梁，为消除水利工程下游水流剩余的过大动能而设置防护构造，如消力槛、多级跌水、急流槽、消力池等，使水流与下游天然水流相衔接。

公路、铁路山区小桥涵在进出口附近常设置跌水、急流槽、消力池(井)，以克服高差，衔接水流和消能。但是，在特殊条件下，如水库下游的大中桥、旧桥的浅基防护也采用这类方法(见图 19-5-1)。这类方法用于大中桥工程量大，造价高，但是能确保桥梁安全。

桥梁下游海漫式防护的水力计算图示如图 19-5-2 所示。

图 19-5-1　桥梁下游海漫式防护

(陕西商州，水库下游桥梁，高冬光 1995 年摄)

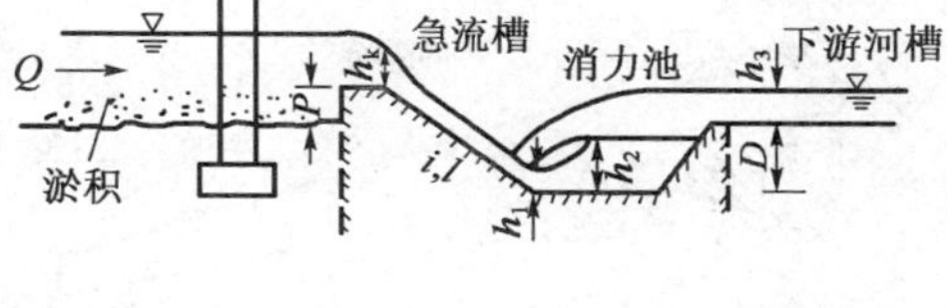

图 19-5-2　桥梁海漫式防护水力计算图示

桥梁下游急流槽进水口顶面高出河床高度为 P，急流槽长度为 l，底坡为 i；下游消力池底与下游河底高差为 D。

1. 急流槽进口水深为临界水深 h_k

$$h_k = \sqrt[3]{\frac{\alpha Q^2}{gB^2}} \tag{19-5-1}$$

式中：h_k——桥下河槽临界水深(m)；

Q——设计流量(m^3/s)；

B——桥梁过水宽度(m)，即下游急流槽宽度；

α——动能校正系数，$\alpha \approx 1.0$。

2. 拟定急流槽长度 l 和底坡 i

根据式(5-7-11)和进口水深 h_k，可推算急流槽下游出口正常水深 h_1。

3. 计算急流槽出口水深 h_1 的跃后水深 h_2 和水跃长度 l_s

$$h_2 = \frac{h_1}{2}\left[\sqrt{1+8\left(\frac{h_k}{h_1}\right)^3} - 1\right] \tag{19-5-2}$$

$$l_s = 3(h_2 - h_1) \tag{19-5-3}$$

4. 选定消力池的长度 l_x 和深度 D

若下游河槽的正常水深为 h_3，为了消力池内出现淹没水跃，则应：

$$D + h_3 \geqslant 1.1h_2$$

$$D \geqslant 1.1h_2 - h_3 \tag{19-5-4}$$

消力池的长度 l_x 应大于淹没水跃的长度 l_s，即

$$l_x \geqslant l_s \tag{19-5-5}$$

5. 海漫式防护工程形式

对于大中桥下游的海漫式防护，可应用急流槽和消力池配合，如图 19-5-1 所示。

6. 对于陡坡小桥和涵洞下游出口的消能

对于陡坡小桥和涵洞下游出口的消能可设急流槽、跌水和消力池(图 19-5-3)，坡度较缓时也可设三级跌坎(图 19-5-4)。

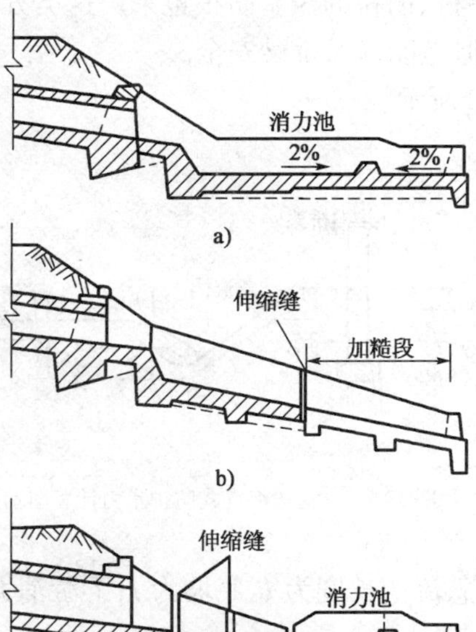

图 19-5-3 陡坡小桥涵进出口的布置

a)跌水和消力池；b)跌水和急流槽；c)急流槽和消力池

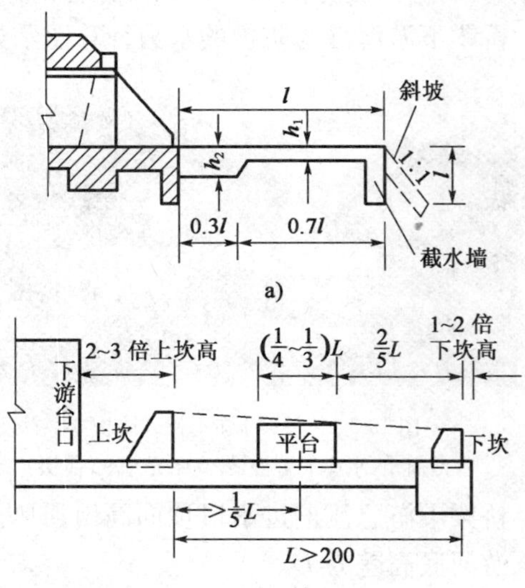

图 19-5-4 缓坡小桥涵进出口的布置

a)洞口铺砌和截水墙(垂裙)；b)三级跳坎

第六节　墩台地基注浆防护

在墩台基础之下或周围钻孔或打入管桩，通过孔眼或管孔，用一定压力把各种浆液（加固剂）注入土层中，通过浆液凝固，把原来松散的土、风化的岩石，固结为有一定强度和防渗性能的整体，或把岩石裂缝堵塞起来，从而达到加固地基，提高承载力的目的，该方法在水利工程、岩土工程中应用较多。另外，配合其他水毁防治措施，对地基注浆加固，还可达到逐层地基水毁防护的效果。如图 19-4-1 所示石泉汉江公路大桥 1 号墩冲刷防护，就是采用在墩周围压力注入水玻璃加固剂将岩石缝和卵石层加固，在桥墩周围形成防冲整体帷幕而实现的。还有近年来修建的高速公路路基，路面下面的路基产生湿陷时，是用注入水泥浆来处理的。

一、旋喷法注浆加固桥梁墩台基础的工程实例

1. 怀化铁路机车行走线公路立交跨线桥加固

该桥为 U 形桥台，台高 9.8m，1978 年底建成，并架设主梁，铺筑桥面，1979 年 3 月进行台背填土。当填土高度达 3m 时，发现北台严重下沉，台后左角下沉 112mm，右角下沉 106mm。桥台后倾，桥面伸缩缝增大，严重影响结构正常使用。采用旋喷法加固，按计算用 20 根旋喷直径 46cm 的旋喷桩柱，如图 19-6-1 所示。

本桥自 1981 年 6 月加固完工后，通车以来一直未有下沉现象，实践证明，旋喷加固成功。

2. 阜淮线戴家湖铁路桥

该桥两岸桥台为扩大基础，自 1980 年建成后，尚未架桥即发生较大下沉和位移。

加固时南北两岸桥台，分别采用 40 和 38 根旋喷桩，长分别为 8.3m 和 7.5m，设计直径为 50mm（图 19-6-2）。加固后仅 10 天便进行架桥，投入使用后均未发现下沉现象，加固效果良好。

3. 日本名古屋神崎川桥桥墩下沉加固（图 19-6-3）

该桥由于桥位受造纸厂废液冲刷，基础摩擦力下降，使桥墩发生不均匀下沉。采用在桥墩周围增加旋喷桩的方案加固。桥位离海口较近，河道流速小，采用单排旋喷固结体帷幕，在帷幕内采用化学灌浆，以达到增加地基强度的目的。

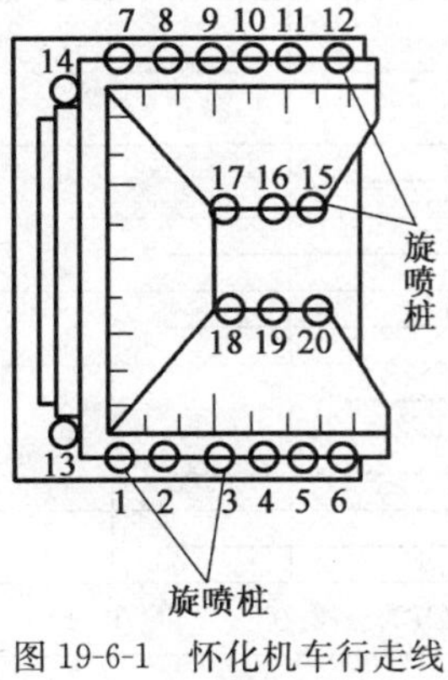

图 19-6-1　怀化机车行走线立交旋喷桩加固

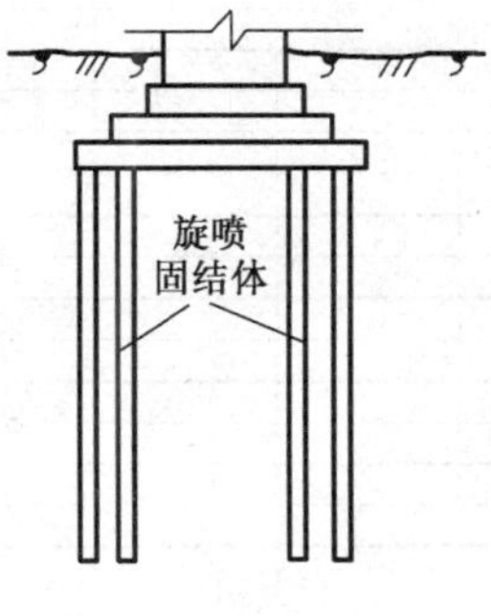

图 19-6-2　戴家湖铁路桥旋喷桩加固

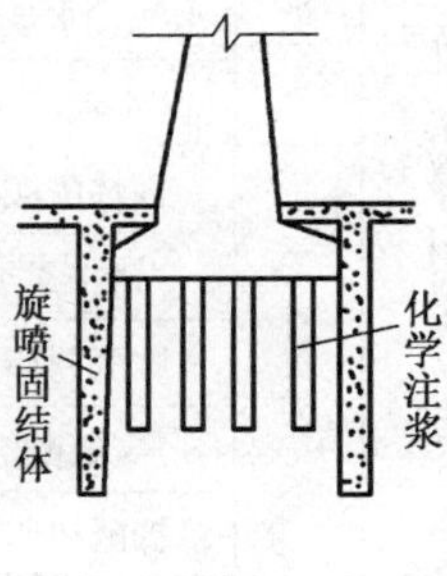

图 19-6-3　神崎川桥注浆加固

二、注浆法的分类

1. 静压注浆

静压注浆包括填充注浆、裂缝注浆、渗透注浆和挤压注浆。

2. 高压喷射注浆

高压喷射注浆包括旋转喷射注浆和定向喷射注浆。

三、常用注浆材料

1. 无机类注浆材料

(1)单液水泥类:水泥—氯化钙浆液;水泥—三乙醇胺—氯化钠浆液等。

(2)水泥—水玻璃类:水泥—水玻璃双浆液。

(3)水玻璃类:水玻璃—氯化钙浆液;水玻璃—铝酸钠浆液等。

(4)水泥黏土类。

2. 有机注浆材料

(1)丙烯酰胺类(MG-646 化学浆液)。

(2)木质素类:纸浆废液—重铬酸钠(铬木素)浆液;纸浆废液—过硫酸铵(硫木素)浆液。

(3)尿醛树脂类:尿醛树脂—硫酸浆液;尿素—甲醛—三氯化铁浆液等。

(4)聚胺酯类:水溶性聚氨酯浆液;油溶性聚氨酯浆液等。

(5)糠醛树脂类:糠醛—尿素浆液:糠醛—丙酮浆液等。

(6)环氧树脂类。

(7)甲基丙烯酸甲酯类。

四、各种浆液材料的适用范围和选择要求(表 19-6-1)

各种浆液材料的适用范围和选择要求　　表 19-6-1

	类别	浆液名称	砾石			砂粒			粉粒	黏粒
			大	中	小	粗	中	细		
各种浆液适用范围	无机类	单液水泥浆	—	—	—	—				
		水泥黏土类	—	—	—	—				
		水泥—水玻璃类	—	—	—	—				
		水玻璃类	—	—	—	—	—	—		
	有机类	丙烯酰胺类	—	—	—	—	—	—	—	
		铬木素类	—	—	—	—	—	—	—	
		脲醛树脂类	—	—	—	—	—	—		
		聚氯酯类	—	—	—	—	—	—	—	
		糠醛树脂类	—	—	—	—	—	—	—	
粒径(mm)			10	4	2	0.5	0.25	0.05	0.005	
渗透系数(cm/s)				10^{-4}	10^{-2}		10^{-3}	10^{-4}	10^{-6}	

续上表

浆液材料选择要求	(1)浆液应是真溶液而不是悬浊液，浆液黏度低，流动性好，能进入小裂缝； (2)浆液凝胶时间可从几秒至几小时范围内随意调节，并能准确地控制，浆液一经发生凝胶就在瞬间完成； (3)浆液的稳定性好，在常温常压下，长期存放不改变性质，不发生任何化学反应； (4)浆液无毒无嗅，对环境不污染，对人体无害，属非易爆物品； (5)浆液对注浆设备、管路、混凝土结构物、橡胶制品无腐蚀性，并容易清洗； (6)浆液固化时无收缩现象，固化后与岩石、混凝土等有一定黏结性； (7)浆液结石体有一定抗压和抗拉强度，不龟裂，抗渗性能和防冲刷性能好； (8)结石体耐老化性能好，能长期耐酸、碱、盐、生物细菌等腐蚀，且不受温度和湿度的影响； (9)材料来源丰富、价格低廉； (10)浆液配制方便，操作容易

五、常用水玻璃类浆液组成、性能和用途(表 19-6-2)

常用水玻璃类浆液组成、性能及主要用途　　表 19-6-2

原料		规格要求	用量(体积比)	凝胶时间	注入方式	抗压强度(MPa)	主要用途	备注
水玻璃氯化钙	水玻璃	模数：2.5～3.0；浓度：43～45%	0.45	瞬间	单管或双管	<3	地基加固	注浆效果受操作技术影响较大
	氯化钙	密度：1.26～1.28；浓度：30～32%						
水玻璃铝酸钠	水玻璃	模数：2.3～3.4；浓度：40%	1	几十秒～几十分钟	双液	<3	堵水或地基加固	改变水玻璃模数、浓度、铝酸钠含量和温度；可调节凝胶时间，铝酸钠含铝量多少影响抗压强度
	铝酸钠	含铝量：0.01～0.19(kg/L)	1					
水玻璃硅氟酸	水玻璃	模数：2.4～3.4；浓度：30～45%	1	几秒～几十分钟	双液	<1	堵水或地基加固	两液等体积注浆，硅氟酸不足部分加水补充，两液相遇有絮状沉淀产生
	硅氟酸	浓度：28%～30%	0.1～0.4					

六、旋喷浆液数量的计算

1. 体积法

$$Q=\frac{\pi}{4}D^2H\cdot\alpha(1+\beta) \tag{19-6-1}$$

式中：Q——旋喷浆液用量(m^3)；

D——固结体直径(m)；

H——旋喷长度(m)；

α——折减系数，由图 19-6-4 根据不同情况查得；

β——损失系数，$\beta=0.1\sim0.3$。

2. 喷量法

$$Q=\frac{H}{v}\cdot q(1+\beta) \tag{19-6-2}$$

式中：Q——喷浆液用量(m^3)；

v——注浆管的提升速度(m/min)；

H——旋喷长度(m)；

q——单位时间喷浆量(m^3/min)；

β——损失系数，$\beta=0.1\sim0.3$。

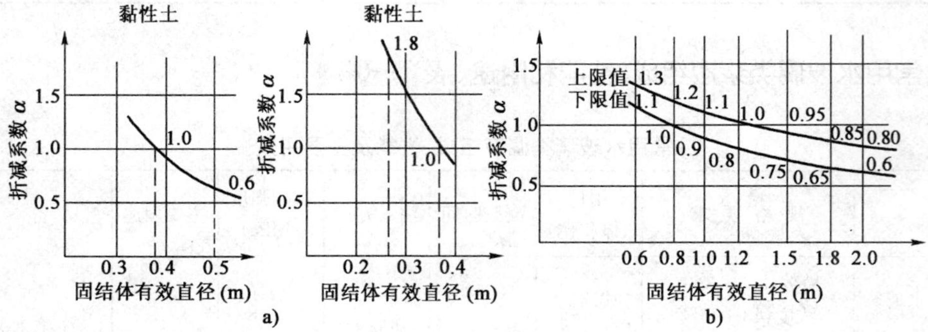

图 19-6-4　折减系数 α

a)单管法；b)重管法

七、旋喷法加固施工

施工顺序：

钻机就位(1)→钻孔(2)→插管(3)→旋喷作业(4)→冲洗→移动机具，如图 19-6-5 所示。

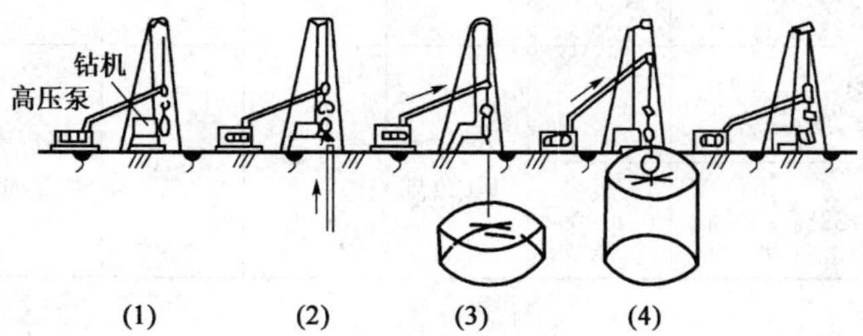

图 19-6-5　旋喷法施工顺序示意图

施工操作要点：

(1)旋喷前，要检查高压设备和管路系统，其压力和流量必须满足设计要求。注浆管、喷嘴内不得有任何杂物，注意管接头密封圈良好。

(2)钻机安放在孔位上后应保持垂直，施工时旋喷管允许倾斜度不得大于 1.5%。

(3)在插管和旋喷过程中，防止喷嘴堵塞，在拆卸、安装注浆管时动作要快。水、气、浆的压力和流量必须符合计设值，否则拔管清洗，再重新进行插管和旋喷。使用双喷嘴时，若一个喷嘴被堵，则可用复喷方法继续施工。

(4)旋喷时要做好压力、流量和喷浆量的量测工作，并要求逐项记录。钻杆的旋转和提升必须连续不中断。

(5)深层旋喷时，应先喷浆，后旋转和提升，以防注浆管扭断。

(6)搅拌水泥时的水灰比要按设计规定，不得随意更改，在旋喷过程中应防止因水泥浆沉淀而使浓度降低。

(7)施工完毕后应立即拔出注浆管，彻底清洗注浆管和注浆泵，管内不得有残存水泥浆。然后再将钻孔等机具设备移到新的孔位上。

八、高压、喷射注浆法的主要机具

(1)压泥浆泵，单管、二重管。

(2)压水泵，三重管。

(3)钻机、76 型振动钻、单管、二重管和三重管。

(4)泥浆泵，三重管。

(5)空气压缩机，二重管、三重管。

(6)泥浆搅拌机，单管、二重管和三重管。

第二十章　桥位(桥渡)设计计算系统

第一节　功能和特点

一、桥位设计计算系统的功能

桥位设计计算系统是以《公路桥位勘测设计规范》(JTJ 062—91)、《公路工程水文勘测设计规范》(JTG C30—2002)、《内河通航标准》(GB 50139—2004)、《通航海轮桥梁通航标准》(JTJ 311—97)和《铁路工程水文勘测设计规范》(TB 10017—99)等为依据,为满足公路及城市道路桥梁的桥位勘测设计或铁路桥渡勘测设计的需要,而开发的一套功能齐全的设计计算软件系统。

桥位(桥渡)设计计算系统的功能反映在“设计”和“分析计算”两方面:

“设计”是指桥位(桥址)选择、桥孔及导流堤的布设和编写设计文件等工作。这些工作是用户通过对现场的勘察、资料分析计算、综合作出选择、判断和决定的过程。

“分析计算”是指对桥位勘测中收集的大量水文、水力数据资料进行分析计算等处理,进行桥孔布设,确定桥孔长度及墩台位置桩号、桥面高程、墩台最低冲刷线高程,导流堤设计,生成桥孔布设方案图、导流堤设计图,以及小桥涵孔径的计算等工作。这是桥位(桥渡)勘测设计中大量的内业工作,也正是桥位(桥渡)设计计算系统代替用户完成的主要工作。

本系统适用于各设计阶段(工程可行性研究、初步设计阶段和施工图设计阶段)桥位(桥渡)勘测设计的外业和内业工作,将大量繁重的水文水力计算分析和设计文件的编制,完全由计算机来完成,使桥位勘测设计的工作效率、计算精度和设计质量显著提高,大大缩短了桥位(桥渡)勘测中外业和内业的工作时间。

为此,本系统的“帮助”功能还为用户提供了规范、设计手册中与桥位选择、桥孔及导流堤布设等有关的各项参考图表资料,并设置了编制水文报告的模板,用户可在模板上按提示编写水文报告或设计说明。

根据不同用户的需求,本系统分别开发了以跨河公路桥梁和跨河铁路桥梁为对象的两个版本。

桥位设计计算系统版本(QW1.0、QW2.0)内容是以公路桥为对象,包括规范要求的设计流量计算、设计水位及各项水力因素计算、桥孔长度的计算和布设、桥墩及桥台的冲刷计算、调治构造物设计、小桥涵孔径计算等全部内容。输出资料和文档生成一套完整的设计文件,包括各项水文水力计算成果、桥孔长度、桥面高程、桥墩桥台冲刷深度、导流堤设计及小桥涵孔径等数值表,桥孔布置方案图,桥梁涵洞一览表和沿线桥涵、特大桥及大中桥水文报告等文档。

桥渡设计计算系统版本(QD1.0)内容是以铁路桥为对象,根据《铁路工程水文勘测设计规范》(TB 10017—99)规定的跨河桥和跨海桥梁桥渡设计的要求,包括设计流量计算、桥下需要过水面积及桥孔布设、墩台冲刷计算、导流堤设计及小桥涵孔径等内容。

桥位设计计算系统(QW1.0)版本于2002年开发完成,根据用户使用要求,于2006年升级为桥位设计计算系统(QW2.0)版,同时根据不同用户的要求,在原版本的基础上,增加了当地水文信息,并开发出地区性版本,如黑龙江省版本等。

本系统在技术上由高冬光主持,是在甘肃紫光智能交通与控制技术有限公司的资助下,由西安软通科技有限公司组织开发的。近几年来,本系统已在中交公路规划设计院、中交公路第一设计院、铁道部第二设计院及南昌铁路局设计院和全国大多数省级公路交通设计院使用。

二、桥位设计计算系统的特点

(1)该系统是多项工程、多座桥梁桥位设计、水文计算的管理系统,可同时打开若干项工程文件,进行资料的添加、修改和计算分析,用户操作十分方便。

(2)系统包括全桥资料信息输入、分析计算,既可自动地、系统地全过程进行,又可根据用户需要,由用户控制分段分项进行。

(3)系统具有水文计算和桥孔布设应用生成的图形或曲线,图式结合,配合和谐、快速,为桥梁勘测设计人员提供了一个使用方便的设计工具。

(4)系统内容全面,功能齐全,适用面广。内容包括从桥位水文资料、河流断面资料的输入,到桥孔布设方案图、各项水文水力计算成果表和桥梁水文报告、桥梁及涵洞一览表等文档的生成;适用于路线中的大中桥、小桥涵,也适用于独立的大桥和特大桥。

(5)菜单"帮助"选项,为设计人员提供了全面的查询资料,包括规范条文、计算公式、参数表和图表等,另外还给出了编写"沿线桥梁涵洞和特大桥大中桥水文报告"大纲的示例。

(6)桥梁水文现象地区性强、随机性大,本系统除具有全面的桥梁水文水力分析计算通用功能外,还为用户准备了按自定义公式进行计算的计算器和两地或对两测站资料进行相关分析的功能。

(7)应用本系统可快速地进行不同桥位、不同桥孔布设方案的比选,以达到优化设计的目的。

(8)应用该系统将大量繁重的水文水力数值分析处理由计算机完成,显著提高了桥位勘测设计工作的质量,并大大缩短内业和外业工作时间,使桥位勘测设计工作大为简化。

三、桥位设计计算系统功能(表20-1-1)

桥位设计计算系统功能一览表　　表20-1-1

序　号	项　目	主要菜单选项	功 能 简 介
1	桥梁信息	(1)工程项目	工程项目名称、增加、修改、删除
		(2)桥梁基本信息	桥梁名称、中心桩号、公路等级、通航标准、水流夹角等; 桥梁的增加、修改、删除

续上表

序　号	项　目	主要菜单选项	功 能 简 介	
1	桥梁信息	(3)桥梁所在河流	设计洪水频率、凌汛、河段名称及类型	
		(4)桥位河床横断面	输入床面地形桩号、高程,生成河床横断面图	
		(5)桥梁概述		
2	设计计算项目	(1)设计洪水流量的推算	按 Pearson-III 型频率曲线分析计算	年最大流量连续系列
				年最大流量不连续系列
			按全国水文分区公式计算	计算平均流量 Q、C_v、C_s、$Q_{1\%}$、$Q_{2\%}$和 $Q_{p\%}$
			按推理公式计算	推算设计流量
			按经验公式计算	推算设计流量
			按相关分析推算	补插延长水文系列、推算水文因素
			按当地水文手册公式推算	推算设计流量
			按用户自定义的公式计算	计算设计流量和水力因素
			确定采用的设计流量	
		(2)设计水位和水力因素	由设计流量(或给定流量)推算设计水位(或给定水位)和各项水力因素	
			由给定的水位,计算断面各部分的水力因素及对应的流量	
		(3)桥孔长度和桥孔布设	不同河段需要的桥孔最小净长度计算	
			在河床横断面上布设桥台、桥墩的位置桩号、墩宽,修改布设方案,生成桥孔布设图	
		(4)桥面高程	根据设计洪水流量通过的要求,计算壅水、浪高、急流桥墩冲击高度、凹岸水面增高等,计算桥面最低高程	
			根据通航标准推算最高通航水位、通航净空,计算桥面最低高程	
			根据凌汛通过要求,计算桥面最低高程	
			确定采用的桥面最低高程	
		(5)桥墩、桥台的冲刷	计算桥下河槽的一般冲刷后最大水深,应用 64-2 简化公式、64-1 修正公式、清水冲刷公式、黏土河槽及河滩冲刷公式等计算	
			桥墩的局部冲刷最大深度,应用 65-2 修正公式、65-2 公式、65-1 修正公式、黏土冲刷公式等计算	
			两岸桥台最大冲刷深度计算,应用 95-1 公式(交通部科技攻关公式)、95-2 公式、黏土河床桥台冲刷公式等计算	
			计算两岸桥台和桥墩的最低冲刷线高程	

续上表

序　　号	项　　目	主要菜单选项	功 能 简 介
2	设计计算项目	(6)导流堤	圆曲线组合堤轴线计算
			椭圆形长堤和圆弧形长堤轴线计算
			导流堤冲刷计算
			导流堤高程计算
			绘制导流堤轴线、横断面图、上游堤头平面图
		(7)小桥和涵洞孔径	小桥孔径计算
			涵洞孔径计算
			进出口跌水和急流槽计算
			根据涵洞泄水能力及水力计算数值表,选定涵洞孔径
3	生成桥位设计文件	水文水力计算成果表	上列各项功能设计计算成果输出表
		桥孔布设方案图	在河床断面图上布设两岸桥台、各个桥墩的位置桩号、标注桥面高程和墩台最低冲刷线高程的桥孔布置方案图
		沿线桥涵和特大桥、大中桥水文报告;大中桥、小桥涵一览表	在 Word 支持下,打开水文报告样板,编写本路段桥涵和特大桥、大中桥的水文报告;也可参考"帮助"功能给出的水文报告大纲示例进行编写
4	帮助查询	规范标准、设计要求、计算公式、资料图表、水文报告大纲示例	提供最新的规范、标准、资料、图表及编写水文报告大纲等大量参考资料,为用户提供一部桥位勘测设计手册

第二节　安装和配置

一、硬件环境

(1)主机环境:PII 以上、硬盘 6.4G、64M 以上内存。
(2)分辨率:1 024×768。
(3)打印机:A3 或 A4 幅面各类打印机。

二、软件环境

(1)操作系统:Microsoft Windows NT/2000,Windows XP。
(2)其他软件:Microsoft Office,Excel 97,Excel 2003。
(3)网络版软件需包含:Microsoft SQL SERVER7.0 以上。

三、系统安装

1.安装准备

首先要安装好 Windows 2000/NT 以上系统、Office 2000/97 以上系统,并在以下几个方面对 Windows 做检查或调整。

(1)检查硬盘是否具有 40M 以上的自由空间。

(2)检查计算机是否安装了国标宋体字和楷体字。

(3)检查是否已经正确设置好打印机类型。

2.安装

系统提供标准自动安装程序,用户可根据提示一步一步安装。安装时,将光盘插入光盘驱动器中,运行光盘上 QWSJ 目录下的 Setup 命令或在 Windows 2000 以上中运行"添加\删除程序"模块功能,画面将出现提示。

用户可根据提示进行安装。在设定文件路径后,选择"NEXT",系统开始自动安装,直至安装结束。

安装成功后,在 Windows 桌面上会出现"桥位设计计算系统"图标。

第三节 桥梁信息

一、概述

桥位设计计算系统是桥位勘测设计应用的资料整理、分析和计算软件。桥位勘测设计要进行选定桥位、桥孔布设、确定桥面高程、墩台冲刷最低冲刷线高程、导流堤设计、小桥涵动孔径计算等工作。这些工作都是在勘测收集到的资料信息分析计算的基础上进行的。

输入的桥梁信息有:

(1)工程项目信息。

(2)桥梁的基本信息。

(3)桥梁跨越河流或水域信息。

(4)桥梁水文信息。

(5)桥梁通航标准。

(6)桥梁概述。

二、工程项目信息

工程项目一般是指批准立项的工程勘测设计项目,桥位设计计算系统可同时进行多个项目内的多座桥梁涵洞的水文分析计算和设计文件的生成,应用本系统时,必须首先输入或打开工程项目(见图 20-3-1)。对于独立的大桥、特大桥设计工程项目也就是桥梁项目。

三、桥梁基本信息(图 20-3-2)

桥梁的基本信息是指勘测任务中一座桥梁的名称、中心桩号、桥位地名、桥轴与水流的夹角等。

项目下的"桥梁",是指一个工程项目(公路路线)下每一座桥梁或涵洞。设计每一座桥梁或涵洞,都应在相应的项目下添加一个桥梁信息。

图 20-3-1　工程项目、桥梁项目

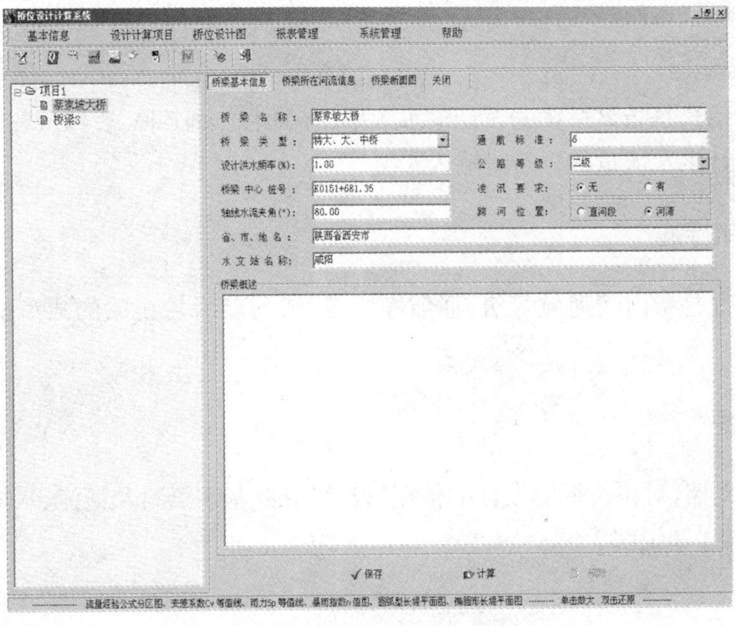

图 20-3-2　桥梁的基本信息

桥梁的基本信息可以在窗体中进行添加和删除。

四、桥梁跨越的河流或水域信息(图 20-3-3)

桥梁跨越河流和水域的信息有河流或水域的名称、输入桥位或水文计算河床横断面的床面桩号和高程、河槽河滩分界桩号、河槽河滩糙率、河床比降、河床质粒径、河床稳定性(稳定、次稳定、不稳定)类别,生成河床或水域横断面图,说明桥位河段是直河段还是河湾。

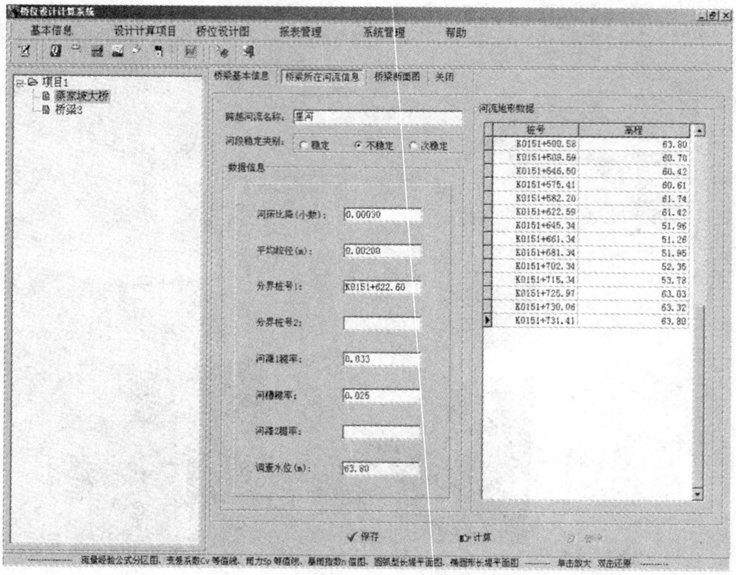

图 20-3-3　桥梁跨越河流和水域的信息

五、桥梁水文信息

桥梁的水文信息是指该桥梁的设计洪水频率、有关水文站名称、凌汛资料等。全面的水文数据信息将在设计洪水流量的分析时输入。

六、桥梁通航标准

桥梁通航标准是指内河通航等级、通航净空等,或通航海轮桥梁的典型船型及其通航净空等。

七、桥梁概述

提供 Word 文档,对桥位勘测设计的依据、设计标准、基本资料及河流、水域概况和桥位方案等进行记录、描述和说明。

第四节　设计洪水流量的推算

桥位设计计算系统提供了各种情况下推算桥涵设计洪水流量的方法。

当可收集到水文站年最大流量系列资料(连续系列或不连续系列)时,则以应用 Pearson-Ⅲ曲线作为理论频率曲线,进行频率分析计算,合理、快捷地确定设计流量和任何给定频率的流量。

缺少甚至没有水文观测资料时,可以应用全国水文分区经验公式推算设计流量。这种方法对于大中桥的工可阶段估定桥长或者在人烟稀少、收集资料困难的地区,确定设计流量,极为方便。对于在流域面积为 100km^{2}以下的河流上的桥涵,设计流量可应用推理公式和经验公式来计算。

当用户在现场进行洪水调查时,收集到历史洪水位资料,则可应用本章第五节的方法由给定水位计算其洪水流量。

同时,该系统还提供了相关分析的方法,供用户进行相关两地流量、水位等水文因素的推求、插补。考虑水文现象的复杂性和地区性,本系统设置了“计算器”,用户可按自定义公式进行计算,例如当地水文手册公式等的应用,为用户提供了方便的计算工具。总之,本桥位设计计算系统为用户提供了推算设计洪水流量十分全面的计算工具。另外,应一些省交通部门的要求,软件中还增加了部分省的分区径流计算等内容,并开发了地区版,如桥位设计计算系统(QW2.0)黑龙江版。

一、确定统计参数,计算设计流量及给定频率流量

根据水文站观测资料,按 Pearson-III 型理论频率曲线和适线法,确定统计参数,计算设计流量及给定频率的流量。

在窗体中选择流量资料系列类别,即选择是连续系列或是不连续系列(有特大值),输入历年的年最大流量值(图 20-4-1),按计算按钮后,立即显示结果,即历年流量经验频率分布点群(经验频率曲线)及统计参数平均流量 Q 和变差系数 C_v;按提示键入偏差系数 C_s 等于 m 倍的 C_v(一般 $m=2\sim4$),若水文站上游有分洪、水库等情况,m 值也可能为 $1\sim2$,C_s 选定后,相应的理论频率曲线立即显示在窗体上(图 20-4-2)。

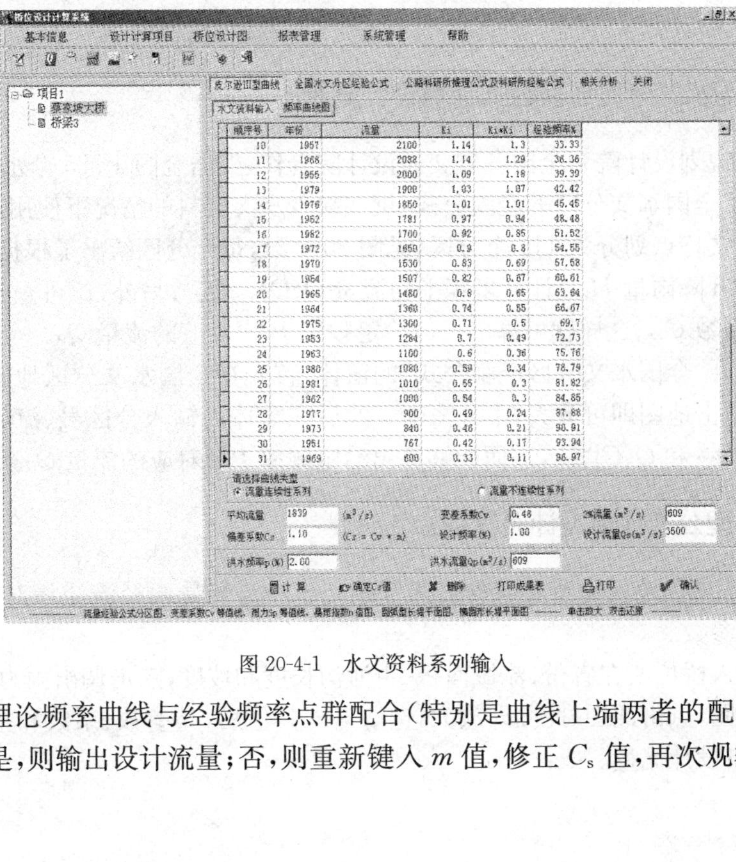

图 20-4-1 水文资料系列输入

用户观察理论频率曲线与经验频率点群配合(特别是曲线上端两者的配合)是否密切、用户是否满意?是,则输出设计流量;否,则重新键入 m 值,修正 C_s 值,再次观察两者配合情况

或同时修正 C_v 和 C_s 值,很快就可得到配合满意的理论频率曲线,算出设计流量。这种曲线拟合的速度和拟合密切的效果是人工计算时无法达到的。

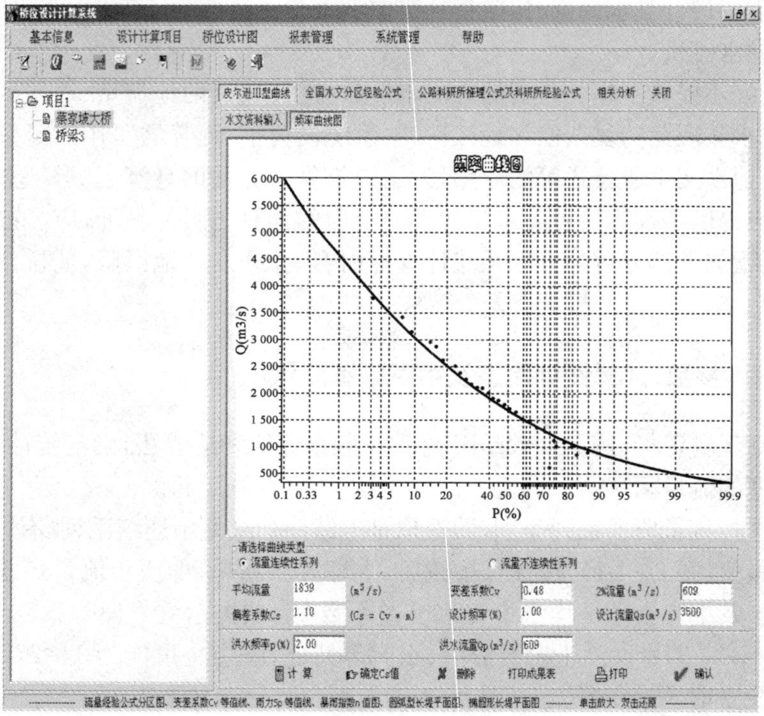

图 20-4-2 Pearson-III 型理论频率曲线和适线法

二、根据全国水文分区经验公式计算设计流量

交通部公路规划设计院和全国各省交通设计院合作,根据全国 1 785 个水文站 3 983 站年洪水资料,制定了全国水文分区的经验公式,供在缺少水文资料的情况下使用。

将全国按水文特点划分为 111 个分区(见图 20-4-3),每个分区给出了根据流域面积 F(个别分区还需要 24h 降雨量 H_{24})计算多年平均流量 Q、$Q_{1\%}$、$Q_{2\%}$;另外,还可查出各分区的变差系数 C_v 和偏差系数 C_s,这样就可算出任何给定频率 $P\%$ 对应的流量 Q_P。

从菜单中打开"全国水文分区经验公式"的窗体,首先在全国水文分区地图上找到所在地点的分区编号,单击地图即可放大,十分清晰。然后在窗体内输入分区号、流域面积等需要的因素,得到 $Q_{1\%}$、$Q_{2\%}$ 和 Q、C_v、C_s,进而能够算出给定频率 $P\%$对应的流量 Q_p。

三、根据推理公式计算设计流量(图 20-4-4)

1984 年,交通部公路科研所和各省交通厅制定了小流域暴雨径流流量对立公式,各省制定了相应的计算参数。

在窗体中输入桥位所在省份、流域面积、主河沟长度和坡度,点击调出雨力 S_p 曲线和降雨递减指数 n 分区图,点击此图,此图即放大,选取键入其值后,其参数、系数和指数自动查表和计算,从而可算出设计流量。

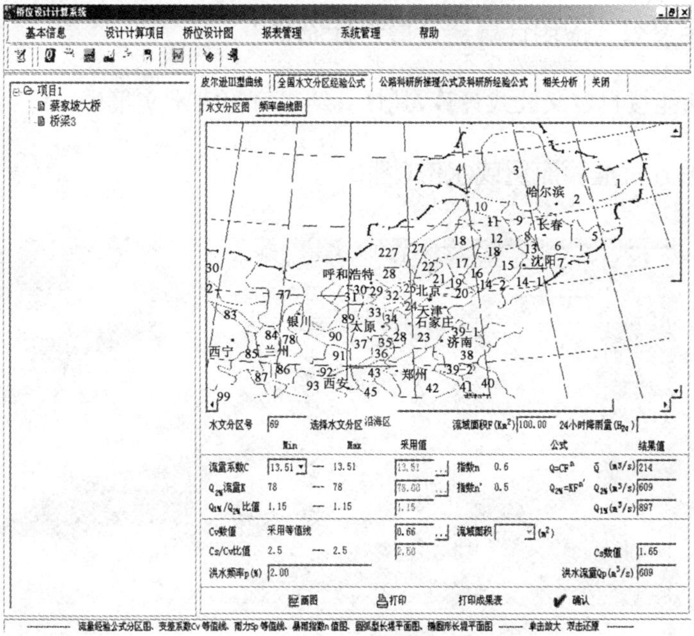

图 20-4-3　全国水文分区经验公式计算设计流量

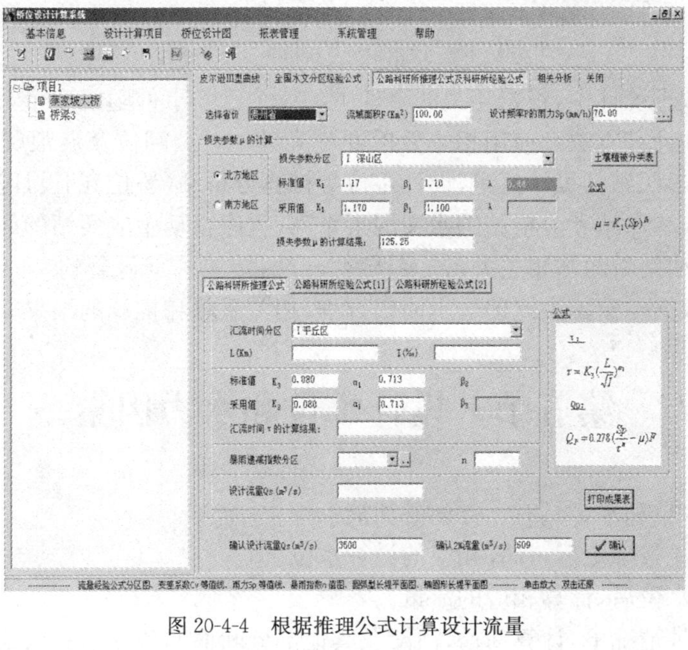

图 20-4-4　根据推理公式计算设计流量

四、根据经验公式推算设计流量(图 20-4-4)

1984 年,交通部公路科研所及各省交通厅,制定了我国小流域暴雨径流流量经验公式。经验公式有两个,在窗体中输入流域面积和雨力后,系数和指数可通过自动查表和计算得到,两个经验公式都可得到设计流量。

五、根据自定义公式应用计算器计算设计流量

使用计算器功能按自定义公式计算,其计算结果可写入水文报告。

六、应用相关分析推算流量或水位(图 20-4-5)

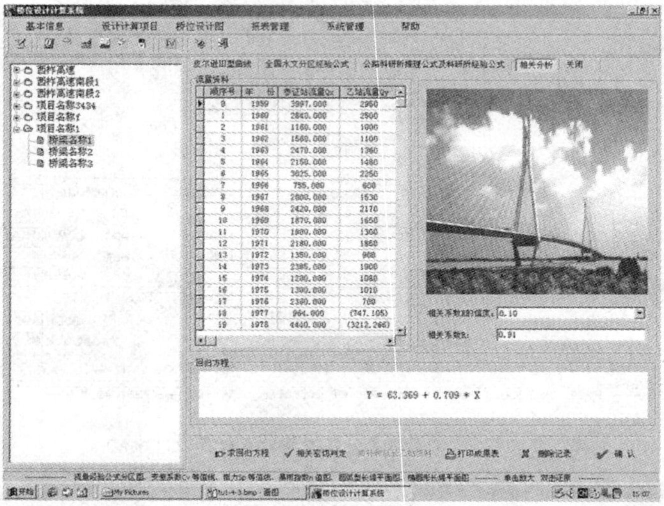

图 20-4-5　应用相关分析推算流量或水位

相关分析是数理统计中,根据相关两事件中的一个已知事件随机变量,推算另一事件对应的未知随机变量的计算方法。应用相关分析可对流量、水位、潮位及波浪资料系列进行插补、延长,也可以根据参照站的设计流量、设计水位等推算分析站(桥位)的设计流量、设计水位等。

在窗体中输入参照站和分析站的水文因素系列,程序自动生成两站的回归方程,算出两站的相关系数 R,自动判断两站相关关系是否显著,若两站关系是显著的,则自动用参照站的数据推算分析站的数据。窗体中立即显示回归方程、相关系数和推算的结果。

第五节　设计水位和水力因素

该系统设计水位和水力具有三方面的功能:

(1)设计洪水流量确定后,计算相应的设计水位。

(2)给定一个水位后,计算相应的流量。

(3)在以上两种情况下,计算河槽、河滩及其他部分断面的各项水力因素。

一、根据设计洪水流量推算设计水位

用不同方法推算出设计洪水流量或通过其他方法确定设计洪水流量后,在推算设计水位时,首先输入确认的设计洪水流量值,本系统立即进行迭代计算,算出相应的设计水位,同时算出河槽河滩的各项水力因素(图 20-5-1)。

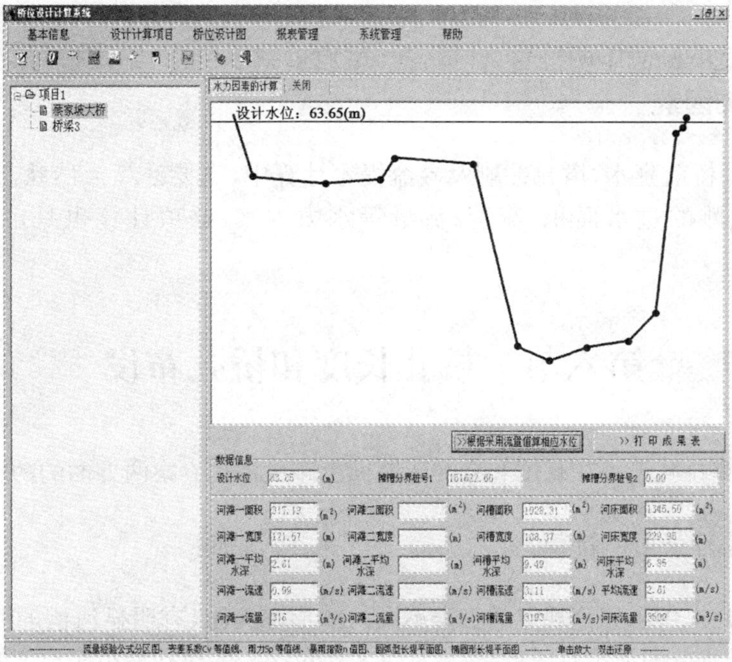

图 20-5-1　由流量计算河床横断面的各项水力因素

二、根据调查洪水位或给定的水位，计算调查洪水流量或给定水位的流量

桥位洪水调查找到洪水痕迹，测量得到洪水位，应用本功能，输入调查洪水位后，则可算出调查洪水流量及其各项水力因素(图 20-5-2)。

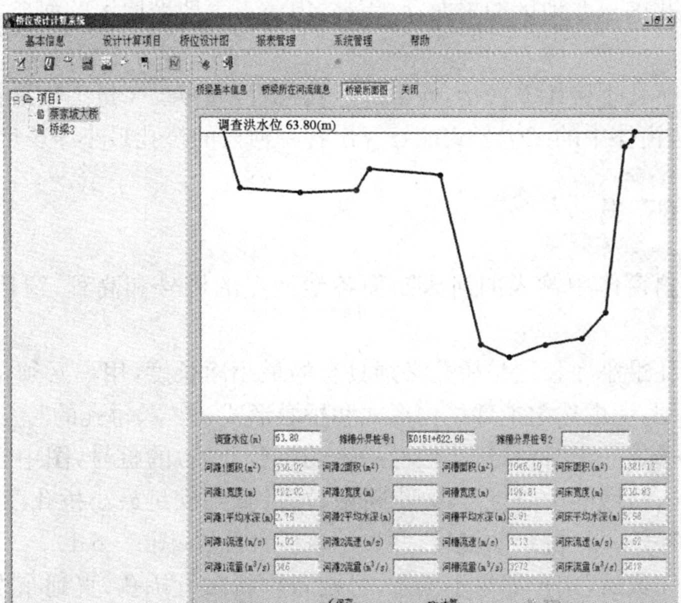

图 20-5-2　由水位计算流量及断面各项水力因素

三、根据给定的断面中两桩号,计算在一定流量或水位下,给定桩号之间部分断面的各项水力因素

在桥孔长度、桥前壅水、墩台冲刷及导流堤等计算中,需要计算天然状态下(修桥前)桥下河槽或两侧河滩的过水面积、流速、流量等水力因素,这项计算也是由这个功能来完成的。

第六节　桥孔长度和桥孔布设

系统具有计算桥孔最小净长度和在河床断面上布设桥孔方案两方面的功能。

一、桥孔最小净长度的计算

该系统为用户提供了规范规定的三类不同河槽形态河段(有明显河槽的河段,宽滩河段,无明显河槽、滩槽难分的河段)计算通过设计洪水流量必需的桥孔最小净长度的功能。

有明显河槽的河段中,按河床的稳定性又分为稳定、次稳定、不稳定三类;有明显河槽的稳定性河段包括平原顺直微弯河段、山区开阔河段;有明显河槽的次稳定河段包括平原弯曲、分汊河段;有明显河槽的不稳定河段包括平原游荡型河段、山区变迁型河段。

无明显河槽、滩槽难分的河段是指我国西部、内蒙古等地无明显河岸的山前变迁型河段、华北地区的游荡型河段。

宽滩河段是指我国东北地区的黑龙江、吉林、内蒙古等地平原区的河槽较窄、蜿蜒,而具有很宽阔河滩的河段。

山区峡谷河段桥孔不得压缩河槽,即最好一孔跨过,或布设少量圆柱形桥墩。

按规范规定,按窗体中的三个公式能够算出各种河段的桥孔最小净长度。

二、桥梁孔径的布设

根据在桥梁资料窗体中输入的河床断面各地面点的桩号和高程,窗体中生成河床横断面图。

以上算出的桥孔最小净长度是桥孔必须具有的最小净长度,用户必须根据桥位河段平面形态和河床横断面图,考虑选定上部结构形式和桥墩形式、墩宽、每孔的跨径(桥墩中心距离),在河床横断面图上选定一岸桥台(从小桩号一岸的桥台开始)的桩号,图中立即显示该桥台的位置,然后,逐孔输入桥墩的中心桩号,画出桥墩位置,直到满足最小桥孔净长度要求为止,这样定出另一岸(大桩号一岸)桥台的桩号,并显示该桥台位置(图 20-6-1)。

桥孔方案布设完成后,用户如果不满意,可刷新重新布设桥孔,直到布设方案使用户满意为止。

升级后的版本(QW2.0)具有对同时布置几个桥孔布设方案进行必选的功能。

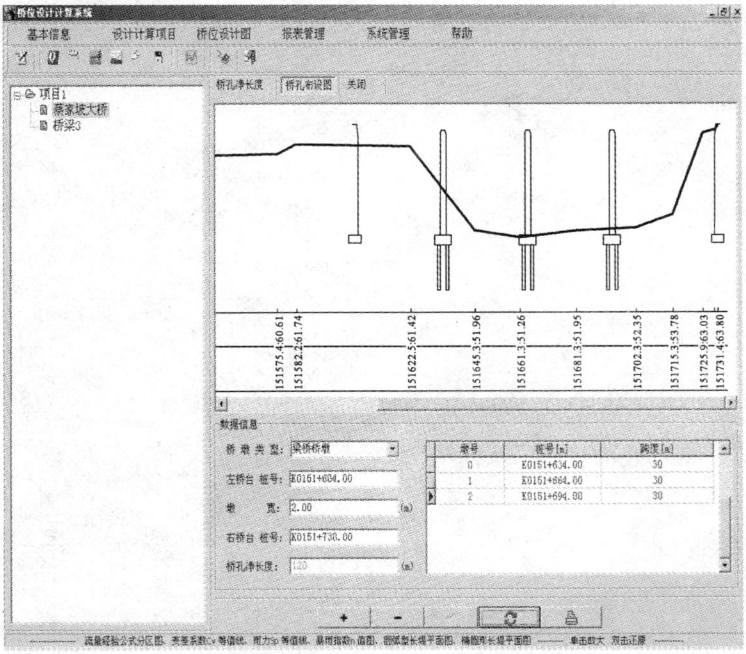

图 20-6-1　桥梁孔径的布设

第七节　桥 面 高 程

桥面高程的确定必须能够满足顺畅通过设计洪水和流冰，以及通航标准的要求，同时，还必须照顾桥头和两岸路基设计高程的平顺连接。桥面的最低高程是由以下三方面来确定的，即通过设计洪水的要求、通航标准的要求和通过流冰的要求。桥位设计计算系统首先计算洪水、通航、流冰需要的桥面最低高程，然后，用户考虑两岸路基设计高程等因素，输入一个确认的桥面高程。

根据通过设计洪水要求确定桥面高程时，一般情况下，设计流量通过时水流仍为缓流($Fr<1$)，桥梁上游出现壅水，应计入桥下壅水高度；但是，少数位于山区峡谷的桥梁和山前变迁型河流的桥梁，设计洪水通过时为急流($Fr>1$)，桥梁上游不出现壅水，但是水流被桥墩阻挡，动能急剧变成势能，沿桥墩的迎水面溅起很高的水柱，这种情况下，确定桥面高程时，则应计入桥墩的水面溅高，而不计桥下壅水。本系统自动对上述情况进行判别，自动选择处理(图20-7-1～图 20-7-3)。

桥位设计计算系统(QW2.0)升级版本，壅水高度计算除采用公路桥梁规范公式外，还增加了铁路桥梁规范的壅水高度计算公式。

河湾凹岸水位超高系根据桥梁基本信息输入，自动调用进行计算的。

确认桥面设计高程是由设计人根据洪水要求、通航要求、流冰要求、河湾凹岸超高等计算的桥面最低高程选择确定输入的。

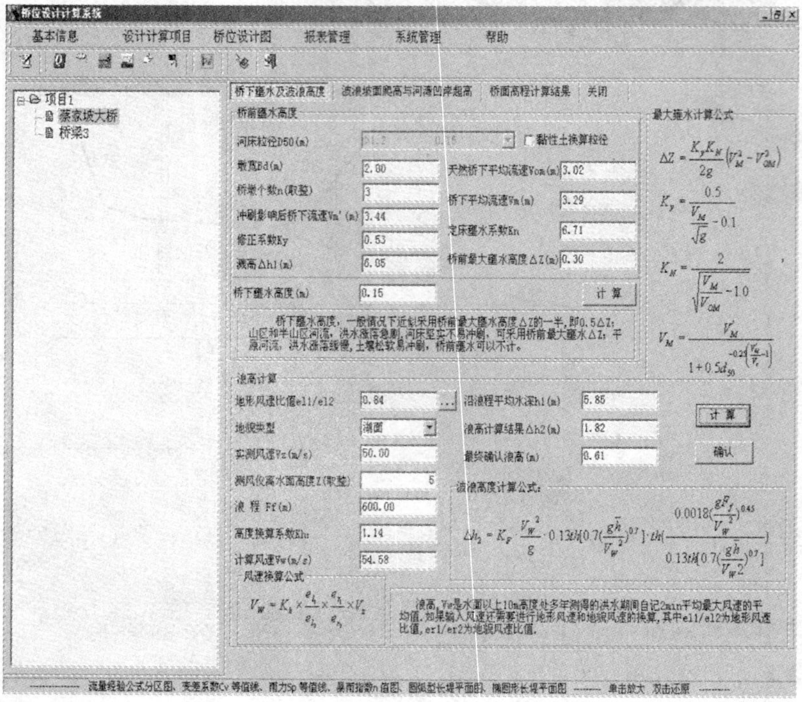

图 20-7-1 桥下壅水、墩前溅高、波浪高度计算

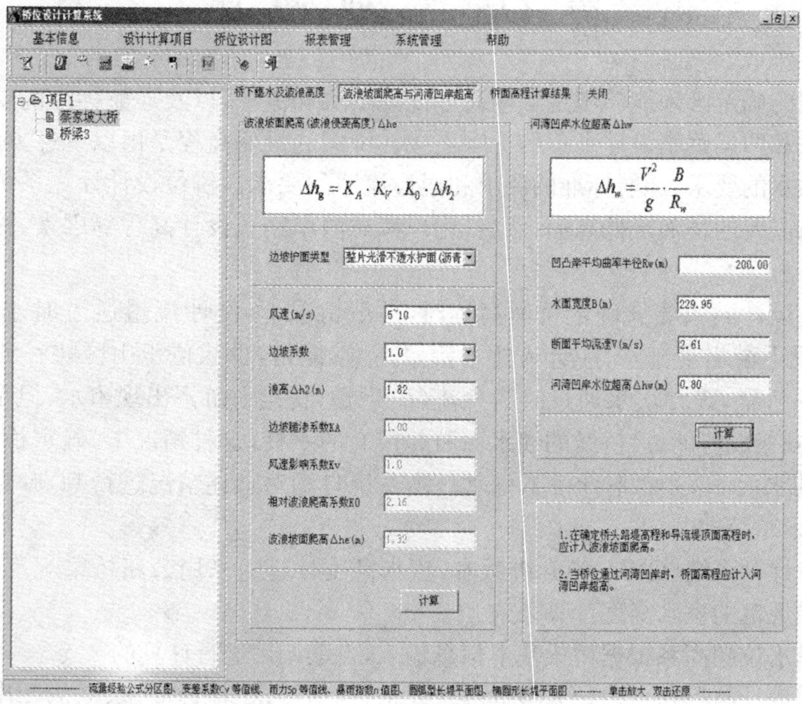

图 20-7-2 波浪波面爬高、河湾凹岸水位超高的计算

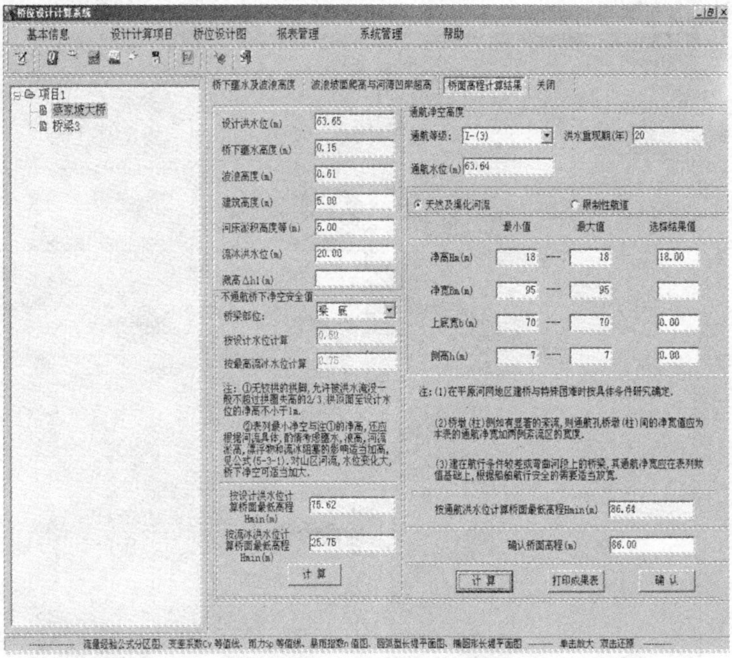

图 20-7-3　通航水位、通航标准和桥面设计高程

第八节　桥墩和桥台的冲刷

桥墩的冲刷包括河床的自然演变冲刷、一般冲刷(压缩冲刷)和局部冲刷。河床自然演变冲刷目前尚无可行的方法计算，而其中一部分，已包括在一般冲刷计算中，其不足部分可在墩台埋置深度的富余安全值中考虑；对桥墩的一般冲刷、局部冲刷深度，本设计计算系统都提供了计算功能。

桥台冲刷计算是近年来研究的成果，为简便计算，鉴于在野外和试验观测采集数据时，无法准确判定一般冲刷和局部冲刷的分界，故计算桥台深度时，未采用 20 世纪 60 年代研究桥墩冲刷时，人为划分为一般冲刷和局部冲刷的计算方法，而是采用了计算总冲刷深度的方法。

应当注意，计算出的冲刷深度是从平均河床床面高程向下计算的深度。冲刷线高程为设计水位减去平均水深，再减去计算桥台冲刷深度。

本系统以前各窗体输入的信息和计算结果，按各个窗体的确认按钮后，都存入数据库，供后续计算应用。桥孔布设方案选定后，按该窗体下的确认按钮，桥孔设计的数据，自动传递到后续的桥面高程计算、冲刷计算等窗体中应用。

一、桥下河槽的一般冲刷计算

根据规范规定，本系统提供了沙性土河槽的一般冲刷计算公式 64-2 简化公式、64-1 修正公式(见图 20-8-1)，沙性土河滩和人工渠道一般冲刷公式(清水冲刷)，黏性土河槽和河滩的一般冲刷公式(见图 20-8-2)。

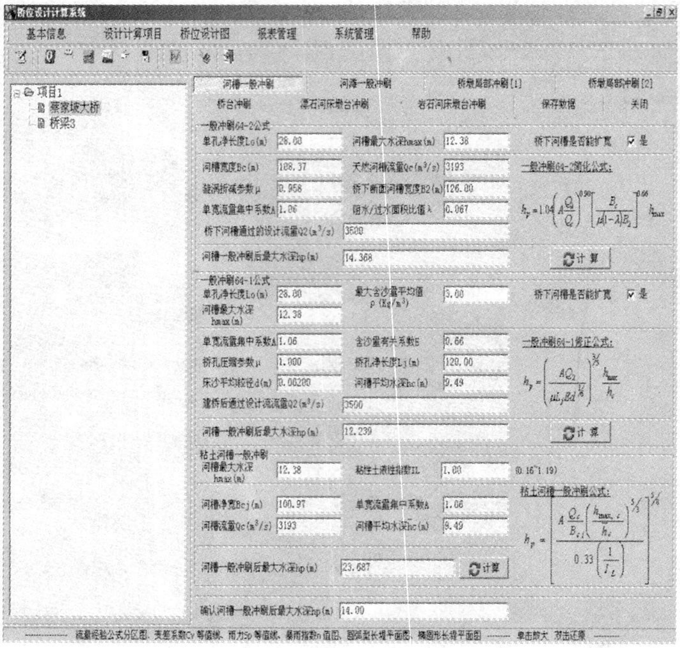

图 20-8-1 桥下河槽的一般冲刷计算

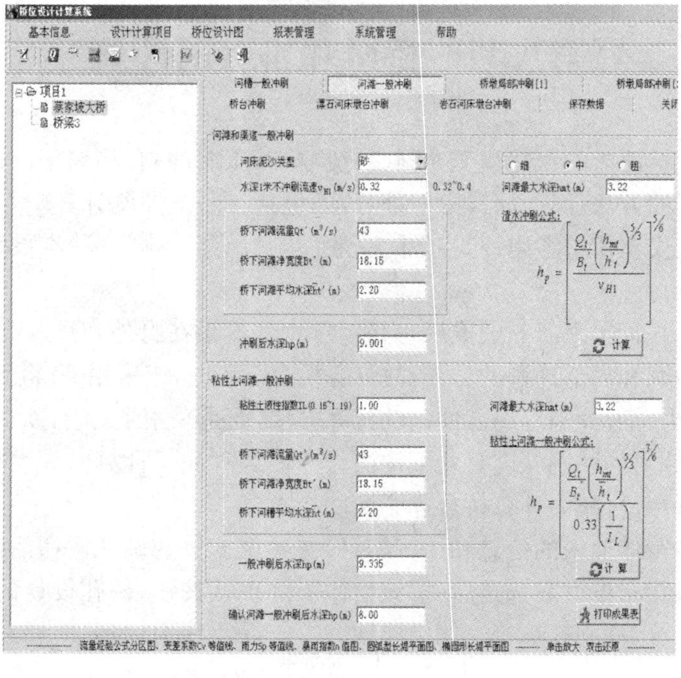

图 20-8-2 河滩一般冲刷计算

64-2 简化公式是《公路桥位勘测设计规范》(JTJ 062—91)、《公路工程水文勘测设计规范》(JTG C30—2002)推荐的首选公式;64-1 修正公式是《铁路工程水文勘测设计规范》(TB 10017—99)推荐的首选公式。

这些公式计算的结果都是一般冲刷后的最大水深。

二、桥墩局部冲刷计算(图 20-8-3、图 20-8-4)

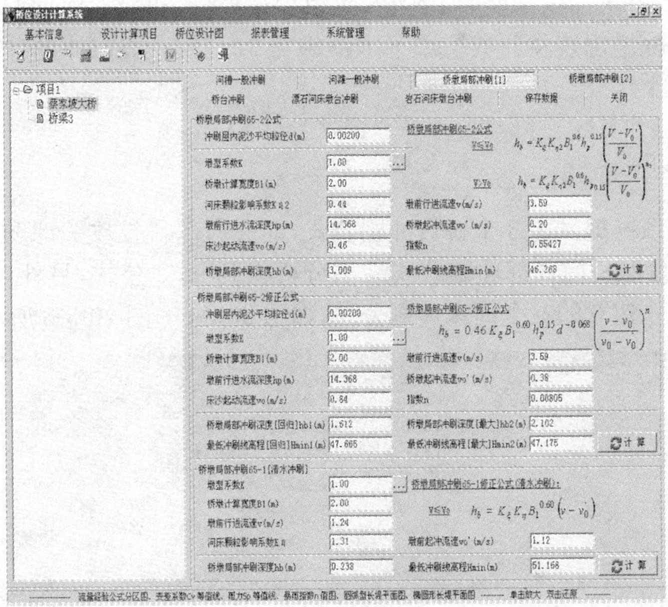

图 20-8-3　桥墩局部冲刷计算

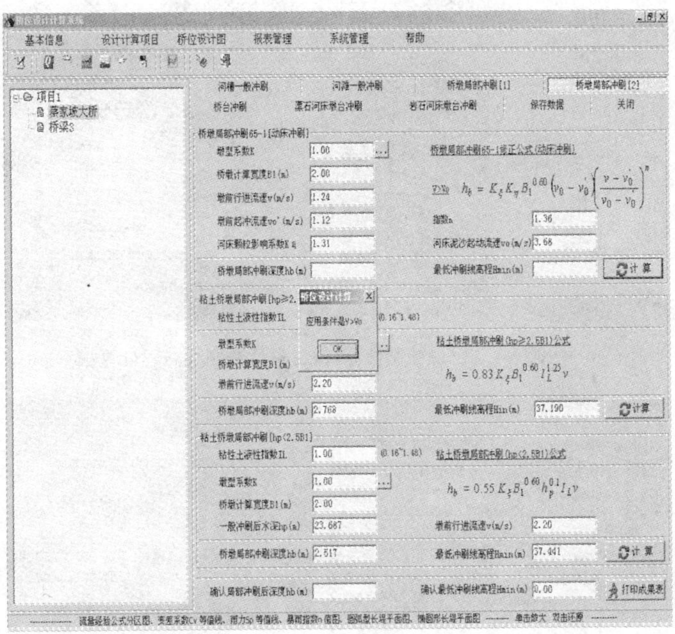

图 20-8-4　黏土桥墩局部冲刷计算、最低冲刷线高程计算和确认

本系统提供了《公路桥位勘测设计规范》(JTJ 062—91)和《公路工程水文勘测设计规范》(JTG C30—2002)推荐的沙性土河床桥墩局部冲刷 65-2 修正公式、65-2 公式、65-1 修正公式和黏性土河床的两个公式。

65-2 修正公式是在 65-2 公式的基础上,根据公路桥位勘测设计规范专题研究课题的要求,补充模型试验资料,应用数理统计方法,对原式的修正和简化,并应用该式对国内外 515 座桥梁进行冲刷观测验证,结果表明该式能反映各类河流桥墩局部冲刷的状况,精度较高。该式计算结果是回归值,若求冲刷深度的上限值,可根据误差正态分布,将回归值加 2 倍均方差即为所求。实际冲刷深度出现在此数值以下的概率为 97.7%。该窗体的计算输出冲刷深度的回归值和上限值两个结果。

三、桥台冲刷计算

桥位设计计算系统提供了 3 个桥台冲刷公式,即交通部科技攻关课题成果桥台冲刷公式称 95-1 公式,同时参照桥墩局部冲刷公式结构分析得到 95-2 公式,另外,根据桥台绕流最大流速和黏土冲止流速建立的黏土河床冲刷公式,如图 20-8-5～图 20-8-8 所示。

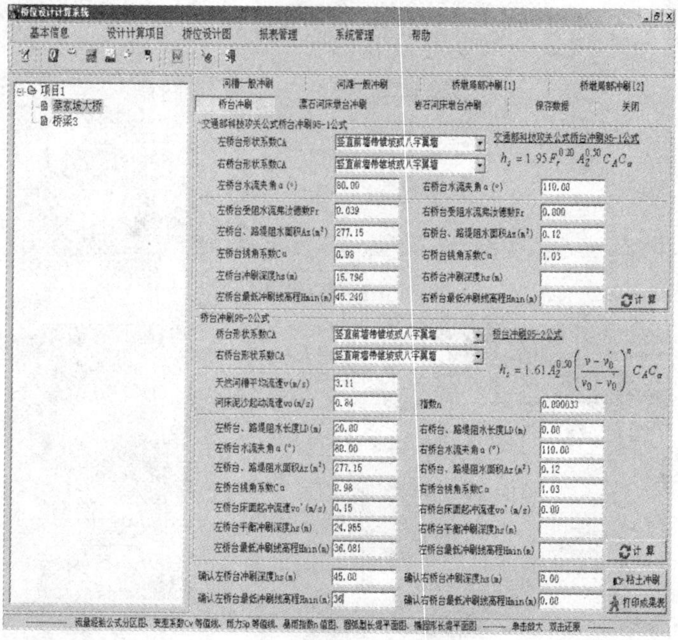

图 20-8-5 桥台冲刷计算、桥台最低冲刷线高程计算

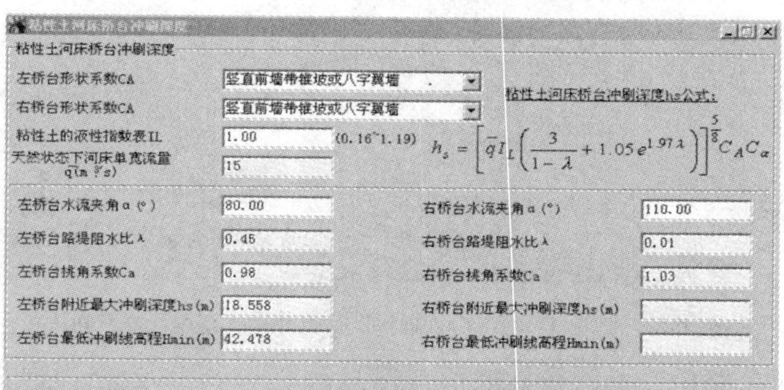

图 20-8-6 黏土河床桥台冲刷

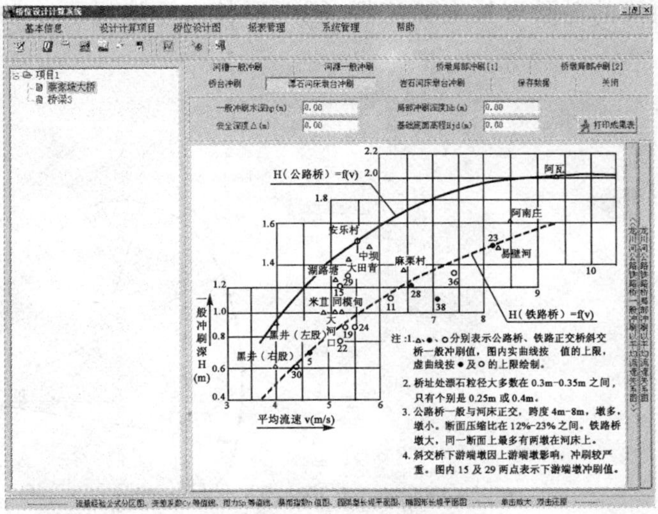

图 20-8-7　漂石河床墩台冲刷

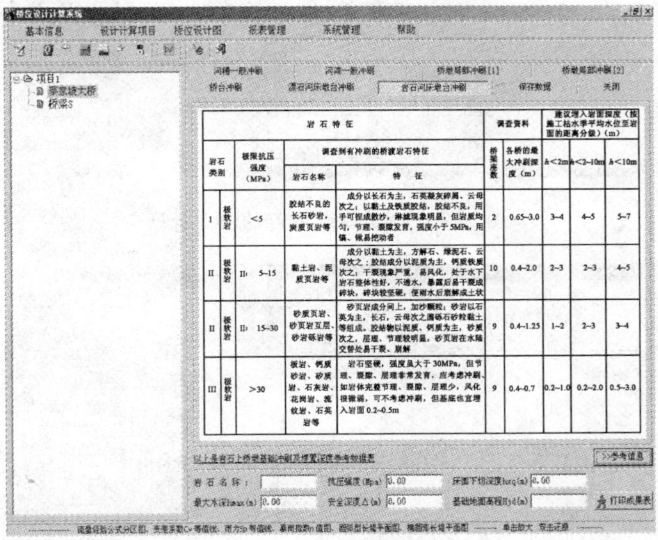

图 20-8-8　岩石河床墩台冲刷

两岸桥台阻水和水流对桥台的夹角不同,两岸桥台冲刷应分别计算。

95-1 公式中的弗汝德数 $Fr(Fr=v^2/2g)$是被阻挡水流的弗汝德数。

第九节　导流堤设计

导流堤设计包括导流堤中轴线的设计计算、导流堤冲刷深度和基础埋置深度的计算、导流堤顶面高程的计算和导流堤横断面的设计。

本系统按规范规定,提供了以下功能:

(1)对平原区河流、宽滩河流、山前区变迁性河流的圆曲线组合堤(见图 20-9-1)和滩槽难分的变迁型河段的椭圆形长大导流提、圆弧形长大导流堤的中轴线设计计算(见图20-9-2)。

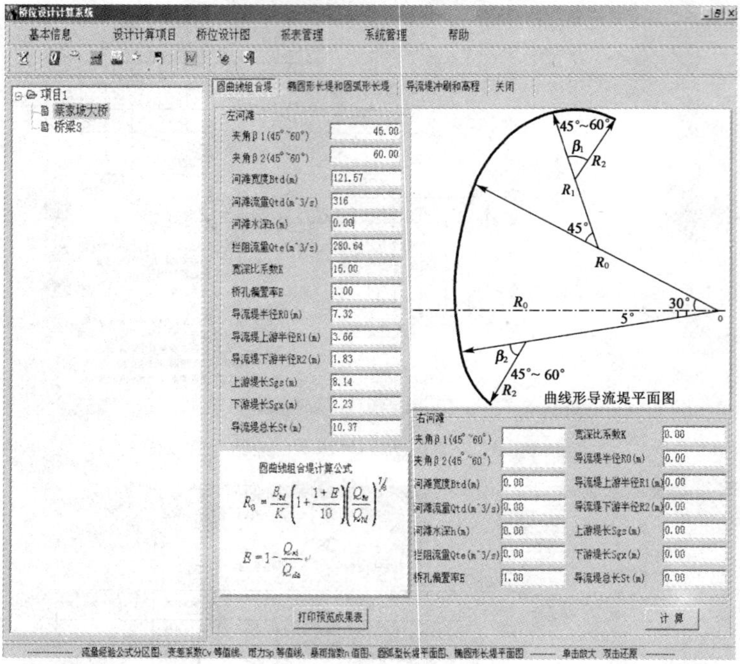

图 20-9-1　圆曲线组合导流堤设计计算

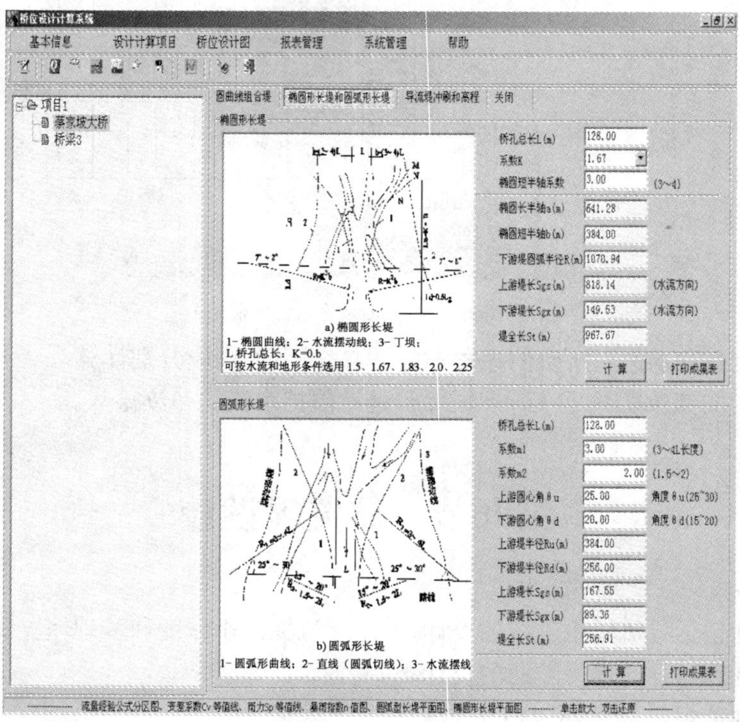

图 20-9-2　椭圆形长大导流堤、圆弧形长大导流堤设计计算

(2)导流堤冲刷计算,算出最低冲刷线高程(图 20-9-3)。

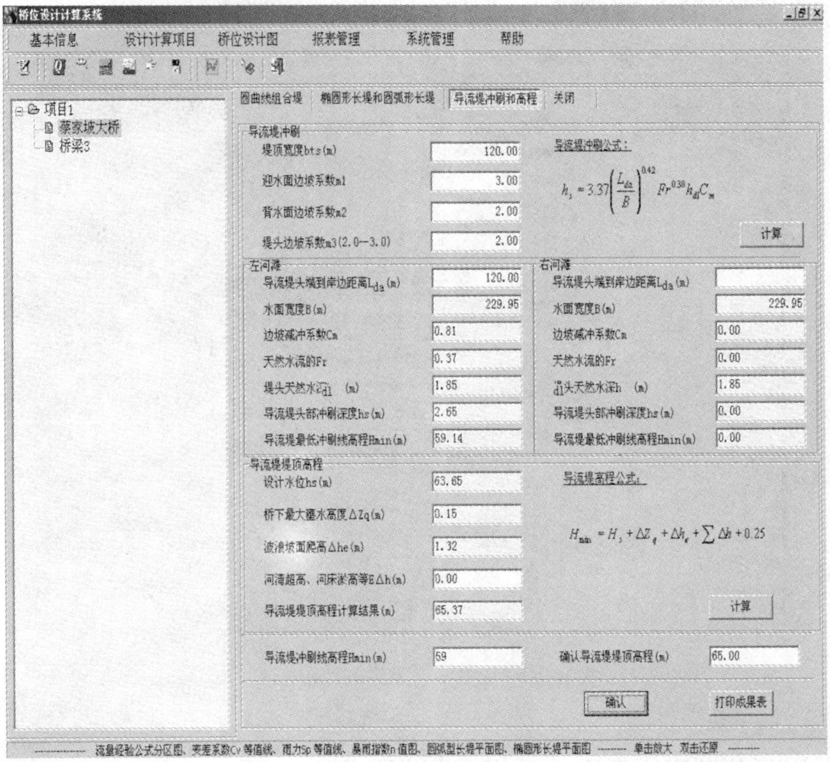

图 20-9-3 导流堤冲刷和堤顶高程计算

(3)计算导流堤顶面高程。

(4)导流堤横断面图设计。

(5)导流堤上游端平面图形式。

第十节 小桥和涵洞的孔径计算

每座小桥、涵洞的设计,首先打开“桥梁信息”窗体,输入桥梁、涵洞的基本信息和河沟横断面、交角、设计洪水频率等基本信息,生成河沟横断面图。

打开“设计洪水流量”窗体,选择适当的计算方法(一般可选用全国水文分区、推理公式、经验公式等方法),算出设计流量。

再打开设计水位和水力因素计算的窗体,输入河床糙率、比降,算出设计洪水位。然后,打开小桥、涵洞孔径计算的窗体,进行孔径计算。涵洞的水力计算,一般采用无压力式涵洞,本系统提供了孔径计算和山区小桥涵进出口跌水、急流槽、消力池的水力计算功能。

圆管涵及更多形式涵洞的泄洪能力及水力因素,在“帮助”功能中提供了全面的计算数值表,查用方便。最后,上述水力水文计算结果和选定的孔径,可自动填入小桥和涵洞一览表。

一、小桥孔径计算(图 20-10-1)

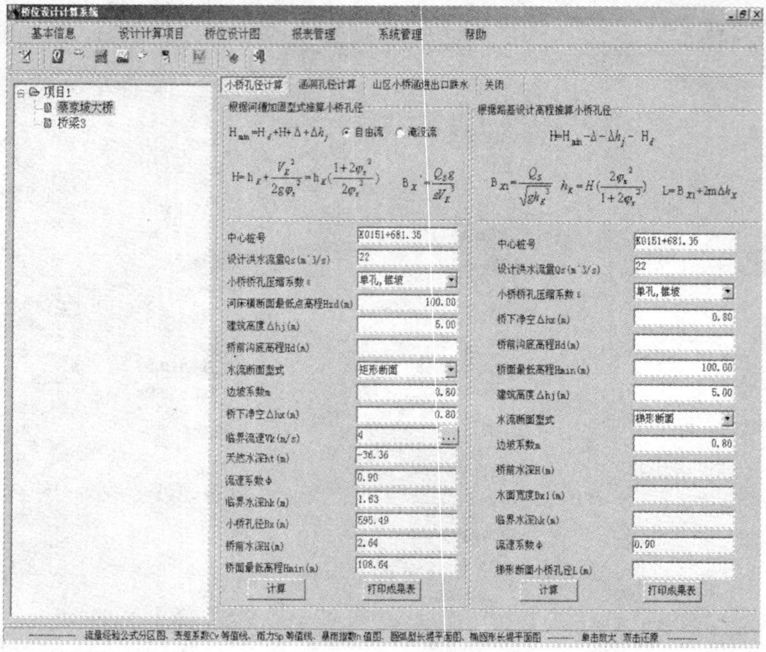

图 20-10-1　小桥孔径计算

根据路线和桥位勘测的情况,本系统提供两种计算小桥孔径的方法:根据选定的桥下河槽加固形式的允许流速,来确定小桥孔径和桥前水深、桥面最小高程;根据路线纵断面设计的桥面最低高程,来推算小桥孔径。

应用“设计水位和水力因素计算”功能,计算下游河槽的水深 h_t;根据选定的桥下加固形式,选定允许流速,作为临界流速,计算桥下矩形断面的临界水深 h_k。

(1) 桥下水流形式的判别:若 $1.3h_k \geqslant h_t$,则桥下水流为自由流;若 $1.3h_k < h_t$,则桥下水流为淹没流。

(2) 根据判别结果,分别按桥下自由流或桥下淹没流,计算小桥孔径和桥前水深。

二、涵洞孔径计算(图 20-10-2)

本系统提供了无压力式盖板涵、箱涵和拱涵的孔径计算;同时,在“帮助”功能中提供了详尽的各种条件下不同形式涵洞的水力计算数值表,供用户按传统的方法,查表选用涵洞形式和孔径,也是十分方便快捷的。

三、跌水和急流槽水力计算(图 20-10-3)

在山区公路小桥涵的进出口,为克服河沟沿程的高差,消减水流动能,达到小桥涵的水流和上下游水流平顺连接的目的,需修建跌水、急流槽和消力池等消能构造物,其水力计算非常繁琐,本系统提供了计算功能。

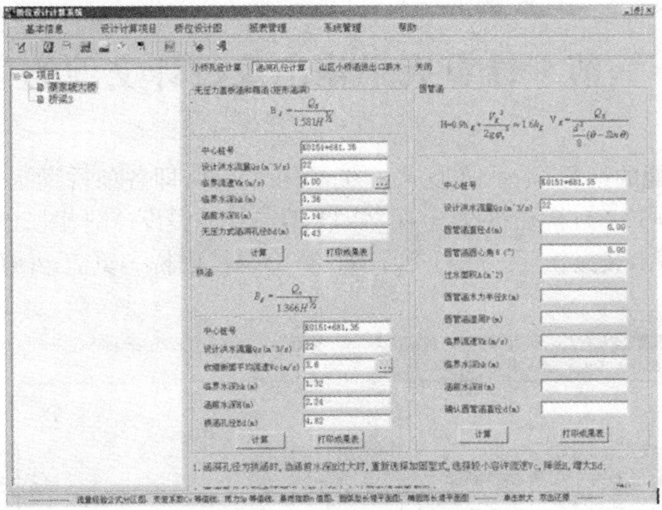

图 20-10-2　涵洞孔径计算

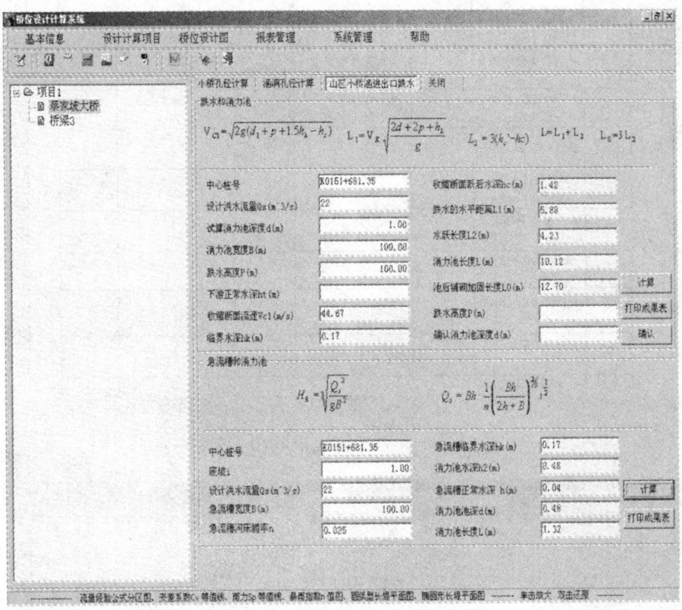

图 20-10-3　跌水、急流槽和消力池计算

1. 跌水和消力池的水力计算

设计流量算出后，根据地形输入跌水的高度，算出跌水射流落地水平距离；通过迭代试算，算出落地水深，再计算其跃后水深，确定消力池深度。跌水落地水平距离与水跃长度之和为消力池的长度。

2. 急流槽和消力池的水力计算

急流槽的长度和坡度是由地形条件决定的。急流槽上端入口水深为临界水深，其后为 b_1 型曲线与正常水深线相接；急流槽的正常水深由迭代法算出，下端出口水深近似地取为正常水深的 0.9，则消力池水深应为其跃后水深的 1.1 倍。消力池的下挖深度为跃后水深的 1.1 倍减去下游的正常水深。

第十一节 计算成果输出及设计文件的生成

根据以上各功能的运行,本系统形成三方面设计文件,即各项桥梁水文水力计算成果表(图 20-11-1 和图 20-11-2),桥孔布设图(图 20-11-3)与导流堤设计图(图 20-11-4);沿线桥梁涵洞和特大桥、大中桥水文报告(图 20-11-5);特大桥、大桥、中桥一览表,小桥一览表,涵洞一览表(图 20-11-6)。

桥面高程计算成果表

桥梁名称:蔡家坡大桥

	按通过设计洪水要求		按通航要求		按流水要求	
序号	项 目	数值	项 目	数值	项 目	数值
1	√设计洪水水位 Hs(m)		★设计通航水位 Htn (m)		★设计最高流冰水位 hsb(m)	
2	桥前最大壅水高度 Δz(m)		★通航净空高度 hm(m)	18.00	★桥下净空安全值 Δhi(m)	
3	√桥下壅水高度 Δzq(m)		★上部建筑高度 Δh0(m)	5.00	★上部建筑高度 Δh0(m)	
4	波浪高度 Δh2(m)					
5	√浪高计入值 0.86Δh2(m)					
6	★桥墩水流冲击高 Δh(Fr≥1.0 时计算)					
7	★河湾凹岸增高 Δhw(m)					
8	★淤积和其它增高 (m)					
9	√桥下净空安全值 (m)					
10	√上部建筑高度					

图 20-11-1 水力计算成果输出示例(一)

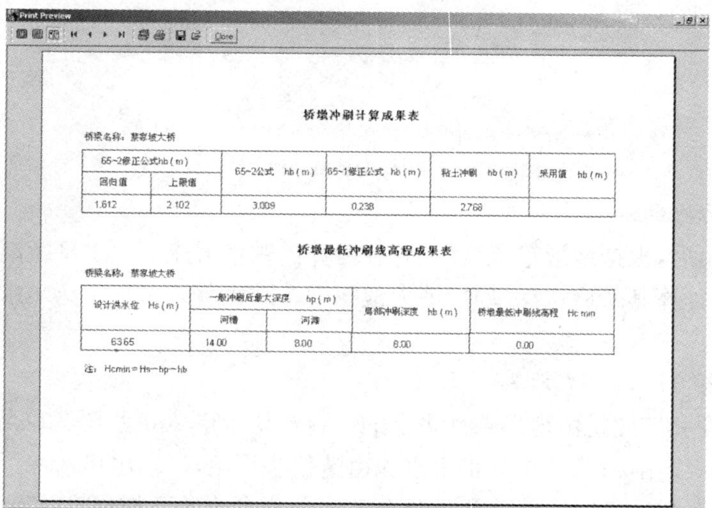

桥墩冲刷计算成果表

桥梁名称:蔡家坡大桥

65~2修正公式hb(m)		65~2公式 hb(m)	65~1修正公式 hb(m)	粘土冲刷 hb(m)	采用值 hb(m)
回归值	上限值				
1.612	2.102	3.009	0.238	2.768	

桥墩最低冲刷线高程成果表

桥梁名称:蔡家坡大桥

设计洪水位 Hs(m)	一般冲刷后最大深度 hp(m)		局部冲刷深度 hb(m)	桥墩最低冲刷线高程 Hc min
	河槽	河滩		
63.65	14.00	8.00	8.00	0.00

注:Hcmin=Hs−hp−hb

图 20-11-2 水力计算成果输出示例(二)

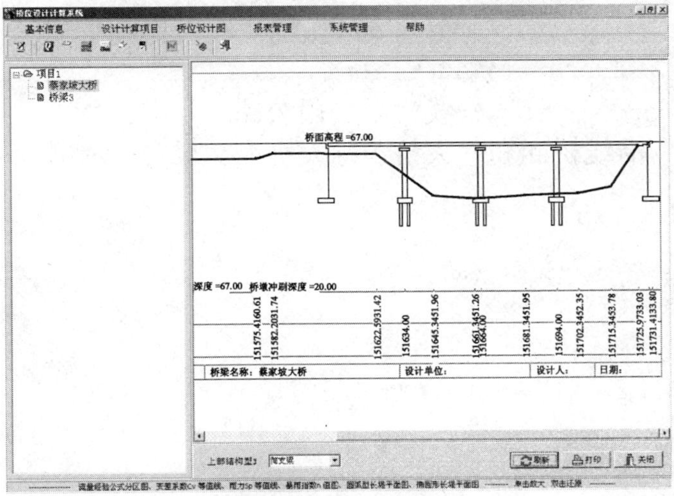

图 20-11-3　桥孔布设图

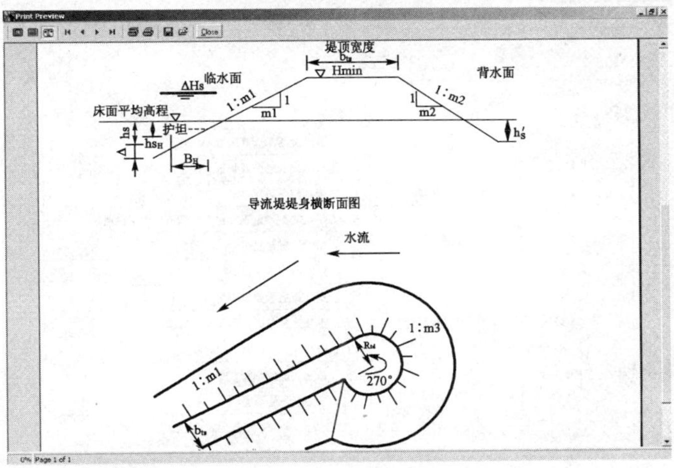

图 20-11-4　导流堤设计图

a)

图　20-11-5

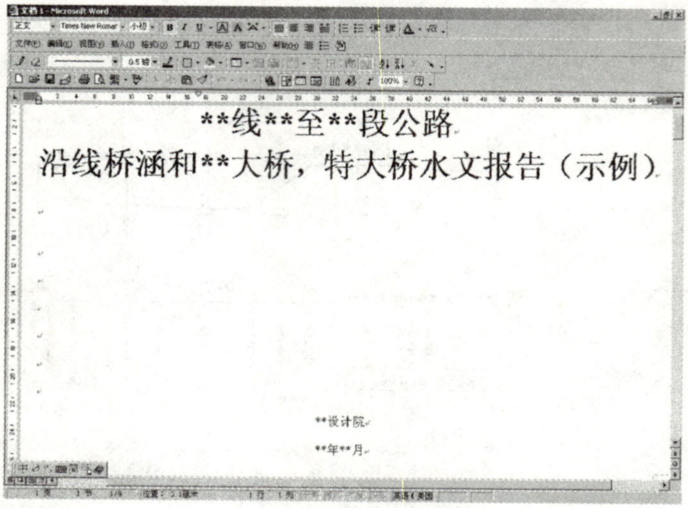

b)

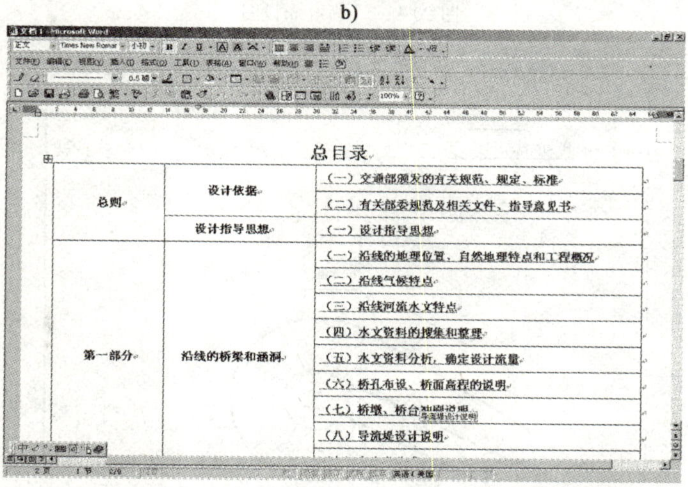

c)

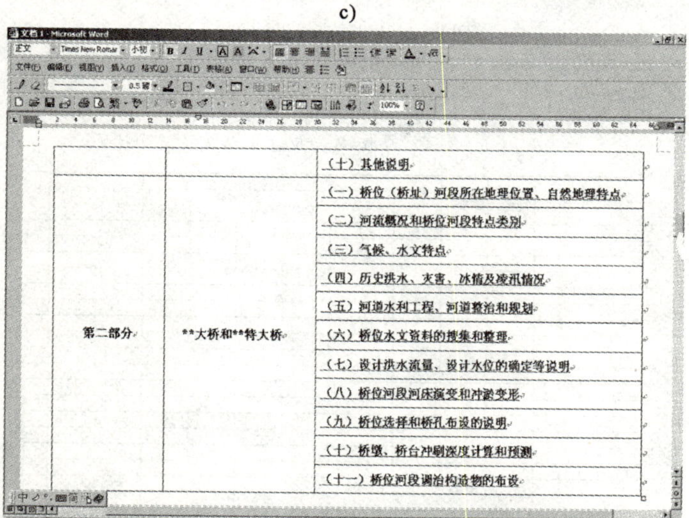

d)

图 20-11-5　沿线桥梁涵洞和特大桥、大桥、中桥水文报告

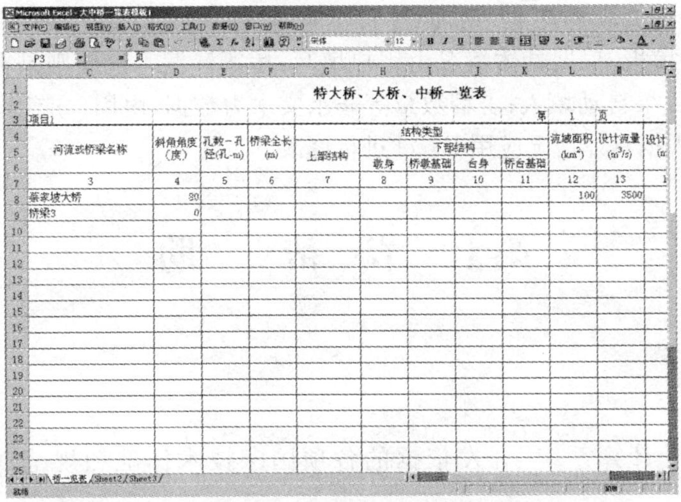

a)

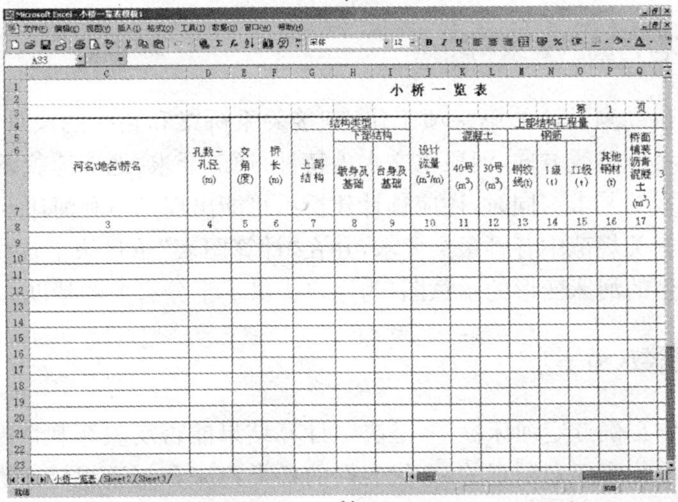

b)

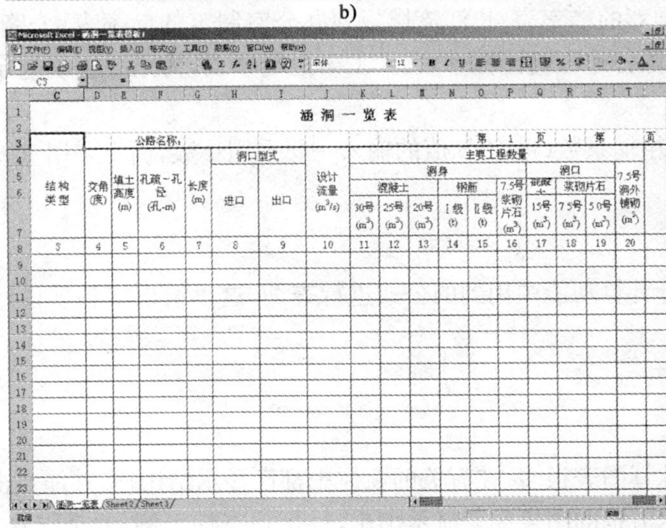

c)

图 20-11-6　桥梁、涵洞一览表

桥梁水文水力计算成果表及桥孔布设图、导流堤设计图是自动生成的;桥梁、涵洞的水文报告可按照提供的模板,根据具体情况由用户填写;桥梁涵洞一览表则是在自动生成的表格中,水文水力计算成果自动填入;工程数量等非水文水力数据,由用户应用 Excel 填入。表头中的文字,用户可根据具体情况应用 Excel 进行修改。

第十二节 帮 助

一、概述

说明“桥位设计计算系统”开发依据的各项国家技术标准和规范,以及功能和使用对象。

二、桥位选择各方面的要求和特点

桥位选择是桥位勘测设计的第一项工作,直接关系桥梁和路线的设计质量和运营安全。桥位设计必须综合考虑路线方向、河段水文水力特性、通航要求、地形地貌条件以及地方规划、水利设施等各种因素的要求。同时,还应预计建桥后可能出现的不利河床变形。

“帮助”提供了有关规范中各种条文要求,并在“计算图表”子目录下提供了各种特殊条件下桥位河段可能发生的河床变形的示意图,为用户提供了十分有力的帮助。

三、河床粗糙系数(糙率)

各项水力计算中正确选定河床糙率,是决定计算结果能否反映客观情况的重要因素。这里提供了我国不同单位多年来制定的、有代表性的各类河床和渠道粗糙系数(糙率)表。包括公路铁路现行规范推荐的糙率表、长江流域规划办公室制定的糙率表、公路铁路系统于 20 世纪 60 年代制定的我国各地区河流糙率表、人工渠道糙率表,为用户正确选定糙率提供了充分的条件。

本系统计算中,粗糙系数(糙率)n 值的输入一律采用小数,而不采用 $1/n$ 值。

四、公式

为了用户对设计计算功能中用到的公式进行查询,这里给出了各项设计计算功能中应用的各个主要公式。

五、计算图表

本系统中应用计算图表很多,在有关的窗体中都已显示给用户,并能点击放大。这里将较大的图表或难以显示清楚的图表放大显示出来,供用户查询。例如,全国水文分区地图、全国径流变差系数等值线图、全国暴雨递减指数分区图等,都用放大后十分清晰的图显现出来。另外，桥墩墩形系数、通航净空等图表也可供查询。

六、导流堤有关图表

导流堤的布设主要由用户根据桥位现场地形和桥孔布设方案综合考虑确定，为了给用户提供导流堤布设参考资料，这里给出了导流堤布设类型图、各种导流堤中轴线设计图等，供用户在导流堤设计时参考。

七、大漂石河床桥梁墩台冲刷深度观测资料关系图(多座龙川河公路、铁路桥现场观测资料)

本系统对于桥墩桥台的冲刷计算，提供了我国公路、铁路规范、设计手册中的所有计算公式和方法，十分全面。但是，对于大漂石、岩石河床墩台的冲刷，尚无计算方法。参照规范的做法，系统提供了由实测现场观测资料归纳的图表，由用户根据其设计桥梁的具体情况，自行判定墩台冲刷深度。本系统已在墩台冲刷计算的功能中，设置了完成这项工作的窗体。为便于查询，“帮助”中也提供了龙川河桥梁的观测资料图。

八、通航海轮桥梁通航标准

跨越沿海地区河流的桥梁有的需要桥下通过海轮，桥位设计必须根据国家通航海轮桥梁的通航标准，选择桥位、布设通航孔、确定桥面高程等，为此，系统为用户提供了我国有关规范的详细内容。

九、沿线桥梁、涵洞和特大桥、大中桥水文报告编写大纲

系统为用户提供了编写桥位设计水文报告或说明的大纲，作为参考。

第二十一章　桥梁水工模型试验

第一节　桥梁水工模型试验的意义和种类

一、桥梁水工模型试验的意义

桥梁水工模型试验是以河流、海洋及其修建的桥梁等建筑物为原型，根据相似理论缩制成模型，放水进行的试验研究。它可预演未来，重演历史的各种原型洪水、潮汐、波浪及河床、海床冲淤变形等水力现象及其变化过程，观察和量测各项水力因素和河床变形，进行分析和研究。

桥梁水工模型试验是论证桥位设计方案的合理性、安全性、经济性以及预测未来可能发生事件的重要手段。对已建桥梁寻求合理防护，选择加固和改建方案也是一种有利工具。

在公路和桥涵工程中，通过水工模型试验可解决的问题有：

(1)跨河、跨海桥位设计方案及引道和调治构造物等布设方案的检验和比选。

(2)桥台、桥墩、导流堤和丁坝、护岸等的冲刷深度和防护工程的形式、位置、尺度的确定。

(3)桥梁壅水高度、范围的测定。

(4)预测建桥后对河道水流、河床变形及其对其他工程如航道、码头、防洪堤等的影响。

(5)测定洪水、潮汐、波浪等对桥梁的影响。

(6)测定流冰、流木、船舶对桥梁的冲击力。

(7)测定涵洞等泄洪、排水构造物及消能、防护工程的水力性能、结构形式等。

(8)沿河岸、沿海岸公路路基的冲刷及防护工程等。

二、桥梁水工模型的种类

根据使用要求和目的的不同，水工模型从不同的方面可以进行下列分类。

1. 定床模型和动床模型

定床模型的河床床面是固定的，在试验水流的作用下，不发生冲淤变形。对于河床变形不显著，以研究水流的流场(流速、流向、流量分配、旋涡等)为主要问题时，应采用定床模型。例如，若干桥位(址)方案的比选，桥孔泄洪能力的测定，调治构造物布设的确定，山区河流的壅水，小桥、涵洞及消能工程的形式和水力性能，船舶、流冰对桥梁的冲击力等研究均可应用定床模型试验。

动床模型的河床床面是用模型沙铺成的，在水流作用下河床发生冲淤变形。桥梁墩台、导流堤、丁坝、小桥涵、沿河路基等冲刷及防护工程的研究，应该用动床模型。

定床模型比动床模型制作简单，试验工作量小，模型相似理论和试验技术较成熟，结果可靠，在能满足试验要求的条件下，应尽量采用定床模型。

2. 整体模型和断面模型

整体模型是把受桥梁影响的整个河道、港湾、桥梁和引道、调治构造物等，按一定比例缩制成的试验模型。研究桥梁及其他建筑物对河道、港湾的影响，以及对桥位(址)、桥孔和调治构造物布设方案的研究，必须采用整体模型。

断面模型是研究二元流动或局部水流及冲刷问题时，截取某一断面或局部，按一定比例缩制的模型。常在玻璃水槽内进行试验观测。桥墩、桥台、小桥涵的冲刷，常用断面模型进行试验研究。

3. 正态模型和变态模型

将原型的三个尺度(沿 x、y、z 坐标轴)，按同一比例缩制成的模型称为正态模型。但是，正态模型上实现床面和构造物的粗糙度及天然河流流态与原型相似，常存在一定困难，必须采用水平尺度(x、y)和竖直尺度(z)不同的模型，这种模型称为变态模型。宽浅型天然河道整体模型一般采用变态模型。桥墩冲刷等断面模型常采用正态模型。

4. 比尺模型和概化模型

针对给定的河段、海湾和工程对象，根据相似定律确定的比尺，由原型而缩制成的模型称为比尺模型。试验结果为给定的工程项目服务。

为了研究与工程有关的水流、冲淤变形的一般规律及有关因素间的关系，根据各尺度一般范围的相对关系，制成设有具体比尺的正态模型，称为概化模型。试验结果根据量纲分析原理，可表示为无量纲幂的乘积，关系式的比例常数应由天然观测资料来检验和修订。

第二节　相似理论和模型设计

根据桥梁水工模型试验的目的选定模型类型，然后，按照相似定律和现场实测资料，进行水工模型设计。

模型试验的目的是以模型的水流及河床、海床变形来推算原型的水流及河床、海床变形，要求两者必须是相似的，即两者必须具有一种固定的比例关系，并能相互换算得到对应的水力因素。

模型和原型应该做到几何相似、运动相似和动力相似。

一、模型和原型

1. 几何相似

模型和原型的几何相似，即两者对应的线性长度都有同一比例，如同照片的放大和缩小一样(图 21-2-1)，若以 L_N 表示原型中任一长度，以 L_M 表示模型中的对应长度，则 λ_L 表示与模型对应长度的比值，称为模型的长度比尺。

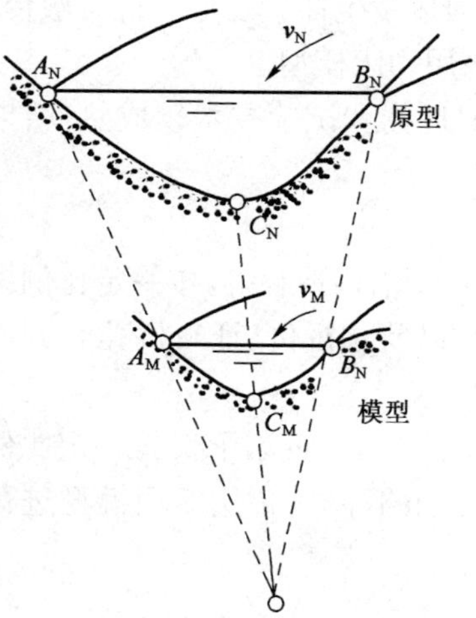

图 21-2-1　几何相似示意图

$$\lambda_L = \frac{L_N}{L_M} \tag{21-2-1}$$

面积比尺 λ_A 和体积比尺 λ_W 为：

$$\lambda_A = \frac{A_N}{A_M} = \lambda_L^2 \tag{21-2-2}$$

$$\lambda_W = \frac{W_N}{W_M} = \lambda_L^3 \tag{21-2-3}$$

在试验场地和供水条件容许的条件下，力求采用较小的长度比尺，将模型做得大些。河工水工局部模型可采用较小的长度比尺，如 10～100；对于整体模型，则采用较大的长度比尺，如 100～300，甚至更大些。

2. 运动相似

模型水流和原型水流的运动状态必须相似，即两者对应点的速度、加速度的方向相同，大小具有同一比值。λ_v、λ_a 和 λ_t 分别表示流速、加速度和时间比尺，则

$$\lambda_v = \frac{v_N}{v_M} = \frac{\frac{L_N}{t_N}}{\frac{L_M}{t_M}} = \frac{\lambda_L}{\lambda_t} \tag{21-2-4}$$

$$\lambda_a = \frac{a_N}{a_M} = \frac{\frac{L_N}{t_N^2}}{\frac{L_M}{t_M^2}} = \frac{\lambda_L}{\lambda_t^2} \tag{21-2-5}$$

3. 动力相似

模型水流和原型水流受到的作用力相似，称为动力相似。当模型水流与原型水流的惯性力与各种物理力的比例具有同一数值时，就实现了水流动力相似。在水工模型试验中，难以做到所有物理力与原型完全相似，只能做到模型中对运动状态起决定作用的物理力与原型相似。

若 λ_F 和 λ_ρ 分别是力和密度的比尺，则惯性力比尺为：

$$\lambda_F = \frac{\rho_N W_N a_N}{\rho_M W_M a_M} = \lambda_\rho \lambda_L^3 \frac{\lambda_L}{\lambda_t^2} = \lambda_\rho \lambda_v^2 \lambda_L^2 \tag{21-2-6}$$

(1)重力相似定律

在桥梁、涵洞、导流堤和丁坝等建筑物附近较短的河段内，水流急剧变化，水流加速度及惯性力很大，在这种情况下，模型的边界阻力对流动的影响相对较小，可忽略不计。设计模型时，只考虑起主要作用的重力和惯性力的相似。

$$\lambda_F = \frac{F_N}{F_M} = \frac{\gamma_N W_N}{\gamma_M W_M} = \lambda_\gamma \lambda_L^3 \tag{21-2-7}$$

根据式(21-2-6)和式(21-2-7)，因 $\lambda_\gamma = \lambda_g \lambda_\rho$，得：

$$\frac{\lambda_v^2}{\lambda_L \lambda_g} = 1 \tag{21-2-8}$$

可写成

$$\frac{v_N^2}{gL_N} = \frac{v_M^2}{gL_M} = Fr \tag{21-2-9}$$

所以,对于重力和惯性力为主要作用力的水流,在边界条件相似的情况下,只要模型与原型水流的弗汝德数(Fr)相等,就实现了动力相似。

在正态模型重力相似条件下,各水力因素比尺为:

$$\lambda_v = \lambda_L^{1/2} \tag{21-2-10}$$

$$\lambda_Q = \lambda_L^{5/2} \tag{21-2-11}$$

$$\lambda_t = \lambda_L^{1/2} \tag{21-2-12}$$

(2)阻力相似定律

研究较长河段的渐变流,边界阻力就成为主要作用力。边界阻力 $F = \tau_0 \chi L$,τ_0 是边界切应力,χ 是湿周,L 是流程长度。边界切应力 $\tau_0 = \gamma RJ$,R 是水力半径,J 是水力坡度。由此可导出阻力相似定律:

$$\frac{v_N^2}{gL_N J_N} = \frac{v_M^2}{gL_M J_N} \tag{21-2-13}$$

或

$$\frac{(Fr)_N}{J_N} = \frac{(Fr)_M}{J_M} \tag{21-2-14}$$

$$\frac{\lambda_v^2}{\lambda_L \lambda_J} = 1 \tag{21-2-15}$$

上式表明,模型和原型水流在边界条件相似的情况下,只要两者的弗汝德数和水力坡度都是相等的,就实现了动力相似。也就是说,若模型和原型的边界条件是相似的,水力坡度又是相同的,按重力相似条件设计的模型就自然满足了阻力相似定律。

由式(21-2-15)得:

$$\lambda_v = \lambda_h^{1/2} \tag{21-2-16}$$

式中,$\lambda_h = \lambda_L \lambda_J$。

$$\lambda_Q = \lambda_L \lambda_h^{3/2} \tag{21-2-17}$$

①正态模型

根据谢才公式 $\lambda_c = \left(\frac{\lambda_L}{\lambda_R}\right)^{1/2} = 1$,即 $C_M = C_N$,正态模型与原型的谢才系数相同。又根据满宁公式得:

$$\lambda_n = \lambda_L^{1/6} \tag{21-2-18}$$

正态模型的糙率比尺为长度比尺的 1/6 次方。但是,这一要求在模型中是很难直接做到的。

②变态模型

根据谢才公式和满宁公式有:

$$\lambda_n = \frac{\lambda_R^{2/3}}{\lambda_L^{1/2}} \tag{21-2-19}$$

天然河流洪水水面宽度远大于水深,近似取湿周与水面宽度相等,则 $\lambda_R = \lambda_h$,可得:

$$\lambda_n = \frac{\lambda_h^{2/3}}{\lambda_L^{1/2}} \tag{21-2-20}$$

长度比尺 λ_L 和竖向比尺 λ_h 的比值,称为变率 Φ。一般来说,变率 Φ 最好不要大于 4,最大则不应超过 10。

因为 $\Phi=\lambda_L/\lambda_h$,则可导出变率 Φ 与糙率比尺 λ_n 的关系为:

$$\Phi=\frac{\lambda_L^{1/4}}{\lambda_n^{3/2}} \tag{21-2-21}$$

由此可知,在选定平面比尺 λ_L 后,取变率 Φ 越大,则糙率比尺 λ_n 就越小。

二、动床模型相似条件

动床模型试验应做到泥沙起动条件相似、输沙量相似和输沙连续性条件(河床变形时间)相似。

1. 泥沙起动条件相似

泥沙起动条件相似是原型和模型的流速比尺 λ_v 和两者的泥沙起动流速比尺 λ_{v0} 相等,即

$$\lambda_v=\lambda_{v0} \tag{21-2-22}$$

因为无黏性泥沙的起动流速一般式为:

$$v_0=K\left(\frac{h}{d}\right)^y\left(\frac{\rho_s-\rho}{\rho}gd\right)^{1/2}$$

$$\lambda_{v0}=\left(\frac{\lambda_h}{\lambda_d}\right)^y\left(\lambda_{\rho_s-\rho}\lambda_d\right)^{1/2} \tag{21-2-23}$$

$$\lambda_v=\left(\frac{\lambda_h}{\lambda_d}\right)^y\left(\lambda_{\rho_s-\rho}\lambda_d\right)^{1/2}$$

式中:y——流速垂线分布指数,取值范围为 1/7～1/4,通常取 1/5。

2. 输沙连续性条件相似

根据输沙连续性方程,可导出河床变形时间比尺 λ_{t2} 为:

$$\lambda_{t2}=\lambda_{\gamma0}\,\frac{\lambda_L\lambda_h}{\lambda_{gs}} \tag{21-2-24}$$

式中:λ_{t2}——河床变形时间比尺;

$\lambda_{\gamma0}$——河床质干重度比尺;

λ_{gs}——单宽输沙率比尺。

各项比尺的最后确定,仍应根据模型放水后,进行地形验证试验加以修正,以模型地形与原型地形相符为准。

三、模型和原型的水流流态

模型和原型的水流流态必须相同。桥梁河道及海域水流都是属于雷诺数很大的阻力平方区的紊流,模型水流也应是阻力平方区的紊流,至少使模型水流的雷诺数 Re_m 大于最小临界数雷诺数 Re_c,Re_c 为 500～4 000。

因为
$$Re_m=\frac{v_mR_m}{v}=\frac{1}{v}\frac{v_NR_N}{\lambda_h^{1/2}\lambda_h}\geqslant Re_c$$

则

$$\lambda_h \leqslant \left(\frac{v_N R_N}{v Re_c}\right)^{2/3} \tag{21-2-25}$$

对于正态模型 $\lambda_h = \lambda_L$ ，则

$$\lambda_h = \left(\frac{v_N R_N}{v Re_c}\right)^{2/3} \tag{21-2-26}$$

式中：v——水的运动黏度；

R_N——原型水力半径(m)。

四、模型的水深和流速的最小值

为避免模型水流表面张力对试验结果的影响，模型中最小的试验水深不得小于1.5cm，一般水深应大于3cm，表面流速应大于23cm/s。

五、海洋水工模型试验

整体模型试验按重力相似准则设计，长度比尺不应大于150，当有水中结构、船舶模型时，长度比尺不应大于80。

《波浪模型试验规程》(JTJ T234—2001)规定：在整体模型试验中，模拟得到的规则波波高 H 不应小于2cm，波周期 T 不应小于0.5s，不规则波波高 T_S 不应小于2cm，谱峰值周期 T_P 不应小于0.8s。波长应大于15cm。

满足上述规范要求，即可达到在重力相似条件下，考虑黏滞力和表面张力的影响。

研究波浪、波浪与水流、波浪与风、波浪与水流和风及构造物的相互作用时，模型设计应用重力相似(弗汝德数相似)准则，其频率比尺 $\lambda_f = \lambda^{-1/2}$ ，单宽流量比尺 $\lambda_{Q/b} = \lambda^{3/2}$ ，能量比尺为 $\lambda_E = \lambda^4$ 。

将数学模型和物理模型复合应用，是当今海洋工程模型试验发展的新技术。

第三节　模型设计依据的桥梁资料

一、桥位地形图

一般桥位上游长至少约为10倍桥长，下游为5倍桥长。对于宽浅的变迁性河段和游荡性河段，上游可近似取5～6倍桥长，下游取1.5～2倍桥长，但应包括上下游邻近的一至两个河湾，或者取上游2倍、下游1倍的泛滥宽度。施测宽度必须达到两岸最高洪水位或设计洪水位线以外。

在可能的条件下，取大比例尺为佳。一般取1：1 000～1：10 000。河槽为100～500m时，可取1：1 000～1：5 000；河槽为500m以上时，取1：5 000或更小。

地形图上应写明各部位地形地物名称，如河槽、河滩、植物、河床质种类、堤坝、引水渠等都应在相应部位注明，应写清尺寸和范围。河床横断面图之间的地形，根据地形图来塑

造模型。

二、河床横断面图

河床横断面图是制作模型放样的原始资料,其位置应在地形图上标出。一般在模型中大约每 0.50～1.00m 布设一个断面样板。在桥轴附近和地形复杂或地形突变处,还应加密布设。在地形图施测范围内,一般 50～200m 测量一个河床横坐标,其两端点坐标和高程必须准确标出。

三、洪水痕迹、洪水位、洪水坡度

两岸及河床中历史洪水位的标记点,必须在地形图中准确标出。测量和绘制洪水坡度和河床纵坡图。

四、河床地质资料

河床地质资料主要包括桥梁轴线的地质钻探资料及钻孔布设柱状图,桥轴附近上下游河床冲淤深度范围内河床质粒径筛分资料、粒配曲线、中值粒径 d_{50} 和平均粒径 $\bar{d}$ 等。

五、桥梁轴线横断面图、桥梁立面图和墩台基础布置与尺寸图

六、桥梁设计原始水文资料、分析计算、河床历史演变资料等

七、其他有关资料

桥位河段范围内的堤防、码头、引水等已有工程和规划资料。

第四节　桥梁水工模型制作、试验和试验研究报告

一、桥梁水工模型的制作

1. 内业工作

(1)地形图的整理与拼接

模型制作的任务是把地形图和河床横断面图变成与原型相似的模型地形。把分片测绘的地形图或需要借用测绘时间不同的地形图进行补充时,必须认真整理和分析,插补拼接成与比例尺一致的完整的地形图。

(2)导线网的布设

进行现场地形图和河床横断面图（地形控制断面图）测量,必须布设导线网进行平面控制,应该和国家大地坐标和国家水准点建立联系。在模型施工放样时,最好按比尺把现场导线

网放样在模型场地，作为模型放样平面控制。必要时，也可在地形图中布设导线网作为模型放样的控制。对现场地面上的桥位桩、导线点等重要桩必须注意保护。

(3)河床地形横断面（地形控制断面）的绘制

根据实测横断面图或条件不具备时根据地形图（必须具有水下地形），按照选定的比例尺，绘制模型河床横断面图。可绘在纸上后再贴在放样板上，或直接绘在放样板上。

(4)模型附属设备（进水设备、消浪栅、前池、下游回水设备、量测仪器等）设置

2. 模型制作施工

(1)模型导线网、地形控制横断面位置的放样和模型水准点的设置。

(2)河床地形控制横断面板的安装。模型边墙布置和河床横断面板的安装应配合考虑。边墙取在泛滥边界线以外 0.1～0.3m 处。

(3)横型床面塑造。模型横断面板间用砂填实，两断面板间床面，参照地形图刮成地形，床面用水泥砂浆粉刷而成。模型如有修改的部位应预先留好位置，如动床范围，在进行定床地形制作时，就需要将动床坑粉刷好，可填进动床模型砂，一旦定床试验完成，敲掉表面地形，经整理即可进行动床试验。

二、模型检验和糙率修正试验

1. 模型的复核

复核制作完成的模型平面尺寸和高程与模型设计数据是否完全一致。用经纬仪、水准仪和钢尺对模型进行测量；对仪器进行律定；对各项设备进行调试。

2. 验证试验

进行模型几何相似检验和修正后，阻力相似和流态相似主要通过修正床面粗糙度，使模型水面线和原型相应流量的水面线相符合来实现。

模型水面线低于原型水面线时，床面相应部位应加糙；反之，床面应减糙。反复放水试验，进行床面糙率修正，直到两者水面线相符合为止。如模型与原型水位相差较大，只用修正床面糙率的方法难以实现水面线相符合的要求，可采用加大或减小模型流量，即修正流量比尺 λ_Q 来实现。以水面线相符合的流量比尺 λ_Q 作为试验比尺。根据式（21-2-15）和式（21-2-16）流速比尺 λ_v 按式(21-4-1)确定：

$$\lambda_v = \frac{\lambda_Q}{\lambda_h \lambda_L} \tag{21-4-1}$$

在进行水面校正试验的同时，尚需进行流向、流速、流量分布的校正试验。

3. 辅助试验

辅助试验主要是动床试验模型沙的起动流速试验等。

三、正式试验

根据试验项目的任务和要求，完成模型的规划、设计、制作、检验和糙度修正以后，可放水进行正式试验。试验应按计划进行。根据原型水文资料，确定放水流量。根据试验的对象，可选定一个或几个放水流量，也可以一个流量为主，另外流量为校核，进行试验。定床试验主要

是测量放水流量下的流场,即工程上下游的流速(大小和方向)、水深(水位)在空间上的分布,以及流量在断面上的分布。动床试验除测流场外,还应测量河床变形。

四、试验资料的整理

试验结果以数据表格、曲线和照片等形式记录下来,边试验边整理,根据试验量测分析结果可指导下一步试验。试验内容完成一段落后,应将该部分试验结果分析整理出来。试验全部完成后,应进一步进行全面的试验结果的整理分析,根据水力学知识,从不同角度反复应用教学方法、图解法等比较分析各种数据,得出明确的定性和定量的结论,并编写试验研究报告。

五、试验研究报告

试验研究报告主要应包括以下内容:

(1)试验研究的目的和内容。

(2)基本资料,原型河流、海湾及工程有关的测量、水文、地质资料及有关工程的设计资料。

(3)试验设备和试验方案。

(4)各部分的数据表、曲线、制定的经验公式等。

(5)对水流流场、水情流势的分析;对河床变形的分析、预测;对有关工程问题的影响和对策等试验研究必须回答的问题。

(6)提出有关工程设计的建议。

(7)提出对某些问题的讨论,并说明存在的问题。

(8)试验研究负责单位和有关人员。

参考文献

[1] 中华人民共和国行业标准. JTG B01—2003 公路工程技术标准[S]. 北京:人民交通出版社,2004.

[2] 中华人民共和国行业标准. JTJ 062—91 公路桥位勘测设计规范[S]. 北京:人民交通出版社,1992.

[3] 中华人民共和国行业标准. JTG C30—2002 公路工程水文勘测设计规范[S]. 北京:人民交通出版社,2002.

[4] 中华人民共和国行业标准. JTJ 213—98 海港水文规范[S]. 北京:人民交通出版社,1998.

[5] 中华人民共和国行业标准. JTG H10—2009 公路养护技术规范[S]. 北京:人民交通出版社,2009.

[6] 中华人民共和国行业标准. JTG C10—2007 公路勘测规范[S]. 北京:人民交通出版社,2006.

[7] 詹道江,邹进上. 可能最大暴雨和洪水[M]. 北京:中国水利电力出版社,1983.

[8] 刘楠威. 自然地理学[M]. 北京:科学出版社,2002.

[9] Tartuck E J. Lutgens F K. Earth:An introduction to physical Geology[M]. 2nd ed. Illinois Central Coellge,Merrill Publishing Company,1991.

[10] 高冬光. 公路与桥梁水毁防治[M]. 北京:人民交通出版社,2002.

[11] 高冬光. 桥涵水文[M]. 4 版. 北京:人民交通出版社,2009.

[12] 高冬光. 公路桥涵设计手册 桥位设计[M]. 北京:人民交通出版社,2000.

[13] 陆浩,高冬光. 桥梁水力学[M]. 北京:人民交通出版社,1991.

[14] 刘新生,徐厚福,高冬光,等. 公路工程水文勘测设计指南(报批稿). 中国工程建设标准化协会公路工程委员会,2003.

[15] Frederick Gottemoeller. Bridgescape:The art of designing bridges[M]. New York:John Wiley & Sons,1998.

[16] U. S. Department of Transportation,Federal Highway Administration FHWA-HI-90-016,Highways in river environment[M]. 1990.

[17] Gao Dongguang,Pasada L,Nording C F. FHWA-SA-93-076,Pier scour equations used in the People's Republic of China. 1993.

[18] 樊凡. 桥梁美学[M]. 北京:人民交通出版社,1987.

[19] 陈艾荣,盛勇,钱锋. 桥梁造型[M]. 北京:人民交通出版社,2004.

[20] Howard H Chang. Fluvial processes in river engineering. U. S. A. :A Wiley-Interscience Publication,1987.

[21] 室田明. 河川工学[M]. 东京:技報堂出版,1990.
[22] 王涛,尹宝树,陈兆林. 海洋工程[M]. 济南:山东教育出版社,2004.
[23] 赵人俊. 流域水文模型:新安江模型和陕北模型[M]. 北京:中国水利电力出版社,1984.
[24] 谭维炎,张维然. 水文统计常用图表. 北京:中国水利水电出版社,1982.
[25] 铁道部第三勘测设计院. 铁道工程设计技术手册:桥渡水文[M]. 北京:中国铁道出版社,1993.
[26] 黄健民,徐之华. 气候变化与自然灾害[M]. 北京:气象出版社,2005.
[27] 梁思成. 中国建筑史[M]. 北京:中国建筑工业出版社,2005.
[28] 阚译. 桥渡冲刷[M]. 北京:中国铁道出版社,2004.
[29] U. S. Department of Transportation, Federal Highway Administration. Hydraulic Engineering Circular No. 18, Evaluating scour at bridges. fourth edition. Publication No. FHWA NHI 01-001, 2001.
[30] Department of Transportation, Federal Highway Administration. Hydraulic Engineering Circular No. 20, Stream stability at highway structures, HEC 20. 2nd ed. , 1995.
[31] Department of Transportation, Federal Highway Administration. Hydraulic Engineering Circular No. 23, Bridge scour and stream instability countermeasures, Experience, Selection and Design Guidance. and Edition. National Highway Institute, Publication No. FHWA NHI 01-003, 2001.
[32] Froiehlich D C. Analysis of onsite measurements of scour at piers. Proceedings of ASCE Nations Hydraulic. Engineering Conference. U. S. , 1988.
[33] Zhuravlyov M M. New method for estimation of local scour due to bridge piers and its substantiation. (Transactions) Ministry of Transport Construction, State All Union Scientific Research Institute on roads, Moscow, U. S. S. R. , 1978.
[34] 高正荣,黄建维,卢中一. 长江河口跨江大桥桥墩局部冲刷及防护研究[M]. 北京:海洋出版社,2005.
[35] U. S. Department of Transportation, Federal Highway Administration. Hydraulic Engineering Circular No. 25, Publication No. FHWA-NHI-07-096 Highways in the coastal environment, Scott L Douglass, Joe Krolak, 2008.
[36] 重庆市公路局,同济大学,新疆交通科学研究院,等. 公路水毁防治技术的研究报告[R], 2006.
[37] U. S. Department of Transportation, Federal Highway Administration. Hydraulic Engineering Circular No. 11, Design of Riprap Revetment, 1989.
[38] 钱冬生. 科学地对待桥渡和桥梁[M]. 北京:中国铁道出版社,2003.
[39] 铁道部第三勘测设计院. 铁路工程设计技术手册:桥渡水文[M]. 北京:中国铁道出版社,1999.
[40] 交通部天津水运工程科学研究所. 齐白公路嫩江公路大桥数学模型试验报告[R]. 天津:天津水运工程科学研究所,2008.
[41] 黑龙江省公路勘察设计院. 金河桥水段修复设计. 哈尔滨:黑龙江省公路勘察设计院,2005.

[42] 可素娟,王敏,饶素秋,等.黄河冰凌研究[M].郑州:黄河水利出版社,2002.

[43] 公路、铁路和城市道路桥梁设计规范(俄文版)[S].莫斯科:全苏运输出版社,1987.

[44] 加拿大道路与运输协会.冰凌对桥梁的作用.英文版.渥太华,1981.

[45] 黄美兰,袁正国,周道成,等.黑龙江省西北部地区河冰压力计算方法的研究.黑龙江省公路勘察设计院,东北林业大学,哈尔滨工业大学,哈尔滨,2009.

[46] 铁道部运输局.铁路工务技术手册 防洪[M].北京:中国铁道出版社,2005.

[47] Joseph N Bradley. FHWA, Bridge division, hydraulics of bridge waterways. U.S.,1978.

[48] 高正荣,卢中一,等.大型群桩桥墩基础冲刷防护关键技术研究,2008.

[49] 项海帆,潘洪萱,张圣城,等.中国桥梁史纲[M].上海:同济大学出版社,2009.

[50] 钱宁,万兆惠.泥沙运动力学[M].北京:科学出版社,1983.

[51] 钱宁,张仁,周志德.河庆演变学[M].北京:科学出版社,1989.

[52]《中国海岸带水文》编写组.中国海岸带水文[M].北京:海洋出版社,1995.

[53] 陈家琦,张恭肃.山流域暴雨洪水流量计算[M].北京:中国水利水电出版社,1985.